# 子どもの本

## 伝統行事や記念日を知る本
## 2000冊

日外アソシエーツ

# Guide to Books for Children

## 2000 Works
### of
## Traditional Events & Memorial Days

Compiled by

Nichigai Associates, Inc.

©2019 by Nichigai Associates, Inc.

Printed in Japan

本書はディジタルデータでご利用いただくことが
できます。詳細はお問い合わせください。

●編集担当● 高橋 朝子

# 刊行にあたって

　現代の家庭でも、正月やお彼岸におせち料理やおはぎを食べたり、桃の節句や端午の節句にひな人形やこいのぼりを飾るなど、季節ごとの伝統行事・年中行事が数多く行われている。クリスマスやバレンタインデー、近年ではハロウィーンなども広く知られるようになった。また、毎日のように何かの記念日があり、国際機関や政府が制定したものから、地方自治体や企業、個人が制定したものまでさまざまなものがある。「今日は何々の日」と聞いても、各行事や記念日に関する多種多様な物事については、それらに関することをまとめて調べるのはなかなか難しいものである。

　本書は、小学生以下を対象とした伝統行事・年中行事・祭り、各種の記念日に関係する図書2,550冊を収録した図書目録である。物語・絵本・漫画を含む図書を、各行事・記念日の日付ごとにまとめた。本文は、現在入手しやすい本がすぐわかるように出版年月の新しいものから順に排列し、初版と改訂版がある場合などは最新版を収録した。また、選書の際の参考となるよう目次と内容紹介を載せ、巻末には書名索引を付して検索の便を図った。

　本書が公共図書館の児童コーナーや小学校の学校図書館、幼稚園・保育園などで、本の選定・紹介・購入に幅広く活用されることを願っている。


　2019年1月

　　　　　　　　　　　　　　　　　日外アソシエーツ

# 凡　例

## 1．本書の内容

　　本書は、小学生以下を対象とした行事・記念日に関係する図書を集め、その日付順にまとめた図書目録である。

## 2．収録の対象

1）小学生以下を対象とした伝統行事・年中行事・祭り、各種の記念日に関係する図書（物語・絵本・漫画を含む）2,550冊を収録した。
2）2003年以降に刊行されたものを中心に、日本国内で刊行された図書を対象とした。
3）初版と改訂版、単行本と文庫版、年刊ものなどの場合は、最新版を収録した。

## 3．見出し

　　各図書を行事・記念日全般と月ごとに大別し、さらに日付見出しの下に各行事・記念日の小見出しを設けて分類した。各月の末尾には日付の決まっていないものをまとめた。

## 4．図書の排列

　　各見出しのもとに出版年月の逆順に排列した。出版年月が同じ場合は書名の五十音順に排列した。

## 5．図書の記述

　　書名／副書名／巻次／各巻書名／各巻副書名／各巻巻次／著者表示／版表示／出版地＊／出版者／出版年月／ページ数または冊数／大

きさ／叢書名／叢書番号／副叢書名／副叢書番号／叢書責任者表示
／注記／定価（刊行時）／ISBN（Ⓘで表示）／NDC（Ⓝで表示）
／目次／内容

＊出版地が東京の場合は省略した。

## 6．書名索引

各図書を書名の読みの五十音順に排列して著者名を補記し、本文での掲載ページを示した。

## 7．書誌事項の出所

本目録に掲載した各図書の書誌事項等は主に次の資料に拠っている。

データベース「bookplus」

JAPAN/MARC

# 目　次

行事・記念日 ………………………1

## 1月 …………………… 26

1月1日 ……………………… 27
　元日 ………………………… 27
1月4日 ……………………… 27
　石の日 ……………………… 27
1月5日 ……………………… 28
　囲碁の日 …………………… 28
1月12日 …………………… 28
　スキーの日 ………………… 28
1月14日 …………………… 29
　愛と希望と勇気の日 ……… 29
1月15日 …………………… 30
　なまはげ …………………… 30
1月17日 …………………… 30
　防災とボランティアの日 ……… 30
1月22日 …………………… 31
　カレーの日 ………………… 31
1月27日 …………………… 32
　国際ホロコースト記念日 … 32
1月その他 ………………… 33
　成人の日 …………………… 33
　三春だるま市 ……………… 33

## 2月 …………………… 34

2月1日 ……………………… 35
　王祇祭 ……………………… 35

テレビ放送記念日 …………… 35
2月2日 ……………………… 36
　世界湿地の日 ……………… 36
　おじいさんの日 …………… 36
2月4日 ……………………… 37
　世界対がんデー …………… 37
2月7日 ……………………… 37
　北方領土の日 ……………… 37
　オリンピックメモリアルデー … 38
2月9日 ……………………… 38
　服の日 ……………………… 38
2月11日 …………………… 39
　建国記念の日 ……………… 39
2月13日 …………………… 39
　世界ラジオデー …………… 39
2月14日 …………………… 40
　バレンタインデー ………… 40
2月20日 …………………… 42
　アレルギーの日 …………… 42
2月22日 …………………… 43
　ねこの日 …………………… 43
　忍者の日 …………………… 44
2月23日 …………………… 44
　ふろしきの日 ……………… 44
　富士山の日 ………………… 45
2月27日 …………………… 46
　国際ホッキョクグマの日 ……… 46
2月その他 ………………… 47
　節分 ………………………… 47
　能登のあまめはぎ ………… 48
　初午 ………………………… 48

# 目　次

## 3月 ················ 49

3月1日 ················ 50
　ビキニデー ················ 50
　マヨネーズの日 ················ 50

3月3日 ················ 50
　ひなまつり ················ 50
　耳の日 ················ 53
　金魚の日 ················ 53

3月4日 ················ 53
　ミシンの日 ················ 53

3月7日 ················ 54
　消防記念日 ················ 54
　さかなの日 ················ 55

3月8日 ················ 56
　国際女性デー ················ 56
　みつばちの日 ················ 58

3月10日 ················ 58
　東京都平和の日 ················ 58
　サボテンの日 ················ 59

3月11日 ················ 60
　いのちの日 ················ 60

3月13日 ················ 61
　新選組の日 ················ 61

3月14日 ················ 62
　数学の日 ················ 62

3月15日 ················ 63
　靴の記念日 ················ 63

3月16日 ················ 63
　国立公園指定記念日 ················ 63

3月20日 ················ 64
　国際幸福デー ················ 64

3月21日 ················ 64
　ランドセルの日 ················ 64
　国際森林デー ················ 65

3月22日 ················ 66
　放送記念日 ················ 66

3月25日 ················ 66
　電気記念日 ················ 66

3月27日 ················ 68
　さくらの日 ················ 68

3月29日 ················ 69
　マリモの日 ················ 69

3月31日 ················ 69
　山菜の日 ················ 69

3月その他 ················ 69
　春分の日 ················ 69
　イースター ················ 70

## 4月 ················ 71

4月1日 ················ 72
　エイプリルフール ················ 72
　トレーニングの日 ················ 72

4月2日 ················ 72
　国際子どもの本の日 ················ 72
　世界自閉症啓発デー ················ 74

4月4日 ················ 76
　養子の日 ················ 76

4月6日 ················ 76
　城の日 ················ 76

4月7日 ················ 76
　世界保健デー ················ 76

4月8日 ················ 78
　花まつり ················ 78
　タイヤの日 ················ 78
　貝の日 ················ 79

4月9日 ················ 79
　よいＰマンの日 ················ 79

4月10日 ················ 80

(7)

# 目　次

駅弁の日 ……………………… 80
### 4月12日 ……………………… 80
世界宇宙飛行の日 …………… 80
パンの記念日 ………………… 81
### 4月14日 ……………………… 82
高山祭 ………………………… 82
### 4月17日 ……………………… 82
なすび記念日 ………………… 82
### 4月18日 ……………………… 83
発明の日 ……………………… 83
### 4月19日 ……………………… 84
地図の日 ……………………… 84
食育の日 ……………………… 86
### 4月20日 ……………………… 88
郵政記念日 …………………… 88
ジャムの日 …………………… 88
### 4月22日 ……………………… 89
アースデー …………………… 89
### 4月23日 ……………………… 90
子ども読書の日 ……………… 90
### 4月24日 ……………………… 92
植物学の日 …………………… 92
### 4月25日 ……………………… 93
DNAの日 ……………………… 93
### 4月26日 ……………………… 94
世界知的財産デー …………… 94
### 4月27日 ……………………… 95
哲学の日 ……………………… 95
### 4月29日 ……………………… 97
昭和の日 ……………………… 97
### 4月30日 ……………………… 98
くらやみ祭 …………………… 98
図書館記念日 ………………… 98
### 4月その他 …………………… 100
国際盲導犬の日 ……………… 100

# 5月 ……………………… 103

### 5月1日 ……………………… 104
メーデー ……………………… 104
水俣病啓発の日 ……………… 105
### 5月2日 ……………………… 105
鉛筆の日 ……………………… 105
緑茶の日 ……………………… 105
### 5月3日 ……………………… 106
憲法記念日 …………………… 106
そうじの日 …………………… 107
### 5月4日 ……………………… 108
みどりの日 …………………… 108
塚越の花まつり ……………… 109
### 5月5日 ……………………… 109
こどもの日 …………………… 109
フットサルの日 ……………… 110
おもちゃの日 ………………… 110
自転車の日 …………………… 111
### 5月8日 ……………………… 113
世界赤十字デー ……………… 113
ゴーヤーの日 ………………… 113
### 5月9日 ……………………… 114
アイスクリームの日 ………… 114
呼吸の日 ……………………… 114
### 5月10日 ……………………… 115
地質の日 ……………………… 115
### 5月12日 ……………………… 116
看護の日 ……………………… 116
海上保安の日 ………………… 118
### 5月16日 ……………………… 118
旅の日 ………………………… 118
### 5月18日 ……………………… 119
国際博物館の日 ……………… 119
### 5月19日 ……………………… 120
ボクシング記念日 …………… 120

## 目　次

5月20日 ……………………121
　ローマ字の日 …………………121
　電気自動車の日 ………………122
5月21日 ……………………122
　小学校記念日 …………………122
5月22日 ……………………123
　国際生物多様性の日 …………123
5月28日 ……………………124
　ゴルフ記念日 …………………124
5月30日 ……………………125
　ゴミゼロの日 …………………125
　消費者の日 ……………………127
5月31日 ……………………128
　世界禁煙デー …………………128
5月その他 …………………128
　母の日 …………………………128

## 6月 ……………………130

6月1日 ……………………131
　牛乳の日 ………………………131
　気象記念日 ……………………131
　写真の日 ………………………133
6月2日 ……………………134
　おむつの日 ……………………134
6月4日 ……………………135
　虫歯予防デー …………………135
　虫の日 …………………………135
6月5日 ……………………137
　世界環境デー …………………137
6月6日 ……………………139
　楽器の日 ………………………139
　かえるの日 ……………………140
　梅の日 …………………………141
6月9日 ……………………142

　たまごの日 ……………………142
6月10日 ……………………142
　時の記念日 ……………………142
6月11日 ……………………143
　学校図書館の日 ………………143
6月12日 ……………………145
　児童労働に反対する世界デー ……145
6月13日 ……………………146
　はやぶさの日 …………………146
6月16日 ……………………147
　和菓子の日 ……………………147
6月17日 ……………………148
　おまわりさんの日 ……………148
6月18日 ……………………150
　海外移住の日 …………………150
　おにぎりの日 …………………150
6月20日 ……………………150
　世界難民の日 …………………150
6月22日 ……………………152
　ボウリングの日 ………………152
6月23日 ……………………153
　沖縄慰霊の日 …………………153
　オリンピックデー ……………154
6月24日 ……………………157
　空飛ぶ円盤記念日 ……………157
6月25日 ……………………157
　住宅デー ………………………157
6月26日 ……………………159
　国際薬物乱用・不正取引防止デー …159
6月27日 ……………………160
　メディア・リテラシーの日 ………160
6月28日 ……………………161
　貿易記念日 ……………………161
6月その他 …………………162
　父の日 …………………………162

(9)

# 目　次

さくらんぼの日 …………………162
夏至 …………………………162

# 7月 …………………………163

7月1日 ……………………………164
祇園祭 …………………………164

7月2日 ……………………………164
うどんの日 ……………………164

7月4日 ……………………………165
梨の日 …………………………165

7月6日 ……………………………165
ワクチンの日 …………………165

7月7日 ……………………………165
たなばた ………………………165
川の日 …………………………166

7月10日 …………………………168
ウルトラマンの日 ……………168

7月11日 …………………………168
世界人口デー …………………168
ラーメンの日 …………………169

7月16日 …………………………170
虹の日 …………………………170

7月24日 …………………………170
大阪天神祭 ……………………170

7月25日 …………………………170
かき氷の日 ……………………170

7月27日 …………………………170
スイカの日 ……………………170

7月28日 …………………………171
菜っ葉の日 ……………………171

7月30日 …………………………171
梅干しの日 ……………………171

7月31日 …………………………171

八戸三社大祭 …………………171
7月その他 ………………………172
海の日 …………………………172
親子の日 ………………………173
管弦祭 …………………………174
垂木の祇園祭 …………………174

# 8月 …………………………175

8月1日 ……………………………176
水の日 …………………………176

8月2日 ……………………………177
金銀の日 ………………………177
おやつの日 ……………………178
パンツの日 ……………………180

8月3日 ……………………………180
はちみつの日 …………………180

8月4日 ……………………………180
箸の日 …………………………180
橋の日 …………………………181

8月6日 ……………………………181
仙台七夕 ………………………181
広島平和記念日 ………………181

8月7日 ……………………………183
鼻の日 …………………………183
バナナの日 ……………………183

8月8日 ……………………………183
そろばんの日 …………………183
おばあさんの日 ………………185

8月9日 ……………………………186
長崎原爆記念日 ………………186
ハンバーグの日 ………………187
野球の日 ………………………187

8月10日 …………………………189
道の日 …………………………189

# 目　次

帽子の日 …………………189

8月11日 …………………189
　山の日 …………………189

8月12日 …………………190
　国際青少年デー …………190

8月13日 …………………190
　怪談の日 …………………190

8月15日 …………………191
　終戦記念日 ………………191

8月19日 …………………193
　俳句の日 …………………193

8月20日 …………………194
　交通信号の日 ……………194

8月23日 …………………194
　油の日 …………………194

8月24日 …………………195
　歯ブラシの日 ……………195

8月25日 …………………195
　即席ラーメン記念日 ……195
　パラスポーツの日 ………196

8月26日 …………………198
　吉田の火祭 ………………198

8月31日 …………………198
　野菜の日 …………………198
　宿題の日 …………………199

8月その他 …………………199
　お盆 …………………199

9月 …………………200

9月1日 …………………201
　防災の日 …………………201
　ねんどの日 ………………202

9月4日 …………………203

クラシック音楽の日 ………203
　くじらの日 ………………204

9月5日 …………………205
　国際チャリティーデー …205

9月6日 …………………206
　カラスの日 ………………206

9月8日 …………………207
　国際識字デー ……………207

9月9日 …………………207
　救急の日 …………………207
　九九の日 …………………208
　ポップコーンの日 ………209

9月10日 …………………209
　下水道の日 ………………209
　弓道の日 …………………209

9月12日 …………………209
　宇宙の日 …………………209

9月13日 …………………210
　世界法の日 ………………210

9月15日 …………………212
　国際民主主義デー ………212

9月16日 …………………213
　オゾン層保護のための国際デー …213

9月20日 …………………213
　空の日 …………………213
　バスの日 …………………214

9月21日 …………………214
　国際平和デー ……………214
　世界アルツハイマーデー …………215

9月26日 …………………216
　核兵器の全面廃絶のための国際
　デー …………………216

9月27日 …………………216
　世界観光デー ……………216

9月その他 …………………217
　敬老の日 …………………217

(11)

# 目　次

秋分の日 …………………218
十五夜 ……………………218
運動会 ……………………219


## 10月 …………………220

10月1日 …………………221
国際音楽の日 ……………221
コーヒーの日 ……………222
磁石の日 …………………222

10月2日 …………………223
豆腐の日 …………………223
国際非暴力デー …………223

10月4日 …………………224
イワシの日 ………………224
世界動物の日 ……………225

10月5日 …………………226
世界教師デー ……………226

10月6日 …………………228
国際協力の日 ……………228

10月8日 …………………231
木の日 ……………………231
そばの日 …………………232

10月9日 …………………232
トラックの日 ……………232
道具の日 …………………233

10月10日 ………………235
目の愛護デー ……………235
トマトの日 ………………236
まぐろの日 ………………237
おもちの日 ………………237

10月11日 ………………238
カミングアウトデー ……238

10月13日 ………………239
豆の日 ……………………239

さつまいもの日 …………240
国際防災の日 ……………241

10月14日 ………………242
鉄道の日 …………………242

10月15日 ………………244
きのこの日 ………………244

10月16日 ………………245
世界食料デー ……………245

10月17日 ………………246
貧困撲滅の国際デー ……246

10月18日 ………………248
統計の日 …………………248
冷凍食品の日 ……………249

10月20日 ………………249
リサイクルの日 …………249
新聞広告の日 ……………250

10月21日 ………………251
あかりの日 ………………251

10月24日 ………………251
国連デー …………………251
世界開発情報の日 ………252

10月25日 ………………253
世界パスタデー …………253

10月26日 ………………254
原子力の日 ………………254
柿の日 ……………………255

10月30日 ………………255
香りの記念日 ……………255
マナーの日 ………………256

10月31日 ………………258
ハロウィーン ……………258
ガス記念日 ………………262

10月その他 ……………262
体育の日 …………………262

(12)

# 目　次

## 11月 ················264

### 11月1日 ················265
犬の日 ················265
灯台記念日 ················266
紅茶の日 ················266
ソーセージの日 ················267
すしの日 ················267
いい姿勢の日 ················269

### 11月2日 ················270
唐津くんち ················270
書道の日 ················270

### 11月3日 ················271
文化の日 ················271
アロマの日 ················272
調味料の日 ················272
まんがの日 ················272
文具の日 ················273
みかんの日 ················274

### 11月5日 ················274
津波防災の日 ················274

### 11月8日 ················275
いい歯の日 ················275

### 11月10日 ················277
トイレの日 ················277
いい友の日 ················278

### 11月11日 ················280
電池の日 ················280
介護の日 ················280
サッカーの日 ················281
鮭の日 ················283
ジュエリーデー ················283
おりがみの日 ················283
チーズの日 ················284
ピーナツの日 ················285

### 11月13日 ················285
うるしの日 ················285

### 11月14日 ················285
世界糖尿病デー ················285

### 11月15日 ················286
七五三 ················286
かまぼこの日 ················286
こんぶの日 ················287
きものの日 ················287

### 11月16日 ················287
いい色・色彩福祉の日 ················287

### 11月17日 ················288
将棋の日 ················288

### 11月18日 ················290
土木の日 ················290

### 11月19日 ················290
国際男性デー ················290

### 11月20日 ················291
世界こどもの日 ················291

### 11月21日 ················294
フライドチキンの日 ················294

### 11月23日 ················294
勤労感謝の日 ················294
手袋の日 ················295

### 11月24日 ················295
「和食」の日 ················295
鰹節の日 ················296

### 11月27日 ················296
ノーベル賞制定記念日 ················296

### 11月29日 ················298
いい肉の日 ················298

### 11月30日 ················299
絵本の日 ················299

### 11月その他 ················300
花祭 ················300
家族の日 ················300

(13)

# 目　次

## 12月 ……302

### 12月1日 ……303
映画の日 ……303
世界エイズデー ……304
鉄の記念日 ……305
いのちの日 ……306

### 12月3日 ……306
奇術の日 ……306

### 12月5日 ……309
あえのこと ……309
国際ボランティアデー ……309
世界土壌デー ……310

### 12月6日 ……313
音の日 ……313

### 12月9日 ……313
障害者の日 ……313

### 12月10日 ……315
人権デー ……315

### 12月11日 ……317
胃腸の日 ……317
ユニセフ創立記念日 ……317

### 12月12日 ……317
漢字の日 ……317
明太子の日 ……319

### 12月14日 ……319
赤穂義士祭 ……319
南極の日 ……320

### 12月17日 ……323
飛行機の日 ……323

### 12月18日 ……324
国際移住者デー ……324

### 12月21日 ……324
回文の日 ……324
クロスワードの日 ……325
バスケットボールの日 ……327

### 12月23日 ……328
天皇誕生日 ……328

### 12月24日 ……329
クリスマス・イヴ ……329

### 12月25日 ……330
クリスマス ……330

### 12月26日 ……341
プロ野球誕生の日 ……341
ボクシング・デー ……342

### 12月30日 ……342
地下鉄記念日 ……342

### 12月31日 ……342
大みそか ……342

### 12月その他 ……343
冬至 ……343

## 書名索引 ……345

# 行事・記念日

『カレンダーでんしゃがやってくる!』　丸山誠司作　交通新聞社　2018.12　1冊　21×27cm　1300円　①978-4-330-93818-9

内容　「1ばんせんにまいりますでんしゃは、おもちとっきゅうおしょうがつゆきです」ホームにつぎつぎとやってくる、ちょっと風変わりな列車たち。記念日や年中行事の訪れが待ち遠しくなる一冊です。

『ぎょうじのえずかん3冊セット』　岡本依子監修，小山友子絵　小学館　2018.10　3冊(セット)　17×16cm　(ちっちゃなプレNEO)　2200円　①978-4-09-213237-5

目次　はる・なつのぎょうじ，あき・ふゆのぎょうじ，読み聞かせBOOK

内容　3冊セット。「えずかん　はる・なつのぎょうじ」：年中行事の飾り・食べ物、花火などの風物詩。「えずかん　あき・ふゆのぎょうじ」：行事の由来やあいさつ、マナー、常識など。「手引書　読み聞かせBOOK」：保護者向け。全ページ、年齢別のえずかん活用例。受験や入園準備にも最適！

『5回で折れる季節と行事のおりがみ　4　ふゆ―サンタ・てぶくろ・おにほか』　いしかわまりこ作　汐文社　2018.10　39p　27cm　2400円　①978-4-8113-2518-7　Ⓝ754.9

目次　きつね，てぶくろ，スケートぐつ，家，クリスマスツリー，ケーキ，リボン，プレゼント，サンタクロース，犬，富士山，かがみもち，はごいた，おに，ハート，もっとつくろう!!

『5回で折れる季節と行事のおりがみ　3　あき―どんぐり・ピアノ・お月見だんごほか』　いしかわまりこ作　汐文社　2018.9　39p　27cm　2400円　①978-4-8113-2517-0　Ⓝ754.9

目次　かぼちゃ，ねこ，きのこ，どんぐり，りんごとなし，ピアノ，おばけ，魔女のぼうし，がいこつ，お月見だんご，クッキー，いろえんぴつ，ふくろう，木，こうもり，もっとつくろう!!

『5回で折れる季節と行事のおりがみ　2　なつ―ひまわり・かぶとむし・ヨットほか』　いしかわまりこ作　汐文社　2018.9　39p　27cm　2400円　①978-4-8113-2516-3　Ⓝ754.9

目次　ひまわり，かぶとむし，くわがたむし，ヨット，あさがお，かさ，シャツ，かきごおり，アイスクリーム，かたつむり，ペンギン，すいか，サンダル，スーツ，おりひめ　ひこぼし

『5回で折れる季節と行事のおりがみ　1　はる―さくら・ちょうちょ・おひなさまほか』　いしかわまりこ作　汐文社　2018.7　39p　27cm　2400円　①978-4-8113-2515-6　Ⓝ754.9

目次　てんとうむし，さくら，くしだんご，うさぎ，イースターエッグ，ひよこ，チューリップ，ちょうちょ，サンドイッチ，いちご〔ほか〕

内容　おりがみってむずかしい？　この本で紹介する作品は、なんとたった5回のステップでできあがり！　はるをイメージした作品がたくさん折れるよ。入学式や遠足、ひなまつりやこどもの日…はるは心わくわくの行事がいっぱい！　はじまりの季節をおりがみ作品がもりあげてくれるよ。

『齋藤孝の覚えておきたい日本の行事』　齋藤孝著，深蔵絵　金の星社　2018.5　79p　21cm　1500円　①978-4-323-05881-8　Ⓝ386.1

目次　1月1日　お正月(年の始めを祝う日)，1月7日　春の七草(七草がゆを食べる)，1月第2月曜日　成人の日(二十歳を祝う日)，2月3日　節分(豆まきをする)，2月11日　建国記念の日(日本の誕生を記念する日)，3月3日　桃の節句(女の子の成長を祝う)，3月21日ごろ　春分の日(生き物を大切にする日)，二十四節気，3月中旬　春のお彼岸(ご先祖さまの供養をする)，4月上旬　お花見(桜をめでる)，4月29日　昭和の日(昭和の時代を思う日)

内容　行事を知って、日本を知ろう！　お正月、節分、桃の節句、端午の節句…日本の行事をどのくらい知ってる？　その日、どんなことをしているかな？　古くから伝わる日本の行事には日本人が大切にしてきた心や言葉がたくさんつまっているんだって！　その行事特有の食べ物や歌もあるよね。いっしょに日本の行事を楽しもう。

『今日は何の日？　366―偉人の誕生日から世界の歴史、記念日まで』　PHP研究所編　PHP研究所　2018.4　415p　25cm　〈索引あり〉　2500円　①978-4-569-78754-1　Ⓝ204.9

目次　1月のおはなし，2月のおはなし，3月のおはなし，4月のおはなし，5月のおはなし，6月のおはなし，7月のおはなし，8月のおはなし，9月のおはなし，10月のおはなし，11月のおはなし，12月のおはなし

行事・記念日

内容 お子さまの知的好奇心や想像力を育てるお話が満載です。1日1話、1ページで、3〜5分で読めます。「おはなしクイズ」が、お子さまの聞く力を高めるとともに、お子さまの理解度の確認に役立ちます。「この日はほかにも」を通して、親子の会話が弾みます。子どもから大人まで、話のネタとしても使えます。豊富なイラストや写真で、お話のイメージがふくらみます。すべての漢字にフリガナをふっていますので、お子さまの成長にあわせて、お子さま一人でも読めます。

『やさしい行事のこうさく　4　冬のこうさく―12・1・2月』　竹井史郎作　小峰書店　2018.4　47p　27cm　2400円　Ⓘ978-4-338-31704-7　Ⓝ594

目次 冬ごもり―かくれんぼみの虫、冬ごもり―冬ごもりカード、クリスマス―サンタさんカード、クリスマス―クリスマスカード、クリスマス―ぴたりプレゼントゲーム、クリスマス―プレゼントつりゲーム、出ぞめしき―はしご車、出ぞめしき―ポンプ車、お正月―スタンプねんがじょう、お正月―ひもえねんがじょう〔ほか〕

『やさしい行事のこうさく　3　秋のこうさく―9・10・11月』　竹井史郎作　小峰書店　2018.4　47p　27cm　2400円　Ⓘ978-4-338-31703-0　Ⓝ594

目次 秋まつり―くるくるおみこし、秋まつり―おみこしUFO、こうくうきねん日―わゴムロケット、こうくうきねん日―ふうせんロケット、こうくうきねん日―パラシュート、秋分の日―ゆらゆらとんぼ、食よくの秋―へんしんりんご、食よくの秋―まんぷくぶた、みのりの秋―どんぐりアクセサリー、体育の日―ペアスリッパ〔ほか〕

『やさしい行事のこうさく　2　夏のこうさく―6・7・8月』　竹井史郎作　小峰書店　2018.4　47p　27cm　2400円　Ⓘ978-4-338-31702-3　Ⓝ594

目次 つゆ入り―雨の音、つゆのいきもの―目玉かたつむり、時のきねん日―うで時計、父の日―へんしんお父さん、父の日―父の日カード1・2、たなばた―たなばたモビール、たなばた―おりひめとひこ星、あつさにまけるな―ふうりん、土用の丑の日―にょろにょろうなぎ、海の日―しおふきくじら〔ほか〕

『やさしい行事のこうさく　1　春のこうさく―3・4・5月』　竹井史郎作　小峰書店　2018.4　47p　27cm　2400円　Ⓘ978-4-338-31701-6　Ⓝ594

目次 ひなまつり―ひなかざり、ひなまつり―首ふりおひなさま、春分の日―ひらく花、春分の日―つんつんつくし、いちごがり―いちごのブローチ、おわかれ会―ペンダント、そつぎょう―さようならカード、そつぎょう―さよならワンちゃん、エイプリルフール―

びっくりカメラ、エイプリルフール―とれないゆび〔ほか〕

『季節と行事のおりがみくらぶ　〔3〕　お正月・せつぶん・たなばた』　新宮文明著　ほるぷ出版　2018.3　47p　28cm　2500円　Ⓘ978-4-593-58770-4　Ⓝ754.9

目次 ねずみ、うし、とら、うさぎ、たつ、へび、うま、ひつじ、さる、とり〔ほか〕

『季節と行事のおりがみくらぶ　〔2〕　お月見・ハロウィン・クリスマス』　新宮文明著　ほるぷ出版　2018.3　47p　28cm　2500円　Ⓘ978-4-593-58769-8　Ⓝ754.9

目次 うさぎ、くり、すすき、もみじ、きのこ、かぼちゃのおばけ、きょうかい、おばけ、まじょ、ドラキュラ〔ほか〕

『季節と行事のおりがみくらぶ　〔1〕　母の日・父の日・こどもの日・ひなまつり』　新宮文明著　ほるぷ出版　2018.3　47p　28cm　2500円　Ⓘ978-4-593-58768-1　Ⓝ754.9

目次 きごうときほんのおりかた、カーネーション、カーネーションのてがみ、ハート、メダル、ハートくま、ゆびわ、ネクタイハート、せびろ、シャツ＆ネクタイ〔ほか〕

内容 おりがみは、むかしから人気のある、日本の伝統的な遊びです。1まいの紙から、おどろくほどさまざまな作品を作ることができます。このシリーズでは、季節や行事にかんする、かんたんでかわいいおりがみを紹介しています。かべやつくえにかざったり、プレゼントにしたり、自分でくふうして、自由に楽しんでください。さあ、色とりどりのおりがみで、好きな作品にチャレンジしてみましょう！

『日本全国祭り図鑑―これで君も祭りの達人！　東日本編』　芳賀日向監修　フレーベル館　2018.2　71p　31cm　〈索引あり〉　4500円　Ⓘ978-4-577-04528-2　Ⓝ386.1

目次 北海道、青森県、岩手県、宮城県、秋田県、山形県、福島県、子どもが主役の祭り（東日本編）、茨城県、栃木県〔ほか〕

『はじめての行事えほん』　小川直之監修、竹永絵里絵、長久保浩子文　パインターナショナル　2018.2　80p　25cm　〈文献あり〉　1800円　Ⓘ978-4-7562-5002-5　Ⓝ386.1

目次 お正月、七草（人日の節供）、鏡びらき、小正月、節分、天神講、ひな祭り（上巳の節供）、春のお彼岸、お花見、入園・入学式〔ほか〕

内容 年中行事は、暮らしの中で受けつがれた、人々の祈り、歓び、知恵の結晶です！　この絵本では…年中行事の意味や由来がくわしくわかって、行事をより深く味わえます。豊富なイラストでわかりやすく紹介。親子で楽しめます。年中行事をとおして、折々の季節感が養われます。日本各地の行事を知って、

行事・記念日

地域ごとに比較して楽しめます。対象年齢4歳から。

**『今日は何の日？　366日大事典—放送委員会のヒントがいっぱい！』** 校内放送研究所編　あかね書房　2017.12　163p　31cm〈文献あり　索引あり〉5500円　①978-4-251-09225-0　Ⓝ386.1

[目次] 放送委員に直伝！　TBSアナウンサー笹川友里さんに聞く！　もっと伝わる言葉・話し方，放送委員は必読！　放送原稿の作り方・読み方，放送委員が実践！　この本の記事を放送してみる（4月，5月，6月，7月，8月，9月，10月，11月，12月，1月，2月，3月），もっと伝わる！　原稿の読み方（口の開け方を練習！，通る声を出す練習！）

[内容] 1年間366日，毎日どこかで何かが起きています。この本では，歴史的な発明や，世の中の変化につながった事件など，毎日1件，調べ学習のテーマとなる話題を紹介します。忘れられない事故や災害の記録は，現代の知恵にもなります。また，特長として「昼の放送」で放送委員が読み上げやすい文章になっています。ゴロ合わせの記念日，歴史上の人物の誕生日，その日に関連するクイズなど情報満載です。巻頭では現役アナウンサーによる「上手な伝え方」も伝授。委員会やクラスで，さまざまな活用のしかたができる事典です。

**『さがそ！　きせつのぎょうじ12かげつ』** はっとりみどりさく　学研教育みらい　2017.11　33p　31cm〈発売：学研プラス〉1300円　①978-4-05-204728-2　Ⓝ798.3

[内容] お正月，節分，ひな祭り，お花見，こどもの日，梅雨，七夕，夏祭り，お月見，運動会，七五三，クリスマス。12か月の行事を味わいながら遊ぶ！　1見開きで1つの行事の探し絵遊び！　巻末には，親子で楽しめる行事の解説付き！　人形も食べ物も，み〜んな手作り！

**『日本全国祭り図鑑—これで君も祭りの達人！　西日本編』** 芳賀日向監修　フレーベル館　2017.10　71p　31cm〈索引あり〉4500円　①978-4-577-04529-9　Ⓝ386.1

[目次] 上野天神祭，桑名石取祭，伊雑宮御田植式，日吉大社山王祭，長浜曳山まつり，伊庭の坂下し祭り，祇園祭，葵祭，時代祭，岸和田だんじり祭〔ほか〕

**『かわいくつくっちゃおう！　かんたんクッキング12か月　4　7月＆8月七夕とお祭り』** トモコ＝ガルシア作　岩崎書店　2017.2　48p　29cm　3000円　①978-4-265-08524-8　Ⓝ596

[目次] 7月（さくらんぼでできた金魚がすずしそう　フルーツみつ豆の金魚ゼリー，トマトを入れたつゆも夏らしくておいしいね　七夕の

カップそうめん，土用の丑の日に，まぜて焼くだけのおかずだよ　なんちゃってかばやき，まん中に丸いあながあいているジューシーなパンケーキ　パイナップルパンケーキ，栄養いっぱいの甘酒であつい夏をのりこえよう　すいか甘酒シャーベット），8月（いろいろデコレーションをして楽しもう　お祭り気分でチョコバナナ，ウインナーでつくったタコとカニもいっしょ　海のなかまとシーフード焼きそば，たまごのケースをつかってつくってみよう　タコ焼きみたいなミニおにぎり，大きめに切った野菜の食感がおいしい　夏野菜のカラフルつくね棒，手にもって食べるとデザートみたい　アイスクリームコーンのポテトサラダ）

**『道具からみる昔のくらしと子どもたち　5　まつり』** 須藤功編　農山漁村文化協会　2017.2　32p　27cm〈年表あり〉2500円　①978-4-540-16166-7　Ⓝ382.1

[目次] 大事にされる子どもたち—「舞子」「神子」，豊作を祈る—「田あそび」「打植祭」，元気な一年を願う—「すみつけ祭」「やすらい祭」，豊かな一年を祈る—「春の獅子舞」「花まつり」，仕事を休み，牛馬をねぎらう—「チャグチャグ馬コ（蒼前詣）」，農の守り神をまつる—「野神（農神）祭」「蛇巻」，夏の眠気をはらう—「七夕祭」「ねぶり流し」，豊作と健康に感謝する—「豊年祭」「シヌグ」，水難をよける—「水神祭」「お水神さま」，収穫を祝い豊作を願う—「牛鬼（秋まつり）」「鹿踊り」，福をさずかる—「子ども強飯式」，月と大地に感謝、月夜にあそぶ—「ソラヨイ」「十五夜の綱引き」，再生を願う—「花祭（冬に咲く花）」，まつりのたのしみ—「出店」「晴れ着」

[内容] 身近な自然や地域の資源を生かし，自分のからだと道具をじょうずに使って，力を合わせて，はたらき・まなび・あそんだ昭和20年代から40年代ころのくらし。それはちょうど，今から50年ほど前，私たちのおじいさんやおばあさんが子どもだったころのくらし。そこには見直したい知恵や思いがいっぱい。そんな昔のくらしの情景と知恵と思いを，子どもたちを中心にした躍動感あふれる写真と文でつづっていきます。

**『道具からみる昔のくらしと子どもたち　4　年中行事』** 須藤功編　農山漁村文化協会　2017.2　32p　27cm〈年表あり〉2500円　①978-4-540-16165-0　Ⓝ382.1

[目次] 正月の準備，年越しの夜・訪れ神，正月，七草・小正月，どんど焼き（左義長），節分・初午，ひなまつり，端午の節供，茅の輪くぐり・虫送り，七夕，お盆，初盆供養，十日夜（亥の子），神送り

[内容] 身近な自然や地域の資源を生かし，自分のからだと道具をじょうずに使って，力を合わせて，はたらき・まなび・あそんだ昭和20年代から40年代ころのくらし。それはちょうど，今から50年ほど前，私たちのおじいさんやおばあさんが子どもだったころのくらし。そこには見直したい知恵や思いがいっぱい。そんな昔のくらしの情景と知恵や思いを，子

行事・記念日

どもたちを中心にした躍動感あふれる写真と文でつづっていきます。

『はじめてのぎょうじ―3・4・5さいだもん』 無藤隆, 加藤紫識監修　学研プラス 2017.2　128p　26cm　（ふれあい親子のほん）〈文献あり〉1600円　①978-4-05-204599-8　Ⓝ386.1

[目次] あけましておめでとう, たべたいな！ おぞうに, たべたいな！ おせち, おしょうがつあそび, いただきます！ ななくさがゆ, コンコンクシャンのうた, ゆきがふったよ！, げんきにまめまき！, おまめはいくつ？, うれしいひなまつり〔ほか〕

[内容] お正月, ひな祭り, 七夕, ハロウィン, 楽しい歌や工作で, 遊べる行事がいっぱい！ いっしょに「たのしい！」をあじわうと,「まちどおしいね！」があふれるね。すてきな毎日, すてきな1年！

『文化のちがい習慣のちがい―それ日本と逆!?　第2期―5　ワイワイ記念日とお祭り』 須藤健一監修　学研プラス　2017.2　47p　29cm　〈文献あり　索引あり〉3000円　①978-4-05-501225-6　Ⓝ380

[目次] イタリアの場合　プレゼントをサンタクロースからもらわないの？―クリスマスの習慣のちがい, トルコの場合　こどもの日には, どこの子どもを祝うの？―こどもの日の祝い方のちがい, 国によってさまざま　世界の祝日, メキシコの場合　がい骨のかざるお祭りがあるの？―死者に対する考え方のちがい, トンガの場合　日曜日に遊んじゃいけないの？―曜日についての考え方のちがい, タイの場合　誕生日の人が, みんなにごちそうをするの？―誕生日の祝い方のちがい, イランの場合　断食って何のためにやるの？―食事の習慣のちがい, スペインの場合　牛に追われるお祭りがあるの？―動物の登場するお祭りのちがい, 地域の伝統や文化がわかる！　世界のさまざまな祭り, スウェーデンの場合　もっとも夜が長い冬至に,「光」のお祭りをするの？―冬至の習慣のちがい, お祭りって何のためにあるの？, 日本人の宗教観, この本で紹介した国と地域

『イラストでわかる日本の伝統行事・行事食』 谷田貝公昭監修, 坂本廣子著　合同出版　2017.1　223p　26cm　4600円　①978-4-7726-1302-6　Ⓝ386.1

[目次] 第1部　伝統行事編（正月（1月1日～6日）, 七草粥（七日正月）（1月7日）, 鏡開き（1月11日）, 小正月（1月13日～15日）, 節分（立春の前日）ほか）, 第2部　行事食編（お食い初め（離乳食のお粥／タイご飯／にんじんORSスープ）, 1歳のお誕生日（お赤飯／フライドチキン／ごまプラマンジェ）, 成人式（成人の日）（ご飯を炊く／手巻き寿司）, 正月（お雑煮“関東風・京風”／お節料理／タイの浜焼き）, 七草（七草粥／あられ七草粉粥／七草の菜飯）ほか）

[内容] この行事の日にはどんな意味があって, どんなものを食べるの？　子どもたちの五感を刺激して, 行事の心を伝えたい。家庭で, 園で, 学校で―子どもと一緒に楽しむ, 日本の特別な日と料理。

『かわいくつくっちゃおう！　かんたんクッキング12か月　3　5月＆6月こどもの日と母の日と父の日』 トモコ＝ガルシア作　岩崎書店　2017.1　48p　29cm　3000円　①978-4-265-08523-1　Ⓝ596

[目次] 5月（フルーツとクリームチーズの組みあわせがぴったり　こいのぼりオープンサンド, かわいいパンといっしょにピクニックへ出発！　ねずみくんのドライブロールパンサンド, プレーンとココアの味が楽しめるよ　お母さんの似顔絵ホットケーキ, チャーミングなおにぎりは春の運動会で人気もの　えびフライみたいなおにぎり弁当, 母の日にカーネーションといっしょに　ハートのカプケーゼ）, 6月（ぶどうとコンデンスミルクの2つの味がとてもよくあうよ　あじさいゼリー, ぎょうざの皮で, とてもかんたんにできる　お父さんの似顔絵ピザ, お菓子をつかって楽しいプレゼントをつくろう　お父さんのお仕事セット, ビールジョッキみたいなごはんとカレー　お父さんがよろこぶドライカレー, 母の日や父の日のおいわいのテーブルに　花をかざったようなスティックサラダ）

『伝統行事』 神崎宣武監修　丸善出版 2017.1　95p　29cm　（47都道府県ビジュアル文化百科　こどもくらぶ編）〈文献あり　索引あり〉3800円　①978-4-621-30092-3　Ⓝ386.1

[目次] 1　テーマ別に見る伝統行事（時代の変化とともに伝わる　日本の年中行事, 子どもの健全な成長を祝い, 願う　日本各地の子どもの日の祭り, 踊りうたって先祖を送りたい　日本各地の盆踊り, 神さまがのったり宿ったりするもの　日本各地の神輿や山車, おそろしいけれど, 幸福をもたらす　祭りに登場する神さま）, 2　47都道府県の祭りと伝統行事（北海道・東北地方, 関東地方, 北陸・中部地方, 近畿地方, 中国・四国地方, 九州・沖縄地方）

[内容] 都道府県別に各地のさまざまな行事を紹介。

『わくわく発見！　日本のお祭り』 竹永絵里画　河出書房新社　2017.1　56p　31cm　1800円　①978-4-309-61341-3　Ⓝ386.1

[目次] 北海道　さっぽろ雪まつり／オロチョンの火祭り, 青森県　青森ねぶた祭／八戸えんぶり, 岩手県　盛岡さんさ踊り／チャグチャグ馬コ, 宮城県　仙台七夕まつり／火伏せの虎舞, 秋田県　秋田竿燈まつり／なまはげ紫灯祭り, 山形県　山形花笠まつり, 福島県　相馬野馬追／木幡の幡祭り〔ほか〕

[内容] こんなお祭りがあったんだ！　お祭りの由来や様子を親しみやすいイラストで紹介。おどろきに満ちた日本の文化とふれあうことができます。47都道府県ぜんぶあります。

4

行事・記念日

『英語で学び，考える今日は何の日around the world—世界のトピック7月8月9月』
町田淳子著　光村教育図書　2016.12
47p　27cm　〈文献あり　索引あり〉　2800
円　①978-4-89572-959-8　Ⓝ204.9
目次 7月（11日—世界人口デー・環境，15日
—世界ユース技術デー・人権，18日—ネルソ
ン・マンデラ国際デー・人権，30th・30日—
国際フレンドシップ・デー・平和）　8月（6日，
9日—広島・長崎原爆の日・平和，9日—世界
の先住民の国際デー・異文化理解）　9月（5日
—国際チャリティー・デー・平和，8日—国際
識字デー・人権，16日—オゾン層保護のため
の国際デー・環境，21st・21日—国際平和・平
和，27th・27日—世界観光デー・異文化理解）

『かわいくつくっちゃおう！　かんたん
クッキング12か月　2　3月＆4月ひなま
つりとお花見』　トモコ＝ガルシア作　岩
崎書店　2016.12　48p　29cm　3000円
①978-4-265-08522-4　Ⓝ596
目次 3月（カステラといちごの、かざっておき
たくなるケーキ—おひなさまケーキ、きれい
な色どりでおいわいの席をはなやかに—おい
わいまん丸ずし、ひなまつりの3つの色をし
た、さわやかスイーツ—ひなあられヨーグル
ト、煮豆をつかったあんで、かんたんにつく
れるよ—ぼたもち3兄弟　ほか）　4月（エープ
リルフールに友だちをびっくりさせよう—お
菓子のハンバーグセット、ワンタンの皮がお
花みたいなカップになるよ—フラワーカップ
のオードブル、ほんのりフルーツ味でカラフ
ル—フルーツジュースのお花見だんご、赤や
黄色の花がいっぱいにさいた—お花畑みたい
なオムレツ　ほか）

『知っておきたい和の行事—春夏秋冬35の
行事が楽しくわかる！』　新谷尚紀監修
成美堂出版　2016.12　159p　22cm　〈文
献あり〉　800円　①978-4-415-32249-0
Ⓝ386.1
目次 1月 2月 3月—冬から春へ（お正月の準
備をするのは、どうして？、おせち料理って、
なに？　ほか）、4月 5月 6月—春から夏へ
（お花見は、いつはじまったの？、八十八夜に
茶つみをするのは、どうして？　ほか）、7月
8月 9月—夏から秋へ（山開き、海開き、川開
きって、なに？、七夕って、なに？　ほか）、
10月 11月 12月—秋から冬へ（体育の日って、
どんな日？、恵比寿講って、なに？　ほか）
内容 お年玉ってどうしてもらえるの？　土用
の丑の日にうなぎを食べるわけは？　端午の
節句って、なに？　お盆って、なに？　冬至っ
て、どんな日？　旧暦って、なに？　春夏秋冬
35の行事が楽しくわかる！

『英語で学び，考える今日は何の日around
the world—世界のトピック1月2月3月』
町田淳子著　光村教育図書　2016.11

47p　27cm　〈文献あり　索引あり〉　2800
円　①978-4-89572-957-4　Ⓝ204.9
目次 1月（1日　元旦—異文化理解，4日　世界
点字デー—人権，第3月曜日　マーティン・
ルーサー・キング・ジュニア・デー—人権），
2月（2日　世界湿地の日—環境，5日～10日　リ
オのカーニバル—異文化理解，13日　世界ラジ
オデー—平和　ほか），3月（8日　国際女性の日
—人権，20日　国際幸福デー—平和，21日　国
際森林デー—環境　ほか）

『英語で学び，考える今日は何の日around
the world—世界のトピック4月5月6月』
町田淳子著　光村教育図書　2016.11
47p　27cm　〈文献あり　索引あり〉　2800
円　①978-4-89572-958-1　Ⓝ204.9
目次 April 4月（International Children's
Book Day—国際子どもの本の日　異文化理解，
International Day of Sport for
Development and Peace—開発と平和のため
のスポーツの国際デー　平和，International
Mother Earth Day—国際マザーアース・デー
環境，English Language Day—英語デー　異
文化理解），May 5月（World Press Freedom
Day—世界報道自由デー　人権，International
Day of Families—国際家族デー　平和，World
Day for Cultural Diversity for Dialogue
and Development—対話と発展のための世界
文化多様性デー　異文化理解，International
Day for Biological Diversity—国際生物多様
性の日　環境），June 6月（World Oceans
Day—世界海の日　環境，World Day Against
Child Labour—児童労働に反対する世界デー
人権，World Refugee Day—世界難民の日　平
和，United Nations Public Service Day—国
連パブリック・サービス・デー　人権）

『かわいくつくっちゃおう！　かんたん
クッキング12か月　1　1月＆2月お正月
とバレンタイン』　トモコ＝ガルシア作
岩崎書店　2016.11　48p　29cm　3000円
①978-4-265-08521-7　Ⓝ596
目次 1月（どれもかんたん、手づくりのお正月
—おせちアラカルト、なかにアーモンドが
入っていたら大吉だよ！—おみくじ巾着、1年
の健康をねがっていただきます！—新しい春
を味わう七草がゆ、鏡開きのおもちを食べて1
年を元気にすごそう—丸もちスノーマンのお
雑煮、ほっこりおいしい和風のドリンクとサ
クサクおやつ—抹茶ミルクと花ふのきなこラ
スク）、2月（節分に、ふんわりおいしく食べよ
う—オニおこのみ焼き、オニたいじとお願い
をいっぺんにしちゃおう！—オニ恵方まき、
マシュマロでムース風デザートができちゃう
よ—チョコレートマシュマロムース、家にあ
るお菓子でかんたんデコレーション—みんな
でチョコパーティー、ちょっぴりすっぱいレ
モンの和風ドレッシングで—トマトがかわい
いお豆のサラダ）

『かわいくつくっちゃおう！　かんたん
クッキング12か月　6　11月＆12月七五
三とクリスマス』　トモコ＝ガルシア作

子どもの本 伝統行事や記念日を知る本2000冊　5

行事・記念日

岩崎書店　2016.10　48p　29cm　3000円
①978-4-265-08526-2　Ⓝ596
目次 11月（はちみつのあまみがうれしい秋のおやつ―はりねずみのハニースイートポテト，トースターでかんたん，ヘルシー―秋の野菜チップス，秋の味がいっぱいごはんをおなべでたいてみよう―むきあま栗のたきこみごはん，小さなカップやホイップクリームといっしょに―マシュマロココアとウィンナーココア，弟や妹の七五三のおいわいに手づくりで―ミルクといちごの千歳あめ），12月（冬至にかぼちゃを食べるとかぜをひかないよ―かぼちゃもちしるこ，かわいいクラッカーでパーティーをもりあげよう！―クリスマスオードブル，おなべ1つでクリーミーな手づくりシチュー―スノーマンのホワイトシチュー，ツリーにかざったり，プレゼントにしたり―ステンドグラスのオーナメントクッキー，えんぎのいい，まねきねこのそばでしめくくり―福まねき年こしそば），料理の基本 チョコレートと生クリーム

『日本と世界の祭り』　小学館　2016.10
63p　29cm　（キッズペディアアドバンスなぞ解きビジュアル百科）　1800円
①978-4-09-221119-3　Ⓝ386
目次 日本の祭り（春の祭り3月～5月，夏の祭り6月～8月，秋の祭り9月～11月，冬の祭り12月～2月，町の自慢祭り），世界の祭り（クリスマス（降誕祭），新しい年の訪れを祝う，カーニバル（謝肉祭），死者の霊をまつる，精霊たちをしずめる祭り）

内容 お祭りを知れば，文化も歴史もお国がらもわかる！　「どうしてお祭りでお神輿を担ぐの？」「クリスマスやハロウィーンの本当の意味は？」など楽しいお祭りのひみつがたっぷりわかります！　キッズペディアが贈る，キッズの枠をとび超えた専門書！

『英語で学び，考える今日は何の日around the world　世界のトピック10月11月12月』　町田淳子著　光村教育図書　2016.9
47p　27cm　2800円　①978-4-89572-960-4　Ⓝ204.9
目次 October―10月（1日・International Day of Older Persons―国際高齢者デー・人権，9日・World Post Day―世界郵便の日・異文化理解，13日・International Day for Disaster Reduction―国際防災の日・環境，24日・United Nations Day―国連デー・平和，27日・World Day for Audiovisual Heritage―世界視聴覚遺産デー・異文化理解），November―11月（19日・World Toilet Day―世界トイレデー・人権，20日・Universal Children'sDay―世界の子どもの日・人権，第4木曜日・Thanksgiving Day―感謝祭・異文化理解），December―12月（3日・International Day of Persons with Disabilities―国際障害者デー・人権，10日・Human Rights Day―人権デー・人権，11日・International

Mountain Day―国際山岳デー・環境，25日・Christmas Day―クリスマス・平和）

『かわいくつくっちゃおう！　かんたんクッキング12か月　5　9月＆10月お月見とハロウィン』　トモコ＝ガルシア作　岩崎書店　2016.9　48p　29cm　3000円
①978-4-265-08525-5　Ⓝ596
目次 9月（お豆腐が入った，ヘルシーでかたくならないおだんご うさぎさんとお月見だんご，コップをつかって型ぬきサンドをつくっちゃおう まん丸十五夜サンド，おじいちゃん，おばあちゃんに感謝をこめて ことよせ茶わんむし，つぶあんとずんだのたぬきが月夜にポンポコポン たぬきのおはぎ，秋はあたたかいフルーツティーを入れて オレンジティーとアップルコンポートティー），10月（焼いたりんごがあまずっぱくておいしい りんごとドライフルーツのパンプディング，赤組も白組もがんばれー！ おにぎりおうえん隊，かぼちゃを丸ごと焼いて，ハロウィン・パーティー ジャックくんの丸ごとかぼちゃグラタン，いたずら好きなモンスターたちを食べちゃおう？ ミイラ男のピザパンとフランケンのオープンサンド，ミキサーひとつ，ビタミンとミネラルたっぷり ホラースムージー）

『おはなしドリルきせつの行事　低学年』　学研プラス　2016.6　64p　26cm　650円
①978-4-05-304535-5　Ⓝ810
目次 4月ごろ さくらをながめる「お花見」，4月8日 「花まつり」はおしゃかさまのたん生日，5月5日 男の子のおまつり「たんごのせっく」，5月第二日曜日 「母の日」…お母さん，ありがとう，6月1日 「ころもがえ」…夏のふくにきがえよう，6月ごろ しとしと雨がふる「つゆ」，7月7日 「七夕」…たんざくにねがいを，7月ごろ 大きくてにぎやかな「夏まつり」，7月ごろ 「土用のうしの日」には，うなぎを食べよう，7月・8月 夜空を見上げる「花火大会」〔ほか〕

内容 お話を読む＋問題を解く→読書習慣と学習習慣が1日15分で1度に身につく！

『1年まるごときょうはなんの日？　国民の祝日』　「1年まるごときょうはなんの日？」編集委員会編　文研出版　2016.3　39p　27cm　〈文献あり〉　2800円　①978-4-580-82292-4　Ⓝ204.9
目次 1月1日―元旦，1月第2月曜日―成人の日，2月11日―建国記念の日，春分日（3月21日ごろ）―春分の日，4月29日―昭和の日，5月3日―憲法記念日，5月4日―みどりの日，5月5日―こどもの日，7月第3月曜日―海の日，8月11日―山の日，9月第3月曜日―敬老の日，秋分日（9月23日ごろ）―秋分の日，10月第2月曜日―体育の日，11月3日―文化の日，11月23日―勤労感謝の日，12月23日―天皇誕生日

『えほん七十二候―はるなつあきふゆ めぐるぐる』　白井明大作，くぼあやこ絵　講談社　2016.3　29p　27cm　（講談社の創

6

行事・記念日

作絵本）　1500円　①978-4-06-133287-4
Ⓝ449.81
目次 はる（立春 2月4日ごろ〜，雨水 2月19
日ごろ〜 ほか），なつ（立夏 5月5日ごろ〜，
小満 5月20日ごろ〜 ほか），あき（立秋 8月7
日ごろ〜，処署 8月23日ごろ〜 ほか），ふゆ
（立冬 11月7日ごろ〜，小雪 11月22日ごろ〜
ほか）
内容 はじめての『七十二候』。「七十二候」
が，声にだして楽しく読める詩になりました。
日本の季節のうつろいを，子どももおとなも
ぐるりと体感！　わかりやすい詩と美しい絵
で味わう「七十二候」入門絵本。

『1年まるごときょうはなんの日？　10月
〜12月』　「1年まるごときょうはなんの
日？」編集委員会編　文研出版　2016.2
55p　27cm　〈文献あり　索引あり〉　2800
円　①978-4-580-82291-7　Ⓝ204.9

『1年まるごときょうはなんの日？　7月〜
9月』　「1年まるごときょうはなんの
日？」編集委員会編　文研出版　2016.1
55p　27cm　〈文献あり　索引あり〉　2800
円　①978-4-580-82289-4　Ⓝ204.9
目次 7月，8月，9月

『1年まるごときょうはなんの日？　4月〜
6月』　「1年まるごときょうはなんの
日？」編集委員会編　文研出版　2016.1
55p　27cm　〈文献あり　索引あり〉　2800
円　①978-4-580-82288-7　Ⓝ204.9
目次 4月，5月，6月，12か月の誕生花・誕生石

『1年まるごときょうはなんの日？　1月〜
3月』　「1年まるごときょうはなんの
日？」編集委員会編　文研出版　2015.12
55p　27cm　〈文献あり　索引あり〉　2800
円　①978-4-580-82287-0　Ⓝ204.9
目次 1月，2月，3月

『12か月の行事のえほん―うたう♪たべ
る！あそぶ！』　講談社編，新谷尚紀，井
桁容子監修　講談社　2015.11　191p
24cm　〈文献あり　索引あり〉　2200円
①978-4-06-219805-9　Ⓝ386.1
目次 おしょうがつ，せつぶん，ひなまつり，
そつえんしき，にゅうえんしき，おはなみ，
たんごのせっく，ははのひ，たうえ，ちちの
ひ〔ほか〕

『おはなしぎょうじのえほん　冬』　堀切リ
エ文，石井勉，河野あさ子，松田シヅコ，村
田エミコ絵　子どもの未来社　2015.10
30p　31cm　〈文献あり〉　1800円　①978-
4-86412-092-0　Ⓝ386.1

内容 「クリスマス」「お正月」など，冬の行事
の由来や楽しみ方，子どもに伝えたい折り紙
や料理などを紹介。

『おはなしぎょうじのえほん　秋』　堀切リ
エ文，石井勉，河野あさ子，松田シヅコ，村
田エミコ絵　子どもの未来社　2015.7
31p　31cm　〈文献あり〉　1800円　①978-
4-86412-091-3　Ⓝ386.1
内容 年中行事をお子さんと楽しめるようにと
考えてつくりました。「おはなしげきじょう」
「ゆらいばなし」は，読み聞かせにつかえま
す。「ゆらいばなし」で，行事の由来がわかり
ます。「おたのしみ」に，行事の楽しみ方，子
どもに伝えたい折り紙や料理をえらびました。

『サザエさんと日本の春・夏・秋・冬を楽し
もう！―アニメ「サザエさん」のゆかい
な12か月』　扶桑社　2015.7　80p　26cm
1300円　①978-4-594-07253-7　Ⓝ386.1
目次 春（ひなまつり，お花見 ほか），夏（梅
雨，七夕 ほか），秋（お月見，体育の日 ほ
か），冬（クリスマス，お正月 ほか）

『みんなでつくろう！　季節と行事で壁を
かざる立体工作　10・11・12月』　早未
恵理著　国土社　2015.4　39p　29cm
3000円　①978-4-337-28103-5　Ⓝ594
目次 10月（自然の恵み，運動会），11月（読書
の秋，もみじ狩り，勤労感謝の日），12月（ク
リスマス）

内容 季節や行事ごとの，アイデアいっぱいの
壁かざり・立体工作を紹介しています。イラ
ストで作りかたをていねいに説明しています。
必要な型紙もついています。ちょっとした
アイデアでしあがりがらりと変わっちゃう！
そんな工作のポイントを紹介しています。壁
にかざるだけにとどまらない，楽しく遊べる
アレンジ作品も提案しています。その季節の
風物や，行事の由来・しきたりなど，知って
おきたいマメ知識を掲載しています。使う材
料は，身のまわりにあるものや100円ショップ
で手に入るものばかり。アイデアや工夫が自
然に生まれるよう子どもたちをリードします。

『みんなでつくろう！　季節と行事で壁を
かざる立体工作　1・2・3月』　早未恵理
著　国土社　2015.4　39p　29cm　3000
円　①978-4-337-28104-2　Ⓝ594
目次 1月（お正月，2分の1成人式），2月（節
分，雪遊び），3月（桃の節句・ひなまつり，啓
蟄）

内容 季節や行事ごとの，アイデアいっぱいの
壁かざり・立体工作を紹介しています。イラ
ストで作りかたをていねいに説明しています。
必要な型紙もついています。ちょっとした
アイデアでしあがりがらりと変わっちゃう！
そんな工作のポイントを紹介しています。壁
にかざるだけにとどまらない，楽しく遊べる
アレンジ作品も提案しています。その季節の
風物や，行事の由来・しきたりなど，知って
おきたいマメ知識を掲載しています。使う材
料は，身のまわりにあるものや100円ショップ
で手に入るものばかり。アイデアや工夫が自
然に生まれるよう子どもたちをリードします。

子どもの本 伝統行事や記念日を知る本2000冊　7

行事・記念日

『日本の祭り　6　九州・沖縄編』　『日本の祭り』編集室編　理論社　2015.3　87p　29cm　〈文献あり〉　3400円　①978-4-652-20079-7　Ⓝ386.1

目次　福岡県（博多祇園山笠，鷽替えと鬼すべ，博多どんたく　ほか），佐賀県（唐津くんち，母ケ浦の面浮立，伊万里トンテントン　ほか），長崎県（長崎くんち，ヘトマト，長崎ペーロン　ほか），熊本県（八代妙見祭，牛深ハイヤ祭り，おんだ祭り　ほか），大分県（本場鶴崎踊大会，修上鬼会，日田祇園祭　ほか），宮崎県（高千穂の夜神楽，宮崎神宮祭，西都古墳まつり　ほか），鹿児島県（市来の七夕踊り，豊玉姫神社の水車からくり），沖縄県（那覇大綱挽まるち，糸満ハーレー，首里城祭　ほか）

『みんなでつくろう！　季節と行事で壁をかざる立体工作　7・8・9月』　早未恵理著　国土社　2015.3　39p　29cm　3000円　①978-4-337-28102-8　Ⓝ594

目次　プール開き（関節人形を作る，体そう人形を作る　ほか），七夕（笹竹を作る，七夕かざりを作る　ほか），夏休み（花火を作る，未来絵日記を描く），9月の空（雲を作る，トンボを作る），十五夜（月を作る，ウサギを作る　ほか），敬老の日（じぶん人形を変身させる，レタリングをする　ほか）

内容　季節や行事ごとの，アイデアいっぱいの壁かざり・立体工作を紹介。イラストで作りかたをていねいに説明。型紙つき。ちょっとしたアイデアでしあがりががらりと変わっちゃう！　そんな工作のポイントを紹介。壁にかざるだけにとどまらない，楽しく遊べるアレンジ作品も提案。その季節の風物や，行事の由来・しきたりなど，知っておきたいマメ知識を掲載。使う材料は，身のまわりにあるものや100円ショップで手に入るものばかり。

『みんなでつくろう！　季節と行事で壁をかざる立体工作　4・5・6月』　早未恵理著　国土社　2015.3　39p　29cm　3000円　①978-4-337-28101-1　Ⓝ594

目次　4月（サクラの季節―入学・進級おめでとう！（サクラを作る，じぶん人形をアレンジする），ぼくたち・わたしたちのお花見（春の野を再現！　タンポポを作る，シロツメクサを作る，チョウチョウを作る）），5月（端午の節句・子どもの日（こいのぼりを作る，愛鳥週間（鳥を作る，浮世絵に挑戦！）），6月（梅雨（雨を作る，アジサイを作る，カタツムリを作る，虫歯予防デー（ダンボールで動物を作る，歯ブラシを作る））

内容　季節や行事ごとの，アイデアいっぱいの壁かざり・立体工作を紹介。壁にかざるだけにとどまらない，楽しく遊べるアレンジ作品も提案。その季節の風物や，行事の由来・しきたりなど，知っておきたいマメ知識を掲載。

『日本の祭り　5　中国・四国編』　『日本の祭り』編集室編　理論社　2015.2　87p　29cm　〈文献あり〉　3400円　①978-4-652-20078-0　Ⓝ386.1

目次　鳥取県，島根県，岡山県，広島県，山口県，徳島県，香川県，愛媛県，高知県

内容　日本の祭りを見る！　知る！　楽しむ！全国各地の祭りを見比べて，地域に根付く文化の違いを発見しよう。

『日本の祭り大図鑑―みたい！　しりたい！　しらべたい！　4　世のなかの平安を祈る祭り』　松尾恒一監修・著　京都ミネルヴァ書房　2015.2　31p　27cm　〈索引あり〉　2800円　①978-4-623-07234-7　Ⓝ386.1

目次　古代からつづく祭り，寺院が祈願する天下泰平（奈良・東大寺のお水取り，奈良・花会式　ほか），古社の祭り（京都・葵祭，東京・くらやみ祭　ほか），もっと知りたい日本各地の例祭（岐阜・高山祭，東京・神田祭　ほか），氏と源氏の祭り（広島・管弦祭，神奈川・鶴岡八幡宮例大祭），もっと知りたい鎖国時代の国際交流を伝える祭り（長崎・長崎くんち，佐賀・唐津くんち），くらしのなかの身近な祭り（現世利益をもたらす神さま，神社と子どもの成長）

内容　大きな寺院や神社でおこなわれる，世のなかの平和や人びとの生活の平安を祈る祭りを紹介。1000年をこえて伝えられる祭りも少なくありません。

『むかしのくらし思い出絵日記　2　春夏秋冬の行事と食べもの』　たかいひろこ著　ポプラ社　2015.2　63p　29cm　〈文献あり　索引あり〉　3000円　①978-4-591-14304-9　Ⓝ380

目次　春（桃の節句，お花見　ほか），夏（衣がえ，夏至　ほか），秋（お月見，お彼岸　ほか），冬（お正月こと始め，冬至　ほか）

内容　春のお花見，夏の七夕，秋のお月見，冬のお正月。子どものころ，それぞれの季節に行われる行事に，いつもわくわくしていました。そして，食べものは，楽しみのひとつ。さくらもちや，かしわもち，月見だんご，おはぎ，おせち料理などのおいしい食べもの，みんなをえがおにしてくれました。行事や食べものには，自然に感謝し，しあわせをねがう気持ちがこめられていました。たいせつに伝えていきたい，むかしのくらし。

『おはなしぎょうじのえほん　夏』　堀切リエ文，石井勉，河野あさ子，松田シヅコ，村田エミコ絵　子どもの未来社　2015.1　31p　31cm　〈文献あり〉　1800円　①978-4-86412-089-0　Ⓝ386.1

内容　各月の「おはなしげきじょう」「ゆらいばなし」は，読み聞かせにつかえます。「ゆらいばなし」で，行事の由来がわかります。各月の「おたのしみ」に，行事の楽しみ方，子どもに伝えたい折り紙や料理をえらびました。

『おはなしぎょうじのえほん　春』　堀切リエ文，石井勉，河野あさ子，松田シヅコ，村

8

行事・記念日

田エミコ絵　子どもの未来社　2015.1
31p　31cm　〈文献あり〉　1800円　①978-
4-86412-088-3　Ⓝ386.1

内容 各月の「おはなしげきじょう」「ゆらい
ばなし」は、読み聞かせにつかえます。「ゆら
いばなし」で、行事の由来がわかります。各
月の「おたのしみ」に、行事の楽しみ方、子ど
もに伝えたい折り紙や料理をえらびました。

『日本の祭り　3　中部編』　『日本の祭り』
編集室編　理論社　2015.1　87p　29cm
〈文献あり〉　3400円　①978-4-652-20076-
6　Ⓝ386.1

目次 新潟県、富山県、石川県、福井県、山梨
県、長野県、岐阜県、静岡県、愛知県

『日本の祭り大図鑑―みたい！　しりた
い！　しらべたい！　3　豊作・豊漁を
願い感謝する祭り』　松尾恒一監修・著
京都　ミネルヴァ書房　2015.1　31p
27cm　〈索引あり〉　2800円　①978-4-623-
07233-0　Ⓝ386.1

目次 豊作を願う祭り（三重・正月堂修正会、
静岡・蛭ヶ谷の田遊び）、広島・塩原の大山供
養田植、収穫を感謝する祭り（沖縄・豊年祭
（西表島）、沖縄・豊年祭（黒島）、鹿児島・秋
名アラセツ行事（奄美大島））、豊漁を願う祭
り（神奈川・船おろし、宮城・塩竈みなと祭
り、北海道・アシリチェプノミ、大分・ホーラ
ンエンヤ）、くらしのなかの身近な祭り（大み
そかの習慣、新年の行事）

内容 1年間のくらしをゆたかにするために重
要な、豊作や豊漁を願う祭りを紹介。田や海
の神さまに収穫を祈り、ゆたかな実りや大漁
への感謝の気持ちを伝えます。小学校中学年
～高学年向き。

『季節をたべる冬の保存食・行事食』　濱田
美里著、藤田美菜子絵　アリス館　2014.
12　39p　26cm　（いっしょにつくろ
う！）　〈文献あり〉　1300円　①978-4-
7520-0660-2　Ⓝ596

目次 いくらのしょうゆ漬け、鮭フレーク、ゆ
ずジャム、べったら漬け、白菜漬け、きんかん
のシロップ煮、柑橘類のビール、みそ、冬の行
事食をつくろう（クリスマス、お正月・節分）

内容 寒さのなかで、じっくりとうまみを増し
た野菜や、さわやかな柑橘類で、保存食を作
りませんか。シュトーレン、おせち、恵方巻
など、あたたかな家の中で冬の行事を楽しみ
ながら、春の訪れを待ちましょう。

『しばわんこの和の行事えほん』　川浦良枝
絵と文　白泉社　2014.12　55p　27cm
（MOEのえほん―しばわんこの和のここ
ろシリーズ）　〈文献あり〉　1300円
①978-4-592-76180-8　Ⓝ386.1

目次 1月　睦月―みんなで遊ぶお正月、2月　如
月―節分は元気に豆まきしよう、3月　弥生―
きょうは楽しいひなまつり、4月　卯月―お花
がいっぱい春の野原、5月　皐月―端午の節句
は元気いっぱい、6月　水無月―ころもがえで
夏のじゅんび、7月　文月―お星様に願おう七
夕、8月　葉月―ドキドキワクワク夏まつり、9
月　長月―みんなで遊ぶお月見といもほり、10
月　神無月―赤勝て白勝て運動会、11月　霜月
―楽しくお祝い七五三、12月　師走―サンタさ
ん来るかなクリスマス

内容 お正月、節分、夏まつり。季節の行事の
意味や由来を、しばわんこと一緒に遊びなが
ら学びましょう。3歳から。

『日本の祭り大図鑑―みたい！　しりた
い！　しらべたい！　2　先祖とともに
すごす祭り』　松尾恒一監修・著　京都
ミネルヴァ書房　2014.12　31p　27cm
〈索引あり〉　2800円　①978-4-623-07232-
3　Ⓝ386.1

目次 灯ろうの祭り（青森・青森ねぶた祭、青
森・弘前ねぷたまつり）、先祖の霊をむかえる
祭り（沖縄・アンガマ、千葉・鬼来迎）、先祖
を供養する祭り（東京・佃島の盆踊り、秋田・
西馬音内盆踊り）、先祖を送りだす祭り（京
都・五山送り火、山梨・吉田の火祭り）

内容 先祖の霊や精霊をむかえ、ともにすごす
お盆（魂祭り）を紹介。盆踊りにあみ笠を深く
かぶるわけや、なぜ送り火をたくのかなど、
なぞにもせまります。小学校中学年～高学年
向き。

『日本の祭り　2　関東編』　『日本の祭り』
編集室編　理論社　2014.11　87p　29cm
〈文献あり〉　3400円　①978-4-652-20075-
9　Ⓝ386.1

目次 茨城県、栃木県、群馬県、埼玉県、千葉
県、東京都、神奈川県

『日本の祭り大図鑑―みたい！　しりた
い！　しらべたい！　1　病やわざわい
をはらう祭り』　松尾恒一監修・著　京都
ミネルヴァ書房　2014.11　31p　27cm
〈索引あり〉　2800円　①978-4-623-07231-
6　Ⓝ386.1

目次 病やわざわいをはらう夏祭り、もっと知
りたい　まだある、日本各地の祇園祭、神楽―
たましいを復活させる冬祭り、もっと知りた
い　日本各地に伝わる神楽、もっと知りたい
神楽のはじまり「天の岩屋戸神話」、巫女と神
楽、くらしのなかの身近な祭り

内容 山車やお囃子などで神さまをもてなし、
病やわざわいをもたらす鬼や悪霊をおいはら
う祭りを紹介。節分でなぜ鬼をおいはらうの
か、そのわけもわかります。

『日本の祭り　1　北海道・東北編』　『日
本の祭り』編集室編　理論社　2014.10
87p　29cm　〈文献あり〉　3400円　①978-
4-652-20074-2　Ⓝ386.1

目次 北海道、青森県、岩手県、宮城県、秋田
県、山形県、福島県

子どもの本　伝統行事や記念日を知る本2000冊　9

行事・記念日

『季節をたべる秋の保存食・行事食』 濱田美里著，藤田美菜子絵 アリス館 2014.9 39p 26cm （いっしょにつくろう！）〈文献あり〉1300円 ①978-4-7520-0659-6 Ⓝ596

目次 干し芋，ドライフルーツ，栗の甘露煮，栗の渋皮煮，菊の花の甘酢漬け，干しきのこ，かりんのはちみつ漬け，さんまの佃煮，あじの一夜干し，福神漬け，りんごジャム，秋の行事食をつくろう，お月見，月見だんご，秋のお彼岸，おはぎ（ずんだ・ごま・こしあん），いっしょにつくろう！ 春・夏・秋・冬 おいしい保存食カレンダー

内容 芋・栗・りんご・アジ・きのこなどいろいろ。実りの秋の食材で保存食づくり。

『日本の祭り 4 近畿編』 『日本の祭り』編集室編 理論社 2014.9 87p 29cm 〈文献あり〉3400円 ①978-4-652-20077-3 Ⓝ386.1

目次 三重県（伊勢神宮式年遷宮，多度祭（上げ馬神事）ほか），滋賀県（日吉大社山王祭，近江八幡左義長まつり ほか），京都府（葵祭，祇園祭 ほか），大阪府（天神祭，岸和田だんじり祭 ほか），兵庫県（灘のけんか祭り，十日戎（開門神事福男選び）ほか），奈良県（東大寺修二会（お水取り），當麻寺練供養（聖衆来迎練供養会式）ほか），和歌山県（那智の火祭，お燈まつり（例大祭）ほか）

『季節をたべる夏の保存食・行事食』 濱田美里著，藤田美菜子絵 アリス館 2014.6 39p 26cm （いっしょにつくろう！）〈文献あり〉1300円 ①978-4-7520-0658-9 Ⓝ596

目次 梅シロップ，赤じそジュース，フルーツサワー，ドライトマト，トマトソース，梅干し・はちみつ梅・ゆかり，桃のジャム，ピクルス，新しょうがの甘酢漬け（がり），らっきょうの甘酢漬け，いちじくのコンポート，夏の行事食をつくろう，七夕，お盆

内容 かんたんでおいしい。食もカラダも保存食で夏バテ知らず。

『二十四節気のえほん』 西田めい文，羽尻利門絵 PHP研究所 2014.5 47p 29cm （たのしいちしきえほん）1600円 ①978-4-569-78398-7 Ⓝ449.81

目次 立春，雨水，啓蟄，春分，清明，穀雨，立夏，小満，芒種，夏至〔ほか〕

内容 二十四節気とは、1年間の太陽の位置を24等分して、それぞれの区分点となる日に、「雨水」「啓蟄」「清明」といった天候や自然の変化を表す名前をつけたものです。季節の節目を知る目安となるもので、多くの季節行事は、これを基準におこなわれています。

『絵本ごよみ 二十四節気と七十二候―美しい日本の季節と衣・食・住 冬 さざんかがはじめてひらき』 坂東眞理子監修 教育画劇 2014.4 44p 23×31cm 〈文献あり 索引あり〉3200円 ①978-4-7746-1783-1 Ⓝ449.81

目次 立冬，小雪，大雪，冬至，小寒，大寒

内容 「七十二候」を美しいイラストで紹介。その日の行事や季節の言葉を知る、日めくりカレンダーのような「こよみ」。「日々のよろこび」では、季節にそった「衣・食・住」の楽しみ、「行事のある特別な日」では、大切な行事や、行ってみたい日本各地のお祭りなどを紹介。季節を感じ取る「俳句」「和菓子」「読書」の紹介も。

『絵本ごよみ 二十四節気と七十二候―美しい日本の季節と衣・食・住 秋 すずかぜがふけば』 坂東眞理子監修 教育画劇 2014.4 44p 23×31cm 〈文献あり 索引あり〉3200円 ①978-4-7746-1782-4 Ⓝ449.81

目次 立秋，処暑，白露，秋分，寒露，霜降

内容 「七十二候」を美しいイラストで紹介。その日の行事や季節の言葉を知る、日めくりカレンダーのような「こよみ」。「日々のよろこび」では、季節にそった「衣・食・住」の楽しみ、「行事のある特別な日」では、大切な行事や、行ってみたい日本各地のお祭りなどを紹介。季節を感じ取る「俳句」「和菓子」「読書」の紹介も。

『絵本ごよみ 二十四節気と七十二候―美しい日本の季節と衣・食・住 夏 かえるがはじめてなくと』 坂東眞理子監修 教育画劇 2014.4 44p 23×31cm 〈文献あり 索引あり〉3200円 ①978-4-7746-1781-7 Ⓝ449.81

目次 立夏，小満，芒種，夏至，小暑，大暑

内容 「七十二候」を美しいイラストで紹介。その日の行事や季節の言葉を知る、日めくりカレンダーのような「こよみ」。「日々のよろこび」では、季節にそった「衣・食・住」の楽しみ、「行事のある特別な日」では、大切な行事や、行ってみたい日本各地のお祭りなどを紹介。季節を感じ取る「俳句」「和菓子」「読書」の紹介も。

『季節をたべる春の保存食・行事食』 濱田美里著，藤田美菜子絵 アリス館 2014.4 39p 26cm （いっしょにつくろう！）1300円 ①978-4-7520-0657-2 Ⓝ596

目次 いちごジャム，春キャベツの甘酢漬け，新たまねぎのしょうゆ漬け，わかめのふりかけ，たけのこの佃煮（メンマ風），さくらの花の塩漬け，ふきのとうみそ，つくしの佃煮，きゃらぶき，春の行事食をつくろう，桃の節句，ひなあられ，ちらし寿司，はまぐりのお吸い物，春のお彼岸／端午の節句，まず「粒あん」を作る，ぼたもち，桜もち，かしわもち，いっしょにつくろう！ 春・夏・秋・冬 おいしい保存食カレンダー

10

## 行事・記念日

『**昔のくらしと道具 5 祭りと行事と道具**』 大島建彦監修，大角修文 小峰書店 2014.4 35p 29cm 〈索引あり〉 2600円 ①978-4-338-28605-3 Ⓝ382.1

目次 1年の行事，お正月，小正月と節分，ひな祭りと節供，お彼岸と花祭り，お花見，端午の節供，田植えの祭りと虫おくり，七夕，お盆，地蔵盆，お月見，秋祭り，年のくれ，人の一生の行事，座敷で結婚式，昔の教科書を読む

内容 昔から残る道具や行事などを手がかりに，くらしの変化を調べる。郷土資料館や保存民家にある道具だけでなく，60年ほど前の教科書の絵と文を掲載。そこにこめられた人びとの願いを見る。小学校中学年から。

『**きせつのぎょうじえほん**』 山本祐司絵 小学館 2014.3 47p 26cm （プレNEO BOOKS） 1200円 ①978-4-09-217277-7 Ⓝ386.1

目次 しょうがつ，せつぶん，ひなまつり，はなみ，たんごのせっく，ころもがえ，たなばた，おぼん，つきみ，たいいくのひ，しちごさん，おおみそか

内容 節分にはなぜ豆をまく？ 「おぼん」って何なのかな…楽しくわかる日本の伝統行事。読み聞かせにもぴったりな12か月の行事の「ゆらい」20話つき。

『**絵本ごよみ 二十四節気と七十二候—美しい日本の季節と衣・食・住 春 はるかぜがこおりをといて**』 坂東眞理子監修 教育画劇 2014.2 44p 23×31cm 〈文献あり 索引あり〉 3200円 ①978-4-7746-1780-0 Ⓝ449.81

目次 立春（立春のこよみ，日々のよろこび—春は名のみの風の寒さや ほか），雨水（雨水のこよみ，日々のよろこび—風も光も春めいて ほか），啓蟄（啓蟄のこよみ，日々のよろこび—春の陽気にさそわれて ほか），春分（春分のこよみ，日々のよろこび—新しい生活に向けて ほか），清明（清明のこよみ，日々のよろこび—美しい春の中、のびのびと ほか），穀雨（穀雨のこよみ，日々のよろこび—春をしめくくるお楽しみ ほか）

内容 「七十二候」を美しいイラストで紹介。その日の行事や季節の言葉を知る、日めくりカレンダーのような「こよみ」。「日々のよろこび」では、季節にそった「衣」・「食」・「住」の楽しみを、「行事のある特別な日」では、昔からの大切な行事や、行ってみたい日本各地のお祭りなどを紹介。季節を感じ取る「俳句」「和菓子」「読書」の紹介も。

『**たのしい行事シアター—はるなつあきふゆ**』 ポット編集部編 チャイルド本社 2014.2 111p 26cm （potブックス） 1800円 ①978-4-8054-0222-1 Ⓝ376.157

目次 春（春のおはなし—折り紙シアター お花畑に春が来たよ！，こどもの日—リサイクル素材シアター がんばれ滝登り），夏（歯と口の健康週間—カードシアター かばくんとむしばキン，七夕—パネルシアター 織姫と彦星，夏のおはなし—紙皿・紙コップシアター スイスイさかなくん），秋（夕涼み会—うちわシアター おもしろ花火がドドーン、パッ！，防災の日—タオルシアター 慌てずに避難しよう，敬老の日—ペープサート おじいちゃんおばあちゃんありがとう，いも掘り—封筒シアター おいもを掘ろう！，ハロウィーン—リサイクル素材シアター ハロウィーンでドッキリ！ 勤労感謝の日—ペープサート 働く人がたくさん），冬（クリスマス—ブラックパネルシアター サンタクロースの落とし物，冬の健康—カードシアター パタパタかぜキン，節分—パネルシアター たぬきくんとおに），春（ひな祭り—ペープサート ゆきちゃんのうれしいひな祭り）

内容 こどもの日、七夕、いも掘りなど、園で行う行事やイベントを盛り上げるシアターを15編収録。ペープサート、パネルシアターをはじめ、うちわやタオルを使ったシアターなど、バリエーションも豊富です。さあ、子どもたちと行事を楽しみましょう！

『**こどもきせつのぎょうじ絵じてん**』 三省堂編修所編 小型版 三省堂 2013.12 184,6p 22cm 〈文献あり 索引あり〉 1900円 ①978-4-385-14311-8 Ⓝ386.1

目次 1がつ—うた・おしょうがつ，2がつ—うた・ゆき，3がつ—うた・うれしいひなまつり，4がつ—うた・チューリップ，5がつ—うた・こいのぼり，6がつ—うた・あめふり，7がつ—うた・たなばたさま，8がつ—うた・うみ，9がつ—うた・あかとんぼ，10がつ—うた・まっかなあき，11がつ—うた・たきび，12がつ—うた・ジングルベル，さとやまのくらし—うた・ふるさと

内容 大人も知らない情報がいっぱい！ おもな年中行事・記念日・祝日・園行事のすべてがわかる。行事で使われる道具や、行事に欠かせない食べ物の名前がわかる。大人向け解説で、由来や歴史がさらにくわしくわかる。行事にちなんだ料理の作り方や工作の仕方がわかる。季節を代表する草花や食べ物の名前、天気に関する言葉がわかる。日本人の季節感に大きな影響を与えた「さとやまのくらし」がわかる。3歳から7歳むけ。

『**坂本廣子のつくろう！ 食べよう！ 行事食 3 月見から大みそか**』 坂本廣子著，奥村彪生監修 少年写真新聞社 2013.12 47p 27cm 〈文献あり 索引あり〉 2200円 ①978-4-87981-481-4 Ⓝ596.4

目次 月見から大みそか（季節の行事 月見，季節の行事 重陽の節句，彼岸，季節の行事 紅葉狩り，冬至，昔から香りと酸味を利用してきた ゆず，なべいろいろ，季節の行事 クリスマス，季節の行事 もちつき，大みそか，地域性豊かな年取り魚），人生の通過儀礼（長寿の祝い，葬式）

子どもの本 伝統行事や記念日を知る本2000冊 **11**

行事・記念日

『坂本廣子のつくろう！ 食べよう！ 行事食 2 花見からお盆』 坂本廣子著, 奥村彪生監修 少年写真新聞社 2013.11 47p 27cm 〈文献あり 索引あり〉2200円 Ⓘ978-4-87981-480-7 Ⓝ596.4

目次 花見からお盆(季節の行事―花見, ハレの日のもち米, 季節の行事―端午の節句, 季節の行事―八十八夜, 昔から伝えられている梅しごと, 季節の行事―七夕, 土用の丑, 季節の行事―お盆, 忘れてはいけない終戦記念日), 人生の通過儀礼

『日本の心を伝える年中行事事典』 野本寛一編, 筒江薫, 谷阪智佳子, 岩城こよみ文 岩崎書店 2013.11 191p 29cm 〈文献あり 索引あり〉6000円 Ⓘ978-4-265-05961-4 Ⓝ386.1

目次 1 新しい年を迎える喜び, 2 季節の折り目と祈り, 3 自然の恵みを祈る・収穫に感謝する, 4 ご先祖さまとの交わり, 5 子どもの成長を祈る・家族への感謝を示す・人と人との絆を深める, 6 年中行事と生きものたち, 7 神さまの家庭訪問鬼か神か妖怪か？, 8 長野県飯田市一三石家の一年の行事を追う, 9 大人のための年中行事入門

内容 正月・神さまを迎える、神さまの座席、節分、初午、水口祭り・サナブリ、刈り上げ・鎌祝い、彼岸、七夕さまのふしぎ、ひなまつり、入学式・卒業式、馬の年とり、烏勧請、アメハギ・ナマハゲ、トシドン…。「願い」「祈り」「思い」などを要素別にまとめて、年中行事にこめられた心を学ぶ。

『はじめてふれる日本の二十四節気・七十二候 4 冬 熊穴に蟄る』 根本浩著, 小林絵里子絵 汐文社 2013.11 55p 24cm 〈文献あり 索引あり〉2400円 Ⓘ978-4-8113-2021-2 Ⓝ449.81

目次 立冬, 小雪, 大雪, 冬至, 小寒, 大寒

『はじめてふれる日本の二十四節気・七十二候 3 秋 菊花開く』 根本浩著, 小林絵里子絵 汐文社 2013.11 55p 24cm 〈文献あり 索引あり〉2400円 Ⓘ978-4-8113-2020-5 Ⓝ449.81

内容 モミジが色づいたり、セキレイが鳴いたり、お月見をしたり…秋ならではの季節の楽しみ。

『坂本廣子のつくろう！ 食べよう！ 行事食 1 正月から桃の節句』 坂本廣子著, 奥村彪生監修 少年写真新聞社 2013.10 47p 27cm 〈文献あり 索引あり〉2200円 Ⓘ978-4-87981-479-1 Ⓝ596.4

目次 正月から桃の節句(季節の行事 正月, 雑煮いろいろ, 七草, 鏡開き・小正月, 季節の行事 節分, 大豆・大豆製品―みその話, 季節の行

行事 バレンタインデー, 季節の行事 桃の節句), 人生の通過儀礼

『はじめてふれる日本の二十四節気・七十二候 2 夏 蚕起きて桑を食う』 根本浩著, 小林絵里子絵 汐文社 2013.10 55p 24cm 〈文献あり 索引あり〉2400円 Ⓘ978-4-8113-2019-9 Ⓝ449.81

目次 立夏, 小満, 芒種, 夏至, 小暑, 大暑

『はじめてふれる日本の二十四節気・七十二候 1 春 桃始めて笑う』 根本浩著, 小林絵里子絵 汐文社 2013.10 55p 24cm 〈文献あり 索引あり〉2400円 Ⓘ978-4-8113-2018-2 Ⓝ449.81

目次 立春, 雨水, 啓蟄, 春分, 清明, 穀雨

『中国の四季の絵本』 王早早文, 李剣, 沈氷, 石子児, 黄馳衡, 王書音ほか絵 横浜 神奈川共同出版販売 2013.5 7冊(セット) 22×27cm 〈発売：星の環会〉15000円 Ⓘ978-4-89294-524-3

目次 1 元旦・小正月, 2 立春・春のお彼岸, 3 はじまりの季節・花祭り, 4 端午節・七夕, 5 お月見・秋の行事, 6 神様を祭る・祖先を祭る, 7 解説―日本に関わる中国の年中行事

『毎日が楽しくなるきせつのお話366』 長谷川康男監修 学研教育出版 2013.4 407p 25cm 〈文献あり 発売：学研マーケティング〉2300円 Ⓘ978-4-05-203729-0 Ⓝ049.1

目次 お正月って何？, 今年の初夢は何だった？, お正月におせち料理を食べるのはなぜ？, すでに行こう！, イチゴのまわりのつぶつぶは何？, 消防署の始まり, 春の七草を食べよう, 星座はだれが作ったの？, 霜柱はなぜできるの？, 警察への電話はどうして110番？ 〔ほか〕

内容 年中行事の由来、祝日の由来、星座の探し方、星座の神話、生き物の様子、天気の変化、季節ごとの体の変化、食べ物のふしぎ、旬の食べ物、機械や宇宙のひみつなど、1日1話で日本のきせつがまるごとわかる。

『絵でわかる社会科事典 4 年中行事＊祭り』 鎌田和宏監修 学研教育出版 2013.2 175p 30cm 〈文献あり 発売：学研マーケティング〉5500円 Ⓘ978-4-05-501003-0 Ⓝ303.3

目次 正月, おせち料理, 初もうで, 正月遊び, 七草, 鏡開き, 小正月, 節分, バレンタインデー, 初午〔ほか〕

内容 年中行事や祭りについて50音順でひける、本格社会科絵事典3・4年の社会科の調べ学習のテーマ決めに最適。

『いちねん―くらしとぎょうじ』 ゆきのゆみこ文, 武田美穂, 間瀬なおかた, 村松カツ絵, アフロ, 藤井旭他写真, 竹下昌之監修 チャイルド本社 2013.1(第5刷)

12

行事・記念日

28p　22×25cm　（チャイルド科学絵本館
―なぜなぜクイズ絵本　10）　571円
Ⓘ978-4-8054-2346-2　Ⓝ386.1
目次 1 わくわく一年すごろく，2 おしょう月
にたべるおせちりょうりってどんなりょうり
なの？，3 せつぶんにどうしてまめをまく
の？，4 ひなまつりにはどうしてひなにん
ぎょうをかざるの？，5 こどもの日にどうし
てこいのぼりをあげるの？，6 どうして七夕
かざりをするの？，7 お月見にはなぜおだん
ごをたべるの？，8 大みそかにはなぜおそばを
たべるの？，9 一年かるたクイズ，10 うそ・
ほんとめいろクイズ

『母と子の心がふれあう12か月のたのしい
行事えほん』　グループ・コロンブス編
ナツメ社　2012.11　127p　27cm　〈索引
あり〉　1800円　Ⓘ978-4-8163-5328-4
Ⓝ386.1
目次 春（ひなまつり，おひがん ほか），夏（つ
ゆ，ころもがえ ほか），秋（お月見，けいろう
の日 ほか），冬（とうじ，クリスマス ほか）
内容 かわいいイラストで，親しみやすい。絵
さがしで，楽しく行事を理解できる。「絵さが
し→行事の説明」の2ステップで，わかりやす
い。四季を感じられる歌，生き物，食べ物，
天気も紹介。

『おりがみ12か月　4　ふゆ』　寺西恵里子
作　汐文社　2012.10　47p　27cm　2300
円　Ⓘ978-4-8113-8907-3　Ⓝ754.9
目次 冬の花，冬の鳥と動物，冬の野菜，クリ
スマス，お正月，豆まき，冬のリース，バレン
タイン

『おりがみ12か月　3　あき』　寺西恵里子
作　汐文社　2012.10　47p　27cm　2300
円　Ⓘ978-4-8113-8906-6　Ⓝ754.9
目次 秋の花と木，収穫の秋，秋のくだもの，
お月見，ハロウィン，運動会音楽会，秋の
リース，敬老の日

『おりがみ12か月　2　なつ』　寺西恵里子
作　汐文社　2012.10　47p　27cm　2300
円　Ⓘ978-4-8113-8905-9　Ⓝ754.9
目次 夏の花，夏の虫，夏の野菜＆フルーツ，
七夕，夏の縁日，夏の海，夏のリース，暑中見
舞い

『おりがみ12か月　1　はる』　寺西恵里子
作　汐文社　2012.8　47p　27cm　2300
円　Ⓘ978-4-8113-8904-2　Ⓝ754.9
目次 折り紙の約束，折り紙をいろいろ使って
みましょう!!，春の花，春の鳥と虫，いちごと
スイーツ，お雛様，子どもの日，卒業＆入学，
遠足，春のリース，母の日

『江戸の子ども行事とあそび12か月』　菊地
ひと美著　偕成社　2012.4　1冊　27cm
1200円　Ⓘ978-4-03-332510-1　Ⓝ384.55

内容 江戸時代へようこそ。お正月には凧あ
げ，端午の節句には菖蒲打ち，七夕には回り
灯篭…。江戸時代の子どもたちのあそびを月
ごとの行事といっしょにおいかけてみましょ
う。小学校低学年から。

『日本の祭り大図鑑―知れば知るほどおも
しろい！：由来・歴史・見どころがわか
る』　芳賀日向監修　PHP研究所　2012.3
63p　29cm　〈索引あり　文献あり〉　2800
円　Ⓘ978-4-569-78205-8　Ⓝ386.1
目次 第1章 春のお祭り―3・4・5月（諏訪大
社の御柱祭（式年造営御柱大祭）―長野県，三
社祭―東京都 ほか），第2章 夏のお祭り―6・
7・8月（祇園祭―京都府，博多祇園山笠―福岡
県 ほか），第3章 秋のお祭り―9・10・11月
（岸和田だんじり祭―大阪府，灘のけんか祭り
（松原八幡神社秋季例大祭）―兵庫県 ほか），
第4章 冬のお祭り―12・1・2月（秩父夜祭―埼
玉県，西大寺会陽―岡山県 ほか）

『だいすき！　ニッポン（行事えほん）―英
語入りえほん』　正村史郎著　講談社ビー
シー　2012.2　59p　26cm　〈文献あり
発売：講談社〉　1400円　Ⓘ978-4-06-
217550-0　Ⓝ386.1
目次 お正月，七草粥，鏡開き，成人の日，小
正月，だるま市(1〜4月)，節分，初午，バ
レンタインデー，ひな祭り〔ほか〕
内容 日本の行事のことを，こどものころに
もっと知っていたら…。その時々をたのしみ
にして，もっと，こころ豊かにすごせたよう
におもいます。そんなおもいを男の子と女の
子の2人にたくしました。こどもが，年中行事
をとおして，たくましく成長していくえほん
にしました。やさしい英語の説明も少し入っ
ていますので日本の行事を紹介するえほんと
してもご利用ください。小学生から。

『季節＆行事の製作あそび―アイデアいっぱ
い！』　ポット編集部編　チャイルド本社
2012.1　95p　26cm　（ポットブックス）
1800円　Ⓘ978-4-8054-0194-1　Ⓝ376.156
目次 春の製作あそび（こいのぼり，ありがと
うギフト ほか），夏の製作あそび（七夕飾り，
いろいろ水あそび ほか），秋の製作あそび
（「敬老の日」のプレゼント，おいもを作って
飾ろう ほか），冬の製作あそび（クリスマス
製作，たこ・こま製作 ほか）
内容 こいのぼり製作をはじめ，七夕，いも掘
り，作品展，クリスマスなど，幼稚園や保育
園で欠かせない，季節と行事の楽しい製作の
アイデアがいっぱい！　製作活動の目安とな
る年齢表示付きです。

『ぎょうじのえほん―ぎょうじのゆらいいみ
ちしき』　西本鶏介文，新谷尚紀監修　ポ
プラ社　2011.12　125p　26cm　（のびの
び総合知育絵本）〈索引あり　文献あり〉
1500円　Ⓘ978-4-591-12672-1　Ⓝ386.1

子どもの本　伝統行事や記念日を知る本2000冊　13

行事・記念日

目次 1月 おしょうがつ，2月 せつぶん，3月 ひなまつり，4月 おはなみ，5月 こどものひ，6月 むしばよぼうデー，7月 たなばた，8月 おぼん，9月 おつきみ，10月 うんどうかい，11月 しちごさん，12月 クリスマス

内容 おしょうがつにどうしてもちをたべるの？　クリスマスプレゼントはなぜくつしたにいれてもらうの？　行事のおはなしを楽しみ，豊富な写真と絵で知識をチェック。親子でいっしょに行事を楽しめる本。

『季節を感じる！　12ケ月のぎょうじ工作』 早未恵理著　いんなあとりっぷ社　2011.5　79p　26cm　（親と子のヒラメキ工作2）　1429円　①978-4-266-00091-2　Ⓝ594

目次 春の工作（おうちでお花見，かわいいお花畑　ほか），夏の工作（モダンな七夕かざり，船で水遊び　ほか），秋の工作（赤とんぼのモビール，ぐんぐん競争　ほか），冬の工作（クリスマスギフトボックス，クリスマスツリー　ほか）

『伝統行事がわかる図鑑　5　くらしのしきたり』 新谷尚紀監修　ポプラ社　2011.3　39p　27cm　〈索引あり〉　2600円　①978-4-591-12314-0　Ⓝ386.1

目次 誕生のしきたり，七五三のしきたり，成人式のしきたり，結婚のしきたり，食事のしきたり，家をたてるときのしきたり，日本家屋のくふう，厄年のしきたり，福をまねくえんぎもの，長寿のいわいのしきたり，葬式のしきたり

『伝統行事がわかる図鑑　4　冬のしきたり』 新谷尚紀監修　ポプラ社　2011.3　39p　27cm　〈索引あり〉　2600円　①978-4-591-12313-3　Ⓝ386.1

目次 お歳暮，正月事始め，冬至，大みそか，からだをあたためる道具，正月，むかしながらの冬の食べもの，七草がゆ，鏡びらき，小正月〔ほか〕

『伝統行事がわかる図鑑　3　秋のしきたり』 新谷尚紀監修　ポプラ社　2011.3　39p　27cm　〈索引あり〉　2600円　①978-4-591-12312-6　Ⓝ386.1

目次 二百十日，重陽の節句，十五夜，むかしながらの秋の食べもの，秋の彼岸，紅葉狩り，秋の虫の声，えびす講，酉の市，秋まつり〔ほか〕

『伝統行事がわかる図鑑　2　夏のしきたり』 新谷尚紀監修　ポプラ社　2011.3　39p　27cm　〈索引あり〉　2600円　①978-4-591-12311-9　Ⓝ386.1

目次 衣がえ，山びらき，川びらき，夏を快適にすごすくふう，七夕，お中元，暑中みまい，夏の土用，むかしながらの夏の食べもの，お盆，夏まつり

『伝統行事がわかる図鑑　1　春のしきたり』 新谷尚紀監修　ポプラ社　2011.3　39p　27cm　〈索引あり〉　2600円　①978-4-591-12310-2　Ⓝ386.1

目次 ひなまつり，春の彼岸，花見，潮干狩り，むかしながらの春の食べもの，花まつり，八十八夜，春の生きもの，端午の節句

『はるのあそび』 竹井史郎作，笹沼香絵 岩崎書店　2011.3　32p　25cm　（季節・行事の工作絵本　4）　1400円　①978-4-265-03314-0　Ⓝ594

目次 たんぽぽ，しろつめくさ，つばき，つくし（すぎな），なずな，いし，すな，ひなまつりかざり，はるのいきもの，こどものひこうさく〔ほか〕

内容 みぢかなもので，こんなにいろいろつくれちゃう。こんなにおもしろくあそべちゃう。はるをたのしむあそびとこうさくがいっぱい。

『よいこきらきらおりがみ12かげつ―たのしいぎょうじのかざりつけ』 いまいみさ著　小学館　2011.3　63p　27cm　1500円　①978-4-09-227148-7　Ⓝ754.9

目次 はる（おひなさま，かべかけおひなさま　ほか），なつ（あじさいとかたつむり，レターセット＆おまもり　ほか），あき（おつきみうさぎ，コスモス　ほか），ふゆ（みんなでメリークリスマス！，クリスマスツリーとオーナメントツリー　ほか）

『ふゆのあそび』 竹井史郎作，笹沼香絵 岩崎書店　2010.12　32p　25cm　（季節・行事の工作絵本　3）　1400円　①978-4-265-03313-3　Ⓝ594

目次 まつかさ，まつば，みかん，ゆき，クリスマスツリー，クリスマスのあそび，もちつきぺったん，てづくりのねんがじょう，おしょうがつのへやあそび，おしょうがつのそとあそび，せつぶんのこうさく

内容 みぢかなもので，こんなにいろいろつくれちゃう。こんなにおもしろくあそべちゃう。ふゆをたのしむあそびとこうさくがいっぱい。

『あきのあそび』 竹井史郎作，笹沼香絵 岩崎書店　2010.10　32p　25cm　（季節・行事の工作絵本　2）　1400円　①978-4-265-03312-6　Ⓝ594

目次 どんぐり，すすき，くず，かき，いちょう，おちば，メッセージカード，けいろうのひプレゼント，とばしっこあそび，おとでるこうさく，うんどうのこうさく，あきばこのこうさく，おりがみあそび

内容 みぢかなもので，こんなにいろいろつくれちゃう。こんなにおもしろくあそべちゃう。あきをたのしむあそびとこうさくがいっぱい。

『行事のおはなし12か月―読み聞かせにぴったり全17話と暦の解説付き　子どもに伝えたい日本の季節の行事の由来がたのしくわかる！』 左近蘭子作，くすはら順子絵　世界文化社　2010.10　111p

14

# 行事・記念日

29cm 〈文献あり〉 1200円 ①978-4-418-10812-1 Ⓝ386.1

目次 おうちの方へ 日本の行事と暦について，一年の暦，一年間のおもな行事と記念日，どうしておせちりょうりをたべるの？，せつぶんってなあに？，なぜおひなさまをかざるの？，はなまつり，どうしてこいのぼりをかざるの？，ははのひ，はのえいせいしゅうかん，とけいってどうしてあるの？，ちちのひ，たなばたってなあに？，おぼんってなあに？，けいろうのひ，なんでおつきみをするのかな？，たいいくのひ，ハロウィンってなあに？，きんろうかんしゃのひってなあに？，なんでクリスマスにケーキをたべるの？

内容 行事にはひとつひとつ意味があります。季節と深くかかわり，人々の願いや生活の知恵がぎゅっと詰まっている行事を，子どもたちに伝えていきたいものです。

『なつのあそび』 竹井史郎作，笹崎香絵絵 岩崎書店 2010.6 32p 25cm （季節・行事の工作絵本 1） 1400円 ① 978-4-265-03311-9 Ⓝ594

目次 ささ，おおばこ，ふき，あさがお，えのころぐさ，おしろいばな，すな，かいがら，ちちのひカード，ちちのひプレゼント，たなばたかざり，すずしいこうさく，かみコップこうさく，おりがみあそび

内容 みぢかなもので，こんなにいろいろつくれちゃう。こんなにおもしろくあそべちゃう。なつをたのしむあそびとこうさくがいっぱい。

『年中行事を五感で味わう』 山下柚実著 岩波書店 2009.12 182p 18cm （岩波ジュニア新書 645） 〈文献あり〉 840円 ①978-4-00-500645-8 Ⓝ386.1

『こどもとはじめる季節の行事』 織田忍著 自由国民社 2009.6 87p 21cm （親子のじかん 01） 〈文献あり〉 1200円 ①978-4-426-10771-0 Ⓝ386.1

目次 お花見，山菜摘み，灌仏会（花祭り），十三参り，端午の節句，潮干狩り，八十八夜，田植え，入梅，衣替え〔ほか〕

内容 ゆかたは楽しい。ハロウインもやってみたい。お正月だってもっともっと楽しくなる。衣替えや暑中見舞いだって，親子でやればこんなに楽しい。季節を親子であじわうためのヒントがいっぱい。

『コンサイスアルバムディクショナリー年中行事辞典編 いちねん』 三省堂編修所編 三省堂 2009.3 44p 15×17cm 1200円 ①978-4-385-36410-0

目次 おしょうがつ（お正月），せつぶん（節分），ひなまつり（雛祭り），おまけ おめかし，おはなみ（お花見），たんごのせっく（端午の節句），おまけ おいわい，たなばた（七夕），なつやすみ（夏休み），おまけ おみごと，おぼ

ん（お盆），うんどうかい（運動会），おてがら，おまつり（お祭り），ぶんかのひ（文化の日），げいじゅつ，クリスマス，ふゆやすみ（冬休み），としこし（年越し），ごちそう

内容 お気に入りの写真で創る，本邦初「アルバム×辞書」。暮らしに息づく歴史と文化が，キュートな写真とコラボ。1年間の思い出を，親子で楽しむ1冊のカワイイ辞典に。

『年中行事』 新谷尚紀監修 ポプラ社 2009.3 215p 29cm （ポプラディア情報館） 〈索引あり〉 6800円 ①978-4-591-10686-0 Ⓝ386.1

目次 日本の暦と四季のくらし（暦と年中行事，暦のしくみと歴史，二十四節気と五節句・雑節 ほか），日本の年中行事と祭り（1月，2月，3月 ほか），人生の節目の行事としきたり（通過儀礼と冠婚葬祭，子どもから大人へ，結婚 ほか）

内容 日本の伝統的な年中行事を，12か月に分けて紹介。行事の意味や由来がよくわかります。豊富なカラー写真を収録。四季のうつりかわりを目で見て楽しむことができます。年中行事とかかわりのある，全国各地の代表的な祭りを多数紹介。通過儀礼・冠婚葬祭についても，イラストとともにわかりやすく解説。

『年中行事のお話55─行事の前に読み聞かせ』 深山さくら文，谷田貝公昭監修 チャイルド本社 2009.2 119p 26cm 〈文献あり〉 2000円 ①978-4-8054-0136-1 Ⓝ386.1

目次 4月1日 エープリルフール「ペンタ空を飛ぶ」，4月初めごろ 入園式「手をつなごう」，4月6日～15日 春の交通安全運動「飛びだし禁止」，4月8日 花まつり（灌仏会）「お花のおまつり」，4月23日～5月12日 こどもの読書週間「この本，読んで！」，4月ごろ お花見「にこにこお花見」，5月5日 こどもの日（端午の節句）「お父さんのこいのぼり」，5月10日～16日 愛鳥週間「がんばれ，子スズメ」，5月第2日曜日 母の日「プレゼントなあに？」，6月4日～10日 歯の衛生週間「ムシバキンの敵」〔ほか〕

内容 年中行事は，私たちの生活に欠かせない存在です。季節のおとずれを感じたり，神様やご先祖様に感謝したり，歴史や文化を知るためにも，子どもたちにぜひ伝えたい事柄ですよね。本誌では，創作のおはなしを読み聞かせながら，楽しく行動を学ぶことができます。また，由来を教えてあげることで，子どもたちの「なぜ？」「どうして？」の好奇心を満足させることができます。

『年齢別行事ことばかけハンドブック』 世界文化社 2008.12 159p 21cm （Pripriブックス） 1300円 ①978-4-418-08809-6 Ⓝ376.14

目次 入園式，始業式，エイプリルフール，交通安全週間，花祭り，昭和の日，健康診断，避難訓練，誕生会，憲法記念日〔ほか〕

内容 行事で使えることばかけ例207本。安心，保護者へのことばかけつき。

行事・記念日

『はじめて知るみんなの行事とくらし』 学習研究社 2008.12 271p 26cm （学研の新まるごとシリーズ） 2700円 Ⓘ978-4-05-203028-4 Ⓝ386.1

目次 一月 睦月―歌・お正月（お正月，初もうで，七草がゆ ほか），二月 如月―歌・雪（節分，バレンタインデー），三月 弥生―歌・うれしいひなまつり（ひな祭，春の彼岸，卒業式 ほか），四月 卯月―歌・チューリップ（入学式），五月 皐月―歌・こいのぼり（八十八夜，端午の節句，母の日），六月 水無月―歌・あめふり（衣替え，父の日，入梅），七月 文月―歌・たなばたさま（山開き・川開き，七夕，夏祭り），八月 葉月―歌・うみ（花火大会，お盆），九月 長月―歌・赤とんぼ（二百十日，十五夜，敬老の日 ほか），十月 神無月―歌・まっかな秋（神無月，体育の日，紅葉狩り），十一月 霜月―歌・たき火（七五三，勤労感謝の日，酉の市），十二月 師走―歌・スキー（冬至，大晦日，冬の自然 ほか）

内容 1年間の年中行事が150種以上！ 行事とくらし事典の決定版。

『きょうはこんな日365 4 1月・2月・3月』 学校放送研究会編 国土社 2008.5 124p 29cm 3000円 Ⓘ978-4-337-27204-0 Ⓝ203.6

目次 1月～3月の主な祭りと年中行事，発展学習 晴雨表つき年間予定表，暦とカレンダーの見方について，1月，2月，暦とカレンダー 七曜・六曜・九星について，3月

内容 1月～3月のそれぞれの日の記念日，過去のできごと，生まれた有名人などを，1日1日頁でわかりやすく解説する。

『きょうはこんな日365 3 10月・11月・12月』 学校放送研究会編 国土社 2008.5 124p 29cm 3000円 Ⓘ978-4-337-27203-3 Ⓝ203.6

目次 10月～12月の主な祭りと年中行事，発展学習 歴史人物新聞づくり，暦とカレンダーの見方について，10月，11月，暦とカレンダー 二十四節気・雑節について，12月

内容 10月～12月のそれぞれの日の記念日，過去のできごと，生まれた有名人などを，1日1日頁でわかりやすく解説する。

『きょうはこんな日365 2 7月・8月・9月』 学校放送研究会編 国土社 2008.5 124p 29cm 3000円 Ⓘ978-4-337-27202-6 Ⓝ203.6

目次 7月～9月の主な祭りと年中行事，特別活動 校内放送原稿づくり，暦とカレンダーの見方について，7月，8月，9月，暦とカレンダー 五節句について

内容 7月～9月のそれぞれの日の記念日，過去のできごと，生まれた有名人などを，1日1日頁でわかりやすく解説する。

『食で知ろう季節の行事―親子で楽しむものしりbook』 高橋司著 長崎出版 2008.5 127p 21cm 〈文献あり〉 1500円 Ⓘ978-4-86095-246-4 Ⓝ386.1

目次 1章 年中行事（正月，人日の節句 ほか），2章 通過儀礼（誕生，お食い初め ほか），3章 記念日（1月の記念日，2月の記念日 ほか），4章 暦（暦の歴史，節句／二十四節気 ほか）

内容 日本の伝統的な行事とそれにまつわる行事食をイラストでわかりやすく説明。

『きょうはこんな日365 1 4月・5月・6月』 学校放送研究会編 国土社 2008.3 104p 29cm 3000円 Ⓘ978-4-337-27201-9 Ⓝ203.6

目次 この本の特色，使い方とお願い，4月～6月の主な祭りと年中行事，発展学習誕生日を調べてみよう，暦とカレンダーの見方について，4月，暦とカレンダー十干十二支について，5月，6月，暦とカレンダー祝祭日について

内容 ふだん何気なく見ているカレンダーや暦にはさまざまな情報が入っています。それは長い歴史に裏づけされた日本独自の文化の集大成です。その日の記念日・できごと・生れた人を1日1ページで構成しました。きょうがどんな日かを知ることからはじまる「新しい学び」の手だすけに役立てててください。4月～6月の主な祭りと年中行事。発展学習―誕生日調べ。暦とカレンダー――十干十二支，祝祭日。

『新きょうはなんの日？―記念日・人物・できごと・祭り 11月・12月』 次山信男監修，小林祐一，新西和子，田中由貴文 ポプラ社 2008.3 75p 27cm 3000円 Ⓘ978-4-591-10110-0 Ⓝ386.1

『新きょうはなんの日？―記念日・人物・できごと・祭り 9月・10月』 次山信男監修，早野美智代，小川洋，田中由貴文 ポプラ社 2008.3 75p 27cm 3000円 Ⓘ978-4-591-10109-4 Ⓝ386.1

『新きょうはなんの日？―記念日・人物・できごと・祭り 7月・8月』 次山信男監修，布施孝子，田中由貴文 ポプラ社 2008.3 75p 27cm 3000円 Ⓘ978-4-591-10108-7 Ⓝ386.1

『新きょうはなんの日？―記念日・人物・できごと・祭り 5月・6月』 次山信男監修，香取夕記子，高田勝弘，田中由貴文 ポプラ社 2008.3 75p 27cm 3000円 Ⓘ978-4-591-10107-0 Ⓝ386.1

『新きょうはなんの日？―記念日・人物・できごと・祭り 3月・4月』 次山信男監修，早野美智代，香取夕記子，田中由貴文 ポプラ社 2008.3 75p 27cm 3000円 Ⓘ978-4-591-10106-3 Ⓝ386.1

『新きょうはなんの日？―記念日・人物・できごと・祭り 1月・2月』 次山信男監

## 行事・記念日

修，小川洋，高田勝弘，田中由貴文　ポプ
ラ社　2008.3　75p　27cm　3000円
Ⓘ978-4-591-10105-6　Ⓝ386.1

『きせつの行事あそび―&うた・おり紙』
小学館　2008.2　79p　26cm　（プレneo
books）1200円　Ⓘ978-4-09-217272-2
Ⓝ594
目次　春（ひなまつり，たんごのせっく，母の
日にプレゼントをおくろう！），夏（七夕，雨
の日は何をして遊ぶ？，キャンプ，父の日に
プレゼントをおくろう！），秋（月見，ハロ
ウィン，敬老の日にプレゼントをおくろ
う！），冬（クリスマス，正月，節分，誕生日
にプレゼントをおくろう！）
内容　伝統行事で遊びで体験。さあ，工作して
楽しもう。

『きせつの行事りょうり―キッズレシピ』
小学館　2008.2　79p　26cm　（プレneo
books）1200円　Ⓘ978-4-09-217271-5
Ⓝ596.4
目次　春（ひなまつり，たんごのせっく，春を
味わおう），夏（たなばた，どようのうしのひ，
夏を味わおう），秋（つきみ，ひがん，秋を味
わおう），冬（とうじ，おおみそか，しょうが
つ，冬を味わおう）
内容　歳時記が料理からわかる。つくろう，味
わおう。

『みんなが知りたい！　「四季の行事」がわ
かる本』　ニコワークス著　メイツ出版
2007.12　160p　21cm　1200円　Ⓘ978-
4-7804-0319-0　Ⓝ386.1
目次　一月（正月（大正月），七草粥，成人の
日，だるま市，鏡開き，東京消防出初式，小正
月，左義長，薮入り，小寒，大寒），二月（節
分，初午，建国記念の日，針供養，バレンタ
インデー，立春・雨水），三月（ひな祭り，卒園・
卒業，東大寺修仁会，ホワイトデー・耳の日，
復活祭，春の彼岸，啓蟄，春分），四月（花見，
エイプリル・フール，入園・入学，花祭り，十
三詣り，清明・穀雨・発明の日），五月（端午
の節句，ゴールデンウィーク，八十八夜，母
の日，立夏・小満・愛鳥週間），六月（入梅，
衣替え，父の日・時の記念日，夏越の祓い，芒
種・夏至・歯の衛生週間），七月（七夕，山・
海・川開き，盂蘭盆会，ほおずき市，お中元・
海の日，土用，小暑・大暑），八月（盆，八朔，
広島平和記念日・長崎原爆忌・終戦記念日，
花火大会，夏祭り・地蔵盆，立秋・処暑），九
月（月見，二百十日，重陽の節句，敬老の日・
防災の日，白露・秋分・動物愛護週間），十月
（紅葉狩り，稲刈り，体育の日・目の愛護デー，
十三夜・読書週間，恵比寿講，ハロウィン，寒
露・霜降），十一月（七五三，酉の市，文化の
日，亥の子の祝い，勤労感謝の日，新嘗祭，立
冬・小雪・火焚き神事），十二月（クリスマス，
事納め（事八日），正月事始め，お歳暮・年の

市，浅草はごいた市，餅つき，大晦日，除夜の
鐘，年越しそば，なまはげ，大雪・冬至）
内容　知れば知るほどおもしろい，日本の行事
がいっぱい。お正月・節分・ひな祭り・端午
の節句・七夕・クリスマスetc.わかりやすく解
説。

『「和」の行事えほん　2（秋と冬の巻）』　高
野紀子作　あすなろ書房　2007.10　59p
21×22cm　1600円　Ⓘ978-4-7515-2392-6
Ⓝ386.1
目次　9月，10月，11月，12月，1月，2月
内容　「お彼岸」ってなあに？　「七五三」の
意味は？　「お正月」の行事，あれこれ。由来
と意味を知れば，季節の行事はますます楽し
くなる！　日本人なら知っておきたい「和」
の伝統行事と，季節の楽しみを，わかりやす
く紹介します。

『イラスト版行事食・歳事食―子どもとマ
スターする特別な日の料理』　坂本廣子著
合同出版　2007.6　111p　26cm　1600円
Ⓘ978-4-7726-0364-5　Ⓝ596.4
目次　お食い初め，1歳のお誕生日，成人式（成
人の日），正月，七草，鏡開き，小正月，節
分，バレンタインデー，ひな祭り〔ほか〕

『子どもと楽しむ行事とあそびのえほん』
すとうあさえ文，さいとうしのぶ絵　の
ら書店　2007.6　79p　19cm　1300円
Ⓘ978-4-931129-26-9　Ⓝ386.1
目次　お正月―1月1日，節分―2月3日ごろ，ひ
な祭り―3月3日，春のお彼岸―3月18日～24日
ごろ，お花見，春の野の草，花とあそぼう，春
の虫たちとあそぼう，端午の節句―5月5日，
母の日・父の日はじまりものがたり―5月の第
2日曜日と6月の第3日曜日，雨の日のさんぽ，
雨がすきな虫，花〔ほか〕
内容　日本には，四季折々の行事があります。
この絵本には，季節の行事のお話と身近な自
然のあそびがたくさんつまっています。

『秋から冬のしきたり―月見・七五三・大晦
日など』　リブリオ出版　2007.4　47p
27cm　（年中行事コツのコツ　大図解大き
な図で解りやすい本　4）Ⓘ978-4-86057-
300-3　Ⓝ386.1
目次　9月・長月（八朔，重陽の節句，秋のお彼
岸，月見），10月・神無月（衣がえ，ハロウィ
ン），11月・霜月（亥の子，七五三新嘗祭，雪
囲い），12月・師走（事おさめ，歳暮，冬至，
クリスマス，大掃除，餅つき，門松，しめ縄，
お節料理，神棚，大晦日）

『新年のしきたり―門松・初詣・お年始な
ど』　リブリオ出版　2007.4　47p　27cm
（年中行事コツのコツ　大図解大きな図で
解りやすい本　1）Ⓘ978-4-86057-297-6
Ⓝ386.1
目次　1月・睦月（門松，新年のしつらい，しめ
飾り，若水汲み，お屠蘇，お節料理，お雑煮，

子どもの本　伝統行事や記念日を知る本2000冊　**17**

行事・記念日

祝い箸，初詣，書きぞめ，仕事始め，初夢，年始回り，七草粥，鏡開き，小正月）

『春から夏のしきたり―端午の節句・七夕・お盆など』 リブリオ出版 2007.4 47p 27cm （年中行事コツのコツ 大図解大きな図で解りやすい本 3） ①978-4-86057-299-0 Ⓝ386.1

目次 5月・皐月（八十八夜，端午の節句，母の日），6月・水無月（父の日，衣がえ，夏越の祓），7月・文月（七夕，土用，お中元，暑気払い），8月・葉月（お盆，各地の夏まつり，花火）

『冬から春のしきたり―節分・ひなまつりなど』 リブリオ出版 2007.4 47p 27cm （年中行事コツのコツ 大図解大きな図で解りやすい本 2） ①978-4-86057-298-3 Ⓝ386.1

目次 2月・如月（節分，バレンタインデー），3月・弥生（ひなまつり，お水取り，ホワイトデー，春のお彼岸，山遊び，磯遊び），4月・卯月（花まつり，春まつり，花見）

『地域の伝統行事』 農山漁村文化協会 2007.3 160p 27cm （調べてみようふるさとの産業・文化・自然 2 中川重年監修） 3000円 ①978-4-540-06323-7 Ⓝ386.1

目次 祭り（岩手山を背景にチャグチャグ馬コが進む（岩手県滝沢村），空也念仏踊りを伝える里（福島県会津若松市河東町）ほか），伝統芸能（農村歌舞伎を継承する里（群馬県沼田市白沢町），山あいの村で受け継がれる伝統の歌舞伎（長野県大鹿村）ほか），行事（アメッコ市と秋田犬，比内鶏の里（秋田県大館市），迫力満点のなまはげは村々の伝統行事（秋田県男鹿市）ほか），信仰（富士山の麓でたくさんの伝統行事と新しい町おこし（静岡県富士宮市），登拝，お遍路，秋祭り…信仰と行事とともに暮らす町（愛媛県西条市）ほか）

内容 日本全国，それぞれの土地でご先祖さまたちが知恵と工夫を重ねてつくってきた産業や文化。その土地ならではの自然をたくみに生かした暮らしを訪ねる「見る地理の本」。本書では子どもも大人も待ち遠しい祭りや行事の数々を紹介。

『世界の祭り大図鑑―知らない文化・伝統・行事もいっぱい 国際理解を深めよう！』 芳賀日出男監修 PHP研究所 2006.12 79p 29cm 2800円 ①4-569-68642-7 Ⓝ386

目次 第1章 世界ではどんなふうに祝うの？（クリスマスの祝い方，新年の祝い方 ほか），第2章 自然と結びついた行事（季節のうつりかわりを感じる，農作・豊漁のために，大人の仲間入りをする），第3章 宗教に由来する行事（仏教に由来する行事，キリスト教に由来する行事，イスラム教に由来する行事，ヒンズー

教に由来する行事，ユダヤ教に由来する行事，死者や先祖を思う），第4章 国や個人にかかわる行事（国の成り立ちにかかわるもの，個人にちなんだ行事），第5章 世界のおもしろ行事

内容 身近なお祭りや行事から、宗教に由来する行事やおもしろい行事、珍しい行事などを、絵と写真を使ってわかりやすく解説。

『年中行事』 須藤功著 農山漁村文化協会 2006.11 238p 27cm （「写真ものがたり」昭和の暮らし 8） 5000円 ①4-540-06109-7 Ⓝ386.1

目次 第1章 新年・一年の幸を寿ぐ初春（正月準備，大晦日 ほか），第2章 春・花に託す実りの願い（暖かな日差し，花咲く日を待つ），第3章 夏・しのびよる悪霊を払う（若葉の季節，にぎわう田 ほか），第4章 秋・収穫前に迎える祖先（暑い秋，盆三日 ほか），第5章 冬・くる年の輝きを祈る（春に備える，霜月神楽）

内容 今はわからなくなっている太陰太陽暦を基調に行われた家ごとの年間行事を中心に、生活に息づいていた季節感や自然への思いをつづる。

『イラスト版子どもの伝統行事―子どもとマスターする40の行事・その由来とやりかた』 谷田貝公昭監修，長沢ひろ子，本間玖美子，高橋弥生共著 合同出版 2006.10 111p 26cm 1600円 ①4-7726-0363-8 Ⓝ386.1

目次 正月（1月1日～3日），七草粥（七日正月）（1月7日），鏡開き（1月11日），小正月（1月13日～15日），節分（立春の前日），事始めと事納め（2月18日と2月8日），バレンタインデー（2月14日），初午（2月初めの午の日），ひな祭り（3月3日），お彼岸（春分の日・秋分の日）〔ほか〕

『「和」の行事えほん 1（春と夏の巻）』 高野紀子作 あすなろ書房 2006.6 59p 21×22cm 1600円 ①4-7515-2391-0 Ⓝ386.1

目次 3月，4月，5月，6月，7月，8月

内容 「ひなまつり」の由来は？ 「おそなえ」の意味って？ 「端午の節句」で、かしわもちを食べるのはなぜ？ 由来と意味を知れば、季節の行事はますます楽しくなる！ 日本人なら知っておきたい「和」の伝統行事と、季節の楽しみを、わかりやすく紹介します。

『1年366日のひみつ』 竹内誠監修，大橋よしひこまんが 学習研究社 2005.12 128p 23cm （学研まんが新ひみつシリーズ） 880円 ①4-05-202347-1 Ⓝ386.1

目次 暦のひみつ 1年は365日？ 366日？，1月のひみつ お正月は1年の始まり，2月のひみつ 節分で鬼退治，3月のひみつ 春がくる!!，4月のひみつ 花見で春らんまん，5月のひみつ 元気に育て！ こどもの日，6月のひみつ 衣がえと梅雨入り，7月のひみつ 星に願いを！

18

## 行事・記念日

七夕祭り，8月のひみつ 盆おどりと終戦の夏，9月のひみつ 十五夜でお月見!!，10月のひみつ スポーツと読書の秋，11月のひみつ 文化の秋が本番!!，12月のひみつ いよいよ歳末！ クリスマス！，大晦日だよ！ さようなら

内容 「1年366日のひみつ」は，毎年どんな行事・祝日や記念日があるか，また，今日はどんな日か，あなたの誕生日はどんな日なのかなど，小学生が知りたい毎日のひみつを，楽しく紹介したまんが事典です。

### 『ちびまる子ちゃんのはじめてのぎょうじ絵じてん―はるなつあきふゆ』 学習研究社 2004.12 79p 26cm 1300円 ①4-05-202192-4 Ⓝ386.1

目次 おしょうがつ（一月一日），せつぶん（二月三日ごろ），バレンタインデー（二月十四日），ひなまつり（三月三日），けいちつ（三月五日ごろ），おはなみ（四月のはじめごろ），たんごのせっく（五月五日），ははの日（五月のだい二日よう日），ちちの日（六月のだい三日よう月），つゆいり，たなばた（七月七日），おぼん（八月十三日ごろ），はなび，おつきみ（九月のおわりごろ），たいいくの日（十月のだい二月よう日），あきのむし，七五三（十一月十五日），クリスマス（十二月二十五日），おおみそか（十二月三十一日）

### 『366日のむかし話―かならずその日のお話がある』 谷真介編著，あべ弘士ほか絵 講談社 2004.7 396p 27cm 3200円 ①4-06-212454-8 Ⓝ388.1

目次 一月（イタチと十二支，白い福ネズミの話 ほか），二月（ニワトリを飼わない村，お城のキツネさわぎ ほか），三月（お店で飼われる雷獣の話，めでたい大ガメが岩になった話ほか），四月（ナメクジ土俵の話，天皇の御所に落とされた話 ほか），五月（お雪の伊勢参り，江戸にでた火の玉の話 ほか），六月（サルの顔はなぜ赤い，村をおおった大木の話 ほか），七月（平太郎屋敷のばけもの，ふしぎな火たちの戦い ほか），八月（魚と野菜の大合戦，あの世でことづけられた話 ほか），九月（となりのお稲荷さんにすくわれた話，礼にきたツルの話 ほか），十月（テング少年，寅吉の話，キツネつき東次の予告 ほか），十一月（ナマズを食べない村の話，黒ギツネの霊の力 ほか），十二月（犬のおむこさんのかたき討ち，おばばが消えた話 ほか）

内容 1日1話，1年366日の日づけのあるお話を紹介。日本じゅうの民話・伝説・古典などから，おもしろいお話を選びました。読み聞かせにちょうどいい長さのお話ばかり。年中行事なども紹介。47都道府県すべてのお話がのっています。たのしいコラムやイラストで，いっそう理解がふかまります。わかりやすい解説で，お話の世界がひろがります。お子さん自身でも読めるように，お話の漢字にはふりがなをつけました。

### 『日本の年中行事 11月・12月』 深光富士男著，竹内誠監修 学習研究社 2004.3 55p 29cm 3000円 ①4-05-301610-X Ⓝ386.1

目次 11月のカレンダー（箱根大名行列，文化の日，芸術祭，出雲大社神在祭，七五三 ほか），12月のカレンダー（人権週間，障害者の日，お歳暮，赤穂義士祭，冬至 ほか）

### 『日本の年中行事 9月・10月』 深光富士男著，竹内誠監修 学習研究社 2004.3 51p 29cm 3000円 ①4-05-301609-6 Ⓝ386.1

目次 9月のカレンダー（防災の日，台風の被害が多い時期，敬老の日，鶴岡八幡宮流鏑馬，月見（中秋の名月）ほか），10月のカレンダー（長崎くんち，体育の日，目の愛護デー，リデュース・リユース・リサイクル推進月間，時代祭 ほか）

### 『日本の年中行事 7月・8月』 深光富士男著，竹内誠監修 学習研究社 2004.3 55p 29cm 3000円 ①4-05-301608-8 Ⓝ386.1

目次 7月のカレンダー（富士山山開き，川開き・海開き，七夕，ホタル鑑賞，入谷朝顔市 ほか），8月のカレンダー（青森ねぶた祭，弘前ねぷたまつり，秋田市竿灯まつり，よさこい祭り，盆 ほか）

### 『日本の年中行事 5月・6月』 深光富士男著，竹内誠監修 学習研究社 2004.3 55p 29cm 3000円 ①4-05-301607-X Ⓝ386.1

目次 5月のカレンダー（八十八夜，緑茶の日，博多どんたく，憲法記念日，自転車の日 ほか），6月のカレンダー（衣替え，歯の衛生週間，時の記念日，住吉大社の御田植神事，チャグチャグ馬コ ほか）

### 『日本の年中行事 3月・4月』 深光富士男著，竹内誠監修 学習研究社 2004.3 53p 29cm 3000円 ①4-05-301606-1 Ⓝ386.1

目次 3月のカレンダー（ひな祭り（桃の節句），曲水の宴，耳の日，ホワイトデー，春分の日 ほか），4月のカレンダー（花見（サクラ），エイプリルフール，発明の日，春の全国交通安全運動，花祭り ほか）

### 『日本の年中行事 1月・2月』 深光富士男著，竹内誠監修 学習研究社 2004.3 71p 29cm 3000円 ①4-05-301605-3 Ⓝ386.1

目次 1月のカレンダー（正月，獅子舞，書き初め，けまり始め，だるま市 ほか），2月のカレンダー（節分，さっぽろ雪まつり，立春，春一番，針供養 ほか）

### 『行事と遊びをつくろう』 永井順國監修，石田繁美編 ポプラ社 2003.4 47p 29cm （伝統文化で体験学習 5）2950円 ①4-591-07566-4 Ⓝ386.1

子どもの本 伝統行事や記念日を知る本2000冊 **19**

行事・記念日

目次 祭りで体験学習（和紙のみこしで上小祭り，行事の文化をたどろう ほか），しめ縄づくりで体験学習（しめ縄づくり，お正月のひみつ ほか），ひな祭りで体験学習（ひな祭り集会），七夕祭りで体験学習（仙台七夕祭りをもっと知りたい，仙台七夕祭りに参加しよう ほか），歴史カルタで体験学習（歴史カルタづくり，カルタのひみつ），囲碁で体験学習（囲碁を楽しもう，囲碁と将棋 ほか）

内容 この巻では，もうすでに行事と遊びの伝統文化に取り組んでいる，小学生の体験学習を中心に行事と遊びのすばらしさを伝えていきます。

『日本と世界の365日なんでも大事典』 こよみ研究会編 ポプラ社 2003.4 215p 31cm 6000円 Ⓘ4-591-07577-X Ⓝ386

目次 世界の祭りと年中行事，1月〜12月なんでも事典，こよみと日本の年中行事

内容 1月1日から12月31日まで，「きょうは何の日？」「きょうはどんなことがあったの？」がひと目でわかります。記念日や祝祭日，祭りや年中行事，できごと，歴史的人物の生没日を知ることができます。

『季節ごとに体験しよう―おせち，かしわもち，おはぎ』 竹内由紀子監修 学習研究社 2003.3 47p 29cm （日本の「食」とくらし 2）2800円 Ⓘ4-05-201773-0 Ⓝ383.81

目次 お正月の行事食について調べよう（お正月には，何を食べる？，おせち料理は，どんな料理？ ほか），春の行事食について調べよう（ひな祭りには，何を食べる？，春をむかえる節分の食べ物は？ ほか），夏の行事食について調べよう（端午の節供には，何を食べる？，かしわもちをつくってみよう！ ほか），秋の行事食について調べよう（お盆の食べ物を調べよう，お月見に食べるものは何？ ほか），冬の行事食について調べよう（冬至にかぼちゃを食べるのはなぜ？，大みそかの行事食を調べよう ほか）

『ぎょうじのゆらい―えほん百科』 講談社 2002.10 79p 26cm 1400円 Ⓘ4-06-211545-X

目次 1月 おしょうがつ，2月 せつぶん，3月 ひなまつり，4月 おはなみ，5月 たんごのせっく，6月 ころもがえ，7月 たなばた，8月 おぼん，9月 おつきみ，11月 七五三，12月 としこし・おおみそか

内容 幼児から親しめる代表的な日本の行事をとりあげた，知育絵本。「なぜ，おせち料理を食べるの？」「なぜ，おひなさまを飾るの？」お子さまの「なぜ」に答えながら，親子でいっしょに楽しく学べる一冊。行事にちなんだ歌やおはなし，工作，クイズなどの遊びも紹介。第一線で活躍中のイラストレーターによって描かれた美しい絵で構成。内容に興味

と親しみをもちやすく，また，お子さまの感性を豊かにはぐくむ。

『よみっここよみ』 フジイフランソワさく・え 偕成社 2001.12 31p 23×23cm （よみっこえほん 3）1000円 Ⓘ4-03-332130-6

内容 ぞうがふたりでおしょうがツー。ぞうにのなかは，ぞう二ひき―ダジャレでつたえる年中行事。小学初級から。

『たのしいぎょうじのうた』 青木菜穂子絵 ポプラ社 2001.11 1冊 14cm （音とポップアップのえほん 4）〈音声情報あり〉1100円 Ⓘ4-591-07004-2

目次 おしょうがつ，うれしいひなまつり，こいのぼり，たなばたさま，はなび，ジングルベル

『特別な日の食べもの』 和仁皓明監修，久保田陽子文 小峰書店 2001.4 51p 29cm （国際理解に役立つ世界の衣食住 4）2800円 Ⓘ4-338-17704-7

目次 1 おせち料理で祝う日本の正月―日本の新年，2 アジアの国々の新年―アジアの新年，3 年中行事をいろどる食べもの―日本の年中行事，4 アジアの祭りと食べもの―アジアの年中行事，5 よろこびの日の食べもの―アジアの結婚式，6 感謝祭とハロウィン―ヨーロッパ，アメリカのみのりの祭り，7 伝統的なクリスマスの料理―ヨーロッパ，アメリカのクリスマス，8 春をむかえるイースターの祭り―ヨーロッパ，アメリカのイースター，9 イスラム教徒たちのごちそう―イスラム教の祭り，10 世界の宮廷料理―宮廷料理

内容 4巻は，世界の祭りの日や祝いの日の食べものについて，紹介しています。アジアの正月や結婚式の食べもの，ヨーロッパ，アメリカの収穫の祭りやクリスマスの食べものなどを知ることができます。王様はどんなものを食べていたのでしょう。いろいろな国の宮廷料理ものぞいてみます。

『12か月・行事のマナー』 峯村良子作・絵 偕成社 2000.3 31p 28cm （子どものマナー図鑑 5）1500円 Ⓘ4-03-406350-5

目次 1月（お正月，お正月の伝統的な遊び），2月（節分，雪国のくらし ほか），3月（ひなまつり，卒業式 ほか），4月（ひっこし，花見 ほか），5月（こどもの日，母の日），6月（父の日，つゆ），7月（星を見てみたい，夏休み），8月（夏休み，夏まつり），9・10月（学習発表会，作品展 ほか），11月（ハロウィン，七五三），12月（クリスマス，しわす ほか）

内容 こんなときどうする？ 初もうでにいったとき，卒業式や新学期のとき，母の日と父の日，作品展や運動会，結婚式によばれたとき…。四季の行事やもよおしのとき，子どもはどうふるまったらいいか。行事の意味といっしょに基本的なマナーをおぼえよう。

『きょうはなんの日？―記念日・人物・できごと・お祭り・事件 11月・12月』 次山

20

## 行事・記念日

信男監修，小林祐一，新西和子文　ポプラ
社　1999.4　75p　27cm　〈索引あり〉
3000円　①4-591-05938-3

目次 11月（11月ってどんな月？，きょうはな
んの日？，11月の祭りと行事），12月（12月っ
てどんな月？，きょうはなんの日？，12月の
祭りと行事）

内容 この本は，月ごとに，各地の伝統的な行
事をはじめ，国民の祝日，発明や制定の記念
日，いろいろな分野で活躍した人びとの誕生
日やなくなった日など，「その日」のことをと
りあげています。そして，それを，みなさん
の心や知識をいっそうゆたかにする「文化情
報」として，やさしく説明しています。

『きょうはなんの日？―記念日・人物・でき
ごと・お祭り・事件　9月・10月』　次山
信男監修，早野美智代，小川洋文　ポプラ
社　1999.4　76p　27cm　3000円　①4-
591-05937-5

目次 9月（9月ってどんな月？，きょうはなん
の日？，9月の祭りと行事），10月（10月って
どんな月？，きょうはなんの日？，10月の祭
りと行事）

内容 この本は，月ごとに，各地の伝統的な行
事をはじめ，国民の祝日，発明や制定の記念
日，いろいろな分野で活躍した人びとの誕生
日やなくなった日など，「その日」のことをと
りあげています。そして，それを，みなさん
の心や知識をいっそうゆたかになる「文化情
報」として，やさしく説明しています。

『きょうはなんの日？―記念日・人物・でき
ごと・お祭り・事件　7月・8月』　次山信
男監修，布施孝子文　ポプラ社　1999.4
75p　27cm　3000円　①4-591-05936-7

目次 7月（7月ってどんな月？，きょうはなん
の日？，7月の祭りと行事），8月（8月ってどん
な月？，きょうはなんの日？，8月の祭りと行
事）

内容 この本は，月ごとに，各地の伝統的な行
事をはじめ，国民の祝日，発明や制定の記念
日，いろいろな分野で活躍した人びとの誕生
日やなくなった日など，「その日」のことをと
りあげています。そして，それを，みなさん
の心や知識をいっそうゆたかになる「文化情
報」として，やさしく説明しています。

『きょうはなんの日？―記念日・人物・でき
ごと・お祭り・事件　5月・6月』　次山信
男監修，香取夕記子，高田勝弘文　ポプラ
社　1999.4　75p　27cm　3000円　①4-
591-05935-9

目次 5月（5月っとでんな月？，きょうはなん
の日？，5月の祭りと行事），6月（6月ってどん
な月？，きょうはなんの日？，6月の祭りと行
事）

内容 この本は，月ごとに，各地の伝統的な行
事をはじめ，国民の祝日，発明や制定の記念
日，いろいろな分野で活躍した人びとの誕生
日やなくなった日など，「その日」のことをと
りあげています。そして，それを，みなさん
の心や知識をいっそうゆたかになる「文化情
報」として，やさしく説明しています。

『きょうはなんの日？―記念日・人物・でき
ごと・お祭り・事件　3月・4月』　次山信
男監修，早野美智代，香取夕記子文　ポプ
ラ社　1999.4　75p　27cm　3000円
①4-591-05934-0

目次 3月（3月ってどんな月？，きょうはなん
の日？，3月の祭りと行事），4月（4月ってどん
な月？，きょうはなんの日？，4月の祭りと行
事）

内容 この本は，月ごとに，各地の伝統的な行
事をはじめ，国民の祝日，発明や制定の記念
日，いろいろな分野で活躍した人びとの誕生
日やなくなった日など，「その日」のことをと
りあげています。そして，それを，みなさん
の心や知識がいっそうゆたかになる「文化情
報」として，やさしく説明しています。

『きょうはなんの日？―記念日・人物・でき
ごと・お祭り・事件　1月・2月』　次山信
男監修，小川洋，高田勝弘文　ポプラ社
1999.4　75p　27cm　3000円　①4-591-
05933-2

目次 1月（1月ってどんな月？，きょうはなん
の日？，1月の祭りと行事），2月（2月ってどん
な月？，きょうはなんの日？，2月の祭りと行
事）

内容 この本は，月ごとに，各地の伝統的な行
事をはじめ，国民の祝日，発明や制定の記念
日，いろいろな分野で活躍した人びとの誕生
日やなくなった日など，「その日」のことをと
りあげています。そして，それを，みなさん
の心や知識がいっそうゆたかになる「文化情
報」として，やさしく説明しています。

『世界のおまつり』　アナベル・キンダス
リー文，バーナバス・キンダスリー写真
ほるぷ出版　1998.6　64p　32cm　（世界
の子どもたち）　2000円　①4-593-53347-3

目次 春（中国のお正月，カーニバル，エンク
ワラ，ピューリム祭　ほか），夏（クルチュッ
ク・バイラム，子どもの日，エサラ・ペラヘ
ラ，ラクシャー・バンダン　ほか），秋（チュ
ン・トゥー，ハロウィーン，死者の日，感謝
祭），冬（ディワーリ，ハヌカー，聖ニコラス
の祭り，聖ルシアの祭り　ほか）

内容 あざやかな写真で紹介する世界の子ども
たちとおまつり。小学校中学年から。

『母・父の日，敬老の日のスペシャルメ
ニュー』　服部幸應，服部津貴子監修・著
岩崎書店　1998.4　47p　31cm　（なりた
いな，料理の名人　5）　2800円　①4-265-
06245-8

目次 母の日のメニュー（ビューティーオープ
ンサンド，あつあつトマトちゃん，とり肉の

行事・記念日

赤ワイン煮 ほか），父の日のメニュー（お父様ランチ，さっぱりサーモンマリネ，蒸しさばのマスタードソース ほか），敬老の日のメニュー（栗ごはん，かじきまぐろの照り焼き，鯛のごまあえ ほか）

『クイズでわかるきょうはなんの日事典』
本間正樹著，モロズミ勝絵　小峰書店
1997.11　190p　18cm　（Tenori bunko）
680円　①4-338-07938-X
目次 1月，2月，3月，4月，5月，6月，7月，8月，9月，10月，11月，12月
内容 100年前の今日はどんな日だったかな。1年365日まるごとクイズでわかる。君も今日からものしり博士だ。

『12か月のかんたんお料理』　花田えりこ文・絵　岩崎書店　1997.8　31p　25cm（手づくりbox 2）　1500円　①4-265-02622-2
目次 1月 おしょうがつ—しろとたまのしらたまだんご，2月 バレンタイン—スノーマンとどうぶつチョコ，3月 ひなまつり—おひなさまのデコレーションおすし，4月 お花見—さくらのたらもサラダ，5月 子どもの日—こいのぼりミートパイ，6月 つゆ—でんでんむしむしオムライス，7月 たなばた—天の川のひんやりゼリー，8月 なつやすみ—かんたんフルーツアイス，9月 なつの思い出—ビスケットとスティックサラダでキャンプファイヤー，10月 ハロウィーン—マシュマロおばけとかぼちゃのディップ，11月 七五三—お祝いにカステラハウス，12月 クリスマス—マシュマロツリーとポップコーンツリー
内容 毎月のたのしい行事に手づくりのお料理をならべてみませんか。すぐにできちゃうものばかり。工作みたいにたのしめる12か月のお料理にちょうせんしてみよう。

『どうぶつ村のごちそうごよみ　なつ　たなばた・なつやすみ』　たちばなさきこさく　あかね書房　1997.6　1冊　27cm
1170円　①4-251-00374-8
内容 どうぶつ村になつがきました。ささをかざって，たなばたまつり。なつやすみには，かいすいよくにでかけます。すいかわりに，ぼんおどり。うみべのなつは，たのしいな。日本の行事の，ごちそうや遊びをどうぶつたちが紹介する，イラストたっぷりの楽しい絵本。

『どうぶつ村のごちそうごよみ　はる　ひなまつり・こどものひ』　たちばなさきこさく　あかね書房　1997.2　1冊　27cm
1200円　①4-251-00373-X
内容 どうぶつ村にはるがきました。おひなさまをかざって，ひなまつりをしましょう。こどものひには，かしわもちをたべて，かけっこ，おすもう，げんきいっぱいあそびます。日

本の行事の，ごちそうや遊びをどうぶつたちが紹介する，イラストたっぷりの楽しい絵本。

『どうぶつ村のごちそうごよみ　ふゆ　おしょうがつ・せつぶん』　たちばなさきこさく　あかね書房　1996.11　1冊　27cm
1200円　①4-251-00372-1
内容 どうぶつ村は，きょうも，にぎやか！日本の行事の，ごちそうや遊びをどうぶつたちが紹介する，イラストたっぷりの楽しい絵本。

『どうぶつ村のごちそうごよみ　あき　おつきみ・あきまつり』　たちばなさきこさく　あかね書房　1996.9　1冊　27cm
1200円　①4-251-00371-3
内容 日本の行事の，ごちそうや遊びをどうぶつたちが紹介する，イラストたっぷりの楽しい絵本。

『せつぶんにはどうしてまめをまくの？—ぎょうじ』　横山正文，鈴木幸枝絵　ポプラ社　1996.4　39p　25×25cm　（みぢかなふしぎ絵本 8）　2000円　①4-591-05023-8
目次 おしょうがつには，なぜおもちをたべるの？，せつぶんにはどうしてまめをまくの？，にちよう日じゃないのに，やすみの日があるのはなぜ？，どんなぐうじつがあるのかな？，ひなまつりにおひなさまをかざるのはなぜ？，おひがんに，おはかまいりをするのはなぜ？，5月5日に，こいのぼりをあげるのはなぜ？，たなばたは，なんのおまつりなの？，「ぼんおどり」ってなんのこと？，お月見にはどうしておだんごやススキをかざるの？　〔ほか〕

『きょうはなんの日365日事典』　田代しんたろう著　あかね書房　1993.10　127p　22cm　（まんがで学習）　1200円　①4-251-06548-4
内容 「ひな祭りに人形をかざるのはどうして？」「なぜ土用の丑の日にうなぎを食べるの？」「どうして10月10日は体育の日なの？」そんな疑問に答えるのが，この本。年中行事や記念日のいわれ，それに各地のお祭りや季節のことばなどを，楽しいまんがとやさしい解説で説明しています。巻末には，その日におこった歴史上のできごとや，スポーツのこよみもついていて，365日のことは，これ一さつで完ぺきです。

『世界の祭りと子ども　8　日本編・冬』
西田敬写真・文　大日本図書　1993.2
71p　24cm　3200円　①4-477-00233-5
目次 木幡の幡祭り，秩父夜祭り，遠山の霜月祭り，ちゃっきらこ，鳥追い，田植え踊り，王祇祭り，かまくら，えんぶり

『世界の祭りと子ども　7　日本編・秋』
西田敬写真・文　大日本図書　1993.2
68p　24cm　3200円　①4-477-00232-7
目次 かけ踊り，遠野祭り，鳳凰の舞い，おくんち，三谷祭り，まりも祭り，五つ鹿踊り，妙見祭，渡り拍子

行事・記念日

『世界の祭りと子ども　6　日本編・夏』
西田敬写真・文　大日本図書　1993.2
69p　24cm　3200円　Ⓘ4-477-00231-9
目次　御田植え神事，チャグチャグ馬ッコ，神
代踊り，貴船祭り，津和野の鷺舞い，ムシャー
マ，灯ろう祭り，ねぶた，姫島の盆踊り

『世界の祭りと子ども　5　日本編・春』
西田敬写真・文　大日本図書　1993.2
71p　24cm　3200円　Ⓘ4-477-00230-0
目次　祭頭祭，流しびな，泥打ち祭り，古代獅
子舞い，やすらい祭り，曳山祭り，三社祭り，
竹馬祭り，したんじょう

『世界の祭りと子ども　4　世界編 1-3月』
西田敬写真・文　大日本図書　1993.2
67p　24cm　3200円　Ⓘ4-477-00229-7
Ⓝ386
目次　シルベスタークロイゼ，カーニバル，仮
面行列，トナカイレース，ファスナハト，サ
ルダーナ

『世界の祭りと子ども　3　世界編 10-12
月』　西田敬写真・文　大日本図書　1993.
2　67p　24cm　3200円　Ⓘ4-477-00228-
9　Ⓝ386
目次　オクトーバー・フェスト，ワイン祭り，
ワイン祭り，子供の楽隊，子どものクリスマ
ス行列，セント・ニコラス祭，ルシア祭り，ク
ラウスヤゲン

『世界の祭りと子ども　2　世界編 7-9月』
西田敬写真・文　大日本図書　1993.2
67p　24cm　3200円　Ⓘ4-477-00227-0
Ⓝ386
目次　子ども祭り，ムカレ・カレ，スタンピー
ト，ナーダム祭り，クロンダイク，ハーメル
ンの笛ふき男，フィエスタ，ワイン祭り

『世界の祭りと子ども　1　世界編 4-6月』
西田敬写真・文　大日本図書　1993.2
67p　24cm　3200円　Ⓘ4-477-00226-2
Ⓝ386
目次　ゼクセロイテン，フェリア・プリマベイ
ラ，猫祭り，サン・エフィージオ祭，ヤップダ
ンス，ヘルツ・ジェス祭り，太陽の祭り，子ど
もの結婚式

『年中行事記念日365日のひみつ』　飯塚よ
し照ほか漫画　新訂版　学習研究社
1992.7　144p　23cm　（学研まんがひみ
つシリーズ 33）〈監修：樋口清之〉800
円　Ⓘ4-05-106288-0
目次　年中行事のひみつ，国民の祝日のひみ
つ，記念日・週間などのひみつ

『祭りと行事、昔と今』　吉田和義著　小峰
書店　1992.4　43p　27cm　（町とくらし

のうつりかわり 3）〈監修：市川健夫〉
2400円　Ⓘ4-338-09703-5
目次　今日は，わくわく，お祭りだ！，昔をつ
たえるものをみつけよう，祭りの昔をしらべよ
う，お正月と冬の行事，わあい，節分の豆
まきだ！，ひな祭りのはじまり，こどもの日
とゴールデンウィークのはじまりは？，ささ
の葉さらさら，七夕祭り，ぼんおどりと夏の
行事，お月見のはじまりは？，運動会の昔と
今，秋祭りと七五三，年末の行事をしらべよ
う，いよいよ大みそか，除夜のかねがなるよ，
カレンダーをつくろう，祭りと行事Q&A
内容　初めて歴史を学ぶ子どもたちのために，
明治以降ほぼ100年の変遷を10のテーマで編
集。今も残る古い建物や道具などを写真で紹
介し，目に見えるものから昔の暮らしに気づく
内容とし，特に道具については，その使い方や
大きさをイラストで示した。子どもたち自身
が体験的に歴史を学べるように工夫。巻末に
年表づくりの見本を掲載。小学校中学年以上。

『もののはじまりシリーズ　6　クリスマス
のはじまり―いろいろな行事』　左方郁子
文，原京子絵　ポプラ社　1990.4　39p
27cm〈監修：奈良本辰也〉1400円　Ⓘ4-
591-03634-0
目次　こよみのはじまり，お正月のはじまり，
成人式のはじまり，節分のはじまり，バレン
タインデーのはじまり，ひなまつりのはじま
り，エープリルフールのはじまり，子どもの
日のはじまり，母の日のはじまり，父の日の
はじまり，七夕のはじまり，お盆のはじまり，
お月見のはじまり，体育の日のはじまり，七
五三のはじまり，クリスマスのはじまり，大
みそかのはじまり

『年中行事に生かす昔話』　生越嘉治著　あ
すなろ書房　1990.3　157p　27cm　3000
円　Ⓘ4-7515-1523-3

『ぼくらの町のまつりと行事―郷土の研究』
福武書店　1989.3　8冊　27cm　各1850
円　Ⓘ4-8288-1181-8
目次　1 北海道地方，2 東北地方，3 関東地
方，4 中部地方，5 近畿地方，6 中国地方，7
四国地方，8 九州地方

『オニの子ネショタン―小さなおはなし12
月』　勝よしまさ作，北島新平絵　ほるぷ
出版　1988.1　79p　23cm　（ほるぷ幼年
文庫）1100円　Ⓘ4-593-54112-3
目次　1月 お正月さま，2月 オニの子ネショタ
ン，3月 みがわりびなになったネコきさん，4
月 はなさかじいさんエッサッサ，5月 カラカ
ラコロリ，6月 アマガエルの雨田さん，7月
ねがいごとなーんだ？，8月 タイムトンネル，
9月 なっとびやめるのやめました，10月 ベッ
ドのうんどうかい，11月 よその子みたい…，
12月 サンタクロースがやってきた
内容　ふるさと作家，勝よしまさが，日本の大
むかしから，つちかわれてきた，伝統行事や
年中行事を，子どもたちの心のヒダに，おく

子どもの本 伝統行事や記念日を知る本2000冊　23

行事・記念日

りとどけようと、心をこめてつくりあげた子ども歳時記12か月。

『世界の祭り』 芳賀日出男著, 小沢良吉画 小峰書店 1987.4 103p 22cm （子どもの祭り） 880円 ⓘ4-338-06605-9

[目次] 子どもがすくった町〔ドイツ〕, きょうは、町じゅうがネコだらけ〔ベルギー〕, オルレアンの少女〔フランス〕, 童話の町の子どもたち〔デンマーク〕, 大寒じいさん〔ソビエト〕, バリ島の神さま〔インドネシア〕, 水かけ祭り〔タイ〕, 端午の祭り〔中国〕, 百済（ペクチェ）の文化祭〔韓国〕, ラクダの市〔インド〕, ペラヘラ祭り〔スリランカ〕, アメリカのお化け〔アメリカ合衆国〕, 宝さがし〔カナダ〕, 太陽の祭り〔ペルー〕, リオのカーニバル〔ブラジル〕

[内容] 世界じゅう、人間がすんでいるところ、どこにも祭りがあります。わたしは、いままで、世界77か国をたずねて祭りの写真をとりつづけてきました。この巻では、そのたくさんの祭りの中から、この本を読んでくださるみなさんと同じくらいの子どもたちがかつやくする祭りをえらんで、紹介することにしました。

『冬の祭り』 芳賀日出男著, 水沢研画 小峰書店 1987.4 103p 22cm （子どもの祭り） 880円 ⓘ4-338-06604-0

[目次] 秩父の夜祭り〔埼玉県〕, 山の神の祭り〔愛知県〕, 年ドンのお年玉〔鹿児島県〕, 子もししまい〔長野県〕, お正月さん、さようなら〔新潟県〕, 港町の踊り〔神奈川県〕, 札幌の雪祭り〔北海道〕, かまくら〔秋田県〕, 春をむかえる節分〔東京都〕

[内容] 冬は生命力がつきる季節とされ、人間のたましいを力強くするために、神楽の祭りなどがおこなわれます。また正月になると、新しい年がよい年であることをねがう祭りがおこなわれます。かまくら（秋田県）、秩父の夜祭り（埼玉県）、など冬と正月の祭りを紹介します。

『秋の祭り』 芳賀日出男著, 水沢研画 小峰書店 1987.3 103p 22cm （子どもの祭り） 880円 ⓘ4-338-06603-2 Ⓝ386

[目次] お月さまは、なにを見た〔鹿児島県〕, 竜よ、空をとべ〔長崎県〕, キツネのよめいり〔山口県〕, 十日夜（とおかんや）のわらでっぽう〔長野県〕, 牛鬼と鹿たち〔愛媛県〕, 金の鳥の踊り〔東京都〕, お面の魔力〔静岡県〕, お父さんのふるさと〔岩手県〕

[内容] 秋は収穫の季節です。春にまいた稲のタネは、秋にかりとり、お米となります。畑にはくだものややさい、山にはかきやくりがなり、きのこもすがたをあらわします。これらの収穫をいわう祭りが、各地でおこなわれます。お月見（鹿児島県）、おくんち（長崎県）、キツネのよめいり（山口県）、十日夜（長野県）などを紹介します。

『夏の祭り』 芳賀日出男著, 水沢研画 小峰書店 1987.3 103p 22cm （子どもの祭り） 880円 ⓘ4-338-06602-4 Ⓝ386

[目次] 花田植え〔広島県〕, がんばれ、はーりー〔沖縄県〕, ぎおん祭り〔京都府〕, ねぶた〔青森県〕, 地獄を見た子どもたち〔千葉県〕, カエルの変身〔奈良県〕, たなばた〔島根県〕, 小豆島のおほん〔香川県〕

[内容] 夏は農作物がそだつ季節です。一方、雨もよくふり、水難の事故があります。また、暑さのために体が弱り、わるい病気が流行したりします。それで、災難よけ、疫病よけの祭りがおこなわれます。ぎおん祭り（京都府）、ねぶた祭り（青森県）、花田植え（広島県）、吉野山のカエルみこし（奈良県）などを紹介します。

『春の祭り』 芳賀日出男著, 水沢研画 小峰書店 1987.2 111p 22cm （子どもの祭り） 880円 ⓘ4-338-06601-6

[目次] ひな祭り〔東京・鳥取県〕, 鹿島祭頭祭（とうさい）〔茨城県〕, 花祭り〔埼玉県〕, 美濃（みの）の春祭り〔岐阜県〕, ひき山祭り〔滋賀県〕, 火防（ひぶ）せのとらまい〔宮城県〕, 博多どんたく〔福岡県〕, こいのぼり〔山梨県〕

[内容] 春の花のさく季節です。新聞やテレビには毎日のように桜前線のニュースが出て、だれもが、春はどこまで来たのかと、関心を深めます。この巻では、ひな祭り（東京都、鳥取県）、鹿島祭頭祭（茨城県）、花祭り（埼玉県）、ひき山祭り（滋賀県）、火ぶせのとら舞い（宮城県）、博多どんたく（福岡県）などを紹介します。

『あきのおはなし』 谷真介, 西本鶏介文, 浅田裕子絵 金の星社 1986.9 75p 21cm （行事のおはなし12か月） 680円 ⓘ4-323-01163-6

[目次] 9月 月のアカナー, 10月 とりになったもち, 11月 かみさまのこども

[内容] この本はいまも行われている代表的な年中行事のいわれを、昔話や伝説を素材にして、楽しく描いたものです。愉快なお話を読んでいるうちに、行事のいわれまでが理解できます。

『なつのおはなし』 谷真介, 西本鶏介文, うちべけい絵 金の星社 1986.9 75p 22cm （行事のおはなし12か月） 680円 ⓘ4-323-01162-8

[目次] 6月 うまをかりにきたあみださま, 7月 たなばたのはじまり, 8月 こばんにかわったとうろうぶね

[内容] この本はいまも行われている代表的な年中行事のいわれを、昔話や伝説を素材にして、楽しく描いたものです。愉快なお話を読んでいるうちに、行事のいわれまでが理解できます。

行事・記念日

『**はるのおはなし**』　谷真介, 西本鶏介文, 松
　本恭子絵　金の星社　1986.9　75p
　22cm　（行事のおはなし12か月）680円
　①4-323-01161-X
　目次 3月 50のたまご, 4月 花の中で生まれた
王じさま, 5月 くわずにょうぼう
　内容 この本はいまも行われている代表的な年
中行事のいわれを、昔話や伝説を素材にして、
楽しく描いたものです。愉快なお話を読んで
いるうちに、行事のいわれまでが理解でき
ます。

『**ふゆのおはなし**』　谷真介, 西本鶏介文, つ
　ぼのひでお絵　金の星社　1986.9　75p
　21cm　（行事のおはなし12か月）680円
　①4-323-01164-4
　目次 12月 十かぞえてごらん, 1月 ねずみと
ねこといのしし, 2月 ひいらぎといわし
　内容 この本はいまも行われている代表的な年
中行事のいわれを、昔話や伝説を素材にして、
楽しく描いたものです。愉快なお話を読んで
いるうちに、行事のいわれまでが理解でき
ます。

子どもの本 伝統行事や記念日を知る本2000冊　**25**

# 1月

『かこさとしこどもの行事しぜんと生活　1月のまき』　かこさとし文・絵　小峰書店　2011.12　36p　29cm　〈年表あり〉　1400円　Ⓘ978-4-338-26801-1　Ⓝ386.1

[目次] 1月の別のいいかた（日本），お正月おめでとう（1月1日），しめかざり／門松，おせち料理，節句，鏡もち／雑煮，お年玉，初ゆめ（1月1日〜3日），年賀状／かきぞめ（1月2日），初もうで・初まいり／絵馬〔ほか〕

[内容] 日本の子どもたちが出会う，さまざまな行事やならわしの，はじまりやわけを，わかりやすく，やさしくえがき，先祖の人たちがおまつりやしきたりにこめた願いや心を，ただしくつたえる絵本。

『1月のえほん―季節を知る・遊ぶ・感じる』　長谷川康男監修　PHP研究所　2010.11　47p　26cm　〈文献あり〉　1300円　Ⓘ978-4-569-78098-6　Ⓝ386.1

[目次] 元日　お正月，1月の旬の食べもの，1月の俳句と季語，1月に見られる植物，1月の記念日，1月の行事，日本の1月のお祭り，世界の1月の行事・お祭り，雪や氷にふれてみよう，動物たちの冬眠・冬ごもり〔ほか〕

[内容] 初もうで，書き初め，おせち料理，七草がゆ，たこあげ，雪合戦…。1月の行事，自然，旬の食べもの，遊びなどを絵で楽しく紹介するとともに，季語，記念日，できごとなども掲載。

『学習に役立つわたしたちの年中行事　1月』　芳賀日出男著　クレオ　2006.4　35p　27cm　1800円　Ⓘ4-87736-083-2　Ⓝ386.1

[目次] 正月をむかえる，鏡餅，雑煮とおせち料理，年神のおとずれ，正月と小正月の行事，正月の占いとおまじない，正月の祝福芸，獅子舞，獅子舞のルーツ，月を送る，暦，十二支，物語・おしらさま，1月の各地の祭り，1月の世界の祭り，1月のことば，1月の祭りごよみ，総目次索引（1月〜12月）

『365日今日はどんな日？―学習カレンダー　1月』　PHP研究所編　PHP研究所　1999.9　49p　31cm　〈索引あり〉　2700円　Ⓘ4-569-68151-4

[目次] 元日，大化の改新の詔がだされる，豊臣秀吉がうまれる，リンカーン，奴隷解放を宣言，昭和天皇の「人間宣言」，メートル法実施，

日露戦争の激戦地，旅順が開城，箱根駅伝，道元がうまれる，プチャーチン，修好条約案〔ほか〕

[内容] 一年365日の，その日に起こった出来事を集め，ひと月1巻，全12巻にまとめたシリーズの1月編。その日にまつわる歴史上の出来事や人物，発明・発見，文学，美術，音楽，数学，お祭りや記念日，年中行事などの項目を収録。

『1月』　増田良子，福田節子編著，金成泰三，古畑恵子絵　岩崎書店　1999.4　39p　31cm　（くらしとあそび・自然の12か月10）　3000円　Ⓘ4-265-03790-9　Ⓝ031

[目次] あけましておめでとう，おせち料理ともち，書き初め，初あそび，すごろくをつくってあそぼう，たこたこあがれ，こまをつくってあそぼう，けん玉であそぼう，竹うまであそぼう〔ほか〕

『学習に役立つものしり事典365日　1月』　谷川健一，根本順吉監修　新版　小峰書店　1999.2　65p　27cm　〈索引あり〉　2500円　Ⓘ4-338-15601-5

[目次] あけましておめでとうございます，天皇人間宣言―神から人間へ，豊臣秀吉生まれる？，門松はトシ神様のホテル？，初夢はナスよりハンバーグ？，日本海で重油流出事故おきる，道元生まれる，初荷と書き初め，中浜万次郎，琉球へ帰る，鳥羽・伏見の戦い〔ほか〕

[内容] どんな事件があり，どんな人が生まれたり死んだりしたのか，年中行事や記念日の由来など，遠い昔から現代に起きた出来事を，同じ日付ごとにまとめた事典。本巻は1月の日付を収録。索引付き。

『1月のこども図鑑』　フレーベル館　1997.12　55p　27cm　（しぜん観察せいかつ探検）　1600円　Ⓘ4-577-01720-2　Ⓝ031

[目次] きょうはなんのひ？，しぜんだいすき，そだててみよう，せいかつたんけんたい，いってみたいね，わくわくクッキング，しらべてみよう，つくってみよう，しっているかな？

『1がつのこうさく―お正月にあそぼう』　竹井史郎著　小峰書店　1996.2　31p　25cm　（たのしい行事と工作）　1600円　Ⓘ4-338-12701-5　Ⓝ507

[目次] たこ，はねつき，こま，さらまわし，ぶんぶん，ししまい，さいころ，すごろく，あみだ，かるた

[内容] 小学校低学年以上。

1月　　　　　　　　　　　　　　　　　　　　　　1月4日

## 《1月1日》

### 元日

1月1日。国民の祝日。年のはじめを祝う日。「元旦」は元日の朝のこと。明治から1948年までは皇室行事である四方拝にちなみ「四方節」と呼ばれていた。現代では、この日に初日の出を見に行ったり、神社に初詣に行ったり、雑煮やおせち料理を食べたりする。

『あけましてのごあいさつ』　すとうあさえぶん，青山友美え　ほるぷ出版　2017.12〔24p〕　19cm　（はじめての行事えほん　お正月）950円　Ⓘ978-4-593-56326-5　Ⓝ386.1

内容 もうすぐおしょうがつ。みいちゃんはおしょうがつのまえに、たくさんおてつだいします。あけましてのごあいさつ、もういいかな？

『もちつき・おしょうがつ』　チャイルド本社　2014.10　28p　37×39cm　（大きな園行事えほんシリーズ）〈読み聞かせの手引き（8p 30cm）〉9500円　Ⓘ978-4-8054-4133-6　Ⓝ386.1

『おしょうがつおめでとう　はじまりの日！』　ますだゆうこ作，たちもとみちこ絵　文渓堂　2014.1　〔32p〕　23×23cm　〈文献あり〉1400円　Ⓘ978-4-7999-0056-7　Ⓝ726.6

内容 おおみそか、ねこのみ～みは、いつもとちがうかぞくのふんいきに、きょうみしんしん！　なんだか、あたらしいことがはじまるよかんがします。1年のはじまりを祝うお正月のお話と、知ってなるほど＆つくっておいしい豆知識つき。

『おせちのおしょうがつ』　ねぎしれいこ作，吉田朋子絵　世界文化社　2007.111冊　28cm　（ワンダーおはなし絵本）900円　Ⓘ978-4-418-07812-7　Ⓝ726.6

内容 なぜ、こぶまきがはいっているの？　どうして、かずのこをたべるの？　おせち料理の由来がわかる絵本。

## 《1月4日》

### 石の日

日付の数字「1」「4」の語呂合せから。この日に石でできたもの（地蔵・狛犬・墓石など）に触れながら願いをかけるとかなうと言われる。

『石はなにからできている？』　西村寿雄文，武田晋一写真，ボコヤマクリタ構成

岩崎書店　2018.9　31p　27cm　（ちしきのぽけっと 23）〈文献あり〉1600円　Ⓘ978-4-265-04374-3　Ⓝ458

内容 月の石は灰色、地球の石はいろいろ。なぜだろう？　石ころは地球の花。「自然のしくみ」「生き物のつながり」「多様な生き方」を伝える本。

『こどもが探せる川原や海辺のきれいな石の図鑑』　柴山元彦，井上ミノル著　大阪　創元社　2018.8　159p　21cm　〈文献あり〉1500円　Ⓘ978-4-422-44015-6　Ⓝ459

目次 1章 鉱物図鑑どんな石が見つかるの？（ガーネット，サファイア，ルビー ほか），2章 石のことをもっと知ろう！（石について調べてみよう），3章 採集ガイド石探しに出かけよう！（北海道 居辺川，青森 七里長浜，岩手 久慈琥珀博物館 ほか），4章 帰ってからの楽しみ

内容 身近な水辺で見つかる色とりどりの鉱物・宝石を見くらべやすい原石のままの姿で紹介する大人気石探しガイドブック、待望のこども版！　鉱物図鑑40種。マンガでわかる石のひみつ。全国20か所の採集スポットガイド（イラストマップつき）。

『石のみりょく大発見』　小松聖直著　白河自然に親しむ教育研究会　2017.5　43p　30cm　Ⓝ458

『石ころがうまれた―ビロード石誕生のひみつ』　渡辺一夫著　ポプラ社　2004.1279p　24cm　（地球ふしぎはっけんシリーズ 9）950円　Ⓘ4-591-08384-5　Ⓝ458.2154

目次 1 新発見の石を手にいれた？，2 ビロード石捜査本部をつくる，3 いよいよ捜査開始，4 手がかりをつかんだ！，5 準備はできた，6 安倍川へ，7 もっと上流へ，8 ビロード石の正体がわかった！，9 安倍川の本流にもどる，10 見えてきた、ビロード石のふるさと，11 さいごのチャンス，12 とうとう見つけた！

内容 三保の松原の海岸でひろった小さなふしぎな石ころ。ビロードのようなはだざわりのその石ころにビロード石と名まえをつけた。ほんとうの名まえはなんというのだろう？　いったいどこからやってきたのだろう？　どのようにしてできたのだろう？　知りたいことが山ほどできた。「ビロード石捜査本部」胸のなかにこんなかんばんをかかげ、ふしぎな石ころの捜査にのりだした。

『土と石のじっけん室』　地学団体研究会『シリーズ・自然だいすき』編集委員会編　大月書店　2004.9　123p　22cm　（シリーズ・自然だいすき 2）1800円　Ⓘ4-272-40512-8　Ⓝ458

目次 1 土のじっけん室（どろんこ遊びにチャレンジ，粘土であそぼう，土のふしぎを調べ

子どもの本 伝統行事や記念日を知る本2000冊　27

てみよう，土はどうやってできるのか），2 鉱物のじっけん室（私たちのまわりには鉱物がいっぱい，鉱物であそぼう，鉱物のふしぎを調べてみよう），3 石のじっけん室（石をさがそう，石であそぼう，石のふるさとたんけん隊），4 土や石がだいすきになろう（隕石が地球をつくった，地球の歴史のまきものづくり，土や石と私たちのくらし）

内容 ながーい地球の歴史のなかでつくられてきた土や石。どろんこ遊びをしたり，きれいな石あつめをしながら，さあきみも，土や石の「ふしぎ」や「なぜ」にチャレンジだ。

## 《1月5日》

### 囲碁の日

日付の数字「1」「5」の語呂合せから。日本棋院が提唱し，この日に「打ち初め式」が行われる。囲碁の普及と拡大のため。

『一冊で強くなる！ 囲碁基本のコツ打ち方がわかる本』 依田紀基監修 メイツ出版 2018.6 128p 21cm （まなぶっく）〈「めざせ名人！ 囲碁で勝つための本」（2011年刊）の改題，加筆・修正〉1400円 ①978-4-7804-2065-4 Ⓝ795

目次 第1章 ルールとマナーのおさらい，第2章 勝つために大切なこと，第3章 大事な石を見きわめよう，第4章 石の形をよくしよう，第5章 基本の定石・布石，第6章 石の生き死にの基本

内容 必ず知っておきたい基本と「勝つ」ためのポイントをわかりやすく解説します。石を見きわめる！ タネ石とカス石，弱い石と強い石。石の形をよくする！ 好形と愚形，急所の基本。布石で迷わない！ 模範の型と基本の定石ほか。

『いちばんわかりやすいこども囲碁教室—ルールがわかる！ すぐに打てる！』 誠文堂新光社編 新版 誠文堂新光社 2017.7 127p 21cm 1000円 ①978-4-416-61791-5 Ⓝ795

『親子で学ぶはじめての囲碁』 下島陽平監修，NHK出版編 NHK出版 2014.11 79p 26cm 1400円 ①978-4-14-011338-7 Ⓝ795

目次 1 無人島で陣取りゲーム！，2 石は囲うと取れるんだよ！，3 陣地はどうやって増やすの？，4 石をつなげよう！，5 石が生きるには？，6 石を取るかっこいいテクニック，7 囲碁はこんな楽しみ方もあるんだよ

内容 碁石はカメ，碁盤は無人島。簡単な7路盤にしました。まずは始めましょう。巻末の

カメ（碁石）と，無人島（碁盤）を切り抜いて遊べます。碁盤は7路盤と9路盤の2種類付き。

『いちばんわかりやすい囲碁入門—オールカラー』 白江治彦著 新版 西東社 2014.1 175p 21cm 〈初版のタイトル：いちばんわかる囲碁の基本入門 索引あり〉1000円 ①978-4-7916-2162-0 Ⓝ795

『井山裕太のいちばん強くなる囲碁入門』 井山裕太著 成美堂出版 2012.7 190p 19cm 900円 ①978-4-415-31211-8 Ⓝ795

目次 第1章 囲碁はどんなゲームか，第2章 5つの基本ルール，第3章 石を取る基本，第4章 石を取るテクニック，第5章 生き死にの基本，第6章 石の連絡と切断，第7章 終局と勝ち負けの決め方，第8章 僕の実戦9路盤，第9章 入門後の勉強法

内容 9路盤で解説。シンプルな構成でわかりやすい。ややこしい囲碁用語をできるだけ少なくしたから年少者でもすぐ覚えられる。「正しいのはぼかりか」の設問形式でといていくから上達が早い。天才・井山少年6〜7歳頃の9路盤実戦を紹介。

『ヒカルの囲碁入門—ヒカルと初段になろう！』 石倉昇著 集英社インターナショナル 2011.7 223p 21cm 〈第9刷 発売：集英社〉1200円 ①978-4-7976-7188-9

目次 1章 ルールは5つ！（一手ずつ交互に打つ，地（陣地）の多い方が勝ち，相手の石を，囲めば取れる，着手禁止点（打ってはいけない場所）がある，「コウ」のルールがある），2章 小さな碁盤で打とう！（4つの法則を知ろう！，次の手を考えよう！，「生きる」って何だ？，置碁の話），3章 大きな碁盤で打とう！（模範的な碁を並べてみよう！，生き死にに強くなろう！，三々定石後をマスターしよう！），4章 置碁必勝法！（9子局で攻めをマスター！，キリチガイはこわくない），5章 入門編—卒業問題集（全37問と解答）

内容 大人気コミックと上達最新理論がドッキング。ヒカルと佐為がルールから基本を伝授。

## 《1月12日》

### スキーの日

1911年の1月12日にオーストリアのテオドール・エードラー・フォン・レルヒ少佐が新潟県の高田陸軍歩兵連隊の青年将校にスキーの指導を行ったことから，日本に初めて本格的にスキーが伝えられた日として，スポーツ用品メーカーのミズノの直営店エスポートミズノが1994年に制定。

『スキー・スケート』 こどもくらぶ編 ほるぷ出版 2009.11 71p 29cm （ス

ポーツなんでも事典）〈文献あり　年表あり　索引あり〉3200円　Ⓘ978-4-593-58413-0　Ⓝ784.3

目次 歴史，用具，ウェア，スキー場，スケート場，スキー(1)アルペン競技，スキー(2)ノルディック競技，スキー(3)フリースタイル競技，スノーボード(1)アルペン競技，スノーボード(2)ハーフパイプ・スノーボードクロス〔ほか〕

内容 歴史，ウェアや用具，各種目の特徴，ルールなど，スキー・スケートについてさまざまなことがらをテーマごとにまとめて解説した，ビジュアル版子ども事典。選手の生活は？　けがをしたら？　引退したら？　選手についての情報も満載！　スキー・スケートについて，何を，どのように調べたらよいかがわかります。

『やってみよう！　スキー』　野沢温泉スキークラブ編著　ベースボール・マガジン社　2007.2　159p　21cm　（小学生レッツ・スポーツシリーズ）　1200円　Ⓘ978-4-583-10005-0　Ⓝ784.3

目次 第1章 雪は友だち，第2章 スキーで滑ろう，第3章 さあ，斜面に挑戦だ！，第4章 いよいよゲレンデ，第5章 もっと速く，もっとうまく滑ろう，第6章 雪の世界はこんなに広い

内容 すべるのって，楽しいね。あそんで，学んで，うまくなろう。

『スキー教室』　三浦雄一郎著　成美堂出版　1996.11　191p　19cm　（ジュニア・スポーツシリーズ）　720円　Ⓘ4-415-01296-5

目次 第1章 スキーの歴史，第2章 トレーニング，第3章 スキー用具，第4章 技術・初級編，第5章 技術・中級編，第6章 技術・上級編，第7章 技術・応用編，第8章 技術・実戦編，第9章 わたしの冒険

《1月14日》

### 愛と希望と勇気の日

1959年の1月14日に，前年置き去りにした南極観測隊の2匹のカラフト犬タロとジロの生存が確認されたことによる。「タロとジロの日」とも。

『一歩一歩タロ〜！　ジロ〜！　南極物語—信じるキモチ。』　チーム151E☆文　学研教育出版　2011.10　120p　19cm　（〔小学生文庫〕）〈発売：学研マーケティング〉800円　Ⓘ978-4-05-203467-1　Ⓝ913.6

『タロとジロ—南極で生きぬいた犬』　東多江文，佐藤やゑ子絵　講談社　2011.9　189p　18cm　（講談社青い鳥文庫 248-11）〈写真：岩合光昭　文献あり〉580円　Ⓘ978-4-06-285247-0　Ⓝ645.6

目次 東京タワーにいるナゾの犬，お別れ，はたらき犬，未知の大陸・南極へ，犬ぞりの出番がやってきた！，南極のきびしい冬，カラフト犬の底力，ベックよ安らかに，帰ってこないクマ，雪の上の赤いスタンプ，運命の日，奇跡，きみたちを忘れない

内容 観測隊員といっしょに南極へ行ったカラフト犬。かれらは，荷物や人をのせたそりをひく犬，未知の大陸・南極へ，犬ぞりの出「はたらき犬」だ。がんばりやの犬，すぐにサボる犬，あまえんぼうの犬…。性格はいろいろでも，みんな大事な仲間だった。ところが，1年後，15頭の犬たちに悲しい運命が待っていた—。第一次南極観測越冬隊員とカラフト犬の強い絆をえがく感動の物語。

『南極犬物語』　綾野まさる作　ハート出版　2011.9　164p　18cm　（ハンカチぶんこ）〈画：くまおり純　『ほんとうの南極犬物語』(2006年刊)の加筆、修正、再編集　文献あり〉880円　Ⓘ978-4-89295-694-2　Ⓝ645.6

内容 南極の過酷な環境で生き抜いたタロとジロの物語。

『ほんとうの南極犬物語—タロジロみんな生きるんだ！』　綾野まさる作　ハート出版　2006.7　157p　22cm　〈画：日高康志〉1200円　Ⓘ4-89295-540-X　Ⓝ645.6

目次 三びきの子犬，一万四千キロの旅，氷山が見えてきた，十九頭の勇者たち，ベック，死ぬんじゃないよ，まっかな足あと，SOS！こちら宗谷，さよならの名札，ゆるしてくれ，犬たちよ，二つの黒い点，たすけあったきょうだい

内容 厚い氷にはばまれ，どうしても上陸できなくなった「宗谷」の隊員たちはみんな，胸をいためながら，犬たちに別れをつげました。それから1年—，奇跡は起きたのです。タロとジロが生きぬいていた！　このニュースは世界中をかけめぐり，感動のなみだがながされました。人と犬たちの心ゆさぶる，ほんとうにあったお話です。小学校中学年以上向き。

『タロ・ジロは生きていた—南極・カラフト犬物語』　菊池徹監修，藤原一生著　復刊銀の鈴社　2004.4　159p　22cm　（ジュニア・ノンフィクション）　1200円　Ⓘ4-87786-504-7　Ⓝ645.6

目次 魔の海，ソ連機着陸事件，生きていた，十五頭の運命，カラフト犬，東京港をあとに，オングル島へ，血しぶきをけって，消えた氷原，青い海〔ほか〕

内容 無人の昭和基地で一年間，タロとジロの兄弟犬は，おたがいに助けあって，たくましく生きぬいた。「タロ・ジロは生きていた！」そのニュースは全世界の人びとの胸を強くゆさぶった。

子どもの本 伝統行事や記念日を知る本2000冊　**29**

## 《1月15日》

### なまはげ

秋田県男鹿半島周辺で行われる年中行事。鬼の面やわら蓑をまとった「なまはげ」が家々を巡って子どもや怠け者をこらしめ、厄払いや豊作祈願をする。もとは小正月の1月15日の行事だが、大みそかに行われることもある。2018年ユネスコの無形文化遺産に認定。

『ちびっコなまはげがおたくん　巻之2』
今野仁著　秋田　秋田魁新報社　2012.10
59p　16×22cm　1300円　Ⓘ978-4-
87020-333-4　Ⓝ726.6

『ちびっコなまはげがおたくん　巻之1』
今野仁著　秋田　秋田魁新報社　2012.10
56p　16×22cm　1300円　Ⓘ978-4-
87020-332-7　Ⓝ726.6

『男鹿のなまはげ』　金子義償絵，土井敏秀
文　秋田　秋田中央観光社　2004.10
33p　19×20cm　〈発行所：無明舎出版〉
1000円　Ⓘ4-89544-377-9　Ⓝ726.6

## 《1月17日》

### 防災とボランティアの日

1995年の1月17日に発生した阪神・淡路大震災の際、ボランティア活動が活発化し「日本のボランティア元年」と言われたことにより、日本政府が制定。この日を中心とする前後7日間が「防災とボランティア週間」。

『はじめよう！　ボランティア　3　復興支援とまちの安全』　長沼豊監修　廣済堂あかつき　2018.3　35p　29cm　〈索引あり〉
3000円　Ⓘ978-4-908255-68-7　Ⓝ369.14
[目次] 被災地サポート，学校の防災活動，地域の防災活動，安全サポート，地域の見守り
[内容] やってみたい活動がかならず見つかる！参考になるアイデアがいっぱい！　活動計画・記録ワークシート付き！

『理解しよう、参加しよう　福祉とボランティア　3　ボランティアに参加しよう』
加山弾監修　岩崎書店　2017.1　47p
29cm　〈文献あり　索引あり〉3000円
Ⓘ978-4-265-08543-9　Ⓝ369.14
[目次] 福祉マンガ一大震災から学ぶ，ボランティアの意味や心得，日本のボランティアには長い歴史がある，自分になにができるかを

考えてみよう，ボランティアはどんなときでも，だれにでもできる，実際にボランティアに参加してみよう，ケーススタディ

『あなたにもできる災害ボランティア一津波被害の現場から』　スペンドリニ・カクチ著，大倉弥生訳　岩波書店　2005.12
182p　18cm　（岩波ジュニア新書 525）
840円　Ⓘ4-00-500525-X　Ⓝ369.31
[目次] 1 組織に属さないボランティア（被災地応援ツアー，カウボーイと呼ばれたジャニック，善意をかたちにするのはむずかしい一リンダの物語），2 傷ついた子どもたちのケア/環境を守る（体験を分かち合うことの大切さ一あしなが育英会の交流キャンプ，伝統に根ざしたダンスで心を癒す，寄付金で幼稚園を建てる ほか），3 人権を守る/女性たちの生活を守る（人を助けることは自分を助けること，夫を失った女性たちの自立を支える，移住者たちのたくましさに学ぶ ほか）
[内容] 被災者のために何かをしたい！　でも自分に何ができるのだろう？　そんな思いをもつ人は多いのではないでしょうか？　本書は，津波で被災したスリランカやタイで行われている実例を紹介しながら，特別な技能がなくても，大きな組織に属していなくてもできるボランティア活動を紹介します。

『12歳からの被災者学一阪神・淡路大震災に学ぶ78の知恵』　土岐憲三，河田惠昭，林春男監修，メモリアル・コンファレンス・イン神戸編著　日本放送出版協会　2005.1　239p　21cm　〈年表あり〉1200円
Ⓘ4-14-011207-7　Ⓝ369.31
[目次] 1 地震がきたとき，2 ライフラインはどうなる，3 避難所の暮らし，4 地震後の暮らし，5 地震で死なないために，6 被災地のために君たちができること，7 まちのたてなおし，8 地震って？
[内容] 「いつやってくるのかわからない地震のことなんて考えていられない」なんて思っていませんか？　でも，世界の地震の1/10が日本で起こっています。キミたちが，これから起こる地震の「被災者」になるかもしれないのです。この本は，もし災害の被災者になるとしたら，どのように考え，ふるまうことが大切か，ひと言でいえば，「正しい被災者になるための入門書」です。

『てつびん物語一阪神・淡路大震災ある被災者の記録』　奥野安彦写真，土方正志文
偕成社　2004.12　55p　27cm　1800円
Ⓘ4-03-016390-4　Ⓝ369.31
[内容] 震災から12日目，“てつびん”のおばちゃんに出会った。「生きとっただけでめっけもんや。くよくよしたってはじまらん。こうなったら死ぬまでりっぱにいきたるわ。」そういって，おばちゃんは「がはは」とわらった。小料理屋“てつびん”のおばちゃんの，震災との闘いの記録。小学中級から一般。

## 《1月22日》

### カレーの日

1982年の1月22日に全国学校栄養士協議会が全国の小中学校の給食を一斉にカレーライスにしたことによる。

『カレーのひみつ』 チャイルド本社 2018.9 27p 21×24cm （チャイルド科学絵本館―なんでもサイエンス 6）〈「サンチャイルド・ビッグサイエンス 2006-10」（2006年刊）の改題、ハードカバー化〉 528円 ①978-4-8054-4800-7 Ⓝ596.3

『カレーライス―イチは、いのちのはじまり』 関野吉晴編、中川洋典絵 農山漁村文化協会 2017.12 36p 27cm （イチからつくる）〈文献あり〉 2500円 ①978-4-540-17161-1 Ⓝ596.3
目次 一からつくってみないか？，「カレーライス」は、どんな食べもの？，カレーらしさは、何で生まれる？ スパイスの調合，「食材に何を選ぶ？」という関野さんの問いかけ、わたしたちが食べているものは、どこで、だれが？，ダチョウを飼うことにしよう！ ところが…，お米の田んぼと、野菜・スパイスの畑の準備，農家に学んだ田植えと、収穫までの農作業，農家に学んだたねまきと、収穫までの農作業，野菜・スパイスの収穫と、先人たちの保存の知恵，イネの収穫と脱穀，もみすり、精米、塩をつくる。食べるためには、皿ややじもいる。いのちを食べるということ、これが、わたしたちの「一から」カレー，一からつくって、みえてきたこと

『カレーの教科書』 石倉ヒロユキ編著、シャンカール・ノグチ監修 岩崎書店 2017.8 63p 29cm （調べる学習百科）〈文献あり 索引あり〉 3600円 ①978-4-265-08443-2 Ⓝ596.3
目次 みんな大好き！ カレーライス，世界中で食べられているカレー！，カレーはいつ日本にやってきたの？，日本式カレーライスの歴史，海自カレー，昔の料理書を読んでみよう，もし、江戸時代にカレーがあったら，世界のカレー味マップ，インド人のカレーの食べ方，インドの子どもたちは、いつから辛いカレーを食べるの？ 〔ほか〕
内容 カレーの歴史、昔と今の調理法、インドの食べ方、スパイスとハーブの特徴、カレーの色のひみつ、レトルトカレーの工場見学…。この本は、カレーにまつわるさまざまなことがらについて学べる"教科書"です。もちろん、教科書に載っていることがすべてではありません。気になったこと、確かめたいことを探して、じぶんでもっと調べたり試したり

してみましょう。では、楽しいカレーの授業の始まりです！

『みんな大好き！ カレー大百科 〔4〕カレーで知る世界の国ぐに』 森枝卓士監修 文研出版 2017.2 39p 31cm 〈文献あり 索引あり〉 2800円 ①978-4-580-82309-9 Ⓝ596.3
目次 1 インドとその周辺国のカレー（インドの食文化とカレー，インド周辺国の食文化とカレー，つくってみよう！ インド風チキンカレー），2 東南アジアやヨーロッパのカレー（東南アジアの食文化とカレー，つくってみよう！ タイ風グリーンカレー，イギリスの食文化とカレー，中南米と日本周辺国のカレー，行ってみたい！ 世界のカレーが食べられる店），カレーなんでもQ&A

『みんな大好き！ カレー大百科 〔3〕進化する日本のカレー』 森枝卓士監修 文研出版 2017.1 39p 31cm 〈索引あり〉 2800円 ①978-4-580-82308-2 Ⓝ596.3
目次 1 カレーライスの大革命（日本で生まれたカレールウ，使いやすい固形ルウが主流に，手軽に食べられるレトルトカレーの登場，進化していくルウとレトルトカレー，カレー工場見学1 カレールウができるまで，カレー工場見学2 レトルトカレーができるまで），2 多様化するレトルトカレー（レトルトカレー市場のめざましい発展，47都道府県ご当地レトルトカレーMAP東日本，47都道府県ご当地レトルトカレーMAP西日本），3 カレーライスと外食産業（カレー店の広がりと発展，世界に広がる日本のカレーライス，つくってみよう！ オリジナル欧風カレー，カレーなんでもQ&A）

『みんな大好き！ カレー大百科 〔2〕カレーの日本上陸』 森枝卓士監修 文研出版 2016.12 39p 31cm 〈文献あり 索引あり〉 2800円 ①978-4-580-82307-5 Ⓝ596.3
目次 1 日本にカレーがやってきた！（西洋の料理として伝わったカレー，明治時代のカレーのつくり方，メニューに登場した「ライスカレー」，西洋野菜の広がりとカレーの具材，カレーライスにかかせない米，ラッキョウ漬けと福神漬け），2 広まっていく日本のカレー（国産カレー粉の誕生と普及，高級西洋料理からみんなの人気料理に、日本発！ カレー味の新しい食べもの，本格的なインドカレーの登場，流行の場所で食べるカレーライス），つくってみよう！（『西洋料理通』の「カリド・ウィル・ヲル・ファウル」，『海軍割烹術参考書』の「カレイライス」），カレーなんでもQ&A

『みんな大好き！ カレー大百科 〔1〕カレーのはじまり物語』 森枝卓士監修 文研出版 2016.11 39p 31cm 〈文献あり 索引あり〉 2800円 ①978-4-580-82306-8 Ⓝ596.3

| 目次 | 1 カレーはどんな食べもの？（みんな大好き！ カレーライス，カレーライスは栄養たっぷり），2 カレーはどこからやってきた？（インド生まれのスパイス料理，スパイス産地の食文化，世界のスパイス生産地，カレーの味を生みだすスパイス図鑑），3 スパイスをめぐる世界の歴史（スパイス貿易のはじまり，西洋人とカレーの出会い，イギリスで誕生したカレー粉，日本人とカレーの出会い），Q&A |

『カレーライス』 岡本一郎ぶん，くすはら順子え，水野仁輔監修 チャイルド本社 2012.4 28p 22×25cm （たべるのだいすき！ 食育えほん 2-1）571円 ①978-4-8054-3763-6 Ⓝ596.3

## 《1月27日》

### 国際ホロコースト記念日

1945年の1月27日にアウシュヴィッツ＝ビルケナウ強制収容所がソ連軍によって解放されたことによる。国連で2005年に制定。ナチス・ドイツ政権によってユダヤ人をはじめとする多くの人々が殺害されたことを記憶し，憎悪・人種差別・偏見が持つ危険性を警告するため。

『アンネ・フランク』 早乙女勝元著 新日本出版社 2017.10 222p 20cm〈「母と子でみるアンネ・フランク」（草土文化 1984年刊）と「アウシュビッツと私」（草土文化 1980年刊）の改題，合本，新版 文献あり〉1800円 ①978-4-406-06178-0 Ⓝ209.74

| 目次 | アンネ・フランク 隠れ家を守った人たち（隠れ家への第一歩，隠れ家までのアンネは…，隠れ家生活七六一日間，隠れ家から収容所へ，隠れ家を守った人たち ほか），アウシュビッツと私（アウシュビッツ強制収容所へ，「労働は自由への道」と書かれている，貨車が乗り入れた降車場はビルケナウ（アウシュビッツ第二）だ，みんなにさようなら，アウシュビッツの役割 ほか） |

| 内容 | 約150万人が無念の死をとげたアウシュビッツ。『アンネの日記』で知られる少女の隠れ家と，家族を見守ったミープ夫妻に直接取材した「アンネ・フランク 隠れ家を守った人たち」。作者が現地を初めて訪れた時の気持ちと，なぜ虐殺が起きたのかを伝える「アウシュビッツと私」。いまの日本にもつながる作者渾身の2作品を収録。 |

『いのちは贈りもの―ホロコーストを生きのびて』 フランシーヌ・クリストフ著，河野万里子訳 岩崎書店 2017.7 319p 20cm （海外文学コレクション 5）〈年譜あり〉1600円 ①978-4-265-86018-0 Ⓝ956

| 目次 | フランシーヌの少女時代のヨーロッパ，はじまり，黄色い星，南へ，ポワチエ，ドランシー 一九四二年八月，ピチヴィエ，ボーヌ＝ラ＝ロランド―パリの南，水の都モンタルジの近く，ボーヌ＝ラ＝ロランド 一九四三年二月，二度めのドランシー〔ほか〕 |

| 内容 | これほど残酷な中にあっても，気高い精神を持ち続けた少女がいた！ 時代を超えた，少女の珠玉の証言。 |

『おもいだしてくださいあのこどもたちを』 チャナ・バイヤーズ・アベルス構成・文，おびただす訳 汐文社 2012.7 1冊 24×25cm 1500円 ①978-4-8113-8899-1 Ⓝ209.74

| 内容 | ホロコーストの過酷な迫害のなかで懸命に暮らし亡くなった子どもたちについてのエッセイ。現在を生きる子どもたちとともに分かち合いたい勇気と忍耐の物語となっている。 |

『父さんの手紙はぜんぶおぼえた』 タミ・シェム＝トヴ著，母袋夏生訳 岩波書店 2011.10 270p 21cm 2100円 ①978-4-00-115648-5 Ⓝ929.736

| 目次 | 父さんの手紙はぜんぶおぼえた，その後―リーネケとの対話，リーネケと家族のアルバムから |

| 内容 | また，おうちで会おうね。戦争がおわったら，すぐに―ユダヤ人一家の末っ子リーネケは，家族とはなれ，遠い村の医者の家にあずけられた。心の支えは，ひそかに届く父さんからの，ユーモアあふれる絵入りの手紙。奇跡的に保管されていた手紙とともに，リーネケの記憶がよみがえる。つらい時代に手をさしのべてくれた，オランダの人の思い出とともに。心にしみる10歳のユダヤ人少女の実話。 |

『ちびまる子ちゃんのアンネ・フランク』 さくらももこキャラクター原作，宮原かごめ漫画，大塚信監修 集英社 2011.8 205p 19cm （満点人物伝）〈文献あり 年譜あり 年表あり〉880円 ①978-4-08-314054-9 Ⓝ289.3

| 目次 | 第1章 戦争のあしおとと（アンネ・フランクはこんな人，この時代のドイツと世界情勢，このころの日本は），第2章 日記帳とのであい（アンネの家族，ユダヤ人迫害の歴史，地図で見るアンネの足跡），第3章 かくれ家へ（2年1か月間のかくれ家生活，かくれ家の住人たち，かくれ家生活を支えた人たち），第4章 息をひそめて（ホロコーストとは…，ユダヤ人を助けようとした人たち），第5章 死の収容所へ（アンネの夢をかなえたオットー，受けつがれるアンネの思い） |

| 内容 | まんがで読もう。戦争の中で，夢と希望を日記に書きつづった少女，アンネ・フランクの感動の生涯。 |

## 《1月その他》

### 成人の日

1月第2月曜日。国民の祝日。おとなになったことを自覚し、みずから生き抜こうとする青年を祝いはげます日。1999年までは1月15日。小正月の1月15日に元服の儀が行われていたことから。

『なりたいおとなになるために。』 KTCおおぞら高等学院編 KTC中央出版 2018.3 62p 21cm 1500円 ①978-4-87758-777-2 Ⓝ159.7

『おとなになるってどんなこと？』 吉本ばなな著 筑摩書房 2015.7 125p 18cm （ちくまプリマー新書 238）680円 ①978-4-480-68942-9 Ⓝ159.5
目次 第1問 おとなになるってどんなこと？，第2問 勉強しなくちゃダメ？，第3問 友だちって何？，第4問 普通ってどういうこと？，第5問 死んだらどうなるんだろう？，第6問 年をとるのはいいこと？，第7問 生きることに意味があるの？，第8問 がんばるって何？
内容 勉強のこと、友だちのこと、死、そして生きること…人生の根幹に関わる大切な八つのことについて、これから大人になる子どもたち、そして大人になるって難しい…と思っている人たちへ向けたメッセージ。

『大人になるっておもしろい？』 清水真砂子著 岩波書店 2015.4 232p 18cm （岩波ジュニア新書 801）〈文献あり〉840円 ①978-4-00-500801-8 Ⓝ159.7
目次 「かわいい」を疑ってみない？，怒れ！怒れ！怒れ！，ひとりでいるっていけないこと？，自信ってなんだろう？，明るすぎる渋谷の街で考えたこと、ルールとモラルがぶつかったら、質問するってめんどくさい？，心の明け渡しをしていませんか？，生意気っていけないこと？，家族ってなんだろう？，世界は広く、そして人はなんてゆたかなのだろう、働かないでいるって、そんなにダメなこと？，斜に構えるってかっこいい？
内容 自分を信じきれず、個性や“らしさ”を探しながらも一方で人と違わないことにこころを砕く若者たち。大人になる直前のとまどいや悩みは尽きず、未来に希望を思い描くのも難しい。そんな10代に魂を揺さぶる数々の物語を通して悩むこと、傷つくことを怖れず、もっと伸びやかに自由に生きよう！ と呼びかける青春の羅針盤となる一冊。

『わたしがおとなになったら―自立のすすめ：マイルール』 辰巳渚著，朝倉世界一まんが 毎日新聞社 2012.1 187p 19cm 1300円 ①978-4-620-32097-7 Ⓝ159.5
目次 大きなため息 そのわけを一言でも伝えよう、カギがしまっている 近所の人を頼ろう、通り道に人がいる 「じゃま」でなく「通らせて」，危険を知らせる 「危ない！」では伝わらない、食事中の手 はしを持っていない方も使う、お風呂 「入浴のルール」覚えておこう、そろそろお正月 “晴れの日”の服を用意、みんなでゲーム 場がしらけては台無し、風邪予防のマスク 人と話すときは外そう、もらった年賀状 年に一度は整理しよう〔ほか〕
内容 夢いっぱい、力いっぱい、愛情たっぷり。すこし“せのび”できる子は、自立が早い。どこまで手伝う？ どこで手を離す？ 楽しい漫画つき。子供自身でも学べる、新しい「自立の教科書」第3弾。主人公の小学生・まきちゃんは今日もすくすく成長中。楽しんで読むだけで、子どもに“優しく生きる力”が身につきます。

### 三春だるま市

1月第3日曜日。福島県三春町でだるまや縁起物などを売る露店が軒を連ねる祭り。

『ちいさなちいさな三春駒』 新開ゆり子文，北島新平絵 ほるぷ出版 1989.6 147p 21cm （ほるぷ創作文庫）①4-593-54016-X
内容 三春は1000年以上も続く、伝統工芸の町。子育て守りの三春駒や、張りこの動物デコ人形・お面などを作っています。大にぎわいの“だるま市”を中心に、広太郎おじいさんと孫の広一郎の暖かな交流を描いた、平和を求める感動の作品。小学校高学年以上。

# 2月

『**かこさとしこどもの行事しぜんと生活　2月のまき**』　かこさとし文・絵　小峰書店　2012.1　36p　29cm　〈年表あり〉　1400円　①978-4-338-26802-8　N386.1

目次　2月の別のいいかた（日本），節分（2月3日ごろ），豆まき，立春（2月4日ごろ），二十四節気，針供養（2月8日），初午（2月1日～12日ごろ），十二支・十干，雪・ゆき・ユキ　雪のいろいろ，雪あそび，バレンタインの日（2月14日）〔ほか〕

内容　日本の子どもたちが出会う，さまざまな行事やならわしの，はじまりやわけを，わかりやすく，やさしいえがき，先祖の人たちがおまつりをしたりにこめた願いや心を，ただしくつたえる絵本。

『**2月のえほん―季節を知る・遊ぶ・感じる**』　長谷川康男監修　PHP研究所　2010.12　47p　26cm　〈文献あり〉　1300円　①978-4-569-78106-8　N386.1

目次　節分　3日ごろ，バレンタイン・デー　14日，2月の旬の食べもの，2月の俳句と季語，2月のに見られる植物，2月の記念日，2月の行事，日本の2月のお祭り，世界の2月の行事・お祭り，ウィンタースポーツに親しむ〔ほか〕

内容　節分，バレンタイン，立春，初午のいなりずしづくり，スケート…。2月の行事，自然，旬の食べもの，遊びなどを絵で楽しく紹介するとともに，季語，記念日，できごとなども掲載。

『**学習に役立つわたしたちの年中行事　2月**』　芳賀日出男著　クレオ　2006.4　35p　27cm　1800円　①4-87736-084-0　N386.1

目次　節分から立春へ，鬼とは？，祭りで活躍する鬼，鬼のきらいなもの，鬼とあそぶ，初午の行事，わら馬引き，たこ市とたこ，だるま市とだるま，事八日の行事，雪国の祭りとあそび，物語・雪国のかまくら，2月の各地の祭り，2月の世界の祭り，2月のことば，2月の祭りごよみ，総目次索引（1月～12月）

『**365日今日はどんな日？―学習カレンダー　2月**』　PHP研究所編　PHP研究所　1999.9　49p　31cm　〈索引あり〉　2700円　①4-569-68152-2

目次　竹本座が道頓堀にできる，京都で初の市電開業，東京―大阪間に長距離電話開通，山県有朋がなくなる，テレビ放送はじまる，東京の人口が一千万人をこす，行基がなくなる，日本の航空，国際線の再開，藤原頼通がなくなる，将軍足利義昭の二条御所建造〔ほか〕

内容　一年365日の，その日に起こった出来事を集め，ひと月1巻，全12巻にまとめたシリーズの2月編。その日にまつわる歴史上の出来事や人物，発明・発見，文学，美術，音楽，数学，お祭りや記念日，年中行事などの項目を収録。

『**2月**』　増田良子，福田節子編著，鈴木びんこ絵　岩崎書店　1999.4　39p　31cm　（くらしとあそび・自然の12か月　11）　3000円　①4-265-03791-7　N031

目次　おには外，ふくは内（2月3日か4日は，節分），おにごっこ，春をつげる木の花，春をつげる野山の花，春をつげる鳥，針はふしぎな道具，毛糸でつくろう，あやとりあそび，ゆびあそび手あそび，手ぶくろで，あそぼう〔ほか〕

『**学習に役立つものしり事典365日　2月**』　谷川健一，根本順吉監修　新版　小峰書店　1999.2　61p　27cm　〈索引あり〉　2500円　①4-338-15602-3

目次　冬の風物詩，札幌雪まつり，日本最初のテレビ放送，『遊ぶ人』ホイジンガ没，スチュワーデスの誕生，わが国初の空の国際線，アメリカ・メキシコ戦争終結，アイルランドの作家ジョイス生，蔵王山のモンスターたち，活版印刷術とグーテンベルク，諸芸の天才，本阿弥光悦〔ほか〕

内容　どんな事件があり，どんな人が生まれたり死んだりしたのか，年中行事や記念日の由来など，遠い昔から現代までに起きた出来事を，同じ日付ごとにまとめた事典。本巻は2月の日付を収録。索引付き。

『**2月のこども図鑑**』　フレーベル館　1998.1　55p　27cm　（しぜん観察せいかつ探検）　1600円　①4-577-01721-0　N031

目次　きょうはなんのひ？―2月のカレンダー，しぜんだいすき（雪とこおりの世界，北極・南極の生きものたち），そだててみよう―ハムスター・もやし，せいかつたんけんたい―テレビ，あっちこっちたんけん，いってみたいね―いちごがり，わくわくクッキング―2月のメニュー，しらべてみよう―ねむりのしくみ，つくってみよう―おにのゲーム，しっているかな？　―せつぶん

『**2がつのこうさく―げんきに「おにはそと！」**』　竹井史郎著　小峰書店　1996.2　31p　25cm　（たのしい行事と工作）　1600円　①4-338-12702-3　N507

目次 せつぶん，バレンタインデー，ゆき，スキー，そり，アイスホッケー，うさぎ，おりがみ

内容 小学校低学年以上。

## 《2月1日》

### 王祇祭

2月1日～2日。山形県鶴岡市の春日神社で行われる年4回の例祭のうち最も重要な祭り。奉納される「黒川能」は室町時代から500年以上続く民俗芸能。

『やくそくの「大地踏」』 つちだよしはる作 リーブル 2018.2 35p 25cm （えほん・こどものまつり 山形県黒川能の「王祇祭」） 1200円 ①978-4-947581-88-4 Ⓝ726.6

### テレビ放送記念日

1953年の2月1日に，日本放送協会により日本初のテレビ放送が行われたことから。

『テレビを発明した少年―ファイロウ・ファーンズワース物語』 キャスリーン・クルル文，グレッグ・カウチ絵，渋谷弘子訳 さ・え・ら書房 2015.8 1冊 29cm 1500円 ①978-4-378-04143-8 Ⓝ289.3

内容 1920年，じゃがいも畑を耕していた14歳の農家の少年はひらめいた。ほり返された土のように無数の平行な線を使えば，画像を遠くに飛ばすことができる！ 8年後，少年は世界ではじめてテレビジョンの画像を送ることに成功した。少年は手品師ではなく，天才科学者だった。著者のキャスリーン・クルルは，あまり知られていないファイロウ・ファーンズワースの少年時代を，生き生きとえがき出している。機械や電気が大好きな少年はやがて，20世紀最大の発明品のひとつ，テレビを発明した。少年は，テレビが世界じゅうに情報を発信し，世界をひとつにしてくれるにちがいないと思っていた。

『社会の今を見つめて―TVドキュメンタリーをつくる』 大脇三千代著 岩波書店 2012.10 210,5p 18cm （岩波ジュニア新書 725）〈文献あり〉 840円 ①978-4-00-500725-7 Ⓝ699.64

目次 プロローグ 一人前の記者になりたい！，1章 わたしの隣に，2章 大人の説明，3章 なぜ戦争体験を語り継ぐのだろう？，4章 SOS！ 人が足りない!?，5章 報道記者として何を伝えるか，エピローグ わたしはあなただったかもしれない

内容 日常に潜む現代社会のひずみをていねいにすくい取り，TVドキュメンタリーに仕上げ問題提起をしてきた著者。報道記者として夜の町，事故現場，かつての戦場や産科病棟等で見たもの，聞いたことを通し，今社会で何が起き，私たちの暮らしとどう関わっているかを語る。いかに生きるかを考えさせられる一冊。

『テレビを発明した高柳健次郎―がんばりつづけた研究者』 浜松市東区編 〔浜松〕〔浜松市東区〕 2009.3 18p 30cm Ⓝ289.1

『テレビのあるくらし』 岡本一郎文，せべまさゆき絵，小和田哲男監修 チャイルド本社 2009.3 32p 31cm （れきし絵本館―むかしのせかいへいこう！ 12）〈年表あり〉 952円 ①978-4-8054-3123-8 Ⓝ382.1

内容 ある日，ぼくはいもうとといっしょにおじいちゃん，おばあちゃんのいえにあそびにきたよ。おじいちゃんやおばあちゃんが生まれたしょうわというのはどんなじだいだったのかな。

『番組制作・技術・美術60の仕事』 理論社 2007.10 175p 25cm （メディア業界ナビ 6 メディア業界ナビ編集室編著） 2000円 ①978-4-652-04866-5 Ⓝ699.6

目次 大河ドラマでひも解く！―制作・技術・美術の仕事，あの人気番組で大活躍！―映像と音のプロフェッショナル，テレビ番組を総仕上げ！―ポストプロダクション，ますます広がる可能性！―インターネットテレビの世界，社会を見つめるテレビマンたち！―報道/ドキュメンタリー，もっとリアルに！ ドラマティックに！―テレビ美術のエキスパート，ドラマからバラエティまで！―出演者を彩る衣裳の職人たち，心理テストで君の可能性を開く，番組制作・技術・美術全60の仕事を解説

内容 テクニカルディレクター，ビデオエンジニア，オンライン編集，テレビカメラマン，美術デザイナー，衣裳，特殊メイク，持道具，パイロテクニシャン，音声ミキサー，タイムキーパー。遊びを仕事に！ 心理テストで君の可能性を開く。

『テレビの見方プロジェクト―情報のウソとホントを見きわめよう！』 鈴木敏恵著 学習研究社 2005.3 48p 27cm （"夢のかなえ"シリーズ―ポートフォリオでプロジェクト学習 4） 2800円 ①4-05-202275-0 Ⓝ375.19

目次 第1章 物語編―情報のウソとホントを見きわめよう！（テレビのことを勉強します！，テレビって何だ？ 観察しよう！，外国のテレビはどうなの？ 情報をゲット！，ゴールは「テレビの見方ガイドブックを作る！」ほか），第2章 実行編―テレビの見方プロジェクトの進め方（準備―テレビに興味を持とう，テーマ・ゴール―何のために，何をやりとげ

たいのか決めよう，計画―情報リサーチの計画を立てよう，情報リサーチ(1)―見て、聞いて、考えよう ほか)

## 『テレビ番組をつくる仕事―マンガ』
ヴィットインターナショナル企画室編 ほるぷ出版 2004.2 142p 22cm (知りたい！ なりたい！ 職業ガイド) 2200円 ①4-593-57172-3 ⑩699.6

[目次] テレビ番組をつくる仕事，テレビディレクター，セットデザイナー，テレビカメラマン

## 《2月2日》

### 世界湿地の日
1971年の2月2日に世界の湿地の保全を目的としたラムサール条約が採択されたことにより、ラムサール条約事務局が1996年に制定。

## 『湿地生物のサバイバル―生き残り作戦』
洪在徹文，鄭俊圭絵，李ソラ訳 朝日新聞出版 2016.11 1冊 23cm (かがくるBOOK―科学漫画サバイバルシリーズ) 1200円 ①978-4-02-331550-1 ⑩454.65

[目次] エバーグレーズ国立公園，フロリダのマナティー，鳥の楽園，壊れたエアーボート，眠らない湿地，来ない救助隊，湧いてくるメタンガス，台風の痕跡，ススキ地獄，恐怖のガラガラ，沼からの脱出，道路発見，ワニの追撃

[内容] 久しぶりに再会した叔父さんと一緒に、アメリカ最大の湿地・エバーグレーズの探査に出かけたルイとユジン。エアーボートに乗ってマングローブ林に入ったルイたちはさまざまな生命が息づく湿地に感動の声をあげる。しかし、興奮冷めやらぬうちに、ルイがボートを壊してしまい、3人は救助隊を待ちながら湿地で一夜を過ごすことに…。薄暗い湿地の奥深くには世界最大級のビルマニシキヘビや、猛毒のヌママムシ、獰猛なワニまで、虎視眈々と彼らを狙う！ ルイ、ユジン、そして叔父さんの3人は、一歩を進むのも困難な湿地から果たして無事に抜け出すことができるのか？

## 『湿地の大研究―生きものたちがたくさん！役割から保全の取り組みまで』
遊磨正秀監修 PHP研究所 2011.5 63p 29cm 2800円 ①978-4-569-78092-4 ⑩454.65

[目次] 第1章 湿地ってどんなところ？(湿地はどこにでもある！，湿地とはなにか？)，山の中の湿地(湿原)，湖沼の湿地，川べりの七位，海辺の湿地，人がつくった湿地)，第2章 湿地と私たちの暮らし(湿地と文明，湿地と開発，湿地と恩恵，湿地と農業，湿地と漁業，湿地と観光・レジャー，湿地と行事)，第3章 湿地を守り、かしこく利用するために(湿地は“生

命のゆりかご”，変わりゆく湿地，湿地を守るために，湿地をかしこく利用，湿地を観察してみよう)

## 『田んぼ―人がつくった生命の湿地』
守山弘監修・著 小峰書店 2004.4 47p 29cm (身近な自然でふるさと学習 5) 3000円 ①4-338-19905-9 ⑩613.6

[目次] 1 お米をつくろう―東京都東村山市立北山小学校(春、力を合わせて田植だよ！，秋、たくさん実った、稲刈りだ！ ほか)，2 春の田んぼの研究(春の田んぼの農作業を調べよう，春の田んぼの生き物を調べよう！ ほか)，3 夏の田んぼの研究(夏の田んぼの生き物を調べよう！，夏の用水路の生き物を調べよう！ ほか)，4 秋の田んぼの研究(秋の田んぼの農作業を調べよう！，秋の田んぼの生き物を調べよう！ ほか)，5 冬の田んぼの研究(冬の田んぼとため池の生き物を調べよう！，田んぼの環境を調べよう！)

[内容] 田んぼは、人がつくり出した生命の宝庫です。米づくりとともに変わる環境を利用して生きる生き物たちを研究し、さらに日本人の本質にまでせまります。小学校中学年以上。

### おじいさんの日
日付の数字「2」「2」を「じいじ」と読む語呂合せから。おじいさんに感謝する日。伊藤忠食品が制定。

## 『おばあちゃん、おじいちゃんを知る本 4 おとしよりをささえる―施設と制度』
小島喜孝編，江頭恵子文，水野あきら絵 矢部広明監修 大月書店 2016.3 39p 27cm 2500円 ①978-4-272-40298-4 ⑩367.7

[目次] 定年後も20～30年の人生がある，おとしよりがいきいきとすごせる場所がある，おとしよりのくらしをささえる年金保険のしくみ，おとしよりの健康をささえる医療保険のしくみ，おとしよりをささえる介護保険のしくみ，おとしよりをささえる介護サービスと施設，元気なおとしよりのための施設，自宅で受ける介護サービス，通って受ける介護サービス，福祉用具を利用する，施設に入って受ける介護サービス，知っておきたいそのほかの介護サービス，2025年問題とは？，介護職員はあと80万人必要，訪問介護員(ホームヘルパー)の仕事，介護福祉士という仕事，介護支援専門員(ケアマネージャー)という仕事

## 『おばあちゃん、おじいちゃんを知る本 1 しわがふえ、しらがになるのはなぜ？―生命と老化』
小島喜孝，矢部広明編，江頭恵子文，水野あきら絵 丸山直記監修 大月書店 2016.1 40p 27cm 2500円 ①978-4-272-40295-3 ⑩367.7

[目次] 生きものはすべて老化する，しわができるのはなぜ？，どうして髪の毛が白くなるの？，からだにしみができるのはなぜ？，ど

うして耳がきこえにくくなるの？，目がよく見えなくなるのはなぜ？，腰がまがる，背中がまるくなるのはどうして？，歩くのがゆっくりになるのはなぜ？，息切れがひどくなる，ひざが痛くなる，夜中に目がさめる，朝早く起きる，何度もトイレに行きたくなる，便秘しやすくなる，歯が抜けるのは老化ではない，味つけが濃くなる，食べていても栄養失調になる，暑さ，寒さを感じにくくなる，寝たきりになるのは，人間だけ，人は老いてなお成長する

『おばあちゃん、おじいちゃんを知る本 2 どうしてすぐに忘れちゃうの？―認知症と病気』 小島喜孝，矢部広明編，江頭恵子文，水野あきら絵 井藤英喜監修 大月書店 2015.11 40p 27cm 2500円 ①978-4-272-40296-0 Ⓝ367.7
目次 老化によるもの忘れと、認知症によるもの忘れ、家族が認知症に気づくとき、認知症にはいくつかの種類がある、認知症に共通の症状と人によってちがう症状（すぐに忘れてしまう、T（時間）→P（場所）→P（人）の順にわからなくなる、世話をしてくれる人にはこまった症状がより強く出る、感情のコントロールができない、まだらボケ―できたり・できなかったり、認知症の人の反応はあなたの心を映し出す鏡）〔ほか〕

『おばあちゃん、おじいちゃんを知る本 3 こんなとき、どうする？―介助と救急』 望月彬也監修，小島喜孝，矢部広明編，江頭恵子文，水野あきら絵 大月書店 2015.9 39p 27cm 2500円 ①978-4-272-40297-7 Ⓝ367.7
目次 街でおとしよりを見かけたら、歩行介助はななめうしろに立って、つえは悪い足の反対側の手で持つ、車いすを押すときの注意、立ちくらみをふせぐにはゆっくりおきあがる、転ばないように、バランス感覚を高める、おばあちゃんは骨折しやすい、のどにものがつまって息ができないとき、入れ歯を飲みこんでしまうことも多い、食べるよろこびを大切に、自助具を利用して、「自分でできる」ことを大切に、着がえは痛みやマヒのあるほうから、おふろは2番めか3番めに、寝返りを手伝うコツ、トイレのお手伝いはプライドを大切にして、低温やけどに注意、心臓が痛い・苦しい、けいれんが起きたら、ボランティアに参加してみよう

『おじいちゃん』 神津良子文，北野美子絵 松本 郷土出版社 2006.8 1冊 24×31cm （語り継ぐ戦争絵本シリーズ 1（満州開拓）） 1600円 ①4-87663-834-9 Ⓝ611.24225

《2月4日》

世界対がんデー

国際対がん連合が2000年の2月4日にパリ憲章で制定。がんへの意識向上と予防、検出、治療への取組を促すため。

『学校の保健室 3 先生ががんになっちゃった！』 宇津木聡史文，河村誠絵 星の環会 2017.5 63p 29cm 〈文献あり〉 2800円 ①978-4-89294-562-5 Ⓝ492
目次 第1章 先生ががんになっちゃった！（先生ががんになっちゃった、がんって、どんな病気なの？、先生の体の中へ！）、第2章 がんって何なの？（どうやって病気にするの？手ごわいがん細胞、がん細胞だけどとりだせないの？）、第3章 どうすれば治るの？（がん細胞をやっつける、薬でもっとやっつけたい！、ぶつけてこわす方法はないの？、どの治療法が一番いいの？）、第4章 がんになった人を助けたい！（私たちに何ができるの？、どんな料理が体にいいの？、がんになると痛いの？、みんなで支えたい！）

『ある日、お父さんお母さんががんになってしまったら』 Ann Couldrick原作，阿部まゆみ訳・編集，湯淺満里子イラスト PILAR PRESS 2016.5 27p 26cm 〈「お父さん・お母さんががんになってしまったら」（2005年刊）の改題〉 2500円 ①978-4-86194-155-9 Ⓝ494.5

『小児がん経験者のためのガイドライン―よりよい生活をめざして』 ガイドライン作成委員会著，がんの子どもを守る会編 第5版 がんの子どもを守る会 2012.8 14p 30cm Ⓝ493.93

《2月7日》

北方領土の日

1855年の2月7日に日露和親条約が結ばれたことから、日本政府が1981年に制定。北方領土問題に対する国民の関心と理解を更に深め、返還運動の一層の推進を図るため。

『四島（しま）は私たちのふるさと―北方領土元島民の思い出：小学校高学年向け』 富山県「北方領土問題」教育者会議，北方領土返還要求運動富山県民会議編 〔富山〕 富山県「北方領土問題」教育者会議 2017.11作成 38p 30cm 〈共同刊行：北方領土返還要求運動富山県民会議年表あり〉 Ⓝ319.1038

『なるほど！ なっとく！ 北方領土―北方領土返還実現に向けて』 北方領土問題対

策協会　〔2004〕　17p　26cm〈年表あり〉　Ⓝ319.1038

## オリンピックメモリアルデー

1998年の2月7日に長野冬季オリンピックが開幕したことによる。日本青年会議所北陸信越地区長野ブロック協議会が制定。

『長野オリンピック公式写真集―Nagano Olympic Winter Games,1998』　長野オリンピック冬季競技大会組織委員会監修　桐原書店　1998.3　1冊　30cm〈別タイトル：NAOC official photobook〉　5700円　Ⓘ4-342-77482-8　Ⓝ780.69

『長野オリンピック 1998』　記念保存版　共同通信社　1998.2　128p　34×25cm　1333円　Ⓘ4-7641-0404-0

目次 ハイライト（世界最速の男―スピードスケート男子500メートル 清水宏保、雪に舞うシンデレラ―女子モーグル 里谷多英、白馬の風に舞った「金」と「銅」―ジャンプ・ラージヒル 船木和喜、原田雅彦 ほか）、競技（ジャンプ、クロスカントリースキー、ノルディック複合、アルペンスキー ほか）

『オリンピックが日本にやってくる―冬季・長野五輪決定記念』　長野　信濃教育会出版部　1991.11　95p　26cm　1000円

### 《2月9日》

## 服の日

日付の数字「2」「9」の語呂合せから。衣類への関心を高めること、服を着る楽しみを広げることを目的に、日本ファッション教育振興協会及び全国服飾学校協会などが1991年に制定。

『簡単コスプレ＆イベント服―ハロウィンに！　クリスマスに！　フェスに！　学祭に！』　みる著　主婦の友社　2016.10　64p　26cm　1280円　Ⓘ978-4-07-416120-1　Ⓝ593.3

目次 ナース、ポリス、メイド、執事、幕末の志士、巫女、セーラー服、学ラン、アリス、赤ずきん、天使、悪魔、カブトムシ、ミツバチ、魔法使い、サンタ、猫、うさぎ

内容 誰でも楽しめる、みんなのコスプレ服が誕生！　いろいろなイベントで気軽に衣装を手作りしてみましょう。1、2日で作れる簡単で工夫がいっぱいのデザイン。S、M、L、2L、

3Lの5サイズの実物大型紙つき。ティーンからビッグサイズの人、メンズも着られます。

『絵で見る服とくらしの歴史』　菊地ひと美文絵　講談社　2012.11　32p　27cm　1500円　Ⓘ978-4-06-218063-4　Ⓝ383.1

内容 貫頭衣、十二単、直垂、陣羽織、袴、インバネス…服を見れば、くらしがわかる！　身近なものをきっかけに、「知りたい」気持ちを育てる絵本。

『永遠に捨てない服が着たい―太陽の写真家と子どもたちのエコ革命』　今関信子著　汐文社　2012.2　201p　20cm　1400円　Ⓘ978-4-8113-8838-0　Ⓝ519

目次 ゆびきりげんまん、環境学習の先生、ゴミから生まれたカメラ、ゴミのゆくえ、不思議な出会い、ピンホールカメラがとった傑作、エコバッグ作り、生まれた願い、希望になった宝物、活動開始、森作りの森さん、写真展「SUNQ」、皆既日食の日に、つながる 広がる、よみがえる体操服

内容 「わたしたちが大人になるまで、地球は待っててくれるの？」温暖化、環境破壊が進む地球。エコを学ぶ京都の子どもたちは、地球の未来に不安を持っています。いま、自分たちになにができるのだろう。環境学習の先生となった一人のカメラマンと、子どもたちのノンフィクション。

『服とコミュニケーション』　鷲田清一監修　岩崎書店　2007.3　47p　29cm　（シリーズ・服と社会を考える 2）　2800円　Ⓘ978-4-265-04882-3　Ⓝ383.1

目次 1 服を着るのはだれのため？、2 人は他人のために服を着る！、3 コミュニケーションときみの服、やってみよう！　ディベート「制服」に賛成か反対か、知っておきたい関連ワード集

『服と自分』　鷲田清一監修　岩崎書店　2007.3　47p　29cm　（シリーズ・服と社会を考える 1）　2800円　Ⓘ978-4-265-04881-6　Ⓝ383.1

目次 1 人はなぜ服を着るのか？（実験して考えよう！　服を着るってどういうこと？、服を着るってどういうこと？、皮膚は「キワ」！、社会的な記号としての服、入れ墨とピアスについて考える）、2 ファッションってなんだろう？（人はなぜファッションを気にかけるの？、人はなぜ流行にまきこまれるの？、ファッションは生きた皮膚、たかが服、されど服）、3 きみにとっての服の意味を考えよう！（きみの服はだれがえらぶ？、自分の服を4つの軸で考えてみよう！、「見られる自分」と「見せたい自分」、服装でわかる社会とのきょり、「気にする自分」と「気になる自分」）

『服の力』　鷲田清一監修　岩崎書店　2007.3　47p　29cm　（シリーズ・服と社会を考える 3）　2800円　Ⓘ978-4-265-04883-0　Ⓝ383.1

目次 1 服の力を考えよう！，2 「らしさ」について考えよう，服とは○○○！，人類の歴史に見る服の力とは？，やってみよう！ ディベート 「見た目が大事」イエスかノーか，知っておきたい関連ワード集

## 《2月11日》

### 建国記念の日

2月11日。国民の祝日。建国をしのび、国を愛する心を養う日。初代天皇とされる神武天皇の即位日とされる日で1874年〜1948年は「紀元節」。

『日本という国』 小熊英二著 決定版 新曜社 2018.5 187p 19cm （よりみちパン！ セ YP02）〈初版：理論社 2006年刊〉 1400円 Ⓘ978-4-7885-1567-3 Ⓝ210.6
目次 第1部 明治の日本のはじまり（なんで学校に行かなくちゃいけないの，「侵略される国」から「侵略する国」へ，学歴社会ができるまで），第2部 戦後日本の道のりと現代（戦争がもたらした惨禍，占領改革と憲法，アメリカの〝家来〟になった日本，これからの日本は）
内容 私たちはどこから来て、これからいったい、どこへ行くのか？ いまこの国に生きるすべての人、必読!!

『日本のふしぎ なぜ？ どうして？』 大野正人執筆 高橋書店 2017.4 191p 21cm 〈文献あり〉 1000円 Ⓘ978-4-471-10352-1 Ⓝ302.1
目次 れきしのふしぎ（日本ってどうやって生まれたの？，え？ この話って本当？ ほか），文化のふしぎ（むかしの人は、どんなおしゃれをしていたの？，日本の城と外国の城は、なにがちがうの？ ほか），平和のふしぎ（日本って戦争で負けたんだよね？，ほかの国が物のねだんを決める。それって、なにが問題なの？ ほか），社会のふしぎ（日本にはどんなルールがあるの？，ルールを守らないと、どうなるの？ ほか），こころのふしぎ（日本に住んでいても、「日本」って感じないんだけど…，外国の人に日本をしょうかいしたい！ ほか）
内容 忍者はどんなふうに戦うの？ 説明に困るいろんなふしぎを、わかりやすく解説。大人が読んでもおもしろい！

『わたしが国家について語るなら』 松本健一著 ポプラ社 2010.2 252p 20cm （未来のおとなへ語る）〈文献あり〉 1300円 Ⓘ978-4-591-11449-0 Ⓝ311
目次 第1章 国とクニの話（国という漢字の意味、城壁で囲まれた国、開けっぴろげの日本、

なぜ国をクニと読むのか，地形から生まれた大和の地名，日本語はつねに変化している，ミカンと天女伝説，米づくりと機織り，水田が人口を増やした，「天つ神」と「国つ神」を祀るクニ，日本という国号，聖徳太子がこだわった日本，野蛮な異民族たち，日本を意識しはじめた人たち，ナショナリズムと愛国心のちがい），第2章 国家の話（城壁から出たヨーロッパの国ぐに，まっすぐな国境線，曲線の国境線，国境線のないような国もある，石油が生み出した国境線，ヨーロッパからもっとも遠い日本，国旗となった日の丸，国から国家へ，長州藩と薩摩藩も国だった，藩は国家の卵，文化でできた国家，法律でできた国家，文化が育たないシンガポール，自分がだれなのかわからない，自由と平等では国民の絆はつくれない），第3章 国民の話（「一身独立して、一国独立す」（福沢諭吉），国民は王様より大事，国民が主人公でなければ国家じゃない，中国という国家，独立国家であるためには，近代国家を王朝，下ぁら上に反抗した社会），第4章 国ぐにの現在と未来（外国を侵略する国民国家，自由と平等の国に侵略されたベトナム，侵略されないために国民国家をつくる，国民国家がかかえる問題，全世界の陣取りゲーム，七つの海を支配したイギリス，力には魂で抵抗する，富のゲームのはじまり，国民国家の道を歩みはじめた中国，国内に反対意見がある国家のほうが強い，国家を超えようとするヨーロッパ，情報、お金、商品、そして人が動きだす，低くなった城壁は国をなくすか，自分たちの文化を取りもどそうとする時代）
内容 長い歴史の積み重ねによって、現在の日本という国ができあがりました。日本、あるいは国について、簡単に説明できるわけではありません。国とはなんなのか。わたしたちが住んでいる日本とはどういう国なのか。そして、わたしたち日本人はどのような人間なのか。それは、あなた自身がだれであるかの問いでもあります。

## 《2月13日》

### 世界ラジオデー

1946年の2月13日から国連ラジオの放送が始まったことにより、ユネスコが2011年に制定。

『ラジオにかかわる仕事—マンガ』 ヴィットインターナショナル企画室編 ほるぷ出版 2006.10 142p 22cm （知りたい！ なりたい！ 職業ガイド） 2200円 Ⓘ4-593-57193-6 Ⓝ699.6
目次 イントロコミック ラジオにかかわる人たち，ラジオディレクター（people 曽我友亮さん（ラジオディレクター）コミックガイド，だから私はこの仕事 石川恵理さん（ジェイウェイブミュージック制作部アシスタントディレクター），適性診断），ラジオDJ（people 金子奈緒さん（FM BIRD所属ラジオ

DJ），コミックガイド，だから私はこの仕事 斎藤美絵さん（FM BIRD所属ラジオDJ），適性診断），ラジオミキサー（people 山田智恵さん（サウンドマン第一制作部・FM課ラジオミキサー），people 新井康哲さん（J‐WAVEメディア開発局放送技術部ラジオミキサー），コミックガイド，適性診断）

### 《2月14日》

#### バレンタインデー

269年の2月14日に婚姻を禁止されていた兵士たちのために結婚式を行っていた聖ウァレンティヌスが殉教した日として恋人たちの日となった。日本では1970年代頃から女性が男性に愛情の告白としてチョコレートを贈る日として定着し、近年ではチョコレート以外のものを贈ったり友人や職場の同僚に送るなどの形も多い。

『チョコレート物語——一粒のおくり物を伝えた男』 佐和みずえ著 くもん出版 2018.2 159p 22cm 〈文献あり〉 1400円 Ⓘ978-4-7743-2697-9 Ⓝ289.3

目次 1 革命の嵐，2 脱出の旅，3 ハルビンの家，4 新天地アメリカ，5 神戸へ，6 開店，7 愛のバレンタイン，8 戦争，9 チョコレート再開

内容 ロシア革命からのがれるようにして中国、アメリカへ、そして関東大震災後の日本へとやってきたロシア人のモロゾフ一家。ようやく神戸に腰を落ちつけ、チョコレート店を開店させました。ところが、チョコレートづくりには不向きな日本の猛暑、亡命者に対する不信、太平洋戦争による材料不足と店の焼失、戦後の混乱など、次つぎにおそってくる困難に直面します。それでもあきらめずに家族で立ちむかい、みんなを幸せな気持ちにさせる本物のチョコレートをつくりつづけ、たくさんの人びとに届けました。ロシア革命から、百年がすぎました。世界や日本で起こったできごとを追いながら、一粒一粒のチョコレートづくりにすべてをささげた、モロゾフ一家を描きます。

『チョコレート——イチは、いのちのはじまり』 オルター・トレード・ジャパン編，バンチハル絵 農山漁村文化協会 2018.1 36p 27cm （イチからつくる）〈文献あり〉 2500円 Ⓘ978-4-540-17162-8 Ⓝ596.65

『給食室の日曜日 〔2〕 ゆれるバレンタインデー』 村上しいこ作，田中六大絵 講談社 2017.5 88p 22cm （わくわく

ライブラリー） 1200円 Ⓘ978-4-06-195784-8 Ⓝ913.6

内容 しょうゆが、給食室のみんなに、でんごんゲームをしようといいだしました。ケチャップも、フライパンも、ほうちょうも、しゃもじばあさんも、みんなワイワイ楽しみましたが、あれっ？ おたまちゃんが、いません！ どこへ、いったのでしょうか!? 小学初級より

『チョコレートのそもそも』 佐藤卓デザイン事務所著 平凡社 2016.11 30p 19×19cm （デザインのかいぼうそもそも）Ⓝ588.34

『はじめてのチョコレート——作って楽しい！ 食べておいしい！ もらってうれしい！』 寺西恵里子著 日東書院本社 2016.1 63p 24cm （ひとりでできる！ For Kids!!） 1100円 Ⓘ978-4-528-02085-6 Ⓝ596.65

目次 1 固めるだけのかんたんショコラ，2 チョコレートの王様トリュフ，3 ちょっぴり大人味 生チョコ，4 形が楽しめるチョコクッキー，5 カップ一工夫チョコカップケーキ，6 かんたんケーキ チョコブラウニー，7 すぐできるかんたんチョコ

内容 はじめてでも大丈夫！ チョコレートからおかし作りにチャレンジしましょう！ チョコレートには…魔法があるようです。どんなおかしも、チョコ味にするだけで、びっくりするほどおいしく仕上がります。カンタンにすぐできるものから、ちょっとチャレンジしてしっかり作るものまで、いろいろ紹介しています。チョコのおかしなので、バレンタインデーはもちろん、お誕生日やプレゼントにもいいですね！ さあ、作りたいものを選んだら…楽しく作って！ おいしく食べて！ プレゼントしましょう！

『大研究！ チョコレートって楽しい！』 小川京美まんが，鈴木俊之，銀杏社構成 講談社ビーシー 2015.7 126p 23cm （まんが社会見学シリーズ 9）〈共同刊行：講談社〉 Ⓝ588.34

『みんなだいすき！ チョコレート』 中島妙ぶん，ひらのてつお絵，古谷野哲夫監修 第2版 チャイルド本社 2014.2 28p 22×28cm （ものづくり絵本シリーズ どうやってできるの？ 11） 571円 Ⓘ978-4-8054-3948-7 Ⓝ588.34

『キモチ伝わる恋チョコ・友チョコ——恋友・学園』 ポプラ社 2013.12 127p 19cm （友だちノベルズ コ-02） 800円 Ⓘ978-4-591-13694-2 Ⓝ913.6

目次 友×チョコ，友男子×チョコ，あこがれ×チョコ，家族×チョコ，本命×チョコ，自分×チョコ

内容 あま～いチョコのストーリーとレシピがいっぱい！ 大事なみんなをしあわせにしちゃうチョコのノベルとコミックが10本！

お話に出てくるチョコの作り方、超かわいいラッピングテク、恋勝ちモテ服てっぱんコーデ…などとくだいボリューム！

『チョコレート』 間部香代ぶん，みうらし～まるえ，古谷野哲夫監修 チャイルド本社 2013.3 28p 22×25cm （たべるのだいすき！ 食育えほん 2-12） 571円 ①978-4-8054-3774-2 Ⓝ588.34

『バレンタイン☆キューピッド』 カタノトモコ，川野郁代絵 偕成社 2012.2 114p 20cm （マジカル★ストリート 7 日本児童文学者協会編） 1000円 ①978-4-03-538970-5 Ⓝ913.68
目次 バレンタイン☆キューピッド（市川宣子），真夏に出会ったバンパイヤ（風野潮），ふわにゃんの魔法（村山早紀），魔女っ子ドリアン（せがわきり），フォークに乗ったキッチン魔女（末吉暁子），魔法使いの弟子（丘修三），ジンボと魔法の帽子（円山夢久）
内容 …ああ。きょう、熱がでないかな。バレンタインデーは、だいすけが一年でいちばんきらいな日。でも、今年は、なにか、ちがう日になるような気がする。小さな恋の天使・キューピッドがあらわれたから?! 表題作をはじめ、魔法がかなでる、ふしぎな七つのお話。小学校中学年から。

『チョコレートがおいしいわけ』 はんだのどか作 アリス館 2010.2 32p 29cm 1500円 ①978-4-7520-0465-3 Ⓝ588.34
内容 チョコレートはどうしておいしいんだとおもう？ そのひみつをしりたかったら、このえほんをみてね。これは、いろんな国やいろんな人がつながって、わたしたちのところまで、おいしいおいしいチョコレートがやってくるまでのおはなしです。

『もうチョコっと愛して―彼に贈るバレンタインのチョコ＆スイーツ』 主婦の友社 2010.1 51p 18×19cm （主婦の友生活シリーズ―リセシリーズ） 476円 ①978-4-07-268524-2 Ⓝ596.65

『贈ってうれしいチョコレートスイーツ』 宮沢うらら著 汐文社 2009.12 46p 27cm （つくって楽しい！ かんたんスイーツ） 2200円 ①978-4-8113-8630-0 Ⓝ596.65
目次 スイーツづくりのその前に…，クリスピーチョコ，まっ茶スケッチトケーキ，アーモンドチョコ，マンディアン，ズコット，型ぬきチョコ，チョコプリン，生チョコ，チョコマドレーヌ，チョコレートドリンク，チョコチップクッキー，チョコフォンデュ，トリュフ，ツリークッキー，ガトーショコラ

『チョコレートの大研究―学んで楽しい、つくっておいしい おいしさのヒミツと歴史、お菓子づくり』 日本チョコレート・ココア協会監修 PHP研究所 2007.2 79p 29cm 2800円 ①978-4-569-68661-5 Ⓝ588.34
目次 第1章 チョコレートができるまでを探ってみよう（世界中が愛する食べ物、チョコレートはカカオからできる ほか），第2章 チョコレートってなんだろう（チョコレートにはどんな種類があるんだろう？，「チョコレート」の語源はなんだろう？ ほか），第3章 チョコレートの歴史を知ろう（文明を支えたカカオ、海を渡るカカオ ほか），第4章 つくってみよう！ チョコレートのお菓子（お菓子づくりの前に、調理器具をうまく使いこなそう ほか）
内容 チョコレートはなにからできるのでしょう？ 私たちの体にどんな効果があるのでしょう？ いつ頃から食べられるようになったのでしょう？ …大好きな食べ物でもわからないことはたくさんありますね。この本ではそんなチョコレートのヒミツを徹底解明します。

『にんきものをめざせ！』 森絵都文，武田美穂絵 童心社 2001.4 1冊 19cm （にんきものの本 3） 900円 ①4-494-01333-1
内容 ことしのバレンタイン・デー。クラスメートのふじしろけいたにチョコをあげたら、みんなに「へんじん」とうしろゆびをさされた。でも、あたし、しってるんだ…。

『くまふうふのバレンタイン』 イヴ・バンチング作，ジャン・ブレット絵，とくまようこ訳 新世研 2000.2 1冊 23×24cm 1600円 ①4-88012-054-5
内容 くま夫婦がバレンタインデーをいわうことにした。ところが、2月14日はちょうど冬眠中のくまのいちばんきもちいい時。しかし愛がすべてを解決してくれる。寒さにまけず、目覚まし時計をかけて、ちゃんとバレンタインデーにめざめた。まわりはさむかったが、くま夫婦のほらあなの中はあたたかい。

『バレンタインデーよ、バブーちゃん！』 チャールズ M.シュルツ作，三川基好訳 集英社 1999.1 1冊 24×24cm 〈英文併記〉 1200円 ①4-08-313031-8
内容 スヌーピーと仲間たちにもバレンタインデーが近づいて、サリーはライナスからのプレゼントを心待ちにしています。"わたしのかわいいバブーちゃん"は、きっと大きなハートの形のキャンディを（もちろんチョコ・クリーム味！）をプレゼントしてくれるはず。ところが当日、サリーはがっかり。"バブーちゃんからはな～にもこない！"彼女は涙ながらにお兄ちゃんに訴えます。そこで、チャーリー・ブラウンの出番。サリーの注文は、あいつの鼻にパンチを一発あびせてやってちょうだい。でも、チャーリー・ブラウンのやることは、計画どおりにいったためしがないんだから…。

子どもの本 伝統行事や記念日を知る本2000冊 **41**

『にんきもののひけつ』 森絵都文，武田美穂絵　童心社　1998.10　1冊　19cm （にんきものの本 1）900円　Ⓘ4-494-01331-5

内容 はなのバレンタイン・デー。おなじクラスのこまつくんは、チョコレートを二十七こもらった。ぼくはたったいっこだけ。ぼくはこまつくんの、にんきもののひけつをさぐることにした。

『マミ、キッド、そしてぼく』 平野厚作，鈴木まゆみ絵　偕成社　1990.3　156p　23cm　（新・子どもの文学）920円　Ⓘ4-03-639590-4

内容 バレンタインデーにあふれるほどチョコをもらった親友のキッド。それにくらべひとつももらえなかったぼく。がっかりして家にかえると、ピンクの紙づつみがとどいていたのだ。小学中級から。

## 《2月20日》

### アレルギーの日

1966年の2月20日に免疫グロブリンが発見されたことによる。日本アレルギー協会が1995年に制定。この日を中心とする前後7日間を「アレルギー週間」とし、アレルギーに関する各種啓発活動を行う。

『おうちで学校で役にたつアレルギーの本 4　ぜんそくとそのほかのアレルギー』 赤澤晃監修，見杉宗則絵　益子育代編集　WAVE出版　2017.3　31p　29cm　2500円　Ⓘ978-4-87290-897-8　Ⓝ493.931

目次 呼吸のしくみ，息が苦しいと感じるとき，ぜんそくって，どんな病気？，発作の強さときっかけ，ぜんそくの人って，多いの？，ぜんそくって，なおるの？，発作がおきる・おきない一ちがいはなに？，学校生活で気をつけること，たいへん！　発作がおこったらどうする？，ぜんそくQ&A，そのほかのアレルギー，おかあさん＆おとうさん，学校の先生など，おとなのみなさんへ

『おうちで学校で役にたつアレルギーの本 3　皮ふとアレルギー』 赤澤晃監修，見杉宗則絵　益子育代編集　WAVE出版　2017.3　31p　29cm　2500円　Ⓘ978-4-87290-896-1　Ⓝ493.931

目次 皮ふって，すごい！，皮ふが病気になった！，アトピー性皮ふ炎って，なに？，アトピー性皮ふ炎になると，どうなるの？，アトピー性皮ふ炎の人って，多いの？，アトピー性皮ふ炎って，なおるの？，その1　薬を使って，しっしんを消す，その2　「スキンケア」を

する，わかりやすい！　スキンケアの方法，その3　しっしんをひどくするものをさけたり，へらしたりする，学校生活で心がけよう，お友だちがアトピー性皮ふ炎だったら，アトピー性皮ふ炎Q&A，おかあさん＆おとうさん，学校の先生など，おとなのみなさんへ

『おうちで学校で役にたつアレルギーの本 2　食べものとアレルギー』 赤澤晃監修，見杉宗則絵　WAVE出版　2017.2　31p　29cm　2500円　Ⓘ978-4-87290-895-4　Ⓝ493.931

目次 食べものを食べるということ，食物アレルギーって，なに？，食物アレルギーになるとどうなるの？，食物アレルギーの原因になりやすい食べもの，変身する食べもの，食品表示，食べものを食べて，「なんだかヘンだな」と感じたら，アレルギーの症状が出てしまったら，どうすればいい？，たいへん！　アナフィラキシーだ！，命を守るエピペン，食物アレルギーの子が気をつけること，お友だちが食物アレルギーだったら…，アレルギーQ&A，おかあさん＆おとうさん，学校の先生など，おとなのみなさんへ

『きちんと知ろう！　アレルギー 3　ぜんそく・アトピー・花粉症』 坂上博著，海老澤元宏監修　京都　ミネルヴァ書房　2017.2　31p　27cm〈文献あり　索引あり〉2800円　Ⓘ978-4-623-07886-8　Ⓝ493.931

目次 1 ぜんそく（ぜんそくって，どんな病気？，ぜんそくの悪化要因と診断，ぜんそくの予防と対策），2 鼻炎・結膜炎・花粉症（アレルギー性鼻炎・結膜炎って，どんな病気？，アレルギー性鼻炎・結膜炎の原因と診断，アレルギー性鼻炎・結膜炎の予防と対策），3 アトピー性皮膚炎（アトピー性皮膚炎って，どんな病気？，アトピー性皮膚炎の原因と診断，アトピー性皮膚炎の予防と対策），4 ほかにもあるアレルギー（ハチや蚊のアレルギー，虫のりんぷんなどによるアレルギー，薬によるアレルギー）

内容 ぜんそくやアトピー性皮膚炎，通年性鼻炎・結膜炎，花粉症のほか，虫によるアレルギーや薬によるアレルギーなど，さまざまなアレルギーの原因や診断，予防，対策などを見ていきます。

『きちんと知ろう！　アレルギー 2　食物アレルギーとアナフィラキシー』 坂上博著，海老澤元宏監修　京都　ミネルヴァ書房　2017.1　31p　27cm〈文献あり　索引あり〉2800円　Ⓘ978-4-623-07885-1　Ⓝ493.931

目次 1 食物アレルギーのきそ知識（食物アレルギーって？，4つのタイプ，特徴と原因は？，食品でのアレルギー表示），2 食物アレルギーとむきあう（検査と対処法，基本は「最小限の除去」，食物アレルギーは治る？，食物アレルギー治療の最前線），3 アナフィラキシーって？（アナフィラキシーとは，アナフィラキシーへのそなえ），4 学校では？（楽しい

はずの給食で…，給食でおこなわれる工夫，給食以外でも注意が必要，これまでの悲しい事故，なやむ学校現場と，あらたな動き）

内容 食物アレルギーって？　アナフィラキシーへのそなえは？　…など，学校現場でかかせない食物アレルギーの知識と，命にかかわることもあるアナフィラキシーについて見ていきます。小学校高学年～中学生向け。

『おうちで学校で役にたつアレルギーの本1　アレルギーって，なんだろう？』赤澤晃監修，見杉宗則絵　WAVE出版　2016.12　31p　29cm　2500円　①978-4-87290-894-7　Ⓝ493.931

目次 わたしたちを守ってくれる体のしくみ，アレルギーって，なに？，いろんな「アレルギーの病気」があるよ，アレルギーの原因は，まわりにたくさんあるよ，どんな人がアレルギーになるの？，かわっていくアレルギー，もしかしたら，アレルギー？，アレルギーがあるかどうか，どうやって調べるの？，アレルギーって，なおるの？，お友だちがアレルギーだったら，どうすればいい？，アレルギーQ&A，おかあさん&おとうさん，学校の先生など，おとなのみなさんへ

『きちんと知ろう！　アレルギー　1　アレルギーってなに？』坂上博著，海老澤元宏監修　京都　ミネルヴァ書房　2016.12　31p　27cm　〈文献あり　索引あり〉　2800円　①978-4-623-07884-4　Ⓝ493.931

目次 1　アレルギーの歴史としくみ（アレルギーは昔からある？，日本人が発見！「IgE抗体」って？，体を守る免疫のしくみ，アレルギーはなぜ起こる？，アレルゲンってなに？　ほか），2　アレルギーのきそ知識（アレルギーの分類，アレルギーの原因を調べる，アレルギーの対策，年齢とともにかわるアレルギー，急増するアレルギー）

内容 アレルギーは古代エジプト時代からあった？　アレルギーに関する重要な発見をしたのは日本人！　アレルギーはなぜ起こる？　…など，歴史，しくみ，分類などの基本的な知識を見ていきます。小学校高学年～中学生向け。

『アレルギーってなんだろう？』清水直樹，清水さゆり監修，せべまさゆき絵，WILLこども知育研究所編著　金の星社　2016.3　〔32p〕　27cm　（やさしくわかるびょうきのえほん）〈文献あり〉1300円　①978-4-323-03573-4　Ⓝ493.14

内容 アレルギーになると，からだがかゆくなったりするよ。どんなびょうきかしって，そなえよう。

『アレルギー体質で読む本―いのちを守り続ける免疫のはなし』山田真著　ジャパンマシニスト社　2013.9　127p　19cm　（じぶんのからだシリーズ　2）〈イラス

ト：月岡陽太〉1200円　①978-4-88049-106-6　Ⓝ493.931

目次 第1章　二度と病気にかからない!?　免疫マジック!!（はしか，水ぼうそう…「1回しかかからない」のはどうしてかな？，人間の病気に牛を使ったジェンナーさん，これが予防接種（感染する病気を防ぐ薬）のはじまりだ!!，「細菌」で病気予防にチャレンジしたパスツールさん，たくさんの子どもが死んだ病気が少なくなったわけ　ほか），第2章　からだがまだ慣れていないから!?　アレルギー反応（免疫とアレルギーの共通点は，アレルギーが起こるしくみをおはなししまーす，じんましんが出る人の血を，出ない人に注射する実験でわかったこと，アレルギーを知るカギは血液の中！，免疫グロブリンE（IgE）のはたらきが重要　ほか）

内容 アレルギーは，じつはいのちを守る反応のひとつ。白血球からサナダムシまで登場してそのしくみがわかるよ～。小学生からおとなまで！

《2月22日》

ねこの日

猫の鳴き声と日付の数字「222」との語呂合せから。猫と一緒に暮らせる幸せに感謝し，猫とともにこの喜びをかみしめるという趣旨で，日本の猫の日実行委員会が1987年に制定。

『ぼくはネコのお医者さん―ネコ専門病院の日々』東多江子文　講談社　2018.2　139p　18cm　（講談社青い鳥文庫　248-23）620円　①978-4-06-285680-5　Ⓝ645.76

目次 第1章　ぼくはネコのお医者さん（ガンと診断されたネコ，名医の条件，東京猫医療センターへようこそ，おしりがたいへん!?，たいせつな手術，獣医さんもチームワークが大事！，服部先生がささえる動物看護師さん），第2章　ぼくがネコのお医者さんになったわけ（動物図鑑が大好き，うにゃとの出会い，アメリカ研修，目指しているのは…），第3章　ぼくが診てきたネコたち（カイト―おなかから出てきたものは…，コハク―子ネコに病気が見つかった，ガロとメロン―病気とつきあうネコたち），第4章　さよならのためにぼくができること（マロン―さいごまで幸せにすごすために，ミリ―病気とたたかい続けるために），巻末特集　ネコとくらす―服部先生からのアドバイス！（ネコを飼うのがはじめてだったら，動物病院となかよくなる，ネコからのサイン）

内容 ネコだけを診察する獣医さん―服部幸先生。ネコ専門の病院をたちあげるきっかけは，母ネコからはぐれた子ネコとの出会いでした。ほかの病院で安楽死をすすめられたネコや，生まれつきの病気が見つかった子ネコ。診察

に来るネコたちは、みんなちがった問題を抱えています。飼い主とネコが幸せになる方法をさがして、服部先生は今日もネコたちと真剣に向きあっています。小学中級から。

『ねこがおうちにやってきた！』 山本宗伸監修 学研プラス 2017.9 143p 21cm （学研の図鑑LIVE―動物の飼い方がわかるまんが図鑑）〈文献あり〉1200円 Ⓘ978-4-05-204699-5 Ⓝ645.7

目次 1章 ねこといっしょに暮らしたい！（どんなねこをおむかえする？、イロイロねこ図鑑 ほか）、2章 毎日きちんとお世話しよう！（毎日のお世話をしよう、どんなごはんをあげればいいの？ ほか）、3章 ねこともっと仲よくなろう！（ねこに好かれるのはどんな人？、ねこが好きなこと・きらいなこと ほか）、4章 健康管理はどうやるの？（毎日健康をチェックしよう、太りすぎに気をつけよう ほか）、5章 ねこの気持ちを知ろう！（ひとみ編、表情編 ほか）

内容 お世話のキホンがよくわかる！ ねこと仲よくなりたい！ ねことの暮らし方まんがつき。

『なぜ？ の図鑑 ネコ』 今泉忠明監修 学研プラス 2017.4 127p 27cm〈索引あり〉 Ⓘ978-4-05-204577-6 Ⓝ645.7

目次 ネコの成長、ペットのネコのなぜ？、ネコのからだのなぜ？、ネコのしぐさのなぜ？、ネコのくらしのなぜ？、野生ネコのなぜ？

内容 肉球にはどんあひみつがあるの？ なぜ高いところがすきなの？ ネコはどこをなでるとよろこぶの？ …「なぜ？」が「わかった！」になる新図鑑。

『10ねこ』 岩合光昭著 福音館書店 2016.9 〔24p〕 22cm 900円 Ⓘ978-4-8340-8277-7 Ⓝ645.7

『かわいいこねこいっぱい！』 講談社 2016.3 17p 17cm （げんきの絵本） 650円 Ⓘ978-4-06-389064-8 Ⓝ645.7

### 忍者の日

忍者のかけ声とされるものと日付の数字「222」との語呂合せから。滋賀県甲賀市が2015年に制定。2月2日から2月22日は「忍者月間」。

『忍者世界へタイムワープ』 イセケヌマンガ、チーム・ガリレオストーリー、河合敦監修 朝日新聞出版 2017.8 173p 23cm （日本史BOOK―歴史漫画タイムワープシリーズ）〈文献あり 年表あり〉 1200円 Ⓘ978-4-02-331608-9 Ⓝ210.47

内容 忍者の国・伊賀の里をゆるがす大事件！忍術を使ってピンチを乗り切ろう！ エマとケンジは、友達のトーマとともに戦国時代の伊賀の里にタイムワープしてしまった。そこで出会うのは、忍者修行中の子どもたち。彼らといっしょに忍者の生活や忍術を学ぶエマたちだったが、やがて里を巻き込む大事件が起きて…。

『ドキドキ！ 忍者教室』 吉川豊作・画 理論社 2006.11 109p 22cm 1000円 Ⓘ4-652-01539-9 Ⓝ789.8

目次 1 忍びの心得、2 忍び装束、3 手裏剣、4 忍びの道具、5 忍び歩き、6 忍びこむ（侵入術）、7 隠れる（隠形術）、8 逃げる（遁走術）、9 伝える（伝達術）、10 火術、11 精神統一＋おまけ

『影の戦士たち―甲賀忍者の実像に迫る 第28回企画展』 滋賀県立安土城考古博物館編 安土町（滋賀県） 滋賀県立安土城考古博物館 2004.7 16p 30cm （親子で楽しむ考古学 4）〈会期：平成16年7月17日－9月5日〉Ⓝ210.04

## 《2月23日》

### ふろしきの日

日付の数字「223」を、風呂敷を「つつみ」と読み替えることによる語呂合せから。エコ製品としてのふろしきを広くPRするため、日本風呂敷連合会が2000年に制定。

『ふろしき大研究―くらしの知恵と和の文化 エコライフにも役立つ！』 宮井株式会社監修 PHP研究所 2005.11 79p 29cm 2800円 Ⓘ4-569-68572-2 Ⓝ385.97

目次 序章 ふろしきのあるくらし（ふろしきってどんなもの？、お弁当を包むのは？ ほか）、第1章 ふろしきを使ってみよう！（包み方・結び方の基本、四角いものを包むには ほか）、第2章 ふろしき徹底分析（ふろしきのサイズと使いみち、ふろしきの色 ほか）、第3章 ふろしきの歴史と日本の文化（ふろしきは日本の伝統、生活に欠かせないふろしき ほか）

『つつんで・むすんで―ふろしきワンダーランド』 森田知都子ぶん、森さつきえ 大日本図書 2003.3 32p 24cm （かがくだいすき） 1333円 Ⓘ4-477-01558-5 Ⓝ385.97

内容 本書をみちあんないにすると、きっと、ふろしきがすきになれるよ。指や手を動かすと、うれしくなるよ。きみたちと、ふろしきと。いろんなところで、いろんなつながりをもっている。

2月　　　　　　　　　　　　　　　　　　　　2月23日

## 富士山の日

日付の数字「223」の語呂合せから。山梨県河口湖町（当時）が2001年に、山梨県富士吉田市を中心とした10市町村などが2002年に、静岡県が2009年に制定。

『ふじさんにっぽんいち！』　佐野充監修　チャイルド本社　2017.9　27p　21×24cm　（チャイルド科学絵本館―なんでもサイエンス 6）〈「サンチャイルド・ビッグサイエンス 2015-9」（2015年刊）の改題、ハードカバー化〉528円　Ⓘ978-4-8054-4633-1　Ⓝ291.51

『富士山のふしぎ100―日本一の山世界遺産・富士山のなぜ』　富士学会監修、尾形真隆ほか写真　偕成社　2014.3　135p　22cm〈文献あり　索引あり〉1800円　Ⓘ978-4-03-528000-2　Ⓝ291.51

[目次] 第1章 自然・環境のふしぎ（富士山って、なにがそんなにすごいの？、富士山は、高層ビルにたとえると何階建てぐらいの高さなの？ ほか）、第2章 気象・風景のふしぎ（富士山にかかる雲の形で天気がわかるって、ほんと？、富士山の山頂からは、雲を下に見ることができるって、ほんと？ ほか）、第3章 文化・歴史のふしぎ（富士山のどういうところが認められて、世界遺産になったの？、富士山と「三保松原」との関係って、なに？ ほか）、第4章 登山・観光のふしぎ（富士山に登るには、どんな服装や装備をすればいいの？、富士山に登るとき、注意することはある？ ほか）

[内容] 世界遺産になった日本一の山、富士山について、だれもがふしぎに思うさまざまな疑問に、写真家・尾形真隆氏ほかによる美しい写真を使って、わかりやすく回答。小学中級から。

『決定版！ 富士山まるごと大百科―調べ学習に対応』　佐野充監修　学研教育出版　2014.2　99p　30cm〈発売：学研マーケティング　文献あり　索引あり〉3776円　Ⓘ978-4-05-501087-0　Ⓝ291.51

[目次] 基礎知識、地理、歴史・文化、気象、自然、登山

[内容] 地理・歴史、自然環境から雑学まで、世界遺産・富士山のすべてが楽しくわかる。

『富士山大事典―188のなぞとふしぎ 「自然」「科学」「文化」から「防災」まで』　富士学会監修　くもん出版　2014.2　143p　28cm〈文献あり　年表あり　索引あり〉5000円　Ⓘ978-4-7743-2230-8　Ⓝ291.51

[目次] 第1章 富士山と火山のふしぎ（富士山はどこにある？、富士山の周辺の山々、富士山の高さをくらべてみよう ほか）、第2章 富士山と防災の知識（富士山はいつか噴火する、富士山が噴火したらどうなるの？、溶岩流と火砕流、火山ガス ほか）、第3章 日本人と富士山、世界から見た富士山（世界遺産となった富士山、信仰の対象としての富士山、富士山とその周辺の神社・霊場 ほか）

[内容] 富士山を「自然」「科学」「文化」の面からとき明かし、「防災」「登山」の知識も学べる大事典。富士山のなぞやふしぎを188項目掲載！

『世界文化遺産富士山のすごいひみつ100』　グループ・コロンブス編　主婦と生活社　2013.8　115p　21cm　952円　Ⓘ978-4-391-14414-7　Ⓝ291.51

[目次] 富士山ってどんな山？、世界文化遺産にえらばれた富士山、富士山のびっくり！、富士山の誕生、富士山の気候、富士登山、れきしのなかの富士山、富士山のすそ野、富士山の将来

[内容] 世界がみとめた富士山のひみつ大集合！ 自然・歴史文化・登山・噴火…。富士山の"知る人ぞ知るひみつ"を集めてこどもから大人まで楽しめる話題の本！ 小学校の調べ学習にもぴったり！

『富士山にのぼる』　三上葉作画　河出書房新社　2013.8　32p　31cm　（だいすき―トム＆ジェリーわかったシリーズ―トムとジェリーのたびのえほん 日本）1300円　Ⓘ978-4-309-69005-6　Ⓝ291.51

[内容] 日本のシンボル富士山が世界遺産に登録されました。トムとジェリーは日本にやってきて、さっそくこの最高峰にのぼることにしました。地図で確かめ、準備を整え、さあ出発。ふたりが登山口につくと、山の仲間が迎えに来ています。みんなと力を合わせがんばった夜明け、ふたりが頂上に立って見た美しい光景は…！ 世界遺産の旅がたのしい、「感動」の日本編登場です。

『まるごと観察富士山―壮大な火山地形から空、生き物まで世界遺産を知る』　鎌田浩毅編著　誠文堂新光社　2013.8　93p　24cm　（子供の科学★サイエンスブックス）〈文献あり〉2200円　Ⓘ978-4-416-11370-7　Ⓝ291.51

[目次] 1章 富士山の構造と成り立ち、2章 富士山噴火のさまざまな恵み、3章 富士山噴火の予測と防災、4章 富士山の気象と空の観察、5章 富士山の生き物たち、6章 富士山の岩石探検をしよう

『富士山の大図鑑―世界にほこる日本の名山 自然環境から歴史・文化まで』　富士学会監修　PHP研究所　2013.7　63p　29cm〈文献あり　索引あり〉2800円　Ⓘ978-4-569-78333-8　Ⓝ291.51

[目次] 第1章 富士山と周辺の自然を見てみよう！（富士山はどんな山？、富士山の周辺マップ、富士山の山頂 ほか）、第2章 富士山の歴史・文化を知ろう！（富士山のなりたち、富士山の噴火、物語のなかの富士山 ほか）、第3章 富士山の景観と自然を守ろう！（富士山の登山

子どもの本 伝統行事や記念日を知る本2000冊　45

ルート，登山の準備とマナー，富士山の環境保護活動 ほか）

内容 富士山周辺の自然環境や歴史をはじめ、富士山をテーマにした絵画・文学、四季の景観、登山ルートなども紹介。富士山のすべてがわかる一冊！

『ぼくの仕事場は富士山です』 近藤光一著 講談社 2011.7 170p 20cm （世の中への扉）〈文献あり〉1200円 ①978-4-06-216958-5 Ⓝ291.51

目次 序章 なぜ、富士山に登りたくなるのか，第1章 富士登山ブームのかげに―温暖化の知られざる影響，第2章 かけだしガイドとして―虚勢をはって無我夢中，第3章 過去から未来につなぐ―自然、歴史、信仰、そして世界遺産への夢，第4章 最初に扉を開ける人になる―新しい少人数ツアーを作る，第5章 五合目から登ってみよう―感動のご来光、そして日本最高峰へ，第6章 これからの富士山―ゴミ問題から考える本当のエコ、そして心をつなぐガイドへ，終章 日本の宝物を未来へ

内容 富士山は日本一の先生です。気づけば500回近く登っていた－。山登りなんて興味のなかった男を夢中にさせた富士山は、自然のきびしさとすばらしさや、人の心の温かさを教えてくれる。

『富士山にのぼる』 石川直樹著 教育画劇 2009.11 1冊 22×27cm 1300円 ①978-4-7746-1147-1 Ⓝ291.51

内容 10代の頃から世界を旅し、エベレストをはじめとする7大陸の最高峰すべてに登頂をはたした石川直樹が子どもたちへおくる、はじめての写真絵本。

『富士山の大研究―知れば知るほどおもしろい日本一高い山』 江藤初生著、高田勲画 PHP研究所 2004.11 129p 22cm （PHPノンフィクション）1250円 ①4-569-68474-2 Ⓝ291.51

目次 1 富士山は日本一高く美しい山，2 富士山はなぜあんなに美しい形なの？，3 富士山の噴火のあゆみ，4 富士五湖はこうしてできた，5 富士山がくずれる？，6 日本人の心をうつす富士山，7 富士山、あんなことこんなこと

内容 富士山は、なぜあんなに美しい形なの？ 富士山が、くずれているって、ほんとう？ 富士山は世界遺産に登録されないの？ 昔から日本人に愛されてきた富士山を、自然と文化の両面から描いた富士山の大研究。小学中級以上。

《2月27日》

国際ホッキョクグマの日

2月27日。気候変動による環境変化で危機に面しているホッキョクグマを守るため、ポーラー・ベアーズ・インターナショナルが2006年に制定。

『ホッキョクグマ』 ジェニ・デズモンドさく、福本由紀子やく、長瀬健二郎日本語版監修 神戸 BL出版 2018.3 〔41p〕 30cm 1600円 ①978-4-7764-0782-9 Ⓝ489.57

内容 ホッキョクグマは北極海とその周辺の島や大陸の、氷と雪の上で生きている。寒い寒い、はいた息もこおるような北のはてにくらしているのに、ホッキョクグマの体温は、わたしたちと同じくらいなんだって。体はどうなっているの？ 毛は？ 食べ物は？ 子育ては？ 実際はほとんど目にすることのない野生のホッキョクグマをこどもの目でたのしくつたえます。

『くらべてみよう！ どうぶつの赤ちゃん19 ホッキョクグマ』 むらたこういち監修 ポプラ社 2017.9 32p 27cm 2200円 ①978-4-591-15566-0 Ⓝ489

『ホッキョクグマの赤ちゃん』 さえぐさひろこ文、前川貴行写真 新日本出版社 2017.3 31p 27cm （しりたいな！ どうぶつの赤ちゃん）〈文献あり〉2300円 ①978-4-406-06076-9 Ⓝ489.57

『ホッキョクグマくん、だいじょうぶ？―北極の氷はなぜとける』 ロバート・E・ウェルズさく、せなあいこやく 評論社 2016.1 〔32p〕 21×29cm （評論社の児童図書館・絵本の部屋―ふしぎだな？ 知らないこといっぱい）1400円 ①978-4-566-08008-9 Ⓝ451.85

『ホッキョクグマが教えてくれたこと―ぼくの北極探検3000キロメートル』 寺沢孝毅著、あべ弘士絵 ポプラ社 2013.7 146p 20cm （ポプラ社ノンフィクション 14）1200円 ①978-4-591-13513-6 Ⓝ489.57

目次 北極探検報告会、日本にいて感じた温暖化、なぜ北極なのか？ 探検隊の結成、探検隊出発、君も未来の探検隊

内容 「こんちき号北極探検隊隊員募集！」ぼくのよびかけで隊員八名が集まった。ぼくは、地球の「寒さ」がいまどうなっているのか、自分の目でたしかめようと思ったのだ。ホッキョクグマが草を食べる!? いま、ホッキョクグマに起きている本当のこと－。

『ホッキョクグマの赤ちゃんを育てる！―円山動物園のねがい』 高橋うらら著 ポプラ社 2012.7 143p 20cm （ポプラ社ノンフィクション 11）1200円 ①978-4-591-12990-6 Ⓝ489.57

|目次| 第1章 動物園の飼育員になった！（死んでしまったトナカイたち，ホッキョクグマ入門），第2章 ごめんね，ホッキョクグマの赤ちゃん（気むずかしいララ，はじめての出産立ちあい，散失の改造，世界の熊館をとじる），第3章 ララはお母さん（声がきこえた！，まっ白いぬいぐるみ，水をこわがるホッキョクグマ），第4章 ララをささえて（つらい決断，なんてこった！，ホッキョクグマがいなくなる！），第5章 円山動物園が目ざすもの（イコロとキロル，おめでとうララ！，動物園にできること）

|内容| ホッキョクグマはとてもデリケートな生きものです。環境や食事のささいな変化で、お母さんが赤ちゃんを食べてしまったり、うまく育てられなかったりすることも多いのです。そんな中で五頭の赤ちゃんを育てた円山動物園のとりくみをしょうかいします。

『アイスベアーほっきょくぐまたちは今…』ブレンダZ.ギバーソン著，イリア・スピリン絵，くまざきようこ訳　バベルプレス　2011.5　1冊　29cm　1500円　①978-4-89449-115-1　Ⓝ489.57

|内容| けいこく！　地球温暖化でほっきょくの氷がとけてしまいました。ふだん見ることのない、ほっきょくぐまの世界を知り、今できることをみんなで考えよう。

『ホッキョクグマ』　ジョン・フランシスイラスト，バーナード・ストーンハウス監修，伊藤年一構成・文　学習研究社　2007.2　48p　28cm　（動物イラスト生態図鑑 4）　2800円　①978-4-05-202459-7　Ⓝ489.57

|目次| ホッキョクグマのプロフィール，赤ちゃん誕生，新しい世界に，海に向かって出発，アザラシの赤ちゃんを狩る，氷の上での生活，遠くを見るとき，親子で冬ごもり，冬ごもりしないオス，子別れ，からだのひみつ，泳ぎはとくい，アザラシの狩り方，セイウチの狩り方，シロイルカの狩り方，えもののいろいろ，子どもの最大の敵，うえとの戦い，オスのボクシング，ホッキョクグマの分布と保護，北極海の氷の変化，ホッキョクグマのくらし

『がんばれ！　しろくまピース―人工飼育でそだったホッキョクグマの赤ちゃん』大西伝一郎文　文溪堂　2003.5　111p　23cm　1300円　①4-89423-358-4　Ⓝ489.57

|内容| しろくまピースは、母ぐまがうまく子そだてできないため、人工飼育でそだてた成功例は、日本には、まだひとつもありませんでした。「この小さな命を、なんとしてもたすけたい…」飼育員の高市さんは、まるで母親のような愛情でもって、この、すべてが新しく困難な道をあゆんでいったのです。これは、日本で初めて人工飼育に成功したしろくま

ピースと、その命を守りそだてた人びとをえがいた、本当のお話です。

## 《2月その他》

### 節分

雑節の一つで、各季節の始まりの日の前日のこと。江戸時代以降は立春の前日をさすことが多く、2月3日前後。現代では「鬼は外、福は内」と厄除けの豆まきが一般的だが、近年は恵方を向いて無言で食べると縁起が良いとされる「恵方巻」を食べる習慣が広まった。

『まめまきできるかな』　すとうあさえぶん，田中六大え　ほるぷ出版　2018.12〔24p〕　19×19cm　（はじめての行事えほん 節分）　950円　①978-4-593-56334-0　Ⓝ726.6

|内容| まこちゃんはまめをまくれんしゅうをします。でも、なかなかうまくできません。どうしたらいいかな？

『おにはうちふくはそと』　西本鶏介文，村上豊絵　第2版　チャイルド本社　2016.2（第4刷）　32p　23cm　（みんなでよう！　日本の昔話 11）　444円　①978-4-8054-2474-2　Ⓝ726.6

『せつぶん』　チャイルド本社　2014.12（第2刷）　28p　37×39cm　（大きな園行事えほんシリーズ）〈読み聞かせの手引き（8p 30cm）〉　9500円　①978-4-8054-4130-5　Ⓝ386.1

『鬼まつりの夜―2月のおはなし』　富安陽子作，はせがわかこ絵　講談社　2013.12　74p　22cm　（おはなし12か月）　1000円　①978-4-06-218699-5　Ⓝ913.6

|内容| 節分の夜、よび声に引きよせられたケイタは、「鬼ごっこ」をするはめに。ちょっとふしぎで、すごく楽しい、とっておきの節分のおはなし！

『せつぶんのひのおにいっか』　青山友美作　講談社　2012.1　1冊　27cm　（講談社の創作絵本―季節と行事のよみきかせ絵本）　1500円　①978-4-06-132493-0　Ⓝ726.6

|内容| おにファミリーに、悲劇の日がやってくる!?　ふだんはのんきにくらしている、おにお父さん、おにお母さん、子おにの3人。でも、きょうは節分。どうする。どうする、おに一家。親子で楽しむ、おにと季節と行事のよみきかせ絵本。

『はんぴらり！　4　きけんなきけんな鬼退治』　廣嶋玲子作，九猫あざみ絵　童心社　2010.3　142p　18cm　1000円　①978-4-494-01415-6　Ⓝ913.6

子どもの本　伝統行事や記念日を知る本2000冊　47

2月その他　　　　　　　　　　　　　　　　　　　　　　　　　　　　　　2月

内容　二月三日の節分の日、琴子ばあちゃんの家に、とても恐ろしいモノがやってきて…。鈴音丸、絶対絶命の大ピンチ。

『せつぶん―節分』　もとしたいづみ文，野村たかあき絵　講談社　2009.1　1冊　28cm　（講談社の創作絵本―狂言えほん）　1200円　①978-4-06-132389-6　Ⓝ726.6
内容　節分の夜。「蓬莱が島」から、鬼が日本にやってきます。鬼はひと休みしようと、一軒の民家を訪ねます。そこでは女が一人、留守番をしていました。女は怖がって、鬼を追い払おうとしますが、鬼のほうは美しい女に一目ぼれして、言い寄ろうとします。しかし女に冷たくされ、鬼はついに泣き出してしまいました。それを見た女は、本当に自分のことが好きならばと、宝物を要求します。鬼は喜んで宝物を差し出し、すっかり亭主気取りですが、女は急に豆をまきはじめ…。読みきかせ…3歳から。ひとり読み…小学校低学年から。

『鬼の市』　鳥野美知子作　岩崎書店　2007.10　141p　22cm　（新・わくわく読み物コレクション 7）〈絵：たごもりのりこ〉　1200円　①978-4-265-06077-1　Ⓝ913.6
内容　きょうは節分。近所の家からは「福は内、鬼は外」の声が聞こえてくるが、健太の家では豆まきはしない。かわりに、鬼様を家にお迎えする「鬼迎え」、そして翌日お送りする「鬼送り」の儀式をおこなう。ことしは、その鬼送りの役目が、弱虫の健太にまわってきた。

『おにはうち！』　中川ひろたか文，村上康成絵　童心社　2000.11　1冊　21×23cm　（ピーマン村の絵本たち）　1300円　①4-494-00594-0
内容　きょうは節分、におくんのひみつ。子どもたちの笑い声がひろがる楽しい絵本シリーズ。

『おふくとおに―日本の昔話』　西本鶏介文，塩田守男絵　大阪　ひかりのくに　1992.6　29p　24cm　（おはなし絵本）　540円　①4-564-00026-8
内容　立春の前の日を節分といいます。節分の日は、自分の歳の数だけ豆を食べたり、家の戸口に、ひいらぎの枝にいわしの頭を刺したものを立てたりして、病気や災難を防ぐ行事が各地でみられます。このお話はその由来話です。

『鬼といりまめ―2月（節分のはなし）』　谷真介文，赤坂三好絵　偕成出版社　1991.1　26p　26cm　（行事むかしむかし）　1100円　①4-333-01513-8

『おにばらいのまめまき―節分に読む絵本』　鶴見正夫文，つぼのひでお，小熊康司絵　世界文化社　1987.6　31p　27cm　〈監修：上笙一郎〉　1000円　①4-418-87814-9

内容　きりょうじまんのいもうとを、おににさらわれ、とりもどしはしたが…。ドシンドシンと、おにがおいかけてきた…。

## 能登のあまめはぎ

石川県能登町で節分の夜に行われる伝統行事。鬼に扮した蓑をまとった子どもたちが「アマメー」と叫びながらなまけ癖のついた人を戒める。2018年ユネスコの無形文化遺産に認定。

『トコちゃんとあまめはぎ』　鶴見正夫作，福田岩緒絵　ひさかたチャイルド　1990.12　31p　25cm　（子どものまつり絵本）　980円　①4-89325-567-3
内容　「あまめはぎ」は、江戸時代から伝わる子どもの素朴な行事で、節分の夜、行われます。鬼の姿をした子どもたちが、村の各家をまわって、豊作と家内安全を祈願します。雪や厳しい寒さのなかでの辛い行事ですが、面ができた時の喜びや、終わった時の満足感とともに、大切な伝統行事を伝えて行くという使命感もあるようです。

## 初午

2月の最初の午の日。稲荷信仰に豊作祈願などが結びつき、この日に子どもたちが各家をまわって祈願する風習がある。

『トントコはるかぜ』　金沢佑光作・絵　ひさかたチャイルド　1988.12　31p　25cm　900円　①4-89325-555-X
内容　「初午」は、今から180年も前から伝わる子どもの行事です。当時から村の主産業であった養蚕の増産や家内安全を、各家をまわって祈願するものです。お宿をはじめとして、練習日や各家をまわる順番などの決定は、すべて子どもたちで相談します。5歳より小学校低学年向。

# 3月

『かこさとしこどもの行事しぜんと生活　3月のまき』　かこさとし文・絵　小峰書店　2012.2　36p　29cm　〈年表あり〉　1400円　Ⓘ978-4-338-26803-5　Ⓝ386.1

目次 3月の別のいいかた（日本），ひなまつり・上巳の節句（3月3日），ながしびな，おひながゆ，ひな人形のあそび，春一番，三寒四温／フェーン現象，お水おくり（3月2日）・お水とり（3月1日〜14日），春日祭（3月13日），啓蟄（3月6日ごろ）〔ほか〕

内容 日本の子どもたちが出会う，さまざまな行事やならわしの，はじまりやわけが，この本でわかるように，やさしくかきました。先祖の人たちがおまつりやしきたりにこめた願いや心が，ただしくつたわるようにくふうしました。

『3月のえほん―季節を知る・遊ぶ・感じる』　長谷川康男監修　PHP研究所　2011.2　47p　26cm　〈文献あり〉　1300円　Ⓘ978-4-569-78112-9　Ⓝ386.1

目次 ひな祭り―3日ごろ，春のお彼岸―春分の日の前後3日間，卒業式，3月の旬の食べもの，3月の俳句と季語，3月に見られる植物，3月の記念日，3月の行事，日本の3月のお祭り，世界の3月の行事・お祭り，春の草花であそぶ，春のいたずら「花粉症」，3月のできごと，3月に生まれた偉人・有名人

内容 ひな祭り，ちらしずし，ホワイト・デー，お彼岸のぼたもちづくり，潮干狩り…。3月の行事，自然，旬の食べもの，遊びなどを絵で楽しく紹介するとともに，季語，記念日，できごとなども掲載。

『学習に役立つわたしたちの年中行事　3月』　芳賀日出男著　クレオ　2006.4　35p　27cm　1800円　Ⓘ4-87736-085-9　Ⓝ386.1

目次 春をよぶお水取り，ひな祭り，手作りのひな人形，水辺のひな祭り，郷土玩具のおひなさま，人型，人形芝居，物語・人形芝居の巡礼おつる，四国のおへんろさん，春の彼岸，3月の各地の祭り，3月の世界の祭り，3月のことば，3月の祭りごよみ，総目次索引（1月〜12月）

『365日今日はどんな日？―学習カレンダー　3月』　PHP研究所編　PHP研究所　1999.9　49p　31cm　〈索引あり〉　2700円　Ⓘ4-569-68153-0

目次 第五福竜丸が死の灰をあびる，郵便のはじまり，チョコレートが発売される，国民学校令を公布，岡山の後楽園が公園に，最初の新聞号外，野球用語の英語禁止，お水送り，ひなまつり，桜田門外の変〔ほか〕

内容 一年365日の，その日に起こった出来事を集め，ひと月1巻，全12巻にまとめたシリーズの3月編。その日にまつわる歴史上の出来事や人物，発明・発見，文学，美術，音楽，数学，お祭りや記念日，年中行事などの項目を収録。

『3月』　増田良子，福田節子編著，鈴木びんこ絵　岩崎書店　1999.4　39p　31cm　（くらしとあそび・自然の12か月　12）　3000円　Ⓘ4-265-03792-5　Ⓝ031

目次 うれしいひなまつり（3月3日は，ひなまつり），こもりうたと，ちいさいときのうた，こんにちは，あかちゃん，手話ではなそう，かわいい金魚，冬ごもりの虫が，目をさます（3月6日は，啓蟄），ツクシが，かおをだす，菜の花と春の草花，コブシと春の木々の花，春分の日と春の天気〔ほか〕

『学習に役立つものしり事典365日　3月』　谷川健一，根本順吉監修　新版　小峰書店　1999.2　65p　27cm　〈索引あり〉　2500円　Ⓘ4-338-15603-1

目次 芥川龍之介生まれる，ビキニ環礁で水爆実験，評論家，小林秀雄なくなる，日本人は緑がきらい？，ギザのピラミッドひらかれる，南極大陸横断成功，スメタナ生まれる，なだれはどうしておこる？，ひな祭り，桜田門外の変〔ほか〕

内容 どんな事件があり，どんな人が生まれたり死んだりしたのか，年中行事や記念日の由来など，遠い昔から現代までに起きた出来事を，同じ日付ごとにまとめた事典。本巻は3月の日付を収録。索引付き。

『3月のこども図鑑』　フレーベル館　1998.2　55p　27cm　（しぜん観察せいかつ探検）　1600円　Ⓘ4-577-01722-9　Ⓝ031

目次 きょうはなんのひ？―3月のカレンダー，しぜんだいすき（春がきたよ，ちょう），そだててみよう（めだか，春の花だん），せいかつたんけんたい―くらしと電気，いってみたいね―ゆうえんち，わくわくクッキング―3月のメニュー，しらべてみよう―耳のしくみ，つくってみよう―風車・水車，しっているかな？―ひなまつり

『3がつのこうさく―おひなさまつくろう』　竹井史郎著　小峰書店　1996.2　30p

25cm （たのしい行事と工作） 1600円
Ⓘ4-338-12703-1 Ⓝ507

目次 ひなまつり，おりがみ，みみのひ，ふき
のとう，つくし，ふゆごもり，はる・なつ・あ
き・ふゆ，プレゼント，カメラ，わかれ

内容 小学校低学年以上。

## 《3月1日》

### ビキニデー

1954年の3月1日に第五福竜丸がビキニ環礁
で被爆したことにより、原水爆禁止運動を
広めていこうとする日。

『ぼくのみたもの―第五福竜丸のおはなし』
みなみななみ文・絵　いのちのことば社
2015.10　1冊　25cm　1600円　Ⓘ978-4-
264-03445-2　Ⓝ319.8

『フィールドワーク第五福竜丸展示館―学
び・調べ・考えよう』　第五福竜丸平和協
会編，川崎昭一郎監修　平和文化　2007.
3　64p　21cm　〈年表あり〉　600円
Ⓘ978-4-89488-035-1　Ⓝ319.8

目次 プロローグ 第五福竜丸の元乗組員・大
石又七さんは語る，第1章 第五福竜丸展示館
へ行こう（夢の島公園へ，木造漁船・第五福竜
丸に対面 ほか），第2章 1954年3月1日―ビキ
ニ水爆実験と第五福竜丸（木造漁船・第五福竜
丸の誕生，巨大水爆「ブラボー」 ほか），第3
章 マーシャル諸島の核被害（マーシャル諸島
の人びととくらし，核実験場となったマー
シャルの島々 ほか），第4章 核兵器のない世
界をめざして―第五福竜丸と平和への航海を
（人類をおびやかす核兵器，核兵器のない平和
な世界を）

『ここが家だ―ベン・シャーンの第五福竜
丸』　ベン・シャーン絵，アーサー・ビ
ナード構成・文　集英社　2006.9　56p
27cm　1600円　Ⓘ4-08-299015-1　Ⓝ319.
8

内容 まえからうわさはながれていた。アメリ
カが水爆という爆弾をつくって、それをどこか
南の島でためすかもしれないと。マーシャル
諸島のビキニ環礁で、3月1日夜あけalmに爆
発させたのだ。広島で14万人をころした原爆
より、1千倍も大きい爆弾だ。リトアニア生ま
れのアメリカ美術の巨匠と、アメリカ生まれ
の日本語詩人が、歴史の流れを刻まれた日本
の漁船23人といっしょに乗り組んで、海に出る。

『水爆ブラボー―3月1日ビキニ環礁・第五
福竜丸』　豊崎博光，安田和也著　草の根
出版会　2004.2　143p　23cm　（母と子

でみる A34）　2200円　Ⓘ4-87648-193-8
Ⓝ319.8

目次 第1章 水爆ブラボー爆発，第2章 キャッ
スル作戦―ブラボー爆発，第3章 水爆ブラ
ボー爆発の被害者たち，第4章 マーシャル諸
島の核実験被害，第5章 世界の核実験被害，
第6章 第五福竜丸はいま

内容 第五福竜丸のビキニ水爆実験被災五〇周
年にあたり、第五福竜丸と日本がこうむった
被害にとどまらず、マーシャル諸島住民の被
害、さらには世界の核実験被害まで、すべて
を一つながりの問題として取り上げた。

### マヨネーズの日

1925年3月に日本で初めてマヨネーズを製造
販売したキユーピーが制定。「日本初」とい
うことで1日に。

『マヨネーズってなぜおいしい？―食べも
のができるまで』　コンパスワーク編・著
偕成社　2003.3　47p　30cm　（みんなで
出かけよう！　わたしたちの社会科見学
4）　2800円　Ⓘ4-03-543640-2　Ⓝ588

目次 第1章 主食と素材（小麦粉はこうして粉
になる―昭和産業鹿島工場，サラダ油ってど
うつくる？―日清オイリオ横浜磯子事業場 ほ
か），第2章 調味料（しょうゆはこうできてい
く―キッコーマンむらさきの里もの知りしょ
うゆ館，グラニュー糖はなぜ白い？―横浜さ
とうのふるさと館 ほか），第3章 加工品（納
豆はこうしてつくられる―くめ・クオリティ・
プロダクツ高柿工場，ソーセージはどうつく
る？―サイボクハム ほか），第4章 お菓子な
ど（チョコレートはこうつくる―グリコピア神
戸，インスタントコーヒーのひみつ―味の素
ゼネラルフーヅ鈴鹿工場 ほか）

内容 第4巻では、「食べものができるまで」に
かんして、全国各地で見学や体験をしたおも
な内容を、テーマごとに章に分けて紹介して
いる。小学校中学年から。

## 《3月3日》

### ひなまつり

3月3日。女の子の健やかな成長を祈る年中
行事。「上巳の節句」「桃の節句」とも言わ
れ、ひな人形を飾り、白酒や桃の花を供えて
祝う。

『おいしいおひなさま』　すとうあさえぶ
ん，小林ゆき子え　ほるぷ出版　2018.2
〔24p〕　19cm　（はじめての行事えほん
ひなまつり）　950円　Ⓘ978-4-593-56329-
6　Ⓝ726.6

**内容** ねずみちゃんと、りすちゃんと、うさぎちゃんと、たぬきちゃん。おひなさまをみにいったよ。そしたらね、おひなさまつくりたくなっちゃったの。どんなおひなさまができるかな？

『**ひいな**』 いとうみく作 小学館 2017.1 249p 20cm 1400円 Ⓘ978-4-09-289753-3 Ⓝ913.6

**内容** 小学校4年生の由良は、母親の長期出張の間、祖母の家に預けられることになる。祖母が住むのは、季節がくると、町中がひな人形で飾られるおひな様の町だ。女の子の幸せを願う"ひな祭り"に出会ったちょっと不思議な物語。

『**ゆりちゃんのおひなさま**』 花山かずみ作・絵 PHP研究所 2016.2 〔32p〕 26cm （わたしのえほん） 1300円 Ⓘ978-4-569-78519-6 Ⓝ726.6

**内容** きょうはたのしいひなまつり。おひなさまたちがならんでいます。ゆりちゃんは、おひなさまになまえをつけてあげました。4〜5歳から。

『**ひなまつりのちらしずし**』 宮野聡子作 講談社 2016.1 〔32p〕 27cm （講談社の創作絵本―行事と食べもののよみきかせ絵本） 1400円 Ⓘ978-4-06-133281-2 Ⓝ726.6

**内容** ひなまつりパーティーのひ、きみちゃんは、おかあさんといっしょにちらしずしをつくることになりました。てづくりでおいわい。行事（ひなまつり）と食べもの（ちらしずし）のよみきかせ絵本。よみきかせ3歳ごろから、ひとりよみ6歳ごろから。

『**おしゃれさんの茶道はじめて物語 3 ひなまつり編**』 永井郁子著 京都 淡交社 2015.2 73p 22cm 1400円 Ⓘ978-4-473-03993-4 Ⓝ791

**内容** 親子で「お茶会の楽しさ」をバーチャル体験！ おしゃれ茶道女子がおけいこちゅうに不思議な世界へワープ。ひなまつり茶会のせいこうに向け、三人官女らと力を合わせるまっちゃんの活躍を通し、お茶会の楽しさ＝だれかをもてなすことの大変さと楽しさをわかりやすく伝えます。薄茶のお点前（炉）の具体的な流れもわかります。

『**ひみつひみつのひなまつり**』 鈴木真実作 講談社 2015.2 〔32p〕 27cm （講談社の創作絵本―季節と行事のよみきかせ絵本） 1500円 Ⓘ978-4-06-133251-5 Ⓝ726.6

**内容** 3がつ3かはひなまつり。おひなさまたちをひなだんにかざっていわうひです。いつものおひなさまにことしもあえるとおもってい

たら…。よみきかせ3歳ごろから、ひとりよみ6歳ごろから。

『**おばあちゃんのひなちらし**』 野村たかあき作・絵 佼成出版社 2015.1 30p 25cm 1300円 Ⓘ978-4-333-02692-0 Ⓝ726.6

**内容** 三がつ三かは、ひなまつり。おんなのこのおいわいです。おばあちゃんは、じまんの「ひなちらし」をつくります。ひなちらしに、うしおじる、ひしもち、ひなあられ…。ひなまつりのごちそうには、いろんなねがいがこめられているんだって。おばあちゃん、おしえてね。

『**パオズになったおひなさま**』 佐和みずえ著, 宮尾和孝絵 くもん出版 2014.12 111p 21cm 1200円 Ⓘ978-4-7743-2267-4 Ⓝ913.6

**内容** 「うちではどうして、ひな祭りに肉まんを食べるの？」「肉まんじゃないんだよ。パオズ。中国で肉まんをそういうの」と、おばあちゃんは語りはじめました。それは、今から70年ほど前に、おばあちゃんが中国の大連という町に住んでいたときの、想像もできないような話でした。

『**ひなまつり・こどものひ**』 チャイルド本社 2014.12（第2刷） 28p 37×39cm （大きな園行事えほんシリーズ） 9500円 Ⓘ978-4-8054-4131-2 Ⓝ386.1

『**ミニーのひなまつり―ディズニーぎょうじえほん 2歳から**』 おかだゆかえ, さいとうたえこぶん 講談社 2014.2 21p 21cm （ディズニーブックス） 700円 Ⓘ978-4-06-218807-4 Ⓝ726.6

『**ひなまつりのお手紙―3月のおはなし**』 まはら三桃作, 朝比奈かおる絵 講談社 2014.1 72p 22cm （おはなし12か月） 1000円 Ⓘ978-4-06-218713-8 Ⓝ913.6

**内容** おばあちゃんのひみつ、見つけちゃった！ 季節にぴったりの童話。上質なイラストもたっぷり。低学年から、ひとりで読めます。巻末の「まめちしき」で、行事の背景についての知識が高まります。

『**おばあちゃんのひなまつり**』 計良ふき子さく, 相野谷由起え チャイルド本社 2013.3 24p 25×25cm （チャイルドブックアップル傑作選 vol.10-12）〈ひさかたチャイルド 2008年刊の再刊〉 429円 Ⓘ978-4-8054-3738-4 Ⓝ726.6

『**おひなまつりのちらしずし**』 平野恵理子作 福音館書店 2013.2 31p 25×26cm 1300円 Ⓘ978-4-8340-2776-1 Ⓝ596.21

『**ぶたさんちのひなまつり**』 板橋敦子さく・え 第2版 チャイルド本社 2012.3 40p 23cm （おはなしチャイルドリクエストシリーズ） 352円 Ⓘ978-4-8054-3549-6 Ⓝ726.6

## 3月3日　　　　　　　　　　　　　　　　　　　　　　3月

**『ひなまつりルンルンおんなのこの日！』**
ますだゆうこ作，たちもとみちこ絵　文渓堂　2012.2　1冊　23×23cm　1400円　①978-4-89423-773-5　Ⓝ726.6

内容 ひなまつりの日にゆずちゃんのいえにかざられたおひなさまたち。ゆずちゃんがおでかけしてしまうと…あれあれ？　にんぎょうたちがうごきだしました！　おひなさまがいえをとびだしだいぼうけんをはじめたからさあたいへん！　たのしいおはなしはもちろん、おひなさまの由来や、親子でたのしめる料理のレシピまで、ひなまつりにまつわるいろんなことがわかる絵本。

**『おどれ！　ひなまつりじま』**　垣内磯子作，松成真理子絵　フレーベル館　2010.2　1冊　27cm　（おはなしえほんシリーズ22）1200円　①978-4-577-03600-6　Ⓝ726.6

内容 きょうはさんがつ、ひなまつり。なにやらにいにさわがしく、やまからやまんば、やってきた。さあさあ、まつりをやろうじゃないか。

**『ぼんぼらみん』**　藤川智子作・絵　岩崎書店　2009.2　1冊　27cm　（キラキラえほん13）1300円　①978-4-265-07014-5　Ⓝ726.6

内容 おひな祭りを祝っていると…あれあれ、おひなさまが踊りだしたよ！　楽しい歌にさそわれて、まよけのひいな、疫病神や貧乏神まであらわれて、みんないっしょに"ぼんぼらみんみん"、踊ります。子どもたちのすこやかな成長を祈り、祝う「ひな祭り」。穢れをはらう願いを、楽しい物語に織りこんだ、ゆかいな行事絵本。

**『ひなまつりコンサート』**　木村隆夫著　調布　けやき書房　2007.2　158p　22cm　（童話の広場）〈絵：うすいしゅん〉1500円　①978-4-87452-725-2　Ⓝ913.6

内容 大宮小学校四年の篤史の天敵は、同級の光男だ。この物語には篤史と光男の争いと和解が、描かれています。交通事故で死んだ、父さんの贈り物の「星砂」に思いをはせる、学級委員の実花。大宮公園のジョギング、「ひなまつりコンサート」での、トロンボーンの生演奏をクライマックスに、ここには、現代のこどもたちが、躍動しています。光男のいじめにくじけず、弱虫にさよならする、篤史の成長が、格好いいです。小学校高学年から。

**『おとまりのひなまつり』**　宮川ひろ作，ふりやかよこ絵　ポプラ社　2006.2　64p　22cm　（おはなしボンボン33）900円　①4-591-09110-4　Ⓝ913.6

内容 山の小学校の1年生は7人。あいこ先生といっしょに、ひなまつりのための、おひなさまをおっています。村にある「やまぶき宿」

で、初節句をむかえる6人の赤ちゃんと祝うひなまつりの話。小学校初級から。

**『5人ばやしの大ぼうけん』**　岩井田治行作・絵　チャイルド本社　2001.3（2刷）38p　26×27cm　（スーパーワイドゲーム絵本2―おはなし・かずあそび12　銀林浩監修）952円　①4-8054-2286-6

内容 ひなまつりのまえのばん、たいへんなじけんがおこりました。二人のおだいりさまがなにものかにつれさられてしまったのです。さあたいへん。おだいりさまのいなくなったひなだんでは…。

**『ひなまつりにおひなさまをかざるわけ』**　瀬尾七重作，岡本順絵　教育画劇　2001.1　1冊　19×26cm　（行事の由来えほん）1200円　①4-7746-0497-6

内容 ひな祭りは、古代中国の上巳の節供が、日本に伝わる祓いの行事と結びついたものといわれています。初めは紙で作られていた人形ですが、次第に精巧なものへと変化し、流していたものが飾られるようになっていきました。官女や五人ばやし等を段飾りにするようになったのは、江戸時代中期以降だといわれています。時代と共にその姿を変えてきたひな祭り。この絵本は、人形にけがれを移し、その年の無事を願うひな祭りの精神を今の子供たちに伝わるよう創作したものです。

**『もりのひなまつり』**　こいでやすこさく　福音館書店　2000.2　31p　20×27cm　（〈こどものとも〉傑作集）800円　①4-8340-1654-4

**『おひなさまSOS』**　石神悦子作，田中伸介絵　大日本図書　1999.2　135p　21cm　（子どもの本）1333円　①4-477-00995-X

内容 「だれか、止めよ！　なにごとじゃ？」「萌子さま、萌子さまー！」…ひな祭りに大風が吹いて、おひなさまが"流されちゃう"!?　病気の女の子を救うため、おひなさまの冒険が始まります。小学中級向き。

**『なな子のひなまつり』**　白阪実世子作，新野めぐみ絵　佼成出版社　1994.2　62p　22cm　（どうわほのぼのシリーズ）1000円　①4-333-01680-0

内容 桜をさがしにいったなな子はとつぜんふしぎな世界に…。小学校低学年から。

**『ももこのひなまつり』**　森山京作，ふりやかよこ絵　教育画劇　1993.2　28p　27cm　（行事のえほん3）1000円　①4-87692-046-X

内容 ももこのたんじょうびは、さんがつみっか。もものせっくに、うまれました。もものはなの、ももこです。まもなくひなまつり。ももこは、はじめてももきとであいます。

**『たまごからうまれた女の子―三月（ひな祭りのはなし）』**　谷真介文，赤坂三好絵　佼成出版社　1991.3　31p　26cm　（行事むかしむかし）1100円　①4-333-01515-4

52

3月　　　　　　　　　　　　　　　　　　　　　　　　　3月4日

『ひなまつりのおきゃくさま』　高木あきこ作，つちだよしはる絵　ひさかたチャイルド　1991.1　31p　25×21cm　（子どものまつり絵本）　980円　Ⓘ4-89325-568-1

『ながしびなのねがいごと—ひなまつりに読む絵本』　岡信子文，広川沙映子，小熊康司絵　世界文化社　1987.6　31p　27cm　〈監修：上笙一郎〉　1000円　Ⓘ4-418-87815-7

内容　おかよは，だいすきなおにんぎょうをもってでかけたが…。てからおちて，なくしてしまった。それいらい，おかよはびょうきに…。

『ひなまつりこびとのおはなし』　まついのりこさく　童心社　1986.11　1冊　19cm　（行事こびとのえほん）　550円　Ⓘ4-494-00232-1

『三月ひなのつき』　石井桃子著，朝倉摂絵　福音館書店　1963.12　91p　図版　22cm　（福音館創作童話シリーズ）　Ⓘ4-8340-0018-4

### 耳の日

日付の数字「3」「3」の語呂合せから。難聴と言語障害をもつ人びとの悩みを解決したいという願いから，日本耳鼻咽喉科学会が1956年に制定。

『耳と補聴器のひみつ』　加我君孝監修，谷豊漫画，オフィス・イディオム構成　学研プラス出版プラス事業部出版コミュニケーション室　2016.8　126p　23cm　（学研まんがでよくわかるシリーズ 121）〈年表あり〉　Ⓝ496.6

『耳・鼻の不思議』　笠井創監修，山浦聡マンガ　インタープレス　2011.8　39p　21cm　（もっと知ろうからだのこと 18）　500円　Ⓘ978-4-902340-99-0　Ⓝ496.5

『どうぶつの耳』　ネイチャー・プロ編集室編著　偕成社　2010.2　31p　28cm　（どうぶつのからだ 4　増井光子監修）　1400円　Ⓘ978-4-03-414440-4　Ⓝ481.17

内容　形はスコップのようで左右べつべつにうごく耳のもちぬしは？　ウサギの耳が長くて，けっかんがすけて見えるのはどうして？　小学生から。

『あなたの耳』　佐季浩子作，四日市章監修　福井　JYUMOKUしらさき　2007.4　50p　21×22cm　Ⓝ491.375

### 金魚の日

江戸時代にひなまつりの時に金魚を飾る習慣があったことから3月3日に。日本観賞魚振興会が1990年に制定。

『金魚』　岡本信明監修，星野達郎撮影，Cheung・ME絵　集英社　2007.2　39p　27cm　（育てて、しらべる日本の生きものずかん 14）　1200円　Ⓘ978-4-08-220014-5　Ⓝ666.9

目次　わたしの金魚をみんなに見せたいな，体のつくりを見てみよう，金魚がいろいろ大集合，えんにちで金魚すくいをしたよ，もってかえったら，すぐにすること，金魚をかってみよう，かうときに気をつけること，たまごをうんだら育ててみよう，金魚はどこで生まれたんだろうね，中国ではこんななかい魚うするんだ，かわいい金魚が世界でどんどん生まれているよ，金魚おもしろちしき

内容　金魚をじょうずにかうための“こつ”をかきました。金魚すくいの金魚ももっと長生きするよ。いろいろなしゅるいの金魚もしょうかいしました。金魚やさんにはどんなしゅるいの金魚がいるか，たしかめてみよう。それから，金魚には名まえをつけて，かわいがってあげよう。えさをあげるときも，名まえをよんでからあげようね。おころぶよ。うれしくて金魚がわらうよ。絵本みたいにたのしくよめる。やさしくてわかりやすい解説。小学校低学年向き。

『さかなクンの金魚の飼い方入門』　さかなクン監修　あおば出版　2006.7　47p　15×19cm　762円　Ⓘ4-87317-769-3　Ⓝ666.9

内容　生態、品種、歴史、必要な道具、えさのあげ方、冬の越し方、病気の治し方−この1冊で金魚のすべてが分かる。

## 《3月4日》

### ミシンの日

日付の数字「3」「4」の語呂合せから。1790年にイギリスでトーマス・セントがミシンの特許を取得してから1990年でがちょうど200年にあたるということで，日本家庭用ミシン工業会が1991年に制定。

『はじめてのおさいほう　4　ミシンでぬう』　寺西恵里子作　汐文社　2011.9　32p　27cm　2300円　Ⓘ978-4-8113-8802-1　Ⓝ594

目次　ミシンの基本，便利なウォールポケット，座布団にもなって便利な防災頭巾を作りましょう！，ぬいぐるみだって作れます！，スカートだってかんたん！

子どもの本 伝統行事や記念日を知る本2000冊　53

『ミシンのひみつ』 あすみきり漫画，オフィス・イディオム構成　学習研究社コミュニケーションビジネス事業部教材資料制作室　2008.3　128p　23cm　（学研まんがでよくわかるシリーズ　38）Ⓝ593.48

## 《3月7日》

### 消防記念日

1948年の3月7日に消防組織法が施行されたことにより，日本の消防に関する理解と認識を深めるため，国家消防庁が1950年に制定。

『よくわかる消防・救急―命を守ってくれるしくみ・装備・仕事』　坂口隆夫監修　PHP研究所　2017.6　63p　29cm　（楽しい調べ学習シリーズ）　〈索引あり〉　3000円　Ⓘ978-4-569-78659-9　Ⓝ317.79

目次　第1章　命を守る！　消防署の組織と仕事（消防署の役割，ポンプ隊，特別救助隊　ほか），第2章　探検しよう！　消防署と消防装備（これが消防署だ，消防隊員の1日，指令センターの役割　ほか），第3章　こんなとき，どうする？　火災に備えよう！（火災の原因は何？，ものが燃えるしくみ，すぐに安全な場所へ避難しよう！　ほか）

『まちのしごとば大研究　5　消防署』　まちのしごとば取材班編　岩崎書店　2016.3　47p　29cm　〈索引あり〉　3000円　Ⓘ978-4-265-08495-1　Ⓝ366.29

目次　消防署―消火・救急・救助編（消防署ではたらく人たち，消防士はいつでも準備万端，火事がおこったら1分で出場！，放水して火を消すポンプ隊，はしご隊と指揮隊のはたらき，救急車も消防署から出場する，災害で大かつやく！　救助隊，ヘリコプターや船も使う，火を消したあとに調査をする，通報にすばやく対応するくふう），消防署―くんれん・準備編（毎日のくんれん，車の点検，はしごの使い方を練習する，防火衣を着て，放水くんれん，消防学校で基本を学んでいる，ホースをほして巻き直す，ロープのむすび方をおぼえる，消防署には役立つ設備がいっぱい，次の活動にむけて，すぐに準備する）

『さがしてみよう！　まちのしごと　2　消防・警察のしごと』　饗庭伸監修　小峰書店　2015.4　39p　29cm　〈索引あり〉　2800円　Ⓘ978-4-338-29002-9　Ⓝ366.29

目次　火事の現場，事故や事件の現場，大地震がおこったまち，海の事故の現場，病院

『仕事場がよくわかる！　社会科見学　4　消防署』　ポプラ社　2013.4　47p　28cm　〈索引あり〉　2850円　Ⓘ978-4-591-13285-2　Ⓝ307

目次　消防署ってどんなところ？，消防署を探検してみよう，消防署ではたらく人たち，火災が発生！，火を消すポンプ隊，火を消すためのポンプ車，はしご車をあやつるはしご隊，人命救助のプロ，レスキュー隊，レスキュー隊が使う道具，消防車を運転する機関員，消防隊をとりまとめる指揮隊，消防隊員の一日，点検は万全に，火災を想定した出動訓練，いろいろな訓練，いそがしい救急隊，いち早く病院へ，火災の原因をつきとめる，消防用設備を万全にする，住民の防災意識を高める

『なりたい！　知りたい！　調べたい！　人命救助のプロ　1　消防のレスキュー隊』　こどもくらぶ編・著　岩崎書店　2013.3　47p　29cm　〈索引あり〉　3000円　Ⓘ978-4-265-08256-8　Ⓝ369.3

目次　1　レスキュー隊を知ろう（消防のレスキュー隊の仕事ってどんなこと？，ハイパーレスキューの仕事，レスキュー隊の装備・器具，いろいろな工作支援車），2　レスキュー隊員「なるには塾」（消防のレスキュー隊員にはどうすればなれるの？，資料編）

『消防署・警察署で働く人たち―しごとの現場としくみがわかる！』　山下久猛著　ぺりかん社　2011.8　155p　21cm　（しごと場見学！）　1900円　Ⓘ978-4-8315-1297-0　Ⓝ317.7

目次　1　消防署・警察署ってどんな場所だろう？（消防署・警察署にはこんなにたくさんの仕事があるんだ！），2　消防署ではどんな人が働いているの？（消防署の仕事をCheck！，消防署をイラストで見てみよう

『安全を守る仕事―写真とイラストでよくわかる！　1　消防』　国土社編集部編　国土社　2009.12　47p　28cm　〈文献あり〉　3000円　Ⓘ978-4-337-27301-6　Ⓝ317

目次　消防の仕事―消火，救助，救急，予防など，消防の仕事を見てみよう。（火事だ！　火を消せ!!，現場へ急げ!!，いのちを救え!!，まちの安全を守れ，災害をくい止めよう），消防車大集合！―消防署で活躍している車の内部をのぞいてみよう。（ポンプ車，はしご車，救急車，指揮隊車，いろいろな消防車）

『新・みぢかなくらしと地方行政―写真でわかる小学生の社会科見学　第2期　第4巻　消防署』　深光富士男著，松田博康監修　リブリオ出版　2008.4　47p　27cm　2800円　Ⓘ978-4-86057-353-9　Ⓝ318.21

目次　火事だ！　炎の恐怖，火事だ！　けむりの恐怖，消防隊員による消火活動，人命救助に向かう消防隊員，東京ミッドタウンのオープン前に，大規模な救助救急演習が行われた！，光が丘消防署，AEDを使った救命講習が，各地で行われているよ！，災害時支援ボランティアの訓練が行われたよ！

3月　　　　　　　　　　　　　　　　　　　　　　　　　3月7日

『消防と防災の未来をきずく』　深光富士男
著，梅澤実監修　学習研究社　2006.2
48p　29cm　（日本を守る安全のエキス
パート 3）3000円　Ⓘ4-05-202383-8
Ⓝ369.3
目次 最新の科学技術にもとづく国の消防防災
機関消防研究所の中を見学していこう！，
ウォーターミストによる消火実験，4分の1とい
う少ない水でも消火できるウォーターミス
トノズルを研究・実験，住宅が密集したせま
い道にも入れる特殊小型はしご車は，ラジコ
ンで放水もできるんだ，大型はしご車のはし
ごの先端を，救助者の階まで自動的にのばす
システムを研究，ベランダの手すりから，上
の階の手すりへ 生き物のように動く「はしご
ロボット」を研究，ごみ処理関連施設から起
きる爆発事故や火災が急増，その火災予防と
消火システムを研究，室内で火災があるとす
ぐ反応，でも水びたしにはしない，そんな消
火装置はできないかな…，これが巨大実験棟
で行われたウォーターミストの実験だ！，も
しも大規模タンク火災が起きたら，どう消す?!
有効な泡消火剤と泡放射砲を研究〔ほか〕

『アツイぜ！　消防官』　くさばよしみ著，
どいまき画　フレーベル館　2004.5
159p　19cm　（おしごと図鑑 6）1200円
Ⓘ4-577-02836-0　Ⓝ317.79
目次 ドキュメント 火災発生！，第1章 これ
が消防官だ！，第2章 消防官の日々，第3章
各隊のおしごと，第4章 消防官のワザ，第5章
キミも消防官になれるか？，第6章 消防官の
ひみつ，第7章 消防官になりたい！
内容 のぞいてみたいホントの消防官．全ペー
ジイラストで消防官の仕事を完全紹介．

『消防署』　坂井秀司監修，林義人文，菊池
東太写真　小峰書店　2004.4　39p
29cm　（まちの施設たんけん 5）2600円
Ⓘ4-338-19805-2　Ⓝ317.79
目次 火事を消す，レスキュー隊も出動，救助
隊も出動だ，消防署のたんけん，出動にそな
えて，消化と救助の訓練，119番の電話をした
ら，消防士さんの装備，これが消防車だ，い
ろいろな消防車，火事の原因調べ，まちと消
防署，まちの防災のしくみ，住民のたすけあ
い，いろいろな災害，災害に強いまち
内容 消防のしくみのほか，まちの防災設備を
調べる．小学校中学年以上．

『しょうぼうじどうしゃ じぷた』　渡辺茂
男さく，山本忠敬え　福音館書店　1966.
6　27p　19×27cm　（〈こどものとも〉傑
作集 22）〈77刷：1995.8〉680円　Ⓘ4-
8340-0060-5

┌─────────────────────────┐
│　　　　　　さかなの日　　　　　　│
│日付の数字「3」「7」の語呂合せから．│
│「SAKANA & JAPAN PROJECT 推進協│
│議会」が制定．この日にさまざまな魚食推│
│進キャンペーンが実施される．　　　　│
└─────────────────────────┘

『回転寿司になれる魚図鑑―お寿司屋さん
でイバれる！』　松浦啓一監修，水野ぷり
ん画，主婦の友社編　主婦の友社　2018.
9　159p　19cm　〈文献あり 索引あり〉
1000円　Ⓘ978-4-07-432484-2　Ⓝ487.51

『さかなチャンピオン』　チャイルド本社
2018.8　27p　21×24cm　（チャイルド科
学絵本館―なんでもサイエンス 5）〈「サ
ンチャイルド・ビッグサイエンス 2006-
8」(2006年刊)の改題，ハードカバー化〉
528円　Ⓘ978-4-8054-4799-4　Ⓝ487.5

『魚』　学研プラス　2018.4　220p　19cm
（学研の図鑑LIVE POCKET 8）〈文献
あり 索引あり〉980円　Ⓘ978-4-05-
204664-3　Ⓝ487.5
目次 淡水魚（ヤツメウナギのなかま，ウナギ
のなかま，コイ・ナマズなどのなかま，サケ
のなかま，トゲウオのなかま ほか），海水魚
（ヌタウナギのなかま，ギンザメのなかま，サ
メのなかま，エイのなかま，チョウザメのな
かま ほか）
内容 コンパクトでも内容満載．オールカラー
のきれいな写真！　特徴，見分け方がよくわ
かる！　日本で見られる魚，外来種，深海魚
まで！

『クレヨンで描いたおいしい魚図鑑』　加藤
休ミ著　晶文社　2018.1　55p　19×
22cm　〈文献あり 索引あり〉1600円
Ⓘ978-4-7949-6984-2　Ⓝ596.35
内容 鮭の塩焼き，焼きたらこ，金目鯛の煮
つけ，お寿司に…北海道で新鮮な魚をたくさ
ん食べて育った加藤休ミさんが，大人にも子
どもにも，もっと魚を楽しんでもっと，魚が
食卓にのぼるまで，おいしい料理となった魚
たちを描きました．クレヨンで描いた魚たち
だけど，香ばしい匂いまでしてくるようです．

『魚』　福井篤監修　堅牢版　講談社　2017.
2　224p　27cm　（講談社の動く図鑑
MOVE）〈文献あり 索引あり〉2000円
Ⓘ978-4-06-220415-6　Ⓝ487.5
目次 海でくらす魚（テンジクザメ目・メジロ
ザメ目・ネズミザメ目など，トビエイ目・シビ
レエイ目・ガンギエイ目，シーラカンス
目，ヌタウナギ目，ウナギ目 ほか），河川や湖
沼でくらす魚（ヤツメウナギ目，トビエイ目，
オーストラリアハイギョ目など，ポリプテル
ス目・チョウザメ目など，アロワナ目 ほか）

『つくってみよう！　和食弁当　魚のお弁
当』　服部栄養料理研究会監修，西澤辰男
料理指導，こどもくらぶ編　六耀社
2016.12　31p　27cm　（Rikuyosha

子どもの本 伝統行事や記念日を知る本2000冊　55

Children & YA Books)〈索引あり〉
2800円 ①978-4-89737-863-3 Ⓝ596.4

[目次] サケのしお焼き弁当，サバの竜田揚げ弁当，アジのさんが焼き弁当，ブリの照り焼き弁当，ミックスフライ弁当，銀ダラの煮つけ弁当，サンマのかば焼き丼弁当

[内容] 一流料理人が「WASHOKU・BENTO」のすばらしさを紹介。しかも、いろどりの「見本」や、栄養素のバランスの取り方などのポイントをしめすことで、自分でつくりやすいようにしています。お弁当箱へのもりつけは、食べる人の顔を思いうかべながら、たのしんでやりましょう。

『おすしのさかな』 川澄健，サンシャイン水族館監修，古島万理子写真撮影 チャイルド本社 2016.4 27p 21×24cm （チャイルド科学絵本館—なんでもサイエンス 1）〈「サンチャイルド・ビッグサイエンス 2009-1」（2009年刊）の改題〉528円 ①978-4-8054-4444-3 Ⓝ596.21

『すがたをかえる食べもの 7 魚がへんしん！』 香西みどり監修 学研プラス 2016.2 47p 29cm〈文献あり〉2800円 ①978-4-05-501172-3 Ⓝ596

[目次] へんしん！ さしみ—切る，さらにへんしん！ すし—にぎる，へんしん！ つくだ煮—煮つめる，へんしん！ 鮭フレーク—身をほぐす，へんしん！ ひもの—干す，へんしん！ しらす干し—ゆでて干す，へんしん！ かつおぶし—いぶして干す，へんしん！ ツナ缶—缶づめにする，へんしん！ かまぼこ—練って蒸す，へんしん！ ちくわ—練って焼く，いくら—たまごをほぐす，いかの塩辛—塩づけして発酵させる，こんぶ—干す，おぼろこんぶ—酢につけてけずる，のり—すいてかわかす，かんてん—煮て冬に干す

『守ろう・育てよう日本の水産業 2 私たちのくらしと魚』 坂本一男監修 岩崎書店 2016.2 48p 29cm〈索引あり〉3000円 ①978-4-265-08472-2 Ⓝ662.1

[目次] 魚に感謝してきた日本人，魚の食文化，魚介類と四季—季節を知らせる魚たち，食卓にあがる四季の魚介類，日本の食文化をささえる魚（大衆魚ってなに？，北の海のめぐみ），海のめぐみとくらし，日本の伝統の味，のこしたい！ 各地の伝統漁法，行事とさかな，道をつくった海産物，海辺でくらす知恵，漁業の神さま，漁業と祭り

『さかなだってねむるんです』 伊藤勝敏写真，嶋田泰子文，瀬能宏監修 ポプラ社 2015.9 40p 21×26cm （ふしぎいっぱい写真絵本 28）1400円 ①978-4-591-14640-8 Ⓝ487.51

[内容] からだのいろをかえたり，すなにもぐったり，イソギンチャクにかくれたり，すきま

にもぐりこんだり…。あんしんしてねむるためには、さくせんがだいじ。安全に眠るために7つの作戦実行中！

《3月8日》

国際女性デー

1904年の3月8日にニューヨークで女性労働者が婦人参政権を要求してデモを起こしたことから、女性への差別撤廃と女性の地位向上を訴える日として、国連が国際婦人年である1975年に制定。「国際婦人デー」とも。

『フェミニズムってなんのこと？』 ルイーズ・スピルズベリー，ビー・アップルビー著，渡辺薫訳 大阪 創元社 2018.11 47p 27cm （国際化の時代に生きるためのQ&A 3）〈索引あり〉2200円 ①978-4-422-36006-5 Ⓝ367.1

[目次] フェミニズムについて，フェミニストってどんな人？，わたしのフェミニズム：ビー・アップルビー，わたしのフェミニズム：ルイーズ・スピルズベリー，フェミニズムはいつ始まったの？，フェミニズムは今でも重要？，フェミニズムと政治，わたしのフェミニズム：ドーン・オポーター，フェミニズムと労働，わたしのフェミニズム：ジュリー・ベントリー〔ほか〕

『北欧に学ぶ小さなフェミニストの本』 サッサ・ブーレグレーン作，枇谷玲子訳 岩崎書店 2018.5 127p 22cm 1500円 ①978-4-265-86044-9 Ⓝ367.2

[内容] フェミニストとは、男女がともにいたわり、思いやり、仲良く生きていくには、どうしたらいいか考え、行動する人のこと。女の子らしく、男の子らしくってなんだろう？ 10歳の女の子エッバといっしょに考えてみませんか。男女平等の先進国スウェーデンからのメッセージ。

『世界の女性問題 3 政治、仕事、ジェンダー』 関橋眞理著 汐文社 2014.2 47p 27cm〈文献あり 索引あり〉2500円 ①978-4-8113-8946-2 Ⓝ367.1

[目次] 女性議員の割合が多い国、少ない国、世界の国会議員に占める女性議員の割合、世界の女性リーダー、男性より遅れて認められた女性の選挙権、すべての女性に選挙権が認められた年、国際女性デー、先進国で男性より低い女性の賃金、男性より女性の方がたくさん働いている国、世界各国の男女格差を表す指標、女子生徒の制服はなぜスカート？、男子だけの団体に女子も参加！、女性問題について調べ、学べる場所、女性差別撤廃条約の主な内容、女性問題は女性だけの問題ではない、世界と日本、つながっている問題、女性学ってどんな学問？

『世界の女性問題 2 暴力、差別、戦争』
関橋眞理著 汐文社 2013.12 47p
27cm〈文献あり 索引あり〉2500円
Ⓘ978-4-8113-8945-5 Ⓝ367.1
目次 支配と差別が生む女性に対する暴力，心身ともに傷つける性暴力，パートナーから受ける暴力，DV，恋人からの暴力，デートDV，災害時における女性の被害と負担，慣習や宗教による女性差別，スポーツの世界に見る女性差別，戦争によって被害を受ける女性，世界の難民の多くは女性と子ども，日本軍「慰安婦」制度，日本軍「慰安婦」問題とは，日本に駐留するアメリカ兵による暴力，女性差別撤廃条約，ジェンダー問題を訴えるファッションショー

『世界の女性問題 1 貧困、教育、保健』
プラン・ジャパン監修，関橋眞理著 汐文社 2013.10 48p 27cm〈文献あり 索引あり〉2500円 Ⓘ978-4-8113-8944-8 Ⓝ367.1
目次 女児死亡率がとても高い国，幼くして結婚させられる女児たち，人身売買される女児や女性，貧困問題に対する国連やNGOの支援，企業による支援と，私たちにできること，学校に通う子に男女差がある国，教育の機会を奪われる女児，女性が教育を十分に受けることができたら，妊産婦死亡率の高い国，若い女性に増えているHIV感染症／エイズ，人工妊娠中絶，リプロダクティブ・ヘルス／ライツ，ミレニアム開発目標，国際ガールズ・デー

『絵本日本女性史 4 学習の手引き』大月書店 2010.4 63p 21×22cm〈文献あり 年表あり 索引あり〉2000円
Ⓘ978-4-272-40684-5 Ⓝ367.21
目次 1 もっと学習するために―各巻の補足解説，2 年表，3 用語解説

『絵本日本女性史 3 近代・現代』大月書店 2010.3 51p 21×22cm 2500円
Ⓘ978-4-272-40683-8 Ⓝ367.21
目次 近代（なぜ女性は政治に参加できないのだ，女の子も男の子も勉強する，お米が軍艦になる，身体を拘束されて性を売る，元始，女性は太陽であった，専門職のパイオニア，女性の画家たち，参政権はみんなの願い，植民地・朝鮮の女性たち，健康も結婚も育児も国のため），現代（わたしの青空，女子と男子が机をならべて勉強，基地の町沖縄，母さんたちがたちあがった，サザエさん，マスオさん，タラちゃん，えっ，結婚したら退職しなくてはいけないの？，わたしの身体はわたしのもの，オリンピックと女性，伝統文化を育む人びと―アイヌ，生きいきと働き，家庭生活を楽しむ，豊かな人間の性，人間が生きるということ）
内容 発言し，運動し，協力しあう女性たち。男性とともに私たちが創る社会。

『絵本日本女性史 2 近世』大月書店 2010.2 39p 21×22cm 2000円
Ⓘ978-4-272-40682-1 Ⓝ367.21
目次 お市の方と娘・孫たち，戦場のなかの女性，入鉄砲に出女，家と女性，心中の季節，女の生き方を説いた『女大学』，三行半と駆込み寺，武家の女性の暮らし，農家の女性の暮らし，町家の女性の暮らし，奥女中という仕事，遊女 華やかさと悲しさと，教育・文化の広がりと女性，社会や女性について論じた只野真葛，女性教師の誕生，天保の改革と女性，捕らえられた男装の女性，尊王攘夷運動と女性
内容 きゅうくつな社会のなかで，たくましく生きる。働き，学び，恋する江戸の女性たち。

『絵本日本女性史 1 原始・古代・中世』
大月書店 2010.1 39p 21cm 2000円
Ⓘ978-4-272-40681-4 Ⓝ367.21
目次 原始・古代（ドングリと縄文土器，稲作と戦争の始まり，卑弥呼と女王たち，女帝たちの活躍，恋が結婚だった時代 ほか），中世（夫婦は縁友，女性と仏教，大富豪のお姫さま，北条政子，女たちも一所懸命，女は嫁にいき，夫の家に入る ほか）
内容 歴史のなかの生成を生きいきと描きだす。

『女性の権利―ハンドブック女性差別撤廃条約』赤松良子監修，国際女性の地位協会編 新版 岩波書店 2005.7 166,46p 18cm〈岩波ジュニア新書 513〉〈文献あり〉780円 Ⓘ4-00-500513-6 Ⓝ367.2

『世界の女性名言事典―未来を切りひらく希望のことば』PHP研究所編 PHP研究所 2004.10 79p 29cm 2800円
Ⓘ4-569-68502-1 Ⓝ159.8
目次 第1章 いのちを見つめて（ダイアナ妃―「自分にできることは，世界に地雷の悲劇を知ってもらうこと」，マザー・テレサー「大切なのは，どれだけたくさんのことや偉大なことをしたかではなく，どれだけ心をこめたかです」 ほか），第2章 わたしについてらっしゃい（ココ・シャネル―「かけがえのない人間になるためには，常に他人と違っていなければならない」，キュリー夫人―「天から与えられている何ものかにぜひとも到達しなければならない」 ほか），第3章 逆境を乗り越える（ヘレン・ケラー―「希望は人を成功に導く信仰です」，ジェーン・グドール―「ひとりひとりが重要であり，それぞれに役割があり，だれしもに現実を変える力がある」 ほか），第4章 わたしが歩むわたしの道（オードリー・ヘプバーン―「あなたたちは，私が創りだした最高の創造物よ！」，エディット・ピアフ―「世の中のことなんて，どうでもいいの。ただあなたが愛してさえくれれば…」 ほか）
内容 偉大な業績により歴史にその名を残した女性から，たとえ世界に影響はおよぼさなくても，私たちの記憶に残る活躍をした女性など，さまざまなジャンルで活躍する女性をとりあげ，彼女たちが残した言葉を集めました。

## みつばちの日

日付の数字「3」「8」の語呂合せから。全日本はちみつ協同組合と日本養蜂はちみつ協会が制定。

『ミツバチのはなし』 ピョトル・ソハ絵，ヴォイチェフ・グライコフスキ文，武井摩利訳，原野健一日本語版監修　徳間書店　2018.7　71p　38cm　2800円　①978-4-19-864605-9　Ⓝ486.7

内容 古代ギリシアやエジプト，昆虫学，植物学，デザインやテクノロジーなど，さまざまな側面から，ミツバチを徹底解説した，ユーモアあふれる大判絵本。ドイツ児童文学賞ノンフィクション部門，もっとも美しい本児童書部門賞（ポーランド）他，各国で受賞多数！

『ミツバチとはちみつ』 みやたけのりゆき著　日本食糧新聞社　2013.10　45,45p　21×24cm　1200円　①978-4-88927-195-9　Ⓝ646.9

内容 ココは，ココがかいたミツバチのチーと，ミツバチをかっているおじさんから，ミツバチのすばらしいおはなしをききました。―ミツバチとはちみつの写真絵本。ミツバチのお話は横書きで左から，はちみつのお話は縦書きで右から，どちらからでも読める本になっています。

『ミツバチとともに―養蜂家角田公次』 大西暢夫写真，農文協編　農山漁村文化協会　2012.9　35p　27cm　（農家になろう 2）　1900円　①978-4-540-12185-2　Ⓝ646.9

『ミツバチ―花にあつまる昆虫』 藤丸篤夫著　あかね書房　2010.3　63p　29cm　（科学のアルバムかがやくいのち 4　岡島秀治監修）〈文献あり　索引あり〉　2500円　①978-4-251-06704-3　Ⓝ486.7

『ミツバチ』 日高敏隆総合監修，大谷剛監修，栗林慧写真　アスク　2007.10　30p　25cm〈発売：リブリオ出版〉　2000円　①978-4-86057-329-4　Ⓝ486.7

『ミツバチのふしぎ』 栗林慧写真，七尾純文　新装版　あかね書房　2005.4　51p　23cm　（科学のアルバム 虫 7）　1500円　①4-251-03327-2　Ⓝ486.7

目次 ミツバチの四季，ミツバチのかぞく，ミツバチのからだ，はたらきバチの誕生，はじめての仕事，はじめての飛行，巣作り，花から花へ，しりふりダンス，なかまたちの死，女王バチの産卵，幼虫の成長，おそろしい敵スムシ・スズメバチ，王台作り，ロイヤル・ゼリーのひみつ，新女王の誕生，巣分かれ―新しい社会を作るため

『ミツバチ』 高家博成監修，海野和男写真，大木邦彦文　ポプラ社　2004.4　39p　27cm　（ドキドキいっぱい！　虫のくらし写真館 11）　2450円　①4-591-07987-2　Ⓝ486.7

目次 花のみつや花粉をあつめているよ，花のあるばしょをダンスでおしえるよ，花のみつで，はちみつづくり，すにとどいた花粉のゆくえ，ミツバチのしごと，すのなかをたんけんしてみよう，どくばりでおそう，おそろしいてきスズメバチ，オスのハチはなにをしている？，はたらきバチにまもられてくらす女王バチ〔ほか〕

内容 ふだんすがたをみることが多いセイヨウミツバチのくらしをしょうかいします。

## 《3月10日》

### 東京都平和の日

太平洋戦争下の1945年の3月10日に東京大空襲があったことから，戦争の惨禍を再び繰り返さないことを誓い，犠牲となった人々を追悼するとともに，平和の意義を確認し，平和意識の高揚を図るためとして，東京都が1990年に制定。

『東京大空襲を忘れない』 瀧井宏臣著　講談社　2015.2　183p　20cm　（世の中への扉）〈文献あり〉　1200円　①978-4-06-287010-8　Ⓝ210.75

目次 はじめに　焼け野原になった東京，第1章　なぜ東京は大空襲を受けたのか，第2章　「防空頭巾に火がついて…」―二瓶治代さん（当時八歳）の証言，第3章　「校舎の壁のピンク色のシミは…」―竹内静代さん（当時一四歳）の証言，第4章　市街地にねらいを定めた「住民標的爆撃」のおそろしさ，第5章　「今日もダイコン，明日もダイコン…」―小林奎介さん（当時一二歳）の証言，第6章　「地下室のとびらの向こうに…」―西尾静子さん（当時六歳）の証言，第7章　平和を願うメッセージ

内容 えっ，70年前の東京が，こんな姿だったなんて…。1945年3月10日に起きた，とてもおそろしい出来事・東京大空襲を生存者の証言をもとに描きます。小学上級向。

『せんそう―昭和20年3月10日東京大空襲のこと』 塚本千恵子文，塚本やすし絵　東京書籍　2014.3　1冊　27cm〈文献あり〉　1200円　①978-4-487-80873-1　Ⓝ210.75

内容 東京大空襲―ひと晩で10万人が亡くなった史上最大の空襲の夜，奇跡的に生きのびた6歳の「わたし」の記録。戦争のほんとうの姿がここに。

『語り伝える東京大空襲―ビジュアルブック　第5巻　いのちと平和の尊さを』 東

京大空襲・戦災資料センター編，早乙女
勝元監修　新日本出版社　2011.3　40p
27cm　〈文献あり　索引あり〉　2200円
①978-4-406-05426-3　⑩210.75
[目次] 戦後の焼けあとで（焼けあとに平和憲法
が誕生，「リンゴの唄」と青い空，朝鮮戦争と
再軍備へ，安保条約とルメイへの勲章，ベト
ナム戦争・反戦運動），大空襲に光をあてる
（東京大空襲を記録する，戦争の時代より21世
紀へ，市民運動から集団提訴，被害者はとも
に手をむすんで），終わっていない戦争（今も
発見される不発弾，中国での毒ガス被害，「基
地はいらない」が沖縄の声，無人機でミサイ
ル攻撃），平和をつくる（"9条おじさん"がゆ
く，東京大空襲を語りつぐ，センター訪問の
中学生の声，アメリカで大空襲をうったえ
る），東京大空襲を伝える資料

『語り伝える東京大空襲―ビジュアルブック
　第4巻　焼きつくされた町と人びと』
東京大空襲・戦災資料センター編，早乙
女勝元監修　新日本出版社　2011.2　40p
27cm　〈文献あり〉　2200円　①978-4-406-
05425-6　⑩210.75
[目次] 大空襲の後（3月10日以降，惨たる死体
処理，悲報は学童疎開先に，動物園ではカバ
も殺され，そのころ，ベトナムでは大飢餓
が），つづく空襲（4・5月の主な空襲，4月の大
空襲，5月の大空襲，全国の諸都市が焼かれ
て，6月から8月の東京空襲），悲しみのはての
敗戦（沖縄の地上戦，そして広島・長崎，明か
りのまぶしい夜がきた），空襲を記録した人
（命がけで写真を撮り残した石川光陽さん，体
験を描いたおのざわさんいちさんたち），大空
襲関係追悼碑地図

『語り伝える東京大空襲―ビジュアルブック
　第2巻　はじめて米軍機が頭上に』
東京大空襲・戦災資料センター編，早乙
女勝元監修　新日本出版社　2011.1　40p
27cm　〈文献あり〉　2200円　①978-4-406-
05419-5　⑩210.75
[目次] 東京初空襲，日本の防空体制，戦争のた
めに国民は，戦時下，生活が変わっていく，
大空襲への足音，資料・平和に関連する博物
館紹介

『語り伝える東京大空襲―ビジュアルブック
　第1巻　戦争・空襲への道』　東京大
空襲・戦災資料センター編，早乙女勝元
監修　新日本出版社　2010.12　40p
27cm　〈文献あり〉　2200円　①978-4-406-
05418-8　⑩210.75
[目次] プロローグ（「今度生まれてくるときは，
戦争のないときに…」），この本のはじめに―
空襲とは…戦争がまねいたもの，空襲への道
（住民に爆弾・ゲルニカ，130回以上の空襲・
重慶），世界の空襲（ロンドン空襲，ドイツへ
の空襲），日本のはじめた戦争（「事変」とよん

だ日中戦争，戦争とともにはじまった非常時・
日本　ほか），平和博物館紹介

『語り伝える東京大空襲―ビジュアルブック
　第3巻　10万人が死んだ炎の夜』　東
京大空襲・戦災資料センター編，早乙女
勝元監修　新日本出版社　2010.11　40p
27cm　〈文献あり〉　2200円　①978-4-406-
05407-2　⑩210.75
[目次] 無差別爆撃の足音，3月10日，なにが，
なにもかも燃えて，惨禍の実態，証言あの日，
大空襲の残したもの，仮埋葬データ

『おなあちゃん―三月十日を忘れない』　多
田乃なおこ著　冨山房インターナショナ
ル　2009.3　173p　19cm　〈文献あり〉
1400円　①978-4-902385-69-4　⑩210.75
[目次] おなあちゃん，お国のために，悲しい
国，三月十日，ピアノ，白いかげ，すみれ色の
もんぺ，灰色の町，ふたり，地下道暮らし，さ
よなら，大家族，牛肉ざんまい，終わりの始
まり，まんじゅう売り
[内容] 私は恐ろしくて，おなあちゃんから逃げ
た。命を助けてもらったのに…。それ以来，
心の奥に刺さったままのとげがある。東京大
空襲を生きのびた少女の実話。

┌─────────────────────┐
│　　　　サボテンの日　　　　│
│ 日付の数字「3」「10」の語呂合せから。サボ│
│ テン類をPRするため，岐阜県巣南町で「さ│
│ ぼてん村」を経営する岐孝園が制定。　　│
└─────────────────────┘

『めざせ！　栽培名人花と野菜の育てかた
　7　アロエ・サボテン・シャコバサボテ
ン：多肉植物』　日本農業教育学会監修，
こどもくらぶ編　ポプラ社　2015.4　47p
29cm　〈索引あり〉　2850円　①978-4-591-
14356-8　⑩620
[目次] アロエ（知ろう，育てよう，楽しもう），
サボテン（知ろう，育てよう，楽しもう），シャ
コバサボテン（知ろう，育てよう，楽しもう）

『サボテンのふしぎ』　埴沙萌著　新装版
あかね書房　2005.4　52p　23cm　（科学
のアルバム　植物8）　1500円　①4-251-
03344-2　⑩479.86
[目次] サボテンのふるさと，水がにげださない
ように，水をたくわえる，葉の役目はとげで，
とげの役目，サボテンの生長点，サボテンの
生長，サボテンの花がさくとき，サボテンの
花，サボテンににた植物，サボテンの果実，
サボテンの芽ばえ，サボテンの祖先，サボテ
ンの進化の歴史，ひだとこぶ，サボテンのふ
えかた，さばくの植物，かんそうと植物，サ
ボテンを育てよう

子どもの本　伝統行事や記念日を知る本2000冊　59

# 《3月11日》

## いのちの日

2011年の3月11日に発生した東日本大震災で多くの人命が失われたことにより、災害時医療を考える会が制定。命の大切さを考え、震災で学んだことを風化させることなく災害に備えるため。

『**地震・津波防災のひみつ―東日本大震災を忘れない**』 オフィス・イディオム構成，工藤ケン漫画 〔仙台〕 宮城県 2018.3 126p 23cm （学研まんがでよくわかるシリーズ 地域のひみつ編）〈共同刊行：学研プラス次世代教育創造事業部学びソリューション事業室 年表あり〉 Ⓝ369.31

『**東日本大震災と子ども―3・11あの日から何が変わったか**』 宮田美恵子著 日本地域社会研究所 2016.2 81p 21cm （〔コミュニティ・ブックス〕）926円 Ⓘ978-4-89022-168-4 Ⓝ369.31
目次 第1部 小学生向け―東日本大震災・ともに生きる，第2部 中学生向け―復興，ある子どものまなざし，第3部 高校生～大人向け―大震災と子ども同士のレジリエンス
内容 あの日、あの時、子どもたちが語った言葉、そこに込められた思いを伝え。それこそが大災害から立ち上がり、未来に向かって歩き出そうとする子どもたち一人ひとりの生きた証だから。震災後の子どもを見守った著者の記録から、この先もやってくる震災に備え、考え、行動するための防災道徳読本。NHKテレビ視点論点で放映された「復興、ある子どものまなざし」を収録。

『**3.11復興の取り組みから学ぶ未来を生き抜くチカラ 3 防災を知る・日本の未来を考える**』 赤坂憲雄監修 日本図書センター 2015.2 47p 31cm 〈編集協力：スマイルとうほくプロジェクト〉 3600円 Ⓘ978-4-284-20299-2 Ⓝ369.31
目次 01 写真で伝える被災地の現実 3/11 キッズフォトジャーナル，02 やりたくなる新しい防災訓練 レッドベアサバイバルキャンプ，03 未来の人命救助のかたちを変える 災害対応ロボットQuince，04 「免許取得」で生きがいを獲得 重機免許取得プロジェクト，05 民話で語りつぐ、震災の記憶 みんなで創る防災の現代民話プロジェクト，06 環境未来都市としての復興 東松島市のまちづくり
内容 「同じ悲劇を繰り返したくない。」そんな思いで、ある人は自分の経験を記録し伝えはじめました。人間の代わりに危険な場所で働くロボットを開発した人もいます。理想の未来を実現するために、いま自分たちにできることを考えます。

『**3.11復興の取り組みから学ぶ未来を生き抜くチカラ 2 地域を愛する・自然と共に生きる**』 赤坂憲雄監修 日本図書センター 2015.2 48p 31cm 〈編集協力：スマイルとうほくプロジェクト〉 3600円 Ⓘ978-4-284-20298-5 Ⓝ369.31
目次 01 石巻に「復興ののろし」をあげる 日本製紙石巻工場の復興，02 美しいふるさとを取りもどす 高田松原と奇跡の一本松，03 ぼくらのまちは、ぼくらがつくる 子どもまちづくりクラブ，04 伝統の祭りは、われらの誇り 相馬野馬追の復活，05 自然を守り、海と生きる 「森は海の恋人」の取り組み，06 綿が新しい産業を生み出した 東北コットンプロジェクト
内容 製紙産業や農業、漁業、豊かな自然など、東北には魅力や財産がたくさんあります。震災によって大きなダメージを受けてその価値を見つめなおした人びとが、地球の将来のため、美しい自然の再生のために立ち上がりました。

『**3.11復興の取り組みから学ぶ未来を生き抜くチカラ 1 困難を乗り越える・人とつながる**』 赤坂憲雄監修 日本図書センター 2015.2 47p 31cm 〈編集協力：スマイルとうほくプロジェクト〉 3600円 Ⓘ978-4-284-20297-8 Ⓝ369.31
目次 01「列車が走る」日常を取りもどす 三陸鉄道の再開，02 写真を救い、思い出を守る 写真救済プロジェクト，03 命を救い、命の尊さを知った 陸上自衛隊多賀城駐地の救援活動，04 1つでも多くの命を救う 石巻赤十字病院の災害医療，05 人のつながりと笑顔を PEP Kids Koriyamaの設立，06 震災を考える「きっかけ」をつくる きっかけバス47
内容 みずからも被災しながら、命のかけで被災者を救った医師や自衛隊、日本の各地から駆けつけ、力を合わせたボランティア…。未曾有の大災害を乗り越えるため、人びとはなにを考え、どう行動したのでしょうか。

『**アニメ版釜石の"奇跡"―いのちを守る授業**』 NHKスペシャル取材班作 新日本出版社 2014.2 90p 22cm 1400円 Ⓘ978-4-406-05740-0 Ⓝ369.31
目次 1 おとな顔負けの行動をとった篠原拓馬くん，2 家族のいのちを救った内金崎愛海ちゃん，3 避難場所を変えた子どもたち，4 九死に一生をえた長谷川兄弟，5 家族のきずなを避難にむすびつけた長瀬親子

『**ふたつの勇気―たくさんの命を救ったお医者さんの話 東日本大震災**』 山本省三文，夏目尚吾絵 学研教育出版 2013.8 24p 27cm （語りつぎお話絵本）〈発売：学研マーケティング 「語りつぎお話絵本3月11日 6」（2013年刊）所収の「二

つの勇気」を増補したもの〉1300円
①978-4-05-203805-1　Ⓝ369.31

内容　絵本が伝える「東日本大震災」。津波で孤立した宮城県の石巻市立病院、命を救うため立ち上がったふたりの医師。

『はしれ、上へ！―つなみてんでんこ』　指田和文，伊藤秀男絵　ポプラ社　2013.2　〔44p〕　23×28cm　＋　てんでんこ新聞（4p 26cm）（ポプラ社の絵本 17）　1300円　①978-4-591-13220-3　Ⓝ369.31

内容　2011年3月11日。東日本大震災のあの日、大津波をみんなで生きのびた釜石の子どもたちのドキュメント。

『ぼくらの津波てんでんこ』　谷本雄治著　フレーベル館　2012.11　127p　22cm　1400円　①978-4-577-04067-6　Ⓝ369.31

目次　1 心の中のヒーロー，2 学校のぬけがら，3 逃げない人びと，4 3つの約束，5 津波てんでんこ，6 “あたりまえ”のきせき，7 まだ見ぬ人へ

内容　多くのぎせい者を出した2011年3月11日の東日本大震災。そんななかで、岩手県釜石市の小中学校の児童・生徒約3000人は、ほぼ無事でした。その背景には、群馬大学の片田敏孝教授のもと長年取り組んできた防災教育があります。「津波てんでんこ」とは、どんな教えなのでしょう。自分で自分の命を守るにはどうしたらいいのでしょう。大津波を生きぬいた釜石の子どもたちの“あきらめない心”を伝えるドキュメンタリー。

『東日本大震災に学ぶ日本の防災』　地震予知総合研究振興会監修　学研教育出版　2012.2　95p　29cm　〈発売：学研マーケティング　文献あり〉　4500円　①978-4-05-500914-0　Ⓝ369.31

目次　1 地震と津波（地震はどこで起こる？，地震が起こるのはなぜ？，東北地方太平洋沖地震と津波 ほか），2 原子力発電所の事故（福島第一原子力発電所の事故，発電所の周辺への影響，放射性物質とその影響，放射線から身を守る，原子力発電のしくみ，日本の発電，節電の動き，将来のエネルギー），3 復旧・復興に向けて（全国、そして世界からの支援，復旧・復興の足取り，悲しみを乗りこえて）

《3月13日》

新選組の日

1863年の3月13日に新選組の前身の浪士隊が会津藩預かりとなって京都の警護に当たる「壬生浪士組」として誕生したことによる。東京都日野市観光協会が制定。

『新選組―命がけの青春』　楠木誠一郎文，山田章博絵　講談社　2018.11　217p

18cm　（講談社火の鳥伝記文庫 17）〈文献あり　年譜あり〉　740円　①978-4-06-513725-3　Ⓝ210.58

目次　1 浪士組から新選組へ（試衛館道場、浪士組結成、壬生の分裂），2 池田屋事件（芹沢鴨粛清、尊王攘夷派、潜伏、池田屋事件），3 幕臣への道（禁門の変、山南敬助脱走、坂本龍馬暗殺、高台寺党の解体），4 最後の新鮮組（鳥羽・伏見の戦い、甲陽鎮撫隊、流山の近藤勇、新撰組、北へ、新撰組の年表）

内容　近藤勇の道場、試衛館には、土方歳三や沖田総司など、剣に自信のある者たちが集まっていました。1863年、勇は試衛館の弟子たちと、幕府の募集にこたえて京都へ乗りこみ、やがて京都守護職をつとめる松平容保のもとで新選組を結成。京都の治安と幕府を守るために命がけではたらくのです。時代にほんろうされながらも、新選組は信じる道をつらぬき、幕府滅亡までの6年間をかけぬけていきます。小学上級から。

『新選組―幕末をかけぬけた剣豪集団』　大石学監修，ひのみちまんが，こざきゆう脚本　学研プラス　2017.12　128p　23cm　（学研まんがNEW日本の伝記SERIES）〈年譜あり〉　1200円　①978-4-05-204742-8　Ⓝ210.58

目次　序 泣く子もだまる剣士集団，1 日野の農民から壬生の狼へ，2 京の町に新選組あり！，3 血と涙の粛清，4 盟友たちとのそれぞれの別れ，終 己の道をつらぬいて、もっとわかる！　新選組

内容　誠の道をつらぬき、武士よりも武士らしくひたむきに生きる！　まんがで読む人間の生きざま。

『ひのっ子新選組探検隊―歩こう調べようふるさと日野』　小杉博司監修，日野市教育委員会編　〔日野〕　日野市教育委員会　2004.3　36p　26cm　〈年表あり〉　Ⓝ213.65

『新選組―新選組をつくった男たち』　三田村信行著，若菜等,Ki絵　ポプラ社　2003.12　215p　18cm　600円　①4-591-07938-4　Ⓝ210.58

目次　第1章 剣のきずな，第2章 「誠」の旗のもとに，第3章 新選組、始動！，第4章 時代の波，第5章 新政府を敵として，第6章 さらば新選組

内容　時は幕末。幕府か朝廷か、開国か攘夷か。ゆれる日本のまっただなかで、京都の町を守る男たちがいた。その名は、新選組。「誠」の旗をひるがえし、近藤、土方、沖田が剣をふるう。京都に生まれ、北の地に消えていった、剣士集団の足跡を追う。

『新選組の大常識』　矢口祥有理監修，青木美加子，宮崎紀幸，グループ・コロンブス文

ポプラ社　2003.12　143p　22cm　〈これ
だけは知っておきたい！　6〉〈年表あ
り〉　880円　Ⓘ4-591-07834-5　Ⓝ210.58

目次　新選組のヒーローたち（まるわかり、新
選組と新選組に関わる人物たち，実直剛毅，
近藤勇　ほか），新選組の運命のであい（剣術
に夢中！　若き日の近藤勇，日野ででであっ
た？　勇と歳三　ほか），新選組いよいよ結
成！（伝通院にあつまった浪士たち，浪士組，
いざ，京の都へ！　ほか），あやうし！　新選
組（分裂の危機！　伊東甲子太郎去る，江戸幕
府の終わりをつげる「大政奉還」　ほか）

内容　新選組のヒーローたち，新選組はサラ
リーマン!?，新選組大あばれ！　池田屋事件，
新しい時代にとりのこされた新選組―小学校4
年生から，よみがな対応！　ぜったい知りた
い新選組のひみつを徹底攻略。

『その名は新選組』　砂田弘著，伊藤勢絵
ポプラ社　2003.12　119p　22cm　900円
Ⓘ4-591-07937-6　Ⓝ210.58

目次　第1章　ゆれ動く日本（多摩の少年剣士，
黒船現れる　ほか），第2章　その名は新選組（ダ
ンダラもようの隊服，ふたりの局長　ほか），
第3章　池田屋の決闘（京都を火の海に，新選組
が斬りこむ　ほか），第4章　新選組のさいご
（隊を組み立て直す，運命のいたずら　ほか）

内容　近藤勇，土方歳三，沖田総司…。剣をた
ずさえ，男たちが結集した。その名は，新選
組。ダンダラもようの隊服で，京都の町に目
を光らせる。ゆれうごく時代にほんろうされ
ながらも，誠のために，さいごまでたたかい
ぬいた剣士たち。激動の幕末を生きた，かれ
らのすがたをえがきだす。

## 《3月14日》

### 数学の日

円周率の近似値「3.14」から，数学を子ども
から大人まで楽しめるものにするため，日
本数学検定協会が1997年に制定。

『アリになった数学者』　森田真生文，脇阪
克二絵　福音館書店　2018.10　47p
26cm　（たくさんのふしぎ傑作集）　1300
円　Ⓘ978-4-8340-8434-4　Ⓝ410

『おおい？　すくない？　かぞえてみよう』
藤子・F・不二雄キャラクター原作，黒澤
俊二監修　小学館　2015.9　135p　19cm
（ドラえもんのプレ学習シリーズ―ドラえ
もんの算数はじめて挑戦　数・数学）　700
円　Ⓘ978-4-09-253584-8　Ⓝ410.7

『子どもも大人もたのしく読める算数＆数
学ビジュアル図鑑―学研のスタディ図鑑』
中村享史監修，新海大博，清野辰彦，早川
健，山本英樹ほか著　学研教育出版
2014.7　253p　26cm　〈発売：学研マーケ
ティング　索引あり〉　2800円　Ⓘ978-4-
05-405788-3　Ⓝ410

目次　第1章　数・計算（数，記号　ほか），第2章
関数・方程式（座標，比例　ほか），第3章　量・
図形（メートル法と単位，直線と角　ほか），第
4章　統計・確率（統計，棒グラフ　ほか）

内容　小・中・高で学ぶ算数・数学が日常のど
こで役立つか見える!!　45×45=2025を5秒でで
きる方法は？　数学を使って桜の開花予想がで
きる。味噌汁の冷め方を式で表すことができ
る？　花びらの生かえたには黄金比が隠れてい
る。などなど，人に話したくなる内容が満載!!

『ずかん親子でかんたん算数・数学』　数学
能力開発研究会著　技術評論社　2013.5
191p　26cm　〈索引あり〉　2680円
Ⓘ978-4-7741-5627-9　Ⓝ410

『算数・数学用語辞典』　武藤徹，三浦基弘
編著　東京堂出版　2010.6　286p　22cm
〈索引あり〉　2900円　Ⓘ978-4-490-10780-
7　Ⓝ410.33

内容　小学校から高校までの学習内容に加え，
身の回りの数学的な事項などをとりあげて50
音順に収録。身近な例とやさしい解説で理解
しやすく，小学生から，もういちど学びなお
したい大人まで，総合的に学べる画期的な事
典。学習段階に沿った解説や目的別索引で，
進んで学べるように工夫。円周率・パズル・
三角関数表などの付録つき。

『“疑問”に即座に答える算数数学学習小事
（辞）典』　仲田紀夫著　名古屋　黎明書
房　2010.3　145p　21cm　〈年表あり　索
引あり〉　1800円　Ⓘ978-4-654-01838-3
Ⓝ410

目次　数字・数・量，数式・文字式，比・比例，
関数，基礎図形，色々な幾何学，論理，統計
学，確率論，推計学と保険学，微分学・積分
学，ベクトルと行列，カタカナ数字，数学略
史，日本の数学

内容　著者仲田紀夫先生は，25年を費やして数
学ルーツ探訪世界旅行を完了。本書は，その
探訪旅行の成果と，60余年に渡る授業，講義，
講演，研究で培われた豊かな知見を基に書き
下ろされた，楽しく読める算数・数学小事
（辞）典です。

『算数と数学にトライ！』　学習研究社
2005.3　48p　27cm　（好きからチャレン
ジ！　資格と検定の本　2）　2800円　Ⓘ4-
05-202279-3　Ⓝ410.7

目次　第1部　今すぐチャレンジ！　資格＆検定
（珠算能力検定，実用数学技能検定「数検」，
電卓技能検定，計算能力検定，TOMAC（数学
能力検定）），第2部　未来にチャレンジ！　資
格＆検定（アクチュアリー，計算力学技術者，
公認会計士，測量士，軽量士）

|内容| 算数や数学の力を伸ばすのに役立つ検定から、その力を生かして仕事ができる資格までを紹介。

## 《3月15日》

### 靴の記念日

1870年の3月15日に東京に日本初の西洋靴の工場が開設されたことから、日本靴連盟が1932年に制定。

『くつ』 ほるぷ出版 2015.2 31p 29cm （ビジュアルでわかる世界ファッションの歴史 ヘレン・レイノルズ文，徳井淑子監修）〈翻訳協力：バベル 年表あり 索引あり〉 2800円 ①978-4-593-58714-8 Ⓝ383.2

|目次| 革袋から流行ファッションまで，さまざまな素材，形のうつりかわり，じょうぶなくつ底を求めて，背が高くなるくつ，ヒールあれこれ，留め具いろいろ，今も昔もサンダル，勝敗を決めるくつ，アートの世界，ブーツをはいた男性，女性とブーツ，テクノロジーの進歩

『てくてくたったか！ くつ』 中島妙ぶん，ゆーちみえこえ，ムーンスター月星大学院university 第2版 チャイルド本社 2013.8 28p 22×27cm （どうやってできるの？ ものづくり絵本シリーズ 5） 571円 ①978-4-8054-3942-5 Ⓝ589.25

『金メダリストのシューズ』 大野益弘著 ポプラ社 2009.9 151p 20cm （記録への挑戦 2）〈文献あり〉 1200円 ①978-4-591-11039-3 Ⓝ589.75

|目次| ともにたたかう技術者，金メダルをうんだシューズ，メダリストたちのシューズ，手づくりでつくる別注シューズ，金丸モデルのスパイクをつくる，研究とアイデアがうんだゲルキンセイ，日本のクツから世界のシューズへ—鬼塚喜八郎物語，選手のよろこびは自分のよろこび

|内容| 野口みずき選手，高橋尚子選手，有森裕子選手ら，オリンピック・マラソンのメダリストたちがはいていたシューズには，一流技術者たちの技と心がこめられていた。陸上シューズをつくる人たちとランナーたちとの，熱き挑戦の記録。

『くつ』 太田恭治，中島順子，山下美也子文，中川洋典絵 大阪 解放出版社 2003.12 32p 27cm （つくって知ろう！ かわ・皮・革 人権総合学習） 2200円 ①4-7592-2132-8 Ⓝ584.7

|目次| 1 世界で一つだけのくつをつくろう！，2 どうしたらつくれるんだろう？，3 つくってみよう，4 革ぐつを見てみよう，5 革ぐつは手で縫える，6 機械を使ってつくる革ぐつ，7 くつのあしあと，8 人にやさしいくつ，9 世界の革ぐつ

『世界記録を生みだすシューズ—競技シューズ開発物語』 広岡勲文，天野徹監修 学習研究社 2003.3 119p 22cm （世界を変えた日本の技術 科学読み物 7） 1400円 ①4-05-201747-1 Ⓝ589.25

|目次| 第1章 カール・ルイスの超軽量シューズ（百メートルの世界記録，二十世紀のスーパースター，ルイスの誓い！ ほか），第2章 リバウドの『魔法のシューズ』（もう一人のシューメーカー，サッカーシューズとデータ集め，世界一の男リバウド ほか），第3章 高橋尚子，イチローのシューズ（金メダルシューズ，高橋選手のひみつ，理想のシューズ ほか）

|内容| 「きみたちの力で，○・○五秒を縮めてくれ。」カール・ルイスの言葉が，木村さんの肩に重くのしかかった。ルイスは，どうしても埋められないベン・ジョンソンとのタイム差○・一秒に苦しんでいた。ルイスの力とシューズの性能を合わせれば逆転できる，木村さんのたたかいが始まった。

## 《3月16日》

### 国立公園指定記念日

1934年の3月16日に内務省が瀬戸内海・雲仙・霧島の3か所を日本初の国立公園に指定したことから。

『日本の国立公園まるわかり事典—体験したい自然がいっぱい！』 加藤峰夫監修 PHP研究所 2015.6 63p 29cm （楽しい調べ学習シリーズ）〈文献あり 索引あり〉 3000円 ①978-4-569-78472-4 Ⓝ629.41

|目次| 第1章 国立公園を知ろう！（全国国立公園MAP，国立公園ってなんだろう？，国立公園はどのようにして生まれたの？，国立公園には何があるの？ ほか），第2章 国立公園に行こう！—全国国立公園ガイド（利尻礼文サロベツ国立公園，知床国立公園，阿寒国立公園，釧路湿原国立公園 ほか）

『関西・中部・中国の国立公園』 はにわきみこ著，いしざわあい画 汐文社 2004.3 45p 27cm （イラストガイド日本の国立公園 3） 2000円 ①4-8113-7676-5 Ⓝ629.41

|目次| 中部山岳，白山，南アルプス，伊勢志摩，吉野熊野，山陰海岸，大山隠岐

『関東・東北の国立公園』 はにわきみこ著，いしざわあい画 汐文社 2004.3 49p

27cm （イラストガイド日本の国立公園 2）2000円 ⒤4-8113-7675-7 Ⓝ629.41

目次 十和田八幡平，陸中海岸，磐梯朝日，秩父多摩甲斐，日光，上信越高原，小笠原，富士箱根伊豆

『四国・九州・沖縄の国立公園』 はにわきみこ著，いしざわあい画 汐文社 2004.3 45p 27cm （イラストガイド日本の国立公園 4）2000円 ⒤4-8113-7677-3 Ⓝ629.41

目次 瀬戸内海，足摺宇和海，西海，雲仙天草，阿蘇くじゅう，霧島屋久，西表

『北海道の国立公園』 はにわきみこ著，いしざわあい画 汐文社 2004.2 47p 27cm （イラストガイド日本の国立公園 1）2000円 ⒤4-8113-7674-9 Ⓝ629.411

目次 日本の国立公園について，利尻礼文サロベツ，知床，阿寒，釧路湿原，支笏洞爺，大雪山，日本百名山，日本の国定公園，日本の滝百選

## 《3月20日》

### 国際幸福デー

3月20日。国連が2012年に制定。この日の前後には国連調査による「世界幸福度報告書」が発表される。「世界幸福デー」とも。

『幸福とは何か―思考実験で学ぶ倫理学入門』 森村進著 筑摩書房 2018.9 232p 18cm （ちくまプリマー新書 308）〈文献あり 索引あり〉860円 ⒤978-4-480-68329-8 Ⓝ151.6

目次 序章 本書は何をめざし，何をめざさないか，第1章 快楽説―幸福とは快い心理的状態のことだ，第2章 欲求実現説―欲求が満たされれば幸福になれる，第3章 客観的リスト説―幸福を構成する要素が複数存在する，第4章 折衷説―これまでのどの説も部分的にしか正しくなかった，第5章 幸福と時間―幸福度判断の時間的単位と時間の向き，最終章 あとがきに代えて

内容 幸福とは何か。私たちはなんのために生きているのか―誰もが一度は心をつかまれるこの問題を手がかりに，「世界」と「自分」との位置関係の読み解き方を学んでみよう。たくさんの思考実験と練習問題を通して，自分の頭で考える力が身につく倫理学入門。

『幸福の王子』 オスカー・ワイルド原作，曽野綾子訳，建石修志画 新装版 パジ

リコ 2018.5 52p 23cm 1300円 ⒤978-4-86238-238-2 Ⓝ933.6

内容 世代を超えて全世界で読み継がれてきた，王子とつばめが紡ぐ愛と自己犠牲の物語。オスカー・ワイルドの不朽の名作を，曽野綾子入魂の訳でお届けする決定版！

『幸せな王子』 オスカー・ワイルド作，天川佳代子訳 ポプラ社 2008.11 180p 18cm （ポプラポケット文庫 426-1）570円 ⒤978-4-591-10592-4 Ⓝ933.6

目次 幸せな王子，すばらしいロケット花火，忠実な友だち，猟師とその魂

内容 町に，金ぱくでおおわれ，サファイアの目，ルビーの柄の剣をもつ幸せな王子の像がたっていた。ある夜，仲間と別れた一羽のツバメが王子の像にとまった…。表題作の他「漁師とその魂」など三編を収録。小学校上級〜。

## 《3月21日》

### ランドセルの日

日付の「3＋2＋1」で小学校の修業年数の「6」になることから，ランドセルをミニサイズに加工する店「スキップ」が制定。

『ランドセルは海を越えて』 内堀タケシ写真・文 ポプラ社 2013.4 〔41p〕27cm （シリーズ◎自然いのちひと 14）1400円 ⒤978-4-591-13408-5 Ⓝ372.271

内容 6年間大切に使ったランドセルをアフガニスタンに贈る「ランドセルは海を越えて」活動の絵本。

『にいちゃんのランドセル』 城島充著 講談社 2009.12 189p 20cm （世の中への扉）1200円 ⒤978-4-06-215919-7 Ⓝ369.31

目次 序章 いつもと同じ夜，第1章 阪神淡路大震災（一月十七日午前五時四十六分，「この下に，息子と娘がいるんだ」 ほか），第2章 底のない悲しみ（消せない後悔，はずかしがり屋さん ほか），第3章 新しい命（ある少女の作文，月命日のカレー ほか），第4章 ひきつがれる「思い」（長男と末っ子，英ちゃんの涙ほか）

内容 阪神淡路大震災で亡くなったにいちゃんが使っていたランドセルをせおって，小学校に通っているとても元気な男の子がいます。そのランドセルには家族の悲しい記憶とあたたかな物語がつまっています。「命」ってなんだろう。

3月               3月21日

---

### 国際森林デー

3月21日。森林や樹木に対する意識を高めるため、国連が2012年に制定。

---

『**地球の森のハートさがし**』 藤原幸一しゃしん・ぶん ポプラ社 2017.11 47p 21×26cm （ふしぎいっぱい写真絵本 32） 1500円 ①978-4-591-15589-9 Ⓝ653.17

内容 赤いハート、みどりのハート、きいろのハート、小さなハート、ふとったハート、とがったハート…たくさんハートが見つかる森は、ふしぎがいっぱいの豊かな森。

『**おいでよ森へ―空と水と大地をめぐる命の話**』 「おいでよ森へ」プロジェクト編 ダイヤモンド社 2016.3 75p 27cm 〈文献あり〉 1900円 ①978-4-478-06607-2 Ⓝ653

目次 1 森の惑星、2 にぎやかな命、3 森のぐるぐる、4 森のたんけん、5 ありがとう森、6 森が泣いている、7 森と地球のためにできること

内容 森のめぐみを未来へつなぐ人たちへ。豊かな森を未来の地球に残していくための、最初の一歩は、多くの人が森を知ること、森を楽しむこと。そう考えてこの本をつくりました。とくに、これから大人になり、未来をになう子どもたちに読んでほしいと願っています。

『**森の顔さがし**』 藤原幸一しゃしん・ぶん そうえん社 2016.1 32p 22×29cm （そうえん社写真のえほん 13） 1400円 ①978-4-88264-332-6 Ⓝ650

内容 森のなかまたちにあいにいこう！ ほら、森のこえがきこえてきたよ。

『**わたしの森林研究―鳥のタネまきに注目して**』 直江将司著 さ・え・ら書房 2015.4 141p 20cm 〈文献あり〉 1400円 ①978-4-378-03917-6 Ⓝ468.4

目次 第1章 小川の森で研究を始める、第2章 動物による種子の散布、第3章 小川の森、第4章 森林の改変は、動物散布にどのような影響を与えるか、第5章 カラスによるユニークな種子散布、第6章 今後の展望

内容 植物は果実をつくり、果肉の部分を動物に食べ物として与え、その代わりに、動物は果実に含まれる種子を別の場所にまで運ぶ。このような動物によるタネまきを、動物散布という。本書は、動物散布がどのようになされているか…その調査・研究をおこなっている若き研究者の記録である。

『**みんなの森林（もり）ができるまで**』 全国林業改良普及協会編 全国林業改良普及協会 2015.2（11刷） 15p 26cm （森と人シリーズ 第2回） 120円 ①978-4-88138-097-0 Ⓝ653

『**森林（もり）のひみつとみんなのくらし**』 全国林業改良普及協会編 全国林業改良普及協会 2012.11（12刷） 15p 26cm （森と人シリーズ 第1回） 120円 ①978-4-88138-096-3 Ⓝ650

『**日本の森林と林業―森林学習のための教本**』 大日本山林会編 第2版 大日本山林会 2012.5 119p 26cm 500円 ①978-4-924395-02-2 Ⓝ650

『**森にくらす・森を守る**』 白石則彦監修, Morimoriネットワーク編 岩崎書店 2008.3 47p 29cm （日本の林業 3） 2800円 ①978-4-265-02783-5 Ⓝ652

目次 第1章 森にくらす（山里のくらし、山里でくらす知恵 森の資源を活用する）、第2章 森ではたらき森を守る（森ではたらく、森を守る、森のお話 120年前の林業と山のくらし）、第3章 林業と森の大切さを伝える（山村と都会の交流、人と地域の活動、メッセージ 山里ならではの豊かさを体感しよう！、木のお話 昔話から広がる木の世界、いつまでも、豊かな森であってほしい。）

『**森の環境・森の生きもの**』 白石則彦監修, MORIMORIネットワーク編 岩崎書店 2008.3 47p 29cm （日本の林業 4） 2800円 ①978-4-265-02784-2 Ⓝ653.17

目次 第1章 森の樹木と生きもの（森の樹木、森の生きもの、森の研究 演習林に行ってみよう）、第2章 森の環境・森のはたらき（森のはたらき、日本の森、メッセージ 自然にふれて、森林のこと、林業のことを、もっと知ってほしい、調べてみよう 森林と林業のデータ）

内容 第4巻では、森にすむ動物や植物などが、森の木々といっしょに生きている様子をしょうかいし、森がわたしたちの生活や健康にどのように役だっているかを説明します。

『**森の未来**』 宮脇昭著 ゆまに書房 2008.3 39p 27cm （森は地球のたからもの 3） 2500円 ①978-4-8433-2787-6 Ⓝ653

目次 森は、最高・最強のフィルター、鎮守の森は、日本人の心のふるさと、本物の森をつくる方法を知っておこう、森づくりに欠かせない、潜在自然植生とは？、ドングリから森づくりをはじめよう、自分でも植生図をつくってみよう、本物の森づくりが、さかんになっている、森をつくることが、地球温暖化防止の最善の方法

『**木を植える・森を育てる**』 白石則彦監修, Morimoriネットワーク編 岩崎書店 2008.1 47p 29cm （日本の林業 1） 2800円 ①978-4-265-02781-1 Ⓝ653

目次 第1章 森にくらす（山里のくらし、山里でくらす知恵 森の資源を活用する）、第2章 森ではたらき森を守る（森ではたらく、森を守

子どもの本 伝統行事や記念日を知る本2000冊 **65**

る，森のお話 120年前の林業と山のくらし），第3章 林業と森の大切さを伝える（山村と都会の交流，人と地域の活動，メッセージ 山里ならではの豊かさを体感しよう！，木のお話 昔話から広がる木の世界，いつまでも，豊かな森であってほしい。）

『森は生命の源』 宮脇昭著　ゆまに書房　2008.1　39p　27cm　（森は地球のたからもの 2）2500円　①978-4-8433-2786-9　Ⓝ652

目次 日本人は森とどうかかわってきたか，宗教が日本の森を守ってきた，日本の森の大破壊はいつはじまったのか，人間は森によって生かされている，森は生命の源となっている，緑は人間に危機を知らせる番人，ヨーロッパの森は，どのように破壊されたか，森や半自然牧野の再生に熱心な国，オランダ，森は魚までも守っている，1000年続く，鎮守の森をつくろう

『森が泣いている』 宮脇昭著　ゆまに書房　2007.11　40p　27cm　（森は地球のたからもの 1）2500円　①978-4-8433-2785-2　Ⓝ654

目次 "本物の森"がつぎつぎ消えている，森を焼きはらうことで人間は自然を征服した，エジプトのピラミッドは緑の中にそびえていた，帰化植物のおそろしさを知っておこう，一度破壊された自然を取り戻すたいへんさ，「死んだ材料」で発展してきた日本，ヘビとカエルのふしぎな関係，森が災害をふせいでくれる，地球温暖化と森の深い関係，命を守る本物の森をつくろう

## 《3月22日》

### 放送記念日

1925年の3月22日に，日本放送協会のラジオ第1放送が日本初のラジオ放送として開始されたことにより，日本放送協会が1943年に制定。

『産業とくらしを変える情報化 1　情報を伝える放送』 堀田龍也監修　学研教育出版　2012.2　49p　29cm　〈発売：学研マーケティング　索引あり〉2800円　①978-4-05-500900-3　Ⓝ007.3

目次 ニュース番組ってどんなもの？，情報を伝える放送 ニュース番組ができるまで（TBS報道局に情報が入る，取材して，メモや映像にまとめる，扱うニュースや順番を決める，ニュースの映像や原稿をつくる，アナウンサーが下読みをする，スタジオで本番スタート！，電波を送信！），用語集

## 《3月25日》

### 電気記念日

1887年の3月25日に日本で家庭用の配電が始まったことから、日本電気協会が1927年に制定。

『ドラえもん科学ワールド電気の不思議』 藤子・F・不二雄まんが，藤子プロ，近藤圭一郎監修，小学館ドラえもんルーム編　小学館　2018.4　213p　19cm　（ビッグ・コロタン 159）〈文献あり〉850円　①978-4-09-259159-2　Ⓝ540

目次 1 電気の発見，2 電気でものを動かすしくみ，3 電気はどのようにつくられる？，4 電気を使った移動手段，5 日本の生活を支えた家庭用電化製品，6 電気のおかげで子どもの遊びも変化，7 「電気」と「電波」はどう違う？，8 電気に支えられる私たちの社会，9 電気を大切に使おう

内容 ドラえもんを読んで、生活に欠かせない「電気」の不思議に迫る！　電気とはいったい何？　電気はどうやってつくるの？　電気でおもちゃも遊びも変わった？　電気の発見から始まり、生活になくてはならないものになっていった…ドラえもんのまんがでわかりやすく解説します。

『マンガでわかるかんたん！　たのしい理科実験・工作 3　電気のちから』 滝川洋二監修　岩崎書店　2017.10　47p　29cm　〈文献あり　索引あり〉3200円　①978-4-265-08588-0　Ⓝ407.5

目次 1 実験・クルクルおどる羽―静電気，2 実験・静電気を見つけよう―静電気，3 工作・打ち上げ花火ボックス―直列回路と並列回路，4 工作・電気を通す!?　チェックロボ―電気を通すもの，5 実験・アルミはくのフィラメント―電流による発熱，6 実験・手作り電池―電池の仕組み，7 実験・磁石の見えない力を見よう―磁力線，8 実験・磁石でわかる!?　北と南―磁石のN極とS極，9 実験・モーターを作ろう―磁力と電流が生み出す力，10 工作・ビー玉で電気スイッチオン！　ころころビッグスライダー―スイッチの仕組み

『電気はどこで生まれるの』 小野洋著，大橋慶子絵　大月書店　2017.3　39p　21×22cm　（そもそもなぜをサイエンス 6）2400円　①978-4-272-40946-4　Ⓝ427

目次 電気を見たことはありますか？，こすり合わせると引きつけ合う力が生まれる―静電気，静電気で蛍光灯はつくか？，電気には＋と―がある，電気のもとは物質のなかにある，こすり合わせるとなぜ電気をおびるのか？，離れていてもはたらく電気の力―電場，電気をおびていなくても引きつけられる，金属は移動しやすい電子をもっている―自由電子，電

流が流れるしくみ―自由電子の移動，電気を
ためて電流を流してみよう，電流を流し続け
るためには―ボルタの電池，離れていてもは
たらく磁石の力―磁場，電流のまわりに磁場
ができる，磁石で銅線を動かす，電気を回転す
る力に変える―モーターのしくみ，磁場から
電流をつくれるのでは？―ファラデーの発見，
モーターのコイルをまわすと電気が生まれる
―発電機のしくみ，電気のつくり方，ため方

『電気のクライシス』 ながいのりあきまん
が，惠志泰成ストーリー 小学館 2016.
12 192p 22cm （科学学習まんがクラ
イシス・シリーズ） 1200円 ①978-4-09-
296617-8 Ⓝ540
目次 プロローグ 運命の出会い!?，1 ロボッ
トを持ち帰る，2 電気って何だろう？，3 社
会は電気で動いている！，4 バイオマス研究
所，5 ノアのひみつの能力，6 ダムがくずれ
る!?，7 病院が大ピンチ，8 水車で発電す
る!?，エピローグ
内容 運動も勉強もあまり得意ではない小学
生・タクは偶然，高性能な小型ロボット・ノ
アと出会う。彼から電気のことを教わり，発
電について興味をもったが，発電施設の見学
に行った田舎の町で大事件が起こった…。果
物やコーラから電気を起こすことができる？
モーターを回せば電気が起きる？ ゴミや動
物のふんで発電する施設がある？ お医者さ
んが電気がなければ診察できない？ 停電に
なると，水道も使えなくなる？ ケータイや
スマホも停電のときは使えなくなる？ 本物
の科学学習まんが。

『電気の図鑑』 理科教育研究会著 技術評
論社 2013.8 127p 26cm （まなびの
ずかん） 〈文献あり 索引あり〉 2680円
①978-4-7741-5815-0 Ⓝ540
目次 1章 電気の基本（豆電球の明かりをつけ
る，モーターを使って自動車を走らせる ほ
か），2章 電気回路・直流（実体図と回路図，
電流計と電圧計 ほか），3章 電気回路・交流
（家庭に届く電気，周波数と周期 ほか），4章
電気の応用（電気ストーブと白熱電球，蛍光
灯・無電極放電灯・LED照明 ほか）
内容 まるごと一冊電気のしくみ。電流・電
圧って何の単位？ 交流と直流の違いは？
オームの法則ってどんな法則？ 電気につい
て基礎から応用までしっかり学べます。

『よくわかる電気のしくみ―電気ってなん
だ？ その正体・発電・利用方法を知ろ
う』 伊藤尚未著 誠文堂新光社 2013.1
94p 24cm （子供の科学★サイエンス
ブックス） 2200円 ①978-4-416-11338-7
Ⓝ540
目次 1 電池でできる電気の実験（電池のプラ
ス・マイナス，ためしに電池を使う ほか），2
どのようにして電気ができるのか（電気発見

の歴史，電気と磁石の関係は？ ほか），3 電
圧・電流に強くなろう！（豆電球の直列・並列
のつなぎ方，電池の直列・並列のつなぎ方 ほ
か），4 電気に仕事をさせてみよう！（電気を
光に変える，電気を運動に変える ほか），5
かんたんにできる電子工作（工作の工具とつく
り方，小型モーター ほか）

『電気を起こす・ためる・利用する』 後藤
富治著 大日本図書 2011.3 39p
25cm （小学校たのしい理科の教室）
2500円 ①978-4-477-02374-8 Ⓝ540
目次 1 くらしと電気（電気とわたしたち，電
気のふるさと），2 電気を起こす（発電所のし
くみ，自転車の発電機 ほか），3 電気をため
る（電気のかんづめ，コンデンサーと充電のし
くみ ほか），4 電気の利用（電気のいろいろ
な利用場面―わたしたちは，電気をどのよう
なはたらきに変えて利用しているのだろうか，
電気と発熱 ほか），5 ジャンプ（いろいろな
発電，コンデンサー飛行機）
内容 新・学習指導要領で「問題解決の能力や
自然を愛する心情を育て，自然の事項・現象に
ついての実感を伴った理解を図り，科学的な
見方や考え方を養うこと」として，特に追加さ
れた内容「電気の利用」（第6学年）を，簡潔・
ていねいな文章と豊富なイラスト・写真を駆
使して，理科を学習する児童が親しみやすく，
それとともに学力向上が伴うように編集した。

『電気がいちばんわかる本 5 電波のひみ
つ』 米村でんじろう監修 ポプラ社
2011.3 39p 27cm 〈索引あり〉 2600円
①978-4-591-12326-3 Ⓝ540
目次 1 電波をさがせ！（家の中の電波，まち
の中の電波，地球上・宇宙の電波），2 電波に
ついて知ろう（電波ってなに？，ラジオ・テレ
ビの電波，携帯電話の電波 ほか），3 電波の
実験と工作（電波を実感しよう，カンカンかん
たんスピーカー，アンテナをつくろう）

『電気がいちばんわかる本 4 発電のひみ
つ』 米村でんじろう監修 ポプラ社
2011.3 39p 27cm 〈索引あり〉 2600円
①978-4-591-12325-6 Ⓝ540
目次 1 発電ってどんなもの？（身近な発電は
こんなところにある！，発電所はどこにあ
る？，電気はどうやってくる？ ほか），2 どうやっ
て発電する？（発電のしくみを考えよう！，発
電する力，太陽のエネルギーで発電 ほか），3
発電の実験と工作（電気くらげをつくろう，電
気コップをつくろう，コイルで発電 ほか）

『電気がいちばんわかる本 3 モーターの
ひみつ』 米村でんじろう監修 ポプラ社
2011.3 39p 27cm 〈索引あり〉 2600円
①978-4-591-12324-9 Ⓝ540
目次 1 モーターをさがせ！（家の中のモー
ター，まちのモーター，いろいろな場所の
モーター），2 モーターのしくみをしらべよう
（モーターは回転をつくるもの，モーターの構
造とまわるしくみ，電磁石ってなに？ ほ
か），3 モーターの実験と工作（磁石と鉄球の

子どもの本 伝統行事や記念日を知る本2000冊 **67**

クイズ，フレミングブランコをつくろう！，
かん電池モーターをつくろう！ ほか)

『電気がいちばんわかる本 2 熱のひみ
つ』 米村でんじろう監修 ポプラ社
2011.3 39p 27cm 〈索引あり〉 2600円
①978-4-591-12323-2 Ⓝ540
目次 1 熱をさがせ！(家の中でつかわれてい
る熱，いろいろなところで利用される熱)，2
発熱のしくみをしらべよう (発熱するのはどう
して？，電熱線の太さと長さ，電熱線にかわ
る発熱体を見てみよう ほか)，3 熱の実験と
工作 (金属線の温度をはかろう！，手もち電熱
線カッター，電熱線カッター ほか)

『電気がいちばんわかる本 1 明かりのひ
みつ』 米村でんじろう監修 ポプラ社
2011.3 39p 27cm 〈索引あり〉 2600円
①978-4-591-12322-5 Ⓝ540
目次 1 明かりをさがせ！(家の明かり，まち
の明かり，いろいろな場所の明かり)，2 明か
りがつくしくみを見てみよう (明かりがつくの
はどうして？，明かりのつくかん電池のつな
ぎかた，電池は，かたちも大きさもいろいろ
ほか)，3 明かりの実験と工作 (エジソン電球
をつくろう，テスターをつくって，電流がな
がれるものをさがそう，ぐにゃぐにゃくぐり
をつくろう ほか)

『電気の大研究―楽しい実験がいっぱい！
光・熱・力に変わるふしぎなエネルギー』
造事務所編集・構成，川村康文監修
PHP研究所 2010.6 79p 29cm 〈索引
あり〉 2800円 ①978-4-569-78053-5
Ⓝ540
目次 1 そうだったのか！ 電気の正体 (電気
のもとは，小さな電子，電気の正体は，電子
の流れ ほか)，2 ピカッとひらめく！ 電気
のふしぎ (電気をつくるには？，発電所の発電
方法は？ ほか)，3 やってみよう！ 電気の
実験 (プカプカ磁石，追いかけっこストロー
ほか)，4 調べてみよう！ 電気の最前線 (電
気の入り口，コンセント，これならできる！
おてがる節電 ほか)
内容 電気のものしり博士になりたいキミへ！
テレビや冷蔵庫から，太陽光発電まで。くら
しを支える「電気」のふしぎを調べよう。

『親子で学ぼう電気の自由研究』 福田務編
著 電気学会 2007.8 107p 26cm 〈発
売：オーム社〉 1800円 ①978-4-88686-
259-4 Ⓝ427
目次 1章 静電気と磁石で遊ぼう！(ペットボ
トルにのせた鉛筆がくるくるまわる，アルミ
箔の舟は近づいてくるが，1円玉は逃げる，線
香の煙が一瞬消える，水に浮かべた1円玉がく
るくるまわる，吸いつくものと，吸いつかな
いスプーンがある)，2章 電池と電気で遊ぼ
う！(1円玉と10円玉で電池をつくろう，お風

呂の洗剤で電気をおこす，地面にも電気は流
れる，ラジオの電波がさえぎられ，音が消え
る，モータはブレーキにもなる，手先の器用
さを調べるゲーム機)，3章 ロボットで遊ぼ
う！(旗振りロボットをつくろう，4足歩行ロ
ボットをつくろう，壁トレースロボットをつ
くろう，往復運動ロボットをつくろう)

## 《3月27日》

### さくらの日

日付の数字を「3×9(さくら)=27」とする
語呂合せから。日本の歴史や文化，風土と
深く関わってきた桜を通して，日本の自然
や文化について関心を深めてもらうため，
日本さくらの会が1992年に制定。

『さくら研究ノート』 近田文弘著，大野八
生絵 偕成社 2017.3 47p 26cm 〈文
献あり〉 1600円 ①978-4-03-437250-0
Ⓝ479.75
内容 春になると，日本じゅうでさくらがさき
はじめます。いちばん植えられているのはソメ
イヨシノ，というさくらです。この本では，
ソメイヨシノについていろいろなことをお話
します。小学校中学年から。

『サクラの絵本』 勝木俊雄編，森谷明子絵
農山漁村文化協会 2015.12 40p 27cm
(まるごと発見！ 校庭の木・野山の木
1)〈文献あり 索引あり〉 2700円
①978-4-540-15194-1 Ⓝ479.75
目次 れきし (古くからなじみ深く慕われた花，
里のくらしで利用されてきた身近な木)，しゅ
るい (日本には，10種の野生種がある，北のサ
クラ 南のサクラ 高山のサクラ ほか)，そだ
ち (サクラの四季と芽生えから老木まで，冬芽
と早春の芽吹きたち ほか)，さいばい (たね
を発芽させて，木を育てる，枝ぶりは，まず
自然にまかせよう ほか)，りよう (サクラの
木材や樹皮を利用する，花と葉の塩漬け 染め
もの スモーク)，未来の人とサクラのくらし

『桜守のはなし』 佐野藤右衛門作 講談社
2012.3 32p 27cm 〈文献あり〉 1500円
①978-4-06-217519-7 Ⓝ627.73
内容 日本全国を飛び回り，傷ついた桜の手当
てをし，桜の新種をさがす佐野さんは，「桜守」
とよばれています。桜のいのちを守るしごと
とは―。桜守のしごとをみやすい写真で紹介。

『春の主役桜』 ゆのきようこ文，早川司寿
乃絵 理論社 2006.3 1冊 26cm
1400円 ①4-652-04036-9 Ⓝ479.75
内容 南から北まで，お気に入りの桜を見に行
きませんか。お花見がもっと楽しくなる絵本。

『サクラの一年』 守矢登著 新装版 あか
ね書房 2005.4 53p 23cm (科学のア

ルバム　植物 6）1500円　①4-251-03338-8　⑩479.75

目次 春のおとずれ，新緑のなかに，野生のサクラ，園芸品種のサクラ，花のしくみ，八重ざきのサクラ，花のじゅみょう，実の生長，葉の生長，芽の生長，葉の役わり，紅葉と落葉のひみつ，休眠の季節，めぐってきた春，サクラの分布，サクラの改良，サクラの一生，根の役め，サクラの病虫害，サクラの観察

## 《3月29日》

### マリモの日
1952年の3月29日に北海道阿寒湖のマリモが国の特別天然記念物に指定されたことから。

『マリモを守る。―若菜勇さんの研究』 千葉望文，荒谷良一写真，若菜勇監修　理論社　2009.7　61p　27cm　1600円　①978-4-652-04084-3　⑩474.2

内容 マリモには伝説が多く，よく調査がされないままの状態で言いつたえられていることがたくさんありました。「よく晴れた日にマリモがうかぶ，というのもそのひとつ。『マリモはお天気藻だ』と長いあいだ言われてきたんだよ」マリモがころころと向きを変えるというだけでもびっくりしたのに，うかぶなんて。

## 《3月31日》

### 山菜の日
日付の数字「331」の語呂合せから。多くの人に美味しい山菜の食べ方・保存方法・加工食品などについて知ってもらうため，山形県の山菜料理の店「出羽屋」が制定。

『山菜の絵本』 藤嶋勇へん，アヤ井アキコえ　農山漁村文化協会　2010.6　36p　27cm　（そだててあそぼう 92）〈文献あり〉　1800円　①978-4-540-10127-4　⑩657.86

目次 1 山菜は，野山の幸。自然の贈りもの！，2 山菜は，むかしは，だいじな食べものだった，3 山菜には，どんなものがある？，4 古くから栽培もされてきた山菜たち，5 山菜の種類とくらし，育ち方のちがい，6 山菜の栽培ごよみ，7 山菜の王さま，タラノキを育てよう！，8 穂木を使って「ふかし栽培」に挑戦だ！，9 芽がでた！　タラノメの収穫だ！，10 ワラビを育ててみよう！，11 コゴミを育ててみよう！，12 ウルイを育ててみよ

う！，13 ギョウジャニンニクを育ててみよう！，14 山菜特有の香りや味を楽しもう！，15 山菜料理オンパレード！

## 《3月その他》

### 春分の日
国民の祝日。自然をたたえ，生物をいつくしむ日。天文観測によって選定される昼の長さと夜の長さがほぼ等しくなる春分日。二十四節気の一つ。3月20日～21日ころ。前後7日間が「春の彼岸」。先祖を供養し，ぼたもちなどを食べる。

『たなからぼたもち』 くすのきしげのり作，澤野秋文絵　廣済堂あかつき　2015.6　〔32p〕　26cm　（すこやかな心をはぐくむ絵本）〈こころのまど 第3号（7p 21cm）〉　1600円　①978-4-908255-03-8　⑩726.6

内容 のんびりやでなまけもののあまたろう。はたらかないにちにちをぶらぶらしていたら，とうとうおとっつぁんにしかられて…。はたらくっておもしろい。よくしられたことわざからうまれたゆかいなおはなし絵本。

『たなからぼたもち』 いもとようこ文絵　金の星社　2009.9　1冊　29cm　（いもとようこのことわざえほん）　1300円　①978-4-323-03283-2　⑩814.4

内容 いもとようこのことわざえほん。たのしくわらって，ことわざがみにつく。

『クイズ似て非なることば 3』 明治書院編集部編著　明治書院　1998.7　196p　18cm　1000円　①4-625-53142-X　⑩031.7

目次 A 年中行事・歳時記・催事・季節（年末VS年の瀬，大みそかVS大つごもり ほか），B 冠婚葬祭（大人VS成人，吉事VS慶事 ほか），C 生活文化・風俗習慣・民俗・風土（遣り水VS打ち水，コートVSマント ほか），D 手紙・挨拶・敬語・マナー・一般言語（前略VS拝啓，様VS殿 ほか）

内容 「ぼたもち」と「おはぎ」「元日」と「元旦」の違いは？　たまに食べたくなりませんか？ ぼたもちを？ おはぎを??? 一度悩むと止まらない！ "似てるけど違う"ことばのクイズ!! "なるほど"の一冊。

## イースター

春分の日の後の最初の満月の次の日曜日。十字架にかけられて死んだイエス・キリストの復活を祝う、キリスト教での重要な祭日。彩色した卵を飾って食べる風習もある。「復活祭」とも。

『いーすたーのおはなし』 ジュリエット・デービッド文，スティーブ・ホワイトロウ画，女子パウロ会訳 女子パウロ会 2016.2 〔26p〕 17×17cm 900円 ①978-4-7896-0767-4 Ⓝ192.8
内容 毎年、春にめぐってくるイースター（復活祭）ってどんな日でしょうか？ とてもたいせつな、この日のいみを知らせるために役立つ、かわいい絵本です。

『イースターのはなし』 メアリー・ジョスリン文，アリーダ・マッサーリ絵，堀口順子訳 ドン・ボスコ社 2016.2 25p 27cm 1000円 ①978-4-88626-592-0 Ⓝ192.8
内容 イースター（復活祭）はキリスト教の最もたいせつな祭りです。イエスが十字架につけられて殺されると人びとは望みを失いました。しかし、それは救いの始まりだったのです。イエスの復活を伝える美しいはなし。

『最初の復活祭』 クリスティーナ・カライ・ナギー絵，ベサン・ジェームズ文，サンパウロ訳 サンパウロ 2015.9 27p 18×18cm 1200円 ①978-4-8056-3622-0 ⓃX192.8
内容 イエスってだあれ？ 最初の復活祭ってなあに？ 小さな子どもたちのために、かわいらしいイラストとやさしい文章で復活祭の出来事が分かりやすく書かれた絵本。

『イースターのお話』 ロイス・ロック文，アレックス・アイリフ絵，大越結実訳 いのちのことば社CS成長センター 2012.10 16p 13cm （わくわくバイブルみにぶっく―新約聖書 6）100円 ①978-4-820-60314-6 ⓃX192.8

『イースター物語』 ボブ・ハートマン文，ナディン・ウィッケンデン絵，女子パウロ会訳編 女子パウロ会 2008.12 106p 19cm 1000円 ①978-4-7896-0656-1 ⓃX192.8
内容 イエスの復活を、どう語って聞かせるか。読み聞かせのヒントによって、子どもたちをことばや身ぶりで物語に参加させる、ユニークなイースター物語。

『イースターってなあに』 リースベット・スレーヘルス作，女子パウロ会訳編 女子パウロ会 2007.2 25p 22×30cm 1500円 ①978-4-7896-0630-1 ⓃX726.6
内容 クリスマスのサンタクロースのように、春のイースター（復活祭）には、たまごをくばるイースターうさぎがでてくるのは、なぜ。

『イースターのおはなし』 ターシャ・テューダー著，ないとうりえこやく メディアファクトリー 2002.4 1冊 20cm （ターシャ・テューダークラシックコレクション）1200円 ①4-8401-0545-6 ⓃX726.6
内容 イースターの前の晩に見る夢は、どんな夢でしょう。あなたがいい子だったら、きっと子鹿の背中に乗って、高く青い空を飛び、野原で遊ぶ子ひつじやうさぎたちに会えるはずです。

# 4月

『かこさとしこどもの行事しぜんと生活　4月のまき』　かこさとし文・絵　小峰書店　2012.3　36p　29cm　〈年表あり〉　1400円　①978-4-338-26804-2　Ⓝ386.1

目次　4月の別のいいかた（日本），みんな一年生（4月1日），エイプリルフール（4月1日），サクラサクラ，いろいろなサクラ，花びえ/花ぐもり，清明（4月6日ごろ）/花祭（4月8日），復活祭（イースター・パスカ・パスハ），十三まいり（4月13日），春雨〔ほか〕

内容　日本の子どもたちが出会う，さまざまな行事やならわしの，はじまりやわけが，この本でわかるように，やさしくかきました。先祖の人たちがおまつりやしきたりにこめた願いや心が，ただしくつたわるようにくふうしましたので，どうぞたのしんでよんでください。

『4月のえほん―季節を知る・遊ぶ・感じる』　長谷川康男監修　PHP研究所　2011.3　47p　26cm　〈文献あり〉　1300円　①978-4-569-78119-8　Ⓝ386.1

目次　お花見，入学式，花祭り―八日，4月の旬の食べもの，4月の俳句と季語，4月に見られる植物，4月の記念日，4月の行事，日本の4月のお祭り，世界の4月の行事・お祭り，春の風景を写生しよう，春の草花にあつまる虫，4月のできごと，4月に生まれた偉人・有名人

内容　お花見，入学式，花祭り，エイプリル・フール，十三まいり…。4月の行事，自然，旬の食べもの，遊びなどを絵で楽しく紹介するとともに，季語，記念日，できごとなども掲載。4月という季節を感じ，楽しめ，学習にも役立つえほん。

『学習に役立つわたしたちの年中行事　4月』　芳賀日出男著　クレオ　2006.4　35p　27cm　1800円　①4-87736-086-7　Ⓝ386.1

目次　桜咲く，桜前線，花と行事，花と祭り，おシャカさまの花祭り，春の山のぼり，潮干がり，火ぶせの祭り，山車の祭り，物語・聖徳太子と聖霊会，4月の各地の祭り，4月の世界の祭り，4月のことば，4月の祭りごよみ，総目次索引（1月～12月）

『365日今日はどんな日？―学習カレンダー　4月』　PHP研究所編　PHP研究所　1999.9　49p　31cm　〈索引あり〉　2700円　①4-569-68154-9

選抜高校野球はじまる，国鉄からJRへ，信越線が開通する，海外渡航が自由化，消費税がスタート，御柱まつり，上野駅ができる，週刊誌のはじまり，鎖国の完成，夏目漱石が朝日新聞社に入社〔ほか〕

内容　一年365日の，その日に起こった出来事を集め，ひと月1巻，全12巻にまとめたシリーズの4月編。その日にまつわる歴史上の出来事や人物，発明・発見，文学，美術，音楽，数学，お祭りや記念日，年中行事などの項目を収録。

『4月』　増田良子，福田節子編著，田中直樹絵　岩崎書店　1999.4　39p　31cm　（くらしとあそび・自然の12か月　1）　3000円　①4-265-03781-X　Ⓝ031

目次　世界の国から，こんにちは，みんなで，たすけあおう，たのしい郵便物，すてきなカードをつくろう，ふしぎな絵がわり，手づくり絵本をつくろう，年賀はがきをかこう，十二支の動物，植物の冬ごし，動物の冬ごし〔ほか〕

『学習に役立つものしり事典365日　4月』　谷川健一，根本順吉監修　新版　小峰書店　1999.2　63p　27cm　〈索引あり〉　2500円　①4-338-15604-X

目次　楽しい新学期，花の万博，開幕する，浄土真宗の開祖親鸞，エイプリル・フールズ・デー，童話の父アンデルセン生まれる，近代図書館の誕生，高村光太郎なくなる，サクラ前線，北上する，一七条の憲法定められる，きっぷの自動販売機〔ほか〕

内容　どんな事件があり，どんな人が生まれたり死んだりしたのか，年中行事や記念日の由来など，遠い昔から現代までに起きた出来事を，旧暦日付ごとにまとめた事典。本巻は4月の日付を収録。索引付き。

『4月のこども図鑑』　フレーベル館　1997.3　55p　27cm　（しぜん観察せいかつ探検）　1648円　①4-577-01711-3　Ⓝ031

目次　4月のカレンダー，野原の小さななかまたち，みつばちのくらし，アメリカざりがに，たねまき　あさがお・へちま，ゆうびんのしくみ，どうぶつえん，4月のメニュー，紙のリサイクル，やさいの紙，星の話

『4がつのこうさく―ともだちふえるよ新学期』　竹井史郎著　小峰書店　1996.2　31p　25cm　（たのしい行事と工作）　1600円　①4-338-12704-X　Ⓝ507

目次　はな，てんとうむし，あり，ちょうちょ，いもむし，しゃくとりむし，みつばち，おたまじゃくし，へび，あいさつ〔ほか〕

内容　小学校低学年以上。

子どもの本　伝統行事や記念日を知る本2000冊　**71**

## 《4月1日》

### エイプリルフール

4月1日。「うそ」をついていいという日。
「四月馬鹿」とも。

『中学生までに読んでおきたい哲学　3　うそ
その楽しみ』　松田哲夫編　あすなろ書房
2012.10　245p　22cm　1800円　Ⓘ978-
4-7515-2723-8　Ⓝ108

目次 約束（星新一），うそとパン（幸田文），
ウソと子供（柳田国男），うそ話（井伏鱒二），
昭和二十二年の井伏さん（井上ひさし），贋エ
チオピア皇帝の訪れ（種村季弘），うそからま
ことが出てくる他一編（河合隼雄），嘘につい
て（串田孫一），嘘について（加藤周一），北風
と太陽（米原万里），正直者は馬鹿をみるか
（池田晶子），嘘（遠藤周作），嘘（太宰治），正
直な夫（伊藤整），悪女と善人（佐野洋子），正
直の徳に就いて（内田百閒），とぼけることの
効用（吉田健一），饅頭こわい―飯島知治（編）
（桂三木助（演）），完全犯罪（小松左京）

内容 うそは創作のはじまり。考える楽しみに
満ちた19編。

### トレーニングの日

スポーツ用品メーカーのミズノの直営店エス
ポートミズノが制定。4月1日の新年度の始
まりに伴いジョギングやフィットネスなど
のトレーニングのスタートを奨励するため。

『スポーツを科学しよう！―トレーニング・
競技から用具まで』　深代千之監修　PHP
研究所　2013.10　63p　29cm　（楽しい
調べ学習シリーズ）　〈文献あり　索引あ
り〉　3000円　Ⓘ978-4-569-78357-4
Ⓝ780

目次 第1章 体とトレーニングの科学（ヒトの
体は，どうやって動くの？，筋肉は，こわれな
がら発達するって本当？，スポーツをすると
きは，どんな食事をとればいいの？），
第2章 スポーツ競技の科学（100m競走とマラ
ソンでは，走り方がどうちがうの？，走り高
とびでは，なぜ背中を下にしてとぶの？，走
り幅とびのとき，空中で走るような動作をす
るわけは？　ほか），第3章 スポーツ用具の科
学（なぜスポーツシューズには，スパイクがつ
いているの？，野球のピッチャーのボールは，
どうやって曲げるの？，ゴルフボールの表面
には，なぜ小さなくぼみがあるの？　ほか）

『小学生のための元気な体をつくる運動』
岡本香代子，港野恵美著，岡本勉監修　茨
木　歩行開発研究所　2010.4　157p

21cm　〈イラスト：中島みなみ　文献あ
り〉　1400円　Ⓘ978-4-902473-12-4
Ⓝ781.4

『あなたが変わるトレーニングの本―だれ
でもできる簡単トレーニングから本格ト
レーニングまで』　岡田一彦，杉山正明，山
崎祐司著　一橋出版　2003.10　112p
26cm　933円　Ⓘ4-8348-5016-1　Ⓝ780.7

目次 第1章 理論編，第2章 実践編1―さあ，
トレーニング開始です！（筋力トレーニング，
パワートレーニング，持久力トレーニング，
柔軟性トレーニング，調整力トレーニング，
総合力トレーニング），第3章 実践編2―ねら
いを絞って，効率アップ！

内容 本書は高校生にとって非常に理解しやす
い内容になっています。スポーツ選手の競技
力向上から，健康のために日常生活のなかで
実践できるものまで，オールラウンドに活用
できるようになっています。

## 《4月2日》

### 国際子どもの本の日

1805年の4月2日が子どもの本の作家ハン
ス・クリスチャン・アンデルセンの誕生日で
あることから，子どもの本を通した国際理
解を推進するため，国際児童図書評議会が
1967年に制定。

『アンデルセン―童話のような生涯を生き
た作家』　山本和子文，柿田ゆかり絵
チャイルド本社　2018.12　28p　25cm
（絵本版／新こども伝記ものがたり　9）
〈年譜あり〉　602円　Ⓘ978-4-8054-4791-8
Ⓝ949.7

『小学生のうちに読みたい物語―学校司書
が選んだブックガイド』　対馬初音編著
少年写真新聞社　2018.5　231p　19cm
〈文献あり　索引あり〉　2000円　Ⓘ978-4-
87981-637-5　Ⓝ028.09

目次 絵本からの移行期に，少し読み物に慣れ
てきたら，主人公にそって物語を楽しみま
しょう，読書の達成感を経験しましょう，読
書の広がりや深まりを楽しみましょう，より
深い内容を味わいましょう，昔話を楽しみま
しょう，今は手に入りにくい本

内容 小学校の図書館で司書として働いて，多
くの子どもたちと本をつないできた司書たち
が，自信を持って子どもたちに差し出せる本
ばかりのブックガイド。今回は，伝記やノン
フィクションではなく，物語（フィクション）
の中からリストアップしました。

『今，この本を子どもの手に』　東京子ども
図書館編　東京子ども図書館　2015.2

188p　21cm　〈索引あり〉　1000円
①978-4-88569-075-4　Ⓝ028.09
目次 絵本，フィクション（幼児から小学校
初・中級，小学校中級から上級，小学校上級
から中高生），昔話・神話・古典，詩，伝記，
ノンフィクション（図書・ジャーナリズム，哲
学・思想，世界の歴史・地理・探検記，日本の
歴史・地理，政治・社会・仕事　ほか）

『現代日本の創作 最新3000─子どもの本』
日外アソシエーツ株式会社編集　日外ア
ソシエーツ　2015.1　457p　21cm　〈索引
あり　発売：紀伊國屋書店〉5500円
①978-4-8169-2514-6　Ⓝ909.031
内容 「獣の奏者」「RDGレッドデータガール」
「一瞬の風になれ」…現在活躍中の児童文学作
家389人の2005年から2014年までに刊行され
た作品3691冊を収録。

『日本の名作童話 最新2000─子どもの本』
日外アソシエーツ株式会社編集　日外ア
ソシエーツ　2015.1　288p　21cm　〈索引
あり　発売：紀伊國屋書店〉5500円
①978-4-8169-2513-9　Ⓝ909.3
内容 「源氏物語」から「杜子春」「魔女の宅急
便」まで，今も読み継がれている日本の児童
文学史に名を残す作家221人の2005年から
2014年までに刊行された作品2215冊を収録。

『世界の児童文学 最新3000─子どもの本』
日外アソシエーツ株式会社編集　日外ア
ソシエーツ　2014.12　423p　21cm　〈索
引あり　発売：紀伊國屋書店〉5500円
①978-4-8169-2515-3　Ⓝ
内容 最近10年間に刊行された物語・詩集な
ど，海外の作家428人を選定，児童文学書2865
冊を収録した図書目録。配列は作家名の五十
音順，人名見出し，書名，原書名，内容等を記
載。巻末に書名索引が付く。

『キラキラ読書クラブ─子どもの本702冊ガ
イド』　キラキラ読書クラブ編，住田一夢
絵 改訂新版　町田　玉川大学出版部
2014.11　342p　27cm　〈初版：日本図書
センター　2006年刊　索引あり〉8000円
①978-4-472-40498-6　Ⓝ028.09
目次 あかちゃん，きょうだい，おかあさん，
おとうさん，おばあちゃん，おじいちゃん，
新しい家族，おきゃくさま，王さま，お金持
ち〔ほか〕

『アンデルセン』　クォンヨンチャン文，
ビータコム絵，猪川なと訳　岩崎書店
2014.10　163p　23cm　（オールカラー
まんがで読む知っておくべき世界の偉人
11）〈年譜あり〉1600円　①978-4-265-
07681-9　Ⓝ949.7

目次 01 夢見る子ども，02 俳優になりたい，
03 拒まれ続けた少年，04 悪夢の日々，05 つ
いに作家デビュー，06 ヨーロッパ最高の創作
童話作家，07 世界の子どもたちの、永遠の友

『今こそ読みたい児童文学100』　赤木かん
子著　筑摩書房　2014.5　235p　18cm
（ちくまプリマー新書 214）860円
①978-4-480-68917-7　Ⓝ019.5
目次 第1章 大人のテーマが子どものなかへ，
第2章 薄くても、中身は濃いですよ，第3章
児童文学は愛情不足をこんなふうに描いてい
ます，第4章 十代の反抗─プロブレムノベル
ス，第5章 もう一度読み返したい名作たち，
第6章 嘘みたいなほんとうの話，第7章 骨太
すぎるオーストラリアの物語，第8章 おすす
めしにくい本たち，第9章 究極の癒し系、ク
リスマスブック

内容 誰でもタイトルは知っているけれど、
ちゃんと読んでいなかったあの名作も。現代
的なテーマで今こそ読みたい、図書館に埋も
れたあの作品も。物語の世界にひたれて、ど
んどん読めて、読後感がいい─そんな児童文
学の選りすぐりの百冊を紹介します。

『教科書にのった名作2000冊─子どもの
本』　日外アソシエーツ株式会社編集　日
外アソシエーツ　2013.3　352p　21cm
〈索引あり　発売：紀伊國屋書店〉7600
円　①978-4-8169-2401-9　Ⓝ028.09
内容 1949年から2010年発行の小学校国語科
教科書に掲載された1,034作品を含む書籍か
ら、1980年以降に刊行されたものを中心に2,
215冊を収録。排列は作家名の五十音順、さら
に作品名の五十音順とし、作家名には生没年、
作品には書誌事項、内容紹介を記載。巻末に
書名の五十音順索引が付く。

『つぎ、なにをよむ？　5・6年生』　秋山
朋恵編　偕成社　2012.3　127p　20cm
〈写真：公文健太郎　イラスト：小林ゆき
子　索引あり〉1500円　①978-4-03-
900030-9　Ⓝ019.5
目次 ファンタジーのとびら，学校のとびら，
スポーツのとびら，友だちのとびら，冒険の
とびら，生きるとびら，家族のとびら，ミス
テリーのとびら，きょうふのとびら，ユーモ
アのとびら，不思議のとびら

内容 チャートのしつもんにこたえていくと、
よみたくなる本がつぎつぎとみつかるよ！
図書室の先生がつくった、子どものための
ブックガイド

『つぎ、なにをよむ？　3・4年生』　秋山
朋恵編　偕成社　2012.3　115p　20cm
〈写真：公文健太郎　イラスト：てづかあ
けみ　索引あり〉1500円　①978-4-03-
900020-0　Ⓝ019.5
目次 ぼうけんのとびら，まじょのとびら，た
んていのとびら，おばけ・ようかいだいしゅ
うごう，ふしぎのとびら，わらいのとびら，
がっこうのとびら，おはなしどうぶつえん，
ともだちのとびら，かぞくのとびら

子どもの本 伝統行事や記念日を知る本2000冊　73

[内容] チャートのしつもんにこたえていくと、よみたくなる本がつぎつぎとみつかるよ！図書室の先生がつくった、子どものためのブックガイド。

**『つぎ、なにをよむ？―1・2年生』** 秋山朋恵編 偕成社 2012.1 123p 20cm〈写真：公文健太郎 イラスト：中垣ゆたか 索引あり〉1500円 ①978-4-03-900010-1 Ⓝ019.5

[目次] たんてい・どろぼうのとびら、ふしぎのとびら、おばけ・ようかいだいしゅうごう、ぼうけんのとびら、おみせやさんのとびら、おはなしどうぶつえん、かぞくのとびら、がっこうのとびら、ともだちのとびら、わらいのとびら

[内容] よみたい本がどんどん見つかる。図書室の先生がつくった、子どものためのブックガイド。小学校低学年から。

**『本をもっと楽しむ本―読みたい本を見つける図鑑 4 古典』** 塩谷京子監修 学研教育出版 2010.2 47p 29cm〈索引あり 発売：学研マーケティング〉2800円 ①978-4-05-500757-3 Ⓝ019.5

[目次] 古典を読んでみよう 大塚ひかりさん、マンガでみる貴族のくらし 平安"ひかる"物語、平安貴族の恋愛と結婚、貴族の住まい、宮中の世界（身分・仕事・後宮）、貴族の服装、占いと陰陽道、宮中の行事カレンダー、平安貴族の一生、マンガでみる町人のくらし おみつと龍太郎の江戸悲恋物語〔ほか〕

**『本をもっと楽しむ本―読みたい本を見つける図鑑 3 作家』** 塩谷京子監修 学研教育出版 2010.2 47p 29cm〈年表あり 索引あり 発売：学研マーケティング〉2800円 ①978-4-05-500756-6 Ⓝ019.5

[目次] 本が好きになるコツを教えて 有元秀文さん、森鷗外、夏目漱石、樋口一葉、与謝野晶子、石川啄木、芥川龍之介、江戸川乱歩、宮澤賢治、川端康成〔ほか〕

**『本をもっと楽しむ本―読みたい本を見つける図鑑 2 主人公（エンターテインメント）』** 塩谷京子監修 学研教育出版 2010.2 44p 29cm〈索引あり 発売：学研マーケティング〉2800円 ①978-4-05-500755-9 Ⓝ019.5

[目次] あこがれのヒーロー、悪役と名脇役、友情と最強のチーム、想像上の生物とモンスター、悩める主人公、力強く生きるヒロイン、探偵と怪盗

**『本をもっと楽しむ本―読みたい本を見つける図鑑 1 主人公（名作）』** 塩谷京子監修 学研教育出版 2010.2 47p 29cm

〈索引あり 発売：学研マーケティング〉2800円 ①978-4-05-500754-2 Ⓝ019.5

[目次] 人気作家スペシャルインタビュー あさのあつこさん、坊っちゃん（夏目漱石）、銀河鉄道の夜（宮澤賢治）、二十四の瞳（壷井栄）、若草物語（ルイザ・メイ・オルコット）、トム・ソーヤの冒険（マーク・トウェイン）、赤毛のアン（ルーシー・M・モンゴメリ）、ライ麦畑でつかまえて（J・D・サリンジャー）、三国志（施耐庵、羅貫中）、水滸伝（施耐庵（羅貫中）とも）〔ほか〕

**『アンデルセン自伝―わたしのちいさな物語』** ハンス・クリスチャン・アンデルセン著、イブ・スパング・オルセン絵、乾侑美子訳 あすなろ書房 1996.3 43p 28cm 1800円 ①4-7515-1446-6

---

### 世界自閉症啓発デー

4月2日。全世界の人々に自閉症を理解してもらうため、国連が2007年に制定。日本では4月2日〜8日は「発達障害啓発週間」。

---

**『自閉症の僕が跳びはねる理由』** 東田直樹著、よん絵 KADOKAWA 2017.6 168p 18cm （角川つばさ文庫 Dひ2-1）〈角川文庫 2016年刊の再刊〉700円 ①978-4-04-631717-9 Ⓝ493.9375

[目次] 第1章 言葉について―口から出てくる不思議な音（筆談とは何ですか？ 大きな声はなぜ出るのですか？ ほか）、第2章 対人関係について―コミュニケーションとりたいけれど…（どうして目を見て話さないのですか？ 自閉症の人は手をつなぐのが嫌いですか？ ほか）、第3章 感覚の違いについて―ちょっと不思議な感じ方。なにが違うの？（水がはねるのはなぜですか？ 空中に字を書くのはなぜですか？ ほか）、第4章 興味・関心について―好き嫌いってあるのかな？（色んな物を回しているのはなぜですか？ 手のひらをひらひらさせるのはなぜですか？ ほか）、第5章 活動について―どうしてそんなことするの？（すぐにどこかに行ってしまうのはなぜですか？ すぐに迷子になってしまうのはなぜですか？ ほか）

[内容] みんなが当たり前にしている人との会話や、「ジッとしていること」が、僕には難しい。それは自閉症っていう障害のせいなんだ。だれかに話したいことを考えているうちに頭の中で言葉が消えてしまう―伝えたいのに伝えられない苦しい気持ち、想像できる？ この本には、そんな僕の毎日のことや思いが書いてある。僕はみんなと少しちがう。でも同じ世界の一員として、いっしょに歩いているよ。―ひたむきな思いが伝わる感動作が角川つばさ文庫に登場！ 小学上級から。

**『めざせスペシャルオリンピックス・世界大会！―がんばれ、自閉症の類くん』** 沢田俊子著 文研出版 2016.4 151p 22cm （文研じゅべにーる―ノンフィク

ション）1300円　①978-4-580-82296-2　Ⓝ493.9375

目次　入園お断りします，子どもライブラリーって？，類が自閉症…？，友だちできるかな，一年生，友だちパワー，あこがれのソフトボールチーム，中学生に向けての決断，いじめは，家庭科の先生から始まった，「死ね。」といわれて，高校入試に向けて，類くんは，高校生，卒業できないかも，めざせ，スペシャルオリンピックス・世界大会！

内容　この物語の主人公，深津類くんが自閉症と診断されたのは，三歳のときでした。医師から，「大人になっても，知能も社会性も小学低学年のままです。」と宣告されましたが，家族の応援と小学校に入学してからの友だちとの出会いが，大きな力となって類くんを成長させました。そして，さまざまな試練を乗り越えた類くんは，公立高校に入学し無事卒業することができたのです。大人になった類くんは，乗馬クラブで働きながら，知的障がい者の競技会スペシャルオリンピックス・世界大会（乗馬部門）を目指して練習にはげんでいます。

『新しい発達と障害を考える本　5　なにがちがうの？　自閉症の子の見え方・感じ方』　内山登紀夫監修　伊藤久美編　京都　ミネルヴァ書房　2014.1　55p　27cm　〈文献あり〉1800円　①978-4-623-06990-3　Ⓝ493.937

目次　第1章　ぼくって，わたしって，こんな感じ（ものの見え方・感じ方，自分とほかの人，日々のすごしかた，ことば・コミュニケーション，チャレンジ），第2章　自閉症のこと知って，つきあって

『わたしのきょうだいは自閉症―きょうだいとうまくやっていくためのハンドブック』キャロライン・ブロック著，林恵津子訳　田研出版　2013.7　54p　26cm　1600円　①978-4-86089-043-8　Ⓝ493.9375

目次　自閉症とは？，あなたはどのタイプ？，きょうだいの行動を友だちに説明する，一触即発！一怒りのツボ，あなたはどんなふうに感じてる？，きょうだいとうまくやっていくために―10の秘けつ，きょうだいと一緒にできること，友情のレベル，言動に気をつけよう，口論を避け，爆発に対処する，ストレスへの対処，親とうまくやっていくために，よくある質問，いじめ，相談コーナー，自閉症ばかりを責められない―きょうだいにムカつく10の理由，あなたが出合うかもしれない専門用語

『新しい発達と障害を考える本　1　もっと知りたい！　自閉症のおともだち』　内山登紀夫監修　伊藤久美編　京都　ミネルヴァ書房　2013.3　55p　27cm　〈文献あり〉1800円　①978-4-623-06535-6　Ⓝ493.937

第1章　あれれれ，どうして!?（えいたくんの場合―勝手に入っていっちゃった！，えいたくんの場合―いつものがなくてパニック！，はるなさんの場合―手をつなぐのがだめ!?，はるなさんの場合―えんぴつをふりたがる　ほか），第2章　なぜ，感じ方がちがうのかな？（えいたくんたちのような自閉症は…，どんな感じ方・考え方をしているの？，つきあっていくとき，どうしたらいい？，だれもが自分らしく安心してすごせるように）

内容　あれれれ？　なんてふしぎなおともだち。感じ方がわかると行動の意味もわかる。特別支援教育に長い経験をもつ編者の，実践に基づく支援策がふんだんに。

『自閉症のある子どもの「きょうだい」のための本―ひとりひとりが特別だよ』　フィオナ・ブリーチ著，上田勢子訳　明石書店　2012.6　72p　21cm　1500円　①978-4-7503-3612-1　Ⓝ493.9375

目次　1　自閉症ってなんだろう，2　自閉症の3つの特徴，3　自閉症のふしぎな行動，4　きょうだいの気持ち，5　学校とセラピー，6　自閉症についての言葉の説明

『自閉症のある子と友だちになるには―当事者だからわかるつきあい方イラストブック』　ダニエル・ステファンスキー著，上田勢子訳，石井哲夫監修　晶文社　2011.11　46p　21cm　950円　①978-4-7949-6771-8　Ⓝ493.9375

目次　ぼくのことと，この本のこと，ぼくにも声をかけて，ぼくに話しかけて，ぼくの「聞き方」，ぼくに「見えない」もの，ぼくが，はまりこんでしまったら，いっしょに遊ぼうよ，ちがっていてもだいじょうぶ，いい友だちになって，手をさしだして

内容　現在，日本の小・中学校には自閉症や発達障害のある子どもが増えており，これからすべての生徒と先生は，そうした子どもたちと共生していくことになります。しかし，そうした子どもはおおむねコミュニケーションに問題を抱えており，それは本人にも周囲にもストレスになります。本書は，当事者だからこそ語ることができた，自閉症のある子を理解し，付き合い方を学び，そして友だちになるための本です。

『お兄ちゃんは自閉症―双子の妹から見たお兄ちゃんの世界』　牧純麗著，森由美子監修・訳　京都　クリエイツかもがわ　2009.9　78p　26cm　〈文献あり　発売：かもがわ出版（京都）〉1400円　①978-4-86342-031-1　Ⓝ493.9375

目次　生まれた時のこと，アトランタに住んでいたころ，ボストンでの生活，お兄ちゃんのこと，私のこと，お父さんとお母さんへ

内容　この本は，アメリカのマサチューセッツ州に住んでいる牧純麗ちゃん（12歳）という日本人の女の子が，お兄ちゃんやご両親とともに経験してきたことや，自閉症について感じていることなどをありのままに書いたものです。

子どもの本　伝統行事や記念日を知る本2000冊　**75**

『ふしぎだね!? 自閉症のおともだち』 内山登紀夫監修，諏訪利明，安倍陽子編 京都 ミネルヴァ書房 2006.3 51p 27cm （発達と障害を考える本 1） 1800円 Ⓘ4-623-04552-8 Ⓝ493.9375

目次 第1章 どうしよう!? こんなとき（ますみくんの場合—予定が変わると不安になっちゃう，なおやくんの場合—みんなのゼリー食べちゃった，のぞみさんの場合—リコーダーの音ががまんできない，あかねさんの場合—楽しくても手をかんじゃう！ ほか），第2章 自閉症って何？（自閉症は生まれつきの障害，自閉症の特徴は3歳くらいまでにあらわれる，知的なおくれのある自閉症，手助けのポイント ほか）

内容 自閉症のおともだちの文化を理解し，助け合い，協力する気持ちを育てます。

『こころの二人三脚—自閉症児と級友たち』 NHK「こども」プロジェクト編 汐文社 2004.3 113p 22cm （NHKスペシャル こども・輝けいのち ジュニア版 5） 1400円 Ⓘ4-8113-7825-3 Ⓝ493.9375

目次 1 新入生のとまどい，2 バディを組んで，3 正美さんとゆかりさん，4 新しい挑戦，5 ゆかりさんといっしょに，6 卒業式，7 新しい季節をむかえて

## 《4月4日》

### 養子の日

日付の数字「4」「4」の語呂合せから。日本財団が2014年に制定。この日からの1か月間は「特別養子縁組の推進月間」。

『ほんとうにかぞく—このいえに養子にきてよかった』 のぐちふみこさく・え 明石書店 2005.6 1冊 19×27cm 1800円 Ⓘ4-7503-2133-8 Ⓝ369.43

内容 血がつながっていてもばらばらになる家族もあれば，血はつながっていなくても，長い年月をかけてゆっくりとそしてしっかりと「ほんとうのかぞく」になっていく人びともいる。虐待など困難な状況を生きる子どもたちの社会的養護としての里親や養子縁組問題を考える絵本。

『どうして私は養子になったの？』 キャロル・リヴィングストン文，庄司順一訳，アーサー・ロビンズ絵 明石書店 2003.12 48p 22×22cm 1000円 Ⓘ4-7503-1826-4 Ⓝ367.3

内容 養子となった子どもに，養子となるこ

と，養子であることの意味を説明するために著された絵本。子ども向けの本だが，むしろ，里親にとって，「告知」にあたっての基本的な考え方を知るのに役立つ。養子や里子と接する親たちにぜひ一読してほしい良書。

## 《4月6日》

### 城の日

日付の数字「4」「6」の語呂合せから。日本城郭協会が1974年に制定。

『江戸の迷路 1（城の巻）』 伊藤まさあき絵 汐文社 2010.2 27p 32cm 〈文献あり〉 1600円 Ⓘ978-4-8113-8651-5 Ⓝ210.5

目次 江戸城，天守閣，登城，拝謁

内容 広い江戸城のようすを，迷路で見に行こう！ 楽しいことがたくさんあるよ。迷路は，見ているところは通れます。ほかにも，クイズやパズルなど，いろんな遊びが盛りだくさん。江戸のことも学べます。

『日本の遺跡と遺産 5 城と城跡』 新谷桂著 岩崎書店 2009.4 56p 29cm 〈索引あり〉 3200円 Ⓘ978-4-265-02865-8 Ⓝ210.025

目次 城の歴史，城攻めの戦法，戦国大名と城，城跡と城下町を歩く，城郭用語・城のつくり方，姫路城（兵庫），彦根城（滋賀），松本城（長野），犬山城（愛知），五稜郭（北海道）〔ほか〕

## 《4月7日》

### 世界保健デー

4月7日。世界保健機関の後援で行われる健康啓発デー。世界保健機関が1948年に開催した第1回世界保健総会で決定。1950年から。

『おとなの病気は、ぼくらが予防！ 未来の健康防衛隊—病気と予防がイラストでわかる』 吉澤穣治監修，都あきこイラスト 大阪 保育社 2018.8 241p 21cm 〈文献あり〉 2100円 Ⓘ978-4-586-08599-6 Ⓝ498.3

目次 循環器疾患，糖尿病，脂質異常症，脳卒中，栄養失調症，がん，むし歯・歯周病，近視，難聴，骨そしょう症，うつ病

『持続可能な地球のために—いま、世界の子どもたちは 第3巻 健康で生きたい—保健・衛生』 本木洋子著 新日本出版社

2018.8 31p 27cm 2500円 ①978-4-406-06263-3 Ⓝ360

[目次] 地球を守る17の目標＝SDGs, 命をささえる水, 「世界水の日」, 栄養は人の権利（コンゴ民主共和国）, 3人にひとりが栄養不足（ブルキナファソ）, 栄養不良で命の危険に（南スーダン）, 母乳はあかちゃんのワクチン, 清潔な環境は平和あってこそ（イエメン）, 「世界トイレの日」, 「世界手洗いの日」, 世界に広がる感染症1（三大感染症）, 世界に広がる感染症2（エボラ出血熱）, がんばるお医者さんたち―国境なき医師団, 命のパスパートは母子手帳, 2030年のあなたへ―社会からおきざりにしないで, 未来アル地球のために

『健康のすすめ！ カラダ研究所 4 ばい菌とカラダ』 石倉ヒロユキ作, 金子光延監修 偕成社 2018.4 32p 28cm 〈文献あり 索引あり〉 2400円 ①978-4-03-544340-7 Ⓝ491.3

[目次] ばい菌とカラダの数字いろいろ, ばい菌はかぜのもと！, ばい菌はどこからやってくるの？, かぜをひくとカラダはどうなる？, かぜとたたかう！ 免疫力, 免疫はどうやってはたらくの？ 1 自然免疫, 免疫はどうやってはたらくの？ 2 獲得免疫, 免疫はどうやってはたらくの？ 3 抗体, アレルギーは抗体のしわざ！, いろいろなウイルスとインフルエンザ, 予防接種はなんのため？, きずがしぜんに治るのはなぜ？, くすりのいろいろな種類とはたらき, 細菌にきくくすり抗生物質, 健康のすすめ！ ばい菌を防ぐには？

[内容] ここは, カラダ研究所。夜の小学校で, カラダにまつわるいろいろなことを研究しているんだ。ボクの名前は空田タロー。となりにいるのはネコの「所長」だ。よろしくね。きょうのテーマは「ばい菌」。最新コンピューター「カラダマップ」を使いながら, アメリカからやってきたドクター・コートといっしょに調べてみよう！ 小学校中学年から。

『健康のすすめ！ カラダ研究所 3 睡眠とカラダ』 石倉ヒロユキ作, 金子光延監修 偕成社 2018.4 32p 28cm 〈文献あり 索引あり〉 2400円 ①978-4-03-544330-8 Ⓝ491.3

[目次] 睡眠とカラダの数字いろいろ, ねむっているとき, カラダはどうなっているの？, ねむりには2種類あるよ！, ねているとき, おきているときの脳のはたらき, カラダの中に時計がある!? 体内時計, カラダのはたらきをたすけるホルモン, ねむりにまつわるホルモン, 成長ホルモンでカラダが大きくなる！ねむにもいろいろ！ 成長ホルモンのはたらき, 睡眠は記憶にも関係しているよ！, どうして夢を見るの？, いろいろなねむりかた, 動物の睡眠時間ランキング, もしも, ねむらないとどうなる？, 健康のすすめ！ いい睡眠をとるには

[内容] ここは, カラダ研究所。夜の小学校で, カラダにまつわるいろいろなことを研究しているんだ。ボクの名前は空田タロー。となりにいるのはネコの「所長」だ。よろしくね。きょうのテーマは「睡眠」。最新コンピューター「カラダマップ」を使いながら, 睡眠コンサルタントのフクロウさんといっしょに調べよう！ 小学校中学年から。

『健康のすすめ！ カラダ研究所 2 栄養とカラダ』 石倉ヒロユキ作, 金子光延監修 偕成社 2018.2 32p 28cm 〈文献あり 索引あり〉 2400円 ①978-4-03-544320-9 Ⓝ491.3

[目次] 栄養とカラダの数字いろいろ, 栄養素ってなんだろう？, カラダと脳の動力源！ 炭水化物, カラダをつくるもとになる！ たんぱく質, 大きなエネルギーになる脂質, 三大栄養素をサポート！ ビタミン, 水や土にふくまれる無機質（ミネラル）, 腸の中をきれいにおそうじ！ 食物せんい, 栄養素はどこで吸収されるの？, 吸収された栄養素はどこへいく？ 〔ほか〕

[内容] ここは, カラダ研究所。夜の小学校で, カラダにまつわるいろいろなことを研究しているんだ。ボクの名前は空田タロー。となりにいるのはネコの「所長」だ。よろしくね。きょうのテーマは「栄養」。最新コンピューター「カラダマップ」を使いながら, 卵と卵料理が大好きな給食室の玉子さんといっしょに調べよう！ 小学校中学年から。

『健康のすすめ！ カラダ研究所 1 うんことカラダ』 石倉ヒロユキ作, 金子光延監修 偕成社 2018.2 32p 28cm 〈文献あり 索引あり〉 2400円 ①978-4-03-544310-0 Ⓝ491.3

[目次] うんことカラダの数字いろいろ, うんこは何でできているの？, うんこの道は, 長い道, 消化の準備をするよ！ 口と食道のはたらき, 食べたものをドロドロに！ 胃のはたらき, ふたつの消化液が出る！ 十二指腸のはたらき, 栄養をすいとるよ！ 小腸のはたらき, うんこをつくる！ 大腸のはたらき, おなかの中には菌がいっぱい？, たたかう腸内細菌！ 〔ほか〕

[内容] ここは, カラダ研究所。夜の小学校で, カラダにまつわるいろいろなことを研究しているんだ。ボクの名前は空田タロー。となりにいるのはネコの「所長」だ。よろしくね。きょうのテーマは「うんこ」。最新コンピューター「カラダマップ」を使いながら, トイレで出会ったうんこくんといっしょに調べてみよう！ 小学校中学年から。

『からだげんき！ ずかん』 白岡亮平総監修 チャイルド本社 2017.12 92p 28cm （チャイルドブックこども百科） 〈索引あり〉 1600円 ①978-4-8054-4661-4 Ⓝ491.3

[目次] 体のげんき（体の中はこんなかんじ, 食べたあとの食べものはどこに行くの？, 体の名前知っているかな？ ほか）, 毎日げんき（早ね早おきをしよう！, 朝ごはんのひみつ,

えいようの話 ほか），心のげんき（げんきにあいさつをしよう，ここでもあそこでも「あったかことば」を見つけよう！，こんなときどう言う？ ほか）

内容 子どもたちが成長する上で重要な健康や体のしくみについて，幼児にもわかりやすく紹介した図鑑です。「相手に気持ちを伝える」ことや「思いやり」など心の元気についてもとりあげています。小学校の理科にもつながる内容です。

『びょうきにまけない！』 ラビッツアイ文・構成，冬野いちこ絵，阿部恒，黒川叔彦監修 チャイルド本社 2015.12 32p 50×50cm （子どもをまもる大きな絵本シリーズ 健康）13000円 ①978-4-8054-4306-4 №498

『世界保健機関—世界の人びとを健康に』 ジリアン・パウエル著 ほるぷ出版 2003.4 35p 27cm （調べてみよう世界のために働く国際機関）2800円 ①4-593-57603-2 №498.1

目次 1 WHOってなあに？，2 WHOはどうして生まれたの？，3 WHOの仕事，4 病気と戦う，5 健康教育，6 健全な環境，7 力を合わせて，8 将来の問題

内容 世界保健機関（WHO）は，世界のすべての人に健康をもたらすことを目的とした世界的な機関です。WHOは，医療の不備や感染症などの病気の広がりなど，世界中の健康問題に取り組んでいます。この本では，WHOがどのように世界の人びとの健康を支援し，健康を向上させるために活動しているかを紹介します。

『保健・医療にかかわる国際組織』 大芝亮監修，こどもくらぶ編・著 岩崎書店 2003.3 55p 29cm （21世紀をつくる国際組織事典 4）3500円 ①4-265-04474-3 №498.02

目次 世界保健機関（WHO），国連人口基金（UNFPA），人口問題に取りくむ国際組織，国連ハビタット（国連人間居住計画）（UN-HABITAT），エイズ問題に取りくむ国際組織，水問題に取りくむ国際組織，災害支援に取りくむ国際組織，薬物問題に取りくむ国際組織，国際赤十字（International Red Cross），国境なき医師団（MSF）〔ほか〕

《4月8日》

## 花まつり

4月8日。仏教の開祖であるシャカ（仏陀）の誕生を祝う仏教行事。「灌仏会」「降誕会」「仏生会」「仏教の日」とも。寺院が経営する幼稚園や保育園では園児に甘茶をふるまう。

『花まつりにいきたい』 あまんきみこ文，羽尻利門絵 京都 本願寺出版社 2017.

3 〔32p〕 25cm 1200円 ①978-4-89416-008-8 №726.6

内容 おしゃかさまのおたんじょうびでお寺はわくわく花まつり。さびしそうなさくらの木のまえにあらわれたのは…？

『おしゃかさま』 本間正樹作，たかすかずみ絵 佼成出版社 2017.2 31p 25cm 1204円 №182.8

『仏教の日—花まつり』 あらしやまはじめ文，きたひでまろ絵，ぼくとわたしのほとけさま刊行委員会編集 弘文堂 2014.12 1冊 30cm （ぼくとわたしのほとけさま）1200円 ①978-4-335-80062-7 №182.8

内容 世界中の人々が毎日笑顔で暮らせるように2500年の時を超え，お釈迦さまの御声が絵本の中から伝わってきます。

『シャカ』 油野誠一作 福音館書店 2005.9 46p 31cm 1500円 ①4-8340-2130-0 №182.8

内容 この世界は，すばらしい。この人生は，甘美なものだ。お釈迦さまの絵本。

『おしゃかさまのたんじょう日—四月（花祭りのはなし）』 谷真介文，赤坂三好絵 佼成出版社 1992.3 31p 26cm （行事むかしむかし）1100円 ①4-333-01560-X

内容 インドのカピラの国にお生まれになった王子さまは，のちにお釈迦さまとよばれる尊いお方になりました。このお話は，お釈迦さまの誕生をお祝いする花祭りのおはなしです。

『あこちゃんと花まつり』 西本鶏介作，石倉欣二絵 佼成出版社 1991.3 31p 23×24cm （生活行事絵本—降誕会）950円 ①4-333-01516-2

## タイヤの日

春の全国交通安全運動の実施月である4月にタイヤのイメージとしての「8」を合わせたことによる。交通安全対策を推進するため，日本自動車タイヤ協会が制定。

『タイヤのひみつ』 大石容子漫画，橘悠紀構成 学研パブリッシングコミュニケーションビジネス事業室 2011.3 128p 23cm （学研まんがでよくわかるシリーズ 59）№537.4

4月　　　　　　　　　　　　　　　　　　　　　　　　　　4月9日

## 貝の日

4月8日。貝類の美味しい季節が春であることと、「貝」の字を分解すると「目」と「八」になり、「目」を横にすると「四」と似ていることから。愛知県田原市の渥美商工会が制定。

『魚・貝』　沖山宗雄, 奥谷喬司監修　新装版　学研アソシエ　2016.3　238p　31cm（原色ワイド図鑑 Picture encyclopedia）Ⓘ978-4-87455-135-6　Ⓝ487.5

『貝の図鑑＆採集ガイド―見て、さわって、不思議を学ぶ！』池田等著　実業之日本社　2012.2　127p　21cm〈索引あり　文献あり〉1400円　Ⓘ978-4-408-45378-1　Ⓝ484.038
　目次 第1章 貝のつくりと生活（貝は何のグループ？, 貝をよーく見てみよう！, 貝の生活を見てみよう！, 貝はどこにいる？）, 第2章 人の暮らしと貝（人の生活に使われる貝, 魔除けやお守りに使われる貝, 遊びに使われる貝, コレクションにされる貝, 楽しまれる貝採集, 食材に使われる貝）, 第3章 貝の図鑑（岩礁にすむ貝, 砂地にすむ貝, 内湾・干潟にすむ貝, 深い海にすむ貝, 浮遊生活をする貝）, 第4章 貝の収集ガイド（海について知ろう！, 貝の観察, 収集方法, 海岸で拾える貝を見てみよう！, 貝の標本をつくってみよう！）
　内容 生態や形、色…貝の不思議がよくわかる。貝の採集、標本の作り方もかんたんガイド。日本の海で見つかる271種の貝をオールカラーで紹介。小学生高学年以上向き。

『カタツムリ陸の貝のふしぎにせまる』中山れいこ著, 中井克樹監修　くろしお出版　2011.4　55p　27cm（よくわかる生物多様性 2）〈制作：アトリエモレリ　文献あり　索引あり〉2800円　Ⓘ978-4-87424-521-7　Ⓝ484.6

『食育にやくだつ食材図鑑　3　魚・貝』坂本一男監修　ポプラ社　2009.3　47p　28cm〈索引あり〉2800円　Ⓘ978-4-591-10664-8　Ⓝ596
　目次 春の魚, 夏の魚, 秋の魚, 冬の魚, いか・貝・ほか, かんたんレシピ

『貝のふしぎ図鑑―身近な生きものにしたしもう おどろきいっぱい！』奥谷喬司監修　PHP研究所　2008.7　79p　29cm　2800円　Ⓘ978-4-569-68555-7　Ⓝ484
　目次 序章 貝のふしぎ（こんな貝もいる！ おどろきの貝たち）, 第1章 貝はどんなところにすんでいるの？（貝のすむ場所は？, あたたかい海にすむ貝, 寒い海にすむ貝, いそにすむ

貝, 淡水や陸にすむ貝, 深い海にすむ貝, 干潟にすむ貝, 潮干狩りに行こう！, 潮干狩りでとれる貝, マテガイのおもしのいつかまえた）, 第2章 貝ってどんな生きもの？（貝の体はどうなっているの？, 貝は軟体動物のなかま貝, 貝は何を食べるの？, 貝はどんなたまごをうむの？, 貝の赤ちゃんってどうなっているの？, 貝殻でわかる貝の成長, 貝の運動を見てみよう, 貝の模様や形は, すむ場所によってかわる）, 第3章 わたしたちのくらしと貝（わたしたちが食べる貝, おいしい料理貝, お寿司の貝, 貝の漁と養殖, 真珠をつくる, 貝のさまざまな利用, 毒のある貝）, 第4章 貝についてもっと知りたい！（市場で見られるいろいろな貝, 貝殻のいろいろな形, 歴史の中の貝, 貝と日本人, 貝の名前の由来は？, 50音順さくいん）
　内容 貝のなかまの数はとても多く、日本列島と、そのまわりの海にすむ貝だけでも5000種以上になります。世界じゅうではその数は10万種以上ともいわれ、種類や環境によって、さまざまな生態をもっています。この本は、そんな貝の世界に目を向けてもらうために、一部の貝をとりあげて、そのくらしや、利用のされかたについて、わかりやすく紹介したものです。

『魚・貝の郷土料理』服部幸應, 服部津貴子監修・著　岩崎書店　2003.4　42p　29cm（「食」で地域探検 4）3000円　Ⓘ4-265-04464-6　Ⓝ383.81
　目次 北海道―三平汁, 東北地方・青森県―タラのじゃっぱ汁, 東北地方・福島県―ニシンのさんしょうづけ, 関東地方・千葉県―なめろう, 北陸地方・福井県―越前ガニ, 近畿地方・兵庫県―明石焼き, 中国地方・山口県―ふくさし, 四国地方・愛媛県―タイの浜焼き, 四国地方・高知県―カツオのたたき, 九州地方・鹿児島県―つけあげ, 近畿地方・三重県―焼きハマグリ, 中国地方・島根県―シジミ汁, 中国地方・広島県―カキの土手なべ

《 4月9日 》

## よいPマンの日

日付の数字「4」「9」を、ピーマンの出荷量が増える4月を「良い」、「P」を「9」と読み替えることによる語呂合せから。多くの人にピーマンを食べてもらうため、茨城県・高知県・鹿児島県・宮崎県のJAグループが組織する「がんばる国産ピーマン」プロジェクトが制定。

『ちびまる子ちゃんのやさいだいすきえほん ピーマンのまき』さくらももこ原作, 藤田智監修　金の星社　2009.8　28p　23×23cm　1200円　Ⓘ978-4-323-03853-7　Ⓝ626
　目次 まるちゃん やさいなぞなぞがとけない！ のまき, ピーマンだいかいぼう, ピー

マンにだいせっきん！，こんなところにも！
ピーマンだいにんき！，ピーマンのすごさに
ちゅうもく！，それゆけピーマンちょうさた
い！，まるちゃんのおうちのひとといっしょに
クッキング！　「おかず」，さいばいめいじん
コツのコツ！　はちうえでピーマンをつくろう

内容 にがてな野菜はありませんか？　まる
ちゃんのゆかいなお話を読むと，にがてな野
菜まで好きになるから不思議です。まるちゃ
んといっしょに，野菜の種類や野菜の料理，
栽培のしかたなどを学べて，野菜とまるごと
なかよくなれる絵本です。

『ピーマンの絵本』　たかはしひでおへん，
たけうちつーがえ　農山漁村文化協会
2003.3　36p　27cm　（そだててあそぼう
46）1800円　①4-540-02231-8　N626.28

目次 緑のピーマンは，辛くない未熟なトウガ
ラシ，コロンブスが世界に広めた熱帯生まれ
の古い野菜，暑さが好きな元気者 白いかれん
な花，じっくり熟して栄養満点のカラーピー
マン，色も形も味も大きさも，こんなにさま
ざま，加温して苗づくり，苗から育ててもい
いね（栽培ごよみ），さあ，まずはベル型緑
ピーマンを育ててみよう！，つぎからつぎへ
と花がさいて，実が太る，未熟果をとればグ
リーン，完熟させればレッド，タネをとろう。
トウガラシとかけあわせてみよう！　〔ほか〕

## 《4月10日》

### 駅弁の日

駅弁の需要拡大が見込まれる行楽シーズン
である4月に「弁当」の「とう(10)」を合わ
せたところから，及び「弁」の字が「4」＋
「十」に見えることから。日本鉄道構内営業
中央会が1993年に制定。「駅弁」のおいし
さ・楽しさをより多くの人に知ってもらい
「駅弁」の魅力をPRするため。

『調べてみよう都道府県の特産品　駅弁編』
都道府県の特産品編集室著　理論社
2017.1　63p　27cm　〈文献あり〉3000円
①978-4-652-20189-3　N596

目次 百年以上のロングセラー――名物駅弁もの
がたり，駅弁のきほん，日本全国ロングセ
ラー駅弁マップ，おみやげにしたい全国の駅
弁，個性派駅弁，日本全国味くらべ，駅弁で
知る各地の歴史，かけ紙コレクション

内容 元祖鯛めし，大船軒サンドウィッチ，あ
なごめし，小鯵押寿司，ますのすし，稲荷寿
し，ほか，47都道府県の食文化が見えてくる！

## 《4月12日》

### 世界宇宙飛行の日

1961年の4月12日に世界初の有人人工衛星
ヴォストーク1号がソビエト連邦によって打
ち上げられたことによる。「国際有人宇宙飛
行デー」とも。

『きみは宇宙飛行士！――宇宙食・宇宙のト
イレまるごとハンドブック』　ロウイー・
ストーウェル文，竹内薫監訳，竹内さな
み訳 偕成社　2018.12　127p　19cm
〈文献あり 索引あり〉1200円　①978-4-
03-533470-5　N538.9

目次 第1章 きみは宇宙にむいているかな？――
宇宙飛行士になる資格があるか，しらべてみ
よう！，第2章 おめでとう，これできみも宇
宙飛行士候補者だ――超ハードな訓練がまって
いるぞ！，第3章 出発――飛びたつとき，なに
がおきる？ ロケットのしくみは？，第4章
きみのあたらしい家――宇宙についたら，ISSに
ドッキングだ！，第5章 さあ，仕事にとりか
かろう――宇宙飛行士の1日って，どんなだろ
う？，第6章 ドスンと落ちる――地球へは，ド
スンと落ちてもどってくる，宇宙飛行の大まか
な歴史，この本にでてくるおもな宇宙の用語

内容 宇宙船はどうやって飛ぶの？　宇宙飛行
士の一日って，どんなだろう？　宇宙のトイ
レは，どうなっているの？　イギリス宇宙局，
欧州宇宙機関協力による，宇宙飛行士のため
の世界一のハンドブック！　イギリスの王立
協会科学図書賞ジュニア部門ノミネート。対
象：小学校中学年から。

『宇宙飛行士入門』　渡辺勝巳監修　小学館
2014.6　150p　21cm　（入門百科＋ 13）
〈文献あり〉900円　①978-4-09-230363-8
N538.9

目次 第1章 まんがで解説！　宇宙飛行士に
なるためには？，第2章 こうだったのか！
宇宙飛行士訓練，第3章 宇宙船開発競争最前線
を行く！，第4章 国際宇宙ステーションでの
仕事，第5章 国際宇宙ステーションでの生活，
第6章 世界が火星を目ざしている！，第7章
宇宙旅行時代がやってくる！

内容 「宇宙飛行士の訓練」「国際宇宙ステー
ションでの任務と生活」「どうなる？　火星探
査」など，宇宙飛行士について知りたいこと
が全部わかる！　大ボリュームのまんがで宇
宙飛行士選抜試験を紹介。宇宙飛行士を目ざ
す小学生を応援します！

『大解明!! 宇宙飛行士　VOL.3　生活のひ
みつ』　渡辺勝巳監修，岡田茂著　汐文社
2013.3　47p　27cm　〈文献あり 索引あ
り〉2300円　①978-4-8113-8952-3
N538.9

目次 第1章 国際宇宙ステーションとは何か――
宇宙に浮かぶ巨大な宇宙基地（国際宇宙ステー
ションのつくり），第2章 宇宙での仕事――安

全・正確が第一の現場（6時間休みなしで行う船外活動，無重量環境で行うさまざまな実験・観測），第3章 宇宙での暮らし—規則正しい宇宙生活（宇宙食はどんな味!?，宇宙でぐっすり眠るには，トイレ，散髪，お風呂の方法，トレーニングは欠かせない，宇宙生活を楽しもう），第4章 宇宙からの視点—宇宙からでしか見られない風景（宇宙飛行士が撮影した絶景写真）

『大解明!! 宇宙飛行士　VOL.2　訓練』渡辺勝巳監修，岡田茂著　汐文社　2013.3　47p　27cm〈文献あり　索引あり〉2300円　①978-4-8113-8951-6　Ⓝ538.9

[目次] 第1章 宇宙飛行士の基礎訓練—宇宙飛行士に必要な知力，体力，精神力（ジェット機で大空を駆け巡る，SOS！　宇宙船が不時着!? ほか），第2章 宇宙船の訓練—打ち上げ，宇宙飛行，地球への帰還に向けて（世界一複雑なシステムを持つスペース・シャトルを操縦，本番さながらの打ち上げリハーサル ほか），第3章 船外活動の訓練—真空状態，無重量環境を地上で作り出す（小さな宇宙船「船外活動服」を着る，目の前に宇宙が広がる仮想空間 ほか），第4章 国際宇宙ステーションの訓練—宇宙で仕事をするために（本物そっくり！　ISS実物大の模型，天文学，物理学，医学，生物学，化学…，宇宙実験・観測をこなせ ほか）

『大解明!! 宇宙飛行士　VOL.1　活躍の歴史』渡辺勝巳監修，岡田茂著　汐文社　2013.1　47p　27cm〈文献あり　年表あり　索引あり〉2300円　①978-4-8113-8950-9　Ⓝ538.9

[目次] 第1章 人類，宇宙を目指す—命がけで宇宙へ向かったパイオニアたち，第2章 人類，月を目指す—月の探査をめぐるアメリカとソビエトの競争，第3章 さらに広がる宇宙への道—宇宙船の進化で身近になっていく宇宙飛行，第4章 宇宙に住む時代へ—人間が長期滞在できる宇宙基地の誕生，第5章 進む宇宙探査—解き明かされていく宇宙の謎

『宇宙飛行士大図鑑—君もなれるかな？装備から歴史まで』PHP研究所編　PHP研究所　2006.10　79p　29cm　2800円　①4-569-68637-0　Ⓝ538.9

[目次] 第1章 宇宙飛行士になる！（宇宙飛行士ってパイロット？，どうすればなれるの？ ほか），第2章 宇宙に行く！（宇宙で生活できるの？，宇宙で行ういろいろな実験 ほか），第3章 未来へ続く宇宙（再び月へ，火星へ広がる果てなき夢 ほか），第4章 歴史をつくった宇宙飛行士たち（偉大な一歩，オリジナル・セブン ほか）

---

## パンの記念日

1842年の4月12日に伊豆韮山の代官だった江川太郎左衛門が兵糧としてパンを日本で初めて製造させたことによる。パン食普及協会が1983年に制定。

---

『パンのずかん』　大森裕子作，井上好文監修　白泉社　2018.9　1冊　18×18cm（コドモエのえほん）880円　①978-4-592-76233-1　Ⓝ596.63

[内容] いらっしゃいませ。くまベーカリーへようこそ！　まるいパン，ながいパン，はさむパン，おかしなパン…みんなが大好きなパンが全104種！大ヒット『おすしのずかん』に続く〝おいしい図鑑〟第2弾。国旗マーク付き！

『世界を救うパンの缶詰』　菅聖子文，やましたこうへい絵　ほるぷ出版　2017.10　155p　21cm　1400円　①978-4-593-53523-1　Ⓝ588.93

[目次] 1章 パンの缶詰，宇宙に行く，2章 パンの缶詰ものがたり，3章 パン屋のバトンを受けついで，4章 世界にパンを届ける「救缶鳥プロジェクト」，5章 わらって楽しく仕事を続けよう

[内容] 防腐剤無添加で，3年間おいしさをそのまま保存でき，小さな子どもから歯の悪いお年寄りまで食べられる「パンの缶詰」。パン屋さんの秋元さんは，ゼロから研究をはじめ，缶詰を完成し，世間に広めます。さらに，この缶詰を使って，海外の飢餓地域を救う仕組みまで作りました。一小さなパン屋さんが世界を救う，「奇跡の缶詰」物語。

『ふわふわパン作り』　おおでゆかこ絵，梶晶子レシピ・監修　河出書房新社　2018.7　47p　27cm（はじめて絵本）1600円　①978-4-309-28387-6　Ⓝ596.63

[目次] この本に登場するお友だち，パン作りを始める前に，そろえておきたい基本の道具，基本のざいりょう，パンはどうしてふくらむの？　「ホシノてんねんこうぼ生だね」の作り方，パンをおいしく作るために，オーブンでパンをやく場合の注意，基本のたまごパン，動物パン，ターゲンさんのパン〔ほか〕

[内容] おいしいパンがおうちで作れるレシピ絵本。ポリ袋で作れるから，後片付けもかんたん！　フライパンでも焼ける！　自由研究にもピッタリ！　大人のかたといっしょに作るなら4才くらいから。子どもだけで作るなら小学校3年生くらいから。

『パンがいっぱい』　大村次郷写真・文　福音館書店　2012.11　32p　24cm（ランドセルブックス）1200円　①978-4-8340-2757-0　Ⓝ588.32

[内容] パンの発祥の地，西アジア地方の国々では日本で普段見ることが少ない珍しいパンがいっぱい。さまざまな種類のパンを紹介します。

『パン』　岡本一郎ぶん，常永美弥え，牛原琴愛監修　チャイルド本社　2012.10　28p　22×25cm（たべるのだいすき！

食育えほん 2-7）　571円　①978-4-8054-3769-8　Ⓝ596.6

[内容] ぼくたち3人、『おいしいパンつくりたい』。きょうもパンやさんのまえでおいしそうなパンのだいけんきゅう。

『パンの大研究―世界中で食べられている！　種類・作り方から歴史まで』　竹野豊子監修　PHP研究所　2010.4　79p　29cm　〈索引あり〉　2800円　①978-4-569-78050-4　Ⓝ588.32

[目次] 第1章 世界にはどんなパンがあるかな？（世界中で食べられているパン，ヨーロッパのパン文化，フランス・ドイツのパン ほか），第2章 パンのふしぎな世界（世界中でパンが食べられているよ，パンは何からできている？，パンのふっくらの正体 ほか），第3章 パンのあゆみ（6000年も前から、人はパンを食べていた！，ヨーロッパで広まるパン，日本にパンがやってきた！ ほか）

[内容] パンにはたくさん種類があって、いろいろなふしぎがあるよ。きみも今日からパン博士になろう。

『世界一のパン―チェルシーバンズ物語　ルポ絵本』　市居みか絵と文，中島敏子ルポ，ハート・ララビー英訳　小布施町（長野県）文屋　2009.8　63p　23cm　〈英文併記　文献あり〉　1800円　①978-4-9903045-7-7　Ⓝ588.32

### 《4月14日》

#### 高山祭

岐阜県高山市で毎年開催される祭。4月14日～15日の日枝神社例祭「春の山王祭」と、10月9日～10日の櫻山八幡宮例祭「秋の八幡祭」の総称。

『高山祭』　山本茂実文，宮本能成絵　草土文化　1987.9　32p　25cm　（山本茂実の絵本）　1200円　①4-7945-0300-8

[内容] 屋台は元気な子どもたちの歌声をのせ、祭客をおしわけ、静かに進みます。ときどき「ワー」とあがる歌声が、さらに祭ムードを高め、屋台をひく人も、見物人もいっしょになって、ともに祭唄を歌い、涙を浮かべて、屋台を見送るのでございます。（本文より）

『市長さんとゆかいな子どもたち』　岸武雄作，福田庄助絵　舞阪町（静岡県）ひくまの出版　1986.12　123p　22cm　（ひくまのノンフィクションシリーズ）　980円　①4-89317-083-X

[内容] むかし、飛驒の高山に顔がふたつある「両面のスクナ」という英雄がいた。いま、ふるさとの川を守れと立ち上がる現代の「両面のスクナ」たち。そのゆく手に立ちふさがるのは…。いまから25年ほど前に、岐阜県高山市の宮川をよみがえらせようと、市長と子どもたちが、コイを放ってがんばった。これは、山王祭を背景にくりひろげる、友情物語である。

### 《4月17日》

#### なすび記念日

日付の数字「417」を「良いなす」と読む語呂合せとなすが好物だった徳川家康の命日から。冬春なすの主産6県で組織する「冬春なす主産県協議会」が制定。

『つやっつやなす』　いわさゆうこさく　童心社　2012.7　〔24p〕　21×23cm　（どーんとやさい）　1100円　①978-4-494-00162-0　Ⓝ626.26

[内容] あついなつ。つやっつやのなすうまれるよ。ながなす、まるなす、ちびっこなす。いろんななすもやってきた！

『ちびまる子ちゃんのやさいだいすきえほん　なすのまき』　さくらももこ原作，藤田智監修　金の星社　2009.8　28p　23×23cm　1200円　①978-4-323-03852-0　Ⓝ626

[目次] まるちゃん じぶんでそだてるとかわいい!? のまき，なすだいかいほう，なすにだいせっche!，こんなところにも！　なすだいにんき！，なすのすごさにちゅうもく！，それゆけなすちょうさたい！，なすのことばじてん，まるちゃんのおうちのひとといっしょにクッキング！　「おかず」，さいばいめいじんコツのコツ！　はちうえでなすをつくろう

[内容] にがてな野菜はありませんか？　まるちゃんのゆかいなお話を読むと、にがてな野菜まで好きになるから不思議です。まるちゃんといっしょに、野菜の種類や野菜の料理、栽培のしかたなどを学べて、野菜とまるごとなかよくなれる絵本です。

『なす―おいしく食べる知恵』　おくむらあやお作，中川学絵，萩原一写真　農山漁村文化協会　2008.2　32p　27cm　（おもしろふしぎ日本の伝統食材 1）　1800円　①978-4-540-07273-4　Ⓝ596.37

[目次] 日本人はなすをどう食べてきたのか、日本列島 “なす”めぐり，焼きなす―蒸し焼きで甘みを引き出す，丸なすの揚げ田楽―固いなすが油でとろ～り，なすの油焼き田楽―簡単にできる伝統の味，なすの田舎煮―だしを含んで味も栄養もアップ，なすの鍋しぎ―なす・みそ・油で深～いコク，なすとそうめんの煮もの―さっぱり味もおいしい，にしんなす―にしんのうまみを吸った京都生まれの味，なす

のごまあえ―あえ衣がなすを引き立てる，な
すのずんだあえ―枝豆を衣に見た目もきれい，
なすとししとうの肉にそあえ―油で揚げてス
タミナあえもの，小なすの辛子みそ漬―プリッ
と小なすの食感を生かす，なすのもみ漬―薄
切りで早く漬かる，山形のだし―生でおいし
いのは新鮮だから，揚げなすときゅうり，トマ
トのサラダ―伝統食材が中華風にヘンシーン

内容 つくって，食べて，感じる，日本の食べ
もののおいしさ，おいしさを引き出す知恵。

『「なす」のお話』〔真岡〕　農林水産省
東農政局真岡統計・情報センター
〔2006〕　9p　30cm　N626.26

《4月18日》

発明の日

1885年の4月18日に「専売特許条例」が公布
されたことによる。産業財産権制度の普及・
啓発を図るため，通商産業省が1954年に制
定。この日を含む月曜から日曜の1週間は
「科学技術週間」。

『まんがでわかる「発明」と「発見」1000
―教科書でおなじみの人物・出来事がよ
くわかる』　世界文化社　2017.10　286p
26cm　〈文献あり　年表あり〉　1900円
①978-4-418-17246-7　N507.1

目次 第1章 自然科学に関する発明・発見・発
達，第2章 衣・食・住に関する発明・発見・発
達，第3章 数学・測量に関する発明・発見・
発達，第4章 機械に関する発明・発見・発達，
第5章 医療・薬に関する発明・発見・発達，
第6章 ノーベル賞受賞者

内容 まんが，イラスト，図解が盛りだくさ
ん，楽しく読める決定版。自然科学，数学，
機械…さまざまな発明，発見そして発達を楽
しく解説！　古代人の知恵から最先端技術ま
で，発明，発達のエピソード満載！

『30秒でわかる発明―世界の子どもの？
に答える』　マイク・ゴールドスミス著，
加藤洋子訳　三省堂　2017.1　96p
23cm　〈索引あり〉　1400円　①978-4-385-
36610-4　N507.1

目次 生活を楽にする（織物，そろばん ほ
か），コミュニケーション（筆記，印刷機 ほ
か），移動（車輪，羅針盤 ほか），発見する
（望遠鏡，X線 ほか），医学（ワクチン，麻酔
ほか），産業（トランジスタ，原子炉 ほか）

内容 発明はかせのきみのために，世界を変え
た30の発明を30秒で解説！　「3秒でまとめ」
や「3分でできる」など役にたつ楽しいコー
ナーも！

『奇想天外発明百科―ややっ，ひらめい
た！』　マウゴジャタ・ミチェルスカ文，
アレクサンドラ・ミジェリンスカ，ダニエ
ル・ミジェリンスキ絵，阿部優子訳　徳
間書店　2016.2　119p　26cm　2000円
①978-4-19-864039-2　N507.1

目次 あなたのアイデアが発明になる，古代の
神殿の自動ドア，旅客用ドラゴン，あわで通
信！，旅行用大車輪，チェスをする人形，鳥
の形の空飛ぶ船，雲製造機，水時計，陸上
ヨット〔ほか〕

内容 発明って，おもしろい！　発明の成功
作・失敗作，28点を『マップス新・世界図絵』
の作家のユニークなイラストで紹介！

『発明図鑑―世界をかえた100のひらめ
き！』　トレーシー・ターナー，アンドレ
ア・ミルズ，クライブ・ギフォード文，
ジャック・チャロナー監修，飯田伴子訳，小
笠原雅美，中尾悦子訳，主婦の友社編　主
婦の友社　2015.12　128p　29cm　〈索引
あり〉　1800円　①978-4-07-412820-4
N507.1

目次 さあ，出かけよう（車輪，小型はん船 ほ
か），世界とつながる（紙，印刷機 ほか），く
らしがべんりに（水洗トイレ，ふりこ時計 ほ
か），仕事，そしてお楽しみ（お金，バーコード
ほか），おどろくべき医学の進歩（ますい，
消毒薬 ほか）

内容 すばらしい発明と，そのうらにかくされ
た，知られざる物語。最高にすばらしいきか
いや道具たちは，どのように世の中に送り出
されてきたのか？　もしも世界に車輪が
なかったら？　真っ暗な夜を電球の明かりで
てらしたのはだれ？　飛行機がはじめて空を
とんだのはいつ？　いまや毎日の生活の中で
あたりまえになっているものや，さいしょの
自動車やテレビがどんなものだったのか，読
めばきっとあっとおどろく，世界をかえた発
明たちにせまってみよう！

『日本の発明・くふう図鑑』　発明図鑑編集
委員会編著　岩崎書店　2014.9　175p
29cm　〈文献あり　年表あり　索引あり〉
6000円　①978-4-265-05966-9　N507.1

目次 1章 個人の探究心から生まれた（乾電池
―もち運びがかんたんな，電気の缶詰，養殖
真珠―人の手が生みだす，神秘の宝石，うま
味調味料―世界じゅうに広まった「うま味」
ほか），2章 大勢の頭と力で生みだされたシス
テム（NC工作機械―機械をつくる機械，うま
味は実用化に貢献，イオンエンジン―小惑星探
査機「はやぶさ」のエンジン，太陽電池―太
陽の光を電気に変える，小さな発電所 ほか），
3章 長年にわたり積みあげられた世代を超え
て，新しい日本らしさ（土佐和紙・土佐典具帖
紙―世界にはばたく，紙すきの伝統技術，日
本刀―「鍛錬」を重ねて，刀は強くなる，金魚
―宇宙へ行った金魚 ほか）

『子供も大人も夢中になる発明入門―全国
ジュニア発明展入選作品107点掲載』　つ

くば科学万博記念財団監修，全国ジュニア発明展実行委員会編・著　誠文堂新光社　2014.7　159p　26cm　1400円　①978-4-416-91436-6　Ⓝ507.1
目次 第1章 発明はあなたの身近にあるんです，第2章 発明の発想方法，第3章 参考にしたい仲間の発明あれこれ，第4章 発明作品のつくり方教室，第5章 全国ジュニア発明展でアイデアチャレンジ，第6章 偉人の発明発想法に学ぶ，第7章 発明と特許の知識，第8章 公益財団法人つくば科学万博記念財団とは
内容 全国ジュニア発明展入選作品107点掲載。

『100の知識世界を変える発明』　ダンカン・ブルーワー著，渡辺政隆日本語版監修　文研出版　2012.11　47p　29cm〈索引あり〉　2500円　①978-4-580-82166-8　Ⓝ507.1
目次 大昔の発明，最初の発明，火をおこす，車輪，農地では，敵が来た！，石から金属へ，船と帆，すばらしいねん土，位置を知る〔ほか〕

『ひらめきが世界を変えた！　発明大図鑑』　ジュリー・フェリスほか著，奥澤朋美，おおつかのりこ，児玉敦子訳　岩崎書店　2011.9　256p　29cm〈年表あり〉　6000円　①978-4-265-85010-5　Ⓝ507.1
目次 天才たちの発見，すぐれた装置，便利な道具，乗り物，探検，文化
内容 紀元前の昔から現在にいたるまで，人類は，発明と発見の歴史をくりかえしてきた。「天才たちの発見」「すぐれた装置」「便利な道具」「乗り物」「探検」「文化」新しい視点による6章立て，見開き109項目，古今東西の「発明・発見」をビジュアルに紹介。いま，わたしたちが，あたりまえに使っているモノたちに，ふと目をとめてみよう。そこには，発明・発見の裏に隠された，さまざまな人間たちの物語がある。

『身近な発明の話』　板倉聖宣著　仮説社　2010.4　143p　19cm　（新総合読本 5）　1400円　①978-4-7735-0217-6　Ⓝ507.1
目次 潜水コップで水にもぐったら，不思議な石，石灰石―はじめての鉱物学と化学，石灰の日本史―"天国のようなシックイ壁"から"貝塚の発見"まで，コンニャク発明ものがたり，笑気の発明発見物語，世界最初の電磁石―実験好きの靴屋さん，スタージョンさんの大発明，"自動改札"のなぞ―ICカードの通信の仕組み
内容 石灰，コンニャク，電磁石といった私たちにとって身近なもの―そんな身近なものにも，発明・発見をめぐるさまざまな物語があった。発明や発見がどのように行なわれたかを生きいきと説明。「新総合読本」は，学

年・教科にとらわれずにたのしめる読み物です。お話のくわしい解説もついています。

『イラストでみる世界を変えた発明』　ジリリー・マクラウド文，リサ・スワーリング，ラルフ・レイザーイラスト，赤尾秀子訳　ランダムハウス講談社　2008.1　61p　31cm〈年表あり〉　2500円　①978-4-270-00258-2　Ⓝ507.1
目次 もっと良い方法はない？，百聞は一見にしかず，有名な発明家たち，蒸気マシン，奇想天外な発明大集合，白熱電球と蓄電機，すばらしき第1号，内燃機関，信じられない大失敗，トランジスタ，未来，武器の進化，年表，用語集，索引
内容 今から1500年以上前，ドイツのグーテンベルクが活版印刷の方法を発明した。この発明は同じものを複数作って配布する現在の出版技術の基礎となった。本書はこの発明により読者の方々の手に渡っている。こうした発明の数々は日常あまり気にすることはない。しかし，電球，テレビ，携帯電話，パソコン，カメラ等々，実に多くの製品が失敗と努力の積み重ねで現在の姿になっているのだ。本書は，世界を変えた発明の数々をエピソードとともに紹介する。現在の私たちの暮らしとこれらの発明の関係についても理解しやすい構成になっている。発明家たちの紹介はもちろんのこと，幻に終わった発明なども多数紹介する。

『発明・発見』　学習研究社　2007.3　136p　30cm　（ニューワイド学研の図鑑）〈年表あり〉　2000円　①978-4-05-202617-1　Ⓝ507.1
目次 地球・宇宙，交通，磁石・電気・通信，光・音・記録，化学，運動・力，からだ，食品の保存
内容 宇宙・交通・電気・化学などの8分野。登場人物は350人以上。発明・発見のつながりがよくわかる。発明・発見のエピソードもいっぱい。

《4月19日》

地図の日

1800年の4月19日に伊能忠敬が最初の測量のため蝦夷地に出発したとされ，「最初の一歩の日」とも言われる。

『見て，学んで，力がつく！　こども日本地図―写真とイラストいっぱいの地図で，楽しく日本の都道府県を学ぼう！　2019年版』　永岡書店編集部編　永岡書店　2018.9　135p　26cm〈文献あり　索引あり〉　1300円　①978-4-522-43672-1　Ⓝ291

『楽しくぬって日本地図まるわかり！　都道府県名物ぬりえ』　佐伯サエイラスト　ブティック社　2018.7　64p　26cm　（ブ

ティック・ムック 1430） 1204円 Ⓘ978-4-8347-7530-3 Ⓝ291

『楽しく学ぶ小学生の地図帳—家庭学習用〔2018〕』 帝国書院編集部著 帝国書院 2018.4 86p 26cm 〈年表あり 索引あり〉 900円 Ⓘ978-4-8071-6406-6 Ⓝ290.38

目次 都道府県の区分，日本の都道府県，宇宙からながめた日本列島，地図のなりたちとやくそくごと，地図帳の使い方1・2，日本とそのまわり，日本列島—南西諸島，日本列島，九州地方，福岡県とそのまわり〔ほか〕

『小学生のための日本地図帳—この一冊でトコトンわかる！』 社会科地図研究会著 メイツ出版 2017.11 128p 26cm （まなぶっく）〈「小学生のためのまるわかり日本地図帳」（2011年刊）の改題、加筆・修正〉 1530円 Ⓘ978-4-7804-1940-5 Ⓝ291

目次 1 日本の位置・区分けと基本データ，2 日本の地形の姿，3 地図で知る日本の文化いろいろ，4 地図で知る日本の歴史，5 地図で見る日本の産業と自然，6 日本の交通と未来のいろいろ，7 47都道府県の姿を見てみよう

内容 東日本と西日本はどこでわかれるの？ 日本一の川ってなに？ 世界遺産はどこにあるの？ 関ヶ原の戦いってどこであったの？ 大きな地図・わかりやすい図解・いろいろな写真で、楽しみながら社会科の勉強に役立ちます！

『小学生のための学習世界地図帳—いちばんわかりやすい 地図で、写真で楽しく学べる！ もっと世界を知りたくなる！』 正井泰夫監修 成美堂出版 2017.10 79p 26cm 〈教科書対応 学習指導要領対応 索引あり〉 1200円 Ⓘ978-4-415-32421-0 Ⓝ290.38

目次 アジア，アフリカ，ヨーロッパ，ロシアとその周辺地域，北・中央アメリカ，南アメリカ，オセアニア，北極・南極

内容 最新の衛星写真と、詳しい地図によって、まるで空から見ているように世界をながめることができる地図帳です。各国の自然や名所、歴史的建築物、産業などをわかりやすくまとめているので、楽しみながら世界の国々を知ることができます。

『小学生のための学習日本地図帳—いちばんわかりやすい 地図で、写真で楽しく学べる！ もっと日本を知りたくなる！』 正井泰夫監修 成美堂出版 2017.10 79p 26cm 〈教科書対応 学習指導要領対応 索引あり〉 1200円 Ⓘ978-4-415-32420-3 Ⓝ291.038

九州地方，中国・四国地方，近畿地方，中部地方，関東地方，東北地方，北海道地方

内容 最新の衛星写真と、詳しい地図によって、まるで空から見ているように日本の姿をながめることができる地図帳です。都道府県ごとの名所や観光地、地方の特色ある産業などをわかりやすくまとめているので、いろいろな角度から日本を知ることができます。

『楽しく学んで力がつく！ こども世界地図—豊富な写真と見やすい地図で、楽しく世界の国ぐにを学ぼう！』 永岡書店編集部編 永岡書店 2017.9 127p 26cm 〈文献あり 索引あり〉 1500円 Ⓘ978-4-522-43580-9 Ⓝ290

『これだけはしっておきたい世界地図—月がおしえる地図の絵本』 池上彰監修，稲葉茂勝文，タカハシコウコ絵 WAVE出版 2017.3 36p 29cm 〈文献あり〉 1900円 Ⓘ978-4-87290-846-6 Ⓝ290

目次 宇宙からみた夜の日本列島近く，丸い地球を平らな紙にかくのはたいへん！，この地図には何色つかわれているかな？，地図のなかで白いところはなぜ？，「国境を接している」ってどういう意味？，世界の国の数はいくつ？，国によってことなる世界地図，海と陸の名前，南極は大陸だけれど，北極は？，地球のいちばん寒いところ・暑いところ〔ほか〕

内容 この本には、「これだけはしっておきたい」ということを精選してのせました。しかも、小さいうちからしっておいてほしい！ 大人にも確認してもらいたい！ といった世界のようすをのせました。ということで、大人と子どもがいっしょにたのしめるように、絵本に仕立てました。「大人の方へ」の情報ももうけました。

『これだけはしっておきたい日本地図—月がおしえる地図の絵本』 池上彰監修，稲葉茂勝文，タカハシコウコ絵 WAVE出版 2017.2 36p 29cm 〈文献あり〉 1900円 Ⓘ978-4-87290-845-9 Ⓝ291

目次 日本のまわりはぜーんぶ海，緑がいっぱいの日本列島，人の数は世界で11番目，47にわかれている，明治時代の教科書にのった「8地方区分」，北から順番にみていこう！，日本にとっての沖縄，日本の海はどこまで？，日本のはじっこの島，宇宙からみえる地球の光，日本の交通，日本列島の世界遺産，日本列島のめずらしい動物たち，日本列島の植物，日本人のわすれられない場所，日本のことば

『日本地図モンスター』 結城靖高著，藤本和也絵，STUDIO BEANS編 ほるぷ出版 2016.4 159p 19cm 1300円 Ⓘ978-4-593-59439-9 Ⓝ291

目次 前編 地図モンと友だちになろう！ の巻（都道府県のかたちを知る，いろんな「日本一」を知る，地図のピースをあてはめよう・確認のページ，地図モンのデータを完成させよう・データブック），後編 地図モンと力を合わせよう！ の巻（クイズ・地図パズルで都道府県

**4月19日**　　　　　　　　　　　　　　　　　　　　　4月

をもっと深く知る，列島縦断！　ワードメイ
ズ，都道府県の位置クイズ，地図入門クイズ，
表しょう台クイズ，ドッキング地図を分解せ
よ！，県名と県庁所在地の名前がちがうクイ
ズ，逆さま地図パズル，日本の名所・線結び
クイズ，日本地図にダウトをさがせ！，全国
の「〇〇富士」をさぐれ！，全国の「人名でよ
ばれる川」をさぐれ！，全国の「ナンバーワン
湖」をさぐれ！，世界遺産に行ってみよう
！），最終決戦・全都道府県を復習しよう

内容 都道府県の地図がモンスター（地図モ
ン）になったぞ！　すべての地図モンのデータ
を完成させて，日本地図マスターをめざそう。
楽しみながら日本のことにくわしくなっ
ちゃう！

『遊んで学べる！　えほん世界地図─キッ
ズアトラス』ジェニー・スレーター文，
カトリン・ヴィール，マーティン・サン
ダースイラスト　主婦の友社　2015.3
29p　29cm〈索引あり〉1800円　①978-
4-07-298560-1　N290

目次 北アメリカ，南アメリカ，アフリカ北
部，アフリカ南部，ヨーロッパ北部，ヨーロッ
パ南部，ユーラシア北部，中東と南アジア，東
アジア，東南アジア，オセアニア，北極と南極

内容 さあ，探検の旅に出よう！　カラフルな
イラストいっぱいの，わくわくする地図で世
界を発見しよう！　国旗や動植物，有名なた
てもの，ふしぎな自然をえがいたシールで，
地図を完成させよう！　対象年齢5才以上。

---

### 食育の日

日付の数字「419」の語呂合せから。栄養補
助食品販売会社の三基商事が制定。

---

『おいしくたべよう！』ラビッツアイ文・
構成，柿田ゆかり，結城嘉徳絵，阿部恵，
内野美恵監修　チャイルド本社　2015.12
24p　50×50cm　（子どもをまもる大きな
絵本シリーズ　食育）13000円　①978-4-
8054-4307-1　N498.5

『食育の本─ごはんですよ　低学年～中学年』
佐藤ひとみ著　改訂新版　アイ・ケイ
コーポレーション　2013.5　81p　26cm
2000円　①978-4-87492-311-5　N596

目次 食べ物の3つのはたらき，朝ごはんで元
気な一日を始めましょう，朝ごはんはなぜ大
切なの，栄養のことを考えてみましょう，3つ
のグループの食べ物を組み合わせて食べま
しょう，おやつの食べ方を考えましょう，野
菜のパワーで元気いっぱい，魚のパワーで元
気いっぱい，おこめのことを知りましょう，
調理の基本，調理のじゅんび，親子の料理教
室，食卓のじゅんび，食事のあとかたづけ，

あなたの食生活を振り返ってみましょう，食
事のマナー，行事と食べ物のことを調べてみ
ましょう，郷土料理を調べてみましょう

『食事のマナー・安全・栄養クイズ』ワ
ン・ステップ編　金の星社　2012.3
126p　22cm　（脳に栄養めざせ！　食育
クイズマスター）2000円　①978-4-323-
06774-2　N596.8

目次 1 初級編（はしの正しいもちかた，知っ
てる？　はしのマナー，新鮮な野菜はどっ
ち？　ほか），2 中級編（食べ物の栄養を知ろ
う！，食器は，どうならべる？，ナイフと
フォークのマナー　ほか），3 上級編（食事バ
ランスクイズ，カルシウムを多くふくむの
は？，漢字ならべクイズ　ほか）

『食べ物クイズ』ワン・ステップ編　金の
星社　2012.3　126p　22cm　（脳に栄養
めざせ！　食育クイズマスター）2000円
①978-4-323-06771-1　N596

目次 1 初級編（豆腐じゃないのに豆腐!?，い
ちばん大きい魚は？，知ってる？　卵のひみ
つ　ほか），2 中級編（断面写真クイズ，野菜の
漢字をつくろう！，植物の名前でよばれてい
ます！　ほか），3 上級編（だいず食品クイズ，
牛のどこの肉を食べている？，食べ物慣用句
クイズ　ほか）

内容 クイズを楽しみながら，食べ物や料理の
知識，食事のマナーが身につく。

『調理クイズ』ワン・ステップ編　金の星
社　2012.3　126p　22cm　（脳に栄養め
ざせ！　食育クイズマスター）2000円
①978-4-323-06772-8　N596

目次 1 初級編（どの鍋を使う？，熱あつ！
ふっとうクイズ，水からゆでる？　お湯でゆ
でる？　ほか），2 中級編（ご飯をおいしく炊
こう！，包丁のどこを使う？，まちがった調
理法は，どれ？　ほか），3 上級編（みそ汁を
つくろう！，揚げ油の温度の見わけかた，弁
当をつめよう！　ほか）

内容 クイズを楽しみながら，食べ物や料理の
知識，食事のマナーが身につく。

『日本の料理・世界の料理クイズ』ワン・
ステップ編　金の星社　2012.2　126p
22cm　（脳に栄養めざせ！　食育クイズ
マスター）2000円　①978-4-323-06773-5
N596

目次 1 初級編（絵文字クイズに挑戦！，おせ
ち料理クイズ，年越しに食べるのは？　ほ
か），2 中級編（ご当地人気料理クイズ，「か
つおのたたき」はどれ？，世界の漬物クイズ
ほか），3 上級編（おいしい料理の出身国，料
理の材料わかるかな？，おいしいデザートク
イズ　ほか）

内容 どこの名物そば？　世界の鍋料理クイ
ズ。どの県の郷土料理？　知ってる？　世界の
三大スープ。サンドイッチ誕生物語。日本で
生まれた食べ物は？　いがまんじゅう大解剖。

『朝ごはんは元気のもと』山本茂監修　少
年写真新聞社　2010.2　47p　27cm　（こ

---

86

ども食育ずかん）〈文献あり　索引あり〉
2300円　①978-4-87981-337-4　Ⓝ498.5

[目次] キミはマナブくんタイプかな？，カナエちゃんタイプを目指そう，どうして朝ごはんを食べないの？，朝ごはんで体がパワーアップ？，朝ごはんで成績もアップ，朝ごはんでおなかスッキリ，朝ごはん，食べないと栄養不足に，朝ごはんぬきは心にも悪い影響が，朝ごはん，こうして食べよう，どんな朝ごはんを食べている？，4つ葉のクローバーがそろった朝ごはん，理想の朝ごはんの献立，朝ごはんをつくってみよう，世界の朝ごはん，生活リズムをととのえよう！

『栄養バランスとダイエット』 山本茂監修
少年写真新聞社　2010.2　47p　27cm
（こども食育ずかん）〈文献あり　索引あり〉　2300円　①978-4-87981-338-1
Ⓝ498.55

[目次] バランスのよい学校給食，栄養素って，何？，給食によく出る食品，栄養は食事から，食べ物の旅，み力的な体型って，どんなもの？，太るわけ，やせるわけ，生きるために必要なエネルギー，動くために必要なエネルギー，肥満とダイエット，極たんなダイエットの影響，将来のためのからだづくり

『地産地消と自給率って何だろう？』 山本茂監修　少年写真新聞社　2010.2　47p　27cm　（こども食育ずかん）〈文献あり　索引あり〉　2300円　①978-4-87981-340-4　Ⓝ611.3

[目次] わたしたちの住んでいる地域の郷土料理，日本各地の郷土料理マップ，地場産物を探そう，地域の地場産物マップ（野菜・果物・稲編，魚介・畜産物編），地産地消ってなに？，食材には旬の時期があるよ，「今が旬」な地域の食材を食べよう，年中行事で食べられる行事食，お米の歴史，お米ができるまで，日本の自給率について考えてみよう，世界とくらべてみよう，輸入している食品，輸出している食品，原産国マップ，輸入食品はどうやって食卓に届くの？，フードマイレージってなあに？

『もったいない！　感謝して食べよう』 山本茂監修　少年写真新聞社　2010.2　47p　27cm　（こども食育ずかん）〈索引あり〉　2300円　①978-4-87981-339-8　Ⓝ611.3

[目次] 食べ残したものはどうなるの？，生活の中の「もったいない」をチェック！，昔からある「もったいない」の気持ち，世界の「飢餓」のようす，世界中の子どもたちが笑顔で食事ができるように，日本にもあった食料危機，学校給食の歴史，日本の食生活が豊かな理由，食べ物が食卓に届くまで，食べ物はこうしてつくられる（農業），食べ物はこうしてつくられる（水産業），食べ物はこうしてつくられる（畜産業），食生活を支える人たち（流通），食

生活を支える人たち（献立づくり・調理），食べることは「命のバトン」を受けつぐこと

『小林カツ代のいただきますごちそうさま—小林カツ代の食育のえほん』 小林カツ代著，小林カツ代キッチンスタジオ編　新装版　合同出版　2008.12　63p　27cm　1600円　①978-4-7726-0445-1　Ⓝ498.5

[目次] 台所にはわくわく，どきどきがいっぱい，旬　野菜と果物，旬　魚と貝，しゅんはおいしいときのこと，たべものは生きもの，たべもののやくわり，野菜のなかみ，みんななかま，はじめはなあに？，グングンふえる〔ほか〕

『食育でからだづくり—スポーツ・勉強どんとこい！　からだも心も元気になろう！　2　スポーツと勉強を両立させる！　食育』 服部津貴子著，田中宏暁監修　旺文社　2008.12　30p　27cm　2600円　①978-4-01-071907-7　Ⓝ498.5

[目次] スポーツと勉強を両立させる食育Q&A（スポーツと勉強の両立に，ひつようなことはなに？，脳のはったつと食べることは，かんけいあるの？，脳のはたらきがよくなる食べものは，なに？，よくかむことは，スポーツと勉強にたいせつなの？，スポーツをすると，脳もきたえられるの？，魚を食べると，あたまがよくなるってほんと？，野菜をのこすのは，体と脳によくないの？，日本食を食べると，体と脳にいいってほんと？，体と脳に安全な食べものをえらぶには？，地元でとれた食材を食べると，体と脳にいいの？，スポーツと勉強の両立に，ひつような栄養素を食材），つくって食べよう（スポーツと勉強を両立させる！　発芽玄米deライスコロッケ，つかれしらずの体をつくる！　カツオの竜田あげ，体と脳にエネルギーを補給できる！　チョコバナナマフィン）

[内容] スポーツと勉強を両立させるためにひつようなことや，脳のはたらきがよくなる食べものなどについて，お話しします。

『食育でからだづくり—スポーツ・勉強どんとこい！　からだも心も元気になろう！　1　体力をつける！　食育』 田中宏暁監修，服部津貴子著　旺文社　2008.11　30p　27cm　2600円　①978-4-01-071906-0　Ⓝ498.5

[目次] 体力をつけるために，ひつようなことは？，体力をつけるために，ひつような栄養素は？，体力をつけるためには，どのくらい食べればいい？，背をのばすためには，なにを食べればいい？，筋肉をつけるためには，どうすればいい？，食べたものは，体のなかにはいるとどうなるの？，すきなものだけ食べていては，だめ？，運動しても，ふとってしまうのはどうして？，たのしい食事時間は，体にいいってほんと？，自分でも料理できるほうがいい？，食事バランスガイドを活用しよう

[内容] 体力や筋肉をつけるためにひつような栄養素や，体を健康にたもつ食生活などについて，図や表もつかってわかりやすく説明。

# 4月20日

『「食育」の大研究—栄養バランスから料理まで からだにいい！ おいしい！ 楽しい！』 吉田隆子監修，クリエイティブ・スイート編集・構成　PHP研究所　2008.1　79p　29cm　2800円　Ⓘ978-4-569-68754-4　Ⓝ498.5

目次　1 いつもの食事を見直してみる（朝ごはんを見てみよう！，お昼ごはんを見てみよう！　ほか），2 からだにいい食べ物を選ぶ（料理のバランスを考えよう！，食べたものが排泄されるしくみ ほか），3 味がわかるようになる！（おいしいのひみつ，料理をすれば食事がおいしくなる！　ほか），4 みんなで食事を楽しむ（「いただきます」と「ごちそうさま」，おはしの正しい使い方 ほか），資料ページ これを知れば，食育はかせ！（五大成分いちらん表，食材の保存方法 ほか）

内容　食事についてのいろんな知識を章ごとにわかりやすく解説。

## 《4月20日》

### 郵政記念日

1871年の4月20日に日本で飛脚制度に代わって郵便制度が始まったことから。逓信省が1934年に制定。この日から1週間は「郵便週間」、この日を含む1週間は「切手趣味週間」。

『知ってる？　郵便のおもしろい歴史』　郵政博物館編著　少年写真新聞社　2018.11　142p　22cm　（ちしきのもり）　1600円　Ⓘ978-4-87981-656-6　Ⓝ693.21

目次　第1章 郵便が生まれる前の通信（通信の始まり，古代～中世の通信〈世界編，日本編〉），第2章 近代郵便の誕生と発展（近代的な郵便の誕生，明治維新と日本の近代郵便，戦争と郵便，郵便に関するさまざまなものの移り変わり，現代の郵便）

内容　のろしや飛脚などの昔の通信方法からヨーロッパと日本の近代郵便，現代の郵便まで，通信と郵便がどのように発展したのかを解説。興味深いエピソードがたくさんある，郵便の歴史。

『ゆうびんです！』　日本郵便オフィスサポート株式会社作，play set products絵，日本郵便株式会社監修　フレーベル館　2018.2　〔24p〕　27cm　1200円　Ⓘ978-4-577-60001-6　Ⓝ693.3

内容　おとこのこはおばあちゃんへてがみをかきました。きってをはってポストにいれましたがちゃんととどくのかしんぱいで…。そのよるぽすワンちゃんがあらわれて…。ポスト

にいれたてがみがどのようにとどけられるのかぽすワンちゃんがおしえてくれます。

『ゆうびんですポストです』　かこさとし作・絵　復刊ドットコム　2017.11　31p　22cm　（かこさとし・しゃかいの本）〈童心社 1983年刊の再刊〉　1800円　Ⓘ978-4-8354-5482-5　Ⓝ693

内容　ポストに入れた手紙やはがきは、どうして遠くのあて先に届くの？　その不思議が、ちゃんとわかる絵本!!

### ジャムの日

1910年の4月20日に長野県の塩川伊一郎が明治天皇に「苺ジャム」を献上したことから、日本ジャム工業組合が2015年に制定。

『くだものいっぱい！　おいしいジャム』石澤清美監修・料理，田村孝介写真　ひさかたチャイルド　2016.1　28p　21×24cm　（しぜんにタッチ！）〈「サンチャイルド・ビッグサイエンス 2013-12」（チャイルド本社 2013年刊）の改題、ハードカバー化〉　1300円　Ⓘ978-4-86549-058-9　Ⓝ596.3

内容　ジャムってなにからできるのかな？　どうやってつくるのかな？　つくればわかる、ジャムのナゾ。おいしい科学の時間です。楽しく知るうちに、食べ物への感謝が生まれてくる絵本です。幼児～小学校低学年向き。

『ジャムの絵本』　こしみずまさみへん，しもわださちよえ　農山漁村文化協会　2005.4　36p　27cm　（つくってあそぼう9）　1800円　Ⓘ4-540-04161-4　Ⓝ596.3

目次　くだもの野菜，旬の季節は生で、のこりは保存，殺菌保存技術の発明、缶づめ、ビンづめ，ジャムには、どんな種類があるのか，ジャムが日本にやってきた！，くだものや野菜がジャムになるしくみ，りんごジャムのつくり方の手順，りんごジャムをつくろう！，煮つめぐあいを知る方法，殺菌ビンづめ，いちごプレザーブのつくり方の手順，いちごプレザーブをつくろう！，カンキツやりんごからペクチンをとろう！，ペクチン、酸、糖で，花びらジャムに緑茶ジャム，マーマレードをつくろう！，レモンカードをつくろう！，ジャムをおいしく食べよう！

内容　パンにぬったり、ヨーグルトにまぜたり、ジャムは、あまくて、フルーティで、とってもおいしい食べものだ。ロシアでは、紅茶にまぜて飲んだりもしているよ。くだものの、旬の果実などをおいしく、長く保存するために考えだされた食品なんだ。甘みや酸みを加えて、くさりにくくなったんだね。いちごに、りんご、ブルーベリー、みかん、きみだけの、おいしいジャムやマーマレードをつくってみよう。

## 《4月22日》

### アースデー

1970年の4月22日に、アメリカのゲイロード・ネルソン上院議員が環境問題についての討論集会を開催することを呼びかけたことから。国連が2009年に採択。「地球の日」とも。

『みんなのちきゅうカタログ』 福岡梓文、ソーヤー海監修、ニキ・ローレケ、川村若菜絵 トゥーヴァージンズ 2018.7 143p 25cm 2000円 Ⓘ978-4-908406-18-8 Ⓝ365.6

目次 食べる、つくる、エッジであそぶ、デザインする、与えあう、立ち止まる、つづけていく、生きる

『みんなが知りたい! 「地球のしくみ」と「環境問題」—地球で起きていることがわかる本』 北原義昭,菅澤紀生監修 メイツ出版 2018.6 128p 21cm (まなぶっく)〈「みんなが知りたい! 地球と環境がわかる本」(2010年刊)の改題、加筆・修正〉 1570円 Ⓘ978-4-7804-2056-2 Ⓝ519.8

目次 第1章 地球ってどんな星?、第2章 地球温暖化が進んでいる?、第3章 温暖化の影響を考えよう!、第4章 温暖化以外の問題も!、第5章 地球の力を有効利用!、第6章 みんなの努力で守る地球

内容 わたしたちが暮らすこの惑星のことその地球で「いま何が起きているのか?」がこの1冊でよくわかる!

『地球の危機をさけぶ生きものたち 3 砂漠が泣いている』 藤原幸一写真・文 少年写真新聞社 2018.3 47p 27cm〈文献あり 索引あり〉 2500円 Ⓘ978-4-87981-626-9 Ⓝ519.8

目次 1 砂漠のふしぎ(どうして砂漠ができるのか、岩石砂漠・れき砂漠・砂砂漠・土砂漠・氷の砂漠、いろいろな砂と模様 ほか)、2 世界の砂漠をたずねて(アタカマ砂漠、デスヴァレー、オーストラリア砂漠 ほか)、3 森や町が砂漠にのみこまれる(なぜ砂漠は広がっているのか、地球温暖化と砂漠、砂漠に移り住む人びと ほか)

『地球の危機をさけぶ生きものたち 2 森が泣いている』 藤原幸一写真・文 少年写真新聞社 2018.1 47p 27cm〈文献あり 索引あり〉 2500円 Ⓘ978-4-87981-625-2 Ⓝ519.8

目次 1 森・進化のゆりかご(原生の森とは、みんなつながっている森、地球の肺 ほか)、2 原生の森をたずねて(アラスカ・モンゴルの森、ボルネオの森、スマトラの森 ほか)、3 森がなくなる(こわされる森、文明が森を破壊してきた、動物の絶滅で植物もほろぶ森 ほか)

『地球の危機をさけぶ生きものたち 1 海が泣いている』 藤原幸一写真・文 少年写真新聞社 2017.12 47p 27cm〈文献あり 索引あり〉 2500円 Ⓘ978-4-87981-624-5 Ⓝ519.8

目次 1 水の惑星・地球(水の旅、流れる海 ほか)、2 海と人(日本の海は世界のホットスポット、捕鯨 ほか)、3 地球の温暖化と海(北極海、南極海 ほか)、4 海をおおいつくすプラスチック(プラスチックごみにくらすヤドカリ、海にただようプラスチックごみ ほか)

『地球環境から学ぼう! 私たちの未来 第5巻 自然や地球環境から学ぶ社会のしくみ』 塩瀬治編 星の環会 2011.4 46p 29cm〈文献あり〉 2600円 Ⓘ978-4-89294-508-3 Ⓝ519

目次 1章 教育のしくみ(環境教育の前に大切なこと—日本の場合、環境教育の前に大切なこと—ドイツの場合、日本とドイツの環境教育の違い、小学生対象のカエルの授業—ドイツの環境教育の実例(1) ほか)、2章 社会のしくみ(社会のあり方を問う庭園博覧会、アメリカのとなえるスマートグリッドって何?—自然エネルギーの利用(1)、自然のものを真似てつくる—自然エネルギーの利用(2)、クモの糸を活用—自然エネルギーの利用(3) ほか)

『地球環境から学ぼう! 私たちの未来 第2巻 このままでは地球はどうなる?』 塩瀬治編 星の環会 2011.4 46p 29cm〈文献あり〉 2600円 Ⓘ978-4-89294-505-2 Ⓝ519

目次 1章 温暖化の問題(地球ってどんな星?、地球って本当に温暖化しているの?、2章 水の汚染の問題(水の環境汚染って何?、水の汚染でおこる問題 ほか)、3章 土の汚染の問題(土はどうしてできたの?、土の汚染って何? ほか)、4章 大気汚染の問題(大気汚染って何?、大気汚染はどうしてはじまったの? ほか)、5章 生命の未来(外来種による環境汚染、絶滅の危機にある動物たち ほか)

『地球環境から学ぼう! 私たちの未来 第6巻 環境立国へ向けて、日本の未来』 塩瀬治編 星の環会 2011.3 46p 29cm〈文献あり〉 2600円 Ⓘ978-4-89294-509-0 Ⓝ519

目次 1章 さまざまな環境対応技術と方法(世界でトップクラスの次世代自動車の普及、家電製品のトップランナー制度、間伐材を資源として利用する、本当に大切なものとリサイクル、食べ物を国産に変える一石二鳥 ほか)、2章 環境問題に積極的に取りくむ人びと(コンブ漁再生のための森の復元(北海道・えりも町)、バイオマスタウン構想(岩手県・葛巻町)、アサザプロジェクト(茨城県・霞ヶ

浦），NPOふうどの取りくみ（埼玉県・小川町），見沼たんぼエコミュージアム（埼玉県・さいたま市）ほか）

『地球環境から学ぼう！　私たちの未来　第3巻　日本の問題・世界の問題』塩瀬治編　星の環会　2011.2　46p　29cm〈文献あり〉2600円　①978-4-89294-506-9　N519

目次　1章　日本の問題（「春の小川」はコンクリートで固められた，自然認識の欠如，実質的な自然保護法がない，林業を大切にしない，農業を大切にしない，フード・マイレージが世界最大，化石燃料使用の経済拡大政策，個人の努力によるリサイクル，豊かなのに幸せの実感がない，広がる格差社会，あきらめと無関心），2章　世界の問題（たえない地域紛争と戦争，原子力発電への依存，拡大する海洋汚染，国別二酸化炭素排出量と脱化石燃料のとりくみ，緑の監獄，ランドラッシュ）

『NHKど〜する？　地球のあした』NHK出版編　NHK出版　2011.1　125p　21cm　1300円　①978-4-14-081415-4　N519

目次　第1章　ぼくらはこんな世界に支えられている（おいしいモノにはヒミツがある，自分の家のゴミ箱の中をのぞいてみると，水道の水，そのまま飲める？　飲めない？，日本からクワガタムシがいなくなる日），第2章　追跡！　現場を見に行こう（食べものの現場：ビニールハウス—ぼくらは石油を食べている!?，ゴミの現場：リサイクル工場—リサイクル，さらにその先へ！，水の現場：水源の森—きれいな水はどこからやってくる？，自然の現場：わたり鳥の飛来地—ともに生きていく仲間たち），第3章　そもそも「地球温暖化」ってなんなんだ!?

『地球環境から学ぼう！　私たちの未来　第4巻　地球環境を守る・世界の事情』塩瀬治編　星の環会　2010.12　47p　29cm〈文献あり〉2600円　①978-4-89294-507-6　N519

目次　1章　スウェーデンの実践（持続可能な開発とは—ペーション首相の国会演説，自然享受権は基本的な人権，国民の合意形成にむけての活動，「できることからはじめよう」は誤り），2章　ドイツの実践（連邦自然保護法による社会のしくみの変化，ドイツの社会のしくみをかえた法律，ドイツ人と日本人の環境意識，フライブルグを環境都市にしたしくみ），3章　その他の国々（企業が果たす社会的責任CSRがはじまった，バングラデシュの「マイクロ・クレジット」，フランス・ドイツ・オランダの新交通事情，マータイさんのグリーンベルト運動，アメリカ　アブの生息地に400万ドル，生物生息地に経済的価値をもたせる，デンマークのエネルギー政策，16歳の王様の声明 GNPからGNHへ，オーストラリアのマ

レーにでおこったこと，キューバの首都 ハバナが農業自給都市へ）

『地球環境から学ぼう！　私たちの未来　第1巻　地球環境問題って何？』塩瀬治編　星の環会　2010.10　46p　29cm〈文献あり〉2600円　①978-4-89294-504-5　N519

目次　1章　自然のしくみ（バイオスフィア2の失敗から学ぶ地球生態系の複雑，食うか食われる関係の複雑さ—ミツバチとスズメバチ，あなたなしには生きられない—花と虫との関係，ハンバーガー1個に水2400l—仮想水について考える　ほか），2章　人間による影響（誰にとっての不都合な真実か，サンゴを守る仕事がはじまった，空から鬼がふってくる，揚子江のダム　ほか）

《4月23日》

子ども読書の日

4月23日がシェイクスピアとセルバンテスの命日であることからユネスコが「世界・本と著作権の日」と定めたことなどにより，「子どもの読書活動の推進に関する法律」で2001年に制定。

『本が好きになる』さやましょうこマンガ・イラスト　旺文社　2018.7　143p　21cm　（学校では教えてくれない大切なこと　22）850円　①978-4-01-011195-6　N019.5

目次　1章　気軽に本にふれてみよう（あれも，これも本，こんな本があるよ！ ほか），2章　本を読んでみよう（図書室を有効活用しよう！，本はこんなふうに分類されているよ ほか），3章　本をもっと楽しもう（物語を楽しもう，図鑑で調べてみよう ほか），4章　本を読むとどうなるの？（想像力が豊かになる！，本や文章に関する言葉 ほか）

『読書感想文書き方ドリル　2018』大竹稽著　ディスカヴァー・トゥエンティワン　2018.6　239p　26cm　1500円　①978-4-7993-2304-5　N019.25

目次　「書き方」がわかれば，読書感想文なんてへっちゃらだ！（まずは，準備だ！，STEP1 本を読んだら，「7つの質問」を見よう，STEP2 質問に，自分の言葉で答えよう（解答例），STEP3 解答をつなげると，感想文ができちゃった!!（感想文例），書き出しを工夫しよう！），2018年夏の課題図書徹底読解（ルラルさんのだいくしごと，きみ，なにがすき？，なずずこのっぺ？，がっこうだってどきどきしてる，レイナが島にやってきた！森のおくから：むかし，カナダであったほんとうのはなし，最後のオオカミ，すごいね！みんなの通学路，奮闘するたすく，こんぴら

狗，ぼくとベルさん：友だちは発明王，クニマスは生きていた！）

内容 7つの質問に答えるだけで，ひとあじ違う感想文が書ける！ 「賞をもらいました！」の声続々！ 一生ものの読解力も身につく。

『遊びながら本を読む習慣が身につく！ふしぎな読書ドリル』 角田和将著 総合法令出版 2018.1 142p 21cm 1100円 ①978-4-86280-600-0 N019

目次 第1章 読書を楽しくするために知っておきたいこと（なぜ読書が大事なのか？，読書ができる人はここが違う，国語と読書は目的が異なる ほか），第2章 読む力がぐんぐん伸びる読書ドリル…基礎編（じゅんばんなぞりドリル，まちがいさがしドリル，文字まちがいさがしドリル ほか），第3章 読む力がぐんぐん伸びる読書ドリル…応用編（じゅんばんなぞりドリル，まちがいさがしドリル，文字まちがいさがしドリル ほか）

内容 年間0冊→500冊読めるようになる！ 中学受験にも役立つ！ 12歳までに身につけておきたい！ 一生モノの基礎力。間違い探し・数字なぞり・しりとりなど楽しく学べるドリル形式だから…楽しく読める！ 語彙力が上がる！ 読書量が増える！ 国語の成績も上がる！

『君たちはどう生きるか―池上彰特別授業 読書の学校』 池上彰著 NHK出版 2017.12 117p 21cm 〔教養・文化シリーズ〕〔別冊NHK100分de名著〕 800円 ①978-4-14-407226-0 N159.7

『小学校では学べない一生役立つ読書術』 齋藤孝著 KADOKAWA 2017.11 79p 21cm 〈文献あり〉 1500円 ①978-4-04-602203-5 N019.12

目次 第1章 まずは「本を好きになる魔法」を教えよう!!（10冊読むだけで魔法がかかる！，本にどんどん「らくがき」しちゃえ！ ほか），第2章 「タイムスリップの魔法」で大冒険だ!!（自分だけのすごい「師匠」を見つけちゃえ！，「芋づる式読書」で次々に面白い本に出会ってみよう！ ほか），第3章 「頭がよくなる魔法」を教えよう!!（頭のよい人の本を読むだけで，自分の頭もよくなる！，本を読むだけで，使える言葉がどんどん増えていく！ ほか），第4章 ヒミツの「上級魔法」を教えよう!!（本は1冊ずつ読まなくてもいいんだ！，本は逆から読んでもよくなる！ ほか），第5章 最後に「勉強が得意になる魔法」を教えよう!!（読書ソムリエになれたら，国語はぜったい得意になる！，読書が得意になるだけで，ほかの教科も得意になる！ ほか），特別付録 齋藤先生のおすすめ70冊リスト

内容 読書が得意になると，どんどん頭がよくなる！ テストが大得意になる！ みんなか

ら好かれる人になる！ 子どものうちに身につけておきたい「読書の天才」になる技術。

『名作への架け橋―小学生の読書案内』 萩原茂著 みくに出版 2015.7 161p 21cm （進学レーダーBooks） 1400円 ①978-4-8403-0577-8 N019.5

目次 第1章 たのしく読もう（冒険，ファンタジー・ミステリー，女の子の成長），第2章 じっくり味わおう（詩，豊かな叙情，戦争と平和，日本文学の味わい，古典にふれる），第3章 文学の世界を歩こう（千駄木・根津・御茶ノ水界隈を歩く，雑司ヶ谷・早稲田・神楽坂界隈を歩く，荻窪界隈を歩く）

内容 "生涯の友となる一冊"と出会おう。吉祥女子中学・高等学校の先生が小学生のために選んだ47編の名作。『中学受験 進学レーダー』で大好評連載の「こんな名作を読もう」が書き下ろしを加えて単行本化！

『ビブリオバトルを楽しもう―ゲームで広がる読書の輪』 谷口忠大監修，粕谷亮美文，しもつきみずほ絵 さ・え・ら書房 2014.3 63p 26cm 1700円 ①978-4-378-02227-7 N019.9

目次 第1章 どうしてビブリオバトルなの？（ビブリオバトルの魅力），第2章 どんなゲームなの？（ルール1 オススメの本を持って集まる，ルール2 時間制限は5分 ほか），第3章 楽しいビブリオバトルのためのヒント（自分で本を選ぼう，桐山さんメモ（本選びのわけ） ほか），第4章 ビブリオバトルをやってみよう（小学校，中学校 ほか）

内容 ビブリオバトルとは，小学生から大人までできる "本の紹介コミュニケーションゲーム" です。ビブリオバトルのルールや，子どもたちが楽しむための留意点などを，子どもたちと司書とのやりとりで紹介します。小・中学校や公共図書館などでの実践例も紹介。開催当日の様子や，子どもたちの感想などを載せています。ビブリオバトルに初めて挑戦する子どもたちはもちろん，ビブリオバトルの導入を考えている先生や学校司書，図書館司書の方も活用できる情報が満載です。

『読書感想文が書ける』 藤子・F・不二雄キャラクター原作，宮川俊彦監修 小学館 2013.7 191p 19cm （ドラえもんの学習シリーズ―ドラえもんの国語おもしろ攻略） 850円 ①978-4-09-253854-2 N019.25

目次 プロローグ 目指せ，読書感想文名人！，1 読書感想文なんて，こわくない！，2 こうすれば，読書感想文はカンタンだ！，3 こうすれば，読書感想文はすらすら書ける！，4 こうすれば，読書感想文はばっちりキマる！，5 こうすれば，きみも読書感想文名人になれる！，特別授業 秘伝名人テクニック・考えるヒント

内容 書き方のテクニックやコツがよくわかる。すらすら書ける。宿題に出るのに授業では教えてくれない読書感想文。

『多読術』 松岡正剛著 筑摩書房 2009.4 205p 18cm （ちくまプリマー新書

106）800円　①978-4-480-68807-1
Ⓝ019.12
目次 第1章 多読・少読・広読・狭読，第2章 多様性を育てていく，第3章 読書の方法をさぐる，第4章 読書することは編集すること，第5章 自分に合った読書スタイル，第6章 キーブックを選ぶ，第7章 読書の未来
内容 読書の楽しみを知れば，自然と本はたくさん読めます。著者の読書遍歴を振り返り，日頃の読書の方法を紹介。本書を読めば自分に適した読書スタイルがきっと見つかります。読書の達人による多読のコツを伝授。

『この本、おもしろいよ！』 岩波書店編集部編　岩波書店　2007.7　171p　18cm（岩波ジュニア新書 572）740円　①978-4-00-500572-7　Ⓝ019.9
目次 本との日々（あさのあつこ），"お得本"があなたを待っている（香山リカ），人生を味わう楽しみ（中江有里），ライトノベル読書ガイド（三村美衣），眠気が吹っ飛ぶ（明川哲也），いろんな世界を感じてくださいね（梅沢由香里），たくさんの勇気をもらいました（川嶋あい），「普通」じゃなくて，なぜいけないの？（貫戸理恵），必ず興味の湧くことがある（五嶋龍），トイレで読みたい本（早乙女愛），明るく笑って生きてみよ（『源氏恵理香』），二十二歳の初恋（豊島ミホ），江戸のデキる少女（華恵），電車のなかで大泣きしながら読みました（前田愛），痛くてリアルな女の子たちの話（山崎まどか），あの頃（渡辺葉）
内容 各界で活躍している本好きのみなさんに，話題のベストセラーや人気沸騰中のライトノベル，長く読み継がれてきた古典的名作など，とっておきのお薦めの本を紹介していただきました。青春小説，恋愛小説，歴史小説，ファンタジーなどジャンルはさまざま，きっとあなたの心に響く本に出会えます。

『未来形の読書術』 石原千秋著　筑摩書房　2007.7　159p　18cm（ちくまプリマー新書 62）〈文献あり〉720円　①978-4-480-68764-7　Ⓝ019.12
目次 第1章 本を読む前にわかること（本は自分を映す鏡だ，未来形の自分を求めて ほか），第2章 小説とはどういうものか（『電車男』は文学か，物語の四つの型 ほか），第3章 読者はどういう仕事をするのか（小説は穴ぼこだらけ，作家は隠すことで読者から小説を守る ほか），第4章 「正しさ」は変わることがある（評論を面白く読むコツ，論理は一つではない ほか）
内容 なぜ，あなたは本を読むのか？ 「自分探し」を超えた刺激的な読書法。

『本はこころのともだち』 朝の読書推進協議会編　メディアパル　2005.4　231,7p　19cm （みんな本を読んで大きくなった

3）〈文献あり〉950円　①4-89610-067-0　Ⓝ019.5
内容 「朝の読書」で人気の作家が子どもの頃の読書体験を語る35篇。

『新・こどもの本と読書の事典』 黒澤浩ほか編　ポプラ社　2004.4　502p　29cm〈年表あり　文献あり〉16000円　①4-591-99566-6　Ⓝ019.5
目次 こどもの本の理論と実践（こどもの本，こどもの文化，こどもの文学，図書館，読書運動，学校図書館・読書教育），こどもの本の作品紹介（絵本―日本，物語・ノンフィクション―日本，絵本―外国，物語・ノンフィクション―外国，総合的な学習に有効な本），こどもの本の人物紹介，付録

『いつでも本はそばにいる』 朝の読書推進協議会編　メディアパル　2003.12　215,7p　19cm （みんな本を読んで大きくなった 2）〈文献あり〉950円　①4-89610-064-6　Ⓝ019.5
目次 いしいしんじ―本が「ほんとう」と結びつく瞬間，石黒謙吾―好奇心が感情も揺さぶってくれる，伊勢英子―絵本をこわす子ども，伊藤たかみ―大切なサイフ，内田康夫―読書で未知の人生を楽しむ，内田麟太郎―ハラハラドキドキしたいから，大平光代―本は私の教師，岡崎祥久―読むのと食べるのと，岡田淳―忘れられない場所を持つということ，小山内美江子―乱読のすすめ〔ほか〕
内容 「朝の読書」で人気の作家が読書の面白さを語る33篇。君を待つ一冊がきっとある。

『みんな本を読んで大きくなった』 朝の読書推進協議会編　メディアパル　2002.12　199,7p　19cm〈文献あり〉950円　①4-89610-059-X　Ⓝ019.5
目次 想像する力を育もう（青木和雄），本の中に自分がいる（赤川次郎），五百万円のプレゼント（阿刀田高），一生を多生に―思い出すままに（あまんきみこ），本を読むと，自分の声が聞こえてくるんだ。（井上路望），読むことと書くことと（今江祥智），好きな本を読める幸せ（いわむらかずお），本の傍らにいつだって装置（内海隆一郎），いつだって，私の傍らには本があった（落合恵子），見えないものを知りたくて（神沢利子）〔ほか〕
内容 「朝の読書」で人気の作家があなたに贈るメッセージ！ 本との出会いを語る32篇。

## 《4月24日》

### 植物学の日

1862年の4月24日が植物学者の牧野富太郎の誕生日であることから。

『はじめての植物学―植物たちの生き残り戦略』 大場秀章著　筑摩書房　2013.3

202p 18cm （ちくまプリマー新書 193）〈文献あり 索引あり〉820円 ①978-4-480-68895-8 Ⓝ471

目次 第1章 植物らしさは、葉にある，第2章 大地に根を張って暮らす―植物が生きる条件，第3章 光合成―葉で何が起きているのか？，第4章 炭水化物工場としてのかたち，第5章 植物の成長を追う―胚軸のふしぎ，第6章 草原をつくる単子葉植物，第7章 巧みな貯蔵術，第8章 木とはなんだろう，第9章 植物たちの生存戦略，第10章 種子をつくる，第11章 花は植物の生殖器官

内容 身近な植物を観察してみよう。からだの基本的なつくりや営みを知るとその巧みな改造の実際が見えてくる。植物とは何かを考える。

『牧野富太郎 豊田佐吉』 鮎川万他著，子ども文化研究所監修 改訂新版 三鷹 いずみ書房 2012.6 61p 19cm （せかい伝記図書館 33）〈年表あり〉750円 ①978-4-901129-51-0 Ⓝ281

## 《4月25日》

### DNAの日

1953年の4月25日にジェームズ・ワトソン、フランシス・クリックらが「ネイチャー」誌に遺伝情報を担うDNA（デオキシリボ核酸）の構造に関する論文を発表したことから。「国際デオキシリボ核酸の日」とも。

『遺伝子・DNAのすべて』 夏緑著，ちくやまきよし，マルモトイヅミ図版・イラスト 童心社 2010.3 169p 29cm〈年表あり 索引あり〉4500円 ①978-4-494-01025-7 Ⓝ467.2

目次 第1章 DNAと遺伝子（遺伝子のすべてがわかる！ 遺伝子物語，DNAは細胞の核の中にある，DNAを取り出そう ほか），第2章 DNAから生命へ（非生物から生物へ・鉱物からDNAへ，RNAワールドの遺産，原核生物から真核生物へ ほか），第3章 生命科学の最先端（生活の中のバイオ，放射能で作る農作物，放射能で守る農作物 ほか）

『ここまでわかった！ 遺伝子のなぞ』 夏緑著，ちくやまきよし絵 童心社 2005.3 86p 28cm （シリーズ遺伝子・DNAのひみつ 2）〈年表あり〉2500円 ①4-494-01188-6 Ⓝ467.2

目次 第1章 ここまできた現代のバイオ（クローンはこうしてつくられる！―1996年、大人の羊の細胞からクローンがつくられた，クローン生物の寿命は短い！―クローン羊ド

リーが長生きできなかった理由は？，クローンは工場でつくられる！―花屋さんでクローン生物が買える時代、台所にはバイオなものがいっぱいある！―じつは日々の暮らしに欠かせないバイオ技術 ほか），第2章 生命46億年のなぞ（人間の赤ちゃんにはエラがある！―ヒトはおなかの中で、単細胞生物から進化をとげる。恐竜は、隕石で滅んだろうか！―恐竜絶滅のあと、かわりに栄えたのはだれ？，イモムシは、おなかにも足がある！―むかしの虫は、おなかには毛が生えていた？，1000万年後、男はいなくなる！―ヒトの進化を遺伝子から予測すると？ ほか）

『DNA・遺伝子ってなに？』 夏緑著，ちくやまきよし絵 童心社 2005.3 87p 28cm （シリーズ遺伝子・DNAのひみつ 1）〈年表あり〉2500円 ①4-494-01187-8 Ⓝ464.27

目次 第1章 遺伝のなぞ（遺伝子のすべてがわかる！ 遺伝子物語―細胞の中でなにがおきているのか？ まずはマンガで見てみよう。ヒトはDNAからできている！―DNAはヒトの体のどこにある？，一重まぶたの人どうしが結婚すると、子どもは全員一重まぶたである！―一重になるか二重になるかは、遺伝子が決めている，金髪の人どうしが結婚すると、子どもは全員金髪になる！―優性遺伝と劣性遺伝の話 ほか），第2章 DNAのなぞ（ヒトのDNAを全部つなぐと、光の速さで100時間！―きみの体の中には、こんなすごいものがつまっている！，3分でDNAがとれる！―火も刃物も使わない安全な実験。本物のDNAにさわってみよう！，DNAはおいしい！―DNA＝核酸は味付けに使われている。身近な食品をチェックしてみよう！，ヒトのDNAに記録されている文字の量は、国語辞典220冊ぶんである！―一文字におきかえると、こんなにたくさんの情報が細胞ひとつひとつに入っている ほか）

『いのちのもといでんし』 フラン・ボークウィル文，ミック・ロルフ絵，柳澤桂子訳 岩波書店 2003.9 31p 21×21cm （ぼくらDNAたんけんたい 4）1200円 ①4-00-116354-3 Ⓝ467

内容 生き物はみんな、DNAをもっている。DNAには、からだの作り方がぜんぶ書いてある。この手引き書が遺伝子なんだ。目や髪や皮ふの色も、男の子か女の子かも、みんな遺伝子がきめている。DNAは、最初の生き物から、ひきつがれてきたもの。だから、生き物はみんな、どこか似たところがある。すべてが書かれているから、DNAを使って、クローンだってできるんだ。

『からだはなにでできている？』 フラン・ボークウィル文，ミック・ロルフ絵，柳澤桂子訳 岩波書店 2003.9 31p 21×21cm （ぼくらDNAたんけんたい 1）1200円 ①4-00-116351-9 Ⓝ463

内容 どんな生き物のからだも、小さな細胞が、たくさん集まってできている。きみが生

まれる9か月前、きみは、たったひとつの小さな細胞だった。それが、どんどん増えて、複雑なきみのからだをつくったんだ。ふしぎな形をしたたくさんの細胞から、力をあわせてはたらいてくれるから、きみは、食べたり、考えたり、歌ったり、走ったりできるんだ。

『ばいきんをやっつけろ！』 フラン・ボークウィル文，ミック・ロルフ絵，柳澤桂子訳 岩波書店 2003.9 31p 21×21cm （ぼくらDNAたんけんたい 2）1200円 Ⓘ4-00-116352-7 Ⓝ491.8

内容 地球はとっても危険なところ。どこにいても、バイ菌からは、のがれられない。いくらみはっていても、バイ菌は、からだの中に入ってくる。からだに入ったバイ菌は、あっというまに増えて、からだじゅうに、まわりの人に、どんどんひろがっていく。でも、きみのからだの中には、すぐれもののバイ菌殺し屋がいて、バイ菌をやっつけてくれるんだ。

『みんなもってるDNA』 フラン・ボークウィル文，ミック・ロルフ絵，柳澤桂子訳 岩波書店 2003.9 29p 21×21cm （ぼくらDNAたんけんたい 3）1200円 Ⓘ4-00-116353-5 Ⓝ467.2

内容 きみがまだ、1個の細胞だったころから、きみのからだの作り方は、ぜんぶDNAの中にかくされていた。細胞が増えるときには、おなじDNAがもう1組つくられ、新しい細胞につたえられていく。細胞は、DNAからたんぱく質をつくり、細胞は、たんぱく質でできている。生き物は地球に誕生したころから、ずっとDNAをうけついで、いのちをつないできたんだ。

《4月26日》

世界知的財産デー

1970年の4月26日に「世界知的所有権機関を設立する条約」が発効したことから。世界知的所有権機関が2000年に制定。知的財産が日常生活で果たす役割についての理解を深め、発明者や芸術家の社会の発展への貢献を記念するため。

『よくわかる知的財産権―知らずに侵害していませんか？』 岩瀬ひとみ監修 PHP研究所 2016.1 63p 29cm （楽しい調べ学習シリーズ）〈文献あり 索引あり〉3000円 Ⓘ978-4-569-78517-2 Ⓝ507.2

目次 第1章 身の回りにある知的財産権（知的財産権って何？，ノートに落書きは違法？，宿題ロボットで特許？ ほか），第2章 知的財産権と関連する法律（文章や絵を守る著作権，

著作物とはどんなもの？，発明を独占できる!?特許権 ほか），第3章 合法？ 違法？ あなたが裁判官なら（有名な芝居を演じたら？，プライバシー権とパブリシティ権，映画館で録画したら？ ほか）

『解決！ ぼくらの知的財産 第3話（著作権編）』 廣田浩一著 発明協会 2007.2 38p 26cm 1400円 Ⓘ978-4-8271-0854-5 Ⓝ507.2

目次 第1章 運動会のキャラクターの絵の完成，第2章 誰だ、絵を変えたのは？，第3章 あれって真似じゃない？，第4章 みんなに知ってもらいたいこと，第5章 保護者・教育者の方へ

『解決！ ぼくらの知的財産 第2話（意匠・商標編）』 廣田浩一著 発明協会 2007.1 45p 26cm 1400円 Ⓘ978-4-8271-0853-8 Ⓝ507.2

目次 第1章 待ちに待った校内バザー，第2章 鉛筆立てがそっくり！，第3章 夏ミカン印登場，第4章 みんなに知ってもらいたいこと，第5章 保護者・教育者の方へ

内容 本書は、さとし、けんた、だいすけ、みさき、なな、まみの六人の子供たちと石井先生を主人公とする物語です。主人公の子供たちが自分たちに生じた知的財産に関する問題を自ら解決していく過程を通じて、子供たちによる問題解決が知的財産法の趣旨・内容と大差ないことが理解され、知的財産をより身近に感じていただけるでしょう。

『解決！ ぼくらの知的財産 第1話（特許編）』 廣田浩一著 発明協会 2006.12 44p 26cm 1400円 Ⓘ4-8271-0852-8 Ⓝ507.2

『ブランド・キャラクターってなに？』 日本弁理士会監修 汐文社 2005.3 47p 27cm （イラスト大図解知的財産 2）1800円 Ⓘ4-8113-7936-5 Ⓝ507.26

目次 ブランド（ブランドってなに？，「ブランド」わたしもつくれるの？，有名ブランドへの道のり（ブランドの誕生，時代にあった商品づくり，世界中の人に愛されるブランドに，ブランドを守るために），商標権でニセモノ退治，海・空港でニセモノを食い止めろ！，わたしたちにもできるニセモノ退治，高いホンモノ・安いニセモノ），キャラクター（キャラクターってなに？，キャラクターの誕生，キャラクターを守る法律（著作権，商標権），キャラクターを自由に使ってはいけないの？，アニメソングのCDを校内放送で流していい？，インターネットでキャラクターの絵をダウンロードして自分のホームページにのせていい？，キャラクターグッズはどのように作られるの？，ニセモノのキャラクターグッズはどうやって取りしまっているの？，キャラクターグッズのニセモノとホンモノはどうやって見わけるの？）

内容 特許権は特許法という法律で、意匠権は意匠法という法律で、商標権は商標法という法律でそれぞれ保護されるようになってい

す。この本では、『特許』というものの仕組みがどのようになっているのか、意匠権のしくみがどのようになっているのか、商標権のしくみがどのようになっているのか、がよくわかるように説明してあります。

『知的財産権ってなに?』 日本弁理士会監修　汐文社　2004.12　47p　27cm　（イラスト大図解知的財産権 1）　1800円
Ⓘ4-8113-7935-7　Ⓝ507.2
目次 知的財産, 特許, 実用新案, 意匠, 商標, 著作権
内容 この本では、『特許』というものの仕組みがどのようになっているのか、意匠権のしくみがどのようになっているのか、商標権のしくみがどのようになっているのか、がよくわかるように説明してあります。

《4月27日》

### 哲学の日
紀元前399年の4月27日が古代ギリシアの哲学者ソクラテスが刑死した命日であるため。

『10歳の君に贈る、心を強くする26の言葉―哲学者から学ぶ生きるヒント』 岩村太郎著, 千野エーイラスト　えほんの杜　2018.10　71p　21cm　1500円　Ⓘ978-4-904188-51-4　Ⓝ159.5
目次 第1章 自分についての言葉（勉強ができない, 他人と比べて劣等感を持ってしまう ほか）, 第2章 友達についての言葉（友達が少ない, 友達が他の子と仲よくしているとムカムカしてしまう ほか）, 第3章 悪についての言葉（どうしてルールを守らなくちゃいけないの?, だれも見ていなければ悪いことをしてもいいの? ほか）, 第4章 生き方についての言葉（どうして勉強しなければいけないの?, 苦手なことを諦めちゃダメ? ほか）, 第5章 命についての言葉（心はどこにあるの?, 花や木にも心はある? ほか）
内容 ソクラテス、プラトン、アリストテレス、ベーコン、デカルトetc.学校の先生は教えてくれない人生の疑問に古代から現代までの哲学者たちが答えをくれる。小学4年生から6年生まで。

『こどもギリシア哲学―汝自身を知れ!』 齋藤孝著, オフィスシバチャン絵　草思社　2018.2　79p　21cm　（声に出して読みたい・こどもシリーズ）〈文献あり〉1500円　Ⓘ978-4-7942-2326-5　Ⓝ131
目次 第1部 発見の喜びを覚えると、勉強がどんどん面白くなる!（この世界の大本ってなんだろう―万物の根源は水である!, なぜ「か

わいそう!」って感じるの?―やめよ! その子犬をたたいてはならぬ。わたしの友人の魂だからだ!, なんで算数を勉強するの?―万物の根源は数である!, ピタゴラスの定理ってなに?―a2＋b2＝c2直角三角形では、青の正方形と赤の正方形を足すと、なんと黄色の正方形の面積と同じ!, ハーモニーってなんで気持ちいいんだろう?―この宇宙は、「調和」である! ほか）, 第2部「もっと知りたい」の精神で行こう!（えーと、なにからはじめればいいんだっけ?―汝自身を知れ!, 知ってる。それって、知ってるよね?―無知の知 知らないことを知っていると思い込むな!, 食べて、ボーッとして、寝る。いけない?―いちばん大切なことは、たんに生きることではなく、善く生きることである!, 人と話すのって、めんどくさくない?―私は問答によっておたがいに親しい仲になりたいのだ!, まちがってたらどうしよう?―さあ、ためしに言ってみたまえ。言えないなんてことは、断じて言わせないよ! ほか）
内容 「万物は流転する」「理性（ロゴス）に従え」「汝自身を知れ」など、2500年前の古代ギリシア人の言葉、考え方は西洋文化（詩から科学まで）の基礎を作った。物事を大本から考える思考法は小学生の今こそ必要である。人生に大切な「考える力」「探求の楽しさ」を教える絵本。

『おおきく考えよう―人生に役立つ哲学入門』 ペーテル・エクベリ作, イェンス・アールボム絵, 枇谷玲子訳　晶文社　2017.10　150p　21cm　1500円　Ⓘ978-4-7949-6975-0　Ⓝ100
目次 1 すべての生きもののなかで、いちばん幸せ（思考の冒険, きみは存在する! ほか）, 2 おなじ川に2度、入ることはできない（変わりつづけるけど、ずっとおなじ, 記憶のはたらき ほか）, 3 なにがコーラをオレンジ・ソーダじゃなく、コーラにするんだろう?（人間の本質とは?, 野生の馬とはだらち馬 ほか）, 4 空想の翼を広げよう!（人生について空想してみよう, 空想世界のようす ほか）, 5 人生の意味はなに?（きみにはほめられるだけの価値はある?, 万人の万人に対する闘争 ほか）
内容 はるか昔から、たくさんの哲学者たちが、生きる意味について考えてきた。人間はほかの生きものと、どこがちがうんだろう? どうして社会をつくるのか? 1人で生きていくことはできるだろうか? 幸せってなんだろう? この本には、人生に役立つ哲学の知恵やノウハウが書いてある。でも、きみがどうやって生きるか、答えは書いてない。考えるのは、きみだ。「教育の国」スウェーデン発、幸福に生きるための考えるレッスン!

『教えて! 哲学者たち―子どもとつくる哲学の教室 下』 デイヴィッド・A・ホワイト著, 村瀬智之監訳, 上田勢子, 山岡希美訳　大月書店　2016.12　144p　22cm　〈文献あり 索引あり〉2200円　Ⓘ978-4-272-40619-7　Ⓝ104

子どもの本 伝統行事や記念日を知る本2000冊　**95**

[目次] 3 実在について（「なんにもない」を考えることはできるか？―パルメニデス，まったくの偶然はあるか？―デモクリトス，数を使っていないとき，数はどこでなにをしている？―プラトン，数と人は，同じようにに存在する？―アリストテレス，時間とは，時計を見たときに見えるものか？―聖アウグスティヌス ほか），4 批判的思考（だれかに理解してもらうには，話したり書いたりすることがたいせつか？，ほかの人の意見をいつでも聞くべきか？，他人や他人の意見を批判すべきだろうか？，「なぜなら」は，なぜ重要なことばなのか？，ものごとの原因はかんたんに見つかるか？ ほか）

『教えて！ 哲学者たち―子どもとつくる哲学の教室 上』 デイヴィッド・A・ホワイト著，村瀬智之監訳，上田勢子，山岡希美訳 大月書店 2016.11 150p 22cm〈索引あり〉2200円 ①978-4-272-40618-0 ⑭104

[目次] 1 価値について（きみは公正で正しい人だろうか？ プラトン，ほんとうの友だちはだれか，どうやってわかる？ アリストテレス，いっしょうけんめい勉強すれば，評価される？ 孔子，小さなことを気にするべきか？ マルクス・アウレリウス，寄付することは義務か？ マイモニデス，勉強よりも遊ぶことのほうが幸せか？ ジョン・スチュアート・ミル，ウソをついてもいいのか？ イマヌエル・カント，暴力をふるってよいときはきみるか？ キング牧師，町中にいると，いごこちが悪く感じる？ シモーヌ・ド・ボーヴォワール，人類が技術を支配しているのか，技術が人類を支配しているのか？ マルティン・ハイデガー），2 知識について（ものが動くということが，どうしてわかるのか？ ゼノン，言ったことを真実にするものはなにか？ アリストテレス，自分の存在を疑うことはできる？ デカルト，だれもいない森の中で，木は音をたてて倒れるか？ ジョージ・バークリー，重力の法則は，ほんとうに法則なのか？ デイヴィッド・ヒューム，「知っている」ということは，どうしてわかる？ イマヌエル・カント，ほかの人に，きみの気持ちがわかるだろうか？ ルートヴィヒ・ウィトゲンシュタイン，自分にウソをつくことはできる？ ジャン＝ポール・サルトル，ものはありのままに見えているのか，それともそう見えると思うだけなのか？ バートランド・ラッセル，コンピュータは考えることはできるか？ ダニエル・デネット）

『子どもの哲学―考えることをはじめた君へ』 河野哲也，土屋陽介，村瀬智之，神戸和佳子著 毎日新聞出版 2015.12 208p 19cm 1300円 ①978-4-620-32349-7 ⑭100

[目次] 第1章 いま君がいる世界で（なんのために学校はあるの？，友だちはたくさんつくる

べき？，どうして勉強しないといけないの？ ほか），第2章 ふつうってなんだろう（どうして夢をもつの？，絶対はある？ 絶対って何？，「ふつう」って何？ ほか），第3章 この世界の外がわへ（人はなぜ生きるのか？，無ってどんな空間？，地球が消滅することはある？ ほか）

[内容] 毎日小学生新聞大人気連載「てつがくカフェ」が1冊に！ 小学生と4人の哲学者による“世界”が変わる！ 哲学対話。身近な問いを通じて「考える力」が身につく本!!

『はじめての哲学―賢者たちは何を考えたのか？』 竹田青嗣著 PHP研究所 2014.7 63p 29cm〈楽しい調べ学習シリーズ〉〈索引あり 文献あり〉3000円 ①978-4-569-78406-9 ⑭100

[目次] 哲学って何だろう（哲学とは，哲学の3つのなぞ，哲学と近代社会，哲学の問い，哲学って何の役に立つ？），世の中を変えた哲学者たち（タレス，ソクラテス，プラトン，アリストテレス，孔子 ほか）

『シャカ 孔子 ソクラテス』 岩本晃顕他著，子ども文化研究所監修 改訂新版 三鷹 いずみ書房 2012.6 61p 19cm〈せかい伝記図書館 1〉〈年表あり〉750円 ①978-4-901129-19-0 ⑭280

『はじめて哲学する本』 藤原和博著 ディスカヴァー・トゥエンティワン 2010.7 247p 20cm 1500円 ①978-4-88759-827-0 ⑭100

[目次] まえがきにかえて「哲学」について，大人の哀しみについて，結婚について，家族について，男と女について，仕事について，職業について，価値観について，世間体とプライドについて，依存について，自由と責任について，信頼とクレジットについて，学力と知力について，挨拶について，好かれることと個性について，倫理について，便利さとクリティカル・シンキングについて，神さまについて，公平と不公平について，天才について，懐かしさと懐かしい人について，呼称について，戦争とイジメについて，名前について，あとがきにかえて「死」について

[内容] 生まれること，死ぬこと，生きること。かつてここまで易しい言葉で語られたことがあっただろうか。学校では教えてくれないし，もしかしたら一生教わらないかもしれない人生の25の「ツボ」と「コツ」。

『哲学するって，こんなこと？』 篠原駿一郎著 未知谷 2008.12 174p 20cm 1800円 ①978-4-89642-249-8 ⑭100

[目次] 第1章 存在の哲学（心はどこにあるのだろうか？，神は存在するのだろうか？ ほか），第2章 知識の哲学（本当の性質って何だろうか？，天動説は間違っているのだろうか？ ほか），第3章 道徳の哲学（どんなときでも，うそをついてはいけないのだろうか？，なぜ人を殺してはいけないのだろうか？ ほか），第4章 人生の哲学（人は何のために生き

るのだろうか？，幸福の薬で幸せになれるだろうか？　ほか），第5章 社会の哲学（多数決は民主主義だろうか？，人はみんな生まれながらに平等なのだろうか？　ほか）

内容 心は胸にあるの？　頭にあるの？　本当の自分って誰のこと？　次々出てくる50の疑問にとことん付き合う先生と問いを重ねるうちに論理的に考え始める子どもたち。素朴な疑問から始まる哲学対話篇。

『哲学のことば』 左近司祥子著　岩波書店　2007.2　195,7p　18cm　（岩波ジュニア新書 557）780円　①978-4-00-500557-4　Ⓝ104

目次 第1章 そもそも人間ってなに？　動物ってなに？，第2章 恋する気持ち，第3章 ほんとうの友達？，第4章 人間が学ぶのはなぜ？，第5章 私ってだれ？，第6章 死を考える 自殺を考える，第7章 コミュニケーションはむずかしい？，第8章 そして，生きること

内容 人間と動物の違い，恋する気持ち，本当の友だち，死と自殺，コミュニケーションって何？　私ってだれ？一人間のもつ不滅のテーマについて，古代ギリシャから現代までの哲学者たちによることばを読みながら考え，「生きること」を哲学します。

## 《4月29日》

### 昭和の日

4月29日。国民の祝日。激動の日々を経て，復興を遂げた昭和の時代を顧み，国の将来に思いをいたす日。1901年生まれの昭和天皇の誕生日に由来。1927年～1948年は「天長節」，1949年～1988年は「天皇誕生日」，1989年～2006年は「みどりの日」。

『昭和の子ども生活絵図鑑』 ながたはるみ絵，奥成達文　金の星社　2014.1　59p　24×24cm　〈文献あり〉1800円　①978-4-323-07283-8　Ⓝ384.5

目次 学校の風景，校庭の風景，下校の風景，夏休みの風景，遊びの風景，縁日の風景，家族の風景，駅前の風景，街の風景

内容 小学校の入学式，授業参観，給食，三角ベース，学校帰りの道草，ラジオ体操，チャンバラごっこ，あやとり，駄菓子屋，鬼ごっこ，紙芝居，縁日，家族の食事，楽しかった遠足など…。懐かしい「昭和」が，今，鮮やかによみがえる。

『くらべてみよう！　昭和のくらし　5　流行』 新田太郎監修　学習研究社　2009.2　48p　27cm　〈文献あり　年表あり〉2800円　①978-4-05-500602-6　Ⓝ382.1

目次 スポーツヒーロー—どんなスポーツ選手が人気だったの？，自動車—どんな種類が人気だったの？，ファッション—どんな洋服がはやったの？，ラジオ・テレビ番組—どんな番組があったの？，流行語—どんな言葉がはやったの？，映画スター・歌手—どんな人があこがれだったの？，キャラクター人形—どんなキャラクターが人気だったの？，テレビコマーシャル—どんなCMが話題になったの？，おもちゃ1—男の子にはどんなおもちゃが人気だったの？，おもちゃ2—どんなおもちゃがブームになったの？，マンガ—どんなマンガがはやったの？，コレクション1—どんなおまけを集めていたの？，コレクション2—どんなコレクションがはやっていたの？，インスタント食品—どんな食べ物がブームだったの？，飲み物—どんなドリンクを飲んでいたの？，昭和20～40年代 流行略年表，おじいちゃんからおばあちゃんから聞き取りしよう！　昭和のくらし

『くらべてみよう！　昭和のくらし　4　社会』 新田太郎監修　学習研究社　2009.2　48p　27cm　〈文献あり　年表あり〉2800円　①978-4-05-500601-9　Ⓝ382.1

目次 昭和22年10月11日 法律違反ではあるが栄える「やみ市」，昭和31年10月28日 あこがれの文化的住まい「団地」が登場!!，昭和32年9月23日 買い物が便利に「スーパーマーケット」の時代始まる！，昭和33年12月23日 展望台からのながめは最高！「東京タワー」ついに完成，昭和34年4月10日 皇太子殿下が一般の女性と結こん「ミッチーブーム」起こる，昭和37年2月1日 ついに1000万人をこえた「東京都の人口」急増！，昭和38年7月15日「マイカー時代」をむかえて 日本初の「高速道路」開通！，昭和39年10月1日 東京オリンピック直前「東海道新幹線」開通！，昭和39年10月10日 アジア初！　国民大興奮「東京オリンピック」開幕，昭和39年10月23日 回転レシーブがかっこいい「東洋の魔女」金メダル！，昭和45年3月15日 国民の3人に2人が行った「大阪万博」スタート，昭和48年10月16日 トイレットペーパーの買いしめをする動 大変だ!!「オイルショック」，昭和31年5月1日 ねこも人も…あらたな病「水俣病」発見される！，昭和22年9月15日 なんでもこわす「カスリーン台風」，昭和23年6月28日 9割の木造家屋がくずれ落ちた「福井地しん」，昭和20～40年代 社会の出来事略年表，おじいちゃんからおばあちゃんから聞き取りしよう！　昭和のくらし

『くらべてみよう！　昭和のくらし　3　生活』 新田太郎監修　学習研究社　2009.2　48p　27cm　〈文献あり　年表あり〉2800円　①978-4-05-500600-2　Ⓝ382.1

目次 ちゃぶ台一家ではどうやって過ごしていたの？，かまど—ご飯はどうやってたいていたの？，井戸—水はどうやって手に入れていたの？，氷冷蔵庫—食べ物はどうやって保管していたの？，たらい・洗たく板—どうやって洗たくをしていたの？，足ぶみミシン・火のし—着る物はどうしていたの？，氷まくら・置き薬—病気のときはどうしたの？，電報・

電話—どうやって遠くの人と連らくをとったの？，白黒テレビ・ラジオ—どんな楽しみがあったの？，火ばち・こたつ—寒さはどうやってしのいだの？，蚊帳・うちわ—暑い夜はどうやって過ごしたの？，はかり・ます—食品はどんなふうに買っていたの？，リヤカー・オート三輪—大きな荷物は，どうやって運んでいたの？，柳行李—服はどんなふうに収納していたの？，ふろしき—物はどんなふうに持ち歩いていたの？，昭和20〜40年代生活道具略年表，おじいちゃんからおばあちゃんから聞き取りしよう！　昭和のくらし

『くらべてみよう！　昭和のくらし　2　学校・遊び』　新田太郎監修　学習研究社　2009.2　48p　27cm〈文献あり　年表あり〉　2800円　⑪978-4-05-500599-9　Ⓝ382.1

目次 木造校舎—どんな教室で勉強していたの？，学校の勉強—どんな勉強をしていたの？，文ぼう具—どんな道具で勉強していたの？，給食—お昼は何を食べていたの？，家での勉強—宿題や勉強はどうしていたの？，先生—どんなふうに勉強を教えてくれたの？，運動会—どんな競技があったの？，遠足—どんな場所に出かけたの？，夏休み—どんなふうに過ごしたの？，子ども会—どんな活動をしていたの？，外あそび—どんなあそびがはやっていたの？，家あそび—どんな道具で遊んでいたの？，紙しばい・貸し本—どんな話に夢中になったの？，だがし—どんなだがしが人気だったの？，グリコのおもちゃ—どんなおまけがついていたの？，昭和20〜40年代学校・遊び略年表，おじいちゃんからおばあちゃんから聞き取りしよう！　昭和のくらし

『くらべてみよう！　昭和のくらし　1　家族』　新田太郎監修　学習研究社　2009.2　48p　27cm〈文献あり〉　2800円　⑪978-4-05-500598-2　Ⓝ382.1

目次 父の存在—一家を支える大黒柱だった，母の存在—朝から晩まで働いていた，祖父母の存在—生活の知恵を教えてくれた，子どもの手伝い—家族の一員としてよく手伝った，食たく—ご飯つぶを残すとしかられた，縁側—家の中でも外でもない空間，銭湯—おふろ場は人々の交流の場だった，ペット—コリー犬が大人気，おやつ—手作りおやつに思い出いっぱい，家族の休日—「レジャーブーム」がやって来た！，お正月—新しい年の始まりをお祝いした，行事やお祝い—お祝いごとを大切にした時代，結こん式—新しい家族が増えるお祝い，子守・子育て—家族から近所までみんなで子育て，お祭り・縁日—大人になっても思い出深い，家族のポートレート，おじいちゃんからおばあちゃんから聞き取りしよう！　昭和のくらし

『昭和天皇—戦争を終結させ、国民を救った日本の元首』　明成社　2005.4　29p

21cm　（まほろばシリーズ　1）〈年譜あり〉　400円　⑪4-944219-34-2　Ⓝ288.41

目次 1 昭和天皇と今上天皇，2 大東亜戦争とご聖断，3 マッカーサーとの会見，4 国民の手紙，5 皇居勤労奉仕のはじまり，6 全国巡幸，7 戦後の復興

## 《4月30日》

### くらやみ祭

4月30日〜5月6日。東京都府中市の大國魂神社で行われる例大祭。かつては明かりを消した深夜の暗闇の中で行われていた。武蔵の国の主要な神社の神主が集まって国内の無事と豊作を願ったのがはじまりとされる。

『くらやみ祭』　猿渡盛文文，綾部好男絵　光村教育図書　1998.4　39p　22×27cm　952円　⑪4-89572-617-7

### 図書館記念日

1950年の4月30日に図書館法が公布されたことから、日本図書館協会が1971年に制定。

『図書館のひみつ—本の分類から司書の仕事まで』　高田高史監修　PHP研究所　2016.4　63p　29cm（楽しい調べ学習シリーズ）〈文献あり　索引あり〉　3000円　⑪978-4-569-78544-8　Ⓝ010

目次 1 図書館施設や書架のひみつ（図書館には種類がある，図書館内のようす，調べものに役立つ本 ほか），2 図書館で働く人とその仕事（図書館の一日，図書館員のさまざまな仕事，図書館の専門家・司書 ほか），3 図書館を利用するコツ（図書館の本を検索する方法，本を上手に見つけるコツ，レファレンスサービスを利用する ほか）

『としょかんへいこう』　斉藤洋作，田中六大絵　講談社　2015.7　32p　27cm（講談社の創作絵本）　1400円　⑪978-4-06-133261-4　Ⓝ015

内容 図書館って、何ができるの？　まちがいさがし、さがしえ、めいろ、マナークイズ。遊びながら図書館の使い方が学べる絵本。

『お父さんが教える図書館の使いかた』　赤木かん子著　自由国民社　2014.6　93p　21cm〈索引あり〉　1400円　⑪978-4-426-11806-8　Ⓝ015

目次 第1章 プロローグ，第2章 図書館に行って百科事典を見よう，第3章 情報を集めよう，第4章 専門の本を調べよう，第5章 テーマを決める，第6章 答えを見つける，第7章 報告書にまとめよう

**内容** 目を輝かせて本に夢中になる "調べもの の名人" を育てよう。じつはお父さんも知りた かった、調べかたの基礎と図書館の楽しさ。

『**図書館のトリセツ**』 福本友美子，江口絵 理著　講談社　2013.10　152p　20cm （世の中への扉）〈絵：スギヤマカナヨ 文献あり〉　1200円　①978-4-06-218497-7 Ⓝ015

**目次** 図書館の機能早見，安全上のご注意，図 書館案内図，本と出会う，困っ たときは？―よくある質問Q&A，本となかよ くなる，日本十進分類表，本の各部名称

**内容** 図書館ってどんなところ？　本はどんな ふうに、ならんでいるの？　おもしろい本は どうやって見つける？　調べ学習や自由研究 での図書館の使い方は？　レファレンスって なに？　本のさがし方から、調べ学習や自由 研究の悩みを解決！　とことん図書館を使い こなす方法。小学中級から。

『**図書館のすべてがわかる本　4　図書館を もっと活用しよう**』 秋田喜代美監修，こ どもくらぶ編　岩崎書店　2013.3　47p 29cm　〈索引あり〉　3000円　①978-4-265- 08269-8　Ⓝ010

**目次** 第1章 図書館の新しい活用法(本のさが し方について考えてみよう！，目録って知っ てる？　参考図書って何？　ほか)，第2章 身 近な図書館は、なんといっても学校図書館！ (学校図書館の現在と変化，学校図書館を活用 する授業のようすを見てみよう！　ほか)，第 3章 現代の図書館の役割(新アレクサンドリア 図書館を見てみよう！，もっと知りたい！ アレクサンドリア図書館で何がおこった？ ほか)，第4章 専門図書館・大学図書館あれこ れ情報(全国のユニークな専門図書館いろい ろ，マンガを集めた専門図書館があるのを 知ってる？　ほか)

『**図書館のすべてがわかる本　3　日本と世 界の図書館を見てみよう**』 秋田喜代美監 修，こどもくらぶ編　岩崎書店　2013.3 47p　29cm　〈索引あり〉　3000円　①978- 4-265-08268-1　Ⓝ010

**目次** 第1章 ユニークな図書館(えっ！　駅が 図書館？，なんと、本物の車両が！　ほか)， 第2章 子どものための図書館(子どもたちがよ い本に出あえるように，もっと知りたい！ 世界最大の国際児童図書館　ほか)，第3章 学 校図書館と大学図書館(小学校・中学校・高 校・大学の図書館，もっと知りたい！　写真 で見る世界の学校図書館)，第4章 国立図書館 (国立図書館の役割，もっと知りたい！　写真 で見る世界の国立図書館)

『**図書館のすべてがわかる本　2　図書館の 役割を考えてみよう**』 秋田喜代美監修， こどもくらぶ編　岩崎書店　2012.12

47p　29cm　〈索引あり〉　3000円　①978- 4-265-08267-4　Ⓝ010

**目次** 第1章 図書館を見てみよう！(公共図書 館には何がある？，書だなはどうなっている の？，読みたい本をさがすには？，本はどの ように分類されているの？，書だなには、本 がどのようにならべられているの？，児童室・ 児童コーナーの書だな)，第2章 いろいろたの しめる公共図書館(本を読むだけでは！，本 を借りるには？，知りたいことが調べられ る！ "レファレンスサービス")，第3章 地域 のなかの図書館の役割(図書館のさまざまな役 割，図書館の種類はいろいろ，公共図書館はど んどんふえている)，第4章 図書館ではたらく (公共図書館の一日，おもてに出てこないさま ざまな仕事，図書館ではたらく人ってどんな 人？，図書館をささえるボランティアの仕事)

『**図書館のすべてがわかる本　1　図書館の はじまり・うつりかわり**』 秋田喜代美監 修，こどもくらぶ編　岩崎書店　2012.12 47p　29cm　〈索引あり〉　3000円　①978- 4-265-08266-7　Ⓝ010

**目次** 第1章 図書館って何だろう？(「図書館」 ということばの意味，図書館の歴史は文字の 歴史にはじまる，文字の歴史をのこす)，第2 章 図書館のはじまり(図書館ができた！，古 代最大の図書館の誕生，古代に生まれた公共 図書館，中世の修道院図書館，大学図書館と 貴族図書館の登場)，第3章 図書館のうつりか わり(印刷技術の発明，会員制図書館の広ま り，公共図書館の誕生と発展，現代の図書館 へ、進化する図書館)，第4章 日本の図書館の あゆみ(昔の図書館はどんなところ？，近代図 書館のはじまり，戦後の図書館，日本の学校 図書館の歴史，日本の児童図書館の歴史)

『**本と図書館の歴史―ラクダの移動図書館 から電子書籍まで**』 モーリーン・サワ 文，ビル・スレイヴィン絵，宮木陽子，小 谷正子訳　西村書店東京出版編集部 2010.12　70p　27cm　1800円　①978-4- 89013-923-1　Ⓝ010.2

**目次** 第1章 古代図書館の誕生，第2章 破壊と 崩壊の暗黒時代，第3章 印刷機がもたらした 黄金時代，第4章 新大陸へ，第5章 バック・ トゥ・ザ・フューチャー，インターネットで 調べてみよう

『**エンジョイ！　図書館**』 二村健監修　鈴 木出版　2010.4　31p　27cm　(図書館が 大好きになるめざせ！　キッズ・ライブ ラリアン 2)〈索引あり〉　2800円 ①978-4-7902-9135-0　Ⓝ015

**目次** 第1章 図書館をもっと使いこなす！(図 書館で大好きなことを見つけよう！，キッズ・ ライブラリアン・ゲーム 何に当たるか！ NDCスロットゲーム，差がつく！　調べ学習 のコツ)，第2章 まちの図書館で調べよう！ (調べものの強〜い味方！　まちの図書館，ま ちの図書館司書さんにインタビュー！　図書 館をじょうずに使う方法を教えて！)，第3章

まちの図書館司書さんのお仕事見せて！（まちの図書館司書さんの1日）

内容 調べ学習で図書館を活用する。

『ようこそ、ぼくらの図書館へ！』 二村健監修　鈴木出版　2010.4　31p　27cm（図書館が大好きになるめざせ！　キッズ・ライブラリアン　3）〈索引あり〉2800円　①978-4-7902-9136-7　Ⓝ017.2

目次 第1章 図書館を人気スポットに！（図書館大改造計画！，ほかの学校のぞかせて！　狛江第三小学校におじゃましま～す），第2章 手作りグッズでグレードアップ！（アイデアグッズを作ろう！，キッズ・ライブラリアン・ゲーム おすすめ王決定戦！），第3章 わくわくイベントを企画しよう！（みんながよろこぶ！　図書館イベント，ほかの図書館のぞかせて！　こんな図書館もがんばっているよ，本で体験！　図書館の世界）

内容 みんなが図書館をもっと好きになるように、図書館をもりあげるイベントがたくさん。

『図書館のヒミツ』 二村健監修　鈴木出版　2010.3　31p　27cm（めざせ！　キッズ・ライブラリアン 図書館が大好きになる 1）2800円　①978-4-7902-9134-3　Ⓝ010

目次 第1章 図書館へ行ってみよう！（図書館ってどんな場所？，図書館の先生にインタビュー！　図書館の先生って何をする人？，本棚のヒミツ ほか），第2章 本を探せ！（めざす本を探し出せ！，キッズ・ライブラリアン・ゲーム 検索対戦！　指令の本を探せ，まちの図書館をのぞいてみよう），第3章 図書委員になろう！（図書委員って何をするの？，キッズ・ライブラリアン・ゲーム 難問にトライ！　図書館クイズ，ほかの学校のぞかせて！　啓明小学校におじゃま～す）

内容 学校には図書館や図書室があります。調べものやお話しを読みに行ったりしますが、じっくり探検したことはありますか？　じつは、図書館にはヒミツがあるんです。

《4月その他》

国際盲導犬の日

4月最終水曜日。1989年の4月26日に国際盲導犬学校連盟が発足したことから、盲導犬の普及のため、国際盲導犬学校連盟が1992年に制定。

『もうどう犬べぇべ』 セアまり文，平澤朋子絵　ほるぷ出版　2018.7　34p　24cm　1500円　①978-4-593-10003-3　Ⓝ369.275

内容 べぇべは、いつもこまった顔をした犬です。でもじつは、「もうどう犬」という特別な犬なのです。ほとんど目が見えないメグは、べぇべといっしょにくらすようになって、毎日ががらりと変わりました――。盲導犬って、どんなことをするの？　視覚障がい者って、どんなふうに世界が見えているの？　じっさいの盲導犬ユーザーが書いた、物語を楽しみながら理解を深めることができる絵本です。

『光をくれた犬たち盲導犬の一生』 今西乃子著，浜田一男写真　金の星社　2017.9　165p　22cm　（ノンフィクション知られざる世界）1400円　①978-4-323-06094-1　Ⓝ369.275

目次 プロローグ パピーウォーカーになる，1 子犬が我が家にやってきた！，2 盲導犬への第一歩，3 盲導犬を目指して，4 盲導犬と歩く，5 盲導犬・命のバトンのアンカー，エピローグ 新たな世代へ

内容 盲導犬候補の子犬を育てるパピーウォーカー、盲導犬にする訓練士、盲導犬ユーザー、そして引退犬を引き取り最期を看取るボランティア…一頭の犬にかかわる多くの人たちと盲導犬との絆の物語。

『ハーネスをはずして―北海道盲導犬協会の老犬ホームのこと』 辻惠子著　あすなろ書房　2016.4　174p　20cm　1300円　①978-4-7515-2769-6　Ⓝ369.275

目次 老犬ホームにようこそ，老犬ホームができるまで，老犬ホームから広がる世界，私の生い立ち，森の小さい牧場，私、犬の飼育の仕事がしたい，北海道盲導犬協会のドアをたたく，北の大地に夢をつむぐ福祉施設，ラブラドール・レトリバー，老犬たちから学んだこと，老犬ホームの一日，老犬飼育委託ボランティアさんと暮らすパール，寒さと犬は天からの贈りもの，ミニーが欲しかったもの，我が家にきたはじめての犬、ラン，私の夢

内容 盲導犬たちへの最後の贈りもの。世界で初めて、世界でも例のない盲導犬のための老犬ホーム。その運営にかかわって28年の著者が語る老犬ホームの暮らし。

『〈刑務所〉で盲導犬を育てる』 大塚敦子著　岩波書店　2015.2　223p　18cm（岩波ジュニア新書 797）〈文献あり〉840円　①978-4-00-500797-4　Ⓝ369.275

目次 第1章 日本初のプログラムができるまで（パピーユニット、島根あさひ社会復帰促進せんたーはどんなところか ほか），第2章 春―パピーとの出会い（パピーたちがやってきた，犬のいる生活 ほか），第3章 夏―刑務所で犬を育てるということ（三か月めの危機、一人いなくなった ほか），第4章 秋―再生の始まり（盲導犬歩行体験、オーラの隠し芸 ほか），第5章 冬―犬たちの旅立ち（カウントダウン，ひと足先の修了式 ほか）

内容 犬は教えてくれた、人は生き直せることを…。日本で初めて、刑務所で盲導犬候補の子犬を育てる試みが始まった。犬との日々は人々をどのように変えていったのか。動物との絆に秘められた可能性とは。この試みの立

ち上げから7年以上にわたって取材を重ねてき
た著者が綴る、希望の書。

『エルと過ごした9か月—盲導犬のたまごが
くれたもの』 鹿目けい子文，松村沙耶香
監修 国土社 2014.11 142p 22cm
1300円 ①978-4-337-31009-4 Ⓝ369.275
目次 プロローグ エルがやって来た！，1か月
目 エルは人気もの（6〜7月），2か月目 パ
ピーレクチャー（7〜8月），3か月目 エルのこ
とが知りたい！（8〜9月），4か月目 学校に行
けなかった女の子（9〜10月），5か月目 ごめ
んね、エル（10〜11月），6か月目 エルの家庭
訪問（11〜12月），7か月目 エルといっしょな
ら…（12〜1月），8か月目 オープンキャンパ
ス（1〜2月），9か月目 ありがとう、エル（2〜
3月），エピローグ 一度だけの再会
内容 パピーウォーカーの先生につれられて、
学校に盲導犬のたまごがやってきた！ この
はじめての試みに、転校生の亮太や、10年間
引きこもっていた麻美など、さまざまな人が
かかわって…。感動のノンフィクション。

『盲導犬不合格物語』 沢田俊子文，佐藤や
ゑ子絵 講談社 2013.6 151p 18cm
（講談社青い鳥文庫 279-2）〈学研 2004
年刊の加筆修正〉620円 ①978-4-06-
285359-0 Ⓝ369.275
目次 1 ゼナは、おばかさん？，2 盲導犬にな
れない犬って？，3 命を救ったベンジー，4
マジシャンになったラタン，5 介助犬になっ
たオレンジとクエスト，6 スター犬トゥリッ
シュ，7 セラピー犬タックル，8 ほかにもい
るよ！ がんばっている不合格犬たち、こん
ないいお話もあるよ 盲導犬と人とのきずな
内容 訓練を受けても、すべての犬が盲導犬に
なれるわけではありません。では、不合格に
なった犬は、「ダメな犬」なのでしょうか？
いいえ、たまたま、盲導犬には向かなかった
だけなのです。"不合格犬"たちは、その後、ど
うしているのでしょう？ 第52回産経児童出
版文化賞を受賞したノンフィクション作品に
新たなエピソードをくわえました。小学初級
から。

『盲導犬サーブ』 手島悠介著 講談社
2010.6 169p 20cm （世の中への扉）
1200円 ①978-4-06-216288-3 Ⓝ369.275
目次 序章 ある朝とつぜん，第1章 盲導犬
サーブの誕生，第2章 事故は起こった！，第3
章 三本足になったサーブ，第4章 サーブの
こしたもの，盲導犬のこと、もっと知りたい！
内容 交通事故からご主人を守って大けがを負
い、3本足になったサーブ。その勇敢な行動に
奮い立った多くの人々が、目の不自由な人の
暮らしやすい社会と盲導犬の地位向上のため
に力を尽くす！ サーブの生涯をたどりなが
ら、人間と犬の絆や盲導犬を取り巻く社会の
変化を描くノンフィクション。

『レッツゴー・サフィー—子どもたちの夢
と地域の愛を集めた盲導犬』 井上夕香作
ハート出版 2009.6 158p 22cm 1200
円 ①978-4-89295-649-2 Ⓝ369.275
目次 ボランティア活動，サフィーがくる
よ！，初めてはアイリー，レッツゴー・サ
フィー，パピーウォーカーのたかさん，い
たずら子犬，涙のおわかれ？，加藤さんと
いっしょ，これがサフィーかあ！，ユーザー
の熊澤さん、はずかしい！，盲導犬がほし
い！，新しいリーダー，あのサーフィーが？，
事故の真相，よろしく、ドーリー，教え子を
連れて，盲導犬のけっさくソング
内容 募金をあつめ子犬を贈った子どもたち、
無償の愛情をそそいだパピーウォーカー夫妻、
人との信頼関係を教えこんだ訓練士、中途失
明したユーザーとの幸せな暮らしに、突然の
別れ…。盲導犬をめぐるふしぎな縁の感動実
話。小学校中学年以上向き。

『ベルナのしっぽ—盲導犬とななえさん』
郡司ななえ作，影山直美絵 角川書店
2009.3 285p 18cm （角川つばさ文庫
Dく1-1）〈発売：角川グループパブリッ
シング〉620円 ①978-4-04-631001-9
Ⓝ369.275
目次 1章 心を通わせて，2章 はじめての町
で，3章 赤ちゃん誕生，4章 みんな家族，5章
2人はきょうだい，6章 老いていく日々，7章
ベルナの"反乱"，8章 さようなら、ベルナ
内容 「郡司さん、ベルナです。黒のラブラ
ドール、メス、1歳6カ月、大型犬です」—病気
のために目が見えなくなったななえさんは、
大の苦手の犬とパートナーをくむことにした。
そして、盲導犬・ベルナと出会い、そのひた
むきさに心をうたれ、きずなを深めてゆく。
しかし、やがて別れの時が…。人と犬との間
に育まれた愛と感動の物語—。小学中級から。

『アンソニー、きみがいるから—盲導犬が
はこんでくれたもの』 櫻井ようこ著 ポ
プラ社 2008.10 151p 20cm （ポプ
ラ社ノンフィクションシリーズ 3）1200円
①978-4-591-10476-7 Ⓝ369.275
目次 沖縄のビーチで，二大珍事件，アンソ
ニーとの生活，健康診断，花火の夜，つげら
れた病名，こわい…，出会い、杖を持つ，マッ
サージ師になり，転落事故，電車がこわい，盲導
犬アンソニーとの出会い，訓練，アンソニー
からテストされて，駅も電車もこわくない，
アンソニーとともに，中国 万里の長城へ
内容 「視野がせまいと感じたことはありませ
んか？」健康診断で思いもかけなかった指摘
を受け、その後「いずれは失明します。難病
で、治療法もなく、薬もありません」と宣告
をされた櫻井さん。見えなくなる恐怖。どう
しようもない絶望感。しかし、そんななかで
盲導犬アンソニーと出会い、自分を信じる力、
人を信じる力をとりもどしていきます。

『引退犬命の物語—命あるかぎり輝きつづ
けた盲導犬たち』 沢田俊子文，小山るみ

4月その他　　4月

こ絵　学習研究社　2007.11　107p
22cm　（動物感動ノンフィクション）
1200円　①978-4-05-202927-1　Ⓝ369.275

目次 1 バルダのパワー，2 グレッグの魔法の
力，3 いちばん長生きした盲導犬ユキ，4 マ
キシィへの思い，5 引退犬へのプレゼント，
ぼくたち引退犬（アルバム）

内容 盲導犬は，年をとったらどうなるか，み
なさん知っていますか？　盲導犬の役目を終
えた犬（引退犬）はその後，だれが，どのよう
にしてめんどうをみているのでしょう。マキ
シィ，ユキ，グレッグ，バルダ。4頭の引退犬
の，命の感動ノンフィクション。

『今日からは、あなたの盲導犬』　日野多香
子文，増田勝正写真　岩崎書店　2007.10
31p　26cm　（いのちのえほん 20）1300
円　①978-4-265-00630-4　Ⓝ369.275

内容 わたしは，盲導犬歩行指導員の原祥太
郎。目が不自由な人たちに，目の役目を果た
す「盲導犬」を手わたすのが仕事だ。わたし
がつとめるアイメイト協会からは，もうすぐ，
1000頭目のセロシアが盲導犬として旅立って
いく。心をこめて育てたセロシア。新しい主
人のいい相棒になれるといいな。

『がんばれ！　キミは盲導犬―トシ子さん
の盲導犬飼育日記』　長谷島妙子著　ポプ
ラ社　2006.11　190p　18cm　（ポプラポ
ケット文庫 803-1）〈2004年刊の新装版〉
570円　①4-591-09492-8　Ⓝ369.275

目次 ラムの九頭の赤ちゃん，飼育係のトシ子
さん，アローがやってきた―パピーウォー
カーのもとへ，お帰りなさい！　みんな一'86
入学式，ロディの足が…，マギーの死，残念！
アローが盲導犬になれない，ロディ，韓国へ，
きた，ロディ，韓国へ，感動のパラリンピック

内容 一頭の盲導犬を育て上げるには，技術と
深い愛情が必要です。子犬誕生の感動，厳し
い訓練，病気の犬への心配り…盲導犬を育て
る人たちの，努力と愛情の物語。小学校上級
以上向け。

『お帰り！　盲導犬オリバー―ぼく、みんな
のこと覚えているよ』　今泉耕介作　ハー
ト出版　2005.4　157p　22cm　1200円
①4-89295-511-6　Ⓝ369.275

目次 八匹の子犬（子犬が生まれたよ，気の弱
い男の子，キャンディの悲しみ，さよならお
母さん），新しい家族（オリバーは変な顔，犬
が怖いよ，オリバーは内弁慶，兄弟との再会，
最後の散歩道），立派な盲導犬になりたい（訓
練犬の生活，オリバーだけの訓練 ほか），ボ
ク，帰ってきたよ（家族との再会，ボク，みん
なのこと覚えていたよ）

内容 オリバーもモアもともに盲導犬です。モ
アは菊池さん夫婦の盲導犬として十年ちかく，
働きました。やがてモアは年をとり，引退し

ました。そのモアを引き継いで，菊池さん夫
婦の盲導犬となったのがオリバーです。オリ
バーも十年ちかく盲導犬として働きます。そ
のオリバーも年をとり引退し，子犬時代をす
ごした佐藤さんの家に戻ります。子犬時代の
楽しかった思い出をオリバーはとり戻すこと
ができるのでしょうか？　犬の不思議な能力，
そして人と犬の深い絆と愛情。きっとあなた
の心に，あたたかな何かが伝わります。小学
校中学年以上向き。

『はじめましてチャンピイ―にっぽんでさ
いしょのもうどうけん』　日野多香子文，
福田岩緒絵　チャイルド本社　2004.6
29p　25cm　（感動ノンフィクション絵本
3）571円　①4-8054-2566-0　Ⓝ369.275

# 5月

『かこさとしこどもの行事しぜんと生活　5月のまき』　かこさとし文・絵　小峰書店　2012.4　36p　29cm 〈年表あり〉 1400円　①978-4-338-26805-9　Ⓝ386.1

目次 八十八夜（5月2日ごろ），メーデー（5月1日），博多どんたく港まつり（5月3日・4日），端午の節句（5月5日），ちまき，ゴールデンウィーク（4月29日〜5月5日ごろ），立夏（5月6日ごろ），いずれ，アヤメかカキツバタ，桃太郎まつり，ハーリー〔ほか〕

『5月のえほん—季節を知る・遊ぶ・感じる』　長谷川康男監修　PHP研究所　2011.3　47p　26cm 〈文献あり〉 1300円　①978-4-569-78126-6　Ⓝ386.1

目次 端午の節句 5日，八十八夜 2日ごろ，5月の旬の食べもの，5月の俳句と季語，5月に見られる植物，5月の記念日，5月の行事，日本の5月のお祭り，世界の5月の行事・お祭り，バードウォッチングを楽しもう，水辺の生きものをつかまえよう，5月のできごと，5月に生まれた偉人・有名人

『学習に役立つわたしたちの年中行事　5月』　芳賀日出男著　クレオ　2006.4　35p　27cm　1800円　①4-87736-087-5　Ⓝ386.1

目次 端午の節句，ショウブとヨモギ，子供の祭り，神になった子供，たこあげ，村の芝居，神輿，葵祭り，茶つみと山菜とり，養蚕，物語・博多どんたく，5月の各地の祭り，5月の世界の祭り，5月のことば，5月の祭りごよみ，総目次索引（1月〜12月）

『365日今日はどんな日？—学習カレンダー5月』　PHP研究所編　PHP研究所　1999.9　49p　31cm 〈索引あり〉 2700円　①4-569-68155-7

目次 血のメーデー事件おきる，中央本線が全線開通，福沢諭吉が三田演説館をつくる，正午の時報がサイレンに，美空ひばりがデビュー，エンパイア・ステートビル完成，八十八夜，聖武天皇がなくなる，風土記の編さんを命じる，レオナルド・ダ・ビンチなくなる〔ほか〕

内容 一年365日の，その日に起こった出来事を集め，ひと月1巻，全12巻にまとめたシリーズの5月編。その日にまつわる歴史上の出来事や人物，発明・発見，文学，美術，音楽，数学，お祭りや記念日，年中行事などの項目を収録。

『5月』　増田良子，福田節子編著，田中直樹絵　岩崎書店　1999.4　39p　31cm （くらしとあそび・自然の12か月 2）3000円　①4-265-03782-8　Ⓝ031

目次 野原で花とあそぼう，野原で葉っぱとあそぼう，大空におよぐこいのぼり，たのしいこどもの日（5月5日は，こどもの日），新聞紙で，あそぼう，ザリガニを飼おう，潮ひがりにいこう，風とあそぼう（風ぐるまと風わ，紙ひこうき，しゃぼん玉 ほか）

『学習に役立つものしり事典365日　5月』　谷川健一，根本順吉監修　新版　小峰書店　1999.2　65p　27cm 〈索引あり〉 2500円　①4-338-15605-8

目次 メーデー，万国博覧会始まる，北杜夫生まれる，ブラックバスは大食漢，『風土記』の編纂始まる，野茂，大リーグデビュー，景山英子なくなる，夏も近づく八十八夜，憲法記念日，第一回世界柔道選手権大会〔ほか〕

内容 どんな事件があり，どんな人が生まれたり死んだりしたのか，年中行事や記念日の由来など，遠い昔から現代までに起きた出来事を，同じ日付ごとにまとめた事典。本巻は5月の日付を収録。索引付き。

『5月のこども図鑑』　フレーベル館　1997.4　55p　27cm （しぜん観察せいかつ探検）〈監修：中山周平〉 1600円＋税　①4-577-01712-1　Ⓝ031

目次 5月のカレンダー，鳥は友だち，つばめのこそだて，おたまじゃくし，ミニトマト，かんごふさんのしごと，アイスクリーム工場，5月のメニュー，町を歩こう，母の日のプレゼント，こどもの日

『5がつのこうさく—おかあさんありがとう』　竹井史郎著　小峰書店　1996.2　31p　25cm （たのしい行事と工作）1600円　①4-338-12705-8　Ⓝ507

目次 こどものひ，おりがみ，あいちょうしゅうかん，ははのひ

内容 小学校低学年以上。

## 《5月1日》

### メーデー

国際的な労働者の祝日。1886年の5月1日に
アメリカで8時間労働制を求めてストライキ
を行ったことから。

『はたらく』 長倉洋海著 アリス館 2017.
9 38p 26cm 1400円 ①978-4-7520-
0812-5 Ⓝ366.38

内容 人は何のために、はたらくのだろう。真
剣な眼差し、明るい笑顔。たくさんの人びと
に出会い、見えてきたことは…。

『君たちはどう働くか』 今野晴貴著 皓星
社 2016.4 175p 19cm 1200円
①978-4-7744-0610-7 Ⓝ366

目次 第1章 僕が人々の働き方に興味を持った
理由，第2章 どうしておとなは働くのでしょ
う？，第3章 働きだす前に，なにを知ってお
けばいいの？，第4章 まずは「働くルール」
を覚えよう！，第5章 アルバイトをはじめる
前に，第6章 いざ就職，第7章 ブラック企
業には気をつけよう！

内容 これから働く君たちへ。いま働いている
君たちへ。そして、君たちの親や教師たちへ。
働きだしたら、どこまでがんばればいいの
か？ ベストセラー『ブラック企業』の著者
が、これからの「働き方」について助言する。
中学生から読める！

『パワハラに負けない！―労働安全衛生法
指南』 笹山尚人著 岩波書店 2013.11
231p 18cm （岩波ジュニア新書 758）
840円 ①978-4-00-500758-5 Ⓝ366.3

目次 序章 弁護士生活スタート，1章 職場っ
て、働く人をむしばむことだらけ？，2章 労
働契約とは、全人格の支配ではない，3章 労
働安全衛生法等による労働者の身体保護，4章
労働災害と長時間労働，5章 働く人間を壊し
てしまうパワハラ，6章 職場でパワハラ予防
をはかる，7章 パワハラ事件を真に解決する？，
8章 阿久津君からのメッセージ―私たちにで
きること，終章 佐々木弁護士からの補足

内容 職場でのいじめや嫌がらせから、自分を
守るにはどうしたらいいの？ 誰もがイキイ
キと働ける社会にするにはどうしたらいい
の？ 数々の労働事件や若者の労働相談に
のってきた著者が具体的なケースをもとにア
ドバイスする。あわせて働く人を守ってくれ
る労働安全衛生法についてもていねいに解説。
『労働法はぼくらの味方！』に続く、働く人を
元気にする一冊。

『しあわせに働ける社会へ』 竹信三恵子著
岩波書店 2012.6 191,3p 18cm （岩

波ジュニア新書 715）〈文献あり〉 820円
①978-4-00-500715-8 Ⓝ366

目次 第1章 就職難は若者のせいなのか（それ
は「ぜいたく」なのか，それは「スキル」のせ
いなのか ほか），第2章 正社員、大手企業な
ら安心なのか（会社は「働く」の足がかりにす
ぎない，「社畜」といわれた人びと ほか），第
3章 まともな働き方をさぐる（前期ロスジェ
ネ）からの出発，ブラック企業の連続 ほか），
第4章 落とし穴に備える自分づくり（落とし穴
を知っている人、知らない人、働くことの楽
しさと苦しさ ほか），第5章 しあわせに働
ける仕組みづくり（それは偉い人が考えればいい
こと？，過労死を防ぐ労働時間制度 ほか）

内容 長引く不況の影響を受け、若者たちの就
職が厳しさを増す一方、働き口があっても苛
酷な労働に心身の健康を損ねて退職を余儀な
くされる者もいる。誰もがしあわせに働ける
社会にするために必要な労働政策とは何か？
働く者に必要な知識とは？ 多くの労働現場
を丹念に取材してきた著者が、さまざまな事
例をもとに提言する。

『働く人たちのひみつ―みんなを守る労働
組合』 オフィス・イディオム構成，たま
だまさお漫画 学研パブリッシングコ
ミュニケーションビジネス事業室 2011.
1 128p 23cm （学研まんがでよくわか
るシリーズ―仕事のひみつ編 3）Ⓝ366.6

『知っておきたい！ 働く時のルールと権
利』 簗智優子著 ぺりかん社 2010.4
141p 19cm （なるにはbooks 別巻）
〈文献あり〉 1300円 ①978-4-8315-1265-
9 Ⓝ366.14

目次 1章 知っておこう世の中のいろいろな働
き方（正社員ってなんだろう？―雇用期間に制
限がなく、定年まで働ける、非正規雇用労働
者ってなんだろう？―派遣社員、契約社員、
パート・アルバイトの違いについて、個人事
業主ってなんだろう？―労働法には守られず
実績も責任も自分しだい ほか），2章 知って
おこう働く時のルールや権利（働く時にルール
と権利が必要なわけ―安心して働ける環境と
労働者の権利を守るために、就職にあたって
のルール―社会の一員になる時、こんなルー
ルが待っている、がんばって働いた賃金の
ルール―会社の基準によって異なる基本
給や手当 ほか），3章 知っておこうみんなが
働く20XX年の社会（正社員は今後ますます
減っていく！？―政府の考え方や景気などで雇
用システムが変化する、働く人の都合で働き
方を自在に変更！？―「同一労働・同一賃金・同
一待遇の原則」とは、働く仲間の垣根がなく
なる―さまざまな人たちがいるバラエティ豊
かな職場 ほか）

内容 世の中にはさまざまな働き方があり、す
べての人が安心して健康に仕事をするために
「労働法」というルールが定められています。
本書では、正社員、非正規雇用労働者、個人
事業主といった働き方の違いや、働く時に
知っておきたいルールや権利、未来の働き方
の予測などが紹介されています。これから社

会に出て、生き生きと働くための心の準備を
してみましょう。

**『労働法はぼくらの味方！』** 笹山尚人著
岩波書店　2009.2　193,5p　18cm　（岩
波ジュニア新書 615）　780円　①978-4-
00-500615-1　Ⓝ366.14

目次 プロローグ 真吾君の仕事体験，第1章
アルバイトの悩み，第2章 労働法ってなんだ
ろう，第3章 パート・アルバイトの働きかた，
第4章 正社員の働きかた，第5章 派遣社員の
働きかた，第6章 労働法の活用方法，第7章
おじさんからの手紙，エピローグ これから働
く若者たちへ

内容 アルバイトでも有給休暇はとれるのか？
派遣でも残業代はもらえるのか？　多くの若
者たちの労働相談にのってきた著者が，労働
現場で出会うさまざまな疑問や問題点につい
てていねいに解説。働く権利を守るためにど
んな方法があるのか，具体例をあげてアドバ
イス。巻末には相談窓口を付す。

---

### 水俣病啓発の日

1956年の5月1日に，熊本県水俣市の保健所
にのちに「水俣病」として知られるようにな
る原因不明の奇病が報告されたことによる。
公害の水俣病を忘れないため，2006年に
制定。

---

**『はじめて学ぶ水俣病』**　〔熊本〕　熊本県
〔2014〕　7p　30cm　〈年表あり〉　Ⓝ519.
2194

**『患者さんが教えてくれた―水俣病と原田
正純先生』**　外尾誠文　フレーベル館
2013.10　135p　22cm　（フレーベル館
ジュニア・ノンフィクション）　〈文献あり
年表あり〉　1200円　①978-4-577-04153-6
Ⓝ519.2194

目次 1 ネコが消えた，2 医者は来るな，3 教
科書とちがう？，4 早く証明しないと，5 バ
ンザイはできない，6 さわぎを起こすな，7
宝子，8 先生は名誉首長，9 ぜったいに終わ
らない，10 死ぬまではだいじょうぶ

内容 「水俣病」という公害病に，一生をかけ
て向きあったお医者さん，原田正純先生。「医
者なのに，患者を治してやられない…」
原田先生は，ずっと悩み，考えつづけました。
そして，「治らない病気だからこそ，やるべき
ことがたくさんあるんだ」そう，気づくので
す。いつも笑顔で，患者さんに寄りそいつづ
けた原田先生の物語がはじまります。

---

## 《5月2日》

### 鉛筆の日

1886年の5月2日に眞崎仁六が東京で日本初
の鉛筆工場で生産を始めたことから。

---

**『えんぴつが正しくもてる本―脳を育てる
えんぴつ学習』**　石田繁美編　ポプラ社
2004.6　1冊　26cm　〈付属資料：鉛筆2
本＋鉛筆削り1個＋音楽モジュール1個＋1
冊〉　1380円　①4-591-08157-5　Ⓝ376.1

内容 本書は，小さい子どもたちが楽しく，無
理なく正しいえんぴつのもち方を学べるよう
に，幼児教育研究と脳の科学の要素を取り入れ
てつくられています。付属の「正しくもてる
えんぴつ」を使って，えんぴつの正しいもち方
を，お子さまと一緒に楽しく学んでください。

**『鉛筆や色鉛筆はこうつくる―身近なもの
ができるまで』**　コンパスワーク編・著
偕成社　2003.3　47p　30cm　（みんなで
出かけよう！　わたしたちの社会科見学
3）　2800円　①4-03-543630-5　Ⓝ589

目次 第1章 のりもの（大きな船ってどうつく
る？―IHIマリンユナイテッド呉工場，電車は
どうやってつくる？―東日本旅客鉄道新津車
両製作所 ほか），第2章 学校で使うもの（ラ
ンドセルはどうつくる？―ソノベ鞄製作所，
鉛筆や色鉛筆はこうつくる―トンボ鉛筆新城
工場 ほか），第3章 日用品（タオルはこうし
て織られる―タオル美術館ASAKURA，歯ブ
ラシの毛はこう植える―ライオン明石工場 ほ
か），第4章 ファッション（革ぐつってどう
つくるの？―大塚製靴日吉工場，口べにには
こうしてつくる―資生堂鎌倉工場 ほか）

内容 第3巻では，「身近なものができるまで」
にかんして，全国各地で見学や体験をしたお
もな内容を，テーマごとに章に分けて紹介し
ている。小学校中学年から。

---

### 緑茶の日

茶摘みの最盛期である八十八夜からだが，
八十八夜は年によって日が変わるため5月2
日に。茶摘みの最盛期であることから日本
茶業中央会が制定。

---

**『伊勢茶の歴史 小学生から大人まで読んで
もらいたいお茶の本―付録なに？　な
ぜ？　に答えるお茶のおもしろ知識』**　高
瀬孝二著　松阪　高瀬孝二　2018.7
123p　21cm　〈文献あり〉　Ⓝ619.8

**『茶の絵本』**　ますずわたけおへん，やまふ
くあけみえ　農山漁村文化協会　2007.3
36p　27cm　（つくってあそぼう 25）
1800円　①978-4-540-06220-9　Ⓝ619.8

目次 お茶を飲む時間は，心やすらぐひととき，緑茶，紅茶，ウーロン茶，もとはひとつの
植物，チャ，テ，語源はひとつ。世界のいろ

---

子どもの本 伝統行事や記念日を知る本2000冊　**105**

いろな飲み方，はじめは，薬用。食べる茶から飲む茶へ，高僧や貴族の喫茶と，庶民のヤマチャ，オランダからイギリスの午後の紅茶まで，日本のお茶のいろいろ，中国茶・紅茶のいろいろ，お茶はこうしてつくられる。まずは，全体の手順をおぼえておこう！，ホットプレートで釜炒り茶をつくろう！，おいしい煎茶づくりに挑戦してみよう！，包種茶をつくろう！，紅茶をつくろう！，さぁ，おまちかね。お茶をたのしもう！

内容 毎日のように飲むお茶。緑茶にほうじ茶，紅茶にウーロン茶。お茶は，生活に欠かせない飲みものだ。なかでも，日本人にとって緑茶は，とくべつだ。お店や宿に入れば，緑茶がむかえてくれる。日本では，お茶はもてなしでもあるし，芸術でもあるよ。自分でお茶をつくりながら，そんなお茶のひみつにせまってみよう。

『日本茶のひみつ』 佐藤守構成，青木萌作・文，山口育孝漫画　学習研究社コミュニケーションビジネス事業部教材資料制作室　2007.3　128p　23cm　（学研まんがでよくわかるシリーズ 25）Ⓝ617.4

『お茶の大研究─おいしいいれ方から歴史まで』 大森正司監修　PHP研究所　2005.6　79p　29cm　2800円　Ⓘ4-569-68543-9　Ⓝ619.8

目次 序章 わたしたちのくらしとお茶（生活のなかでお茶がはたす役割，こんなにある！お茶を使った歴史 ほか），第1章 日本の文化とお茶（お茶の始まり，お茶が日本にやってきた ほか），第2章 お茶が家庭にとどくまで（お茶には栄養がいっぱい！，お茶はこんなに体にいい！ ほか），第3章 世界のお茶（アジアのお茶大集合，世界にはこんな飲み方がある ほか），第4章 日本人とお茶（おいしいお茶でおもてなし，お茶会に出てみよう ほか）

《5月3日》

### 憲法記念日

5月3日。国民の祝日。日本国憲法の施行を記念し，国の成長を期する日。

『おりとライオン─けんぽう絵本』 楾大樹作，今井ヨージ絵　京都　かもがわ出版　2018.9　37p　27cm　1400円　Ⓘ978-4-7803-0977-5　Ⓝ323.14

内容 憲法の入門書「檻の中のライオン」が絵本になりました！　子どもから憲法の役割がわかる。

『10歳から読める・わかるいちばんやさしい日本国憲法』 南野森監修　東京書店

2017.10　95p　23cm　1280円　Ⓘ978-4-88574-066-4　Ⓝ323.14

目次 第1章 天皇，第2章 戦争の放棄，第3章 国民の権利及び義務，第4章 国会，第5章 内閣，第6章 司法，第7章 財政，第8章 地方自治，第9章 改正，第10章 最高法規

内容 わたしたちが平和に暮らすためにとっても大事な憲法をとことんやさしく解説！

『日本国憲法ってなに？　5　人権を守るための国のしくみ　2（内閣・裁判所・地方自治）』 伊藤真著　新日本出版社　2017.8　32p　29cm　〈索引あり〉　3000円　Ⓘ978-4-406-06086-8　Ⓝ323.14

目次 内閣，裁判所，財政，地方自治，憲法改正，憲法保障

『日本国憲法ってなに？　1　だれもが自分らしく生きるための約束ごと─立憲主義』 伊藤真著　新日本出版社　2017.8　40p　29cm　〈索引あり〉　3000円　Ⓘ978-4-406-06082-0　Ⓝ323.14

目次 立憲主義（憲法尊重擁護の義務 第99条，個人の尊重 第13条，基本的人権の本質 第97条，近代立憲主義の成立，現代立憲主義への発展と危機，立憲主義と民主主義），日本国憲法（日本国憲法の誕生，国民の義務は少なさする？，日本国憲法の基本原理），発展する人権保障（人権保障と不断の努力 第11条，第12条，幸福追求権と新しい人権 第13条，国際化する人権保障），平等原則（法の下の平等 第14条，家族生活での両性の平等 第24条）

『日本国憲法ってなに？　3　平和は自分らしく生きるための基本─平和主義』 伊藤真著　新日本出版社　2017.7　32p　29cm　〈索引あり〉　3000円　Ⓘ978-4-406-06084-4　Ⓝ323.14

目次 平和主義─日本国憲法の平和主義 第9条，前文・第2段（アジア侵略と日本国憲法），9条─戦争の放棄 第9条1項（「戦争の放棄」の歴史，戦力の不保持・交戦権の否認 第9条2項，9条と日米安全保障条約，「自衛権」とは？，防衛省・自衛隊の歴史と任務），前文─積極的非暴力平和主義 前文（「平和的生存権」の思想，国際協調主義，人間の安全保障，法律や条約の「前文」を調べてみよう）

『日本国憲法ってなに？　4　人権を守るための国のしくみ　1（国民主権・三権分立・国会）』 伊藤真著　新日本出版社　2017.8　32p　29cm　〈索引あり〉　3000円　Ⓘ978-4-406-06085-1　Ⓝ323.14

目次 国民主権（国民主権の原理─前文・第1段，議会制民主主義─第43条，前文・第1段），象徴天皇制（天皇の地位─第1条，皇位の世襲─第2条），三権分立（三権分立の原理─第41条，第65条，第76条1項），国会（立法権と国会の地位─第43条，第41条，二院制─第42条，会期と国会の種類─第52条，第53条，第54条，国会審議のルール─第56条，第57条）

5月　　　　　　　　　　　　　　　　　　　　5月3日

『日本国憲法ってなに？　2　だれもが生まれながらに持っている権利―基本的人権の尊重』　伊藤真著　新日本出版社　2017.4　40p　29cm　〈索引あり〉　3000円　①978-4-406-06083-7　Ⓝ323.14
目次 人権保障と公共の福祉，精神的自由権，経済的自由権，人身の自由，社会権，参政権，受益権

『憲法くん』　松元ヒロ作，武田美穂絵　講談社　2016.12　47p　23cm　1400円　①978-4-06-133309-3　Ⓝ323.1
内容 井上ひさし，立川談志，永六輔が絶賛した著者の，話題のひとり芝居が絵本に。

『声に出して読みたい小中学生にもわかる日本国憲法』　齋藤孝著，ヨシタケシンスケ絵　岩崎書店　2015.8　111p　21cm　1100円　①978-4-265-80223-4　Ⓝ323.14
目次 第1章　天皇，第2章　戦争の放棄，第3章　国民の権利及び義務，第4章　国会，第5章　内閣，第6章　司法，第7章　財政，第9章　改正，第10章　最高法規
内容 声に出して読めば，憲法が自分のものになって，憲法の力が君を助けてくれる。わかりやすい図解とユニークなイラストでどんどん頭に入る。

『あなたこそたからもの―けんぽうのえほん』　いとうまことぶん，たるいしまこえ　大月書店　2015.5　36p　22cm　1300円　①978-4-272-21111-1　Ⓝ323.14

『ドラえもん社会ワールド憲法って何だろう』　藤子・F・不二雄まんが，藤子プロ，東京弁護士会監修，小学館ドラえもんルーム編　小学館　2015.4　197p　19cm（ビッグ・コロタン　140）〈文献あり〉850円　①978-4-09-259140-0　Ⓝ323.14
目次 1　日本国憲法の成立（憲法ってなに？，憲法の歴史をふりかえってみよう　ほか），2　象徴天皇制と平和主義（天皇の役割，国の式典に出席したり，外国からのお客の接待にあたる　ほか），3　基本的人権と平等（基本的人権，人間が生まれながらに持っている権利　ほか），4　基本的人権と自由（考える自由・表現する自由，住む場所や職業を選ぶ権利），5　基本的人権と社会生活（人間らしい生活をする権利，教育を受ける権利　ほか），6　国会と憲法（三権分立，国家権力を3つに分けて，おたがいにチェックするしくみ　ほか），7　内閣と憲法（内閣と行政，日本の政治の指揮をとる　ほか），8　裁判所と憲法（裁判所と司法，法にもとづいて刑罰を科す・紛争解決をはかる　ほか），9　そのほかの憲法（国の財政，国民から集めた税金を，国民のために役立てる　ほか），10　憲法と法律・5つの最新豆知識（憲法改正，日本国憲法を変えるには，どうするの？　ほか）

内容 憲法って，いったい何のために作られたの？　ふだんの生活の中に，憲法はどう生きているの？　憲法で守られる権利には，どんなものがあるの？　私たちの暮らしをささえる「憲法」について，成立の歴史から内容まで，わかりやすく学べる本です。

---

## そうじの日

日付の数字「5」「3」を「ゴミ」と読む語呂合せから。日本そうじ協会が制定。

---

『ほしのさんちのおそうじだいさくせん』　新津春子原案，もとしたいづみ文，つじむらあゆこ絵　ポプラ社　2018.2　〔31p〕25×25cm　（生活の役に立つ絵本　1）1300円　①978-4-591-15696-4　Ⓝ597.9
内容 ほしのさんちのかぞくは，おそうじがにがて。こんどおばあちゃんがとまりにくることになって…。「わあ，たいへん！　おそうじしなくちゃ！」

『子どもと一緒に身につける！　ラクして時短の「そうじワザ」76―タオル1本洗剤3つからスタート』　新津春子著　小学館　2017.12　159p　21cm　1200円　①978-4-09-310863-8　Ⓝ597.9
目次 初公開!! 新津家のそうじファースト　ふだんワザをお見せします！，はじめに―なぜ「そうじ」ができると幸せになるのか，第1章 "そうじ脳"小学生レベル編，第2章 "そうじ脳"中学生レベル編，第3章 over15の"そうじ脳"，おわりに―子どもも大人も「そうじ」ができると幸せになれる

『きみもなれる！　家事の達人　2　そうじ』　阿部絢子監修，こどもくらぶ編　少年写真新聞社　2015.12　39p　27cm　〈索引あり〉　2800円　①978-4-87981-541-5　Ⓝ590
目次 1　そうじのこと，知ってる？（そうじのはじまりは？，日本のそうじのはじまり，ほうきとぞうきん，そうじと素材の関係，そうじ機の歴史は100年以上，よごれの正体は？），2　そうじにちょうせん！（そうじの前に，おそうじチェック，かたづけもそうじのうち！，ほうきで，はきそうじ，そうじ機にもコツがある，ぞうきん・ふきんで，ふきそうじ，「水回り」のそうじ，やってみよう！　おもしろそうじ）
内容 歴史をはじめ家事についてのさまざまな情報を紹介し，家事への興味をふくらませられるようにしました。次に，じっさいに家事にちょうせんするときの基本情報や，便利なポイントを紹介しました。

子どもの本　伝統行事や記念日を知る本2000冊　107

## 《5月4日》

### みどりの日

5月4日。国民の祝日。自然に親しむとともにその恩恵に感謝し、豊かな心をはぐくむ日。1988年～2006年までは日曜日または月曜日を除き祝日に挟まれることによる「国民の休日」。4月29日が「昭和の日」に変更されることにより新設。

『**あき・ふゆのしぜん**』 岡本依子監修、八木橋麗代絵 小学館 2018.7 31p 17cm （ちっちゃなプレNEO 2・3・4さい―きせつのえずかん）〈共通の付属資料が「はる・なつのしぜん」にあり〉①978-4-09-213231-3 ⑩451.8

『**いきもののはっけん！ ハンディ図鑑―しぜんとあそぼう！ 知りたいがグンと高まる**』 田中千尋監修、主婦の友社編 主婦の友社 2018.7 191p 21cm （頭のいい子を育てる）〈「しぜんとかがくのはっけん！ 366」(2015年刊)の改題、再編集 文献あり〉1200円 ①978-4-07-432478-1 ⑩480

目次 どうぶつのはっけん、かがくのよみもの、しょくぶつのはっけん、むしのはっけん、とりのはっけん、りょうせい・はちゅうるいのはっけん、さかな・みずのいきもののはっけん、きょうりゅうのはっけん

『**はる・なつのしぜん**』 岡本依子監修、八木橋麗代絵 小学館 2018.7 31p 17cm （ちっちゃなプレNEO 2・3・4さい―きせつのえずかん）〈文献あり〉①978-4-09-213230-6 ⑩451.8

『**自然観察**』 学研プラス 2018.4 160p 19cm （学研の図鑑LIVE POCKET asobi 1）〈文献あり 索引あり〉980円 ①978-4-05-204705-3 ⑩460.7

目次 春―春に見つけよう（サクラの花を落としたのはだれだ!?、テントウムシをさがそう ほか）、水―水の生き物を見つけよう（つりをして、魚を観察しよう、池でつりをしてみよう ほか）、夏―夏に見つけよう（セミを見つけよう、アリを飼ってみよう ほか）、秋―秋に見つけよう（秋の花を見つけよう、コスモスの花で見つけよう ほか）、冬―冬に見つけよう（雑木林で見つけよう、晴れた日に見に行こう ほか）

内容 自然は楽しい！ さあ、外に出かけよう！ 野山や川・海で役立つ情報がいっぱい！

『**植物とくらす**』 湯浅浩史編、江口あけみ絵 町田 玉川大学出版部 2018.2

157p 31cm （玉川百科こども博物誌 小原芳明監修）〈文献あり〉4800円 ①978-4-472-05976-6 ⑩470

目次 第1章 植物ってなあに？、第2章 もし植物がなかったら、第3章 植物を知ろう・調べよう、第4章 そだててみよう、第5章 かざろう あそぼう、いってみよう、読んでみよう

『**絶景ビジュアル図鑑―理科が楽しくなる大自然のふしぎ**』 神奈川県立生命の星・地球博物館監修 学研プラス 2018.2 127p 32cm 〈文献あり 索引あり〉6000円 ①978-4-05-501245-4 ⑩450

目次 1章 大地（火山と噴火―おそるべきマグマの怒り、火口とカルデラ―火口にせまるあやしい湖 ほか）、2章 宇宙（日食と月食―大地に闇を連れて来る黒い太陽、オーロラのしくみ―地球を守る戦いの光 ほか）、3章 水（潮の満ち引き―しずみゆく巨大遺跡？、川のはたらき―岩山を囲むドーナツ池？ ほか）、4章 気象（スーパーセルと竜巻―大嵐を連れて来る不気味なUFO？、氷と雪の現象―湖にさき競う氷の花 ほか）、5章 生き物（サンゴ礁の世界―命をはぐくむ海のネックレス、群れをつくる理由―集まる・群れる・いっしょに動く ほか）

『**ボタニカム―ようこそ、植物の博物館へ**』 キャシー・ウィリス著、ケイティ・スコット絵、多田多恵子日本語版監訳 汐文社 2017.9 102p 38cm 〈索引あり〉3200円 ①978-4-8113-2392-3 ⑩471

目次 総合案内、第1展示室 植物の誕生、第2展示室 木本植物、特別展示室 植物のふしぎ、第3展示室 草本植物、第4展示室 細長い葉の単子葉植物、第5展示室 風変わりな単子葉植物、第6展示室 極限に生きる、資料室

内容 24時間、365日開いていて、小さな藻類から80メートルの高さにそびえ立つ樹木までの、植物たちの素晴らしいコレクションを展示。植物はどのように進化してきたのか？ なぜ、こんなにも個性豊かな植物が生まれてきたのか？ さまざまな視点から植物をとらえ、博物館の展示室に見立てて紹介。

『**自然のふしぎ大図解―ナチュラル・ワールド**』 アマンダ・ウッド、マイク・ジョリー作、オーウェン・デイビー絵、田中真知訳、小宮輝之監修 偕成社 2017.2 111p 32cm 〈索引あり〉3000円 ①978-4-03-971190-8 ⑩462

目次 生きものってどんなもの？、生きものを分類する、動物と植物のわけかた、生きものたちのすみか、地球の生きもの地図、生きのこるための戦い、ほ乳類をくらべてみよう、骨ってどうなってるの？、海の王さま、シロナガスクジラ、とても小さな生きもの、微生物〔ほか〕

内容 自然にはふしぎがいっぱい！ さまざまな疑問に楽しい図解でこたえます。さあ、タブをたどってページをめくり、発見の旅へとでかけましょう！ 小学校中学年から。

『植物』 天野誠, 斎木健一監修 堅牢版 講談社 2017.2 208p 27cm （講談社の動く図鑑MOVE）〈文献あり 索引あり〉 2000円 Ⓘ978-4-06-220412-5 Ⓝ470.38

目次 まちの植物 春, まちの植物 夏, まちの植物 秋・冬, 田畑・野の植物 春, 田畑・野の植物 夏, 田畑・野の植物 秋・冬, 雑木林の植物 春, 雑木林の植物 夏, 雑木林の植物 秋・冬, 山の植物 春, 山の植物 夏, 山の植物 秋, 水中・水面の植物, 海辺の植物

『植物』 学研プラス 2016.5 208p 19cm （学研の図鑑LIVE POCKET 3）〈索引あり〉 980円 Ⓘ978-4-05-204388-8 Ⓝ470.38

目次 キク目, シソ目, モチノキ目, ガリア目, マツムシソウ目, セリ目, ムラサキ科, リンドウ目, ナス目, ツツジ目〔ほか〕

内容 お出かけに大活躍！ オールカラーのきれいな写真！ 特徴, 見分け方がよくわかる！ 知ると楽しい「発見ポイント」掲載！ 約850種の特徴がよくわかる！

『なぜ？ の図鑑 植物』 海老原淳監修 学研プラス 2016.3 127p 27cm 〈索引あり〉 1900円 Ⓘ978-4-05-204324-6 Ⓝ470.38

目次 花のなぜ？（世界一大きい花はどのくらいの大きさ？, 花ふんって何？ ほか）, 葉やくきのなぜ？（四つ葉のクローバーを見つけるとラッキーなの？, なぜ秋に葉の色がかわるの？ ほか）, たねや実のなぜ？（ヒマワリにたねはいくつできるの？, なぜタンポポの実にはわた毛があるの？ ほか）, 植物のくらしのなぜ？（植物もいきをするの？, 花のさかない植物もあるの？ ほか）, やさいやくだものなぜ？（なぜ七草がゆを食べるの？, さくらんぼはサクラの木の実なの？ ほか）

内容 どんぐりって何？ メロンのあみ目もようはどうしてできるの？ 「なぜ？」が「わかった！」になる新図鑑！

『植物』 池田博監修 ポプラ社 2013.4 215p 29cm （ポプラディア大図鑑WONDA 4）〈索引あり〉 2000円 Ⓘ978-4-591-13244-9 Ⓝ470.38

目次 春, 夏, 秋, 冬, タケとササ, 温室の植物・観葉植物, 地方の植物, 作物, そのほかの植物

内容 日本で見られる植物を中心に, 訳1400種をとりあげる。人里や花壇で見られる身近な植物から, 高山や海辺の植物までを, 育つ環境と花の色で分け, 季節ごとに紹介。キノコやカビ, 地衣類などについても解説する。

---

### 塚越の花まつり

埼玉県吉田町塚越地区で行われている, シャカ（仏陀）の誕生を祝う行事。子どもたちが早朝に熊野神社から米山の薬師堂まで参道に花を撒きながらに登り, 誕生仏を安置して甘茶をかけて下山するというもの。

『花のふる日―るりの花まつり』 青木雅子著 さいたま さきたま出版会 2002.3 49p 21×22cm 1000円 Ⓘ4-87891-361-4

『やまの花まつり―埼玉県吉田町塚越「花まつり」』 たかぎあきこさく, つちだよしはるえ リーブル 1994.3 31p 25cm （えほん・こどものまつり） 1000円 Ⓘ4-947581-07-7

内容 山みちに花のじゅうたん。子どもたちがおしゃかさまをはこびます。子どもの自然な気持ちを大切に創作した絵本です。

### 《5月5日》

### こどもの日

5月5日。国民の祝日。こどもの人格を重んじ, こどもの幸福をはかるとともに, 母に感謝する日。「端午の節句」「菖蒲の節句」とも言われ, 江戸時代以降に男の子の成長を祈る年中行事となって, 鎧兜や武者人形を飾り, こいのぼりを立てて祝う。

『こいのぼりくんのさんぽ』 すとうあさえぶん, たかおゆうこえ ほるぷ出版 2018.3 〔24p〕 19cm （はじめての行事えほん 端午の節句） 950円 Ⓝ726.6

内容 いいないいな, おそらのさんぽ。巻末に行事のミニ解説つき。

『こいのぼりぐんぐんこどもの日！』 ますだゆうこ作, たちもとみちこ絵 文溪堂 2016.4 〔32p〕 23×23cm 〈文献あり〉 1400円 Ⓘ978-4-7999-0172-4 Ⓝ726.6

内容 5がつ5か, からだのよわいたつやが, ベッドからこいのぼりをながめていると, なんと, こいのぼりがたつやにはなしかけてきました！ こいのぼりのアオくんがつれていってくれたところは…!? 子どもの成長への願いをこめたお話＆大人気の豆知識がついた, 読んで学べる1冊。

『ひなまつり・こどものひ』 チャイルド本社 2014.12（第2刷） 28p 37×39cm

（大きな園行事えほんシリーズ） 9500円
①978-4-8054-4131-2 Ⓝ386.1

『かっぱのこいのぼり』 内田麟太郎作，山本孝絵 岩崎書店 2012.4 1冊 25cm （えほんのぼうけん 43）1300円 ①978-4-265-08113-4 Ⓝ726.6

内容 ここはいよのくに、まつやまはかっぱまちです。めいぶつぼっちゃんでんしゃと、じょうちゃんでんしゃがすれちがいます。みんなはどことなく、うきうきしています。いったいなにが、はじまるのでしょうか？―。

『みどりのこいのぼり』 山本省三作，森川百合香絵 世界文化社 2012.4 24p 28cm （ワンダーおはなし絵本）1000円 ①978-4-418-12812-9 Ⓝ726.6

『かえうた かえうた こいのぼり―とらのこさんきょうだい』 石井聖岳作 講談社 2010.4 1冊 27cm （講談社の創作絵本―季節と行事のよみきかせ絵本）1500円 ①978-4-06-132425-1 Ⓝ726.6

内容 きみんちのこいのぼりは、どんなこいのぼり？ やねよりひくいこいのぼりじゃ、つまんない。そんなときは…かえうた。きっとみんな歌いたくなる。季節と行事のよみきかせ絵本。

『げんきにおよげこいのぼり』 今関信子作，福田岩緒絵 教育画劇 2001.3 1冊 19×26cm （行事の由来えほん）1200円 ①4-7746-0498-4

内容 「こいはげんきなさかなだ。こいののぼりなら、こどもたちはよろこぶにちがいない」こいのぼりのはじまりのおはなしです。

『ちいさなこいのぼりのぼうけん』 岩崎京子作，長野ヒデ子絵 教育画劇 1993.4 28p 27cm （行事のえほん 4）1000円 ①4-87692-048-6

内容 大きなこいのぼりをほしがる、おとうとのじゅんに、たかしは、とびきりすごい、ジャンボこいのぼりを、つくりました。みんなもほしがり、とうとう、108ぴきのこいのぼりが、できあがりました。そらを、げんきに、みんなでおよいでいます。（5月のお話）

『りゅうもんのたき―こどもの日に読む絵本』 矢崎節夫文，村上豊絵 世界文化社 1987.11 31p 27cm 1000円 ①4-418-87818-1

内容 りゅうもんのたきをのぼれば、りゅうになつて、そらをとべる…。こいは、たきをめざして、いっしょうけんめい、およぎはじめたが…。行事の由来がわかる絵本。

## フットサルの日

フットサルは5対5のスポーツであることから5月5日に。

『知ってる？ フットサル』 鈴木隆二著 ベースボール・マガジン社 2017.12 143p 21cm （クイズでスポーツがうまくなる）〈索引あり〉1500円 ①978-4-583-11089-9 Ⓝ783.47

目次 第1章 フットサルってどんなスポーツ？．第2章 パス＆トラップ．第3章 シュート．第4章 ドリブル，第5章 ディフェンス，第6章 ゴレイロ，第7章 ゲームをやってみよう "連携プレー"

内容 ルールや技術が楽しく覚えられ、フットサルがもっと上手になる！ U-20フットサル日本代表監督の解説で、システムや戦術もよくわかる！

『いつでもどこでもフットサル』 須田芳正著 アイオーエム 2002.11 91p 21cm （少年サッカーシリーズ 1）900円 ①4-900442-26-7 Ⓝ783.47

## おもちゃの日

5月5日が「こどもの日」であることから、こどもによい玩具を与えることを目的として、東京玩具人形問屋協同組合が1949年に制定。

『動くしくみがわかる！ おもしろおもちゃ―考える力と創造力がつく』 ガリレオ工房編著 京都 PHP研究所 2018.4 95p 26cm 1300円 ①978-4-569-83972-1 Ⓝ594

『すてずにあそぼうかんたん！ 手づくりおもちゃ』 佐野博志著 子どもの未来社 2011.12 93p 26cm 1400円 ①978-4-86412-010-4 Ⓝ594

目次 3枚なかよく くるくるあそび，ひもつき宇宙船？ ひきごま，パタパタしたあとメッセージ カミノたおし2，えっ！ これが飛行機？ まんまる飛行機，サワーッと ザ・グランダー，ふんわりくるりと ザ・とんぼ，まんまる飛行機が鳥になった まんまる鳥，こんなものでもピーヒャララ 牛乳パックのうぐいすぶえ，はまったわ 輪投げ，割れないので安心です だんボールさら回し〔ほか〕

『おもちゃ博士のかんたん！ 手づくりおもちゃ』 佐野博志著 子どもの未来社 2010.8 103p 26cm 1400円 ①978-4-86412-009-8 Ⓝ594

目次 鳥もおどろく！―とりかもひこうき，飛んでいった女の子―まさえちゃん（ひこうき），華麗に舞うよ―まさえちゃんの友だち，華麗に飛ばそう―つばめひこうき，衝撃吸収バージョン―翔（かけ）るくん，目が回る―クルクルロケット，目まいがするかも―くるくるあ

そび、見たら伝えにゃいられない—うわさの紙ひこうき、ふたつは実は、なかよしさん—吹きごまＡ 吹きごまＢ、よくある3枚ごま—富士ごま〔ほか〕

内容 身近な素材でスグできる。昔のあそびをとりもどそう。

『このおもちゃ、もういらない！—すてられたごみはどうなるの？』 かなだたえぶん、白土あつこえ、次山信男監修 チャイルド本社 2009.4 28p 25×27cm （エコ育絵本ちきゅうにやさしくなれるかな？ 1） 952円 Ⓘ978-4-8054-3284-6 Ⓝ518.52

『たのしい工作ミラクルおもちゃ』 増田良子、中尾教子編著 ブティック社 2005.8 88p 26cm （レディブティックシリーズ no.2307） 800円 Ⓘ4-8347-2307-0 Ⓝ594

『親子で遊ぼう手作りおもちゃ』 鈴木正一監修 成美堂出版 2004.12 159p 24cm 1000円 Ⓘ4-415-02954-X Ⓝ594

目次 1 うごくおもちゃ、2 音が出るおもちゃ、3 みんなであそぶおもちゃ、4 とばすおもちゃ、5 水であそぶおもちゃ、6 きれいなおもちゃ、7 しぜんのおもちゃ、8 かがくのおもちゃ、9 むかしのおもちゃ

内容 この本には男の子も女の子も楽しめるおもちゃが満載!! むずかしさが一目でわかるマークや写真いっぱいの作り方、作ったおもちゃの遊び方がていねいに入っているのでだれでもカンタンに作れます。自分で作って、じぶんで遊ぶそんなカクベツの楽しさがこの本にはいっぱい詰まっています。

『おもちゃの工作ランド』 成井俊美作、三枝祥子絵 福音館書店 2004.11 120p 26cm 1800円 Ⓘ4-8340-2025-8 Ⓝ594

目次 動物園（にわとりの親子、ばばたくがちょう ほか）、サーカス（空中ブランコ、ピエロのお手玉 ほか）、ウォーターランド（ペットボトル水族館、ふうせんタコとゆらゆらマンボウ ほか）、スペースランド（宇宙船、回転ロケット ほか）、遊園地（飛行タワー、回転ブランコ ほか）、型紙

内容 5つの工作ランドへ行って、楽しい手づくりおもちゃをつくろう。33種類の楽しい動くおもちゃ。親子でつくるなら5才から。自分でつくるなら小学生から。

### 自転車の日

1981年5月に自転車法が施行されたことから5月は「自転車月間」となっている。この期間中の祝日5月5日を、自転車月間推進協議会が1998年に制定。交通安全の促進と自転車の正しい知識の普及をはかるため。

『じてんしゃにのれたよ—乗り方と交通ルールを学ぼう！』 スタジオタッククリエイティブ 2017.11 39p 27cm 1300円 Ⓘ978-4-88393-797-4 Ⓝ786.5

目次 ペダルをはずしてのってみよう（じてんしゃをおしてまるくあるこう、じてんしゃをおして8のじにあるこう、ブレーキをかけよう、きまったばしょでとまろう、じめんをけっていきおいよくはしろう ほか）、ペダルをつけてのってみよう（ペダルをこいでみよう、ささえてもらってペダルをこいでまるくはしろう、ささえてもらってペダルをこいで8のじにはしろう、ひとりでペダルをこいではしろう、ひとりはしってブレーキでとまろう ほか）

内容 100%誰でも乗れます。短時間でマスター。補助輪無しで自転車に乗るための、トレーニング方法を紹介します。乗り方と交通ルールを学ぼう！

『自転車ものがたり』 高頭祥八文・絵 福音館書店 2016.4 39p 26cm （たくさんのふしぎ傑作集） 1300円 Ⓘ978-4-8340-8243-2 Ⓝ536.86

『自転車のなぜ—物理のキホン！』 大井喜久夫、大井みさほ、鈴木康平文、いたやさとし絵 町田 玉川大学出版部 2015.1 126p 29cm （ぐるり科学ずかん）〈文献あり 索引あり〉 4200円 Ⓘ978-4-472-05942-1 Ⓝ423

目次 自転車にはたらく「力」ってなんだ?、自転車をはかる、自転車に乗る、自転車の構造、自転車の運動とエネルギー、エネルギーの不思議

内容 目に見えないからわかりにくいけれど、走っている自転車には、いろいろな「力」がはたらいているんだ。その力が、自転車を前に進ませたり、とまらせたり、たおれそうになった自転車を自分で起こそうとする力もはたらく。力は、自転車とまわりのものとのあいだや、部品と部品のあいだに存在している。自転車だけでなくて、あるものに何かの「力」がはたらいたときに、その力を受けたものがどんな運動をするのかを研究する学問を、「力学」というんだ。これは「物理学」という学問（科学）のなかのひとつの分野だ。目に見えない力はどこにあるのか、どうしてその力が生まれてくるのか？ 自転車が大好きなクマ博士といっしょに自転車にはたらく「力のなぞ」をさぐっていこう！

『自転車まるごと大事典—楽しく安全に乗るために』 「自転車まるごと大事典」編集室編 理論社 2013.2 189p 27cm〈文献あり 索引あり〉 5500円 Ⓘ978-4-652-20010-0 Ⓝ536.86

目次 1章 自転車ってどんな乗りもの?、2章 交通ルールとマナーを知ろう、3章 自転車をえらぼう、4章 さあ、まちへ出よう!、5章 もっと広がる自転車の世界、6章 自分ででき

るメンテナンス，7章 よりよい自転車社会を
めざして，役立つ自転車情報

内容 自転車が大好きな編集者たちが集まり，
信頼できる資料と，経験者たちの豊富な知識
をもとに，自転車についてあらゆる角度から
調べてつくった大事典。

『楽しもう！　自転車の世界』谷田貝一男
監修　教育画劇　2012.4　48p　31cm
〈安全に楽しく乗ろう！　自転車まるわか
りブック 2〉〈索引あり〉3000円
①978-4-7746-1643-8　Ⓝ536.86

目次 第1章 自転車競技の世界（ロードレー
ス，トラックレース，マウンテンバイクレー
ス ほか），第2章 自転車博士になろう（自転
車の歴史，自転車ができるまで，現代の自転
車 ほか），第3章 自転車に乗ろう（自転車
グッズいろいろ，実際に体験してみよう！，
レースに出場しよう！ ほか）

内容 自転車は環境にやさしい乗りもの。世界
で最高の自転車って，どんな形なの？　世界
の自転車レースを知ろう。

『安全に楽しく乗ろう！　自転車まるわか
りブック 1　自転車のルールとマナー』
谷田貝一男監修　教育画劇　c2012　48p
31cm〈索引あり〉3000円　①978-4-
7746-1642-1

目次 第1章 自転車のしくみを学ぼう（自転車
のことをもっとよく知ろう！，自転車にはど
んな種類があるの？，自転車がたおれずに前
に進むのはなぜ？，ギヤがいっぱいついてい
る理由は？，自転車って，後ろには進まない
の？，ブレーキのしくみを教えて！，自転車
の点検って，ないをすればいいの？，ヘル
メットって，かぶらないとダメ？，正しい乗
り方で安全運転をしよう），第2章 交通ルール
を学ぼう（知ってた？　自転車はクルマのなか
ま，チャーリーのQ&Aコーナーその1 道路の
どこを走ればいいの？，チャーリーのQ&A
コーナーその2 友だちがいるところまでわた
れるかな？，交通標識コレな〜んだ，これを
やったらハンザイだよ！，自転車事故のこわ
い話，歩道と車道，どちらを走るべきか，第
3章 キケンを予測しよう（キミはどのタイプ？
性格診断ゲーム，町にひそむキケンを見つけ
だせ！　ご近所編，町にひそむキケンを見つ
けだせ！　駅前編，自転車のこれから）

『自転車で行こう』新田穂高著　岩波書店
2011.3　156,10p　18cm　（岩波ジュニア
新書 679）780円　①978-4-00-500679-3
Ⓝ536.86

目次 プロローグ ツール・ド・フランスで活
躍する新城幸也選手に聞く，1stステージ 通
学や買い物用の自転車だって快適に―乗って
いる自転車を速くて楽な乗り物に変える，2nd
ステージ がんばれ通学自転車ビギナーズ―通
学ライドを楽しくするコツ，3rdステージ セ

イフティーライドのテクニック―安全に走る
ために知っておきたい危険のパターン，4thス
テージ 休みの日はサイクリングに行ってみる
―ちょっと遠くに出かけるために，5thステー
ジ スポーツバイクを楽しもう―自転車はス
ポーツの道具，6thステージ スポーツバイク
を乗りこなす――二〇％の力を引き出すテク
ニック，7thステージ 自転車とエコロジー―
自転車に乗って見つけるエコロジカルワール
ド，付録 できれば便利な基本整備のコツ

内容 環境に優しく健康にもいい乗り物として
注目を集める自転車。安全に乗るためのテク
ニック，マナー，自分の自転車を乗りやすく
カスタマイズする方法，サイクリングのプラ
ン作り，持ち物や服装の解説など，ビギナー
から愛好者まで幅広く役立つ情報をわかりや
すく紹介します。自転車に乗るのが楽しくな
る一冊です。

『自転車の大研究―どんどん進化する！
しくみ・歴史から交通ルールまで』谷田
貝一男著，日本自転車普及協会自転車文
化センター監修　PHP研究所　2010.9
79p　29cm〈文献あり 索引あり〉2800
円　①978-4-569-78079-5　Ⓝ536.86

目次 序章 いろんな時代のいろんな自転車
（自転車大集合，自転車の力 ほか），第1章 す
ごい！　自転車のつくり（自転車を見てみよ
う，走るしくみ ほか），第2章 おもしろい！
自転車の歴史と文化（世界で最初の自転車，
スピードを上げるために ほか），第3章 知って
る？　自転車のルール（自転車の走れる場所，
歩道を走る場合 ほか）

『自転車は、なぜたおれないで走れるの？』
横田清著　アリス館　2002.12　109p
20cm　（調べるっておもしろい！）1300
円　①4-7520-0230-2　Ⓝ536.86

目次 自転車は、なぜたおれないで走れるの？
（まず、自分でためしてみよう，図書館で見つ
けたヒント，インターネットで探してみよう
ほか），自転車の歴史を調べてみる（調べた
いことは、どんどん出てきます，自転車と自
動車、先に発明されたのはどっち？，ペダル
つき自転車は、だれが作ったのか？　ほか），
もっと調べてみよう、自転車のこと（撤去され
た自転車は、260万9千台！，放置自転車集積
場から自転車の悲鳴！，自転車は最高の省エ
ネ ほか）

内容 自転車で走っているときふと考えた。
「なぜ、たおれないで走れるのかな？」。調べ
て見ると、前輪についているフロントフォー
クになぞの一つが！　一つ分ると、調べたい
ことがつぎつぎに出てきた。自転車の意外な
歴史も分ってきて…。調べるって、ホントに
おもしろい。

5月　　　　　　　　　　　　　　　　　　　　　　　　　5月8日

## 《5月8日》

### 世界赤十字デー

1828年の5月8日が赤十字を創設したスイスの実業家アンリ・デュナンの誕生日であることから。「世界赤十字平和デー」とも。

『せきじゅうじをつくった人アンリー・デュナン』　日本赤十字社千葉県支部せいさく，おくだまことえ　千葉　日本赤十字社千葉県支部　2018.5　20p　20×27cm〈年譜あり〉　Ⓘ978-4-9910110-0-9　Ⓝ289.3

『学習まんが歴史で感動！　ポーランド孤児を救った日本赤十字社』　水谷俊樹原作，加来耕三企画・構成・監修，北神諒作画　ポプラ社　2016.11　127p　22cm〈文献あり　年表あり〉　1000円　Ⓘ978-4-591-15163-1　Ⓝ369.38

[目次] 第1章　シベリアに残された子ども，第2章　第一次ポーランド孤児救済，第3章　第二次ポーランド孤児救済，第4章　帰国した子どもたち，第5章　日本とポーランドの絆

[内容] 今からおよそ95年前，シベリアに残されたポーランド孤児を救うため，日本赤十字社は765人の孤児を日本へと迎えた。人びとの「善意の心」から生まれた，知られざる日本とポーランドの歴史秘話！

『赤十字の父アンリー・デュナン』　日本赤十字社長野県支部編　〔長野〕　日本赤十字社長野県支部　2013.5　23p　22×31cm　Ⓝ289.3

『せきじゅうじって，なんだろう？』　日本赤十字社総務局組織推進部青少年・ボランティア課編　日本赤十字社　2008.3　6枚　26cm　Ⓝ369.15

『平和へのカギ―いま赤十字をよく知ること』　田島弘著　童話屋　2004.12　74p　15cm　（小さな学問の書 9）　286円　Ⓘ4-88747-050-9　Ⓝ369.15

[目次] 1 傷ついた兵士に敵味方はない，2 赤十字の誕生，3 ノーベル平和賞，4 人間を人間として扱う，5 平和のときこそ人間の尊厳を，6 赤十字の思想こそが文明，7 日本赤十字社のあゆみ，8 日本赤十字社の現状，9 赤十字の憲法，10 昭憲皇太后基金，11 （Q&A）

[内容] 人類は，右の手で戦争をして人を殺し，左の手で赤十字を作って人を助ける。それならば，どうだろう，右の手にも赤十字の腕章を巻いて，災害や病魔や差別，貧困を，根こそぎやっつけてしまうというのは！　人類が戦うべきほんとうの敵は，人間ではない。赤十字思想こそが文明。そういう考えからこの小さな冊子は生まれました。

『アンリ・デュナン』　江間章子著，朝倉摂絵　童話屋　2004.11　305p　16cm　（この人を見よ 5）　1500円　Ⓘ4-88747-049-5　Ⓝ289.3

[目次] 1 おいたち（母の願い，絵の中の人 ほか），2 魔のアルジェリア（白羽の矢，アルジェリアの友 ほか），3 皇帝をたずねて（イタリア戦争，戦場の旅人 ほか），4 赤十字誕生（みんなきょうだい，ソルフェリーノの思い出 ほか）

[内容] 命の重さに敵も味方もあるものか。ぐうぜんに遭遇した戦場でデュナンは傷ついた血みどろの兵士に手をさしのべた。敵味方の区別なく，命は助けなくてはいけない，とする赤十字の思想は，この時デュナンの清い魂から生まれた。

『国際赤十字―国際紛争や災害の被害者を救う』　ラルフ・パーキンス著　ほるぷ出版　2003.4　35p　27cm　（調べてみよう　世界のために働く国際機関）　2800円　Ⓘ4-593-57604-0　Ⓝ369.15

[目次] 1 赤十字の誕生，2 国境をこえた運動，3 赤十字と戦争，4 自然災害とたたかう，5 地域社会のために

[内容] 赤十字は，人道的活動にたずさわる独立機関として，世界でもっとも規模が大きく，古い歴史をもつ組織です。赤十字は困っている人や危機に直面している人びとに救いの手をさしのべます。この本では，国際紛争や自然災害などに対する，赤十字の国境を越えた取り組みや，ジュネーブ条約の内容などを紹介します。

### ゴーヤーの日

日付の数字「5」「8」の語呂合せとゴーヤーの出荷が5月から増えることによる。ゴーヤーの消費拡大のため，沖縄県とJA沖縄経済連が1997年に制定。

『育てて，発見！「ゴーヤー」』　真木文絵文，石倉ヒロユキ写真・絵　福音館書店　2014.6　33p　27cm　1200円　Ⓘ978-4-8340-8109-1　Ⓝ626.2

[目次] ゴーヤーってなに？，ゴーヤーはどこで育つの？，ゴーヤーは苦い野菜，ゴーヤーをよく見てみよう，タネをまこう！，ゴーヤーを育ててみよう！，ゴーヤーの花を見てみよう！，花から実へ，葉と茎，まきひげには，ひみつがいっぱい！，こんなに育ったよ！，実を収穫しないと，どうなるの？，タネを見てみよう，いろいろなゴーヤー，外国のゴーヤー，ゴーヤーはどこからやってきた？，ゴーヤー料理を作ってみよう！

[内容] ゴーヤーは，つるをのばしてぐんぐん育ちます。成長が早すぎて，うっかりすると見過ごしてしまうようなことも，観察のポイン

子どもの本 伝統行事や記念日を知る本2000冊　113

トとあわせて、写真でくわしく紹介しました。あなたもゴーヤーのひみつに出会えます。

『ゴーヤーツルレイシの成長』 亀田龍吉著, 白岩等監修 あかね書房 2011.3 63p 29cm （科学のアルバムかがやくいのち 8）〈索引あり〉2500円 ①978-4-251-06708-1 Ⓝ479.98

目次 第1章 たねから芽が出て…, 第2章 花にくる虫たち, 第3章 花がかれて実がなる, みてみよう・やってみよう, かがやくいのち図鑑

『ニガウリ（ゴーヤー）の絵本』 ふじえだくにみつ, なかやまみすずへん, つちはしとしこえ 農山漁村文化協会 2003.3 36p 27cm （そだててあそぼう 51）1800円 ①4-540-02236-9 Ⓝ626.2

目次 苦いがおいしい, ニガウリ, ゴーヤー, ツルレイシ, 原産地は熱帯アジア。暑い国の野菜, 日よけにちょうどいい。どんどんツルを伸ばして実をならす, 虫との戦いに勝って, ゴーヤーは沖縄から本土へ！, よくよくみれば形も, 長さもいろいろ（品種紹介）, タネをまいても, 苗から育ててもいいね（栽培ごよみ）, さあ, タネをまこう！ 苗を用意しよう！, 畑を用意して, さあ定植だ！ どこにはわそうか？, 3本仕立てで摘心, 受粉, 花はどこにつく？, さあ, 収穫だ！ 朝に, 手ごろな実からもぎとろう！ 〔ほか〕

《5月9日》

## アイスクリームの日
1964年の5月9日に東京アイスクリーム協会が記念事業と諸施設へのアイスクリームのプレゼントを行ったことから。アイスクリームの一層の消費拡大を願うため。

『アイスクリーム』 日本アイスクリーム協会監修 チャイルド本社 2011.8 28p 22×25cm （たべるのだいすき！ 食育えほん 5）571円 ①978-4-8054-3602-8 Ⓝ596.65

『アイスクリームの絵本』 みやちひろひとへん, いしいきよたかえ 農山漁村文化協会 2005.3 36p 27cm （つくってあそぼう 6）1800円 ①4-540-04158-4 Ⓝ596.65

目次 アレクサンダー大王の氷菓子, メディチ家のアイスクリーム職人, 世界のアイスクリームおとなのデザート, 味は至って甘く…之をあいすくりんといふ, ふわふわ, おいしくとろけるアイスの秘密, マイナス20～30℃をつくりだすためのくふう, 基本がわかれば,

どんなアイスでもつくれる, アイスクリームのつくり方の基本の手順, バニラビーンズのバニラアイスをつくろう！, できるだけ早く温度を下げて, 空気を入れる, ドライアイスや冷凍庫を使ってつくってみよう！, いろいろなものをまぜてつくってみよう！, 泡だてた白身, ゼラチンなどを入れてみよう！ 果汁たっぷり！ シャーベットのつくり方, アイスクリームを飾りつけて, すてきなデザート

内容 舌もとろけるアイスクリーム！ もちろん, きみも大好きだよね。このアイスクリーム, お姫さまでも, むかしの人は食べられなかったという歌があるけれど, じつは, シャーベット風のアイスなら, 大むかしの人も食べていたんだよ。もちろん貴重品だったけれどね。手づくりのほんもののアイスは, ほんとうにおいしぞ。ぜひ, きみも自分のオリジナルアイスをつくって, アイスクリームの新しい世界を発見しよう。

## 呼吸の日
日付の数字「5」「9」の語呂合せから。呼吸に大切な肺を守るため, 日本呼吸器学会が制定。

『親子でできる！ 頭がよくなる！ こども呼吸法─強いココロを育てる』 齋藤孝著 ビジネス社 2018.12 78p 21cm 1200円 ①978-4-8284-2064-6 Ⓝ498.3

目次 第1章 今日から「呼吸」を意識してみよう（うまくいかないときは, 呼吸を意識してみよう。そもそも呼吸って, なんのためにしているの？ ほか）, 第2章 心が強くなって, 集中力・やる気が出る（プロのスポーツ選手も呼吸法を練習しているよ。呼吸のタイミングがズレると失敗しちゃうんだ。 ほか）, 第3章 感情のコントロールができて, 友だちづきあいがうまくなる（話しはじめるタイミング, ズレてない？, 話しはじめるタイミングを, ゲームで練習しよう！ ほか）, 第4章 頭の回転がよくなって, 成績ものびる！（テストの前にジャンプを5回すると, 脳が元気になるよ。呼吸法を練習すると, 記憶力がよくなるんだ。ほか）

内容 勉強やスポーツの前に, 「呼吸法」で息をととのえると, 頭がさえて, いつもよりもスゴイ力がだせるよ。「呼吸法」を身につければ感情のコントロールもできるようになるし, 友だちとのコミュニケーションも上手になる。この本を読んで, 「呼吸法」をマスターし

『マルチアングル人体図鑑 〔4〕 呼吸器』 高沢謙二監修, 松島浩一郎絵, 川島晶子文 ほるぷ出版 2018.3 31p 28cm〈索引あり〉2800円 ①978-4-593-58759-9 Ⓝ491.3

目次 呼吸をするための器官 肺, 酸素を全身にとどけるために協力 肺と心臓, 空気のとおり道 気管と気管支, 酸素と二酸化炭素の交換

場所 肺胞，ねむっているときも，酸素を取りこむ 脳が呼吸をコントロール，肋間筋と横隔膜が外からはたらきかける 肺を動かす筋肉，肺，肋骨，横隔膜が変化する 呼吸をする胸の動き，空気がとおって声になる のどと声帯，肺のために空気をきれいにする 鼻のやくわり，はく息，すう息といっしょに出る くしゃみ，せき，あくび，しゃっくり〔ほか〕

内容 人間はいつも，呼吸をしています。空気をすいこんで，その中にふくまれている酸素を取り入れ，かわりに，二酸化炭素をからだの外へ出します。これが呼吸です。呼吸をするためにはたらく，鼻，のど，気管，気管支，肺などの器官を呼吸器とよびます。ではなぜ，人間は呼吸をするのでしょう。そのなぞと呼吸器のしくみを探ってみましょう。

『あいうべ体操で息育なるほど呼吸学』 今井一彰著 少年写真新聞社 2017.9 47p 27cm 1800円 ①978-4-87981-610-8 Ⓝ481.33

目次 口呼吸チェック，口呼吸ってなに？，鼻呼吸と口呼吸，鼻の役割，どうして口呼吸になるの？，みんなであいうべ体操，あいうべ体操の効果

『人はなぜ酸素を吸うのか』 大川満里子著，大橋慶子絵 大月書店 2016.9 39p 21×22cm （そもそもなぜをサイエンス 3）2400円 ①978-4-272-40943-3 Ⓝ491.33

目次 私たちは1日に2万回以上も呼吸している，人のからだは約60兆個もの細胞でできている，かたちや大きさはちがっても細胞のつくりは同じ，酸素を使って，細胞のなかでエネルギーをつくり出す，酸素はほかの物質と結びつきやすい性質をもっている，肺で酸素と二酸化炭素を交換する，肺も酸素を一進化してきた肺，水中で酸素を取り入れる―えらのしくみ，肺もえらもなく，からだの表面で呼吸する動物，赤血球のなかのヘモグロビンが酸素を運ぶ，ヘモグロビンは4個のうち1個の酸素を細胞にわたす，血液は1分間で全身を1周する，心臓の進化と体温調節，エネルギーのもとは有機物，デンプンをブドウ糖に変えて，内呼吸に使っている，ミトコンドリアでエネルギーをつくりだす，植物も呼吸して，酸素を取り入れている，地球上に酸素がふえ，生物が進化していった，酸素を使わずにエネルギーをつくり出す生物

『すってはいてラッコくん』 ローリー・ライト著，マックス・スターズク絵，大前泰彦訳 京都 ミネルヴァ書房 2014.3 40p 21×26cm （こころもからだもリラックス絵本 3）〈文献あり〉1800円 ①978-4-623-06997-2 Ⓝ498.39

内容 岩の上で，ラッコが人魚と並んで寝転んでいると，人魚は空から落ちてきたカモメの羽に，ふうーっと大きく息を吹きかけて，再び空に舞い上げました。ラッコは人魚の真似を

して，大きく息を吸って，ふうーっと大きく吐き出します。大きく吸って，大きく吐いて，すると，どんどん体の中がさわやかに。気づくとラッコの仲間たちもみんな並んで寝転んで，呼吸に合わせて，おなかを大きく膨らませたりぺちゃんこにしたり。みんなのおなかのリズムは波になって，なんだかどんどんしあわせな，しずかな気持になっていきます。

『呼吸』 細谷亮太監修，リチャード・ウォーカー著 ほるぷ出版 2007.1 31p 28cm （学習図鑑―からだのかがく）2800円 ①978-4-593-58512-0 Ⓝ491.33

目次 生命に必要な酸素，体の細胞は酸素を使ってエネルギーを出す，体に酸素を取りこむ呼吸器系，吸った空気をあたためてきれいにする，空気の道のネットワーク，肺の構造，血液に入った酸素は体中の細胞へ運ばれる，筋肉の動きによって肺に空気が出入りする，運動中は呼吸の数が変化する，喉頭・舌・唇で音を作る，咳・くしゃみなどの呼吸運動，息苦しくなる原因，酸素が少ない場所で生きるには

内容 わたしたちは，生まれた瞬間から呼吸をはじめます。食物や水がなくとも少しのあいだは生きのびられますが，空気がないとすぐにわたしたちは命の危険にさらされます。呼吸することによって，わたしたちの体はなにをしているのでしょう。この巻では，その呼吸のしくみを，たくさんの写真やイラストをとおして科学的に説明します。

《5月10日》

地質の日

1876年の5月10日にアメリカの地質学者ベンジャミン・スミス・ライマンらが日本で初めて広域的な地質図を作成したこと，また，1878年の5月10日に地質の調査を扱う内務省地理局地質課設置されたことにより，日本地質学会や産総研地質調査総合センターなど地質関係の組織・学会が2007年に制定。地質への理解を推進するため。

『図解日本列島100万年史 2 大地のひみつ』 山崎晴雄，久保純子監修 講談社 2018.2 47p 28cm 〈索引あり〉3200円 ①978-4-06-220779-9 Ⓝ450.91

目次 リアス海岸は山と谷だった，海面が上がった「縄文海進」，三内丸山遺跡からわかる縄文海進，大噴火で南九州が壊滅状態に，富士山がくずれて形がかわった！，足柄平野に富士山の泥流がきた！，富士山最大の火口を生んだ宝永噴火，今も続く火山活動，富士山はいつ噴火してもおかしくない！，7世紀の白鳳地震が起こした地殻変動，プレート境界地震と陸域の浅い地震，東日本大震災と津波でわかった地形，人が地形をかえた1（利根川のつけかえと江戸城下町のうめたて），人が地形

をかえた2（たたら製鉄が出雲平野をひろげた），変化しつづける日本列島

『地面の下には、何があるの？―地球のまんなかまでどんどんのびるしかけ絵本』
シャーロット・ギラン文，ユヴァル・ゾマー絵，小林美幸訳　河出書房新社
2017.10　1冊　33cm　〈折本〉2500円
①978-4-309-27860-5　Ⓝ455

内容　なんと、2.5メートルのなが〜い絵本、世界中で大人気！　地面の下にはオドロキがいっぱい！　地球のまんなかまで、どんどんおりる。ワクワクする大ぼうけんに出かけよう。

『地面の下をのぞいてみれば…』　カレン・ラッチャナ・ケニー文，スティーブン・ウッド絵　六耀社　2017.8　〔32p〕27cm　（Rikuyosha Children & YA Books―絵本図鑑）〈訳出協力：Babel Corporation〉1850円　①978-4-89737-984-5　Ⓝ450

内容　地面の上は、おおくの人びとや動物、木や花の生き物たちで大にぎわいです。一方、地面の下は、不思議でいっぱいです。さぁ、どうなっているのでしょうか？　のぞいてみましょう。いろいろな種類の土が重なって、層になっている地面の下。生き物がくらす表土と腐植土層、下に深くなるにつれて、下層土層、じゃり層、かたい岩の層と層ができています。地面の下の層ができるまでには、何百年、何千年もの時間がかかっています。本書では、それぞれの層のちがいや、その特長をわかりやすく、面白く、イラストによる展開で説明します。

『数かぎりない粒があつまった地球―プレートが動くと、地震もエベレストも！』
ポール・ロケット文，増本裕江訳　町田玉川大学出版部　2016.11　31p　27cm（びっくりカウントダウン）〈文献あり　索引あり〉1900円　①978-4-472-05958-2　Ⓝ450

目次　地球をかぞえる，地球の大気は約2載の原子でできている，地球の表面積は5兆1006京6000兆mm2，地球上には砂粒が75垓個ある，台風は1日に9兆リットルの雨をふらせる，地球の人口は70億人をこえる，海洋の最深部は海面下10,920m，最長の川の長さは6,650km，世界には1,510の活火山がある，プレートは16ある，キリマンジャロの5つの層，3種類の岩石，地球の中心には核がひとつある，もっと知りたい人へ　読書案内，大きな数

内容　水や大気がめぐりつづけて地球をかたちづくる…じゃあ世界じゅうの砂粒の数は？　台風がふらせる雨量はどれくらい？　わたしたちのまわりには、たくさんのおもしろい"数"がかくれている。おどろくほどおおきなものから、とてもちいさなものまで、"びっく

り"するようなゆかいな"数"から、地球をみつめなおしてみよう！

《5月12日》

看護の日

1820年の5月12日がイギリスの看護師フローレンス・ナイチンゲールの誕生日であることから。「ナイチンゲールデー」「国際看護師の日」とも。

『ナイチンゲール―戦場を、きぼうの光でてらした「天使」』　高橋うらら文，朝日川日和絵，和住淑子，山本利江監修　学研プラス　2018.9　145p　21cm　（やさしく読めるビジュアル伝記 5）〈文献あり〉950円　①978-4-05-204883-8　Ⓝ289.3

目次　大金持ちの家に生まれて、小さいころのフローレンス，内気なせいかく，お姉さんとのちがい，神様からの宿題，社交界デビュー，看護師になりたい，家族に反対されて，自分がほんとうにしたいこと，とうとう看護のくんれんに，ロンドンの病院をまかされて，戦場へ，スクタリの病院，かつやくしたフローレンス，女王様からの手紙，兵士たちをはげまして，クリミア熱，なつかしいふるさとへ，病院と看護師の本，たくさんの看護師たちに見送られて

内容　イギリスのゆうふくな家に生まれたフローレンス・ナイチンゲールは反対をおしきって、看護師となり、やがて戦場の病院へ、向かいます。数えきれないほどの、こんなんとたたかい、多くの命をすくった「天使」ナイチンゲールとはいったい、どんな人だったのでしょう？

『ナイチンゲール―くるしむ人びとをすくった「クリミアの天使」』　間部香代文，pon-marsh絵　チャイルド本社　2018.4　28p　25cm　（絵本版/新こども伝記ものがたり 1）〈年譜あり〉602円　①978-4-8054-4783-3　Ⓝ289.3

『ナイチンゲール―看護に生きた戦場の天使』　金井一薫監修，さくらまんが作画　KADOKAWA　2017.10　159p　19cm（角川まんが学習シリーズ N3―まんが人物伝）〈文献あり　年譜あり〉850円　①978-4-04-103973-1　Ⓝ289.3

『ナイチンゲール―戦場に命の光』　村岡花子文，丹地陽子絵　新装版　講談社　2017.10　189p　18cm　（講談社火の鳥伝記文庫 6）〈年譜あり〉740円　①978-4-06-149919-5　Ⓝ289.3

目次　1 わたしは幸福ではない（美しいフローレンス，エンブリー荘で，人形つくろい ほか），2 ランプを持ったレディー（クリミア戦争，戦場への道，なにから始めるか ほか），3

看護の母として（ひそかな凱旋，「小さな陸軍省」で，ナイチンゲール・スクール ほか）

内容 ナイチンゲールは1820年生まれのイギリスの看護師です。裕福な家庭に生まれ，豊かな環境で育ちました。当時の看護師は上流階級の女性がなる職業ではなかったため，その決断は，家族の大反対にあってしまいます。それでもナイチンゲールは，クリミア戦争の壮雪な戦場へ看護団をひきいて行き，傷ついた兵士たちを全力で看病していきました。その活躍はイギリス本国で大きく報道され，社会に影響をあたえたのです。小学上級から。

『フローレンス・ナイチンゲール』 デミ作，さくまゆみこ訳 光村教育図書 2016.12 〔33p〕 26×26cm 〈年譜あり〉1600円 ①978-4-89572-896-6 Ⓝ289.3

内容 少女のころ，ひとりで空想するのがすきだったフローレンスは，よく病院ごっこをしていました。やがて，両親の反対をおしきって看護をまなび，戦地の病院におもむきます。「ランプをもったレディ」傷つき，または病にたおれた兵士たちは，親しみをこめて，フローレンスをそうよびました。

『ナイチンゲール―新しい道を切り開いた看護の母』 高田早苗監修，込由野しほ漫画，堀ノ内雅一シナリオ 集英社 2015.7 127p 23cm （集英社版・学習まんが―世界の伝記NEXT）〈文献あり 年譜あり〉980円 ①978-4-08-240064-4 Ⓝ289.3

目次 フローレンスが好きなもの，みんなの役に立ちたい！，自分の信じる道，クリミア戦争，ナイチンゲールの子どもたち，人物クローズアップ！ もっと知りたい！ ナイチンゲール

内容 看護師の新しい道を切り開いたナイチンゲールも自分の将来になやむふつうの女の子でした。自らの使命に気づき，貧しい人や病気の人のために生きていくことを決めると家族の大反対にあいながらも，強い信念を貫き通し，ついに看護師となり，さまざまな革命を起こしていきます。

『ナイチンゲール』 武鹿悦子文，ふりやかよこ絵 チャイルド本社 2015.5 28p 25cm （絵本版/こども伝記ものがたり 2 西本鶏介責任編集）〈第8刷 年譜あり〉602円 ①978-4-8054-4269-2 Ⓝ289.3

『看護師という生き方』 宮子あずさ著 筑摩書房 2013.9 191p 18cm （ちくまプリマー新書 201）780円 ①978-4-480-68904-7 Ⓝ498.14

目次 第1章 看護師っぽい人（裏紙の魔力，必死は滑稽，やさしくあるための闘い），第2章 私が看護師っぽくなるまで（稼ぐ女になりたい。その一心で看護師を目指しました。でき

ない分やさしく，と思い詰めた新人時代，三年目以降は，イケイケとイライラの時期で，五年目あたりでとらわれた，徒労感と無力感，精神科で働き，「できること」より「わかること」，そして「考えること」が大事と気づく），第3章 看護師は，生き抜く力が身につく仕事（寛容さが大事と，身に染みる仕事，やけにならずに「しょうがない」と思えるようになる仕事，わかることも，わからないことも大事にしよう！）

内容 不況下でも，安定して勤め続けられる資格職として人気の看護職。その仕事は働く人の人間性に強く働きかけ，特有の人生を歩むことになる。長く勤めるほど味わいが増すこの仕事の奥深い魅力に，看護師歴二六年の現役ナースが迫る。

『ナイチンゲール』 斉藤洋作，植垣歩子絵 講談社 2012.6 〔32p〕 27cm （講談社の創作絵本―はじめての伝記えほん）〈年譜あり〉1400円 ①978-4-06-132511-1 Ⓝ289.3

内容 「私にしかできないことがあるんだ―」やさしさと強い信念を持ち，めぐまれない人々のために一生を捧げたフローレンス・ナイチンゲール。この絵本は，看護の基礎を築いた一人の女性の物語です。

『ナイチンゲール』 坂本コウ漫画，日本赤十字社監修 ポプラ社 2011.8 126p 23cm （コミック版世界の伝記 3）〈文献あり 年表あり〉950円 ①978-4-591-12555-7 Ⓝ289.3

目次 第1章 少女フローレンス，第2章 道を探して，第3章 うごきだす時，第4章 クリミア戦争，第5章 あらたな道へ，ためになる学習資料室（もっとよくわかるナイチンゲール，ナイチンゲールの生き時代，参考文献）

内容 「だれかのためになることをしたい」まわりに反対されながらも看護師をこころざしたナイチンゲール。戦場の病院でさまざまな問題をのりこえ，傷ついた人びとのための本当の看護について考えていきます。

『看護師の仕事につきたい！―命を救う看護のプロフェッショナル』 坂本すが著 中経出版 2011.7 223p 19cm （教えて，先輩！ 私の職業シリーズ 4）1200円 ①978-4-8061-4094-8 Ⓝ498.14

目次 序章 ようこそ看護の世界へ，第1章 夢は物理の先生になることだった！，第2章 挫折，そしてグレーの時代，第3章 お産のスペシャリストから看護管理者へ，第4章 看護との出遭い，第5章 学ぶことと教えること

内容 患者さんの体と心，社会生活の安全・安心をサポートします。全国どこでも働ける一生モノの専門資格。命の危機を回避し，救うための手助けを行なう。看護界のトップリーダーが詳しく紹介。

『看護ってどんなしごと？』 三田圭介作画，林優子，田中克子監修 吹田 メディ

カ出版　2010.4　31p　19×26cm　〈英中文併載〉800円　①978-4-8404-3278-8　Ⓝ498.14

## 海上保安の日

1948年の5月12日を海上保安庁の「開庁記念日」としていることから。海上保安庁が広く親しまれ、その役割・活動をより一層理解してもらうため、2000年に制定。

『よくわかる海上保安庁—しくみは？　どんな仕事をしているの？』　海上保安協会監修　PHP研究所　2018.8　63p　29cm（楽しい調べ学習シリーズ）〈文献あり　索引あり〉3000円　①978-4-569-78773-2　Ⓝ317.262

[目次]　第1章　海上保安庁の基本（危険がいっぱい！　海に囲まれた日本列島，日本に安全な海を取りもどす！　海上保安庁はなぜできた？，進化する巡視線　海上保安庁の巡視線の歴史　ほか），第2章　海上保安官の仕事（海の警察官！　海上保安官の仕事場，海上保安官の仕事1　特別警備隊，海上保安官の仕事2　潜水士　ほか），第3章　海上保安庁の乗り物大集合（世界最大級！　巡視船「しきしま」，大きなものから小さなものまで　巡視船艇大集合！，目的・用途はさまざま　消防船・そのほかの船大集合！　ほか）

『海上保安庁の仕事につきたい！—日本の海を守るエキスパートの世界』　私の職業シリーズ取材班著　中経出版　2011.2　223p　19cm（教えて、先輩！　私の職業シリーズ　2）1200円　①978-4-8061-3955-3　Ⓝ317.262

[目次]　第1部　特殊救難隊員　下真也の物語（少年時代—家族の存在と進路への目覚め，海上保安大学校時代—仲間との出会い　つらさとくやしさをバネに，潜水士時代—バディとの友情　さらなる挑戦へ，特殊救難隊時代—強い信念と使命感を胸に　海難救助の精鋭部隊），第2部　海と命を守る者たち—4人の海上保安官の物語（インタビュー1　通信士・佃絵里奈，インタビュー2　航海士補・鎌田直樹，インタビュー3　交通部計画運用課計画運用官付・岩瀬俊雄，インタビュー4　機関士補・井沢奈祐）

『安全を守る仕事—写真とイラストでよくわかる！　3　海上保安庁』　国土社編集部編　国土社　2010.3　47p　29cm　〈文献あり〉3000円　①978-4-337-27303-0　Ⓝ317

[目次]　海上保安庁の仕事（追いかけろ、捕まえろ，事故現場に急行しろ！，消防船の出動だ！，急いで危険を知らせるんだ，まだまだある海上保安庁の仕事），海上保安庁の船・飛

行機大集合！（PLH型巡視船，消防船，巡視船大集合，ヘリコプター，飛行機大集合）

## 《5月16日》

## 旅の日

1689年の5月16日に松尾芭蕉が奥の細道に旅立ったことによる。日本旅のペンクラブが1988年に制定。

『おくのほそ道—永遠の旅人・芭蕉の隠密ひみつ旅』　那須田淳著，十々夜絵　岩崎書店　2017.3　199p　22cm（ストーリーで楽しむ日本の古典　17）〈文献あり〉1500円　①978-4-265-05007-9　Ⓝ915.5

『子どもたちよ、冒険しよう—生きる力は、旅することからわいてくる』　三輪主彦，丸山純、中山嘉太郎、坪井伸吾、塰口保男著　ラピュータ　2010.7　231p　19cm（ラピュータブックス）1500円　①978-4-947752-99-4　Ⓝ290.91

[目次]　第1章　アマゾンイカダ漂流も北米横断マラソンもする世界一周ライダー・坪井伸吾（中学生の自分には、和歌山市が世界のすべて、高校時代はヨットに専念　ほか），第2章　恐竜化石を発掘調査するウルトラランナー・三輪主彦（エジプトの西部砂漠で恐竜化石を探している、恐竜はマングローブの葉を食べたのだろうか？　ほか），第3章　自転車で36万キロを走破した放浪サイクリスト・塰口保男（運動オンチだが、地理だけは得意な少年時代、初めて自分の意思で動き出す　ほか），第4章　足かけ32年、少数民族・カラーシャのもとに通い続ける旅人・丸山純（あこがれのチトラルへ、洞窟探検と読書に熱中した中・高生時代　ほか），第5章　シルクロード9374キロを単独走破したジャーニーランナー・中山嘉太郎（子どもながらも立派な"ウォーカー"、初めての富士山登山　ほか）

[内容]　誰かに「やりなさい」と言われたことをやるだけでは、おもしろくない。自分がおもしろそうだからやるのだ、という心をもったほうがいい。自分の可能性を知ることがおもしろい。

『旅に出よう—世界にはいろんな生き方があふれてる』　近藤雄生著　岩波書店　2010.4　197p　18cm（岩波ジュニア新書　653）820円　①978-4-00-500653-3　Ⓝ290.9

[目次]　オーストラリア編1　平和な国に暮らす意味—ジンバブエからの移民（西オーストラリア州バンバリー），オーストラリア編2　国ってなんだろう？—一国を造ったおじいさん（ハットリバー公国），東南アジア編1　食料を得るとは？—捕鯨村の人々（インドネシア），東南アジア編2　勉強できることの幸せ—ビルマからタイへ来た若い難民たち，東南アジア編3　世界は

5月　　　　　　　　　　　　　　　　　　　　　5月18日

みなつながっている―「残留」を選んだ日本兵（ビルマ・タイ国境地帯），中国編1 絆を求めて旅をする―路上の二胡弾き（雲南省昆明市），中国編2 腕一本で生きていく―格闘家の日本人（上海），ユーラシア横断編1 見ることと聞くことの違い―イランで出会った人たち，ユーラシア横断編2 帰る場所―亡命チベット人（スイス）

[内容] もっと自分らしく自由に生きてみたい！生き方はいろいろあっていいはずだと海外に旅立った著者は，5年以上におよぶ旅で何を感じたのか？　夢を追い続ける人，自分の道を切り開こうとする人，どうにもならない大きな力によって人生を動かされている人…，各地で出会った様々な人の姿を通して，自分らしく生きるための道を探る。

『リヤカーマン，歩いて世界4万キロ冒険記』永瀬忠志著　学習研究社　2008.11　175p　22cm　（ヒューマン・ノンフィクション）　1200円　①978-4-05-203016-1　Ⓝ290.9

[目次] 1 なんだ，このおじさんは―アタカマ砂漠，2 こんなに高い所へ登ったことがない―アンデス山脈，3 はじめての一歩―日本，4 旅が終わる「うれしさ」と「さみしさ」―オーストラリア，5 99・99パーセント歩けない―アフリカ，6 いつ砂漠をぬけだせるのだろう―やり直しのアフリカ，7 動物に「ほおおおーっ!!」とほえる―南アメリカ，8 うれしかったことは何ですか―三十年ぶりの日本

[内容] リヤカーを引きながら，世界中の砂漠やジャングルなど，4万キロを超える冒険旅行を続けている永瀬忠志さんの感動のノンフィクション。

『それゆけ小学生！　ボクたちの世界一周』かやのたかゆき＆ひかる著，久米美都子編　福岡　石風社　2008.5　234p　21cm　1800円　①978-4-88344-162-4　Ⓝ290.9

『奥の細道―まんがとカメラで歩く　3（秋を歩く）』　伊東章夫まんが，大石好文写真・文　理論社　2006.11　137p　20cm　1500円　①4-652-01598-4　Ⓝ915.5

[目次] 象潟，酒田，鶴岡，越後，市振，有磯海，金沢，小松・那谷寺，山中温泉，福井，敦賀，種（色）の浜，大垣，旅に病んで

『奥の細道―まんがとカメラで歩く　2（夏を歩く）』　伊東章夫まんが，大石好文写真・文　理論社　2006.8　141p　20cm　1500円　①4-652-01597-6　Ⓝ915.5

[目次] 佐藤庄司の旧跡，飯坂（飯塚）の里，笠島，武隈の松，宮城野（仙台），壷の碑，末の松山・塩釜，瑞巌寺・石巻，平泉，尿前の関，尾花沢，立石寺，最上川，出羽三山

[内容] いま，芭蕉が新しい！　まんがで学び，カメラで遊ぶ。あわせて読んで旅を味わうおとなの「細道」子どもの「ほそ道」。

『奥の細道―まんがとカメラで歩く　1（春を歩く）』　伊東章夫まんが，大石好文写真・文　理論社　2006.6　141p　20cm　1500円　①4-652-01596-8　Ⓝ915.5

[目次] 少年時代，俳諧への道，旅立ち，草加・春日部，仏の五左衛門，日光，那須野ヶ原，黒羽，雲巌寺，殺生石・遊行柳，白河の関，須賀川，安積山・信夫の里

[内容] まんがで学び，カメラで遊ぶ，あわせて読んで旅を味わう。いま芭蕉が新しい。

『レインボー世界の旅じてん―国際理解に役立つ』　学研辞典編集部編　学習研究社　2004.4　160p　22cm　1400円　①4-05-301563-4　Ⓝ290.9

[目次] アジア（中国，韓国 ほか），ヨーロッパ（イギリス，フランス ほか），アフリカ（エジプト，モロッコ ほか），オセアニア（オーストラリア，ニュージーランド），北アメリカ南アメリカ（アメリカ，カナダ ほか）

《5月18日》

国際博物館の日

1977年の5月18日に国際博物館会議の第11回大会がモスクワで開催されたことによる。博物館が社会に果たす役割を広く普及啓発するため，国際博物館会議が1977年に制定。

『美術館・博物館で働く人たち―しごとの現場としくみがわかる！』　鈴木一彦著　デジタルプリント版　ぺりかん社　2018.1　157p　21cm　（しごと場見学！）　2200円　①978-4-8315-1498-1　Ⓝ069.3

[目次] 1 美術館・博物館ってどんなところだろう？，2 科学博物館ではどんな人が働いているの？，3 歴史博物館ではどんな人が働いているの？，4 美術館ではどんな人が働いているの？，5 美術館・博物館を支えるために館内ではどんな人が働いているの？，6 美術館・博物館を支えるために館外ではどんな人が働いているの？

[内容] 「美術館・博物館」で働くいろいろな職種を網羅。「美術館・博物館」の現場としくみがわかります。本書を読むことにより，「美術館・博物館」のバーチャル体験ができます。実際に「美術館・博物館」で働く人たちのインタビューにより，具体的な将来のビジョンが描けます。

『博物館のひみつ―保管・展示方法から学芸員の仕事まで』　斎藤靖二監修　PHP研究所　2016.6　63p　29cm　（楽しい調べ学習シリーズ）〈文献あり　索引あり〉　3000円　①978-4-569-78549-3　Ⓝ069

[目次] 1章 博物館に行ってみよう（博物館のなかを見てみよう，博物館に展示されているも

子どもの本 伝統行事や記念日を知る本2000冊　　119

の，展示物のならべ方のくふう，展示物をわかりやすく解説するくふう，探検！ 世界の自然史博物館，見てみよう いろいろな博物館の展示のくふう），2章 博物館の仕事（自然をいろいろな分野から研究する，研究のすすめ方1 研究の流れ，研究のすすめ方2 研究のための資料を集める，研究のすすめ方3 研究資料を標本にする，新種の生き物の発見！，標本づくりを見てみよう，研究資料を保管する，収蔵品ギャラリー，自然に関することを一般の人に伝える，見てみよう いろいろな博物館の収蔵庫），3章 博物館ではたらく人（研究をおこなう学芸員，博物館の学芸員になるには，博物館をささえる人たち，博物館をささえるボランティアの人たち）

『みんなの博物館―調べてナットク！ 別巻 博物館ガイド・さくいん』 「みんなの博物館」編集委員会編，河合雅雄，岩井宏實監修 河出書房新社 2012.4 79p 30cm 3000円 ①978-4-309-61496-0 Ⓝ069

『みんなの博物館―調べてナットク！ 5 くらしと伝統工芸について調べよう―いのり・あそび・ものづくり』 「みんなの博物館」編集委員会編，河合雅雄，岩井宏實監修 河出書房新社 2012.4 79p 30cm 3000円 ①978-4-309-61495-3 Ⓝ069

『みんなの博物館―調べてナットク！ 4 日本の歴史を調べよう 2 安土・桃山時代から現代まで』 「みんなの博物館」編集委員会編，河合雅雄，岩井宏實監修 河出書房新社 2012.4 79p 30cm 〈年表あり〉 3000円 ①978-4-309-61494-6 Ⓝ069

『みんなの博物館―調べてナットク！ 3 日本の歴史を調べよう 1 原始・古代から戦国時代まで』 「みんなの博物館」編集委員会編，河合雅雄，岩井宏實監修 河出書房新社 2012.4 79p 30cm 〈年表あり〉 3000円 ①978-4-309-61493-9 Ⓝ069

『みんなの博物館―調べてナットク！ 2 地球のはじまりと生物の進化を調べよう―恐竜の出現・人類へのあゆみ』 「みんなの博物館」編集委員会編，河合雅雄，岩井宏實監修 河出書房新社 2012.4 79p 30cm 3000円 ①978-4-309-61492-2 Ⓝ069

『みんなの博物館―調べてナットク！ 1 日本列島の自然を調べよう―地震のしくみ・大地のなりたち』 「みんなの博物館」編集委員会編，河合雅雄，岩井宏實監修

河出書房新社 2012.4 79p 30cm 〈年表あり〉 3000円 ①978-4-309-61491-5 Ⓝ069

『博物館へ行こう』 木下史青著 岩波書店 2007.7 192,7p 18cm （岩波ジュニア新書 571） 840円 ①978-4-00-500571-0 Ⓝ069

目次 1 博物館に記念撮影したい展示風景を，2 博物館の仕事，3 博物館を楽しむ，4 進化する博物館，5 博物館へ行こう，付録 ぼくの博物館手帳

内容 博物館では世界や歴史を感じ，自分を取りもどすことができる。東京国立博物館の本館リニューアルにも携わった展示デザイナーが目指すのは「記念撮影したくなる展示風景」だ。展覧会ができるまでの仕事や国内外で進化中の博物館の魅力を語りつくす。

『博物館科学館からはじめる「調べ学習」のヒント100―学校では教えない』 講談社編 講談社 2004.10 255p 21cm 1500円 ①4-06-212595-1 Ⓝ002

目次 アイヌの歴史を調べる―アイヌ民族博物館，国立民族学博物館，アイロンを調べる―岐阜市歴史博物館など，あかりを調べる―日本のあかり博物館など，浅間山を調べる―浅間火山博物館，嬬恋郷土資料館，生きている化石を調べる―笠岡市立カブトガニ博物館，鳥羽水族館，遺跡を調べる―釈迦堂遺跡博物館，笠懸野岩宿文化資料館，板垣退助を調べる―高知市立自由民権記念館，稲作の歴史を調べる―兵庫県立歴史博物館など，伊能忠敬を調べる―伊能忠敬記念館/国立歴史民俗博物館，隕石を調べる―神奈川県立生命の星・地球博物館など〔ほか〕

内容 「調べ学習」は，この本におまかせ！ 100のヒントのほかに14の「調べ学習のツボ」を解説，195の子どもに親切な博物館科学館のリスト付き。120%，役にたちます。

## 《5月19日》

### ボクシング記念日

1952年の5月19日に世界フライ級タイトルマッチで白井義男が日本人初のボクシング世界チャンピオンになったことによる。「プロボクシング・世界チャンピオン会」が2010年に制定。

『はじめよう！ ボクシング―井上尚弥実演 For U-15 kids and parents, coaches』 大橋秀行著 ベースボール・マガジン社 2015.10 95p 21cm 1500円 ①978-4-583-10886-5 Ⓝ788.3

目次 巻頭対談 親と子のボクシング道（井上真吾・尚弥・拓真「基本を体にしみこませることの大切さ」，松本好二・圭佑「子供は自分

で戦えるようになっていく」），第1章 相手と向き合う前に（正しい拳のにぎり方，拳を守るバンデージの巻き方，ファイティングポーズをマスターしよう，ボクシングは「距離」のスポーツだ！，ステップワークをマスターしよう，相手との距離のつくり方），第2章「打つ」と「よける」はいつもセット（パンチの基本を覚えよう，ディフェンス技術を覚える，ディフェンスとパンチを組み合わせてみる），第3章 技術を組み合わせてみる（ジャブを使いこなす！，ツー・パンチ・コンビネーションのいろいろ，スリー・パンチのバリエーション，トップ・ボクサーはこう戦う！），第4章 ジムへ行こう！（毎日のジムワーク，練習のポイントは，体幹トレーニングとインナーマッスル，アンダージュニア，U‐15って，どんな大会？，用具をそろえよう，アマチュアボクシングの基礎知識）

内容 はじめるなら今！ 大人とは異なる，キッズのためのトレーニング方法を完全伝授。

《5月20日》

### ローマ字の日

1922年の5月20日に「日本ローマ字会」が創立されたことによる。「日本のローマ字社」が1955年に制定。

『楽しいローマ字―読んでみよう！ 書いてみよう！ ひとりでも，初めてでも，きちんと学べる！ 5 おぼえよう！なれよう！ ローマ字入力』 田中博史監修 学習研究社 2009.2 35p 27cm 2300円 ①978-4-05-500607-1 Ⓝ811.8

目次 コンピューターとローマ字入力，ローマ字で入力してみる，キーボードのしょうかい，A・I・U・E・Oのキー，キーボードの2段目，キーボードの3段目，キーボードの4段目，V・F・W・Jのキー，記号のキー，めいしや住所のラベルを作る，お知らせやちらしを作る，電子メールを打つ，インターネットのウェブページにつなぐ，インターネットを使って検索する，ローマ字豆知識

『楽しいローマ字―読んでみよう！ 書いてみよう！ ひとりでも，初めてでも，きちんと学べる！ 4 ことわざや詩・物語―はなよりだんご』 田中博史監修 学習研究社 2009.2 35p 27cm 2300円 ①978-4-05-500606-4 Ⓝ811.8

目次 詩，俳句，短歌，歌，物語，ことわざ・慣用句，ローマ字で遊ぼう！

『楽しいローマ字―読んでみよう！ 書いてみよう！ ひとりでも，初めてでも，

きちんと学べる！ 3 地図にあることば―にっぽん，ふじさん』 田中博史監修 学習研究社 2009.2 35p 27cm 2300円 ①978-4-05-500605-7 Ⓝ811.8

目次 日本地図，北海道・東北地方，関東地方，中部地方，近畿地方，中国・四国地方，九州地方

『楽しいローマ字―読んでみよう！ 書いてみよう！ ひとりでも，初めてでも，きちんと学べる！ 2 生きものや自然―つばめ，さくら，たいふう』 田中博史監修 学習研究社 2009.2 35p 27cm 2300円 ①978-4-05-500604-0 Ⓝ811.8

目次 人体，ほ乳類，は虫類・両生類，鳥，魚，海の生物，虫，花，野草，樹木，野菜，果物，空，地形，天候・自然，宇宙・地球

『楽しいローマ字―読んでみよう！ 書いてみよう！ ひとりでも，初めてでも，きちんと学べる！ 1 身のまわりのことば―がっこう，かぞく，まち』 田中博史監修 学習研究社 2009.2 35p 27cm 2300円 ①978-4-05-500603-3 Ⓝ811.8

目次 学校，教室，校庭，給食，そうじ，家族，家，台所，食堂，町，交差点，商店街，駅，いなか，昔の道具，行事

『世界の文字とローマ字』 日本のローマ字社編・著，Realizeイラスト・構成 汐文社 2003.4 47p 27cm （はじめてのローマ字の本 3） 1800円 ①4-8113-7632-3 Ⓝ811.8

目次 ことばと文字，日本語をあらわす文字，世界のいろいろな文字，世界で使われている日本語，日本でのローマ字のはじまり，日本語のローマ字を発展させた3人の人，日本式，訓令式，ヘボン式ってなんだ？，ローマ字も絵からできたってホント？，タイプライター，漢字とローマ字，どっちが早い，パソコンの文字のキーのならび方ってふしぎ？ 〔ほか〕

内容 ローマ字とほかの文字をくらべたり，ローマ字の歴史をしらべたり，小学生の書いたローマ字を読んだり，いろいろおもしろいことが学べます。

『ローマ字で遊ぼう』 日本のローマ字社編・著，Realizeイラスト・構成 汐文社 2003.3 47p 27cm （はじめてのローマ字の本 2） 1800円 ①4-8113-7631-5 Ⓝ811.8

目次 ローマ字であそぼう，さかさことば，e（え）とi（い）の発音，aとuと続けていうと，「ちょうちょう」と「てふてふ」―eとuを続けて言うと，書く→書いた―「音」が消えたり変わったり，おきなわの歌，なぜローマ字はかなとちがう書き方なの？，漢字の区別は中国語の区別です，単語が集まって文になります〔ほか〕

『ローマ字ってなんだ』 日本のローマ字社編・著，Realizeイラスト・構成 汐文社

2003.2　47p　27cm　（はじめてのローマ字の本　1）1800円　①4-8113-7630-7　Ⓝ811.8

目次 まちへでてみよう，アルファベットとABCのうた，アルファベットの文字のかたちにしたしもう，ローマ字の「アイウエオ」，ローマ字の「マミムメモ」，キロ（K），グラム（g），トン（t），ローマ字はこれで全部です，大文字と小文字，野球（やきゅう）はどうやって書くの？，kkはどう読む―小さな「っ」の書き方〔ほか〕

---

### 電気自動車の日

1917年にアメリカから輸入された電気自動車「デトロイト号」を2009年の5月20日に復活させたことによる。

---

『自動車まるごと図鑑―電気自動車燃料電池車次世代エコカーを徹底比較！』黒川文子監修　ポプラ社　2015.4　159p　27cm（もっと知りたい！図鑑）〈索引あり〉4800円　①978-4-591-14315-5　Ⓝ537

目次 1章　活躍する自動車，2章　自動車ができるまで，3章　日本の経済をささえる自動車産業，4章　世界を走る自動車，5章　安全で快適な自動車社会，6章　自動車と環境，7章　自動車社会の未来

内容 自動車工場や世界の自動車事情，エコカーなど自動車にまつわるさまざまな情報を紹介。自動車と自動車産業のことを楽しく学べる図鑑です。

『エコカーのしくみ見学　2　電気自動車』市川克彦著　ほるぷ出版　2010.9　31p　28cm　〈索引あり〉2800円　①978-4-593-58616-5　Ⓝ537

目次 電気自動車のなりたち，電気自動車のしくみ，モーターで走る，バッテリーのしくみ，ボディとインテリア，電気自動車の性能，電気自動車のなやみ，私たちの生活と電気自動車，電気自動車が活躍するシーン，未来の電気自動車，電気自動車とエコロジー

内容 環境にやさしい自動車のことをエコカーといいます。環境問題に対する関心が高まるなかで，エコカーは今とても人気です。では，エコカーはどのようなしくみになっているのでしょうか？　このシリーズでは，なぜエコカーが地球環境にやさしいのか，エコカーはどのようにして走るのか，そのしくみを紹介し，地球環境とエコカーの関わりも紹介していきます。

『電気自動車―「燃やさない文明」への大転換』村沢義久著　筑摩書房　2010.2　159p　18cm　（ちくまプリマー新書

130）720円　①978-4-480-68836-1　Ⓝ537.25

目次 第1章　自動車産業を襲う大変革の波，第2章　ハイブリッド車が火をつけた，第3章「プリウス」改造が生んだプラグイン・ハイブリッド，第4章　電気自動車革命，第5章　スモール・ハンドレッドの台頭，第6章　電気自動車普及のために，第7章　太陽エネルギー革命，第8章　二一世紀の産業革命

内容 私たちはいま，地球温暖化という深刻な危機に直面している。自動車が排出するCO2を削減することは，環境と私たちの生活の未来のために，必須の条件である。電気自動車の普及による「燃やさない文明」への大転換を提唱する。

---

## 《5月21日》

---

### 小学校記念日

1869年の5月21日に京都市に日本初の近代小学校が開校したことによる。「小学校開校の日」とも。

---

『入学準備の図鑑』無藤隆監修　学研プラス　2018.10　111p　27cm　（学研の図鑑for Kids）1900円　①978-4-05-204767-1　Ⓝ376.1

目次 もうすぐ1ねんせい！，しょうがっこうってどんなところ？（もちもの，がっこうの1にち，がっこうのルール　ほか），1ねんせいになるまえに（ひ・ようび，とけい，あいさつ　ほか），1ねんせいのじゅぎょう（じかんわり，こくご（ひらがな），こくご（かたかな）　ほか）

『ビックリ!! 世界の小学生』柳沢有紀夫著，田伊りょうき絵　KADOKAWA　2018.9　186p　18cm　（角川つばさ文庫Dや3-1）〈索引あり〉680円　①978-4-04-631824-4　Ⓝ376.2

目次 学校のこと，気候のこと，給食のこと，ファッション，学校のイベント，宿題のこと，世界の夏休み＆冬休み，将来のこと，世界の誕生日会，世界のごはん，世界の生活，世界のイベント

内容 世界の中には，日本じゃ想像もつかないようなビックリな毎日を送っている小学生がたくさんいる。なんでそんな生活を送っているのか，理由は気候だったり，歴史だったり，さまざま。世界各国に住んでいる日本人が見つけた，とっておきのビックリ情報が大集合！　小学上級から。

『がっこうたんけんしょうがっこうだいずかん』WILLこども知育研究所編・著，法嶋かよ，常永美弥絵　金の星社　2016.12　47p　24×24cm　1500円　①978-4-323-07379-8　Ⓝ376.21

目次 どんなひとたちがいるの？，じかんわり，がっこうのルール，1ねんせいのもちもの，

1ねんかんのぎょうじ，しょうがっこうでつかうことば，わしつ・ほうそうしつ，しいくごや

内容 「小学校」って楽しそう！ 親子で「小学校」のことをたくさん話せる1冊。入学までの心の準備はこれでOK！ 楽しい絵と写真で，小学校を丸ごと紹介！

『**小学校の生活**』 はまのゆか絵 学研プラス 2016.11 81p 31cm 1500円 Ⓘ978-4-05-204548-6 Ⓝ376.21

目次 入学式前夜，入学式，ぼくのクラス，1日（集団登校，朝礼 ほか），行事（クラスの行事，遠足 ほか），進級（中学年，高学年，卒業式）

内容 小学校の1日をのぞいてみよう！ 学校が好きになる！

『**写真でわかるはじめての小学校生活**』 笹森洋樹，冢田三枝子，栗山八寿子編著 合同出版 2014.9 85p 26cm 1600円 Ⓘ978-4-7726-1205-0 Ⓝ376.21

『**はっけん！ がっこうのあっ！**』 石津ちひろぶん，ママダミネこえ 大日本図書 2012.7 32p 26cm （大日本図書の生活科えほん） 1500円 Ⓘ978-4-477-02632-9 Ⓝ376.21

内容 がっこうってどんなとこ？ ほらみみをすませてみて。なにがきこえてくる？ おと・いろ・かたち・におい…きょうしつでおもわず「あっ！」っていっちゃうようなおもしろいものをみつけてみよう。たのしいなぞなぞもついているよ！—。

《5月22日》

**国際生物多様性の日**

1992年に「生物の多様性に関する条約」が締結されたことにより，国連が制定。2000年までは条約締結日の12月29日。

『**マイ・ネイチャー—カードゲームで学ぶ生物多様性**』 SAPIX環境教育センター企画・編集 第2版 代々木ライブラリー 2013.5 16p 30cm 〈文献あり〉 900円 Ⓘ978-4-86346-314-1 Ⓝ468

目次 生き物とわたしたち（すごいぞ！ 地球の生き物たち，生き物たちの「いろいろ」，生き物たちがいなくなる!?，生き物たちと共に生きるには…），マイ・ネイチャーカードゲーム（はじめてプレイガイド，マイ・ネイチャーの成り立ち，ゲーム早わかり表，上級ルール：マイ・ネイチャーで生態系をつくろう！，Q&A，オリジナルカードをつくろう！，チャレンジコース（1人用））

『**よくわかる生物多様性 3 身近なチョウ—何を食べてどこにすんでいるのだろう**』 中山れいこ著，中井克樹総監修 矢後勝也監修 くろしお出版 2012.9 55p 27cm 〈制作：アトリエモレリ 文献あり 索引あり〉 2800円 Ⓘ978-4-87424-558-3 Ⓝ468

『**さとやま—生物多様性と生態系模様**』 鷲谷いづみ著 岩波書店 2011.6 192p 18cm （岩波ジュニア新書 686—〈知の航海〉シリーズ） 840円 Ⓘ978-4-00-500686-1 Ⓝ468

目次 序章 サクラソウから見たさとやまの変化（サクラソウに惹かれて，サクラソウから保全生態学へ ほか），第1章 ヒトの歴史とさとやまの成立（ヒトの誕生と人類，ヒトの移動と植生 ほか），第2章 「さとやま」の生物多様性と生態系模様（「さとやま」とは，さとやまの「ヤマ」 ほか），第3章 地球規模の生物多様性とさとやまの危機（「人間中心世」とヒトの持続可能性，人為活動と富栄養化 ほか），第4章 さとやまの再生—持続可能な地域社会にむけて（COP10とSATOYAMAイニシアティブ，さとやまのもつ現代的な価値 ほか）

内容 かつては身近だった草花や昆虫たちが，いま絶滅しようとしています。彼らのすみかだった「さとやま」とは，ヒトの節度ある自然の利用や管理によってつくられた，水田やため池，茅場や雑木林などがパッチワークのような模様を生む，変化に富んだ半自然です。衰退の危機にあるさとやまの保全や価値をさまざまな角度から描き，再生の道を考えます。

『**生物多様性の大研究—なぜいろいろな生き物がいるの？ 地球でともにくらす知恵をさぐろう！**』 小泉武栄監修 PHP研究所 2011.6 63p 29cm 2800円 Ⓘ978-4-569-78146-4 Ⓝ468

目次 第1章 生物多様性を形づくっているもの（いろいろな大きさや形の「いのち」，自然環境と生き物のつながり ほか），第2章 生物多様性のめぐみ（生きるための基礎となるめぐみ，自然環境を調整する値み ほか），第3章 生物多様性があぶない！（乱獲や開発による絶滅の危機，放置するとあれてしまう自然 ほか），第4章 生物多様性のために生きる（生き物の多様性をとりもどそう，生活の足もとから考えて行動しよう ほか）

『**カタツムリ陸の貝のふしぎにせまる**』 中山れいこ著，中井克樹監修 くろしお出版 2011.4 55p 27cm （よくわかる生物多様性 2）〈制作：アトリエモレリ 文献あり 索引あり〉 2800円 Ⓘ978-4-87424-521-7 Ⓝ484.6

『**未来につなごう身近ないのち—あなたに考えてほしいこと**』 中山れいこ著，中井克樹監修 くろしお出版 2010.10 55p 26cm （よくわかる生物多様性 1）〈制作：アトリエモレリ〉 1900円 Ⓘ978-4-87424-492-0 Ⓝ468

子どもの本 伝統行事や記念日を知る本2000冊 **123**

目次 1 海から陸へ、命のひろがりとにぎわい/生物多様性ってなんだろう（海、池、庭、多様な環境にくらすカタツムリのなかま、貝類のふしぎ、田んぼのカエル、野原のカエル、山のカエル、多くの卵は水の中 ほか）、2 都会に残った生き物たちとのつながり/生物多様性をおびやかす危機（かくれんぼ名人、カマキリとナナフシ、カエルは水辺、陸、空の生き物の命をつなげてきた ほか）、3 身近に、生き物たちをとりもどす/ビオトープ作りのルール（都市にすみかをみつけたカワセミ、オオタカ、ゴイサギ、公園や校庭のバタフライガーデンがつなげるチョウの道 ほか）、4 飼育と観察で見えてくる生き物のくらし/生き物の恵みと人間（自然の恵み、5000年も飼育されてきたカイコ、農業、漁業などで地球の環境を改善する）、5 生き物の移動でみだれる生物多様性/生き物をとりもどす努力（同じ種なのに外来種？ 国内外来種の問題、仲良くできないものは、どうしたらいいの？）

内容 写真をしのぐ迫力のイラスト。自然な環境写真により生息環境をリアルに表現した画期的図鑑。命の歴史からビオトープの試み、自然の保護、外来生物問題まで、小学生も大人も楽しみながら学べる。

《5月28日》

## ゴルフ記念日

1927年の5月28日に第1回全日本オープンゴルフ選手権大会が神奈川県で開催されたことによる。スポーツ用品メーカーのミズノの直営店エスポートミズノが1994年に制定。

『プロが教える小学生のゴルフレベルアップのコツ』 井上透著 メイツ出版
2018.5 128p 21cm （まなぶっく）
1650円 ①978-4-7804-2024-1 Ⓝ783.8

目次 序章 今さら聞けない!? ゴルフの？ を大解決（本当はゴルフって何がおもしろいの？、ゴルフはいつだれが始めたの？ ほか）、第1章 クラブの握り方＆構え方（正しい握り方と構え方を覚える、クラブの握り方 ほか）、第2章 フルスイング（フルスイング連続、フルスイング完コピポイント ほか）、第3章 アプローチ（アプローチショットの種類、ピッチ＆ランの構え方 ほか）、第4章 パッティング（パッティングの構え方、パッティングを構える手順 ほか）

内容 実績豊富なプロコーチが小学生ゴルファーに必要な上達スキルを丁寧に解説！ グリップ、クラブ別の構え方、アドレス、各ショットの打ち分け、バンカー対策、すぐ取り組める練習法…etc.

『ジュニア〈10～18歳〉ゴルファーのための“一流になれる”からだの作り方、練習の仕方』 白木仁著 宝島社 2014.2
127p 21cm 1300円 ①978-4-8002-2257-2 Ⓝ783.8

目次 第1章 トレーニングの基本（ゴルフのトレーニングの目的―子どもの成長に合わせたトレーニングをしよう、子どもの発育発達の特徴とゴルフ）、第2章 トレーニング（ウォーミングアップ―走り方、ウォーミングアップ―立位ストレッチ、ウォーミングアップ―座位ストレッチ、マットトレーニング、体幹トレーニング―マット使用、体幹トレーニング―バランスボール使用、上肢トレーニング、下肢トレーニング、メディシンボールトレーニング、マシントレーニング、クーリングダウン、ラウンド前のウォーミングポップの方法）

内容 テクニックだけでは絶対に上手くならない。10代のいまなら、無理なく、壊れないからだを作ることができる！ ジュニアだからできる基礎体力と運動神経の向上！

『PGAジュニア基本ゴルフ教本』 日本プロゴルフ協会製作著作, 松井功総合監修, 日本プロゴルフ協会資格認証委員会ジュニア委員会監修 学研パブリッシング
2010.8 122p 21cm〈発売：学研マーケティング〉 1500円 ①978-4-05-404522-4 Ⓝ783.8

目次 第1章 アドレス, 第2章 スイング, 第3章 実戦に向けて, 第4章 体力トレーニング, 第5章 成長期の食事, 第6章 ルール＆マナー

内容 正しいスイングを生む正しいアドレスの完成。スイングクロックで理解するスイングの基本と応用。ラウンド中の様々な状況で生きる基本と食事。ゴルフに適した体を作るトレーニングと食事。身につけたいルールとエチケット。…etc.すべてのジュニアゴルファーに贈るゴルフレッスン書の基本の「き」。

『ゴルフ』 こどもくらぶ編 ほるぷ出版
2007.11 71p 29cm （スポーツなんでも事典） 3200円 ①978-4-593-58407-9 Ⓝ783.8

目次 歴史、クラブ、ボールほか、コース、ルール、プレーのすすめ方、マナーとペナルティ、打ち方、世界プロツアー、4大大会〔ほか〕

内容 ゴルフの歴史や道具のことから、国内外の大会のしくみや、はなばなしく活躍するプロゴルファーの生活まで。ゴルフにかかわるさまざまなことがらをテーマごとにまとめて解説した、ヴィジュアル版子ども向けゴルフ事典です。ゴルフについて、なにを、どのように調べたらよいかがわかります。

## 《5月30日》

### ゴミゼロの日

日付の数字「530」の語呂合せから。愛知県豊橋市では1975年に設立された「530運動環境協議会」がこの日に「530（ゴミゼロ）運動」を行っているほか、関東では関東地方知事会関東地方環境対策推進本部空き缶等問題推進委員会が1982年に「ごみゼロの日」を提唱。

『ごみはどこへ行くのか？―収集・処理から資源化・リサイクルまで』　熊本一規監修　PHP研究所　2018.2　63p　29cm（楽しい調べ学習シリーズ）〈文献あり　索引あり〉3000円　①978-4-569-78729-9　⑩518.52
[目次] 第1章 調べよう！　ごみのゆくえ（ごみって何だろう？、ごみ収集の流れ、ごみ収集車のしくみ　ほか）、第2章 探検しよう！　ごみの処理場（清掃工場ってどんなところ？、清掃工場ではたらく人々、清掃工場のしくみ1　ごみの到着から焼却炉まで　ほか）、第3章 わたしたちがめざす循環型社会（リサイクルのしくみ、びんのリサイクル、かんとペットボトルのリサイクル　ほか）

『ごみゼロ大作戦！―めざせ！　Rの達人6　リサイクル』　浅利美鈴監修　ポプラ社　2017.4　47p　29cm　〈索引あり〉2900円　①978-4-591-15355-0　⑩518.523
[目次] リサイクルって、なあに？（達人の極意　リサイクルとは、教えて！　達人　アルミ缶がリサイクルされるまで、教えて！　達人　何がリサイクルできるのかを知る　ごみの分別、教えて！　達人　リサイクルの方法を知る1　マテリアルリサイクル、教えて！　達人　リサイクルの方法を知る2　ケミカルリサイクル　ほか）、リサイクルの達人たち（福岡県北九州市　北九州エコタウン事業、徳島県勝浦郡上勝町　日比ケ谷ごみステーション、山形県長井市　レインボープラン、飲料メーカーの取りくみ、太平洋セメント株式会社　エコセメント　ほか）

『ごみゼロ大作戦！―めざせ！　Rの達人5　レンタル＆シェアリング』　浅利美鈴監修　ポプラ社　2017.4　47p　29cm　〈索引あり〉2900円　①978-4-591-15354-3　⑩518.523
[目次] レンタルって、なあに？　シェアリングって、なあに？（達人の極意　レンタル＆シェアリングとは、教えて！　達人　使う期間が短いものはレンタルする、教えて！　達人　いっしょに使えるものはシェアリングする、教えて！　達人　ものの持ち方を考える）、レンタル＆シェアリングの達人たち（コミュニ

ティサイクル、シェアハウス、赤ちゃん用の品物のレンタル、店や会社で使うもののレンタル、ファッション、DVD、CDなどのレンタル　ほか）

『ごみゼロ大作戦！―めざせ！　Rの達人4　リユース』　浅利美鈴監修　ポプラ社　2017.4　47p　29cm　〈索引あり〉2900円　①978-4-591-15353-6　⑩518.523
[目次] リユースって、なあに？（達人の極意　リユースとは、教えて！　達人　リユースするには？、教えて！　達人　リユースするためにつくられたものを使う）、リユースの達人たち（千葉県浦安市　ビーナスプラザ、リターナブル包装、イベント会場の取りくみ、学校給食での取りくみ、NGP日本自動車リサイクル事業協同組合　自動車の部品のリユース　ほか）

『ごみゼロ大作戦！―めざせ！　Rの達人3　リフューズ・リペア』　浅利美鈴監修　ポプラ社　2017.4　47p　29cm　〈索引あり〉2900円　①978-4-591-15352-9　⑩518.523
[目次] リフューズって、なあに？（達人の極意　リフューズとは、教えて！　達人　使う？使わない？「使いすて商品」、教えて！　達人　ことわる？　ことわらない？「包装」　ほか）、リペアって、なあに？（達人の極意　リペアとは、教えて！　達人　修理して長く使う、教えて！　達人「リメイク」して長く使う　ほか）、リフューズ・リペアの達人たち（京都市ごみ減量推進会議　もっぺん、おもちゃ病院、修理の専門店　ほか）

『ごみゼロ大作戦！―めざせ！　Rの達人2　リデュース』　浅利美鈴監修　ポプラ社　2017.4　47p　29cm　〈索引あり〉2900円　①978-4-591-15351-2　⑩518.523
[目次] リデュースって、なあに？（達人の極意　リデュースとは、教えて！　達人その1　ものを使いきる、教えて！　達人その2　ものを長く使う、教えて！　達人その3　使いすてをしない、教えて！　達人その4　ものを共有する　ほか）、リデュースの達人たち（京都府京都市　ごみ半減をめざす　しまつのこころ条例、神奈川県横浜市　ヨコハマRひろば、全国おいしい食べきり運動ネットワーク協議会、セカンドハーベスト・ジャパン（2HJ）フードバンク、食品メーカーの取りくみ　ほか）

『ごみゼロ大作戦！―めざせ！　Rの達人1　ごみってどこから生まれるの？』　浅利美鈴監修　ポプラ社　2017.4　47p　29cm　〈索引あり〉2900円　①978-4-591-15350-5　⑩518.523
[目次] くらしをささえる資源（すべてのものは「地球の資源」でつくられる、ものはいつかごみになる、減っていく資源とふえていくごみ）、ごみはどこから生まれるの？（ものをたくさんつくってたくさん売る社会、「べんり」がごみをふやしている）、ごみとわたしたちのくらし（ごみのしまつにはお金やエネルギーがかかる、ごみをうめたてる場所がなくなって

**5月30日**　　　　　　　　　　　　　　　　　　　　　5月

いく），NEWSごみゼロ 特集 ごみを取りまく環境問題（焼畑によって破壊されるマレーシアの森林，日本で食べるものを外国から運んでいる，人が出したごみが生きものをおびやかす，有害廃棄物が地球環境を汚染する），Rの取り組みでごみを減らす（Rのアクションでごみゼロをめざそう，地球の資源を守るエコなくらし）

『ごみ処理場・リサイクルセンターで働く人たち―しごとの現場としくみがわかる！』漆原次郎著　ぺりかん社　2016.12　153p　21cm　（しごと場見学！）1900円　①978-4-8315-1455-4　Ⓝ518.52

[目次] 1 ごみが家から出てごみ処理場に運ばれるまで，2 ごみ収集作業ではどんな人が働いているの？，3 ごみ処理場ではどんな人が働いているの？，4 ごみ処理を支えるために，どんな人が働いているの？，5 ごみが最終処分場へ運ばれるまで，6 リサイクルセンターでは，どんな人が働いているの？

[内容] ごみ・資源の収集係・ごみ処理場の運転係・ごみ処理場の整備係・ごみ処理場の技術係・ごみ処理場の管理係・ごみ処理場の工場長・不燃ごみ処理施設の担当・粗大ごみ処理施設の担当・ごみ処理場の建て替え担当・国際協力担当・リサイクルセンターの修理スタッフ。働くいろいろな職種を網羅。実際に「ごみ処理場・リサイクルセンター」で働く人たちのインタビュー。

『さがしてみよう！　まちのしごと　3　ごみ収集・浄水場のしごと』饗庭伸監修　小峰書店　2015.4　39p　29cm　〈索引あり〉　2800円　①978-4-338-29003-6　Ⓝ366.29

[目次] 朝の駅前，浄水場，バイオマス発電所，市役所，郵便局

『ごみの大研究―よく知って、減らそう！3Rとリサイクル社会がよくわかる』寄本勝美監修　PHP研究所　2011.3　63p　29cm　〈文献あり　索引あり〉　2800円　①978-4-569-78111-2　Ⓝ518.52

[目次] 序章 ごみが増えるとなぜ困る？（ごみはもともと天然資源，地球のSOS ほか），第1章 ごみについて知ろう（どれくらいごみを出しているの？，どこからごみが出るの？　ほか），第2章 リサイクルを知ろう（身近なもののリサイクルのしくみは？，そのほかにどんなリサイクルがあるの？　ほか），第3章 ごみを生かすにはどうすればいい？（ごみをなくすには―おやつ編，ごみをなくすには―洋服編 ほか）

[内容] ごみを減らす工夫（リデュース），捨てないでもう一度使う方法（リユース），資源として活用できるよう正しく処分する（リサイクル），3つの行動（3R）からごみを減らす社会をつくる。

『ごみはいかせる！　へらせる！　3 粗大ごみ・機械は資源になる』寄本勝美監修　岩崎書店　2008.10　47p　27cm　3000円　①978-4-265-02963-1　Ⓝ518.52

[目次] 大きなごみ―ふくざつで、分別しにくい，粗大ごみ―家具を処分するにはお金がかかる，粗大ごみ―家を建てかえるときに出るごみ，機械のごみ―テレビは電器店がひきとる，機械のごみ―パソコンもリサイクルされる，リデュース―機械をつくる会社のとりくみ，リデュース―「LCA」を考えて買い物をする，リユース―できるだけ修理・交換をする，リユース―家電の一部は、再商品化される，リサイクル―建物から、資源がとり出せる，分解して材料をもう一度使う，携帯電話から金をとり出す，パソコンは、こまかく分解する，個人情報を守りながらリサイクル，車はむかしからリサイクルされている

[内容] 環境問題をふまえた最新のごみ事情が満載。

『ごみはいかせる！　へらせる！　2 毎日のごみは資源になる』寄本勝美監修　岩崎書店　2008.10　47p　27cm　3000円　①978-4-265-02962-4　Ⓝ518.52

[目次] 毎日のごみ―ごみはどこからやってくる？，毎日のごみ―家庭のごみは食べ物が中心，毎日のごみ―日本は容器のごみがとくに多い，毎日のごみ―紙は分別すれば再生紙になる，毎日のごみ―化学物質はリサイクルしにくい，R1 リデュース―生活をかえて、ごみをへらそう，リデュース―レジ袋のかわりにエコバッグを使う，リデュース―食べのこし、むだづかいをやめる，R2 リユース―ものをすてずに、何度も使うこと，リユース―家族みんなで日用品を再利用、自分のごみを書き出してみよう！，生活をかえて、ごみをへらすこと，レジ袋のかわりにエコバッグを使う，食べのこし、むだづかいをやめる，ものをすてずに、何度でも使うこと，家族みんなで日用品を再利用，リサイクルショップを利用する，リユースをふやす「デポジット制度」，ごみを再生資源としていかすこと，ペットボトルが日用品になる，生ごみを肥料にかえる「コンポスト」

[内容] 環境問題をふまえた最新のごみ事情が満載。

『ごみはいかせる！　へらせる！　1 ごみ処理場ってどんなところ？』寄本勝美監修　岩崎書店　2008.10　47p　27cm　3000円　①978-4-265-02961-7　Ⓝ518.52

[目次] ごみの量―日本だけで年間4億7000万トン，ごみの量―「3つのR」でごみはへる！，ごみの種類―家のごみと会社のごみはちがう，ごみの種類―ごみは数種類に分別される，ごみ収集―町中のごみが集められる，ごみ収集―ごみ収集車って、どんな車？，ごみ処理―ごみ処理場ってどんなところ？，ごみ処理―生ごみや布などは焼却される，ごみ処理―燃やし終わるとすべて灰になる，ごみ処理―ガスは冷やしてから放出する，熱をいかす「サーマルリサイクル」，燃やさないごみのゆくえ，びん・缶・ペットボトルのゆくえ、

処理しきれないものは処分場へ。ごみを出さない「循環型社会」へ

[内容] 環境問題をふまえた最新のごみ事情が満載。

『ごみとリサイクル』 安井至監修 ポプラ社 2006.3 215p 29cm （ポプラディア情報館） 6800円 ①4-591-09048-5 Ⓝ518.52

[目次] 1章 ごみってなんだろう？（ものがあふれた地球のいま、人が暮らすとごみがでる ほか）、2章 ごみの処理のしかた（ごみはどこへいくの？、家庭からでるごみの分別 ほか）、3章 ごみを減らすために（「ごみにしない」という考え方、海外のリデュース・リユース ほか）、4章 ごみ問題の解決にむけて（リサイクルの成果とは、リサイクルの種類と現状 ほか）

[内容] ごみの歴史と問題点、リサイクルの最先端がよくわかる！ わたしたちの生活と密接に結びついている「ごみ」の問題を、基本から徹底解説。リサイクルのしくみや最新の取り組みについて、素材ごとに豊富な写真と詳細なイラストで、わかりやすく説明しています。ごみの問題をとおして、わたしたちがなにを考えなければいけないか、根本的な問いかけにこたえられる内容です。巻末に、ごみとリサイクルに関する学習の参考となる、施設やホームページも紹介しています。

『廃棄物をへらす』 デボラ・ジャクソン・ベッドフォード著 ほるぷ出版 2005.12 36p 28cm （地球環境をまもるアクション 岩渕孝監修） 2800円 ①4-593-57611-3 Ⓝ518.52

[目次] 廃棄物の山、ゴミをどうやって処理しているの？、きれいにしよう、廃棄物の埋めたて、有害廃棄物、焼却処分の問題、リユースできる廃棄物、リサイクルできるものは？、紙は紙へ、プラスチックの問題、金属とガラス、ゴミをへらす、ゴミを買っている？、廃棄物問題をいっしょに考えよう

[内容] 環境問題に対する世界の人々の取りくみや自分たちができることなどを紹介するシリーズ。廃棄物問題に対して、ヨーロッパでおこなわれている「エコ・スクールプロジェクト」や、省エネやリサイクルに取りくむアップル・コンピュータの試みなどを紹介。

『ごみの本―きれいな地球がいい！』 安井至、原美永子執筆 ポプラ社 2004.4 46p 29cm （考えよう地球環境 5 住明正監修） 2800円 ①4-591-08020-X Ⓝ518.52

[目次] 第1章 ごみ問題とは？（ごみって何だろう？、今、どんなごみがだされているか？、ごみの量と社会のかかわり ほか）、第2章 ごみを減らす取り組み（ごみを減らそう、家庭のごみを見直そう、ごみ処理の歴史と取り組み

のうつりかわり ほか）、第3章 ごみ問題解決にむけて（資源をたいせつにしよう、環境にやさしい社会をめざして）

[内容] ごみであふれかえる地球環境についてまなび、ごみを減らすために何をすべきか、リサイクルのために何が必要かを考えます。小学校高学年～中学生向け。

『ごみ（廃棄物）とたたかう』 西岡秀三監修 学習研究社 2004.3 55p 29cm （地球環境を守る人々 2） 2800円 ①4-05-202021-9 Ⓝ518.52

[目次] 琵琶湖の水をきれいにしようとたたかう人 きれいな琵琶湖を子どもたちへ、産業廃棄物とたたかう人 豊かな島をとりもどす、ダイオキシンとたたかう人 廃棄物を処理し直す町、生分解性プラスチックの研究にいどんだ人 夢のプラスチックを追い求めて

『ゴミゼロ社会とリサイクル』 金谷健著 フレーベル館 2002.4 64p 27cm （地球環境のためにできること 1） ①4-577-02382-2

## 消費者の日

1968年の5月30日に「消費者保護基本法」が施行されたことによる。経済企画庁が施行10周年を記念して1978年に制定。

『思わず伝えたくなる「消費者市民社会」の話―「買う・支払う・使う・捨てる」の4ステップで育てる消費者市民の芽』 中村新造、石川周子監修、日本消費生活アドバイザー・コンサルタント・相談員協会著 日本消費生活アドバイザー・コンサルタント・相談員協会 2017.4 14p 30cm 〈編集・執筆：窪田久美子ほか〉 Ⓝ365

『親子で学ぼう消費者教育上手なお金の使い方実践ワーク集』 池田恭浩監修 全国消費生活相談員協会（製作・発売） 2014.11 80p 30cm （ブックレットシリーズ 83） 〈執筆：大久保育子ほか〉 Ⓝ365

『気をつけよう！ 消費者トラブル 3（契約編）』 秋山浩子文、納田繁絵 汐文社 2012.2 47p 27cm 〈索引あり 文献あり〉 2000円 ①978-4-8113-8833-5 Ⓝ365

[目次] 1 景品をもらいに行ったのに…（覚えがないのに抽選に当たった？）、2 まちでスカウトされちゃった！（スクールに入ればモデルになれる？）、3 家庭教師を頼んだけれど…（本当に成績が上がるのかな？）、4 サークルに誘われたら…（サークル仲間はいい人ばかり？）

『気をつけよう！ 消費者トラブル 2（買い物編）』 秋山浩子文、納田繁絵 汐文社 2011.12 47p 27cm 〈索引あり 文

献あり〉2000円 ①978-4-8113-8832-8
Ⓝ365

目次 はじめに 買い物の落とし穴，1 ネット
で買い物したけれど…（ネットのお店は，ホン
トのお店？，知っておこう覚えておこう ほ
か），2 お金を払っていないのに…（取り置き
はキャンセルできるのかな？，知っておこう
覚えておこう ほか），3 通販は返品できない
の？（写真を見ただけで，買って大丈夫かな，
知っておこう覚えておこう ほか），4 本屋さ
んは，いじわるだ（読んでいなくても，本は返
品NG？，知っておこう覚えておこう ほか）

『気をつけよう！ 消費者トラブル 1
（ケータイ編）』 秋山浩子文，納田繁絵
汐文社 2011.11 47p 27cm 〈索引あり
文献あり〉2000円 ①978-4-8113-8831-1
Ⓝ365

目次 1 無料ゲームのはずなのに…（ホントに
ぜんぶ，無料なのかな？），2 音楽は無料だっ
たけれど…（ダウンロードは，無料ではない
の？），3 勝手に登録されちゃった！（「無料」
は「有料」の入口なのかも…），4 知らない人
からメールが…（占いで，アンケートに答えた
ら…）

《5月31日》

世界禁煙デー

5月31日。世界保健機関が1988年に制定。禁
煙を推進するため。日本では1992年から5月
31日～6月6日までが「禁煙週間」。

『タバコは全身病』 淺野牧茂著 完全版
少年写真新聞社 2015.3 119p 27cm
（ビジュアル版新体と健康シリーズ）〈初
版のタイトル：たばこは全身病 文献あ
り 索引あり〉2400円 ①978-4-87981-
418-0 Ⓝ498.32

目次 第1部 ビジュアル編（タバコの基礎知
識，能動喫煙の害，受動喫煙の害，女性特有
の喫煙の害），第2部 解説編（タバコの基礎知
識，能動喫煙，受動喫煙，女性の喫煙，未成年
者の喫煙）

『怖いぞたばこ―教えて！ Dr.モンドー』
淺野牧茂監修，かとうだいごマンガ イ
ンタープレス 2013.8 39p 21cm
（もっと知ろうからだのこと 21）500円
①978-4-906723-08-9 Ⓝ498.32

『学校歯科医からの話：健康とたばこ―ス
テキな笑顔いつまでも：たばこは吸わな
い』 日本学校歯科医会 2011.3 7p

30cm （喫煙防止シリーズ―小学生向け）
Ⓝ498.32

『バイバイ！ たばこ―たばこの害につい
て知ろう』 淺野牧茂監修，早真さとるマ
ンガ インタープレス 2008.8 39p
21cm （もっと知ろうからだのこと 10）
500円 ①978-4-902340-53-2 Ⓝ498.32

『たばこをやめたい王さま―親子で学ぶ禁
煙』 高橋裕子さく，おかもと香織え 健
学社 2007.6 33p 26cm 1200円
①978-4-7797-0047-7 Ⓝ498.32

『こわい！ あぶない！ たばこはキケ
ン!?』 近藤とも子著，大森眞司絵 国土
社 2006.3 31p 27cm （子どものため
のライフスキル・いのちをまもるほけん
しつでみるえほん 2）2500円 ①4-337-
16802-8 Ⓝ498.32

目次 たくさんの人がすっているよ，すう人と
すわない人は別の席，禁煙サインはこんなとこ
ろに！，なぜ「禁煙」なんだろう？，有害物質
でいっぱい！ たばこのけむり，たばこの1/肺を
まっ黒に！ タール，肺ガンだけではありませ
ん，その2/血液を通りにくくする毒ニコチン，
その3/全身を酸素不足にする毒！ 一酸化炭
素，一酸化炭素で酸素不足になると 〔ほか〕

内容 たばこをすうと，からだはどうなるの？
いちど始めたらなかなかやめられない，たば
このおそろしさをしょうかいします。

『タバコ』 加治正行，笠井英彦著 大月書
店 2005.5 62p 23cm （10代のフィジ
カルヘルス 1）1800円 ①4-272-40531-4
Ⓝ498.32

目次 中・高生の喫煙が増えている，タバコが
身体におよぼす害，女性の喫煙と受動喫煙，
タバコはカッコいいか？，タバコとお金，き
みはだまされていないか？，卒煙しよう

内容 吸っている人も吸ってない人も読んだら
吸いたくなくなる。

《5月その他》

母の日

5月第2日曜日。1907年の5月12日にアメリカ
独立戦争時代の社会活動家アン・ジャー
ヴィスの娘アンナが亡き母親に白いカー
ネーションを贈ったのが由来とされる。母
への感謝を表す日として1914年に5月の第2
日曜日が「母の日」と定められた。カーネー
ションなどを贈る。

『おかあさん，げんきですか。』 後藤竜二
作，武田美穂絵 ポプラ社 2006.4 29p
23×23cm （絵本・いつでもいっしょ
14）1100円 ①4-591-09210-0 Ⓝ726.6

| 5月 | 5月その他 |

内容 おかあさん、げんきですか。ぼくは、げんきです。母の日なので、てがみをかきます。「おかあさんに、かんしゃのてがみをかきましょう」と、先生がはりきっているから、がんばってかきます。…おもいきって、いいたいことをかきます。

『母の日―童謡集』 土家由岐雄著 教育報道社 1992.11 105p 22cm 1300円

『マザーズ・デー（母の日）』 みうらますこ作，ミュゼ・イマジネール編 リブロポート 1991.4 1冊 16×16cm （リブロの絵本） 1030円 ①4-8457-0613-X

『おかあさんへ―母の日おめでとう』 アヒム＝ブレーガー作，若林ひとみ訳，浜田桂子絵 講談社 1989.4 113p 22cm （世界の子どもライブラリー） 980円 ①4-06-194706-0

目次 母の日のプレゼントはなにがいい、ときくジーナに、おかあさんは、「なにもいらないわ。それより家の仕事をもっと手伝ってほしいの」という。また仕事をしたいのだと―。これからは、学校から帰ってきても、おかあさんは家にいない？ ジーナは、どうするのかな…。小学2・3年生から。

『しのだのくずのは―母の日に読む絵本』 矢部美智代文，和歌山静子絵 世界文化社 1987.11 31p 27cm 1000円 ①4-418-87819-X

内容 わかものは、もりのなかで、らんぼうものにおわれる、きつねをたすけた。そのよ、くずのはという、うつくしいむすめが、わかもののうちに…。行事の由来がわかる絵本。

子どもの本 伝統行事や記念日を知る本2000冊　**129**

# 6月

『かこさとしこどもの行事しぜんと生活　6月のまき』　かこさとし文・絵　小峰書店　2012.5　36p　29cm　〈年表あり〉　1400円　①978-4-338-26806-6　Ⓝ386.1
目次 6月の別のいいかた（日本），衣がえ（6月1日ごろ），歯がため（6月1日）/氷室の日（6月1日），虫歯予防デー（6月4日），芸事はじめの日（6月6日），芒種（6月6日ごろ），時の記念日（6月10日），梅雨入り（6月11日ごろ），田植えまつり，チャグチャグ馬コ〔ほか〕

『6月のえほん—季節を知る・遊ぶ・感じる』　長谷川康男監修　PHP研究所　2011.4　47p　26cm　〈文献あり〉　1300円　①978-4-569-78137-2　Ⓝ386.1
目次 衣替え 1日ごろ，入梅 11日ごろ，ジューンブライド，6月の旬の食べもの，6月の俳句と季語，6月に見られる植物，6月の記念日，6月の行事，日本の6月のお祭り，世界の6月の行事・お祭り，ホタル狩りを使用，時計のあれこれ，6月のできごと，6月に生まれた偉人・有名人
内容 衣替え，梅雨，ジューンブライド，父の日，ホタル狩り…。6月の行事，自然，旬の食べもの，遊びなどを絵で楽しく紹介するとともに，季語，記念日，できごとなども掲載。6月という季節を感じ，楽しめ，学習にも役立つえほんです。

『学習に役立つわたしたちの年中行事　6月』　芳賀日出男著　クレオ　2006.4　35p　27cm　1800円　①4-87736-088-3　Ⓝ386.1
目次 時の記念日，花田植，稲への祈り，昔の稲作，今の稲作，ウマと農家，チャグチャグ馬っこ，舟くらべ，富士山と富士信仰，茅の輪，物語・蘇民将来，6月の各地の祭り，6月の世界の祭り，6月のことば，6月の祭りごよみ，総目次索引（1月〜12月）

『365日今日はどんな日？—学習カレンダー　6月』　PHP研究所編　PHP研究所　1999.9　49p　31cm　〈索引あり〉　2700円　①4-569-68156-5
目次 東京気象台設置，日比谷公園開園，幕府，佐渡金山を直轄とする，日本初の写真撮影，「青鞜社」をつくる，パンダの出産，本能寺で織田信長が死ぬ，横浜開港，平清盛，福原遷都，竜安寺が創建される〔ほか〕

内容 一年365日の，その日に起こった出来事を集め，ひと月1巻，全12巻にまとめたシリーズの6月編。その日にまつわる歴史上の出来事や人物，発明・発見，文学，美術，音楽，数学，お祭りや記念日，年中行事などの項目を収録。

『6月』　増田良子，福田節子編著，熊谷さとし絵　岩崎書店　1999.4　39p　31cm　（くらしとあそび・自然の12か月 3）　3000円　①4-265-03783-6　Ⓝ031
目次 つゆいりのころ（入梅），雨にさく花，ホタルがとんだ，カエルのコーラス，カタツムリのかんさつ，若アユと清流にすむさかな，歯をたいせつにしよう（6月4日は，虫歯予防デー），手づくり楽器の音楽会，時をたいせつに（6月10日は，時の記念日），雨あがりに，土とあそぼう〔ほか〕

『学習に役立つものしり事典365日　6月』　谷川健一，根本順吉監修　新版　小峰書店　1999.2　63p　27cm　〈索引あり〉　2500円　①4-338-15606-6
目次 写真の日，気象記念日，柔道で活躍した山下泰裕，ドラマチックなアユの一生，横浜開港記念日，本能寺の変おこる，ゲーリッグなくなる，バラは文化交流の結晶？，ペリー，浦賀に来航，雲仙普賢岳で大火砕流発生〔ほか〕
内容 どんな事件があり，どんな人が生まれたり死んだりしたのか，年中行事や記念日の由来など，遠い昔から現代までに起きた出来事を，同じ日付ごとにまとめた事典。本巻は6月の日付を収録。索引付き。

『6月のこども図鑑』　フレーベル館　1997.5　55p　27cm　（しぜん観察せいかつ探検）　1600円　①4-577-01713-X　Ⓝ031
目次 6月のカレンダー，雨がふったら，とんぼ，かたつむり，はつかだいこん，水ぞくかんのひみつ，えんそう会，6月のメニュー，時計とくらし，楽器，歯の話

『6がつのこうさく—おとうさんにプレゼント』　竹井史郎著　小峰書店　1996.2　31p　25cm　（たのしい行事と工作）　1600円　①4-338-12706-6　Ⓝ507
目次 つゆ，てんき，かえる，おりがみ，かたつむり，ざりがに，むしば，ときのきねんび，ちちのひ
内容 小学校低学年以上。

# 《6月1日》

## 牛乳の日

6月1日。国連食糧農業機関が2001年に制定。牛乳への関心を高め、酪農・乳業の仕事を多くの人に知ってもらうため。「世界牛乳の日」とも。

『ミルクのへんしん』 チャイルド本社 2017.12 27p 21×24cm （チャイルド科学絵本館—なんでもビッグサイエンス 9）〈「サンチャイルド・ビッグサイエンス 2009-12」(2009年刊)の改題、ハードカバー化〉528円 Ⓘ978-4-8054-4636-2 Ⓝ648.1

『牛乳のそもそも』 佐藤卓デザイン事務所著 平凡社 2016.11 30p 19×19cm （デザインのかいぼうそもそも） Ⓝ648.1

『すがたをかえる食べもの 4 牛乳がへんしん！』 香西みどり監修 学研プラス 2016.2 47p 29cm 〈文献あり〉2800円 Ⓘ978-4-05-501169-3 Ⓝ596

[目次] へんしん！ クリーム—まわして取り出す、さらにへんしん！ ホイップクリーム—あわだてる、さらにへんしん！ バター—脂肪のつぶを練る、へんしん！ 乳飲料—果汁などを加える、へんしん！ アイスクリーム—まぜて冷やす、へんしん！ プリン—まぜて蒸し焼きにする、へんしん！ れん乳—煮つめる、へんしん！ スキムミルク—かんそうさせる、へんしん！ ナチュラルチーズ—乳酸菌の力をかりる1、さらにへんしん！ プロセスチーズ—とかして固め直す、チーズケーキ—まぜて焼く、ヨーグルト—乳酸菌の力をかりる2、乳酸菌飲料—乳酸菌の力をかりる3

『人とミルクの1万年』 平田昌弘著 岩波書店 2014.11 204p 18cm （岩波ジュニア新書 790）880円 Ⓘ978-4-00-500790-5 Ⓝ648.1

[目次] 1章 動物のミルクは人類に何をもたらしてきたか、2章 人類はいつからミルクを利用してきたか、3章 ミルクの利用は西アジアの乾燥地で始まった、4章 都市文化がひらいた豊かな乳文化—インドを中心に、5章 ミルクで酒をつくる—寒く、乾燥した地域での乳加工、6章 ヨーロッパで開花した熟成チーズ、7章 ミルクを利用してこなかった人びと、8章 乳文化の一万年をたどり直す

[内容] 氷河期が終わり、約1万年前、家畜の飼育が始まった。やがて"搾乳"の発明により、家畜のミルクに大きく依存する、牧畜という生活様式が西アジアで始まった。ミルクを保存食にするための工夫から、ヨーグルトや

チーズ、バターなど乳製品も生まれた。ユーラシア大陸の各地に牧畜民をたずね歩いてきた人類学者が、読者を牧畜と乳文化の雄大な歴史へと案内する。

『みらくるミルク』 中西敏夫文、米本久美子絵 福音館書店 2011.3 40p 26cm （たくさんのふしぎ傑作集）〈文献あり〉1300円 Ⓘ978-4-8340-2649-8 Ⓝ648.1

『ぎゅうにゅうだいへんしん！』 ひさかたチャイルド 2010.10 27p 21×24cm （しぜんにタッチ！）〈監修・料理製作：中山章子 写真撮影：古島万理子 『ミルクのへんしん』(チャイルド本社2009年刊)の改題〉1200円 Ⓘ978-4-89325-382-8 Ⓝ648.1

[内容] 牛乳から、何ができるの？ 毎朝の食卓にのぼる、あんな食べ物もこんな食べ物も、実は牛乳からできたもの。みーんな牛のお母さんからの贈り物です。さあ、どんな食べ物があるのか見ていきましょう。楽しく知るうちに、食べ物や命への感謝が生まれてくる絵本です。

『牛乳のひみつ—牛乳のことがよくわかる本』 田川滋漫画、橘悠紀構成 日本酪農乳業協会 2010.3 128p 23cm 〈平成21年度学校給食用牛乳消費定着促進事業〉Ⓝ648.1

『ミルクの本』 シルヴェーヌ・ペロル、ガリマール・ジュネス社原案・制作、シルヴェーヌ・ペロル絵、手塚千史訳 岳陽舎 2003.11 1冊 19cm （はじめての発見28）1200円 Ⓘ4-907737-47-5 Ⓝ481.35

[内容] 哺乳類はみんなおかあさんのおっぱいをのんでそだつ。おぼえているかな。人間はおかあさんがいのミルクものむんだ。ウシや、ヤギや、ヒツジのね。ミルクってどんなものかな。

## 気象記念日

1875年の6月1日に日本初の気象台である東京気象台が設置され観測が開始されたことによる。中央気象台が1942年に制定。

『ブリタニカ科学まんが図鑑天気—未知の世界を冒険しよう！』 蓬莱大介監修、ボンボンストーリー文、チェビョンイク絵 ナツメ社 2018.8 161p 23cm （ナツメ社科学まんが図鑑シリーズ）1200円 Ⓘ978-4-8163-6489-1 Ⓝ451

[目次] 01 さまざまな天気（雨と雪を作る雲、空から降る水滴、雨、雲がくれる冬のプレゼント、雪 ほか）、02 天気予報（空気の性質、気温と湿度、大気の圧力、気圧、空気の動き、風 ほか）、03 季節と気候（季節の変化が生まれる理由、日本の四季、春と秋、日本の四季、秋と冬 ほか）

子どもの本 伝統行事や記念日を知る本2000冊　131

6月1日　　　　　　　　　　　　　　　　6月

内容 台風、雷、日本の四季も体験できちゃう⁈ 不思議な天気探索船、クラウド号で冒険の旅に出よう！ エリカは気象キャスターを目指す女の子。ある日、友だちのカケルと一緒に雨やどりをしていたところ、お天気博士のカザマ博士にぐうぜん出会った。子ども気象キャスター大会の優勝を目指して、天気について一生懸命勉強しているエリカは、博士に教わりたいことがいっぱい。おしゃべりなお天気ロボット、ウェザーと一緒に、天気を知る冒険に出発しよう！

『天気のふしぎえほん』 斉田季実治監修
PHP研究所　2017.3　47p　29cm　（たのしいちしきえほん）〈文献あり〉1600円　①978-4-569-78644-5　№451
目次 最近、日本の天気がおかしくなっているぞ！、世界の天気もおかしいぞ！、天気は空気の重さがつくる、空気はしめっている、海と天気のかんけい、どうして雨がふるの？、いろんな雲があるよ、さむいところでは雪がふる、雪や氷のいろいろ、ピカッゴロゴロ…かみなりだ！　〔ほか〕
内容 天気のしくみ・異常気象のなぞ…天気の「なぜ？」にこたえる！

『よくわかる！　天気の変化と気象災害　5　天気とわたしたちの生活　秋・冬』 森田正光監修　学研プラス　2016.2　44p　29cm　〈索引あり〉3000円　①978-4-05-501147-1　№451
目次 第1章 秋―すずしくなると…（秋の天気はすぐ変わる―秋の天気の特徴、秋とわたしたちの生活―秋の訪れあれこれ）、第2章 毎年やってくる！ 台風の季節（近づくとソワソワ…―気になる！ 台風の進路、台風の一生―台風が生まれてから消えるまで、台風とわたしたちの生活―台風は、悪いことばかりではない⁈）、第3章 冬―どんどん寒くなると…（冬将軍がやってくる！―冬の天気の特徴、地域による冬の天気の特徴―冬の天気は日本海側と太平洋側で異なる！、雪のいろいろ―雪の降り方あれこれ、冬とわたしたちの生活―寒さを乗り切り春を待つ生き物たち、冬とわたしたちの生活―くふうがいっぱい！ 雪国の暮らし、冬とわたしたちの生活―寒さを楽しもう！）、第4章 天気予報について知ろう！（天気予報の種類と用語―天気予報にはどんなものがあるの？、教えて！ 気象庁の仕事―気象庁はどんなことを観測しているの？、天気予報の流れは？―天気予報が出されるまで、気象予報士になろう―知りたい！ 気象予報士の仕事）

『よくわかる！　天気の変化と気象災害　4　天気とわたしたちの生活　春・夏』 森田正光監修　学研プラス　2016.2　44p　29cm　〈索引あり〉3000円　①978-4-05-501146-4　№451

目次 第1章 春―暖かくなると…（周期的に変わる―春の天気の特徴、春とわたしたちの生活―生物から季節を知ろう、春とわたしたちの生活―春のちょっと困りもの）、第2章 春から初夏へ―第5の季節「梅雨」（長引く雨―梅雨の天気の特徴、梅雨とわたしたちの生活―梅雨のジメジメはカビをまねく、梅雨とわたしたちの生活―雨続きの天気も役立つ！）、第3章 夏―暑くなると…（厳しい暑さ、雷や夕立―夏の天気の特徴、夏とわたしたちの生活―夏に起こる困ったこと、夏とわたしたちの生活―冷夏と猛暑、夏とわたしたちの生活―山の天気、海の天気、夏とわたしたちの生活―夏の暑さをくふうして乗り切る！）、第4章 天気図を読んでみようかいてみよう（天気図の基本―天気図を読んでみよう！、天気図の基本―天気図をかいてみよう！）

『よくわかる！　天気の変化と気象災害　3　気象災害からくらしを守る』 森田正光監修　学研プラス　2016.2　48p　29cm　〈索引あり〉3000円　①978-4-05-501145-7　№451
目次 増えている気象災害にそなえよう（警報を知って備えよう）、第1章 雨や風による災害（ザーザー、土砂降りどう身を守る⁈―集中豪雨と局地的大雨、強風、大雨からどう身を守る⁈―台風、ピカッ！ ゴロゴロからどう身を守る⁈―雷、強いうず巻きからどう身を守る⁈―竜巻が発生したら…）、第2章 暑さ・寒さによる被害（ジリジリ・ギラギラ…どう身を守る⁈―やっかいな暑さ「酷暑」、降りやまない雪・どう身を守る⁈―寒さや大雪による被害）、第3章 地震や火山の噴火による被害（グラグラ、ドーン！ からどう身を守る⁈―地震、溶岩やマグマ、火山灰からどう身を守る⁈―火山の噴火が起こったら…）

『よくわかる！　天気の変化と気象災害　2　変わり始めた！　世界の天気』 森田正光監修　学研プラス　2016.2　48p　29cm　〈索引あり〉3000円　①978-4-05-501144-0　№451
目次 第1章 地球規模で見る世界の天気（世界のいろいろな気候―気候によって変わる暮らし方、大気の大きな動き―大気は地球をかけめぐる、海水の温度と天気のかかわり―海水温で世界の天気が変わる）、第2章 異常気象を調べよう（暖かくなる地球―地球温暖化と天気、温暖化で何が起きるの―地球温暖化の影響、温暖化対策は――温暖化の適応策）、第3章 地球環境へのダメージ（酸性の雨が降ってくる―酸性雨とPM2.5、オゾン層って何？―オゾン層に穴があく）、第4章 地球を病気にしないためにわたしたちにできること（世界全体で考える―世界と日本が行っていること、積み重ねが大切！―さあ、わたしたちも始めよう）、実習編 家でも！ 学校でも！ 気象災害にそなえよう！（遊びを通して避難の練習をしよう！、自分の地域の歴史を知ることで、災害の予知につなげよう、災害時にけがをしたら、落ち着いて応急処置を）

6月　　　　　　　　　　　　　　　　　　　　　　　　　　　　　　　6月1日

『よくわかる！　天気の変化と気象災害　1
調べよう！　天気の変化』　森田正光監修
学研プラス　2016.2　56p　29cm〈索引
あり〉　3000円　①978-4-05-501143-3
N451
目次 第1章 見上げよう空を―あの雲何に見え
るかな？（調べよう雲の形や種類，調べよう気
温とその変化，調べよう目には見えない気圧，
調べよう風の向きや強さ），第2章 水蒸気，
雲，雨，雪―姿を変えて旅する水（調べよう雨
や雪，調べよう空気のしめり気），第3章 晴
れ？　雨？　雷？―天気を作る前線と気団（調
べよう天気を変える前線，調べよう日本のま
わりの気団）

『天気のクイズ図鑑』　学研教育出版　2015.
5　198p　15cm　（ニューワイド学研の図
鑑）〈発売：学研マーケティング〉　850円
①978-4-05-204120-4　N451
目次 天気，これ知ってる？　クイズ，雲，
風，かみなりのクイズ，天気予報のクイズ，
防災のクイズ，雨や雪，氷のクイズ，光と色
のクイズ，台風のクイズ，天気いちばん！
クイズ，天気ものしりクイズ
内容 100問の楽しくてためになるクイズ！
雲，虹，たつまき，ひょう，異常気象まで！
天気のびっくり＆なるほどクイズにちょうせ
んしよう。

『これならわかる！　科学の基礎のキソ　気
象』　田代大輔監修，こどもくらぶ編　丸
善出版　2015.1　47p　29cm　（ジュニア
サイエンス）〈文献あり　索引あり〉　2800
円　①978-4-621-08883-8　N451
目次 1 大気と気温の基礎のキソ（大気と温
度，風をつくりだす気圧，いろいろな風，地
球をめぐる大気の流れ，大気の大循環のつく
るもの，熱をはこぶ海流，偏西風，貿易風，偏
東風，ジェット気流がつくる低気圧，高気
圧），2 雲と降水の基礎のキソ（水蒸気と湿
度，雲のできかた，いろいろな雲，雨と雪は
元は同じもの，雷は摩擦による静電気で起き
る！，熱帯低気圧の発生と消滅，熱帯低気圧
のびかた，竜巻）

『気象の図鑑―空と天気の不思議がわかる』
筆保弘徳監修・著，岩槻秀明，今井明子著
技術評論社　2014.9　127p　26cm　（ま
なびのずかん）〈文献あり　索引あり〉
2580円　①978-4-7741-6657-5　N451
目次 第1章 空のストーリー，第2章 日本の天
気，第3章 気象学の基本，第4章 天気のカギ
をにぎる風，第5章 天気予報の舞台裏，第6章
最新の気象事情
内容 気象学のイロハから最先端まで！　気象
予報士を目指す人も必読。

『ドラえもん科学ワールド天気と気象の不
思議』　藤子・F・不二雄まんが，藤子プ
ロ，大西将徳監修，小学館ドラえもんルー
ム編　小学館　2014.9　213p　19cm
（ビッグ・コロタン　134）　850円　①978-
4-09-259134-9　N451
目次 水と湿度，大気と気圧，太陽と気温，風
の正体，雲の種類，雨の不思，雪と氷の世界，
雷と竜巻，台風の科学，海洋と気象の関係，
世界の気候，天気予報と天気図，気象観測の
今，地球温暖化と人類
内容 南北に細長く，地形も変化に富んだ日本
にはさまざまな気候や気象が存在する。天気
の基本から現代の気象観測技術まで，まんが
を読みながら学べる本。

┌──────────────────────────┐
│　　　　　　写真の日　　　　　　│
│1841年の6月1日に薩摩藩主の島津斉彬の写│
│真が撮影されたのが日本初の写真撮影とさ│
│れていたことによる。日本写真協会が1951│
│年に制定。　　　　　　　　　　　　　　│
└──────────────────────────┘

『写真がかっこよくとれる30のわざ　3　町
調べや修学旅行に使えるわざ』　塩見徹監
修　くもん出版　2018.2　31p　28cm
〈文献あり〉　2500円　①978-4-7743-2716-
7　N743
目次 1 町調べをとろう（町調べでインタ
ビューする（レポート風に人物をとる），町調
べで商店街を歩く（友だちの楽しそうな表情を
とる），職人さんの作業を見学する（作業風景
全体をとる），職人さんのわざを学ぶ（職人さ
んの手もとをわかりやすくとる），博物館へ見
学に行く（見学先の建物をとる），ケースに
入った展示物を見学する（クリアケースの中の
展示物をとる），工場の中を見学する（ガラス
ごしに工場の中の様子をとる）），2 修学旅行
をとろう（友だちといっしょの記録を残す（後
ろに建物を写して集合写真をとる），石像や銅
像から歴史を学ぶ（石像のすがた形をわかりや
すくとる），お寺や神社に行く（お寺や神社の
全体をとる），お寺や神社の中を見学する（暗
い室内をふんいきを出してとる），高い塔やタ
ワーを見学する（建物の高さを表現する），お
城を見学する（とくちょう的な部分を大きくと
る））

『写真がかっこよくとれる30のわざ　1
「わざ」をマスターしよう』　塩見徹監修
くもん出版　2018.2　31p　28cm〈文献
あり　索引あり〉　2500円　①978-4-7743-
2714-3　N743
目次 初級（写す物をはっきりさせる，主役を
画面いっぱいに入れる，目の位置が変わると
写真が変わる，太陽の位置で写真が変わる），
中級（画面を整理する，主役の配置を工夫す
る），上級（後ろの色を変える，いろいろな工
夫でもっとよい写真に）

『写真がかっこよくとれる30のわざ　2　自
由研究や観察に使えるわざ』　塩見徹監修

子どもの本　伝統行事や記念日を知る本2000冊　133

くもん出版　2018.1　31p　28cm　〈文献あり〉2500円　①978-4-7743-2715-0　Ⓝ743

目次 1 自由研究をとろう　観察編（クワガタの飼育日誌をつける（日誌の表紙用にクワガタをかっこよくとる），アリの巣づくりを観察する（アリが巣をつくっているケースをわかりやすくとる），身近にある植物の図鑑をつくる（植物の全体を写す），アサガオの花を観察する（花びらの開き具合がわかるようにとる），花の一部分を観察する（花の一部分を大きく写す），野菜の断面を調べる（野菜の断面を大きく写す），雲の種類を調べる（雲の形がはっきりとわかるように写す）），2 自由研究をとろう　実験編（水の性質を調べる（ピントをしっかり合わせて水の表面をとる），小さな物の本当の形を調べる（塩の結晶を大きくはっきり写す），スライムをつくる（主役をわかりやすくして実験の様子をとる），いろいろな水の形を調べる（一瞬の水の形を写す），シャボン玉をつくる（シャボン玉を美しくとる），ペットボトルロケットを飛ばす（ペットボトルロケットの発射の瞬間を写す））

『写真のなかの「わたし」―ポートレイトの歴史を読む』　鳥原学著　筑摩書房　2016.3　222p　18cm　（ちくまプリマー新書 251）　920円　①978-4-480-68955-9　Ⓝ740.2

目次 第1章 ポートレイトは何を語るのか（顔を集める，パターンのなかの個性，証明写真の役割，顔が物語っているもの），第2章 理想の私を求めて―ファッションとポートレイト（現実と理想とのギャップ，日本人のモード，「読者モデル」と「ストリートスナップ」），第3章 自撮りとコスプレ（自分を描く動機，プリクラと写メ，コスプレ写真の現在）

内容 携帯電話やスマートフォンで，誰もが気軽に撮影する。撮った写真を人に送ったり，SNSで広めたりもする。いちばん多く撮るのが，ポートレイト写真。なぜみんな撮りたがる？ それにはどんな意味がある？ 写真の誕生からプリクラ，自撮りまで。

『ミラクルかわいい！　写真のうつり方＆とり方マスター』　ガールズフォト研究所編著　西東社　2013.1　143p　19cm　680円　①978-4-7916-2022-7　Ⓝ743.4

目次 1 写真にかわいくうつっちゃおう！（写真にかわいくうつるテクニック，カンペキ笑顔をマスターしてキメ顔じょうずに！ ほか），2 みんなで楽しくうつっちゃおう！（アイデア写真でもり上がろう！，思いっきりかわいく自分どり ほか），3 写真をじょうずにとっちゃおう！（写真をうまくとるテクニック，カメラのキホンをマスターして撮影じょうずに！ ほか），4 写真をアレンジしちゃおう！（とった写真を楽しむアイデア，写真をデ

ころう ほか），おまけ 写真デコにおすすめイラスト・デコ文字コレクション

『小学生のためのデジタルカメラ　撮影編　これで気分はカメラマン！』　野口美智子監修，齊藤洋一著，木内博撮影指導　日経BPソフトプレス　2004.7　104p　30cm　〈発売：日経BP出版センター〉980円　①4-89100-435-5　Ⓝ743

目次 第1章 デジタルカメラのしくみを知ろう（デジタルカメラって何？，デジタルカメラの特徴 ほか），第2章 デジタルカメラを使ってみよう（デジタルカメラの準備，撮影するための基本操作 ほか），第3章 楽しくきれいに撮影しよう（お友だちを撮ろう，近づいて撮ろう（マクロ）ほか），第4章 写真を印刷してみよう（写真のプリントのいろいろ，ダイレクトプリントで印刷してみよう ほか）

内容 デジタルカメラの仕組みや機能から，いろいろなテクニックを使った写真の撮り方まで，くわしく説明しています。小学校3〜6年生向。

『レンズの向こうに自分が見える』　野村訓編著　岩波書店　2004.3　192p　18cm　（岩波ジュニア新書）　740円　①4-00-500465-2　Ⓝ740.49

目次 1 写真を撮るってどういうこと？，2 写真は心のレントゲン―五人の写真部員たちの軌跡，3 友とかかわる社会とつながる―インターナショナルスクールの日本語教室から，4 こうして自分が見えてきた（写真と出会った僕，一八〇度の変身―写真との出会い，私のお父さん，空白の七年，私の宝物，運命の出会いに救われて），高校生のフォトメッセージコンテスト

内容 写真を撮るということは，まだ自分で気づいていない自分自身を撮ること。さまざまな問題に悩む六人の高校生たちが，カメラを通して，人と出会い，自分の本当の居場所を見つけ，"自分を生きる"ことができるようになった過程を，写真作品と文章でたどります。写真の持つ不思議な力に出会う本。

《6月2日》

おむつの日

日付の数字「062」の語呂合せから。紙おむつを製造・販売する大王製紙が制定。おむつを通じて全ての赤ちゃんの幸せで健やかな成長について考えてもらうため。

『トイレばっちり！』　三石知左子監修，コダイラヒロミイラスト　ポプラ社　2017.8　〔11p〕　13×16cm　（おむつはずしのえほん）〈音声情報あり〉　1200円　①978-4-591-15529-5　Ⓝ599.9

『おとこのコトイレ―トイレトレーニングはこれ1冊でOK!! 1〜5さい』　東京児童

協会江東区南砂さくら保育園監修，jinco
イラスト　ポプラ社　2014.7　〔20p〕
14×15cm　（おむつはずしのえほん）
950円　①978-4-591-14042-0　Ⓝ599.9

内容　絵本を見ながらたのしくトイレトレーニ
ング！　立ってする？　座ってする？　ふ
く？　ふかない？　和式のときはどうする
の？　男の子ならではのトイレトレーニング
の悩みに答えるアドバイスがいっぱい！　お
むつはずしからトイレのマナーまで、楽しく
学べる絵本です。

『おんなのこトイレ—トイレトレーニング
はこれ1冊でOK!!　1～5さい』　東京児童
協会江東区南砂さくら保育園監修，jinco
イラスト　ポプラ社　2014.7　〔20p〕
14×15cm　（おむつはずしのえほん）
950円　①978-4-591-14043-7　Ⓝ599.9

内容　絵本を見ながらたのしくトイレトレーニ
ング！　前からふく？　後ろからふく？　ス
カートのときは？　和式のときはどうする
の？　女の子ならではのトイレトレーニング
の悩みに答えるアドバイスがいっぱい！　お
むつはずしからトイレのマナーまで、楽しく
学べる絵本です。

《6月4日》

### 虫歯予防デー

日付の数字「6」「4」の語呂合せから。日本
歯科医師会が1928年～1938年まで実施して
いたが、現在は6月4日～6月10日が「歯と口
の健康週間」となっている。

『サンジャーム船長—7つの海の大冒険　虫
歯編』　新谷哲生文・構成，gallery ouchi
絵　学研マーケティング　2014.9　1冊
17×22cm　（歯みがきの絵本）　1200円
①978-4-05-204049-8　Ⓝ497.9

内容　この物語はサンジャーム船長（歯科医
師）が、ラビス号に乗って多くの仲間と共に宝
物をもとめて7つの海を冒険するお話です。そ
こにあるものは何だったのでしょうか？　冒
険を子供達の人生に置き換えて健康という
『宝物』を家族でみつけてみましょう。

『ぼくのハはもうおとな』　かこさとしぶ
ん・え　新装版　フレーベル館　2010.5
31p　25cm　（かこさとしむしばのほん）
1200円　①978-4-577-03826-0　Ⓝ497.7

内容　6さいきゅうしがはえてきたら…。歯の
生え方やケアの仕方など、永久歯の大切さを
わかりやすく紹介します。かこさとしむしば
のほんシリーズ待望の復刊。

『むしばちゃんのなかよしだあれ』　かこさ
としぶん・え　新装版　フレーベル館
2010.5　31p　25cm　（かこさとしむしば
のほん）　1200円　①978-4-577-03825-3
Ⓝ497.7

内容　むしばちゃんなんてだいきらい。どうし
て虫歯にしてしまうのかを楽しく伝えます。
かこさとしむしばのほんシリーズ待望の復刊。

『むしばになったどうしよう』　かこさとし
ぶん・え　新装版　フレーベル館　2010.5
31p　25cm　（かこさとしむしばのほん）
1200円　①978-4-577-03827-7　Ⓝ497.7

内容　たいへん。むしばになっちゃった…。虫
歯の対処法や、虫歯予防の方法について教え
ます。かこさとしむしばのほんシリーズ待望
の復刊。

『むし歯バイバイ』　大津一義監修　少年写
真新聞社　2009.2　47p　27cm　（こども
健康ずかん）〈文献あり　索引あり〉　2300
円　①978-4-87981-287-2　Ⓝ497.7

目次　おばあちゃんのじょうぶな歯、ぼくはむ
し歯がいっぱい、歯と口は何をするためにあ
るの？、歯をくわしく見てみよう！、子ども
の歯、子どもの歯からおとなの歯、おとなの
歯、むし歯はどうしてできるの？、ネバネバ
まくにはむし歯きんがいっぱい！、むし歯に
なりやすいところは？　食べてすぐ歯みがか
ないと…、むし歯ができると…、歯ぐきの病
気、むし歯の予防、正しい歯みがき、いろい
ろな動物の歯の形、きばを持つ動物たち、歯
みがきカレンダー

内容　小学校3，4年生以上の保健の教科書に対
応し、教科書だけでは伝えきれない大切な内
容を、わかりやすいようにマンガやイラスト
を多用して学ぶシリーズ。本巻では、児童期
の生活習慣病で最も多いむし歯予防の大切さ
について学び、予防のための生活の改善工夫
と実践を促す。

『むし歯・歯周病は感染症—発病の原因と予
防　実践編』　眞木吉信著　少年写真新聞
社　2003.9　55p　27cm　（新健康教育シ
リーズ　写真を見ながら学べるビジュアル
版）　1900円　①4-87981-166-1　Ⓝ497.24

### 虫の日

日付の数字「6」「4」の語呂合せから。漫画
家の手塚治虫らの呼びかけで設立された日
本昆虫クラブが昆虫が住める街づくりを目
指し「虫の日」を制定。また、福島県で「カ
ブトムシ自然王国こどもの国ムシムシラン
ド」を運営する常葉町振興公社も「ムシの
日」を制定。

『すごい！　昆虫図鑑—小さな生物のトン
デモない生き方』　小野展嗣監修　宝島社
2018.9　111p　30cm　（TJ MOOK）

〈文献あり〉 1200円　①978-4-8002-8669-7　Ⓝ486

『昆虫最強王図鑑―No.1決定トーナメント!!』　篠原かをり監修，児玉智則イラスト　学研プラス　2018.8　143p　21cm　〈文献あり　索引あり〉　1200円　①978-4-05-204862-3　Ⓝ486

内容　もしも重量ハンデをなくしたら…昆虫バトルの驚くべき結末！

『新種昆虫を発見せよ！』　古本ゆうや著，丸山宗利監修　PHP研究所　2018.8　159p　21cm　（MANGA謎解きハンターQ）　1200円　①978-4-569-78792-3　Ⓝ486

目次　1 ようこそ昆虫の世界へ，2 ガンバレ！ニッポンの昆虫，3 ボルネオの森は擬態だらけ，4 暗闇に生きる昆虫たち，5 砂漠でウンチを転がせ!?，6 最強の要塞「巣」に潜入せよ，7 南米の毒々モンスター，8 ついに新種発見か!?，9 家に帰るまでがミッション

内容　世の中にある，どうしても解けない謎を解くために，日本政府がつくった極秘組織，それが“Q”だ。難しいミッションをクリアするために集められたメンバーが，アキラ，シェリー，ヒロキだ。今回のミッションは，世界のだれもまだ見たことがない新種昆虫を発見すること。昆虫の持つ脅威の力を，人間の能力を拡張するパワードスーツ開発に役立てるためだ。3人は，あらゆる昆虫のデータが搭載されたロボット「ファーブル」を連れて，世界をまたにかけた昆虫採集にでかける！

『虫・むし・オンステージ！―森の小さな舞台へようこそ！』　森上信夫写真・文　フレーベル館　2018.7　59p　26cm　〈文献あり　索引あり〉　1850円　①978-4-577-04659-3　Ⓝ486

目次　ダンスのたつじんあつまれ～！（オオカマキリオンステージ！，ウシアブオンステージ！　ほか），あせとえがおのものがたり（ドキドキのはつぶたい！，まさかのだいピンチ！　ほか），スターとうじょう！（スターたんじょう！，いつだってスター　ほか），キャラいろいろむしタレントめいかん（イケメン！，ゆるキャラ　ほか），コント？　モノマネ？　いっぱつギャグ!?（ずっこけ？　オンステージ，びっくり！　オンステージ　ほか）

内容　85しゅるいのむしたちが，もりのひろばでオンステージ！　おきにいりのアイドルはみつかるかな？

『昆虫の体重測定』　吉谷昭憲文・絵　福音館書店　2018.6　39p　26cm　（たくさんのふしぎ傑作集）　〈2016年刊の再刊〉　1300円　①978-4-8340-8409-2　Ⓝ486.1

内容　昆虫図鑑には大きさは書かれていますが体重は？　はかりで身近な昆虫の体重を調べてみるとおもしろいことがわかってきました。

『こんちゅうふしぎのうりょく―つよい！きけん！　きれい！』　講談社　2018.6　33p　12×12cm　（おともだちおでかけミニブック―講談社MOVEおでかけミニずかん）　650円　①978-4-06-512073-6　Ⓝ486

『昆虫戯画びっくり雑学事典―えっ！　とおどろき，クスッと笑える』　丸山宗利文，じゅえき太郎漫画　大泉書店　2018.5　171p　19cm　〈索引あり〉　1000円　①978-4-278-08402-3　Ⓝ486

目次　序章 昆虫ってなに？（昆虫は，この星で大成功している生き物です，地球史上，いちばん早く陸地にあがった生き物は，昆虫の祖先です　ほか），第1章 人気虫・強い虫のトホホな一面（アリの巣には，アリ以外の生物が勝手に同居している，なかには，働かない「働きアリ」がいる　ほか），第2章 そこらの虫のおどろきの一面（セミのオスのお腹の中は，がらんどうだ，すぐそばで大砲を鳴らしても，セミはまったくおどろかない　ほか），第3章 嫌われ虫の意外な一面（じつは，オスのカは花の蜜を吸う，ハエ叩きを余裕でかわす飛翔能力は昆虫界一　ほか），第4章 身近にいるのに知られざる虫（海辺でくらすダンゴムシがいる，大海原でくらすアメンボがいる　ほか）

内容　トンボだって，カエルだって，アメンボだって波乱万丈，悲喜こもごも！　めくるめく昆虫世界へようこそ！

『じゅえき太郎のゆるふわ昆虫大百科』　じゅえき太郎著，須田研司監修　実業之日本社　2018.5　143p　19cm　〈文献あり　索引あり〉　1000円　①978-4-408-33766-1　Ⓝ486

目次　第1章 カブトムシやクワガタムシたち，第2章 アリやハチたち，第3章 チョウやトンボたち，第4章 カマキリやバッタたち，第5章 ホタルやタマムシたち，第6章 セミやカメムシたち，第7章 カやハエたち

内容　身近な昆虫74種を大紹介！　人気マンガ「ゆるふわ昆虫図鑑」がまさかの図鑑化！　世界一ゆる～いイラスト・マンガでムシのふしぎをご紹介！　専門家がしっかり監修！　くすっと笑える，やさしい解説。イラスト・マンガがたっぷり。

『虫のしわざ探偵団』　新開孝写真・文　少年写真新聞社　2018.5　48p　19×27cm　1500円　①978-4-87981-636-8　Ⓝ486

目次　団長からみなさんへのメッセージ，クズの葉っぱに3つの，しわざあり！，アサガオの葉っぱに，しわざあり！，ハムシのなかまの「しわざ」コレクション，アカメガシワの葉っぱに，しわざあり！，「切りぬきの達人」，ハキリバチ，ササの葉っぱに並んだ穴の，しわざあり！，クヌギの葉っぱに四国の地図型!?の，しわざあり！，クヌギの葉っぱに重ね折りの，しわざあり！，いろいろな場所にどろ

団子の、しわざあり！，サクラの葉っぱのしわざ、そのヌシはどこへ？

内容 「虫のしわざ」は、身近な自然の中で、1年中、探すことができます。「虫のしわざ探偵団」の団員になって、しわざのなぞ解きにチャレンジ！　虫たちのふしぎなくらしをのぞいてみましょう。

『生き物たちの冬ごし図鑑―探して発見！観察しよう　昆虫』　星輝行写真・文　汐文社　2017.9　31p　27cm　〈文献あり　索引あり〉　2300円　①978-4-8113-2366-4　Ⓝ460

目次 ナミアゲハ，アカボシゴマダラ，ルリタテハ，ミドリシジミ，オオミズアオ，オオミノガ，フユシャクの仲間，オオカマキリ，チョウセンカマキリ，コカマキリ〔ほか〕

内容 寒い日が続き，食べ物が少なくなる冬は、生き物にとって、生きるか死ぬかの試練のときです。昆虫たちはどのように冬をすごしているのでしょうか？　春、夏、秋とくらべて、ちがいはあるでしょうか？　校庭や公園にでかけて、昆虫を探してみましょう。わくわくする発見や出会いが待っています。

『ちいさな虫のおおきな本』　ユーヴァル・ゾマー著，バーバラ・テイラー監修，小松貴日本語版監修，神田由布子訳　東京書籍　2017.9　63p　35cm　〈索引あり〉　2200円　①978-4-487-81081-9　Ⓝ486

目次 いろいろな虫，虫の観察，虫の家系図，「甲虫」の仲間たち，テントウムシ，チョウ，ガ，アリ，ハチ，夜の虫，シロアリ，ハエ，トンボ，ムカデ，コオロギとバッタ，ナナフシ，カマキリ，水辺の虫たち，カタツムリ，ミミズ，ムコ，虫の赤ちゃん，虫の動き，虫たちは家がが大好き，虫は働きもの，庭の虫たち，見つけられた？，虫についての言葉

内容 色とりどりの小さな宝石のような虫たちのイラスト。ページをめくるたび、うつくしい虫の世界が広がります。「この虫見つけられるかな？」探して楽しむ仕掛けも。シンプルだけど、情報たっぷり。知りたかった虫の秘密がわかるかも。

『ふしぎ!? なんで!? ムシおもしろ超図鑑』　柴田佳秀著　西東社　2017.8　255p　19cm　930円　①978-4-7916-2624-3　Ⓝ486

目次 1 かたいムシたち，2 群れでくらすムシたち，3 飛びまわってくらすムシたち，4 ジャンプするムシたち，5 水辺のムシたち，6 武器をもつムシたち，7 嫌われもののムシたち

内容 日本にいる身近なムシから世界にくらすムシのまで、種類やくらし、ふしぎを紹介。

『むしむしオリンピック』　須田孫七監修　チャイルド本社　2017.5　29p　21×24cm　（チャイルド科学絵本館―なんで

もサイエンス 5）〈「サンチャイルド・ビッグサイエンス 2012-8」（2012年刊）の改題、ハードカバー化〉528円　①978-4-8054-4632-4　Ⓝ486

『昆虫ワールド』　小野正人，井上大成編，見山博絵　町田　玉川大学出版部　2017.5　157p　31cm　（玉川百科こども博物誌　小原芳明監修）〈文献あり〉4800円　①978-4-472-05974-2　Ⓝ486

目次 第1章 昆虫ってなあに？（昆虫ってどんな生きもの？，昆虫の体のつくり，昆虫の一生と1年，昆虫以外の虫，いろいろな虫いちばん），第2章 昆虫の生活（昆虫の食べもの，昆虫のコミュニケーション，昆虫が動く，身を守る方法，いろいろなすみか，身近にいる昆虫たち，家族のきずなで生きぬく昆虫），第3章 昆虫と人間（くらしのなかの虫，農林業・医学と昆虫，昆虫と環境），参加してみよう，いってみよう，読んでみよう

『昆虫』　養老孟司監修　堅牢版　講談社　2017.2　207p　27cm　（講談社の動く図鑑MOVE）〈索引あり〉2000円　①978-4-06-220410-1　Ⓝ486.038

目次 甲虫目，チョウ目，ハチ目，ハエ目，アミメカゲロウ目など，トンボ目，カゲロウ目，カワゲラ目，バッタ目，カマキリ目，ナナフシ目，カメムシ目，ゴキブリ目など，昆虫以外

内容 おもに日本にすんでいる昆虫と、クモなどを掲載。昆虫たちの食べ物や育ち方、巣の様子など、くらし方を解説した「生態ページ」と外見や特徴などを解説した「標本ページ」とに分かれています。

## 《6月5日》

### 世界環境デー

1972年の6月5日に「国連人間環境会議」がスウェーデンのストックホルムで開催されたことによる。環境保全に関する関心と理解を深め、環境保全に向けた積極的な取組みを推進するため。「環境の日」とも。

『こどもかんきょう絵じてん』　木俣美樹男監修，三省堂編修所編　三省堂　2017.9　155,4p　26cm　〈文献あり　索引あり〉2400円　①978-4-385-14324-8　Ⓝ519

目次 1 わたしたちのかんきょう，2 みぢかなしぜんといきもの，3 もりやうみといきもの，4 べんりでかいてきなくらし，5 ごみをへらすくらし，6 ちきゅうをたいせつにするくらし

内容 すべてのいのちと、ともに生きるために。環境に関することばと話題を学びながら、私たちの暮らしを見つめ直す絵じてん！　幼児から小学校低学年むけ。

子どもの本 伝統行事や記念日を知る本2000冊　**137**

**6月5日**　　　　　　　　　　　　　　　　　6月

『これならわかる！　科学の基礎のキソ　環境』　保坂直紀監修，こどもくらぶ編　丸善出版　2015.2　47p　29cm　（ジュニアサイエンス）〈文献あり　索引あり〉2800円　①978-4-621-08885-2　⑩519

［目次］1 気候変動と地球温暖化の基礎のキソ（気候変動，過去の気候の調べかた，地球温暖化は気候変動，異常気象って，何？，集中豪雨，熱波と寒波，増える猛暑日，熱帯夜，台風の数と勢力，エルニーニョ現象とラニーニャ現象，エルニーニョ現象の影響），2 環境破壊の基礎のキソ（オゾン層，オゾン層と紫外線，さまざまな大気汚染，風で世界をめぐる黄砂，酸性雨，熱帯雨林の減少と砂漠化）

『理科の地図帳　環境・生物編　日本の環境と生物がまるごとわかる』　神奈川県立生命の星・地球博物館監修，ザ・ライトスタッフオフィス編　改訂版　技術評論社　2014.12　143p　26cm　（ビジュアルはてなマップ）〈索引あり〉2480円　①978-4-7741-6818-0　⑩402.91

［目次］環境編（「絶滅したか？」と思われていたが，実は生きていたクニマス，ニホンカワウソが絶滅種に指定。絶滅した野生生物の分布図，トキの絶滅と復活への取り組み，ヤンバルクイナの繁殖率に回復の兆し!?，世界自然遺産1 小笠原諸島の神秘に迫る ほか），生物編（日本の豊かな植生帯をみる，日本の植物相と分布境界（フロラ），全国から高山植物が消えた!? ニホンジカによる植物群落への影響，ニッポンの森林1 ブナ林，その豊富な植物相の特徴は？，ニッポンの森林2 残された原始の照葉樹林を訪ねる ほか）

『なぜ？　どうして？　環境のお話』　森本信也監修　学研教育出版　2013.9　175p　21cm　〈文献あり〉　発売：学研マーケティング〉800円　①978-4-05-203699-6　⑩519

［目次］ごみのお話（どうしてごみを分別しなければいけないの？，捨てたごみは，どこへ行くの？　ほか），エネルギーのお話（日本人は一年間に何リットルぐらい石油を使っているの？，石油はいつごろなくなるの？　ほか），森と川や海，生き物のお話（トイレに流したおしっこやうんちは，そのまま川や海へ行くの？，どうして森はそんなに大切なの？　ほか），温かくなっている地球のお話（北極の氷がとけて，ホッキョクグマが困っているの？，二酸化炭素が増えるとどうなるの？　ほか），食べ物と水のお話（地球にはどのくらいの水があるの？，水や食べ物が足りなくて困っている人は，世界にどのくらいいるの？　ほか）

［内容］ごみを捨てる場所がなくなるって本当なの？　原子力発電所は必要なの？　PM2.5っていったい何のこと？　「環境問題」がよくわかるお話が39話！

『環境負債—次世代にこれ以上ツケを回さないために』　井田徹治著　筑摩書房　2012.5　191p　18cm　（ちくまプリマー新書 178）　780円　①978-4-480-68881-1　⑩519

［目次］第1章 積み重なる環境負債，第2章 破れた地球の宇宙服—成層圏のオゾン層，第3章 厚くなる地球の毛布—深刻化する温暖化，第4章 生き物が住めない海—進む海洋の酸性化，第5章 失われる自然の恵み—生物多様性の減少，第6章 マグロやウナギが食べられなくなる？—漁業資源の「コモンズの悲劇」，第7章 アマゾンが砂漠になる？—止まらぬ森林破壊，第8章 広がる化学物質汚染—影響は次世代まで，第9章 環境負債を減らすには

［内容］今の大人は大量のecological debtつまり，環境破壊の「ツケ」を，次世代に回している。本書はこの「世代間格差」の全容を明らかにし，若い人たちが受け継ぐ地球の姿を克明に浮かび上がらせる。環境問題の過去・現在・未来を，この一冊からみつめよう。

『カンタン実験で環境を考えよう』　篠原功治著　岩波書店　2011.7　211p　18cm　（岩波ジュニア新書 689）　940円　①978-4-00-500689-2　⑩519

［目次］1 水の安全を考える（雲ができるまで，雲の正体 ほか），2 エネルギーを考える（太陽光発電とは，太陽電池の構造 ほか），3 ごみの処理とリサイクル（ごみとは，一人が出すごみの量は ほか），4 食の安全を考える（食品偽装とは，賞味期限と消費期限 ほか）

［内容］ペットボトルやプラカップを使って，簡易浄水器やエコ充電器をつくろう。できた浄水器に牛乳，コーラ，水道水を通してみたら，出てくる液体はどうなるだろうか。ちりめんじゃこに入っている「チリモン」たちを探してみよう。タコやタツノオトシゴが入っていたりするぞ。楽しく実験や観察をしながら，環境への興味が広がるよ。

『日本の環境技術』　こどもくらぶ編さんほるぷ出版　2011.2　39p　29cm　（世界にはばたく日本力）〈索引あり〉2800円　①978-4-593-58638-7　⑩519.19

［目次］世界一のエネルギー効率（ここがすごい！　日本のエネルギー効率，日本の技術の背景をさぐる，世界に貢献する日本の環境技術都市），世界をリードする太陽光エネルギー利用（ここがすごい！　日本の太陽光エネルギー利用，日本の技術の背景をさぐる，世界をリードする日本の企業），世界にほこる水利用技術（ここがすごい！　日本の水利用技術，日本の技術の背景をさぐる，世界をリードする日本の企業）

［内容］日本のさまざまな技術力と，それを可能にする「日本力」を，いっしょに見ていくシリーズ。この巻では，環境の技術力のなかから，太陽光エネルギー利用と水利用について，世界一とされる日本のエネルギー効率をささえる取り組みについて，鉄鋼業界を中心に見ていく。

『環境』　枝廣淳子監修　ポプラ社　2011.1
239p　29cm　（ポプラディア情報館）
〈索引あり〉6800円　⑪978-4-591-12240-
2　Ｎ519

目次 1章 かぎりある地球環境，2章 変化する
地球環境，3章 地球温暖化問題，4章 エネル
ギーの消費を減らす，5章 新しいエネルギー
をつくる，6章 ごみを減らす，7章 環境のた
めの未来の生活，資料編

内容 地球温暖化やエネルギー問題，大気や水
の汚染，自然環境の破壊など，さまざまな環
境問題について，わかりやすく解説します。
グラフや図版などの資料を，豊富に収録。環
境問題の現在をくわしく知ることができま
す。環境問題の原因やしくみの解説だけでな
く，わたしたちがこれからできることは何か，考
えます。巻末では，調べ学習に役立つ博物館
などを紹介しました。

『理科の地図帳　1　環境―ゴミ、温暖化、
大気汚染のようすが地図でわかる！』　浜
口哲一監修　ポプラ社　2009.3　47p
28cm　〈索引あり〉2800円　⑪978-4-591-
10641-9　Ｎ402.9

目次 日本のごみ，世界のごみ，日本の温暖化
―気温の上昇，地球温暖化―気温の上昇，地
球温暖化―海面の上昇，日本の大気汚染，日
本の酸性雨，日本のダイオキシン，世界の大
気汚染，日本の水質汚染，世界の水質汚染，
世界の海洋汚染，砂漠化，森林の減少，変わ
る地球環境，日本の国土と人口，日本の自然
環境，サンゴ礁が危ない！，干潟を守る，日
本の自然環境保全地域，世界自然遺産

内容 第1巻の「環境」では，人間の活動がわ
たしたちの星である地球にどんな影響を与え
ているかが理解できるような地図を集めまし
た。どこにどのくらいの数の人間が住んでい
るのか，どれほどのゴミを出しているのか，
大気や水はどのくらい汚れているのか，温暖
化はどのくらい進んでいるのか，環境を守る
ために大切に保護されている場所はどこか，
そうしたことを見ていきましょう。

『環境の謎』　青山剛昌原作，山岸栄一まん
が，高月紘監修　小学館　2006.3　191p
19cm　（小学館学習まんがシリーズ―名
探偵コナン推理ファイル）800円　⑪4-
09-296117-0　Ｎ519

内容 コナンと少年探偵団が訪れた地球環境の
実験設備・Cドーム。外界と切り離されたドー
ム内で白骨死体が発見され，同時にドーム内
のCO2濃度をめぐる恐ろしい計画が発動した。
孤立したもう一つの地球・Cドームでコナンの
サバイバルが始まる。

# 《6月6日》

## 楽器の日

「芸事の稽古はじめは、6歳の6月6日にする」
という言い伝えによる。全国楽器協会が
1970年に制定。

『楽器―オールカラー』　飯田真樹, 市木嵜
みゆき著　ヤマハミュージックエンタテ
インメントホールディングス出版部
2018.12　125p　15cm　（子どもポケット
音楽事典）〈「楽器のなまえ」(ヤマハ
ミュージックメディア　2009年刊）の改題、
再編纂　索引あり〉900円　⑪978-4-636-
96325-0　Ｎ763

『楽器ビジュアル図鑑―演奏者が魅力を紹
介！　6　いろいろな合奏―オーケスト
ラ吹奏楽ほか』　国立音楽大学, 国立音楽
大学楽器学資料館監修，こどもくらぶ編
ポプラ社　2018.4　47p　29cm　〈文献あ
り　索引あり〉2900円　⑪978-4-591-
15746-6　Ｎ763

目次 オーケストラ（オーケストラってなに？，
オーケストラの楽器編成 ほか），吹奏楽団（吹
奏楽団ってなに？，吹奏楽団の楽器編成 ほ
か），ビッグバンド（ビッグバンドってなに？，
ビッグバンドの楽器編成 ほか），バンド（バ
ンドってなに？，いろいろなバンド（楽団））

『楽器ビジュアル図鑑―演奏者が魅力を紹
介！　5　日本の楽器―箏尺八三味線ほ
か』　国立音楽大学, 国立音楽大学楽器学
資料館監修，こどもくらぶ編　ポプラ社
2018.4　47p　29cm　〈文献あり　索引あ
り〉2900円　⑪978-4-591-15745-9
Ｎ763

目次 日本の楽器の見方，きき方，笙，演奏者
に聞いてみよう！（笙），篳篥，龍笛，鞨鼓・
楽太鼓・鉦鼓，尺八，さらにくわしく！　舞台
芸能と楽器，琵琶，小鼓〔ほか〕

『楽器ビジュアル図鑑―演奏者が魅力を紹
介！　4　打楽器・世界の楽器―ティン
パニ馬頭琴ほか』　国立音楽大学, 国立音
楽大学楽器学資料館監修，こどもくらぶ
編　ポプラ社　2018.4　55p　29cm　〈文
献あり　索引あり〉2900円　⑪978-4-591-
15744-2　Ｎ763

目次 打楽器ってなに？，ティンパニ，小太
鼓，大太鼓，ドラムセット，マリンバ，ビブラ
フォン，演奏者に聞いてみよう！（打楽器），
打楽器のなかまと歴史，世界の楽器の見方，
きき方〔ほか〕

『楽器ビジュアル図鑑―演奏者が魅力を紹
介！　3　金管楽器―トランペット ホル
ンほか』　国立音楽大学, 国立音楽大学楽
器学資料館監修，こどもくらぶ編　ポプ
ラ社　2018.4　47p　29cm　〈文献あり　索

引あり〉 2900円 ①978-4-591-15743-5
Ⓝ763

目次 金管楽器ってなに？，トランペット，ホルン，トロンボーン，チューバ，ユーフォニアム

『楽器ビジュアル図鑑—演奏者が魅力を紹介！　2　木管楽器—フルート　サクソフォンほか』　国立音楽大学，国立音楽大学楽器学資料館監修，こどもくらぶ編
ポプラ社　2018.4　55p　29cm　〈文献あり　索引あり〉 2900円　①978-4-591-15742-8　Ⓝ763

目次 木管楽器ってなに？，フルート，クラリネット，サクソフォン，オーボエ，ファゴット，リコーダー

『楽器ビジュアル図鑑—演奏者が魅力を紹介！　1　弦楽器・鍵盤楽器—バイオリンピアノほか』　国立音楽大学，国立音楽大学楽器学資料館監修，こどもくらぶ編
ポプラ社　2018.4　55p　29cm　〈文献あり　索引あり〉 2900円　①978-4-591-15741-1　Ⓝ763

目次 弦楽器ってなに？，バイオリン，ビオラ，チェロ，コントラバス，ハープ，ギター，鍵盤楽器ってなに？，ピアノ，パイプオルガン

『わくわくオーケストラ楽器物語』　八木倫明文，小澤一雄絵　ポトス出版　2017.8
63p　27cm　1800円　①978-4-901979-39-9　Ⓝ764.3

目次 オーケストラ，指揮者，コンサートマスター，楽器のなかまわけ，ティンパニ，シンバル，大太鼓と小太鼓，チューバ，トロンボーン，トランペット〔ほか〕

『音が出るおもちゃ＆楽器あそび』　吉田未希子著　いかだ社　2017.2　63p　26cm
1400円　①978-4-87051-477-5　Ⓝ759

目次 あやつる，かえす，ふる，たたく，ふく，こえ，はじく，まわす

『透視絵図鑑なかみのしくみ 楽器』　こどもくらぶ編さん　六耀社　2016.9　31p
29cm　〈索引あり〉 2800円　①978-4-89737-856-5　Ⓝ763

目次 ピアノ，鍵盤ハーモニカ，サクソフォン，ドラムセット，エレクトリックギター

内容 鍵盤ハーモニカの音が出たり，メトロノームがテンポをきざむしくみは，透視するとどう見えるだろう？　透視で見よう!? もののなかみとしくみ。

『世界の「楽器」絵事典—音楽がたのしくなる 歴史から、音の出るしくみまで』
PHP研究所編　PHP研究所　2007.4

79p　29cm　2800円　①978-4-569-68676-9　Ⓝ763

目次 第1章 楽器って何？—館長に聞いてみよう！，第2章 たたく楽器，第3章 ふく楽器，第4章 はじく楽器，第5章 こする楽器，付録

内容 この本は、楽器の歴史や種類をわかりやすく解説したものです。楽器の種類は、「たたく」「ふく」「はじく」など、音の鳴らし方別に分けてあります。

---

## かえるの日

かえるの鳴き声と日付の数字「0606」の語呂合せから。「かえる友の会」会員でライトノベル作家の矢島さらが1998年に制定。

---

『はではでカエル』　クリス・アーリー著，北村雄一訳　京都　化学同人　2017.12
67p　19×19cm　（けったいな生きもの）
1300円　①978-4-7598-1955-7　Ⓝ487.85

目次 ワライガエル，ミドリヒキガエル，アジアツノガエル，スズガエル，アフリカウシガエル，アジアジムグリガエル，フタイロネコメアマガエル，アマガエルのなかま，ソバージュネコメアマガエル，ベニモンヤドクガエル〔ほか〕

内容 かわいい！　おかしい！　愛おしい！　思わず笑いがこぼれるカエルたちのショータイム。大迫力の写真で54種を紹介！　おもしろポイントを解説！

『にんじゃあまがえる』　松井孝爾監修，榎本功写真撮影　チャイルド本社　2016.6
27p　21×24cm　（チャイルド科学絵本館—なんでもサイエンス 3）〈2001年刊の再刊〉 528円　①978-4-8054-4446-7
Ⓝ487.85

『いばりんぼうのカエルくんとこわがりのガマくん』　松橋利光著　アリス館
2016.4　15,14p　26cm　1400円　①978-4-7520-0752-4　Ⓝ487.85

内容 カエルくんとガマくんのふしぎな1日。石から読むとカエルくんの話。左から読むとガマくんの話。4さいからおすすめ！

『かえるくんどっちがどっち？』　松橋利光著　アリス館　2014.2　36p　26cm　（絵本であそぼ！　いきものさがし 2） 1400円　①978-4-7520-0662-6　Ⓝ487.85

内容 どっちかがニホンアマガエル、どっちかがシュレーゲルアオガエル。きみは、わかるかな？　さあ、くらべっこしてみよう！

『いのちのかんさつ　2　カエル』　中山れいこ著，アトリエモレリ制作，久居宣夫監修　少年写真新聞社　2012.2　47p
27cm　〈索引あり　文献あり〉 1800円
①978-4-87981-405-0　Ⓝ480

目次 1 成体の観察 カエルにあいにいこう，2 卵の観察 ゼリー層に包まれた卵，3 オタマ

ジャクシの観察 卵から胚がうまれる，4 子ガエルの観察 カエルの成長，5 カエルの生活 1匹でくらす生き物，6 カエルの飼育 カエルを飼ってみよう

『カエル』 マーク・W. モフェット著，小宮輝之監修 ほるぷ出版 2012.1 31p 26×26cm （ナショナルジオグラフィック動物大せっきん）〈索引あり〉2200円 ⓘ978-4-593-58455-0 Ⓝ487.85

内容 1888年に設立されて以来、世界中で自然、地理、歴史などの調査をつづけてきた、米国のナショナルジオグラフィック協会。そのナショナルジオグラフィックで、長年動物を観察してきた研究者やカメラマンによってつくられたのが、この本です。実際の観察の様子をまじえ、はくりょくある写真でみりょくあふれる動物たちのありのままのすがたを伝える、子ども向けの新しい動物シリーズです。

『カエル』 福山欣司文，前田憲男写真 農山漁村文化協会 2011.10 56p 27cm （田んぼの生きものたち）2500円 ⓘ978-4-540-08233-7 Ⓝ487.85

目次 一番早起きはアカガエルとヒキガエル，水たまりで始まる夜中のカエル合戦，オスが背中に乗ったまま産卵，受精，寝坊ガエルは田植えで目を覚ます，カエルの大合唱，春の田んぼはカエルの産卵場，カエルの卵のふ化を観察しよう，オタマジャクシが育つ，オタマジャクシは何を食べているの？，足が出てきてカエルに変身〔ほか〕

内容 この本では、田んぼで暮らすカエルたちの一年を追いながら、どういう田んぼがカエルたちにとってすみやすいのか、また、カエルたちを守るために私たちに何ができるのかを考えていきます。

『カエル―両生類と水辺の生き物』 関慎太郎著，福山欣司監修 あかね書房 2011.3 63p 29cm （科学のアルバムかがやくいのち 7）〈文献あり 索引あり〉2500円 ⓘ978-4-251-06707-4 Ⓝ487.85

目次 第1章 カエルがいる水辺（トノサマガエルがいた、後ろあしでじょうずに泳ぐ ほか），第2章 田んぼやため池の生き物（あさくて暖かい水辺、田んぼにやってくる動物 ほか），第3章 トノサマガエルのくらし（オスたちの大合唱、メスにだきつくオス ほか），みてみよう・やってみよう（カエルやおたまじゃくしをみてみよう、おたまじゃくしを飼ってみよう ほか），かがやくいのち図鑑（アカガエルのなかま、いろいろなカエル）

『カエルの知られざる生態―変態・行動・脱皮のしくみ』 松橋利光著 誠文堂新光社 2010.1 95p 24cm （子供の科学・サイエンスブックス）〈文献あり 索引あり〉2200円 ⓘ978-4-416-21000-0 Ⓝ487.85

目次 第1章 カエルはどんな生き物？（カエルの種類と進化、両生類とは？ ほか），第2章 カエルのおもしろ行動（歩く、ジャンプする ほか），第3章 産卵とオタマジャクシ（カエルの産卵、卵塊 ほか），第4章 カエルと環境（カエルが生活しやすい環境とは!?、田んぼとカエルと生物多様性 ほか），第5章 カエルの観察と飼育（探しに行こう、捕まえてみよう ほか）

『カエル観察ブック』 小田英智構成・文，桜井淳史写真 偕成社 2009.6 39p 24cm 〈『カエル観察事典』（1996年刊）の普及版 索引あり〉1200円 ⓘ978-4-03-526680-8 Ⓝ487.85

目次 カエルの進化、アマガエルの春のめざめ、ヒキガエルのカワズ合戦、アマガエルのコーラス、あわにつつまれたカエルの卵、カエルの卵の発生、オタマジャクシの誕生、泳ぎだすオタマジャクシ、カエルへの変態、水から陸にあがるカエル、子ガエルたちの冒険、地表でくらすヒキガエル、樹上でくらすカエルたち、水辺でくらすトノサマガエル、カエルの捕食活動、食物連鎖のなかのカエルたち、カエルたちの冬眠、オタマジャクシを飼ってみよう

内容 カエルの成長には、海から陸へと進化してきた私たちの先祖の歴史が刻みこまれている。そのくらしを、長年にわたる観察にもとづいて、多くの美しい写真とともにくわしく紹介。小学校中学年から。

『かえる』 長谷川雅美指導，関慎太郎写真 フレーベル館 2009.5 27p 27cm （フレーベル館だいすきしぜん みずのいきもの 1）1000円 ⓘ978-4-577-03721-8 Ⓝ487.85

---

### 梅の日

1545年の6月6日に、日照りが続くなか京都の賀茂神社で後奈良天皇が梅を奉納して祈ったところ雨が降ったという故事による。和歌山県の紀州田辺うめ振興協議会が制定。

---

『ウメの絵本』 よしだまさおへん、みずかみみのりえ 農山漁村文化協会 2004.3 36p 27cm （そだててあそぼう 59）1800円 ⓘ4-540-03138-4 Ⓝ625.54

目次 ウメにウグイス、サクラはまだかいな？、モンスーン気候育ちで、雨にも強い、サクラ切るばか、ウメ切らぬばか、日の丸弁当、梅干しは万能薬、花をめでるか、実をならすか？（品種紹介）、地植えにするか？ 鉢植えにするか？（栽培ごよみ）、冬、寒い季節に植えつけだ。まず鉢植えで育ててみよう、白、紅、ピンク、ウメの花が咲いた！、ウメの実が熟すのは、梅雨の季節！ いよいよ収穫だ！、苗木をつくろう！ 地植えにしよう！、弱った木を元気にする方法と病害虫の予防、タネから育てよう！ ミニ盆栽をつくってみよう！、梅干しをつくろう！、白梅酢のクエ

ン酸パワー（実験），梅ジャム，梅シロップ，梅肉エキス

内容 ウメといえば，すぐに思いうかべるのは，やっぱり梅干し！ おにぎりに梅干しはかかせないよね。それに，どの木よりも早く，春いちばんに花を咲かせ，早春のおとずれを教えてくれる木でもあるんだ。サクラやキクとならんで，日本らしさをいろどるウメの花だけれど，生まれは中国だ。いったいいつごろから日本らしい花になったのかな？ 子どもから，大人まで楽しめる。

『うめ』 石津博典さく 福音館書店 2004.1 27p 26cm 838円 Ⓘ4-8340-1950-0 Ⓝ479.75

## 《6月9日》

### たまごの日

日付の数字の「6」と「9」が「卵」という字に見えることと，盛夏の前に卵を食べて健康増進を図ってもらいたいとの願いから，愛知県新城市で卵の生産・販売を手がける会社「鈴木養鶏場」が制定。

『かんたん！ たまごりょうり』 さくらももこ原作，大森いく子料理 金の星社 2013.11 32p 23×23cm （ちびまる子ちゃんのはじめてのクッキングえほん） 1400円 Ⓘ978-4-323-03863-6 Ⓝ596.3

目次 やさいでアート！ さいた！ さいた！ おはなのめだまやき，チーズがはいってえいようまんてん！ ふっわふわスクランブルエッグ，へんしんじょうず！ かたちいろいろおもしろゆでたまご，おべんとうにもいいね！ おはなひらいた！ たまごサンド，たまごがふわふわ！ ゆ〜らゆらたまごスープ，たまごやきをふわっとのせて！ にっこりまあるちゃんオムライス，おひさまみたい！ あつあつココット，とってもかんたん！ おめめがひらいた！ ハンバーグにたまご，やさしいおいしさ！ ハムでおめかしたまごリゾット

内容 おはなのめだまやきに，たまごリゾットに，スクランブルエッグ！ おいしくってすてきなたまごりょうりを，まるちゃんといっしょにつくっちゃおう！

## 《6月10日》

### 時の記念日

671年の6月10日に日本初の時計が鐘を打ったとされることから。 東京天文台と生活改善同盟会が1920年に制定。時間の大切さを尊重する意識を広めるため。

『どうぶつでおぼえる！ とけいえほん』 小宮輝之監修，小宮輝之，交通新聞クリエ

イト写真 交通新聞社 2017.9 24p 22cm 1400円 Ⓘ978-4-330-82117-7 Ⓝ449.1

内容 「なんじ」「なんぷん」がわかるよ！ かわいいどうぶつたちのいちにちのようすをとけいをうごかしながらたのしもう！

『めくって学べるとけい図鑑』 池田敏和監修，ロージー・ホール文，ショー・ニールセン絵，宮崎史子訳 学研プラス 2017.3 15p 29cm 2200円 Ⓘ978-4-05-204545-5 Ⓝ449.1

目次 時計と時こく，時計を見てみよう，いま何時？，いま何分？，「何分」のよみかた，デジタル時計のよみかた，午前と午後，24時間時計，どのくらい時間がかかる？，1年は何日？，時こくを合わせよう，時計を作ってみよう

内容 時計のルールや読み方を，めくって遊びながら学べる，しかけ絵本です。しかけは125！ 楽しくしかけを何度もめくるうちに，自然と時計の読み方が身に付きます。

『ふしぎ？ ふしぎ！ 〈時間〉ものしり大百科 3 感じる〈時間〉―生き物のからだと時間』 藤沢健太，井上愼一著，山口大学時間学研究所監修 京都 ミネルヴァ書房 2016.8 39p 27cm 〈文献あり 索引あり〉 2800円 Ⓘ978-4-623-07709-0 Ⓝ421

目次 第1章 生き物の変化と時間―「生き物」はいつ生まれたの？（生き物の進化と時間，時代を読み解く化石，木の年齢と年輪，生き物の一生と時間），第2章 生き物が感じる時間―「生き物」は時間がわかるの？（生き物がもつ体内時計，体内時計と太陽コンパス，生き物がもつ特有の時間，時間と冬眠・乾眠），第3章 ヒトのからだと時間―「腹時計」って何？（体内時計と時差ぼけ，体内時計と病気，ヒトの寿命，時間と記憶，心が感じる時間，時間と錯覚）

内容 夜明けになると鳴き出すニワトリ。夜になると光りはじめるホタル。まるで生き物が"時間"がわかるかのようです。長い"時間"をかけて進化してきた生き物の体の中には，時計がそなわっているのでしょうか。3巻では，生き物と"時間"の関係のふしぎにせまります。

『ふしぎ？ ふしぎ！ 〈時間〉ものしり大百科 2 飛びこえる〈時間〉―タイムマシンのつくり方』 藤沢健太著，山口大学時間学研究所監修 京都 ミネルヴァ書房 2016.7 39p 27cm 〈文献あり 索引あり〉 2800円 Ⓘ978-4-623-07708-3 Ⓝ421

目次 第1章 宇宙と時間のふしぎ―時間の「なぞ」は宇宙にあるの？（「過去」から届く星の

光，宇宙の始まりと時間，恒星の一生，宇宙は急激にふくれあがった，時間は一方通行，時間の流れと宇宙の終わり），第2章 相対性理論と時間―タイムトラベルはできるの？（光の速さはいつも同じ，時間の進み方は変化する，重力と時間の関係，ブラックホールのなぞ，未来へのタイムトラベル），第3章 時間を飛びこえる方法―タイムマシンはつくれるの？（ワームホールとタイムマシン，タイムパラドックスのふしぎ，宇宙のなぞと時間のふしぎ）

内容 タイムマシンがつくれたら…。私たちは"時間"を飛びこえることや"時間"をさかのぼることはできるのでしょうか。2巻では，宇宙を舞台に"時間"と光の関係のふしぎにせまります。

『アリスのとけいえほん―3～5歳向け』 加藤綾子文 KADOKAWA 2016.6 31p 22cm 1000円 Ⓘ978-4-04-104511-4 Ⓝ449.1

内容 時計に親しむファーストブック。アリスといっしょに時計の読み方が楽しく身につく！

『ふしぎ？ ふしぎ！ 〈時間〉ものしり大百科 1 見える〈時間〉―くらしに役立つ時計と暦』 藤沢健太著，山口大学時間学研究所監修 京都 ミネルヴァ書房 2016.6 39p 27cm 〈文献あり 索引あり〉 2800円 Ⓘ978-4-623-07707-6 Ⓝ421

目次 第1章 時間はこうしてつくられた―「時間」がなくなったらどうなる？（「時」の始まり，動きを数で表し，時を知る，いろいろな時計の発明，「1週間」の始まり，「1年」の始まりと暦，「うるう年」の決め方，ふりこの決まりを発見！），第2章 日本人のくらしと時間―日本の「時間」「暦」はどのように決まったの？（江戸時代の時刻制度，日本人のくらしと暦，世界各国の時刻のちがい），第3章 時間をはかるすごい技術―「1日」の長さがのびている？（正確な「クオーツ時計」，「原子時計」は国際基準，くらしに役立つ原子時計，世界共通，時間のものさし）

内容 もし"時間"がなかったら…。授業がいつはじまるのか，電車がいつ来るのかもわかりません。私たちのくらしのなかで時間や暦はどのようにつくられてきたのでしょうか。1巻では，目に見えない"時間"のふしぎにせまります。

『1秒って誰が決めるの？―日時計から光格子時計まで』 安田正美著 筑摩書房 2014.6 167p 18cm （ちくまプリマー新書 215） 780円 Ⓘ978-4-480-68918-4 Ⓝ449.1

目次 第1章 時はどのように計られてきたか―時計の歴史（時間とは何か，暦の誕生から「1秒」を刻む振り子時計まで，クォーツ時計で

機械と電気が融合した，「計る基準」を定義する），第2章 時を計る技術の最前線―光格子時計ができるまで（原子時計の仕組み，原子を捕まえて時計にする―原子本来の色を求めて，マイクロ波から光へ，光格子時計の仕組み），第3章 時間計測の精度を求めると？（光格子時計のその先へ，高精度の時計はどう応用できるか）

内容 時を計ること，その道具（時計）を作ること，そしてその精度を高めることは，政治や産業，科学技術と常に関わり大きな影響を及ぼしてきた。時代と共に1秒の定義も変化している。1秒を計る技術の最前線に迫る。

『時計がわかる本』 矢玉四郎著 岩崎書店 2014.1 48p 29cm 3000円 Ⓘ978-4-265-83016-9 Ⓝ449.1

目次 時計は時間をはかるメーターです，太陽時計，時計をふたつにわけます，みじかいはりの時計，ながいはりの分の時計，時の時計と分の時計をあわせます，時計のつかいかた，はりが3本ある時計，一日は24時間，悪魔の時計

『時計の大研究―日時計からハイテク時計まで 時計のすべてがわかる！』 織田一朗監修 PHP研究所 2004.1 79p 29cm 2800円 Ⓘ4-569-68448-3 Ⓝ535.2

目次 序章 わたしたちのくらしと時計（時計にはどんな役割があるの？，現代のくらしと時計の関係），第1章 時計の種類とそのしくみ（時計にはいろいろな種類がある，とくべつな時計 ほか），第2章 時計6000年の歴史（時計のはじまり，自然を利用した時計 ほか），第3章 世界の暦と時間（暦のうつりかわり，標準時とはなにか ほか）

内容 本書は，時計とはなにか，時計の役割を知りたい！ 時計のしくみはいったいどうなってるの？ 時計のいまと昔，時計の歴史を教えて！ 世界の暦や標準時について知りたい！ といった質問に答えるものである。

《6月11日》

学校図書館の日

1997年の6月11日に「学校図書館法」の一部が改正され，12学級以上の全ての学校に司書教諭の配置が義務化されたことにより，全国学校図書館協議会が制定。

『シリーズ・変わる！ 学校図書館 3 最先端の図書館づくりとは？』 門内輝行監修 門内輝行著 京都 ミネルヴァ書房 2018.4 31p 27cm 〈文献あり 索引あり〉 2800円 Ⓘ978-4-623-08267-4 Ⓝ017

目次 1「ブックワールド」という名の学校図書館，2 学校図書館は静かに本を読むところでなくていい！，3 メディアセンターとして

の学校図書館へ，4 本番前に先生たちでプレ・ワークショップ，5 6年生全員が参加したワークショップ！，6 巨大模型によるワークショップ，7 ついに新ブックワールドの完成！，8 広がるブックワールドの世界，9 自分たちの図書館誕生！，10 新しいつかいかたの発見，11 これからの学校図書館は？

内容 大学生と小学生，そして地域の人たちとのコラボレーションによって生まれた「ブックワールド」（という名の学校図書館）を例に，学校教育および地域社会にとっての学校図書館の役割を考えます。

『学校図書館ディスプレイ＆ブックトーク─みんなに本を紹介しよう！　2　7・8・9月』　本田彰著　国土社　2018.3　47p　29cm　〈索引あり〉　3200円　①978-4-337-30222-8　Ⓝ017

『シリーズ・変わる！　学校図書館　2　見てみよう！　全国のおもしろ学校図書館』門内輝行監修　こどもくらぶ編　京都　ミネルヴァ書房　2018.3　31p　27cm　〈索引あり〉　2800円　①978-4-623-08266-7　Ⓝ017

目次 1 きみの学校の図書館はどんなふう？，2 本を読みたくなる環境づくり，3 調べたいことがあれば図書館へ，4 情報センターとしての役割とは？，変わる！　学校図書館の実践レポート1 図書館をメディアルームに─東京都・東京学芸大学附属世田谷小学校，変わる！　学校図書館の実践レポート2 書籍とタブレットで調べ学習─広島県・竹原市立東野小学校，変わる！　学校図書館の実践レポート3 学校図書館と公共図書館の連携─新潟県・新潟市立図書館と学校図書館，変わる！　学校図書館の実践レポート4 まだまだあるよ，いろいろな学校図書館─青森県・八戸市立根城小学校，鳥取県・智頭町立智頭小学校，茨城県・日立市立滑川小学校，もっと知りたい！　図書委員会の活動いろいろ

内容 じっさいに学校図書館でおこなわれているさまざまな取り組みを紹介。調べ学習のサポート，各教科との連動，読書イベントなど，各学校のくふうがいっぱいの実践例は，図書館づくりのヒントになります。

『シリーズ・変わる！　学校図書館　1　知りたい！　過去・現在・未来』　門内輝行監修　稲葉茂勝著　京都　ミネルヴァ書房　2018.2　31p　27cm　〈索引あり〉　2800円　①978-4-623-08265-0　Ⓝ017

目次 1 なくてはならない学校図書館，2 昔の学校図書館は？，3 学校図書館がかかせない理由，4 「人」がいる学校図書館，5 学校図書館の図書館資料とは，6 学校図書館にはどれだけ本がある？，7 学校図書館に期待される役割，8 学校図書館を活用した授業，9 読解

力と言語力を育てる，10 地域に開かれた学校図書館

内容 学校図書館の歴史や役割の変化などのほか，現在，学校図書館がどのようにつかわれ，学校教育のなかでどれだけ重要な役割をになっているのか，そしてこれからの在り方を見ていきます。

『学校図書館ディスプレイ＆ブックトーク─みんなに本を紹介しよう！　1　4・5・6月』　本田彰著　国土社　2018.1　47p　29cm　〈索引あり〉　3200円　①978-4-337-30221-1　Ⓝ017

『学校図書館ディスプレイ＆ブックトーク─みんなに本を紹介しよう！　4　1・2・3月』　本田彰著　国土社　2017.12　47p　29cm　〈索引あり〉　3200円　①978-4-337-30224-2　Ⓝ017

『学校図書館ディスプレイ＆ブックトーク─みんなに本を紹介しよう！　3　10・11・12月』　本田彰著　国土社　2017.10　47p　29cm　〈索引あり〉　3200円　①978-4-337-30223-5　Ⓝ017

目次 10月（ディスプレイ・秋の読書月間の本─「先生方がすすめる本」，壁面ディスプレイ・くだものや野菜の本─「みのりの秋おいしいものいっぱい」，ブックトーク・食べることを考える本─「食べる」ほか），11月（ディスプレイ・冒険の本─「冒険にでかけよう！」，ディスプレイ・昔話の本─「むかしばなし」，壁面ディスプレイ・昔話の本─「むかしむかしのおはなし…」ほか），12月（ディスプレイ・クリスマスと冬の本─「クリスマスと冬の本」，壁面ディスプレイ・クリスマスの本─「クリスマスおはなしのプレゼント」，ブックトーク・冬を楽しむ本─「冬の楽しみ」ほか）

内容 秋，おいしいものいっぱい！　おいしいものの本いっぱい！　みんなに本を紹介するための各月の「ディスプレイ」「壁面ディスプレイ」「ブックトーク」「おすすめ本カード」を，具体例を示しながら紹介。

『読みたい心に火をつけろ！─学校図書館大活用術』　木下通子著　岩波書店　2017.6　228p　18cm　（岩波ジュニア新書　855）　900円　①978-4-00-500855-1　Ⓝ017

目次 1章 何かお探しですか？（ある日の図書館で，どんな本を読んだらいいですか？　ほか），2章 学校全体で「読む」を育む（ビブリオバトルとの出会い，ビブリオバトルって何？　ほか），3章 地域で「読む」を支える（埼玉県の高校司書になる，埼玉県の高校図書館 ほか），4章 人と本がつながると，人と人がつながる（司書採用試験を再開したい！，埼玉県高校図書館フェスティバルのはじまり ほか），5章 「読む」ことって何だろう？（本のはじまり，君は本好き!?　ほか）

内容 「何かおもしろい本ない？」「調べ学習の資料が見つからない…」等々，学校図書館には多様な注文をもった生徒たちがやってきます。そんな生徒の「読みたい！」「知りたい！」に応える様子を具体的なエピソードとともに紹

介します。同時に、長年学校司書として活躍してきた著者が、本を読む楽しさや意義をビブリオバトル等、豊富な実践をもとに語ります。

『みんなでつくろう学校図書館』 成田康子著 岩波書店 2012.1 214p 18cm （岩波ジュニア新書 〔IWANAMI JUNIOR PAPERBACKS〕 703） 820円 ①978-4-00-500703-5 ⑥017

目次 1章 学校図書館を居心地よい場所に（学校図書館に行ってみよう，司書の役割はコーディネーター ほか），2章 図書館を自分たちの居場所にする（アイディアに満ちた図書館オリエンテーション，手作りポップで魅力をアピール ほか），3章 図書館を舞台に何かが起きる（Nさんがみんなを連れてきた!?，映画大好きのFさんとTさん，Fさんの兄J君 ほか），4章 学校図書館をみんなでつくろう（学校図書館は生きている，学校司書として）

内容 学校図書館を楽しい場所にしよう。共感をよぶ取り組みで，開かれた図書館を実現してきた学校司書による一冊。これまでの図書館のイメージが変わるさまざまな活用法を案内。ずっと前からあったような，でも，どこにもなかった創造的な学校図書館づくり。

《6月12日》

児童労働に反対する世界デー

2002年の6月12日に児童労働に関する初めてのグローバル・レポートが審議されたことから。国際労働機関が制定。児童労働を撲滅する必要性を世界に訴えるため。

『信じられない「原価」―買い物で世界を変えるための本 3 食べ物―児童労働でつくられた食べ物を買うことができますか?』 稲葉茂勝訳・著，こどもくらぶ編集 ケイティ・ディッカー原著 講談社 2015.2 47p 29cm 〈索引あり〉 3000円 ①978-4-06-219328-3 ⑥366.3

目次 先進国と開発途上国，サプライチェーンって，何?，需要を満たすために，大企業の力，取引のルール，世界の動き，きびしい労働生活，強制労働，がけっぷちの生活，地球の危機，パイナップルの価格，食べたものがもたらす悪影響，食料問題の解決策，公正な取引をめざす戦い，世界を変える運動

『信じられない「原価」―買い物で世界を変えるための本 2 おもちゃ―児童労働でつくられたサッカーボールを買うことができますか?』 稲葉茂勝訳・著，こどもくらぶ編集 メアリー・コルソン原著

講談社 2015.2 47p 29cm 〈索引あり〉 3000円 ①978-4-06-219329-0 ⑥366.3

目次 おもちゃの裏側にひそむ真実，世界規模の貿易，需要と供給のバランス，玩具産業の工場，労働者の権利は完全無視!?，労働者の絶望的な状況，おもちゃと有害物質，ゴムの原料採取，綿花栽培の大きな問題，ごみの問題，健全な仕事，健全な遊び，子ども時代を送れない子どもたち，消費者の声と企業の変化，世界を変える買い物，玩具産業のフェアトレード

『信じられない「原価」―買い物で世界を変えるための本 1 ケイタイ・パソコン―児童労働でつくられたケイタイ・パソコンを買うことができますか?』 稲葉茂勝訳・著，こどもくらぶ編集 メアリー・コルソン原著 講談社 2015.2 47p 29cm 〈索引あり〉 3000円 ①978-4-06-219330-6 ⑥366.3

目次 世界的なネットワーク，「サプライチェーン」とは?，IT機器の原料は?，スウェットショップ（搾取工場），労働者をロボットに置きかえる，IT機器製造の犠牲になる人，働く女性の権利，出かせぎ労働者，電池の廃棄，電力消費量，捨てられるIT機器，IT機器中毒，圧力団体やNGO，責任の所在は?，大きな改善への小さな歩み

『イクバルと仲間たち―児童労働にたちむかった人々』 スーザン・クークリン著，長野徹，赤塚きょう子訳 小峰書店 2012.9 207p 20cm （ノンフィクション・Books）〈文献あり〉 1600円 ①978-4-338-15507-6 ⑥366.38

目次 第1部 自由への道のり―児童労働の実態と立ち上がる人々（ぼくの名前はイクバル，じゅうたん織り，現代の奴隷労働，野火のように，ぼくたちは奴隷労働の廃止を要求する，自由の証明書），第2部 さらなる前進，そして突然の悲劇（行動，まじめな生徒…そして活動家，エイブラハム・リンカーンのように，パキスタンにもどって，だれがイクバルを殺したのか?），第3部 新しい希望（イクバルの学校）

内容 働かされる子どもたちの希望となった少年がいた…。児童労働にたちむかった少年・イクバルと，彼を支えた人々の姿を描く本格ノンフィクション。

『児童労働―働かされる子どもたち』 アムネスティ・インターナショナル日本編著 リブリオ出版 2008.11 125p 26cm （世界の子どもたちは今 2） 2800円 ①978-4-86057-366-9 ⑥366.38

目次 第1章 世界の児童労働に目を向けよう―スマンの物語，第2章 「児童労働」概観，第3章 働く子どもたちの未来に向けて，第4章 児童労働のはグローバリズムの吹きだまり，第5章 子どもたちの証言，第6章 働かされている子どもたち児童労働の現状と撤廃へのとりくみ，第7章 わたしたちにできること，解説 児童労働―経済学の観点から

子どもの本 伝統行事や記念日を知る本2000冊　145

## 6月13日　　　　　　　　　　　　　　　　　6月

『ストリートチルドレンを見つめる―子ど
もの権利と児童労働』　石原尚子著，こど
もくらぶ編　ほるぷ出版　2004.10　39p
28cm　（できるぞ！　NGO活動）2400円
Ⓘ4-593-57901-5　Ⓝ367.6

目次 1 実際の活動に学ぼう（五十嵐敬也―ア
ンコールワットにちかった夢，中台中学校生
徒会―ストリートチルドレンに支援を，平岡
良介―11歳の仲間とはじめた「広島イレブ
ン」），2 もっと知ろう（ストリートチルド
レンというのは，どういう意味？，どうしてス
トリートチルドレンとなる子どもがいるの？，
トラフィックチルドレンって，なに？　ほ
か），3 こんなことやってみよう（まず知るこ
と，多くの人に知らせること，こんな参加の
方法があるよ）

内容 ストリートチルドレンってなに？　児童
労働はどうしてあるのか？　日本の子どもたち
の実際の活動をとおして，過酷な状況にある
世界の子どもたちを見つめ，支援する方法を
考える。

### 《6月13日》

#### はやぶさの日

2010年の6月13日に小惑星探査機「はやぶ
さ」が地球へ帰還したとによる。宇宙航空
研究開発機構の施設がある相模原市や全
国6市町で構成する「銀河連邦」が制定。
「はやぶさ」の開発・運用に携わった研究者
たちの「あきらめない心」「努力する心」を
全国に伝え続けるため。

『小惑星探査機「はやぶさ」大図鑑』　川口
淳一郎監修，池下章裕CGイラストレー
ション　偕成社　2012.8　127p　27cm
〈解説：松浦晋也　文献あり　索引あり〉
2800円　Ⓘ978-4-03-053710-2　Ⓝ538.94

目次 ある日，ひとつのカプセルが砂漠にまい
おりた…，これが小惑星探査機「はやぶさ」
だ！，青い地球から暗黒の宇宙へ―「はやぶ
さ」の旅立ち，イトカワをめざせ―2003年5月
9日～2005年9月29日，着陸・トラブル発生―
2005年9月30日～2006年3月5日，ゴールは地
球だ―2006年3月6日～2010年6月18日，エピ
ローグ

内容 2010年6月13日，宇宙のかなたから地球
をめざしてひとつの宇宙船が帰ってきた。は
るか遠い星イトカワをたずねる旅が，思いが
けないさまざまな困難がつぎつぎにおこり，その旅は7年
間，60億kmにもおよぶものとなった。そんな
「はやぶさ」の旅を，美しい写真とイラスト
で，わかりやすく紹介。小学校中学年から。

『おかえりなさいはやぶさ―2592日の宇宙
航海記』　吉川真監修　講談社　2011.12
33p　31cm　〈年表あり〉1500円　Ⓘ978-
4-06-132495-4　Ⓝ538.94

内容 いくつもの試練を乗りこえて約60億キロ
メートルの宇宙の旅から帰ってきた探査機
「はやぶさ」の感動物語。「はやぶさ」とはど
んな探査機だったのか。CGと写真でよくわか
る科学絵本。

『「はやぶさ」がとどけたタイムカプセル―
7年、60億キロの旅』　山下美樹文，的川
泰宣監修　文溪堂　2011.10　105p
23cm　〈文献あり〉1300円　Ⓘ978-4-
89423-726-1　Ⓝ538.94

目次 1 宇宙に向かって出発！，2 イトカワを
めざそう！，3 イトカワへの着陸に挑戦！，4
まいごになったはやぶさ，5 奇跡がおきた！，
6 地球に帰れない!?，7 二度目の奇跡がおき
た！，8 「ただいま」と「さようなら」

内容 ボクは、小惑星探査機『はやぶさ』。
たったひとりで「イトカワ」という小さな星
まで探検してくることになったんだ。いろん
なことを調べて、地球に知らせるのがボクの
仕事。長い旅の間には、つらく苦しいことが
たくさんありそうだけれど、地球では、たく
さんの人たちがボクのことをたすけてくれる
から、がんばれるんだ！　小惑星探査機『は
やぶさ』の活躍をえがく、キセキの物語。小
学校2年生～。

『はやぶさ君の冒険日誌』　小野瀬直美著，
寺薗淳也監修　毎日新聞社　2011.7
120p　22cm　1200円　Ⓘ978-4-620-
32025-0　Ⓝ538.94

目次 ことのはじまり，旅立ち，地球スイング
バイ，長い旅路，イトカワが見えた，ようや
くイトカワに到着！，着陸のリハーサル，そ
してターゲットマーカのこと，ミネルバちゃ
んについて，1回目の着陸，岩の表面の拾い
方，2回目の挑戦，トラブル発生，つながっ
た！，帰還への準備：地球への道，あかり
ちゃんとの共同作業，帰還ヘ旅。再び，最後
の試練，そして伝説ヘ

内容 はじまりは、一枚のチラシの裏紙。「は
やぶさ」に命を吹き込んだ手作りパンフレッ
トを大幅加筆。打ち上げから帰還までの7年間に
わたり、「はやぶさ」を見守り、支え続けた現
場スタッフが描く『はやぶさ君の冒険日誌』。

『はやぶさものがたり』　今井なぎさ文，す
がのやすのり絵　コスモピア　2011.7　1
冊　27cm　1500円　Ⓘ978-4-86454-002-5
Ⓝ538.94

内容 日本中を感動させた、小惑星探査機「は
やぶさ」の一連の軌跡を絵本にしました。幾
多の困難に見舞われてもあきらめなかった
「はやぶさ」が主人公です。5月のある日、小
惑星探査機「はやぶさ」は地球から飛び立ち
ました。「はやぶさ」の仕事は、小惑星イトカ
ワに行き、そのかけらを持って帰ること。友
だちのミネルバちゃんや地球のお父さん、太
陽や星たちに励まされ、はてしない宇宙を旅
する「はやぶさ」。無事に、仕事を遂行するこ
とはできるのでしょうか。

『小惑星探査機はやぶさくんの冒険―7年間の奇跡！』 柊ゆたか漫画，黒沢翔シナリオ，小野瀬直美，奥平恭子原作，吉川真監修 集英社 2011.6 126p 21cm （学習漫画SCIENCE） 952円 ①978-4-08-288092-7 N538.94

目次 第1章 ことのはじまり，第2章 旅立ち，第3章 長い旅路，第4章 イトカワに到着，第5章 着陸のリハーサル，第6章 1回目の着陸，第7章 2回目の挑戦，第8章 トラブル発生，第9章 地球への道，第10章 ふたたびの故障，第11章 最後の試練

内容 なぞの小惑星イトカワをめざせ。しかもサンプルを採取して、地球に戻ってくること。まだどんな探査機もなしとげたことのない使命をおびてはやぶさくんは飛び立った。知恵と勇気をふりしぼったはやぶさくんと必死でサポートした地上の人間たちの感動のストーリー。

『飛べ！「はやぶさ」―小惑星探査機60億キロ奇跡の大冒険』 松浦晋也文 学研教育出版 2011.4 184p 22cm （科学ノンフィクション）〈年表あり 発売：学研マーケティング〉 1200円 ①978-4-05-203380-3 N538.94

目次 第1部 太陽系、小惑星とはやぶさ（最初に一近くて遠い旅，小惑星ってどんなところ？ どこにあるの？，これがはやぶさだ！），第2部 太陽系大航海（がんばれ、イオンエンジン，来た、見た、降りた！，通信途絶，ふるさとへの長い道のり，栄光の帰還）

内容 度重なるトラブルを乗りこえ、世界で初めて小惑星のかけらを拾って地球に帰還した小惑星探査機「はやぶさ」。世界中に日本の技術力の高さを示した「はやぶさ」とは、いったいどんな探査機だったのか。旅立ちから帰還までの感動のドラマと宇宙工学の初歩を解説した、科学ノンフィクション。

『帰ってきた「はやぶさ」―小惑星探査機7年60億キロの旅』 今泉耕介作 ハート出版 2010.12 94p 22cm 〈画：ハイロン〉 1200円 ①978-4-89295-677-5 N538.94

目次 1 ボクは「はやぶさ」，2 到着、イトカワ，3 宇宙の仲間たち，4 地球への道，日本のエンジニア、職人さんの素晴らしい力，主な最先端技術

内容 日本の技術が世界を驚かせ、国中を涙と感動でつつんだ。「小惑星の物質を持ち帰る」という"世界初"の壮大なおつかい。太陽系～地球の誕生の謎にせまる大きな第一歩。小学校中学年以上向き。

『小惑星探査機「はやぶさ」宇宙の旅』 佐藤真澄著，渡辺勝巳監修 汐文社 2010.

9 176p 20cm 〈文献あり〉 1400円 ①978-4-8113-8732-1 N538.94

目次 1 いくつもの「世界初」を背負って，2 航海のはじまり，3 第一のゴールとハプニング，4 小惑星『イトカワ』でのミッション，5 絶対絶命，6 執念の復活，7 地球への帰還

内容 日本の宇宙開発に大きな"財産"をのこし、私たちに感動や勇気を与えてくれた小惑星探査機「はやぶさ」。旅立ちから地球帰還まで、なんと7年！ 本書は、その長い長い冒険の物語です。10歳から。

《6月16日》

和菓子の日

元号を「嘉祥」と改めた848年の6月16日に仁明天皇が16個の菓子や餅を神前に供えて病よけと健康招福を祈ったとされ、以後厄除け・招福を願って菓子を食う「嘉祥菓子」の習俗があったことから。全国和菓子協会が1979年に制定。

『かんたん！ かわいい！ 材料3つからのスイーツレシピ 〔3〕 和のスイーツ』 八木佳奈著 金の星社 2018.2 39p 27cm 2800円 ①978-4-323-05353-0 N596.65

目次 だんごツインズ（みたらし＆ずんだ）、カリッとかりんとう，まんまる大福，フライドもち・おかき（しょうゆ、青の）、ほっくら大学いも，ころりんきなこボーロ，ライスえびせん，もちもちじゃがいも磯辺もち，包んでキュッ!! 2色茶巾，ふっくらどらやき［ほか］

『おだんご先生のおいしい！ 手づくり和菓子 冬 ぽかぽかあったかかぼちゃしるこ』 芝崎本実著，二木ちかこ絵 童心社 2015.3 39p 31cm 2600円 ①978-4-494-01823-9 N596.65

目次 和風味のクリスマスケーキ（あんことクリームのホワイトハーモニー―白あんのブッシュ・ド・ノエル，サイドメニューにどうぞ―みかんしゅわしゅわジュース），バレンタインの和風スイーツ（わらびもち粉でふしぎな食感―トリュフショコラもち，さくさくおいしい―まっ茶のカリカリやき），冬のきせつにぴったり和菓子（かんきつのかおりのむしまんじゅう―ゆずのカップまんじゅう，サイドメニューにどうぞ―おいしい緑茶），もち米でもちもち和菓子（ほっこりあまーいカラフルしるこ―あったかかぼちゃしるこ，チョコレート味のオシャレ白玉―チョコチョコ白玉だんご）

『おだんご先生のおいしい！ 手づくり和菓子 秋 ほっこり木の実のカステラ』 芝崎本実著，二木ちかこ絵 童心社 2015.3 39p 31cm 2600円 ①978-4-494-01822-2 N596.65

目次 おいもでヘルシーナチュラル和菓子（コロンとかわいいおいもスイーツ―スイートポ

テト茶きん，メレンゲがやさしい―ふわふわ豆乳ミルクセーキ），きなこのかおりたっぷり和菓子（きなこ味のしっとりケーキ―きなこがいっぱいミニケーキ，ころころやわらか―黒ごまきなころだんごあめ），くり，豆，たね，木の実の和菓子（ボリュームたっぷり秋のごちそう―木の実のむしカステラ，あんこといっしょにまるごとのくり―くりくりクッキーまんじゅう），お国じまんのむかし和菓子（みんなだいすきなつかしい味―とうきょうかりんとう，おいもがごろっとすぐおいしい―くまもといきなりだんご）

『おだんご先生のおいしい！　手づくり和菓子　夏　ひんやりくずふるプリン』芝崎本実著，二木ちかこ絵　童心社　2015.3　39p　31cm　2600円　①978-4-494-01820-8　Ⓝ596.65

目次 わらびもち粉でぷるんと和菓子（ぷるぷる食感がたまらない―あんずともものわらびもち），かためる素材でひんやり和菓子（くず粉でできるなめらかプリン―くずふるプリン，さわやかな味―オレンジマンゴーのくずゼリー），夏にぴったりおきなわ菓子（さくさく南国クッキー―とこなつチンスコウ，こうばしい沖縄のドーナッツ！―サーターアンダギー），ふくらむ素材でふかふか和菓子（こんがりやけたUFOみたいなパン―しっとりあましょくパン，フライパンで作れるかんたんどらやき―トラトラもようにどらどらやき），夏にひやっと氷の和菓子（とこ夏の味！―パイナップルあんシロップのかき氷，キウイとりんごのかおりがさわやか―キウイあんシロップのかき氷）

『おだんご先生のおいしい！　手づくり和菓子　春　わくわくおにぎりさくらもち』芝崎本実著，二木ちかこ絵　童心社　2015.2　39p　31cm　2600円　①978-4-494-01819-2　Ⓝ596.65

目次 うるち米の粉でもちもち和菓子（みたらしだんご，ピンクすあま），もち米の粉でもぐもぐ和菓子（おにぎり風さくらもち），おさとうでキラキラ菓子（べっこうロリポップキャンディー，かんたんひめかのこ），かためる素材でフルフル和菓子（あんでアイスクリームババロア，寒天ドリンク，フルーツ寒天ぐみ），あんこがおいしい和菓子パン（くるくるまるめてあんおやき）

内容 ようこそ，おだんご先生の和菓子ワールドへ。おいしい，かわいい，体にやさしい日本のよさが，ギュッとつまったミラクルスイーツ！　お友だちと，家族といっしょに作ってみんなでわいわい楽しんでくださいね。

『小さなパティシエのためのお菓子Book　3　和のおやつレシピ』松本美佐著　教育画劇　2014.4　63p　27cm　3300円　①978-4-7746-1791-6　Ⓝ596.65

目次 どら焼き，白玉あんみつ，桜もち，黒糖焼きドーナッツ，桜のシフォンケーキ，抹茶ラテ，いちご大福，梅シロップ，梅ゼリー，はちみつしょうがシャーベット〔ほか〕

『和菓子の絵本―和菓子っておいしい！』平野恵理子作　あすなろ書房　2010.9　35p　21×22cm〈文献あり　索引あり〉1200円　①978-4-7515-2538-8　Ⓝ588.36

目次 和菓子って，なに？，おまんじゅうのいろいろ，おだんごのいろいろ，もち菓子のいろいろ，おせんべいのいろいろ，あんこ菓子のいろいろ，寒天のいろいろ，あんみつのいろいろ，南蛮菓子のいろいろ，和菓子の材料〔ほか〕

内容 まんじゅう，だんご，せんべい，あんこ菓子…。四季おりおりの季節感をとりいれて，日本人がつくりだしてきた和菓子。材料や道具，つくり方，歴史まで紹介する楽しい絵本。

『和菓子のほん』中山圭子著，阿部真由美画　福音館書店　2008.11　40p　26cm（たくさんのふしぎ傑作集）〈第3刷〉1300円　①978-4-8340-2304-6

『和菓子の絵事典―五感で味わう「和の文化」　見て，知って，作ってみよう』俵屋吉富，ギルドハウス京菓子京菓子資料館監修　PHP研究所　2008.7　79p　29cm　2800円　①978-4-569-68795-7　Ⓝ588.36

目次 第1章　行事と結びついた和菓子（ひなまつり，こどもの日　ほか）。第2章　身近な和菓子（まんじゅう，もち，だんご，せんべい，おかき，あられ　ほか）。第3章　特別な和菓子（お茶と和菓子，名所と和菓子　ほか）。第4章　広がる和菓子のバリエーション（南蛮菓子，駄菓子　ほか）。第5章　和菓子の基礎知識（素材を知る，道具を知る　ほか）。

内容 ひなまつりやこどもの日，七五三など，年中行事と和菓子の関係を調べます。まんじゅうやせんべい，ようかん，あめなど，身近な和菓子について興味を深めます。お茶席に添えられる和菓子や，観光地の特色ある和菓子，結婚式などの特別な日に食べる和菓子について学びます。和菓子の発展に大きな影響を与えた南蛮菓子や，古くから親しまれている駄菓子など，バリエーション豊かな和菓子を知ります。和菓子の素材や道具を解説しています。また，もっと和菓子を知りたい人のために，和菓子についての本や体験施設などを紹介しています。

『和菓子　にほんのおかしのおはなし』全国和菓子協会　〔2005〕　21p　21cm　Ⓝ596.65

## 《6月17日》

### おまわりさんの日

1874年の6月17日に巡査制度が誕生し，東京では交番制度が誕生したことによる。

『よくわかる警察―しくみは？　どんな仕事をしているの？』倉科孝靖監修　PHP

研究所　2016.9　63p　29cm　（楽しい調べ学習シリーズ）〈文献あり　索引あり〉
3000円　①978-4-569-78585-1　Ⓝ317.7

目次　第1章　警察って何だ？（警察はいつからあるの？，警察のしくみ，探検！　ぼくらの町の警察署　ほか），第2章　警察の仕事大捜査（地域の安全を守る，事件を捜査して犯人を逮捕する，どんなに小さな痕跡も見逃さない！　ほか），第3章　こんなとき，どうする！？　いろいろな犯罪と防犯（家にどろぼうが入った!!，友だちに「万引きしよう」とさそわれたら，クラスでいじめられている友だちがいる　ほか）

『さがしてみよう！　まちのしごと　2　消防・警察のしごと』饗庭伸監修　小峰書店　2015.4　39p　29cm〈索引あり〉
2800円　①978-4-338-29002-9　Ⓝ366.29

目次　火事の現場，事故や事件の現場，大地震がおこったまち，海の事故の現場，病院

『仕事場がよくわかる！　社会科見学　5　警察署』ポプラ社　2013.4　47p　28cm〈索引あり〉2850円　①978-4-591-13286-9　Ⓝ307

目次　警察官ってどんな仕事をしているの？，警察署を探検してみよう，警察署ではたらく人たち，交番ではたらく警察官，交番はどこにあるの？，さまざまな装備を身につけてパトロール，パトロールに使う乗り物，交番に勤務する警察官の一日，110番のしくみ，交通事故を防ぐ白バイに乗ってパトロール，さまざまな装備を備えた白バイ，正しい交通安全マナーを教える，交通事故を防ぐ設備を見つけよう，身近な犯罪を防ぐ，犯罪事件を捜査する，犯罪の証拠を集める，大事件，大災害で活やくする，警察学校ってどんなところ？，警察官といっしょに活やくする警察犬

『消防署・警察署で働く人たち―しごとの現場としくみがわかる！』山下久猛著　ぺりかん社　2011.8　155p　21cm　（しごと場見学！）1900円　①978-4-8315-1297-0　Ⓝ317.7

目次　1　消防署・警察署ってどんな場所だろう？（消防署・警察署にはこんなにたくさんの仕事があるんだ！），2　消防署ではどんな人が働いているの？（消防署の仕事をCheck！，消防署をイラストで見てみよう

『安全を守る仕事―写真とイラストでよくわかる！　2　警察』国土社編集部編　国土社　2010.3　47p　28cm〈文献あり〉3000円　①978-4-337-27302-3　Ⓝ317

目次　警察の仕事（安心して暮らせる町を支える！，110番に通報！，交通事故を防げ！，いろいろな方法で犯人を追う！，国際的な事件から日本を守れ！　ほか），警察車両大集合！（パトカー（高速隊），事故処理車，白バイ，ミニパト，いろいろな警察車両）

『警察署』滝沢美絵著，松田博康監修　リブリオ出版　2007.4　47p　27cm　（新・みぢかなくらしと地方行政　写真でわかる小学生の社会科見学　第6巻）2800円　①978-4-86057-289-1　Ⓝ317.7

目次　栃木県警察（県内で発信されたすべての110番通報が，ここにつながる，コンビニ強盗事件が発生した！　ただちに現場に急行せよ！，覆面パトカーに乗りこみ，いち早く現場へかけつける，事件が発生してから，わずか数時間が勝負だ，指紋や足跡など，現場に残されたモノから犯人にせまっていく，鑑識の“七つ道具”で，髪の毛1本まで残さずひろい集める，“ねばり強さ”が，犯人逮捕のための最大の武器，事情聴取，張りこみ，取り調べ…，刑事の仕事は終わらない，科学の力で，血痕，毛髪，筆跡などに真実を語らせる，ハイテク分析装置を使って，事件の証拠をさぐり出せ！　ほか）

『警察署』警察政策研究センター監修，林義人文，菊池東太写真　小峰書店　2004.4　39p　29cm　（まちの施設たんけん6）2600円　①4-338-19806-0　Ⓝ317.7

目次　おまわりさん，ここが警察署だ，警察署をたんけん，警察署の仕事，交番があるところ，交番のおまわりさん，交番の仕事，110番のしくみ，交通事故をふせぐ，事件だ！　現場にいそげ，事件の捜査，災害の救助，警察の乗り物，警察学校，まちの防犯，くらしやすいまち

内容　警察のしくみ，まちの人々の防犯活動などを調べる。小学校中学年以上。

『警察本部ってこんなところ―社会のしくみを見学しよう』コンパスワーク編・著偕成社　2003.3　47p　30cm　（みんなで出かけよう！　わたしたちの社会科見学1）2800円　①4-03-543610-0　Ⓝ307

目次　第1章　国のしごと（国会議事堂にいってみよう―国会議事堂参議院，裁判所ってどんなところ？―名古屋地方裁判所　ほか），第2章　お金と経済（お札はどうやってつくる？―国立印刷局滝野川工場，硬貨はこうしてつくられる―造幣局　ほか），第3章　交通と流通（電車のいろいろを知りたい―東武博物館，旅客機の整備はどうやる？―全日空機体メンテナンスセンター　ほか），第4章　通信とメディア（郵便はどうやってとどく？―いっぱーく，情報通信のいまとむかし―NTT横浜遊電地　ほか），第5章　エネルギーと未来（火力発電のしくみを知ろう―横浜火力発電所，ガスへの理解を深めよう―ガスの科学館　ほか）

内容　第1巻では，「社会のしくみ」にかんして，全国各地で体験や見学をしたおもな内容を，テーマごとに章に分けて紹介している。小学校中学年から。

## 《6月18日》

### 海外移住の日

1908年の6月18日に日本人移住者781名を乗せた移民船「笠戸丸」がブラジルのサントス港に入港したことによる。日本政府が1966年に制定。

『ビジュアル版近代日本移民の歴史　4　アジア～満州・東南アジア』　「近代日本移民の歴史」編集委員会編　汐文社　2017.2　67p　27cm　〈文献あり　索引あり〉　3000円　①978-4-8113-2284-1　Ⓝ334.51

目次 北海道移住、日清・日露戦争と朝鮮半島への移住、満州100万戸移住計画、長野県大日向村、内原訓練所と満蒙開拓青少年義勇軍、移民花嫁学校、和歌山県立紀南農学校と満蒙開拓、「満州国」と映画、ソ連の参戦と引き揚げ、シベリア抑留、フィリピンへの移民、「からゆきさん」

『ビジュアル版近代日本移民の歴史　3　太平洋～南洋諸島・オーストラリア』　「近代日本移民の歴史」編集委員会編　汐文社　2016.10　59p　27cm　〈文献あり　年表あり　索引あり〉　3000円　①978-4-8113-2283-4　Ⓝ334.51

目次 日本海軍が占領した南洋の島々、南洋の島への移民、南洋の島に渡ったウチナーンチュ、日本人移民でにぎわうサイパン島、南洋に作られた日本人のための学校、南洋の島民と日本人、教科書に書かれた南洋「トラック島便り」、サイパンに建てられた日本の寺院、戦場となった南洋群島、日本人移民と戦争、逃げまどう日本人移民、すべてを失った島民たち、サイパンの勝ち組負け組の争い、収容所での生活と引き揚げ、オーストラリアに渡った日本人移民、オーストラリアの日本人強制収容、戦後のオーストラリアへの移民

『ビジュアル版近代日本移民の歴史　2　北アメリカ～ハワイ・西海岸』　「近代日本移民の歴史」編集委員会編　汐文社　2016.7　65p　27cm　〈文献あり　索引あり〉　3000円　①978-4-8113-2282-7　Ⓝ334.51

目次 移民より前に海を渡った人たち、ハワイへの集団移民、さまざまな国の人たちが住むハワイ、さとうきび畑のストライキ、へぇ～そうなんだ!? ハワイこぼれ話、漁業と林業で活躍、2つのアメリカ村、アメリカへの移民、ツナかんを作った人たち、移民の制限と写真結婚、排日運動の嵐のなかで、画家が描いた強制収容所、敗戦国日本への日系人の支援、東京オリンピック開催を支えた人、権利回復を求めて

『ビジュアル版近代日本移民の歴史　1　南アメリカ～ブラジル』　「近代日本移民の歴史」編集委員会編　汐文社　2016.5　62p　27cm　〈文献あり　年表あり　索引あり〉　3000円　①978-4-8113-2281-0　Ⓝ334.51

目次 南アメリカの日系社会、集団移民の始まり、神戸港からブラジルへ、移民一家の記録、移民船のなかの子どもたち、ブラジルの港から移住地へ、コーヒー農園での暮らし、へぇ～そうなんだ!? 移民こぼれ話、原始林を切り開き、綿花作り、日本移民が持ちこんだ野菜〔ほか〕

### おにぎりの日

石川県鹿西町の竪穴式住居跡の遺跡から日本最古のおにぎりの化石が発見され、鹿西町の「ろく」から「6」月に、毎月18日に制定されている「米食の日」をあわせて制定。

『にっぽんのおにぎり―写真絵本おにぎり風土記』　白央篤司著　理論社　2015.6　〔48p〕　25cm　〈文献あり〉　1400円　①978-4-652-20106-0　Ⓝ596.3

内容 あなたの好きなおにぎりは、どんなおにぎりですか？　全国の方の声も聞きながら、47都道府県それぞれのおにぎりを、にぎってみました。

## 《6月20日》

### 世界難民の日

6月20日。アフリカ統一機構の「アフリカ難民条約」発効の日である「アフリカ難民の日」を、改めて難民の保護と援助に対する世界的な関心を高め、活動に理解と支援を深める日にするため、国連で2000年に制定。

『移民や難民ってだれのこと？』　マイケル・ローゼン、アンネマリー・ヤング著、小島亜佳莉訳　大阪　創元社　2018.9　47p　27cm　〈国際化の時代に生きるためのQ&A　1〉　〈索引あり〉　2200円　①978-4-422-36004-1　Ⓝ369.38

目次 どうしてこの本を読むの？、難民や移民って誰のこと？、わたしの体験：マイケル・ローゼン、わたしの体験：アンネマリー・ヤング、どうして人々は生まれた国を出るの？、わたしの体験：マズーン・アルメレハン、難民や移民はどのように移動するの？　別の国に行くとなにが起こるの？、わたしの体験：オミッド・ジャリリ、移民の歴史、難民や移民はどんな権利を持っているの？、わたしの体験：メルテム・アヴシル、どんな言葉を使うかは大切？、文化ってなに？　どうやって共有するの？、文化と人々を切り離すとどう

なるの?，わたしの体験：ベンジャミン・ゼファニア，あなたなあどうする?，あなたならどう考える?，用語集

『難民になったねこクンクーシュ』 マイン・ヴェンチューラ文，ベディ・グオ絵，ヤズミン・サイキア監修，中井はるの訳　京都　かもがわ出版　2018.8　32p　29cm〈文献あり〉1700円　①978-4-7803-0974-4　Ⓝ369.38

『私はどこで生きていけばいいの?』 ローズマリー・マカーニー文，西田佳子訳　西村書店東京出版編集部　2018.6　〔26p〕23×29cm　（世界に生きる子どもたち）1500円　①978-4-89013-990-3
|内容| だれにでも住む家が必要です。子どもたちには，安全で，幸せに暮らせて，家族と食事ができて，おもちゃで遊べて，なんの不安もなく眠りにつける場所が必要なのです。しかし，世界には，危険がせまって家を離れざるをえない人たちもいます。戦争や紛争のために，多くの子どもたちとその家族が，難民になりました。彼らの人生は，過酷で不安に満ちています。それでも，ときに笑い，遊び，友だちをつくります。どこかで，誰かが，自分たちを温かく迎えてくれるだろうという希望を胸にいだいて…。新たな家をさがしもとめ，前を向いて生きる子どもたちと家族の写真絵本。

『ようこそ，難民！―100万人の難民がやってきたドイツで起こったこと』 今泉みね子著　合同出版　2018.2　171p　22cm　1500円　①978-4-7726-1339-2　Ⓝ334.434
|目次| 1 マックス，タミムと知り合う，2 ことばを見つけ，交換する，3 なぜドイツは難民をたくさん受け入れるの，4 高まる反対の声，5 アフガニスタン人の家族，6 イースターの大討論会，7 1945年のドイツ，8 難民はテロリスト?，9 習慣のちがいがトラブルをよぶ，10 ドイツ人になる，11 知り合い混じり合ってくらす
|内容| 2015年の夏休みの終わり，マックスが公園で出会った "言葉をなくした少年" は，シリアからにげてきた難民だった。宗教や習慣のちがい，テロ事件の恐怖におびえて「難民は出ていけ」とさけぶ大人たち。マックスは心ゆれつつも，タミムがいた，涙でにじんだ「お母さんと妹の絵」が頭からはなれなかった。100万人とも，120万人ともいわれる大量の難民がおし寄せたドイツで起こったこと―。

『今，世界はあぶないのか?　難民と移民』 セリ・ロバーツ文，ハナネ・カイ絵，大山泉訳　評論社　2017.10　〔32p〕23×23cm　（評論社の児童図書館・絵本の部屋）〈文献あり〉1500円　①978-4-566-08022-5　Ⓝ369.38

|内容| 難民って，どういう人たち?　どうして，移民になるの?　自分の国に帰りたい人びとが，どうしたら，帰れるの?　子どもたちに，できることは?　世界中でおきている問題をみんなで考えていくシリーズ。

『世界の難民の子どもたち　5　「ユーラシア」のレイチェルの話』 アンディ・グリン作，難民を助ける会監修，いわたかよこ訳　サルバドール・マルドナド絵　ゆまに書房　2016.10　1冊　26cm　2200円　①978-4-8433-4992-2　Ⓝ369.38
|内容| 13歳の難民レイチェルがキリスト教徒ゆえに受けてきた迫害を避けて，イスラム教主流の母国から家族とともに逃れてきた本当のお話。移民局の役人を前にしたときや拘置所のなかで，また，国外退去の際にレイチェルが見せた，立ち向かっていく勇気の記録，そしてさまざまな困難をのり越えて，新たな国で，新たな生活をはじめていくまでがつづられます。

『世界の難民の子どもたち　4　「ジンバブエ」のジュリアンの話』 アンディ・グリン作，難民を助ける会監修，いわたかよこ訳　カール・ハモンド絵　ゆまに書房　2016.10　1冊　26cm　2200円　①978-4-8433-4991-5　Ⓝ369.38
|内容| ジュリアンは3歳のとき，母国ジンバブエで起こった戦いにより，母と引き離されてしまいました。アフリカの孤児院でつらく苦しい孤独な日々を送ります。しかしそんな生活に，母との再会という奇跡のような偶然がおとずれ，終わりを告げます。その後2人は政治亡命を申請し，第2の母国となった新たな国で，母といっしょに，もう一度人生をやり直していけるようになるのです。12歳の難民ジュリアンが体験した本当のお話。

『世界の難民の子どもたち　3　「エリトリア」のハミッドの話』 アンディ・グリン作，難民を助ける会監修，いわたかよこ訳　トム・シニア絵　ゆまに書房　2016.10　1冊　26cm　2200円　①978-4-8433-4990-8　Ⓝ369.38
|内容| ハミッドは，政府による家族への脅迫と戦渦を逃れて，母とともにエリトリアから脱出しました。新たな国で，言葉も文化もほとんどわからないなか，苦労しながら少しずつ新しい生活を築いていきます。しかし，生活はしだいに落ちついていっても，ハミッドの心から，戦争の恐怖や苦しみ，悲しみが消えることは決してないのです。10歳の難民ハミッドの体験した本当のお話。

『世界の難民の子どもたち　2　「イラン」のナビッドの話』 アンディ・グリン作，難民を助ける会監修，いわたかよこ訳　ジョナサン・トップフ絵　ゆまに書房　2016.10　1冊　26cm　2200円　①978-4-8433-4989-2　Ⓝ369.38
|内容| ナビッドが4歳のとき，父親は命の危険を感じて，やむなくイランから脱出しました。その後ナビッドも母とともに，父を追って安

住の地へ向かいます。その長い旅路のなかで経験した恐ろしいできごとや数々の苦労が語られます。しかし、やっと再会した父親に対してナビッドは思いがけない感情を抱くのでした。クルド系イラン人の難民ナビッドの体験した本当のお話。

『世界の難民の子どもたち 1 「アフガニスタン」のアリの話』 アンディ・グリン作，難民を助ける会監修，いわたかよ子訳 サルバドール・マルドナド絵 ゆまに書房 2016.10 1冊 26cm 2200円 ①978-4-8433-4988-5 N369.38

内容 アリは、戦争を避けて自国アフガニスタンから祖母とともに逃れていきます。戦争のせいで他国に逃げてきた子どもやその家族がこうむるであろう疎外感や、一家離散の苦しみ、悲しみがつづられ、また、そうした困難をのり越えていくための一筋の希望も語られています。10歳の難民アリの体験した本当のお話。

『ふるさとをさがして―難民のきもち、寄り添うきもち』 根本かおる著 学研教育出版 2012.12 141p 20cm〈文献あり 発売：学研マーケティング〉1200円 ①978-4-05-203653-8 N369.38

目次 1 少女スニータの物語―難民たちの暮らしとおもい（難民キャンプで暮らすってこと，わたしのふるさとはどこ？），2 おもいは、国境を越えて―わたしたちにできること（大きな会社にできること―ユニクロの場合，小さな会社だからできること―富士メガネの場合，ひとりでもできること―道端ジェシカさんの場合，あなたにもできること）

内容 難民キャンプ生まれのスニータは学校やお祭りが大好き。まずしいながらも家族で元気に暮らしていますが…（『少女スニータの物語―難民たちの暮らしとおもい』）。難民に寄り添い、暮らしを支える日本人たちがいます。あなたにもできることが、きっと見つかるでしょう。（『おもいは、国境を越えて―わたしたちにできること』）。最新情報も入って、難民問題の入門書としても最適。

『だれも知らない子供たち―知られざるビルマ（ミャンマー）難民キャンプの暮らし 生まれてから外の世界をまったく知らない鉄条網の中で暮らす難民キャンプの子供たち』 京極正典監修・文，鷲尾美津子編 大阪 エンタイトル出版 2010.11 78p 15×22cm〈発売：星雲社〉1500円 ①978-4-434-14980-1 N369.38

内容 生まれてから外の世界をまったく知らない鉄条網の中で暮らす難民キャンプの子供たち。

『ほんのすこしの勇気から―難民のオレアちゃんがおしえてくれたこと』 日本国連HCR協会ボランティア・絵本プロジェクトチーム著，日本国連HCR協会監修 求龍堂 2005.7 95p 20cm 1000円 ①4-7630-0514-6 N369.38

『見えない難民―日本で暮らしたアフガニスタン人』 谷本美加著 草の根出版会 2004.4 135p 23cm（母と子でみるA37）2200円 ①4-87648-197-0 N369.38

目次 第1章 群馬と埼玉のアフガニスタン人（ハンナルの山の向こう，ナンのかけら，パシュトゥンのパスポート），第2章 日本の見えない難民（隠れ家の日常，歪んだ目，パキスタンと日本を結ぶ写真），第3章 六年八カ月の結末（空爆，だから帰国，自主出頭，事情聴取の日，最後の会話），第4章 アフガニスタンとの国境の村（苦労の恩恵，日本で失ったもの）

『難民―ふるさとを追われた人々』 佐藤真紀,武田勝彦,鈴木律文 ポプラ社 2003.4 45p 29cm（21世紀の平和を考えるシリーズ 2 大貫美佐子監修）2800円 ①4-591-07545-1 N369.38

目次 パレスチナ難民の場合（どうして、キャンプ生活しているの？，なぜ、もといたところに、もどれないの？，難民キャンプでは、どんな生活をしているの？ ほか），旧ユーゴスラビア国内避難民の場合（なぜ、家をはなれたの？，生活はどうしているの？，家族はどうしているの？，学校はどうしているの？ ほか）

## 《6月22日》

### ボウリングの日

1861年の6月22日に長崎の外国人居留地に日本初のボウリング場が開設されたことによる。日本ボウリング場協会が1972年に制定。

『ジュニア・ボウリング・ガイド』 宮田哲郎著 チクマ秀版社 2003.1 63p 15cm 380円 ①4-8050-0409-6 N783.9

目次 1 ストライク編（ボウリング大好きなみなさん、こんにちは！，レッツ・ゴー・ボウリング！ さあ、投げよう！，ストライクにチャレンジ！），2 スペア編（スペアにチャレンジ！，むずかしい！ 10番ピンのとり方），3 ルール・マナー編（守ろう！ エチケットとマナー、スコアとルール），4 ステップ・アップ編（スランプからの脱出，ステップ・アップをめざそう）

## 《6月23日》

### 沖縄慰霊の日

1945年の6月23日に太平洋戦争での沖縄戦の組織的戦闘が終結したことによる。アメリカ施政権下の琉球政府が公休日に定めていたが、本土復帰後は沖縄県が1974年に慰霊の日に制定し1991年には県・市町村とその機関が休日となった。

『ひめゆりたちの沖縄戦―劇画』 与那覇百子原作，ほし☆さぶろう劇画 増補改訂新版 那覇 閣文社 2018.2 110p 21cm 1200円 Ⓘ978-4-86192-304-3 Ⓝ210.75

『未来に伝える沖縄戦 6』 琉球新報社会部編 那覇 琉球新報社 2016.10 87p 21cm 〈執筆：当間詩朗ほか 発売：琉球プロジェクト（〔那覇〕）〉 933円 Ⓘ978-4-89742-214-5 Ⓝ210.75

『2045年のあなたへ―私たちは沖縄戦から何を学んだのか 戦後100年へのメッセージ』 新城俊昭著 那覇 沖縄時事出版 2016.6 187p 21cm 〈年表あり 発売：沖縄学販（那覇）〉 1500円 Ⓘ978-4-903042-26-8 Ⓝ210.75

『未来に伝える沖縄戦 5』 琉球新報社会部編 那覇 琉球新報社 2016.2 87p 21cm 〈執筆：阪口彩子ほか 発売：琉球プロジェクト（〔那覇〕）〉 933円 Ⓘ978-4-89742-204-6 Ⓝ210.75

『13歳の少女が見た沖縄戦―学徒出陣、生き残りの私が語る真実』 安田未知子著 WAVE出版 2015.6 109p 20cm 〈文献あり 年表あり〉 1300円 Ⓘ978-4-87290-964-7 Ⓝ210.75
 目次 第1章 平和だった子どもの頃（すべての人に頭を下げて歩きなさい，沖縄へ帰郷），第2章 沖縄戦が始まった（初めての空襲，伝令に選ばれる，過酷な戦場，「帰れ」と言われたけれど），第3章 米軍上陸（家族との再会，山原に隠れて，米兵も人間），第4章 戦争が終わった（祖父母の家へ，米軍の捕虜になる），第5章 終戦後の沖縄（手紙を出さなければよかった，英語教官女性第一号）
 内容 県民の4人に1人が死んだ地上戦。「伝令」を命じられ、無数の死の現場を見た著者が、70年たった今語る、平和のための戦争の記憶。度重なる空爆、次々と人が死んでいく光景、草木を食べ飢えをしのぐ毎日…。今だからこそ伝えたい、凄惨極まる沖縄戦の真実。

『未来に伝える沖縄戦 4』 琉球新報社会部編 那覇 琉球新報社 2015.6 87p 21cm 〈執筆：内間安希ほか 発売：琉球プロジェクト（〔那覇〕）〉 933円 Ⓘ978-4-89742-184-1 Ⓝ210.75

『ガマ―遺品たちが物語る沖縄戦』 豊田正義著 講談社 2014.6 189p 20cm 〈文献あり 年表あり〉 1300円 Ⓘ978-4-06-218962-0 Ⓝ210.75
 目次 第1章 哲也の硯，第2章 新太の目覚まし時計，第3章 夏子のアルバム
 内容 長期間にわたるガマでの避難生活、最期に人間らしくあろうとした少年兵、六十年前に民家から略奪したアルバムを返したいと沖縄を訪れた元米兵。あの戦争から70年―。沖縄の記憶を呼び覚ます、硯、目覚まし時計、アルバムの声が聞こえる。

『未来に伝える沖縄戦 3』 琉球新報社会部編 那覇 琉球新報社 2014.3 87p 21cm 〈執筆：大城周子ほか 発売：琉球プロジェクト（〔那覇〕）〉 933円 Ⓘ978-4-89742-167-4 Ⓝ210.75

『わたしの沖縄戦 4 摩文仁の丘に立ち―「生かされた」人びとの告白』 行田稔彦著 新日本出版社 2014.3 190p 20cm 2200円 Ⓘ978-4-406-05732-5 Ⓝ210.75
 目次 第1章 追い詰められた人びと…喜屋武半島南端（沖縄戦「最後の戦闘」，無差別の猛砲爆撃…摩文仁の丘 ほか），第2章 生きる…いのちの尊さを（1人でも生きて，安否確認…別れ別れになった妹と弟 ほか），第3章 平和の光がそそいだ「一瞬」（マラリアの母と栄養失調の弟，「カモメの水兵さん」を踊る少女に平和の光を見た・戦争で失ったもの），第4章 摩文仁の丘から世界へ（いのちこそ宝，荒崎海岸から沖縄戦の真実を語る ほか）
 内容 日本軍の組織的戦闘が終わり、解散命令後に起きた悲劇、住民たちの彷徨。収容所から出発した戦後、いま「生かされている」という学徒らの平和への思いに迫る最終巻。

『わたしの沖縄戦 3 弾雨の中で―沖縄島南端で迫る恐怖』 行田稔彦著 新日本出版社 2014.3 190p 20cm 2200円 Ⓘ978-4-406-05731-8 Ⓝ210.75
 目次 第1章 第32軍司令部の南部撤退（第32軍司令部を放棄），第2章 首里からの撤退（女子学徒隊の南部撤退，鉄血勤皇隊の撤退 ほか），第3章 山部隊八重瀬岳野戦病院の解散（八重瀬岳の戦闘，青酸カリによる処置（6月3日東風平分院の解散） ほか），第4章 摩文仁の原…砲弾に追われる日々（直撃弾による病院壊滅（ひめゆり学徒隊），毎日誰かが死んでいく（でいご・ずいせん学徒隊） ほか），第5章 母と子のあわれ（子を亡くした母，母を亡くした子）
 内容 南部撤退の真実に迫る三巻目。病院壕で重症患者の「処置」を体験し、撤退の名で放り出された女子学徒隊や、南部へ避難する県庁職員、住民の彷徨の悲惨。

子どもの本 伝統行事や記念日を知る本2000冊 153

# 6月23日　6月

『わたしの沖縄戦　2　ガマ〈洞窟〉であったこと―沖縄戦の実相がここにある』　行田稔彦著　新日本出版社　2014.3　190p　20cm　2200円　①978-4-406-05730-1　Ⓝ210.75

目次　第1章　沖縄戦の100日（首里城の攻防〜首里城地下の第32軍司令壕，沖縄戦の経緯…本島上陸から日本軍の首里撤退まで），第2章　壕追い出し（北に逃げるか，南に逃げるか…上陸地点の中部住民，壕を探して転々とする…米軍の陽動作戦の下での南部住民　ほか），第3章　ガマの中（壕を売る人，人間が人間でなくなる　ほか），第4章　八重岳であったこと（八重岳の野戦病院看護隊の三高女学徒隊―なごらん学徒隊，八重岳から多野岳に向かって撤退　ほか）

内容　沖縄戦の真実を伝える二巻目。米軍上陸から首里撤退までに，病院壕で人間的感情をなくしていく女子学徒隊や，壕を追い出された住民に迫る。

『わたしの沖縄戦　1　「集団自決」なぜ―いのちを捨てる教育』　行田稔彦著　新日本出版社　2013.11　190p　20cm　2200円　①978-4-406-05729-5　Ⓝ210.75

目次　第1章　慶良間諸島の悲劇（慶良間諸島，座間味島の「集団自決」（強制集団死），渡嘉敷島の「集団自決」（強制集団死）），第2章　対馬丸の子ども（対馬丸の子どもからあなたへ，対馬丸事件，海に沈んだ子どもたち，口止め（箝口令）），第3章　戦場への道（お前を16歳まで育てたのは死なす為ではない！，軍事教育一色に染まる学校（昭和16〜昭和18），沖縄はすでに戦場…「八重山出身者は戦争が終わるまで帰るな」，沖縄の悲劇を暗示する10・10空襲（昭和19・10・10）），第4章　軍国主義の旗手となったティーンエイジャー（なぜ，沖縄で戦争があったのか―15年戦争，沖縄戦，防衛隊の召集―根こそぎ動員，看護教育…女子学徒隊，正看護婦として入隊…看護学校生徒，軍国主義のマインドコントロール）

内容　沖縄戦の事実を証言から伝える一巻目。序章ともいえる慶良間諸島への米軍の侵攻時に起きた「集団自決」，学童疎開船が沈められた対馬丸事件に迫ります。

『未来に伝える沖縄戦　2』　琉球新報社会部編　那覇　琉球新報社　2013.8　87p　21cm　〈執筆：嘉陽拓也ほか　発売：琉球プロジェクト（〔那覇〕）〉　933円　①978-4-89742-161-2　Ⓝ210.75

『未来に伝える沖縄戦　1』　琉球新報社会部編　那覇　琉球新報社　2013.6　87p　21cm　〈執筆：玉城江梨子ほか　発売：琉球プロジェクト（〔那覇〕）〉　933円　①978-4-89742-159-9　Ⓝ210.75

## オリンピックデー

1894年の6月23日に国際オリンピック委員会が創設されたことにより、1948年に制定。各国のオリンピック委員会が記念行事を実施する。

『これがオリンピックだ―決定版　オリンピズムがわかる100の真実』　舛本直文著　講談社　2018.10　183p　21cm　〈文献あり〉　1400円　①978-4-06-512748-3　Ⓝ780.69

目次　第1部　オリンピックの歴史（古代オリンピックのひみつ，クーベルタン　ほか），第2部　平和とオリンピック（戦争時代のオリンピック，平和をめざすオリンピック　ほか），第3部　オリンピック・トリビア（こんなハプニングが，オリンピックのマスコット　ほか），第4部　さまざまなオリンピック（ユースオリンピック（YOG），文化プログラム　ほか），第5部　日本のオリンピックと未来（1964年東京大会，1972年札幌冬季大会　ほか）

内容　オリンピックが開催されるのは何のため？　「平和の祭典」とよばれるのは，どうして？　オリンピックとパラリンピックのすべての疑問に答える一冊！　オリンピックの意外なエピソードとその歴史。オリンピック研究の第一人者だから語れる100の真実。

『話したくなるオリンピックの歴史―オリンピックの謎をひもといてみよう！』　コンデックス情報研究所編著　清水書院　2018.7　143p　26cm　〈文献あり　索引あり〉　2800円　①978-4-389-50078-8　Ⓝ780.69

目次　第1章　話したくなるオリンピックのエピソード―オリンピックの歴史をのぞいてみよう（話したくなるランキング1位―今は行われていないめずらしい競技があった!?，話したくなるランキング2位―オリンピックがおまけの大会だった!?，話したくなるランキング3位―ギリシャの神々もびっくり！　復活五輪の第1回アテネ大会，話したくなるランキング4位―マラソンの距離って変わることがあるの!?，話したくなるランキング5位―マラソン選手が消えた！　54年かけて完走!?　ほか），第2章　オリンピックにまつわる基礎知識―資料集（これまでの夏季オリンピックの開催地，これまでの冬季オリンピックの開催地，近代オリンピックの始まりとオリンピズム，なぜオリンピックは4年に1回なの？，オリンピックを支えるさまざまな団体　ほか）

内容　オリンピックの歴史にはいろんな謎が隠れてる！

『オリンピック・パラリンピック大百科　別巻　リオから東京へ』　日本オリンピック・アカデミー監修　小峰書店　2017.10　43p　29cm　〈索引あり〉　3000円　①978-4-338-30008-7　Ⓝ780.69

| 6月 | 6月23日 |
|---|---|

目次 1 熱かったリオオリンピック・パラリンピック（南米で初めての大会，リオ大会が残したレガシー），2 2018年平昌オリンピック・パラリンピックがやってくる（選手たちを応援しよう！，熱戦の舞台となる韓国・平昌の街），3 2020年東京オリンピック・パラリンピックへ!!（実力をのばす注目の選手たち，東京大会で行われる追加の競技，新種目のいろいろ ほか）

『オリンピック大事典』 和田浩一監修 金の星社 2017.2 79p 29cm 〈索引あり〉 3800円 ①978-4-323-06471-0 Ⓝ780.69

目次 1 オリンピックとは？（平和の祭典でもあるオリンピック，南米大陸初のオリンピック大会 ほか），2 オリンピックの歴史（歴史を年表でみよう，古代オリンピックの歴史 ほか），3 発展するオリンピック（進化する科学技術・設備・道具，選手の技術とトレーニング ほか），4 2020年東京大会に向けて（平和の祭典が東京に，東京大会をむかえるために ほか），5 オリンピックの競技を知ろう（夏季オリンピック，2016年リオデジャネイロ大会から増えた競技 ほか）

『オリンピック・パラリンピックまるごと大百科』 真田久監修, 筑波大学オリンピック教育プラットフォーム責任編集 学研プラス 2017.2 99p 31cm 〈文献あり 年表あり 索引あり〉 5500円 ①978-4-05-501205-8 Ⓝ780.69

目次 第1章 オリンピック、パラリンピックの基礎知識（オリンピック競技大会とは，パラリンピック競技大会とは ほか），第2章 オリンピック、パラリンピックからのメッセージ（オリンピックから学ぶこと1 努力することの喜び，オリンピックから学ぶこと2 フェアプレー——正々堂々と戦う ほか），第3章 オリンピック、パラリンピックに関わる人々（近代オリンピックはこうして生まれた！，パラリンピックはこうして生まれた！ ほか），第4章 オリンピック、パラリンピックを変えた科学技術（シューズの変遷——最新技術のつまった“魔法のくつ”，ウェアの変遷1——水着 ほか），第5章 オリンピックとパラリンピックの文化、環境、危機（開会式と閉会式，文化・芸術の祭典 ほか）

『オリンピックのクイズ図鑑』 学研プラス 2016.7 197p 15cm （ニューワイド学研の図鑑） 850円 ①978-4-05-204485-4 Ⓝ780.69

目次 オリンピックの歴史，世界のオリンピック選手，日本のオリンピック選手，日本とオリンピック，オリンピックの競技，オリンピックの雑学

内容 100問の楽しくてためになるクイズ！全部できるかな？ クイズにこたえてオリンピックをもっと楽しもう。オリンピックの歴史や競技についてわかるよ。

『オリンピック・パラリンピック大百科 7 オリンピック競技完全ガイド』 日本オリンピック・アカデミー監修 小峰書店 2016.4 43p 29cm 〈索引あり〉 3000円 ①978-4-338-30007-0 Ⓝ780.69

目次 1 オリンピックの競技と種目（競技、種目って何？，2020年東京オリンピックでは、どんな競技が増える？，2020年東京パラリンピックの新しい競技は？），2 夏季オリンピック競技の見どころ（ゴルフ，7人制ラグビー，陸上競技 ほか），3 冬季オリンピック競技の見どころ（雪と氷のスポーツ7競技（スキー，バイアスロン，スケート ほか））

『オリンピック・パラリンピック大百科 6 パラリンピックと障がい者スポーツ』 日本オリンピック・アカデミー監修 小峰書店 2016.4 43p 29cm 〈索引あり〉 3000円 ①978-4-338-30006-3 Ⓝ780.69

目次 1 パラリンピックはどんな大会？（もう1つのオリンピック，始まりは、けがの治療から、国際競技大会として発展！ ほか），2 パラリンピックで活躍！ 名選手たち（成田真由美，田中康大，高橋勇市 ほか），3 障がい者スポーツの発展（「できること」をいかし、公正に競い合う，選手の目となるサポーター，選手をささえる障がい者スポーツ用具 ほか）

『オリンピック・パラリンピック大百科 5 オリンピックのヒーロー・ヒロインたち』 日本オリンピック・アカデミー監修 小峰書店 2016.4 43p 29cm 〈索引あり〉 3000円 ①978-4-338-30005-6 Ⓝ780.69

目次 1 世界を感動させた日本の選手たち・夏季（織田幹雄 人見絹枝，西田修平/大江季雄 円谷幸吉，高橋尚子 野口みずき 有森裕子 ほか），2 世界を感動させた日本の選手たち・冬季（猪谷千春 荻原健司 葛西紀明，上村愛子 平野歩夢/平岡卓，橋本聖子 清水宏保 伊藤みどり ほか），3 記憶に残る世界の選手たち（エミール・ザトペック アベベ・ビキラ，カール・ルイス ウサイン・ボルト，マイケル・フェルプス ほか）

『オリンピック・パラリンピック大百科 4 オリンピックの発展と課題』 日本オリンピック・アカデミー監修 小峰書店 2016.4 43p 29cm 〈索引あり〉 3000円 ①978-4-338-30004-9 Ⓝ780.69

目次 1 オリンピックの進化と発展（のびていく記録，技術の進歩，スポーツ用具の進化，トレーニング法の開発，オリンピック設備の進歩，感動を伝えるメディアの発達），2 オリンピックがかかえる課題（増大するオリンピックの経費，大きな役割をになうスポンサー，競技・種目数と参加選手の増加，根本にあるアマチュア・プロの問題，ドーピング問題の解決をめざして，人種差別問題を乗りこえる，切りはなすのはむずかしいスポーツと政治），3 東京オリンピック・パラリンピック大会に向けて（知ってほしい！ スポーツの魅力，

子どもの本 伝統行事や記念日を知る本2000冊　155

もっともっと、オリンピックを！，東京オリンピックの安全対策最前線）

『オリンピック・パラリンピック大百科　3　オリンピックの歴史古代から近代へ』　日本オリンピック・アカデミー監修　小峰書店　2016.4　43p　29cm〈年表あり　索引あり〉　3000円　①978-4-338-30003-2　Ⓝ780.69

目次　1　オリンピックの誕生（1200年つづいた競技祭，古代ギリシャの四大競技祭，始まりは，戦争をやめるため？　ほか），2　古代から近代へバトンタッチ（近代オリンピックの誕生，第1回大会はギリシャのアテネで，博覧会とともに開かれた第2〜4回大会　ほか），3　世界平和と現代のオリンピック（世界大戦の時代をむかえて，第二次世界大戦後のオリンピック，国々がボイコットし合った2つの大会　ほか）

『オリンピック・パラリンピック大百科　2　平和の祭典・オリンピック競技大会』　日本オリンピック・アカデミー監修　小峰書店　2016.4　43p　29cm〈索引あり〉　3000円　①978-4-338-30002-5　Ⓝ780.69

目次　1　オリンピックって何だろう（世界が注目するのはなぜ？，広がりつづけるオリンピック，「オリンピズム」って何だろう，「オリンピック・ムーブメント」って何？，オリンピックのシンボルとモットー，オリンピックを開催する組織と活動），2　オリンピズムがめざすもの（古代と現代をつなぐ聖火，フェアプレーの精神，人類の平和のために，芸術分野の発展をめざして，広がる女性選手の活躍，新しい思想　オリンピック・レガシー），3　競技大会のあらまし（夏季大会の競技，冬季大会の競技，そのほかの国際競技大会，オリンピックの公式ポスター，選手の栄光をたたえるメダル，大会の開会式と閉会式）

『オリンピック・パラリンピック大百科　1　2つの東京オリンピック1964/2020』　日本オリンピック・アカデミー監修　小峰書店　2016.4　43p　29cm〈索引あり〉　3000円　①978-4-338-30001-8　Ⓝ780.69

目次　1　1964年、東京にオリンピックがやってきた！（アジア初のオリンピック，7年間にわたった招致活動，建設ラッシュにわいた東京，ととのえられた熱戦の舞台，活躍した選手たち），2　アジアで行われたオリンピック（1972年冬季・札幌，1988年夏季・ソウル，1998年冬季・長野，2008年夏季・北京，オリンピックと小・中学生），3　東京にオリンピックがやってくる！（2013年9月、東京開催が決定！，開催に向けて進む準備，予定されている競技会場，応援しよう！　未来の選手たち，被災地の人たちといっしょに大会をもりあげよう！，日本のよいところを発見し、未来へつなげよう！）

『すごいぞ！　オリンピックパラリンピックの大記録』　講談社編　講談社　2016.4　191p　20cm　（世の中への扉）〈文献あり〉　1200円　①978-4-06-287018-4　Ⓝ780.69

目次　第1章　夏季オリンピックその1（ウサイン・ボルトの「稲妻伝説」―北京、ロンドン、陸上短距離3種目2大会連続金メダルの大記録，「チーム朝原」はどうやって銅メダルを獲得したのか―男子4×100mリレーで悲願の陸上短距離初メダル　ほか），第2章　夏季オリンピックその2（陸上競技女子初の金メダル，マラソン女子高橋尚子インタビュー「金メダルはたくさんの『世界一』が結集した結果です」，室伏親子、悲願の金メダル―親子で計8大会代表のオリンピック・ファミリー　ほか），第3章　冬季オリンピック（未知の世界へ跳ぶ羽生結弦―フィギュアスケート男子日本初の金メダル，「レジェンド」葛西紀明インタビュー「メダルの色は関係ありません」　ほか），第4章　パラリンピック（ライバルに勝って連覇達成！国枝慎吾インタビュー――「つらいことほど、やりとげたときの喜びが大きい」，オリンピックをこえるパラリンピックの記録―42.195kmを1時間20分14秒で走る車いすマラソン）

内容　記録には感動のドラマがある。2016年夏、リオデジャネイロ五輪の前にかならず読みたい、金メダルの記録、世界最速の記録、最高得点の記録…。オリンピックとパラリンピック全77大会の記録のすべてがわかる！この本に登場するアスリートは、ぜんぶで452選手！　小学上級から。

『オリンピックまるわかり事典―大記録から2020年東京開催まで』　PHP研究所編　PHP研究所　2014.3　63p　29cm（楽しい調べ学習シリーズ）〈「オリンピック絵事典」（2004年刊）の改題・加筆修正・再構成　文献あり　索引あり〉　3000円　①978-4-569-78385-7　Ⓝ780.69

目次　第1章　日本にオリンピックがやってくる（2020年オリンピック大会は東京で開催、どんなオリンピック、パラリンピックになるのだろう），第2章　オリンピックの歴史をみてみよう（古代オリンピックの発祥と近代オリンピックの誕生，第1回（1896年）アテネ大会ほか），第3章　どんな競技があるのだろう（オリンピック競技種目一覧表，オリンピック記録をくらべてみよう　ほか），第4章　オリンピック・パラリンピックをもっと知りたい（オリンピックのときによく聞くIOC，JOCってなに？，五輪のマークはなにをあらわしているの？　ほか）

内容　過去のオリンピック夏季大会をふりかえりながら、その大会で活躍した選手を紹介。知られていないエピソードや、メダル獲得数の多い国・地域のベスト3、日本のメダル数・順位など。冬季大会、パラリンピックについても、かんたんに紹介。男女のオリンピック競技種目を表にまとめ、代表的な種目の記録がどれほど進歩したのか、金メダルをとった日本人にはどういう人がいたのかから、五輪のマークはなにをあらわしているのか、聖火がとちゅうで消えたらどうするのかなど、気になる疑問まで。

## 《6月24日》

### 空飛ぶ円盤記念日

1947年の6月24日にアメリカの実業家ケネス・アーノルドが謎の飛行物体を目撃したとされることから。UFOライブラリーが制定。

『UFOと宇宙人を追え！』 並木伸一郎監修，ゆきの棕理原作 ポプラ社 2016.2 215p 18cm （コミック版世界の超ミステリー 2）〈文献あり〉 900円 ①978-4-591-14815-0 Ⓝ440.9

『UFO宇宙人大図鑑』 宇宙ミステリー研究会編著 西東社 2016.1 287p 19cm （衝撃ミステリーファイル 3）〈索引あり〉 930円 ①978-4-7916-2392-1 Ⓝ440.9

目次 "本物！"UFO・宇宙人写真集，1 宇宙人遭遇ファイル，2 UFO目撃ファイル，大特集 ロズウェル事件大解剖！，3 UFO・宇宙人接近事件，4 日本のUFO・宇宙人事件

内容 宇宙人やUFOは本当に存在するのか―。これまでにも長く論争されてきたこのテーマを、世界中から集められた目撃情報や、事件に遭遇した人の証言をもとに徹底追及。謎に包まれた宇宙人とUFOの正体に迫る！ 未知との遭遇135

『未確認飛行物体UFOと宇宙人』 並木伸一郎著 竹書房 2015.7 192p 19cm （ミステリー百科図鑑 2）〈文献あり 索引あり〉 960円 ①978-4-8019-0336-4 Ⓝ440.9

目次 巻頭グラビア UFOと宇宙人 重大事件ファイル，第1章 UFO目撃事件ファイル，第2章 宇宙人遭遇事件ファイル，第3章 UFO陰謀ファイル，第4章 宇宙人の痕跡，第5章 宇宙のUFO現象，UFO＆宇宙人キーワード

内容 この宇宙人とUFOたちは本当にいる!!続々登場！ ドローンズ、グレイ・エイリアン誘拐事件、秘密基地エリア51、古代のUFOを発見、月の宇宙母艦…怪異と謎のUFO現象を約200件収録!!

『いる？ いない？ のひみつ』 並木伸一郎監修，おがたたかはるまんが，こざきゆう構成 学研教育出版 2014.7 125p 23cm （学研まんが新ひみつシリーズ）〈文献あり 発売：学研マーケティング〉 880円 ①978-4-05-203884-6 Ⓝ480.49

目次 実録！ ビッグフット、ネス湖に巨大生物が存在する!? ネッシー、いる確率95％以上イエティ、伝説にも登場する元祖UMA シーサーペント、家畜を食らう吸血生物 チュパカブラ、空飛ぶ悪魔と恐れられる翼竜 ローペン、巨大なワシのような怪鳥 ビッグバード、凶暴な未知の類人猿!? モノス、強い悪臭を放つ巨大なサル スカンクエイプ、人間とサルの中間生物か？ ヨーウィ〔ほか〕

『UFOと宇宙人の大百科―宇宙人の謎を解き明かせ！』 学研教育出版 学研教育出版 2014.3 215p 18cm （学研ミステリー百科 2）〈文献あり 発売：学研マーケティング〉 980円 ①978-4-05-203946-1 Ⓝ440.9

目次 第1章 衝撃のUFO写真と目撃事件、第2章 UFOが残した奇怪なつめあと、第3章 宇宙で目撃されたUFO現象、第4章 驚異の宇宙人写真と目撃事件、第5章 恐怖の宇宙人誘拐事件、第6章 謎のUFO陰謀論

内容 空飛ぶ謎の物体「UFO」は本当に実在するのか？ 秘密の写真から宇宙人ミステリーの謎を解き明かそう！ オールカラー写真280枚。

『最驚の宇宙人＆UFO事典―こわくてどっきり！ 知ってわくわく！ 宇宙人＆UFO70』 ながたみかこ著，並木伸一郎監修，なかさこかずひこ！ 絵 大泉書店 2013.7 223p 19cm 〈文献あり 索引あり〉 800円 ①978-4-278-08503-7 Ⓝ440.9

目次 1章 宇宙人図鑑＆事件簿（グレイ・エイリアン、レプティリアン ほか）、2章 UFOの図鑑＆事件簿（UFO図鑑、UFO事件簿）、3章 UMA図鑑（チュパカブラ、モスマン ほか）、4章 オーパーツと古代宇宙人（パレンケ、クリスタル・スカル ほか）

内容 宇宙人UMA41＋UFOの怪事件29。

## 《6月25日》

### 住宅デー

1852年の6月25日がスペインの建築家アントニ・ガウディの誕生日であることから。全国建設労働組合総連合が1978年に制定。住宅建築に従事する職人の仕事・技能をPRするため。

『いえができるまで』 チャイルド本社 2017.11 27p 21×24cm （チャイルド科学絵本館―なんでもサイエンス 8）〈「サンチャイルド・ビッグサイエンス2015-11」（2015年刊）の改題、ハードカバー化〉 528円 ①978-4-8054-4635-5 Ⓝ527

『建築という対話―僕はこうして家をつくる』 光嶋裕介著 筑摩書房 2017.5 255p 18cm （ちくまプリマー新書

279）〈文献あり〉880円　①978-4-480-68980-1　Ⓝ520

目次 第1章 僕の学び方（建築家になろうと決意した理由，建築を見に旅へ，建築家としての「書く」営み，先生について），第2章 見えないものとの対話（美しいモノとは何か，排除しない雑多な価値観をもつ，建築家の自分をつくっているもの），第3章 空間との対話（自分の建築について考える，自分との対話），第4章 夢との対話（夢のチカラ）

内容 建築家はそこに生きる人へ想像力を働かせ，土地や人と対話を重ね，その先に新しい空間を見つけ出す。建築家として大切なことは何か？　生命力のある建築のために必要な哲学とは—。

『どこがあぶないのかな？　2　家』渡邉正樹監修，池田蔵人イラスト　少年写真新聞社　2015.10　43p　27cm　（危険予測シリーズ）〈文献あり〉1800円　①978-4-87981-535-4　Ⓝ369.3

目次 歯みがきをしながら用意をしていたら，げんかんで立ってくつをはこうとして，ほしてあるふとんに乗ってみたくなって，ぬれた手でコンセントをさそうとしたら，電気カーペットの上でゴロゴロしていたら，おふろで湯ぶねに入ろうとしたら

『あなたの住まいの見つけ方—買うか、借りるか、つくるか』三浦展著　筑摩書房　2014.3　191p　18cm　（ちくまプリマー新書 211）880円　①978-4-480-68915-3　Ⓝ365.3

目次 第1章 私の東京住まい遍歴—四畳半暮らしが大家になるまで（四畳半、トイレ共同からスタート，どうやって家を買うのかわからなかった ほか），第2章 私たちはなぜこのように住んでいるのか？—戦後日本住宅史概説（敗戦直後の住宅不足，借家から持ち家へ ほか），第3章 人口減少・超高齢社会の新しい住まい方—中古住宅のリノベーション（人口減少と超高齢社会，2000年代に入ると新しい動きが出てきた ほか），第4章 地域とつながりながら住む—新築でも中古でも賃貸でも（シェアハウスはなぜ人気なのか，シェアハウスのメリット ほか）

内容 住宅は人生最大の買い物、家賃だって高い。なのに知識が足りない。今どんな住み方が賢いのか、どんな新しい住み方が生まれているのか。戦後の日本人の住まい方の変遷をたどりつつ、リノベーション、シェアハウスなどの最新動向を紹介します。

『ガウディ』イスクチャ文，ドニファミリー絵，猪川なと訳　岩崎書店　2013.12　167p　23cm　（オールカラーまんがで読む知っておくべき世界の偉人 3）〈年譜あり〉1600円　①978-4-265-07673-4　Ⓝ523.36

目次 01 自然を友とした子ども，02 建築家を夢見るカタルーニャの少年，03 悲しみをのりこえて，04 バルセロナの青年建築家，05 自然は建築の師，06 建築家から芸術家へ，07 天才建築家

『世界の住まい大図鑑—ユニークな家、大集合！　地形・気候・文化がわかる』野外民族博物館リトルワールド監修　PHP研究所　2013.4　63p　29cm　〈文献あり 索引あり〉2800円　①978-4-569-78315-4　Ⓝ383.91

目次 第1章 アジア・オセアニア（日本（沖縄県・石垣島）台風に負けない家，韓国 床下のひみつのトンネル ほか），第2章 アフリカ（チュニジア（マトマタ）地中に広がる家，タンザニア（ニャキュウサ・ランド）竹で囲まれた家 ほか），第3章 南北アメリカ（カナダ ひんやり！ 白いドーム，ベネズエラ ジャングルの中の丸い家 ほか），第4章 ヨーロッパ（デンマーク（レス島）海のめぐみのふっくら屋根，イタリア（アルベロベッロ）とんがりぼうしのアートな家 ほか）

『さがしてみよう！　まちのバリアフリー 1　家のバリアフリー』高橋儀平監修　小峰書店　2011.4　44p　29cm　〈索引あり〉2800円　①978-4-338-26301-6　Ⓝ369

目次 ジュンくんの家でバリアフリーのくふうをさがそう！，玄関，バリアフリーレポート 車いすの人は、どんな不便さを感じているの？，おじいちゃん、おばあちゃんの部屋，バリアフリーレポート お年寄りが不便と感じるのは、どんなとき？，トイレ、おふろ、バリアフリーレポート 車いすで元気にくらせる家，台所と食堂，バリアフリーレポート だれにでも使いやすい形ユニバーサルデザインって何？，巻末特集 補助犬は大切な家族！

内容 玄関、トイレ、おふろ、台所と食堂など。小学校中学年以上。

『調べてみよう！　日本の職人伝統のワザ 4　「住」の職人』学研教育出版　2011.2　64p　27cm　〈索引あり 発売：学研マーケティング〉3000円　①978-4-05-500802-0　Ⓝ366.29

目次 大工，左官，庭師，畳，調べてみよう！日本の文化遺産

内容 日本の慣習や文化に深く関わる職人の仕事やワザを紹介。

『家づくりにかかわる仕事—大工職人 畳職人 左官職人 マンガ』ヴィットインターナショナル企画室編　ほるぷ出版　2010.2　140p　22cm　（知りたい！ なりたい！ 職業ガイド）〈文献あり〉2200円　①978-4-593-57228-1　Ⓝ525.54

目次 イントロコミック 木造の家づくりをささえる人たち，大工職人，畳職人，左官職人

|内容| 本書では、さまざまな分野の職業が取り上げられ、その範囲は社会、文化、芸術、スポーツ、環境などさまざまな世界にわたっています。ひとつのテーマで3つの職業が紹介され、その仕事のようすやその職業に就くための方法などがコミックと文章でガイドされています。あなたがこれからめざす職業を発見したいと思ったとき、本書が大いに役立つはずです。

『建築家になろう―家が町や都市をつくる』
樫野紀元著　国土社　2007.9　111,9p　20cm　〈挿画：ひらかわしょうじろう〉　1200円　①978-4-337-33401-4　Ⓝ520
|目次| 第1章 建築家の仕事（建築家になろう，だれもが参加できる家づくり，家をつくる人たち，心地よい家をつくる），第2章 健康な身体のための建築学（自然素材の活用，自然をとりいれた家づくり，心がやすらぐ色，光，明かり），第3章 住み心地のよい家づくり（居心地のよい家，ストレスをあたえない家づくり，家を設計してみよう），第4章 安全な家づくり（地震に強く，燃えにくい家づくり，建築材料のいたみを防止，もろさの克服），第5章 心をこめてつくる（家の設計マナー，町をつくる）
|内容| 建築家になるにはどうしたらいいのだろうか。設計をするときの心がまえとは？　地震に強く、自然と共生する家、ストレスをあたえない家づくりなど、建築を通して社会とのかかわりや、夢を持つことの大切さを熱く語る。

『家ってなんだろう』 益子義弘著　インデックス・コミュニケーションズ　2004.11　55p　22×23cm　（くうねるところにすむところ 子どもたちに伝えたい家の本1）　1600円　①4-7573-0274-6　Ⓝ527.04
|内容| 家はそれがかたちとしてできたときが完成なのではなくて、家族の生活がその中で行われ、そんな生活とともにだんだんと充実し、完成されていくものである。ついに家という謎があかされる。子どもたちが家に出会うために。建築家が初めて子どもの目線から家について語る絵本。

『世界あちこちゆかいな家めぐり』 小松義夫文・写真，西山晶絵　福音館書店　2004.10　40p　26cm　（たくさんのふしぎ傑作集）　1300円　①4-8340-2073-8　Ⓝ383.91
|内容| 著者がたずねてきた世界中の家と、その家でくらす人びとのようすを紹介。

《6月26日》

国際薬物乱用・不正取引防止デー

1987年の6月26日に薬物乱用・不正取引防止に関する国際会議が「薬物乱用統制における将来の包括的多面性アウトライン」を採択したことから。国連が制定。

『よくわかる薬物依存―乱用薬物の種類から自分を守る方法まで』 阿部和穂著　PHP研究所　2017.6　63p　29cm　（楽しい調べ学習シリーズ）〈索引あり〉　3000円　①978-4-569-78661-2　Ⓝ368.81
|目次| 第1章 薬物乱用が引き起こす問題（薬物乱用って何？，薬物乱用はなぜいけないの？ ほか），第2章 危険な薬物の種類（乱用薬物の種類，アヘン類，ヘロイン ほか），第3章 薬物依存のおそろしさ（なぜ乱用薬物を使ってしまうの？，依存症という底なし沼 ほか），第4章 自分を守るために（乱用薬物にかかわらないために，情報にまどわされないで ほか）

『危険ドラッグ―すぐそばにあるリアル』 加藤屋大悟マンガ　インタープレス　2015.8　39p　21cm　（もっと知ろうからだのこと 23）　500円　①978-4-906723-16-4　Ⓝ368.83

『ほんとうの「ドラッグ」』 近藤恒夫著　講談社　2012.4　149p　20cm　（世の中への扉）　1200円　①978-4-06-217403-9　Ⓝ368.81
|目次| 1 きみとドラッグ，2 ぼくとドラッグ，3 悪魔とドラッグ，4 みんなとドラッグ，あとがきにかえて―保護者や教員のみなさんへ
|内容| 覚せい剤、大麻、MDMA…。「自分には関係ない」と言いきれる？　薬物依存から立ち直った著者が、実体験をもとに語る「ドラック」の真実。小学上級から。

『気をつけよう！　薬物依存　第3巻　対処と取り組み』 渋井哲也著　汐文社　2011.1　50p　26cm　2100円　①978-4-8113-8754-3
|目次| 第1章 家族や友人だけで解決しない（治療の初期段階，薬物依存がもたらす問題 ほか），第2章 ネットワークを頼る（「自分たちができる範囲」を知る，学校生活での対応 ほか），第3章 薬物依存と司法（都道府県知事への届け義務，中毒患者へのアフターフォロー ほか），第4章 回復をめぐって（薬物依存からの回復，専門スタッフとの協力）

『気をつけよう！　薬物依存　第2巻　身近にひそむ危険』 渋井哲也著　汐文社

2010.12　50p　27cm　〈索引あり〉　2100円　①978-4-8113-8753-6　⑩368.81

[目次]　第1章 入手先はどこから？（違法薬物の検挙，インターネットからの情報），第2章 身近になりつつある？ 薬物依存（中学生の意識・実態調査，高校生の実態調査 ほか），第3章 乱用や依存による危険（薬物乱用・依存と摂食障害，薬物乱用・依存と自傷行為 ほか），第4章 薬物乱用・依存と問題行動（他害行為，家庭環境と薬物乱用・依存 ほか）

『気をつけよう！　薬物依存　第1巻 乱用と依存』　渋井哲也著　汐文社　2010.11　50p　27cm　〈索引あり〉　2100円　①978-4-8113-8752-9　⑩368.81

[目次]　第1章 薬物依存とは？（「薬物依存」ってなあに？，「依存」や「依存症」のことを知ろう！ ほか），第2章 依存性のある薬物（どんな薬がいけないの？，アヘンについて ほか），第3章 ニュースになった薬物事件（ニュースになった近年の事例，薬物に関する意識調査），第4章 どうして、薬物依存が増えたんだろう？（覚せい剤・大麻の警察統計から）

[内容]　子どもたちにも忍び寄る薬物の依存性について考え、薬物依存とは何か、また、依存薬物の種類などを紹介。

《6月27日》

### メディア・リテラシーの日

1994年の6月27日に起きた松本サリン事件で無実の男性が犯人扱いされる報道被害があったことにより、メディア・リテラシーについて理解を深めるため、テレビ信州が制定。

『窓をひろげて考えよう─体験！　メディアリテラシー』　下村健一著　京都 かもがわ出版　2017.7　47p　27cm　〈企画／構成＝岬場よしみ〉　2800円　①978-4-7803-0893-8　⑩007.3

[目次]　1 人里にクマがでた！，2 ケンカ相手の言い分は…，3 動物園からワニが逃げた！，4 両国の関係、ちょっと心配…，5 こわい病気がうつるかも！，6 地球温暖化がついに解決か！，7 よく当たる宝くじ売り場、8 犯人はコイツに決まってる！

[内容]　穴のあいたページをめくったら、びっくり！　同じ絵でも、部分と全体では、印象が変わる！　コツを体験して「メディアリテラシー」を身につけよう！　情報に振り回されない8つの「コツ」。

『池上彰さんと学ぶみんなのメディアリテラシー─知っていると便利 知らなきゃ怖い メディアのルールと落とし穴　3 ス

マホ・SNSとの正しい付き合い方』　池上彰監修　学研教育出版　2015.2　47p　29cm　〈文献あり　索引あり　発売：学研マーケティング〉　2800円　①978-4-05-501125-9　⑩361.453

[目次]　池上彰さんインタビュー「スマホの電源を切って考える時間を作ることも大切です」，1 携帯電話やスマホを持つときに大切なこと（高機能で高性能な機器を持っている私たち、電話やメールだけじゃない！　スマホのすごい機能、携帯電話やスマホのマナー・ルールはちゃんと守っている？ ほか），2 人とつながるって楽しい？ つらい？（多くの人とつながることができるSNS、これまでのウェブサイトとSNSはどこが違うの？、要チェック！あなたはスマホ・SNS中毒になっている!? ほか），3 ネットで発信することの楽しさと責任を知ろう（悪ふざけ投稿で起こったんでもない事件、ネットの悪ふざけはどうして起こるの？、ネットでは自分の正義をふりかざす人がいる！ ほか）

[内容]　アプリのダウンロードは慎重に！　SNSいじめはなぜ起こる？　悪ふざけで人生が台無しに!?　知っていると便利、知らなきゃ怖いメディアのルールと落とし穴。

『池上彰さんと学ぶみんなのメディアリテラシー─知っていると便利 知らなきゃ怖い メディアのルールと落とし穴　2 インターネットの便利さ・怖さ』　池上彰監修　学研教育出版　2015.2　47p　29cm　〈文献あり　索引あり　発売：学研マーケティング〉　2800円　①978-4-05-501124-2　⑩361.453

[目次]　池上彰さんインタビュー「インターネットのプラス面とマイナス面を知ろう」，1 インターネットをよく知り、うまく付き合うには？（ネットのおかげで生活はとても便利に！、ネットを使うことはたった一人で夜の街を歩くのと同じ!? ほか），2 インターネットのサービスをかしこく安全に利用しよう！（インターネットには無料のサービスがたくさん！、なぜ無料なの？─その理由を確かめよう ほか），3 インターネットの楽しさと怖さをよく知っておこう！（インターネットに参加する方法はさまざま、ネットを上手に利用している人の特徴 ほか），4 インターネットがつながる夢のメディア（インターネットのおかげで便利な世の中に、みんなが知りたいことを共有するすばらしいさを感じよう ほか）

[内容]　危険なサイトの見分け方は？　Wikipediaはどう作られる？　ネットで人助けができる？　知っていると便利、知らなきゃ怖いメディアのルールと落とし穴。

『池上彰さんと学ぶみんなのメディアリテラシー─知っていると便利 知らなきゃ怖い メディアのルールと落とし穴　1 メディアの役割とその仕組み』　池上彰監修　学研教育出版　2015.2　47p　29cm　〈文献あり　索引あり　発売：学研マーケティ

ング〉 2800円 ①978-4-05-501123-5
Ⓝ361.453

目次 池上彰さんインタビュー「メディアが発信する情報を信じ過ぎてもいけないし疑い過ぎてもいけません」, 1 私たちのまわりにあるメディアってなに?, 2 メディアの作られかた(1) テレビはどうやって作られる?, 3 メディアの作られかた(2) 新聞はどうやって作られる?, 4 メディアの作られかた(3) 本と雑誌のことをよく知ろう!!, 5 メディアの作られかた(4) インターネットの仕組みと特徴, 6 メディアを見る目を養おう

内容 テレビがタダで観られるのはなぜ? 各メディアの短所と長所は? メディアがウソをつくことがある? 知っていると便利, 知らなきゃ怖い, メディアのルールと落とし穴。

『小中学生のための世界一わかりやすいメディアリテラシー』 後藤武士著 宝島社 2008.3 222p 19cm 1238円 ①978-4-7966-6200-0 Ⓝ361.453

目次 第1章 メディアってなあに?, 第2章 メディアリテラシーとは?, 第3章 テレビを見るとバカになる!?, 第4章 活字メディアの長所と短所, 第5章 情報の活用のための具体的な手法, 第6章 最強? 最恐? インターネット, 第7章 インターネット上で被害者にならないために

内容 メディアってなんだ? テレビや新聞もウソをつく!? ネットとつきあう秘訣もいっぱい! テレビや新聞などの見方から, ネットでいじめられない方法まで完全解説。

## 《6月28日》

### 貿易記念日

1859年の6月28日に江戸幕府が横浜・長崎・函館の3港でアメリカ・イギリス・フランス・ロシア・オランダの5か国との貿易を開始したことから。通商産業省が1963年に制定。

『よくわかる貿易―輸出入の役割からTPPの基本まで』 泉美智子監修 PHP研究所 2016.7 63p 29cm (楽しい調べ学習シリーズ) 〈文献あり 索引あり〉 3000円 ①978-4-569-78563-9 Ⓝ678

目次 第1章 貿易ってどんなもの?(貿易って何だ?, 貿易はなぜ必要なの?, 日本は貿易立国? ほか), 第2章 貿易新時代(公正公平な貿易を! WTOとは?, より自由な貿易を!, 事例で見るEPA・FTA ほか), 第3章 これからの貿易(貿易と環境破壊, 貿易摩擦, 広がる経済格差 ほか)

『写真とデータでわかる日本の貿易 3 貿易なんでもランキング』 日本貿易会監修, オフィス303編 汐文社 2016.3 31p 27cm 〈索引あり〉 2300円 ①978-4-8113-2234-6 Ⓝ678.21

目次 貿易なんでもランキング(世界の輸入ランキング, 世界の輸出ランキング, 日本の輸入ランキング, 日本の輸出ランキング), 貿易ホットニュース(TPP, 産業の空洞化, 貿易摩擦), 貿易なるほど用語集

『写真とデータでわかる日本の貿易 2 輸出のしくみ』 日本貿易会監修, オフィス303編 汐文社 2016.3 31p 27cm 〈索引あり〉 2300円 ①978-4-8113-2233-9 Ⓝ678.21

目次 自動車(どんな国に輸出しているの?, 自動車はどうやって輸出するの? ほか), 農業機械(農業機械にはどんな製品があるの?, どんな国に輸出しているの? ほか), 鉄鋼製品(鉄はどのように使われているの?, どんな国に輸出しているの? ほか), 水産物(どんな国や地域に輸出しているの?, どんな水産物が輸出されているの? ほか), 科学光学機器(どんな国に輸出しているの?, どうして輸出が伸びたの? ほか)

『写真とデータでわかる日本の貿易 1 輸入のしくみ』 日本貿易会監修, オフィス303編 汐文社 2015.10 31p 27cm 〈索引あり〉 2300円 ①978-4-8113-2232-2 Ⓝ678.21

目次 原油(原油とはどんなもの?, どうやって原油をほりだすの? ほか), 繊維品(衣類などの繊維品はどこから輸入しているの?, 輸入している繊維品にはどんなものがあるの? ほか), 半導体(半導体とはどんなもの?, 半導体はいつからあるの? ほか), 通信機(輸入が増えている通信機とは?, スマートフォンはわたしたちのくらしをどう変えたの? ほか), 小麦(なぜ日本はたくさんの小麦を輸入するの?, 外国ではどうやって小麦の生産をしているの? ほか)

『メイドインどこ? 3 家庭にあるもの』 斉藤道子編・著 大月書店 2015.3 40p 31cm 〈文献あり〉 2800円 ①978-4-272-40933-4 Ⓝ678.21

目次 リカちゃん人形, ジグソーパズル, けん玉, 折り紙, こま, テディベア, 学習机, チェキ, 時計, はし〔ほか〕

『メイドインどこ? 2 学校にあるもの』 斉藤道子編・著 大月書店 2014.12 40p 31cm 〈文献あり〉 2800円 ①978-4-272-40932-7 Ⓝ678.21

目次 えんぴつ, シャープペンシル, 消しゴム, のり, セロハンテープ, クレヨン, 絵の具, ホッチキス, 竹ものさし, 本〔ほか〕

内容 えんぴつの芯, 黒板, チョーク, 消しゴム, のり, 紙やインク, 楽器, 運動用具…。

『メイドインどこ? 1 食べものと飲みもの』 斉藤道子編・著 大月書店 2014.

9　40p　31cm　〈文献あり〉　2800円
①978-4-272-40931-0　Ⓝ678.21

目次 水産物，牛肉・ブタ肉・トリ肉，野菜，
くだもの，小麦，砂糖，塩，大豆，しょうゆ，
酢〔ほか〕

## 《6月その他》

### 父の日

6月第3日曜日。1909年にアメリカのソノ
ラ・スマート・ドッドが自分を育ててくれた
父を讃えて教会で礼拝をしてもらったのが
由来とされる。「母の日」にならって父への
感謝を表す日として広まり，1966年第36代
大統領リンドン・ジョンソンの告示で6月の
第3日曜日が「父の日」に定められ，1972年
に正式に国の記念日に制定。バラを贈る。

『父の日にお父さんはいない─親を亡くし
た子どもの作文集』　あしなが育英会，あ
しながレインボーハウス，神戸レインボー
ハウス編　あしなが育英会　2018.6　45p
21cm　Ⓝ369.4

### さくらんぼの日

6月第3日曜日。6月のこの時期がさくらんぼ
の最盛期であることから，「日本一のさくら
んぼの里」をPRするため，山形県寒河江市
が1990年に制定。

『サクランボの絵本』　にしむらこういち，
のぐちきょういちへん，かわばたりええ
農山漁村文化協会　2008.3　36p　27cm
（そだててあそぼう　80）　1800円　①978-
4-540-07118-8　Ⓝ625.55

目次 サクラの木になる実だから，サクラン
ボ？　古代から食べられてきた木の実サクラ
ンボ，開花してからもっとも早く収穫できる
くだものの短距離選手，日本では，モダンで
新しい高級果実，サクランボの品種紹介，2種
類のちがう品種をいっしょに育てよう（栽培ご
よみ），さぁ，サクランボを育てよう！　畑が
なくてもだいじょうぶ！，植えつけ後の管理
とせん定など，病害虫にやられないように，
気をつけよう，あたたかいと，受粉してあ
げて，雨にもあてず，赤く色づいたら，いよ
いよ収穫だ！，たくさん実をなたせるために
地植えにしてみよう，実験！　サクランボを
観察してみよう，みんな大好き，サクランボ
ジャム，サクランボであそぼう

内容 おいしくて，かわいいサクランボ。初夏
が旬のサクランボは，とても魅力的なくだも

のだ。赤くて，つやつやときれいで，ほんの
り酸味があって，甘くて，香ばしい。日本で
は，くだものの宝石とよばれているよ。自分
で育てたサクランボの味は，きっときみにか
つてないおいしさと感動をくれると思うよ。

### 夏至

一年のうち太陽が最も北に寄り，北半球で
昼が最も長くなる日。二十四節気の一つ。6
月21日ころ。世界各地で夏至祭が行われる。

『シークレット・キングダム　6　かがやき
のビーチ』　ロージー・バンクス作，井上
里訳　理論社　2013.3　126p　19cm
950円　①978-4-652-07246-2　Ⓝ933.7

内容 エリー，ジャスミン，サマーの三人は
"かがやきのビーチ"にやってきました。夏至
の夜，王国じゅうの妖精がここに集まって魔法
の力をとりもどすセレモニーをおこないます。
ところが，ヨコシマ女王はみんなの魔法をひ
とりじめしようと，たくらんでいたのです…。

『ぼくたちとワッフルハート』　マリア・パ
ル作，松沢あさか訳，堀川理万子絵　さ・
え・ら書房　2011.2　239p　20cm　1500
円　①978-4-378-01488-3　Ⓝ949.63

内容 フィヨルドの海はいつもおだやか，向か
い側の山がくっきりと水面に映っています。
岸辺の小さな村や町をつなぐフェリーがすべ
るように進んで，まるで絵のような美しさ。
でも，ここクネルト・マチルデの小さな入り
江では，毎日なにかがおこります。去年の夏
至祭りに大騒動をおこしたのはトリレとレー
ナの二人組でした。それからの一年，レーナ
がとびっきりおもしろいことを思いつき，ト
リレもいっしょになって，まわりの人びとを
はらはらさせます。だって，おもしろいこと
は危がない，危なくないことはおもしろくな
いときまっていますからね。さて，今年の夏
至祭りはどんなことになるでしょうか。

『夏の王』　O.R.メリング作，井辻朱美訳
講談社　2001.7　255p　20cm　1500円
①4-06-210829-1

内容 妖精たちの特別な夜─「夏至祭」の前夜，
最初のかがり火の火をともす「夏の王」をさが
してほしい。ほんとうは，あんたの妹がその
使命を果たすはずだった。妖精を信じる少女
オナーは，祖父母の住むアイルランドで事故
死した。一年後，その死に責任を感じる双子
の姉ローレルがふたたびアイルランドをおと
ずれると，妖精があらわれ，オナーは現実世
界と妖精世界のはざまにいて，彼女の使命を
ローレルがかわりにやりとげたとき，妖精世
界へ迎え入れると告げる。そこでローレルは，
海賊女王やワシの王に助けられつつ，謎めい
た少年イアンとともに「夏の王」をさがしはじ
める。メリングのケルトファンタジー第4弾。

『夏至祭の女王』　ウィリアム・メイン作，
森丘道訳　偕成社　1994.11　222p
20cm　1400円　①4-03-726540-0

# 7月

『かこさとしこどもの行事しぜんと生活　7月のまき』　かこさとし文・絵　小峰書店
2012.6　36p　29cm　〈年表あり〉　1400円
①978-4-338-26807-3　Ⓝ386.1
目次　7月の別のいいかた（日本），山びらき・海びらき（7月1日ごろ），半夏生（7月2日ごろ），小暑（7月7日ごろ），「七夕」とかいて「たなばた」とよむのは，なぜ？，いろいろな七夕かざり，夏の星，あさがお市（7月6日〜8日），ほおずき市（7月9日・10日），虫おくり〔ほか〕
内容　日本の子どもたちが出会う，さまざまな行事やならわしの，はじまりやわけ。行事にこめられた願いと心。

『7月のえほん―季節を知る・遊ぶ・感じる』　長谷川康男監修　PHP研究所
2011.5　47p　26cm　〈文献あり〉　1300円
①978-4-569-78141-9　Ⓝ386.1
目次　山開き・川開き・海開き―1日ごろ，七夕―7日，7月の旬の食べもの，7月の俳句と季語，7月に見られる植物，7月の記念日，7月の行事，日本の7月のお祭り，世界の7月の行事・お祭り，暑中見舞いを書こう，雲のいろいろ，7月のできごと，7月に生まれた偉人・有名人
内容　山開き，海開き，七夕，土用の丑，お中元，暑中見舞い…。7月の行事，自然，旬の食べもの，遊びなどを絵で楽しく紹介するとともに，季語，記念日，できごとなども掲載。

『学習に役立つわたしたちの年中行事　7月』　芳賀日出男著　クレオ　2006.4
35p　27cm　1800円　①4-87736-089-1
Ⓝ386.1
目次　七夕，大東町の七夕祭り，水とみそぎ，京都の祇園祭，各地の祇園祭り，夏の縁日，河童の季節，雨乞い，土用の丑の日，物語・竜神になった甲賀三郎，7月の各地の祭り，7月の世界の祭り，7月のことば，7月の祭りごよみ，総目次索引（1月〜12月）

『365日今日はどんな日？―学習カレンダー　7月』　PHP研究所編　PHP研究所
1999.9　49p　31cm　〈索引あり〉　2700円
①4-569-68157-3
目次　弘安の役，名神高速道路，全線開通，東海道線，新橋―神戸間全線開通，第一回総選挙，東京市が東京都になる，富士山，山びら

き，薩英戦争がおこる，金閣寺が全焼，開聞岳が噴火，新田義貞，越前藤島で死ぬ〔ほか〕
内容　一年365日の，その日に起こった出来事を集め，ひと月1巻，全12巻にまとめたシリーズの7月編。その日にまつわる歴史上の出来事や人物，発明・発見，文学，美術，音楽，数学，お祭りや記念日，年中行事などの項目を収録。

『7月』　増田良子，福田節子編著，熊谷さとし絵　岩崎書店　1999.4　39p　31cm
（くらしとあそび・自然の12か月　4）
3000円　①4-265-03784-4　Ⓝ031
目次　七夕のおはなし，七夕のかざりをつくろう，星とともだち，たのしい星座ものがたり，宇宙へひろがるゆめ―太陽系の星たち，宇宙たんけんごっこ，ささの葉あそび・竹あそび，アサガオの花がさく，ほおずきであそぼう，つゆがあけた〔ほか〕

『学習に役立つものしり事典365日　7月』
谷川健一，根本順吉監修　新版　小峰書店
1999.2　65p　27cm　〈索引あり〉　2500円
①4-338-15607-4
目次　第一回総選挙行われる，香港，中国に返還される，阿倍仲麻呂なくなる，『赤い鳥』の誕生日，間宮林蔵が樺太を探検，亀の子たわし，ヘッセ生まれる，金閣が焼け落ちた日，日出る処から遣隋使が出発，自由の女神100年祭〔ほか〕
内容　どんな事件があり，どんな人が生まれたり死んだりしたのか，年中行事や記念日の由来など，遠い昔から現代までに起きた出来事を，月日ごとにまとめた事典。本巻は7月の日付を収録。索引付き。

『7月のこども図鑑』　フレーベル館　1997.6　55p　27cm　（しぜん観察せいかつ探検）　1600円　①4-577-01714-8　Ⓝ031
目次　7月のカレンダー，海は広いね，ふしぎだね，くじら，きんぎょ，ハーブ，船のたび，花火大会，7月のメニュー，おし花，七夕，星の話

『7がつのこうさく―たなばたをかざろう』
竹井史郎著　小峰書店　1996.2　31p
25cm　（たのしい行事と工作）　1600円
①4-338-12707-4　Ⓝ507
目次　たなばた，おりがみ，あさがお，せみ，かぶとむし，くわがた，むし，ぼうし，サングラス，すずしいかぜ〔ほか〕
内容　小学校低学年以上。

子どもの本　伝統行事や記念日を知る本2000冊　**163**

## 《7月1日》

### 祇園祭

7月1日～31日。京都の八坂神社の祭礼。9世紀から続く京都の夏の風物詩。1か月続く祭りの中でも、華やかな山車「山鉾」の巡行がハイライト。日本三大祭の一つ。

『絵本版おはなし日本の歴史　10　よみがえった祇園祭』　金子邦秀監修　児玉祥一文、早川和子絵　岩崎書店　2015.3　31p　27cm　1800円　①978-4-265-01660-0　Ⓝ210.1

『祇園祭』　田島征彦作　新版　童心社　2005.3　1冊　27×31cm　〈付属資料：1枚〉　1700円　①4-494-00556-8　Ⓝ386.162
内容　むかし、京のみやこではたびたびえきびょうがはやった。ひとびとはねつにうかされ、つぎつぎにたおれていった。「はやりやまいをしずめてくだされ」。まちのひとたちはかみにいのったり、なくなったひとたちのたましいをなぐさめようと、まつりをはじめた。いまからせんひゃくねんもまえのことだ。そのまつりがことしもはじまる。第6回世界絵本原画展金牌受賞。

『おひかえなすって』　吉橋通夫作、神門康子画　学習研究社　1994.6　140p　22cm　（学研の新・創作シリーズ）　1100円　①4-05-105524-8
内容　夜店のあめ細工屋「鳥五郎」の看板むすめゆきと「ぎおんそば」のひとりむすこ一平が祇園祭の日に出会った。そこから始まるスッタモンダの物語。小学校4・5・6年向。

## 《7月2日》

### うどんの日

香川県では夏至から数えて11日目の半夏生の日に田植えが終わった労をねぎらってうどんを食べる習慣があったことから、香川県生麺事業協同組合が1980年に制定。7月2日ころが半夏生の日にあたるため。

『讃岐うどんのひみつ』　山口育孝漫画、入澤宣幸構成　学研プラス出版プラス事業部出版コミュニケーション室　2016.7　128p　23cm　（学研まんがでよくわかるシリーズ 119）　Ⓝ619.39

『うどん―いろいろなめん』　深山さくらぶん、ゆーちみえこえ、高屋友明監修　チャイルド本社　2012.7　28p　22×25cm　（たべるのだいすき！　食育えほん 2-4）　571円　①978-4-8054-3766-7　Ⓝ596.38

『うどんはどこからきたの？―ふみふみ・もちもち・しこしこカレーうどん』　吉田隆子作、せべまさゆき絵　金の星社　2009.6　1冊　27cm　（はじめての食育クッキングえほん）　1300円　①978-4-323-03832-2　Ⓝ498.5
内容　自分でつくると、こんなにおいしい！料理には発見がいっぱい！　楽しくつくって、おいしく食べて、元気な体をつくろう！　かわいい絵とお話が、お子さんを「はじめてのクッキング」にさそいます。

『うどんの絵本』　おだもんたへん、あおやまともみえ　農山漁村文化協会　2007.2　36p　27cm　（つくってあそぼう 23）　1800円　①978-4-540-06218-6　Ⓝ596.38
目次　うどんは、麺の仲間。ワンタンも麺、麺のはじまりと、どうしてうどんは細長いか、ひも状の小麦粉の点心から「むぎなわ」「切り麦」へ、切るかのばすか、生か干しか、うどんいろいろ、うどんののどごし、コシってなんだ？、グルテンをとりだそう！　のばしてみよう！、道具と材料（まずは身のまわりのもので）、うどんを打つ手順をまず頭に入れよう！　うどんを打つ(1)計量、生地づくり、うどんを打つ(2)平たくのばして、角だし、うどんを打つ(3)本のしと切り、うどんをゆでよう！、ぶっかけうどんで食べよう！　薬味の話、うどんの保存のしかた。のこったら焼きうどん、うどんいろいろ、楽しいうどんパーティ

内容　うどんといえば、きつねに、たぬき、月見に、おかめ、てんぷら、かきたま、カレー…でも、自分でつくった打ち立てのうどんなら、おしょうゆだけの、ぶっかけうどんが、最高の味だ！　おなじ小麦粉を使ってつくった麺でも、そうめんや、スパゲティとは、どうちがうんだろう？　うどんのおいしさの秘密にせまってみよう。

『うどんのはなはどんないろ』　かこさとし文、高松良己絵　農山漁村文化協会　2005.3　31p　26cm　（かこさとしのたべものえほん 普及版 3）　1800円　①4-540-04386-2　Ⓝ596.38
内容　ばらやすみれはきれいなあかやむらさきです。それではそばのはなやうどんのはなはなにいろでしょうか？　ラーメンやスパゲティのはなはどんないろなのかさがしてみましょう。

## 《7月4日》

### 梨の日

日付の数字「7」「4」の語呂合せから。鳥取県東郷町が2004年に制定。梨の消費促進をめざすため。

『ナシの絵本』 さわむらゆたか，かじうらいちろうへん，あおやまともみえ 農山漁村文化協会 2006.3 36p 27cm （そだててあそぼう 68） 1800円 Ⓘ4-540-05188-1 Ⓝ625.22
目次 古代から食べられてきた、日本のくだもの，世界のナシは、どこからどこへ？ ふるさとはどこだ？，ナシの木はどんな形に育つ？，「頰叩」に「ババウッチャギ」、個性豊かな地方のナシ，おなじみ幸水，豊水に二十世紀。栽培品種いろいろ，接ぎ木苗を植えよう！（栽培ごよみ），受粉のために品種を選んで苗木を2本植えよう！，垣根仕立てで育ててみよう，3〜4年目の枝の管理。ほら、花芽がついた！，実を育てるための作業。さあ、収穫も間近だ！，ナシは、病気、虫のつきやすい木だ！，収穫をしよう、接ぎ木苗をつくろう！，肉をやわらかくしてくれるナシの料理，ナシを北東に植えれば、鬼門なし！

## 《7月6日》

### ワクチンの日

1885年の7月6日に、フランス人科学者ルイ・パスツールが狂犬病ワクチンを少年に接種したことから。

『ワクチン—感染症の予防薬』 津久井直美マンガ インタープレス 2015.8 39p 21cm （もっと知ろうからだのこと 23） 500円 Ⓘ978-4-906723-15-7 Ⓝ493.82

『人がつなげる科学の歴史 1 ワクチンと薬の発見—牛痘から抗生物質へ』 キャロル・バラード著，西川美樹訳，堀本泰介，堀本研子日本語版監修 文渓堂 2010.3 63p 29cm 〈年表あり 索引あり〉 2900円 Ⓘ978-4-89423-660-8 Ⓝ402
目次 すり傷が命とりに？，現代の薬が生まれる前，最初のワクチン，微生物が病気の原因？，感染症を予防する，薬を開発する，微生物を殺す，現代のワクチン，現代の抗生物質，現代における感染症の予防，最新の研究，年表，薬とワクチンの開発につくした科学者

たち，この本を読んだみなさんへ—感染症とのたたかい

## 《7月7日》

### たなばた

7月7日。中国から伝わった天の川に隔てられた織姫と彦星と年に一度だけ会うという伝説にちなむ年中行事。「七夕の節句」とも。現代では願い事を書いた短冊を笹の葉につるすのが一般的。

『たなばた』 チャイルド本社 2014.12（第2刷） 28p 37×39cm （大きな園行事えほんシリーズ） 9500円 Ⓘ978-4-8054-4132-9 Ⓝ386.1

『七月七日はまほうの夜—7月のおはなし』 石井睦美作，高橋和枝絵 講談社 2013.5 74p 22cm （おはなし12か月） 1000円 Ⓘ978-4-06-195744-2 Ⓝ913.6
内容 なかよし3人組が七夕のたんざくに書いたねがいごとは…。

『七夕』 さわさちこぶん・え 下松 下松手づくり絵本の会 2012.12 1冊 22×22cm Ⓝ726.6

『たなばたまつり』 松成真理子作 講談社 2010.6 1冊 27cm （講談社の創作絵本—季節と行事のよみきかせ絵本） 1500円 Ⓘ978-4-06-132429-9 Ⓝ726.6
内容 たんざくにかいた、たなばたのねがい。いつかかなうといいな。七夕の夜、短冊に書かれた願いの言葉たちは、夜の空へとのぼっていって…。願いは、きっとかなう。心あたたまる七夕のおはなし。親子で楽しむ、季節と行事のよみきかせ絵本。

『天女のはごろも』 おざわとしお，ときょうこさいわ，たしろともこえ くもん出版 2008.1 1冊 15×19cm （子どもとよむ日本の昔ばなし 27） 450円 Ⓘ978-4-7743-1249-1 Ⓝ726.6
内容 秋田県で語りつがれてきた「七夕になった親父」をもとに再話しました。

『七夕さま』 川内彩友美編 二見書房 2006.7 1冊 15cm （まんが日本昔ばなし 第11巻・第41話） Ⓝ913.6

『ねがいぼし かなえぼし』 内田麟太郎作，山本孝絵 岩崎書店 2004.6 1冊 25cm （えほんのマーチ 14） 1200円 Ⓘ4-265-03495-0 Ⓝ726.6
内容 あしたはたなばたです。たんざくにねがいをこめて、しほちゃんはほしぞらをみあげました。あまのがわでもあのおふたりはあえるのでしょうか。七夕伝説の絵本。

子どもの本 伝統行事や記念日を知る本2000冊　**165**

**7月7日**　　　　　　　　　　　　　　　　7月

『たなばたものがたり』　舟崎克彦文，二俣
英五郎絵　教育画劇　2001.5　1冊　19×
26cm　（行事の由来えほん）　1200円
Ⓝ4-7746-0500-X

[内容] この絵本のお話は，中国で生まれた伝説
です。七夕は，日本の「棚機女」という行事
に，織女星と牽牛星の伝説，そして中国から
伝わった「乞巧奠」という行事があわさった
ものといわれています。

『天人にょうぼう―七月（七夕のはなし）』
谷真介文，赤坂三好絵　佼成出版社
1991.6　31p　26cm　（行事むかしむか
し）　1100円　Ⓝ4-333-01524-3

『おりひめとひこぼし―七夕に読む絵本』
矢部美智代文，新野めぐみ，小熊康司絵
世界文化社　1987.6　31p　27cm〈監
修：上笙一郎〉　1000円　Ⓝ4-418-87816-5

[内容] いっしょにすごす，たのしさに，しごと
をわすれた，おりひめとひこぼしは，てんて
いのいかりにふれ，はなればなれと，なって
しまったが…。

---

### 川の日

七夕伝説の「天の川」のイメージ，7月が河
川愛護月間であること，季節的に水に親しみ
やすいということから，7月7日を国土交通省
が1996年に制定。人と河川との関係を見直
し川に対する人々の関心を取り戻すため。

---

『かわ―絵巻じたてひろがるえほん』　加古
里子さくえ　福音館書店　2016.9
〔58p〕　19×26cm〈1962年刊の追加　折
本仕立〉　3000円　Ⓝ978-4-8340-8271-5
Ⓝ452.94

[内容] 1962年に月刊絵本「こどものとも」7月
号として刊行され，読み継がれてきた『かわ』
を，絵巻じたてにしたえほんです。折りたた
まれたページをひろげると約7メートル。源流
から海までの川の旅が一望できます。屏風の
ように立てることもできます。おもて面はカ
ラー（4色）印刷。絵を見ながらいろいろな発
見ができるよう，文字なしにしました。うら
面は黒と水色の2色で印刷し，川の流れの変化
がきわだつようにしました。おもてとうら，
二通りのたのしみかたができます。『かわ』の
最終場面に2ページぶん追加。長い川旅のさい
ごに，広大な海がひろがります。

『「流域地図」の作り方―川から地球を考え
る』　岸由二著　筑摩書房　2013.11
156p　18cm　（ちくまプリマー新書
205）　740円　Ⓝ978-4-480-68907-8
Ⓝ452.94

[目次] 第1章　「流域地図」をつくってみよう
（「川」を軸に自分の居場所を把握する，身近
な川をたどってみよう，自分の水系を探る　ほ
か），第2章　流域とは？（人は川の恵みによっ
て生かされてきた，エネルギー源，流通の要と
しての川，地球環境の危機で，治水がますま
す重要になる　ほか），第3章　「流域地図」で
見えてくるもの（大人や子どもの大地に対する
感覚がおかしい!?，人間は母語を習得するよう
に「すみ場所」感覚を身につける，地球忘却
の「すみ場所」感覚の人が増えている　ほか）

[内容] あなたは今，どこに暮らしていますか？
行政区分ではなく，「自然の住所」でそれを表
せますか？　近所の川を源流から河口まで，
流れを追って「流域地図」を作ってみよう。
すると，大地の連なりから都市と自然の共存
まで見えてくる。

『川は生きている』　富山和子作，大庭賢哉
絵　新装版　講談社　2012.6　156p
18cm　（講談社青い鳥文庫　76-4―自然と
人間）　580円　Ⓝ978-4-06-285291-3
Ⓝ517

[目次] むかしの川（あばれ川をおさめる，水と
土のおくりもの，森林のはたらき），いまの川
（いたちごっこ，ダムのかなしみ，水をよごさ
ないで），川を守る人びと（水となかよしの町，
はげ山を緑に）

[内容] 日本の川はもともと，大雨がふれば洪水
をおこす，「あばれ川」です。そこで，どの時
代の人々も，川をじょうずにおさめるくふう
をしてきました。では，これからわたしたち
は，どうしたら，川となかよくできるので
しょう？　教科書にも出てくる，小・中学生
必読のノンフィクション。産経児童出版文化
賞受賞作品。小学中級から。

『川の大研究―身近にある自然のめぐみ　生
き物や人とのかかわりを探ろう！』　どり
む社編，上田孝俊監修　PHP研究所
2010.9　63p　29cm〈索引あり〉　2800円
Ⓝ978-4-569-78085-6　Ⓝ452.94

[目次] 第1章　川は生きている（川を見てみよ
う，川はこうして生まれた，川の上流のすが
た　ほか），第2章　川と人々のくらし（川と生
活，川と農業，川と漁業　ほか），第3章　日本
と世界のさまざまな川（日本の川・世界の川，
短くなった川，現れる川，県境や国境を流れ
る川　ほか）

[内容] 日本にはたくさんの川があります。川の
水はわたしたちの生活には欠かせません。川
のことを，もっと調べてみませんか。

『かわ』　鈴木のりたけ著　幻冬舎　2010.7
31p　31cm〈索引あり〉　1300円　Ⓝ978-
4-344-01867-9　Ⓝ481.75

[内容] かわってこんなにおもしろい。日本のか
わの豊かさと，そこに住む145種の生き物たち
を，水と魚の視点で紹介する絵本。

『川ナビブック―めざせ！　川博士　3　川
をしろう―川データブック』　次山信男監
修　教育画劇　2010.4　55p　27cm〈文

献あり 索引あり〉 3300円 Ⓘ978-4-7746-1039-9 Ⓝ452.94

目次 第1章 くらしと川（毎日のむ水、どこからくるの？、川の水、そのままのめるの？ ほか）、第2章 産業と川（農業をささえる川、川の漁業 ほか）、第3章 川をきれいにする（水をきれいにする自然の力、よごれた水が川にもどるまで ほか）、第4章 あばれる川（川はどうしてあふれてしまうの？、川をあふれさせないくふう ほか）、第5章 川といっしょに（おかえり！ 魚たち、エネルギーをつくる川 ほか）

『川ナビブック—めざせ！ 川博士 2 川はともだち—川遊びと体験学習』 小泉武栄監修 教育画劇 2010.4 55p 27cm 〈文献あり 索引あり〉 3300円 Ⓘ978-4-7746-1038-2 Ⓝ452.94

目次 第1章 川で遊ぼう（川原に行って遊ぼう、川にはいってみよう、生きものをつかまえよう ほか）、第2章 安全に遊ぼう（きけんな場所をしっておこう、川遊びの前にやっておこう、川遊びの日はこれをチェック！ ほか）、第3章 川を調べよう（五感をつかって川を調べてみよう、やってみよう1 川原をあるこう、やってみよう2 川の自然を調べてみよう！ ほか）

『かわはいきている』 内山りゅう写真、上野与志文 チャイルド本社 2010.4 28p 22×27cm （エコ育絵本ちきゅうのなかまたち 1） 857円 Ⓘ978-4-8054-3444-4 Ⓝ452.94

『川ナビブック—めざせ！ 川博士 1 川へ行ってみよう—川のながれと生きものたち』 小泉武栄監修 教育画劇 2010.3 55p 27cm 〈文献あり 索引あり〉 3300円 Ⓘ978-4-7746-1037-5 Ⓝ452.94

目次 第1章 上流を探検しよう（しぶきをあげてながれる上流、森の中のウォータースライダー ほか）、第2章 中流をあるこう（上流にくらべてゆるやかにながれる中流、ゆっくりまがりくねってながれる ほか）、第3章 下流を調べよう（広くゆるやかにながれる下流、人のくらしと川の自然がふれあう場所 ほか）、第4章 河口を見に行こう（川と海とがであう河口、生きものたちの楽園 ほか）

『川と海辺にチャレンジ』 地学団体研究会『シリーズ・自然だいすき』編集委員会編 大月書店 2004.11 115p 22cm （シリーズ・自然だいすき 3） 1800円 Ⓘ4-272-40513-6 Ⓝ452.94

目次 1 川原で遊ぼう、2 川原でしらべよう、3 川マップをつくろう、4 海で遊ぼう、5 海辺をしらべる、6 水となかよくなろう

内容 川原で魚とり、海辺で砂山づくり…川原や海辺はいろんな遊びができる場所ですね。そんなとき、水の流れや石や砂、生きもの、

まわりのようすなどもしらべてみましょう。きっと、おもしろいことがたくさん見つかりますよ。

『川と環境』 小泉武栄監修、岡崎務文 ポプラ社 2004.4 47p 29cm （川の総合学習 2） 2800円 Ⓘ4-591-08014-5 Ⓝ519.4

目次 1 川のよごれのいろいろ（川のよごれを診断しよう、川に散らばるこまったごみ ほか）、2 川の流れをたどっていくと（中流の里山があれている、源流の緑のダムがあぶない ほか）、3 元気な川をとりもどすために（里山のゆたかな自然を川にみちびこう、里山のリサイクルの仕組みに学ぶ ほか）、4 都市に自然をよびもどす（川からよみがえってきた自然、川は生きものの通り道 ほか）

内容 川のよごれってなんだろう。川をたどっていくと、さまざまなよごれの原因が見えてきます。川のよごれが地球全体の環境問題につながっていることを発見します。小学校中～高学年向け。

『川とくらし』 小泉武栄監修、岡崎務文 ポプラ社 2004.4 47p 29cm （川の総合学習 3） 2800円 Ⓘ4-591-08015-3 Ⓝ210.04

目次 1 川とともに歩んできた人の歴史（氷河期に生きた旧石器時代の人びと、温暖化と縄文時代、縄文の森と海をむすぶ川 ほか）、2 川のめぐみと人びとの知恵（今も生きつづける伝統漁法、川がちがうと漁法もちがう、川がつくった大地の利用 ほか）、3 川への人びとののり（水とヘビ信仰のつながり、雨ごいと水止めの舞、獅子舞によるいのり ほか）

内容 ゆたかなめぐみをあたえてくれる川、洪水をひきおこす川。人びとは川をどのように利用し、どのようにうまく付き合ってきたのでしょうか？ 人間と川との関わりの歴史から、人びとの知恵を学びます。小学校中～高学年向け。

『川のはたらき』 小泉武栄監修、岡崎務文 ポプラ社 2004.4 47p 29cm （川の総合学習 1） 2800円 Ⓘ4-591-08013-7 Ⓝ452.94

目次 1 川の水はどこから来るの？（目的をきめて川の探検、小さな川の水源を求めて、中流にあったゆたかな水源 ほか）、2 川のはたらきと地形のいろいろ（川の水の3つの大きなはたらき、上流の深い谷、まがるのが川の性質 ほか）、3 川がほりあてた大地の手紙（大地のしまもよう、地層、傾いたり、ずれたりする地層、石のふるさとはどこ？ ほか）

内容 川の水源を探検するとともに、川のはたらきでできる地形のいろいろを調べます。また、川が運んでできた岩石や川の掘りあてた化石から、大地のひみつをさぐります。小学校中～高学年向け。

『まるごと川あそび—ようこそ！ せせらぎ教室へ』 阿部夏丸文・絵、奥山英治絵・写真 PHPエディターズ・グループ

2004.3　79p　27cm　〈発売：PHP研究所〉　1800円　Ⓘ4-569-63520-2　Ⓝ481.75

目次 にゅうがく式でごんす―川あそびは楽しいでごんす，シラサギ先生の魚とり教室―魚とりのテクニック，ゴリ先生のがらびき入門―漁師さんのワザから学ぼう，カワウソ先生のすもぐり塾―みんなカワウソじゃぁ，ドジョウとウナギの川ばなし―こんな川にすみたいニョロ，みんな食われて生きるのだ―『弱肉強食』食う，食われる，カワセミ先生のつり教室―小物つりにチャレンジしよう，キツネとタヌキの大物つり―めざすは大物でんがな！，ササゴイ先生の毛バリつり―これが毛バリじゃ，父の日，さんかん日―魚とにらめっこ。あっ，ぷっ，ぷっ！　〔ほか〕

内容 魚はどうやってつかまえるの？　とった魚は，たべられるの？　川とプールでは，泳ぎ方が，どうちがうの？　水辺には，どんな生きものがすんでいるの？　川あそびは新しい発見の連続だ！　川あそび本の決定版。

## 《7月10日》

### ウルトラマンの日
一週間後のテレビシリーズ放映に先駆けて行われた番組PRイベントとして，1966年の7月10日にウルトラマンが初めてテレビで放送されたことによる。円谷プロダクションが制定。

『全ウルトラマンパーフェクト超百科―決定版』　増補改訂　講談社　2018.7　153p　26cm　（テレビマガジンデラックス　247）　1500円　Ⓘ978-4-06-512155-9　Ⓝ778.8

『ウルトラマン全戦士超ファイル』　増補改訂版　小学館　2017.12　97p　26cm　（てれびくんデラックス愛蔵版）　1500円　Ⓘ978-4-09-105159-2　Ⓝ778.8

『ウルトラマンのひみつ100―ウルトラマンはかせになろう！』　ポプラ社　2017.8　96p　22×22cm　1100円　Ⓘ978-4-591-15513-4　Ⓝ778.8

目次 1 ウルトラマンのひみつ（みんなのヒーロー，ウルトラマン，ウルトラマンの変身のひみつ ほか），2 光の国のひみつ（たくさんのウルトラマンが生まれた光の国，宇宙警備隊のひみつ ほか），3 ちがうせかいのウルトラマンのひみつ（さまざまな宇宙のウルトラマン，ウルトラマンティガとウルトラマンダイナのひみつ ほか），4 アイテムをつかってたたかうウルトラマンのひみつ（ウルトラマンの力がやどったふしぎなアイテム！，ウルト

ラマンギンガのひみつ ほか），しらべてみよう！　ウルトラマンたちのひみつ

内容 ウルトラマンのひみつがぜんぶわかる！最新作『ウルトラマンジード』のひみつものってるよ！

『ウルトラマン大図鑑デラックス』　ポプラ社　2016.7　255p　22×22cm　2000円　Ⓘ978-4-591-15065-8　Ⓝ778.8

目次 ウルトラマン，ゾフィー，ウルトラセブン，ウルトラセブンX，ウルトラマンジャック，ウルトラマンエース，ウルトラの父，ウルトラマンタロウ，ウルトラの母，ウルトラマンレオ〔ほか〕

内容 ウルトラマンとたたかった怪獣たちがいっぱい！　ウルトラマンの必殺技，いくつ知ってる？　テレビ番組・映画のストーリーを全話紹介！　ウルトラマンのすべてがわかる！

『ウルトラマンをつくったひとたち』　いいづかさだお，たばたけい，まくけいたろく　偕成社　2015.1　32p　24×29cm　〈文献あり〉　1600円　Ⓘ978-4-03-221290-7　Ⓝ778.8

内容 『ウルトラマン』はこうして生まれた！ひっさつわざ「スペシウム光線」をかんがえたスタッフがえがく，はじめてのとくさつ絵本！　3歳から。

『ウルトラマンサーガ超全集』　小学館　2012.4　89p　26cm　（てれびくんデラックス愛蔵版）　1238円　Ⓘ978-4-09-105137-0　Ⓝ778.21

『ウルトラマン大図鑑』　円谷プロダクション監修　ポプラ社　2011.7　199p　22×22cm　1800円　Ⓘ978-4-591-12498-7　Ⓝ778.8

目次 ウルトラマン，ゾフィー，ウルトラセブン，ウルトラマンジャック，ウルトラマンA，ウルトラの父，ウルトラマンタロウ，ウルトラの母，ウルトラマンレオ，アストラ〔ほか〕

内容 初代ウルトラマンからウルトラマンゼロまですべてのウルトラ戦士のひみつと全TV番組＆映画のストーリーを紹介。

## 《7月11日》

### 世界人口デー
1987年の7月11日に世界の人口が50億人を突破したとされることから。国連人口基金が1989年に制定。世界の人口問題への関心を深めてもらうため。

『人口問題にたちむかう』　鬼頭宏監修　文研出版　2014.2　47p　29cm　（世界と日本の人口問題）　〈索引あり〉　2800円　Ⓘ978-4-580-82211-5　Ⓝ334.3

目次 1 人口問題と資源（人口増加と地球資源，人口増加と食料問題，人口増加と水問題，

人口増加とエネルギー問題，人口増加と環境問題），2 各国，各地域の人口政策（世界の人口対策，中国の人口政策，インドの人口政策，アフリカの人口政策，先進国の少子高齢化対策），3 人口問題と国際社会（貧困と飢餓の解決，保健衛生の広がり，開発途上国に教育を根づかせる，児童労働の禁止，平和の維持），資料編 資料でみる世界と日本の人口問題

内容 人口に関するさまざまな話題を，写真を使ってわかりやすく解説。第5巻のテーマは，「人口問題にたちむかう」。

『移動する人口』 鬼頭宏監修 文研出版 2014.1 47p 29cm （世界と日本の人口問題）〈索引あり〉2800円 ①978-4-580-82210-8 Ⓝ334.3

目次 1 移動を強いられた人びと（人類の旅，古代の強制移住，植民地支配と人口移動，世界大戦と人口移動，祖国をはなれた人びと），2 移民の時代へ（移民の世紀，出かせぎ移民，移民の受けいれ政策，移民問題，はげしくなる人口移動），3 国内の人口移動と都市問題（農村から都市へ，日本国内の人口移動，都市の過密問題，国内の大量移動，都市化と過疎化），資料編 資料でみる世界と日本の人口問題

『ふえる人口へる人口』 鬼頭宏監修 文研出版 2013.12 47p 29cm （世界と日本の人口問題）〈文献あり 索引あり〉2800円 ①978-4-580-82209-2 Ⓝ334.3

目次 1 減少する先進国の人口（労働力から家族へ，子育てにはお金がかかる，高くなる結婚年齢，結婚しなくなる男女，仕事と育児の両立），2 開発途上国の人口増加（短い平均寿命，労働力としての子ども，人口増加と識字率のひくさ，進まない女性の地位向上，仕事のない若者，開発途上国の高齢化），3 資源としての人口（人口ボーナスとは？，先進国の人口ボーナス，中国の人口ボーナス，開発途上国の人口ボーナス）

『少子高齢社会』 鬼頭宏監修 文研出版 2013.11 47p 29cm （世界と日本の人口問題）〈索引あり〉2800円 ①978-4-580-82208-5 Ⓝ334.3

目次 1 少子化と高齢化（少子化はいつはじまった？，下がりつづける出生率，高齢化が進む日本，少子高齢化），2 日本の人口の歴史（稲作と人口増加，人口調査のはじまり，江戸時代の人口，明治・大正時代の人口転換，ベビーブーム，人口減少時代のはじまり），3 少子高齢社会にそなえる（高齢社会をささえる，子どもを育てる環境づくり，高齢者の活躍の場をふやす，外国人労働者の受けいれ，ロボットは人手不足を解消するか？），資料編 資料でみる世界と日本の人口問題

『地球の人口を考える』 鬼頭宏監修 文研出版 2013.10 47p 29cm （世界と日本

本の人口問題）〈文献あり 索引あり〉2800円 ①978-4-580-82207-8 Ⓝ334.3

目次 1 人口とはなにか（地球の人口を調べる，2100年の地球人口，地球にすめる人口は？，人口が増減するのはなぜか，世界の人口ピラミッド），2 人口はどのようにふえてきたのか（農耕と人口増加，産業革命，死亡率の低下，人口爆発，人口のふえる地域，人口のへる地域），3 人口増加のおわり（先進国の人口減少，人口大国の人口転換，地球人口の鍵をにぎる地域，2100年，人口は横ばいへ）

『池上彰のニュースに登場する世界の環境問題 7 人口問題』 稲葉茂勝訳・文，キャサリン・チャンバーズ原著，池上彰監修 さ・え・ら書房 2011.2 31p 29cm 〈索引あり〉2300円 ①978-4-378-01227-8 Ⓝ519

目次 世界の人口は約68億人!?，かたよって存在する食料，地球上の全人口の半分以上が，都市にすんでいる，人口増加と水不足，きたない水とゴミの問題，人口増加と住宅問題，世界の人口とエネルギー問題，都市の人口増加と仕事，悪循環を断ちきるには？，戦争が世界の人口を混乱させる，人口と教育，人口不足，わたしたちのできること

内容 人口増加によって，世界でさまざまな問題がおこっています。作物の量がたりないところもあれば，せまい家に大家族がくらしているところもあります。きれいな水が手にはいらないところもあります。第7巻の『人口問題』は，失業率の増加，健康への悪影響，教育とのかかわりなど，人口に関する問題を見ていきます。また，すべての人が健康で幸せな生活をおくるために，どんなことができるかを考えます。

---

### ラーメンの日

日付は「7」を「レンゲ」に，「11」を「箸」に見立てたことと，日本で最初にラーメンを食べた人物とされる水戸藩主の徳川光圀の誕生日から。日本ラーメン協会が2017年に制定。

---

『大好き・食べ物情報図鑑 1（ラーメン）』 高村忠範文・絵 汐文社 2004.1 87p 22cm 1400円 ①4-8113-7837-7 Ⓝ596

目次 ラーメンはどこから来たの，日本の麺料理，ラーメンの誕生，「ラーメン」という名前，インスタントラーメンの誕生，インスタントラーメンは世界へ

内容 本書ではみなさんの大好きなラーメンを取りあげ，その歴史やラーメンにまつわるエピソードをまとめてみました。ラーメンがもっと好きになると思います。ぜひ読んでみてください。

『ラーメン屋さんになろう！―学習まんが仕事完全ガイド』 林ひさおまんが，中島好知子原作，石神秀幸監修 小学館 2003.2 167p 19cm （ワンダーランド

子どもの本 伝統行事や記念日を知る本2000冊　169

スタディブックス）850円　①4-09-253264-4　Ⓝ673.972

目次 前編 まんがでわかるラーメン屋さん，後編 読んでわかるラーメン屋さん（追跡!!ラーメン屋さんの仕事，検証!!ラーメン屋さんへの道，めざせ!!日本一のラーメン屋さん，さあ，開業だ!!，繁盛の秘密を探ろう!!）

内容 ラーメン屋さんってどんな仕事をしているの？　どうやってなるの？　おいしいラーメンってどうやって作るの？　まんがと記事でラーメン屋さんの舞台裏まで紹介します。お店を持つこと，食の世界に携わることの夢とやりがいを知ることができるオイシイ一冊。

## 《7月16日》

### 虹の日

日付の数字「716」を「ナナイロ」と読む語呂合せと，梅雨明けのこの時期には虹が出ることが多いことから。デザイナーの山内康弘が制定。人と人，人と自然が虹のように結びつくことを目指して。

『いたずら博士の科学だいすき　2-6　虹をつくる─虹の見え方と光の性質』板倉聖宣，遠藤郁夫著　小峰書店　2014.4　47p　29cm　2800円　①978-4-338-28006-8　Ⓝ407.5

目次 虹を見たことがありますか─子どもたちがかいた虹，虹の色の順番は？─絵本やワッペンの虹の絵を見ると，虹の写真を見たら─虹の色の順番は決まっている？，虹の漢字のなぞ─虹は生きもの？，虹をつくってみよう─かんたんにつくれるのか？，日の光がやってくる方向─虹をつくるコツ，虹をはっきりと見るためには？─虹を見るもうひとつのコツ，虹を見る3つのコツ─虹がハッキリ見えるには，色のならび方が反対の虹もある？─虹にはおすすめすがいる？，クモの巣の水滴のかがやき─ディートリヒさんの虹の研究物語，水滴の下のほうに見える光のなぞ─光のとおり道をさぐる，水滴の中をひと回りして出てくる虹の光─水滴が全体として色を出す，虹の形のなぞ─虹の本当の形は？，丸い虹づくりに挑戦─丸い虹をつくるコツは？，虹の色の正体─ニュートンの発見，プラスチックの球でも虹はできる？─水滴のかわりになるでしょうか？

内容 虹ができるひみつを知れば，虹を見つけて楽しむのはかんたん。いつでも自分で虹をつくって見ることもできるし，光の性質もわかる。

## 《7月24日》

### 大阪天神祭

7月24日～25日。大阪天満宮の夏祭り。大川の船上で踊りや神楽が奉納される「船渡御」が行われる。全国最大級の祭りで，日本三大祭の一つ。

『なんででんねん天満はん─天神祭』今江祥智ぶん，長新太え　童心社　2003.6　31p　26×26cm　1500円　①4-494-01238-6　Ⓝ726.6

内容 日本三大祭の一つ，天神祭をめぐる。奇想ゆたかなファンタジー絵本。長新太の絵が冴える…！　そして祭がはじける…。

## 《7月25日》

### かき氷の日

1933年の7月25日に日本最高気温を記録したことと，日付の数字「725」を「ナツゴオリ」と読む語呂合せから。日本かき氷協会が制定。

『かき氷─天然氷をつくる』細島雅代写真，伊地知英信文　岩崎書店　2015.5　36p　29cm　（ちしきのぽけっと　20）〈文献あり〉　1600円　①978-4-265-04370-5　Ⓝ588.8

内容 天然氷のかき氷は，おいしいのか？　真冬の冷たさを真夏までとじこめる貴重な技術の秘密とは？

『かき氷の魔法─世界一短いサクセスストーリー』藤井孝一著　幻冬舎　2005.8　63p　22cm　1300円　①4-344-01014-0　Ⓝ335

内容 人は誰もが起業家として生まれています。「週末起業」の著者がたどり着いた結論は，ちいさなちいさな物語です。子供といっしょに雇われずに生きる力を学びませんか。

## 《7月27日》

### スイカの日

スイカの縦縞模様を「綱」にたとえて日付の数字「727」を「夏の綱」と読む語呂合わせから。

『すいか』かなだたえぶん，鈴木えりんえ，萩原俊嗣監修　チャイルド本社　2012.8　28p　22×25cm　（たべるのだいすき！

食育えほん 2-5) 571円 Ⓘ978-4-8054-3767-4 Ⓝ626.23

『すいかです』 川端誠作 文化出版局 1992.6 1冊 17×19cm 750円 Ⓘ4-579-40321-5

## 《7月28日》

### 菜っ葉の日
日付の数字「728」の語呂合せから。

『菜っぱの絵本』 野呂孝史へん，岡田慶隆え 農山漁村文化協会 2010.2 36p 27cm （そだててあそぼう 90）〈文献あり〉 1800円 Ⓘ978-4-540-09171-1 Ⓝ626.5

目次 1 菜っぱって，どんな野菜？，2 菜の花の葉だから菜っぱ。仲間はたくさん！，3 菜っぱの仲間たち大集合1，4 菜っぱは，どこで生まれて，どこからやってきた？，5 菜っぱの仲間たち大集合2，6 コマツナ，チンゲンサイ，ミズナの栽培ごよみ，7 まずは，コマツナを育ててみよう。土づくりと畑の用意，8 作業は間引き，草とり，水やり，9 ほら！　もう収穫だ！，10 いろんなコマツナを育てよう。プランターで育てよう，11 チンゲンサイを育てる，12 ミズナを育てる，13 病害虫，こんなときどうする？，14 菜っぱ料理の基本。おひたし，煮びたしをつくろう！，15 チンゲンサイの炒めもの、ミズナのサラダ

内容 菜っぱって，どんな野菜？　菜っぱにも，いろいろなものがあるね。コマツナやチンゲンサイや，ホウレンソウや，シュンギク…。どれも青い葉っぱを食べる野菜たちだ。でも，この絵本で紹介するのは，菜の花の仲間のコマツナやチンゲンサイだ。ホウレンソウやシュンギクと，どうちがうのかな？　自分で育てながら，いろいろ調べてみよう。

## 《7月30日》

### 梅干しの日
「梅干しを食べると難が去る」という言い伝えから日付の数字「730」を「難が去る」と読む語呂合せから。和歌山県みなべ町の東農園が2004年に制定。

『梅干しの絵本』 小清水正美へん，小山友子え 農山漁村文化協会 2009.6 36p

27cm （つくってあそぼう 33） 1800円 Ⓘ978-4-540-08212-2 Ⓝ596.3

目次 梅干しは，日本を代表する保存食，流行病の予防薬として，もてはやされた梅干し，考えただけでつばがでる，梅干しの味の秘密，梅干しは，どうやってできるんだろう？，白梅干し，赤梅干し，ゆかりに桜の花漬け，梅干しづくりの手順を頭に入れよう，塩梅がだいじ！　塩漬けにして，梅酢をあげる，まず，梅と塩だけの白梅干しをつくってみよう，干し方で，味と美しさが決まる土用干し，白梅干しができた！，赤じそを入れて赤梅干しをつくろう！，だしで塩ぬき，調味梅干しをつくろう！，梅酢を使おう！　ゆかりをつくろう！，カリカリ生梅をつくろう！，梅干しオンパレード！

内容 おにぎりに，お弁当に欠かせない梅干し！　すっぱくて，思いうかべただけでも，つばがでてくるね。でも，元気のないときや，おなかをこわしたときなどに食べると，からだのぐあいがよくなってくる，ふしぎな食べものだ。梅干しは，日本に古くから伝わる加工食品で，むかしは薬のかわりとしても使われていたんだね。梅干しをつくるのは思ったよりもかんたんだ。ぜひ，自分でつくった梅干しを楽しもう。

『うめぼし』 石橋國男指導，辰巳芳子料理，山本明義撮影 フレーベル館 2007.10 27p 27cm （フレーベル館だいすきしぜん たべもの 5） 1000円 Ⓘ978-4-577-03439-2 Ⓝ596.3

## 《7月31日》

### 八戸三社大祭
7月31日～8月4日。青森県八戸市で行われる，おがみ神社・長者山新羅神社・神明宮の三社の祭礼。神輿行列と華麗な人形山車で有名。2004年には重要無形民俗文化財に指定された。

『世界の宝!! 八戸三社大祭―八戸発見ブック』 八戸市教育委員会編 八戸 八戸市教育委員会 2017.6 15p 21cm Ⓝ375.3

## 《7月その他》

### 海の日

7月第3月曜日。国民の祝日。海の恩恵に感謝するとともに、海洋国日本の繁栄を願う日。1876年の7月20日に明治天皇が東北地方巡幸から横浜御用邸伊勢山離宮へ帰着したことによる「海の記念日」に由来。1995年に制定。1996年〜2002年までは7月20日。2020年に限り東京オリンピックの開会式の前日に当たる7月23日に変更。

『海のクライシス―地球環境』 岡田康則まんが・構成，甲谷保和監修 小学館 2018.1 192p 22cm （科学学習まんがクライシス・シリーズ） 1200円 ①978-4-09-296665-9 Ⓝ452

目次 1 新たなターゲット出現!!，2 広大で豊かな生命の源・海，3 住民が消えた!? 無人島の謎，4 サンゴ礁と生物たち，5 深海へ，6 海底で謎の氷発見!?，7 ターゲットの食べ物？，8 巨大ターゲットとの最終決戦!!，エピローグ 帰還

内容 宇宙パトロールのハルとソラリスは，海の中に「あってはならないもの」がいることを探知した。小学生の太陽，なぎさ，リクと運命を共にした，広大な海への大冒険が始まった。地球の危機を知る，オールカラー学習まんがシリーズ第15弾！

『海は生きている』 富山和子作，大庭賢哉絵 講談社 2017.7 189p 18cm （講談社青い鳥文庫 76-8―自然と人間）〈2009年刊の加筆・修正〉 660円 ①978-4-06-285637-9 Ⓝ452

目次 海とわたしたちの国土（地球は水の星。そして日本は海の国です，海はつづいています，海はながれています，海は宇宙を感じています，海と陸とのたたかいもありました，海は山をのぼりました），海に生きる人たち（海の人たちはやさしい人たちでした，対岸ともなかよしでした，みんなで海をそだてました，海の人たちはたたかう人たちでした），海の苦しみ（お返しを忘れた社会，地球の温暖化，海がよみがえってきたよ）

内容 魚や貝，塩など，海のめぐみを受けて，わたしたちはくらしてきました。海の水が雨になり，森や田畑にふりそそぎ，川をとおって海にもどる。この水のつながりは，いのちのつながりでもあります。一方で津波という，海とのたたかいもありました。そして今，海に異変が起きています。陸に生きるわたしたちと海との関係を見つめなおす「生きている」シリーズの完結編、待望の文庫化。小学中級から

『はっけんずかんうみ』 西片拓史絵，武田正倫，河戸勝，今泉忠明監修 改訂版 学研プラス 2017.7 1冊 27cm （はじめてのしぜん絵本）〈初版：学研 2004年刊〉 1980円 ①978-4-05-204644-5 Ⓝ481.72

内容 楽しいしかけ、めくって発見！ 海にすむ生き物たちのふしぎが詰まった絵本図鑑です。魚、イルカ、あざらし、貝などのしかけイラストと写真がいっぱい！

『深海大探検！―なぞにいどむ調査船・探査機大集合』 ワン・ステップ編 PHP研究所 2016.9 47p 29cm （楽しい調べ学習シリーズ）〈索引あり〉 3000円 ①978-4-569-78573-8 Ⓝ556.7

目次 第1章 深海のスーパースター「しんかい6500」（深海への挑戦，世界にほこる有人潜水調査船「しんかい6500」の誕生，「しんかい6500」大解剖！，乗員とコックピット，深海潜水調査支援母船「よこすか」 ほか），第2章 深海にいどむ船舶・探査機（深海調査で活躍するJAMSTECの船舶・探査機，地球深部探査船「ちきゅう」，深海調査研究船「かいれい」，深海底広域研究船「かいめい」，無人探査機「ハイパードルフィン」 ほか）

『海まるごと大研究 5 海とともにくらすにはどうすればいい？』 保坂直紀著，こどもくらぶ編集 講談社 2016.2 31p 29cm〈索引あり〉 2800円 ①978-4-06-219621-5 Ⓝ452

目次 1 わたしたちのくらしと海（里海をつくる，海で発電する，砂浜が消える，海のよごれ，プラスチック汚染），2 津波を知る（地震と海，津波がおきるしくみ，津波と波の高さ），3 高波・高潮を知る（高波って，どういう波？，高潮への注意）

『海まるごと大研究 4 海の生き物はどんなくらしをしているの？』 保坂直紀著，こどもくらぶ編集 講談社 2016.2 31p 29cm〈索引あり〉 2800円 ①978-4-06-219620-8 Ⓝ452

目次 1 海でくらす生き物（生命の誕生，海でくらす生き物の関係，サンゴ礁は海のオアシス），2 海の生き物観察（塩水のなかで生きるしくみ，動物の動きを調べる，イルカの行動），3 いろいろな海の生き物（ウナギの一生，ウミガメの産卵，進化が止まった魚「シーラカンス」，クロマグロの養殖）

『海まるごと大研究 3 海が温暖化しているって、ほんと？』 保坂直紀著，こどもくらぶ編集 講談社 2016.1 31p 29cm〈索引あり〉 2800円 ①978-4-06-219619-2 Ⓝ452

目次 1 海水温の変化（水の循環，海は地球の熱をはこぶ，海と気象，エルニーニョとラニーニャ），2 地球温暖化（地球温暖化とはなにか，地球温暖化と海，地球温暖化と気候の変化），3 変質する海（海の酸性化，酸性化と生き物，サンゴ礁の危機）

『海まるごと大研究 2 深海に温泉があるって、ほんと？』 保坂直紀著，こどもくらぶ編集 講談社 2016.1 31p 29cm 〈索引あり〉 2800円 Ⓘ978-4-06-219618-5 Ⓝ452

目次 1 深海の世界（深海はまっくらな世界，高圧の世界，海底は動く，海底とプレート，深海の調べかた，深海の温泉），2 深海の生き物（深海にも生き物がいる，海底温泉の生き物たち），3 深海の資源（石油と天然ガス，海底の新エネルギー資源，海底の鉱物資源）

『海まるごと大研究 1 「海は動く」ってどういうこと？』 保坂直紀著，こどもくらぶ編集 講談社 2016.1 31p 29cm 〈索引あり〉 2800円 Ⓘ978-4-06-219617-8 Ⓝ452

目次 1 海の基礎知識（地球表面の7割が海，海が青い理由，海の水は何度くらい？），2 海流（世界をめぐる海流，海流はこうしてできる，深層にも海流がある，日本海はミニオーシャン），3 波（海の波は風がつくる，波はどこで生まれるか，潮の満ち干）

『地球と自然がわかるうみのえほん』 ぽこ こうぼうえ 学研教育出版 2015.6 96p 27cm （キッズ・えほんシリーズ—Kids' SEA）〈文献あり〉 発売：学研マーケティング〉 1500円 Ⓘ978-4-05-204168-6 Ⓝ452

目次 うみのふしぎ（うみのひろさ，うみのそこ，うみのみず，うみのながれ，うみのうごき，うみのふしぎなげんしょう），うみにすむいきもの（すなはまでみられるいきもの，いそでみられるいきもの，いろいろなうみにすむいきもの）

内容 海をもっと知りたくなる！ 見ているだけで，自然の楽しさがわかる！ 海水・海流・海底や波，海にすんでいる生きものなどについて，かわいいイラストを使ってわかりやすく説明しています。

『海学—海洋・深海』 テンプラー社作，こどもくらぶ編集・訳 国立 今人舎 2014.7 〔30p〕 31cm 2800円 Ⓘ978-4-905530-30-5 Ⓝ452

内容 目の前に広がる大海原。その波の下に，どのような神秘が眠っているのだろう？ 人は何世紀にもわたり，海に恐怖を抱くと同時に，その魅力にとりつかれ，深海の闇にひそむ神秘に思いをめぐらせてきた。僕，ゾティク・ド・レセップスは，思いがけず海の秘密を探る仲間に加わった。ここに，その冒険の記録を書きとめるものである。しかけえほん。

『海はもうひとつの宇宙』 高頭祥八文・絵 福音館書店 2014.4 39p 26cm （たく

さんのふしぎ傑作集）〈文献あり〉 1300円 Ⓘ978-4-8340-8076-6 Ⓝ452

『海のひみつ』 スティーブ・パーカー著，白山義久日本語版監修 小学館 2013.6 107p 29cm （小学館の図鑑たんけん！NEO）〈索引あり〉 1800円 Ⓘ978-4-09-217401-6 Ⓝ452

目次 海のすべて（海水，古代の海のすがた ほか），世界の大洋（地球上の大洋，海にうかぶ島々 ほか），海の生物（海の生物の種類，海の食物網 ほか），海と人間（海と交易，海のスポーツ ほか），危険にさらされる海（海洋汚染，広がる海 ほか）

内容 この本では，「海のすべて」「世界の大洋」「海の生物」「海と人間」「危険にさらされる海」の5つの章にわけて，海のすがたを紹介します。海底に見られるさまざまな地形，そして美しいサンゴ礁の生物や，深海にすむ不思議な形の生物の数々，そして環境問題。海を知ると，地球がわかります。

『日本（にっぽん）のもと 海』 松岡正剛監修 講談社 2011.10 157p 22cm 〈文献あり〉 1400円 Ⓘ978-4-06-282689-1 Ⓝ302.1

目次 温故編（海が命を生みます，日本人はどこから来たの？，海の向こうへ学びに行こう ほか），知新編（海に囲まれた日本，海が傷ついている？，日本人の心と海），未来編（海の未来はどうなる？）

内容 日本は海に囲まれた島国です。人も，物も，文化も，みんな海をわたって日本にやってきました。1000年も続いた大雨が，海をつくった？ 昔は，日本と大陸がつながってた？ 日本に島はいくつあるの？ 日本が傷ついているってどういうこと？—日本人と海の歴史をたどり，これからの海とのつきあい方を考えるための一冊です。

---

## 親子の日

7月第4日曜日。5月第2日曜日の「母の日」、6月第3日曜日の「父の日」に続く日として。親子がともに向かい合い絆を強められることを願って、写真家のブルース・オズボーンが2003年に制定。

---

『親子って、なあに？』 山根祥利監修，こどもくらぶ編 岩崎書店 2004.4 45p 29cm （Q&Aジュニア法律相談 1）2800円 Ⓘ4-265-05241-X Ⓝ324

目次 1 赤ちゃんが生まれる（おなかのなかの赤ちゃんは，いつから「人」になるの？，病院で取りちがえられた赤ちゃんはどうなるの？ ほか），2 親には義務が生まれる（赤ちゃんが生まれたら，しなければならないことってなに？，赤ちゃんの名前は，だれが決めてもいいの？ ほか），3 子どもの権利と親の権限（親権）（子どもは親を選ぶことができるの？，親が子どもの手術を拒否できるの？ ほか），

7月その他　　　　　　　　　　7月

4 役立ち情報（出生数の減少と体外受精の増
　加，国際結婚の増加　ほか）

## 管弦祭

広島県宮島の厳島神社で旧暦6月17日（新暦7
月19日ころ）に行われる神事。平清盛が始め
たとされ、京都で行われていた船上で管絃
を合奏する遊びを、厳島神社の神事とした
もの。日本三大船神事の一つ。

『さいぶりダイちゃん―宮島管絃祭』　はら
みちをぶん・え　小峰書店　1989.7　1冊
28cm　（えほん・こどもとともに）　1080
円　①4-338-06910-4
内容 広島県の宮島管絃祭は、毎夏十五夜が近
づくと開かれます。漁師さんたちを守ってく
れる宮島の神さまが、美しい船にのり、管絃
の鳴り響く海を渡って、対岸の地御前社の神
さまに会いに行く祭典です。ダイちゃんは、
神さまののった船をひっぱる、こぎ船のへさ
きに立ってほうを振りました。音楽と火と月
と波と…華麗な絵の祭りです。

## 垂木の祇園祭

7月の第2日曜日をはさむ8日間、静岡県掛川
市垂木地区で行われる雨櫻神社と六所神社
の祭礼。社殿が焼失した際に神が渡ったと
いうことに由来する神輿渡御と、小麦を食
い荒らした獅子を退治したという怪獣退治
の伝承が一緒になった祭。

『神様になった獅子―垂木の祇園祭　ふるさ
との夏祭り』　中村悟著　静岡　羽衣出版
2015.10　139p　31cm〈文献あり〉　1389
円　①978-4-907118-19-8　Ⓝ386.154

# 8月

『かこさとしこどもの行事しぜんと生活　8月のまき』　かこさとし文・絵　小峰書店　2012.7　36p　29cm　〈年表あり〉　1400円　①978-4-338-26808-0　Ⓝ386.1

[目次]八朔—8月1日，ねむりながし—青森ねぶた祭・弘前ねぷたまつり，秋田竿燈まつり—8月3日〜6日，仙台七夕まつり—8月6日〜8日，山形花笠まつり—8月5日〜7日，立秋—8月8日ごろ，いろいろな夏のおかし，夏の花，原爆忌—8月6日・9日，敗戦忌・終戦記念日—8月15日，お盆—8月13日〜16日〔ほか〕

『8月のえほん—季節を知る・遊ぶ・感じる』　長谷川康男監修　PHP研究所　2011.7　47p　26cm　〈文献あり〉　1300円　①978-4-569-78151-8　Ⓝ386.1

[目次]夏祭り，お盆　13〜16日，地蔵盆　23〜24日，8月の旬の食べもの，8月の俳句と季語，8月に見られる植物，8月の記念日，8月の行事，日本の8月のお祭り，世界の8月の行事・お祭り，8月のできごと，8月に生まれた偉人・有名人

[内容]夏祭り、花火大会、盆おどり、地蔵盆、打ち水、こん虫さいしゅう…。8月の行事を自然、旬の食べもの、遊びなどを絵で楽しく紹介するとともに、季語、記念日、できごとなども掲載。

『学習に役立つわたしたちの年中行事　8月』　芳賀日出男著　クレオ　2006.4　35p　27cm　1800円　①4-87736-090-5　Ⓝ386.1

[目次]盆をむかえる，盆の日，念仏踊り，盆を送る，地蔵盆，夏の夜の力だめし，花火，動物に変身，お化け屋敷，物語・地獄を見にいく，8月の各地の祭り，8月の世界の祭り，8月のことば，8月の祭りごよみ，総目次索引(1月〜12月)

『365日今日はどんな日？—学習カレンダー　8月』　PHP研究所編　PHP研究所　1999.9　49p　31cm　〈索引あり〉　2700円　①4-569-68158-1

[目次]徳川家康、江戸城にはいる，弘前、ねぷたまつり，日清戦争がはじまる，甲子園球場が完成，日本初のトーキー映画公開，箱根、彫刻の森美術館完成，織田幹雄、三段飛びで金メダル，東京で歩行者天国，箱根関所の旅人とりしまり，江戸幕府、目安箱をおく〔ほか〕

[内容]一年365日の、その日に起こった出来事を集め、ひと月1巻、全12巻にまとめたシリーズの8月編。その日にまつわる歴史上の出来事や人物、発明・発見、文学、美術、音楽、数学、お祭りや記念日、年中行事などの項目を収録。

『8月』　増田良子，福田節子編著，増山博絵　岩崎書店　1999.4　39p　31cm　（くらしとあそび・自然の12か月　5）　3000円　①4-265-03785-2　Ⓝ031

[内容]海へいこう、貝がらをあつめよう、海べの植物をかんさつしよう、海の中の植物をかんさつしよう、高い山にのぼろう、川へいこう、川原であそぼう、水はいのちのみなもと（8月1日は、水の日）、水ってふしぎ、空気ってなあに、お盆のならわし（7月13日〜16日または8月13日〜16日）〔ほか〕

『学習に役立つものしり事典365日　8月』　谷川健一，根本順吉監修　新版　小峰書店　1999.2　65p　27cm　〈索引あり〉　2500円　①4-338-15608-2

[目次]水は大自然の恵み，日清戦争おこる，メルビル生まれる，「キヨスク」は宮殿？，目安箱設置される，ベトナム戦争始まる，大隈忠相、町奉行に就任する，自動車をしめだした歩行者天国，大宝律令が完成した日，ポケット計算機発売〔ほか〕

[内容]どんな事件があり、どんな人が生まれたり死んだりしたのか、年中行事や記念日の由来など、遠い昔から現代までに起きた出来事を、同じ日付ごとにまとめた事典。本巻は8月の日付を収録。索引付き。

『8月のこども図鑑』　フレーベル館　1997.7　55p　27cm　（しぜん観察せいかつ探検）　1600円　①4-577-01715-6　Ⓝ031

[目次]きょうはなんのひ？，しぜんだいすき，そだててみよう，せいかつたんけんたい，いってみたいね，わくわくクッキング，しらべてみよう，つくってみよう，しっているかな？

『8がつのこうさく—夏休みをたのしもう』　竹井史郎著　小峰書店　1996.2　31p　25cm　（たのしい行事と工作）　1600円　①4-338-12708-2　Ⓝ507

[目次]たいようとつき，ひまわり，みずのいきもの，さかなとり，おりがみ，みずのこうさく，おばけ

[内容]小学校低学年以上。

子どもの本　伝統行事や記念日を知る本2000冊　175

## 《8月1日》

### 水の日

年間を通じて水の使用量が多く、水について関心が高まる8月の初日に設定された。水資源の有限性、水の貴重さ及び水資源開発の重要性について国民の関心を高め、理解を深めることを目的とする。日本政府が1977年に水の週間と合わせて制定。

『わたしたちの地球環境と天然資源—環境学習に役立つ！ 1 水』 本間愼監修，こどもくらぶ編 新日本出版社 2018.4 31p 29cm 〈索引あり〉 3000円 Ⓘ978-4-406-06244-2 Ⓝ519

目次 青い地球は、水の惑星．利用できる真水は、これだけ！，考えてみよう1 水道の水は飲めてあたりまえ？，考えてみよう2 日本は水にめぐまれた国？，考えてみよう3 ひとりあたり一日につかう水の量でいちばん多いのはなに？，考えてみよう4 わたしたちは50リットルの水で一日をすごせるだろう？！，もっと考えよう 一日50リットルの水で生活体験！，考えてみよう5 わたしたちの生活は、水によってどれだけささえられている？，もっと考えよう ハンバーガー1個つくるのに水1トン！，考えてみよう6 地球上の水がなくなるってことがありえる？ 〔ほか〕

『水はどこから来るのか？—水道・下水道のひみつをさぐろう』 高堂彰二監修 PHP研究所 2018.3 63p 29cm （楽しい調べ学習シリーズ）〈文献あり 索引あり〉 3000円 Ⓘ978-4-569-78737-4 Ⓝ518.1

目次 第1章 水道のひみつ（水はどこからやってくるの？ 水道を調べよう！，「緑のダム」って何のこと？ 水源林のひみつ，なぜ、必要なの？ ダムの役割ほか），第2章 下水道のひみつ（わたしたちが使った水はどこへ行くの？ 排水口から川や海へ、地面の下はどうなっているの？ 下水道管のしくみ、これが下水をきれいにするしくみだ！ 下水処理場（水再生センター）ほか），第3章 水を大切にしよう（なぜ、川や海の水がよごれるの？ 命と健康を守る水道・下水道、節水ってどんなこと？ 考えよう！ 大切な水の使い方、家や学校でできることは？ みんなで工夫しよう！）

『地球を旅する水のはなし』 大西健夫，龍澤彩文，曽我市太郎絵 福音館書店 2017.9 38p 31cm 1400円 Ⓘ978-4-8340-8351-4 Ⓝ452.9

内容 水はすがたを変えながら、世界中を旅しています。太古から今まで、同じ量の、同じ水が、あらゆる場所をめぐり、生きとし生けるものをうるおしてきました。そしてこれからもずっと、水の旅は続くのです。

『地球のくらしの絵本 3 水をめぐらす知恵』 四井真治著，宮崎秀人立体美術，畑口和功写真 農山漁村文化協会 2016.2 31p 28cm 2500円 Ⓘ978-4-540-15113-2 Ⓝ500

目次 水は地球をめぐり、からだをめぐる、水は運び屋、栄養分をからだに運ぶ、水が浄化される自然のしくみ、くらしに水をもたらす場所、沢水やわき水を利用しよう、井戸を掘ろう、井戸水をくみあげて使おう、雨水を集めて利用しよう、水をきれいにするろ過のしくみ、生きもののの力で排水をきれいにするしくみ、バイオジオフィルターをつくろう、ビオトープになる池をつくろう、ビオトープは、生きもののくらしの場、カスケード利用で、水をめぐらす未来のくらし

『100年後の水を守る—水ジャーナリストの20年』 橋本淳司著 文研出版 2015.6 162p 22cm （文研じゅべにーる） 1400円 Ⓘ978-4-580-82281-8 Ⓝ517

目次 1章 水を五感で楽しむ（水の色は何色なのだろう、カナディアン・ロッキーにあこがれる ほか），2章 水問題の現場へ（水は「薬」じゃない。H2Oのことしか書いてない ほか），3章 学校での水の授業（「水の授業」に挑戦！、「話す」のではなく「伝える」 ほか），4章 中国の水不足と節水教育（酸性雨をふらせるもの、中国と足尾銅山 ほか），5章 水のルールをつくる（湧き水をみにいくる人々、そもそも水はだれのもの？ ほか），6章 水をゆっくりと流す（雨水を活用しよう、ほったらかしの森 ほか）

内容 水不足はアジアやアフリカの問題で、自分には関係ないと思っている人がまだ多くいますが、そんなことはありません。一人一人が自分たちの水を末ながく使っていくには、どうしたらよいかを考える時期にきています。著者の水ジャーナリストとしての活動をお話ししながら、将来の水を守る方法をいっしょに考えます。

『新・東海道水の旅』 浦瀬太郎著 岩波書店 2015.5 213p 18cm （岩波ジュニア新書 806）〈「東海道水の旅」（1991年刊）の改題、改訂〉 840円 Ⓘ978-4-00-500806-3 Ⓝ517.21

目次 1 東京から新横浜へ（のぞみ号で出発、芝浦から呑川へ、多摩川），2 新横浜から富士川へ（相模川、酒匂川から新丹那トンネル、富士山の湧水と富士川），3 富士川から名古屋へ（静岡近郊の川、遠州地方、浜名湖から三河湾、名古屋），4 名古屋から京都へ（木曽三川、琵琶湖東岸、環境規制と環境ビジネス），5 京都から新大阪へ（京都の水、淀川を下る）

内容 多摩川、天竜川、浜名湖、木曽川、琵琶湖、…と東海道新幹線からたくさんの川や湖が見えます。それらを通して、水環境を守ろうとしたり、水の少ない土地に水を引いたり、水害から家や田を守る堤をつくったり、いろんな工夫が見えてきます。東京から大阪

まで時速285kmで走りながら、水を考える旅に出かけてみましょう。

**『水のコレクション』** 内山りゅう写真・文 フレーベル館 2013.5 48p 29cm （ふしぎコレクション 8） 1600円 ①978-4-577-04121-5 Ⓝ452.9

目次 身近な水（水ってなんだろう？，水を探そう！，水と遊ぼう！ ほか），清らかな水（水の形―はねる，流れる，うずまく，水の色―色ってどんな色？，水鏡―さかさまの世界 ほか），旅する水（川の生まれる場所 森，さあ、出発だ！ 上流，旅の途中 中流 ほか）

内容 淡水―地球上の水のうち、ほんのわずかしかない水。日本は森や川などの水環境がとても豊かな国ですが、その素晴らしさに気づかずに暮らしている人も多いのです。淡水＝"清らかな水"に魅せられて、身近にある水環境によりそい、水の中に入ってシャッターを切り続けてきた写真家内山りゅう。この本は、形のない水そのものや、そこにすむ生きものたちの姿を集めたコレクションです。

**『水問題にたちむかう』** 橋本淳司著 文研出版 2011.2 47p 29cm （世界と日本の水問題）〈索引あり〉 2500円 ①978-4-580-82119-4 Ⓝ517

目次 1 きれいな水をとりもどす（森のはたらき，人工林の管理，水の循環をとりもどす ほか），2 水をつくる技術（水を浄化する，海水淡水化，浄水設備をつくる ほか），3 水の有効利用（水の3R，雨水の利用，使用ずみの水を再生利用する ほか）

**『水と人びとの健康』** 橋本淳司著 文研出版 2011.1 47p 29cm （世界と日本の水問題）〈索引あり〉 2500円 ①978-4-580-82118-7 Ⓝ519.4

目次 1 人体と水（人間の体と水，安全な水をつくる，水不足で亡くなる人びと，水と感染症），2 人間が水をよごす（水がよごれるしくみ，よごれた水をきれいにする，生活のなかでよごれる水，農業による水汚染，工業による水汚染，放射能による水汚染），3 世界の水汚染（世界の川の汚染，地下水の汚染，生きものすめない海，海流や風がはこぶ汚染，日本の水汚染），資料編 資料でみる日本と世界の水事情

**『水をめぐる争い』** 橋本淳司著 文研出版 2010.12 47p 29cm （世界と日本の水問題）〈索引あり〉 2500円 ①978-4-580-82117-0 Ⓝ517

目次 1 水と人間社会（水のあるところ，世界四大文明と大河，水を制するということは ほか），2 川をめぐる争い（ナイル川をめぐる争い，ユーフラテス川をめぐる争い，メコン川をめぐる争い ほか），3 さまざまな水争い（水が生む緊張，水道事業をめぐる争い，住民をおびやかす争い）

**『水と環境問題』** 橋本淳司著 文研出版 2010.11 47p 29cm （世界と日本の水問題）〈文献あり 索引あり〉 2500円 ①978-4-580-82116-3 Ⓝ519

目次 1 地球温暖化と水（地球温暖化，気候変動，とけつづける氷，海面上昇），2 洪水と水不足（ハリケーン・サイクロン，日本の台風，大洪水，ダムと自然への影響，世界各地で大干ばつ，日本の水不足），3 水利用と環境の変化（熱帯雨林の減少，地下水の汚染，世界の水不足の予測，水問題とエネルギー問題）

**『水と人びとのくらし』** 橋本淳司著 文研出版 2010.10 47p 29cm （世界と日本の水問題）〈索引あり〉 2500円 ①978-4-580-82115-6 Ⓝ517

目次 1 資源としての水（水の惑星，水の性質，水の循環 ほか），2 人間の水利用（水はあらゆることに必要，体にふくまれる水分の量，小麦1kgをつくるのに必要な水の量 ほか），3 水の取引（外国から水を買う，ペットボトル水を買う，世界の水を使う日本）

**『水のリサイクル―自然のしくみと人間の社会』** 半谷高久監修 小峰書店 2003.1 39p 29cm （新版・環境とリサイクル 11）〈指導：江尻京子，文：本間正樹，大角修，写真：菊池東太〉 2600円 ①4-338-18711-5 Ⓝ518.2

目次 自然の水と水道の水，川から水をとりいれる，水をきれいにするしくみ，たまったどろはどうする？，下流のよごれた水の利用，給水所から家まで，つかうことは、よごすこと，よごれる水，下水処理のしくみ，下水処理場のしくみ〔ほか〕

## 《8月2日》

### 金銀の日

1928年の8月2日に、アムステルダムオリンピックで、陸上三段跳びの織田幹雄が日本人初の金メダル、陸上800mの人見絹枝が日本人女性初のメダルとなる銀メダルを獲得したことから。商業デザインなどを手がける有限会社環境デザイン研究所の塩田芳郎が制定。

**『日本の金メダリストじてん 2 夏季パラリンピック・冬季パラリンピック編』** 中嶋舞子著，大熊廣明監，こどもくらぶ編集 ベースボール・マガジン社 2018.5 31p 29cm 3000円 ①978-4-583-11130-8 Ⓝ780.28

目次 夏季パラリンピック・冬季パラリンピックの金メダリスト（猪狩靖典・渡部藤男（1964年東京大会），尾崎峰穂（1984年ニューヨーク大会），河合純一（1996年アトランタ大会），

子どもの本 伝統行事や記念日を知る本2000冊 **177**

成田真由美（2004年アテネ大会），藤本聰（2004年アテネ大会）ほか，もっと知りたい！　パラリンピックの歴史，知っておきたい！　夏季パラリンピック・冬季パラリンピック全大会，夏季パラリンピック・冬季パラリンピックの金メダル獲得競技を知ろう（卓球，陸上競技，競泳，柔道，ゴールボール，車いすテニス　ほか）

内容　この本では，日本の金メダリストたちについて，つぎのようなことがらをくわしく見ていきます。いつ，どこで，だれが金メダルをとったか？　金メダリストの生年か出身地，子ども時代のようすや人柄は？　パラリンピックに出るまでの活躍ぶりは？　金メダルをとった試合での戦いぶりは？　金メダルをとったあとの活躍ぶりは？　など。なお，本の最初と最後の「見返し」には，日本の金メダリストを一覧で紹介しています。

『日本の金メダリストじてん　1　夏季オリンピック・冬季オリンピック編』　中嶋舞子著，大熊廣明監，こどもくらぶ編集　ベースボール・マガジン社　2018.4　95p　29cm　〈索引あり〉7500円　①978-4-583-11129-2　Ⓝ780.28

目次　夏季オリンピックの金メダリスト，知っておきたい！　夏季オリンピック全大会，夏季オリンピックの金メダル獲得競技を知ろう！，もっと知りたい！　日本のオリンピック挑戦の歴史，冬季オリンピックの金メダリスト，もっと知りたい！　2018年平昌大会—羽生結弦ほか金メダル4つ！，知っておきたい！　冬季オリンピック全大会，冬季オリンピックの金メダル獲得競技を知ろう！，オリンピック競技全リスト，用語解説

内容　この本では，オリンピックの金メダルを獲得した日本人の選手たちについて，つぎのようなことがらをくわしく見ていきます。いつ，どこで，だれが金メダルをとったか？　金メダリストの生年や出身地，子ども時代のようすや人柄は？　オリンピックに出るまでの活躍ぶりは？　金メダルをとった試合での戦いぶりは？　金メダルをとったあとの活躍ぶりは？　など。

『時代を切り開いた世界の10人—レジェンドストーリー　第2期7　人見絹枝—日本人女性ではじめてのオリンピックメダリスト』　髙木まさき監修　学研教育出版　2015.2　143p　22cm　〈文献あり　年譜あり〉　発売：学研マーケティング〉1600円　①978-4-05-501157-0　Ⓝ280.8

目次　レジェンドストーリー（7）　人見絹枝（1907・1931）—日本を背負う，秘密のラケット，未来へ，とぶ！，世界が私を呼んでいる，ペンとスパイク，夢をあたえる選手になる！，命をかけた八百メートル走，八月二日），人見絹枝資料館（人見絹枝の功績，深く知りたい！　オリンピッ

ク・パラリンピックで活躍した日本人女子選手たち，深く知りたい！　オリンピックの歴史，人見絹枝の生涯とその時代，人見絹枝が残した言葉，人見絹枝のゆかりの地，伝記学習　感動や考えを新聞にまとめてみよう）

## おやつの日

日付の数字「082」を「おやつ」と読む語呂合せから。日本おやつ協会が制定。日本のおやつの魅力と文化を広めることを目的とする。

『キッチンで楽しむ！　おやつの実験—遊びながら科学を学べる』　村上祥子著　宝島社　2018.8　96p　30cm　（TJ MOOK）880円　①978-4-8002-8548-5　Ⓝ596.65

『モンテールのスイーツでできた！　サンリオキャラクターのHAPPYおやつ』　モンテール企画・制作，主婦の友社編　主婦の友社　2018.1　79p　21cm　〈索引あり〉1200円　①978-4-07-428382-8　Ⓝ596.65

目次　巻頭企画　シュークリームでサンリオキャラクターを作ろう♪，ロールケーキでサンリオキャラクター大集合！，1　だれでもできるよ！　カンタンデコでかわいいスイーツを作ろう！（白いお皿にスイーツお絵かき，色のお皿にスイーツお絵かき，シナモンとなかまたちのロールケーキパーティー，タルトといちごのマイメロディ，ポムポムプリンonプリン，ポチャッコプレート，いちごドレスのマロンクリーム，おさるのもんきちーズタルト，ゴロピカドンのプチシュープレート，バッドばつ丸のエクレア全部いただき！，こんがり日焼けのどらやキティ），2　すてきな思い出作ろう。スペシャルな日のデコレーションスイーツ（ハローキティのお花いっぱいバースデー，タキシードサムのバースデーパーティー，リトルツインスターズとわくわくクリスマス，おさるのもんきち＆ポムポムプリンのお正月，クロミのLove Loveバレンタイン，ハローキティとディアダニエルのひな祭り，ディアダニエルのこどもの日クレープ，バッドばつ丸のハロウィンパーティー）

内容　誕生日，クリスマス，ハロウィン，バレンタイン…季節のイベントにも大活躍のおやつだよ。カンタンデコキャラで大好きキャラを作っちゃおう。

『はじめてのおやつ—作って楽しい！　食べておいしい！　もらってうれしい！』　寺西恵里子著　日東書院本社　2017.10　63p　24cm　（ひとりでできる！　For Kids!!）1100円　①978-4-528-02168-6　Ⓝ596.65

目次　1　いろいろ作れるホットケーキミックス（ジップロッククッキー，ジップロックバナナクッキー　ほか），2　色がきれいなゼリー＆寒天（すいかゼリー，オレンジゼリー　ほか），3　見た目も味もやさしい和菓子（カラフルぎゅうひ，ぎゅうひアイス　ほか），4　ちょっと驚き

の野菜のおやつ（野菜ようかん，型抜きかぼちゃようかん ほか），5 季節を感じるフルーツおやつ（メロンムース，メロンムースアレンジ ほか）

[内容] 作って楽しい！ 食べておいしい！ もらってうれしい！ 季節のフルーツおやつ，人気の和菓子，びっくりな野菜おやつ，ゼリーやアイスまで！

『秋のおやつ』 伝統おやつ研究クラブ編 偕成社 2016.7 46p 27cm （30分でできる伝統おやつ 日本と世界のおやつがいっぱい！）〈文献あり 索引あり〉2400円 ①978-4-03-525830-8 ⑩596.65

[目次] 日本のおやつ（どらやき，みたらしだんご，おはぎ ほか），世界のおやつ（マドレーヌ，パッリーナ，ポテトチップスと野菜チップス ほか），チャレンジ本格おやつ（うさぎまんじゅう，おやき，がんづき ほか）

[内容] むかしなつかしいおやつ，世界の国ぐにでよろこばれてきたおやつ，いつもはお店で買うおやつ─。この本では，そんなおやつの作り方をたくさん紹介します。はじめて作る人でも30分でできるかんたんおやつがいっぱい！ 作り方は写真でわかりやすく，おやつにまつわる楽しいコラムも満載です。ちょっと手間がかかるけれどおいしい「本格おやつ」にもぜひ，チャレンジしてみてください。小学校中学年から。

『夏のおやつ』 伝統おやつ研究クラブ編 偕成社 2016.7 46p 27cm （30分でできる伝統おやつ 日本と世界のおやつがいっぱい！）〈文献あり 索引あり〉2400円 ①978-4-03-525820-9 ⑩596.65

[目次] 日本のおやつ（白玉だんご，水ようかん，くず切り ほか），世界のおやつ（ジェラート，クラッシュゼリー，パレタ ほか），チャレンジ本格おやつ（ギモーヴ，レアチーズケーキ，水無月 ほか）

[内容] むかしなつかしいおやつ，世界の国ぐにでよろこばれてきたおやつ，いつもはお店で買うおやつ─。この本では，そんなおやつの作り方をたくさん紹介します。はじめて作る人でも30分でできるかんたんおやつがいっぱい！ 作り方は写真でわかりやすく，おやつにまつわる楽しいコラムも満載です。ちょっと手間がかかるけれどおいしい「本格おやつ」にもぜひ，チャレンジしてみてください。小学校中学年から。

『春のおやつ』 伝統おやつ研究クラブ編 偕成社 2016.7 46p 27cm （30分でできる伝統おやつ 日本と世界のおやつがいっぱい！）〈文献あり 索引あり〉2400円 ①978-4-03-525810-0 ⑩596.65

[目次] 日本のおやつ（いちご大福，うぐいすもち，すはま，さくらもち，かしわもち，たまごぼうろ，ちんびんとぽーぽー），世界のおやつ

（パラチンキ，チェー，いちごババロア，スコーン，ポンデケージョ），チャレンジ本格おやつ（シュークリーム，三月菓子，やしょうま，レフェフラン，マカロン）

[内容] むかしなつかしいおやつ，世界の国ぐにでよろこばれてきたおやつ，いつもはお店で買うおやつ─。この本では，そんなおやつの作り方をたくさん紹介します。はじめて作る人でも30分でできるかんたんおやつがいっぱい！ 作り方は写真でわかりやすく，おやつにまつわる楽しいコラムも満載です。ちょっと手間がかかるけれどおいしい「本格おやつ」にもぜひ，チャレンジしてみてください。小学校中学年から。

『冬のおやつ』 伝統おやつ研究クラブ編 偕成社 2016.7 46p 27cm （30分でできる伝統おやつ 日本と世界のおやつがいっぱい！）〈文献あり 索引あり〉2400円 ①978-4-03-525840-7 ⑩596.65

[目次] 日本のおやつ（しんこ細工人形，鬼まんじゅう，紅白すあま ほか），世界のおやつ（動物クッキー，ブッシュドノエル，ヨウルトルットゥ ほか），チャレンジ本格おやつ（トリュフ，まるごとアップルパイ，ビーバーテイル ほか）

[内容] むかしなつかしいおやつ，世界の国ぐにでよろこばれてきたおやつ，いつもはお店で買うおやつ─。この本では，そんなおやつの作り方をたくさん紹介します。はじめて作る人でも30分でできるかんたんおやつがいっぱい！ 作り方は写真でわかりやすく，おやつにまつわる楽しいコラムも満載です。ちょっと手間がかかるけれどおいしい「本格おやつ」にもぜひ，チャレンジしてみてください。小学校中学年から。

『しずくちゃんおやつクッキング』 ぎぼりつこ作・絵 岩崎書店 2015.8 71p 21cm 1200円 ①978-4-265-81097-0 ⑩596.65

[目次] しずクッキー，プリン，アップルパイ，フルーツロールサンド，チョコレートのおやつ，豆乳トリュフチョコ，ガトーショコラ，カレーショコラ，基本のスポンジケーキ，にじのケーキ〔ほか〕

[内容] 「しずくちゃん」絵本シリーズで大人気の『クッキングコーナー』を1さつまるごと大とくしゅう！ まんがでたのしくクッキング！ かわいくておいしいおやつレシピ32点！

『ウキウキ甘辛おやつ』 奥村彪生文，野村俊夫絵 農山漁村文化協会 2006.8 32p 27cm （おくむらあやおふるさとの伝承料理 9）1800円 ①4-540-06097-X ⑩383.81

[目次] おやつ─暮らしや労働の節目にあった楽しみ，だんごのルーツ，だんごの多彩な素材と食べ方，チャーミングなだんごのデザインの数々，端午の節句の定番ちまきの歴史，何で巻くか，どう巻くか─日本のちまきの発展，まんじゅうのルーツと広まり，ふくらむまん

じゅう，ふくらませないまんじゅう，素材いろいろ—米・そば・いもや変わりまんじゅう，おやきとその仲間，素朴な焼きおやつ，あられとかきもち，おはぎとはたもち，こねる，型どる，蒸す，焼く道具たち，つくってみよう奥村風おやき

---

### パンツの日

下着メーカーの磯貝布帛工業が自社製品「シルビー802」の名にちなんで1984年に制定。また，男性下着メーカーのオグランも日付の数字「082」の語呂合わせでこの日を記念日とした。

---

『あらいたてきもちいい！　パンツ』　中島妙ぶん，ささきみおえ，柳原美紗子監修　第2版　チャイルド本社　2013.7　28p　22×27cm　（どうやってできるの？　ものづくり絵本シリーズ　4）　571円　①978-4-8054-3941-8　Ⓝ586.22

『正しいパンツのたたみ方—新しい家庭科勉強法』　南野忠晴著　岩波書店　2011.2　210p　18cm　（岩波ジュニア新書　674）　820円　①978-4-00-500674-8　Ⓝ590
　目次　序章　家庭科を学ぶ意味（パンツのたたみ方に悩む男性に温かいアドバイスを，お互いの違いを知る教科　ほか），1章　いま，生きているワタシ（目指せ！　弁当高校生，さわやかな朝の目覚めのために　ほか），2章　家族の中で生きる（家族って誰のこと？，家族のかたち　ほか），3章　社会の中で生きている（働くということ，何のために働きますか　ほか），終章　ゆたかに生きるためのスキル（あなたの遊びはどのレベル？，DVフリーの恋愛関係　ほか）
　内容　家庭科は，自分の暮らしを自分で整える力だけでなく，この社会の中で他者とともに生きていく力を育ててくれる教科だと実感した著者は，自ら専任教員となる。ご飯の作り方，お金とのつきあい方，時間の使い方など自立にあたってどんな知識が必要か，10代の暮らしに沿って具体的にアドバイスする。

---

### 《8月3日》

### はちみつの日

日付の数字「8」「3」の語呂合せから。全日本はちみつ協同組合と日本養蜂はちみつ協会が1985年に制定。

---

『はちみつができるまで』　藤原誠太監修　チャイルド本社　2017.4　27p　21×24cm　（チャイルド科学絵本館—なんで

もサイエンス　1）　528円　①978-4-8054-4628-7　Ⓝ646.9

『はちみつ』　ふじわらゆみこ文，いせひでこ絵　福音館書店　2016.5　27p　26cm　（かがくのとも絵本）　900円　①978-4-8340-8258-6　Ⓝ646.9

『ミツバチとはちみつ』　みやたけのりゆき著　日本食糧新聞社　2013.10　45,45p　21×24cm　1200円　①978-4-88927-195-9　Ⓝ646.9
　内容　ココは，ココがかいたミツバチのチーと，ミツバチをかっているおじさんから，ミツバチのすばらしいおはなしをききました。—ミツバチとはちみつの写真絵本。ミツバチのお話は横書きで左から，はちみつのお話は縦書きで右から，どちらからでも読める本になっています。

『とろーりあまい！　はちみつ』　中島妙ぶん，相野谷由起え，小野正人監修　第2版　チャイルド本社　2013.5　28p　22×27cm　（どうやってできるの？　ものづくり絵本シリーズ　2）　571円　①978-4-8054-3939-5　Ⓝ646.9

『はちみつ』　小野正人監修　チャイルド本社　2012.3　28p　22×25cm　（たべるのだいすき！　食育えほん　12）　571円　①978-4-8054-3609-7　Ⓝ646.9

『はちみつってどこからきたの？』　ナンシー・エリザベス・ウォーレス作・絵，ふしみみさを訳　PHP研究所　2004.3　1冊　24×24cm　（PHPにこにこえほん）　1200円　①4-569-68462-9　Ⓝ646.9
　内容　あまくて，おいしいはちみつだいすき。はちみつはどんなふうにしてテーブルにきたのかしら？　くまのリリーは，しりたくてたまりません。だいすきなはちみつがどこからきたのか。ポピーは，「マイクのおみせでかったんだよ」とおしえます。すると，リリーは「そのまえは？」とききました。

---

### 《8月4日》

### 箸の日

日付の数字「8」「4」の語呂合せから。1975年「箸を正しく使おう」という民俗学研究者の提唱でわりばし組合が制定。

---

『まいにちつかうはしってすごい！』　しばやまひであきえ，やたがいまさあきかんしゅう　少年写真新聞社　2016.10　1冊　19×27cm　（たべるってたのしい！）　1800円　①978-4-87981-581-1　Ⓝ596.8

『やってきたオハシマン―正しいはしの持ち方と食事のマナー』 箸匠せいわ企画・原案, いわたくみこ絵 戸田 コンセル 2006.12 1冊 25cm 1200円 Ⓘ4-907738-45-5 Ⓝ596.8

内容 ぼくはオハシマン！ みんなごはんをこぼしたり、まめがつまめなかったり。はしのつかいかたがわからないようだね。ぼくがみんなにはしのもちかたとつかいかたをおしえよう。

---

### 橋の日

日付の数字「8」「4」の語呂合せから。1985年に宮崎県の湯浅利彦が提唱し、清掃活動や稚魚の放流といったPRイベントを宮崎市内から開始。1994年に記念日に認定。河川と橋を通して郷土愛の精神を培い、河川の水質向上を図るため。

---

『橋の大解剖―あんな形こんな役割』 五十畑弘監修 岩崎書店 2015.9 63p 29cm （調べる学習百科）〈索引あり〉 3600円 Ⓘ978-4-265-08432-6 Ⓝ515

目次 1章 いろんな橋を見てみよう！(錦帯橋、祖谷のかずら橋、明石海峡大橋 ほか)、2章 橋の大解剖 その種類と形（けた橋、アーチ橋、トラス橋 ほか）、3章 橋と人びとの歴史（原始的な橋、石の橋、レンガ・木材の橋 ほか）

『はしをつくる』 ライアン・アン・ハンター文, エドワード・ミラー絵, 青山南訳 ほるぷ出版 2013.3 1冊 21×24cm 1300円 Ⓘ978-4-593-50547-0 Ⓝ515

内容 橋って、なにでできているの？ どんな形があるの？ はなれていた場所をつなぐ「橋」。自然が作ったさいしょの丸太橋から、現代のつり橋やはね橋まで、その歴史や役割、構造を、わかりやすくえがいています。

『見学しよう工事現場 4 橋』 溝渕利明監修 ほるぷ出版 2012.1 47p 28cm 2800円 Ⓘ978-4-593-58664-6 Ⓝ510

目次 第1章 佐奈川橋（橋の工事現場をたずねてみよう、橋の上まで行ってみる？、工事はどこまですすんでいる？、工事現場のまわりには何がある？、工事現場でみつけた機械や車両、工事現場の一日、佐奈川橋ってどんな橋？、基礎をしっかりつくる、橋の足（橋脚）をたてる、橋のかなめ。柱頭部をつくる、橋げたはどのようにつくる？、佐奈川橋ができるまで）、第2章 いろいろな橋（世界の橋、日本の橋）

内容 工事現場を取材して紹介していくシリーズ。この巻では、日本では数少ない高さ80mをこえる橋を、大型のクレーンなどを使い、コンクリートでつくる橋の工事の現場を見学。

『アーチの力学―橋をかけるくふう』 板倉聖宣著 仮説社 2004.8 116p 21cm （サイエンスシアターシリーズ 力と運動編 1） 2000円 Ⓘ4-7735-0179-0 Ⓝ515.1

目次 第1幕 紙の橋と鉄の橋（紙で橋をかけるには、白ボールの橋の上にトラックを走らせる ほか）、第2幕 石で橋をかける方法（石で橋をかけるには、積木の長さより長い積木の橋をかける方法 ほか）、第3幕 アーチの歴史と力学（古代ギリシャ人の石の遺跡と古代ローマ人の石の遺跡、古代ローマの建造物はなぜ強いか ほか）、第4幕 吊り橋と自転車の車輪（車を走らせる巨大な吊り橋、巨大な斜張橋 ほか）、第5幕 反力の不思議―力を出すのは動物だけか（「力のおよぼしあい」の研究、科学映画「力のおよぼしあい」 ほか）

## 《8月6日》

---

### 仙台七夕

旧仙台藩内各地で五節句の1つ「七夕」に因んで毎年行われている年中行事。例年8月6日～8日の3日間にわたって行われる。東北の三大祭りの一つに数えられる。

---

『七夕の月』 佐々木ひとみ作, 小泉るみ子絵 ポプラ社 2014.6 141p 21cm （ポプラ物語館 56） 1000円 Ⓘ978-4-591-14013-0 Ⓝ913.6

内容 長年「仙台七夕まつり」を守ってきたおばあちゃん。その想いを受けつごうとする二人の少年の、出会いと友情、そして奇跡の物語。小学中学年から。

『みやぎの七夕さま』 松山博子著 仙台丸善仙台出版サービスセンター (製作) 2004.7 1冊 27cm 1239円 Ⓘ4-86080-077-X Ⓝ726.6

---

### 広島平和記念日

太平洋戦争末期の1945年の8月6日に広島市に原子爆弾が投下された。原爆反対の平和祭の日。1947年に「広島平和祭」として第一回目の平和記念式典が催され、当時の広島市長である浜井信三が平和宣言を行った。

---

『ヒロシマのいのち』 指田和著 文研出版 2017.7 158p 22cm （文研じゅべにーるーノンフィクション）〈文献あり〉 1400円 Ⓘ978-4-580-82276-4 Ⓝ210.75

目次 第1章 ぼく・わたしが体験した8月6日 あの日、きのこ雲の下でなにがおこったのか（岩田守雄さん―母をうばった原爆。二度とあんなことがあってはいけないという思いを、被爆したピアノと若い人たちにたくしたい、

---

子どもの本 伝統行事や記念日を知る本2000冊 **181**

岡ヨシエさん―十四歳でいのちを終えてしまったたくさんの同級生のことを思うと、「助かってよかった。」という思いは一度もないの, 堀田シヅエさん―平和こそ宝。被爆者はわたしたちで最後にしたい), 第2章 平和のバトンをつなぐ 平和活動の芽吹きを追って(宇根申枝さん―原爆献水活動と、大阪の子どもたちの平和をつむぐ活動, 兒玉光雄さん―放射線被害のおそろしさを伝える兒玉さんと、ヒロシマの新しい継承活動), 第3章 これからを生きる君たちへ 新しい世代が伝えるヒロシマ(好井敏彦さん―胎内被爆とピアノにみちびかれた、ぼくの平和活動, 佐藤規代美さん―原爆の遺品がもつ意味、遺族の思いを、広島平和記念資料館から未来に伝える)

『いしぶみ―広島二中一年生全滅の記録』
広島テレビ放送編　新装版　ポプラ社　2015.7　183p　20cm　1300円　Ⓘ978-4-591-14604-0　Ⓝ210.75
目次 その日の朝, 河本くんの日記から, 本川土手の集合, 爆発の瞬間, 川の中で, 脱出から再会へ, 郊外へ, その夜, お寺の救護所で, 寄宿舎から平良村へ, 寝られぬ両親, あくる朝, 避難する途中で, ゆくえのわからない生徒たち, そして全滅した

『まんがで語りつぐ広島の復興―原爆の悲劇を乗り越えた人びと』　手塚プロダクションまんが, 青木健生シナリオ　小学館クリエイティブ　2015.7　255p　22cm　〈文献あり　発売：小学館〉　1800円　Ⓘ978-4-7780-3515-0　Ⓝ217.6

『いのりの石―ヒロシマ・平和へのいのり』
こやま峰子文, 塚本やすし絵　フレーベル館　2015.6　40p　27cm　〈英語抄訳付〉　1300円　Ⓘ978-4-577-04289-2　Ⓝ210.75
内容 1945年8月6日午前8時15分, 広島に人類史上初の原子爆弾が落とされました。14万人の尊い命が奪われ, 広島市内は廃墟と化しました。爆心地からわずか200メートルと離れていない相生橋付近で使われていた広島電鉄市内電車の線路敷石は, 原子爆弾がもたらした恐ろしい悲惨な場面の目撃者となりました。悽惨な原爆を体験したこれらの石は, 人びとの手を経て再生し, いま, 平和の大切さを伝えるメッセンジャーとして, 広島から世界各国へと届けられています。資料と英訳のページつき。

『海をわたったヒロシマの人形』　指田和文, 牧野鈴子絵　文研出版　2011.6　1冊　27cm　（えほんのもり）　1300円　Ⓘ978-4-580-82127-9　Ⓝ210.75
内容 広島平和記念資料館に展示されていた赤い着物の小さな人形。その人形の持ち主だったナンシーさんに会うために, わたしはアメリカ・テキサス州の家をたずねた…。ナン

シーさんと人形はどんな時間をすごしたのだろう―。

『ヒロシマ日記』　蜂谷道彦著　日本ブックエース　2010.12　318p　19cm　（平和文庫）　〈発売：日本図書センター〉　1000円　Ⓘ978-4-284-80100-3　Ⓝ210.75
目次 1 地上最悪の日, 2 焦土の中の病舎, 3 国亡びて山河あり, 4 眠られぬ夜, 5 恐怖は果てしなく, 6 あの犬も原爆症, 7 慢性原爆症患者, 8 あらしのあと
内容 『ヒロシマ日記』は, 被爆当時のメモをもとに八月六日から九月三〇日までの五六日間の体験を日記風に記録したもので, 逓信医学協会発行の機関誌『逓信医学』第二巻第一号～第四号（昭和二五～二七年）に一二回にわたって連載された。これは英訳されて米国で大きな反響を呼び, のち独仏伊など一〇数カ国語に翻訳された。

『星は見ている―全滅した広島一中一年生父母の手記集』　秋田正之編　日本ブックエース　2010.12　198p　19cm　（平和文庫）　〈発売：日本図書センター〉　1000円　Ⓘ978-4-284-80101-0　Ⓝ210.75
目次 転がっていたおむすび（益田美佐子）, お母ちゃん, 顔が見えない（渡辺重子）, 腕白で元気だった弟（長幸子）, 見つからない死体（佐々木乃文江）, 辿りついて十四時間の命（平野逸三）, ゆるせない（藤尾久）, 熱い, 体が焼ける（堀輝人）, 幽霊を追って（三保綱太郎・妻）, 苦しい, 殺して（岩井国次郎）, 一篭のトマトでも（檀上竹男・妻）〔ほか〕
内容 ヒロシマ, ナガサキ, 沖縄…いま語りつぎ, 子どもにつたえる戦争の悲劇と平和への祈り。

『海をわたる被爆ピアノ』　矢川光則著　講談社　2010.7　143p　20cm　（世の中への扉）　1200円　Ⓘ978-4-06-216351-4　Ⓝ210.75
目次 プロローグ 五十三歳だったわたしを変えてくれたピアノ, 第1章 「ミサコのピアノ」との出会い, 第2章 「知らないこと」はこわいこと, 第3章 わたしを変えてくれた子どもたち, 第4章 蓄音機が鳴る家, 第5章 わたしを変えてくれた大人たち, 第6章 ピアノは“生き物”―中古ピアノをよみがえらせる, 第7章 海をわたる被爆ピアノ, エピローグ 平和の種をまく
内容 矢川光則さんは, 被爆二世として生まれながらも, 原爆や平和についてまったく意識せずに育ちました。しかし, ピアノ調律師となり, ピアノの調律・修理・寄贈という活動をしていくなかで, 偶然, 「被爆ピアノ」に出会います。「被爆ピアノ」との出会いによって, 彼がどのように平和への意識に目覚めていったのか, その足どりをたどります。

『広島平和記念資料館と戦跡めぐり』　佐藤広基, 本地桃子イラスト・文　汐文社　2004.7　55p　27cm　（平和博物館・戦跡ガイド ビジュアル版 1）　2200円　Ⓘ4-8113-7881-4　Ⓝ210.75

目次 平和祈念式典，原子爆弾，平和記念資料館，国立広島原爆死没者追悼平和祈念館，平和公園慰霊碑めぐり—平和公園周辺マップ，被爆建造物，変身した被爆建物，被爆樹木・橋，原爆体験—語り継ぐ

『くちなしの花八月—ヒロシマヤケノハラニナル』児玉辰春文，長澤靖絵 草土文化 2001.7 110p 22cm 1300円 Ⓘ4-7945-0823-9

内容 「わたしは，くちなしの花がとても好きです。庭に挿し木した木に，白い小さな花がつぎつぎと咲き，わたしの心をなごませてくれます。この花が咲き終わると，暑い暑い夏。原爆記念日がやってきます。一九四五年八月六日，わたしが広島の女学校に入学した年です。昭和二十年七月のある日，わたしの家の近くの山中に，アメリカのB二十九が墜落，…」わたしが真実を封じこめた，あのできごとがおきた日です。

## 《8月7日》

### 鼻の日
日付の数字「8」「7」の語呂合せから。日本耳鼻咽喉科学会が1961年に制定。

『耳・鼻の不思議』笠井創監修，山浦聡マンガ インタープレス 2011.8 39p 21cm （もっと知ろうからだのこと 18）500円 Ⓘ978-4-902340-99-0 Ⓝ496.5

『どうぶつの鼻』ネイチャー・プロ編集室編著 偕成社 2010.1 31p 28cm （どうぶつのからだ 2 増井光子監修）1400円 Ⓘ978-4-03-414420-6 Ⓝ481.13

内容 鼻が長いどうぶつは？ くちばしの先に鼻のある鳥は？ マンドリルの鼻の色とデザインが，とってもはでなのはなぜ？

### バナナの日
日付の数字「8」「7」の語呂合せから。日本バナナ輸入組合が制定。

『バナナのはなし』伊沢尚子文，及川賢治絵 福音館書店 2013.3 27p 26cm （かがくのとも絵本）900円 Ⓘ978-4-8340-2765-5 Ⓝ625.81

『ちびまる子ちゃんのくだものだいすきえほん バナナのまき』さくらももこ原作，藤田智監修 金の星社 2011.8 28p

23×23cm 1300円 Ⓘ978-4-323-03943-5 Ⓝ625

目次 まるちゃんバナナってすごい!? のまき，バナナだいかいぼう，バナナにだいせっきん！，こんなところにも！ バナナだいにんき！，バナナのすごさにちゅうもく！，それゆけバナナちょうさたい！，バナナのうわさうそ？ ほんと？，まるちゃんのおうちのひとといっしょにクッキング！—おかし，バナナがとれるまでをみてみよう！

内容 まるちゃんの楽しいお話を読むと，ますますくだものに興味がもてて，好きになります。身近にあるけれど意外と知らないくだものの種類やレシピ，生長して実ができるまでを，まるちゃんといっしょに見てみましょう！ くだものはかせになれる絵本。

『バナナ』天野實指導，斎藤雅緒絵 フレーベル館 2007.8 27p 27cm （フレーベル館だいすきしぜん たべもの 1）1000円 Ⓘ978-4-577-03435-4 Ⓝ625.81

『バナナです』川端誠作 文化出版局 1984.9 1冊 18×19cm 500円

## 《8月8日》

### そろばんの日
日付の数字「8」「8」と，そろばんを弾く「パチパチ」という音の語呂合わせによる。全国珠算教育連盟が1968年に制定。

『小学生のそろばん—いしど式でやさしく教える！ おうちで伸ばす計算力・集中力』石戸珠算学園監修 メイツ出版 2018.3 144p 21cm （パパ！ ママ！教えて！）1480円 Ⓘ978-4-7804-1982-5 Ⓝ418.9

目次 1 そろばんのきほん（部分の名前をおぼえよう，たまの上下で数をあらわす ほか），2 たしざん・ひきざんのきほん（1だまを上下させてみよう，5だまを上下させてみよう ほか），3 くりあがり・くりさがりのけいさん（一の位だけでたせないときは左におく，表を読んでからたまを動かす ほか），4 かけざん（かけざんのきほんをおぼえる，定位シールを指でおさえてけいさんする ほか），5 わりざん（かけざんを使わずにわりざんをする，こたえを1けたとんでおく ほか），6 かけざん・わりざんレベルアップ（「じゅう」がついたらそのままたす，「じゅう」がつかないならとなりにたす ほか）

内容 はじめてでも図解で簡単！ たまの読み方・あつかい方から，基本のたし算・ひき算，かけ算・わり算まで。実績のあるメソッドでムリなくステップアップ！

『算数が得意になる！ カラーそろばんBOOK』宮本裕史監修 宝島社 2015.

12　80p　26cm　1680円　①978-4-8002-4674-5　Ⓝ418.9

## 『集中力＆計算力アップ！　かならずわかる！　はじめてのそろばん』 堀野晃監修
ナツメ社　2015.1　191p　21cm　〈珠算検定10級〜3級に対応！〉1000円　①978-4-8163-5748-0　Ⓝ418.9

目次　1章 そろばんの基本，2章 たし算とひき算，3章 かけ算，4章 わり算，5章 暗算，6章 検定試験にチャレンジ

内容　能力アップ！　学習法もアドバイス。珠算検定10級〜3級に対応！　たし算・ひき算・かけ算・わり算はもちろん，小数の計算や暗算もこれ1冊でわかる！

## 『算数に強くなる！　小学生のそろばんセット』 高柳和之監修　成美堂出版
2011.8　112p　23×28cm　1600円　①978-4-415-31128-9　Ⓝ418.9

目次　1章 そろばんをさわってみよう（そろばんの各部の名前，0〜9のあらわしかた ほか），2章 そろばんで数をあらわしてみよう（数のあらわしかた，数をよんでみよう ほか），3章 かんたんな計算をしてみよう（かんたんなたし算のやりかた，かんたんなたし算の練習 ほか），4章 5を使う計算をしてみよう（5を使うたし算のやりかた，5を使うひき算のやりかた ほか），5章 くり上がり・くり下がりのある計算をしてみよう（くり上がり・くり下がりのある計算のやりかた，くり上がり・くり下がりのある計算の練習 ほか）

内容　たまの動かしかたからたし算・ひき算まで，これ1冊でそろばんの基本がバッチリ。

## 『一番わかりやすいそろばん教室―ほんとうに頭がよくなる』 堀野晃著　PHP研究所　2011.4　127p　26cm　1200円
①978-4-569-79565-2　Ⓝ418.9

目次　1 はじめに（そろばんの数を読む，そろばんに数を表す），2 たし算・ひき算（やさしいたし算，やさしいひき算 ほか），3 かけ算（1けた×1けたの計算，2けた×1けたの計算 ほか），4 わり算（わり算に入る前に，÷1けた＝1けたの計算 ほか），5 活かそう！　そろばん（時刻と時間，長さ・かさ・重さ ほか）

## 『はじめてのそろばん入門―みんなで脳トレ！』 金園社企画編集部編　金園社
2011.2　88p　26cm　840円　①978-4-321-46301-0　Ⓝ418.9

目次　1章 そろばんの基本，2章 たし算をおぼえよう！，3章 ひき算をおぼえよう！，4章 小数の計算をおぼえよう！，5章 あん算をおぼえよう！，6章 かけ算をおぼえよう！，7章 わり算をおぼえよう！，8章 チャレンジ問題 もっと計算してみよう！

内容　頭と指先を使ってみんなで脳トレ。チャレンジ問題でステップアップ。

## 『音がでる10玉そろばんかずのおけいこ』
ヤマタカ・マキコ絵，トモエそろばん監修　ポプラ社　2010.6　22p　22cm　（音のでる・知育絵本 13）〈音声情報あり〉1880円　①978-4-591-11833-7　Ⓝ410.7

目次　ステップ1（1から5のかず，6から10のかず，かぞえてみよう），ステップ2（かずとすうじ，0というかず，かぞえてみよう），ステップ3（いくつといくつ，10をつくろう）

内容　10玉そろばんであそんでおぼえるかずのおけいこ。かわいいイラストでたのしくおけいこ，ゆびをつかって，10玉そろばんでかずをかくにんしよう，ボタンをおしてたまのかずをこえとがめんでかくにん。かずのもんだいもいっぱい。算数につよい脳をそだてる。

## 『いちばんわかりやすいそろばん入門』 高柳和之監修　成美堂出版　2009.4　175p
21cm　950円　①978-4-415-30469-4　Ⓝ418.9

目次　1章 そろばんを知ろう，2章 たし算・ひき算（みとり算），3章 かけ算，4章 わり算，5章 小数のかけ算・わり算，ふろく 暗算をしてみよう！

内容　たし算・ひき算からかけ算・わり算までイラストを見ながらたまの動かし方を楽しく練習できる。

## 『はじめよう!! そろばん―右脳キッズ 神林式脳力開発法　2』 神林茂，陰山英男監修，西貝翼作，本山一城漫画　IEインスティテュート　2006.4　116p　19cm　〈発売：泰文堂〉890円　①4-8030-9002-5　Ⓝ418.9

目次　あついぞ！　そろばん，イメージトレーニング，けいさんしてみよう，みんなでそろばん，かくにんドリル

## 『はじめよう!! そろばん―右脳キッズ 神林式脳力開発法　1』 神林茂，陰山英男監修，西貝翼作，本山一城漫画　IEインスティテュート　2006.4　116p　19cm　〈発売：泰文堂〉890円　①4-8030-9001-7　Ⓝ418.9

目次　すごいぞ!! そろばん，はじめてのそろばん，珠のはじきかた，けいさんをしてみよう（1けたのけいさん），めざせ!! にっぽんいち，めいろをぬけよう!!（イメージ力トレーニング），かくにんドリル

## 『やさしいそろばん入門―「脳力」がぐんぐん伸びる！』 和田秀樹著，堀野晃監修　瀬谷出版　2005.9　135p　26cm　1400円　①4-902381-06-0　Ⓝ418.9

## 『たのしいそろばん教室』 加山和男著　池田書店　2004.12　239p　21cm　1200円　①4-262-14712-6　Ⓝ418.9

目次　第1章 そろばんをはじめよう，第2章 たし算とひき算（みとり算），第3章 かけ算，第4章 わり算，第5章 小数のかけ算とわり算，第

6章 暗算（珠算式暗算），第7章 検定問題（模擬）＆解答

内容 珠算検定10級〜3級，暗算検定8級〜3級に対応。

---

## おばあさんの日

日付の数字「8」「8」を「ばあば」と読む語呂合せから。おばあさんに感謝する日。伊藤忠食品が制定。

---

『**おばあちゃんが、ぼけた。**』 村瀬孝生著
増補新版 新曜社 2018.5 185p 19cm（よりみちパン！ セ YP05）〈初版：理論社 2004年刊〉1300円 ①978-4-7885-1566-6 ⑩369.263
目次 老人ホームは姥捨山!?（リポビタンDばあさん，H2Oじいさん ほか），生きることにつきあう！（柿どろぼうがおる！，涙のお別れなのに… ほか），死につきあう？（美しい。ぴしゃりとしる。，形見分けのちゃぶ台 ほか），ふつうに生まれて，ふつうに死ぬこと（生まれる，働く ほか），その後も，おばあちゃんは，ぼけた（あっ，花が咲く，婦人の滝 ほか）
内容 人間は一生まれる/遊ぶ/働く/愛する/死ぬ。しかも，ぼける。ならば，混沌をおそれず，感性をぼけに沿ってゆるめていこう。この1冊でぼけを丸ごと学ぼう！

『**おばあちゃん、おじいちゃんを知る本　4
おとしよりをささえる―施設と制度**』 小島喜孝編，江頭恵子文，水野あきら絵　矢部広明監修　大月書店 2016.3 39p 27cm 2500円 ①978-4-272-40298-4 ⑩367.7
目次 定年後も20〜30年の人生がある，おとしよりがいきいきとすごせる場所がある，おとしよりのくらしをささえる年金保険のしくみ，おとしよりの健康をささえる医療保険のしくみ，おとしよりをささえる介護保険のしくみ，おとしよりをささえる介護サービスと施設，元気なおとしよりのための施設，自宅で受ける介護サービス，通って受ける介護サービス，福祉用具を利用する，施設に入って受ける介護サービス，知っておきたいそのほかの介護サービス，2025年問題とは？，介護職員はあと80万人必要，訪問介護員（ホームヘルパー）の仕事，介護福祉士という仕事，介護支援専門員（ケアマネージャー）という仕事

『**おばあちゃん、おじいちゃんを知る本　1
しわがふえ、しらがになるのはなぜ？―生命と老化**』 小島喜孝，矢部広明編，江頭恵子文，水野あきら絵　丸山直記監修　大月書店 2016.1 40p 27cm 2500円 ①978-4-272-40295-3 ⑩367.7
目次 生きものはすべて老化する，しわができるのはなぜ？，どうして髪の毛が白くなるの？，からだにしみができるのはなぜ？，どうして耳がきこえにくくなるの？，目がよく見えなくなるのはなぜ？，腰がまがる，背中がまるくなるのはどうして？，歩くのがゆっくりになるのはなぜ？，息切れがひどくなる，ひざが痛くなる，夜中に目がさめ，朝早く起きる，何度もトイレに行きたくなる，便秘しやすくなる，歯が抜けるのは老化ではない，味つけが濃くなる，食べていても栄養失調になる，暑さ，寒さを感じにくくなる，寝たきりになるのは，人間だけ，人は老いてなお成長する

『**おばあちゃん、おじいちゃんを知る本　2
どうしてすぐに忘れちゃうの？―認知症と病気**』 小島喜孝，矢部広明編，江頭恵子文，水野あきら絵　井藤英喜監修　大月書店 2015.11 40p 27cm 2500円 ①978-4-272-40296-0 ⑩367.7
目次 老化によるもの忘れと，認知症によるもの忘れ，家族が認知症に気づくとき，認知症にはいくつかの種類がある，認知症に共通の症状と人によってちがう症状（すぐに忘れてしまう，T（時間）→P（場所）→P（人）の順にわからなくなる，世話をしてくれる人にはこまった症状がより強く出る，感情のコントロールができない，まだらボケ〔できたり・できなかったり，認知症の人の反応はあなたの心を映し出す鏡〕〔ほか〕

『**おばあちゃん、おじいちゃんを知る本　3
こんなとき、どうする？―介助と救急**』 望月彬也監修，小島喜孝，矢部広明編，江頭恵子文，水野あきら絵　大月書店 2015.9 39p 27cm 2500円 ①978-4-272-40297-7 ⑩367.7
目次 街でおとしよりを見かけたら，歩行介助はななめうしろに立って，つえは悪い足の反対側の手で持つ，車いすを押すときの注意，足もとをふせぐにはゆっくりおきあがる，転ばないように，バランス感覚を高める，おばあちゃんは骨折しやすい，のどにものがつまって息ができないとき，入れ歯を飲みこんでしまうことも多い，食べるよろこびを大切に，自助具を利用して，「自分でできる」ことを大切に，着がえは痛みやマヒのあるほうから，おふろは2番めか3番めに，寝返りを手伝うコツ，トイレのお手伝いはプライドを大切にして，低温やけどに注意，心臓が痛い・苦しい，けいれんが起きたら，ボランティアに参加してみよう

『**さようなら、おばあちゃん**』 メラニー・ウォルシュさく，なかがわちひろやく　ほるぷ出版 2014.2 〔40p〕 28cm 1600円 ①978-4-593-50558-6 ⑩114.2
内容 どうしてみんなしんじゃうの？ おばあちゃんはもういないの？ パパとママも，しんじゃうの？ 「死」に関する子どもの疑問に，わかりやすくこたえる。大切なひとの死に直面した子どもたちに読んであげたい絵本。しかけつき。4、5歳から。

8月9日 / 8月

『だいじょうぶだよ、おばあちゃん―介護のえほん』 福島利行文，塚本やすし絵 講談社　2012.9　32p　27cm　（講談社の創作絵本）1500円　①978-4-06-132526-5　Ⓝ369.26

目次 体のケア，心のケア

内容 田舎のおばあちゃんが、転んでけがをして、歩けなくなってしまった。おじいちゃんがずっと付き添って「介護」をしているそうだけど、「介護」ってなんだろう？　どんなことをしているのかな？　ぼくたちにも、何か手伝えることってあるのかな…？　私たちが、いつかは必ず向き合わなければならない「介護」。子どもたちにも知ってほしい、お年寄りとの関わり方を描いた絵本です。

《8月9日》

長崎原爆記念日

太平洋戦争末期の1945年の8月9日に長崎市に原子爆弾が投下された。原爆反対の平和祭の日。例年原爆犠牲者慰霊平和祈念式典を行っている。

『ナガサキの命―伝えたい、原爆のこと』 吉永小百合編，男鹿和雄カバー絵挿絵，YUME挿絵，筒井茅乃文　KADOKAWA　2015.11　155p　18cm　（角川つばさ文庫Dよ1-2）〈「娘よ、ここが長崎です」（くもん出版　2007年刊）の改題、手記・詩を追加〉600円　①978-4-04-631551-9　Ⓝ210.75

目次 第1部　「娘よ、ここが長崎です」筒井茅乃（つばきの木のある家で、木場へ、その日、浦上は、第十一救護班、アンゼラスの鐘は残った、床についたお父さんの死、時は流れて、娘よ、ここが長崎です）、第2部「手記」（荻野美智子（当時十歳）、深堀葉子（当時十一歳））、「原爆詩集」（母を恋うる歌　福田須磨子、帰り来ぬ夏の思い　下田秀枝、入浴　福田須磨子、原爆のうた　福田須磨子、あの雲消して　香月クニ子、花こそはこころのいこい　福田須磨子）

内容 1945年8月9日、それはとても静かな、夏の日でした。せみの声しか聞こえません。―ピカッグォーッ！　とつぜん投下された一発の原子爆弾によって、長崎の町は一瞬で廃墟となりました。そしてたくさんの命が炎に焼かれました。3歳の茅乃が体験したこのお話は、すべて「本当にあったこと」なのです。さらに原爆詩6編と手記2編を収録。"核のない世界"を強く願う、吉永小百合の平和への思いあふれる一冊！　小学中級から。

『もういやだ―原爆の生きている証人たち』 長崎原爆青年乙女の会編　日本ブックエース　2014.6　222p　19cm　（平和文庫）〈「日本の原爆記録　第4巻」（日本図書センター　1991年刊）の抜粋　発売：日本図書センター〉1000円　①978-4-284-80227-7　Ⓝ210.75

目次 第1部　午前十一時二分（直美と生きる（江頭千代子）、死んではならない（吉田勝二）、耳にしみわたる声（下平作江）、環らぬ姉（前川誠）、真っ白な骨の海（宮本スミエ）、青い空の何処かで（永江シズ子））、第2部　生命ある草（虐げられた命、十一年目の夏、いけにえはもうたくさんだ、子らの訴え）、第3部　生きていてよかった（生きていてよかった、世界大会によせる、平和へ手をつなぐ母）

『せんそうってなんだったの？―語りつぎお話絵本　第2期10　それでも星はかがやいていた―長崎原爆、生死を分けた運命』 田代脩監修　光丘真理文，藤本四郎絵　学研教育出版　2014.2　31p　27cm　〈文献あり　年表あり　発売：学研マーケティング〉1500円　①978-4-05-501033-7　Ⓝ210.75

『原爆廃墟から生きぬいた少女―下平作江さんの証言』 下平作江証言，井上幸雄絵　長崎　長崎文献社　2014.1　16,16p　31×43cm　（学習絵本・長崎の証言 2）〈構成：末永浩　左右同一ページ付〉2000円　①978-4-88851-207-7　Ⓝ210.75

『長崎原爆記―被爆医師の証言』 秋月辰一郎著　日本ブックエース　2010.11　233p　19cm　（平和文庫）〈発売：日本図書センター〉1000円　①978-4-284-80098-3　Ⓝ210.75

目次 第1章　八月九日の長崎、第2章　医療活動の開始、第3章　紫黒色の死、第4章　死の同心円、第5章　救いの雨、第6章　永井先生との再会、第7章　原子野にたたかう、付　永井隆先生と私

内容 この記録は、昭和二十年八月九日、長崎原爆投下以降の被爆地について被爆医師が書き綴ったものである。

『娘よ、ここが長崎です―永井隆の遺児、茅乃の平和への祈り』 筒井茅乃作、松岡政春、保田孝写真　くもん出版　2007.7　206p　21cm　〈1985年刊の新装版　年譜あり〉1300円　①978-4-7743-1241-5　Ⓝ210.75

目次 つばきの木のある家で、木場へ、その日、浦上は、第十一救護班、アンゼラスの鐘はのこった、太陽の島、宇久島へ、床についたお父さん、時はながれて、心にともる愛の火は

内容 戦争の悲惨さ平和の尊さをわすれないために。原爆のおそろしさをうったえた永井隆博士の遺児茅乃が、次の世代に今かたりつたえる。

『長崎原爆資料館と戦跡めぐり』 佐藤広基,
本地桃子イラスト・文　汐文社　2004.12
47p　27cm　（平和博物館・戦跡ガイド
ビジュアル版 2）　2000円　Ⓘ4-8113-
7882-2　Ⓝ210.75
[目次] 平和祈念式典の夜, 原子爆弾, 原爆資料
館, 国立長崎原爆死没者追悼平和祈念館, 平
和公園マップ, 近現代戦跡めぐりマップ, 遠方
戦跡めぐり―路面電車にのって, 被爆樹木・
寺マップ, 岡まさはる記念長崎平和資料館,
軍艦島―端島, 被爆体験―池原キミ子さん

『天主堂も友達も消えた！―長崎への原爆
投下』 安斎育郎文・監修　新日本出版社
2004.10　31p　27cm　（語り伝えるヒロ
シマ・ナガサキ ビジュアルブック　第2
巻）　1800円　Ⓘ4-406-03114-6　Ⓝ210.75
[目次] 原爆が落とされる前の長崎, 原爆が落と
された後の長崎, 被爆体験ナガサキ（被爆証言
1・人間らしく死ぬことも生きることもできな
い, 下平作江さん（近距離被爆者）の体験, 原
爆って何？　長崎原爆の基本データ ほか）,
つづく苦しみ（被爆証言3・絶望と怒りで全身が
ふるえた, 山口仙二さん（学徒動員で被爆）の
体験, Q&A広島や長崎には, 今でも放射能は
残っているの？　ほか）, 長崎の死者のデータ
[内容] 原爆被爆の実相と平和の尊さを伝えるビ
ジュアルブック。わすれないで！　家族が突
然消えたあの日のことを…。

『15歳のナガサキ原爆』 渡辺浩著　岩波書
店　2002.11　185p　18cm　（岩波ジュニ
ア新書）　780円　Ⓘ4-00-500416-4
Ⓝ210.75
[目次] 1 ナガサキを知っていますか, 2 小国民
と戦艦「武蔵」, 3 戦争している国の中学生,
4 一九四五年八月九日, 5 われわれの8.9, 6
爆心地をこえて, 7 再び爆心地へ, 8 ナガサ
キ・デイ・アフター
[内容] 小学一年の時から戦争だった長崎のまち
で, 戦艦武蔵の雄姿に胸おどらせた少年が,
やがて軍事教練, 勤労動員, 空襲と戦争の渦
にまきこまれる。そして15歳の夏, 惨劇は起
こった。今こそ語りたい, あの日に見た地獄
のこと, 死んでいった同級生や家族のこと。
21世紀を生きていく人々への被爆者からの
メッセージ。

## ハンバーグの日

日付の数字「8」「9」を「ハンバーグ」と読
む語呂合せから。味のちぬやが制定。夏休
みの期間中でもあるこの日にハンバーグを
さらに食べてもらいたいという意図で制定
された。

『つくりかたがよくわかるお料理教室　3
ハンバーグ』 かんちくたかこ調理・文,

川嶋隆義写真　岩崎書店　2018.1　31p
29cm　2400円　Ⓘ978-4-265-08613-9
Ⓝ596

『ハンバーグ』 尾崎美紀ぶん, 中村景児え,
町田順一監修　チャイルド本社　2012.6
28p　22×25cm　（たべるのだいすき！
食育えほん 2-3）　571円　Ⓘ978-4-8054-
3765-0　Ⓝ596.33

## 野球の日

日付の数字「8」「9」の語呂合せと全国高校
野球大会の期間中であることから。スポー
ツ用品メーカー・ミズノの直営店・エスポー
トミズノが制定。

『マンガでよくわかる少年野球　攻撃編』
大泉書店編集部編　大泉書店　2018.5
127p　21cm　（012ジュニアスポーツ）
1000円　Ⓘ978-4-278-04951-0　Ⓝ783.7
[目次] 1 どうやったら打てるの？（バットを握
る, バットをかまえる ほか）, 2 ヒットを打
ちたい（インコース・アウトコースを打つ, 高
い球・低いボールを打つ ほか）, 3 次の
塁に進みたい（1塁まで走る, 1塁でリードをす
る ほか）, 4 1点を取るために（“攻撃”を考え
る, 集中力を高める ほか）
[内容] 強打者になる！　走りのスペシャリスト
になる！　打撃と走塁の基本と練習法がマン
ガでたのしくわかる！

『マンガでよくわかる少年野球　守備編』
大泉書店編集部編　大泉書店　2018.5
127p　21cm　（012ジュニアスポーツ）
1000円　Ⓘ978-4-278-04952-7　Ⓝ783.7
[目次] 1 どうやったら投げられるの？（ボール
を握る, ボールを投げる ほか）, 2 ピッ
チャーを目指す！（ピッチングの流れ, さまざ
まな投げ方 ほか）, 3 ボールが捕れない⁉（ポ
ジションとかまえ方, ゴロを捕る ほか）, 4
守備で活躍したい（“守備”を考える, ダブルプ
レー（内野） ほか）
[内容] エースになる！　守りのスペシャリスト
になる！　投手と内野・外野守備の基本と練
習法がマンガでたのしくわかる！

『高校野球のスゴイ話』 『野球太郎』編集
部著　図書館版　ポプラ社　2016.4
230p　18cm　（スポーツのスゴイ話 2）
〈文献あり〉　1200円　Ⓘ978-4-591-14889-
1　Ⓝ783.7
[目次] 第1章 熱いぞ！　甲子園熱球物語（田中
将大と斎藤佑樹, 伝説の延長17回―横浜高校
vs.PL学園, 5打席連続敬遠が, 松井秀喜とい
う大打者をつくりあげた！, 君はKKコンビを
知っているか？, 甲子園史上最強の怪物―江
川卓, 沖縄野球50年の道のり, 池田高校野球
部物語, 「史上最高の試合」はまだつづいてい

**8月9日**　　　　　　　　　　　　　　　　　　8月

る！―箕島vs.星稜 延長18回），第2章 甲子園
なんでも情報（甲子園大会の歴史，甲子園球場
の歴史，夏の甲子園の記録，なんでもナン
バーワン！，夏の甲子園『珍』事件簿）
内容 「田中将大と斉藤祐樹」「伝説の延長17回
―横浜高校vs.PL学園」など甲子園をめぐる熱
戦の物語から甲子園の大会や球場の歴史など，
高校野球のおもしろいエピソードがもりだく
さん！　現役プロ選手もたくさん登場します。

『メジャーリーグのスゴイ話』　『野球太郎』
編集部著　図書館版　ポプラ社　2016.4
221p　18cm　（スポーツのスゴイ話 4）
〈文献あり〉1200円　①978-4-591-14891-
4　Ⓝ783.7
目次 第1章 ニューヨーク・ヤンキースを知ろ
う（大人気のヤンキースはどんなチーム，ヤン
キースの歴史に残る名選手たち），第2章 メ
ジャーリーグってどんなリーグ？（メジャー
リーグのはじまりと歴史，ナショナル・リーグ
とアメリカン・リーグ，世界一になるまで
最大182試合，日本とちがうドラフトとFAの
つながり，メジャーリーガーになるには？，
日米野球の歴史，メジャーの魅力を日本に伝
えてくれた人―パンチョ伊東さん），第3章 メ
ジャーリーグのスゴイ選手たち（日本人メ
ジャーリーガー，現役のスゴイ選手たち，伝
説のスゴイ投手たち，伝説のスゴイ野手たち，
伝説のスゴイ監督＆球団オーナー，GM），第
4章 メジャーリーグのスゴイ話（メジャーリー
グおもしろエピソード）
内容 「大人気のヤンキースはどんなチーム」
「メジャーリーグおもしろエピソード」など日
本人選手も多く活躍するメジャーリーグのキ
ソのキソを紹介します。スケールの大きな
『スゴイ話』が盛りだくさんです！

『野球パーフェクト図鑑』　二宮清純監修
ポプラ社　2016.4　159p　27cm　（もっ
と知りたい！図鑑）〈索引あり〉4900円
①978-4-591-14833-4　Ⓝ783.7
目次 野球の歴史，日本のプロ野球，日本のア
マチュア野球，世界の野球，野球の国際大会，
野球のルールと技術や作戦，さまざまな野球
の用具，プロ野球12球団の選手，野球の応援，
野球に似たスポーツ，野球の記録と賞

『Q&A式しらべる野球　4　世界の野球事
情』　ベースボール・マガジン社編　ベー
スボール・マガジン社　2010.3　31p
29cm　〈索引あり〉2200円　①978-4-583-
10199-6　Ⓝ783.7
目次 IBAF（国際野球連盟）に加盟している国
と地域で，いちばん多いのはどこ？，メ
ジャーリーグって，IBAF（国際野球連盟）に
加盟しているの？，野球にも「ワールドカッ
プ」とよばれる世界大会があるって，ほん
と？，インターコンチネンタルカップって，
なに？，野球がはじめてオリンピックの正式

種目となったのは，いつ？，オリンピックっ
て，プロ選手も参加できるの？，オリンピッ
クから野球がきえるって，ほんと？，WBC
（ワールド・ベースボール・クラシック）がで
きたきっかけは？，WBCのトーナメントで
は，負けてもつぎの試合ができるって，ほん
と？，WBCだけにある独特のルールは，つぎ
のうちどれ？〔ほか〕
内容 メジャーリーグの魅力や，WBC，オリ
ンピックなど，世界の野球事情に関する25問。

『Q&A式しらべる野球　3　ルール・技術』
ベースボール・マガジン社編　ベース
ボール・マガジン社　2010.1　31p
29cm　〈索引あり〉2200円　①978-4-583-
10198-9　Ⓝ783.7
目次 野球の大きな特徴はなに？，野球では，
ひとつのプレーで最高何点が入る？，守る場
所は，ポジションごとに決まっているって，ほ
んと？，日本では3番，4番，5番めに打つバッ
ターを，まとめてなんとよぶ？，つぎのうち，
ストライクにならないのはどれ？，ランナー
がいるときのピッチャーの反則を，なんとい
う？，ピッチャーがランナーのいる塁に投げ
るボールを，なんという？，ワインドアップポ
ジションとよばれる投球フォームは，どれ？，
ピッチャーとキャッチャーの組みあわせを，
なんとよぶ？，バッターの打つ位置について，
まちがっている説明は，どれ？〔ほか〕
内容 『Q&A式しらべる野球』は，みなから愛
されている野球のことを，もっと知ってもら
いたいという思いから生まれました。さあ，
この本で，野球についての正しい知識をつけ
ていきましょう。

『Q&A式しらべる野球　2　用具・球場』
ベースボール・マガジン社編　ベース
ボール・マガジン社　2009.11　31p
29cm　〈索引あり〉2200円　①978-4-583-
10197-2　Ⓝ783.7
目次 口野球でつかわれるボールの中身は，な
に？，軟式ボールについて，まちがっている
説明は，どれ？，昔は，打つところがたいら
なバットがあったって，ほんと？，バットの
芯って，どこ？，イチロー選手が1年間に注文
するバットの数は，およそ何本？，プロ野球
のバットのきまりとしてまちがっている説明
は，どれ？，日本の硬式野球で金属バットが
みとめられているのは，つぎのどれ？，下の
写真のなかで，ピッチャーグラブはどれ？，
ファーストミットの特徴は，つぎのどれ？，野
球のユニフォームには，ボロボロだといけな
いというきまりがあるって，ほんと？〔ほか〕

『Q&A式しらべる野球　1　歴史と発展』
ベースボール・マガジン社編　ベース
ボール・マガジン社　2009.9　31p
29cm　〈索引あり〉2200円　①978-4-583-
10196-5　Ⓝ783.7
目次 野球はどこで生まれたの？，アメリカで
は，戦争がきっかけで野球が広まったって，
ほんと？，日本に野球が入ってきたのはい
つ？，「死球」「四球」などの野球用語をつ

くった有名な俳人はだれ？，東京六大学リーグがはじまった年は？，高校野球の全国大会は，ずっと甲子園球場でおこなわれてきたって，ほんと？，高校野球の「センバツ」って，なに？，都市対抗野球大会って，どんな大会？，元メジャーリーガーがつくった球団は，つぎのどれ？，社会人クラブチームをつくったタレントは，つぎのうちのだれ？　〔ほか〕

目次 野球の生まれ故郷や，日本でプロ野球が生まれた年など，野球の歴史と発展に関する25問。

『野球』 こどもくらぶ編　ほるぷ出版
2005.12　71p　29cm　（スポーツなんでも事典）〈年表あり〉3200円　①4-593-58401-9　Ⓝ783.7

目次 歴史，用具，野球場，ルール，審判，選手の役割，球種，少年野球，高校野球，大学野球〔ほか〕

内容 野球の歴史や道具のことから，日本のプロ野球やメジャーリーグ，そして世界の野球事情まで。野球にかかわるさまざまなことがらをテーマごとにまとめて解説した，ヴィジュアル版子ども向け野球事典です。野球について，なにを，どのように調べたらよいかがわかります。

『野球のひみつ』 谷沢健一監修，中川よしあきまんが　学習研究社　2005.4　140p　23cm　（学研まんが新ひみつシリーズ）880円　①4-05-202130-4　Ⓝ783.7

目次 日本中が注目した試合，野球が生まれた，日本の野球の歴史，野球少年のあこがれ甲子園，日本のアマチュア野球，世界の野球，ピッチングのひみつ，バッティングのひみつ，守備のひみつ，ルールのひみつ，スタジアムのひみつ，ゲームのおもしろさのひみつ，プロ野球珍プレー集，野球ミニ用語事典

内容 本書は，野球の歴史や，野球の楽しみ方など，野球のいろいろなひみつを，まんがでわかりやすく紹介したものです。知って得するまめちしきや，野球ミニ用語事典もついています。

《8月10日》

### 道の日

1920年の8月10日に日本初の近代的道路整備計画となる「第一次道路改良計画」が始まったことから。建設省が1986年に制定。また8月は「道路ふれあい月間」として，各地で道路に関するPR活動が行われている。

『見学しよう工事現場　7　道路』 溝渕利明監修　ほるぷ出版　2013.2　47p　28cm　2800円　①978-4-593-58677-6　Ⓝ510

目次 第1章 鹿部道路の工事現場（道路の工事現場をたずねてみよう，工事現場にはいってみよう，工事現場で見つけた車両や機械，工事現場の1日，鹿部道路ってどんな道路？　ほか），第2章 いろいろな道路（世界の道路，日本の道路）

内容 この巻は，道路の工事現場を紹介します。道路は，人や車が行き来するところで，古代からありました。私たちが使っているようなアスファルトの道路は，自動車の普及とともに発展してきました。ここでは，北海道の森林を切りひらき，新たに道路をつくっていくダイナミックな工事現場を見学してみましょう。

### 帽子の日

日付の数字「810」を「ハット」と読む語呂合せから。全日本帽子協会が制定。

『帽子とヘアスタイル』 ほるぷ出版　2014.8　31p　29cm　（ビジュアルでわかる世界ファッションの歴史　ヘレン・レイノルズ文，徳井淑子監修）〈翻訳協力：バベル　年表あり　索引あり〉2800円　①978-4-593-58710-0　Ⓝ383.2

目次 帽子とヘアスタイル，ヘアスタイルの歴史，新しいヘアスタイル，かつらのいろいろ，さまざまなかざりつけ，宗教と儀式，天候から身を守る，英雄のヘルメット，スカーフとターバン，背の高い帽子，平らな帽子，奇抜なデザイン，帽子と髪に関する技術

《8月11日》

### 山の日

8月11日。国民の祝日。山に親しむ機会を得て，山の恩恵に感謝する日。2020年に限り東京オリンピックの閉会式の翌日に当たる8月10日に変更。

『山のこと』 キャスリン・シル文，ジョン・シル絵，新美景子訳　町田　玉川大学出版部　2013.7　43p　23×26cm　（自然スケッチ絵本館）1700円　①978-4-472-05928-5　Ⓝ454.5

内容 山ってどんな場所でしょう？　ヒマラヤ山脈，アンデス山脈…山は世界のどの大陸にもあります。さあ，広々とした自然の世界へ出かけましょう！　シンプルな説明と美しい細密画のコラボレーションによる環境生態絵本。巻末に，登場した自然環境や生き物の解説付き。

『山に木を植えました』 スギヤマカナヨ作，畠山重篤監修　講談社　2008.5　1冊

21×22cm 1300円 ①978-4-06-214665-4 Ⓝ468

内容 みんな、みんなつながっている。葉っぱも、魚も、太陽も、クマも、ドングリも、テントウムシも、カニも、トンボも、コンブも、地球も、クジラも、プランクトンも、ぼくたちも。漁師さんの森づくり「森は海の恋人」活動20周年。

『山の自然教室』 小泉武栄著 岩波書店 2003.7 204p 18cm （岩波ジュニア新書）780円 ①4-00-500443-1 Ⓝ450.91

目次 1 すばらしい山の世界、2 高山と高山植物、3 山に登るための準備、4 高尾山を歩いてみよう、5 富士山の自然観察、6 北八ヶ岳で縞枯れを見る、7 尾瀬を歩こう、8 紀伊山地・大峰山を訪ねる、9 北アルプス・白馬岳に登る、10 南アルプス・北岳に登る

内容 大雪渓とお花畑の白馬岳、縞枯れ現象が観察できる北八ヶ岳、ミズバショウと地塘の尾瀬、南アルプス北岳にしか咲かないキタダケソウ…。日本の山は不思議と楽しさがいっぱい。気軽に登れる高尾山から日本アルプスの山々まで、地形・地質、高山植物など、バラエティーに富んだ自然の宝庫をガイドする。

《8月12日》

### 国際青少年デー

国連が2000年に制定。青少年に関する問題について啓発活動を行う。「国際ユースデー」とも。

『自分のことがわかる本―ポジティブ・アプローチで描く未来』 安部博枝著 岩波書店 2017.9 166p 18cm （岩波ジュニア新書 860）800円 ①978-4-00-500860-5 Ⓝ159.5

目次 1 自分に自信がもてますか？―自分の強みに目を向けよう、2 今の自分を深く知ろう―自分のこと、どのくらい知っていますか？、3 自分の世界を拡げよう―あなたが見ている世界は何色ですか？、4 ポジティブ・アプローチでコミュニケーションがラクになる―苦手な人を避けていませんか？、5 未来の私たちが生きる世界―私たちが生きる社会はこれからどう変わるのか？、6 今、ここからの私―ポジティブ・アプローチで未来を描こう

内容 人材育成・キャリアデザイン研修に長く携わってきた著者が、ポジティブ・アプローチの考え方を使って、若い世代が前向きにキャリアをデザインしていくための方法を紹介します。「自分の良いところ」に気付く自分発見シートや「なりたい自分」に近づくため

の未来年表などを使って、未来の自分を描いてみませんか。

『おとなになるってどんなこと？』 吉本ばなな著 筑摩書房 2015.7 125p 18cm （ちくまプリマー新書 238）680円 ①978-4-480-68942-9 Ⓝ159.5

目次 第1問 おとなになるってどんなこと？、第2問 勉強しなくちゃダメ？、第3問 友だちって何？、第4問 普通ってどういうこと？、第5問 死んだらどうなるんだろう？、第6問 年をとるのはいいこと？、第7問 生きることに意味があるの？、第8問 がんばるって何？

内容 勉強のこと、友だちのこと、死、そして生きること…人生の根幹に関わる大切な八つのことについて、これから大人になる子どもたち、そして大人になるって難しい…と思っている人たちへ向けたメッセージ。

『中学生までに読んでおきたい哲学 7 人間をみがく』 松田哲夫編 あすなろ書房 2012.8 251p 22cm 1800円 ①978-4-7515-2727-6 Ⓝ108

目次 宿屋の富（古今亭志ん生（演））、蜻蛉玉（内田百閒）、へそまがり（中川一政）、贅沢/貧乏（吉田健一）、ほめる（須賀敦子）、人間の季節（白洲正子）、叱る・しかる・怒る（串田孫一）、甘さと辛さ（湯川秀樹）、イヤなやつ（河盛好蔵）、遠い山をみる眼つき（大庭みな子）〔ほか〕

《8月13日》

### 怪談の日

タレントの稲川淳二が2013年に制定。1993年8月13日から自身で行っている「MYSTERY NIGHT TOUR 稲川淳二の怪談ナイト」20周年連続公演を記念して。

『こども妖怪・怪談新聞―どこから読んでもオソロシイ』 水木プロダクション、日本民話の会監修 世界文化社 2017.9 319p 24cm 〈「こども妖怪新聞」（2000年刊）と「こども怪談新聞 学校編」（2000年刊）の改題、再編集、一部追加、合本〉 1800円 ①978-4-418-17813-1 Ⓝ387.9

目次 春（春はばけもの妖怪大募集、九尾の狐―石に生まれ変わる妖狐 ほか）、夏（妖怪アパート入居者大募集、小豆洗い一夜な夜な聞こえる音の怪 ほか）、秋（秋の妖怪ツアーのお知らせ、ぬらりひょん―忍びこみ妖怪現れる ほか）、冬（冬の妖怪大売り出し、一つ目小僧―山から下りて来た妖怪 ほか）

内容 昔から語りつがれている妖怪の話や、学校でうわさになっている怖い怪談話が盛りだくさん！ 妖怪・怪談博士になってみよう!!

『日本の学校の怪談絵図鑑―みたい！ しりたい！ しらべたい！ 3 学校の七

不思議と妖怪』　常光徹監修，山村浩二絵
京都　ミネルヴァ書房　2016.3　31p
27cm　〈文献あり　索引あり〉　2800円
①978-4-623-07533-1　Ｎ388.1
目次 七不思議と妖怪，七不思議とは？，学校
の七不思議，学校にでる妖怪（花子さん，太郎
さん，三時ババ，四時ババ，十二時ババ ほか）
内容 学校の七不思議と，花子さん，太陽さ
ん，紙くればあさん，青ぼうず，赤マント，妖
怪ヨダソウ，テケテケなど，学校にでる妖怪
たちを紹介します。

『日本の学校の怪談絵図鑑―みたい！　し
りたい！　しらべたい！　2　学校やト
イレにひそむ怪談』　常光徹監修，山村浩
二絵　京都　ミネルヴァ書房　2016.2
31p　27cm　〈文献あり　索引あり〉　2800
円　①978-4-623-07532-4　Ｎ388.1
目次 トイレの怪談，トイレにまつわる話，ろ
うか・階段・屋上にまつわる話，体育館にま
つわる話，校庭にまつわる話，プールにまつ
わる話，いろいろな場所にまつわる話
内容 今よみがえる学校の怪談。トイレや階
段，校庭でおこる話、夜中になると動きだす
二宮金次郎像など、学校のあちこちにひそむ
怪談を紹介。

『日本の学校の怪談絵図鑑―みたい！　し
りたい！　しらべたい！　1　教室でお
こる怪談』　常光徹監修，山村浩二絵　京
都　ミネルヴァ書房　2016.2　31p
27cm　〈文献あり　索引あり〉　2800円
①978-4-623-07531-7　Ｎ388.1
目次 夜の学校と特別教室，教室にまつわる
話，図工室・美術室にまつわる話，音楽室にま
つわる話，理科室にまつわる話，いろいろな部
屋にまつわる話，移動教室・合宿にまつわる話
内容 誰もいないはずの音楽室からきこえるピ
アノ，理科室の動くガイコツの模型，こっく
りさんなど、学校の教室や、移動教室でおこ
る怪談を紹介。

『江戸の怪談絵事典―こわい！　不思議！
お化け・妖怪から怪奇現象まで』　近藤雅
樹監修，どりむ社編集　PHP研究所
2012.4　63p　29cm　〈文献あり　索引あ
り〉　2800円　①978-4-569-78225-6
Ｎ388.1
目次 第1章　おそろしいお化けの話（皿を数え
るお化け，どこまでも追ってくるお化け ほ
か），第2章　不気味な妖怪の話（骸骨の兵隊，
河童のすもう ほか），第3章　七つの不思議な
場所の話（つった魚を欲しがる声，追いかけて
くる音 ほか），第4章　化け物屋敷の話（肝だ
めしの後に，はね上がる畳 ほか）
内容 江戸時代の怪談と怪談の中の代表的な絵
を紹介。

《8月15日》

終戦記念日
1945年の8月15日、太平洋戦争が終結した。
玉音放送により日本の降伏が公表された日。
日本政府は「戦没者を追悼し平和を祈念す
る日」とし、全国戦没者追悼式を主催して
いる。

『絵本版おはなし日本の歴史　22　アジア
太平洋戦争』　金子邦秀監修　矢野慎一
文，金斗鉉絵　岩崎書店　2016.3　31p
27cm　1800円　①978-4-265-01672-3
Ｎ210.1

『写真でみる太平洋戦争とくらし・道具事
典　戦争の記録』　宮部精一監修　金の星
社　2016.3　79p　29cm　〈年表あり　索引
あり〉　3800円　①978-4-323-06190-0
Ｎ210.75
目次 第1章　よくわかる太平洋戦争（太平洋戦
争の地図，力をます軍部と中国進出，日中戦
争と強まる戦時体制，第二次世界大戦と日本
の南進 ほか），第2章　戦争の局面と世の中の
できごと（満州事変，満蒙への開拓移民，五・
一五事件，国際連盟脱退 ほか），太平洋戦争
を知るための資料

『写真でみる太平洋戦争とくらし・道具事
典　人びとのくらし・道具』　昭和館学芸
部監修　金の星社　2016.2　79p　29cm
〈索引あり〉　3800円　①978-4-323-06191-
7　Ｎ210.75
目次 第1章　戦争と子どもたち（国民学校，戦
中の遊び・おもちゃ，戦中の本 ほか），第2章
戦中のくらしと道具（兵役・徴兵検査，召集令
状（赤紙），兵士の持ち物 ほか），第3章　戦後
のくらし（戦災孤児，青空教室，墨ぬり教科書
ほか）

『ぼくが見た太平洋戦争』　宗田理著　PHP
研究所　2014.8　126p　19cm　（心の友
だち）　〈文献あり〉　1150円　①978-4-569-
78414-4　Ｎ210.75
目次 第1章　東京から三河へ，第2章　戦争の
影，第3章　戦争という狂気，第4章　空からの
恐怖，第5章　タコツボ特攻作戦，第6章　大空
襲前夜，第7章　豊川海軍工廠の悲劇，第8章
敗戦、そして戦後へ
内容 勤労学徒450名が犠牲になった豊川の大
空襲・救助する三河の大地震・食糧
不足で空腹・ダニやシラミとの闘い・鉄拳制
裁に対抗ビンタ・B29の機銃掃射…ベストセ
ラー『ぼくらの七日間戦争』の著者が若い人
に向けて本当の戦争体験を語る。

『孫たちに語り伝える　わたしの終戦―その
日のこと』　SAとよなか編　〔豊中〕　北

**8月15日**　　　　　　　　　　　　　　　　　　　　　　　　　8月

摂叢書　2014.8　95p　21cm　（北摂の戦災　1）〈発行所：ブックウェイ〉1000円　Ⓘ978-4-907439-82-8　Ⓝ210.75

『ぼくらの太平洋戦争』宗田理作，はしもとしん絵　KADOKAWA　2014.7　239p　18cm　（角川つばさ文庫　Bそ1-15）640円　Ⓘ978-4-04-631413-0　Ⓝ913.6

[内容]　夏休み，兵器工場の跡地を見学にいった英治，ひとみたちは，不思議なことから，1945年にタイムスリップ!? そこは戦争の真っ最中。男子は丸坊主，男女の会話禁止，食べものもなくて，ノミで眠れない!? でも，ぼくらは防空壕パーティーや，いやな大人にはいたずら！　戦争の悲惨さを体験する笑いと涙の物語。つばさ文庫書きおろし，ぼくらシリーズ第15弾!! 小学上級から。

『せんそうってなんだったの？―語りつぎお話絵本　第2期8　少年たちのとっこうたい―特攻隊員が迎えた終戦』田代脩監修　竹野栄文，ひらのてつお絵　学研教育出版　2014.2　31p　27cm　〈年表あり　発売：学研マーケティング〉1500円　Ⓘ978-4-05-501031-3　Ⓝ210.75

『語り伝えるアジア・太平洋戦争―ビジュアルブック　第5巻　おわらない戦後と平和への道』吉田裕文・監修　新日本出版社　2012.3　39p　27cm　〈年表あり　索引あり　文献あり〉2200円　Ⓘ978-4-406-05524-6　Ⓝ210.75

[目次]　敗戦後もつづく戦闘，帰ってこなかった遺骨，戦争の被害，孤児となった子どもたち，復員と引揚，占領と戦後改革，東京裁判とBC級戦犯裁判，サンフランシスコ講和会議と日本の独立回復，国交正常化のあゆみ，戦争犠牲者への補償，戦争に反対してころされた人びと，昭和天皇の戦争責任，日本の戦後処理の国際問題化，日本政府の反応

『語り伝えるアジア・太平洋戦争―ビジュアルブック　第4巻　空襲、疎開、日本の敗戦』吉田裕文・監修　新日本出版社　2012.2　39p　27cm　〈年表あり　索引あり　文献あり〉2200円　Ⓘ978-4-406-05523-9

[目次]　絶対国防圏の設定，マリアナ諸島の陥落と東条内閣の退陣，本土空襲はじまる，戦争と子どもたち，兵士たちの無残な死＝餓死と海没死，兵士の負った「心の傷」，特攻隊の実像，沖縄の戦い，国民意識の変化，戦争終結工作のたちおくれ〔ほか〕

『語り伝えるアジア・太平洋戦争―ビジュアルブック　第3巻　戦時下、銃後の国民生活』吉田裕文・監修　新日本出版社　2012.1　39p　27cm　〈年表あり　索引あ

り　文献あり〉2200円　Ⓘ978-4-406-05522-2　Ⓝ210.75

[目次]　戦勝にわく国民，東条独裁の成立，言論の統制，国民生活の統制，国民生活の悪化と配給制，国民学校と子どもたちの生活，陸海軍の総兵力の増大，労働力動員とその限界，女性の動員，戦争経済の拡大，戦争経済の崩壊，戦争と障害者，戦争と靖国神社，総力戦と変わっていく日本社会

『語り伝えるアジア・太平洋戦争―ビジュアルブック　第2巻　アジア・太平洋戦争の開戦』吉田裕文・監修　新日本出版社　2012.1　39p　27cm　〈年表あり　索引あり　文献あり〉2200円　Ⓘ978-4-406-05521-5　Ⓝ210.75

[目次]　日米交渉と開戦決定，マレー半島と真珠湾への奇襲攻撃，日中戦争とアジア・太平洋戦争との関係，なぜ，アメリカとの戦争を決意したのか，昭和天皇の戦争責任，初期作戦の成功，日本軍の戦争犯罪―華僑の虐殺，大東亜共栄圏の実態，植民地支配の強化―朝鮮・台湾，連合国の結成とその戦争目的，連合軍の反撃はじまる，ヨーロッパ戦線の戦局，少年兵の戦争，戦争と動物―馬の戦争、犬の戦争

『語り伝えるアジア・太平洋戦争―ビジュアルブック　第1巻　開戦への道のり』吉田裕文・監修　新日本出版社　2011.12　39p　27cm　〈年表あり　索引あり　文献あり〉2200円　Ⓘ978-4-406-05520-8　Ⓝ210.75

[目次]　謀略による戦争＝柳条湖事件，排外熱・軍国熱のたかまり，戦争に反対する人びと，「満州国」の建国と反満抗日運動，満州移民とその現実，恐慌からの脱出と「つかの間の平和」，日中戦争の勃発，国内体制の戦時化，中国軍民の抵抗と戦争の長期化，日本軍の戦争犯罪，日独伊三国同盟の締結，大政翼賛会の成立，子どもの生活と戦争―漫画と紙芝居の世界から，もっとわかるために

『わたしたちの戦争体験　8　終戦』日本児童文芸家協会著，田代脩監修　学研教育出版　2010.2　107p　23cm　〈年表あり　発売：学研マーケティング〉1600円　Ⓘ978-4-05-500648-4　Ⓝ210.75

[目次]　特攻隊の少年兵，風は海から，志発島からの脱出，4年間のシベリア抑留

『アジア・太平洋戦争』森武麿監修　ポプラ社　2006.3　199p　29cm　（ポプラディア情報館）〈年表あり　文献あり〉6800円　Ⓘ4-591-09043-4　Ⓝ210.75

[目次]　1 アジア・太平洋戦争のはじまり，2 戦争は、どのようにしておきたの？，3 戦争は、どのようにすすんでいったの？，4 日本の軍隊は、どのようにつくられていたの？，5 戦争は、なにをもたらしたの？，6 戦時下で、人びととはどのようにくらしたの？，7 戦争は、どのようにおわったの？，8 戦争は、ほんとうにおわったの？，9 もっとしらべよう

『わたしたちのアジア・太平洋戦争 3 新しい道を選ぶ』 古田足日, 米田佐代子, 西山利佳編 童心社 2004.3 299p 24cm 〈年表あり〉 3300円 ①4-494-01818-X Ⓝ210.75

目次 第1章 平和へのねがい(「平和をねがってこゝに眠る」―墓碑銘にきざまれた母の戦争体験(米田佐代子), にんげんをかえせ―体と心のなかの原爆とたたかいつづける田川時彦さん(古田足日)), 第2章 敗戦とともに(ぼくの第二の誕生(森与志男), 飢え死にした子どもたち―「食糧難」は戦後もつづいた(米田佐代子), 日本国憲法との出会い(増田れい子) ほか), 第3章 再び「戦争」を起こさないために(「教え子をふたたび戦場に送るな」を合い言葉に―平和をねがう教師として(東谷敏雄, 米田佐代子), 砂川・米軍基地拡張反対闘争(きどのりこ), 平和運動ひとすじに―はじめての原水爆禁止署名から半世紀(小沢清子) ほか)

内容 敗戦後一九五一年までの被占領時代の体験や、新憲法があたえてくれたうれしい衝撃と、その重要性。敗戦から現在にいたるまでの間に、さまざまな人びとによって築かれてきた、反戦平和の努力と思想。若い世代の、平和への強いねがいと行動などが書かれている。第一章では、自分の息子の少年兵志願を許可してしまい、亡くしてしまった体験をとおして、「ほんとうのことを知らないことの罪」に思いいたった女性の体験や、被爆のさいに見た地獄を原点に、教師として被爆者運動の旗手の一人として、死者とともに、原爆とたたかいつづける体験が語られている。また、第二章には主に被占領期の体験。第三章には、平和な世界を築くために力をつくしている方がたの体験や、若い人びととの活動もふくめて紹介している。

『わたしたちのアジア・太平洋戦争 2 いのちが紙切れになった』 古田足日, 米田佐代子, 西山利佳編 童心社 2004.3 293p 24cm 〈年表あり〉 3300円 ①4-494-01817-1 Ⓝ210.75

目次 第1章 軍国主義の下で(憲兵・土屋芳雄の自分史(土屋芳雄, 花鳥風康繁)), 日本の陸軍少年飛行兵を志願した朝鮮人少年(朴宗根)), 第2章 人間の尊厳を(人間を殺人鬼とかえる軍隊(金子安次, 岡崎ひでたか), 謝罪してほしい、二度とくりかえさぬ恐怖(宋神道, 梁澄子) ほか), 第3章 戦場・銃後・空襲(子どものかえ歌も「反戦反軍」歌?―国民のホンネは「戦争やめて」(米田佐代子), 病院船・ヒロシマでの救護体験(守屋ミサ), 海軍兵学校最後の卒業生(信太正道) ほか)

内容 アジア・太平洋戦争が拡大し、戦争が泥沼化の一途をたどるなか、いかに、いのちと人間の尊厳がふみにじられていったか。中国をはじめとする、戦場での虐殺、強かん、餓死や、だまされて従軍慰安婦にさせられた女

性の体験。また、日本国内での空襲や被爆、強制連行されて花岡鉱山ではたらかされた中国の方がたのことなどが書かれている。第一章では、その体験をとおして、人間と戦争の根源的問題をわたしたちにつきつける、中国での憲兵としての加害体験や、日本の陸軍少年飛行兵を志願した朝鮮人少年の体験が語られている。また、第二章には主に戦場での体験、第三章には、国内での体験を中心とした銃後の体験が語られている。

『わたしたちのアジア・太平洋戦争 1 広がる日の丸の下で生きる』 古田足日, 米田佐代子, 西山利佳編 童心社 2004.3 325p 24cm 〈年表あり〉 3300円 ①4-494-01816-3 Ⓝ210.75

目次 第1章 少年時代、その後(忠君愛国大君のため―ぼくはアジア・太平洋戦争のなかでこう育った(古田足日), 人生はあきらめないこと―沖縄県読谷村の戦中・戦後を生きる(山内徳心, 西山利佳), 第2章 強まる軍国主義(中国少年の鋭い目(米田孝子), 学校に行けなかった皇国少女(木村珪子), 平和こそ宝(石上正夫) ほか), 第3章 日本軍は何をしたか(戦争下の在日朝鮮人の生活(朴鳳祥, 李慶子), 刃の上の年月(王一地(中由美子)), 日帝植民地時代の朝鮮の生活(李五徳(大竹聖美)) ほか)

内容 侵略によって日本がアジア支配を拡大していった時代に、日本国内ではおとなも子どもも、どのように戦争体制に組みこまれていったか。アジアの人びとは、日本の戦争によって、どのように苦難の生活を強いられたか。以上を中心に、日本国内はもとより、中国、韓国のかたをはじめとした、アジア諸国のさまざまなかたがたの体験を紹介している。第一章では、「アジア・太平洋戦争(一九三一年から一九四五年)のなかで育った」ともいえる古田足日の、その時代の下で、いかにして軍国主義にそまっていったかという体験などが語られている。また、第二章には主に日本のかたの体験、第三章には、アジア諸国のかたがたが語ってくださった、日本のアジア支配による、さまざまな被害の実態が語られている。

《8月19日》

俳句の日

日付の数字「819」の語呂合せから。京都教育大学教授で正岡子規研究で知られる坪内稔典が1992年に制定。また、2014年に「おしゃべりHAIKUの会」によって「俳句記念日」としても制定されている。

『小学生のための俳句入門―君もあなたもハイキング 俳句の王さま』 坪内稔典監修, 佛教大学編 くもん出版 2018.4 159p 21cm 1500円 ①978-4-7743-2767-9 Ⓝ911.3

|目次| 第1章 友だちの俳句を見てみよう(動物の俳句，植物の俳句，自然の俳句，学校の俳句，家族の俳句，春の俳句，夏の俳句，秋の俳句，冬の俳句，正月の俳句)，第2章 俳句づくりって楽しいよ ねんてん先生の俳句教室

|内容| 2007年からはじまった"佛教大学小学生俳句大賞"の入選作を，動物・植物・自然・学校・家族・春・夏・秋・冬・正月という10のジャンルで紹介。俳人の坪内稔典が小学生にむけてかいた俳句の基本やつくりかた，俳人・詩人の山本純子による作品解説も，あわせて掲載しています。

『松尾芭蕉―俳句の世界をひらく』 坪内稔典文，立花まこと画 あかね書房 2018.4 141p 22cm (伝記を読もう 12)〈文献あり 年譜あり〉1500円 ①978-4-251-04612-3 Ⓝ911.32

|目次| 1 忍者になりたかった少年，2 江戸へ，3 芭蕉の誕生，4 死を覚悟の旅，5 俳句を芸術にする，6 奥の細道の旅へ，7 旅で生まれた俳句，8 旅をして考えついたこと，9 びわ湖のほとりで，10 夢は枯野をかけめぐる

|内容| 旅にすごし，俳句を詠んだ，松尾芭蕉の人生。そこで彼は，なにを考えたのか。今でも詠いつがれる歌とともにその生き方をたどる。

『わたしの空と五・七・五』 森埜こみち作，山田和明絵 講談社 2018.2 181p 20cm (講談社文学の扉) 1400円 ①978-4-06-283250-2 Ⓝ913.6

|内容| なぜか「文芸部」に入ってしまった空良の，春風のようにさわやかな物語。第19回ちゅうでん児童文学賞大賞受賞。

『俳句でみがこう言葉の力 4 覚えておきたい名句と季語』 小山正見監修 学研プラス 2017.2 39p 27cm〈文献あり 索引あり〉2500円 ①978-4-05-501209-6 Ⓝ911.3

|目次| 名句を鑑賞しよう，名句を覚えよう，進化する俳句，俳人の生涯について知ろう，小中学生の作品を味わおう，鑑賞文を書こう，すぐに使える基本の季語

『俳句でみがこう言葉の力 3 句会の進め方と発表のアイデア』 小山正見監修 学研プラス 2017.2 39p 27cm〈文献あり〉2500円 ①978-4-05-501208-9 Ⓝ911.3

|目次| ドキドキ！ わくわく!! "句会"って楽しいよ！，句会ってどう進めるの？，東京都江東区立中学校俳句部 吟行と一般的な句会，東京都江東区立八名川小学校五年生 俳句授業とミニ句会，いろいろな句会の楽しみ方，句会のまとめ，俳句作品と発表のアイデア，俳句コンクールに応募しよう!!，地域の俳句活動を見てみよう(「俳句の里」 愛媛県松山市立垣生小学校 俳句委員会の取り組み)

『俳句でみがこう言葉の力 2 俳句の作り方とヒント』 小山正見監修 学研プラス 2017.2 39p 27cm〈文献あり〉2500円 ①978-4-05-501207-2 Ⓝ911.3

|目次| 俳句を作ってみよう！(朝ごはん俳句，名前よみこみ俳句，中七俳句，へんしん俳句)，俳句作りの流れ(俳句のタネを集めて五・七・五にまとめる，見方を変えて俳句のタネを育てる，自信作を選び表現をさらに工夫する，完成！ 「光る俳句」ってどんな俳句？)，地域の俳句活動を見てみよう(「歌聖」後鳥羽天皇ゆかりの地 島根県海士町立福井小学校の取り組み)

『俳句でみがこう言葉の力 1 俳句のきまりと歴史』 小山正見監修 学研プラス 2017.2 39p 27cm〈文献あり〉2500円 ①978-4-05-501206-5 Ⓝ911.3

|目次| "未来"をひらく俳句の力，俳句はやさしい！ おもしろい！(五・七・五のリズム，季語を入れる，自由な俳句もある(切れ字を使う，思い切った省略，文語と口語)，俳句の歴史を知ろう，松尾芭蕉と『おくのほそ道』，地域の俳句活動を見てみよう(「奥の細道むすびの地」 岐阜県大垣市の取り組み)

《8月20日》

### 交通信号の日

1931年の8月20日に銀座の尾張町交差点や京橋交差点などをはじめ，34カ所の市電交差点に，日本初の三色灯の自動信号機が設置されたことから。

『自転車交通ルールを学ぼう！ 第11話信号を守ろう』 自転車駐車場整備センター編 自転車駐車場整備センター 2014.5 〔6〕枚 19cm Ⓝ681.3

《8月23日》

### 油の日

鎌倉時代から朝廷に油の専売特許を得る「油祖」とされていた離宮八幡宮が九州から現在の大山崎町に遷宮された日が8月23日であることから。京都府大山崎町にある離宮八幡宮と，油脂事業のカネダが共同で制定。

『すがたをかえるたべものしゃしんえほん14 油ができるまで』 宮崎祥子構成・文，白松清之写真 岩崎書店 2017.3 33p 29cm 2200円 ①978-4-265-08534-7 Ⓝ588

『いたずら博士の科学だいすき　1-5　あかりと油―油をもやす』　板倉聖宣, 阿部徳昭著　小峰書店　2013.4　47p　29cm　2800円　①978-4-338-28005-1　Ⓝ407.5

目次　第1部（東日本大震災で電気がとまったとき，日本の昔の"あかり"の話，ナタネ油とエゴマ油の燃え方，エゴマ油の燃え方，ナタネ油に交代したわけ　ほか），第2部（あかりと世界の文明のはじまり，世界の文明を生み出した古代ギリシヤのオリーブ産業）

内容　台所には，いろんな油がある。たとえば，ナタネ油，ゴマ油，オリーブ油，この3つ油をもやしてみると，文明の歴史が見えてくるんだ。

『油の絵本』　すずきおさむへん, みやざきひでとえ　農山漁村文化協会　2006.2　36p　27cm　（つくってあそぼう 15）　1800円　④4-540-05201-2　Ⓝ576.16

目次　毎日食べている油は，からだを動かす燃料，油を売りながら，油を売る油売り？，油って，いったいどんな物質なんだろう？，植物のタネや果肉，動物，乳からとる油脂いろいろ，原料の入手と油のとりだし方のちがい，かんたんジャッキで搾油機をつくってみよう！，ナタネ，ツバキ，オリーブの油のしぼり方，ナタネ，エゴマ，ゴマから油をしぼろう！，ツバキ，ヒマワリのタネをしぼってみよう，オリーブから油をとろう！，油かすを肥料にしよう！　廃油でろうそく，油を灯りの燃料として使ってみよう，肉から油をとって，マーガリンをつくろう！，油がいのちのドレッシングにマヨネーズ

## 《8月24日》

### 歯ブラシの日

日付の数字「824」を「歯ブラシ」と読む語呂合せから。予防歯科をサポートする会社オーラルケアが制定。口腔ケアへの関心を高めてもらうことを目的とする。

『歯ブラシづくりのひみつ』　たまだまさお漫画, オフィス・イディオム構成　学研プラス出版プラス事業部出版コミュニケーション室　2016.9　128p　23cm　（学研まんがでよくわかるシリーズ 122）　Ⓝ497.9

## 《8月25日》

### 即席ラーメン記念日

1958年の8月25日，世界初のインスタントラーメン「チキンラーメン」が日清食品より発売されたことから。

『日清食品』　こどもくらぶ編さん　ほるぷ出版　2012.10　39p　29cm　（見学！日本の大企業）〈索引あり〉2800円　①978-4-593-58670-7　Ⓝ588.9

目次　世界にあらたな食文化をもたらした会社，創業者・安藤百福，インスタントラーメンの発明，日々清らかにとは？，チキンラーメンのくふう，カップヌードル誕生秘話，苦戦するも日本生まれの世界食へ，独自に容器を開発，めんなどのくふう，インスタントラーメンが支援物資に，宇宙食になったインスタントラーメン，企画と研究開発のくふう，発売に向けて，海外進出，経営のくふう

内容　日清食品は，おもにチキンラーメンやカップヌードルなどのインスタントラーメンの製造と販売をおこなっている会社です。このインスタントラーメンを発明したのは，日清食品の創業者・安藤百福です。この巻では，その安藤百福の生涯を中心に，日清食品の歩みを見ていきます。また，インスタントラーメンにつめられた，安藤百福の知恵とくふうも見ていきます。あわせて，新製品の開発や社会貢献などの分野での，日清食品のさまざまな取り組みにもふれていきます。

『世界に広がれ！　インスタントラーメン―サンヨー食品でみる食品業界』　オフィス・イディオム構成, 大岩ピュンまんが　学研パブリッシング　2010.4　120p　22cm　（会社がわかる仕事がわかる 4）〈年表あり〉Ⓝ588.97

『インスタントラーメンのひみつ』　望月恭子構成, 田中久志漫画　新版　学研パブリッシングコミュニケーションビジネス事業室　2010.1　128p　23cm　（学研まんがでよくわかるシリーズ 48）　Ⓝ588.97

『82億食の奇跡―魔法のラーメン〈日清カップヌードル〉』　NHKプロジェクトX制作班原作・監修, 加藤唯史作画・脚本　宙出版　2004.8　205p　23cm　（まんがプロジェクトX挑戦者たち ジュニア版 2）　950円　①4-7767-9030-0　Ⓝ588.97

目次　第1章 プロジェクト，第2章 容器開発，第3章 メンの開発，第4章 具の開発，第5章 決定打，第6章 営業，第7章 成功

内容　食の限界に挑んだ男たちがここにいる！世界で年間消費量82億食にまで成長したカップめん。人々の食生活をも変えたその起源は，アイデア社長と若者たちが社会の存亡を賭けて開発した前代未聞の「即席めん」であった。

『世界の食生活を変えた奇跡のめん―即席食品開発物語』　上坂和美文, 天野徹監修　学習研究社　2003.3　119p　22cm　（世

界を変えた日本の技術 科学読み物 6）
1400円 Ⓘ4-05-201746-3 Ⓝ588.97

目次 とびだせラーメン！ はるかな宇宙へ，
どんぶりから，カップへ，なぞの容器，ふた
のシール，新しいめんの開発，逆転するカッ
プ，豊富な具，カップヌードル販売作戦，食
が一番，瞬間油熱乾燥法〔ほか〕

内容 「逆転だ。カップをひっくり返せ。」ふ
とんから飛び起きて百福はさけんだ。めんの宙
づり，具のフリーズドライ製法など次つぎと
奇抜なアイデアを実現し，カップめん完成ま
であと一歩というところで足ぶみしていた。
逆転の発想は，ついに大量生産を可能にした。

---

## パラスポーツの日

2020年の8月25日に東京パラリンピックの開
会式が開催されることから。アダプテッドス
ポーツ・サポートセンターが2014年に提唱。

---

『スポーツでひろげる国際理解 5 知ろ
う・やってみよう障がい者スポーツ』 中
西哲生監修 文溪堂 2018.3 47p
30cm 〈索引あり〉 2900円 Ⓘ978-4-
7999-0260-8 Ⓝ780.13

目次 1章 障がい者スポーツのはじまり（世界
が注目するパラリンピック，パラリンピック
の歴史 ほか），2章 夏の競技や室内の競技
（陸上競技，水泳 ほか），3章 冬の競技（アル
ペンスキー，クロスカントリースキー，バイ
アスロン ほか），4章 障がい者スポーツの現
在と未来（サポーターの役わりを知ろう，体験
しよう，障がい者スポーツ ほか）

『よくわかる障がい者スポーツ―種目・
ルールから支える人びとまで』 藤田紀昭
監修 PHP研究所 2017.11 63p 29cm
（楽しい調べ学習シリーズ）〈文献あり
索引あり〉 3000円 Ⓘ978-4-569-78709-1
Ⓝ780

目次 第1章 障がい者スポーツを知ろう！（障
がいとともに生きる，障害者におけるス
ポーツの効果，目が見えない人とスポーツ ほ
か），第2章 障がい者スポーツを支える人びと
（みんなで支える障がい者スポーツ，陸上選
手・高桑早生さんにインタビュー――障がい者
スポーツの魅力を伝える！，水泳コーチ・峰
村史世さんにインタビュー――選手を導き，力
を引き出す！ ほか），第3章 パラリンピック
を応援しよう！（知ってる？ パラリンピッ
ク，パラリンピックの精神，パラリンピック
の歴史とこれから ほか）

『障がい者スポーツ大百科―大きな写真で
よくわかる 4 挑戦者たちとささえる人
たち』 大熊廣明監修，こどもくらぶ編

---

六耀社 2017.3 31p 29cm 〈索引あり〉
2800円 Ⓘ978-4-89737-886-2 Ⓝ780

目次 1 障がい者スポーツのアスリートとは，
2 障がい者アスリートに年齢はない？，3 オ
リンピックに記録が追いつく，4 補助用具へ
のこだわり，5 補助用具の開発で選手をささ
える，6 障がい者アスリートのパートナー，7
障がい者スポーツのサポーター，8 障がい者
アスリートがかかえる苦労，9 障がい者ス
ポーツへの関心を広げる

内容 多彩な競技に，きたえられた体とダイナ
ミックな技。ロンドン，リオのオリンピック・
パラリンピックの感動は今も残ります。とく
にパラリンピックは，競技のすばらしさや感
動とともにますます発展する可能性を広く世
界の人びとに知らせた大会となりました。「障
がい者スポーツ大百科」は，その定義・意義
から国内外の競技スポーツとしての歴史，競
技者たち，支える人びとのすべてを大き
な写真を多用してよく理解できるように編成
されたシリーズです。

『障がい者スポーツ大百科―大きな写真で
よくわかる 3 国際大会と国内大会』
大熊廣明監修，こどもくらぶ編 六耀社
2017.2 31p 29cm 〈索引あり〉 2800円
Ⓘ978-4-89737-885-5 Ⓝ780

目次 1 世界初の障がい者スポーツ国際大会
は？，2 パラリンピックのすべて，3 肢体に障
がいがある人たちの大会と歴史，4 視覚障がい
のある人たちの大会と歴史，5 知的障がいの
ある人たちの大会と歴史，6 さまざまな国際
大会，7 おもな国内大会，資料 日本障がい者
スポーツ協会（JPSA）主催のいろいろな大会

内容 多彩な競技に，きたえられた体とダイナ
ミックな技。ロンドン，リオのオリンピック・
パラリンピックの感動は今も残ります。とく
にパラリンピックは，競技のすばらしさや感
動とともにますます発展する可能性を広く世
界の人びとに知らせた大会となりました。「障
がい者スポーツ大百科」は，その定義・意義
から国内外の競技スポーツとしての歴史，競
技者たち，支える人びとなどのすべてを大き
な写真を多用してよく理解できるように編成
されたシリーズです。

『障がい者スポーツ大百科―大きな写真で
よくわかる 2 いろいろな競技を見てみ
よう』 大熊廣明監修，こどもくらぶ編
六耀社 2017.1 31p 29cm 〈索引あり〉
2800円 Ⓘ978-4-89737-884-8 Ⓝ780

目次 1 競技としての障がい者スポーツ，2 歴
史と伝統のある競技，3 迫力満点！ 車いす
スポーツ，4 多様な種目がある陸上競技，5
障がいの程度のクラス分けのない競技，6 視
覚をくふうでおぎなう競技，7 障がいの程度
をくふうでおぎなう球技，8 障がいの有無に
関係なく楽しめる球技，9 冬におこなわれる
ウィンター競技

内容 多彩な競技に，きたえられた体とダイナ
ミックな技。ロンドン，リオのオリンピック・
パラリンピックの感動は今も残ります。とく
にパラリンピックは，競技のすばらしさや感
動とともにますます発展する可能性を広く世

界の人びとに知らせた大会となりました。「障がい者スポーツ大百科」は、その定義・意義から国内外の競技スポーツとしての歴史、競技者たち、支える人びとなどのすべてを大きな写真を多用してよく理解できるように編成されたシリーズです。

『障がい者スポーツ大百科—大きな写真でよくわかる　1　障がい者スポーツって、なに？』　大熊廣明監修，こどもくらぶ編
六耀社　2016.12　31p　29cm〈索引あり〉　2800円　①978-4-89737-883-1
Ⓝ780
目次 障がい者スポーツとは？，リハビリとしてはじまった，グットマン博士の功績，競技スポーツとしての発展，障がい者スポーツの組織化，日本の障がい者スポーツのはじまり，日本の障がい者スポーツ組織の結成，日本の障がい者スポーツの普及，障がい者スポーツのいま，障がい者スポーツのこれからの課題，障がい者スポーツとノーマライゼーション，もっと知りたい！　障がい者スポーツセンターの取り組み，資料 全国の障がい者スポーツ施設
内容 多彩な競技に，きたえられた体とダイナミックな技。ロンドン，リオのオリンピック・パラリンピックの感動は今も残ります。とくにパラリンピックは，競技のすばらしさや感動とともにますます発展する可能性を広く世界の人びとに知らせた大会となりました。「障がい者スポーツ大百科」は，その定義・意義から国内外の競技スポーツとしての歴史，競技者たち，支える人びとなどのすべてを大きな写真を多用してよく理解できるように編成されたシリーズです。

『いっしょに走ろっ！—夢につながる、はじめの一歩』　星野恭子著　大日本図書
2012.7　151p　20cm　1400円　①978-4-477-02634-3　Ⓝ782
目次 第1章　「JAPAN」の文字を歴史に刻みたい！—義足のアスリート・中西麻耶さんの挑戦，第2章 みんなでつなぐ伴走ロープの誇り—福井県池田中学校の試み，第3章　「チーム」で目指す世界の舞台—ブラインドランナー・和田伸也さんと伴走者たちとの二人三脚
内容 祝！　ロンドンパラリンピック出場決定！　ブラインドランナーと義足のアスリート，それぞれの戦い。ささえる人たちとの感動ストーリー。

『みんなで楽しむ！　障害者スポーツ—知って、学んで、いっしょに体験　4　ユニバーサルスポーツ＆あそびアイディア集』　日本障害者スポーツ協会監修　学習研究社　2004.3　48p　27cm　2800円　①4-05-202008-1　Ⓝ780
目次 第1章　「ユニバーサルスポーツ」を体験しよう！（みんなで楽しめるスポーツ紹介（ユ

ニカール/フライングディスク/グラウンド・ゴルフ，ターゲットバードゴルフ/ユニバーサルホッケー/バウンドテニス/ティーボール ほか）），第2章 みんなで楽しむ！　スポーツ＆あそびアイディア集（ティーボール，ハンディベースボール，ラグビーボールサッカー，ペットボトルサッカー）
内容 「ティーボール」「ペットボトルサッカー」「車いすダンス」など，ルールや用具を少しくふうしただけで，子どもから，お年寄り，障害のある人まで，だれもが参加できるスポーツアイディア集を掲載。「ユニバーサルスポーツ」の定義も，マンガでわかりやすく解説。

『みんなで楽しむ！　障害者スポーツ—知って、学んで、いっしょに体験　3　「障害者スポーツ」ってなんだろう？』　日本障害者スポーツ協会監修　学習研究社　2004.3　52p　27cm　2800円　①4-05-202007-3　Ⓝ780
目次 第1章　「障害者スポーツ」ってなに？（障害のある人のスポーツとは？，「障害区分」ってなに？，どんなスポーツがあるの？，車いす使用の人のスポーツ，視覚障害の人のスポーツ，障害の重い人のスポーツ），第2章 障害者スポーツを体験してみよう！（障害者スポーツセンターに行こう！，競技会を見学に行こう！）
内容 障害者スポーツの基礎知識を紹介するだけでなく，車いすバスケットボール，シッティングバレーボールなどの体験のようすを紹介。さらに障害者スポーツを楽しむために，見学や体験の手順から調べ学習に役だつ協会連絡先まで詳しく掲載。

『みんなで楽しむ！　障害者スポーツ—知って、学んで、いっしょに体験　2　パラリンピックで活躍する人たち　冬季編』　日本障害者スポーツ協会監修　学習研究社　2004.3　52p　27cm　2800円　①4-05-202006-5　Ⓝ780
目次 永瀬充—マイナスからのスタート（アイススレッジホッケー），大日方邦子—2度目の頂点を目ざして（アルペンスキー），新田佳浩—より強く、より速く（クロスカントリースキー），もっと知りたい！　パラリンピック（「パラリンピック」とは？，パラリンピックに出場するには？　ほか）
内容 アルペンスキー，アイススレッジホッケーなど，冬季パラリンピックで活躍する選手3名の「感動ストーリー」と，『もっと知りたい！　パラリンピック』では，「どんな種目があるの？」「パラリンピックってどんな意味？」など，パラリンピックの知識，疑問のすべてを解説。

『みんなで楽しむ！　障害者スポーツ—知って、学んで、いっしょに体験　1　パラリンピックで活躍する人たち　夏季編』　日本障害者スポーツ協会監修　学習研究

子どもの本 伝統行事や記念日を知る本2000冊　197

社　2004.3　52p　27cm　2800円　①4-05-202005-7　Ⓝ780

[目次] 土田和歌子―決してあきらめない（陸上競技・車いすマラソン），河合純一―夢を追い求めて（水泳），京谷和幸―魂のプレーヤー（車いすバスケットボール），鈴木徹―スポーツが好きだから（陸上競技・走高跳），成田真由美―速く，どこまでも速く（水泳）

[内容] 車いすバスケットボール，陸上，水泳など，夏季パラリンピックで活躍するトップアスリート5名の「感動ストーリー」を掲載。スポーツとの運命的な出会い，パラリンピックへの思い，将来の夢など，選手の舞台裏にも密着。

《8月26日》

## 吉田の火祭

山梨県富士吉田市上吉田地区で行われる祭り。北口本宮富士浅間神社と境内社（摂社）である諏訪神社の両社による例大祭で，毎年8月26日の「鎮火祭」と，翌8月27日の「すすき祭り」の2日間にわたって行われる。

『吉田の火祭のヒミツ』　富士吉田市歴史民俗博物館編　〔富士吉田〕　富士吉田市教育委員会　2012.6　34p　21cm　〈会期・会場：平成24年 富士吉田市歴史民俗博物館〉　Ⓝ386.151

《8月31日》

## 野菜の日

日付の数字「831」の語呂合せから。全国青果物商業協同組合連合会など9団体が1983年に制定。

『明日ともだちに話したくなる野菜の話』稲垣栄洋監修，オフィスシバチャン絵総合法令出版　2018.6　123p　19cm　〈文献あり〉　1100円　①978-4-86280-624-6　Ⓝ626

[目次] 第1章 どうして野菜を食べなきゃいけないの？（人と野菜のなが〜いつき合い，どうして野菜を食べなきゃいけないの？，野菜を食べるときれいになるのはどうして？），第2章 思わず話したくなる野菜の話（キャベツ，レタス，タマネギ，ブロッコリー＆カリフラワー，ネギ ほか）

[内容] 身近な疑問，どうしてタマネギを切ると涙が出るの？ から，意外な真実，大きなカ

ブは簡単にぬけるまで，思わず話したくなる野菜の話がつまっています。

『野菜と栄養素キャラクター図鑑―キライがスキに大へんしん！』　田中明，蒲池桂子監修，いとうみつるイラスト　日本図書センター　2017.6　79p　21cm　1500円　①978-4-284-20402-6　Ⓝ498.55

[目次] 野菜と栄養素たんけん隊，野菜と栄養素のキホン，にんじん王子，ピーマンくん，かぼちゃちゃん，ブロッコリーおばちゃん，トマトさん，こまつなちゃん，ほうれんそうアニキ，モロイヤさま 〔ほか〕

[内容] 75の野菜と栄養素のキャラクターたちが野菜のスゴさを教えます！

『どうして野菜を食べなきゃいけないの？―こども栄養学』　川端輝江監修　新星出版社　2017.2　63p　21×22cm　〈絵：せのおしんや〉　1500円　①978-4-405-07240-4　Ⓝ498.55

[目次] 栄養素がわかる（どうして，ごはんを食べなきゃいけないの？，食べたものは，体のどこにいくの？，どうやって，食べものが栄養になるの？ ほか），食べものがわかる（緑の野菜，赤・オレンジの野菜，そのほかの野菜 ほか），体のしくみがわかる（人の体は，なにでできている？，おしっこは，どうやってできるの？，うんちって，どうやってできるの？ ほか）

[内容] 親子でいっしょに学べる！ いちばんやさしい栄養学。「にがいピーマン，どうして食べなきゃいけないの？」「おやつだけ食べてちゃダメなの？」子どもたちのソボクな疑問を，この1冊で解決！ 栄養を知れば，食べることがもっと楽しくなる！

『すごいぞ！ やさいーズ―子どもと野菜をなかよしにする図鑑』　成田崇信監修，KAMAKIRI絵　オレンジページ　2016.12　64p　21cm　（ORANGE PAGE MOOK）　1350円　①978-4-86593-121-1　Ⓝ626

『調べてなるほど！ 野菜のかたち』　柳原明彦絵と文，縄田栄治監修　大阪　保育社　2016.6　137p　26cm　（絵で見るシリーズ）　〈文献あり〉　2700円　①978-4-586-08561-3　Ⓝ626

[目次] キャベツ，はくさい，カリフラワー，ブロッコリー，レタス，ほうれんそう，ねぎ，たまねぎ，セロリ，アスパラガス，たけのこ 〔ほか〕

## 宿題の日

イギリスのチャリティー団体「A World At School」が制定。8月31日は夏休みの終わりの日であることによる。夏休みの宿題を終わらせるために必死で勉強をした思い出を持つ人が多いこの日に、学べる喜びにきづいてもらうことで、全ての子供たちに教育の機会を提供することを目的とする。

『**夏休みの宿題パーフェクトガイド小学1・2年**』 学研教育出版 2012.7 48p 30cm （学研の夏休みドリル）〈発売：学研マーケティング〉600円 ①978-4-05-303746-6 Ⓝ002.7

『**宿題ひきうけ株式会社**』 古田足日作，久米宏一画 新版 理論社 2004.2 268p 18cm （フォア文庫愛蔵版）1000円 ①4-652-07384-4 Ⓝ913.6
目次 宿題ひきうけ株式会社，むかしといまと未来，進め ぼくらの海ぞく賊旗
内容 タケシたち6人は、お金をもらってかわりに宿題をやってあげる "宿題ひきうけ株式会社" をつくりました。やがてみんなは考えだします。何のために勉強するのか…。

## 《8月その他》

### お盆

夏に行われる日本の祖先の霊を祀る一連の行事。8月15日を中心とした期間に行われることが多い。

『**おぼん ぼんぼん ぼんおどりの日！**』 ますだゆうこ作，たちもとみちこ絵 文溪堂 2015.8 31p 23×23cm 〈文献あり〉1400円 ①978-4-7999-0129-8 Ⓝ726.6
内容 ひっこみじあんのこなつと、おてんばだったおばあちゃん。おぼんの日にかえってきたおばあちゃんにゆうきをもらったこなつは…おばあちゃんのやさしいまなざしに、おもわずほろりとするお話と、大人気の豆知識つき！

# 9月

『かこさとしこどもの行事しぜんと生活　9月のまき』　かこさとし文・絵　小峰書店　2012.8　36p　29cm　〈年表あり〉　1400円　①978-4-338-26809-7　Ⓝ386.1

『9月のえほん―季節を知る・遊ぶ・感じる』　長谷川康男監修　PHP研究所　2011.7　47p　26cm　〈文献あり〉　1300円　①978-4-569-78158-7　Ⓝ386.1
〔目次〕防災の日(1日)、十五夜(満月の日)、敬老の日(第3月曜日)、9月の旬の食べもの、9月の俳句と季語、9月に見られる植物、9月の記念日、9月の行事、日本の9月のお祭り、世界の9月の行事・お祭り、お米づくりについて学ぼう、秋の草花であそぶ、9月のできごと、9月に生まれた偉人・有名人
〔内容〕防災の日、十五夜のお月見、敬老の日、重陽の節句、秋のお彼岸、秋分の日…。9月の行事、自然、旬の食べもの、遊びなどを絵で楽しく紹介するとともに、季語、記念日、できごとなども掲載。9月という季節を感じ、楽しめ、学習にも役立つえほんです。

『学習に役立つわたしたちの年中行事　9月』　芳賀日出男著　クレオ　2006.4　35p　27cm　1800円　①4-87736-091-3　Ⓝ386.1
〔目次〕風祭り、相撲、やぶさめ、綱引き、お月見、十五夜、遠野祭り、祭りの楽器、物語・陰陽師　安倍晴明、9月の各地の祭り、9月の世界の祭り、9月のことば、9月の祭りごよみ、総目次索引(1月～12月)

『365日今日はどんな日？―学習カレンダー　9月』　PHP研究所編　PHP研究所　1999.9　49p　31cm　〈索引あり〉　2700円　①4-569-68159-X
〔目次〕関東大震災、帝国ホテル開館式、リョウコウバトが絶滅、コカコーラが日本上陸、清水トンネル開通、竹久夢二がなくなる、リニアモーターカーの有人走行、二百十日、東京専門学校、早稲田大学に、岡倉天心がなくなる〔ほか〕
〔内容〕一年365日の、その日に起こった出来事を集め、ひと月1巻、全12巻にまとめたシリーズの9月編。その日にまつわる歴史上の出来事や人物、発明・発見、文学、美術、音楽、数学、お祭りや記念日、年中行事などの項目を収録。

『9月』　増田良子,福田節子編著,増山博絵　岩崎書店　1999.4　39p　31cm　(くらしとあそび・自然の12か月　6)　3000円　①4-265-03786-0　Ⓝ031
〔目次〕おーい、くもくん、たいへんだ、どうしよう！(9月1日は、防災の日)、ちいさい秋、みーつけた、このゆびとまれ、アカトンボ、虫たちの音楽会、きょうは、十五夜お月さま、月はふしぎ、おじいちゃん、おばあちゃん、おげんきですか？(9月15日は、敬老の日)、かんたんにできる、手すきハガキ、自然の生きものをまもろう(日本)〔ほか〕

『学習に役立つものしり事典365日　9月』　谷川健一,根本順吉監修　新版　小峰書店　1999.2　63p　27cm　〈索引あり〉　2500円　①4-338-15609-0
〔目次〕関東大震災おこる、ドイツ軍、ポーランドへ侵入、与謝野晶子が反戦歌を発表、中野浩一選手が10連覇達成、「子どもの権利条約」発効する、トールキンなくなる、画家のルソーなくなる、二百十日、アウシュビッツで大虐殺、ノーモア・ヒロシマ！　〔ほか〕
〔内容〕どんな事件があり、どんな人が生まれたり死んだりしたのか、年中行事や記念日の由来など、遠い昔から現代までに起きた出来事を、同じ日付ごとにまとめた事典。本巻は9月の日付を収録。索引付き。

『9月のこども図鑑』　フレーベル館　1997.8　55p　27cm　(しぜん観察せいかつ探検)　1600円　①4-577-01716-4　Ⓝ031
〔目次〕きょうはなんのひ？―9月のカレンダー、しぜんだいすき(1)―空を見よう、しぜんだいすき(2)―秋に鳴く虫、そだててみよう―すずむし・たねのしゅうかく、せいかつたんけんたい―わくわく飛行場、いってみたいね―クリーニングやさん、わくわくクッキング―9月のメニュー、しらべてみよう―お米ができたよ、つくってみよう―しゃぼん玉、しっているかな？―月の話

『9がつのこうさく―けいろうの日のおくりもの』　竹井史郎著　小峰書店　1996.2　31p　25cm　(たのしい行事と工作)　1600円　①4-338-12709-0　Ⓝ507
〔目次〕とんぼ、はねるむし、かまきり、あきのむし、おつきみ、たぬき、けいろうのひ、おりがみ、こうくうきねんび
〔内容〕小学校低学年以上。

9月　　　　　　　　　　　　　　　　　　　　　　　　　　　9月1日

## 《9月1日》

### 防災の日

1923年の9月1日に関東大震災が発生したことによる。日本政府が1960年に制定。この日を中心とする前後7日間が「防災週間」。

『こどものための防災教室―災害食がわかる本』　今泉マユ子著　理論社　2018.8
111p　27cm　〈文献あり〉　3800円
Ⓘ978-4-652-20274-6　Ⓝ369.3
目次 1時間目 災害について学ぶ もしもって，どんなとき？，2時間目 災害食を知ろう1 なにからはじめる？　水と食のそなえ，3時間目 災害食を知ろう2 災害食ってなに？，4時間目 災害食をそなえる　はじめよう！　日常備蓄，5時間目 災害食の食べかた すぐできる！　サバイバルレシピ，6時間目 今日からやる防災 今自分たちにできること
内容 こんにちは，今泉マユ子です。わたしは管理栄養士として働きながら2人のこどもの母親として家族の健康を守ってきました。2011年3月11日に東日本大震災がおきたとき，「非常持出袋は家族全員がわかる場所で，すぐにとり出せなければいけない。家にたくさん食べものがあっても，小さな子が自分ひとりで食べられるものはほとんどない」と強く実感し，この日をきっかけに災害食の研究をはじめました。それ以来，すべての人の心と体の健康を守る管理栄養士としての使命に燃え，災害食，防災食，そなえることの大切さについてお伝えしています。

『ぐらぐらゆれたらだんごむし！―おやこでまなぼう！　防災しかけ絵本』　国崎信江監修, Meg絵　東京書店　2018.3　1冊
18×18cm　1200円　Ⓘ978-4-88574-345-0
Ⓝ369.31
内容 地震から子どもを守る絵本。

『みんなの防災えほん』　山村武彦監修, YUU絵　PHP研究所　2017.8　39p
29cm　（たのしいちしきえほん）〈文献あり〉　1600円　Ⓘ978-4-569-78686-5
Ⓝ369.3
目次 地震がおこったら，台風がちかづいてきたら，大雪がふったら
内容 避難場所がどこにあるか，知っていますか？　災害がおこったとき，自分がいつ，どこにいても，安全な場所へにげられるように学んでいこう！　地震，津波，台風，大雪，かみなり…。災害から身をまもるためにできることはないか，かんがえるきっかけになる1冊！

『NHK学ぼうBOSAI命を守る防災の知恵 地震・津波はどうして起きるのか』　NHK

「学ぼうBOSAI」制作班編　金の星社
2016.3　39p　30cm　〈索引あり〉　3000円
Ⓘ978-4-323-05871-9　Ⓝ369.3
目次 地球の"声"を聞こう（地震波が教えてくれること，地震はなぜ起こるの？，地球は生きている，津波はどうして起きる？，津波から命を守るには？），シンサイミライ学校（アニメで学ぶ命を守るキズナ，地震からいのちを守る知恵，きみならどうする？　判断の分かれ道，命を守る"手作りBOSAIマップ"，元気が出る"BOSAI食"をつくろう，キャンプで学ぶ"BOSAI力"）

『NHK学ぼうBOSAI命を守る防災の知恵 被災者に学ぶそのときどう行動したか』　NHK「学ぼうBOSAI」制作班編　金の星社　2016.3　39p　30cm　〈索引あり〉　3000円　Ⓘ978-4-323-05872-6　Ⓝ369.3
目次 東日本大震災被災者に学ぶ（消防団は地域住民の命をどう救ったのか？，その状況で，看護師はどう行動したのか？，そのとき，校長先生は，どう決断したのか？，民生委員はお年寄りをどう助けたのか？，そのとき，工場長はどう判断したのか？，タクシー運転手は救援活動をどう支えたのか？，商業施設運営者はどう指示したのか？），阪神・淡路大震災のいのちのリレー（いのちを守る強いココロ―消防士，人と人とのつながりこそが防災―障害者支援，どんなときも助けたい―災害医療，子どもたちの未来を守る―防災教育支援，命の大切さを伝える―震災遺産，何もしない自分はもうイヤだ―災害ボランティア）

『NHK学ぼうBOSAI命を守る防災の知恵 噴火・台風・竜巻・落雷どう備えるか』　NHK「学ぼうBOSAI」制作班編　金の星社　2016.3　39p　30cm　〈索引あり〉　3000円　Ⓘ978-4-323-05873-3　Ⓝ369.3
目次 地球の声を聞こう―噴火のしくみを学ぼう，地球の声を聞こう―噴火の前に何が起きるの？，命を守るチカラ―火山災害の防災ホームドクター，地球の声を聞こう―雷から身を守ろう，地球の声を聞こう―竜巻の正体を知ろう，地球の声を聞こう―猛暑と熱中症，地球の声を聞こう―台風の進路を予測しよう，地球の声を聞こう―自分の町を知って台風に備えよう，命を守るチカラ―天気予報で災害を防ぐ気象台，地球の声を聞こう―集中豪雨から身を守ろう，命を守るチカラ―大雨・土砂災害に備える，地球の声を聞こう―大雪災害に備えよう，命を守るチカラ―フライトドクター，命を守るチカラ―東京消防庁・ハイパーレスキュー隊，命を守るチカラ―災害救助犬・指導手，命を守るチカラ―ロボット開発で災害に備える

『みんなの防災事典―災害へのそなえから 避難生活まで』　山村武彦監修　PHP研究所　2015.6　63p　29cm　（楽しい調べ学習シリーズ）〈文献あり　索引あり〉　3000円　Ⓘ978-4-569-78471-7　Ⓝ369.3

子どもの本 伝統行事や記念日を知る本2000冊　**201**

目次 第1章 防災の基本を知っておこう（近年、日本で起こったおもな自然災害，気象情報に注意しよう，災害が起こったときの心がまえ），第2章 これだけは知っておきたい！災害から身を守る方法（地震について知っておこう，地震が起こったら，まず何をする？，津波から身を守るには？ ほか），第3章 災害へのそなえを実践しよう（災害はいつでも起こる，災害にそなえて話しあおう，災害にそなえて準備すべきもの ほか）

『子どものための防災訓練ガイド 3 防災キャンプ：みんなで体験！』 松尾知純著，坂道なつイラスト 汐文社 2013.4 47p 27cm〈文献あり 索引あり〉2200円 ①978-4-8113-8972-1 ⑩369.3

目次 第1章 計画しよう（防災キャンプとは，災害シミュレーション），第2章（イメージしよう，シナリオと訓練，やってみよう！），第3章 振り返ろう（体験を次にいかす，さらにトレーニングを重ねよう，大人になったらするべきこと）

内容 避難開始、災害直後、避難所作り、避難所生活を、防災キャンプで体験。

『子どものための防災訓練ガイド 2 避難と行動：その時、命を守りきる！』 松尾知純著，坂道なつイラスト 汐文社 2013.3 47p 27cm〈文献あり 索引あり〉2200円 ①978-4-8113-8971-4 ⑩369.3

目次 第1章 避難と行動（正しい行動の流れ，災害が起きたら何をするの？，災害時の連絡方法），第2章 消火活動（火災とは，消火訓練），第3章 救命・救助活動（まずは自分の安全を，救命訓練，搬送訓練，救助訓練）

『災害・防災図鑑―すべての災害から命を守る』 CeMI環境・防災研究所監修 文溪堂 2013.3 111p 31cm〈索引あり〉3200円 ①978-4-7999-0004-8 ⑩369.3

目次 地震，火山，土砂，津波，水害，台風，積乱雲，豪雪，自然のめぐみ，避難

内容 日本の自然災害すべてを取り上げている。それぞれの災害について、災害がもたらす被害（過去の豊富な例）、災害がなぜ起きるのか（科学的説明）、災害をふせぐためにどうすればよいか、また、災害に遭遇してしまったときはどうすればよいか（日頃の備えも）を、写真や図版でわかりやすく解説。地震・津波・火山・土砂災害・台風といった、従来の災害だけでなく、このところ、急増している、局地的豪雨や竜巻といった、巨大な積乱雲がもたらす災害にも、注目して言及する。

『子どものための防災訓練ガイド 1 防災マップ・カルテ作り：身近な危険をチェック！』 松尾知純著，坂道なつイラスト 汐文社 2013.2 47p 27cm〈文献あり 索引あり〉2200円 ①978-4-8113-8970-7 ⑩369.3

目次 第1章 防災ってなんだろう（防災とは，災害とは，「防災の進めかた」），第2章 私の防災カルテ（防災カルテを作る，診察，診断，処方，ハザードマップ），第3章 まちの防災マップ（あなたのまちはどんなまち？，まちの防災マップ作り），第4章 屋内の防災マップ（屋内の危険に備える，屋内の防災マップ作り）

『72時間生きぬくための101の方法―子どものための防災BOOK』 夏緑著，たかおかゆみこ絵 童心社 2012.3 87p 27cm〈写真：國森康弘〉3500円 ①978-4-494-01127-8 ⑩369.3

目次 1部 災害1日目にできること（災害発生！ 直後の10秒にできること，災害発生後・直後の1分にできること ほか），2部 災害2日目にできること（まだ避難できていないきみへ！ 災害2日目にできること，避難完了！ 避難所2日目にできること），3部 災害3日目にできること（まだ避難できていないきみへ！ 災害3日目にできること，避難完了！ 避難所3日目にできること），4部 災害1日前にできること（一番怖いのはうっかりミス！ 災害にそなえて練習と経験をつもう！，地震にそなえて家の見直しと耐震補強、ワイヤーとネジで家具を固定！ ほか）

---

## ねんどの日

日付の数字「901」を「クレイ（＝粘土）」と読む語呂合せから。粘土アーティストで「ねんドル」と呼ばれる岡田ひとみが制定。

---

『なんでも！ ねんどあそび―100円ショップでつくってあそぶ』 吉田未希子著 いかだ社 2016.3 63p 26cm 1400円 ①978-4-87051-462-1 ⑩751.4

目次 かわいい！ 飾り・人形（手びねり干支人形，型抜きオーナメント，ゆらめきランプ ほか），楽しい！ あそび・ゲーム（踊れ！ ネンドリックス，ぐらしゃきトリオ，マジックボール ほか），そっくり！ お店やさんグッズ（ごっこあそびの舞台づくり，スイーツ，やさい ほか）

内容 100円ショップはねんどのタイプもカラーもいろいろ！ 楽しいあそべるもの、かわいいかざりもの、そっくり！ お店やさんごっこグッズ、いっぱいつくろうね。

『はじめてでもかんたん！ 楽しいねんど 4 雑貨を作ろう』 寺西恵里子作 汐文社 2015.3 39p 27cm 2300円 ①978-4-8113-2177-6 ⑩751.4

目次 アクセサリーこもの（キーホルダー，マグネット，ブローチ ほか），お部屋のこもの（ペンスタンド＆ペン，クリップ，テープ・消しゴムホルダー ほか），季節の飾りもの（おひな様，かぶと，お正月飾り お月見飾り ほか）

9月　　　　　　　　　　　　　　　　　　　　9月4日

『はじめてでもかんたん！　楽しいねんど
　3　夢の世界を作ろう』　寺西恵里子作
汐文社　2015.3　39p　27cm　2300円
①978-4-8113-2176-9　⑭751.4
目次 未来の自分（将来の夢サッカー選手，将
来の夢バレリーナ，将来の夢宇宙飛行士，僕
の部屋，私の部屋），夢の世界（夢の宇宙，夢
のアイランド，未来の乗り物，夢の動物），身
の回りの夢（夢の花，夢のドレス，夢のおべん
とう，夢のおうち）

『はじめてでもかんたん！　楽しいねんど
　1　ジオラマを作ろう』　寺西恵里子作
汐文社　2015.3　39p　27cm　2300円
①978-4-8113-2174-5　⑭751.4
目次 1 ケーキ屋さん，2 街，家と乗り物，3
パン屋さん，4 私のお部屋，5 動物たち，6
松ぼっくり・どんぐり・小枝のお城，7 水族
館，8 飛行機，9 森の中

『はじめてでもかんたん！　楽しいねんど
　2　ヒモとマルで作ろう』　寺西恵里子作
汐文社　2015.2　39p　27cm　2300円
①978-4-8113-2175-2　⑭751.4
目次 1 丸めてマルを作ろう，2 伸ばしてヒモ
を作ろう，3 のして板を作ろう，4 手びねり
で自由な形を作ろう，5 骨組みを使って作ろ
う，6 組み合わせていろいろなものを作ろう，
7 色をつけよう柄を描こう

『かんたん！　かわいい！　ひとりででき
　る！　ねんどのマスコット』　寺西恵里子
著　日東書院本社　2014.8　63p　24cm
（基礎がわかる！　For Kids!!）840円
①978-4-528-01289-9　⑭751.4
目次 1 丸めて作るはじめてのケーキ，2 はじ
めて形作る野菜のマスコット，3 はじめて平
らにのばして作るお花，4 はじめての立体の
小鳥，5 はじめての立体アクセサリー，6 は
じめての組み立て使える小物に
内容 はじめてでも大丈夫！　クルクル粘土を
丸めるだけでかわいいマスコットが作れます。
丸いフルーツはもちろんくまさんだってアク
セサリーだってみんな、丸から作れます！
色も好きな色が作れて自分だけのオリジナル
マスコットが楽しく作れます。

『ねんドル岡田ひとみのはじめてのねんど
　―子どもとつくる年中行事』　岡田ひとみ
著　鈴木出版　2013.2　63p　26cm
1500円　①978-4-7902-7235-9　⑭751.4
目次 4月 わくわく入園＆進級―ぼうし・バッ
グ・さくら，5月 こどもの日がやってきた！―
こいのぼり・くも・お母さん（お父さん）・お
花，6月 カエルがよろこぶ雨の季節―長ぐつ・
てるてるぼうず・ネクタイ，7月 天の川に願
いをかけて…―アイスクリーム・おりひめと
ひこぼし，8月 元気に遊ぼう夏休み―すいか・
ひまわり・ヨーヨー，9月 おじいちゃんおば

あちゃんありがとう！―三色だんご・おせん
べい・おまんじゅう，10月 お弁当持って出か
けよう！―おにぎり・ウィンナー・いんげん・
たまごやき・ミニトマト，11月 芸術よりも食
欲の秋―やきいも・くり・ぶどう，12月 今夜
はステキなクリスマス―リース・雪だるま・
ケーキ，1月 新年スタート！　なにして遊ぶ？
―かがみもち・はごいた・てぶくろ〔ほか〕
内容 大人たちから人気の高い“ミニチュアね
んど”の世界を、3歳児から楽しめるように、
初歩の初歩から紹介。

『さんすうねんど―数量・図形に強くなる』
岡田ひとみ著　小学館　2011.3　79p
26cm　（プレneo books）1200円
①978-4-09-217276-0　⑭751.4
目次 はじめに読もう，持ちものたくさん
がっこう（えんぴつ・けしゴム，ふでばこ ほ
か），夏のお楽しみ うみ（かいがら・アイスク
リーム，カニ ほか），ごちそうならべて ホー
ムパーティー（ケーキ，サラダ ほか），いっぱ
い遊ぼう こうえん（バット・グローブ・ボー
ル，かだん ほか），もっと作ろう もっと遊ぼ
う（記ねん日におくろう！，もっとカタチはっ
けんクイズ）
内容 こねてつくって遊ぶうちに、指先づかい
で脳がはたらく、集中力がつく、立体感覚が
身につく。

『ねんドル岡田ひとみのねんどでミニチュ
アパリスイーツ―マカロン、エクレア、
ミルフィーユ…キッズも上級者も夢中』
岡田ひとみ著　主婦の友社　2010.8　79p
26cm　1238円　①978-4-07-272773-7
⑭751.4
目次 01 かざり用の小物，02 ケーキ，03 焼
き菓子＆チョコレート，04 シュー，05 パン，
06 特別な日のスイーツ
内容 ねんどでできるスイーツレシピ。フラン
ス生まれのお菓子やケーキをパティシエ気分
で作ってみましょう。

《9月4日》

クラシック音楽の日

日付の数字「9」「4」を「クラシック」と読
む語呂合せから。日本音楽マネージャー協
会が1990年に制定。

『あかちゃんの育脳クラシックえほん』　新
井鷗子監修　東京書店　2018.6　17p
19cm　（わくわく音あそびえほん）〈音
声情報あり〉1680円　①978-4-88574-
265-1　⑭762.3

『クラシックおんがくのおやすみえほん』
サム・タプリンぶん，ジュジ・カピッ

子どもの本 伝統行事や記念日を知る本2000冊　203

ツィエ，中井川玲子やく　大日本絵画
2017　1冊　22×22cm　（おとがなるしか
けえほん）〈音声情報あり〉2000円
①978-4-499-28702-9　Ⓝ762.3
内容「ブラームス　子守唄」「ショパン　ノク
ターン2番」「フォーレ　ドリー組曲より子守唄」
「シューベルト　子守唄」「モーツァルト　クラ
リネット協奏曲イ長調K.622第2楽章Adagio」
1にちのおわりにこころやすらぐクラシックの
めいきょくをどうぞ！　えほんのなかの5つの
ボタンをおすと，それぞれ，ブラームス，ショ
パン，フォーレ，シューベルト，モーツァル
トのやさしいしらべをきくことができます。

『「クラシック鑑賞」事典―音楽がたのしく
なる　楽器や作曲家がよくわかる』　下道
郁子監修，PHP研究所編　PHP研究所
2007.11　79p　29cm〈年表あり〉2800
円　①978-4-569-68755-1　Ⓝ762.3
目次プロローグ「クラシック音楽」はむずか
しくない！，第1楽章 演奏会で使う楽器（オー
ケストラはこう並んでいる，インタビュー/川
瀬賢太郎さんに聞く指揮者の役割とは？，弦
楽器，木管楽器，金管楽器，打楽器，ときどき
参加する楽器），第2楽章 いろいろな演奏方法
をよく知ろう（交響曲，管弦楽曲，協奏曲，室
内楽曲，器楽曲，声楽曲，オペラ，バレエ音
楽），第3楽章「聞くならこの曲」付き有名作
曲家辞典（クラシックといえばまずこの3人，出
身国を代表する7人，よく名前を耳にする30
人，覚えておきたいそのほかの作曲家10人）

『夢みるクラシック交響曲入門』　吉松隆著
筑摩書房　2006.10　187p　18cm　（ちく
まプリマー新書 45）760円　①4-480-
68746-7　Ⓝ764.31
目次1日め 運命の交響曲（人は自らの姿に似
せて交響曲を創りたもうた，ほか，その交
響曲というのを聴いてみる　ほか），2日め 恋
する交響曲（"硬派"の交響曲と"軟派"の交響
曲，ロマン派の世界。交響曲だって恋をす
る…ほか），3日め 情熱の交響曲（ロックと
ポップス対クラシック音楽，音楽の誕生。ド
レミファからハーモニーへ ほか），4日め 人
生の交響曲（心臓とリズム・呼吸とメロディ・
脳とハーモニー，夏休み（トニカ）の前には，
期末テスト（ドミナント） ほか），5日め 人間
の交響曲（アンプなしの大音量バンド＝オーケ
ストラ，時空を越えるコミュニケイションと
しての音楽 ほか）
内容扉を叩く運命の音。切ない恋の思い出。
燃え上がる情熱。大自然の絵巻。交響曲の世
界は夢とドラマに満ち溢れている。作曲家の
センセが熱く語るクラシック入門決定版。

## くじらの日

日付の数字「9」「4」を「くじら」と読む語
呂合せから。鯨と日本人の共生を考える日
として，日本鯨類研究所が制定。

『ザトウクジラ』　ヨハンナ・ジョンストン
さく，レナード・ワイスガードえ，こみ
やゆうやく　好学社　2018.6　1冊　21×
27cm　1600円　①978-4-7690-2228-2
Ⓝ489.6

『シロナガスクジラ』　ジェニ・デズモンド
さく，福本由紀子やく　神戸 BL出版
2016.7　[40p]　30cm　1600円　①978-
4-7764-0733-1　Ⓝ489.6
内容シロナガスクジラはとてつもなく大きい
ほ乳類。体長は，トラクターとワゴン車，
オードバイ，自転車，車，ボート，ショベル
カー，トラックを，ずらっとならべたくらい。
体重は？　たべものは？　どうやって息をす
る？　どうやってねるの？　実際ははほとん
ど目にすることのないシロナガスクジラを，
こどもの目でいきいきとたのしく伝えます。

『クジラ』　フリップ・ニックリン，リンダ・
ニックリン著，小宮輝之監修　ほるぷ出
版　2011.12　31p　26×26cm　（ナショ
ナルジオグラフィック動物大せっきん）
〈索引あり〉2200円　①978-4-593-58454-
3　Ⓝ489.6
内容迫力ある写真で魅力あふれる動物たちの
ありのままの姿を伝える動物シリーズ。

『クジラ』　ジョン・フランシスイラスト，
バーナード・ストーンハウス監修，伊藤
年一構成・文　学習研究社　2007.2　48p
28cm　（動物イラスト生態図鑑 10）
2800円　①978-4-05-202465-8　Ⓝ489.6
目次クジラのプロフィール，クジラのなかま
分け，クジラのいろいろ，史上最大の動物，
えものの取り方，速さのひみつ，ザトウクジ
ラのあわのあみ，ザトウクジラのえものの食
べ方，ザトウクジラのジャンプ，ザトウクジ
ラの歌，ザトウクジラのオスの戦い，ザトウ
クジラの回遊，コククジラのえもののとり方，
ホッキョククジラの回遊，マッコウクジラの
頭，マッコウクジラとダイオウイカ，マッコ
ウクジラの社会，クジラのくらし

『クジラ―海の巨大な動物たち』　ナショナ
ル・ジオグラフィック・ソサエティ監修，
きたむらまさおやく　大日本絵画　2007
1冊　24cm　（しかけえほん）3000円
①978-4-499-28163-8　Ⓝ489.6

『クジラから世界が見える』　ウーマンズ
フォーラム魚編，中村信絵　遊幻舎
2006.12　47p　28cm〈年表あり〉1600
円　①4-9903019-1-9　Ⓝ664.9
内容やあ，きみたち，クジラの絵はかけるか
い？　クジラって，1種類だと思ったりしてい
ないよね。クジラは，この地球に約80種類い
るんだよ。そのなかには，増えているクジ
ラもいる。ミンククジラやマッコウクジラだ。
知ってた？　それからクジラは，大きくてす

てきな動物だけど、世界中の人がとっている魚の量の3〜5倍も魚を食べちゃうんだ！　ぼくたちも、クジラも、海も、このままじゃこまってしまう。これからどうすればいいと思う？　みんなで考えてみてね。

『鯨を捕る』　市原基写真・文　偕成社　2006.7　63p　27cm　1800円　Ⓘ4-03-016430-7　Ⓝ664.9

内容　ぶつかりあう、生命と生命。1982年、南極海。捕鯨船に同乗した、写真家による記録。

『クジラの超能力─見てわかるクジラ百科』　水口博也著　講談社　2006.6　92p　30cm　（こどもライブラリー）〈絵：河合晴義〉2500円　Ⓘ4-06-259056-5　Ⓝ489.6

目次　第1章　海の巨人（海でくらす哺乳類，クジラがたどった道　ほか），第2章　クジラの仲間（クジラ図鑑1─ヒゲクジラ亜目，クジラ図鑑2─ハクジラ亜目　ほか），第3章　くらしをさぐる（海のうえでクジラを見る，海のなかでは、どんなことをしているのだろう　ほか），第4章　クジラと人間（海でクジラに会うクジラ・ウォッチング，クジラのくらしを知るために──一頭一頭を見わける　ほか）

内容　1時間近くも深海に潜り、何十トンもの巨体を宙に躍らせる。海中で言葉をかわし、暗闇でも獲物を見つけることができる。おどろきがいっぱいのクジラたちのくらしをさぐってみよう。

《9月5日》

国際チャリティーデー

1997年9月5日のマザー・テレサの命日にちなみ、ボランティア活動や慈善活動の重要性をアピールすることを目的とする。

『マザー・テレサ─命をてらす愛』　望月正子文，丹地陽子絵　新装版　講談社　2018.3　209p　18cm　（講談社火の鳥伝記文庫 12）〈年譜あり〉740円　Ⓘ978-4-06-149925-6　Ⓝ198.22

目次　1　スラムへの道（まずしい人びとにかかわって，アグネスの夢，修道女への道　ほか），2　スラムの天使（スラムの学校，神の愛の宣教者会，あなたも大切な人　ほか），3　世界中に愛の手を（広がる愛の手，神にみちびかれて，そこにまずしい人とがいるのなら　ほか）

内容　マザー・テレサは、1910年現在のマケドニアに生まれた、キリスト教の修道女です。たったひとりでインドのスラムに入り、だれにも手当てしてもらえない病人や、すてられた子どもたちをすくう活動を始めました。ま

ずしい人びとを愛し、ひとりひとりに「あなたは大切な人」とつたえることに、生涯をささげたのです。マザー・テレサの活動は多くの人びとの心を打ち、1979年ノーベル平和賞を受賞しました。小学上級から。

『マザー・テレサ』　武鹿悦子文，牧野鈴子絵　第2版　チャイルド本社　2016.2　28p　25cm　（絵本版こども伝記ものがたり 11　西本鶏介責任編集）〈年譜あり〉602円　Ⓘ978-4-8054-4278-4　Ⓝ198.22

『マザー・テレサ─貧しい人びとにつくした愛と勇気の聖女』　相良憲昭監修，榊ゆうか漫画，堀ノ内雅一シナリオ　集英社　2016.1　127p　23cm　（集英社版・学習まんが─世界の伝記NEXT）〈文献あり年譜あり〉980円　Ⓘ978-4-08-240067-5　Ⓝ198.22

目次　ノーベル平和賞，旅立ち，修道女になるために，貧しさのなかへ，死を待つ人の家，広がる活動，人物クローズアップ！　もっと知りたい！　マザー・テレサ

内容　心の貧しさこそひと切れのパンの飢えよりももっと貧しいことなのです。マザー・テレサは、インドのコルカタでなやみ苦しむ人のために、努力をおしまず働きつづけ、ノーベル平和賞を受賞しました。多くの問題に立ち向かったそのすがたはわたしたちに心の勇気を教えてくれます。

『マザー・テレサ愛と祈りをこめて』　中井俊已作，おむらまりこ絵　PHP研究所　2015.12　〔32p〕　29cm　1400円　Ⓘ978-4-569-78515-8　Ⓝ198.22

内容　貧しい人のために全てを捧げたマザー・テレサ。その生涯を描いた感動の伝記絵本。

『マザー・テレサ』　Team神話文・絵，築田順子訳　岩崎書店　2014.2　159p　23cm　（オールカラーまんがで読む知っておくべき世界の偉人 7）〈年譜あり〉1600円　Ⓘ978-4-265-07677-2　Ⓝ198.22

目次　01　聖なるつぼみ、アグネス・ゴンジャ，02　祈る家族，03　日の当たらない場所，04　修道女になるために，05　汽車に乗ってわかったこと，06　神の愛の宣教者会，07　まずしい人々の光

『日本赤十字社所蔵アート展─東日本大震災チャリティー企画　東郷青児、梅原龍三郎からピカソまで─復興への想いをひとつにして』　損保ジャパン東郷青児美術館編　損保ジャパン東郷青児美術館　2012.1　15p　22cm　（ジュニア版ブックレット）〈会期・会場：2012年1月7日〜2月19日　損保ジャパン東郷青児美術館　年表あり〉

## 《9月6日》

### カラスの日

日付の数字「9」「6」を「クロー（＝カラス）」と読む語呂合せから。『CROW'S』を発行する「カラス友の会」が制定。

『カラスのひみつ―生態と行動のふしぎをさぐろう』 松原始監修　PHP研究所　2014.6　63p　29cm　（楽しい調べ学習シリーズ）〈索引あり　文献あり〉3000円　①978-4-569-78400-7　Ⓝ488.99

目次　第1章 カラスの生態を知ろう（カラスにはどれだけの種類がいるの?，世界のカラスとカラスのなかま，カラスはどんなところにすんでるの?　ほか），第2章 カラスのからだのふしぎ（カラスのからだを見てみよう，カラスのすぐれた目，カラスのくちばしを見てみよう　ほか），第3章 カラスと人間の共存について考えよう（都会で生活するカラス，カラスが人間をおそう!?，カラスにおそわれないようにするには?　ほか）

『生ごみをあさるカラス』 三浦慎悟監修　金の星社　2012.3　40p　30cm　（野生動物被害から考える環境破壊今，動物たちに何が起きているのか）〈索引あり〉3200円　①978-4-323-06164-1　Ⓝ654.8

目次　あれも，これも，カラスのしわざ?，カラスはどんな問題を起こしているの?，日本にはどんなカラスがいるの?，カラスはどんな鳥なの?，カラスがごみを散らかしちゃった!，トピックス 都会に生きる鳥たち カラスに追われて，人の近くで子育てする鳥，カラスと人間の知恵くらべ，トピックス 捕獲と狩猟 都市の生態系がこわれてしまう前に，カラスだけじゃない!　野鳥が起こす被害，カラスと人が共存するために

『人はなぜカラスとともだちになれないの?』 こどもくらぶ編，杉田昭栄監修　農山漁村文化協会　2010.12　39p　29cm　（シリーズ鳥獣害を考える 1（カラス））〈文献あり　索引あり〉2500円　①978-4-540-10259-2　Ⓝ615.86

目次　カラスって，どんな鳥なの?（カラスのなかま，カラスの一年と一日　ほか），なぜカラスは害鳥とされるの?（人とカラスは共存していた，なぜ人の近くにカラスがふえたの?　ほか），こんな被害・あんな被害（都会のカラスの広がる被害，いなかのカラスの広がる被害　ほか），わたしたちにできることは?（人になれさせない，わたしたちの生活を見なおそう ほか）

内容　野生の鳥や獣による農作物などの被害が，いま問題になっています。昔から日本に

いた野生の動物は，人間のくらしとうまく共存してきたのに，なぜこんなことになってしまったのでしょうか。わたしたちはどうすればいいのでしょう。このシリーズでは，カラス、イノシシ、シカ、サル、モグラ、ハクビシン・アライグマなどを通して野生の鳥獣とその被害について考えていきます。

『知ってるかな?　カラスの生活』 今泉忠明監修，サンパール絵，アラン・M.ベルジュロン，ミシェル・カンタン，サンパール文，金谷武洋訳　旺文社　2006.4　63p　22cm　1500円　①4-01-071901-X　Ⓝ488.99

内容　カラスをすきな人は少ないかもしれませんね。でも、カラスを観察してみるとおもしろいですよ。昼寝をしているネコにちょっかいをだしたり、電線にぶら下がって宙返りをしたり、いろいろなことをしています。とくに初夏、ひなが巣立つと家族でむれをつくり、さまざまな声でないたり、追いかけっこをしたりします。まるでカラスどうしで「話」をしているみたいです。じっさい、カラスはいろいろな声としぐさで、自分の気持ちを相手につたえます。観察をつづけていると、きっとすきになると思いますよ。

『わたしのカラス研究』 柴田佳秀著　さ・え・ら書房　2006.3　79p　23cm　（やさしい科学）1400円　①4-378-03897-8　Ⓝ488.99

目次　1 カラスとわたし，2 カラスの食生活を調べる，3 カラスの1日，4 カラスの子育てを観察する，5 天才カラスをたずねる，6 他の研究者との協力，7 むかしのカラスと今のカラス

内容　本書は、カラスの日常生活や、知的行動をするめずらしいカラスなど、カラスのさまざまなすがたを楽しく紹介しています。小学校高学年〜。

『カラスのはてな?』 からさわこういちさく、たにうちつねおえ　福音館書店　2005.10　27p　22cm　（福音館のかがくのほん）1000円　①4-8340-2144-0　Ⓝ488.99

内容　カラスの行動にはふしぎがいっぱい!カラスは、童謡にうたわれるなど、昔からしたしまれてきました。巣の材料をはこんだり、食べものをたくわえたり、道具をつかったり、すべり台などで遊んだりします。カラスのかしこさ、ふしぎな行動はかぞえきれません。近くにいるカラスについてもぜひ観察してみてください。読んであげるなら4才から。自分で読むなら小学校初級むき。

『カラスのくらし』 菅原光二著　新装版　あかね書房　2005.4　52p　23cm　（科学のアルバム 動物・鳥 10）1500円　①4-251-03370-1　Ⓝ488.99

目次　群れのくらし，カラスのえさ場，水あび，えさをめぐるあらそい，ねぐら，はん

しょくの季節，結婚，巣づくりと産卵，なわばりをまもる，ひなのたんじょう〔ほか〕

## 《9月8日》

### 国際識字デー

1965年9月8日からイランで開催された「テヘラン会議」において，当時のイラン国王が各国の軍事費の1日×2を識字基金に拠出するよう提案したのがきっかけ。ユネスコによって1965年に公式に宣言された。

『**読み書きは人の生き方をどう変えた？**』
川村肇著　清水書院　2018.8　109p　21cm　（歴史総合パートナーズ 3）〈文献あり〉　1000円　Ⓘ978-4-389-50086-3　Ⓝ372.1
[目次] プロローグ 読み書きできなくても大丈夫？，1 文字を読み書きするということを改めて考えよう，2 江戸時代の特質を知ろう，3 統計的数字を調査しよう，4 記録された証言を読もう，5 明治以降の識字状況を調べよう，6 日本の読み書き能力の展開を整理しよう，エピローグ 情報の読み書きへ

## 《9月9日》

### 救急の日

日付の数字「9」「9」の語呂合わせから。救急医療関係者の意識を高めるとともに，救急医療や救急業務に対する国民の正しい理解と認識を深めることを目的として，厚生労働省が1982年に制定。

『**よくわかる消防・救急—命を守ってくれるしくみ・装備・仕事**』　坂口隆夫監修　PHP研究所　2017.6　63p　29cm　（楽しい調べ学習シリーズ）〈索引あり〉　3000円　Ⓘ978-4-569-78659-9　Ⓝ317.79
[目次] 第1章 命を守る！ 消防署の組織と仕事（消防署の役割，ポンプ隊，特別救助隊 ほか），第2章 探検しよう！ 消防署と消防装備（これが消防署だ，消防隊員の1日，指令センターの役割 ほか），第3章 こんなとき，どうする？ 火災に備えよう！（火災の原因は何？，ものが燃えるしくみ，すぐに安全な場所へ避難しよう！ ほか）

『**現場で働く人たち—現場写真がいっぱい　3　救急医療現場—救急医/救急看護師/救急救命士/臨床工学技士/臨床検査技師**

ほか**』　こどもくらぶ編・著　あすなろ書房　2015.12　32p　31cm　〈索引あり〉　2800円　Ⓘ978-4-7515-2793-1　Ⓝ366.29
[目次] 1 救急医療現場で働く人たち（救急医，救急看護師，救急救命士，臨床工学技士，臨床検査技師・診療放射線技師，理学療法士・作業療法士，薬剤師），2 救急医療現場で働く人になるには

『**現場で働く人たち—現場写真がいっぱい　2　災害現場—消防官/特別高度救助隊/機動救助隊/航空隊/DMAT/DPATほか**』　こどもくらぶ編・著　あすなろ書房　2015.10　32p　31cm　〈索引あり〉　2800円　Ⓘ978-4-7515-2792-4　Ⓝ366.29
[目次] 1 災害現場で働く人たち（消防官，特別高度救助隊，警察の救助隊，航空隊，DMAT（災害派遣医療チーム），DPAT（災害派遣精神医療チーム）），2 災害現場で働く人になるには（消防官，特別高度救助隊，機動隊，DMAT，DPAT）
[内容] さまざまな仕事の現場を切りとり，その現場でどんな人たちがどのように働いているのか，写真と声（ことば）をもとに紹介していきます。

『**現場で働く人たち—現場写真がいっぱい　1　事故現場—警察官/救急隊/山岳救助隊/海上保安官/フライトドクターほか**』　こどもくらぶ編・著　あすなろ書房　2015.8　32p　31cm　〈索引あり〉　2800円　Ⓘ978-4-7515-2791-7　Ⓝ366.29
[目次] 1 事故現場で働く人たち（事故現場で働く人たち1 警察官，事故現場で働く人たち2 救急隊・救助隊，事故現場で働く人たち3 フライトドクター，山の事故現場で働く人たち 山岳警備隊，海の事故現場で働く人たち 海上保安官），2 事故現場で働く人になるには（警察官，救急隊/救助隊，フライトドクター/フライトナース，海上保安官）

『**救命救急フライトドクター—攻めの医療で命を救え！**』　岩貞るみこ著　講談社　2011.7　221p　20cm　1300円　Ⓘ978-4-06-217020-8　Ⓝ498
[目次] 第1部 救命救急センター（北総病院医局夜明け前，動きはじめた，千葉県ドクターヘリ，運航開始），第2部 出動（フライトドクターに求められるもの，教育，緊急オペ，小児救急，連携），第3部 一番への挑戦（進化，大震災，「一番」になること）
[内容] 「患者を病院へ運ぶ」から「医師が現場へ向かう」へ。救命救急は時間との闘い。一秒でも早く医師にみてもらうことが，生存率を大きく上げる。攻めの医療の切り札，ドクターヘリを飛ばすべく奮闘する人々の，命をつなぐための熱い挑戦を描く。日本のドクターヘリの草分け的存在，日本医科大学千葉北総病院救命救急センター監修。

『**子どもの救急大事典—応急手当と体のしくみ 救急車が来るまえにみんなでわかるできる学校での応急手当**』　窪田和弘著，

子どもの本 伝統行事や記念日を知る本2000冊　**207**

浅井利夫監修　理論社　2009.3　169p
31cm〈まんが：伊藤章夫　構成：添田由
美　文献あり〉5000円　①978-4-652-
04409-4　Ⓝ598.5

[目次] 第1章 登校時に，第2章 体育の時間に，
第3章 給食の時間に，第4章 休み時間に，第5
章 課外活動の時間に，資料編 応急手当の基
礎知識と災害時の避難方法

[内容] 学校での時系列的場面を想定して，その
場で起こることが危惧されるけがや病気を取
り上げ，応急手当と基礎知識を掲載。

『すぐに役立つ救急手当―イラストガイド
3（災害編）』　浅井利夫監修　汐文社
2006.4　63p　22cm　1500円　①4-8113-
8071-1　Ⓝ598.5

[目次] もしも災害がおこってしまったら，心肺
蘇生法ってなに？，止血法，頭を打った時，
目を打った時，耳を打った時，鼻を打った時，
歯・あごを打った時，首・背中をケガした時，
胸をケガした時，おなかをケガした時，体に
ガラスが刺さった時，傷口がよごれていた時，
感電した時，落雷しそうな時，ケガした人の
運びかた，AEDってなに？，AEDはどうやっ
て使うの？，救急車のよびかた

『すぐに役立つ救急手当―イラストガイド
2（アウトドア編）』　浅井利夫監修　汐文
社　2006.4　59p　22cm　1500円　①4-
8113-8070-3　Ⓝ598.5

[目次] アウトドアを楽しむために，こんなもの
を持って行こう！，山に行く時海に行く時，
こんな動物に注意！(1)ほ乳類，こんな動物
に注意！(2)毒のあるヘビ，こんな動物に注
意！(3)毒のあるハチ，こんな動物に注意！
(4)毒のあるカ，こんな動物に注意！(5)毒の
ある水中生物，こんな植物に注意！(1)猛毒
の植物，こんな植物に注意！(2)食中毒にな
る植物〔ほか〕

『すぐに役立つ救急手当―イラストガイド
1（生活・スポーツ編）』　浅井利夫監修
汐文社　2006.3　55p　22cm　1500円
①4-8113-8069-X　Ⓝ598.5

[目次] なぜ応急手当の知識が必要なの？，いざ
という時にそなえて，鼻血が出た時，鼻にな
にかつまった時，目にごみが入った時，耳に
虫や水が入った時，口の中をけがした時，と
つぜんおなかが痛くなった時，とつぜん頭が
痛くなった時，とつぜん吐いた時〔ほか〕

---

## 九九の日

日付の数字「9」「9」の語呂合わせから。多
くの人に「もう一度、基礎、基本を見直し
て、初心に戻って物事に取り組んでもらう
日」との考えによって個人が申請し、2007
年に制定。

---

『まわして学べる算数図鑑九九』　朝倉仁監
修，岡田好惠訳　学研プラス　2017.4

19p　29cm　2500円　①978-4-05-204538-
7　Ⓝ411.1

[内容] 目と指先からかけ算九九が身につく！
小学校低学年から楽しく学べます。

『じゅもんは九九―これならわかる！』　藤
沢市算数教育研究会著，秋玲二絵　新装
版　日本図書センター　2014.11　122p
21cm　（さんすう文庫 学校の先生たちが
つくった！ 2）〈初版：太平出版社
1986年刊〉1400円　①978-4-284-20302-9
Ⓝ411.1

[目次] どちらがおおい？，クラスのなかまはな
ん人？，あわせていくつ？，はやくかぞえる
には…，たし算がはやくなる術（入門編，達人
編，神さま編），ひき算のコツ，かけ算のひみ
つ，ゆびでやるかけ算，九九のおぼえかた，
九九のなぞ〔ほか〕

[内容] 楽しくスラスラ読める24話。きちんとわ
かるから、きみも「さんすう」が好きにな
る！ ついつい読めちゃうおもしろさ！

『ポケットモンスターXYかけ算九九ワーク
ブック』　乾実香監修　小学館　2014.6
69p　26cm　（小学館の学習雑誌ムック）
694円　①978-4-09-102155-7　Ⓝ411.1

『ドラえもんアンキパン九九ブック』　藤
子・F・不二雄キャラクター原作，藤子プ
ロ監修　小学館　2013.11　1冊　9.5×
11cm　（ピギー・ファミリー・シリーズ）
500円　①978-4-09-736048-3　Ⓝ411.1

『九九をとなえる王子さま』　はまのゆか作
あかね書房　2013.6　〔40p〕　31cm
1500円　①978-4-251-09865-8　Ⓝ411.1

[内容] 数字の国のかける王子は算数が苦手で
す。まほうでかけ算を消してしまって町は大
こんらん！ なくなった数字をとりもどすた
めには、九九をぜーんぶとなえなければなり
ません…。

『ポケットモンスターベストウイッシュかけ
け算九九ワークブック』　岩切実香監修
小学館　2012.8　75p　26cm　（小学館の
学習雑誌ムック）648円　①978-4-09-
102144-1　Ⓝ411.1

『かけざん』　いしいたかこぶん，たかはし
ゆいこえ　大月書店　2011.9　39p　21×
22cm　（かならずわかるさんすうえほん
低学年 4）1800円　①978-4-272-40704-0
Ⓝ411.1

[内容] しちしち28…どうして28になるの？ 暗記
から計算へ、しくみがわかる。

『こえでおぼえる九九のほん』　ポプラ社
2008.3　23p　26cm　（音のでる知育絵本

8）〈音声情報あり〉2000円　①978-4-591-10249-7　Ⓝ411.1

『かけざんとかけざん九九』　まついのりこ，松井幹夫著　改訂　偕成社　2006.3　56p　18×27cm　（算数たんけん 5）　1600円　①978-4-03-437550-1　Ⓝ411.1

内容 この本では “かけ算” と “かけ算の意味” “かけ算九九” “かけ算の文章問題” がわかるようになっています。小学中学年から。

『ハンズオンで楽しい九九―遊んで学べるおもしろ九九』　ハンズオン・マス研究会著　東洋館出版社　2005.2　53p　26cm　（ハンズオンで算数しよう 3）　1800円　①4-491-02057-4　Ⓝ411.1

目次 九九表の不思議，九九表，九九カード，九九ビンゴ，九九パズル，九九サイコロ，スターパターン，作って遊ぼう

内容 九九を覚えるだけでなく、遊びを通して九九の不思議に気づき、仕組みを理解しながら学習することをねらいとしている。

## ポップコーンの日

ポップコーンの「POP」を左右を反転させた鏡文字にすると「909」に見えることから。ジャパンフリトレー株式会社が制定。

『ポップコーンをつくろうよ』　トミー・デ・パオラ作，福本友美子訳　光村教育図書　2004.11　1冊　25cm　1400円　①4-89572-642-8　Ⓝ596.65

内容 アメリカ新大陸の発見はポップコーンの新たな歴史のはじまりだった!? ポップコーンの “おいしい” ひみつを大公開。

## 《9月10日》

## 下水道の日

建設省と厚生省が「全国下水道促進デー」として1961年に制定。「雨水の排除」から台風シーズンである立春から数えて210日を過ぎた220日が適当であると9月10日を記念日とした。

『下水道のひみつ』　ひろゆうこ漫画，YHB編集企画構成　学研プラス出版プラス事業部出版コミュニケーション室　2016.5　127p　23cm　（学研まんがでよくわかるシリーズ 117）　Ⓝ518.2

## 弓道の日

日付の数字「9」「10」の語呂合わせから。弓道用品の販売と製造を手がける会社の代表取締役である猪飼英樹が制定。

『少年弓道』　高橋かおる絵，窪田史郎監修　アリス館　2009.4　63p　27cm　（シリーズ日本の武道 3）〈文献あり〉2600円　①978-4-7520-0433-2　Ⓝ789.5

目次 最高位・範士八段吉本清信物語，こども武道憲章，弓道ってどんな武道なんだろう，さあ、弓道をはじめよう，弓道はどんな用具をつかってやるの，弓道場内では決まりを守ろう，稽古の前にはかならずじゅんび運動をしよう，自分の負けない心を学んだ麻美さんのこと，基本の姿勢を身につけよう，基本の動作を身につけよう，矢を射る手順をおぼえよう，弓道の「そこが知りたい」，競技に出て、自分の力をたしかめよう

内容 弓道は、弓で矢を射り、的にあてる日本の武道。「ポン！」という的中音をたてて矢が的にあたったときは、とても気持ちがよく、うれしいものだ。それにね、矢を射るためには美しいかたちがあって、それが身につくことも、とてもすばらしいことなんだ。さあ、弓道をはじめよう。

## 《9月12日》

## 宇宙の日

国際宇宙年であった1992年に日本の科学技術庁と宇宙科学研究所が制定。公募の結果、毛利衛宇宙飛行士がスペースシャトルで初めて宇宙へ飛び立った日、「9月12日」が選ばれた。国際宇宙年＝92年と「9月12日」は語呂合わせにもなっている。

『きみは宇宙飛行士！―宇宙食・宇宙のトイレまるごとハンドブック』　ロウイー・ストーウェル文，竹内薫監訳，竹内さなみ訳　偕成社　2018.12　127p　19cm　〈文献あり　索引あり〉1200円　①978-4-03-533470-5　Ⓝ538.9

目次 第1章 きみは宇宙にむいているかな？―宇宙飛行士になる資格があるか、しらべてみよう！，第2章 おめでとう、これできみも宇宙飛行士候補者だ―超ハードな訓練がまっているぞ！，第3章 出発―飛びたつとき、なにがおきる？ ロケットのしくみは？，第4章 きみのあたらしい家―宇宙についたら、ISSにドッキングだ！，第5章 さあ、仕事にとりかかろう―宇宙飛行士の1日って、どんなだろう？，第6章 ドスンと落ちる一地球へは、ドスンと落ちてもどってくる，宇宙飛行の大まかな歴史，この本にでてくるおもな宇宙の用語

内容 宇宙船はどうやって飛ぶの？ 宇宙飛行士の一日って、どんなだろう？ 宇宙のトイ

レは、どうなっているの？ イギリス宇宙局、欧州宇宙機関協力による、宇宙飛行士のための世界一のハンドブック！ イギリスの王立協会科学図書賞ジュニア部門ノミネート。対象：小学校中学年から。

『宇宙のすがたを科学する』 ギヨーム・デュプラ著，渡辺滋人訳 大阪 創元社 2018.11 47p 28cm 2800円 Ⓘ978-4-422-76065-0 Ⓝ440

目次 これまでの宇宙―古代ギリシアの宇宙観からビッグバン理論まで（古代ギリシア人の宇宙，球状の宇宙，無数の世界 ほか），現在の宇宙―科学的観測にもとづいて（観測可能な宇宙，コズミックウェブ，銀河から素粒子まで），未来の宇宙―科学者たちの思索（錯覚のいたずら？，宇宙はどのように終わる？，別世界への抜け道？ ほか）

内容 宇宙って風船みたいに丸い？ それともクレープみたいに平たい？ 宇宙の姿を解明するという壮大なチャレンジに挑んだ人類の軌跡が、味わい深いイラストを通してわかる学習しかけ絵本。親子でいっしょに楽しめる一冊。

『おもしろくて、役に立たない!? へんてこりんな宇宙図鑑』 岩谷圭介文，柏原昇店絵 キノブックス 2018.11 143p 19cm 〈文献あり〉 1000円 Ⓘ978-4-909689-17-7 Ⓝ440

『ブリタニカ科学まんが図鑑宇宙―未知の世界を冒険しよう！』 日本科学未来館監修，ボンボンストーリー文，イジョンテ絵 ナツメ社 2018.8 169p 23cm （ナツメ社科学まんが図鑑シリーズ） 1200円 Ⓘ978-4-8163-6490-7 Ⓝ440

目次 01 太陽系（地球はどんな形をしているの？，自ら回る地球，太陽を回る地球 ほか），02 星（宇宙にはどれくらいの数の星があるのか？，星の誕生と死，銀河系の彼方へ，ブラックホールと銀河），03 宇宙への挑戦（天動説と地動説，宇宙の過去と未来，宇宙へ行こう！ 宇宙探検の歴史）

内容 太陽系のしくみから星の一生まで宇宙のナゾにせまる旅に出かけよう！ 科学にまったく興味のなかったハルトが、なぜか「こども宇宙飛行士」に選ばれてしまった。ひと目ぼれした天才少女ユイ、最先端宇宙探査船オデッセイ1号の船長であるホシカワとともに、宇宙旅行に出ることに！ 月や火星に着陸し探検したり、太陽系の外にワープしたりして旅を楽しんでいた3人に、思いもよらないアクシデントが…。キミも一緒に、太陽系から銀河系の彼方まで、宇宙の旅に出発しよう！

『宇宙図鑑』 藤井旭著 新装版 ポプラ社 2018.4 311p 21cm 2200円 Ⓘ978-4-591-15772-5 Ⓝ440

目次 星の一生，輝く太陽，太陽系の旅，彗星と流星，銀河の世界，宇宙の姿

内容 このガイドブックの中に宇宙のすべてがぎっしりつまっています。はるかな時空への旅をお楽しみください。

『うちゅうはきみのすぐそばに』 いわやけいすけぶん，みねおみつえ 福音館書店 2018.1 35p 26×27cm 1400円 Ⓘ978-4-8340-8384-2 Ⓝ440

## 《9月13日》

### 世界法の日

1965年9月13日に「法による世界平和第2回世界会議」がワシントンで開催され、9月13日を「世界法の日」とすることが宣言され始まる。

『どうなってるんだろう？ 子どもの法律――一人で悩まないで！』 山下敏雅，渡辺雅之編著 高文研 2017.4 197p 21cm 2000円 Ⓘ978-4-87498-614-1 Ⓝ367.61

目次 第1章 学校（いじめは犯罪？ どうして法律ではダメなのか，先生が体罰をやめないほか），第2章 家庭（親の虐待から逃げてきて家に帰れない，親が裁判所で離婚の話し合いをしている ほか），第3章 性（妊娠してしまってどうすればいいかわからない，自分の男の体がいやで性別を変えたい ほか），第4章 犯罪（酒・タバコ・薬物，逮捕された！ 早く外に出たい ほか），第5章 労働（バイトの給料の入る口座から親がお金を抜いていく，アルバイトしたら生活保護の不正受給と言われた ほか）

内容 部活動の連帯責任って?!「クビだ、明日から来るな」とバイト先から言われた、路上ライブを警察に止められた、など、未成年の子どもたちをめぐる36の質問に子どもの味方の弁護士が答える。

『よくわかる少年法―罪を犯したらどうなるの？』 後藤弘子監修 PHP研究所 2016.1 63p 29cm （楽しい調べ学習シリーズ） 〈文献あり 索引あり〉 3000円 Ⓘ978-4-569-78518-9 Ⓝ327.8

目次 第1章 少年法って何だろう？（法律って何だろう？，少年法ってどんな法律？，子どもって何歳まで？，子どもの権利を守る，犯罪と刑罰 ほか），第2章 少年法の役割（非行少年はどうあつかわれるの？，家庭裁判所の役割，調査官ってどんな人？，少年審判って何？，少年鑑別所の役割 ほか）

『きみが考える・世の中のしくみ 3 法律と裁判ってなに？』 峯村良子作・絵 偕成社 2013.3 31p 28cm 〈文献あり 索引あり〉 1800円 Ⓘ978-4-03-629930-0 Ⓝ307

9月　　　　　　　　　　　　　　　　　　　9月13日

目次 くらしをまもる法律，年令と法律，法律ってどういうもの？，法律の種類，人と人のあいだの法律「民法」，民事裁判を起こした！，事件が起こった，事件をしらべる，刑事裁判とは？，裁判がはじまった，裁判は慎重におこなわれる，ぱっと更正について，判決がでた，公正な裁判のために，国のしくみの中の裁判所

内容 法律や裁判ってむずかしそうだし，わたしたちのくらしからはなれたところにあるものとおもっていませんか？　この本では，くらしのなかの法律や，法律の種類，民事裁判や刑事裁判などについて，わかりやすいイラストレーションでしょうかいします。学校の授業はもちろん，新聞やテレビのニュースにも興味をもつきっかけとなる，社会科の入門絵本。小学校中学年から。

『未成年のための法律入門』　甲斐甲栄治著
毎日コミュニケーションズ　2011.8
215p　18cm　（マイコミ新書）　830円
Ⓘ978-4-8399-3695-2　Ⓝ320

目次 第1章 犯罪・刑罰や刑事手続の基本（刑法とは？，犯罪って何？　ほか），第2章 少年法と少年審判を君は知っているか？（成人の刑事事件との根本的な違いとは？，どんな少年が審判の対象になるの？　ほか），第3章 刑法の原則を学ぼう（国外犯，不作為犯　ほか），第4章 それぞれの犯罪について知ろう（傷害罪，現場助成罪　ほか），第5章 未成年のための民法入門（民法って何？，行為能力 ほか）

内容 本書では，少年事件や一般民事事件を数多く手がける弁護士の著者が，社会生活を送るうえで，最低限知っておきたい法律の知識をわかりやすく解説しています。未成年だけでなく，法律について知りたいすべての人々にとって，単純明快な法律の入門書。

『法ってどんなもの？―ロースクール生と学ぶ』　東大大村ゼミ著，大村敦志監修
岩波書店　2009.3　233p　18cm　（岩波ジュニア新書 619）　780円　Ⓘ978-4-00-500619-9　Ⓝ320.4

目次 第1章 学校って無法地帯？―学校と法，第2章 一人暮らしをはじめたい！―契約法，第3章 お店の壺を割っちゃった！―不法行為，第4章 私たち，結婚できるの？―婚姻，第5章 えっ，警察に捕まった!?―刑事手続，第6章 10代のきみも法律と無関係じゃない―未成年と法

内容 髪形を校則で決めることができるの？　うっかりお店の壺を割っちゃった！　どうしてお酒を飲めないの？　中高生に日常起きる問題や疑問について，法律ではどんな判断をするのだろうか。若いロースクール生が高校生たちと会話しながら，いっしょに考えていく。身近な話題を通じて，法律ってこんな考え方をするんだとわかる本。

『子どものためのやさしい法律ガイド』　新潟第一法律事務所編　新潟　考古堂書店
2007.10　171p　26cm　1143円　Ⓘ978-4-87499-687-4　Ⓝ320.4

目次 第1章 人権と自由，第2章 罪と罰，第3章 契約，第4章 選挙と税金，第5章 事故，第6章 いじめ，第7章 会社と人々，第8章 職業について

『公平ってなんだろう』　日本弁護士連合会市民のための法教育委員会編　岩崎書店
2007.3　45p　29cm　（はじめての法教育 みんなでくらすために必要なこと 4）
2800円　Ⓘ978-4-265-04894-6　Ⓝ321.1

目次 第1話 ハムチーズサンド争奪戦（「不公平」とはどういうことか考えてみよう，「おなじあつかい」とはなにか考えてみよう ほか），第2話 わたしも図鑑がほしい（ユウコとヒロミが望んでいることについて考えよう，ふたりが，ほしがっているものを使えるかどうかを考えよう ほか），第3話 そんなのえこひいきだ（みんなが望んでいることについて考えてみよう，商品をもらえることになった理由をふりかえってみよう ほか），第4話 おつかいはだれがいく？（ヒデキがいやがっていることについて考えてみよう，ふたりはたのまれたことができるかどうか考えてみよう ほか）

内容 みんなは，「こんなの公平じゃない」とか「不公平だ」と感じたことはない？　この本には2組のきょうだいが登場して，「不公平だ」とか「そんなことない」といいあっている。きっとみんなも家や学校で，おなじような経験をしたことがあるはずだ。これは，社会にでてからもおなじだよ。だれかが「不公平だ」と感じることから，さまざまなケンカやトラブルがおきることがある。そんなとき，解決方法を見つけるには，「公平」と「不公平」とはどういうことかを正しくしっておくことがたいせつだ。登場人物といっしょに考えてみよう。

『自由ってなんだろう』　日本弁護士連合会市民のための法教育委員会編　岩崎書店
2007.3　45p　29cm　（はじめての法教育 みんなでくらすために必要なこと 1）
2800円　Ⓘ978-4-265-04891-5　Ⓝ321.1

目次 第1話 ぎょうぎのいいロボットたち（ロボット星でおこったことをふりかえってみよう，みなこが思ったことについて考えてみよう ほか），第2話 思いどおり星で危機いっぱつ（思いどおり星でおこったことをふりかえって，みなこが思ったことについて考えてみよう ほか），第3話 よくぼう星のヨック（よくぼう星でおこったことをふりかえってみよう，みなこが思ったことをふりかえってみよう ほか），第4話 ふしぎなてんびん（ふしぎなてんびんについて考えてみよう，ほかの例にあてはめて，てんびんを使ってみよう ほか）

内容 みんなは，「自由」っていったいなんだと思う？　主人公のみなこは，小学校の3年生。学校で，「自由」について勉強したばかりだ。先生がいうには，自由とは「自分の思ったとおりに行動すること」らしいけれど…。

子どもの本 伝統行事や記念日を知る本2000冊　211

「でも、それって、わがままってことじゃない。それが自由なの？　わからないわ」みなこは混乱してつぶやいた。するととつぜん、ふしぎな少年があらわれた。「ぼくは、コモ。自由についておしえてる仕事さ。自由をしるための宇宙旅行につれていってあげる！」こうしてふたりは、宇宙旅行に出発した。

『正義ってなんだろう』　日本弁護士連合会市民のための法教育委員会編　岩崎書店　2007.3　45p　29cm　（はじめての法教育　みんなでくらすために必要なこと　5）　2800円　①978-4-265-04895-3　Ⓝ321.1

目次　第1話　さとしのデッドボール―いっしょに考えよう！（どんなことがおこったのか事件をふりかえってみよう，さとしがしたことについて考えてみよう　ほか），第2話　宿題やったの？―いっしょに考えよう！（ゆきこがしたことや日ごろの態度をふりかえってみよう，ゆきこを罰することについて考えてみよう　ほか），第3話　ゆきこの出場停止―いっしょに考えよう！（罰のきめ方について考えよう，ゆきこがルール違反したかどうか，調べる方法を見つけよう　ほか），第4話　優勝賞品は，だれのもの？―いっしょに考えよう！（最優秀選手の選び方について考えよう，きめるときにしなければならないことを考えてみよう）

『責任ってなんだろう』　日本弁護士連合会市民のための法教育委員会編　岩崎書店　2007.3　45p　29cm　（はじめての法教育　みんなでくらすために必要なこと　2）　2800円　①978-4-265-04892-2　Ⓝ321.1

目次　第1話　ひろしのいそがしい朝（ひろしがいわれたことについて考えてみよう，自分の身のまわりのことをふりかえってみよう　ほか），第2話　どの係になろうかな？（係の仕事について考えよう，自分が責任を果たすと，どんないいことがあるか考えてみよう　ほか），第3話　ひろしとまいごの男の子（ひろしの行動について考えてみよう，するべきことが2つあるときはどうしたらいいか考えてみよう　ほか），第4話　たこあげ大会で大さわぎ（どんなことがおきたかふりかえってみよう，なぜそうなったのかをかんがえてみよう　ほか）

内容　みんなは，「責任」ってなんだと思う？たとえば，仕事や役割をまかせるときのことを思い出してみよう。「これはきみの責任なんだから，○○しなさい」といわれることがあるね。こう考えると，まわりからおしつけられるものという感じがする。「そんなものいらない」って思うかもしれない。でも，責任は，人と人がいっしょにくらすなかでうまれるたいせつなもの。だれもがもっているものなんだ。この本の主人公のひろしも，さまざまな責任をもっている。お話のなかでひろしの身のまわりでおこるできごとを見ながら，責任とはなにかを考えていこう。

『ルールってなんだろう』　日本弁護士連合会市民のための法教育委員会編　岩崎書店　2007.3　45p　29cm　（はじめての法教育　みんなでくらすために必要なこと　3）　2800円　①978-4-265-04893-9　Ⓝ321.1

目次　第1話　町からルールがなくなった（身のまわりのルールについて考えてみよう，社会にあるルールについて考えてみよう　ほか），第2話　ルールはどうやってつくるの？（だれがルールをつくるべきか考えよう，ルールにかかわる仕事について考えてみよう　ほか），第3話　町長になりたい！（町長はどんな仕事をするかを考えてみよう，町長にふさわしいのはどんな人かを考えてみよう　ほか），第4話　そんなルール，まちがってるよ（ルールがつくられた方法をふりかえってみよう，ルールの内容をふりかえってみよう　ほか）

内容　みんなは，「どうしてこんなルールがあるんだろう」と思ったことはない？「こんなルール，なくなればいいのに」とか，「ルールにしたがうのってめんどうだな」と感じたこともあるはずだ。この本の主人公のリエも，そんな気持ちをもった女の子。ルールのない町にいって，ふだんの生活では気づかなかった，ルールのたいせつさや，役割を学んでいく。ルールのない町でおこるさまざまな問題について考えながら，ルールについていっしょに学んでみよう。

## 《9月15日》

### 国際民主主義デー

国連総会で2007年9月15日に決議。民主主義の原則を推進し維持するため。

『10歳からの民主主義レッスン―スウェーデンの少女と学ぶ差別，貧困，戦争のない世界の原理』　サッサ・ブーレグレーン絵と文，にもんじまさあき訳　明石書店　2009.2　50p　24cm　〈文献あり〉　1600円　①978-4-7503-2932-1　Ⓝ311.7

目次　1　ヨリンダのリスト，2　意思決定の行われる場所（家族―家族会議，学校―クラス会・全校児童会，コミューン―コミューン議会，国―国会と内閣，欧州連合（EU）―欧州議会，世界―国連（UN），子どもの権利条約と子どもオンブズマン（BO）），3　国連による「子どもの権利条約」，4　たいまつを灯した人びと（マハトマ・ガンジー―平和と非暴力，エグランタイン・ジェブ―子ども救済組織，イクバル・マシー児童労働の禁止，アンネ・フランク―人種差別禁止，エーリン・ヴェーグネル―フェミニズム運動，アストリッド・リンドグレーン―文化の力），5　民主主義の起源

内容　民主主義とは自由・平等・連帯を内容とするものです。誰もが自由であるべきであって，私自身も相手も，そして，地球上のすべての人が同じように価値あるたいせつな存在

であることが民主主義の目標です。身の回り
のことが誰かに勝手に決められるのではなく、
私たち自身が責任を持って決定する、あるい
は、決定に参加することがたいせつなのです。
子どもと大人がいっしょに共同で責任を持っ
て決定に参加することのたいせつさが本書に
は一貫して主張されています。

『民主主義という不思議な仕組み』 佐々木
毅著 筑摩書房 2007.8 174p 18cm
（ちくまプリマー新書 64） 760円
①978-4-480-68765-4 Ⓝ313.7
目次 第1章 民主主義のルーツを言葉から考え
る、第2章 代表制を伴った民主政治の誕生、
第3章 「みなし」の積み重ねの上で民主政治
は動く、第4章 「世論の支配」―その実像と
虚像、第5章 政治とどう対面するか―参加と
不服従、第6章 これからの政治の課題とは
内容 誰もがあたりまえだと思っている民主主
義。それは、本当にいいものなのだろうか？
この制度の成立過程を振り返りながら、私た
ちと政治との関係について考える。若い人の
ための政治入門。

《9月16日》

### オゾン層保護のための国際デー

国連環境計画が1995年9月16日にモントリ
オール議定書が採択されて制定。「国際オゾ
ン層保護デー」とも。

『オゾンホールのなぞ―大気汚染がわかる
本』 桐生広人、山岡寛人著、多田ヒロシ、
村沢英治絵 改訂・新データ版 童心社
2010.3 47p 29cm （わたしたちの生き
ている地球 調べ学習にやくだつ環境の本
3）〈文献あり 索引あり〉3200円
①978-4-494-01298-5 Ⓝ519.3
目次 第1部（はじめに/大気がゴミすて場に
なっている、オゾンホール、生物に危険な紫
外線UV・B、フロンとは？ ほか）、第2部
環境チェック（葉は緑のフィルター、街路樹の
健康診断をしよう、ヒートアイランドの証拠
を調べよう、酸性雨を調べよう ほか）

『オゾンそうってなんだろう』 横浜 ス
トップ・フロン全国連絡会 2003.5 1冊
31cm 〈発売：サンライズ出版（彦根） 英
文併記〉1500円 ①4-88325-233-7
Ⓝ519.3

《9月20日》

### 空の日

1910年に徳川好敏、日野熊蔵両陸軍大尉が
代々木練兵場において日本初の動力飛行に
成功して30周年、ならびに紀元2600年を記
念して1940年9月28日に制定された「航空
日」による。

『空の探検記』 武田康男著 岩崎書店
2018.11 175p 29cm 〈文献あり 索引あ
り〉6000円 ①978-4-265-05972-0
Ⓝ451
目次 第1章 空の一年（花粉の輪－春の空、空
はどこがいちばん青いか ほか）、第2章 雲の
観察（入道雲の一生、雲の温度 ほか）、第3章
雪と氷の世界（真夜中の雪、ぼくの雪の結晶コ
レクション ほか）、第4章 夜の空（月の顔、夜
の虹色 ほか）、第5章 外国の空（ボリビア・ウ
ユニ塩湖、アメリカ・ハワイ諸島 ほか）

『空はどうして青いのか』 村松しづ子著、
大橋慶子絵 大月書店 2016.5 39p 21
×22cm （そもそもなぜをサイエンス 1）
2400円 ①978-4-272-40941-9 Ⓝ425
目次 空はからっぽ？、私たちは地球の表面か
ら宇宙を見ている、地球の表面には大気があ
る、光は直進し、そのみちすじは見えない、
光は物のさかい目で折れまがる、太陽の光に
は、さまざまな色の光が含まれている、私
たちは、反射した光の色を見ている、人間は
どのようにして色をとらえているのか、空が
青く見えるわけは、夕やけや朝やけが赤いのは
なぜか、雲はどうして白いのか、虹はなぜ雨
あがりに見えて、七色なのか、大気がない月
の空は、昼でもまっ暗、金星の空もまっ暗、
火星の夕やけは青い、海が青いのはなぜ？、
地球が青く見えるのは…、太陽からの光と熱、
地球の大気の厚さはとてもうすい、もしも大
気がなかったら

『空のふしぎ図鑑―見上げてごらん！』 武
田康男監修 PHP研究所 2013.11
127p 27cm 〈文献あり 索引あり〉1900
円 ①978-4-569-78355-0 Ⓝ451
目次 空（空はどうして青いの？、夕方になる
と、どうして空は赤くなるの？ ほか）、夜空
（月はどうしてついてくるの？、月にウサギは
いないの？ ほか）、雲と天気（雲はどうやっ
てできるの？、空にはどんな雲があるの？
ほか）、見上げる空（空の高いところに見える
雲、空のひくいところに見える雲 ほか）
内容 空博士になろう！ 雲や虹、天気の変
化、月の満ち欠け、流れ星…。空の自然現象
のギモンに答えます。

『100の知識 空を飛ぶ』 スー・ベックレイ
ク著、渡辺政隆日本語版監修 文研出版
2012.10 47p 29cm 〈索引あり〉2500
円 ①978-4-580-82165-1 Ⓝ538
目次 空を飛ぶ夢、最初に空を飛んだ乗り物、
さまざまな航空機、飛行機のつくり、飛行機
が飛ぶしくみ、強力なエンジン、飛行機の動

子どもの本 伝統行事や記念日を知る本2000冊 213

**9月21日**　　　　　　　　　　　　　　　　9月

き，離陸と着陸，コックピット，ジェット旅
客機〔ほか〕

---

### バスの日

1903年9月20日に京都市において二井商会が
バス事業を開業。これが日本で最初にバス
が運行された日であり，これにちなみ全国
バス事業者大会が1987年に制定。

---

『はたらくじどう車くらべ　1　バスとト
ラック』　国土社編集部編　国土社
2018.10　31p　29cm　2500円　Ⓘ978-4-
337-17401-6　Ⓝ537.9
目次 バスとトラックをくらべてみよう，バス
とトラックをよこから見てみよう，バスとト
ラックをまえから見てみよう，バスとトラッ
クをうしろから見てみよう，バスの車内を見
てみよう，トラックの車内を見てみよう，バ
スとトラックのうんてんせきを見てみよう，
バスとトラックのおもなしくみを見てみ
よう，いろいろなバス，いろいろなトラック

『バス・トラック』　小賀野実写真・文
JTBパブリッシング　2017.6　1冊　15×
15cm　（のりもの　5）　550円　Ⓘ978-4-
533-11890-6　Ⓝ537.93

『バスとトラック100点』　講談社　2016.10
1冊　26cm　（講談社のアルバムシリーズ
―のりものアルバム〈新〉10）　680円
Ⓘ978-4-06-197152-3　Ⓝ537.93

『路線バスしゅっぱつ！』　鎌田歩作　福音
館書店　2016.4　31p　24cm　（ランドセ
ルブックス―のりものとはたらく人）
1200円　Ⓘ978-4-8340-8250-0　Ⓝ685.5

『バス』　五味零，市瀬義雄著　岩崎書店
2016.1　35p　22×29cm　（よみきかせの
りものしゃしんえほん　2）　2600円
Ⓘ978-4-265-08402-9　Ⓝ537.93

『バス』　小賀野実写真・文　ポプラ社
2014.1　〔18p〕　13×13cm　（てのひら
のりものえほん　8）　450円　Ⓘ978-4-591-
13713-0　Ⓝ537.93

『たのしいバス100点』　フォト・リサーチ
ほか写真，鎌田達也構成・文　新訂版　講
談社　2013.9　1冊　26cm　（講談社のア
ルバムシリーズ―のりものアルバム　30）
650円　Ⓘ978-4-06-195486-1　Ⓝ537.93

『バス・トラック』　小賀野実監修・写真
ポプラ社　2011.10　64p　26cm　（大解
説！　のりもの図鑑DX　6）　850円
Ⓘ978-4-591-12592-2　Ⓝ537.93

目次 バス（路線バス，高速バス，2階バス・
オープン型2階バス，連節バス　ほか），トラッ
ク（町ではたらくトラック，移動販売車，移動
図書館車　ほか）
内容 いろいろな場所で活やくするバスとト
ラックがたくさん登場。

『くらべてみよう！　はたらくじどう車　4
バス・トラック』　市瀬義雄監修・写真
金の星社　2011.3　31p　27cm　〈索引あ
り〉　2200円　Ⓘ978-4-323-04144-5
Ⓝ537.9
目次 いちどにたくさんの人をはこぶバス（ろ
せんバスのひみつ，バスのなかま，どれぐら
いのれるかな？，おもしろいバス，タクシー・
ハイヤー），たいせつなものをはこぶトラック
（トレーラートラックのひみつ，トラックのな
かま，タンクローリー，みぢかにあるトラッ
ク，バイクやじてん車もだいかつやく！），お
しごとたんけん！（たくはいびんのしくみ，
しんかんせんをはこぶトラック）

『バス』　交通新聞社　2010.4　1冊　13×
13cm　（スーパーのりものシリーズ）　448
円　Ⓘ978-4-330-12810-8　Ⓝ537.93
内容 おなじみの路線バスから，2階建てオー
プンバスや2台のバスがつながった連節バスな
ど、充実のラインナップ。

『バスとトラック』　講談社　2009.3　21p
27cm　（BCキッズ最新・のりものずかん
5）　571円　Ⓘ978-4-06-379825-8　Ⓝ537.
93

『日本全国バスに乗ろう！―知ってるバス
はいくつあるかな？』　昭文社　2008
79p　30cm　（なるほどkids）　1600円
Ⓘ978-4-398-14630-4　Ⓝ685.5
目次 日本各地を走るバスを見てみよう（いろ
んなバス，高速バス，観光貸切バス，路線バ
ス，これもバスの仲間!?），バスのしくみを見
てみよう（バス大解剖，やさしいバスって？，
最新バス案内，バスができるまで，日本のバ
スの歴史），地域のバスに乗ってみよう（バス
ターミナル・バスセンター，バス停，バスの
乗り方），日本全国バス図鑑（北海道，東北，
関東，中部，近畿，中国，四国，九州，チャレ
ンジ！　バスなんでもクイズ）
内容 いつも乗るバス、はじめて見るバス、日
本中のバスが大集合。

### 《9月21日》

---

### 国際平和デー

国連が1981年に制定。国連総会が始まる9月
の第3火曜日とされていたが、2001年に9月
21日に変更。非暴力と世界の停戦の日とし
て敵対行為の停止を呼びかけるため。「世界
の停戦と非暴力の日」とも。

---

『平和をつくるを仕事にする』　鬼丸昌也著
筑摩書房　2018.3　167p　18cm　（ちく

まプリマー新書 295）780円 ①978-4-480-68320-5 Ⓝ319.8

目次 第1章 平和をつくるを仕事にする（すべての人に未来をつくる「ちから（能力）」がある，音のない世界で思ったこと ほか），第2章 子ども兵を知っていますか？（子ども兵の存在を知る，衝撃的だった元子ども兵の告白 ほか），第3章 子ども兵を生み出す紛争は私たちに関係がある（分断されたアフリカ なぜアフリカで紛争が続くのか，アフリカでの争いをさらに過酷にしたもの「資源」ほか），第4章 僕たちは微力かもしれない、でも無力ではない（世界の中で、私たち日本人の生活水準を考えることから始める，エネルギーや資源をたくさん使う先進国の人間だからこそ ほか），第5章 必ず世界は変わる（ウガンダからの一本の電話が「運命」を決めた，覚悟と決心の違い ほか）

内容 僕らのチカラで世界は変わる！ 世界の平和を目指すとはどういうことか。国際協力現場からの平和論。

『「戦争」と「平和」をあらわす世界の言葉』稲葉茂勝著，池上彰監修 国立 今人舎 2017.9 39p 27cm〈文献あり〉1800円 ①978-4-905530-69-5 Ⓝ319.8

目次 日本，韓国・北朝鮮，中国・台湾，フィリピン，ベトナム，カンボジア，タイ・ミャンマー，インドネシア，インド，パキスタン，アフガニスタン，スリランカ，トルコ，ギリシャ

『ペッギィちゃんの戦争と平和―青い目の人形物語』椎窓猛編著，内田麟太郎監修 福岡 梓書院 2017.7 63p 22×22cm〈協力：長野ヒデ子〉1500円 ①978-4-87035-610-8 Ⓝ319.1053

目次 『青い目の人形』にも心のいのちが…，ペッギィちゃん―大隈小学校，平和を紡ぐ，青い目の人形「ペッギィちゃん」，心をつなぐ友情人形ものがたり，ミス長崎・長崎瓊子，ルースちゃん―可也小学校，「ルースちゃん」と子どもたち，「ルースちゃん」が教えてくれること，シュリーちゃん―城島小学校，青い目の人形―友情の人形，「青い目の人形」再び，城島小学校へ，ジェシカちゃんとの出会い，「平和のエノキもり」によせて

『ほんとうにあった戦争と平和の話』野上暁監修 講談社 2016.6 253p 18cm（講談社青い鳥文庫 A2-2）〈文献あり〉680円 ①978-4-06-285562-4 Ⓝ319.8

目次 マララ 言葉で世界はかえられる，世界をつなぐ原爆の子の像，氷海のクロ，戦争をつたえる人，イラクとつながるチョコレート，未来へのビザ，アンネのバラ，盲導犬と奇跡の脱出，命を守った校長先生，戦火をのがれた40万冊，甲子園へのパスポート，ひとりぼっちの戦争，笑顔を乗せて象列車出発！，小さな巨人

内容 タリバンの銃撃を受けたパキスタンの少女マララ。国連で難民支援に奮闘した緒方貞子。ユダヤ人亡命者の命を救った杉原千畝。激戦地での取材をつづけた山本美香。「アンネ・フランクのバラ」を育てる日本の中学生…。戦争と平和にまつわる14の物語と3つの小さなお話。「事実だけがもつ感動」をおとどけします。戦争はどうしていけないのか？ 平和とはなにか？ を自分で考えることができる1冊。小学中級から。総ルビ。

『世界の人びとに聞いた100通りの平和 シリーズ4 ヨーロッパ編』伊勢﨑賢治監修 艸場よしみ，八木絹執筆 京都 かもがわ出版 2016.3 31p 27cm〈索引あり〉2500円 ①978-4-7803-0794-8 Ⓝ319.8

目次 フランス共和国（フランス共和国ってどんな国？），EU―国と民族のちがいを乗り越えて平和を築く試み，ドイツ連邦共和国（ドイツ連邦共和国ってどんな国？），ロシア連邦（ロシア連邦ってどんな国？），スウェーデン王国（スウェーデン王国ってどんな国？）

『世界の人びとに聞いた100通りの平和 シリーズ3 アジア編』伊勢﨑賢治監修 艸場よしみ，八木絹執筆 京都 かもがわ出版 2016.1 31p 27cm〈索引あり〉2500円 ①978-4-7803-0793-1 Ⓝ319.8

目次 中華人民共和国，大韓民国，ベトナム社会主義共和国，ミャンマー連邦共和国

『世界の人びとに聞いた100通りの平和 シリーズ2 アメリカ・アフリカ編』伊勢﨑賢治監修 八木絹，本堂やよい執筆 京都 かもがわ出版 2015.11 31p 27cm〈索引あり〉2500円 ①978-4-7803-0792-4 Ⓝ319.8

目次 アメリカ合衆国，戦争の歴史と、武器の規制，メキシコ合衆国，ブラジル連邦共和国，ガーナ共和国

『世界の人びとに聞いた100通りの平和 シリーズ1 中東編』伊勢﨑賢治監修，艸場よしみ，八木絹執筆 京都 かもがわ出版 2015.10 31p 27cm〈索引あり〉2500円 ①978-4-7803-0791-7 Ⓝ319.8

目次 シリア・アラブ共和国，シリア・アラブ共和国ってどんな国？，イスラム教の平和，イスラエル国，イスラエル国ってどんな国？，イラン・イスラム共和国，イラン・イスラム共和国ってどんな国？，トルコ共和国，トルコ共和国ってどんな国？

### 世界アルツハイマーデー

1994年9月21日にスコットランドで第10回国際アルツハイマー病協会国際会議が開催されたことから。アルツハイマー病等に関する認識を高め、世界の患者と家族に援助と希望をもたらすために、国際アルツハイマー病協会と世界保健機関が制定。

『おもいではチョコレートのにおい―アルツハイマー病を知ろう』バーバラ・マク

ガイア作・絵，杉本詠美訳　アールアイシー出版　2007.6　30p　26cm　1300円　①978-4-902216-95-0　Ⓝ493.758

目次 おもいではチョコレートのにおい，アルツハイマー病を知ろう，アルツハイマー病になると，むかしのことはおぼえている，忘れるということ，妄想，幻覚，つくり話，だれかとつながっていたい，思いやりをもって，コミュニケーションのとりかた，いつまでも，たったひとりの大切なひと，アルツハイマー病の今とこれから，記憶は星の数ほど

内容 ま夜中，ぼくとおじいちゃんはチョコレートケーキをやいて月明かりの庭で花をつんだ。ぼくはあの夜のことをきっと忘れない…。もし，あなたの大切なひとがアルツハイマー病になったら―。アルツハイマーを知り，アルツハイマーを理解する絵本。

《9月26日》

### 核兵器の全面廃絶のための国際デー

2013年9月26日にニューヨーク国連本部で総会史上初となる核軍縮に関するハイレベル会合が開催され採択されたことから。国連総会が制定。

『核兵器はなくせる』　川崎哲著　岩波書店　2018.7　187p　18cm　（岩波ジュニア新書 880）〈文献あり　年表あり〉820円　①978-4-00-500880-3　Ⓝ319.8

目次 プロローグ 世界を動かしたのは普通の人たち，第1章 被爆者との旅から始まった，第2章 「核兵器」問題って何だ？，第3章 そして世界が動いた―ICANが起こした風，第4章 いま日本が立っている場所，第5章 一人ひとりが声を上げる意味，エピローグ 小さな前進と，小さな危険信号

内容 2017年7月，国連で核兵器の全面禁止を定めた「核兵器禁止条約」が成立し，条約の成立に大きく貢献したNGO・ICANは，同年末にノーベル平和賞を受賞します。その中心で，今も核兵器廃絶のために奔走する著者が，条約ができていく様子や活動の日々，そして世界のこれからについて，核の現状をふまえながら熱く語った一冊。

『きみに聞いてほしい―広島に来た大統領』　バラク・オバマ述，池上彰訳，葉祥明画　リンダパブリッシャーズ　2016.12　38，5p　22cm〈英文併記　発売：徳間書店〉1600円　①978-4-19-864311-9　Ⓝ319.8

内容 未来へ生きる，日本中の子どもたちに伝えたい，アメリカ合衆国大統領からのメッセージ。

『核廃絶へのメッセージ―被爆地の一角から』　土山秀夫著　日本ブックエース　2011.6　200p　19cm　（平和文庫）〈発売：日本図書センター〉1000円　①978-4-284-80187-4　Ⓝ319.8

目次 1 闇の科学者たち―核開発の魔力に魅入られ，2 被爆地の一角から（臭いの記憶，或る語り部の独白，あえて触れておきたい，期限付き核兵器廃絶案，もう一つの「祭りの場」，悲観論を打ち破ろう　ほか），3 戦争をめぐる人間の心理（なぜ長崎は語られないか，戦争による犠牲者数をめぐる心理，戦争を知らない若者たちの心理）

内容 ヒロシマ、ナガサキ、沖縄…いま語りつぎ、子どもにつたえる戦争の悲劇と平和への祈り。

『マンガ版劣化ウラン弾―人体・環境を破壊する核兵器！』　白六郎作画，藤田祐幸，山崎久隆監修　合同出版　2004.4　77p　26cm　1300円　①4-7726-0321-2　Ⓝ559.7

目次 第1章 何が起きているの？，第2章 ウラン微粒子の2つの脅威，第3章 劣化ウラン弾ってどんなもの？，第4章 劣化ウラン弾を使う兵器，第5章 劣化ウランってなに？，第6章 ウランのおそろしい物語，第7章 核兵器と原発のあやしい関係，第8章 劣化ウラン弾と戦争，第9章 ふえつづけるヒバクシャ，第10章 アメリカの世界戦略と本音，第11章 劣化ウラン弾をなくすために

《9月27日》

### 世界観光デー

1970年9月27日に世界観光機関憲章が採択されたことによる。国際社会における観光への意識を高めるともに、どれほどの社会的、文化的、政治的、経済的な価値を世界にもたらすか示すことを目的に世界観光機関が制定。

『キャリア教育支援ガイドお仕事ナビ　16　観光に関わる仕事―バスガイド　全国通訳案内士　旅行代理店社員　女将』　お仕事ナビ編集室著　理論社　2018.7　55p　30cm　2800円　①978-4-652-20269-2　Ⓝ366.29

目次 01 バスガイド 深田朱梨さん（バスガイドってどんな仕事？，深田さんの一日　ほか），02 全国通訳案内士 畑田利絵さん（全国通訳案内士ってどんな仕事？，畑田さんの一日　ほか），03 旅行代理店社員 山田宏治さん（旅行代理店社員ってどんな仕事？，山田さんの一日　ほか），04 女将 武居智子さん（女将ってどんな仕事？，武居さんの一日　ほか），他にもいろいろなお仕事！

内容 なりたい職業について、どうすればなれるのか、どんな資格が必要なのか、どんな一

日を送っているのか、どんな作業をしているのか、どんなところで仕事しているのか、お給料は？ などなど、本当に知りたいことが、全部わかる！

## 《9月その他》

### 敬老の日

9月第3月曜日。国民の祝日。多年にわたり社会につくしてきた老人を敬愛し、長寿を祝う日。1966年～2002年までは9月15日。9月15日は1965年までと2003年以降は「老人の日」。

『けいろうのひ・きんろうかんしゃのひ』
チャイルド本社　2017.7　28p,7p　37×39cm　（大きな園行事えほんシリーズ）9500円　①978-4-8054-4655-3　Ⓝ386.1

『もっと知りたい！　お年よりのこと　5
お年よりの力をかりて』　服部万里子監修
岩崎書店　2013.2　47p　29cm　〈文献あり　年表あり　索引あり〉　3000円　①978-4-265-08265-0　Ⓝ367.7
目次 お年よりの力をかりて（生涯現役のお年よりたち、お年よりのパワー、超高齢社会の仕事や経済（働くことが生きがいになる人も、お年よりの働き方が見直されている、格差社会はお年よりにもある、医療・社会保障費がふえ続ける）、お年よりとしあわせにくらすために（第二の人生のすごし方、生涯学習・スポーツでいきいきと、理念はノーマライザーション、クオリティ・オブ・ライフを考えて）、力を合わせて、よりよい社会を（明るく年を取っていくために、みんながくらしやすい社会をつくろう）

『もっと知りたい！　お年よりのこと　4
やってみよう、ボランティア』　服部万里子監修　岩崎書店　2013.2　47p　29cm〈文献あり　年表あり　索引あり〉　3000円①978-4-265-08264-3　Ⓝ367.7
目次 お年よりが安全にくらす街へ（老化や加齢は不安もまねく、お年よりのひとりぐらしは危険？、犯罪にまきこまれるお年より、地域でくらしの見守りを）、小学生とお年よりのふれあい方（地域社会でのふれあいから、体験学習・世間間交流）、居場所づくりは地域づくり（高齢化が進む自治体の対策、1995年はボランティア元年、ボランティアを支援するNPO、NGO、お年よりの「居場所」が地域を活発に）、進化するボランティア（新たな取り組み、有償ボランティア、お年よりが介護支援ボランティアに、オーストラリアはボランティア先進国、お年よりには「ゆっくりマナー」で）

『もっと知りたい！　お年よりのこと　3
お年よりがくらしやすい社会へ』　服部万里子監修　岩崎書店　2013.1　47p29cm　〈文献あり　年表あり　索引あり〉3000円　①978-4-265-08263-6　Ⓝ367.7
目次 「ふ」だんの「く」らしを「し」あわせに（家や街にはバリアがたくさん、福祉は全ての人のしあわせ、住まいや街をバリアフリーに、市民ン福祉をかなえる政治の役割）、国の義務である福祉のしくみ（福祉を定める憲法と法律、社会保険とは生活を保障すること、多くのお年よりは年金で生活、介護保険・医療保険のしくみ）、介護をすること、されること（介護とは自立の手助け、介護の現場1 介護サービス、介護の現場2 介護にたずさわる職業、介護の現場3 介護を行う施設、老老介護や認認介護がふえる、介護をする人にもケアを、お年よりの住まいの多様化）、道具を使って生活を便利に（見つけた くらしに役立つ福祉用具、広がるユニバーサルデザイン）

『もっと知りたい！　お年よりのこと　2
長生きってすばらしい』　服部万里子監修　岩崎書店　2013.1　47p　29cm　〈文献あり　年表あり　索引あり〉　3000円　①978-4-265-08262-9　Ⓝ367.7
目次 お年よりが子どもだったころ（昔のくらしをのぞいてみよう、ちえと工夫でくらしやすく、昔と今の遊びをくらべると）、お年よりの生きてきた時代（アジア太平洋戦争の生き証人、高度経済成長で日本を発展させた、文化や風習を伝えてきた）、長生きのすばらしさを再確認（変わっていく「お年より」観、長生きのここがすばらしい1 生き字引、長生きのここがすばらしい2 技術がみがかれる、長生きのここがすばらしい3 ゆたかな人生経験、敬老の日をお祝いしよう）、健康で長生きするのはむずかしい（けがや病気が健康寿命をちぢめる、脳の病気、認知症になりやすい、寝かせきりが寝たきりをよぶ、リハビリで自立した生活も可能に、終末期医療への意識が変わる、生命の終わり、死を考える）

『もっと知りたい！　お年よりのこと　1
年を取るってどういうこと？』　服部万里子監修　岩崎書店　2013.1　47p　29cm〈文献あり　年表あり　索引あり〉　3000円①978-4-265-08261-2　Ⓝ367.7
目次 いろいろなお年よりがいる（お年よりのいる家族・いない家族、年齢でお年よりは決めにくい、変わりゆくライフスタイル、人それぞれの年の取り方、だれもがみんな年を取る（成長の過程として「老い」がある、体の機能低下は生物の宿命、心の発達は一生続く）、お年より人口はふえていく（ヒトの最長寿命は122年、平均寿命が世界トップクラスの日本、日本の5人にひとりはお年より、高齢化と少子化が同時に進行、世界で初めて超高齢化社会に）、お年よりと生きていく社会（超高齢社会の問題1 経済、超高齢社会の問題2 健康と介護、超高齢化社会の問題3 生き方、長寿社会にはいい点も多い、どんなお年よりになりたいかな？）

子どもの本 伝統行事や記念日を知る本2000冊　217

9月その他　　　　　　　　　　　　　　　　　　　　　　　　　9月

『お年よりとともに』　高橋利一監修　岩崎
書店　2007.4　47p　29cm　（未来をささ
える福祉の現場 1）　2800円　Ⓘ978-4-
265-05171-7　Ⓝ369.263

目次 1 高齢者福祉施設へいってみよう！（特
別養護老人ホームって、どんなところ？，介
護老人保健施設を訪問），2 いろいろな社会福
祉施設（特別養護老人ホームと養護老人ホー
ム，施設でくらすお年よりの生活，もっと
もっと必要なもの ほか），3 これからの高齢
者福祉（お年よりのための施設って、どうして
できたの？，あたらしい問題，これからの高
齢者福祉はどうなるの？）

内容 社会福祉施設がどんなところか、どうい
う人がいて、どんな人がはたらいているのか、
わかりやすく紹介していくので、しっかり読
んでね。お年よりに関係する社会福祉施設を
紹介するよ。

『じいさまのなぞとき―敬老の日に読む絵
本』　佐倉智子文，二本柳泉絵　世界文化
社　1987.11　31p　27cm　1000円　Ⓘ4-
418-87820-3

---

### 秋分の日

国民の祝日。祖先をうやまい、なくなった
人々をしのぶ日。天文観測によって選定さ
れる昼の長さと夜の長さがほぼ等しくなる
秋分日。二十四節気の一つ。9月22日～23日
ころ。前後7日間が「秋の彼岸」。先祖を供
養し、おはぎなどを食べる。

---

『おばあちゃんのおはぎ』　野村たかあき
作・絵　佼成出版社　2011.9　32p
25cm　（〔クローバーえほんシリーズ〕）
1300円　Ⓘ978-4-333-02504-6　Ⓝ726.6

内容 あきのおひがんになりました。おば
あちゃんときりちゃんは、おはぎをつくります。
「ごせんぞさまにおそなえするのよ」なくなっ
たおじいちゃんにもたべてもらいたいな。お
ばあちゃん、おいしいおはぎのつくりかた、
おしえてね。

『おはぎちゃん』　やぎたみこ作　佼成社
2009.10　1冊　23×25cm　1200円
Ⓘ978-4-03-331770-0　Ⓝ726.6

内容 ここは、おじいさんとおばあさんがすん
でいる、ちいさないえのちいさなにわ。そっ
としゃがんで、じめんのちかくをのぞいてみ
れば…ほら、こんなにたのしいなかまたちが、
きょうもわいわいおおさわぎ！　ちょっとへ
んてこでとびきりしあわせおはぎちゃんのせ
かいへようこそ。4歳から。

『おはぎをたべたのはだれ』　西本鶏介文，
はせがわゆうじ絵　小学館　2000.8　1冊

27cm　（保育絵本 89）　380円　Ⓘ4-09-
758189-9

『クイズ似て非なることば 3』　明治書院
編集部編著　明治書院　1998.7　196p
18cm　1000円　Ⓘ4-625-53142-X
Ⓝ031.7

目次 A 年中行事・歳時記・催事・季節（年末
VS年の瀬，大みそかVS大つごもり ほか），B
冠婚葬祭（大人VS成人，吉事VS慶事 ほか），
C 生活文化・風俗習慣・民俗・風土（遣り水
VS打ち水，コートVSマント ほか），D 手
紙・挨拶・敬語・マナー・一般言語（前略VS
拝啓，様VS殿 ほか）

内容 「ぼたもち」と「おはぎ」「元日」と
「元旦」の違いは？　たまに食べたくなりませ
んか？ ぼたもちを？ おはぎを???　一度悩む
と止まらない！　"似てるけど違う"ことばの
クイズ!!　"なるほど"の一冊。

---

### 十五夜

旧暦8月15日の夜（新暦9月15日ころ）で中秋
節、芋名月などともいう。月見が行われ、団
子・里芋・ススキなどを供える。

---

『だんごたべたいおつきさま』　すとうあさ
えぶん，中谷靖彦え　ほるぷ出版　2018.
7　〔24p〕　19cm　（はじめての行事え
ほん お月見）　950円　Ⓘ978-4-593-
56332-6　Ⓝ726.6

『おいもほり・おつきみ』　チャイルド本社
2017.7　28p,7p　37×39cm　（大きな園
行事えほんシリーズ）　9500円　Ⓘ978-4-
8054-4654-6　Ⓝ386.1

『月からきたトウヤーヤ』　蕭甘牛作，君島
久子訳　岩波書店　2017.4　189p　18cm
（岩波少年文庫 239）　640円　Ⓘ978-4-00-
114239-6　Ⓝ923.7

内容 十五夜の晩、おばあさんのもとへ、月の
おじいさんがわらじを注文しにきました。お
礼はトウモロコシのたね。そのたねから生ま
れたトウヤーヤは、やがて金の鳥をさがして
旅にでますが、さあ、そのゆくえは…！。中
国チワン族の創作民話。小学2・3年以上。

『つきのうさぎ』　いもとようこ文・絵　金
の星社　2015.8　〔24p〕　29cm　（日本
むかしばなし）　1300円　Ⓘ978-4-323-
03732-5　Ⓝ726.6

内容 どうして月にうさぎがいるの？　十五夜
のゆらいがわかるぎょうじえほん。

『はんぐり！　5　満月の夜はミステ
リー』　廣嶋玲子作，九猫あざみ絵　童心
社　2010.3　142p　18cm　1000円
Ⓘ978-4-494-01416-3　Ⓝ913.6

内容 十五夜の満月の日に鈴音丸、琴子ばあ
ちゃん、武の三人がお月見をしていると月か
ら大きなうさぎがやってきて…。満月の探し

9月　　　　　　　　　　　　　　　　　　　　　　　9月その他

ものは、スリル満点のミステリー、シリーズ
第五弾。

『**おつきみどろぼう**』　ねぎしれいこ作，花
之内雅吉絵　世界文化社　2009.7　24p
28cm　（ワンダーおはなし絵本）　1000円
①978-4-418-09804-0　Ⓝ726.6
内容　こっそりこっそり、おつきみどろぼう。
おつきみこっそりちいさなかげがうつってい
ます。「みてみて、おだんごをたべてるぞ。
わー、うさぎだ。あっ、かにもいる！」日本
の年中行事で、子どもたちは、おつきみの日
に限って、よそのうちのおつきみだんごをど
ろぼうしてもよいとされている風習をもとに
創作したお話。

『**お月見のよるには**』　宮川ひろ作，ふりや
かよこ絵　ポプラ社　2004.9　63p
22cm　（おはなしボンボン 14）　900円
①4-591-08246-6　Ⓝ913.6
内容　山の村のちいさな小学校です。七人だけ
の一年生のきょうしつは、あさからにぎやか。
きょうは、たのしいたのしい十五夜さん。小
学校初級から。

『**月のうさぎ**』　前田式子文，司修絵　ほる
ぷ出版　1992.10　1冊　24×25cm　（世
界みんわ絵本 インド）〈監修：木下順二，
松谷みよ子〉　1300円　①4-593-59318-2
内容　むかし、山のふもとの森に、白いうさぎ
が住んでいました。あるばん、うさぎは月を
あおいで、いいました。「ああ、あしたは十五
夜だ、どうしよう」一月がまるくなる十五夜
に、もしお客がきたら、じぶんのたべものを
わけてあげなければならないのです。月のう
えにうさぎのうがたが見えるのは？　古から
わが国にも伝えられた、インドの、月のうさ
ぎの話。5歳から。

『**かぐやひめ**』　平田昭吾文，高橋信也画
ポプラ社　1987.9　44p　18×19cm　（世
界名作ファンタジー）　450円　①4-591-
02568-3
内容　かぐやひめは、かがやくばかりにうつく
しい。しかし、十五夜がちかづくと、月をみ
ながらなぜかかなしそうにみえます。

『**つきとうさぎ―十五夜に読む絵本**』　矢崎
節夫文，岡村好文，小熊康司絵　世界文化
社　1987.6　31p　27cm〈監修：上笙一
郎〉　1000円　①4-418-87817-3

―――――――――――――――――
**運動会**

9月から10月にかけて、多くの学校で行われ
る体育的な活動行事。企業、地域で行われ
るものもある。
―――――――――――――――――

『**うんどうかい**』　チャイルド本社　2017.7
28p,7p　37×39cm　（大きな園行事えほ

んシリーズ）　9500円　①978-4-8054-
4653-9　Ⓝ386.1

『**運動会で1番になる方法**』　深代千之作，
下平けーすけ絵　アスキー・メディア
ワークス　2009.9　157p　18cm　（角川
つばさ文庫 Dふ1-1）〈本文イラスト・図
版：山本浩史，佐藤則之，永野雅子　アス
キー2004年刊の改稿　発売：角川グルー
プパブリッシング〉　590円　①978-4-04-
631047-7　Ⓝ782.3
目次　1章 速くなれば、走るのが楽しくな
る！，2章 科学で解明！　速く走る秘訣はコ
レだ！，3章 トップアスリートに学べ！　走
りの最前線，4章 「ドリル」と「トレーニン
グ」で身体が変わる！，5章 さあ、ドリルを
やってみよう！，6章 ドリルで確実に足が速
くなる！，目指せ！　運動会ベストプログラ
ム，おわりに―運動会で1番になったあとは！
内容　最新の科学で解き明かされた、誰でも速
く走れるヒケツはコレだ！　「走りの最速理
論」をもとにしたドリルで、正しい走り方を
身につければ、どんどん足が速くなる！
「背が高い人が有利？」「靴の選び方は？」み
んなの疑問に答えてくれる、運動会が待ち遠
しくなる話もいっぱい。走ることが楽しくな
る、今までの自分から変わっていく、そんな
体験をしてみよう！　小学上級から。

『**運動会アイデア競技集　1**』　楽しい運動
会を創造する教師の会編著，種田瑞子イ
ラスト　汐文社　2008.1　79p　27cm
（運動会・イベントアイデアシリーズ 1）
2200円　①978-4-8113-8487-0　Ⓝ374.48
目次　1 団体種目（追いかけ玉入れ，重さ比べ
玉入れ，当たってごろん　ほか），2 個人種
目・レク種目（ペットボトルに入れろ！，それ
いけ！ 飛脚便，はいはいハムスター　ほか），
3 全校種目（全校大玉おくり，全校しっぽ取
り，全校ジャンケンカードゲーム　ほか）
内容　みんなでつくり上げるアイデアいっぱい
の運動会。つなひき・玉いれ・騎馬戦・棒たお
しなどの「団体種目」。借り物競争・障害物競
走・二人三脚などの「学年レク種目」。みんな
で協力し、ふれあい、一体感、躍動感があふれ
るダンス・ソーラン節・組体操・マスゲームな
どの「表現種目」。グループ対抗ゲームやチャ
レンジゲームのかずかずが紹介されています。

子どもの本 伝統行事や記念日を知る本2000冊　**219**

# 10月

『かこさとしこどもの行事しぜんと生活　10月のまき』　かこさとし文・絵　小峰書店　2012.9　36p　29cm〈年表あり〉1400円　①978-4-338-26810-3　Ⓝ386.1

目次　10月の別のいいかた（日本），衣がえ（10月1日），いわし雲，「冬鳥」の渡りの季節，寒露（10月8日ごろ），冬ごもりのはじまるころ/高山祭（10月9日・10日），おくんち，豆名月，いろいろな豆とどんぐり，体育の日，目の愛護デー（10月10日），お会式（10月12・13日），秋の魚，秋の星，べったら市（10月1920日），いもに会，おめでとう結婚式，きのこの季節，時代祭り（10月22日），霜降（10月23日ごろ），ハロウィン（10）月31日），10月の行事の歴史年表，10月の別のいいかた（海外），全巻もくじ

内容　日本の子どもたちが出会う，さまざまな行事やならわしの，はじまりやわけが，この本でわかるように，やさしくかきました。

『10月のえほん―季節を知る・遊ぶ・感じる』　長谷川康男監修　PHP研究所　2011.9　47p　26cm〈文献あり〉1300円　①978-4-569-78167-9　Ⓝ386.1

目次　体育の日―第2月曜日，ハロウィーン―31日，秋祭り，10月の旬の食べもの，10月の俳句と季語，10月に見られる植物，10月の記念日，10月の行事，日本の10月のお祭り，世界の10月の行事・お祭り，秋の虫の声を聞こう，秋の木の実であそぶ，10月のできごと，10月に生まれた偉人・有名人

内容　体育の日，ハロウィーン，秋祭り，衣替え，十三夜のお月見，べったら市…。10月の行事，自然，旬の食べもの，遊びなどを絵で楽しく紹介するとともに，季語，記念日，できごとなども掲載。10月という季節を感じ，楽しめ，学習にも役立つえほんです。

『学習に役立つわたしたちの年中行事　10月』　芳賀日出男著　クレオ　2006.4　35p　27cm　1800円　①4-87736-092-1　Ⓝ386.1

目次　稲の収穫，収穫の行事，神へのごちそう，収穫のよろこび，役に立つ稲のワラ，海からの幸，天狗と猿田彦，歴史の祭り，物語・花の窟の神話，10月の各地の祭り，10月の世界の祭り，10月のことば，10月の祭りごよみ，総目次索引（1月～12月）

『365日今日はどんな日？―学習カレンダー　10月』　PHP研究所編　PHP研究所　1999.9　49p　31cm〈索引あり〉2700円　①4-569-68160-3

目次　超特急「つばめ」号，運転開始，東海道新幹線が開業，錦帯橋ができる，三越呉服店にエスカレーター，第一回国勢調査，警視庁が110番を設置，安政の大地震，大鵬と柏戸がそろって横綱に，吉備真備がなくなる，学生の徴兵猶予停止〔ほか〕

内容　一年365日の，その日に起こった出来事を集め，ひと月1巻，全12巻にまとめたシリーズの10月編。その日にまつわる歴史上の出来事や人物，発明・発見，文学，美術，音楽，数学，お祭りや記念日，年中行事などの項目を収録。

『10月』　増田良子，福田節子編著，下田智美絵　岩崎書店　1999.4　39p　31cm（くらしとあそび・自然の12か月　7）3000円　①4-265-03787-9　Ⓝ031

目次　お米がみのったよ，くだものが，みのったよ，カキとクリの季節，木の実・草の実，きれいだね，どんぐりであそぼう，草の実であそぼう，タネのふしぎ，豆をたべよう（10月2日は，とうふの日），海のさかなを，たべよう（10月4日は，イワシの日）〔ほか〕

『学習に役立つものしり事典365日　10月』　谷川健一，根本順吉監修　新版　小峰書店　1999.2　65p　27cm〈索引あり〉2500円　①4-338-15610-4

目次　「赤い羽根共同募金」，東海道新幹線開通，石田三成処刑される，初めての国勢調査，ガンジー生まれる，ナポレオン，ゲーテと会見，華岡清洲なくなる，国立競技場の大改修工事完成，統一ドイツ実現する，大津皇子なくなる〔ほか〕

内容　どんな事件があり，どんな人が生まれたり死んだりしたのか，年中行事や記念日の由来など，遠い昔から現代までに起きた出来事を，同じ日付ごとにまとめた事典。本巻は10月の日付を収録。索引付き。

『10月のこども図鑑』　フレーベル館　1997.9　55p　27cm（しぜん観察せいかつ探検）1600円　①4-577-01717-2　Ⓝ031

目次　きょうはなんのひ？（10月のカレンダー），しぜんだいすき（秋のみのり，さけ），そだててみよう（ぶんちょう，いもほり），せいかつたんけんたい（すてきな服），いってみたいね（電車のたび），わくわくクッキング（10月のメニュー），しらべてみよう（目のしくみ），つくってみよう（木の実のおもちゃ），しっているかな？（星の話）

『10がつのこうさく―からだうごかそう！』
竹井史郎著　小峰書店　1996.2　31p
25cm　（たのしい行事と工作）　1600円
①4-338-12710-4　Ⓝ507
目次　くり，どんぐり，りんご，おむすび，かき，あきまつり，たいいくのひ，おりがみ，てつどうきねんび，でんぽうでんわきねんび，ハロウィーン
内容　小学校低学年以上。

《10月1日》

国際音楽の日
バイオリン奏者のユーディ・メニューインが国際紛争が絶えないことを嘆いて1975年に提唱、10月1日をユネスコが1977年に制定。音楽の意義を広く啓蒙・普及し、人々の相互理解を深めることを目的とする。

『音楽用語―オールカラー』　ヤマハミュージックエンタテインメントホールディングス出版部　2018.11　121p　15cm　（子どもポケット音楽事典）　900円　①978-4-636-96323-6　Ⓝ761.2

『音楽のあゆみと音の不思議　1　誕生から古代・中世の音楽』　小村公次著　大月書店　2018.7　40p　29cm　〈文献あり　年表あり　索引あり〉　3000円　①978-4-272-40971-6　Ⓝ760
目次　音楽の誕生（音楽はいつ、どのようにして生まれたか），古代社会の音楽（古代日本の音楽：銅鐸と埴輪が物語るもの，古代中国の音楽：巨大な編鐘が物語るもの，古代オリエントの音楽：壁画や楽器が物語るもの，古代ギリシャの音楽：西洋音楽に大きな影響をもたらしたもの），古代から中世の社会へ（奈良時代の音楽：日本と東アジアの音楽交流，平安時代の音楽：源氏物語がえがいた音楽の世界，儀礼と音楽：宗教音楽がもたらしたもの）
内容　人びとの暮らしのなかで音楽がどのように楽しまれていたかに注目して、社会と時代の動きとともに音楽の歴史を紹介！　日本の音楽と外国の音楽を比較しながら、その時代の音楽の特徴をさぐる！　「音」とは何か、音と音とが組み合わさって「音楽」になるしくみとルールについて解説！

『小学生のための便利な音楽辞典』　シンコーミュージック・エンタテイメント　2017.11　191p　21cm　〈文献あり　年表あり　索引あり〉　1500円　①978-4-401-64517-6　Ⓝ760.36

目次　記号（音符・休符，楽譜・表記　ほか），ことば（楽典・楽譜，演奏・奏法　ほか），楽器（弦楽器，管楽器　ほか），コード（コード・ネーム，コード用語），人名（外国人，日本人）
内容　楽器を始めたての小学生から使える音楽辞典!!　写真・イラスト満載＆やさしい解説で音楽のギモンが即解決。読み方がわからなくても記号の“見た目”から引ける！　あいうえお順の「さくいん」からも探せる！

『音楽をもっと好きになる本―楽しく読めてすぐに聴ける　4　名曲を感じる』　松下奈緒ナビゲーター　学研プラス　2017.2　47p　29cm　〈年表あり〉　3500円　①978-4-05-501237-9　Ⓝ760
目次　松下奈緒さんインタビュー　「長く、楽しく、音楽と付き合っていってほしいです。」，英国王の舟遊び　水上の音楽　ヘンデル，交響曲でなぞなぞ？　告別　ハイドン，大スペクタクル・オペラ　魔笛　モーツァルト，リート（ドイツ歌曲）の金字塔　魔王　シューベルト，悲劇の恋を描いたグランド・オペラ　アイーダ　ヴェルディ，音で描いた祖国の大河　モルダウ（ブルタヴァ）　スメタナ，ユーモアあふれる組曲　動物の謝肉祭　サン＝サーンス，世界で最も有名なオペラ　カルメン　ビゼー，怖～い交響詩　はげ山の一夜　ムソルグスキー，世界で最も有名なバレエ　白鳥の湖　チャイコフスキー，「家路」で有名な交響曲　新世界より　ドヴォルザーク，夢と冒険の物語　ペール・ギュント　グリーグ，音で描いた『千夜一夜物語』　海とシンドバッドの船　リムスキー＝コルサコフ，ディズニーもアニメにした　魔法使いの弟子　デュカス，壮大な宇宙を描いた組曲　惑星　ホルスト，バレエになったロシアのおとぎ話　火の鳥　ストラヴィンスキー，音の絵本　ハーリ・ヤーノシュ　コダーイ

『音楽をもっと好きになる本―楽しく読めてすぐに聴ける　3　音楽家に親しむ』　松下奈緒ナビゲーター　ひのまどか執筆・監修　学研プラス　2017.2　47p　29cm　〈年表あり〉　3500円　①978-4-05-501236-2　Ⓝ760
目次　松下奈緒さんインタビュー　「いろいろな曲を知っていくほど、好きな作曲家も変わっていく。」，音楽で神に仕えた人―バッハ，交響曲の発明者―ハイドン，永遠の神童―モーツァルト，運命との闘い―ベートーヴェン，メロディーの泉―シューベルト，勤勉と努力の天才―メンデルスゾーン，愛と夢に生きて―シューマン，ピアノ音楽の開拓者―ショパン，3度の大転身―リスト，オペラの国イタリアのシンボル―ヴェルディ，ウィーンっ子の宝―ヨハン・シュトラウス2世，自由に、孤独に―ブラームス，美しく雄大な調べ―チャイコフスキー，ボヘミアの国民的作曲家―ドヴォルザーク，フィンランドの宝―シベリウス，“ピーターと狼”の人―プロコフィエフ，アメリカの天才音楽家―ガーシュウィン

『音楽をもっと好きになる本―楽しく読めてすぐに聴ける　2　いろいろな楽器を知る』　松下奈緒ナビゲーター　学研プラス

2017.2 47p 29cm 3500円 ①978-4-
05-501235-5 Ⓝ760

目次 松下奈緒さんインタビュー 「結局、大
切なのは『好き』ということ。」，木管楽器の仲
間たち1 フルート・オーボエ・ファゴット，
木管楽器の仲間たち2 クラリネット・サクソ
フォーン，金管楽器の仲間たち1 ホルン・ト
ランペット，金管楽器の仲間たち2 トロン
ボーン・テューバ，擦弦楽器の仲間たち1
ヴァイオリン・ヴィオラ・チェロ・コントラ
バス，擦弦楽器の仲間たち2 いろいろな擦弦
楽器，撥弦楽器の仲間たち1 ハープ・ギター，
撥弦楽器の仲間たち2 いろいろな撥弦楽器，
鍵盤楽器の仲間たち1 ピアノ，鍵盤楽器の仲
間たち2 オルガン，打楽器の仲間たち1 ティ
ンパニ・小太鼓・トライアングル，打楽器の
仲間たち2 カスタネット・シンバル・木琴・
鉄琴，打楽器の仲間たち3 広がる打楽器ワー
ルド，オーケストラの世界1 オーケストラの
編成，オーケストラの世界2 楽器と声の音域，
オーケストラの世界3 スコアとパート譜，い
ろいろなアンサンブル1 吹奏楽，いろいろな
アンサンブル2 合唱，いろいろなアンサンブ
ル3 独奏と室内楽

『音楽をもっと好きになる本―楽しく読め
てすぐに聴ける 1 歌や演奏を楽しむ』
松下奈緒ナビゲーター 学研プラス
2017.2 47p 29cm 3500円 ①978-4-
05-501234-8 Ⓝ760

目次 松下奈緒さんインタビュー 「音楽を好
きな子が増えてほしい。」，第1章 歌う
―声を出してみよう，第2章 たたく―打楽器
で遊ぶ，第3章 鍵盤を弾く―触ってみよう，
第4章 鍵盤ハーモニカ―弾いてみよう，第5章
リコーダー―吹いてみよう，第6章 木琴・鉄
琴―たたいてみよう，第7章 ピアノ―伴奏し
てみよう，第8章 ハモる―コーラスを楽しも
う，第9章 アンサンブル―合奏してみよう

『親子で学ぶ音楽図鑑―基礎からわかるビ
ジュアルガイド』 キャロル・ヴォーダマ
ン ほか著，山崎正浩訳 大阪 創元社
2016.8 256p 24cm 〈索引あり〉 2800
円 ①978-4-422-41416-4 Ⓝ760

目次 1 音の高さ（音高），2 リズム，3 音程，
音階，調，4 メロディ，5 コード（和音）と
ハーモニー（和声），6 形式，7 楽器と声楽，8
スタイルとジャンル，9 付録

『世界の音楽なんでも事典―音楽のしくみ
とオーケストラの楽器がわかるとてもお
もしろい入門書』 ジョー・フルマン著，
奥田祐士訳 岩崎書店 2015.9 96p
29cm 〈索引あり〉 3800円 ①978-4-265-
85086-0 Ⓝ760

『世界の音楽なんでも事典―音楽のしくみと
オーケストラの楽器がわかるとてもおも
しろい入門書』 ジョー・フルマン著，野

本由紀夫監修，奥田祐士訳 修正版 岩
崎書店 2015.9 96p 29cm 〈年譜あり〉
3800円 ①978-4-265-85086-0 Ⓝ760

『音楽―音を楽しむ！』 サイモン・バ
シャー絵，ダン・グリーン文，片神貴子
訳 町田 玉川大学出版部 2012.5 62p
18×18cm （科学キャラクター図鑑）
〈文献あり〉 1400円 ①978-4-472-05909-
4 Ⓝ760

目次 第1章 音楽の魔法使いたち，第2章 楽譜
の住人たち，第3章 にぎやかな家族，第4章
サウンドいろいろ

---

## コーヒーの日

国際協定により10月からコーヒーの新年度
が始まることから10月1日に。国際コーヒー
機関理事会が2014年に制定。コーヒーの普
及を促進し、世界中でイベントが行われて
いる。

---

『コーヒー豆を追いかけて―地球が抱える
問題が熱帯林で見えてくる』 原田一宏著
くもん出版 2018.3 110p 22cm 1400
円 ①978-4-7743-2696-2 Ⓝ617.3

目次 第1章 コーヒーと人間の長い歴史，第2
章 コーヒー豆は種なんだ，第3章 コーヒーは
世界じゅうで人気者，第4章 コーヒー農園を
訪ねる，第5章 熱帯林を守る，第6章 農民た
ちの生活，第7章 みんながゆたかに暮らすに
は，第8章 調査地に恩返しを

内容 コーヒー豆は、熱帯や亜熱帯で広く栽培
されています。そして世界じゅうに輸出され、
コーヒーとして飲まれたり、スイーツなどに
使われたりしています。だからコーヒー豆の
ことを調べると、地球上のさまざまな問題が
見えてきます。熱帯林に何度も足を運び、森
のようすや、そこに生きる人たちの暮らしを
研究してきた著者が、調査や研究のようすを
紹介しながらわかりやすく話します。

『コーヒーのひみつ』 佐藤守構成，青木萌
作・文，山口育孝漫画 学習研究社コミュ
ニケーションビジネス事業部教材資料制
作室 2007.10 128p 23cm （学研まん
がでよくわかるシリーズ 34） Ⓝ619.89

---

## 磁石の日

日付の数字を漢数字の「十」と「一」として
磁石の「＋（N極）」と「-（S極）」に見立て
たことから。磁石の特性、機能、価値をPR
する。ニチレイマグネットが2008年に制定。

---

『磁石の大研究―身近なところで大活躍！
働き・使われ方と楽しい実験』 日本磁気
学会監修 PHP研究所 2011.6 63p

29cm 2800円 Ⓝ978-4-569-78154-9
Ⓝ428.9

目次 序章 身の回りには磁石がたくさん（家の中で磁石を探そう，街の中で磁石を探そう ほか），第1章 知ってる？ 磁石のこと（磁石の不思議な力，地球は大きな磁石 ほか），第2章 こんなところに！ 磁石の使われ方（家電に使われる磁石，通信に使われる磁石 ほか），第3章 やってみよう！ 磁石の大実験（方位磁石をつくってみよう，電磁石をつくってみよう ほか）

『じしゃくのふしぎ』 フランクリン M.ブランリーさく，トゥルー・ケリーえ，かなもりじゅんじろうやく 福音館書店 2009.7 32p 21×26cm （みつけようかがく） 1300円 Ⓝ978-4-8340-2456-2 Ⓝ427.8

内容 磁石はまことに不思議な能力をもっています。この絵本では，磁石が鉄をひきつけること，針から磁石をつくることができること，磁石になった針を使うと，道しるべになるコンパスをつくることができることで，その不思議さを学んでもらいます。

『おもしろ磁石百科―あそべる・まなべる学習教材づくり』 吉村利明監修 少年写真新聞社 2006.2 55p 31cm 1900円 Ⓝ4-87981-211-0 Ⓝ428.9

目次 磁石で工夫しよう（磁石でおもちゃを作って，楽しく遊ぼう，あめんぼクン，ス〜イス〜イ，走れ，磁石号 ほか），磁石で実験しよう（キュリー・エンジンを作ろう，クルクル浮かぶ磁石を作ろう，タイミングディスクモーターを作ろう ほか），磁石を調べてみよう（磁石って何？，磁気の歴史（原理の発見の歴史），磁石の歴史 ほか）

『磁石の不思議』 青山剛昌原作，ガリレオ工房監修，金井正幸まんが 小学館 2003.8 175p 19cm （小学館学習まんがシリーズ―サイエンスコナン） 800円 Ⓝ4-09-296103-0 Ⓝ427.8

目次 1 世にも不思議な磁石パワー，2 いろいろなところに磁石！，3 磁石は引きよせるだけじゃない！，4 磁石が作る磁力線，5 方位磁石はとっても便利！，6 小さくなっても磁石は磁石？，7 強力！ ネオジム磁石!!，8 サンルーム殺人事件前編 磁化って何？，9 サンルーム殺人事件後編 磁力が消える!?，10 地球は大きな磁石

内容 名探偵コナンと仲間たちが繰り広げるサイエンス物語。トロピカルランドで"ジシャクオニ"に遭遇したことから物語は始まり，次々と『磁石の不思議』を解明していくコナンたち。サンルーム殺人事件ではコナンの推理が冴える。

## 《10月2日》

### 豆腐の日

日付の数字「102」の語呂合わせから。日本豆腐協会が1993年に制定。

『おとうふやさん』 飯野まきさく 福音館書店 2015.11 27p 26cm （かがくのとも絵本） 900円 Ⓝ978-4-8340-8201-2 Ⓝ619.6

『ぷるぷるやわらか！ とうふ』 中島妙ぶん，さくまようこえ，日本豆腐協会監修 第2版 チャイルド本社 2014.1 28p 22×27cm （どうやってできるの？ ものづくり絵本シリーズ 10） 571円 Ⓝ978-4-8054-3947-0 Ⓝ619.6

### 国際非暴力デー

インド独立運動の指導者であり，非暴力の哲学と実践の先駆者であるマハトマ・ガンディーの誕生日である10月2日にちなむ。国連総会で2007年に決議，制定。

『非暴力の人物伝 3 田中正造/ワンガリ・マータイ―環境破壊とたたかった人びと』 大月書店 2018.12 155p 20cm 〈年表あり〉 1800円 Ⓝ978-4-272-40983-9 Ⓝ289

目次 日本で最初の「公害」とたたかった田中正造（恵みの川が毒の川に，こうと決めたら一直線，荒れくるう渡良瀬川，うったえる農民たち，つぶされる谷中村と田中正造，荒れ地に木を植え，森を再生したワンガリ・マータイ（希望の種をまき，平和の木を育てる，イチジクの木が育む大地，アメリカへ―学びがひらいた未来，故郷を救うために，木を植える，グリーンベルト運動の成長 ほか）

『非暴力の人物伝 2 チャップリン/パブロ・ピカソ―表現の自由をまもった人びと』 大月書店 2018.8 138p 20cm 〈年表あり〉 1800円 Ⓝ978-4-272-40982-2 Ⓝ778.233

目次 狂気と暴力にたちむかった喜劇王チャップリン（笑いのなかの怒り，おそい来る不幸，カーノとの出会い，チャーリー誕生，暴力・戦争をにくむ心 ほか），平和を描きつづけた反骨の画家パブロ・ピカソ（鳩は平和のシンボル，ピカドールの絵，青からバラ色へ，新たな世界へ，ゲルニカ―平和へのたたかい ほか）

『非暴力の人物伝 1 マハトマ・ガンディー/阿波根昌鴻―支配とたたかった人びと』 たからしげる，堀切リエ著 大月書店 2018.7 162p 20cm 〈文献あり

年譜あり〉1800円 ⑪978-4-272-40981-5
Ⓝ126.9

目次 インド独立を非暴力でかちとったマハト
マ・ガンディー(サティヤーグラハとは, 少年
時代, 南アフリカで, インドへ帰る, 塩の行,
インド独立と暗殺か),「命こそ宝」をかかげ
基地に反対した阿波根昌鴻(沖縄のガン
ディー, とにかく勉強がしたかった, 土地を
うばった米軍, 人間としてのたたかい, 米軍
との根くらべ, 命を生かしあう道)

『ガンジー』 たかはしまもる漫画, 水越保
シナリオ, 長崎暢子監修 ポプラ社
2012.1 126p 23cm (コミック版世界
の伝記 15)〈年表あり 文献あり〉950
円 ⑪978-4-591-12716-2 Ⓝ126.9

目次 第1章 めざめの時, 第2章 人種差別, 第
3章 インド人のために, 第4章 インド独立へ,
第5章 平和へのねがい, ためになる学習資料室

内容 ガンジーが生まれた頃, インドはイギリ
スに支配されていました。インド人が差別さ
れる現実に心を痛めたガンジーは, 非暴力不
服従運動で, インドを独立へとみちびいてい
くのです。

『ガンディーの言葉』 マハートマ・ガン
ディー著, 鳥居千代香訳 岩波書店
2011.3 194p 18cm (岩波ジュニア新
書 678)〈文献あり 年譜あり〉780円
⑪978-4-00-500678-6 Ⓝ126.9

目次 1 両親と家族, 2 教育, 3 サッティヤー
グラハとアヒンサー, 4 誠実と真理, 5 チャ
ルカーとカーディー, 6 協同組合運動と自立,
7 受託制度, 8 宗教・カースト・世俗主義

内容 非暴力・不服従運動で, インドを独立に
導いたガンディー。彼は, いったいどんな言
葉によって, その運動の精神を人々に伝え,
闘争を組織し, 大英帝国からの独立を勝ち取
ることができたのでしょうか。自らの生い立
ちや教育, 経済や宗教に関する言葉も収録。
「訳者からのガイド」つきで, 時代背景や生涯
もわかります。

『ガンディー──インドを独立に導いた建国
の父』 フィリップ・ウィルキンソン著,
子安亜弥訳 神戸 BL出版 2009.7
64p 26cm (ビジュアル版伝記シリー
ズ)〈文献あり 索引あり〉1800円
⑪978-4-7764-0350-0 Ⓝ126.9

目次 1 少年時代のガンディー(宰相の息子,
おさないころのガンディー, イギリスによる
インド統治, 新しい学校へ, 子どもどうしの
結婚, 宗教心と反抗心), 2 イギリス留学と南
アフリカでの闘い(法律を学ぶ, ガンディーと
宗教, 南アフリカへ, 非暴力と不服従の抵
抗), 3 ふたたびインドへ(インドを旅する,
問題にとりくむ, 糸つむぎとはた織り, 燃え
あがる抵抗運動とアムリトサルの虐殺), 4 自

由への闘い(逮捕と投獄, 塩の行進, インドを
立ち去れ!, 愛する人の死, 独立, そして暗
殺, ガンディーがのこしたもの)

『パレスチナ─非暴力で占領に立ち向かう』
清末愛砂著 草の根出版会 2006.1
127p 23cm (母と子で読む A45)〈年
表あり〉2200円 ⑭4-87648-226-8
Ⓝ302.279

目次 1 イスラエルの建国思想シオニズム, 2
パレスチナ難民の記憶─難民問題の主体は誰
か?, 3 占領地で立ち上がるパレスチナ人, 4
第二次インティファーダと新たな軍事侵略, 5
軍事占領下に生きる人びと─難民キャンプで
暮らして, 6 イギリスの植民地主義

『非暴力で平和をもとめる人たち』 目良誠
二郎文, 石井勉絵 大月書店 2003.2
37p 21×22cm (平和と戦争の絵本 4)
1800円 ⑭4-272-40474-1 Ⓝ319.8

目次 戦争に反対したふたりの女性国会議員─
ランキンとリー, しかえしの戦争に抗議した
女子高校生─ケイティ・シエラ, 最高裁で戦
争批判の権利をみとめさせた─ティンカー兄
妹, 炎となってベトナム戦争に抗議した人─
アリス・ハーズ, 女性の平和運動を世界にひ
ろげた人─ジェーン・アダムズ, 非暴力で独
立・自由・平等・平和の実現を─ガンジーと
キング, 3・1独立運動を支持した日本人─柳
宗悦と石橋湛山, 沖縄のガンジーとよばれた
農民─阿波根昌鴻, 子どもが戦車を見たこと
のない国を─フィゲレスとアリアス, 国旗敬
礼の強制は憲法に違反する─バーネット事件
とジャクソン判事, ヒトラーに屈しなかった
作家─エーリッヒ・ケストナー, 兵役を拒否
した日本人─矢部喜好・灯台社の人びと, 平
和へのひとすじ希望をうむ─イスラエルの高
校生たち, 核兵器をなくすために生涯をささ
げる─ケイト・デュース, 「核の植民地支配」
とたたかう─南太平洋の女性たち, 世界がも
し100人の村だったら─ドネラ・メトウズ

内容 どんな時代にも平和をもとめて行動した
人たちがいる。暴力によらない方法で平和を
もとめる道とは? 現代に生きる私たちが,
世代をこえて語り, 考えあう絵本。

《10月4日》

### イワシの日

日付の数字「104」の語呂合わせから。大阪
府多獲性魚有効利用検討会が提唱し, いわ
し食用化協会が1985年に制定。

『イワシ─意外と知らないほんとの姿』 渡
邊良朗著 恒星社厚生閣 2012.11 111p
21cm (もっと知りたい! 海の生きも
のシリーズ 4)2400円 ⑪978-4-7699-
1290-3 Ⓝ487.61

目次 第1章 イワシは出世魚, 第2章 イワシの
生活, 第3章 生活史を記録する耳石, 第4章

世界のイワシ類，第5章 大変動するイワシ資源，第6章 イワシは地球の一部，第7章 魚種交替現象，第8章 漁業と養殖業，第9章 生物資源と人間

### 世界動物の日

動物や小鳥にも説教したというアッシジのフランチェスコの聖名祝日10月4日から。イタリア・フィレンツェで開かれた「国際動物保護会議」で1931年に制定。動物愛護・動物保護のための世界的な記念日。

『いきもの寿命ずかん―コドモからオトナまで楽しめる「動物たちの生き様カタログ」』新宅広二著，イシダコウイラスト　東京書籍　2018.9　79p　21cm〈索引あり〉1500円　Ⓘ978-4-487-81153-3　Ⓝ481.7

[目次] 美しい島でまったり散歩を200年する生き方―アルダブラゾウガメ，深海の秘密の場所を知り尽くした生き方―オンデンザメ，"動物"であることをやめてしまった生き方―ハオリムシ，全爬虫類で最も成長が遅いのんびりな生き方―ムカシトカゲ，衣替えで緊張する生き方―タカアシガニ，サンゴに囲まれた美しい海でまったりする生き方―シャコガイ，北極海の魅力を知り尽くした生き方―ホッキョククジラ，地球全体が自分の家のような生き方―シロナガスクジラ，生涯，女子会を楽しむ生き方―アフリカゾウ，動物単一，ストレスを楽しむ生き方―ヒト〔ほか〕

[内容] 千年生きられないツル，一生の4/5は寝ているカエル，誰の世話にもならないクモ，わずらわしいことが一切ないパンダ，オスとメスどちらにもなれるカタツムリ，非暴力・不服従なダンゴムシ…。生き方のヒントがいっぱい。

『ホネホネ動物ふしぎ大図鑑』富田京一監修　日本図書センター　2018.9　163p　31cm〈「ホネからわかる！　動物ふしぎ大図鑑 1～3」(2010年刊)の改題，構成・造本をあらため合本　文献あり〉5800円　Ⓘ978-4-284-20421-7　Ⓝ481.16

[目次] 第1章 日本の動物たち（草原をはねるように走る動物なあに!?―ウサギ（ニホンノウサギ），暗闇を自在に飛ぶ動物何だ!?―コウモリ（アブラコウモリ），枝分かれした大きな角の動物は何!?―シカ（ニホンジカ）ほか），第2章 世界の動物たち（森にすむやさしい力もちはだれだ!?―ゴリラ（ニシゴリラ），タケが大好きな白黒模様の動物は!?―ジャイアントパンダ，草原にすむ首の長い動物はなあに!?―キリン（マサイキリン）ほか），第3章 海の動物たち（陸でも水中でもすばやく動く動物は!?―アシカ（カリフォルニアアシカ），大きくて魚みたいなほ乳類は何だ!?―クジラ（シロナガスクジラ），あおむけで海面に浮かぶ動物だれだ!?―ラッコ ほか）

[内容] ほ乳類から両生類，魚類までさまざまな脊椎動物を取り上げ，骨の特色からその名前を当てる「Q&A」の構成。「Qページ」である動物の骨の特徴をさまざまな角度から紹介し，そのもち主の動物は何かを問いかけ，「Aページ」でその答えである動物を示し，その生態や体のつくり，類似・関連した動物などを紹介。特集ページを設け，骨の形や機能から見た動物の体のつくりや生態を，テーマごとにわかりやすく解説している。

『あつまれ！　どうぶつ』今泉忠明監修　講談社　2018.8　21p　17×21cm（げんきの絵本）680円　Ⓘ978-4-06-511552-7　Ⓝ480

『カワハタ先生の動物の不思議―どこがおなじでどこがちがうの？』川幡智佳著　実務教育出版　2018.8　21cm　1400円　Ⓘ978-4-7889-1292-2　Ⓝ480

[目次] 海のはなし（プランクトンと魚，何がちがう？，ザリガニってカニ？　それともエビ？，ヒトデとウニは星を持つ仲間!? ほか），陸のはなし（これも虫，あれも虫，触角を持つのはだれ？，さなぎになる虫，ならない虫 ほか），ヒトの世界（飛んで火に入る夏の虫，蓼食う虫も好き好き，カエルの子はカエル ほか）

[内容] 逃げるが勝ちのナメクジ，カタツムリは？　イカの吸盤はガブッ，タコはキュッ!?　シマウマの縞は防虫，トラは？　比べるとおもしろさ1000倍アップ。

『小林先生に学ぶ動物行動学―攻撃するシマリス，子育てするタヌキ』小林朋道著　少年写真新聞社　2018.7　142p　22cm（ちしきのもり）1600円　Ⓘ978-4-87981-641-2　Ⓝ481.78

[目次] 第1章 動物たちのすごい行動（シマリスの赤んぼうの威嚇行動，ヒキガエルは曲がった黒チューブをヘビだと思う？，カマキリの体内に寄生するハリガネムシ，魅力的な土壌動物―人間の常識の枠では測れない生き方，人間をあやつる寄生生物―メジナチュウ，ギョウチュウ），第2章 動物と人間のくらし（絶滅が心配されるナガレホトケドジョウ，ゴキブリたちに魅せられた学生のIくん，アカハライモリの生息地の創出，ニホンモモンガたちの生息地を守る活動と地域の活性化），第3章 身近な動物たちの魅力（モグラとヒミズ―素手で捕獲，成功の理由は，ドバトの認識能力，つわりはなぜあるのか―ヒトの進化的な適応，カラスをめぐる思い出，ヒトと共通点もあるタヌキの習性―その一つは子育ての仕方，サルの研究にあこがれて―学生時代，ひたむきに調査），第4章 動物行動学とはどんな学問なのか

『キャリア教育に活きる！　仕事ファイル―センパイに聞く　11　動物の仕事』小峰書店編集部編著　小峰書店　2018.4　44p　29cm〈索引あり〉2800円　Ⓘ978-4-338-31804-4　Ⓝ366.29

子どもの本 伝統行事や記念日を知る本2000冊　225

**10月5日**　　　　　　　　　　　　　　　　10月

目次 水族園調査係―宮崎寧子さん/葛西臨海水族園，WWFジャパン職員―小林俊介さん/WWFジャパン，盲導犬訓練士―青木舞子さん/日本盲導犬協会仙台訓練センター，獣医師―矢中雄一郎さん/関内どうぶつクリニック，動物保護団体職員―塩見まりえさん/犬と猫のためのライフボート，動物園飼育係―青柳さなえさん/よこはま動物園ズーラシア，仕事のつながりがわかる　動物の仕事関連マップ，これからのキャリア教育に必要な視点11　環境から生き物について考える

内容 この本では高校や大学へと進学し，社会の中で活躍する，さまざまな職業のセンパイが登場します。どのセンパイも，みなさんと同じようにキャリア教育の授業を受け，職場体験を経験してきた人たちです。少し先を歩むセンパイたちの言葉には，みなさんが職業について考えるためのヒントがたくさんあります。この本を読んで，今日から始められること，毎日意識すべきことを見つけてみましょう。そしてあらためて，将来のことを考えてみてください。

『見たい！　知りたい！　たくさんの仕事1　動物が好き―イルカトレーナー/犬訓練士/獣医師/厩務員』　こどもくらぶ編　WAVE出版　2016.3　39p　29cm　〈索引あり〉　2800円　Ⓝ978-4-87290-877-0　Ⓝ366.29

目次 「動物も人も楽しませたい」水族館のステージに立つ―イルカトレーナー，飼い主と犬の幸せに情熱を注ぐ―犬の訓練士，野生動物を相手に奮闘する―動物園の獣医師，最高の馬にしあげてトップをねらう―厩務員

『池上彰のニュースに登場する世界の環境問題　6　動物の多様性』　稲葉茂勝訳・文，アンジェラ・ロイストン原著，池上彰監修　さ・え・ら書房　2010.12　31p　29cm　〈索引あり〉　2300円　Ⓝ978-4-378-01226-1　Ⓝ519

目次 いつも人間におびやかされている動物たち，熱帯雨林の破壊，オオカバマダラの危機，分断されたパンダの竹林，タラはもどってくるか？，「白化」した世界最大のサンゴ礁，地球温暖化とホッキョクグマ，動物保護か石油か？，プラスチックのゴミにころされる海鳥，密猟される絶滅寸前の動物たち，調査捕鯨はいけないこと？，集約農業がニワトリをだめにする，人類のできること・生物多様性条約

内容 人間のせいで，動物たちがひどい状況にさらされています。動物たちのすみかは"開発"によって破壊され，化石燃料をもやすことによって地球の温暖化がすすみ，動物たちの生きる環境が大きくかわってきました。本巻は，こうした動物に関する多くの問題について見ていきます。また，動物と人間がともに生きるために，なにができるかを考えます。

『動物とふれあう仕事がしたい』　花園誠編著　岩波書店　2005.4　212p　18cm　（岩波ジュニア新書）　〈第3刷〉　780円　Ⓝ4-00-500450-4

目次 野生動物と向き合う―動物園の飼育係，イルカに魅せられて―水族館の飼育員，一頭一頭の犬を見きわめて―犬の訓練士，ペットに最新の医療を―動物病院の獣医，ことばを持たない患者たち―動物看護師，動物愛護とペットの健康管理のために―愛玩動物飼育管理士，犬との信頼関係をきずく―ハンドラー・トリマー，ペットがくれる効果―アニマル・セラピー，人と馬との新しい関係―乗馬療法の指導者，行動治療科を知っていますか―問題行動カウンセラー，獣医資格で働く仕事―地方公務員，動物の世界を探検する―動物学者

内容 動物関係の仕事についてみたい！　どんな仕事や資格があるの？　ボランティアとしてできることは？―動物の訓練士や飼育係，獣医，看護士，トリマー，アニマル・セラピーなど，さまざまな分野で動物にかかわって仕事をしている人たちが，その魅力と難しさ，必要な勉強・資格などを案内します。

《 **10月5日** 》

┌─────────────────────────────┐
│ 世界教師デー │
│ │
│ 1966年の10月5日にユネスコが「教師の地位 │
│ 向上に関する勧告」を調印したことから， │
│ 1994年に制定。 │
└─────────────────────────────┘

『職場体験完全ガイド　57　中学校の先生・学習塾講師・ピアノの先生・料理教室講師―人に教える仕事』　ポプラ社　2018.4　47p　27cm　〈索引あり〉　2800円　Ⓝ978-4-591-15766-4　Ⓝ366.29

目次 中学校の先生（中学校の先生ってどんな仕事？，インタビュー　中学校の先生の藤井高さんに聞きました「知識をきちんと伝えられる先生になりたい」　ほか），学習塾講師（学習塾講師ってどんな仕事？，インタビュー　学習塾講師の吉田真之介さんに聞きました「志望校への合格を手助けし，挑戦できる子どもを育てたい」　ほか），ピアノの先生（ピアノの先生ってどんな仕事？，インタビュー　ピアノの先生の松浦友恵さんに聞きました「ピアノの楽しさを教え，子どもたちの夢をサポートしたい」　ほか），料理教室講師（料理教室講師ってどんな仕事？，インタビュー　料理教室講師の野村由美子さんに聞きました「『おいしかった，楽しかった』と言ってもらえる教室をめざして」　ほか）

『世界のすてきな先生と教え子たち　4　ヨーロッパ北部・西部と北アフリカ諸国』　井上直也写真・文　国土社　2016.3　43p　23×25cm　2000円　Ⓝ978-4-337-09954-8　Ⓝ372

|目次| ヨーロッパ北部の国ぐに（デンマーク王国，ノルウェー王国 ほか），ベネルクスの三つの国ぐに（ベルギー王国，オランダ王国 ほか），ヨーロッパ西部の国ぐに（オーストリア共和国，スイス連邦 ほか），ヨーロッパ一地中海沿岸の国ぐに（ポルトガル共和国，スペイン ほか），北アフリカ一地中海沿岸の国ぐに（エジプト・アラブ共和国，リビア ほか）

『世界のすてきな先生と教え子たち　3　ヨーロッパ東部・中央諸国』 井上直也写真・文　国土社　2016.2　43p　23×24cm　2000円　Ⓘ978-4-337-09953-1　Ⓝ372

|目次| ヨーロッパ東部の国ぐに（ベラルーシ共和国，ウクライナ ほか），バルカン半島の国ぐに一旧ユーゴスラビア諸国とアルバニア（スロベニア共和国，ボスニア・ヘルツェゴビナ ほか），ヨーロッパ中央部の国ぐに（ブルガリア共和国，スロバキア共和国 ほか），バルトの三つの国ぐに（エストニア共和国，ラトビア共和国 ほか）

『世界のすてきな先生と教え子たち　2　南・西アジア諸国』 井上直也写真・文　国土社　2016.2　43p　23×24cm　2000円　Ⓘ978-4-337-09952-4　Ⓝ372

|目次| 南アジアの国ぐに（ブータン王国，インド，ネパール連邦民主共和国 ほか），西アジアの国ぐに（アフガニスタン・イスラム共和国，イラン・イスラム共和国，トルコ共和国 ほか），ペルシャ湾岸5か国（西アジア）（オマーン国，アラブ首長国連邦，カタール国 ほか）

『世界のすてきな先生と教え子たち　1　太平洋の島国と東・東南・中央アジア諸国』 井上直也写真・文　国土社　2015.6　43p　23×25cm　2000円　Ⓘ978-4-337-09951-7　Ⓝ372

|目次| 太平洋の五つの島国（パプアニューギニア独立国，キリバス共和国 ほか），東アジアの国ぐに（日本国，中華人民共和国 ほか），東南アジアの国ぐに（カンボジア王国，マレーシア ほか），中央アジアの国ぐに（ウズベキスタン共和国，トルクメニスタン ほか）

『職場体験完全ガイド　3　大学教授・小学校の先生・幼稚園の先生一学問や教育にかかわる仕事』 ポプラ社　2009.3　47p　27cm　〈索引あり〉　2800円　Ⓘ978-4-591-10669-3　Ⓝ366.29

|目次| 大学教授（大学教授ってどんな仕事？，大学教授の一日，インタビュー 大学教授の平山廉さんにききました「化石を発掘して「出たぁ！」という瞬間が，とにかく好きです」，インタビュー 先輩の大学教授にききました「好奇心のかたまりのような研究者」，大学教授になるには？），小学校の先生（小学校の先生ってどんな仕事？，小学校の先生の

一日，，インタビュー 小学校の先生に佐伯陽子さんにききました「「明日も学校に行きたい」と子どもたちに思わせる先生でいたい」，インタビュー 同じ学校の先生にききました「お母さんのようなやさしさで，児童に接する先生，小学校の先生になるには？），幼稚園の先生（幼稚園の先生ってどんな仕事？，幼稚園の先生の一日，インタビュー 幼稚園の先生の田形理奈さんにききました「子どもたちが成長する姿を見るのが，なによりもうれしく，楽しいです」，インタビュー 先輩の幼稚園の先生にききました「子どもにやさしい，まじめな先生」），ほかにもある！　学問や教育にかかわる仕事（高等学校教師，中学校教師，特別支援学校教諭，養護教諭，保育士，図書館職員，博物館学芸員，研究者（企業研究員），専門学校講師，家庭教師，学習塾講師，英会話講師，日本語教師，華道教授，茶道教授，楽器の教師，バレエ教師，着つけ教師）

『子どもにおくる私の先生の話』 鈴木喜代春他編　らくだ出版　2008.8　223p　17cm　〈絵：　原田みつ子〉　1200円　Ⓘ978-4-89777-457-2　Ⓝ374.3

『はばたけ！　先生』 くさばよしみ著，なかさこかずひこ！ 画　フレーベル館　2005.9　159p　19cm　（おしごと図鑑7）　1200円　Ⓘ4-577-03015-2　Ⓝ374.3

|目次| 先生1日シミュレーション 今日だけあなたも先生！，第1章 先生はスーパーマン，第2章 授業はライブだ！，第3章 授業がうでの見せどころ，第4章 先生VS子ども，第5章 職員室のヒミツ，第6章 先生だって…，第7章 めざせ！　熱血先生

|内容| 小学校，中学校，高等学校，専門学校…「学校」という場所には，たくさんの「先生」が働いています。この本では，いちばん身近な，小学校で働く先生の仕事をしょうかいします。

『わたしの先生』 岩波書店編集部編　岩波書店　2004.1　199p　18cm　（岩波ジュニア新書）　740円　Ⓘ4-00-500459-8　Ⓝ281

|目次| 人生の師，四つの教え（水野俊平），世界への扉一語学と仲良くなりたい人へ（三宮麻由子），微笑み，痛み…すべての人が先生（アグネス・チャン），人は諦めさえしなければ何でもできる（ピーター・フランクル），師は兄，美の先生は北斎（何森仁），二度目の見習工時代（小関智弘），今西先生の思い出（五百沢智也），動物行動学へのみちびき（日高敏隆），仲間とともに，高めあう（茂木清夫），一日の師をも疎んずべからず（田沼武能），戦時のめぐりあい（伊波園子），「自然」と「病気」が人生の師（河合雅雄）

|内容| 一人の先生との出会いがその後の人生を決めることは多い。作家，科学者，写真家，タレントなど，各界で活躍する一二人が，背中を押してくれたあの一言，影響を受けた先生との思い出を熱く語ります。こんな先生にめぐり会いたい！　こんな先生になりたい！

子どもの本 伝統行事や記念日を知る本2000冊　227

というあなたに贈る、人生の先輩からのメッセージ。

## 《10月6日》

### 国際協力の日

1954年10月6日、日本が「コロンボ・プラン」への加盟を閣議決定し、開発途上国への政府開発援助を開始したことによる。日本政府が1987年に制定。

『世界で活躍する仕事100─10代からの国際協力キャリアナビ』 三菱UFJリサーチ＆コンサルティング編 東洋経済新報社 2018.7 263p 21cm 〈文献あり〉 2200円 Ⓘ978-4-492-04626-5 Ⓝ329.39

目次 国際協力キャリアってなんだろう？，1 国際協力に携わる100の仕事（国連・国際機関で働く，日本の公務員・役所で国際協力に携わる，政府関係機関で働く，大学・研究機関で国際協力を研究・サポートする，民間企業・士師業で国際協力に携わる，NGO・公益法人職員として国際協力に取り組む），2 国際協力キャリアを歩む（世界を就職先にするための助走期間，国際協力キャリアで世界に羽ばたく），3 INDEX式 君の疑問とやる気から考えよう

内容 やりたいこと、必ず見つかる！ キャリアパス、難易度、給与水準から待遇まで、すべてを掲載！ 使いやすさ抜群の3部構成。

『100円からできる国際協力 6 災害から守る』 くさばよしみ著 汐文社 2013.4 31p 21×22cm 2000円 Ⓘ978-4-8113-8931-8 Ⓝ329.39

目次 500円で、震災後のハイチの子どもに教科書を2冊配ることができます。─ハイチの子どもたちの2人に1人は小学校に通えずにいます。3000円で、コレラの治療キットを1人分用意できます。─震災から3年がすぎても、約36万人が避難所で暮らしています。100円で、被災者1人分の水や食料を配ることができます。─タイでは、九州と沖縄を合わせた広さと同じ面積が洪水にみまわれ、800人をこえる人が亡くなりました。3000円で、栄養不良で苦しむ子どもに補助食104袋を用意できます。─サヘル地域では、100万人の子どもたちがひどい栄養不良に苦しんでいます。1000円で、弱った子どもを病気から守るビタミンAの薬を1000人分用意できます。─ソマリアの子どもの5人に1人が栄養不良に苦しんでいます。5000円で、シリアの子どもに冬用の衣類一式が用意できます。─まわりの国に逃げて不自由なくらしを強いられているシリア人は、およそ40万人。その半数は子どもです。東日本大震災では、163の国や地域と43の国際機関が、支援の手をさしのべてくれました。

『100円からできる国際協力 5 差別から守る』 くさばよしみ著 汐文社 2013.3 31p 21×22cm 2000円 Ⓘ978-4-8113-8930-1 Ⓝ329.39

目次 1000円で、HIVウイルスに感染した人に、正しい知識を伝えることができます。─世界では、毎日およそ700人の子どもがHIVウイルスに感染しています。10000円で、車いす1台を作るための部品を買うことができます。─障害のある人は、世界中で約6億5000万人ると推定されています。1000円で、障害者1人が職業訓練を受けるのに必要な道具を、1か月分用意できます。─世界の子どもと若者の約1割（約2億人）に、障害があり、そのうちの約8割が開発途上国に住んでいると言われています。500円で、子ども1人の学用品1年分を用意できます。─世界の子どもの10人に1人が小学校に通えません。3000円で、どれいのようなあつかいを受けている女性・子どもに会い、保護の手助けができます。─世界で1200万人以上が、どれいのようにあつかわれ、その半分近くが18歳未満の子どもたちです。2000円で、1人の女性が安全に出産することができます。─1日およそ800人の女性が、妊娠や出産が原因で亡くなっています。8800円で、女の子がさいほう技術を身につけるためのミシン1台を支援できます。─世界で読み書きができない人の3分の2が、女性です。

『100円からできる国際協力 4 子どもたちを守る』 くさばよしみ著 汐文社 2013.2 31p 21×22cm 2000円 Ⓘ978-4-8113-8929-5 Ⓝ329.39

目次 100円で、5人の子どもをポリオから守ることができます。100円で、げりで命を失うのを防ぐ粉を14袋届けることができます。9000円で、子どもの健康を見守るヘルスワーカーを育成する研修ができます。100円で、人身売買された子どもが2日間職業訓練を受けられ、将来に備えることができます。5000円で、ガーナの子どもたちに、学用品一式を提供できます。6600円で、インドのお母さんが羊1匹を飼って商売を始めることができ、子どもが働く必要がなくなります。300円で、路上生活を送っている子どもが5日間学校に通えます。

『世界で活躍する日本人─国際協力のお仕事 6 国際社会で働くために』 大橋正明監修 学研教育出版 2012.2 47p 29cm 〈索引あり 発売：学研マーケティング〉 2800円 Ⓘ978-4-05-500835-8 Ⓝ333.8

目次 今日から始める国際協力 身のまわりの問題を考えてみよう、身近なことから始めてみよう、ファアトレード製品を調べてみよう、イベントに行こう！、常設展に行ってみよう＆プログラムに参加してみよう、本や映画などで世界の状況を知ろう、ボランティアを始めよう、国際協力の職場─あなたは、どのタイプ？ 仕事の適性診断、国際協力を行う主な機関、国際協力の仕事への道のり、国際協力理解度チェック─国際協力クイズに挑戦!!，

国際協力についてまとめよう―学んだこと、調べたことをまとめよう

『世界で活躍する日本人―国際協力のお仕事　5　民間企業で働く』　大橋正明監修　学研教育出版　2012.2　47p　29cm〈索引あり　発売：学研マーケティング〉2800円　①978-4-05-500834-1　Ⓝ333.8
目次 世界ではどんな問題が起きているの？豊かな地域と貧しい地域の差が広がっている、世界の経済格差について考えよう、経済格差を解決するための取り組みを見てみよう、民間企業はどんな国際協力をしているの？、国際協力がわかるキーワード、ピープル・ツリー、インタビュー1 ピープル・ツリー雑貨商品開発マネージャー・鈴木史、株式会社HASUNA、インタビュー2 株式会社HASUNA代表取締役・白木夏子、日本ポリグル株式会社、インタビュー3 日本ポリグル株式会社 代表取締役会長・小田兼利、山梨日立建機株式会社、インタビュー4 山梨日立建機株式会社 代表取締役・雨宮清、王子ネピア株式会社、インタビュー5 王子ネピア株式会社 マーケティング本部・齋藤敬志、まだまだある！　民間企業

『世界で活躍する日本人―国際協力のお仕事　4　NGOで働く　医療・農業支援』　大橋正明監修　学研教育出版　2012.2　47p　29cm〈索引あり　文献あり　発売：学研マーケティング〉2800円　①978-4-05-500833-4　Ⓝ333.8
目次 世界ではどんな問題が起きているの？医療が受けられず苦しんでいる人がいる、世界の保健・医療問題について考えよう、保健・医療問題を解決するための取り組みを見てみよう、NGOってどんな国際協力をしているの？、国際協力がわかるキーワード、国境なき医師団、インタビュー1 国境なき医師団日本医師・理事・久留宮隆、ジャパンハート、インタビュー2 ジャパンハート代表・吉岡秀人、A SEED JAPAN、インタビュー3 A SEED JAPAN事務局長・岸田ほたる、日本国際ボランティアセンター、インタビュー4 日本国際ボランティアセンター カンボジア事業担当・山崎勝、TABLE FOR TWO International、インタビュー5 TABLE FOR TWO International代表・小暮真久、まだまだある！　NGO団体

『世界で活躍する日本人―国際協力のお仕事　3　NGOで働く　子ども・教育支援』　大橋正明監修　学研教育出版　2012.2　47p　29cm〈索引あり　文献あり　発売：学研マーケティング〉2800円　①978-4-05-500832-7　Ⓝ333.8
目次 世界ではどんな問題が起きているの？苦しんでいる子どもがたくさんいる、世界の子どもの問題について考えよう、子どもの問題を解決するための取り組みを見てみよう、

NGOってどんな国際協力をしているの？、国際協力がわかるキーワード、シャンティ国際ボランティア会、インタビュー1 シャンティ国際ボランティア会事務局次長・市川斉、かものはしプロジェクト、インタビュー2 かものはしプロジェクト共同代表・村田早耶香、プラン・ジャパン、インタビュー3 プラン・ジャパン・プログラム部・山形文、難民を助ける会、インタビュー4 難民を助ける会（AAR JAPAN）プログラム・コーディネーター・五十嵐豪、ジェン（JEN）、インタビュー5 ジェン（JEN）事務局長・木山啓子、まだまだある！　NGO団体

『世界で活躍する日本人―国際協力のお仕事　2　政府組織で働く―JICA・JETROなど』　大橋正明監修　学研教育出版　2012.2　47p　29cm〈索引あり　文献あり　発売：学研マーケティング〉2800円　①978-4-05-500831-0　Ⓝ333.8
目次 世界ではどんな問題が起きているの？じゅうぶんな教育を受けられない人がいる、世界の教育問題について考えよう、教育問題を解決するための取り組みを見てみよう、日本政府が行う国際協力を見てみよう、ODAについてくわしく見てみよう、これからの日本の役割について考えよう、国際協力がわかるキーワード、JICA（国際協力機構）、インタビュー1 JICA（国際協力機構）青年海外協力隊事務局・永野りさ、インタビュー2 JICA（国際協力機構）国際緊急援助隊事務調整員・大友、インタビュー3 国際交流基金バンコク日本文化センター・瀧田あゆみ、外務省、インタビュー4 外務省 国際連合日本政府代表部・杉尾透、JETRO（日本貿易振興機構）、インタビュー5 JETRO（日本貿易振興機構）途上国貿易開発部・野吾なほみ、まだまだある！　政府組織

『世界で活躍する日本人―国際協力のお仕事　1　国際機関で働く―ユニセフ・ユネスコなど』　大橋正明監修　学研教育出版　2012.2　47p　29cm〈索引あり　文献あり　発売：学研マーケティング〉2800円　①978-4-05-500830-3　Ⓝ333.8
目次 世界ではどんな問題が起きているの？今日もどこかで紛争が起きている、世界の紛争問題について考えよう、紛争問題を解決するための取り組みを見てみよう、国際連合ってどんな組織？、国際連合はどんなふうに活動しているの？、国際協力がわかるキーワード、ユニセフ（国際連合児童基金）、インタビュー1 ユニセフ（国際連合児童基金）東京事務所代表・平林国彦、インタビュー2 ユニセフ（国際連合児童基金）ウクライナ事務所代表・杢尾雪絵、ユネスコ（国際連合教育科学文化機関）、インタビュー3 ユネスコ（国際連合教育科学文化機関）前事務局長・松浦晃一郎、国連難民高等弁務官事務所（UNHCR）、インタビュー4 国連難民高等弁務官事務所（UNHCR）緊急援助部・高嶋由美子、国際赤十字・赤新月運動、インタビュー5 名古屋第二赤十字病院 看護師・山之内千絵、まだまだある！　国際機関

『**日本の国際協力**』 こどもくらぶ編さん
ほるぷ出版 2011.11 39p 29cm （世界にはばたく日本力）〈索引あり〉2800円 Ⓘ978-4-593-58640-0 Ⓝ333.8

目次 世界をリードする開発・食料に関する国際協力（ここがすごい！ 日本の開発・食料に関する国際協力，日本の国際協力の背景をさぐる，世界で活躍する日本の企業），世界が注目する保健・医療に関する国際協力（ここがすごい！ 日本の保健・医療に関する国際協力，日本の国際協力の背景をさぐる，世界で活躍する日本のNGO），世界にはこる平和・人道に関する国際協力（ここがすごい！ 日本の平和・人道に関する国際協力，日本の国際協力の背景をさぐる，世界で活躍する日本人）

内容 世界では，開発途上国とよばれ，外国からの援助を必要とする国がたくさんあります。日本は，さまざまな分野で国際協力をおこなっていますが，ここでは「開発・食料」「保健・医療」「平和・人道」の3つの分野について見ていきましょう。そして，日本の国際協力のすごさ，その背景となるもの，国際協力によって世界で活躍する日本人について知りましょう。

『**国際協力ってなんだろう―現場に生きる開発経済学**』 高橋和志, 山形辰史編著
岩波書店 2010.11 188p 18cm （岩波ジュニア新書 668）780円 Ⓘ978-4-00-500668-7 Ⓝ333.8

目次 1 開発のめざすもの，2 平和と公正を実現するために，3 宇宙船地球号の舵取り，4 開発への取り組み，5 開発途上国でのイノベーション，6 国境を越えよう

内容 貧困削減や開発援助，感染症対策，平和構築，紛争予防，環境保全，ジェンダーなど，国際協力に関わる24のテーマを取り上げて解説。現場の研究者の目に映った開発途上国の厳しい現状や課題を伝えるとともに開発経済学の視点から，ダイナミックに変化している開発途上国の姿や国際開発の取り組みを紹介する。

『**100円からできる国際協力 3 大地を守る**』 100円からできる国際協力編集委員会編 汐文社 2010.4 31p 21×22cm 2000円 Ⓘ978-4-8113-8587-7 Ⓝ329.39

目次 300円で，10本の苗木を植えることができます。100円で，環境保護と栄養改善に役立つアボガドの種を100粒配れます。2500円で，農業研修1家族分が可能です。4000円で，エイズ治療に役立つ野菜づくりの研修が1人1回できます。100円で，魚の稚魚を10ぴき買うことができます。600円で，改良カマドを1つ設置できます。500円で，熱帯雨林にマホガニーの苗木2本を植えることができます。

『**100円からできる国際協力 1 平和を守る**』 100円からできる国際協力編集委員

会編 汐文社 2010.4 31p 21×22cm 2000円 Ⓘ978-4-8113-8585-3 Ⓝ329.39

目次 1000円で，子ども1人に1か月分の栄養補助食を配れます。1200円で，故郷で安全に暮らせず避難生活をするイラクの1家族に食糧を配れます。15000円で，1つの家族が住めるテントをたてられます。500円で，難民に毛布を1枚配れます。500円で，紛争により親を亡くした子ども1人を犯罪から守れます。500円で，紛争で心に傷を負った女性や子ども1人が心のケアを受けられます。子どもたちが交流することで，日本・北朝鮮・韓国の交流につながります。

『**100円からできる国際協力 2 命とくらしを守る**』 100円からできる国際協力編集委員会編 汐文社 2010.3 31p 21×22cm 2000円 Ⓘ978-4-8113-8586-0 Ⓝ329.39

目次 300円で，10人の子どもに給食を食べさせられます。100円で，母子の命を救う栄養補助剤を20錠買うことができます。140円で，1人の子どもに1年間教科書を買うことができます。360円で，子どもたちが健康に育つためのニワトリ1羽を配れます。300円で，安全な水のためのフィルターが1基設置できます。100円で，子どもの健康を守る教材を2冊買えます。3150円で，子どもたちの命を救う出張診断が1回できます。

『**国際協力の現場から―開発にたずさわる若き専門家たち**』 山本一巳, 山形辰史編
岩波書店 2007.5 206,4p 18cm （岩波ジュニア新書 564）780円 Ⓘ978-4-00-500564-2 Ⓝ333.8

目次 1 逆境に立ち向かう（貧困削減，食糧，ジェンダー，セックスワーカー，難民），2 子どもたちの未来のために（子どもの権利，子どもとエイズ，教育，児童労働），3 平和な世界を目指して（紛争，武器と兵士，犯罪防止），4 国際協力のアプローチ（開発援助，技術協力，農業開発，環境保全，法制度改革支援，開発のための調査）

内容 貧困削減，難民支援，紛争解決，開発援助，環境保全…。世界各地で起きている問題に最前線で取り組む若きフィールド専門家たちによる現場報告。開発途上国が抱えるさまざまな困難や国際的な支援の方法を現場の視点から具体的に語ります。現在の国際開発の課題を理解するうえで最適の国際協力入門。

『**国際協力と平和を考える50話**』 森英樹著
岩波書店 2004.2 220p 18cm （岩波ジュニア新書）780円 Ⓘ4-00-500460-1 Ⓝ319.1

目次 1 漂流する世界（文明の衝突？，零戦と冷戦 ほか），2 国連ってなんだ？（戦争をしない勇気，ユナイテッド・ネイションズってなに？ ほか），3 どこへいく，あぶないニッポン（無事でなければみな有事，戦技にいそがしい自衛隊 ほか），4 日本から発信する平和への道（元祖，「安全」は人権だった，ちょっと気がかり「国際」協力 ほか）

内容 自衛隊のイラク派遣問題、北朝鮮の核開発、日本を標的としたテロの警告など、遠い地の紛争への関わりだけでなく、日本をとりまく平和への不安要素も増しています。いま日本の国際協力はどうあるべきか。また日本と世界の平和と安全をどのように保障すればいいのか。21世紀のさまざまな課題を身近な50の話題で解説します。

## 《10月8日》

### 木の日

日付の数字を漢数字の「十」と「八」として「木」に見立てたことから。林野庁と木材利用推進中央協議会等が1977年に制定。林業業界の発展と木材の利用促進を図るため。

『みぢかな樹木のえほん—生きものやくらしとつながる「一本の木の物語」』 国土緑化推進機構編，平田美紗子絵 ポプラ社 2018.3 143p 21×21cm 〈文献あり 索引あり〉 2500円 ①978-4-591-15821-0 Ⓝ653.2

目次 サクラ，カエデ，スギ，マツ，ヒノキ，クスノキ，イチョウ，ケヤキ，エノキ，コナラ〔ほか〕

内容 樹木と生きものとのつながり、樹木とくらしとのつながりを学べるように、みぢかで見ることができる樹木三十種をえらび、多くのイラストを用い、かんたんにできる遊びかたをふくめて紹介。

『木と日本人 3 葉や花、実と種』 ゆのきようこ監修・文，長谷川哲雄樹木画 理論社 2016.3 63p 31cm 〈文献あり 索引あり〉 3400円 ①978-4-652-20116-9 Ⓝ657

目次 葉…葉について（食 葉の食文化，包 葉で包む，暮 葉と暮らし），花実種…花・実・種について（食 くだものと種，紋 実をしぼる，楽 花や実を楽しむ），根…根について，樹液…樹液について（漆 日本人と漆，脂 松脂の利用，蒸 蒸留して使う，燃…燃やす（炭 炭をつくる，灰 灰を利用する），樹木—そのほかの利用

内容 日本は森の多い国です。南北に長い国土には、暖かい環境に適した木も、寒いところに生える木もあります。落葉樹や常緑樹、広葉樹や針葉樹といった多様性が豊かです。さまざまな木の葉や花を、日本人は衣食住のためこれにじょうずに利用してきました。木の実はそのままで食べ物にするだけでなく、油をしぼって明かにしたり、加工して塗料にしたりしました。暮らしに豊かさをもたらしてくれる木の恵みはまだまだあります。木全体からとる樹液のなかには、漆や松脂といった日本の文化になくてはならないものがあります。また、本書では、木を燃やすことによって得られる炭や灰の利用についてもふれています。

『わたしは樹木のお医者さん—木々の声を聞きとります』 石井誠治著 くもん出版 2016.3 110p 22cm 1400円 ①978-4-7743-2477-7 Ⓝ654.7

目次 第1章 桜並木の危機，第2章 なぜサクラは美しいのか，第3章 桜並木を救え！，第4章 私が樹木医になったわけ，第5章 樹木医の診りょう時間，第6章 サクラのじゅ命は本当に六十年？，第7章 樹木医といっしょに診察してみよう，第8章 あなたも小さな樹木医

内容 桜の木のじゅ命は、60年ほどなの？ 桜並木を、切らずに守りたい！ 葉をザクザク刈ったら、急に枯れてきた。毛虫に葉を食べられて、木が坊主になってしまった。庭木の手入れのしかたを教えてほしい。わたしが、もの言わない木の声をみなさんにお伝えします。

『木と日本人 2 樹皮と枝・つる』 ゆのきようこ監修・文，長谷川哲雄樹木画 理論社 2015.12 63p 31cm 〈文献あり 索引あり〉 3400円 ①978-4-652-20115-2 Ⓝ657

目次 皮—樹皮について（紙—和紙と日本人，家—樹皮でおおう，衣—樹皮で織る，暮—暮らしと樹皮），枝—枝とつる（枝—枝の道具，曲—曲げて使う，編—編んで使う，暮—暮らしの中の枝，祀—枝をまつる），竹笹—竹と笹（竹・笹の変わりもの，食—竹を食べる，家—竹と家，暮—竹の日用品，農—竹と農業，漁—竹と漁業，道—竹と日本文化，遊—竹のおもちゃと楽器）

内容 樹皮や枝やつるを、人々が衣食住にどのように利用してきたかを紹介します。そして竹・笹の利用についても見ていきます。

『木と日本人 1 材木—丸太と板』 ゆのきようこ監修・文，長谷川哲雄樹木画 理論社 2015.9 63p 31cm 〈文献あり 索引あり〉 3400円 ①978-4-652-20114-5 Ⓝ657

目次 材—材木とは，家—木の家，米—稲作と木，土—土木と木，橋—木の橋，船—木の船，木を加工する道具，器—木のうつわ，暮—暮らしと木の道具，遊—木と遊具

内容 材木をテーマに、わたしたち日本人が丸太や板からつくってきたものを見ていきます。

『葉っぱで調べる身近な樹木—よく見る木の名前・性格がわかる』 濱野周泰著 誠文堂新光社 2010.10 95p 24cm （子供の科学・サイエンスブックス） 〈索引あり〉 2200円 ①978-4-416-21015-4 Ⓝ653.21

目次 1 広葉樹と針葉樹を見分ける，2 葉っぱの形を見る，3 切れこみを見る，4 ギザギザを見る

『木のなまえノート─知ってそうなの？
会えてなるほど』 いわさゆうこ作 文化
学園文化出版局 2010.3 32p 27cm
〈文献あり 索引あり〉1400円 ①978-4-
579-40444-5 Ⓝ653.21

内容 カクレミノ，サルナシ，アキニレ，ハマ
ナス，ハウチワカエデ，サルスベリ，アカメ
ガシワ，アカガシ，ナナカマド，メグスリノ
キ…。長いあいだいっしょに生きてきた，人
と木のかかわりの記録の本。

『学校のまわりでさがせる植物図鑑─ハン
ディ版 樹木』 平野隆久写真，近田文弘
監修 金の星社 2009.3 127p 22cm
〈索引あり〉2500円 ①978-4-323-05674-
6 Ⓝ470.38

目次 春の樹木，特集 サクラ，夏の樹木，特
集 アジサイ，秋冬の樹木，特集 カエデ(モミ
ジ)，特集 ドングリ，特集 イチョウ

内容 サクラ，アジサイ，カエデなど，近身な
樹木を集め，全181種を掲載。花が咲いたり，
果実をつけたり，葉が紅葉するなど，その植
物の特徴がよくわかる季節ごとに紹介してい
ます。

『き』 斎藤光一構成・絵 フレーベル館
2008.9 27p 27cm （フレーベル館だい
すきしぜん しょくぶつ 5）1000円
①978-4-577-03555-9 Ⓝ653.2

『木を使う・木に親しむ』 白石則彦監修，
Morimoriネットワーク編 岩崎書店
2008.2 47p 29cm （日本の林業 2）
2800円 ①978-4-265-02782-8 Ⓝ657

目次 第1章 木を伐る・木を運ぶ（木を伐る，
木を運ぶ，木を売る，木のお話）第2章 木を
使う・木に親しむ（木を知る，木を使う，メッ
セージ，木のお話），木はくらしのなかで生き
続けています

内容 木が伐られてから製品になり，身のまわ
りにとどくまで。

『木を植える・森を育てる』 白石則彦監修，
Morimoriネットワーク編 岩崎書店
2008.1 47p 29cm （日本の林業 1）
2800円 ①978-4-265-02781-1 Ⓝ653

目次 第1章 木を育てる（木を植える，苗木を
守る，木の手入れ，成長を助ける，間伐材を
いかす，森のお話），第2章 森をつくる（木と
森を育てる，自然とたたかう，メッセージ，
森のお話）

---

### そばの日

新そばの時季を迎えるのが10月であり，日
付の数字「十」＝「そ」，「八」＝「ば」と読める
ことから。東京都麺類生活衛生同業組合が
制定。

---

『そばの絵本』 はっとりたかしへん，うえ
だみゆきえ 農山漁村文化協会 2004.3

36p 27cm （つくってあそぼう 5）
1800円 ①4-540-03205-4 Ⓝ596.38

目次 お寺のふるまい料理，ハレの日のそば切
り，江戸といえば，火事にけんかに花火にそ
ば！，そばのいろいろ各地のそば，実，粉，石
臼。やぶと更科どうちがう？，粉をひいてみ
よう！，そばがつながる！，そばがきをつく
ろう！，用意する道具と材料，全体の手順，
そばを打とう（水まわし，練り，くくり，めん
棒の使いかた。丸だし，角だし，幅だし，仕
上げのし，たたみ，切り），そばつゆをつくろ
う！，さあ，最後のしあげ，ゆでだ，おいしい
そばの食べ方。デザートにそばアイス

内容 そばといえば日本の代表的な食べもの
だ。そばを食べると，日本だなあって，しみ
じみ思うよね。でも，じつは，そばを食べる
国は日本だけではないんだよ。それに，いま
ふつうに食べている細く切ったそばのことを
「そば切り」というのだけれど，「そば切り」を
食べるようになったのは，江戸時代くらいか
らなんだ。それも，なにか行事のときなどの
ハレの場での食べものだったんだよ。知って
いるようで知らないおそばの世界を自分でそ
ば打ちしながらのぞいてみよう。

## 《10月9日》

---

### トラックの日

日付の数字「109」を「トラック」と読む語
呂合わせから。全日本トラック協会と47都
道府県トラック協会が1992年に制定。

---

『はたらくじどう車くらべ 1 バスとト
ラック』 国土社編集部編 国土社
2018.10 31p 29cm 2500円 ①978-4-
337-17401-6 Ⓝ537.9

目次 バスとトラックをくらべてみよう，バス
とトラックをよこから見てみよう，バスと
トラックをまえから見てみよう，バスとトラッ
クをうしろから見てみよう，バスの車内を見
てみよう，トラックの車内を見てみよう，バ
スとトラックのうんてんせきを見てみよう，
バスとトラックのおもしろいしくみを見てみ
よう，いろいろなバス，いろいろなトラック

『バス・トラック』 小賀野実写真・文
JTBパブリッシング 2017.6 1冊 15×
15cm （のりもの 5）550円 ①978-4-
533-11890-6 Ⓝ537.93

『バスとトラック100点』 講談社 2016.10
1冊 26cm （講談社のアルバムシリーズ
─のりものアルバム〈新〉10）680円
①978-4-06-197152-3 Ⓝ537.93

『トラック』 小賀野実写真・文　ポプラ社　2013.11　〔18p〕　13×13cm　（てのひらのりものえほん 7）　450円　①978-4-591-13640-9　N537.94

『バス・トラック』 小賀野実監修・写真　ポプラ社　2011.10　64p　26cm　（大解説！　のりもの図鑑DX 6）　850円　①978-4-591-12592-2　N537.93
目次 バス（路線バス，高速バス，2階バス・オープン型2階バス，連節バス ほか），トラック（町ではたらくトラック，移動販売車，移動図書館車 ほか）
内容 いろいろな場所で活やくするバスとトラックがたくさん登場。

『くらべてみよう！　はたらくじどう車　4　バス・トラック』 市瀬義雄監修・写真　金の星社　2011.3　31p　27cm　〈索引あり〉　2200円　①978-4-323-04144-5　N537.9
目次 いちどにたくさんの人をはこぶバス（ろせんバスのひみつ，バスのなかま，どれぐらいのれるかな？，おもしろいバス，タクシー・ハイヤー），たいせつなものをはこぶトラック（トレーラートラックのひみつ，トラックのなかま，タンクローリー，みぢかにあるトラック，バイクやじてん車もだいかつやく！），おしごとたんけん！（たくはいびんのしくみ，しんかんせんをはこぶトラック）

『のりもののしくみ見学　3　トラック』 クリス・オックスレイド著，市川克彦監修　ほるぷ出版　2009.12　31p　28cm　〈索引あり〉　2800円　①978-4-593-58607-3　N537
目次 トラックのすべて，トラックの構造，車輪とサスペンション，トラックのエンジン，エンジンのしくみ，燃料と排気，エンジンの冷却，トランスミッション，ステアリングとブレーキ，安全と快適さ，特殊なトラック
内容 工場見学をするよに，詳細な透視図や分解図を使って説明し，のりもののみごとなしくみを解き明かしていくシリーズ。この巻では，トラックのエンジンがどのようにしてガソリンを燃やし，タイヤに力を伝えるのかや，安全で快適に運動できるしくみなどを紹介する。

『バスとトラック』 講談社　2009.3　21p　27cm　（BCキッズ最新・のりものずかん 5）　571円　①978-4-06-379825-8　N537.93

『トラック』 三推社編　講談社　2007.10　1冊　13×17cm　（BCキッズのりものかたちえほん 2）　524円　①978-4-06-379802-9　N537.94

『腕と度胸のトラック便―〈クロネコヤマト〉の物流革命』 NHKプロジェクトX制作班原作・監修，はやせ淳作画・脚本　宙出版　2005.6　205p　23cm　（まんが プロジェクトX挑戦者たち ジュニア版 15）　950円　①4-7767-9154-4　N685.9
目次 プロローグ　加藤房男登場，第1章 宅急便誕生！，第2章 札幌営業所の奮闘，第3章 熱き想い，第4章 最果ての地へ…，第5章 運輸省との攻防
内容 「宅急便」ができる前，遠くに荷物を送るには一週間近くも時間がかかった。全国どこでも，翌日までに運ぶ「宅急便」をはじめたのはヤマト運輸。みんな，お客さんのことを第一に考えていたんだ。"たった一個の荷物にも真心をこめて運ぶ"が合言葉だ。

『とらっく　とらっく　とらっく』 渡辺茂男さく，山本忠敬え　福音館書店　1966.7　19p　19×27cm　（〈こどものとも〉傑作集 23）　〈66刷：1997.4〉　743円　①4-8340-0064-8

---

### 道具の日
調理用具の専門店街として有名な東京・浅草のかっぱ橋道具街の東京合羽橋商店街振興組合が制定。

---

『イラストでわかりやすい昔の道具百科』 岩井宏實文，中林啓治イラスト　河出書房新社　2018.8　143p　27cm　〈「ちょっと昔の道具たち」（2001年刊）と「ちょっと昔の道具たち」新装版（2007年刊）ほかからの改題，再編集・再構成　文献あり〉　3300円　①978-4-309-22738-2　N383.93
目次 食卓の道具（ちゃぶ台，わん ほか），台所の道具（台所，竈 ほか），住まいのつくり（家の構造，路地と長屋 ほか），暮らしの道具（掃除道具，火鉢 ほか），通信と移動・運搬の道具（電話，ラジオとテレビ ほか）
内容 昭和の暮らしにタイムスリップ！　知恵と工夫がこめられた，古くてなつかしい道具の数々を一冊に一生活の移り変わりが手にとるようにわかる！　ふりがな付きで読みやすい，あたたかくて精細なイラスト約500点。

『古い道具と昔のくらし事典　〔2〕　台所と食卓の道具』 内田順子，関沢まゆみ監修　金の星社　2018.3　79p　29cm　〈索引あり〉　3900円　①978-4-323-05718-7　N383.93
目次 第1章 台所の道具（かまど，羽釜，火打ち箱，火ふき竹・渋うちわ ほか），第2章 食卓の道具（箱膳，わん・鉢，片口・とっくり，ちゃぶ台 ほか）

『古い道具と昔のくらし事典　〔1〕　住まいの道具と衣類』 内田順子，関沢まゆみ監修　金の星社　2018.2　79p　29cm

〈索引あり〉 3900円　①978-4-323-05717-0　⑭383.93

目次 第1章 住まいの道具（昔の農家の住まい，昔の部屋のつくり，昔のくらしはたいへん，あんどん，しょく台 ほか），第2章 衣類（洋服と着物，着物，ゆかた，はんてん，じゅばん・ふんどし ほか）

『道具からみる昔のくらしと子どもたち　6　まなび』 須藤功編　農山漁村文化協会
2017.2　32p　27cm〈年表あり〉2500円
①978-4-540-16167-4　⑭382.1

目次 入学式・1年生，文字や数をまなぶ，グループで，生活のなかで，校外で，自然とともに，あそびながらまなぶ，お弁当・給食，おそうじ，休み時間・放課後，けんか，地域の活動・文化を受けつぐ，身体検査・虫くだし，参観日・家庭訪問，運動会，学芸会（文化祭）

内容 身近な自然や地域の資源を生かし，自分のからだと道具をじょうずに使って，力を合わせて，はたらき・まなび・あそんだ昭和20年代から40年代ころのくらし。それはちょうど，今から50年ほど前，私たちのおじいさんやおばあさんが子どもだったころのくらし。そこには見直したい知恵や思いがいっぱい。そんな昔のくらしの情景と知恵や思いを，子どもたちを中心にした躍動感あふれる写真と文でつづっていきます。

『道具からみる昔のくらしと子どもたち　5　まつり』 須藤功編　農山漁村文化協会
2017.2　32p　27cm〈年表あり〉2500円
①978-4-540-16166-7　⑭382.1

目次 大事にされる子どもたち―「舞子」「神子」，豊作を祈る―「田あそび」「打植祭」，元気な一年を願う―「すみつけ祭」「やすらい祭」，豊かな一年を祈る―「春の獅子舞」「花まつり」，仕事を休み，牛馬をねぎらう―「チャグチャグ馬コ（蒼前詣）」，農の守り神をまつる―「野神（農神）祭」「蛇巻」，夏の眠気をはらう―「七夕祭」「ねぶり流し」，豊作と健康に感謝する―「豊年祭」「シヌグ」，水難をよける―「水神祭」「お水神さま」，収穫を祝い豊作を願う―「牛鬼（秋まつり）」「鹿踊り」，福をさずかる―「子ども強飯式」，月と大地に感謝，月夜にあそぶ―「ソラヨイ」「十五夜の綱引き」，再生を願う―「花祭（冬に咲く花）」，まつりのたのしみ―「出店」「晴れ着」

内容 身近な自然や地域の資源を生かし，自分のからだと道具をじょうずに使って，力を合わせて，はたらき・まなび・あそんだ昭和20年代から40年代ころのくらし。それはちょうど，今から50年ほど前，私たちのおじいさんやおばあさんが子どもだったころのくらし。そこには見直したい知恵や思いがいっぱい。そんな昔のくらしの情景と知恵や思いを，子どもたちを中心にした躍動感あふれる写真と文でつづっていきます。

『道具からみる昔のくらしと子どもたち　4　年中行事』 須藤功編　農山漁村文化協会
2017.2　32p　27cm〈年表あり〉2500円
①978-4-540-16165-0　⑭382.1

目次 正月の準備，年越しの夜・訪れ神，正月，七草・小正月，どんど焼き（左義長），節分・初午，ひなまつり，端午の節供，茅の輪くぐり・虫送り，七夕，お盆，初盆供養，十日夜（亥の子），神送り

内容 身近な自然や地域の資源を生かし，自分のからだと道具をじょうずに使って，力を合わせて，はたらき・まなび・あそんだ昭和20年代から40年代ころのくらし。それはちょうど，今から50年ほど前，私たちのおじいさんやおばあさんが子どもだったころのくらし。そこには見直したい知恵や思いがいっぱい。そんな昔のくらしの情景と知恵や思いを，子どもたちを中心にした躍動感あふれる写真と文でつづっていきます。

『自然の材料と昔の道具　4　和紙でつくる』 深光富士男著　さ・え・ら書房
2016.4　47p　28cm〈索引あり〉2800円
①978-4-378-02454-7　⑭383.93

目次 和紙とは，和紙の主原料は3種の低木，昔の本からわかる和紙づくり，和紙を漉く（本美濃紙），文字を書く和紙，絵巻物，和本，浮世絵・瓦版，浮世絵の摺師，勉強で使う和紙〔ほか〕

内容 中国から日本に伝えられた紙づくりは，日本の各地で独自の原料や紙漉きの方法が考え出され，さまざまな和紙が生まれました。和紙は，文字や絵を書くためばかりではなく，障子や建具，おもちゃなどの材料としても使われてきました。何よりも，その美しさは，今，世界中の注目を集めています。そんな和紙の魅力を，豊富な写真や絵を使って，みなさんに紹介します。

『自然の材料と昔の道具　3　木でつくる』
深光富士男著　さ・え・ら書房　2016.4
47p　28cm〈索引あり〉2800円　①978-4-378-02453-0　⑭383.93

目次 森林，道具になる木，5つの作り方，刳物の道具，挽物の道具，挽物のお椀作り，刳るしは木の樹液，曲物の道具，曲物のめんぱ作り，たが物の道具（おけ，たる），たが物のおひつ作り，指物の道具，商売の道具，勉強の道具，下駄

内容 昔の人は，身近にある木を使いこなしながら，さまざまな道具を作り上げてきました。工業の発展とともに，金属やプラスチックといった材料に代えられた道具もありますが，木で作られた道具は，今も多くの人に愛用されています。木の道具は，どのような魅力を持っているのでしょうか。豊富な写真や絵を使って，みなさんに紹介します。

『自然の材料と昔の道具　2　わらでつくる』 深光富士男著　さ・え・ら書房
2016.4　47p　28cm〈索引あり〉2800円
①978-4-378-02452-3　⑭383.93

[目次] 稲刈り・稲架がけ，大切に保管されたわら，わらをよく見てみよう，わら細工の準備と基本技，ぞうり，わらじ，わら沓，深沓・フミダワラ，ぞうり作り体験，おひつ入れ作り〔ほか〕

[内容] わらには，ほかの材料にはない特長があります。やわらかく保温性にすぐれ，加工もしやすいこと，豊作の副産物として，大量にとれることなどです。これらの特長を生かしたさまざまな用具がありますが，それらは，どうやって作られ，どのように使われたのでしょう？　豊富な写真や絵を見ながら，昔の人の知恵や天然の材料の魅力を楽しんでください。

『自然の材料と昔の道具　1　竹でつくる』
深光富士男著　さ・え・ら書房　2016.3
47p　28cm　〈索引あり〉　2800円　①978-4-378-02451-6　⑩383.93

[目次] 竹林，竹の種類，竹の特徴，台所・食事の道具（ざる・かご以外），ざる（1）いろいろなざる，ざる（2）米揚げざる，笊・ふるい，かご（1）いろいろなかご，かご（2）運搬・収穫用，文房具・掃除道具など〔ほか〕

[内容] 竹には，ほかの材料にはない特長があります。長くて強いこと，真ん中が空洞になっていること，細く割って薄く加工するとしなやかに曲がることなどです。これらの特長を生かしたさまざまな道具がありますが，それらは，どうやって作られ，どのように使われたのでしょう？　豊富な写真や絵を見ながら，昔の人の知恵や天然の材料の魅力を楽しんでください。

『道具からみる昔のくらしと子どもたち　3　のら仕事』　須藤功編　農山漁村文化協会
2016.3　32p　27cm　〈年表あり〉　2500円　①978-4-540-15192-7　⑩382.1

[目次] 家畜（ヤギ）の世話，ニワトリ・カイコ，田起こし・代かき，苗運び，田植え，踏み車・水送り，草取り・誘が灯，虫送り，鳥追い・イナゴとり，稲刈り，はざかけ・はざ下し，脱穀，わら細工，まきづくり

『道具からみる昔のくらしと子どもたち　2　あそび』　須藤功編　農山漁村文化協会
2016.3　32p　27cm　〈年表あり〉　2500円　①978-4-540-15191-0　⑩382.1

[目次] 輪まわし，石けり・石あて，水でっぽう・竹馬，メンコ，ビー玉，コマあそび・羽子つき，馬とび・馬のり，魚とり・川あそび，野球・三角ベース，ゴムとび・まりつき，かごめかごめ・ままごと，あやとり・お手玉，スケート・雪あそび，紙芝居

『道具からみる昔のくらしと子どもたち　1　家の仕事』　須藤功編　農山漁村文化協会
2016.3　32p　27cm　〈年表あり〉　2500円　①978-4-540-15190-3　⑩382.1

[目次] 水くみ・つるべ，手押しポンプ，たき木ひろい，風呂たき，いろり・団らん，かまど・煮炊き，食卓・おぜん，石うす・粉ひき，もちつき，洗たく，洗たく機，つくろい，灯りの用意，子守り，お年寄りの世話

《10月10日》

目の愛護デー

日付の数字「1010」を横にして見ると眉と目の形になることから。中央盲人福祉協会が1947年に制定。現在では厚生労働省の呼びかけで目の健康を守るためのイベントが各地で行われる。

『ぐんぐん目がよくなるあそブック』　日比野佐和子，林田康隆監修　東京書店
2017.11　33p　27cm　1380円　①978-4-88574-336-8　⑩496.42

[内容] トリック，めいろ，かくし絵，さがし絵。楽しく遊びながら目のトレーニング。1日10分，視力がよくなるふしぎな絵本！　もりのおんがくかい－てんとう虫を探して視野の異常チェック。うみのなかのおかいぞくせん－めいろで毛様体筋を鍛えよう！　でんしゃでいこう！　－路線図で空間認識力を高める。いきものしりとり－目でたどるしりとりで見る力を鍛錬。たべものいっぱいフードコート－まちがいさがしで目の年齢がわかる!? えからにげたとり－かげあてで外眼筋を鍛える！他，全13問！

『あぶない！　守ろう！　だいじな目　2　守るために知っておこう』　枝川宏監修　汐文社　2015.11　63p　27cm　〈文献あり　索引あり〉　3500円　①978-4-8113-2225-4　⑩496

[目次] 第1章 目のつくりと見えるしくみ（目のつくりを観察しよう，どうやってものが見えるの？，見えるしくみ1 角膜・瞳孔・虹彩のはたらき，見えるしくみ2 水晶体・毛様体筋のはたらき，見えるしくみ3 網膜・視細胞のはたらき，見えるしくみ4 視神経のはたらき，スポーツに必要な目，テレビなどの画面と目の関係，目の一生），第2章 目をたすける（まゆげ・まぶた・まつげのはたらき，なみだのしくみとはたらき，眼科に行ってみよう，めがねってどんなもの？，コンタクトレンズってどんなもの？），第3章 目の健康を守る（目を守るために気をつけたいこと）

『あぶない！　守ろう！　だいじな目　1　身近なトラブル』　枝川宏監修　汐文社
2015.10　63p　27cm　〈文献あり　索引あり〉　3500円　①978-4-8113-2224-7　⑩496

[目次] 第1章 見えかたがおかしい（黒板の字がよく見えない，ストレスがたまると，目が見えにくくなる？，ゲームのやりすぎにご用心），第2章 目になにか入った・ぶつかった（はやり目はうつさない・うつされない，目を

子どもの本　伝統行事や記念日を知る本2000冊　235

ぶつけた），第3章 知っておきたい目のトラブル（コンタクトレンズ障害，眼瞼下垂・眼瞼けいれん・アトピー性皮膚炎，円錐角膜・ブドウ膜炎・加齢黄斑変性，視神経症・糖尿病網膜症，白内障・緑内障）

『みわけるちから—目の健康障害を解き明かす』 ぱすてる書房編，富畑満理枝絵 大阪 ぱすてる書房 2009.9 47p 30cm （健やかサポーター 8） 1600円 ①978-4-86300-011-7 Ⓝ496

『知っておきたい子どもの目のケア—近視・遠視からロービジョンケアまで』 宮永嘉隆監著，勝海修，川本潔，手塚聡一，高橋広著 少年写真新聞社 2007.1 77p 27cm （新体と健康シリーズ 写真を見ながら学べるビジュアル版） 2000円 ①978-4-87981-227-8 Ⓝ496

目次 1章 目の機能と屈折異常（子どものうちはメガネをかけなくていい？，近視は現代にあった目？ ほか），2章 感染症とアレルギー（はやり目とプール熱って？，コンタクトレンズで病気がうつるの？ ほか），3章 まぶたの働きと病気（まぶたは何をしているのかな？，目の骨が折れたらどうなるの？ ほか），4章 現代社会と目の健康（テレビゲームは目に悪い？，ドライアイは万病の元？ ほか），5章 ロービジョンケア（目の障害ってどんな感じ？，視野障害を体験しよう！ ほか）

内容 本書は子ども達の目の成長を守るためにどんなことに注意すべきか分かりやすく知ってもらおうと，5人の眼科医達がそれぞれ専門の立場から，心を一つにして書き上げたものです。子ども達にも，また保護者の方々や学校の先生方にも理解していただくために，見開きの左にはふりがなをふってわかりやすく，右には少し詳しくその解説が書かれています。

## トマトの日

日付の数字「1010」を「トマト」と読む語呂合せから。全国トマト工業会が制定。トマトをPRしトマト料理の普及を図るため。

『トマト』 赤木かん子作，藤井英美写真 新樹社 2018.5 32p 31cm （もっと知りたい）〈索引あり〉 1400円 ①978-4-7875-8671-1 Ⓝ479.961

目次 これがトマトの種。とがったほうから根がでてきました。子葉がひらきました。葉っぱを見てください。蕾がつきました。花が咲きました。花のなかを見てみましょう。受粉が終わると，子房がふくらんでくると，実が大きくなるのです。〔ほか〕

内容 芽や根，などという専門用語は正確に表せるように漢字を使ってありますが，すべて

ふりがなをふってありますので，幼児が1人で読むこともできます。クラス全員の前で，先生が読みきかせできるように作ってあります。

『おどろきいっぱい！ トマト』 野口貴監修 チャイルド本社 2017.6 29p 21×24cm （チャイルド科学絵本館—なんでもサイエンス 3）〈「サンチャイルド・ビッグサイエンス 2014-6」（2014年刊）の改題，ハードカバー化〉 528円 ①978-4-8054-4630-0 Ⓝ626.27

『まっかっかトマト』 いわさゆうこさく 童心社 2015.6 〔24p〕 21×23cm （どーんとやさい） 1100円 ①978-4-494-00165-1 Ⓝ626.27

『育てて、発見！ 「トマト」』 真木文絵文，石倉ヒロユキ写真・絵 福音館書店 2014.3 33p 27cm 1200円 ①978-4-8340-8089-6 Ⓝ626.27

『ミニトマト—実のなる植物の成長』 亀田龍吉著，白岩等監修 あかね書房 2014.3 63p 29cm （科学のアルバムかがやくいのち 19）〈文献あり 索引あり〉 2500円 ①978-4-251-06719-7 Ⓝ626.27

目次 第1章 ぐんぐん育つなえ（たねから芽が出た，ふた葉がひらいた ほか），第2章 実をたべる野菜やくだもの（がくの先に実ができる，がくの手前に実ができる ほか），第3章 花がさいて実がなる（つけねから先へとさいていく，花粉がついて実ができる ほか），やってみよう・やってみよう（ミニトマトを調べよう，ミニトマトを育てよう ほか），かがやくいのち図鑑（ミニトマトのなかま，かわりだねのトマト）

『まるごとトマト』 八田尚子構成・文，野村まり子構成・絵 絵本塾出版 2014.1 32p 27cm （絵図解やさい応援団 大竹道茂監修）〈文献あり 索引あり〉 1600円 ①978-4-86484-043-9 Ⓝ626.27

目次 トマトレストラン，トマトのふるさと，メキシコの市場，大西洋をわたったトマト，生命力あふれる野菜，真っ赤な果実，トマト，トマト，トマト！，世界一生産量の多い野菜，日本のトマト栽培，地中海沿岸に伝わるトマト料理〔ほか〕

『かんさつ名人になろう！ 1 ミニトマト』 横山正監修 ポプラ社 2013.4 31p 29cm 2650円 ①978-4-591-13260-9 Ⓝ460.7

目次 ミニトマトをかんさつしよう，なえから，そだてよう！，わきめが出てきた！，なえが大きくなってきた！，つぼみがたくさんついた！，花がさいた！，花がさいたあとに，みどり色のみができた！，みがどんどん大きくなってきた！，みに色がつきはじめた！，みをしゅうかくしよう！，ミニトマトを食べてみよう！

『トマトとともに―野菜農家若梅健司』 依田恭司郎写真，農文協編　農山漁村文化協会　2012.10　35p　27cm　（農家になろう　4）1900円　Ⓘ978-4-540-12187-6　Ⓝ626.27

『トマト』　斎藤新監修　チャイルド本社　2011.6　28p　22×25cm　（たべるのだいすき！　食育えほん　3）571円　Ⓘ978-4-8054-3600-4　Ⓝ626.27

## まぐろの日
726年10月10日，山部赤人が聖武天皇の御供をして明石地方を旅した時，鮪漁で栄えるこの地方を「しび（鮪）釣ると海人船散動き」と歌に詠んだとことから。日本鰹鮪漁業協同組合連合会が1986年に制定。

『びっくり！　マグロ大百科』　葛西臨海水族園クロマグロ飼育チーム著　講談社　2016.11　171p　20cm　（世の中への扉）〈文献あり〉1200円　Ⓘ978-4-06-287017-7　Ⓝ664.63
　目次　第1章　クロマグロのひみつ，第2章　クロマグロの一日，第3章　クロマグロ輸送大作戦！，第4章　水槽のガラスと海水の話，第5章　クロマグロの産卵，第6章　「大洋の航海者」クロマグロ
　内容　泳ぎつづけるのはなぜ？　ヒレを出し入れするのはどうして？　どうやって太平洋を渡るの？　食べたくなるほどおもしろい！世界ではじめてマグロの群泳展示に成功した葛西臨海水族園の，マグロの専門家が，クロマグロのすべてを書きました。小学中級から。

『マグロの大研究―生態のふしぎから食文化まで』　河野博監修　PHP研究所　2015.5　63p　29cm　（楽しい調べ学習シリーズ）〈文献あり　索引あり〉3000円　Ⓘ978-4-569-78465-6　Ⓝ664.63
　目次　第1章　生物としてのマグロ（マグロはどんな魚？，マグロ属は8種ある，マグロはどんなところにいるの？　ほか），第2章　マグロと食文化（マグロを食べるようになったのはいつ？，マグロ漁の歴史，どこでマグロ漁をしているの？　ほか），第3章　マグロを取り巻く問題（マグロ消費大国・日本，マグロは絶滅危惧種!?，マグロを増やすことはできるの？　ほか）

『マグロをそだてる―世界ではじめてクロマグロの完全養殖に成功！』　江川多喜雄文，高橋和枝絵，熊井英水監修　アリス館　2009.7　31p　26cm　1400円　Ⓘ978-4-7520-0449-3　Ⓝ666.63

　内容　飼うことは学ぶことだった。クロマグロの卵は直径1ミリほどで，全長3メートル・体重400キロに成長します。世界初のクロマグロ完全養殖。

『マグロ』　うえやなぎしょうじ著　らくだ出版　1980.3　55p　21×23cm　（シリーズ海　15）Ⓘ4-89777-344-X　Ⓝ664.63

## おもちの日
以前の「体育の日」10月10日が餅と関係が深い日であったことから。全国餅工業協同組合が2010年に制定。

『もちくんのおもちつき―一年中行事えほん　大人にも役立つおもち解説つき！　日本っていいね！』　やまぐちひでき絵，たかぎのりこ文　日本地域社会研究所　2016.12　1冊　22×22cm　（コミュニティ・ブックス）1400円　Ⓘ978-4-89022-190-5　Ⓝ726.6

『おもち』　新見絵美ぶん，亀澤裕也え，新潟県餅工業協同組合監修　チャイルド本社　2012.12　28p　22×25cm　（たべるのだいすき！　食育えほん　2-9）571円　Ⓘ978-4-8054-3771-1　Ⓝ596.3

『もちの絵本』　えがわかずのりへん，たけうちつーがえ　農山漁村文化協会　2004.5　36p　27cm　（つくってあそぼう　4）1800円　Ⓘ4-540-03204-6　Ⓝ596.21
　目次　神さまとともに食べる，お正月のお雑煮，ハレの日だけじゃない，もちの食べ方，おもちができるふしぎ，モチモチの秘密，東アジアだけで食べられているおもちの世界，丸，四角，かまぼこ。豆，草，あわ，きび，準備する原料と道具と，もちつきの手順，もち米をおこわに蒸そう，さあ！　もちつきだ！ペッタラコ！，つきたてを食べる！　丸もち！　のしもちをつくろう！，杵と臼なしに，おもちをつくる方法，鏡もち，もち花を飾ろう。さあ，鏡開きだ！，おいしく焼く。いろいろな保存法，豆もち，草もち，雑穀もち，干しもち，かたもち，もち菓子，東西対抗，雑煮大会。これはうまい！

『もち―人々の行事を知ろう』　次山信男監修　ポプラ社　2002.4　45p　29cm　（発見！　体験！　日本の食事　6）2800円　Ⓘ4-591-07119-7
　目次　みんなは，どんなときに，どんなもちを食べる，むかしは，どんなときに，どんなもちを食べていたのだろう，もちを食べはじめたのは，いつからだろう，正月に雑煮を食べるのは，なぜ？，正月に鏡もちをかざるのは，なぜ？，もちをつくる行事をさがそう，もちをつくって豊作を祈る行事は，今もあるかな？，米づくりの行事以外に，もちをつくる行事をさがそう，人にかかわる行事につくるもちは，どんなものだろう，端午の節句に，かしわもちを食べるのは，なぜ？　〔ほか〕

[内容] むかしからいろいろな行事で人々に食べられてきた、もち。日本の文化と深くかかわるもちについて紹介します。小学校中・高学年向。

## 《10月11日》

### カミングアウトデー

自身の性的指向や性自認をカミングアウトしたレズビアン、ゲイ、バイセクシャル、トランスジェンダー（LGBT）の人々を祝い、人々の認識向上を目的とした。アメリカの心理学者ロバート・アイヒベルクやLGBT活動家ジーン・オリーリらによって1988年に制定。

『「ふつう」ってなんだ？─LGBTについて知る本』 ReBit監修　学研プラス　2018.2　119p　27cm〈文献あり　索引あり〉4800円　①978-4-05-501239-3　Ⓝ367.9

[目次] 第1章 性別ってなに？（ふつうってなに？、男らしさや女らしさってなんだろう？　ほか）、第2章 LGBTの人たちの気持ち（自分らしくありたい！　でも、自分のことをかくさないといけないとき　ほか）、第3章 みんなが過ごしやすい学校って？（学校での男女分けについて考えてみよう、学校生活で困るのはどんなこと？　ほか）、第4章 カミングアウトするとき/受けるとき（カミングアウトってなに？、カミングアウトはなぜするの？　ほか）、第5章 世の中はどんどん変わっている！（LGBTをめぐる世界のいま、LGBTをめぐる日本の取り組み　ほか）

『よくわかるLGBT─多様な「性」を理解しよう』 藤井ひろみ監修　PHP研究所　2017.9　63p　29cm（楽しい調べ学習シリーズ）〈文献あり　索引あり〉3000円①978-4-569-78699-5　Ⓝ367.9

[目次] 第1章 LGBTって何？（「セクシュアリティ」って何だろう？、「男らしさ」「女らしさ」というけれど、LGBTって何の略？　ほか）、第2章 もしも自分や友だちがLGBTだったら？（自分はLGBTなの？、友だちはひょっとしてLGBT？、もしも自分がLGBTだとわかったら1 LGBTは自分だけじゃない！　ほか）、第3章 LGBTに対する日本の取り組み・世界の取り組み（日本には、LGBTのためにどんな法律や制度があるの？、性別違和に関する医療面での取り組みは？、日本の社会では、どんな取り組みをしているの？　ほか）

『マンガレインボーKids─知ってる？LGBTの友だち』 手丸かのこマンガ、金子由美子解説監修　子どもの未来社2017.7　150p　21cm（スクールコミッ

ク）1400円　①978-4-86412-121-7Ⓝ367.9

[目次] 1 L・レズビアンの巻（女の子同士のほうが気楽だからこのままでいいよね？、同性愛の人ってどのくらいいるの？　ほか）、2 G・ゲイの巻（男らしさ、女らしさってなに？、「ジェンダーバイアス」ってどういうこと？　ほか）、3 B・バイセクシュアルの巻（性教育、受けた？、持ち物が地味だと男の子みたい？　ほか）、4 T・トランスジェンダーの巻（生まれ変わったら男がいい？　女がいい？、小さいときから女の子の服装はきらい　ほか）

『わたしらしく、LGBTQ　4　心とからだを大切にしよう』 ロバート・ロディ、ローラ・ロス著、上田勢子訳、LGBT法連合会監修　大月書店　2017.3　58p　22cm〈索引あり〉2000円　①978-4-272-40714-9　Ⓝ367.9

[目次] 1 自分って「ふつう」？（同性愛にかんする見解の歴史をたどる、同性愛が精神障害とされた時代　ほか）、2 落ちこみ（うつ病）と自死（自分をめちゃめちゃにしたいという衝動、手におえない感情と周囲からの圧力　ほか）、3 自尊感情を高めよう（それってゲイゲイしい！、LGBTのかかえる自己嫌悪　ほか）、4 だれかの助けを借りていい（サポートやアドバイスは匿名で受けられる、ネット情報の幅広さ　ほか）

『わたしらしく、LGBTQ　3　トランスジェンダーってなに？』 ロバート・ロディ、ローラ・ロス著、上田勢子訳、LGBT法連合会監修　大月書店　2017.3　60p　22cm〈索引あり〉2000円　①978-4-272-40713-2　Ⓝ367.9

[目次] 1 ジェンダーってなんだろう（生物学的な性とジェンダーのちがい、性別役割とセクシュアリティ（性のありよう）　ほか）、2 トランスジェンダーってなんだろう（多様なジェンダー・バリエーション、クロスドレッサー─異性装をする人びと　ほか）、3 トランスジェンダーとして育つ（ホルモン療法で第二次性徴をおさえる、小さい子にはわからない？　ほか）、4 大人になる─トランスジェンダーとして生きること（受容と拒絶はうらおもて、トランスジェンダーの人びとに対する世間の見方を変える　ほか）

『わたしらしく、LGBTQ　2　家族や周囲にどう伝える？』 ロバート・ロディ、ローラ・ロス著、上田勢子訳、LGBT法連合会監修　大月書店　2017.2　60p　22cm〈索引あり〉2000円　①978-4-272-40712-5　Ⓝ367.9

[目次] 1 カミングアウトってなんだろう（カミングアウトするってどういうこと？、誇らしく、傷つきやすい心　ほか）、2 サラの場合（「そのうち忘れるさ」、「ふつう」になろうとしたけれど　ほか）、3 エドの場合（クローゼットの中ですごした数十年、信仰と自分の気持ちのはざまで　ほか）、4 サポートを求め

10月　　　　　　　　　　　　　　　　　　　　　　　10月13日

よう（親たちの意識を変える，世代によってちがうLGBTの受容　ほか）

『わたしらしく，**LGBTQ　1**　多様な性のありかたを知ろう』ロバート・ロディ，ローラ・ロス著，上田勢子訳，LGBT法連合会監修　大月書店　2017.1　55p　22cm〈索引あり〉2000円　①978-4-272-40711-8　Ⓝ367.9

目次　1 性的指向と性自認（性別役割，トランスジェンダー，もっと知りたい！　インターセックス（DSD），同性愛），2 同性愛は生まれつきか（遺伝ってなに？，遺伝学と同性愛，もっと知りたい！　動物界にもある同性愛，胎児期に受ける影響，同性愛は生まれつき？），3 心理学による説明（「精神障害」とされた同性愛，もっと知りたい！　同性愛者を「治す」セラピーを否定したアメリカ心理学会，絡みあう要因），4 こういう話が大切なわけ――LGBTの生きる権利（同性愛と法的な権利，宗教と同性愛の葛藤，もっと知りたい！　同性愛者を受け入れたキリスト教会，大切なのは愛）

『恋の相手は女の子』室井舞花著　岩波書店　2016.4　191,3p　18cm（岩波ジュニア新書　829）〈文献あり〉860円　①978-4-00-500829-2　Ⓝ367.9

目次　第1章 みんなと同じになりたい，第2章 私自身が変化になる，第3章 二人でいれば，未来は明るい，第4章 さまざまな当事者と家族の物語，第5章 人と人が出会う意味，第6章 ラブ・イズ・カラフル

内容　初恋は女の子。でも，教科書には「思春期には異性に関心をもつ」って書いてある。同性を好きになるわたしはまちがってる？　誰にも悩みを打ち明けられなかった10代から，彼女との「新郎のいない」結婚パーティまで。自身の体験と，当事者のエピソードを交え，「多様性に寛容な社会」への思いを語る。

『もっと知りたい！　話したい！　セクシュアルマイノリティありのままのきみがいい　3　未来に向かって』日高庸晴著，サカイノビーイラスト　汐文社　2016.3　47p　27cm〈索引あり〉2400円　①978-4-8113-2240-7　Ⓝ367.9

目次　第1章 変わる社会（社会の取り組み，企業の取り組み，誰にでもやさしいトイレ　ほか），第2章 自分らしく生きるために（大切なカミングアウト，きちんと学ぶ大切さ，セクシュアルマイノリティで良かった！　ほか），第3章 みんなが応援している（世界に目を向けよう，海外の学校では？，こんな記念日，知ってる？　ほか）

『もっと知りたい！　話したい！　セクシュアルマイノリティありのままのきみがいい　2　わたしの気持ち，みんなの気持ち』日高庸晴著，サカイノビーイラスト

汐文社　2016.2　47p　27cm〈索引あり〉2400円　①978-4-8113-2239-1　Ⓝ367.9

目次　第1章 自分（友達，恋について），第2章 周り（家族，親の気持ち，カミングアウト，男の子？　女の子？），第3章 生きづらさ（いじめ，生きづらい…），第4章 学校（学校生活，クラブ活動，習いごと，先生，相談してみよう）

『もっと知りたい！　話したい！　セクシュアルマイノリティありのままのきみがいい　1　セクシュアルマイノリティについて』日高庸晴著，サカイノビーイラスト　汐文社　2015.12　47p　27cm〈索引あり〉2400円　①978-4-8113-2238-4　Ⓝ367.9

目次　第1章 性って何？（性って何だろう？，体の性って何？，心の性って何？　ほか），第2章 セクシュアルマイノリティって何？（「いない」のではなく「気づいていない」だけ，レズビアン（女性同性愛者），ゲイ（男性同性愛者）　ほか），第3章 セクマイの悩み（カミングアウトについて，親にも言えないのはなぜ，必ず守ろう　ほか）

《10月13日》

**豆の日**

旧暦9月13日の「十三夜」（新暦10月13日）に豆をお供えして食べる「豆名月」の風習から。全国豆類振興会が制定。

『あつめた・そだてたぼくのマメ図鑑』盛口満絵・文　岩崎書店　2015.11　32p　23×27cm（ちしきのぽけっと　21）1500円　①978-4-265-04371-2　Ⓝ616.7

『お豆なんでも図鑑――いろいろな豆と加工食品が大集合！』石谷孝佑監修　ポプラ社　2013.4　159p　27cm（もっと知りたい！図鑑）〈索引あり〉4800円　①978-4-591-13249-4　Ⓝ616.7

目次　1章 豆ってなんだろう？（豆のすがた，豆にはたくさんの種類がある，豆には栄養がいっぱい　ほか），2章 大豆（大豆，大豆の加工食品），3章 いろいろな豆（あずき・ささげ，あずきの加工食品，緑豆　ほか）

内容　日本や世界で食べられている豆の種類と特徴，豆からつくる加工品など，お豆のことを楽しく学べる図鑑です。

『豆を育ててみよう！』吉田よし子総監修　岩崎書店　2008.3　46p　29cm（大研究!!「豆」のひみつがわかる本　3）2800円　①978-4-265-03892-3　Ⓝ626.3

目次　豆には畑を元気にするはたらきがある，どこでどんな豆が育てられているのだろう？，もやしを育てよう，畑で大豆を育てよう，海をこえて日本へやってくる豆たち，プラン

子どもの本 伝統行事や記念日を知る本2000冊　**239**

# 10月13日　　　10月

ターでさやいんげんを育てよう，えんどうから発見したメンデルの遺伝の法則，落花生の育ち方を見てみよう，ひね豆を使って遊ぼう

**内容** ひと粒の豆が，芽をだし，葉をつけ，花を咲かせて，やがてたくさんの豆をつくります。小さな豆のなかに，いったいどんなひみつがあるのでしょうか。2巻では，豆のしくみや豆の育て方，豆がもつはたらき，豆を使った遊びなどを紹介します。自分で育てて観察することで，豆がどのように形を変えて成長していくのか，よくわかります。

『**豆はとってもすぐれもの**』 吉田よし子総監修　岩崎書店　2008.2　46p　29cm（大研究!!「豆」のひみつがわかる本）2800円　①978-4-265-03891-6　Ⓝ616.7

**目次** あれもこれも豆。豆ってなんだろう？，昔から世界中で食べられていた，豆には毒がかくれている!?，いろいろな豆をしろう，童話やことわざに登場する豆たち，伝統行事に豆は欠かせない，姿を変えて活躍する豆たち

**内容** みなさんは，世界に何種類の豆があるとおもいますか？　豆は種類がとても多く，古くから食べられてきた食べ物のひとつです。食べにくい豆もありますが，さまざまな工夫をして豆を食べてきました。また，物語に豆が登場したり，節分などの行事に使われたりもします。なぜ，豆は人びとの生活のなかに根づいていったのでしょうか？　1巻では，おもに世界中のいろいろな豆やその歴史，豆腐や納豆など豆の加工品を紹介します。色や形，大きさのちがいなどをくらべながら，豆の世界をのぞいてみましょう。

『**すがたをかえる豆**』 幕内秀夫，神みよ子監修　学習研究社　2006.2　47p　27cm（身近な食べもののひみつ 2）2800円①4-05-202370-6　Ⓝ619.6

**目次** 大豆からできる食べもの大集合（大豆で作る煮豆・いり豆，粉になって大活やくきな粉，とうふ屋さんに行ってみたよ！，とうふを揚げて作る油揚げ，大豆からできる飲みもの豆乳，「菌」が育てるねばねばパワー納豆，昔から使われている調味料みそ，日本の代表的な調味料しょうゆ），小豆・そのほかの豆からできる食べもの大集合（小豆からいろいろなあんこができるよ，おはぎのひみつたんけん，いんげん豆の煮豆がいっぱい！，いろいろな豆菓子などになる，えんどう豆，緑豆からできるつるつる春雨，もやしも緑豆からできるよ，そら豆からできる煮豆・いり豆，からい調味料トウバンジャンもそら豆からできる，世界で食べられるいろいろな豆料理）

『**おまめのはなし**』 農山漁村文化協会編農山漁村文化協会　2004.3　36p　27cm（たのしくたべようたべもの絵本 第4巻）1800円　①4-540-03263-1　Ⓝ616.7

**目次** えだまめをもぐ手つだったよ，えだまめって，だいずなの？，だいずはいろいろ

なものにへんしんする，だいずがやわらかいとうふにへんしんだ，とうふもへんしんじょうず，なっとうのねばねばはなにかな？，だいずはうちゅう食としても活やく，だいずは，どんなふうにそだつのかな？，赤飯のまめはなにかな？，しるこはどうやってつくるのかな？　〔ほか〕

**内容** 大豆は豆腐，味噌，納豆から宇宙食まで大活躍。豆のおへそってなに？　豆の栄養は？小豆やいんげん豆，サヤ豆もおいしいよ。

『**大豆・落花生・さやいんげん―豆**』 小菅知三監修，こどもくらぶ編・著，堀江ひろ子料理指導　ポプラ社　2003.4　47p　29cm（育てよう！ 食べよう！ 野菜づくりの本 2）2450円　①4-591-07519-2Ⓝ626.3

**目次** 大豆（大豆を育てよう，大豆を食べよう―こんなに大豆がとれたよ！），落花生（落花生を育てよう，落花生を食べよう―落花生はかわいい形をしているね！），さやいんげん（さやいんげんを育てよう，さやいんげんを食べよう―さやいんげんが，たくさんとれた！）

**内容** 代表的な豆類の育てかたと収穫方法を手順を追ってていねいに紹介。

---

## さつまいもの日

「栗（九里）より（四里）うまい十三里（9＋4=13）」というさつまいもの美味しさを褒める言葉が由来。「十三里」とはさつまいもの異名で，江戸から十三里（約52km）離れたところにある川越のサツマイモがおいしかったことから。埼玉県川越市の市民グループ「川越いも友の会」が制定。

---

『**まるごとさつまいも**』 八田尚子構成・文，野村まり子構成・絵　絵本塾出版　2018.10　32p　27cm（絵図解やさい応援団大竹道茂監修）〈文献あり 索引あり〉1600円　①978-4-86484-137-5　Ⓝ616.8

**目次** ふるさとはアメリカ大陸，3つのルートで世界へ，日本に伝わる，さつまいもを広めた人々，さつまいも図鑑，畑いろんなに葉がしげる，地面の下でどんどん大きくなる，さつまいもはエネルギー源，おいもパワー，全開，生産量が多いのはアフリカの国々〔ほか〕

『**サツマイモ**』 松井孝監修　金の星社2013.3　31p　30cm（そだててみよう！はじめての栽培）2500円　①978-4-323-04245-9　Ⓝ616.8

**目次** サツマイモって，どんなやさい？，いろいろなあじのサツマイモ，さあ，そだてよう，土をたがやし，うねを作ろう，よいなえをえらぼう，なえをうえよう，水やりをしよう，草とりをしよう，ひりょうをやろう，つるがしげってきたら，サツマイモの花は，どんな花？，さあ，しゅうかくだ，おいしく食べよう，水だけでそだつ!?，もっと知りたい！ サツマイモ

10月　　　　　　　　　　　　　　　　　　　　　　　　10月13日

『サツマイモ—いもの成長』 亀田龍吉著,
白岩等監修　あかね書房　2013.3　63p
29cm　（科学のアルバムかがやくいのち
16）〈文献あり　索引あり〉2500円
①978-4-251-06716-6　Ⓝ616.8
目次 第1章 茎でふえるサツマイモ（いもから
茎がのびた，いもからなえを切りはなす ほ
か），第2章 いろいろないものでき方（根が
太っていもになる，地下茎が太っていもにな
る ほか），第3章 サツマイモができた（アリ
をよぶみつ，太っていくいも ほか），みてみ
よう・やってみよう（サツマイモを調べよう，
サツマイモにアサガオをさかせてみよう），か
がやくいのち図鑑（サツマイモのなかま）

『かんさつ名人はじめての栽培 5　サツマ
イモ』 東京学芸大学附属小金井小学校生
活科部指導，大角修文，菊池東太，高橋尚
紀写真　小峰書店　2012.4　35p　29cm
〈文献あり〉2700円　①978-4-338-27105-
9　Ⓝ615
目次 なえをうえたよ，しおれてしまった，新
しい葉見つけた！，もうだいじょうぶ，葉が
ふえたよ，つるがずんずんのびるよ，空にむ
かって，いもはできているかな？，夏のあつ
さにぐったり，サツマイモばたけで虫をかん
さつ〔ほか〕
内容 ふしぎななえのかんさつ。ぐったりした
り，元気になったり。土の中のいもをかんさ
つしよう。種まき・苗の植え付けから，花が
咲いたり，実を収穫して食べるといった過程
を，写真を大きく掲載して紹介。畑の準備，
病害虫対策など，子どもたちにはむずかしい
作業は本文のカラーページから外し，巻末に
補足した。小学校低学年以上。

『さつまいも』 吉永優監修　チャイルド本
社　2011.10　28p　22×25cm　（たべる
のだいすき！ 食育えほん 7）571円
①978-4-8054-3604-2　Ⓝ616.8

『さつまいも』 後藤真樹写真・文　小峰書
店　2007.4　39p　24cm　（食育野菜をそ
だてる きみはほんとうにおいしい野菜を
食べたことがある？）2600円　①978-4-
338-23106-0　Ⓝ616.8
目次 さつまいもはすき？ きらい？，さつま
いもをそだててみよう，でてきた芽を，しおれ
たくきを植えてるぞ，そもそも，おいもってなん
だろう，元気になった，どんどんのびる，
すっかりしげった，葉の下をのぞくと，さつ
まいもに花がさいた，さつまいもはできてい
るかな，収穫だ，根っこは3種類，焼きいもは
冬のおやつの定番だった，「い〜しやき〜い
も〜」の登場，さつまいもは宇宙にいくぞ！

## 国際防災の日

自然災害の被害の軽減を目的とし，国連が
1989年に10月の第2水曜日に制定。制定の翌
年の1990年から1999年を国連防災の10年と
し，減災の活動を展開した。2009年に10月
13日に変更。

『みんなで防災アクション！—国際レス
キュー隊サニーさんが教えてくれたこと
3　けがや熱中症から身を守ろう』 神谷
サニー著　評論社　2016.4　48p　29cm
3800円　①978-4-566-03064-0　Ⓝ369.3
目次 サニーさんのレスキュー日記(1) 暑さで
たおれた男の子（熱中症になるのはどうし
て!?，想像力でふせごう！ 熱中症をふせぐた
めにきみはどうする？，想像力で生きのこ
れ！ 熱中症になったらきみはどうする？），
サニーさんのレスキュー日記(2) 胸にボール
が当たって意識を失った男の子（運動中に事故
が起きるのはどうして!?，想像力でふせごう！
運動中の事故をふせぐためにきみはどうす
る？，想像力で生きのこれ！ 運動中に事故
が起きたらきみはどうする？），サニーさんの
レスキュー日記(3) キャンプでハチにさされ
た男の子（アナフィラキシーが起きるのはどう
して!?，想像力でふせごう！ アナフィラキ
シーをふせぐためにきみはどうする？，想像
力で生きのこれ！ アナフィラキシーになっ
たらきみはどうする？）
内容 もしも，熱中症になってたおれてしまっ
たら，運動中の事故でけがをしてしまったら
どうしますか？ 災害や事故はある日とつぜん
，起こります。今まで経験したことがなく
ても，いつか経験する可能性は，だれにでも
あるのです。その「いつか」に遭遇したとき，
命を守るヒントがこの本にはたくさんつまっ
ています。さあ，サニーさんといっしょに，
防災アクションに挑戦しよう！

『みんなで防災アクション！—国際レス
キュー隊サニーさんが教えてくれたこと
2　交通事故や火事から身を守ろう』 神
谷サニー著　評論社　2016.4　47p
29cm　3800円　①978-4-566-03063-3
Ⓝ369.3
目次 サニーさんのレスキュー日記(1) 火事の
中に取りのこされた子どもたち（火事が起きる
のはどうして!?，想像力でふせごう！ 火事を
ふせぐためにきみはどうする？，想像力で生
きのこれ！ 火事が起きたらきみはどうす
る？），サニーさんのレスキュー日記(2) シー
トベルトをしていなかったために…（交通事故
が起きるのはどうして!?，想像力でふせごう！
交通事故をふせぐためにきみはどうする？，
想像力で生きのこれ！ 交通事故が起きたら
きみはどうする？），サニーさんのレスキュー
日記(3) 駅のホームから落ちた男の子（事故が
起きるのはどんなとき!? どんなところ!?，想
像力でふせごう！ 事故をふせぐためにきみ
はどうする？）
内容 もしも，火事が起きて部屋の中に取りの
こされてしまったら，車に乗っているとき，
ホームを歩いているときに事故に巻きこまれ

子どもの本 伝統行事や記念日を知る本2000冊　**241**

てしまったら、どうしますか？ 災害や事故はある日とつぜん、やって来ます。今まで経験したことがなくても、いつか経験する可能性は、だれにでもあるのです。その「いつか」に遭遇したとき、命を守るヒントがこの本にはたくさんつまっています。さあ、サニーさんといっしょに、防災アクションに挑戦しよう！

『みんなで防災アクション！―国際レスキュー隊サニーさんが教えてくれたこと1 台風や地震から身を守ろう』 神谷サニー著 評論社 2016.4 47p 29cm 3800円 Ⓘ978-4-566-03062-6 Ⓝ369.3

目次 サニーさんのレスキュー日記（1）水路に落ちた男の子の救出，サニーさんのレスキュー日記（2）アンダーパスが冠水するとき，台風・豪雨が来たらどうなる!?，想像力で生きのこれ！―台風や豪雨のときみきみはどうするサニーさんのレスキュー日記（3）地震による地割れで起きた災害，地震が来たらどうなる!?，想像力で生きのこれ！―地震が起きたらきみはどうする？，ほかにもある！―こんな災害が起きたらどうする!?　どうする!?，みんなで挑戦！　防災アクション！

内容 「いつか」に遭遇したとき、命を守るヒント。「水路に落ちた男の子の救出」「アンダーパスが冠水するとき」「地震による地割れで起きた災害」の3つのレスキュー日記を通して、台風や豪雨、地震から身を守るための防災アクションを学ぶ。コピーして使えるアクションシートつき。

《10月14日》

鉄道の日

1872年10月14日に、新橋駅と横浜駅とを結んだ日本初の鉄道が開業したこと、1921年10月14日に鉄道開業50周年を記念して東京駅の丸の内北口に鉄道博物館（初代）が開館したことによる。鉄道省により「鉄道記念日」として1922年に制定。

『日本鉄道地図鑑―電車を見よう！ 撮ろう！ 乗ろう！ 日本の鉄道のすべてがわかる決定版！』 地理情報開発編 平凡社 2018.10 104p 30cm 1400円 Ⓘ978-4-582-40747-1 Ⓝ686.21

目次 新幹線，JR特急特急列車，私鉄特急列車，JR通勤電車，私鉄電車，地下鉄，モノレール・新交通システム・路面電車，貨物列車，豪華列車・観光列車，SL列車〔ほか〕

内容 JR・私鉄全駅掲載。地形といっしょにたのしめる！ 撮影のポイント満載。合成写真を作ってみる！ 迫力のある鉄道写真、リニアやSLもたっぷり。

『はっけん！ 鉄道NIPPON―地図と路線で知る47都道府県』 PHP研究所 2018.10 115p 37cm 〈索引あり〉 3200円 Ⓘ978-4-569-78794-7 Ⓝ686.21

目次 北海道・東北，関東，中部，近畿，中国・四国，九州

内容 あなたのまちの鉄道のこと知っていますか？ 正確な縮尺の路線図で都道府県別にJR線・私鉄を全線収録！ 話したくなる鉄道ネタ満載。子どもから大人まで楽しく学べる！ 特典：カバー裏に、コピーして使える「鉄道ノート」テンプレート用紙つき！

『電車大集合！』 山﨑友也著 永岡書店 2018.8 64p 26cm （こども写真ひゃっか） 950円 Ⓘ978-4-522-43662-2 Ⓝ536.5

『鉄道博物館のすべて100』 講談社 2018.7 1冊 26cm （講談社のアルバムシリーズ―のりものアルバム〈新〉31） 680円 Ⓘ978-4-06-512300-3 Ⓝ686.06

『日本全国鉄道超完全図鑑』 山﨑友也著 永岡書店 2018.5 255p 19cm 1200円 Ⓘ978-4-522-43631-8 Ⓝ536

『見る！ 乗る！ 撮る！ 親子で楽しむ鉄道体験大百科』 講談社編，山﨑友也監修 講談社 2018.4 79p 30cm （講談社のアルバムシリーズ―のりものアルバム〈新〉） 980円 Ⓘ978-4-06-197161-5 Ⓝ686.21

『これわかる？ 鉄道クイズ200』 佐藤正樹監修，佐藤正樹，草町義和，ぷち鉄ブックス編集部文 交通新聞社 2017.7 79p 19cm （ぷち鉄ブックス）〈イラスト：かとうとおる〉 1000円 Ⓘ978-4-330-78317-8 Ⓝ686.21

目次 巻頭マンガ ぷっちくん，初級50問，中級65問，上級65問，超上級20問

内容 鉄道のクイズが大集合。解説付きで、よくわかる！ 初級から超上級まで幅広～いレベルの200問！ 小学校低学年～中学年向け。

『ビジュアル日本の鉄道の歴史 3 昭和後期～現代編』 梅原淳著 ゆまに書房 2017.6 51p 27cm 2800円 Ⓘ978-4-8433-5121-5 Ⓝ686.21

目次 重たい車体から軽い車体へ1（1955年），東海道線の全線電化が完成（1956年），東海道新幹線がつくられる（1957年～1964年），交流での鉄道電化に成功（1957年），重たい車体から軽い車体へ2（1958・1962年），石炭から電気、軽油の時代に（1958年～1975年），新時代をひらく"特急三姉妹"（1958年～1960年），近代的な鉄道への脱皮と苦労（1959年～1963年），地下鉄の躍進と相互直通運転（1960年），特急列車は庶民の乗り物へ（1961年～1968年），東海道新幹線の開業と日本の発展（1964年～1970年），国鉄の大投資と経営の悪化

（1965年～1987年），新たな新幹線の計画
（1966年～1973年），曲がり角を迎えた日本の
鉄道（1970年代），路面電車が消えてゆく
（1970年代），蒸気機関車が消えてゆく（1975
年），さようなら国鉄，こんにちはJR（1987
年），青函トンネルと瀬戸大橋が完成（1988
年），さらなるスピードアップをめざして
（1985年～），21世紀の鉄道（2001年～）

『豪華列車とたのしい鉄道100点』　広田尚
敬，広田泉写真，坂正博構成・文　講談社
2017.5　1冊　26cm　（講談社のアルバム
シリーズ―のりものアルバム〈新〉28）
680円　Ⓘ978-4-06-197154-7　Ⓝ536

『ビジュアル日本の鉄道の歴史　2　大正後
期～昭和前期編』　梅原淳著　ゆまに書房
2017.5　49p　27cm　2800円　Ⓘ978-4-
8433-5120-8　Ⓝ686.21
目次　外国に負けない鉄道を目指して1（1910
年代），外国に負けない鉄道を目指して2
（1919年～1925年），関東大震災と鉄道（1923
年），全国に延びる鉄道（1920年代），新たな
時代の息吹（1925年ごろ），日本の都市にも地
下鉄が開通（1927年），超特急「燕」の衝撃
（1930年），世紀の難工事，丹那トンネルの開
通（1934年），流線形ブームの到来と戦前の黄
金時代（1935年ごろ），日中戦争の勃発と鉄道
（1937年），弾丸列車計画がスタート（1940
年），戦時体制の強化と鉄道（1941年～1945
年），関門トンネルが開通（1942・1944年），
濃厚となった敗戦と鉄道（1943年～1945年），
荒廃した鉄道と終戦直後の混乱（1945・46
年），戦時体制からの決別と国鉄の誕生
（1948・49年），特急列車の復活と湘南電車の
登場（1949・1950年），占領からの復帰と鉄道
（1951・52年），大事故が相次ぐ日本の鉄道
（1951年～1955年），技術の進歩と鉄道（1951
年～1955年）

『ビジュアル日本の鉄道の歴史　1　明治～
大正前期編』　梅原淳著　ゆまに書房
2017.4　49p　27cm　2800円　Ⓘ978-4-
8433-5119-2　Ⓝ686.21
目次　日本人が初めて見た鉄道，日本にも鉄道
を建設（1870年），新橋と横浜との間に鉄道が
開通（1872年），日本初の鉄道で走った車両の
メカニズム，関西に鉄道が開通（1874年），釜
石，北海道に鉄道が開通（1880年），鉄道の仕
事に日本人が進出（1878年～1880年），都市に
も鉄道が開通（1882年），東京と京都との鉄道
を中山道経由で結ぶ（1880年代前半），中山道
幹線の一部は登山鉄道（1893年）〔ほか〕

『電車大集合1922点―最新版』　広田尚敬，
広田泉写真，坂正博文　講談社　2016.11
295p　26cm　（講談社のアルバムシリー
ズ―のりものアルバム〈新〉）　2900円
Ⓘ978-4-06-197151-6　Ⓝ546.5

『鉄道なぜなにブック』　渡部史絵監修・文
交通新聞社　2016.3　79p　19cm　（ぷち
鉄ブックス）〈写真：結解学，イラスト：
かとうとおる〉　1000円　Ⓘ978-4-330-
65516-1　Ⓝ536
目次　巻頭マンガ　ぷっちくん，はじめのいっ
ぽ！（列車は，なぜ「ガタン，ゴトン」という
音がするの？，列車が発車するとき，どうして
「しゅっぱつしんこう」というの？　ほか），
気になるアレコレ大解説！（車両の横に
かいてある，「クハ」や「モハ」ってなあに？，
新幹線の車両にかかれている，数字の意味を
おしえて！　ほか），ビックリ車両＆列車のは
なし（むかし活躍していた，あんな車両，こん
な列車，あたらしい技術をつかった，あんな
列車，こんな列車　ほか）
内容　鉄道の「どうして」にわかりやすく回
答！　大人も「なるほど」のくわしさ。めず
らしい車両もいろいろ登場！

『鉄道ずかん』　小賀野実写真・文　JTBパ
ブリッシング　2015.11　48p　26cm
（こども絵本エルライン 2）〈2011年刊の
改訂〉　780円　Ⓘ978-4-533-10719-1
Ⓝ546.5
目次　新幹線，特急列車，寝台特急，電車，
ディーゼルカー，機関車，路面電車，モノ
レールと新交通システム，線路を守る

『鉄道おもしろかんさつガイド』　結解喜幸
監修，綿谷朗子，結解喜幸　交通新聞社
2015.9　79p　19cm　（ぷち鉄ブックス）
〈イラスト：かとうとおる〉　1000円
Ⓘ978-4-330-60915-7　Ⓝ546.5
目次　巻頭マンガ　ぷっちくん，かんさつ場所
別アドバイス，鉄道かんさつの持ち物，新幹
線をかんさつする！，通勤電車をかんさつす
る！，いろいろな列車をかんさつする！，鉄
道かんさつ記録をつけよう！
内容　鉄道をみるポイントがよくわかる！　か
んさつ記録をまとめるときのアイデアも，
のってるよ！

『のりものくらべ　3　電車やてつ道』　相
馬仁監修，元浦年康　ほか写真，ネイ
チャー＆サイエンス編著　偕成社　2015.
3　39p　28cm　〈索引あり〉　2800円
Ⓘ978-4-03-414730-6　Ⓝ536
内容　時速200km以上のスピードで乗客を運ぶ
新幹線ほか。小学生から。

『日本の電車大研究―人気のひみつをさぐ
ろう！：路面電車からリニアモーター
カーまで』　造事務所編集・構成，川島令
三監修　PHP研究所　2011.12　63p
29cm　〈索引あり〉　2800円　Ⓘ978-4-569-
78175-4　Ⓝ546.5
目次　1　全国で活躍！　おもしろ電車大集合
（特急スーパー白鳥（789系），ササラ電車（雪1
形，雪10形），弘南鉄道7000系ほか），2　速
くてカッコいい！　新幹線大集合（はやぶさ
（E5系），Maxやまびこ・Maxなすの（E4系），
こまち（E3系0番台）ほか），3　知ってビック

子どもの本　伝統行事や記念日を知る本2000冊　243

リ！ 電車の誕生から未来の電車まで（日本の電車の歴史，日本初の電車はアメリカからやってきた，蒸気機関車は，電車よりも前から走っていた ほか）

内容 つもった雪を竹のほうきでかき出す"サラ電車"、けわしい斜面をジグザグに登っていく"登山電車"、在来線にも乗り入れることができる"ミニ新幹線電車"、時速500km！2027年に登場予定の"リニア中央新幹線"。世界でもトップクラスの性能をほこる日本の電車。日本の電車のすごい技術を大公開。

『首都圏鉄道大好き！ 親子で電車を見に行こう！』 アミーカ著 メイツ出版 2011.1 128p 21cm 〈索引あり〉1500円 Ⓘ978-4-7804-0869-0 Ⓝ291.3

目次 第1章 鉄道を学ぼう！（鉄道博物館，碓氷峠鉄道文化むら ほか），第2章 鉄道を見よう！（JR東京駅，レイルウェイガーデンプロムナード ほか），第3章 鉄道を遊ぼう！（トーマスランド，虹の郷 ほか），第4章 インフォメーション（関東の駅百選を巡ってみよう！，駅スタンプを集めてみよう！ ほか）

内容 パパ鉄＆ママ鉄が子鉄と楽しむワクワク情報がいっぱい！ 新幹線に，SLに，寝台特急に会える。

『電車なんでも百科』 広田尚敬，広田泉写真，坂正博構成・文 講談社 2009.3 1冊 26cm （のりものアルバム 16）650円 Ⓘ978-4-06-195465-6 Ⓝ546.5

『日本の電車1500―全国完全版 ニューワイドずかん百科』 学習研究社 2009.1 288p 30cm 3500円 Ⓘ978-4-05-203022-2 Ⓝ546.5

目次 新幹線，東京の電車・列車，名古屋の電車・列車，京阪神の電車・列車，特急列車，夜行列車，北海道・東北地方の電車・列車，関東地方の電車・列車，中部地方の電車・列車，近畿地方の電車・列車，中国・四国地方の電車・列車，九州・沖縄地方の電車・列車，貨物列車・はたらく車両・機械，SL列車・トロッコ列車・観光列車，鋼索鉄道，筒堂資料編，スーパーパノラマ写真図解

内容 日本の鉄道車両のほとんどすべてを対象とし，最新撮影・取材のうえ，わかりやすく構成した写真図鑑。旅客列車を走らせている鉄道会社のほぼ全部，そして，JRグループの全線に目を向けた。平成21（2009）年初頭現在，全国を走る鉄道車両のほぼ全部を網羅して紹介している。超ロング・パノラマ電車とじこみポスターつき。

『電車の駅なんでも百科』 広田尚敬，広田泉写真 新訂版 講談社 2008.11 1冊 26cm （のりものアルバム 22）650円 Ⓘ978-4-06-195463-2 Ⓝ686.53

《10月15日》

## きのこの日

10月はきのこ類の需要が高まる月で，その月の真ん中の15日を中心に椎茸を始めとするきのこ類の消費PRを行っていこうということから。日本特用林産振興会が1995年に制定。

『きのこレストラン』 新開孝写真・文 ポプラ社 2018.9 37p 21×26cm （ふしぎいっぱい写真絵本 34）1500円 Ⓘ978-4-591-15975-0 Ⓝ474.85

内容 きのこがすがたをあらわすといろいろないきものがあつまってきます。さて，きのこレストランにはどんなおきゃくさんがくるでしょう。

『きのこのふしぎえほん』 山本亜貴子作・絵，保坂健太郎監修 PHP研究所 2017.8 47p 29cm （たのしいちしきえほん）〈文献あり〉1600円 Ⓘ978-4-569-78679-7 Ⓝ474.85

内容 おいしいきのこ，キケンな毒きのこ…知れば知るほど，魅力がいっぱい！ ノッコちゃんときのこがりにしゅっぱつだ！

『きのこの不思議―きのこの生態・進化・生きる環境』 保坂健太郎著 誠文堂新光社 2012.8 95p 24cm （子供の科学★サイエンスブックス）〈文献あり 索引あり〉2200円 Ⓘ978-4-416-21258-5 Ⓝ474.85

目次 第1章 きのこの秘密は地下にある，第2章 きのこの不思議な形の秘密，第3章 太古のきのこの秘密，第4章 きのこはどこから生えてくる？，第5章 意外に複雑なきのこの名前の付け方，第6章 人間のくらしときのこ，第7章 環境ときのこ，第8章 きのこ博士の研究，第9章 博物館できのこ研究，第10章 きのこを研究しよう

『きのこの話』 新井文彦著 筑摩書房 2012.3 191p 18cm （ちくまプリマー新書 176）〈文献あり〉980円 Ⓘ978-4-480-68877-4 Ⓝ474.85

目次 はじめに 「きのこ目」になろう，第1章 きのこって何だろう？（植物よりも動物に近い!?，どんなところに生えるの？，きのこの好みを知ると発見率がアップ），第2章 きのこの森へ出かけよう（春，きのこの季節がやってきた，草花とも仲良し！，トドマツの森はきのこの宝庫，広葉樹の森には第一級の食菌が），第3章 あれもきのこ，これもきのこ!?（虫もきのこが大好き！，夏のきのこ探しの心得，きのこっぽいきのこ，小さくて不思議な形，これも？，森の仲間，粘菌たち，豊かな森に棲む地衣類って？），第4章 たかがきのこ，されどきのこ（華やかに色づく森へ，真っ白い静寂の森にもひっそりと，きのこをもっと楽しも

う！），おわりに　きのこと、森と、自然と、人と

『きのこふわり胞子の舞』　埴沙萠写真・文　ポプラ社　2011.9　35p　21×27cm　（ふしぎいっぱい写真絵本 18）　1200円　①978-4-591-12563-2　Ⓝ474.85

|内容| きのこからけむりがでています。もりのきのこからも、よくしっているシイタケやナメコからも。このけむり、いったいなんなのでしょう？　さあ、きのこのふしぎをみてみましょう。

『きのこの絵本』　小出博志へん，高岡洋介え　農山漁村文化協会　2010.4　36p　27cm　（そだててあそぼう 93）〈文献あり〉　1800円　①978-4-540-10128-1　Ⓝ657.82

|目次| 1 山に、きのこ狩りにでかけよう！、2 きのこは木の子。木とともに育つ、おいしいきのこ、3 これが、きのこのくらしだ！、4 きのこは古代から世界中で食べられてきた、5 きのこの種類いろいろ、6 ナメコ、クリタケ、ヒラタケの栽培ごよみ、7 ナメコの普通原木栽培にチャレンジだ！　原木に駒打ち、8 いいほだ木づくりをめざそう、9 きのこをだす準備だ。本伏せ、10 さぁ！　いよいよナメコの収穫だ！、11 こんなときどうする？　きのこの病虫害、12 クリタケの普通原木栽培をやってみよう！、13 わりばし種菌で、里山きのこに挑戦だ！、14 ヒラタケの短木断面栽培をやってみよう！、15 クリタケ、ヒラタケをおいしく食べよう！

|内容| ナメコ、クリタケ、ヒラタケを原木栽培して、きのこの本物の姿、味、香りを楽しもう。クリタケのわりばし種菌栽培、ヒラタケのプランター栽培も紹介する。

『きのこ』　高山栄指導・絵　フレーベル館　2008.10　27p　27cm　（フレーベル館だいすきしぜん　しょくぶつ 6）　1000円　①978-4-577-03554-2　Ⓝ474.85

|内容| 絵本から自然へ。自然から絵本へ。身近な自然に親しみながら、科学する心が育つ絵本。

『きのこの絵本―ちいさな森のいのち』　小林路子文・絵　ハッピーオウル社　2008.10　47p　29cm　（しぜんのほん）　1600円　①978-4-902528-30-5　Ⓝ474.85

|内容| 野生のきのこに出会ってから20年余り。ずっときのこの絵を描き続けてきた画家が贈る、きのこの魅力がいっぱいつまった絵本。

『キノコの世界』　伊沢正名著　新装版　あかね書房　2005.4　61p　23cm　（科学のアルバム　植物 9）　1500円　①4-251-03357-4　Ⓝ474.85

|目次| キノコ狩りにいこう，毒キノコに注意！，キノコのからだのつくり，かわった形のキノコ，胞子紋，胞子のまきちらし方，キノコの成長，菌輪，菌類のなかま，キノコの養分のとり方，かわったものにはえるキノコ，生き物の世界，菌類は地球のそうじ屋，有限のものを無限につかうしくみ，キノコのかんさつは身近から，キノコ中毒をふせごう，菌類の利用

## 《10月16日》

### 世界食料デー

世界の食料問題を考える日として、1979年の第20回国連食糧農業機関総会の決議に基づき、1981年から制定。最も重要な基本的人権である「食料への権利」を現実のものにし、世界に広がる飢餓、栄養不良、極度の貧困を解決するため。

『くわしくわかる！　食べもの市場・食料問題大事典　3　日本の食料問題』　大江正章監修　教育画劇　2013.4　56p　29cm〈文献あり　索引あり〉　3300円　①978-4-7746-1717-6　Ⓝ611.4

|目次| 変わりつつある農業の仕組み，日本人の食べものは日本でとれない？，穀物が足りない！，食べものがなくなる？，食料を捨てる国と食料が足りない国，日本は？，国民の食べものを左右する各国の食料政策，国産野菜の種子は輸入もの？，日本は、海を越えて海外の農業を買っている？，農業がないと農業はできない？，農作物たちのご飯、「肥料」ってなに？，農産物、水産物、本当は安すぎる〔ほか〕

|内容| えっ！　日本の食べもの、日本でとれない？　本当に？　放射能汚染による食料の問題。食の事件簿からわかること。

『くわしくわかる！　食べもの市場・食料問題大事典　2　市場にくる食の生産現場』　藤原俊六郎監修　教育画劇　2013.4　56p　29cm〈文献あり　索引あり〉　3300円　①978-4-7746-1716-9　Ⓝ611.4

|目次| 人びとの生活を変えた農業の歴史，戦後、大きく変化した日本の農業政策，稲作農家の1日，お米ができるまで、たっぷり1年！，米の種類はこんなにたくさん！，米はどこで、どれくらい作られている？，日本の畑では、なにが育つ？，野菜農家の1日、野菜、くだものはどう育つ？，くだもの、野菜はどれくらい作られている？〔ほか〕

|内容| 食べものはどのように作られたの？　愛情たっぷりおいしく育てる工夫。農家や、酪農家、漁師の1日のぞいちゃう。

『くわしくわかる！　食べもの市場・食料問題大事典　1　市場からみえる食の流通・販売』　藤島廣二監修　教育画劇　2013.2

56p　29cm　〈文献あり　索引あり〉3300
円　①978-4-7746-1715-2　Ⓝ611.4

目次 食べものはどこからやってくる？，市場
でどんなことが行われているの？，市場で働
く人びととこだわりの道具，魚市場の1日をの
ぞいてみよう！，市場の内部を探検しよう！，
全国から食品を集めるせり人，密着取材！
せり人の1日，密着取材！　仲卸の1日，新鮮・
おいしさ届ける工夫，信用第一！　市場での
お金のきまり〔ほか〕

『食料問題にたちむかう』　山崎亮一監修
文研出版　2012.2　47p　29cm　（世界と
日本の食料問題）〈索引あり〉2500円
①978-4-580-82151-4　Ⓝ611.3

目次 1 新しい食料生産（品種改良，遺伝子組
みかえ，クローン技術，野菜工場と水耕栽培，
つくり育てる漁業），2 新しい農地と豊かな漁
場づくり（砂漠を農地に，草原の草を守る，海
のゆりかご，開発途上国にあらたな農地を），
3 国際的な取り組み（食料を公平に分けるに
は，水産資源を守る，食料支援，自然災害か
ら農地を守ろう，食料にかかわる国際組織，
人口問題にかかわる国際組織），資料編 資料
でみる日本と世界の食料事情

『食料自給率を考える』　山崎亮一監修　文
研出版　2012.1　47p　29cm　（世界と日
本の食料問題）〈索引あり〉2500円
①978-4-580-82150-7　Ⓝ611.3

目次 1 食料自給率を知ろう（食料を生産する
国，食料を輸入にたよる国，貿易の自由化と
食料，食糧生産が国際的なビジネスに，いろ
いろな食糧自給率），2 日本の食料自給率を考
えよう（食生活の変化，工業製品を売って食料
を買う国，農地の面積が年ねん減っている，
農業で働く人びとが減っている，水産業でも，
自国での食糧生産に必要な農地は），3 食料自
給率と世界の食料生産（輸出用換金作物，フェ
アトレード，食料価格の上がり下がり，食の
グローバル化）

『食料と人びとのくらし』　山崎亮一監修
文研出版　2011.12　47p　29cm　（世界
と日本の食料問題）〈索引あり〉2500円
①978-4-580-82149-1　Ⓝ611.3

目次 1 食生活はどう変わった（食の洋風化，
栄養バランスの変化，簡単で便利な食生活(1)
インスタント食品，簡単で便利な食生活(2)
冷凍食品），生活習慣病，2 外食産業がくらし
を変えた（ファストフード，中食とコンビニエ
ンスストア，24時間いつでもどこでも，全国
一律マニュアル化，大量生産と大量消費），ス
ローフード，3 人びとの健康と食の安全・安
心を守るために（食生活を見直そう，有機農
法，衛生管理，輸入食品の安全・安心，トレー
ザビリティってなに），食中毒

『食料と環境問題』　山崎亮一監修　文研出
版　2011.11　47p　29cm　（世界と日本

の食料問題）〈索引あり〉2500円
①978-4-580-82148-4　Ⓝ611.3

目次 1 環境の悪化が食料生産におよぼす影響
（地球温暖化，水のよごれ，空気のよごれ，土
のよごれ，生態系が変わる），2 食料生産が地
球環境におよぼす影響（農薬と化学肥料，乱
獲，森林破壊，砂漠化と水不足，食品ゴミ），3
環境を守りながら食料を生産するには（地産地
消，食品リサイクル，バイオマスを活用しよ
う，山に木を植えよう，生物多様性を守ろう）

『食料危機ってなんだろう』　山崎亮一監修
文研出版　2011.10　47p　29cm　（世界
と日本の食料問題）〈索引あり〉2500円
①978-4-580-82147-7　Ⓝ611.3

目次 1 世界の現状を見てみよう（世界では約
7人に1人が飢えている，世界で毎日3～4万人
が餓死している，食料生産が人口増加に追い
つかない，食べられる国と食べられない国），
2 他国の食料ではない（こんなものは食べていい
のか，多くの食料を輸入にたよる日本，食料
輸入が困難に，もしも輸入がとだえたら），3
どうして食料危機がおきるのか（地球の食料生
産の限界，増えつづける人口食料需要，内
戦と難民，異常気象，食料が燃料に，食物汚
染，感染症と害虫）

『みんなで考えよう食の未来と地球環境　1
食料自給率からみる食の未来』　中岩俊裕
文，水谷広監修　小峰書店　2009.4　39p
29cm　〈文献あり　索引あり〉3000円
①978-4-338-24401-5　Ⓝ611.3

目次 世界と日本の食料自給率，いろいろな食
品ごとの自給率は？，変化する食料自給率，
食料自給率が下がったのはなぜ？，食料のお
もな輸出国は？，大農場でおこっている問題
は？，世界の食料はたりているの？，食料は
輸入でたりても問題があるよ，これからの世
界の食料は増やせるの？，世界の食料は増やせるの？，
日本で食料増産はできるか？，消費と流通を
みなおそう，いろいろな意見を出しあおう

《10月17日》

貧困撲滅の国際デー

1987年に10万人がフランス・パリのシャイ
ヨ宮の人権広場に集まったのが契機。貧困
の撲滅を目指し，人権と尊厳の尊重を呼び
かける。10月17日を国連が1999年に制定。

『考えよう！　子どもの貧困―なぜ生じ
る？　なくす方法は？』　中嶋哲彦監修
PHP研究所　2017.9　63p　29cm　（楽
しい調べ学習シリーズ）〈索引あり〉
3000円　①978-4-569-78707-7　Ⓝ369.4

目次 第1章 日本の社会と身近な貧困（子ども
の貧困の現状 子どもの貧困と支援，子どもの
貧困とは？　1 健康，子どもの貧困とは？　2

学校生活 ほか），第2章 なぜ貧困が生じるの？（原因は何だろう？ なぜ、子どもの貧困がふえるの？，日本は貧困になりやすい社会1 低賃金・不安定雇用の増大，日本は貧困になりやすい社会2 所得再分配制度の問題点 ほか），第3章 なくそう！ 子どもの貧困（貧困をなくすために 政府の取り組み，経済的理由で高校や大学に行けない人をなくすために 学校教育とお金，子どもの貧困を見落とさないために 子どもを見守る目、見守る心 ほか）

『**シリーズ・貧困を考える 3 子どもの貧困・大人の貧困—貧困の悪循環 子ども時代に貧困なら大人になっても？**』稲葉茂勝著，池上彰監修 京都 ミネルヴァ書房 2017.3 31p 27cm〈索引あり〉1800円 ①978-4-623-07923-0 ⒩368.2

目次 1 日本の子どもの貧困率，2 日本の貧困家庭と子ども，3 日本と世界の教育格差，4 学校にいけない・いかない，5 学校にいけないとどうなる，6 日本の私立中学受験，7 学校給食と貧困問題，8 子どもの貧困問題，わたしたちにできること，9 決め手は「キャリア教育」！

内容 日本や世界の子どもの貧困の原因として、貧困の世代間連鎖に着目。貧困によるいじめや教育格差の問題、学校にいけない子もたちの実態にせまります。わたしたちにできる貧困対策についても考えていきます。

『**シリーズ・貧困を考える 2 昔の貧困・今の貧困—歴史的変化 変わる貧困と変わらない貧困を考えよう！**』稲葉茂勝著，池上彰監修 京都 ミネルヴァ書房 2017.2 31p 27cm〈索引あり〉1800円 ①978-4-623-07922-3 ⒩368.2

『**シリーズ・貧困を考える 1 世界の貧困・日本の貧困—国際比較 世界と日本の同じと違いを考えよう！**』稲葉茂勝著，池上彰監修 京都 ミネルヴァ書房 2017.1 31p 27cm〈索引あり〉1800円 ①978-4-623-07921-6 ⒩368.2

目次 世界の経済力，世界の貧困の状況，日本は豊かな国？ それとも貧しい国？，開発途上国の都市部の貧困と農村部の貧困，日本の元気のない地方都市，戦争と貧困，病気と貧困，発展をさまたげる借金，日本の借金，異常気象と貧困，3・11東日本大震災とその後，偏見と貧困

内容 日本や世界じゅうの貧困のようすについていきながら、豊富な写真や資料で地域ごとの特徴を見ていきながら、貧困の実態にせまります。戦争や病気、異常気象など貧困の原因となる社会問題や歴史的背景についても解説しています。

『**幸せとまずしさの教室—世界の子どものくらしから**』石井光太著 少年写真新聞社 2015.8 144p 22cm（ちしきのも

り）〈文献あり〉1600円 ①978-4-87981-533-0 ⒩368.2

目次 朝の会 世界の三分の一の人はまずしい，1時間目 住まい，2時間目 生活の方法，3時間目 学校と仕事，給食，4時間目 ストリートチルドレン，帰りの会 幸せってなんだろう

内容 知ってる？ 世界の5700万人の子どもたちが小学校に通えていないことを。世界を旅した作家石井光太さんが伝える、路上に生きる世界の子どもたちのリアルなくらし、そして幸せ。

『**どんとこい、貧困！**』湯浅誠著 イースト・プレス 2011.7 293p 19cm（よりみちパン！セ P007）〈理論社2009年刊の復刊〉1300円 ①978-4-7816-9007-0 ⒩368.2

目次 第1章 どんとこい、自己責任論！（努力しないのが悪いんじゃない？，甘やかすのは本人のためにならないんじゃないの？，死ぬ気になればなんでもできるんじゃないの？，自分だけラクして得してずるいんじゃないの？ ほか），第2章 ぼくらの「社会」をあきらめない。（きみがいま、あるいは将来そのさなかにいるのならば、変わるべきはぼくらの社会だ、ときみが思うならば、きみが、生きやすく暮らしやすい社会を目指すならば），どんとこい対談 真摯に、そしてひとかけらの笑いを（重松清、湯浅誠）

内容 「自己責任よ、これでさらばだ！」競争、無関心、上から目線。そんな「社会」をあきらめて受け入れるだけが人生じゃない。誰もが幸福になる権利がある、ここからスタート。重松清との対談付。

『**池上彰のニュースに登場する世界の環境問題 8 貧困**』稲葉茂勝訳・文，キャサリン・チャンバーズ原著，池上彰監修 さ・え・ら書房 2011.3 31p 29cm〈索引あり〉2300円 ①978-4-378-01228-5 ⒩519

目次 世界各国の貧困の状況，都市部の貧困と農村部の貧困，国の発展の土台をつくる教育，児童労働，病気と貧困，地球温暖化の影響と貧困，エネルギーと貧困，道路網と貧困，発展をさまたげる借金，偏見と貧困，地球温暖化の影響と貧困，エネルギーと貧困，道路網と貧困，発展をさまたげる借金，偏見と貧困，戦争と貧困，グローバリゼーションの光とかげ、わたしたちのできること

『**ジュニアのための貧困問題入門—人として生きるために**』久保田貢編 平和文化 2010.10 141p 21cm 1500円 ①978-4-89488-048-1 ⒩368.2

目次 第1話 だれもがすべり落ちる貧困社会・日本（「自己責任だよ、自己責任」？，「結局、オレが悪いんだよなあ」—非正規雇用の貧困 ほか），第2話 セーフティネットで安心？（「貧困脱出法」の宿題、雇用保険はマジでつかえる ほか），第3話 生きること、働くことと憲法（オレの進路はどうなるの？，景気が悪

くなるのはどうして？　ほか），第4話 学ぶ権利は守られている？（憲法と教育基本法を見てみると，教育権・学習権の現状は─子どもの権利条約　ほか），第5話 つながりあって，すごい！（知事や教育長との懇談会，つながろう！─ブログの立ち上げ　ほか）

『**貧困を考えよう**』　生田武志著　岩波書店　2009.10　223p　18cm　（岩波ジュニア新書 638）　780円　①978-4-00-500638-0　Ⓝ368.2

目次 1章 二人のひろし，2章 日雇労働者の貧困─あいりん小中学校，3章 子どもの貧困，4章 大阪市西成区で，5章 激化する貧困，6章 貧困の解決のために

内容 大阪市のある区では，就学援助支給率が50％にもなっているという。いま，経済的理由で進学できなかったり，中退する生徒も各地で急増している。子どもや若者，また女性や高齢者の生活に重大な影響をおよぼす貧困。その実態を見つめ，問題解決の方法を考えてみよう。

『**貧困─みんながともに生きるために**』　松山章子文　ポプラ社　2003.4　45p　29cm　（21世紀の平和を考えるシリーズ 6　大貫美佐子監修）　2800円　①4-591-07549-4　Ⓝ368.2

目次 なぜ，車がとおるそばで寝ているの？，なぜ，ストリートチルドレンになったの？，ストリートチルドレンは，どうやって生活しているの？，ストリートチルドレンは，学校へ行っているの？，たのしいこと，うれしいことは？，悲しいこと，こまっていることは？，貧しさは，どうしてうまれるの？，世界で1日1ドル以下で生活している人は，どれくらいいるの？，貧困の中でくらす人たちは，どんな生活をしているの？，安全な水や衛生的なトイレがつかえない人は，どれくらいいるの？　〔ほか〕

《10月18日》

### 統計の日

1870年9月24日（新暦10月18日）に，日本で最初の近代的生産統計「府県物産表」に関する太政官布告が公布されたことから。日本政府が1973年に制定。

『**統計ってなんの役に立つの？─数・表・グラフを自在に使ってビッグデータ時代を生き抜く**』　涌井良幸著，子供の科学編集部編　誠文堂新光社　2018.5　155p　21cm　（子供の科学★ミライサイエンス）

〈索引あり〉　1200円　①978-4-416-51817-5　Ⓝ417

目次 1 統計を学ぶとどうなる？（広告のカラクリを見抜く，ニュースをクールに見る　ほか），2 データをまとめてみよう（資料の整理をしてみよう，度数分布グラフをつくってみよう　ほか），3 確率ってなんだ？（確率ってなあに？，やってみた確率　ほか），4 統計で世の中が見える（わずかなデータで全体を見抜く，標本の取り出し方は2通り　ほか），5 統計センスをみがこう（お米をまいて円周率がわかる，コインで確率の自由研究　ほか）

内容 統計ってむずかしそうだけどみんなの暮らしの中にはいろいろな数や表，グラフが大活躍しているんだって！　統計のことが気になるチュータと，顔がグラフになったミライネコが，身近な統計の世界をごあんな〜い。

『**親子で学ぶ！　統計学はじめて図鑑─レッツ！　データサイエンス**』　渡辺美智子監修，青山和裕，川上貴，山口和範，渡辺美智子著，友永たろイラスト　日本図書センター　2017.4　143p　26cm　2400円　①978-4-284-20394-4　Ⓝ350.1

目次 プロローグ 統計学ってどんなこと？，1章 いろんなデータを統計グラフにしてみよう，2章 なんで平均を出すのが大事なの？，3章 起こりやすさと確率を考えよう，4章 おさらい！　統計グラフのポイント，5章 統計グラフを使ってなにが見える？，エピローグ 統計学の未来

内容 いま，大注目の「統計学」を楽しく学べる待望の図鑑!!

『**はじめよう身近なデータの整理**』　平卯太郎監修　文研出版　2003.3　56p　27cm　（統計で深めよう！　調べ学習 1）　①4-580-81324-3　Ⓝ350.7

目次 はじめに 統計って何だろう？（わたしたちに身近な統計，統計でこんなことがわかるほか），1 交通事故調べ（種類のちがうデータを調べる）（交通事故の記録からどんなことがわかるだろう，表をつくって調べようほか），2 ソフトボール投げの記録調べ（大きさや量のちがうデータを調べる）（ソフトボール投げの記録を見てみよう，どんなことが調べられるだろうほか），3 いろいろなグラフ（表にするか，グラフにするか，目的に合ったグラフをかこうほか）

『**やってみようデータの集め方・まとめ方**』　平卯太郎監修　文研出版　2003.3　56p　27cm　（統計で深めよう！　調べ学習 2）　①4-580-81325-1　Ⓝ350.7

目次 1 実験でデータを集めよう（空気でっぽうで実験してみよう，集めたデータを整理しようほか），2 観察でデータを集めよう（1日の気温と天気の変化を観察しよう，集めたデータを整理しようほか），3 アンケートでデータを集めよう（読書調査のアンケートをしよう，集めたデータを整理しよう），4 集めたデータをくらべよう（今と昔の兄弟姉妹の数をくらべよう，子どもとおとなの見方・考え方をくら

べよう），5 調べたあとで考えよう（データの見方を変えよう，電卓を使いこなそう ほか）

『**読みとろうデータが語るわたしたちのくらし**』 平卯太郎監修 文研出版 2003.3 80p 27cm （統計で深めよう！ 調べ学習 3） ①4-580-81327-8 Ⓝ350.7

目次 1 統計から考えよう 地球の未来（温暖化が進む，森林が消えてゆく，ゴミはふえつづける），2 統計から考えよう わたしたちのくらし（高齢社会，変わる日本人のくらし，子どもも変わった？），3 統計から考えよう 世界とそこに住む人たち（国境をこえる人たち，こんな国に住んでみたい，今，世界の子どもたちは…）

---

**冷凍食品の日**

日付の数字「10」を冷凍の「トウ」、「20」を冷凍食品の保存・流通温度での「-18℃以下」から。日本冷凍食品協会が1985年に制定。

---

『**冷凍食品のひみつ**』 おぎのひとし漫画，オフィス・イディオム構成 学研パブリッシングコミュニケーションビジネス事業室 2011.3 128p 23cm （学研まんがでよくわかるシリーズ 58）〈年表あり〉Ⓝ588.95

---

《**10月20日**》

---

**リサイクルの日**

日付の数字「10」「20」を「ひとまわり」「ふたまわり」と読む語呂合せから。日本リサイクルネットワーク会議が1990年に制定。

---

『**ごみはどこへ行くのか？―収集・処理から資源化・リサイクルまで**』 熊本一規監修 PHP研究所 2018.2 63p 29cm （楽しい調べ学習シリーズ）〈文献あり 索引あり〉3000円 ①978-4-569-78729-9 Ⓝ518.52

目次 第1章 調べよう！ ごみのゆくえ（ごみって何だろう？，ごみ収集の流れ，ごみ収集車のしくみ ほか），第2章 探検しよう！ ごみの処理場（清掃工場ってどんなところ？，清掃工場ではたらく人々，清掃工場のしくみ1 ごみの到着から焼却炉まで ほか），第3章 わたしたちがめざす循環型社会（リサイクルのしくみ，びんのリサイクル，かんとペットボトルのリサイクル ほか）

『**ごみ処理場・リサイクルセンターで働く人たち―しごとの現場としくみがわか**

る！』 漆原次郎著 ぺりかん社 2016.12 153p 21cm （しごと場見学！）1900円 ①978-4-8315-1455-4 Ⓝ518.52

目次 1 ごみが家から出てごみ処理場に運ばれるまで，2 ごみ収集作業ではどんな人が働いているの？，3 ごみ処理場ではどんな人が働いているの？，4 ごみ処理を支えるために，どんな人が働いているの？，5 ごみが最終処分場へ運ばれるまで，6 リサイクルセンターでは，どんな人が働いているの？

内容 ごみ・資源の収集係・ごみ処理場の運転係・ごみ処理場の整備係・ごみ処理場の技術係・ごみ処理場の管理係・ごみ処理場の工場長・不燃ごみ処理施設の担当・粗大ごみ処理施設の担当・ごみ処理場の建て替え担当・国際協力担当・リサイクルセンターの修理スタッフ。働くいろいろな職種を網羅。実際に「ごみ処理場・リサイクルセンター」で働く人たちのインタビュー。

『**まちのしごとば大研究 4 清掃工場・リサイクル施設**』 まちのしごとば取材班編 岩崎書店 2016.3 47p 29cm 〈索引あり〉3000円 ①978-4-265-08494-4 Ⓝ366.29

目次 清掃車（内部こうぞうもよく見えるスケルトン清掃車，雨の日も風の日も，ごみを集める），清掃工場（中央制御室で機械を操作している，集めたごみは，大きなごみばこ「ごみバンカ」へ，機械を操じゅうして，焼却炉で燃やす，毎日24時間，機械を見守り点検する，不適正ごみから清掃工場を守る，工場で必要な補修は自分たちでおこなう，巨大な磁石で，燃えないごみをわける，巨大な磁石で，燃えないごみをわける，大きな家具も，こまかくくだいて分別），リサイクル施設（紙などの資源が集まるリサイクル施設，古紙やびんを人の手でチェックする，缶・ペットボトルの処理はスピード勝負，粗大ごみリユースの流れを見てみよう，少しの補修で，使える家具になる，家電や電池もリサイクルされている）

『**行ってみよう！ 社会科見学―写真とイラストでよくわかる！ 3 清掃工場・リサイクル施設**』 国土社編集部編 国土社 2011.3 47p 28cm 〈文献あり〉3000円 ①978-4-337-27403-7 Ⓝ307

目次 みんなのだしたごみはどこへ行く？，だしたごみはどうなるの，どうやって燃やすのかな，燃やした後はどうするの，資源のリサイクルってなに，どんなものに生まれかわるの

内容 行く前に読もう！ 社会科見学がさらに楽しくなるよ！ 資料にしよう！ 学習発表やかべ新聞作りに便利！ 体験してみよう！ 博物館やイベントの情報もあるよ。

『**ごみの大研究―よく知って、減らそう！ 3Rとリサイクル社会がよくわかる**』 寄本勝美監修 PHP研究所 2011.3 63p 29cm 〈文献あり 索引あり〉2800円 ①978-4-569-78111-2 Ⓝ518.52

子どもの本 伝統行事や記念日を知る本2000冊 **249**

目次 序章 ごみが増えるとなぜ困る？（ごみはもともと天然資源，地球のSOS ほか），第1章 ごみについて知ろう（どれくらいごみを出しているの？，どこからごみが出るの？ ほか），第2章 リサイクルを知ろう（身近なもののリサイクルのしくみは？，そのほかにどんなリサイクルがあるの？ ほか），第3章 ごみを生かすにはどうすればいい？（ごみをなくすには―おやつ編，ごみをなくすには―洋服編 ほか）

内容 ごみを減らす工夫（リデュース），捨てないでもう一度使う方法（リユース），資源として活用できるよう正しく処分する（リサイクル），3つの行動（3R）からごみを減らす社会をつくる。

『資源・ごみ・リサイクルクイズ』 ワン・ステップ編 金の星社 2011.2 126p 22cm （地球を守れめざせ！ エコクイズマスター） 2000円 Ⓘ978-4-323-06743-8 Ⓝ519

目次 1 初級編（ごみの日まちがいさがし，絵文字クイズにこたえよう！，正しい環境マークはどれ？ ほか），2 中級編（日本のごみの種類クイズ，エコ工作まちがいさがし，文字パズルに挑戦！ ほか），3 上級編（原子力発電クイズ，環境マークから消えた文字は？，コンビニのお弁当のゆくえ ほか）

『すてるまえにたしかめて！―リサイクルってなんだろう？』 かなだたえぶん，ながいいくこえ，次山信男監修 チャイルド本社 2010.2 28p 25×27cm （エコ育絵本ちきゅうにやさしくなれるかな？ 11） 952円 Ⓘ978-4-8054-3294-5 Ⓝ518.523

『ごみとリサイクル』 安井至監修 ポプラ社 2006.3 215p 29cm （ポプラディア情報館） 6800円 Ⓘ4-591-09048-5 Ⓝ518.52

目次 1章 ごみってなんだろう？（ものがあふれた地球のいま，人が暮らすとごみがでる ほか），2章 ごみの処理のしかた（ごみはどこへいくの？，家庭からでるごみの分別 ほか），3章 ごみを減らすために（「ごみにしない」という考え方，海外のリデュース・リユース ほか），4章 ごみ問題の解決にむけて（リサイクルの成果とは，リサイクルの種類と現状 ほか）

内容 ごみの歴史と問題点，リサイクルの最先端がよくわかる！ わたしたちの生活と密接に結びついている「ごみ」の問題を，基本から徹底解説。リサイクルのしくみや最新の取り組みについて，素材ごとに豊富な写真と詳細なイラストで，わかりやすく説明しています。ごみの問題をとおして，わたしたちがなにを考えなければいけないか，根本的な問いかけにこたえられる内容です。巻末に，ごみ

とリサイクルに関する学習の参考となる，施設やホームページも紹介しています。

『リサイクルを調べる』 服部美佐子著 さ・え・ら書房 2005.6 47p 27cm （地球の未来とゴミ学習 2） 2500円 Ⓘ4-378-01152-2 Ⓝ518.523

目次 第1章 いろいろなリサイクル（生ゴミのリサイクル，ペットボトルのリサイクル ほか），第2章 リサイクルの落とし穴（なんでもリサイクル？ ほか），第3章 産業廃棄物の問題（産業破棄物の不法投棄），第4章 江戸時代に学ぶリサイクル社会（江戸時代のゴミ処理，江戸時代のリサイクル ほか）

---

### 新聞広告の日

日本新聞協会が制定。10月15日からの1週間が「新聞週間」。新聞広告の役割や意義についてPRするとともに，新聞広告賞などの授賞式が行われる。

---

『新聞広告で見つけよう！―明治から平成くらしのうつりかわり 5（遊び・レジャー）』 くもん出版 2004.4 47p 28cm 〈年表あり〉 2500円 Ⓘ4-7743-0723-8 Ⓝ674.6

目次 子どもの遊びのうつりかわり，本，雑誌のうつりかわり，旅行のうつりかわり，音楽のうつりかわり，スポーツのうつりかわり，もっとくわしく調べるために

内容 コンピューターゲームがなかった時代の子どもの遊びや，娯楽が少なかった時代の音楽，旅行，スポーツなどはどんなものが流行していたのでしょうか。時代ごとに広がっていく，人びとの楽しみを知ることができます。小学校高学年～中学生向け。

『新聞広告で見つけよう！―明治から平成くらしのうつりかわり 4（乗りもの）』 くもん出版 2004.4 47p 28cm 〈年表あり〉 2500円 Ⓘ4-7743-0722-X Ⓝ674.6

目次 自動車のうつりかわり，鉄道のうつりかわり，飛行機のうつりかわり，船のうつりかわり，バス，タクシーのうつりかわり，地下鉄のうつりかわり，自転車，オートバイのうつりかわり，もっとくわしく調べるために

内容 どんどん発達する鉄道や飛行機，自動車などの広告から，わたしたちのくらしに欠かすことのできない乗りもののうつりかわりを探ります。めざましい発達をとげた交通の歴史が見えてきます。小学校高学年～中学生向け。

『新聞広告で見つけよう！―明治から平成くらしのうつりかわり 3（ファッション）』 くもん出版 2004.2 47p 28cm 2500円 Ⓘ4-7743-0721-1 Ⓝ674.6

目次 いろいろな新聞広告を見てみようファッション編，色つき（カラー）の新聞広告はいつからあった？，子ども服，制服のうつりかわり，新聞にはどんな種類があるだろう？，婦人服，紳士服のうつりかわり，新聞広告はどのようにつくられる？，はきものの

うつりかわり，時代別どんな広告が多かった？　戦後から昭和中期編，化粧品のうつりかわり，髪型のうつりかわり

内容　子ども服やふだん着，はきものなど，和装から洋装への変化や流行のうつりかわりを，実際のイラストや写真が使われているさまざまなジャンルの広告から感じ取ることができます。

『新聞広告で見つけよう！―明治から平成　くらしのうつりかわり　2（電化製品）』　くもん出版　2004.2　47p　28cm　2500円　①4-7743-0720-3　Ⓝ674.6

目次　いろいろな新聞広告を見てみよう　電化製品編，広告媒体って何だろう？，台所電化製品のうつりかわり，媒体ごとの広告の特徴，洗たく機，そうじ機のうつりかわり，折り込み広告のはじまりと現在，ラジオ，テレビのうつりかわり，時代別どんな広告が多かった？　戦前・戦中編，明かりのうつりかわり，冷暖房機器のうつりかわり

内容　今では生活に欠かせないものとなった電化製品。登場する前はどんなものを使っていたのでしょうか。また，いつごろから広まってきたのでしょうか。テレビ，洗たく機，そうじ機，冷暖房機などの広告から解き明かします。

『新聞広告で見つけよう！―明治から平成　くらしのうつりかわり　1（食べもの）』　くもん出版　2003.11　47p　28cm　2500円　①4-7743-0719-X　Ⓝ674.6

目次　いろいろな新聞広告を見てみよう　食べもの編，新聞広告のはじまりはいつごろ？，洋食のうつりかわり，明治以降の洋食の歴史，洋食の未来とわたしたちのくらし，新聞広告にはどんな種類があるの？，お菓子のうつりかわり，明治以降のお菓子の歴史，お菓子の未来とわたしたちのくらし，食べもの事情はどんなふうに変化した？，インスタント食品のうつりかわり，明治以降のインスタント食品の歴史，インスタント食品の未来とわたしたちのくらし

内容　文明開化のころから大きく変化しはじめた日本人の食生活のうつりかわりを，洋食やインスタント食品，お菓子，清涼飲料の広告から探ります。小学校高学年～中学生向け。

## 《10月21日》

### あかりの日

1879年10月21日，トーマス・エジソンが電球を発明したことから。電気・照明関連団体から成る「あかりの日」委員会が制定。

『エジソンと電灯』　キース・エリス作，児玉敦子訳　町田　玉川大学出版部　2015.

12　139p　22cm　（世界の伝記科学のパイオニア）〈年譜あり　索引あり〉1900円　①978-4-472-05964-3　Ⓝ289.3

目次　1 若き発明家，2 電信会社の争いのはざまで，3 声だけが聞こえる，4 あかりをともし，5 伝説の人エジソン，6 かげりゆく伝説，7 つきぬ情熱　蓄音機と活動写真

内容　貧しい家庭に生まれたエジソンは，小さいころから列車の売り子をしてお金をかせいでいました。学校には数か月しか通っていません。その少年が，どうやって発明王になったのでしょうか。

『電気がいちばんわかる本　1　明かりのひみつ』　米村でんじろう監修　ポプラ社　2011.3　39p　27cm　〈索引あり〉2600円　①978-4-591-12322-5　Ⓝ540

目次　1 明かりをさがせ！（家の明かり，まちの明かり，いろいろな場所の明かり），2 明かりがつくしくみを見てみよう（明かりがつくのはどうして？，明かりのつくかん電池のつなぎかた，電池は，かたちも大きさもいろいろ　ほか），3 明かりの実験と工作（エジソン電球をつくろう，テスターをつくって，電流がながれるものをさがそう，ぐにゃぐにゃくぐりをつくろう　ほか）

## 《10月24日》

### 国連デー

1945年の10月24日に，国際連合憲章が発効して国際連合が正式に発足したことから。

『ニュースに出てくる国際組織じてん　1　国連組織』　池上彰監修　井口正彦著　彩流社　2016.3　31p　31cm　〈索引あり〉2500円　①978-4-7791-5023-4　Ⓝ329.3

目次　国際連合，ユネスコ（UNESCO），国連開発計画（UNDP），国連食糧農業機関（FAO），世界食糧計画（WFP），国連難民高等弁務官事務所（UNHCR），ユニセフ（UNICEF），国連環境計画（UNEP），世界保健機関（WHO），UN Women，国際労働機関（ILO），国際原子力機関（IAEA），国連大学（UNU）

『国連』　サイモン・アダムス著，櫻井よしこ日本語版総監修，久保田陽子訳・文　小峰書店　2004.4　47p　29cm　（現代の世界と日本を知る　イン・ザ・ニュース8）3000円　①4-338-19608-4　Ⓝ329.33

目次　国連とは何でしょう？，国連の働き，国連の資金はどこからくるのでしょう？，外交，平和を守るために，検証：アフガニスタン，国連かかえる社会的問題，人権，地球環境への取り組み，国連とアメリカ〔ほか〕

子どもの本　伝統行事や記念日を知る本2000冊　251

**10月24日**　　　　　　　　　　　　　　　10月

『国際連合―国際平和をめざして』　リンダ・メルバーン著　ほるぷ出版　2003.4　35p　27cm　〈調べてみよう 世界のために働く国際機関〉　2800円　Ⓘ4-593-57601-6　Ⓝ329.33

目次　1 国際連合ってなあに？，2 国連の仕事，3 安全保障理事会，4 事務総長，5 国連の平和維持活動，6 国連の機関，7 国連の現在と未来，国際連合について学ぼう，用語解説，国連に関係した連絡先

内容　国際連合（国連）は第2次世界大戦の末期に誕生しました。国連は国際平和の実現と，世界中の人々に人間らしい権利を保障することを目的として活動しています。この本では，国際連合が世界中でどのように紛争を解決し，平和をもたらすために貢献をしているかを紹介します。

『みんなの国連』　国際連合広報センター　2003　22p　22cm　Ⓝ329.33

『国連に行ってみよう』　ナーネ・アナン作　自由国民社　2002.12　32p　24cm　〈英文併記〉　1300円　Ⓘ4-426-89104-3　Ⓝ319.9

内容　2人で歩んできた世界各地の様子を，ナーネさんがわかりやすい言葉と写真で知らせます。小学生から世界の動きに興味がもてます。

『国連ってなぁに？』　国際連合広報センター　2002　23p　21cm　〈「国連ってなーに？」の改訂〉　Ⓝ329.33

---

### 世界開発情報の日

1970年の10月24日に「第2次国連開発の10年」が採択されたことから。国連総会決議で1972年に制定。開発のための国際協力を促す日。

---

『持続可能な地球のために―いま、世界の子どもたちは　第2巻　学校にいきたい―教育』　茂木ちあき著　新日本出版社　2018.12　31p　27cm　2500円　Ⓘ978-4-406-06262-6　Ⓝ360

目次　地球を守る17の目標＝SDGs，世界のおよそ8億人が「極度の貧困」，途上国の子どもの4人に1人は〝飢餓〟，発育阻害の子どもたち〝グアテマラ〟，売られてゆく少女たち〝インド〟，スマホにひそむ危険な児童労働〝コンゴ民主共和国〟，帰る家のない子どもたち〝バングラデシュ〟，第二次世界大戦以降、最悪の難民数，紛争の犠牲になる子どもたち〝シリア〟，ロヒンギャの子どもたち〝ミャンマー〟〔ほか〕

『持続可能な地球のために―いま、世界の子どもたちは　第4巻　温暖化をくいとめ

---

よう―環境』　本木洋子著　新日本出版社　2018.10　31p　27cm　2500円　Ⓘ978-4-406-06264-0　Ⓝ360

目次　地球を守る17の目標＝SDGs，気候変動って？，世界をおそうエルニーニョ現象，自然の力をエネルギーに，軍隊をもたない平和な国で〝コスタリカ〟，海にかこまれた国々の取り組み，地球の海は，日本はマイクロプラスチックのホットスポット，地球から森がきえていく，野生の生きものがいなくなる！，砂漠が押し寄せる！　〝セネガル〟，パリ協定―世界が知恵をしぼった！，2030年のあなたへ―誰一人取り残さない，未来ある地球のために

『持続可能な地球のために―いま、世界の子どもたちは　第3巻　健康で生きたい―保健・衛生』　本木洋子著　新日本出版社　2018.8　31p　27cm　2500円　Ⓘ978-4-406-06263-3　Ⓝ360

目次　地球を守る17の目標＝SDGs，命をささえる水，「世界水の日」，栄養は人の権利（コンゴ民主共和国），3人にひとりが栄養不足（ブルキナファソ），栄養不良で命の危険に（南スーダン），母乳はあかちゃんのワクチン，清潔な環境は平和あってこそ（イエメン），「世界トイレの日」，「世界手洗いの日」，世界に広がる感染症1（三大感染症），世界に広がる感染症2（エボラ出血熱），がんばるお医者さんたち―国境なき医師団，命のパスパートは母子手帳，2030年のあなたへ―社会からおきざりにしないで，未来アル地球のために

『持続可能な地球のために―いま、世界の子どもたちは　第1巻　安心してくらしたい―貧困・飢餓』　茂木ちあき著　新日本出版社　2018.6　31p　27cm　2500円　Ⓘ978-4-406-06261-9　Ⓝ360

目次　地球を守る17の目標＝SDGs，世界のおよそ8億人が「極度の貧困」，途上国の子どもの4人に1人は〝飢餓〟，発育阻害の子どもたち〝グアテマラ〟，売られてゆく少女たち〝インド〟，スマホにひそむ危険な児童労働〝コンゴ民主共和国〟，帰る家のない子どもたち〝バングラデシュ〟，第二次世界大戦以降、最悪の難民数，紛争の犠牲になる子どもたち〝シリア〟，ロヒンギャの子どもたち〝ミャンマー〟〔ほか〕

『国際協力ってなんだろう―現場に生きる開発経済学』　高橋和志，山形辰史編著　岩波書店　2010.11　188p　18cm　〈岩波ジュニア新書　668〉　780円　Ⓘ978-4-00-500668-7　Ⓝ333.8

目次　1 開発のめざすもの，2 平和と公正を実現するために，3 宇宙船地球号の舵取り，4 開発への取り組み，5 開発途上国でのイノベーション，6 国境を越えよ

内容　貧困削減や開発援助、感染症対策、平和構築、紛争予防、環境保全、ジェンダーなど、国際協力に関わる24のテーマを取り上げて解説。現場の研究者の目に映った開発途上国の厳しい現状や課題を伝えるとともに開発経済

学の視点から、ダイナミックに変化している開発途上国の姿や国際開発の取り組みを紹介する。

『**親子で読む地球環境の本―持続可能な開発小さな一歩**』 カトリーヌ・ステルン著, 伊藤緋紗子訳, ペネロープ・ペシュレイラスト 講談社 2007.6 81p 25cm 1500円 ①978-4-06-213965-6 Ⓝ519.8

[内容] この30年の間に動物の数は40％減少しました。地球上の5人に1人が飢えています。世界の4分の1の人口が7割以上のエネルギーを消費しています。100年後には地球の平均気温は5度上昇する可能性があります。今できることは何ですか。

『**国際協力の現場から―開発にたずさわる若き専門家たち**』 山本一巳, 山形辰史編 岩波書店 2007.5 206,4p 18cm （岩波ジュニア新書 564） 780円 ①978-4-00-500564-2 Ⓝ333.8

[目次] 1 逆境に立ち向かう（貧困削減，食糧，ジェンダー，セックスワーカー，難民），2 子どもたちの未来のために（子どもの権利，子どもとエイズ，教育，児童労働），3 平和な世界を目指して（紛争，武器と兵士，犯罪防止），4 国際協力のアプローチ（開発援助，技術協力，農業開発，環境保全，法制度改革支援，開発のための調査）

[内容] 貧困削減，難民支援，紛争解決，開発援助，環境保全…。世界各地で起きている問題に最前線で取り組む若きフィールド専門家たちによる現場報告。開発途上国が抱えるさまざまな困難や国際的な支援の方法を現場の視点から具体的に語ります。現在の国際開発の課題を理解するうえで最適の国際協力入門。

『**世界と地球の困った現実―まんがで学ぶ開発教育 飢餓・貧困・環境破壊**』 日本国際飢餓対策機構編, みなみななみまんが 明石書店 2003.10 112p 21cm 〈文献あり〉 1200円 ①4-7503-1798-5 Ⓝ611.38

[目次] 1 世界には食べ物が足りないの？，2 ぼく食べる人、でも作る人はたいへん！，3 なぜ貧しくなったの？，4 食べ放題のぼくたち，5 ぼくたちの生活と地球の環境，6 水が少ないとどうなるの？，7 子だくさんの理由，8 学校に行けてよかった

[内容] 世界には、ぼくたちのまだ知らないことがいっぱいあるね。今、地球のどこかで、ぼくたちと同じくらいの子どもたちが、ぼくちとは全然ちがった生活をしているんだ。食べるものが十分になくて死んでいく子どもや、家が貧しいために学校に行けない子どもが、今も世界にはたくさんいるんだって。日本のぼくたちには想像するのがむずかしいよね。また、この地球の空気や水が汚くなってきていること、そのためにいろいろな問題

が起こってくるということ、こういうことはぼくたちとは全然関係ないところで起こっているみたいだけれど、本当はぼくたちにもそのいくつかにつながりや、責任があったりするんだって。本書ではこんな、今世界で起こっていることを紹介していきます。

## 《10月25日》

### 世界パスタデー

1995年の10月25日にイタリアのローマで「第1回世界パスタ会議」が開催されたことを記念して1998年に制定された。世界各国ではパスタの魅力を伝えるさまざまなイベントが開かれる。

『**つくりかたがよくわかるお料理教室 5 パスタ**』 かんちくたかこ調理・文, 川嶋隆義写真 岩崎書店 2018.3 31p 29cm 2400円 ①978-4-265-08615-3

『**パスタでたどるイタリア史**』 池上俊一著 岩波書店 2011.11 228p 18cm （岩波ジュニア新書 699）〈年表あり 文献あり〉 980円 ①978-4-00-500699-1 Ⓝ383.837

[目次] はじめに―日本のパスタ事情，第1章 麺が水と出会うまで，第2章 文明交流とパスタのソース，第3章 貧者の夢とエリートの洗練，第4章 地方の名物パスタと国家形成，第5章 母と子の思い，第6章 パスタの敵対者たち，おわりに 歴史の中のパスタ

[内容] 「パスタを食べることでイタリア人はイタリア人であることを自覚する」―。地域色の強いイタリアで、人々の心を結ぶうをもつパスタ。この国民食は、いつ、どのように成立したのでしょう。古代ローマのパスタの原型から、アラブ人が伝えた乾燥パスタ、大航海時代の舶来種トマト、国家統一に一役買った料理書まで。パスタをたどると、イタリアの歴史が見えてきます。

『**おもしろパスタとソース**』 貝谷郁子著 汐文社 2005.11 35p 21×22cm （イタリア料理にチャレンジ！ かんたん手づくりパスタ 第3巻） 1900円 ①4-8113-8036-3 Ⓝ596.23

『**パスタの形と色**』 貝谷郁子著 汐文社 2005.10 35p 21×22cm （イタリア料理にチャレンジ！ かんたん手づくりパスタ 第2巻） 1900円 ①4-8113-8035-5 Ⓝ596.23

『**パスタのきほん**』 貝谷郁子著 汐文社 2005.10 35p 21×22cm （イタリア料理にチャレンジ！ かんたん手づくりパスタ 第1巻） 1900円 ①4-8113-8034-7 Ⓝ596.23

子どもの本 伝統行事や記念日を知る本2000冊 **253**

## 《10月26日》

### 原子力の日

10月26日は、1956年日本が国連の専門機関の一つである国際原子力機関へ参加した日であり、1963年茨城県東海村で日本で初めての原子力発電に成功した日でもあることから。日本政府が1964年に制定。

---

『原子力のサバイバル—生き残り作戦 2』
ゴムドリco.文，韓賢東絵，HANA Press Inc.訳 朝日新聞出版 2013.10 176p 23cm （かがくるBOOK—科学漫画サバイバルシリーズ） 1200円 ①978-4-02-331239-5 Ⓝ539

内容 無事に島を離れ、帰国したジオ一行。偶然、ジオは空港でコバルト爆弾の話をしていた男に出会うが、実は彼はロックグループマッドスカルのメンバーだった！ しばらくして、空港は爆発物の通報で大パニックとなり、ノウ博士とベン博士は事件を解決しようとするが…。果たして、核兵器を持つテロリストは誰なのだろうか？

『原子力のサバイバル—生き残り作戦 1』
ゴムドリco.文，韓賢東絵，HANA Press Inc.訳 朝日新聞出版 2013.7 179p 23cm （かがくるBOOK—科学漫画サバイバルシリーズ） 1200円 ①978-4-02-331212-8 Ⓝ539

目次 1章 不吉な夢，2章 2つの顔を持つ放射能，3章 アインシュタイン号の性能，4章 ベン博士の登場，5章 実演会の始まり！，6章 突然の大地震，7章 アインシュタイン号の大活躍，8章 原子力発電所の危機，9章 停止した発電機，10章 原因は圧力！

内容 目に見えない、原子力エネルギー。人間にとって、いったい何が危険なのか!? 耐放射線作業ロボットの実演会が開かれる島へ向かったジオ。その最中、突如、地震が発生！ そこに、原子力発電所から急な知らせが入り、不吉な予感に包まれるが…。ジオと仲間たちは、原子炉の危機を防げるのか？

『原子力災害からいのちを守る科学』 小谷正博，小林秀明，山岸悦子，渡辺範夫著 岩波書店 2013.2 232p 18cm （岩波ジュニア新書 735）〈文献あり〉840円 ①978-4-00-500735-6 Ⓝ543.5

目次 序章 東日本大震災のもたらしたもの，第1章 「原子力」とはどういうエネルギーか（原子力のエネルギーとは何だろう？，放射性物質と放射線の発見，ウランの原子核からエネルギーを取り出す，半減期とは？，単位の話—ベクレル（bq）とシーベルト（Sv）），第2章 放射性物質とはどんなものか（元素の周期表で元素の位置を確認する，放射性物質と元素の周期表，原子爆弾と原子力発電と元素，元素の周期表と化学結合），第3章 放射線は生物にどのように影響するか（遺伝子の本体DNAへの影響，今おきていること，子孫に受け継がれること，毒も薬になる，薬も毒になる，身を守るために物質の性質をもっと知ろう），第4章 どうしたら科学で身を守ることができるか（放射性物質はどのように飛散し濃縮するか，ゴミを減らす方法と放射性物質を減らす方法の違いは何か ほか），終章 科学は何ができるか

内容 放射線は、私たちのからだにどう影響するのだろう。そもそも「原子力」とはどういうエネルギーか。放射線物質の性質、半減期や除染の本当の意味などを、中学までの理科の知識をもとに、原子の構造や周期表、DNAの基礎からやさしく解説。

『原子力がわかる事典—正しく知ろう！ : しくみから放射線・原発まで』 原子力教育を考える会監修 PHP研究所 2012.9 63p 29cm 〈文献あり 索引あり〉2800円 ①978-4-569-78258-4 Ⓝ539

目次 第1章 原子と原子力（原子ってどんなもの，原子が生み出すエネルギー，大きなエネルギーが出る理由 ほか），第2章 原子力と放射線（放射線とはどんなもの？，放射線の種類，原子力発電と放射線 ほか），第3章 原子力発電のしくみと課題（原子力発電のしくみ，原発の燃料と人体や自然への影響，サイクルにならない核燃料サイクル!? ほか）

『目で見て分かる！ 放射能と原発—CGとイラストで丁寧に解説 原子力ってなに!?』 澤田哲生監修 双葉社 2012.4 97p 26cm 1200円 ①978-4-575-30415-2 Ⓝ543.5

目次 第1章 原子力とはなにか？（原子のしくみ，放射線とは？，自然放射線 ほか），第2章 放射線とその影響（放射能の単位，被ばくとは？，被ばく線量 ほか），第3章 福島原発事故と日本の原発の今後（日本の電力，原子力発電のしくみ，原子力発電所の事故 ほか）

内容 そうだったのか！ ようやく納得！ 放射能。小中学校で始まった放射線教育をCGとイラストで丁寧に解説。

『よくわかる原子力とエネルギー 2 原子力発電がよくわかる本』 舘野淳監修 ポプラ社 2012.3 47p 29cm 〈索引あり〉2800円 ①978-4-591-12831-2 Ⓝ543

目次 はじめに 原子力発電ってなんだろう，原子力発電のこれから，原子力発電と火力発電のちがい，原子力発電に使われるウラン，核分裂のしくみとウランの濃縮作業，日本の原子力発電，沸騰水型軽水炉のしくみと特徴，加圧水型軽水炉のしくみと特徴，原子力発電の問題点，放射性廃棄物の処理・処分，核燃料サイクルとは？，プルサーマルとは？，原子力の軍事利用，原子力発電所の安全対策，世界でおきた原子力発電所事故，日本でおきた原子力施設の事故，福島第一原子力発電所の事故，原子力発電所の建設から廃炉まで

『**よくわかる原子力とエネルギー　1　放射線がよくわかる本**』　野口邦和監修　ポプラ社　2012.3　47p　29cm　〈索引あり〉　2800円　①978-4-591-12830-5　Ⓝ543

目次　はじめに　放射線ってなんだろう，身のまわりにある放射線，原子のなりたち，放射線を出す同位体，放射性同位体が放射線を出すしくみ，核分裂・核融合と放射線，放射線の種類と透過力，放射線・放射能の単位，放射線・放射能発見の歴史，幅広い分野で利用されている放射線，放射線の危険性，放射線から身を守るために，放射線を測定してみよう

『**原子力の大研究—大きなエネルギー　しくみから利用方法・課題まで**』　PHP研究所編　PHP研究所　2009.12　79p　29cm　〈文献あり　年表あり　索引あり〉　2800円　①978-4-569-78010-8　Ⓝ539

目次　第1章　原子と原子力について，第2章　原子力発電のしくみと利用，第3章　さまざまな分野で利用される放射線，第4章　未来のエネルギー核融合，第5章　原子力にかかわる課題，付録　データで見る原子力＆原子力発展の歴史

『**原子力のことがわかる本—原子爆弾から原子力発電まで**』　舘野淳監修　数研出版　2003.7　143p　22cm　（Chart books special issue）　1100円　①4-410-13816-2　Ⓝ539

目次　序章　原子力ってなに？，第1章　原子のしくみ入門（原子のしくみ，大きなエネルギーが生まれる理由　ほか），第2章　原子力の歴史（発見の歴史，原子爆弾と核兵器の歴史　ほか），第3章　原爆のおそるべき威力（原爆のしくみ，1945年8月のヒロシマ　ほか），第4章　原子力発電という技術（電気の量とエネルギー，発電の種類　ほか）

---

### 柿の日

1895年10月26日からの奈良旅行で，俳人の正岡子規が有名な「柿くへば鐘が鳴るなり法隆寺」を詠んだとされることから。全国果樹研究連合会カキ部会が制定。

---

『**おいしいほしがき—おばあちゃんとつくったよ！**』　ひさかたチャイルド　2013.9　28p　21×24cm　（しぜんにタッチ！）〈「サンチャイルド・ビッグサイエンス　2008-10」（チャイルド本社　2008年刊）の改題・ハードカバー化〉　1200円　①978-4-89325-995-0　Ⓝ628.2

内容　しぶくて食べられなかった柿も，干せばおいしく食べられます。それは，おばあちゃんが教えてくれる昔からの知恵。さあ，一緒に作ってみましょう。楽しく知るうちに食べ

物や命への感謝が生まれてくる絵本です。幼児～小学校低学年向き。

『**柿の木**』　宮崎学著　偕成社　2006.10　79p　21cm　1200円　①4-03-745110-7　Ⓝ625.4

内容　柿の木は，いったい何を言おうとしているのだろうか？　丘の上に立つ一本の柿の木は，忙しい現代人が忘れている，大事なもののあることを思い出させてくれました!!　小学上級から。

『**干し柿**』　西村豊写真・文　あかね書房　2006.10　1冊　26cm　（あかね・新えほんシリーズ　30）　1200円　①4-251-00950-9　Ⓝ628.2

内容　干し柿を知っていますか？　しぜんと人とが作りだしたあまくておいしい食べ物です。でも，もともとはとってもしぶい柿だったのです。どうやってあまくするのでしょうか。

『**かき**』　矢間芳子さく　福音館書店　2004.1　27p　26cm　838円　①4-8340-1952-7　Ⓝ479.93

---

### 《10月30日》

---

#### 香りの記念日

1992年の10月30日に石川県七尾市で第7回国民文化祭「世界香りのフェアIN能登」が開催されたことから，七尾市が制定。

---

『**香りと歴史7つの物語**』　渡辺昌宏著　岩波書店　2018.10　213p　18cm　（岩波ジュニア新書　885）〈文献あり〉　860円　①978-4-00-500885-8　Ⓝ576.6

目次　プロローグ　時を超えて，今，開かれる香りと歴史の扉，第1章　香りを支配する者たち—アレクサンドロス大王はシバの女王の夢を見るか，第2章　皇帝は香りに恋して—玄宗と楊貴妃，涙と香りの物語，第3章　香りは時代を超えて—天下人を魅了した名香の謎，第4章　海に漂う香りの王者—アンバーグリスの物語，第5章　香りの女王は永遠に—紅茶香るバラとナポレオン皇妃の物語，第6章　ペリーの香水と薩摩の樟脳—幕末の横浜とパリ万博を繋ぐ香りの物語，第7章　運命の5番は白夜の香り—華麗なる香水の物語，エピローグ　物語の背景，そして未来の物語のために

内容　古代から現代にいたるまでいつの時代も「香り」は多くの人々を魅了してきました。本書では，アレクサンドロス大王を虜にした乳香，玄宗皇帝と楊貴妃に秘められた竜脳，織田信長が切望した蘭奢待，ナポレオン皇妃が愛したバラなど香りにまつわる7つの物語を紹介します。歴史の裏に香りあり…。香りでたどる魅惑の歴史物語です。

『**香りのふしぎ百科　2**』　栗原堅三編著　樹立社　2003.4　55p　31cm　（五感のふ

しぎシリーズ 8）3000円　①4-901769-10-3　⑩491.376

目次 1 自然の香り（この木の香り、知ってる？，フィトンチッドってなあに？），2 香りで表現する（パフューマー（調香師）の仕事ってどんなこと？，せっけんやシャンプーの香りはどうやってつくるの？　ほか），3 日本の香り（「かおり風景」ってなに？，「かおり風景」にはどのようなところがありますか？　ほか），4 世界の香り（ミイラの製作に使われた香料とは？，古代ギリシャで治療に使った香りの植物とは？　ほか）

内容 本書では、「かおり風景」を再現し、香水やハーブ、お香など身のまわりの香りの"ふしぎ"を探ります。

『香りのふしぎ百科 1』栗原堅三編著
樹立社　2003.4　55p　31cm　（五感のふしぎシリーズ 7）3000円　①4-901769-09-X　⑩491.376

目次 1 香りを楽しむ（香りってなに？　匂いってなに？　臭いってなに？，においと味の感覚はどう違うの？，においにも基本臭はあるの？　ほか），2 香りを知る（植物もにおいでコミュニケーションするの？，花はなぜにおいを発するの？，フェロモンはどんな働きをするの？　ほか），3 香りと暮らす（ハーブにはどんなものがあるの？，アロマテラピーってなに？，香りは本当に気分をリフレッシュさせるの？　ほか）

内容 本書では、においの正体、フェロモンの働き、サケの母川回帰など自然界の香りの"ふしぎ"を探ります。

## マナーの日

日本サービスマナー協会がその設立日である10月30日を2008年に制定。一般的なマナーやビジネスマナーなどの身近なマナーについて見直し、生活に役立てるよう呼びかける。

『大人になってもこまらない！　マナーとしぐさ』井垣利英監修　ポプラ社
2018.12　127p　21cm　（おしゃれマナーBook 1）1100円　①978-4-591-16074-9

目次 1 自分のすてきポイントを見つけよう！（自分のすてきポイントを見つけよう！，あなたのすてきポイントはどこ？　ほか），2 立ち居ふるまいをキレイに（明るい笑顔がハッピーをつくる！，背すじをのばせばすっきり姿勢美人！　ほか），3 身だしなみをキレイに（身だしなみを整えて自分をもっとかがやかせよう，正しい洗顔をマスターして心もすっきり★ほか），4 コミュニケーションで自分をみがく！（幸せになるまほうのことば，「ありがとう」を口に出そう　ほか），5 毎日のすごし

方でもっとキレイに！（時間のよゆうは心のよゆう！，もののあつかい方に心があらわれるほか）

内容 はずかしがりやの主人公・ヒカリが、「自分らしくもっとかがやく」ために、あこがれのお姉さん・モエといっしょにマナーとしぐさのレッスンをはじめるよ。ヒカリはマナーとしぐさを身につけて、どう変わっていくの？　みんなもいっしょに、やってみよう！　マナーとしぐさが身につくと…およばれ先でもドキドキせずに行動できる！　身だしなみが清けつでさわやかになる！　自分の気持ちをきちんとつたえられる！

『ちびまる子ちゃんのマナーとルール─友だちづき合いのコツもわかる』さくらももこキャラクター原作，沼田晶弘監修
集英社　2018.11　157p　19cm　（満点ゲットシリーズ─せいかつプラス）850円　①978-4-08-314070-9　⑩385.9

目次 第1章 おうちの中にもマナーあり（あいさつって気持ちいいよ！，食事のしたく・食べかた・あと片づけ ほか），第2章 学校でのマナーって？（一日の計は朝にあり，元気に登校 ほか），第3章 遊びに行こう！（遊びに行く前に，道路や公園 ほか），第4章 お出かけしよう（電車・バスに乗るときは，店で買いもの ほか），第5章 敬語・電話・手紙のマナー（敬語をマスターしよう，電話に出るとき・かけるとき ほか），第6章 友だちとのつき合いかた（友だちになろう，親しき仲にもマナーあり ほか）

内容 食事やお出かけのマナーから、友だちやネットとつき合うコツまで。

『10歳までに身につけたい一生困らない子どものマナー─この小さな習慣が、思いやりの心を育てます』西出ひろ子，川道映里著　青春出版社　2018.6　158p　21cm　1380円　①978-4-413-11258-1　⑩385.9

目次 1 家のなかでの基本のマナー─家族みんなが気持ちよく暮すために（「おはよう」「おやすみなさい」は笑顔をわすれずに，「行ってきます」「ただいま」のあいさつは元気に言おう ほか），2 どんなところでも恥をかかないテーブルマナー─お箸、ナイフ、フォークの使い方から外食まで…（和食編，洋食編 ほか），3 みんなと一緒の場での、思いやりのマナー─街で、乗り物のなかで、結婚式やお葬式で…真心は形であらわせます（約束、時間、順番を守るだけで、みんなハッピー，電車はおりる人が先？　乗る人が先？　ほか），4 言い方ひとつで、すべてが変わる、ことばのマナー─謝る、お願いをする、言葉遣い…愛される子の伝え方、聞き方（言葉ひとつで、やさしくもこわくもなる，話をするときには「位置」があります ほか），終章 大人の皆様へ─マナーは教えるものではなく、伝えるものです（子どもには「言う」ではなくて、「やって」みせる，「どの時期からマナーを教えるべき？」マナー教育の時期について ほか）

内容 挨拶ができる、「ありがとう」「ごめんなさい」が言える、人を不快にさせないテーブル

マナー、家の中でのルール、公共の場面で…いちばん大事な基本なのに、なかなかできない。親子で知りたい、ちょっとした作法とは？

『世界に通じるマナーとコミュニケーション―つながる心、英語は翼』 横手尚子，横山カズ著 岩波書店 2017.7 193p 18cm （岩波ジュニア新書 857） 860円 ①978-4-00-500857-5 Ⓝ385.9

目次 1 マナーって何だろう（JALで学んだマナーの基本，託児の仕事とマナー ほか），2 マナーの基本（第一印象の大切さ，マナーの基本5原則 ほか），3 心をつなぐ言葉づかい（言葉づかいと敬語，インタビュー 格闘家 前田日明氏に聞く），4 異文化理解のマナー―マナーと衝突は紙一重（異文化理解と力む前に，「あなたってどんな人？」―おもてなしはジコチューから始まる!? ほか），5 心をつなぐマナーとコミュニケーションの英語（おもてなし英語，心をつなぐ英語 発音講座 ほか）

内容 元国際線CAで接客英会話・接遇マナー講師の横手氏と同時通訳者として活躍する横山氏が，だれもが身につけておくべき基本的なマナー，国際化する社会で欠かすことのできないマナー，英語コミュニケーションの極意を伝授します。基本5原則，敬語の使い方，心をつなぐ英語表現など，実践で役立つマナーの基本を紹介します。

『みんなで考える小学生のマナー―社会のルールがわかる本』 ジュニアマナーズ協会著，田中ゆり子監修 メイツ出版 2017.7 144p 21cm （まなぶっく） 1480円 ①978-4-7804-1908-5 Ⓝ385.9

目次 第1章 誰とでも仲よくなるために，第2章 おうちの中のマナー（自分の家・よその家），第3章 食事をする時のマナー，第4章 お出かけの時のマナー，第5章 学校でのマナー，第6章 電話の受け方・かけ方，第7章 人に連絡する時のマナー

内容 知っておきたい！ 礼儀作法からネットのルールまで。子どもだから許される，は卒業して内面から輝くオトナに！

『大人になってこまらないマンガで身につくマナーと礼儀』 辰巳渚監修，池田圭吾マンガ・イラスト 金の星社 2016.9 143p 21cm 1100円 ①978-4-323-05322-6 Ⓝ385.9

目次 第1章 基本のあいさつ編，第2章 家の中編，第3章 学校編，第4章 友だちの家編，第5章 おでかけ編，第6章 コミュニケーション編

内容 マナーや礼儀ができるようになると…家族からほめられる！ 友だちともっと仲良くなれる！ モテモテになっちゃうかも!?

『おぼえておこうせいかつのマナー』 藤子・F・不二雄キャラクター原作，谷田貝公昭監修 小学館 2016.8 135p 19cm

（ドラえもんのプレ学習シリーズ―ドラえもんの生活はじめて挑戦） 700円 ①978-4-09-253585-5 Ⓝ385.9

目次 1 きんじょであそぶ―みじたく・こうつうルール・こうえんのマナー（でかけるじゅんびをする ほか，みどうをあるく ほか），2 ともだちのいえにいく―やくそく・あいさつ・よそのいえでのマナー（あそぶやくそくをする，ともだちのいえにあがる ほか），3 スーパーにいく―あいさつ・かいもの・じゅんばんのマナー（あいさつのマナー，スーパーでかいものをする），4 えいがにいく―のりもの・こうきょうのば・しょくじのマナー（でんしゃにのる，えいがかんでえいがをみる ほか），5 おんせんにいく―くるま・おふろ・わしつのマナー（くるまででかける，ロビーでまつ ほか）

内容 子どもが成長し，行動範囲が広がっていくにつれて，その場にあわせた礼儀作法や行動ルールを身につけていく必要があります。路上や買い物先，電車などの公共の場での立ち振る舞い，友だちの家を訪問したときのあいさつなど社会生活を送るためのソーシャルスキルを親子で一緒に確認しましょう。

『およばれのテーブルマナー―ポール・イテス先生とフィリップ・デュマによる ふたたび招待してもらいたい食いしん坊に捧ぐ』 フィリップ・デュマ絵と文，久保木泰夫訳 西村書店東京出版編集部 2016.7 39p 24cm 1300円 ①978-4-89013-971-2 Ⓝ596.8

内容 エルメス家の食卓から，すべての食いしん坊に捧ぐ。子どもたちにも，大人たちにも，優雅な美食家にも，スノッブな健啖家にも贈りたいテーブルマナーの書。正しい礼儀作法は社会の中で人を魅了し，惹きつける力になります。

『ルールとマナー』 関和之マンガ・イラスト 旺文社 2016.4 159p 21cm （学校では教えてくれない大切なこと 9） 850円 ①978-4-01-011107-9 Ⓝ385.9

目次 1章 家の中で（あいさつはみんなの元気のもと！，身だしなみって大事なの？ ほか），2章 学校で（授業中のルールって？，休み時間も楽しeven安全に！ ほか），3章 家の外で（道を歩くときも安全第一！，自転車のルール，知ってる？ ほか），4章 みんなと仲良く（気持ちが伝わる「聞き方」「話し方」，友だちと仲良くするには？ ほか）

『マナーと敬語完全マスター！―絵さがしで遊んでバッチリわかる!!! 3 町のマナーと敬語』 親野智可等監修，オオノマサフミ絵 あかね書房 2015.3 47p 31cm 〈索引あり〉 3000円 ①978-4-251-08470-5 Ⓝ385.9

目次 1（自転車と自動車のダメマナーをさがせ！，自転車と自動車のダメマナー発見！），2（バスと電車のダメマナーをさがせ！，バスと電車のダメマナー発見！），3（よその家でのダメマナーをさがせ！，よその家でのダメマ

ナー発見！），4（買い物中のダメマナーをさがせ！，買い物中のダメマナー発見！），5（旅行中のグッマナーはどっち!?，旅行中のダメマナーを確認！），6（特別な日のダメマナーをさがせ！，特別な日のダメマナー発見！）

内容 身だしなみ・あいさつ・携帯電話の使い方から交通ルールまで…覚えることが多すぎて、小学生って、タ・イ・ヘ・ン。…でも、だいじょうぶ！ この本の絵さがしで遊べば、きみにもよ～くわかる!!!

『マナーと敬語完全マスター！―絵さがしで遊んでバッチリわかる!!! 2 家のマナーと敬語』 親野智可等監修，オオノマサフミ絵 あかね書房 2015.3 47p 31cm 〈索引あり〉 3000円 ⓘ978-4-251-08469-9 Ⓝ385.9

目次 1（起きてから登校までのダメマナーをさがせ！，起きてから登校までのダメマナー発見！），2（食事のダメマナーをさがせ！，食事のダメマナー発見！），3（帰ってからねるまでのダメマナーはどっち!?，帰ってからねるまでのダメマナーを確認！），4（おもてなしのダメマナーをさがせ！，おもてなしのダメマナー発見！），5（るす番のダメマナーをさがせ！，るす番のダメマナー発見！），6（携帯電話のダメマナーをさがせ！，携帯電話のダメマナー発見！）

内容 身だしなみ・あいさつ・携帯電話の使い方から交通ルールまで…覚えることが多すぎて、小学生って、タ・イ・ヘ・ン。…でも、だいじょうぶ！ この本の絵さがしで遊べば、きみにもよ～くわかる!!!

『マナーと敬語完全マスター！―絵さがしで遊んでバッチリわかる!!! 1 学校のマナーと敬語』 親野智可等監修，オオノマサフミ絵 あかね書房 2015.3 47p 31cm 〈索引あり〉 3000円 ⓘ978-4-251-08468-2 Ⓝ385.9

目次 1（登校中のダメマナーをさがせ！，登校中のダメマナー発見！），2（休み時間のダメマナーをさがせ！，休み時間のダメマナー発見！），3（授業中のダメマナーをさがせ！，授業中のダメマナー発見！），4（みんなで活動中のダメマナーをさがせ！，みんなで活動中のダメマナー発見！），5（教室のまわりのダメマナーをさがせ！，教室のまわりのダメマナー発見！），6（特別教室のダメマナーをさがせ！，特別教室のダメマナー発見！）

## 《10月31日》

### ハロウィーン

10月31日に行われるお祭り騒ぎ。もともとは秋の収穫を祝い、悪霊などを追い出す古代ケルトが起源と考えられている行事で、カトリックの聖人の日である万聖節（11月1日）の前の晩に行われる。現在ではカボチャの中身をくりぬいてランタンを作って飾ったり、子どもたちが仮装して近くの家々を訪れてお菓子をもらったりする。

『おばけれっしゃ』 しのだこうへい作・絵 ひさかたチャイルド 2018.9 32p 22×29cm 1300円 ⓘ978-4-86549-157-9 Ⓝ726.6

内容 じごくのはずれのえきにやってきたのは、ぬのおばけとほねおばけ。ふたりは、にんげんをおどかしにいこうとれっしゃをまっているのですが…ゴトンゴトンゴトンゴトンやってきたのは、どんなれっしゃ？ ハロウィンにぴったりのおばけの絵本。

『しずくちゃん 31 マジカル★ハロウィンパーティー』 ぎぼりつこ作・絵 関千里原案 岩崎書店 2018.9 54p 21cm 880円 ⓘ978-4-265-83058-9 Ⓝ726.1

目次 ジャック・オ・ランタン伝説，クッキングコーナー かぼちゃのモンブランをつくろう！，ミイラ・ウインナーをつくろう！，マジカル・ハロウィンパーティー，ハロウィン心理テスト，かそうファッションうらない，まちがいさがし，トリック・オア・トリート！，ハロウィンのおまじない，しりとりめいろ，4コマまんが，こたえのページ（ハロウィン心理テスト，まちがいさがし），おたよりコーナー

内容 しずくちゃんは雨のしずくのようせい。今日はハロウィン★しずくの森ではみんながもりあがっているよ！ ジャック・オ・ランタンをつくったり、まじょやオバケにかそうしたり、ハロウィンパーティーはたのしいなふしぎなことがおこるかも？

『魔法のハロウィン・パイ』 野中柊作，長崎訓子絵 理論社 2018.9 141p 22cm（パンダのポンポン） 1300円 ⓘ978-4-652-20266-1 Ⓝ913.6

目次 魔法のハロウィン・パイ，お日さまいっぱいランチタイム，雪の日のたいやき

内容 今夜は、ハロウィン・パーティーだよ！なにを着ていこう？ ポンポンのごちそうも楽しみ！ さいごうに、おいしくなりました!!大人気シリーズついに第10弾。

『モンスター・ホテルでハロウィン』 柏葉幸子作，高畠純絵 小峰書店 2018.9

59p　22cm　1100円　①978-4-338-07233-5　Ⓝ913.6

内容　「みんな、ほんものの、まじょやフランケンシュタインやミイラおとこにみえる。」そういわれて、まじょたちはこまってしまいました。だって、みんなほんものなのです―。

『HAPPYハロウィン―コスチューム・グッズ・壁面＆飾り・シアター』　ポット編集部編　チャイルド本社　2018.8　63p　24cm　（potブックス）　1400円　①978-4-8054-0274-0　Ⓝ376.14

目次　1　わくわく仮装コスチューム（ハロウィンモチーフの仮装コスチューム，子どもが大好きテーマの仮装コスチューム　ほか），2　とっておきおやつグッズ（ハロウィンモチーフのお菓子入れ，子どもの作品で作るお菓子入れ　ほか），3　うきうき部屋飾り（ハロウィン壁面，おしゃれ＋キュートな部屋飾り　ほか），4　お楽しみシアター＆遊び（ペープサートみんなでハロウィン，みんなでわくわく！　ハロウィン遊び），5　型紙

内容　仮装コスチュームはもちろんお菓子入れや壁面＆部屋飾り，シアターや遊びなど，ハロウィンにぴったりのアイデアが大集合！

『楽しいハロウィン工作―魔女やおばけに変身！　3　ハロウィン折り紙・切り紙・こもの』　いしかわまりこ作　汐文社　2017.10　39p　27cm　2400円　①978-4-8113-2399-2　Ⓝ594

目次　Let's Party！，写真もばっちり！　かんたん！　パーティアイテム，パーティのはおかざり，ハロウィンで大かつやく！　人気モチーフ，かんたんにおへやがへんしん！　かべかざり，かんたんへんしん　かんむり＆おめん，広げて楽しい　ハロウィンモチーフ，おへやにぶらさげよう　こうもりオーナメント，あげて・もらってうれしい　お手紙＆カード，Trick of Treat？　ハロウィンバッグ，メッセージをはろう！　にぎやかメモボード，すぐにできちゃう♪かんたんアイデア

『アイスクリームが溶けてしまう前に―家族のハロウィーンのための連作』　小沢健二，日米恐怖学会著　福音館書店　2017.9　62p　22cm　1400円　①978-4-8340-8353-8　Ⓝ913.6

目次　ハロウィーンというお祭り，世界がめちゃくちゃになった時のこと，「えーっと，あなたは…」，小さな魔法のお鍋から，哀愁の買いコスチューム，一回休み，お年頃，アイスクリームが溶けてしまう前に，ハロウィーンの大人たち，一年じゅう，こんなだったらいいのに，どこまでも歩く夜，どこまでも飛べる夜

内容　このお話を読むと…ハロウィーンが身近になります。ハロウィーンが愉快になります。小さな誰かと話したくなります。

『楽しいハロウィン工作―魔女やおばけに変身！　2　妖精・忍者ほか』　いしかわまりこ作　汐文社　2017.9　39p　27cm　2400円　①978-4-8113-2398-5　Ⓝ594

目次　プリンセス，ピンクプリンセス，サムライ，妖精，忍者，赤ずきん，海賊，フルーツパフェ，ライオン，うさぎ，ピーターパン

『楽しいハロウィン工作―魔女やおばけに変身！　1　かぼちゃ・ドラキュラほか』　いしかわまりこ作　汐文社　2017.9　39p　27cm　2400円　①978-4-8113-2397-8　Ⓝ594

目次　魔女，リトルWitch，ドラキュラ，かぼちゃ，フランケンシュタイン，くろねこ，がいこつ，デビル，おばけ，モンスター，スパイダー

『はりねずみのルーチカ―ハロウィンの灯り』　かんのゆうこ作，北見葉胡絵　講談社　2017.9　141p　22cm　（わくわくライブラリー）　1250円　①978-4-06-195779-4　Ⓝ913.6

内容　ハロウィンの日，フェリエの国の住人たちは，いつもより少し気をつけながらすごさなくてはなりません。やみの国の魔物たちは，すきがあればフェリエの国のいきものたちにとりついて，魔界へ引きずりこもうと機会をねらっているのです…。小学中級から。

『魔女たちのパーティー』　ロンゾ・アンダーソン文，エイドリアン・アダムズ絵，野口絵美訳　徳間書店　2017.9　〔32p〕　28cm　1600円　①978-4-19-864485-7　Ⓝ726.6

内容　ハロウィーンのよる，ジャックは，ほうきにのったまじょが，そらをとんでいくのをみた。あとをおってもりへはいると，まじょやこおに，ひとくいおにたちがパーティーのじゅんびをしている！　ジャックがこっそりみていると，ひとくいおににつかまってしまい…？　ハロウィーンの夜の，ぞくぞくするぼうけんを描いた，アメリカの名作絵本。5さい～

『妖怪一家のハロウィン』　富安陽子作，山村浩二絵　理論社　2017.9　171p　21cm　（妖怪一家九十九さん）　1300円　①978-4-652-20224-1　Ⓝ913.6

内容　妖怪と人間の共生をめざして，新たな国際交流が始まる夜のはずでしたが…。こっそり団地生活をはじめた妖怪一家の物語。

『ルルとララのハロウィン』　あんびるやすこ作・絵　岩崎書店　2017.9　71p　22cm　（おはなしトントン　59）　1100円　①978-4-265-07407-5　Ⓝ913.6

内容　秋がやってきました。そんなある日のこと。店の中にとつぜん小さなけむりがふたつ，ポワンとあらわれて，ルルとララ，ニッキをおどろかせました。そしてそこから白いハン

カチが二まい、つまみあげられたような形で、ひらひらとでてきたのです。

**『あくたれラルフのハロウィン』** ジャック・ガントスさく，ニコール・ルーベルえ，こみやゆうやく　PHP研究所　2016.9　32p　22×24cm　1300円　①978-4-569-78593-6　Ⓝ726.6

内容 もう、わるいことはうんざり！ "あくたれ"ばかりのラルフだけど、セイラにとっても愛されています。あくたれラルフシリーズ。

**『きょうはハロウィン』** 平山暉彦さく　福音館書店　2016.9　31p　20×27cm　（こどものとも絵本）〈文献あり〉900円　①978-4-8340-8283-8　Ⓝ726.6

**『ハロウィーンのひみつ』** はやしちかげ作　金の星社　2016.9　〔40p〕　27cm　1400円　①978-4-323-07367-5　Ⓝ726.6

内容 なぜ、おばけの仮装をするの？　なぜ、かぼちゃのランタンをつくるの？　"トリック・オア・トリート"ってなんのこと？　みんなが知らないハロウィーンの由来がわかる絵本！

**『魔法使いになろう！　完全保存版手作りハロウィン』** ふじもとのりこ著　マガジンランド　2016.9　55p　30cm　1667円　①978-4-86546-122-0　Ⓝ750

目次 1 ハロウィンだよ大変身!!（ジャックオランタン，魔女 ほか），2 こんな材料でこんな衣装ができる！（基本の上着の作り方，基本のスカート・パンツの作り方 ほか），3 もっとハロウィンを楽しもう！　フェイスペイント＆ハロウィン工作（フェイスペイントシートのアレンジアイデア，ハサミとホチキスで作るお菓子バッグ＆ハロウィン帽子！ ほか），4 ハロウィンパーティーを楽しもう！（手間いらずのランチアイデア，歌って！　踊って！　ハロウィンダンス振り付け ほか）

内容 針と糸を使わずにできるハロウィンコスチューム。100均アイテムで作るかんたん衣装！　ハロウィンパーティーゲーム＆ランチアイデア。工作・小物・壁飾り・フェイスペイントetc…ハロウィンを盛り上げる手作りアイデア盛りだくさん！

**『まるごとハロウィン』** コダシマアコ著，みやづかなえ写真　京都　かもがわ出版　2016.9　63p　21cm　1500円　①978-4-7803-0865-5　Ⓝ594

目次 なんてったって、へんしん！　ハロウィン・パーティー！、おへやをかざろう！、おやつクッキング！、みんなであそぼうハロウィンゲーム、おかしラリー＆パレードハッピーハロウィン！

内容 きほんカラーは、オレンジに黒。かぼちゃとこうもりがそろえば、きぶんはもう、

ハロウィンウィン！　へんしんとメイクで、じぶんをわくわくさせていつもとちがうじぶんに、チャレンジしよう！　あいことばは、トリックオアトリート！　ハッピーハロウィン！　こわくてかわいい…ちょっとふしぎな秋のイベント。ともだちと、かぞくと、まちをパレード。さあ、まるごとハロウィン、あそんじゃおう！

**『本格ハロウィンは知っている』** 藤本ひとみ原作，住滝良文，駒形絵　講談社　2016.7　396p　18cm　（講談社青い鳥文庫　286-24―探偵チームKZ事件ノート）780円　①978-4-06-285571-6　Ⓝ913.6

目次 ハロウィン人形事件，本格ハロウィンは知っている

内容 夏休みに入り、若武は膝の手術のためアメリカへ。成功を祈りながら待つ彩は、下校途中、黒いスマホを拾う。それがすべての始まりだった！　知り合った少年の力になりたいと思う彩の耳に入ってきたのは、砂原の極秘帰国の噂。その謎を探るためハロウィン・パーティを企画したKZは、とんでもない事件に巻きこまれる！　果たして砂原の胸中は、そしてパーティで一体何が起こるのか!? 小学上級から。

**『まじょ子とハロウィンのまほう』** 藤真知子作，ゆーちみえこ絵　ポプラ社　2015.10　100p　22cm　（学年別こどもおはなし劇場 115 2年生）900円　①978-4-591-14676-7　Ⓝ913.6

内容 ふしぎな国のハロウィンのよる、ハロウィンひろばでまほうがおこる。ハロウィンのまほうはステキなまほう？　それとも…。

**『ハロウィーンの星めぐり―夜に飛ぶものたち』** ウォルター・デ・ラ・メア詩，カロリーナ・ラベイ絵，海後礼子訳　岩崎書店　2015.9　〔25p〕　23cm　1400円　①978-4-265-85078-5　Ⓝ726.6

内容 子どもたちが、トリック・オア・トリートにでかけるころ。夜空には、星がいっぱい…そして、魔女もいっぱい!? おちゃめな魔女たち、いたずらだったら、まけてはいませんよ。英国の幻想文学作家W・デ・ラ・メア詩の絵本。

**『ハロウィンの犬―10月のおはなし』** 村上しいこ作，宮尾和孝絵　講談社　2013.8　72p　22cm　（おはなし12か月）1000円　①978-4-06-218460-1　Ⓝ913.6

内容 現代を代表する一流童話作家の書きおろし。物語の楽しさを味わいながら、日本の豊かな季節感にふれることができます。上質なイラストもたっぷり。低学年から、ひとりで読めます。巻末の「まめちしき」で、行事の背景についての知識が高まります。

**『ハロウィーンの魔女』** カタノトモコ，黒須高嶺絵　偕成社　2012.2　115p　20cm　（マジカル★ストリート 6　日本児童文学

者協会編） 1000円 ①978-4-03-538960-6 Ⓝ913.68

目次 ハロウィーンの魔女（赤羽じゅんこ），シワシワ天使の恩返し（野村一秋），まよなかのブタヘンゲ（岡田貴久子），大魔法使いアルゴル（田部智子），なぞなぞ時間旅行（藤江じゅん），ゲテモノハンターレベル7（廣嶋玲子），ペット・フェアリー（那須正幹）

内容 「ねっ、コンテストにいっしょにでない？」茜は、自分とそっくりの黒い服を着た女の子にさそわれて、ハロウィーンの仮装コンテストに出ることに。それも、ふたごの魔女として。すると、信じられないことが…。表題作をはじめ、魔法がいっぱいの、ふしぎな七つのお話。小学校中学年から。

『ゆめちゃんのハロウィーン』 高林麻里作 講談社 2011.8 1冊 27cm （講談社の創作絵本―季節と行事のよみきかせ絵本） 1500円 ①978-4-06-132475-6 Ⓝ726.6

内容 もうすぐハロウィーン。ニューヨークでくらすゆめちゃんは、ことしはじめてハロウィーンのおまつりをすることになりました。お菓子をくれなきゃ、いたずらしちゃうぞ。さまざまな仮装をして、街をまわるハロウィーン。そのわくわくするおまつりの楽しさを描きます。よみきかせ3歳ごろから、ひとりよみ6歳ごろから。

『ハロウィンドキドキおばけの日！』 ますだゆうこ作，たちもとみちこ絵 文溪堂 2008.10 1冊 23cm 1400円 ①978-4-89423-609-7 Ⓝ726.6

内容 10月31日は、ハロウィン・パーティ。ともだちはみんな、たのしみにしているけれど、こわがりのレイは、ゆううつ…。そんなレイのところに、こわがりおばけのシェイクがまよいこんで、さあ、たいへん？！ かんたんおばけや、たのしいパーティ料理のつくりかたなど、ハロウィーンが、もっとたのしくなるワンポイントアドバイスもあるよ!! さぁ、たのしくハッピー・ハロウィーン。

『アンジェリーナのハロウィーン』 キャサリン・ホラバード文，ヘレン・クレイグ絵，おかだよしえ訳 講談社 2007.9 1冊 22×27cm （講談社の翻訳絵本―クラシックセレクション） 1600円 ①978-4-06-283009-6 Ⓝ726.6

内容 ハロウィーンの夜、アンジェリーナはアリスといっしょに、ほたるの衣装で行列に参加します。ところが、いっしょについてきたはずの妹のポリーが行方不明に！ たのしいおねえさんになったアンジェリーナ、どうぞお楽しみに！ よみきかせ2さいから。ひとりよみ5さいから。

『ハロウィーンってなぁに？』 クリステル・デモワノー作，中島さおり訳 主婦の友社 2006.10 1冊 27cm （主婦の友はじめてブック―おはなしシリーズ） 1300円 ①4-07-252500-6 Ⓝ726.6

内容 このごろみんなおかしいの。大きなかぼちゃをかかえてはうきうきそわそわ大さわぎ。ハロウィーンのせいなんだって。ねえ、ハロウィーンってなんに。ちびっこ魔女のビビといっしょにハロウィーンを楽しんじゃおう。

『パンプキン・ムーンシャイン』 ターシャ・テューダー著，ないとうりえこやく メディアファクトリー 2001.11 1冊 20cm （ターシャ・テューダークラシックコレクション） 1200円 ①4-8401-0371-2

内容 小さな女の子シルヴィー・アンは、ハロウィーンに使う大きなかぼちゃを探しに畑へ向かいます。ターシャ・テューダーが23歳で描いたデビュー作。

『魔女ジェニファとわたし』 E.L.カニグズバーグ作，松永ふみ子訳 新版 岩波書店 2001.5 189p 18cm （岩波少年文庫） 640円 ①4-00-114084-5

内容 ニューヨーク郊外の小学校に転校してきたばかりのエリザベスは、ハロウィーンのおまつりの日に、黒人の少女ジェニファと出会いました。自分は魔女だという風変わりなジェニファとエリザベスは、秘密の約束をかわします…。小学3・4年以上。

『十月はハロウィーンの月』 ジョン・アップダイク著，ナンシー・エクホーム・バーカート絵，長田弘訳 みすず書房 2000.10 1冊 24cm （詩人が贈る絵本） 1600円 ①4-622-04723-3

内容 子どもの頃は、どうしてあんなに毎日がくっきりしていたのだろう。自然が息をするのにあわせるように、からだが息をしていた。季節、季節が、新鮮な発見に満ちていた。舗道にのこった夏のキャンディーの味。リンゴの皮の味のする秋の風。すっかり葉の落ちたカエデの木。クリスマス・キャロルの懐かしいひびき。初雪。春の訪れ。子ども時代の12カ月の光景を繊細なリズムに刻み、さりげないけれど、とても大切なものを伝える詩のカレンダー。成長するとは、何を獲得することなのだろう。何を喪失することなのだろう。

『ハロウィーンの魔法』 ルーマ・ゴッデン作，渡辺南都子訳，堀川理万子絵 偕成社 1997.10 237p 22cm （チア・ブックス 6） 1200円 ①4-03-631160-3

内容 ハロウィーンにおこった魔法としか思えないすてきな出来事。それは、セリーナが愛馬ハギスと一緒にマックじいさんの農場に迷いこんでしまったことからはじまりました。村で評判のがんこ者マックじいさんとセリーナとのあいだにうまれた目に見えない強いきずなの物語。心の奥まであたたかくなるお話です。小学中・上級向。

子どもの本 伝統行事や記念日を知る本2000冊 261

『ヘスターとまじょ』 バイロン・バートン
作・絵，かけがわやすこ訳 小峰書店
1996.6 1冊 20×25cm （世界の絵本コ
レクション） 1200円 ①4-338-12602-7
内容 きょうはハロウィーン。魔女の服をき
て、知らない人をこわがらせてやろう。ゆう
かんなワニの女の子ヘスターとふしぎなよん
じな13番地の住人たちのこわくて楽しい絵本。

『幽霊探偵団ハロウィン大作戦』 E＝W＝
ヒルディック著，吉上恭太訳，中地智絵
講談社 1989.5 237p 22cm （幽霊探
偵団 3） 1200円 ①4-06-204395-5
内容 ドラキュラにゾンビにフランケンシュタ
イン。仮装した子どもたちが、楽しいハロ
ウィンパーティーにやってきた。だが、そこ
には悪魔の手が…。悪者ロスコーの幽霊まで
あらわれて、ダニー、ジョー、カレン、カルロ
スの幽霊探偵団は、子どもたちを守れるか。

『ハロウィン』 ロビン・メイ著，バーグラ
ンド・薫訳・解説 京都 同朋舎出版
1989.2 47p 24cm （シリーズ世界のお
祭り 7） 1800円 ①4-8104-0731-4

『不思議の村のハロウィーン』 高柳佐知子
著 河出書房新社 1988.7 123p 20cm
1200円 ①4-309-26096-9 Ⓝ913.8
内容 今日は特別の日、60年ぶりの満月のハロ
ウィーン。今年はこども達のハロウィーン・
パーティーはなし。「お菓子をくれないといたず
らするぞ！」の "おふせまわり" も早く終わらせ
て、家に入ることといわれてる。大人が本気
で心配してるの。でもわたし達はなにが起る
かみてみたいわ、そしてできたら魔女のどん
ちゃん騒ぎにまぎれこんでみたいわ。

### ガス記念日

1872年9月29日（新暦10月31日）に、横浜の
馬車道に日本初のガス燈が点灯されたこと
から。日本ガス協会が1972年に制定。

『みんなの命と生活をささえるインフラっ
てなに？ 5 ガス—燃える気体のひみ
つ』 こどもくらぶ編 筑摩書房 2018.1
39p 29cm 〈索引あり〉 2800円 ①978-
4-480-86455-0 Ⓝ518
目次 第1章 人類とガスの歴史（ガスってな
に？，人類とエネルギー，世界と日本のガス
灯，明かりから熱源へ，ガスの製造の変遷，2
種類のガス），第2章 ガスが家庭にとどくまで
（ガスの輸入，ガスの貯蔵と運搬，ガスのイン
フラを守る努力），第3章 日本のガスのインフ
ラの未来（これからのガスの有効利用，新しい
エネルギー資源とは？，ガス管のネットワー
ク，ガス自由化とは？）

## 《10月その他》

### 体育の日

10月第2月曜日。国民の祝日。スポーツにし
たしみ、健康な心身をつちかう日。1966年
～1999年までは、1964年の東京オリンピッ
クの開会式の日の10月10日。2020年に限り
東京オリンピックの開会式の当日に当たる7
月24日に変更。2020年以降「スポーツの日」
に名称変更。

『こどもスポーツ絵じてん』 三省堂編修所
編 小型版 三省堂 2018.9 151p
22cm 〈索引あり〉 1900円 ①978-4-385-
14329-3 Ⓝ780
目次 1 からだをうごかす，2 りくじょうのス
ポーツ・たいそうきょうぎ，3 すいえい・み
ずのスポーツ，4 きゅうぎ，5 ぶじゅつ・か
くとうぎ・まとあて，6 ふゆのスポーツ
内容 スポーツをつうじて、みんなとなかよく
なるために！ スポーツに関することばやルー
ルを学びながら、互いに認め合うことの大切
さに気づく絵じてん！ 幼児から小学校低学年
むけ。

『頭と体のスポーツ』 萩裕美子編，黒須高
嶺絵 町田 玉川大学出版部 2018.5
157p 31cm （玉川百科こども博物誌
小原芳明監修） 〈文献あり〉 4800円
①978-4-472-05980-3 Ⓝ780
目次 第1章 スポーツの身近な場所ととくべつ
な場所（校庭でおもいきり体を動かそう，体育
館をのぞいてみよう ほか），第2章 スポーツ
競技あれこれ（陸上競技のおうえんだ！，「走
る」「とぶ」「投げる」 ほか），第3章 自然と
スポーツ（春の海で波と風をつかまえよう，海
の上でもなかでもスポーツ ほか），第4章 ス
ポーツのなかま将棋と囲碁（カズくんの家へ遊
びにいったよ，駒はグラウンドを走るプレー
ヤー ほか），いってみよう、読んでみよう

『3つの東京オリンピックを大研究 3
2020年東京オリンピック・パラリンピッ
ク』 日本オリンピック・アカデミー監修
岩崎書店 2018.3 55p 29cm 〈文献あ
り 年表あり 索引あり〉 3600円 ①978-
4-265-08574-3 Ⓝ780.69
目次 第1章 2020年東京大会への道（2011年震
災からの復興，2012年ロンドン・オリンピッ
ク，2013年開催地、東京に決定，2013～2014
年ソチ冬季オリンピック，2015～2016年熊本
地震，2016年リオデジャネイロ大会），第2章
開催にむけて準備始まる（競技会場、エンブレ
ム・マスコット・メダル，小学校でのとりく
み），第3章 どんな競技がおこなわれる？（オ
リンピック競技1～7，パラリンピック競技1～
4，パラリンピックで使われる用具）

『3つの東京オリンピックを大研究　2
1964年はじめての東京オリンピック』
日本オリンピック・アカデミー監修，岩
崎書店編集部企画・編集　岩崎書店
2018.1　55p　29cm　〈文献あり　年表あり
索引あり〉　3600円　①978-4-265-08573-6
Ⓝ780.69
目次 第1章 焼け野原からの出発（1945年日本
が降伏，1946〜1949年新たなスタート，1950
〜1952年戦後復興のきざし ほか），第2章 準
備は急ピッチですすむ（競技場の整備・建設，
交通・道路網の整備，デザインワーク ほか），
第3章 東京オリンピック開幕（開会式，重量挙
げ・バレーボール，レスリング・柔道 ほか）

『3つの東京オリンピックを大研究　1
1940年まぼろしの東京オリンピック』
日本オリンピック・アカデミー監修，岩
崎書店編集部企画・編集　岩崎書店
2018.1　55p　29cm　〈文献あり　年表あり
索引あり〉　3600円　①978-4-265-08572-9
Ⓝ780.69
目次 第1章 オリンピックの歴史（第1回アテ
ネ大会，第2回パリ大会，第3回セントルイス
大会，第4回ロンドン大会，第5回ストックホ
ルム大会 ほか），第2章 まぼろしのオリン
ピック（東京オリンピック開催に向けて，東京
市と大日本体育協会の思惑のちがい 嘉納治五
郎，副島道正，杉村陽太郎の努力，1940年の
オリンピック東京大会決定まで，オリンピッ
ク開催決定にわく日本，オリンピックの宣伝
―ポスターやガイドブック ほか）

『ドラえもんふしぎのヒストリー　2　2つ
の東京オリンピック―昭和・平成時代』
藤子・F・不二雄キャラクター原作，ひじ
おか誠まんが　藤子プロ，新田太郎監修
小学館　2016.7　127p　23cm　（小学館
版学習まんが）〈文献あり　年表あり〉
900円　①978-4-09-296625-3　Ⓝ210.1
目次 第1章 東京を変えたオリンピック（1964
年大会会場マップ，マイカー時代がやってく
る！，突貫工事だった！ 首都高速道路誕生，
プレイバック！ 奇跡の戦後復興），第2章 東
京オリンピックで世界に仲間入り！（聖火リ
レーも大盛り上がり！，日本が世界が見守っ
た！ 1964年大会の記憶，東京をきれいに！
大作戦），第3章 2020年東京オリンピックで日
本は進化する！（2020年大会注目選手，2020
年大会会場マップ，オリンピック成功のかぎ
を握るのは公衆無線LAN!?，2020年大会から
水素社会が始まる）
内容 オリンピックは単なるスポーツの国際大
会ではない。1964年の東京オリンピックは，
大会を衛星生中継し，新幹線を開通させるな
ど日本の底力を世界に発信する舞台でもあっ
た。そしてその舞台にふさわしく，東京を
バージョンアップさせることにも成功した。

日本を大きく変えた1964年大会をドラえもん
たちと旅するとともに，2020年大会はどのよ
うに東京を，日本を進化させるのかをいっ
しょに考えよう！

『オリンピック・パラリンピック大百科　1
2つの東京オリンピック1964/2020』　日
本オリンピック・アカデミー監修　小峰
書店　2016.4　43p　29cm　〈索引あり〉
3000円　①978-4-338-30001-8　Ⓝ780.69
目次 1 1964年，東京にオリンピックがやって
きた！（アジア初のオリンピック，7年間にわ
たった招致活動，建設ラッシュにわいた東京，
ととのえられた熱戦の舞台，活躍した選手た
ち），2 アジアで行われたオリンピック（1972
年冬季・札幌，1988年夏季・ソウル，1998年冬
季・長野，2008年夏季・北京，オリンピックと
小・中学生），3 東京にオリンピックがやって
くる！（2013年9月，東京開催が決定！，開催
に向けて進む準備，予定されている競技会場，
応援しよう！ 未来の選手たち，被災地の人た
ちといっしょに大会をもりあげよう！，日本
のよいところを発見し，未来へつなげよう！）

『体育のコツ絵事典―運動が得意になる！
かけっこから鉄ぼう・球技まで』　湯浅景
元監修　PHP研究所　2013.5　63p
29cm　〈文献あり　索引あり〉　2800円
①978-4-569-78303-1　Ⓝ780.7
目次 序章 キミの体を正しくあつかおう！，1
章 かけっこ，2章 鉄ぼう，3章 とび箱，4章
マット，5章 水泳，6章
内容 体力テスト，短距離走・長距離走・リ
レー，前回り・さか上がり，開きゃくとび・閉
きゃくとび・台上前転，前転・後転・倒立，ク
ロール・平泳ぎ，前とび・二重とび，ドッジ
ボール・サッカー。苦手な運動が得意になる
コツがいっぱい。

『小学生のための体育基本レッスン―コツ
をつかんで苦手を克服！』　水口高志監修
朝日学生新聞社　2011.4　107p　26cm
1100円　①978-4-904826-18-8　Ⓝ780
目次 1 走る力を身につけるレッスン，2 回転
する力を身につけるレッスン，3 とぶ力を身
につけるレッスン，4 投げる・ける力を身に
つけるレッスン，5 バランス感覚を身につけ
るレッスン，6 運動会・スポーツテスト
内容 かけっこ，逆上がり，とび箱，なわと
び，サッカー，野球…体育指導のプロが正し
い練習法を伝授。

# 11月

『かこさとしこどもの行事しぜんと生活 **11月のまき**』 かこさとし文・絵 小峰書店 2012.10 36p 29cm 〈年表あり〉 1400円 ①978-4-338-26811-0 ⑩386.1
[目次] 11月の別のいいかた（日本），文化の日（11月3日），灯台記念日（11月1日）/小春日和，酉の市，立冬（11月7日ごろ）/ふいごまつり（11月8日），刈り上げまつり，亥の子・十日夜/わら，いろいろなおち葉，11月の鳥/11月の魚，いろいろな紙ひこうき〔ほか〕
[内容] 日本の子どもたちが出会う，さまざまな行事やならわしの，はじまりやわけが，この本でわかるように，やさしくかきました。先祖の人たちがおまつりやしきたりにこめた願いや心が，ただしくつたわるようにくふうしましたので，どうぞたのしんでよんでください。

『**11月のえほん―季節を知る・遊ぶ・感じる**』 長谷川康男監修 PHP研究所 2011.9 47p 26cm 〈文献あり〉 1300円 ①978-4-569-78173-0 ⑩386.1
[目次] 七五三，もみじ狩り，勤労感謝の日/新嘗祭，11月の旬の食べもの，11月の俳句と季語，11月に見られる植物，11月の記念日，11月の行事，日本の11月のお祭り，世界の11月の行事・お祭り，落ち葉を観察しよう，秋の味覚・きのこ，11月のできごと，11月に生まれた偉人・有名人
[内容] 七五三，もみじ狩り，勤労感謝の日，酉の市，亥の子，文化の日…。11月の行事，自然，旬の食べもの，遊びなどを絵で楽しく紹介するとともに，季語，記念日，できごとなども掲載。

『**学習に役立つわたしたちの年中行事 11月**』 芳賀日出男著 クレオ 2006.4 35p 27cm 1800円 ①4-87736-093-X ⑩386.1
[目次] 神のおとずれる祭り，高千穂の夜神楽，各地の神楽，秋祭りの怪物，七五三と人生儀礼，十日夜と亥の子，巨人の祭りと伝説，物語・信濃の巨人，11月の各地の祭り，11月の世界の祭り，11月のことば，11月の祭りごよみ，総目次索引（1月～12月）

『**365日今日はどんな日？―学習カレンダー 11月**』 PHP研究所編 PHP研究所 1999.9 49p 31cm 〈索引あり〉 2700円 ①4-569-68161-1
[目次] 山手線が全線開通する，電車特急「こだま号」がはしる，灯台記念日，「少年倶楽部」が創刊される，明治神宮が完成する，文人紙幣が発行される，北原白秋がなくなる，トイレットペーパー騒動おきる，読売新聞が創刊される，オールコックがなくなる〔ほか〕
[内容] 一年365日の，その日に起こった出来事を集め，ひと月1巻，全12巻にまとめたシリーズの11月編。その日にまつわる歴史上の出来事や人物，発明・発見，文学，美術，音楽，数学，お祭りや記念日，年中行事などの項目を収録。

『**11月**』 増田良子，福田節子編著，下田智美絵 岩崎書店 1999.4 39p 31cm （くらしとあそび・自然の12か月 8） 3000円 ①4-265-03788-7 ⑩031
[目次] おち葉がおどる，おち葉であそぼう，紙をそめてあそぼう，ワンワンワン，ぼくの日だよ（11月1日は，犬の日），きょうは文化の日（11月3日は，文化の日），ハンカチあそび，折り紙，だいすき，うれしい七五三（11月15日は，七五三），しょうぎのコマであそぼう，北風とあそぼう―なわとび〔ほか〕

『**学習に役立つものしり事典365日 11月**』 谷川健一，根本順吉監修 新版 小峰書店 1999.2 63p 27cm 〈索引あり〉 2500円 ①4-338-15611-2
[目次] ウェーゲナー生まれる，灯台記念日，萩原朔太郎生まれる，灯台の話，水俣の漁民，工場へ抗議，ハッカー登場する，北原白秋なくなる，魚と公害，文化の日，湯川博士，ノーベル賞受賞〔ほか〕
[内容] どんな事件があり，どんな人が生まれたり死んだりしたのか，年中行事や記念日の由来など，遠い昔から現代までに起きた出来事を，同じ日付ごとにまとめた事典。本巻は11月の日付を収録。索引付き。

『**11月のこども図鑑**』 フレーベル館 1997.10 55p 27cm （しぜん観察せいかつ探検） 1600円 ①4-577-01718-0 ⑩031
[目次] きょうはなんのひ？（11月のカレンダー），しぜんだいすき（秋の野山に行こう，みのむし，そだててみよう（みどりがめ，きゅうこんをうえよう），せいかつたんけんたい（しょうぼうしょの仕事），いってみたいね（はくぶつかん），わくわくクッキング（11月のメニュー），しらべてみよう（トイレ），つくってみよう（てぶくろ人形），しっているかな？（七五三）

『**11がつのこうさく―がくげいかいでへんしん！**』 竹井史郎著 小峰書店 1996.2

31p　25cm　（たのしい行事と工作）
1600円　Ⓘ4-338-12711-2　Ⓝ507

目次 えんそく, やきいも, おちば, かみとんぼ, パラシュート, ブーメラン, おりがみ, アニメーション, かざぐるま, げきあそび

内容 小学校低学年以上。

## 《11月1日》

### 犬の日

犬の鳴き声と日付の数字「111」にちなみ、ペットフード協会が1987年に制定。犬についての知識を身につけ犬を愛護する日としている。

『新・はたらく犬とかかわる人たち　3　はたらく犬と訓練士・ボランティア』　こどもくらぶ編　あすなろ書房　2018.11　32p　31cm　〈索引あり〉3000円　Ⓘ978-4-7515-2908-9　Ⓝ645.6

目次 はたらく犬たちを育てる訓練士, ボランティアでかかわる, 盲導犬育成にかかわるボランティア, 盲導犬訓練士, 聴導犬訓練士, 介助犬訓練士, 警察犬訓練士, 災害救助犬訓練士

『新・はたらく犬とかかわる人たち　2　捜査・探査でかつやく！　警察犬・災害救助犬・探知犬』　こどもくらぶ編　あすなろ書房　2018.11　32p　31cm　〈索引あり〉3000円　Ⓘ978-4-7515-2907-2　Ⓝ645.6

目次 犬と人と信頼関係で社会の安心と安全を守る, 警察犬, 警察犬のはたらくようす, 警察犬の一生, 災害救助犬, 災害救助犬のはたらくようす, もっと知ろう, 災害救助犬, 麻薬探知犬, 麻薬探知犬のはたらくようす, いろいろなものを見つける探知犬たち

『新・はたらく犬とかかわる人たち　1　福祉でがんばる！　盲導犬・聴導犬・介助犬』　こどもくらぶ編　あすなろ書房　2018.11　32p　31cm　〈索引あり〉3000円　Ⓘ978-4-7515-2906-5　Ⓝ645.6

目次 大昔から犬と人はパートナー, 補助犬の歴史, 補助犬について理解すべきこと, 盲導犬になる, 盲導犬は道案内役ではない！, 盲導犬についてもっと知ろう！, 介助犬についてもっと知ろう！, 訪問活動犬についてもっと知ろう！, タレント犬ってどういう犬？

『犬がおうちにやってきた！』　井原亮監修　学研プラス　2017.9　142p　21cm　（学研の図鑑LIVE―動物の飼い方がわかるま

んが図鑑）〈文献あり〉1200円　Ⓘ978-4-05-204700-8　Ⓝ645.6

目次 1章 犬といっしょに暮らしたい！（人気犬種図鑑, おむかえする前に考えてみよう ほか）, 2章 毎日きちんとお世話しよう！（毎日お世話をして犬と仲よくなろう, 成長に合わせたフードを選ぼう ほか）, 3章 しつけ＆トレーニング って？（しつけの基本をマスターしよう, 飼い主さんの手を好きになってもらおう ほか）, 4章 犬ともっと仲よくなろう！（正しいだっこをマスターしよう, 楽しい「芸」を教えてみよう ほか）, 5章 犬の気持ちを知ろう！（表情やしぐさから犬の気持ちを読みとろう）, エピローグ ずっとイチゴといっしょに

内容 お世話のキホンがよくわかる！　犬と仲よくなりたい！　犬との暮らし方まんがつき。動画もみられる！　はじめての飼い方マニュアル。

『犬』　キム・デニス―ブライアン監修, 伊藤伸子訳　京都　化学同人　2016.11　156p　18cm　（手のひら図鑑 8）〈索引あり〉1300円　Ⓘ978-4-7598-1798-0　Ⓝ489.56

目次 使役犬, スピッツ, ハウンド, テリア, 鳥猟犬, 愛玩犬, 交雑犬

内容 170種類以上の犬種を取り上げています。犬の全身写真と説明がひとまとまりになっています。見開きいっぱいのページでは犬にまつわる興味深い話を写真といっしょに紹介します。犬に関する世界記録やまめ知識もついています。

『いぬ―犬のひみつと生態』　今泉忠明監修　学習研究社　2006.10　48p　23cm　（学研わくわく観察図鑑）1200円　Ⓘ4-05-202616-0　Ⓝ645.6

内容 シリーズ最新刊!! これ1冊ですべてがわかる!! たくさんの写真でいろいろな犬を紹介！　自由研究にも飼育にも役立つヒントがいっぱい。

『犬を飼おう！―飼い方・しつけ・トレーニング』　森脇和男監修　金の星社　2005.3　47p　30cm　（まるごと犬百科 犬とくらす犬と生きる 2）2800円　Ⓘ4-323-05412-2　Ⓝ645.6

目次 第1章 犬を飼う前に（犬を飼うということ, 犬の習性と能力, 犬の性格と感情, 犬の成長と一生）, 第2章 犬といっしょに暮らす（犬を飼うことが決まったら, 犬の food と食べ物, 犬の病気, 犬の手入れ）, 第3章 犬のしつけ（犬をしつけるということ, リーダーはだれだ）, 第4章 犬と遊ぶ・訓練する（散歩に行こう, 散歩の仕方と訓練, 遊びを通じて訓練する）

内容 実際に犬を飼うことになったら, 何に気をつけなければならないか, また飼いはじめたら何をすればいいかを, 「飼い方」「しつけ」「トレーニング」に分けて解説します。

『犬とかかわる仕事がしたい！』　辻秀雄文　金の星社　2005.3　47p　30cm　（まるごと犬百科 犬とくらす犬と生きる 6）2800円　Ⓘ4-323-05416-5　Ⓝ645.6

| 目次 | 犬の命と健康を守る仕事（獣医師，動物看護師，トリマー），犬を訓練する仕事（盲導犬訓練士と盲導犬歩行指導員，介助犬訓練士ほか），犬との暮らしを手助けする仕事（ペットシッター，ペットショップ ほか），働く犬を助けるボランティア（パピーウォーカー，退役犬ボランティア，犬にかかわる，そのほかの職業や仕事）

内容 犬とかかわるいろいろな仕事を紹介する。仕事の内容，その仕事に就くためにはどうしたらよいか，必要な資格などを，実際に仕事をしている人の体験談をまじえて，構成・紹介する。

『犬の写真図鑑』 中島眞理，山崎哲写真，金井康枝文 金の星社 2005.3 63p 30cm （まるごと犬百科 犬とくらす犬と生きる 1）3400円 ①4-323-05411-4 Ⓝ645.6

目次 牧羊犬・牧畜犬，番犬・作業犬，穴にもぐる狩猟犬，嗅覚型ハウンド，視覚型ハウンド，鳥猟犬，日本犬スピッツ系の犬など，伴侶犬・愛玩犬

内容 136犬種の犬の特徴，原産国などをカラー写真で見て楽しめ，犬を飼うときの参考になる写真図鑑です。

『犬の生態図鑑』 蒔田和典文 金の星社 2005.3 47p 30cm （まるごと犬百科 犬とくらす犬と生きる 3）2800円 ①4-323-05413-0 Ⓝ645.6

目次 第1章 犬のからだ（変化に富む犬のすがた，犬のからだのしくみ），第2章 犬の習性と能力（犬の出産と子犬の成長，犬のしぐさとその意味 ほか），第3章 犬の歴史（犬の祖先，イヌ科の動物たち ほか），第4章 犬の病気と健康管理（犬の病気のサイン，人間にもうつる犬の病気 ほか）

内容 人類の最も古い友といわれる犬が，どのように発達し，どんな歴史を経てきたかを解説します。また，その生態や習性などを豊富なイラストで紹介します。

『人と社会のためにはたらく犬たち 2 災害救助犬・警察犬・麻薬探知犬―ほか』 坂井貞雄監修 金の星社 2005.3 47p 30cm （まるごと犬百科 犬とくらす犬と生きる 5）2800円 ①4-323-05415-7 Ⓝ645.6

目次 第1章 嗅覚を使って社会で活躍する犬たち（災害救助犬，警察犬，麻薬探知犬，船内探知犬，爆発物捜査犬，地雷探知犬），第2章 いろいろな仕事に活躍する犬たち（牧羊犬，パトロール犬，こんな仕事もしています）

内容 「人と社会のためにはたらく犬」のうち，人の仕事を手伝う災害救助犬，警察犬，麻薬探知犬などをとりあげ，厳しい訓練のようすや，実際の活躍について紹介します。 |

『人と社会のためにはたらく犬たち 1 盲導犬・聴導犬・介助犬―ほか』 日本補助犬協会監修 金の星社 2005.3 47p 30cm （まるごと犬百科 犬とくらす犬と生きる 4）2800円 ①4-323-05414-9 Ⓝ645.6

目次 第1章 補助犬の仕事（盲導犬，聴導犬，介助犬，訪問活動犬），第2章 補助犬とわたしたち（なぜ犬が人を介助するの？，補助犬のいる暮らし）

内容 「人と社会のためにはたらく犬」のうち，体の不自由な人の生活を助け，心の支えになっている盲導犬，聴導犬，介助犬などをとりあげ，どんなはたらきをして人の役に立っているかを紹介します。

## 灯台記念日

1868年11月1日に，日本初の洋式灯台である神奈川県横須賀市の「観音埼灯台」が起工されたことから。海上保安庁が制定。

『嵐の中の灯台―親子三代で読める感動の物語』 小柳陽太郎，石井公一郎監修，家庭読本編纂会編集，西島伊三雄，竹中俊裕絵 軽装版 明成社 2012.3 263p 21cm 1200円 ①978-4-905410-09-6 Ⓝ913.68

目次 嵐の中の灯台，小さなネジ，青の洞門，ハエとクモに助けられた話，父の看病，佐吉と自動織機，助船，緑の野，笛の名人，五人の庄屋，競馬，応挙と猪，ハンタカ，焼けなかった町，夕日に映えた柿の色，通潤橋，心に太陽を，稲むらの火

『遠い海までてらせ！―日本で最初の女性灯台守・萩原すげ物語』 青木雅子作，高田勲絵 松戸 ストーク 2004.10 127p 22cm 〈発売：星雲社 年譜あり〉1200円 ①4-434-04889-9 Ⓝ289.1

目次 第1章 女性灯台守への道（夢をつないで―灯明台から灯台へ，おれたちの灯台建設へほか），第2章 女性灯台守の活躍（女性灯台守の誕生，沖いく船に灯でしらす ほか），第3章 家族で守った灯台（灯台は家族のひとり，開戦・休灯・終戦・廃灯），第4章 わかれ，そして復元のよろこび（峠のくらし，柚野村の旅，光一帰郷，灯台復元の夢 ほか）

内容 本書は女性灯台守という特異な人物に焦点を当て，その気丈さと優しさあふれる人物像を，文献調査と丹念な取材とによって浮き彫りにし，物語風にまとめたものである。

## 紅茶の日

1791年の11月1日にロシアに漂着した大黒屋光太夫が女帝エカテリーナに招かれ日本人としては初めて紅茶を飲んだことによる。日本紅茶協会が1983年に制定。

『紅茶が動かした世界の話』 千野境子著 国土社 2011.2 155p 20cm 〈文献あり

年表あり〉 1300円 ①978-4-337-18753-5
Ⓝ619.8

目次 第1章 紅茶のルーツをさぐる，第2章 紅茶の流行の始まり，第3章 紅茶が動かした大英帝国，第4章 アメリカ人と紅茶，第5章 ワカマツ・ティー・コロニー，第6章 ニッポン紅茶の生まれるまで

『茶の絵本』 ますざわたけおへん，やまふくあけみえ 農山漁村文化協会 2007.3 36p 27cm （つくってあそぼう 25） 1800円 ①978-4-540-06220-9 Ⓝ619.8

目次 お茶を飲む時間は，心やすらぐひととき，緑茶，紅茶，ウーロン茶，もとはひとつの植物，チャ，テ，語源はひとつ。世界のいろいろな飲み方，はじめは，薬用。食べる茶から飲む茶へ，高僧や貴族の喫茶から，庶民のヤマチャ，オランダからイギリスの午後の紅茶まで，日本のお茶のいろいろ，中国茶・紅茶のいろいろ，お茶はこうしてつくられる，まずは，全体の手順をおぼえておこう！，ホットプレートで釜炒り茶をつくろう！，おいしい煎茶づくりに挑戦してみよう！，包種茶をつくろう！，紅茶をつくろう！，さぁ，おまちかね。お茶をたのしもう！

内容 毎日のように飲むお茶。緑茶にほうじ茶，紅茶にウーロン茶。お茶は，生活に欠かせない飲みものだ。なかでも，日本人にとって緑茶は，とくべつだ。お店や宿に入れば，緑茶がむかえてくれる。日本では，お茶はもてなしでもあるし，芸術でもあるよ。自分でお茶をつくりながら，そんなお茶のひみつにせまってみよう。

---

## ソーセージの日

1917年11月1日に，日本の食肉加工業界に貢献した大木市蔵が「第1回神奈川県畜産共進会」に日本で初めてソーセージを出品したことから。大木の出身地，千葉県横芝光町の横芝光町商工会が制定した。

---

『すがたをかえるたべものしゃしんえほん 8 ソーセージができるまで』 宮崎祥子構成・文，白松清之写真 岩崎書店 2015.1 33p 29cm 2200円 ①978-4-265-08388-6 Ⓝ588

『食肉にかかわる仕事—畜産従事者 食肉センタースタッフ ハム・ソーセージ加エスタッフ マンガ』 ヴィットインターナショナル企画室編 ほるぷ出版 2010.2 140p 22cm （知りたい！ なりたい！ 職業ガイド）〈文献あり〉2200円 ①978-4-593-57229-8 Ⓝ648.2

目次 畜産従事者（畜産という仕事，ブタの基礎知識，東京が生んだ銘柄豚「トウキョウX」

ほか），食肉センタースタッフ（「ブタ」が「豚肉」となるしくみ，豚肉の流通の現場，豚肉の部位について知っておく ほか），ハム・ソーセージ加工スタッフ（食肉の加工品ハム・ソーセージの基礎知識，ハム・ソーセージを生産する業界，大手メーカーのさまざまなスタッフ ほか）

内容 ひとつのテーマで3つの職業を紹介，その仕事のようすやその職業に就くための方法などをコミックと文章でガイド。

『ハム・ソーセージのひみつ』 佐藤守構成，青木萌作・文，つやまあきひこ漫画 学習研究社コミュニケーションビジネス事業部教材資料制作室 2008.4 128p 23cm （学研まんがでよくわかるシリーズ 39）Ⓝ648.24

『ソーセージの絵本』 伊賀の里モクモク手づくりファームへん，やまぐちまおえ 農山漁村文化協会 2005.4 36p 27cm （つくってあそぼう 8） 1800円 ①4-540-04160-6 Ⓝ648.24

目次 ソーセージは羊や豚の腸に肉をつめたもの，豚肉を春まで保存し，まるごと食べつくす，アジアの腸づめ，日本のソーセージ事始め，ドイツだけでも1500種類。種類はさまざま，おいしいソーセージの秘密はどこにある？，材料は新鮮な肉とスパイスとケーシングに氷，必要な道具と，基本のウインナーのレシピ，ソーセゾのつくり方の手順，ウインナーをつくろう（生地づくり，腸につめる，仕上げのスモーク），香辛料をかえて，いろいろなソーセージに挑戦だ，中国の腸づめ香腸をつくろう，ヴァイスヴルストやソフトサラミをつくろう，ソーセージのおいしい食べ方

内容 おいしくて，ジューシーで，太いものや長いもの，いろいろあるソーセージ。香ばしくて，ごはんにも，パンにもよくあう食べものだ。その上，保存もきくし，調理もかんたん。ところでソーセージは，いったい，どうやってつくるか，きみは知っているかい？ 自分でつくるソーセージは，どのお店のソーセージよりも，おいしくて，ほっぺたが落ちちゃうよ。

---

## すしの日

歌舞伎の三大名作のひとつ「義経千本桜」の三段目「鮓屋」では，平家の勇将・平維盛が落ちのびた先の奈良で，「釣瓶鮨（つるべずし）」を営む，弥左衛門の弟子の弥助となった日が11月1日であること，また新米の季節であることなどから「全国すし商環境衛生同業組合連合会」が1961年に制定した。

---

『おすしのさかな』 川澄健，サンシャイン水族館監修，古島万理子写真撮影 チャイルド本社 2016.4 27p 21×24cm （チャイルド科学絵本館—なんでもサイエンス 1）〈「サンチャイルド・ビッグサイ

子どもの本 伝統行事や記念日を知る本2000冊 267

エンス 2009-1」〈2009年刊〉の改題〉 528円 ①978-4-8054-4444-3 Ⓝ596.21

『すしにかかわる仕事人』 川澄健監修 文研出版 2016.2 47p 29cm （すしから見る日本）〈索引あり〉2800円 ①978-4-580-82286-3 Ⓝ596.21

目次 すしを提供する仕事人（すし職人，持ち帰りずし店の社員），魚を流通させる仕事人—中央卸売市場の人びと（マグロのセリ人，仲卸人，水産加工業者），魚をとる仕事人—漁師，すし職人を育てる仕事人—すし学校の先生，ほかにもある！ すしにかかわる仕事人・会社（稲作農家，のりの養殖農家，鍛冶職人，しょうゆ職人，酢の醸造元，ワサビ農園，貿易会社）

『進化するSUSHI』 川澄健監修 文研出版 2016.1 47p 29cm （すしから見る日本）〈文献あり 索引あり〉2800円 ①978-4-580-82285-6 Ⓝ596.21

目次 1章 現代のすし（くらべてみよう！ 江戸と現代のすし，カラフルな「創作ずし」の登場，気軽にすしを楽しめる加工食品），2章 変化するすし店のかたち（屋台にかわって登場した！ すし専門店，ハイテク技術が支える！ 回転ずし店，家庭で楽しむ！ 持ち帰りずし・宅配ずし），3章 国境をこえるSUSHI（日本人とともにアメリカへわたったSUSHI，世界に広がるSUSHI，世界中でつくられるSUSHIの材料，これからのすしとSUSHI），世界のSUSHI図鑑

『すしを支える伝統の技』 川澄健監修 文研出版 2015.12 47p 29cm （すしから見る日本）〈文献あり 索引あり〉2800円 ①978-4-580-82284-9 Ⓝ596.21

目次 1章 シャリの準備（すし飯に適した条件とは？ 米選び，米との相性が大切！ すし酢，絶妙のバランスで混ぜ合わせる！ すし飯），2章 すしを引き立てる食材（すしに欠かせない調味料！ しょうゆ，巻きものの名わき役！ のり，素材の味を引き立てる！ ワサビ，すしをじゃましない口直し！ ショウガ），3章 すしづくりの道具（すし飯づくりに欠かせない！ 飯台・しゃもじ・うちわ，魚をさばいておろす！ 包丁・まな板，すしを巻く！ 押す！ 巻きす・押しわく，すしを美しく盛る！ 鮮度を保つ！ 笹切り），おすしをつくってみよう！（いなりずし，ちらしずし，にぎりずし・巻きずし，飾り巻きずし）

『すしダネのいろいろ』 川澄健監修 文研出版 2015.11 47p 29cm （すしから見る日本）〈文献あり 索引あり〉2800円 ①978-4-580-82283-2 Ⓝ596.21

目次 1章 にぎりずしとすしダネ（「江戸前」ってなんだろう？，さまざまなすしダネ，赤身，白身，光もの，貝，イカ・タコ，エビ・カニ，そのほか，すじダネの仕こみ），2章 魚の仕入れ（魚を水あげする漁港，魚がお店にとどくまで1—魚の仕入れ，魚がお店にとどくまで2—魚の輸送，人の手で魚を育てる「養殖」），3章 水産業の未来（魚をよく食べる日本人，日本は世界屈指の水産物輸入国，世界で高まる魚の需要，水産資源を守る取り組み）

『日本全国さまざまなすし』 川澄健監修 文研出版 2015.10 47p 29cm （すしから見る日本）〈文献あり 索引あり〉2800円 ①978-4-580-82282-5 Ⓝ596.21

目次 1章 すしのはじまり（すしのはじまりは日本ではなかった!?，むかしのすしは発酵食品だった！，ごはんを食べる「なまなれ」の誕生，ごはん酢を混ぜる「早ずし」の登場，江戸のまちで生まれた「にぎりずし」），2章 いろいろなすし（西日本を中心につくられる「箱ずし」，地域でかたちのちがう「いなりずし」，巻いてかたちをつくる「巻きずし」，さまざまな具材を使う「ちらしずし」），3章 日本全国の郷土のすし（北海道・東北地方のすし，北陸・東海・関東地方のすし，関西・中国・四国地方のすし，九州・沖縄地方のすし）

『すしのひみつ』 日比野光敏著 金の星社 2015.7 173p 20cm 〈年表あり〉1300円 ①978-4-323-07332-3 Ⓝ383.81

目次 第1章 すしのはじまり すしってなあに？ 奈良・平安・鎌倉・室町時代（すしは日本生まれじゃなかった!?，古代のすしってどんなの？ えっ，すしのご飯は捨てちゃうの？ ほか），第2章 すしの大改革がはじまった江戸時代1（「まちゃれずし」と「おじゃれずし」，幕府に献上されるすし ほか），第3章 ついに握りずしが登場!! 江戸時代2（第三の改革 手で握っちゃえ!! 握りずしの登場 発案者はだれ？，他にもある握りずしの説 ほか），第4章 握りずしが全国に広がった！ 明治・大正時代（「握りずし」と「江戸前ずし」は本当は別のもの!?，江戸の郷土料理が日本中に広がったわけは悲惨な出来事件？ ほか），第5章 戦後商魂たくましく進む握りずし昭和・平成時代（委託加工制度 えっ，すし屋は加工業!?，高度経済成長で変化するすし ほか）

内容 握りずしを発案したのはだれ？ 1200年以上の昔から，すしは改革に改革が重ねられ原形からは想像もつかないものに変化した。それが現在の握りずし。多くの人々が関わった，すしのひみつを探っていく。

『子どもに伝えたい和の技術 1 寿司』 和の技術を知る会著 文溪堂 2014.10 30p 30cm 〈文献あり〉2500円 ①978-4-7999-0076-5 Ⓝ384.3

目次 すしの世界へようこそ！（日本各地のすしを知ろう，すしの主な種類を知ろう），すしの技を見てみよう！（すし店のスゴ技，飾りずしのスゴ技，すしロボットのスゴ技），すしを作ろう！（酢めしを作る，細巻きを作る，パンダの太巻きを作る），進化するすしの魅力（新しいすしの登場，世界に広がるSUSHI），もっとすしを知ろう（すしの歴史，江戸前ずしの誕

生，おすし屋さんのこと，すしと祭り・行事，すし職人になるには）

内容 和の技術のひとつ「すし」をテーマに，日本の文化に親しみながら，楽しく知識を深められる本です。日本の各地にあるさまざまなすしを，豊富な写真とともに紹介します。江戸前ずしの職人の手業，芸術的な飾りずしの技など，受けつがれてきたすばらしい職人技を紹介します。すしを作るロボット，新しいすし，海外のすしなど，未来に広がるすしの可能性を見ていきます。「すしを作ろう！」では，酢めしの作り方や細巻きの作り方から，かわいいパンダの太巻きの作り方を紹介します。すしの歴史や文化について，さらに奥深く紹介するページもあります。

『おすし』 塩澤和弘監修 チャイルド本社 2012.1 28p 22×25cm （たべるのだいすき！ 食育えほん 10） 571円 ①978-4-8054-3607-3 N596.21

『回転ずしまるわかり事典―すしネタがいっぱい！ お店のしくみから人気のヒミツまで』 元気寿司株式会社監修，ワン・ステップ編 PHP研究所 2008.9 77p 29cm 2800円 ①978-4-569-68906-7 N673.971

目次 第1章 回転ずし店に行ってみよう！，第2章 おいしいすしネタ大集合！，第3章 もっと学ぼう！ もっと食べよう！

内容 江戸時代，江戸（いまの東京）の町では，にぎりずしの屋台が流行しました。にぎってならべられたいろいろなすしのなかから，好きなものを選んで食べていたそうです。現代の回転ずしに，少し似ていると思いませんか？ 選んで楽しく，食べておいしい回転ずしのはじまりは，江戸時代にあったといえるかもしれません。この本では，みなさんが大好きな回転ずしをとおして，すしのこと，魚のこと，漁業のことなど，さまざまな内容を学ぶことができます。

『パパ、お寿司たべたい！―親子で学ぶネタ図鑑』 入江和夫著 文藝春秋 2007.7 111p 20cm 1619円 ①978-4-16-369220-3 N596.21

目次 1時間目 こんなに深いぞ！ お寿司の世界（ファストフードのご先祖さま，ふしぎなレストラン，おいしさを科学する ほか），2時間目 「旬」をマスターしよう！（春のネタ（4〜6月），課題研究 魚市場ってどんなとこ？，夏のネタ（7〜9月） ほか），3時間目 おぼえて「つう」になる！（えんの下の力もち―お寿司屋さんの小物たち，お好みでにぎってもらうとき，お寿司のみらい―魚と資源）

内容 お店の敷居がたかい，魚の旬がわからない，たべかたもわかりにくい…。そんな悩みに応えます。「寿司屋デビュー」への徹底ガイド。ふりがな付。

『すしの絵本』 ひびのてるとしへん，もりえいじろうえ 農山漁村文化協会 2007.3 36p 27cm （つくってあそぼう 21） 1800円 ①978-4-540-06216-2 N596.21

目次 すしは、ハレの日のとくべつな料理，すしのふるさとは東南アジア，「なれずし」から「なまれ」へ，酢と出会って，にぎりずしが生まれた，日本のすし，いろいろ，すしをつくろう！ まずは手順をおぼえよう！，いずしをつくろう！ …1 材料の準備，いずしをつくろう！ …2 漬けこみ，すしごはんをつくろう！，姿ずし，棒ずしをつくろう！，箱ずし，押しぬき

内容 マグロに、エビ、イクラに、イカ、ウニ、アナゴに、タコ、シャコ、コハダ、卵焼き…おすしは、おいしいとくべつな料理だ。にぎりずしに、ちらしずし、かっぱや鉄火、太巻きの巻きずし、サバずしやマスずしなど、あげたら、きりがないくらい、いろんなすしがあるよ。もともとは、腐りやすい魚をお米といっしょに漬けこんで発酵させた、漬け物だったんだ。すしのルーツを調べながら、自分でおいしいすしをつくってみよう。

---

**いい姿勢の日**

11月1日。日付は背筋を伸ばした良い姿勢に数字の「1」が見えることから。肩こりや腰痛などを改善するために、正しい姿勢を保つことを喚起するためにリラクゼーションサロンなどを展開しているグローバルFが制定した。

---

『足指を広げてのばすゆびのば姿勢学』 今井一彰著 少年写真新聞社 2018.7 47p 27cm 1900円 ①978-4-87981-642-9 N493.91

目次 健康な足はどっち，健康な足はどんな足？，足の役割，ゆびのば体操，ゆびのば体操の効果，姿勢と足

『姿勢は正しく!!』 碓田拓磨監修，富士山みえるマンガ インタープレス 2013.8 39p 21cm （もっと知ろうからだのこと 21） 500円 ①978-4-906723-10-2 N498.3

『おねんねまぁえにまねまねヨーガ―子どもとおとなのキレイな姿勢をつくる絵本』 伊藤華野文，まつおすみこ絵 京都 京都通信社 2008.5 (2刷) 47p 18×18cm 1000円 ①978-4-903473-21-5 N498.34

目次 まねまねヨーガ―絵と言葉がけ（ペンギン，ピエロ，はた ほか），ポーズのつくり方と効果（ペンギンちゃんの足のポーズ，ピエロの脚のポーズ，旗のポーズ ほか），スキンシップ・ヨーガ―0歳から高齢の方まで（おはなしゆびさん―足の指の体操，この耳だあれ―耳の体操，線路はつづくよ―目の体操 ほか）

子どもの本 伝統行事や記念日を知る本2000冊 **269**

|内容| 「まねまねヨーガ」でヨーガの基本を楽しく体験。あたまからだもリラックス、キレイな姿勢ですごせます。

『いきいきしせい—姿勢と健康の関わりを探る』 ぱすてる書房編，かけひろみ絵 大阪 ぱすてる書房 2007.12 47p 30cm （健やかサポーター 4） 1600円 ①978-4-86300-004-9 |N|498.3
|内容| 「よい姿勢は、心のからだの健康だけでなく、学習効果にもつながる」というお話。

## 《11月2日》

### 唐津くんち

11月2日〜4日に開催される佐賀県唐津神社の秋季例大祭。「くんち」は「供日」とも書かれ、収穫感謝の意が込められている。おくんち。1980年には国の重要無形民俗文化財に指定された。

『じごくにいったかんねどん』 常光徹文，かつらこ絵 童心社 2017.7 〔32p〕 25cm （おばけ×行事えほん）〈文献あり〉 1300円 ①978-4-494-01461-3 |N|726.6
|内容| あきのまつり "唐津くんち" がはじまった。とんちものでほらふきのかんねどんは、またまたわるさをおもいついて…。

### 書道の日

11月2日。日本習字教育財団創立60周年記念事業として、「いいもじ」の語呂合わせや11月の文化月間に合わせ2013年に同財団が制定。毛筆硬筆の伝統文化を広め、継承していくことを目的としている。「習字の日」とも。

『世界の文字の書き方・書道 3 漢字文化圏のいろいろな書道』 稲葉茂勝著，こどもくらぶ編 彩流社 2015.11 31p 31cm 〈文献あり 索引あり〉 2700円 ①978-4-7791-5028-2 |N|728
|目次| 1 漢字のはじまり，2 書体のうつりかわり，3 中国の書道と書家，4 日本の文字の歴史，5 漢字文化圏の文字，6 モンゴル書道，7 ベトナム書道，8 ハングルってなに?，9 ハングル書道に挑戦!

『世界の文字の書き方・書道 2 世界の文字と書き方・アラビア書道』 稲葉茂勝著，こどもくらぶ編 彩流社 2015.9

31p 31cm 〈文献あり 索引あり〉 2700円 ①978-4-7791-5027-2 |N|728
|目次| 1 アジア各地・各国の文字のルーツ，2 インドでつかわれている文字，3 ナーガリー文字を書いてみよう!，日本のお墓で見るこの文字は?，4 丸みのある文字、とがった文字と書写材料，5 タイ文字を書いてみよう!，6 アラビア文字はどんな文字?，7 アラビア文字を書いてみよう!，8 アラビア書道に挑戦!，9 アラビア文字の広がり

『世界の文字の書き方・書道 1 世界のアルファベットとカリグラフィー』 稲葉茂勝著，こどもくらぶ編 彩流社 2015.7 31p 31cm 〈文献あり 索引あり〉 2700円 ①978-4-7791-5026-5 |N|728
|目次| 1 人類の歴史と文字のはじまり，2 文字のルーツをさぐろう!，3 文字の形がかわる!，4 ギリシア文字から変化したいろいろな文字，5 ギリシア文字を書いてみよう!，6 ギリシア文字をつかってカードをつくろう!，7 世界で一番多くつかわれている文字，8 英語のペンマンシップ，9 カリグラフィーの歴史と書体，10 カリグラフィーの道具と書き方

『筆であそぼう書道入門 4 もっとくわしく! 書の世界』 角田恵理子，佐々木和童指導，座右宝刊行会編 小峰書店 2012.4 39p 31cm 〈索引あり〉 3200円 ①978-4-338-27404-3 |N|728
|目次| 書体の流れをたどる（中国の「漢字」から日本の「かな」まで、それぞれの書体の作例を見てみよう）、日本の書の歴史（漢字の伝来と受け入れ、中国風から日本風へ、漢文から日本文へ、「かな」の黄金期 ほか）、道具指南（筆について知ろう、紙のいろいろ、墨とすずり）

『筆であそぼう書道入門 3 筆で挑戦! 作品づくり』 角田恵理子，佐々木和童指導，座右宝刊行会編 小峰書店 2012.4 39p 31cm 〈文献あり 索引あり〉 3200円 ①978-4-338-27403-6 |N|728
|目次| 挑戦! 作品づくり（一文字書こう、絵と文字を書こう、消しゴムで篆刻を作ろう、墨流しではがきを作ろう、好きな歌を書こう ほか）、いろいろな字を使ってみよう（篆書で書いてみよう、隷書で書いてみよう、ユニークな楷書を書こう）、作品を飾ろう（壁飾りやかけ軸）

『筆であそぼう書道入門 2 さあ、筆で書いてみよう』 角田恵理子，佐々木和童指導，座右宝刊行会編 小峰書店 2012.4 39p 31cm 〈文献あり 索引あり〉 3200円 ①978-4-338-27402-9 |N|728
|目次| 入門 筆になれよう（○×ゲームであそぼう、いろいろな線を書いてみよう、昔の文字で遊ぼう ほか）、秘伝 書写のコツ（横画たて画かっこよく、ハネ、ハライ、点の筆運び、平行と等分割と中心線を守る ほか）、奥義 書の本質（リズミカルに生き生きと、文字にも表情がある、表情豊かに書いてみよう）

『筆であそぼう書道入門 1 「書」ってなんだろう』 角田恵理子, 佐々木和童指導, 座右宝刊行会編 小峰書店 2012.4 39p 31cm 〈文献あり 索引あり〉 3200円 Ⓘ978-4-338-27401-2 Ⓝ728

目次 書の力、筆の魅力(筆であそぼう! Tシャツに落書きしたよ、町の中の筆文字さがし、どっちがおいしそうかな?、手紙もいいもんだ、いろいろな花が咲いたよ ほか)、すずりや「書の美術館」(「がんばろう日本」うどよし、「人」慈雲、「乞食放浪」須田剋太、「鳥」森田子龍、「般若心経」池田満寿夫 ほか)

『書道にかかわる仕事―マンガ』 ヴィットインターナショナル企画室編 ほるぷ出版 2006.11 142p 22cm (知りたい! なりたい! 職業ガイド) 2200円 Ⓘ4-593-57194-4 Ⓝ728.21

目次 書道師範、製筆技術者、製墨技術者・製硯技術者

内容 3つの職業が紹介され、その仕事のようすやその職業に就くための方法などがコミックと文章でガイドされています。

## 《11月3日》

### 文化の日

11月3日。国民の祝日。自由と平和を愛し、文化をすすめる日。1852年生まれの明治天皇の誕生日に由来。1873年〜1911年は「天長節」、1927年〜1947年は「明治節」。

『私、日本に住んでいます』 スベンドリニ・カクチ著 岩波書店 2017.10 166p 18cm (岩波ジュニア新書 862) 800円 Ⓝ361.5

目次 過去と未来をつなぐ−被災地の人びとと向き合いながら(ポーンルグロッジチャーノン)、夢をもつということ(ジェイダ・B)、カンボジアのおばあちゃんへの手紙(池田莉奈(仮名))、落語の世界へ(ダイアン吉田)、多様な文化を尊重する教育(グローバル・インディアン・インターナショナル・スクール)、オモロかったらええやん(チャド・マレーン)、親子写真から見えてくるもの(ブルース・オズボーン)、自分を信じて自分らしく(吉川ブリアンカ)、ゴスペル音楽に込められた思い(アンドリュー・ソダ)、難民として日本で暮らして(イエ・ミン・テツ)〔ほか〕

内容 日本で長く取材活動を続けているジャーナリストが日本に住むさまざまな外国人の声を紹介します。彼らは日本でどのような生活をし、何を感じているのでしょうか。彼らの目に映った日本とは? 多様な文化的背景をも

つ人々の声を通して多文化共生のありかたを考えます。

『外国人が教えてくれた! 私が感動したニッポンの文化―子どもたちに伝えたい! 仕事に学んだ日本の心 第3巻(人と人とをつなぐ「人」! ニッポン社会で大活躍)』 ロバート・キャンベル監修 日本図書センター 2015.2 47p 31cm 3600円 Ⓘ978-4-284-20291-6 Ⓝ361.5

目次 チャド・マレーンさん×お笑い、マイケル・レドモンドさん×囲碁、ロマン・エデルマンさん×競技かるた、セーニャ・ラブロウさん×日独文化交流、ジェフリー・ムーサスさん×日本建築、アマラオさん×サッカー、スタンザーニ詩文奈さん×マンガ

『外国人が教えてくれた! 私が感動したニッポンの文化―子どもたちに伝えたい! 仕事に学んだ日本の心 第2巻(こんなに美しい・おいしいなんて! 高みをめざす職人の巧み)』 ロバート・キャンベル監修 日本図書センター 2015.1 47p 31cm 3600円 Ⓘ978-4-284-20290-9 Ⓝ361.5

目次 デービッド・ブルさん×木版画、マニュエル・メンドゥイニャさん×盆栽、ブライアン・ホワイトヘッドさん×藍染め、キム・ハヨンさん×日本料理、フィリップ・ハーパーさん×日本酒、ユアン・クレイグさん×陶芸、カンラス・ウェンディさん×ラーメン

『外国人が教えてくれた! 私が感動したニッポンの文化―子どもたちに伝えたい! 仕事に学んだ日本の心 第1巻(奥が深いんだ! 伝統に育まれた道をきわめる)』 ロバート・キャンベル監修 日本図書センター 2014.10 47p 31cm 3600円 Ⓘ978-4-284-20289-3 Ⓝ361.5

目次 大砂嵐さん×大相撲、アラン・ウエストさん×日本画、ブルース・ヒューバナーさん×尺八、オンジェイ・ヒーブルさん×狂言、ダイアン吉田さん×英語落語、ネルケ無方さん×坐禅、富士松ワッシーさん×三味線

『明治天皇―近代日本の基を定められて』 勝岡寛次著 明成社 2014.1 47p 21cm (まほろばシリーズ 8) 600円 Ⓘ978-4-905410-27-0 Ⓝ288.41

目次 1 幼少時代の明治天皇とペリー来航、2 少年時代の明治天皇と明治維新、3 青年時代の明治天皇と軍備の充実、4 大日本帝国憲法と教育勅語、5 明治天皇と日清・日露戦争、6 明治天皇と神々のまつり、7 明治天皇から私たちへのメッセージ

内容 本書は、近代国家日本の基礎をかためられた明治天皇の御事績を、子供たちにも分かりやすく、やさしい文章で綴っています。

子どもの本 伝統行事や記念日を知る本2000冊 **271**

## アロマの日

2002年、日本アロマ環境協会が自然がもたらす香りの効用を改めて認識し、感謝し、祝福するとともに、アロマテラピーを「日本の文化」のひとつとして定着させる願いをこめて11月3日の「文化の日」と同日に制定。

『小・中・高生のためのアロマテラピー』
日本アロマテラピー協会編　第2版　日本アロマテラピー協会　2003.10　27p
26cm　非売品　Ⓝ498.3

## 調味料の日

日本野菜ソムリエ協会が、伝統調味料から和食文化を伝えようと11月3日の「文化の日」に合わせて制定。日付の数字「113」を「いい味」と読む語呂合せからも。

『調べてみよう都道府県の特産品　調味料編』　都道府県の特産品編集室著　理論社　2016.12　63p　27cm　〈文献あり〉　3000円　①978-4-652-20188-6　Ⓝ596

目次 調味料ができるまで—味噌づくりを訪ねる，おみやげにしたい全国の調味料，日本全国醤油マップ，日本全国味噌マップ，調味料のきほん，種類別ご当地調味料，自分でつくろうだし醤油，専用醤油で食事を楽しく，調味料の用語集

内容 しょうゆ，みそ，しお，さとう，す，あぶら，だし。47都道府県の食文化が見えてくる！

『理科de調味料』　法政大学自然科学センター監修　文研出版　2015.1　39p　29cm　（ようこそ！　理科レストラン）　2800円　①978-4-580-82247-4　Ⓝ407.5

目次 きそへん（昆布とかつおのだし，柿酢，ドレッシング，ケチャップ，バター，マヨネーズ，カッテージチーズ，ホワイトソース，みそ），はってんへん（野菜ディップ，ホワイトシチュー，みそ汁）

『調味料と調理』　家庭科教育研究者連盟編著，田村孝絵　大月書店　2008.3　39p　21×22cm　（くらべてわかる食品図鑑6）　1800円　①978-4-272-40606-7　Ⓝ596

目次 食卓塩と自然塩，こく物酢と果実酢，濃い口しょうゆと薄口しょうゆ，赤みそと白みそ，みりんと料理酒，黒こしょうと白こしょう，からしとマスタード，ラー油とタバスコ，わさびと本わさび，豆板醤と甜麺醤〔ほか〕

内容 赤みそと白みそ，黒こしょうと白こしょう，わさびと本わさび，ゆでるとゆがく，炊くと煮る…似ているようでちがう！　知っているようで答えられない食品知識を満載。

## まんがの日

まんが文化を認知してもらいたい目的で、日本漫画家協会と出版社5社が11月3日の「文化の日」と同日に2002年に制定。

『まんがなんでも図鑑』　日本漫画家協会監修　ポプラ社　2015.4　159p　27cm　（もっと知りたい！図鑑）〈文献あり　索引あり〉　4800円　①978-4-591-14312-4　Ⓝ726.101

目次 まんがの歴史（まんがのはじまり，浮世絵の登場，風刺画の人気 ほか），まんがのジャンル（コマ数による分類，読者の年齢や性別による分類，読者や読まれる目的による分類 ほか），まんがの特ちょう（まんがの基礎知識，コマのはたらき，構図のつかいわけ ほか），まんがのできるまで（まんが家の仕事場，キャラクターをつくる，ストーリーを考える ほか），まんがのかき方（パート1手書き編，パート2道具編，パート3パソコン編），読んでおきたい傑作まんが（まんががおしえてくれること），まんが家になるには（まんが家デビューへの道），まんがをささえる人たち（編集者，アシスタント，原作者 ほか），まんがについて調べる（全国まんが博物館ガイド）

内容 たくさんの写真と絵をつかい，まんがの歴史やジャンルの紹介，上手にまんがをかくコツ，まんが家の仕事の現場ルポなど，知りたかったことが満載。

『まんがとイラストの描き方—いますぐ上達！　5　ストーリーをつくってみよう』　まんがイラスト研究会編　ポプラ社　2014.4　128p　27cm　〈文献あり〉　2800円　①978-4-591-13832-8　Ⓝ726.107

目次 クリエイターインタビュー　藤田和日郎，第1章 キャラクターをつくろう（キャラクターとは？，魅力的なキャラクターの条件 ほか），第2章 ストーリーをつくろう（まんがのジャンル，ストーリーまんが ほか），第3章 原稿を描こう（いよいよネーム作り，少年まんがの基本 ほか），第4章 まんが家を目指すきみへ（アイデアを出すコツ，友だちと本をつくろう ほか）

『まんがとイラストの描き方—いますぐ上達！　4　コマ割りをおぼえよう』　まんがイラスト研究会編　ポプラ社　2014.4　128p　27cm　〈文献あり〉　2800円　①978-4-591-13831-1　Ⓝ726.107

目次 クリエイターインタビュー　能田達規，四コマまんがのコマ割り（四コマまんがを描く準備，四コマまんがの構成），ストーリーまんがを描く準備（ストーリーまんがを描く手順，創作動機とテーマ ほか），ストーリーまんがのコマ割り（まんがの視線誘導，コマの長さと置き方 ほか），プロのテクニックを学ぼう

11月　　　　　　　　　　　　　　　　　　　　　　11月3日

（プロのまんが家の原稿から学ぶ，まんが『調査員は夜くる』ほか）

『まんがとイラストの描き方―いますぐ上達！　3　効果・背景を描こう』まんがイラスト研究会編　ポプラ社　2014.4　128p　27cm　〈文献あり〉　2800円　①978-4-591-13830-4　Ⓝ726.107
目次　クリエイターインタビュー 桐木憲一，第1章 効果について学ぼう（効果とは，ベタ，ホワイト ほか），第2章 背景について学ぼう（パースとは，建物を描いてみよう，乗り物を描いてみよう ほか），第3章 まんがのワンシーンに挑戦（プロのテクニックを参考にしよう）

『まんがとイラストの描き方―いますぐ上達！　2　人物を描こう 応用編』まんがイラスト研究会編　ポプラ社　2014.4　128p　27cm　〈文献あり〉　2800円　①978-4-591-13829-8　Ⓝ726.107
目次　クリエイターインタビュー 西炯子，第1章 キャラクターをつくろう，第2章 ポーズをつけよう，第3章 衣装を決めよう，第4章 小道具を持たせよう，第5章 イラストを完成させよう

『まんがとイラストの描き方―いますぐ上達！　1　人物を描こう 基本編』まんがイラスト研究会編　ポプラ社　2014.4　128p　27cm　〈文献あり〉　2800円　①978-4-591-13828-1　Ⓝ726.107
目次　クリエイターインタビュー 馬越嘉彦，第1章 まんがってどう描くの？（まんがができるまで），第2章 顔を描いてみよう（描きたい顔をイメージしよう，正面顔 ほか），第3章 全身を描いてみよう（正面，ななめ ほか），第4章 ペン入れをしてみよう（なぜペン入れが必要なの？，必要な道具 ほか）

『マンガミュージアムへ行こう』伊藤遊，谷川竜一，村田麻里子，山中千恵著　岩波書店　2014.3　215p　18cm　（岩波ジュニア新書 769）　860円　①978-4-00-500769-1　Ⓝ706.9
目次　1 マンガの仕組みを知る，2 絵を楽しむ，3 作者を知る，4 読む，5 買う，6 マンガの世界に入る，7 海外
内容　マンガの世界に入る，貴重な原画を見る，マンガ家の素顔を知る，マンガの仕組みを知る，一日中寝転がって読む，キャラクターグッズを買う…，楽しみ方は人それぞれ。読んでいるだけでは気づかなかった新たなマンガの魅力に出会える全国各地のミュージアムを紹介します。

『プロの技全公開！　まんが家入門』飯塚裕之著　小学館　2013.7　177p　21cm

（入門百科＋ 3）〈索引あり〉　800円　①978-4-09-230354-6　Ⓝ726.107
目次　有名まんが家に聞いちゃった！（青山剛昌先生「まんがだけ描いていればプロになれると思ったら大まちがい。」，やぶうち優先生「自分が感動した理由を分析して，それを作品に活かそう！」，渡瀬悠宇先生「少年まんがは男の子の気持ちになりきって描いています！」ほか），全公開！ 読めば納得！ まんがのテクニック（まんがを描く道具とその使い方－まずは道具から！ まんがって，どんな道具を使って描けばいいの？，絵の上達のためのトレーニング－どうしたら絵がプロみたいにうまくなるの？　絵を上達させる方法！，魅力的なキャラクターを作るコツ－読者にとってキャラクターは気持ちを移す対象なんだ！ ほか），まんが家になろう！ THE COMIC－まんが家になるために大切なこと（たくさんの人に読まれるために，キャラクターを作ろう！，お話を作ろう！ ほか）
内容　絵の描き方，ストーリーの作り方…あなたにプロの全テクニックを伝授！ 有名まんが家からのスペシャルメッセージも！

『マンガ世界の歩き方』山辺健史著　岩波書店　2004.8　183p　18cm　（岩波ジュニア新書）　740円　①4-00-500481-4　Ⓝ726.101
目次　1 百円雑誌屋を知ってるかい，2 コミックマーケットの熱い夏，3 「いま」のマンガ業界を歩いてみよう，4 在日外国人が考える日本のマンガ文化って？，5 発見！ マンガをとりまく「ぜいたく」な状況，6 にっぽん貸本屋紀行なのだ，7 トキワ荘外伝 森安なおやを追いかけて
内容　二十代の駆け出しライターが等身大の感性で挑んだ「日本人とマンガ」という一見小さく，裾野の広いテーマ。体当たり，迷い，恥ずかし，失敗の数々。コミケの雑踏をかき分け，百円雑誌屋から大マンガ週刊誌の編集長，マンガ喫茶，マンガ図書館，ご存知トキワ荘の残党たち…飛び込みで，ときには細いコネをたよりに歩き回った。これこそ総合学習だ。

---

### 文具の日

東京都文具事務用品商業組合等が「文具と文化は歴史的にみて同じ意味」として11月3日の「文化の日」と同日に1987年に制定。

---

『知ってハナダカ！　文房具のひみつ箱』スタジオ248編　六耀社　2017.6　127p　21cm　1300円　①978-4-89737-986-9　Ⓝ589.73
目次　プロローグ 文房具のはじまり，文房具のなかまたち1 筆箱，文房具のなかまたち2 鉛筆，文房具のなかまたち3 シャープペンシルとボールペン，文房具のなかまたち4 消しゴム，文房具のなかまたち5 三角定規＋コンパス，チャレンジ!! ハナダカ・クイズ どれだけ知ってる!?　「文房具」

子どもの本 伝統行事や記念日を知る本2000冊　273

**内容** 鉛筆や消しゴムなど、文房具は、勉強をするときに欠かせませんね。この本では、文房具をとおして、便利な道具と人びとの出あいから、かかわりまでをさぐっていきます。知れば知るほどハナダカになれる、文房具の情報がいっぱいつまった"ひみつ箱"を開けていきましょう―。

『町工場の底力 5 文房具の開拓者たち』京都 かもがわ出版 2014.10 31p 27cm 〈索引あり〉 2500円 ①978-4-7803-0730-6 ⓝ509.21
**目次** えんぴつを基本に時代にあわせたものづくり―北星鉛筆（東京都葛飾区）、おもしろ消しゴムに光るものづくりの楽しさ―イワコー（埼玉県八潮市）、みんなが笑顔になれるように絵の具はそのための道具―ニッカー絵具（東京都練馬区）、machikobaトピックス 町工場の技術を「デザイン」の力で発信！

『図解カリスマ家庭教師榎本勝仁の文房具フル活用術』 榎本勝仁著 辰巳出版 2008.6 175p 19cm 1200円 ①978-4-7778-0547-1 ⓝ002.7
**目次** 1 エンピツ・ペン―たった1本でできる達人の裏ワザ、2 ノート―ふつうのノートが10倍使いやすくなる！、3 ふせん―ペタペタ貼るだけじゃもったいない！、4 カード―暗記はこれさえあればカンペキ！、5 ファイル―これで自分流の整理ができる！、6 その他―まだまだある！ 意外な成績アップ活用術
**内容** エンピツからノート、ふせん、ファイル…。毎日使っている道具なのに、いつもと使い方を変えるだけでびっくりするくらい成績が上がってしまう、学校の教師も知らない裏ワザをイラスト付きで解説。

---

### みかんの日

日付の数字「113」を「いいみかん」と読む語呂合せから。全国果実生産出荷安定協議会と農林水産省が制定。12月3日も。

---

『みかんのひみつ』 鈴木伸一監修、岩間史朗写真撮影 チャイルド本社 2016.12 31p 21×24cm （チャイルド科学絵本館―なんでもサイエンス 9）〈ひさかたチャイルド 2007年刊の再刊〉 528円 ①978-4-8054-4452-8 ⓝ625.32

『みかん』 山本和子ぶん、中田弘司え、吉岡照高監修 チャイルド本社 2013.2 28p 22×25cm （たべるのだいすき！食育えほん 2-11）571円 ①978-4-8054-3773-5 ⓝ625.32

『ちびまる子ちゃんのくだものだいすきえほん みかんのまき』 さくらももこ原作、藤田智監修 金の星社 2011.8 28p 23×23cm 1300円 ①978-4-323-03942-8 ⓝ625
**目次** まるちゃんみかんぶろはさいこう!? のまき、みかんだいかいほう、みかんにだいせっきん！、こんなところにも！ みかんだいにんき！、みかんのすごさにちゅうもく！、それゆけみかんちょうさたい！、みかんのうわさうそ？ ほんと？、まるちゃんのおうちのひとといっしょにクッキング！―おかし、みかんができるまでをみてみよう！、みかんのかわであそぼう！
**内容** まるちゃんの楽しいお話を読むと、ますますくだものに興味がもてて、好きになります。身近にあるけれど意外と知らないくだものの種類やレシピ、生長して実ができるまでを、まるちゃんといっしょに見てみましょう！ くだものはかせになれる絵本。

『みかん』 中島睦子作、こうやすすむ監修 福音館書店 2004.1 26p 26cm 838円 ①4-8340-1965-9 ⓝ625.32

『ミカンの絵本』 かわせけんじへん、いしまるちさとえ 農山漁村文化協会 2003.4 36p 27cm （そだててあそぼう 55）1800円 ①4-540-02240-7 ⓝ625.3
**目次** ミカン、オレンジ、レモン、キンカンどうちがう？、インド、中国生まれの重要果樹。でも西洋では新しい果樹、暑さが好きな元気者 白いかれんな花、袋は葉、つぶつぶは毛からできた！、形も味も、こんなにいろいろ、鉢植えなら寒い地方でも育てられる（栽培ごよみ）、2年生の接ぎ木苗を大鉢に植えよう！、植えつけ後、翌春までの管理、いよいよ、ミカンの収穫だ！、3年くらいで植えかえよう。地植えができれば最高だ！、レモンを鉢で育ててみよう！、1本の木にユズ、カボス、スダチをならせよう！、果実の保存、皮の利用、実験してみよう、ミックスゼリー、マーマレード、皮の砂糖漬け

『みかんです』 川端誠作 文化出版局 1992.6 1冊 17×19cm 750円 ①4-579-40322-3

---

## 《11月5日》

---

### 津波防災の日

1854年の11月5日に起きた安政南海地震による大津波の際に、収穫した稲の穂を積み上げた「稲むら」に火をつけ逃げ遅れた村人を高台に導いたという和歌山県の逸話により、日本が提唱し国連が2015年に制定。「世界津波の日」「世界津波啓発デー」とも。

---

『稲むらの火のひみつ―11月5日は「世界津波の日」』 山口育孝漫画、YHB編集企画構成 学研プラスメディアビジネス部コ

ンテンツ営業室　2017.2　38p　23cm
〈学研まんがでよくわかるシリーズ　特別
編〉〈年譜あり〉　Ⓝ369.31

『津波!!　稲むらの火その後』　高村忠範文・
絵　汐文社　2011.8　31p　31cm　1800
円　Ⓣ978-4-8113-8817-5　Ⓝ726.6

『つなみ―おばあちゃんの紙しばい』　田畑
ヨシ作，山崎友子監修　産経新聞出版
2011.7　31p　22×31cm　〈英文併記　英
文校正：Yvette Tan　発売：日本工業新
聞社〉1500円　Ⓣ978-4-8191-1136-2
Ⓝ369.31

　内容　昭和三陸津波を体験した86歳のおばあ
ちゃんが津波の恐ろしさを長年にわたって語
り継いできたお話。手作りの紙しばいをオー
ルカラーで収録。津波犠牲者のために田畑さ
んが詠んだ「海嘯鎮魂の詩」。航空写真で、震
災前と震災後の田老地区を比較。日本一の防
潮堤は役に立ったのか？　市職員が語る“あの
日”。

『津波からみんなをすくえ！―ほんとうに
あった「稲むらの火」　浜口梧陵さんのお
話』　環境防災総合政策研究機構監修，和
歌山県教育委員会企画・制作，クニ・トシ
ロウ作，ケイ・タロー絵　文溪堂　2006.
11　31p　27cm　〈地震・津波まめ知識つ
き〉1000円　Ⓣ4-89423-514-5　Ⓝ369.1

　内容　江戸時代のおわりごろ、村に津波がおし
よせたとき、浜口梧陵さんが、人びとのいの
ちをすくうために、おこなったことは？　そ
して、津波の被害から村を立て直すためにお
こなったことは？　お話とQ&Aで学ぶ「津波
へのそなえ」。

『津波から人びとを救った稲むらの火―歴
史マンガ浜口梧陵伝』　「歴画浜口梧陵
伝」編集委員会監修，クニ・トシロウ作・
画　文溪堂　2005.9　151p　22cm　1200
円　Ⓣ4-89423-453-X　Ⓝ289.1

　目次　1 江戸，2 銚子，3 師匠，4 故郷，5 津
波襲来，6 稲むらの火，7 津波のつめあと，8
堤防建設，9 危機，10 堤防完成

　内容　江戸時代末期の安政元年（一八五四年）、
巨大地震によって引きおこされた大津波が村
むらをおそったとき、避難場所の目印にと、
貴重な稲むらに火をつけ、多くの人びとを
救ったひとりの男がいた…浜口梧陵である。
戦前・戦中、不朽の防災テキストといわれた
「稲むらの火」のモデルとなった浜口梧陵。そ
の真実の姿が、今、ここにあきらかにされる。
読んで見て学ぶ「津波への備え」。

『津波!!　命を救った稲むらの火』　小泉八雲
原作，高村忠範文・絵　汐文社　2005.4
1冊　31p　1400円　Ⓣ4-8113-7891-1
Ⓝ726.6

『稲むらの火―アニメ絵本』　中井常蔵協力
金の星社　1990.6　1冊　25cm　〈アニ
メーション映画「稲むらの火」より〉
1030円　Ⓣ4-323-01242-X

　内容　江戸時代の終わり、祭りのしたくでにぎ
わう海辺の村に、地震がおこった。丘の上に
立つ庄屋・五兵衛は、そのゆれかたに、津波
がおしよせてくることを予感した。村があぶ
ない！　五兵衛は、人びとをすくおうと、稲
むらに火を…。

『もえよ稲むらの火―村人を津波からまもり
堤防をきずいた浜口梧陵』　桜井信夫作，
高田三郎絵　PHP研究所　1987.12　145p
22cm　（PHPこころのノンフィクショ
ン）1100円　Ⓣ4-569-28374-8　Ⓝ289

　目次　1 ひとつの「稲むらの火」，2 もうひと
つの「稲むらの火」，3 しょうゆづくりの家，4
銚子から西洋をみる，5 黒船がやってきた，6
ほんとうの「稲むらの火」，7 浜口大明神，8
世界めぐりの旅へ，9 よみがえる稲むらの火

　内容　地震のあとにおそってくる津波から村人
をすくうため、たいせつな稲たばに火をつけ
人びとを丘によびよせた男の話（「稲むらの
火」）がある。そのモデルになった浜口梧陵の
姿を事実をもとにいきいきと描くノンフィク
ション。

《11月8日》

いい歯の日

日付の数字「118」を「いい歯」と読む語呂
合せから。日本歯科医師会が1993年に制定。
国民へのさまざまな歯科保健啓発活動など
PR重点日として定められた。

『歯のおはなしをしよう―歯と、すべて歯
について、歯のことだらけのおはなし
続　あまいもののこうげきをげきたいし
よう！』　ジャネット・フラナリー・コー
タッド絵と文　クインテッセンス出版
2014.6　1冊　29cm　3200円　Ⓣ978-4-
7812-0374-4　Ⓝ497.7

　内容　おかしな歯のキャラクターたちに説得し
てもらう、歯と、すべて歯について、歯のこ
とだらけのおはなし。

『歯のおはなしをしよう―すてきな歯のぼ
うけん』　ジャネット・フラナリー・コー
タッド絵・文　クインテッセンス出版
2013.9　1冊　29cm　3200円　Ⓣ978-4-
7812-0321-8　Ⓝ497.7

　内容　歯科の定期検診のわくわく体験を歯たち
の視点から！　歯と、すべて歯について、歯
のことだらけのおはなし。

子どもの本　伝統行事や記念日を知る本2000冊　**275**

**11月8日**　　　　　　　　　　　　　　　　　　　　　　　　**11月**

『みんなそろったじぶんの歯―小学5・6年生向け』　丸森英史著　少年写真新聞社　2013.2　39p　27cm　（新しい歯のみがき方）〈文献あり〉1800円　①978-4-87981-457-9　Ⓝ497.7

目次　第2大きゅう歯のみがき方（第2大きゅう歯はどこにあるの？，上の第2大きゅう歯の外側に指を当ててみよう　ほか），全部の歯のみがき方について確かめよう（まずは歯ブラシについて確かめよう，歯の名前と位置を確かめよう　ほか），「歯ぐき」をチェックしよう（あなたの歯ぐきはどっちに近い？，「歯肉えん」かどうかを見分けるポイント　ほか），歯の大事な役割「かむ」ことに注目しよう（よく「かむ」ための前歯，犬歯，おく歯の働き，かむことの効果（だ液を出す，体の能力がアップする，「うまみ」を感じる）ほか）

『どんどんはえるじぶんの歯―小学3・4年生向け』　丸森英史著　少年写真新聞社　2012.10　39p　27cm　（新しい歯のみがき方）〈文献あり〉1800円　①978-4-87981-438-8　Ⓝ497.7

目次　歯の「みがき方」を見直してみよう（自分の「歯」と「みがき方」を見直してみよう，歯ブラシの毛先の当て方をチェックしよう　ほか），小きゅう歯のみがき方（小きゅう歯はどこにあるの？，どんどん成長する小きゅう歯　ほか），犬歯のみがき方（犬歯はどこにあるの？，どんどんのびていく犬歯　ほか），なぜ「むし歯」ができるの？（3日間歯をみがかないと歯はどうなるの？，「歯こう」をつくるのは「ミュータンスきん」　ほか）

『たんけんはっけんじぶんの歯―新しい歯のみがき方』　丸森英史著　少年写真新聞社　2012.2　39p　27cm　1800円　①978-4-87981-402-9　Ⓝ497.7

目次　新しい歯が生えてきた！（一番おくの歯がぜんぶ生えると，前歯がぬけた後に生える「おとなの歯」　ほか），前歯・6さいきゅう歯のみがき方（上の前歯をみがこう，下の前歯をみがこう，「歯のそめ出し」でみがき方をチェックしよう！（「歯のそめ出し」をしてみよう，そめ出しで歯のよごれを見る前に　ほか），歯をみがかないでいると…（歯みがきをしないと歯はどうなるの？，自分でもなおせる「白いむし歯」　ほか）

『はははのはなし―大型絵本』　加古里子ぶん・え　福音館書店　2011.1　1冊　49cm　（かがくのとも劇場）〈付（1枚）：読み聞かせ用テキスト〉8000円　①978-4-8340-2589-7　Ⓝ497.7

『歯の絵事典―大切さがよくわかる！　健康に保つための知識がいっぱい』　関口浩監修　PHP研究所　2009.7　79p　29cm

〈文献あり　索引あり〉2800円　①978-4-569-68974-6　Ⓝ497

目次　序章　オモシロイ！　動物たちの歯（獲物をとらえるキバ，草木をすりつぶす臼状の歯　ほか），第1章　フシギ！　人間の歯（おとなの歯，子どもの歯，歯はかさなってできている　ほか），第2章　コワイ！　歯と歯ぐきの病気（3つの要因がかさなると虫歯に，とけたり戻ったりしている歯　ほか），第3章　歯に関するQ&A（歯列矯正はいつやるのが良い？，親知らずは抜く？　残す？　ほか）

内容　歯の役割，歯の病気，虫歯予防，疑問など，歯に関するさまざまなことを4つの章で分かりやすく説明。

『ずっとずっとじぶんの歯―児童・生徒向』　丸森英史，武内博朗監修　少年写真新聞社　2007.11　40p　27cm　（新しい歯のみがき方）1900円　①978-4-87981-245-2　Ⓝ497.7

目次　むし歯・歯肉炎の原因―食生活にひそんでいる!?　むし歯・歯肉炎の落とし穴（4つの危険ゾーンから発生するむし歯・歯肉炎，コンビニ・部活・ファストフード・夜ふかし　むし歯・歯肉炎の特ちょう，どこにむし歯があるかわかる？），むし歯のはじまり―白だくむし歯をミクロの目でウォッチング！，実験　砂糖と歯こう―ネットリ歯こうとサラッと歯こうのちがい（ミュータンス菌が歯こうをつくる様子，歯肉炎を起こす『バイオフィルム』ができるメカニズム，砂糖入り飲料はむし歯発生危険度No.1!?），完璧ブラッシング―歯こうがつきやすいところは工夫してみがこう（歯と歯の間，奥歯の外側のみがき方，デコボコ不ぞろいな歯のみがき方，歯こうは舌にもくっつく！，ブラッシングお助けグッズの使い方，ホルダー付きフロスをマスター，フロスの準備と指の使い方，『おやつの砂糖20g以下でむし歯予防』は世界中の目標）

『はみがきめいじん―歯の健康管理をみなおす』　ぱすてる書房編，かけひろみ絵　大阪　ぱすてる書房　2007.6　47p　30cm　（健やかサポーター　2）1600円　①978-4-86300-001-8　Ⓝ497.7

『歯の実験観察ノート』　中垣晴男編　健学社　2006.8　55p　30cm　（歯のびっくりサイエンス　パート2）〈執筆：犬飼順子ほか〉1000円　①4-7797-0035-3　Ⓝ497.7

目次　歯の硬さを調べてみよう，歯の成分を調べてみよう，酸で歯が溶けるのを見てみよう，食べ物を食べるとき，どの歯を使うだろう，大人と子どもの歯を比べてみよう，かむ能力を調べてみよう，歯は上下でどのようにかみ合っているのだろう？，上と下の歯は何ヵ所でかんでいるのだろう？，食べ物とかむ回数について調べてみよう，口元と顔つきとの関係を見てみよう〔ほか〕

内容　「むし歯はどうしてできるの？」そんな素朴な疑問にこたえ，歯の実験観察を通して歯への科学的な理解を深める本です。歯は健康な生活を送るための基礎となるもの。さまざまな角度からじっくり見直してみましょう。

11月　　　　　　　　　　　　　　　　　　　　　　　　11月10日

『歯にかかわる仕事―マンガ』　ヴィットイ
ンターナショナル企画室編　ほるぷ出版
2006.2　142p　22cm　（知りたい！　な
りたい！　職業ガイド）2200円　①4-
593-57192-8　Ⓝ498.14
　目次 歯科医師（people―猪越重久さん（イノ
コシ歯科医院院長），コミックガイド，だから
私はこの仕事―金子紫さん（岡田科医院歯科医
師），適性診断），歯科技工士（people―齊木
好太郎さん（ラボラトリー・オブ・プリンシピ
ア代表取締役），コミックガイド，だから私は
この仕事―前田優美さん（ラボラトリー・オ
ブ・プリンシピア歯科技工士），適性診断），
歯科衛生士（people―藤平弘子さん（東京歯科
大学市川総合病院歯科・口腔外科），コミック
ガイド，だから私はこの仕事―奥井沙織さん
（東京歯科大学市川総合病院歯科・口腔外科），
適性診断）
　内容 歯科医師、歯科技工士、歯科衛生士の職
業を紹介、その仕事のようすや、その職業につ
くための方法などをコミックと文章でガイド。

『歯と歯みがきのひみつ』　宇津木聡史構成，
甲斐すみよし漫画　学習研究社コミュニ
ケーションビジネス事業部教材資料制作
室　2005.4　128p　23cm　（学研まんが
でよくわかるシリーズ 17）Ⓝ497.7

『宇宙と歯の健康』　住田実著　京都　東山
書房　2003.8　32p　27×37cm　（わくわ
く健康学スペースツアー ビジュアル探
検：からだと健康の小宇宙 1）〈文献あ
り〉2000円　①4-8278-1267-5　Ⓝ497

『こどもの歯から「一生自分の歯」―おじい
さんのはなしのはなしの木』　佐々龍二監
修，昭和大学歯学部小児歯科学教室編著
医学情報社　2002.11　23p　31cm　3000
円　①4-900807-69-9　Ⓝ497.7

『こどもの歯と食べもの―おいしい王子さ
ま』　落合靖一監修，昭和大学歯学部小児
歯科編著　第2版　医学情報社　1995.7
35p　31cm　4000円　①4-900807-18-4
Ⓝ497.7

《11月10日》

トイレの日
日付の数字「1110」を「いいトイレ」と読む
語呂合せから。日本トイレ協会が1986年に
制定。

『トイレの自由研究　3　うんこ友だち!?―
環境・衛生・保健編』　屎尿・下水研究会

監修，こどもくらぶ編　フレーベル館
2016.11　31p　29cm　〈索引あり〉3000
円　①978-4-577-04446-9　Ⓝ383.9
　目次 1 トイレのそもそもの重要性，2 保健衛
生って、なに？，3 「循環型社会」とは？，4
トイレと公衆衛生，5 感染症と下水道，6 ト
イレの水洗化と下水道，7 人類の新たな脅威

『トイレの自由研究　1　おしりを洗う習慣
ができた！―起原・歴史・技術変遷編』
屎尿・下水研究会監修，こどもくらぶ編
フレーベル館　2016.10　31p　29cm　〈索
引あり〉3000円　①978-4-577-04444-5
Ⓝ383.9
　目次 1 世界最古のトイレは？，2 水洗から
"おまる"へ!?，3 日本の最古のトイレとは？，
4 「すてる」から「いかす」時代へ，5 洋式ト
イレがやってきた！，6 悪臭やハエからの解
放，7 日本のトイレの西洋化，8 トイレで
「クール・ジャパン」

『トイレの自由研究　2　紙でふく・手でふ
く!?―異文化・国際理解編』　屎尿・下水
研究会監修，こどもくらぶ編　フレーベル
館　2016.9　31p　29cm　〈索引あり〉
3000円　①978-4-577-04445-2　Ⓝ383.9
　目次 1 前向き？　後ろ向き？，2 和式トイレ
はとくべつ！　どこが？，3 おしりをふくと
いう行為，4 トイレにお金が必要!?，5 トイレ
のグローバリゼーション，6 和式トイレをの
ぞむ声

『トイレをつくる未来をつくる』　会田法行
写真・文　ポプラ社　2014.9　1冊　27cm
（シリーズ◎自然いのちひと 15）1500円
①978-4-591-14108-3　Ⓝ498.02246

『トイレの大常識』　平田純一監修，グルー
プ・コロンブス，青木美加子文　ポプラ社
2006.12　143p　22cm　（これだけは知っ
ておきたい！　36）〈年表あり〉880円
①4-591-09534-7　Ⓝ383.9
　目次 1 トイレの歴史 世界編（二本足への進
化がまねいた「しりふき」，世界最古のトイレ
は水洗だった ほか），2 トイレの歴史 日本編
（ウンチの化石から何がわかる？，三内丸山遺
跡で見つかった「初のトイレ空間」 ほか），3
トイレは文化だ！（文豪もトイレについてかん
がえた，ネタはつきまじトイレ川柳 ほか），4
現代のトイレについてうんとかんがえる（トイ
レも観光名所になる？，学校のトイレは今 ほ
か），5 日本と世界のびっくりトイレ話（びっ
くり！　世界トイレ図鑑，紙でふくのは少数
派？　ほか）
　内容 トイレに行くのが楽しくなる、うんちく
話がいっぱい。

子どもの本 伝統行事や記念日を知る本2000冊　**277**

## いい友の日

日付の数字「1110」を「いい友」と読む語呂合わせから。大切な友との絆を見つめ直す日を作りたいと、音楽、メディア、イベントなどのプロデュースを手がけるシティーウェーブが制定。大切な友人に音楽をプレゼントする日として、友をテーマにしたラジオ番組などを制作する。

『友だちってひつようなの？』 齋藤孝著，いぢちひろゆきマンガ PHP研究所 2018.9 159p 21cm （齋藤孝の「負けない！」シリーズ 3） 1000円 Ⓘ978-4-569-78790-9 Ⓝ361.454

|目次| 第1章 友だちってどうすればできるの？（友だちゾーンを広げよう！，できるだけ誘いにのってみよう！ ほか），第2章 自分と友だちの関係を研究してみよう！（友だちは大切，でも自分も大切，「友だちがいないと不安だ症候群」って何？ ほか），第3章 友だちに気持ちを伝えよう！（けんかをしてしまったらどうする？，なかなか仲直りができない！ ほか），第4章 本当の友だちってどんな人のことなの？（本当の友だちは強いきずなで結ばれる，困っている友だちがいたらどうする？ ほか）

|内容| なやまない！ 今は，人づき合いの練習だ！ マンガだからスラスラ読める！

『友だちづきあいに悩まない─ソーシャルスキル』 相川充監修 合同出版 2018.3 127p 22cm （ピンチを解決！ 10歳からのライフスキル 1） 2800円 Ⓘ978-4-7726-1334-7 Ⓝ361.454

『大人になってこまらないマンガで身につく友だちとのつきあい方』 相川充監修，とげとげ。マンガ・イラスト 金の星社 2017.11 143p 21cm 1100円 Ⓘ978-4-323-05324-0 Ⓝ361.454

|目次| 第1章 友だちと仲よくなろう編（人はちがってあたりまえ，友だちを理解するには？ ほか），第2章 上手な気持ちの伝え方編（ケンカしちゃった，仲直りしたい！，意見がくいちがったらどうする？ ほか），第3章 もっと仲よくなりたい編（苦手な子とグループになっちゃった！，ひとりでいる子に声をかけたい！ ほか），第4章 自分を大切に編（自分の気持ちにうそをついてない？，自分のこと，知ってる？ ほか）

|内容| あの子と友だちになりたい，仲直りしたいけど…，悪口を言われちゃった─そんなときに！ 勇気と自信がつくノウハウがいっぱい！

『みんながいてボクワタシがいる！ 友だちと学校』 古田真理子マンガ・イラスト，池田書店編集部編 池田書店 2017.

4 175p 21cm 880円 Ⓘ978-4-262-15495-4 Ⓝ361.454

|目次| ちあきと友だち，りんとと友だち，みうねと友だち，てつおと友だち，いろはと友だち，ひろしと友だち

|内容| 「友だちに借りたものをこわしちゃった！」「わたしにとっての親友って？」友だちとの間で起こる，いろいろな問題やなやみの答えをこの本の中から見つけよう！ きっと，友だちの大切さがもっとわかってくるよ！

『友だち関係─考え方のちがい』 藤美沖マンガ・イラスト 旺文社 2016.7 152p 21cm （学校では教えてくれない大切なこと 11） 850円 Ⓘ978-4-01-011109-3 Ⓝ361.454

|目次| 1章 ちがうから、仲良くできないの？（意見がちがうと、ケンカになっちゃう？，友だちとちがうのって、へん？ ほか），2章 自分のことをよく知ろう（まずは、自分の気持ちを知ろう，自分を観察しよう！ その(1)考え方の「くせ」に気づこう ほか），3章 友だちとのちがいを知ろう（友だちの家って、うちとはちがう？，友だちの家が、うらやましい？ ほか），4章 ちがっていても、仲良くできる（こんなにちがう！ 世界の習慣 "あいさつ・しぐさ"，こんなにちがう！ 世界の習慣 "暮らし" ほか）

|内容| 小学生のための世の中を生きぬく力を身につける本。

『友だち関係─気持ちの伝え方』 藤美沖マンガ・イラスト 旺文社 2015.11 152p 21cm （学校では教えてくれない大切なこと 6） 850円 Ⓘ978-4-01-011104-8 Ⓝ361.454

|目次| 0章 ココロからのメッセージ（「心」をもっとよく知ろう，自分の「気持ち」を見つめよう ほか），1章 こんなとき、どんな気持ち？─いろんな気持ちを知ろう（うれしいってどんな気持ち？，ワクワクってどんな気持ち？ ほか），2章 困った…でも大丈夫！─友だち関係のピンチを解決！（友だちにからかわれちゃった、悪口を言われちゃった ほか），3章 友だちと、もっと仲良くなろう（話すきっかけをつかみたい、だれかと友だちになりたい ほか），4章 自分も友だちも大切にしよう（「気持ち」に振り回されていないかな、自分の気持ちの「くせ」を知ろう ほか）

『友だち関係─自分と仲良く』 藤美沖マンガ・イラスト 旺文社 2015.7 152p 21cm （学校では教えてくれない大切なこと 2） 850円 Ⓘ978-4-01-011081-2 Ⓝ361.454

|目次| 0章 ココロンからのメッセージ（自分をよく知ろう、人とちがっていいんだよ ほか），1章 「気持ち」ってなんだろう（いろんな気持ち、気持ちはいつも同じ？ ほか），2章 自分と仲良くしてるかな（自分と仲良くするって？、自分を知ろう！ ほか），3章 まわりの人はどんな人？（本当はどんな人？、友だち大

11月　　　　　　　　　　　　　　　　　　　　　　　　　　11月10日

研究），4章 気持ちを伝えあおう（友だちの話，ちゃんと聞いてる？，自分の気持ちを伝えよう ほか）

内容 自分をよく知ろう，たくさん失敗しよう，イヤな気持ちの対処法，気持ちの上手な伝え方他，小学生のうちに身につけておきたいこと。

『友だちは永遠じゃない―社会学でつながりを考える』 森真一著 筑摩書房 2014.11 167p 18cm （ちくまプリマー新書 222） 780円 ①978-4-480-68924-5 Ⓝ361.454

目次 第1章 「無縁社会」って本当ですか？（無縁社会という捉え方，つながりのきっかけが変わってきた，無縁社会説が見逃していること），第2章 「一時的協力」で考えてみよう（一時的協力理論とは何か，人と人との協力のあり方，協力に協力してくれる存在），第3章 集団・組織での一時的協力とは（一時的協力はいつも不確か，協力を持続可能にする工夫，集団における一時的協力の見直し），第4章 一時的協力理論がひらく可能性（ほころびだらけでも大丈夫な社会，協力しないことの意義，集団の存在意義を獲得する）

内容 凝り固まって息苦しいように感じられる人間関係や社会も「一時的協力理論」というフィルターを通すとちょっと違った成立の姿が見えてくる。そんな社会の像やそこで考えられる可能性を想像してみよう。

『友だちが増える話し方のコツ』 西出博子著，ウマカケバクミコ絵 学習研究社 2009.3 95p 22cm 1000円 ①978-4-05-203099-4 Ⓝ361.454

目次 第1章 話し上手になるための第一歩（声の出し方のコツ，話し方で印象が変わる！ ほか），第2章 友だちをつくろう（初対面の友だちに話しかける，あの子と友だちになりたい！ ほか），第3章 好かれる話し方のコツ（質問する，質問するときの注意点 ほか），第4章 電話のルールを覚えよう（電話をかける，電話を受ける ほか）

内容 オールカラーのイラスト解説。言葉以外の気配りのポイント，自己紹介のときのアピール術，友だちの話を聞くとき，「頼みごとをする」「誘う」「ほめる」，など，コミュニケーションを円滑にするヒント。

『悩みが解決する友だちづきあいのコツ』 宮田雄吾著，江田ななえ絵 学習研究社 2009.3 95p 22cm 1000円 ①978-4-05-203100-7 Ⓝ361.454

目次 第1章 友だちトラブル解決テクニック（守れるかわからない約束をしない，どうしても苦手な人がいる，友だちが急に怒り出したほか），第2章 恋と友情の悩みお助け隊（告白された，うわさ話を聞いた，うわさ話に参加すると…？ ほか），第3章 もしかして，いじ

め…？（グループ分けで自分だけ残ってしまう，友だちにからかわれる，「言いつける」っていけないこと？ ほか）

内容 オールカラーのイラスト解説。仲直り，苦手意識，いじめ，自己嫌悪…誰もが出会う悩みにアドバイス。友人関係の「!?」に答える。

『友だち幻想―人と人の〈つながり〉を考える』 菅野仁著 筑摩書房 2008.3 156p 18cm （ちくまプリマー新書 79） 720円 ①978-4-480-68780-7 Ⓝ361.454

目次 第1章 人は一人では生きられない？，第2章 幸せも苦しみも他者がもたらす，第3章 共同性の幻想―なぜ「友だち」のことで悩みは尽きないのか，第4章 「ルール関係」と「フィーリング共有関係」，第5章 熱心さゆえの教育幻想，第6章 家族との関係と，大人になること，第7章 「傷つきやすい私」と友だち幻想，第8章 言葉によって自分を作り変える

内容 友だちは何よりも大切。でも，なぜこんなに友だちとの関係で傷つき，悩むのだろう。人と人との距離感覚をみがいて，上手に"つながり"を築けるようになるための本。

『友だちづきあいのコツ』 宮田雄吾監修 学習研究社 2008.2 47p 29cm （みんなのマナーとルール 友だちが増える！もっと仲良くなる!! 3） 2800円 ①978-4-05-500542-5 Ⓝ361.454

目次 第1章 友だちトラブル解決テクニック（守れるかわからない約束をする前に，どうしても苦手な人がいる，友だちが急に怒り出した ほか），第2章 恋と友情のなやみお助け隊（告白された，うわさ話を聞いた，誤解を解く ほか），第3章 もしかして，いじめ…？（グループ分けで自分だけ残ってしまう，友だちにからかわれる，「言いつける」っていけないこと？ ほか）

『話し方のコツ 友だちを増やす編』 ゆうきゆう著 学習研究社 2008.2 47p 29cm （みんなのマナーとルール 友だちが増える！もっと仲良くなる!! 2） 2800円 ①978-4-05-500541-8 Ⓝ361.454

目次 第1章 学校で人気者になろう（発表・スピーチ，授業中に発言する，学級会（意見を整理しよう，自分の意見が通らない！），注意する，説明する ほか），第2章 友情を深めるコツ，発見！（相談する，相談される，うれしいことがあった，ものを借りるとき，ものを貸すとき，お金の貸し借り，興味を引く話をしよう，会話を盛り上げる，あこがれの人と話したい！，友だちを元気づける，プレゼント・おみやげ，親友をつくる）

『友だちってなんだろう』 斎藤次郎著 学習研究社 2006.2 63p 23cm （はじめてのカウンセリング心のたんけん 3） 2500円 ①4-05-202360-9 Ⓝ361.454

目次 第1章 ひとりぼっち，第2章 合わせるのにつかれた，第3章 ケンカと誤解，第4章 ラ

子どもの本 伝統行事や記念日を知る本2000冊　279

イバル，第5章 いじめ，心のエッセー 爆笑問題の友だち100人でき…ねぇよ！

## 《11月11日》

### 電池の日

日付の数字が「十一」「十一」で，「＋（プラス）」「-（マイナス）」「＋（プラス）」「-（マイナス）」となり，電池の正・負極を表すことから，電池工業会が1986年に制定。

『おもしろ電池百科—あそべる・まなべる学習教材づくり 総合的な学習』 片江安巳監修 少年写真新聞社 2005.7 55p 31cm 1900円 ①4-87981-196-3 Ⓝ572.1

目次 第1部 おもしろ電池を作ってみよう（備長炭電池，くだもの電池，漬け物電池（とうふ電池）ほか），第2部 電池で工作・実験をしよう（フィルムケース電池で船を走らせよう，燃料電池でハイテクカーを作って遊ぼう，ユキちゃんのアルミのブランコを作ろう ほか），第3部 電池を調べてみよう（電池って何？，電池の種類，電池の原理 ほか）

内容 次世代の電池として注目される燃料電池や太陽電池から身の回りの携帯電話，パソコン，ヘッドフォンステレオなど，電池は現代の私達の暮らしや社会にとって，欠かせない存在となっています。本書は，そうした電池をテーマにして，身近な素材を使っての手作り電池や電池を使っての工作・実験など，子ども達の興味をそそるようなものを取り上げました。また，工作・実験のおもしろさ，楽しさだけでなく，電池の種類や仕組み，電気の発生など調べ学習にも役立つように構成しました。

『電池のひみつ—社会に役立つ充電池』 関口たか広漫画 学習研究社広告SP事業部教材資料制作室 2004.4 128p 23cm（学研まんがでよくわかるシリーズ 14）〈構成：宇津木聡史〉Ⓝ572.1

### 介護の日

2005年に「がんばらない介護生活を考える会」が制定。同会の発足日から9月25日を記念日としていたが，2008年に厚生労働省が11月11日を「介護の日」としたことから同会でもこの日に日付を変更し，国民全体が介護について考える日となるようにさまざまな活動を行っている。

『よくわかる介護の仕事・施設—高齢者・障害者福祉のしくみを知ろう』 結城康博監

修 PHP研究所 2018.11 63p 29cm（楽しい調べ学習シリーズ）〈索引あり〉3000円 ①978-4-569-78802-9 Ⓝ369.021

目次 1 社会に欠かせない介護（社会全体で支え合う，高齢化による日本社会への影響，介護保険制度のしくみ1 保険者と被保険者，介護保険制度のしくみ2 認定までの流れと要介護度，介護保険サービス1 自宅で受けられるサービス ほか），2 介護の現場と仕事を見てみよう（介護施設の種類，特別養護老人ホームを見てみよう，高齢者介護施設で働く人びと1 生活相談員，高齢者介護施設で働く人びと2 ケアマネジャー（介護支援専門員），高齢者介護施設で働く人びと3 介護職員（介護スタッフ）ほか）

『介護というお仕事』 小山朝子著 講談社 2017.8 173p 20cm （世の中への扉）〈文献あり〉1300円 ①978-4-06-287028-3 Ⓝ369.26

目次 はじめに 私が介護を始めたきっかけ，第1章 食べることを手伝う，第2章 入浴することを手伝う，第3章 排泄することを手伝う，第4章 認知症を知ること，第5章 「介護」を仕事に選ぶこと，おわりに ぼくたち，私たちにできること

内容 日本は超高齢社会に突入し，お年寄りが身近になりました。これからの時代，介護は，誰にとっても無関係な話ではなくなります。自らも祖母を介護した経験を持つ著者が，小学生から身につけられる介護の基本技術を一冊にまとめました。将来の進路に，介護や福祉の道を考えている人たちにもおすすめの入門書です。小学上級から。

『介護のススメ！—希望と創造の老人ケア入門』 三好春樹著 筑摩書房 2016.12 203p 18cm （ちくまプリマー新書 268）820円 ①978-4-480-68974-0 Ⓝ369.26

目次 第1章 パラレルワールドへ突入，第2章 介護に必要なのは二つの「ソーゾーリョク」，第3章 人生と人生がぶつかり，共鳴する場，第4章 人生，やり直しはできる そして，そのほうが面白い，第5章 介護は時代の最先端，第6章 認知症老人の世界，第7章 時間よ止まれ，第8章 問題児？ 問題老人？ 問題行動，第9章 虐待に至らない介護，第10章 介護の魅力3K

内容 介護は時間も場所も，言葉も越えるタイムマシンだ！ 「問題行動」に秘められたお年寄りたちのメッセージにこそ，誰もが笑顔になれる，豊かな介護を創るカギがある。さあ，老人介護のワンダーランドへ旅立とう！

『介護ってなに？—子どもたちに"介護のほんとう"を伝える本』 平尾俊郎著 日本医療企画 2016.7 49p 21cm 500円 ①978-4-86439-483-3 Ⓝ369

目次 第1章 介護って何ですか？（「介護って何ですか？」，「なぜ，介護が必要なのですか？」ほか），第2章 介護の現場では何が起

きていますか?(「介護保険って何ですか?」,
「介護サービスがあるとだれが助かります
か?」ほか),第3章 私たちが考えなければ
いけないこと(「お年寄りはどんな人たちです
か?」,「お年寄りにはどのように接すればい
いですか?」ほか),第4章 介護のいらない
世界をめざして(「私たちはどんな社会をつく
ればよいのですか?」,「介護のいらない世界
とはどんな社会ですか?」ほか)

『介護福祉士の一日』 WILLこども知育研
究所編著 大阪 保育社 2015.3 79p
22cm (医療・福祉の仕事見る知るシ
リーズ 10代の君の「知りたい」に答えま
す) 〈索引あり〉2800円 ①978-4-586-
08539-2 Ⓝ369.17

目次 1 介護福祉士の一日を見て! 知ろう!
(特別養護老人ホームで働く介護福祉士の一
日,インタビュー編 いろいろな場所で働く介
護福祉士さん),2 目指せ介護福祉士! どう
やったらなれるの?(介護福祉士になるには,
どんなルートがあるの?,いろんな学校があ
るけど,どうちがうの?,介護福祉士養成施
設って,どんなところ?,学校ではどんな授
業が行われているの?,気になる学費は,ど
のくらいかかるの? ほか)

『介護施設で働く人たち—しごとの現場と
しくみがわかる!』 松田尚之著 ぺりか
ん社 2011.2 153p 21cm (しごと場
見学!)1900円 ①978-4-8315-1285-7
Ⓝ369.263

目次 1 介護施設ってどんな場所だろう?(介
護施設にはこんなにたくさんの仕事があるん
だ!,介護施設をイラストで見てみよう),2
朝の介護施設をのぞいてみよう(朝の介護施設
をCheck!,朝の介護施設をイラストで見てみ
よう ほか),3 昼間の介護施設をのぞいてみ
よう(昼間の介護施設をCheck!,昼間の介護
施設をイラストで見てみよう ほか),4 夜間
の介護施設をのぞいてみよう(夜間の介護施設
をCheck!,夜間の介護施設をイラストで見て
みよう(グループホーム編)ほか),5 介護施
設を支える仕事を見てみよう(介護施設を支え
る仕事をCheck!,働いている人に
Interview! 10サービス部門責任者 ほか)

内容「介護施設」で働くいろいろな職種を網
羅。「介護施設」の現場としくみがわかりま
す。本書を読むことにより,「介護施設」の
バーチャル体験ができます。実際に「介護施
設」で働く人たちのインタビューにより,具
体的な将来のビジョンが描けます。

『ばあちゃんの笑顔をわすれない—介護を
仕事にえらんだ青年』 今西乃子著 岩崎
書店 2006.3 182p 22cm (イワサ
キ・ノンフィクション 2)〈写真:浜田一
男〉1200円 ①4-265-04272-4 Ⓝ369.26

目次 はじめに おじいさん,おばあさん,デ
イサービスセンター「けいあい」,おしゃれな
おばあちゃん,萩原さんの想い,入所介護施設
「美里敬愛ホーム」,ホームにやってきたスミ
さん,雅さんの苦しみ,萩原さんのオプショ
ン,雅さんとコロ,コロから学ぶ,老いる道

内容 ベテランの先輩,認知症のおばあさんと
その家族,そしてボランティア犬との出会
い…。老人ホームではたらく青年介護福祉士
の姿を描く感動のノンフィクション。涙と笑
いのなかで,彼は何を感じ,何を学んでいく
のか。

---

## サッカーの日

1チーム11人で行うことから,イレブン対イ
レブンを日付に置き換え,11を選手の両足と
見て,「11・11」でひとつのボールをめぐっ
て競うスポーツであることもあらわす。ス
ポーツ用品のミズノの直営店・エスポート
ミズノが募集した「スポーツ記念日」のひと
つでサッカーのさらなる普及を目的とする。

---

『うまくなる少年サッカー』 能田達規まん
が,平野淳監修 学研プラス 2018.12
191p 19cm (学研まんが入門シリーズ
ミニ)〈学研教育出版 2013年刊のソフト
カバー、縮小版 文献あり〉1200円
①978-4-05-204911-8 Ⓝ783.47

目次 第1章 ボールと友だちになろう!,第2
章 ボールをけろう!,第3章 ボールを止めよ
う!,第4章 ドリブルをしよう!,第5章
シュートをしよう!,第6章 ヘディングをし
よう!,第7章 試合をしよう!

内容 まんがと解説でよくわかる! すぐでき
る! キック,トラップ,ドリブル…使える
練習メニュー満載!!

『サッカーのスゴイ話』 本多辰成,新井優
佑著 ポプラ社 2018.4 220p 18cm
(〈図書館版〉サッカーのスゴイ話 1)
〈2016年刊の改稿 文献あり〉1200円
①978-4-591-15784-8 Ⓝ783.47

目次 第1章 ワールドサッカー編,第2章 FW
編,第3章 MF編,第4章 DF編,第5章 GK
編,第6章 戦術編,第7章 記録・記憶編

内容 欧州に南米にアフリカ,アジアなど,世
界のサッカーの歴史や最新事情はもちろん,
ポジションごとのスーパースター,さらに戦術
の変遷に,珍記録&記憶に残る出来事も!
ファンならずとも驚きのスゴイ話が盛りだく
さん!

『サッカーのスゴイ話 Jリーグのスゴイ話』
本多辰成者,新井優佑編 ポプラ社
2018.4 185p 18cm (〈図書館版〉サッ
カーのスゴイ話 3)〈2017年刊の改稿
文献あり〉1200円 ①978-4-591-15786-2
Ⓝ783.47

目次 第1章 Jリーグ誕生物語,第2章 Jリー
ガー時代のスゴイ話,第3章 伝説の外国人J

リーガー，第4章 Jリーグ名監督の指導・戦術，第5章 Jリーグ歴代名勝負，第6章 JリーグスゴイTOPICSベスト25

[内容] これまでの歴史のなかで，数々の伝説が生まれ，数々の名選手が登場した。そんなJリーグの歴史と，記憶と記録に残るスゴイ話をピックアップして紹介！

『サッカーのスゴイ話 日本代表のスゴイ話』 本多辰成著，新井優佑編 ポプラ社 2018.4 193p 18cm （〈図書館版〉サッカーのスゴイ話 2）〈2016年刊の改稿 文献あり〉 1200円 ①978-4-591-15785-5 Ⓝ783.47

[目次] 第1章 世界に勝て！ 日本代表の今，第2章 歴代日本代表のスゴイ選手物語，第3章 歴代日本代表のスゴイ選手年表，第4章 歓喜！ ワールドカップへの道，第5章 日本代表のシステム遍歴，第6章 歴代日本代表の記録と記憶

[内容] 日本代表の苦難の歴史をはじめ，記録＆記憶に残るトピックスやエピソードなどを，歴代のスター選手とともにピックアップ！『ドーハの悲劇』『ジョホールバルの歓喜』の真実とは？ 最新の日本代表情報も満載!!

『サッカーのスゴイ話 ワールドカップのスゴイ話』 本多辰成著，新井優佑編 ポプラ社 2018.4 185p 18cm （〈図書館版〉サッカーのスゴイ話 4）〈2018年2月刊の再刊 文献あり〉 1200円 ①978-4-591-15787-9 Ⓝ783.47

[目次] 第1章 ワールドカップのスゴイ選手たち（最激戦のヨーロッパ，少数精鋭の南米，ダークホース揃いの北中米・カリブ海 ほか），第2章 伝説のチームが彩るワールドカップの歴史（1954年ハンガリー代表，1970年ブラジル代表，1974年オランダ代表 ほか），第3章 伝説の歴代スターたち（ペレ，ボビー・チャールトン ほか），第4章 日本代表ワールドカップへの道（1994年アメリカ大会まで，1998年フランス大会，2002年日韓大会 ほか），第5章 ワールドカップの伝説百科（ワールドカップはむかし，大会名がちがった，トロフィーが盗まれた！，ワールドカップの初ゴールを決めた選手 ほか）

[内容] 今まで数々の伝説が生まれ，現在も数々の伝説を作り出している。そんなワールドカップの歴史と，記憶と記録に残るスゴイ話をピックアップ。もちろん，気になる日本代表の軌跡も紹介します。

『豪快！ 最強！ サッカーヒーロー超百科 世界編』 オグマナオト，サッカーヒーロー研究会編 ポプラ社 2018.2 191p 図版5枚 18cm （これマジ？ ひみつの超百科 13）〈「仰天！ 感動！ サッカーヒーロー超百科」の改題，巻次を継承

文献あり 索引あり〉 890円 ①978-4-591-15713-8 Ⓝ783.47

[目次] 第1章 すべてはゴールのために―フォワード編（ネイマール，ガブリエル・ジェズス，フッキ ほか），第2章 勝利こそ，わが使命―ミッドフィルダー編（フィリペ・コウチーニョ，カゼミーロ，マリオ・ゲッツェ ほか），第3章 チームを，誇りを，守りぬく―ディフェンダー/ゴールキーパー編（チアゴ・シウバ，ダニエウ・アウベス，マルセロ ほか）

[内容] 神がかったパスに宇宙レベルのドリブル，そして悪魔のようなシュート!! 世界の頂点にならびたつサッカーヒーローたちの能力の秘密を，この一冊で徹底分析！

『読めばメキメキうまくなるサッカー入門』 戸田智史監修 実業之日本社 2017.9 159p 21cm （ジュニアレッスンシリーズ） 1400円 ①978-4-408-33734-0 Ⓝ783.47

[目次] 1 キックをうまくなろう！，2 コントロールをうまくなろう！，3 ドリブルをうまくなろう！，4 ヘディングをうまくなろう！，5 個人上達メニュー，みんなの質問に答えます！ 教えて！ 戸田監督

[内容] まんがと写真でわかりやすい！ たった3つのポイントで上達する!!

『仰天！ 感動！ サッカーヒーロー超百科 日本編』 オグマナオト，サッカーヒーロー研究会編 ポプラ社 2017.7 191p 18cm （これマジ？ ひみつの超百科 11）〈文献あり 索引あり〉 890円 ①978-4-591-15494-6 Ⓝ783.47

[目次] 第1章 個性爆発の点とり屋たち―フォワード編（三浦知良，岡崎慎司，原口元気 ほか），第2章 ピッチを支配する魔術師たち―ミッドフィルダー編（本田圭佑，小野伸二，稲本潤一 ほか），第3章 難攻不落の守護者たち―ディフェンダー/ゴールキーパー編（長友佑都，中澤佑二，宮本恒靖 ほか）

[内容] 超絶テクニックや熱い闘志で世界を魅了する日本のサッカーヒーローたち！ 詳細なデータと知られざる逸話から彼らの強さの秘密をさぐれ!! 選びぬかれた81選手の能力を徹底分析！

『知ってる？ サッカー―クイズでスポーツがうまくなる』 大槻邦雄著 ベースボール・マガジン社 2017.6 143p 21cm〈索引あり〉 1500円 ①978-4-583-10957-2 Ⓝ783.47

[目次] 第1章 サッカーってどんなスポーツ，第2章 サッカーの基本技術を身につけよう！―止める，蹴る，運ぶ，第3章 ゴールをうまう・ゴールを守る，第4章 個人とチーム，第5章 試合に勝つ，第6章 グラウンドだけじゃない 上達するために大切なこと

[内容] 基本技術から練習メニューまでクイズ形式で楽しみながら学べる！ 止める・蹴る・運ぶ！ ジュニア選手に必要な要素を紹介。

11月　　　　　　　　　　　　　　　　　　　　　　11月11日

## 鮭の日

漢字の「鮭」のつくりの部分を分解すると「十」「一」「十」「一」となることから。京阪神地区の中央卸売市場の水産業界団体を中心とした鮭の日委員会が1992年に制定。新潟県村上市も1987年に制定。栄養満点の鮭をPRするため。

『サケ観察事典』　小田英智構成・文，桜井淳史写真　偕成社　2006.6　39p　28cm（自然の観察事典　34）2400円　①4-03-526540-3　Ⓝ487.61
　目次　帰ってきたサケ，川をさかのぼるサケ，上流へと向かうサケ，サケの捕獲と人工ふ化，産卵場所をつくるサケ，サケの産卵，旅路の果ての死，川をのぼるカラフトマス，北アメリカのベニザケ，海の恵みをはこぶベニザケ，川で一生をすごすヤマメ，渓流でくらすイワナ，サケの稚魚のふ化，卵黄の養分でそだつ稚魚，川をくだるサケの幼魚，海にでるサケの幼魚，日本のサケ科の分類

『サケのたんじょう』　桜井淳史著　新装版　あかね書房　2005.4　54p　23cm（科学のアルバム　動物・鳥　14）1500円　①4-251-03381-7　Ⓝ487.61
　目次　サケのたん生，泳ぎはじめた稚魚，川をくだる稚魚，海への旅だち，川にのこるサケのなかま，えさを求めて海へ，川に帰って産卵，サケのなかま，帰ってきたサケ，サケ漁と人工ふ化〔ほか〕

## ジュエリーデー

1909年の11月11日に，宝石の重量の表示にカラットという国際単位が採用されたことによる。ジュエリーの魅力を多くの人に知らせるため。

『ビジュアル宝石キャラクター図鑑』　松原聰監修，汐街コナ，猫屋くりこイラスト　金の星社　2018.12　96p　21cm〈索引あり〉1500円　①978-4-323-07433-7　Ⓝ459.7
　目次　誕生石（ガーネット，アメシスト，アクアマリン，コーラル，ブラッドストーン　ほか），その他の宝石（アレキサンドライト，スピネル，クォーツ，ラブラドライト，アイオライト　ほか）
　内容　「どんな宝石なの？」「誕生石ってなに？」個性的なキャラクターで宝石のことがよくわかる！生まれた月の誕生石占い付き！

『ジュエリーデザイナー──時代をつくるデザイナーになりたい!!』　スタジオ248編著

六耀社　2018.3　40p　29cm（Rikuyosha Children ＆ YA Books）2600円　①978-4-89737-957-9　Ⓝ755.3
　目次　第1章 心とからだをかざってくれるジュエリーのすてきな世界をさぐる（ジュエリーデザイナーの基礎知識，ジュエリーデザイナーをめざして誌上体験），第2章 自由な発想で素材をくみあわせて手づくりするジュエリーデザイナー（ジュエリーデザイナーの仕事1 ジュエリーデザイナーでたいせつにしたいA・B・C，ジュエリーデザイナーの仕事2 展示会で新作ジュエリーを発表，販売する，ジュエリーデザイナーの仕事3 熟練のクラフトマンと連携して，ジュエリーを完成させる，ジュエリーデザイナーの仕事4 世界のジュエリーコンクールに参加して，かつやくする），ジュエリーデザイナーの気になるQ&A
　内容　素材をえらび，デザイン画を描いて，素材をくみあわせながら創造する。この1冊でジュエリーデザイナーのすべてがみえてくる。

『宝石─見ながら学習調べてなっとく』　飯田孝一監修　技術評論社　2012.11　135p　26cm　（ずかん）〈写真：川嶋隆義　文献あり　索引あり〉2680円　①978-4-7741-5259-2　Ⓝ459.7
　目次　第1章 宝石とは？（宝石って，何だろう？，宝石の生まれる場所，宝石の分類），第2章 宝石ずかん（ダイアモンド（金剛石），ルビー（コランダム・紅玉），サファイア（コランダム・青玉），エメラルド（緑柱石・翠玉），オパール（蛋白石），アクアマリン（藍柱石）ほか）
　内容　美しいカラー写真が満載！眺めるだけでも楽しめる。楽しいイラスト付きで，内容がすごくわかりやすい。地学的な話から歴史秘話まで。追随を許さない圧倒的な内容。宝石のでき方も科学的に解説。調べ学習に最適。採取・観察の方法や，宝石鑑別の話も。「観察＆考察」する力が身につく。

## おりがみの日

数字の「1」を正方形の一辺と見立て，1が4つで正方形のおりがみの4辺を表すことから，おりがみの楽しさや教育的効果などを多くの人に知ってもらうために，日本折紙協会が1980年に制定。また，世界平和記念日にもあたり，おりがみの平和を願う心も制定理由の1つ。

『おりがみ百科　5・6・7才　図形力と考える力が身につく！』　津留見裕子折り紙指導，大迫ちあき知育監修　世界文化社　2017.12　127p　24cm〈索引あり〉1100円　①978-4-418-17819-3　Ⓝ754.9
　目次　1 さんかく・しかくからおろう（はと，かぶと　ほか），2 たくさんのさんかく・しかくをつくろう（ぶた，こいのぼり　ほか），3 とうぶん・たいしょう（おひなさま，にそうぶね

子どもの本　伝統行事や記念日を知る本2000冊　283

ほか），4 りったい・あそび（しゅりけん，さんぼう ほか），5 ながしかくのかみでおろう（いかひこうき，のしいかひこうき ほか）

内容 遊びながら学ぼう！ 折る・切る・貼る、遊びが広がる。算数力がのびる工夫がいっぱい！

『おりがみ百科 3・4・5才 楽しく算数センスが身につく！』津留見裕子折り紙指導，大迫ちあき知育監修 世界文化社 2017.12 127p 24cm 〈索引あり〉 1100円 ①978-4-418-17818-6 Ⓝ754.9

目次 1 さんかくからおろう（ふね，ちょうちょう ほか），2 しかくからおろう（くるま，プリン ほか），3 おなじかたちにおってスタート（あかちゃん，かきごおり ほか），4 おなじおおきさにおってスタート（てるてるぼうず，うさぎ ほか），5 さんかくのなかまあつめ（おにぎり，バッグ ほか），6 2まいのかみでつくろう（き，きつね ほか）

内容 遊びながら学ぼう！ 「かず」「かたち」が算数力をのばす！

『折り紙学—起源から現代アートまで』 西川誠司著，こどもくらぶ編 国立 今人舎 2017.5 63p 31cm 〈文献あり 索引あり〉 2200円 ①978-4-905530-65-7 Ⓝ754.9

目次 巻頭特集 世界に広がる折り紙アート（ヨーロッパの折り紙作家たち，アメリカ・カナダの折り紙作家たち，アジアの折り紙作家たち，世界に広がる日本の折り紙，さまざまな分野の折り紙アート），1 折り紙の秘密（日本の折り紙の起源はいつごろ？，ヨーロッパと日本の折り紙のまじりあい，「ORIGAMI」が世界語に，紙の歴史と，和紙，用紙のかたち，折り方をつたえる方法，正方形から6本足の昆虫ができる!?，折り紙の表現いろいろ，折り紙の科学），2 さあ折ってみよう（シンプルライオン，A4のつつみとハートのかざり，トリケラトプス，クリスマスツリー，サンタクロース，すべての面が3のサイコロ）

『おりがみ大全集—伝承のおりがみから暮らしの紙小物まで』 主婦の友社編 決定版 主婦の友社 2016.5 223p 26cm 〈索引あり〉 1800円 ①978-4-07-415400-5 Ⓝ754.9

目次 1 昔から伝わるおりがみ，2 動物と虫のおりがみ，3 水辺の生き物と鳥のおりがみ，4 乗り物のおりがみ，5 花と植物のおりがみ，6 遊べるおりがみ，7 使えるおりがみ，8 暮らしのおりがみ，9 季節と行事のおりがみ

内容 ていねいなおり図で，145種がおれる！

『やってみよう！ むかしのあそび 6 おりがみ』 日本折紙協会監修 ポプラ社 2016.4 31p 27cm 2600円 ①978-4-591-14844-0 Ⓝ384.55

目次 おりがみってなんだろう？，やさしいおりがみにちょうせん！，いろいろなかたちをつくろう，むずかしいおりがみにちょうせん！，みんなであそぼう！，はっぴょう会をひらこう！

『みんな大好きおりがみ百科—写真で折り方解説』 増補改訂版 ブティック社 2015.7 212p 26cm （レディブティックシリーズ 4012） 1296円 ①978-4-8347-4012-7 Ⓝ754.9

『やさしいおりがみ—オールカラーの折り図でスラスラ折れる！』 主婦の友社編 決定版 主婦の友社 2015.4 191p 21cm 〈索引あり〉 1100円 ①978-4-07-411163-3 Ⓝ754.9

目次 1 きほんのおりがみ（つる，やっこさん ほか），2 あそべるおりがみ（かみでっぽう，カメラ ほか），3 つかえるおりがみ（さいふ，ハンドバッグ ほか），4 いきもの（バッタ，せみ ほか），5 しぜん（あさがお，なでしこ・おしろいばな・あじさい ほか）

内容 折りやすい工夫がいっぱい！ 子どももおとなも楽しめるおりがみ本の決定版。

『写真でわかる決定版おりがみ大百科』 山口真著 西東社 2015.1 191p 24cm 1100円 ①978-4-7916-2301-3 Ⓝ754.9

目次 1 どうぶつ，2 むし，3 とり，4 うみのいきもの，5 はな，6 のりもの，7 たべもの，8 あそべるおりがみ，9 つかえるおりがみ，10 ふくとこもの，11 きせつのぎょうじ

内容 親子でたのしめる人気のおりがみ大集合！ 写真と図でわかりやすいよ！

『オールカラーたのしいおりがみ事典』 山口真著 西東社 2014.9 287p 21cm 〈「たのしいおりがみ事典」(2005年刊)の改題 索引あり〉 1000円 ①978-4-7916-2286-3 Ⓝ754.9

目次 カラー作品集，どうぶつ，みずのいきもの，とり，むし，はな，あそべる，のりもの，たべもの，きせつ〔ほか〕

---

## チーズの日

日本輸入チーズ普及協会とチーズ普及協議会が1992年に制定。飛鳥時代のことが記録された「右官史記」にある「文武天皇四年（西暦700年）10月（新暦11月）文武天皇が使いをつかわし、『蘇』をつくらしむ」という記述から、作られた11月と覚えやすい11日を記念日とした。

---

『すがたをかえるたべものしゃしんえほん 4 チーズができるまで』 宮崎祥子構成・文，白松清之写真 岩崎書店 2014.3 33p 29cm 2200円 ①978-4-265-08324-4 Ⓝ588

『チーズ』 村山重信監修　チャイルド本社
2011.12　28p　22×25cm　（たべるのだ
いすき！　食育えほん 9）571円　①978-
4-8054-3606-6　Ⓝ648.18

『チーズの絵本』 かわぐちおさむへん，は
やかわじゅんこえ　農山漁村文化協会
2005.3　36p　27cm　（つくってあそぼう
7）1800円　①4-540-04159-2　Ⓝ648.18
　目次 プロセスチーズとナチュラルチーズ，ど
うちがう？，乳を利用した栄養価の高い保存
食品，風味を楽しむ食品になって，いまでは
千種類，チーズはどうやってできる？，ヨー
ロッパのチーズいろいろお国柄，アジアの
チーズと，日本古来のチーズ，原料の乳と乳酸
菌，レンネット，道具について，モッツァレ
ラと自家製チーズのつくり方手順，モッツァ
レラをつくろう（カードをかためる，ホエーと
分離），カードを湯で練ればモッツァレラ，ス
トリング，カードを熟成させれば，自家製熟
成チーズ，カマンベールチーズをつくろう，
ヨーグルトチーズやアジア型チーズをつくろ
う，おいしく食べよう！　チーズフォンデュ
　内容 チーズサンドにチーズハンバーガー，
チーズフォンデュ。チーズは，いまや日本の食
卓にも欠かせない食べものになったね。でも，
これまで日本で食べられてきたチーズは，プロ
セスチーズと呼ばれているチーズが多かった
んだ。チーズの長い歴史をもつヨーロッパで
は，何百種類ものナチュラルチーズがあって，
いろんな味を楽しんでいるんだよ。プロセス
チーズとはちがう，伝統の味をもつナチュラ
ルチーズをきみもぜひ，つくってみてごらん。

### ピーナツの日

全国落花生協会が1985年に制定。新豆が市
場に出回るのは11月に入ってからで，落花生
は1つの空に二粒の豆が入って「双子」であ
ることから11が重なるこの日に定められた。

『そだてておいしい！　ピーナッツ』 平田
昌広ぶん，平田景え　大日本図書　2012.
2　32p　26cm　（大日本図書の生活科え
ほん）1500円　①978-4-477-02617-6
Ⓝ626.3
　内容 いくみは1年生。はるとは2年生。かわき
た小学校にかよっています。きょうはだいち
先生といっしょにピーナッツのたねをまく日
です。ラッカセイとも言われるピーナッツ。
どんなふうに育つのでしょう。いくみやはる
とといっしょにピーナッツをおいしく食べま
しょう。巻末の「川小生活新聞」ではプラン
ターを使って，家でも育てられる方法を学べ
ます。

## 《11月13日》

### うるしの日

漆の製法や漆器の製造法を，京都嵐山法輪寺
の本尊虚空菩薩より伝授され広めたとする文
徳天皇の第一皇子惟喬親王が参籠した満願
の日である11月13日に供養するようになっ
たことから。日本漆工協会が1985年に制定。

『うるしの文化』 藤澤保子文，稲川弘明
図・絵　小峰書店　2003.8　81p　29cm
（図説日本の文化をさぐる 新版）〈年表
あり〉2700円　①4-338-07508-2　Ⓝ752
　目次 「うるし」とはどんなもの，暮らしの中
の漆，漆器はいろいろな材料で作られる，漆
を塗る，文様をつける，漆器の産地，漆器の
扱い方と手入れ，現代生活の中の漆，漆工芸
の歴史，漆工芸の基本用語
　内容 本書は，漆の文化の研究家として，また
実作者として豊かな経験をもつ著者が，多数
の写真とイラストをまじえて初めてわかりや
すい言葉でビジュアルにまとめた漆の世界の
全体像です。

## 《11月14日》

### 世界糖尿病デー

世界に拡がる糖尿病の脅威に対応するため
に，国際糖尿病連合と世界保健機関が1991
年に制定。2006年に国連総会で「糖尿病の
全世界的脅威を認知する決議」が採択され
ると同時に，国連により公式に認定。イン
スリンを発見したカナダのバンティング博
士の誕生日である11月14日にちなむ。

『1型糖尿病を2025年までに治します！』
清水風外，日本IDDMネットワーク著　佐
賀　日本IDDMネットワーク　2013.7　1
冊　22cm　（日本IDDM絵本シリーズ 3）
〈英語併記〉1200円　①978-4-9907159-2-
2　Ⓝ493.123

『栄養を知って糖尿病がわかる』 山本公弘
著　京都　東山書房　2004.7　67p
26cm　（子どものための生活習慣病を防
ぐ生活と食事 1）1000円　①4-8278-
1345-0　Ⓝ498.57

『糖尿病』 クレア・ルウェリン著，大木由
加志監訳　小峰書店　2003.4　35p
28cm　（子どもの病気を理解しよう v.3）
2500円　①4-338-18903-7　Ⓝ493.123
　目次 糖尿病ってどんな病気？，からだの中で
はなにが起きているの？，糖尿病の種類，イ
ンスリン注射，だれが糖尿病になるの？，血
糖値のチェック，高血糖症と低血糖症，糖尿

子どもの本　伝統行事や記念日を知る本2000冊　**285**

病外来，飲み物と食べ物，運動，自宅での生活，学校での生活

内容 本書では糖尿病とはどんなものか，それがどのように起きるかを解説している。糖尿病の子どもたちが毎日どんな生活をしているのかを知り，その対処方法を学ぼう。

## 《11月15日》

### 七五三

11月15日。七歳，五歳，三歳の子どもの成長を祝う日本の年中行事。古くからの風習である三才の「髪置」，五才の「袴着」，七才の「帯解」に由来するといわれている。七五三を11月15日に祝うようになったのは江戸時代からのことで，五代将軍徳川綱吉が息子の徳松の健康を盛大に祈願したことから広まったともいう。子が無事に育つことを祝い，氏神や先祖に感謝の気持を表し，今後の成長を祈願する。

『**おおきくなったの**』 すとうあさえぶん，つがねちかこえ ほるぷ出版 2018.9 〔24p〕 19×19cm （はじめての行事えほん 七五三） 950円 ①978-4-593-56333-3 Ⓝ726.6

内容 11月15日は七五三です。七五三は，子どもが3歳，5歳，7歳になるときに，成長を氏神様に祈り感謝する，日本独自の行事です。昔は医療が発達していなかったので，幼い子どもたちが病気で亡くなることがとても多かったのです。そこで3歳，5歳，7歳という節目ごとに，親は神社に詣でて，神様に祈りました。（解説より）

『**七五三だよ一・二・三**』 長野ヒデ子作・絵 俊成出版社 2016.10 〔32p〕 23×25cm 1300円 ①978-4-333-02747-7 Ⓝ726.6

内容 ことしは，おねえちゃんが七さい。ゆうちゃんが五さい。ゆりちゃんは三さい。みんなそろって，うれしい七五三。げんきにおおきくなりました。ありがとうございますって，かみさまにおまいりするのよ。

『**七五三すくすくおいわいの日！**』 ますだゆうこ作，たちもとみちこ絵 文溪堂 2014.11 〔32p〕 23×23cm 1400円 ①978-4-7999-0090-1 Ⓝ726.6

内容 すこやかにおおきくそだちますように！読んで楽しいお話と，作って＆食べてたのしい七五三の豆知識つき。

『**ぎゅっとだっこ七五三**』 内田麟太郎作，山本孝絵 岩崎書店 2008.10 1冊

25cm （キラキラえほん 9） 1200円 ①978-4-265-06999-6 Ⓝ726.6

内容 みのりのあきです。おこめもどっさりかりました。かきもいっぱいつるしました。きょうは七五三。成長した子どもたちを祝い，神社にお参りにいきます。

『**七・五・三きょうだい―七五三のおはなし**』 なかえよしを作，上野紀子絵 教育画劇 1992.9 1冊 27cm （行事のえほん 9） 1000円 ①4-87692-039-7

内容 あきちゃん，三さい。ゆうたくん，五さい。ちいちゃん，七さい。みんなかよくおおきくなりました。きょうは七・五・三です。おめでとう。

『**七五三のおまいり―七五三に読む絵本**』 岡信子文，藤田ひおこ絵 世界文化社 1987.11 31p 27cm 1000円 ①4-418-87821-1

『**みんなげんきで七五三**』 寺村輝夫さく，いもとようこえ あかね書房 1986.10 1冊 26cm （くりのきえんのおともだち） 880円 ①4-251-00611-9

内容 七五三おめでとう！ みんなそろっておいわいしましょう。げんきなこどもになりますように。

### かまぼこの日

平安時代の古文書「類聚雑要抄」の挿図で，関白右大臣藤原忠実が1115年7月21日，三条に移転した際の祝い膳の中に「蒲鉾」が登場する。平安時代後期にはすでに貴族階級の中でかまぼこ料理が用いられていたと考えられており，全国かまぼこ連合会が「1115年」を記念して11月15日を「かまぼこの日」に制定。

『**すがたをかえるたべものしゃしんえほん 3 かまぼこができるまで**』 宮崎祥子構成・文，白松清之写真 岩崎書店 2014.2 33p 29cm 2200円 ①978-4-265-08323-7 Ⓝ588

『**かまぼこの絵本**』 のむらあきらへん，フジモトマサルえ 農山漁村文化協会 2007.3 36p 27cm （つくってあそぼう 22） 1800円 ①978-4-540-06217-9 Ⓝ667.5

目次 さしみよりも高級料理，それがかまぼこ！ ナマズでつくったかまぼこ，ガマの穂から，かまぼこには，どんなかまぼこがある？，日本全国それぞれにユニークなかまぼこたち，かまぼこは，栄養満点の保存食だった，どんな魚がかまぼこに向いているのだろう？，タンパク質が塩で溶かされて，粘りが生まれる，用意するものと全体の手順，かまぼこをつくってみよう，プリプリおいしくできた！ アツアツを食べよう！，あれあれ？どうもうまくつくれない！，すり身を細竹に

巻いて竹輪をつくってみよう！、はんぺんを
つくってみよう！、アイデアしだい、自分の
かまぼこをつくろう！

内容 お正月料理や、おそば、うどんの具など
にかかせないかまぼこ。かまぼこは、いったいなにでできているのだろう？　白くて、プリプリして、おいしいかまぼこ。じつは、魚のすり身でできているんだ。かまぼこの仲間には、はんぺんやつけあげなど、いろいろあるよ。自分でかまぼこをつくりながら、かまぼこのことを、もっと調べてみよう。

## こんぶの日

11月15日。七五三のお祝いで、子どもたちに栄養豊富な昆布を食べて元気になってほしいという願い、昆布を食べる習慣をつけてほしいという思いから、1982年日本昆布協会が制定した。

『昆布だしで定番和食』　宮沢うらら著　汐文社　2015.11　47p　27cm　（はじめてのだしクッキング）　2400円　Ⓘ978-4-8113-2228-5　Ⓝ596.21

目次 汁もの（とうふと油あげのみそ汁，なめことと青菜のみそ汁　ほか），主食（五目炊き込みごはん，ツナごはん　ほか），主菜（金目鯛の煮つけ，おでん　ほか），副菜（浅漬け，切り干し大根の煮もの　ほか）

『えりも砂漠を昆布の森に―森が育てる豊かな海：自然を守る：絵図解』　川嶋康男文，すずきもも絵　絵本塾出版　2012.3　31p　27cm　〈索引あり〉　1700円　Ⓘ978-4-904716-70-0　Ⓝ656.5

目次 豊かなえりも岬，消えた原生林と赤くなった海，えりも砂漠を緑の森に，海藻（ゴダ）が草地を広げる，流氷が奇跡をおこす，森林が恵みの海を造る，アザラシと分け合う海の幸

内容 えりも岬や百人浜の森林は、豊かな漁場をもたらし、日高昆布などを採っていた。岬に暮らす人たちは、ストーブの燃料に森の木を切ったため、しだいに森の木が減り、はげ山に変わっていった。砂漠化した岬の砂が海に流れ込み、漁場が荒れていった。魚や昆布の収穫が減った漁民たちが立ち上がり、漁場を取り戻す行動を起こした。岬に植林し、原生林をよみがえらせることだった。しかし、一度緑を失った大地は、容易に人々を近づけず、長い長い苦難の始まりだった。やがて、草が、木が根付き、森がよみがえった。これは、その苦難の物語である。

『こんぶロードの旅―フジッコ食育まんが劇場』　フジッコ株式会社監修，新村剛原案，マエオカテツヤ漫画　大阪　エンタ

イトル出版　2007.11　167p　19cm　1000円　Ⓘ978-4-903715-20-9　Ⓝ664.8

## きものの日

1964年の東京オリンピックの際に「日本で着物を着ている人を見かけない」という外国人からの声をきっかけに、七五三の日の11月15日に子どもだけでなく家族で着物を着てほしいという思いをこめて、全日本きもの振興会が1966年に制定。

『着物のえほん』　高野紀子作　あすなろ書房　2009.9　31p　27cm　〈文献あり〉　1500円　Ⓘ978-4-7515-2526-5　Ⓝ593.1

内容 お祝いの席で着る着物、子どもが着物を着るとき、浴衣で、着物入門、着物のTPO、美しく美こなすための所作、着くずれてしまったら、春夏秋冬の装い、季節の柄、おめでたい文様、染めものと織りもの、美しい日本の色、着物の歴史、着物の着方、帯の結び方いろいろ、着物のお手入れとたたみ方…etc.知っておきたい着物豆知識も充実。親子で楽しむ着物入門絵本。『「和」の行事えほん』に続くシリーズ第2弾。

『着物の大研究―伝統的な日本の衣装　和の文化に触れてみよう！』　馬場まみ監修　PHP研究所　2006.9　79p　29cm　2800円　Ⓘ4-569-68631-1　Ⓝ593.1

目次 第1章　着物を知ろう（どんなときに着るの？，どうやって着るの？，着物の決まりごと），第2章　着物実践編　着物は意外にカンタン（ゆかたにトライ！，着物でのきれいな体のさばき方，こんな日、こんなとき、着物はどうする？，着物をあつらえる，着物をかたづける），第3章　着物の「通」になる（基本の「染め」と「織り」をおぼえよう，いろいろな土地の、いろいろな染めと織り，着物は「分業」でつくられる，着物を陰から支える技術），第4章　いろいろな「着物」（変わっていく着物，世界から見た「キモノ」，世界の「着物」文化）

## 《11月16日》

### いい色・色彩福祉の日

日付の数字「1116」を「いい色」と読む語呂合わせから、日本色彩環境福祉協会が制定。色彩の持つ力を理解して、環境や福祉に貢献する人材を育成する「色彩福祉検定」など、協会の活動を広めることが目的。

『色のまなび事典　3　色であそぶ』　茂木一司，手塚千尋編集，夏目奈央子イラスト・デザイン　星の環会　2015.6　63p　29cm　〈文献あり〉　2800円　Ⓘ978-4-89294-539-7　Ⓝ757.3

目次 第1章 色であそぶ（自然の色，いろいろな素材で色あそび，光であそぶ），第2章 色を見る（地味な色・しずかな色・わび・さび文化と色，金色・銀色のひみつ，モダンアートの色，彫刻の色，工芸・民芸の色，補色と効果），第3章 色でつくる（画材の効果，わたしの色をつくる，音と色，クリエイティブ・リユース）

『色のまなび事典　2　色のふしぎ』　茂木一司,手塚千尋編集，夏目奈央子イラスト・デザイン　星の環会　2015.6　63p　29cm〈文献あり〉2800円　①978-4-89294-538-0　N757.3
目次 第1章 色をつたえる・色がつたえる（色ことはじめ，色いろいろ，色と命のつながり），第2章 日本の色と世界の色（日本の色，日本の色と世界の色，色と建築家），第3章 くらしの色（ファッションと色，くらしと色）

『色のまなび事典　1　色のひみつ』　茂木一司,手塚千尋編集，夏目奈央子イラスト・デザイン　星の環会　2015.4　63p　29cm〈文献あり〉2800円　①978-4-89294-537-3　N757.3
目次 第1章 色を見つける，第2章 色を知る，第3章 色のはたらき

『自然がつくる色大図鑑―地球・星から生き物まで』　福江純監修　PHP研究所　2013.12　63p　29cm（楽しい調べ学習シリーズ）〈文献あり　索引あり〉3000円　①978-4-569-78370-3　N425.7
目次 第1章 色って何？（色は光でできている，光のさまざまな性質，色が見えるしくみ　ほか），第2章 地球や星の色（空の色，虹の色，雲の色　ほか），第3章 生き物の色（葉の色，花の色，藻の色　ほか）

『色の大研究―こんなはたらきがある！身近にあふれる色のふしぎ』　PHP研究所編　PHP研究所　2007.4　79p　29cm〈年表あり〉2800円　①978-4-569-68682-0　N757.3
目次 序章 色って何だろう？，第1章 色の名前はどこからきたの？，第2章 色にはこんなはたらきがある，第3章 色のふしぎ，第4章 色の基礎知識，第5章 色のあれこれ

『色であそぼう』　日本色彩研究所監修，岩井真木構成・文　岩崎書店　2007.3　47p　27cm（「色」の大研究 3）2800円　①978-4-265-04263-0　N757.3
目次 色のふしぎを体験！（緑のリンゴ赤いリンゴ，色の出るコマ，同じ色？　ちがう色？　ほか），色のセンスをみがけ！（色のしくみをおぼえよう，配色パターンをおぼえよう，服の色の組み合わせ），色であそぼう！（色をつくろう，絵の具をつくろう，いろいろ色あそび　ほか）

内容 目の錯覚や配色によるちがいなど，色の不思議を体験できる。草木染，絵の具づくりなど，色をつかったユニークな実験工作。小学校中学年～。

『色のなまえ事典』　日本色彩研究所監修，岩崎書店編集部編　岩崎書店　55p　27cm　（「色」の大研究 4）2800円　①978-4-265-04264-7　N757.3
目次 ピンクのなかま，赤のなかま，オレンジのなかま，茶色のなかま，黄色のなかま，みどりのなかま，青のなかま，むらさきのなかま，白・灰色・黒のなかま，金・銀のなかま
内容 子ども向きとしては画期的な200色を超える色名事典。「亜麻色」って，どんな色？「セピア」って何？　小学校中学年～。

『色のはたらき』　日本色彩研究所監修，高岡昌江構成・文　岩崎書店　2007.3　45p　27cm（「色」の大研究 2）2800円　①978-4-265-04262-3　N757.3
目次 色が見えるわけ，色のつくり方，色の性質，色のくらべっこ，色のはたらき，色とかかわる仕事，思いを表現する色，色は友だち
内容 色が見えるしくみ，色の性質のちがいなど。くらしの中での利用，色のユニバーサルデザインについて。小学校中学年～。

『色のはっけん』　日本色彩研究所監修，高岡昌江構成・文　岩崎書店　2007.3　47p　27cm（「色」の大研究 1）2800円　①978-4-265-04261-6　N757.3
目次 空と色（飛行機雲，空の色　ほか），水と色（水の色，川・湖・沼などの色　ほか），大地と色（地面の色，岩石の色　ほか），人間と色（絵の具（顔料）のたんじょう，染料のたんじょう　ほか）
内容 空や海，草木，街など，身の回りのいろいろな色を写真で紹介。色の不思議，文化によるちがいなどにも気づくことが出来る。小学校中学年～。

《11月17日》

将棋の日

江戸幕府八代将軍徳川吉宗の時代の1716年から11月17日に御城将棋を行うようになったことにより、日本将棋連盟が1975年に制定。

『どんどん強くなるマンガこども将棋入門』　中村太地監修，大岩ピュンマンガ　池田書店　2018.11　207p　21cm　950円　①978-4-262-10157-6　N796
目次 第1章 将棋の基本をおぼえよう，第2章 駒の特徴と動かし方をおぼえよう，第3章 駒の価値を知って戦おう，第4章 戦法をおぼえ

て強くなろう，第5章 王を囲って守ろう，第6章 テクニックをおぼえて有利になろう，第7章 相手の玉を詰ませて勝とう

内容 TV解説でおなじみ！ 中村先生がやさしく教える勝ち方。

『ひふみんのワクワク子ども詰め将棋―1手詰め＋3手詰め』 加藤一二三著 実務教育出版 2018.9 207p 21cm 1000円 ①978-4-7889-1480-3 N796

目次 第1章 詰め将棋のきほん（「将棋」ってなに？，「詰め将棋」ってなに？，「駒の種類と動かしかた」，教えて！，駒を「成る」ってなに？，「将棋のルール」を教えて！，「詰み」ってなに？，「将棋の反則」を教えて！，「詰め将棋のルール」を教えて！，将棋教室の意義），第2章 1手詰めに挑戦！，第3章 3手詰めに挑戦！

内容 詰め将棋で将棋の面白さ，楽しさをおぼえましょう！ ひふみんの新作詰め将棋80問で，だれでも，必ずつよくなれる！

『すぐできる！ 強くなる将棋』 羽生善治監修，湯川博士執筆 学研プラス 2018.8 159p 21cm 〈文献あり 索引あり〉1300円 ①978-4-05-204867-8 N796

目次 巻頭インタビュー 羽生善治先生，1 ルールと駒の動かし方，2 「詰み」と「寄せ」をマスターしよう，3 攻めと守りの形を覚えよう，4 囲いを覚えよう，5 実際に指してみよう

内容 はじめてでも駒の動かし方からルール，礼儀までばっちり。まんがと豊富な盤面図でわかりやすい！ 楽しく思考力をきたえる「詰将棋」も収録。「手筋」「寄せ」「囲い」などのテクニックでぐんぐん強くなる！ 将棋に関する面白い知識，記録などのコラムも充実!!

『マンガではじめる！ 子ども将棋』 羽生善治，日本将棋連盟監修 西東社 2018.8 223p 21cm 1200円 ①978-4-7916-2740-0 N796

目次 1 スタート編―将棋がどんなゲームか知ろう！，2 駒編―駒のとくちょうをおさえよう！，3 基本ルール編―基本のルールをおぼえよう！，4 基本の攻防編―基本の戦い方を知ろう！，5 序盤～中盤編―攻め方の基本を学ぼう！，6 詰め編―詰め方を知ろう！，7 レベルアップ編―1ランク上の戦い方をおぼえよう！

内容 マンガを読んで強くなろう！ 加藤一二三，藤井聡太などトップ棋士，子どものころの上達法を大公開！

『マンガでわかる！ 楽しい子ども将棋入門』 高野秀行監修 ナツメ社 2018.8 159p 19cm 〈索引あり〉 880円 ①978-4-8163-6496-9 N796

目次 1章 将棋のルールをおぼえよう（駒の種類と特ちょう，駒の数，駒の並べ方 ほか），2

章 将棋の作戦を身につけよう（将棋の3つの展開，序盤の戦い方，もっと将棋を知ろう4 いろいろな囲い（銀冠/舟囲い/穴熊囲い） ほか），3章 いざ決戦！ 対局のコツ（序盤 居飛車か振り飛車か？，序盤 舟囲いVS美濃囲い，中盤 棒銀戦法で攻めこむ ほか）

内容 本書はオールマンガで将棋のルールや戦術をわかりやすく解説しました。知識ゼロからでも楽しく読め，自然と覚えることができます。序盤・中盤・終盤の作戦をていねいに説明しています。ルールを覚えたら，駒を動かしながら練習してみましょう。慣れてきたら巻末の三手詰めの練習問題にチャレンジ！ くりかえし解くことで，ぐんぐん実力がつきます。

『マンガで覚える将棋入門』 佐藤康光監修，横井三歩マンガ 成美堂出版 2018.5 222p 22cm 1000円 ①978-4-415-32487-6 N796

目次 1 バーン！ と将棋の力をつける！（バンは将棋を知っている？，委員長と勝負！ 振り駒から始まるぜ！ ほか），2 トーナメント戦を勝ち抜けろ！（初手はチョー大事！，棋帝王学園四天王登場！ ほか），3 激突！ 棋帝王杯決勝戦だ！（玄武の必殺角換わり！，飛車切りで詰めろ！ ほか），4 最終決戦！ 棋帝王を打ち破れ！（最終決戦！ 棋帝王の正体，激突！ 棒銀の闘い ほか）

内容 未来の小学校を舞台にしたストーリーマンガとわかりやすい解説で将棋が楽しく覚えられるよう工夫しています。駒の名前，動き方から反則，詰みなどの基本ルールがひと目でわかるように説明しています。将棋を早く覚えたい初めての人には最適です。後半は勝つための戦い方がいろいろ登場し，どんどんレベルアップできる構成になっています。早く強くなれるポイントがたくさん詰まっています。

『羽生善治の将棋入門―ジュニア版』 羽生善治著 新装新版 河出書房新社 2018.2 563p 22cm 4600円 ①978-4-309-27923-7 N796

目次 第1巻 さあ将棋をはじめよう（将棋をはじめよう，駒に親しもう），第2巻 一局の流れを知る（三手の読み，実力者と初心者の対局 ほか），第3巻 攻めと守りの知恵（駒組みと戦法のいろいろ，実力者と初心者の対局 ほか），第4巻 戦法と定跡に学ぶ（さまざまな振り飛車戦法，さまざまな居飛車戦法），第5巻 考えることを楽しもう（将棋とはなにか，考える，実戦に学ぶ手筋と格言）

内容 将棋のルール，駒の動かし方，寄せの考えかた，戦法と定跡，手筋と格言…これ1冊ですべてがわかる！ 永世七冠が教える，基本から高度な実戦まで。

子どもの本 伝統行事や記念日を知る本2000冊 289

## 《11月18日》

### 土木の日

土木の2文字を分解すると十一と十八になることと、土木学会の前身である「工学会」の創立が1879年11月18日であることから。土木学会が1987年に制定。

『ふたつの国の物語―土木のおはなし』 小川総一郎作・絵 理工図書 2014.2 79p 19×26cm 1500円 ①978-4-8446-0819-6 Ⓝ510

『海外の建設工事に活躍した技術者たち―青山士・八田與一・久保田豊』 かこさとし作 瑞雲舎 2005.2 31p 26cm （土木の歴史絵本 第5巻）〈年表あり 年譜あり〉1200円 ④4-916016-49-1 Ⓝ510.921

内容 青山士 八田与一 久保田豊―明治から大正にかけてすぐれた先人たちは、欧米の技術を取り入れ近代的な土木技術の基礎を築き、世界でもその力を発揮した新時代の日本人技術者たちを紹介します。

『土木技術の自立をきずいた指導者たち―井上勝・古市公威・沖野忠雄・田辺朔郎・広井勇』 かこさとし作 瑞雲舎 2004.12 31p 26cm （土木の歴史絵本 第4巻）〈年表あり 年譜あり〉1200円 ④4-916016-48-3 Ⓝ510.921

『技術と情熱をつたえた外国の人たち―モレル・ブラントン・デ＝レーケ・ケプロン』 かこさとし作 瑞雲舎 2004.10 31p 26cm （土木の歴史絵本 第3巻）〈年表あり〉1200円 ④4-916016-47-5 Ⓝ510.921

『川を治め水と戦った武将たち―武田信玄・豊臣秀吉・加藤清正』 かこさとし作 瑞雲舎 2004.7 31p 26cm （土木の歴史絵本 第2巻）〈年表あり〉1200円 ④4-916016-45-9 Ⓝ510.921

内容 ここにプロジェクトXの原点がある。戦国時代の武将は戦いをするだけでなく、領土や領民を守るため、土木の工事で大きな役割を果たした。

『暮らしをまもり工事を行ったお坊さんたち―道登・道昭・行基・良弁・重源・空海空也・一遍・忍性・叡尊・禅海・鞭牛』 かこさとし作 瑞雲舎 2004.5 31p 26cm （土木の歴史絵本 第1巻）〈年表あり〉1200円 ④4-916016-44-0 Ⓝ510.921

『海をわたり夢をかなえた土木技術者たち―青山士・八田與一・久保田豊』 高橋裕監修、かこさとし画・構成、おがたひでき文・編集 全国建設研修センター 2002.3 32p 24×24cm （土木の絵本シリーズ）〈年譜あり 年表あり〉④4-916173-21-X Ⓝ510.28

内容 明治時代に日本の近代土木を確立したパイオニアの一人、広井勇は、東京大学土木工学科教授として多くの教え子たちを育てました。そのなかに、師・広井の薫陶を受け、夢をいだいて海をわたった三人の土木技術者たち青山士・八田與一・久保田豊がいました。彼らは、人類のため、地球のための土木事業に献身的に生き抜いた真の国際人、地球人でした。では、彼ら海外で名をはせそれぞれ活躍した地元でいまでも感謝される土木技術者たちは、なぜ、はるばる海をわたり、どのような土木事業をおこなったのでしょうか。この絵本は、その謎をとくために、土木工学や歴史の研究にもとづいて描き、編さんしました。

## 《11月19日》

### 国際男性デー

11月19日。トリニダード・トバゴで1999年に制定。男性や男の子の健康に目を向け、ジェンダー平等を促すため。

『男の子が大人になるとき』 中村光宏絵、岩室紳也監修 少年写真新聞社 2011.2 39p 19×27cm （ドキドキワクワク性教育 4）〈文献あり〉1800円 ①978-4-87981-375-6 Ⓝ367.99

目次 大人に近づくからだ（大人に近づくからだ、変化が起こるのはなぜ？、どんな変化が起こるの？、こころの変化、女性とのちがい、女の子の「月経」って？）、精通（性器のしくみ、射精、尿と精液、夢精、愛の反対は無関心）、男の子のこころとからだのふしぎ（マスターベーション、包茎、比べてなやもう、ほかの人への気持ち、なやんだ場合は）

内容 子どもから大人へと成長していくまっただ中は、荒れる海を航海しているような時期なんだ。その時期にからだやこころとしっかり向き合い、悩みを仲間と分かち合ってみよう！ がまんや思いやりの気持ちを学び、そして自分だけの宝物を見つけるために。

『男の子の品格―勉強もスポーツも得意な子になる方法』 ドミニク・エンライト、ガイ・マクドナルド著、安齋奈津子訳 ゴマブックス 2008.6 240p 19cm 1200円 ①978-4-7771-0964-7 Ⓝ049.1

目次 スケボーの必殺技をマスターする、ヘリコプターのパイロットに挑戦、マジックをおぼえよう、宇宙で生きのこるためには、紅茶のリーフ占い、頭がなくなる方法、魔法の輪

をつくろう，ワニとたたかう，クロールをマスターする，草で笛をつくろう〔ほか〕

内容 元気で，賢くて，好奇心いっぱいで，勇気をもった，夢のある人になる。これだけは人に負けないことを見つけよう。

『家族』 ビル・ジマーマン原作，大野泰男訳 汐文社 2006.2 59p 22cm （男の子がオトナになるために 4） 1500円
①4-8113-8046-0 Ⓝ159.7

目次 ささえてくれる家族がいる，家庭でもめごとがあるのはふつう，家族についてみんなはどうおもっているか，家族にもいろいろある，きみにも手助けができる，話しあいはたいせつだ，家で問題になること，友達と家族の両立，家族のきずなを強くする方法，てつだいをしよう〔ほか〕

内容 本書では，専門家，つまりきみたちのような男の子，500人以上にアンケートを送って，男であるとはどういうことかについていろいろな質問に答えてもらった。みんなの回答のおかげで，男の子がどんなことに一番関心があるかがわかったんだ。それらを，みんながとりあげたことがらに応じて，100こにわけてみた。

『学校』 ビル・ジマーマン原作，大野泰男訳 汐文社 2006.2 55p 22cm （男の子がオトナになるために 3） 1500円
①4-8113-8045-2 Ⓝ159.7

目次 学校はきみのキャリアの第一歩，中学校生活，学校は大変だ，先生はきみの成功を願っている，整理整とんしよう，テストは乗りきれる，わからなければ聞く，学校，おこないについて，だれでも学べる〔ほか〕

内容 本書では，専門家，つまりきみたちのような男の子，500人以上にアンケートを送って，男であるとはどういうことかについていろいろな質問に答えてもらった。みんなの回答のおかげで，男の子がどんなことに一番関心があるかがわかったんだ。それらを，みんながとりあげたことがらに応じて，100こにわけてみた。

『体とこころ』 ビル・ジマーマン原作，大野泰男訳 汐文社 2006.1 55p 22cm （男の子がオトナになるために 2） 1500円 ①4-8113-8044-4 Ⓝ159.7

目次 変わるのはあたりまえ，きみはちっともヘンじゃない―あの人もきみと同じ男だ～アンディ・ロディック，体の変化，思春期のいやなところ，若者に成長する，こころの変化，怒りはどうにかできる，思春期のいいところ，体調を整えよう，コミック「オトコ選手権」〔ほか〕

『きみのこと』 ビル・ジマーマン原作，大野泰男訳 汐文社 2006.1 55p 22cm （男の子がオトナになるために 1） 1500円 ①4-8113-8043-6 Ⓝ159.7

目次 コミック「男らしさの10ヵ条」，きみのこと，ハンドルをにぎっているのはきみだ，きみはひとりじゃない，みんなきみと同じように感じている？―あの人もきみと同じ男だ～スパイダーマン，きみにも力がある，男らしさとはなにか，ありのままの自分であることが一番大事，コミック「男だって泣く」，「男らしさ」なんてもう古い〔ほか〕

《11月20日》

### 世界こどもの日

1989年の11月20日に「子どもの権利条約」が国連総会で採択されたことから。世界の子どもたちの相互理解と福祉の向上のため，国連が1954年に制定。

『子どもの力を伸ばす子どもの権利条約ハンドブック』 木附千晶，福田雅章文，DCI日本＝子どもの権利のための国連NGO監修 自由国民社 2016.2 157p 21cm 1700円 ①978-4-426-12054-2 Ⓝ316.1

目次 第1章 愛される権利―子どもの基本的権利（呼びかけ，向き合ってもらう権利―意見表明権・前文，12条，子ども期を豊かにすごし，大きくなる権利―成長発達権・前文，6条，おとなと同じように持っている権利――般人権2条，6条，13条～16条），第2章 自分らしく豊かに大きくなる（成長する）権利―子ども期を豊かにすごし，成長・発達するためのいろいろな権利（遊んだり，のんびりしたりする権利―休息・遊び・文化的活動の権利・31条，自分の力を伸ばす権利―教育への権利・28条，29条，愛してくれる人と暮らす権利―家庭で暮らす権利・前文，8条～11条，18条，20条，21条，健康に暮らす権利―健康の権利・6条，25条～27条，身近な人に無視されたり，なぐられたりしない権利―虐待・放任されない権利・19条，だれからも自分をつぶされない権利―だれからも搾取されない権利・32条～38条），第3章 社会の中で大きくなる（成長する）権利―市民的自由（自分の考えを持つ権利―思想・信条・表現の自由・13条～15条，秘密を持つ権利―プライバシーの権利・16条），第4章 特別な助けを求める権利―特別なニーズを必要としている子どもの権利（障害を持った子どもの権利―障害を持った子どもの権利・23条，悪いことをしてしまった子どもの権利―少年司法・37条，39条，40条，難民やマイノリティーの子どもの権利―難民・先住民・少数民族・外国人の子どもの権利・22条，30条），第5章 子どもの権利を生かすために―救済の権利とおとな・国・国連の役割（助けを求める権利―子どもが助けを求める権利，おとながやらなければならないこと―おとなの役割と責務，国がやらなければならないこと―国の役割と責務）

内容 自己肯定感と共感能力のある「おとな」になるために！ 子育ちのための人類の英知。子どもが自分でも読めるルビ付き。

『「こどもの権利条約」絵事典』 木附千晶，福田雅章文，森野さかな絵 PHP研究所 2005.4 79p 29cm 2800円 ①4-569-68537-4 Ⓝ316.1

目次 愛される権利―こどもの基本的権利（"自分らしく思いやりのあるおとな"になる権利（成長発達権6条），呼びかけ向き合ってもらう権利（意見表明権12条）ほか），自分らしく元気に大きくなる権利―成長発達するためのいろいろな権利（遊んだりのんびりしたりする権利（休息・遊び・文化的活動への権利31条），自分の力をのばす権利（教育への権利28条・29条）ほか），社会の中で大きくなる権利―市民的自由（秘密を持つ権利（プライバシーの権利16条），自由に考えたり行動したりする権利（思想・信条・表現の自由13条～15条）），特別な助けを求める権利―特別なニーズを必要としているこどもの権利（障害を持ったこどもの権利（障害を持ったこどもの権利23条），悪いことをしてしまったこどもの権利（少年司法37条・39条・40条）ほか），こどもの権利をいかすために（助けを求める権利（自分の権利を使おう！ とくに12条・19条・39条），おとながやらなければならないこと（おとなの役割と責務とくに5条・12条・18条）ほか

『あたたかい「家」がほしい―家庭・家族の権利』 ジーン・ハリソン著，今西大訳，Save the Children監修 鈴木出版 2004.5 31p 28cm （子どもの権利条約で考える世界の子どもたち 25人の物語）2200円 ①4-7902-3136-4 Ⓝ316.1

目次 子どもは権利をもって生まれてくる，貧しい子どもにも，あたたかい「家」への権利がある，家があって，ママがいる―イルカちゃんの物語（ブラジル），命をおびやかされる子どもにも，あたたかい「家」への権利がある，戦争で家をうばわれた日々―サランダちゃんの物語（コソボ），親といっしょにくらせない子どもにも，あたたかい「家」への権利がある，お父さんをエイズでなくして―サラちゃんの物語（ウガンダ），ストリートでくらす子どもにも，あたたかい「家」への権利がある，早くここから出て行きたい―ベンジャミンくんの物語（コンゴ民主共和国），働く子どもにも，あたたかい「家」への権利がある，もし，魔法のつえがあったら―アナちゃんの物語（グアテマラ）

『安心してくらしたい―守られる権利』 ジーン・ハリソン著，今西大訳，Save the Children監修 鈴木出版 2004.5 31p 28cm （子どもの権利条約で考える世界の子どもたち 25人の物語）2200円 ①4-7902-3137-2 Ⓝ316.1

目次 子どもは権利をもって生まれてくる，貧しくても，安全にくらす権利がある，「いまなら，またなかよくなれる」―クリスティアンくんの物語（コロンビア），働いていても，安全にくらす権利がある，「生きていくには，働くしかないんだ」―アマドゥくんの物語（ブルキナファソ），戦争にまきこまれても，安全にくらす権利がある，兵士になった少年―ジュエイールくんの物語（コンゴ民主共和国），女の子も，安心してくらす権利がある，女の子がこわがらなくてすむ村に―プミサルちゃんの物語（ネパール），暴力に囲まれていても，安全にくらす権利がある，ギャングからぬけ出して―ローザちゃんの物語（ホンジュラス）

『意見を聞いてほしい―参加する権利』 ニコラ・エドワーズ著，今西大訳，Save the Children監修 鈴木出版 2004.5 31p 28cm （子どもの権利条約で考える世界の子どもたち 25人の物語）2200円 ①4-7902-3138-0 Ⓝ316.1

目次 子どもは権利をもって生まれてくる，子どもには，参加する権利がある，子どもだからこそ，できることがある―アリくんの物語（ブルキナファソ），子どもには，自分の将来を決める権利がある，清掃プロジェクトに参加して―ジケくん，ジレスくん，ディエウくんの物語（コンゴ民主共和国），子どもには，意見を表明する権利がある，子どもから世界がかわる―マリア・アレハンドラちゃんの物語（コロンビア），子どもには，意見を聞いてもらう権利がある，おとなといっしょに考える―ディルマーヤちゃんの物語（ネパール），子どもには，自分たち子どもの権利について知る権利がある，子どもの権利はわたしの権利―ベロニカさんの物語（ブラジル）

『元気でいたい―健康への権利』 ケイティー・ダックワース著，今西大訳，Save the Children監修 鈴木出版 2004.5 31p 28cm （子どもの権利条約で考える世界の子どもたち 25人の物語）2200円 ①4-7902-3135-6 Ⓝ316.1

目次 子どもは権利をもって生まれてくる，子どもはみんな健康に生活する権利がある，いつの日か，大統領になったら―ハミスくんの物語（ザンジバル），子どもはみんなきちんと食べる権利がある，ふるさとに帰る日を願って―ファティーマちゃんの物語（アフガニスタン），子どもはみんな清潔な水を飲む権利がある，村の水がきれいになって―アバネシちゃんの物語（エチオピア），子どもには健康でいるための知識を学ぶ権利がある，お母さんをしあわせにしたい―アナ・カタリーナちゃんの物語（グアテマラ），子どもはみんなエイズから守られる権利がある，母さんの「思い出の本」を胸に―ジリアンちゃんとベルナールくんの物語（ウガンダ）

『子どもの権利で世界をつなごう』 ナムーラミチヨイラスト ほるぷ出版 2004.3 39p 29cm （きみの味方だ！ 子どもの権利条約 6 林量俶，世取山洋介監修，こどもくらぶ編・著）〈全条文収録（要約＋

政府訳）年表あり〉2400円 ⓘ4-593-57706-3 Ⓝ316.1

目次 テーマ1 ストリートチルドレンってどうしているの？（道ばたでくらす子どもたち，どうして道ばたでくらすの？ ほか），テーマ2 戦争ってかっこいい？（21世紀最初の戦争，子どもの心にのこる傷あと ほか），テーマ3 子どもは物でも，おもちゃでもない（こんなとき，どうする？，売り買いされ，搾取される子ども ほか），テーマ4 難民の子ども（「難民」ってどんな人たち？，難民をとりまく問題 ほか），テーマ5 子どもがになう地球の未来（ゆたかな「子ども時代」のために，人生と社会の主人公に ほか）

『学びたい―教育への権利』 ケイティー・ダックワース著，今西大訳，Save the Children監修 鈴木出版 2004.3 29p 28cm （子どもの権利条約で考える世界の子どもたち 25人の物語）2200円 ⓘ4-7902-3134-8 Ⓝ316.1

目次 子どもは権利をもって生まれてくる，貧しくても，学ぶ権利がある，学校に行けるだけでいい－ヌンちゃんの物語（ベトナム），働いていても，学ぶ権利がある，あしたはきっといい日になる－ナンシーちゃんの物語（カシミール），障害があっても，学ぶ権利がある，友だちに囲まれて－ナラヤンくんの物語（ネパール），家や家庭がなくても，学ぶ権利がある，ストリートでくらして－ジミーくんの物語（コンゴ民主共和国），緊急事態に見まわれても，学ぶ権利がある，ぼくの学校が消えた－フラムールくんとベティムくんの物語（コソボ）

『遊ぶことだってたいせつな権利』 ナムーラミチヨイラスト ほるぷ出版 2004.2 39p 29cm （きみの味方だ！ 子どもの権利条約 5 林量俶，世取山洋介監修，こどもくらぶ編・著）〈全条文収録（要約＋政府訳）〉2400円 ⓘ4-593-57705-5 Ⓝ316.1

目次 テーマ1 遊び，ゆとりのたいせつさ（「時間どろぼう」にご用心，のんびりするのはいけないこと？ ほか），テーマ2 ドラッグ，NO！（ドラッグってなに？，どうして禁止されているの？ ほか），テーマ3 心もからだも健康に（日本の子どもは健康？，へった病気とふえた病気 ほか），テーマ4 障害をもつ子どもの権利（挑戦する障害者たち，バリアフリー社会をめざして ほか）

『子どもだって社会をかえられる』 ナムーラミチヨイラスト ほるぷ出版 2004.1 39p 29cm （きみの味方だ！ 子どもの権利条約 4 林量俶，世取山洋介監修，こどもくらぶ編・著）〈全条文収録（要約＋政府訳）〉2400円 ⓘ4-593-57704-7 Ⓝ316.1

目次 テーマ1 表現しよう，発信しよう（13歳のよびかけ，心のなかの自由 ほか），テーマ2 マスメディアとのつきあいかた（情報があふれる社会，マスメディアの役割 ほか），テーマ3 子どもも社会の一員（きみは社会につながっている，子どもの声から街がかわった ほか），テーマ4 非行・犯罪から立ちなおるために（子どもは罰せられないの？ 日本での少年事件のあつかい ほか），テーマ5 だれにでも居場所のある社会を（国籍のちがい，民族のちがい，先住民・マイノリティーってなに？ ほか）

『子どもの権利で学校をたのしく』 ナムーラミチヨイラスト ほるぷ出版 2003.12 39p 29cm （きみの味方だ！ 子どもの権利条約 3 林量俶，世取山洋介監修，こどもくらぶ編・著）2400円 ⓘ4-593-57703-9 Ⓝ316.1

目次 1 学校はなんのためにあるの？（どうして学校にいくんだろう？，「義務教育」ってだれの義務？ ほか），2 授業をおもしろくしよう！（授業がつまらないのはなぜ？，日本の子どもは勉強がきらい？ ほか），3 子どもだって人間なんだ！（先生，子どもを傷つけないで，「きまり」はなんのためにある？ ほか），4 いじめはどうすればなくなる？（いじめられたらどんな気持ち？，いじめってなんだろう？ ほか），5 学校をよくしよう！（まずは，意見をいうことから，思いをおしころしていない？ ほか）

『子どもにとって家庭ってなに？』 ナムーラミチヨイラスト ほるぷ出版 2003.11 39p 29cm （きみの味方だ！ 子どもの権利条約 2 林量俶，世取山洋介監修，こどもくらぶ編・著）2400円 ⓘ4-593-57702-0 Ⓝ316.1

目次 1 親にもいっしょに考えてもらおう（すべての子どもに家庭は必要，子育ては，まずは親の責任 ほか），2 子どもを育てるのはたいへん（子育てには助けが必要，日本は子育てしやすい社会？ ほか），3 子どもを傷つけないで（どういうことが虐待？，どうすれば虐待はとめられる？ ほか），4 どの子にも家庭が必要だ！（できるだけ親といっしょに，親とはなれなくてはいけないとき？ ほか），5 国境をこえた家族（世界にひろがる家族，国際結婚はむずかしい？ ほか）

内容 「子どもの権利条約」は，子どもとその家庭をまもるためのさまざまな権利を定めています。それらがめざしているのは，条約の前文のことばをかりれば，すべての子どもが「幸福，愛情および理解のある雰囲気のなかで成長する」ことです。でも，幸福とはどういうことをいうのでしょう？ 世界のなかでみれば，日本の家庭はずいぶんめぐまれています。でも，満ちたりているように見える家庭にも，外からは見えないなやみがあることもあります。逆に，あまりお金がなかったり，両親のどちらかがいなかったりでも，幸福な家庭もあります。家族のひとりひとりが，「ここがわたしの安心できる場所だ」と思えることが，いちばんたいせつなのです。そのためには，それぞれの家庭で，自分たちにとっ

子どもの本 伝統行事や記念日を知る本2000冊 **293**

て「安心できる場所」とはどういうところなのかを、みんなで考えることが第一歩です。「子どもの権利条約」を知ることは、そのいい機会になるでしょう。

『**すべての子どもたちのために―子どもの権利条約**』　キャロライン・キャッスル文，池田香代子訳　ほるぷ出版　2003.11　1冊　28cm　1300円　Ⓘ4-593-50426-0　Ⓝ316.1

Ⓡ内容　親子で読む子どもの権利条約の絵本。権利とは，「しあわせに生きていくためにどんな人にもみとめられている，なにかをしたりしないことができる自由」です。この絵本を読んで，みなさんに生まれながらそなわっている権利とはなにかを理解してくださることをねがっています。

『**子どもの権利ってなんだろう？**』　ナムーラミチヨイラスト　ほるぷ出版　2003.10　39p　29cm　（きみの味方だ！子どもの権利条約　1　林量俶，世取山洋介監修，こどもくらぶ編・著）2400円　Ⓘ4-593-57701-2　Ⓝ316.1

Ⓡ目次　1 子どもの権利条約ってどんなもの？（191か国がうけいれた条約，日本政府による批准　ほか），2 わたしは，ほかのだれでもないわたし（名前はたいせつなもの，きみは世界にただひとり　ほか），3 ゆたかな「子ども時代」をすべての子どもに（大人あつかい，子どもあつかい，何歳までが子ども？　ほか），4 ぼくの話をもっときいて！（たいせつなコミュニケーション，きみの気持ちをきいてもらおう　ほか），5 さあ，条約をつかってみよう（子どもの権利委員会（CRC），CRCの組織　ほか）

『**月と太陽と子どもたち―子どもの権利条約童話**』　原子修著，たかたのりこさし絵　生田原町（北海道）木のおもちゃワールド館 "ちゃちゃワールド"　1997.7　281p　31cm　Ⓝ913.6

《**11月21日**》

## フライドチキンの日

1970年の11月21日，ケンタッキーフライドチキンの日本第1号店が愛知県名古屋市にオープンした。フライドチキンを広めた運営会社の日本KFCホールディングスがこの日を記念日に制定。

『**時代を切り開いた世界の10人―レジェンドストーリー　第2期8　カーネル・サンダース―ケンタッキーフライドチキンをつくり、世界に広めた男**』　髙木まさき監

修　学研教育出版　2015.2　143p　22cm　〈文献あり　年譜あり　発売：学研マーケティング〉1600円　Ⓘ978-4-05-501158-7　Ⓝ280.8

Ⓡ目次　レジェンドストーリー（8）カーネル・サンダース（1890‐1980）（食べ物で人を幸せにしたい！，小さなシェフの大冒険，落ちこぼれの「働き虫」，貧しいときこそ，本物の味が必要だ，すべてが灰になった夜，圧力なべがピンチを救う？，ゼロからの再出発―秘伝の味，教えます！，カーネル，世界へ，ぼくは，永遠のサンタクロース），カーネル・サンダース資料館（カーネル・サンダースの功績，深く知りたい！　自ら切り開いた世界一のフライドチキンへの道，カーネル・サンダースの生涯とその時代，カーネル・サンダースが残した言葉，カーネル・サンダースのゆかりの地，深く知りたい！　日本が大好きだったカーネルの来日と交流，伝記学習　感動や考えを新聞にまとめてみよう）

『**ぼくのフライドチキンはおいしいよ―あのカーネルおじさんの、びっくり人生**』　中尾明著，宮崎耕平画　PHP研究所　2002.12　167p　22cm　（PHP愛と希望のノンフィクション）〈肖像あり〉1250円　Ⓘ4-569-68352-5　Ⓝ289.3

Ⓡ目次　白いスーツの老人たち，十二歳の別れ，十六歳の火夫，弁護士への夢，四つの事業家テスト，サービス満点のガソリンスタンド，車にはガソリン，人には食事！，フライド・チキンと圧力釜，六十五歳の挑戦，味の親善大使

Ⓡ内容　お店の前に立っていて，誰もが知っているカーネルおじさん。あのモデル，カーネル・サンダースこそがアメリカ生まれのあのフライドチキンの味を世界中に広めた。しかし，そのカーネルの驚くような波乱の人生は，意外と知られていない。苦労と失敗続きの青春時代，無一文になり65歳からはじめたフライドチキンの事業，そして味に対してのガンコなまでの姿勢など，とにかくびっくりする人生にせまる！　小学上級以上。

《**11月23日**》

## 勤労感謝の日

11月23日。国民の祝日。勤労をたっとび、生産を祝い、国民たがいに感謝しあう日。新嘗祭に由来。

『**けいろうのひ・きんろうかんしゃのひ**』　チャイルド本社　2017.7　28p,7p　37×39cm　（大きな園行事えほんシリーズ）9500円　Ⓘ978-4-8054-4655-3　Ⓝ386.1

『**すごいぞ！はたらくおとうさん**』　ごとうまさるぶん，くらしまかずゆきえ　あいうえお館　2016.8　1冊　18×18cm　（ウ

ルトラかいじゅう絵本―すくすく知育編）
700円　①978-4-900401-89-1　Ⓝ726.6

### 手袋の日

日本手袋工業組合が1981年に制定。寒くなり、手袋が必要になる季節に向けて、祝日であった11月23日の勤労感謝の日を記念日とした。

『ふわふわあったか！　てぶくろ』　中島妙ぶん，市居みかえ，平山一伸監修　第2版　チャイルド本社　2013.12　28p　22×27cm　（どうやってできるの？　ものづくり絵本シリーズ　9）　571円　①978-4-8054-3946-3　Ⓝ586.57

## 《11月24日》

### 「和食」の日

日付の数字「1124」で「いいにほんしょく」と読む語呂合わせから。和食文化国民会議が制定。和食の食彩が豊かなこの時期において、日本食文化について見直し、「和食」文化の保護・継承の大切さを考える日とするため。

『What is 和食 WASHOKU？―英文対訳付』　服部幸應，服部津貴子監修，こどもくらぶ編　京都　ミネルヴァ書房　2016.7　159p　26cm　〈索引あり〉　2000円　①978-4-623-07739-7　Ⓝ596.21

目次　第1章　一汁三菜とは―和食と日本文化（伝統行事と和食，一汁三菜とは　ほか），第2章　郷土料理を知ろう―日本各地の和食（伝統行事と郷土料理，北海道の郷土料理ジンギスカン　ほか），第3章　懐石料理を知ろう―和食とおもてなし（懐石料理とは，懐石料理の基本は一汁三菜　ほか），第4章　和食からWASHOKUへ―世界にひろがる和食（世界じゅうで人気の日本食，海外のすしは巻きずしから　ほか）

内容　日本の気候・風土・歴史のなかではぐくまれてきた伝統的な食文化を、「一汁三菜」「郷土料理」「懐石料理」や世界にひろがる「WASHOKU」といったさまざまな切り口で取り上げています。英文対訳付きで、たのしくつくれるレシピも掲載しているので、国内だけでなく海外への紹介にも役立つこと間違いなし。食育研究の第一人者による監修で、ユネスコ無形文化遺産にもなった「和食」を総合的に知ることができる!! 英文対訳付。

『日本の料理―はじめてでもかんたん！』
中津川かおり著　国土社　2014.10　47p

28cm　（あっというまにできるおいしいレシピ）　3000円　①978-4-337-28001-4　Ⓝ596.21

目次　ごはんととん汁，あさづけ，煮魚と酢のもの，たきこみごはんとおすまし，肉じゃがとほうれんそうのごまあえ，ざるうどん，さけのてりやきと茶わんむし，しょうがやきとおみそしる

内容　食べることは、人間にとって大事なこと。料理をつくることも、大事なこと。自分でおいしい料理をつくれたら、きっと、世界もひろがるはず。この本で、ぜひ料理に挑戦してみて。料理って、意外にかんたんで、そして、意外に楽しいから！

『子どもとつくるたのしい和食』　栗栖正博監修　平凡社　2014.8　119p　26cm　〈索引あり〉　1700円　①978-4-582-83668-4　Ⓝ596.21

目次　第1章　和食ってどんな料理かな？（世界から注目されている和食），第2章　和食のことを教えてもらおう（和食ってなんだろう？，和食は日本で生まれた文化です，和食のおいしさは、だしのうま味にあり　ほか），第3章　おうちの人とつくる和食（野菜の料理，肉と魚の料理，汁もの　ほか）

内容　手順がイラストでわかる。子どもといっしょにつくれる、和食の基本レシピ満載！

『和食のすべてがわかる本―たのしくつくれるレシピつき　4　和食からWASHOKUへ―世界にひろがる和食』服部幸應，服部津貴子監修，こどもくらぶ編　京都　ミネルヴァ書房　2014.3　39p　27cm　〈索引あり〉　2500円　①978-4-623-06976-7　Ⓝ596.21

目次　1　知ろう！　調べよう！（世界じゅうで人気の日本食，海外のすしは巻きずしから，すしが世界で人気のわけ，そもそも「日本料理」とは？，和洋折衷の日本の料理　ほか），2　つくろう！　食べよう！（てんぷら・かき揚げ，ドラゴンロール，焼きとり，カツ丼）

内容　世界じゅうで健康志向が広がるなか、和食への関心はますます高まっています。世界各地で、和食の基本をそこなわず、現地で手に入る食材を駆使してつくられているWASHOKUを紹介。

『和食のすべてがわかる本―たのしくつくれるレシピつき　3　懐石料理を知ろう―和食とおもてなし』　服部幸應，服部津貴子監修，こどもくらぶ編　京都　ミネルヴァ書房　2014.2　39p　27cm　〈索引あり〉　2500円　①978-4-623-06975-0　Ⓝ596.21

目次　1　知ろう！　調べよう！（懐石料理とは，懐石料理の基本は一汁三菜，煮物わんから焼き物へ，預け鉢とは，八寸とは　ほか），2　つくろう！　食べよう！（煮物わん　カニしんじょうわん，焼き物　カマスの幽庵焼，預け鉢　小かぶとアナゴと春菊の炊き合わせ，八寸　雷白うり，八寸　エビのつや煮）

［内容］食材を新鮮なまま扱う調理の工夫や、器のつかいわけ、季節感の演出など、懐石料理を通して、和食のおもてなしの心をわかりやすく示します。小学校中学年～中学生向。

『和食のすべてがわかる本—たのしくつくれるレシピつき 2 郷土料理を知ろう—日本各地の和食』 服部幸應，服部津貴子監修，こどもくらぶ編 京都 ミネルヴァ書房 2014.1 39p 27cm 〈索引あり〉 2500円 Ⓘ978-4-623-06974-3 Ⓝ596.21

［目次］1 知ろう！ 調べよう！（伝統行事と郷土料理，北海道の郷土料理 ジンギスカン，秋田県の郷土料理 きりたんぽ，宮城県の郷土料理 はらこめし，なべ料理について知ろう，新潟県の郷土料理のっぺ，長野県の郷土料理おやき，千葉県の郷土料理イワシのごま漬け，三重県の郷土料理ハマグリ料理，山口県の郷土料理岩国ずし，すしについて知ろう，愛媛県の郷土料理タイそうめん，長崎県の郷土料理卓袱料理），2 つくろう！ 食べよう！（北海道の郷土料理 イカめし，長野県の郷土料理おやき，岡山県の郷土料理 ばらずし，長崎県の郷土料理 ぶたの角煮）

［内容］郷土料理は、地域の人びとのくらしと深くかかわりながら成立してきました。地方色豊かな郷土料理を通して、日本の食文化を学んでいきましょう。

『和食のすべてがわかる本—たのしくつくれるレシピつき 1 一汁三菜とは—和食と日本文化』 服部幸應，服部津貴子監修，こどもくらぶ編 京都 ミネルヴァ書房 2013.12 39p 27cm 〈索引あり〉 2500円 Ⓘ978-4-623-06973-6 Ⓝ596.21

［目次］1 知ろう！ 調べよう！（伝統行事と和食，一汁三菜とは，ごはんについて知ろう，味の決め手は「だし」，乾物について知ろうほか），食べよう！（夏の一汁三菜，秋の一汁三菜）

［内容］和食の最大の長所は、数多くの食材をバランスよく組みあわせ、だしをつかって調理する点です。第1巻では、和食の調理法「五法」から食事作法にいたるまで、和食の基本を総合的に学びます。

『和食にかかわる仕事—マンガ』 ヴィットインターナショナル企画室編 ほるぷ出版 2005.3 142p 22cm （知りたい！なりたい！ 職業ガイド）2200円 Ⓘ4-593-57185-5 Ⓝ596.21

［目次］寿司職人（people 清水真さん（美登利寿司総本店副店長），コミックガイド，だから私はこの仕事 田名部卓也さん（美登利寿司総本店勤務），適応診断），板前（people 福士卓義さん（京料理たん熊北店主任），コミックガイド，だから私はこの仕事 広瀬晋平さん（京料理たん熊北店板前），適性診断），麺打ち職人（people 伊島節さん（東京・大森海岸布恒更科

店主），コミックガイド，だから私はこの仕事 小川吉輝さん（布恒更科），適性診断）

［内容］本書では、さまざまな分野の職業が取り上げられ、その範囲は社会、文化、芸術、スポーツ、環境などさまざまな世界にわたっている。ひとつのテーマで3つの職業が紹介され、その仕事のようすやその職業につくための方法などがコミックと文章でガイドされている。

---

### 鰹節の日

日付の数字「1124」で「いいふし（節）」と読む語呂合わせから。鰹節メーカーのヤマキが鰹節の使い方、上手なだしの取り方などをもっと多くの人に知ってもらおうと制定。

---

『すがたをかえるたべものしゃしんえほん 12 かつおぶしができるまで』 宮崎祥子構成・文，白松清之写真 岩崎書店 2016.11 33p 29cm 2200円 Ⓘ978-4-265-08532-3 Ⓝ588

---

《11月27日》

---

### ノーベル賞制定記念日

スウェーデンの化学者アルフレッド・ノーベルが、発明したダイナマイトで得た財産を人類に貢献した人に与えたいという遺言を書いたのが1895年の11月27日。ノーベルの死後、ノーベル財団が設立され、1901年11月27日に、ノーベル賞の第1回受賞式が行われた。

---

『ノーベル賞受賞者が教えるノーベル賞をとる方法』 バリー・マーシャル著，かとうりつこ訳 WAVE出版 2018.10 198p 19cm 1400円 Ⓘ978-4-86621-173-2 Ⓝ377.7

［目次］ふしぎな秘密結社，あらゆるものはほかのものとの関係でなりたっている—相対性理論 アルベルト・アインシュタイン，未知なるものの危険—ラジウムの発見 マリー・キュリー，海をこえたメッセージ—無線通信のしくみ グリエルモ・マルコーニ，生命の神秘—DNAデオキシリボ核酸 フランシス・クリック，ジェームス・ワトソン，モーリス・ウィルキンス，魔法の薬—ペニシリン アレクサンダー・フレミング，古き知恵から新しい発見を—マラリアの治療法 屠呦呦（ようような），星は死ぬのか？—星の進化 スブラマニアン・チャンドラセカール，差別されても人を救いたい—病原体だけ攻撃する薬 ガートルード・エリオン，どうしたら地球の食糧不足を解消できるか？—奇跡の麦 ノーマン・ボーログ，細胞はどんなふうに成長するのか？—細胞同士のコミュニケーション リータ・レービ・モンタルチーニ，科学の新しい時代—分

子マシンの設計 ジャン・ピエール・ソヴァージュ、サー・フレイザー・ストッダート、ベルナルト・フェリンハ、ガンが予防できたなら―ピロリ菌の秘密 バリー・マーシャル、ロビン・ウォレン

内容 ズボラでかたづけられなかったから、ノーベル賞!? 自分の体で実験して、ノーベル賞!? 成績が悪くても、落第しても、ノーベル賞!? 楽しい実験つき。

『こどもノーベル賞新聞―どこから読んでも面白い』 若林文高監修 世界文化社 2016.10 175p 24cm 〈文献あり 索引あり〉 1300円 ①978-4-418-16827-9 ℕ377.7

『夢をつかもう! ノーベル賞感動物語』 高橋うらら著、森川泉絵 集英社 2016.10 190p 18cm（集英社みらい文庫 た-6-9）〈文献あり〉 640円 ①978-4-08-321343-4 ℕ377.7

目次 第1章 アルフレッド・ノーベルとノーベル賞の歴史、第2章 受賞者たちの物語（マリー・キュリー、アルベルト・アインシュタイン、湯川秀樹、アルベルト・シュバイツァー、川端康成、マザー・テレサ、下村脩、山中伸弥、マララ・ユスフザイ、大村智、小柴昌俊・梶田孝章）、第3章 ノーベル賞の「こんなこと知りたい!」（ノーベル賞Q&A、ノーベル賞の受賞者が発見、発明、開発に関わったもの）、資料1 日本人のノーベル賞受賞者（二〇一六年まで）、資料2 国別受賞者数

内容 「人類のために、最大の貢献をした人物」に毎年贈られるノーベル賞。ノーベル賞っていつからあるの? 創設者のアルフレッド・ノーベルは何をした人? どんな人たちが、どんな業績で受賞してきたの? …などなど、その歴史と魅力をわかりやすく紹介! ノーベルも、歴代の受賞者たちも、興味のあることを、自分の信じたことを追求し、努力をつづけ、人類のためになる仕事を成し遂げました。そしてその生き方から、失敗してもあきらめないこと、「人と違っている自分」をおそれてはいけないことを、わたしたちに教えてくれます。小学中級から。

『10分で読めるノーベル賞をとったえらい人―キミもノーベル賞をとろう!』 ノーベル賞受賞者研究会著 宝島社 2015.12 191p 21cm 〈文献あり 年表あり〉 900円 ①978-4-8002-5028-5 ℕ280

目次 第1章 ノーベル賞ってなに?（ノーベル賞ってなに?、ノーベル賞のはじまり ほか）、第2章 ノーベル賞をとったえらい人たちのお話（アルベルト・アインシュタイン、ヴィルヘルム・レントゲン ほか）、第3章 ノーベル賞をとった日本のえらい人たちのお話（山中伸弥、川端康成 ほか）、第4章 未来のノーベル賞をとるのはキミだ!（ノーベル賞をとるため

に今からできること、やる気が出る受賞者たちのことば）

内容 アインシュタイン、キュリー夫人、山中伸弥、湯川秀樹など、ノーベル賞受賞者たちの勇気と感動の物語! 小学校低～中学年向け。

『いのちにつながるノーベル賞』 若林文高監修 文研出版 2014.4 47p 29cm（ノーベル賞の大研究）〈文献あり 年譜あり 索引あり〉 2800円 ①978-4-580-82215-3 ℕ402.8

目次 物理学賞 からだの中を写し出す! X線の発見―ヴィルヘルム・レントゲン、物理学賞 小さなウイルスも見逃さない! 電子顕微鏡の発明―エルンスト・ルスカ、生理学・医学賞 感染症の原因を探れ! 細菌や結核に関する研究と発見―ロベルト・コッホ、生理学・医学賞 病原体を退治して、からだを守る! 免疫のしくみを解明―イリヤ・メチニコフ、生理学・医学賞 病気やけがで失ったからだの一部分を再生する! iPS細胞の開発―山中伸弥、生理学・医学賞 血液を識別する方法を考え出した! ABO式血液型の発見―カール・ラントシュタイナー、平和賞 国籍、人種をこえた救護活動を実現! 赤十字を創設―アンリ・デュナン、平和賞 自ら資金を稼ぎ、病気の治療を行った! アフリカでの医療活動に貢献―アルベルト・シュバイツァー

内容 この本では、生理学・医学賞を中心に、いのちの問題に関わる特に重要な受賞を取り上げています。

『もっと知りたい! ノーベル賞』 若林文高監修 文研出版 2014.1 48p 29cm（ノーベル賞の大研究）〈文献あり 年表あり 索引あり〉 2800円 ①978-4-580-82218-4 ℕ377.7

目次 発明家の遺言から生まれた! ノーベル賞の誕生、公平に受賞者を選ぶ! ノーベル賞の選考、人類に役立つ学問におくられる! ノーベル賞の6分野、受賞するとどんなことがある!? ノーベル賞の授賞式と賞金、もっと知りたい! ノーベル賞の賞状とメダル、ノーベル賞の歴史をたどる! ノーベル賞を受賞した人びと、もっと知りたい! 2013年のノーベル賞受賞者、資料編（調べてみよう! ノーベル賞や科学の学習に役立つ本、見てみよう! ノーベル賞受賞者を題材にした映像作品）、番外編 これからのノーベル賞

『ノーベル』 文月鉄郎漫画、中川徹監修 ポプラ社 2013.10 126p 23cm（コミック版世界の伝記 27）〈文献あり 年譜あり〉 950円 ①978-4-591-13608-9 ℕ289.3

目次 序章 ノーベル賞、第1章 火薬との出会い、第2章 ニトログリセリン、第3章 ダイナマイト誕生、第4章 ベルタと平和で、第5章 ノーベルの遺言、ためになる学習資料室

内容 幼い頃から勉強が大好きだったノーベルは、父親の影響で科学に興味を持ちました。その後、ダイナマイトを発明し、巨万の富を得ると、その遺産を、人類の発展と平和活動

に貢献した人たちをたたえる賞に使われることをねがいました。

『ノーベル賞がわかる事典―世界を変えた偉業の数々 人類の知恵が見えてくる!』土肥義治監修　PHP研究所　2009.9　79cm〈索引あり〉2800円　Ⓘ978-4-569-68989-0　Ⓝ377.7

目次 1 ノーベル賞のフシギ発見(アルフレッド・ノーベル、ノーベル賞の全6部門、ノーベル財団とノーベル委員会、受賞の条件と選考方法、賞金一億円と金メダル)、2 世界が認めた日本人(下村脩、益川敏英と小林誠、南部陽一郎、田中耕一、小柴昌俊、野依良治、白川英樹、大江健三郎、利根川進、福井謙一、佐藤栄作、江崎玲於奈、川端康成、朝永振一郎、湯川秀樹)、3 世界を変えた偉大な受賞者(物理学賞、化学賞、生理学・医学賞、文学賞、平和賞、経済学賞)

内容 ノーベル賞がほしいキミに! 賞のフシギや、偉大な業績を残した受賞者たちを調べよう。

『ノーベル賞の大常識』 戎崎俊一監修、青木一平文　ポプラ社　2004.1　139p　22cm （これだけは知っておきたい! 7）880円　Ⓘ4-591-07980-5　Ⓝ377.7

目次 その1 ノーベル賞ってなんだろう?(自然科学3賞ってなんだろう?、文学賞ってなんだろう? ほか)、その2 ノーベル賞を受賞した20世紀の巨人たち(国際赤十字の生みの親―J.H.デュナン、「放射能」の名づけ親、ポロニウムとラジウムの発見者―M.キュリー ほか)、その3 ノーベル賞を受賞した日本人(中間子の存在を予測―湯川秀樹、『くりこみ理論』で量子力学の完成に貢献―朝永振一郎 ほか)、その4 わたしたちの生活をささえるノーベル賞の技術と業績(からだや物質の構造を調べる×線、電波の時代を開拓した無線電信 ほか)

内容 自然科学3賞ってなんだろう!? ノーベル賞は6分野。ほかの分野はなぜない!? ノーベル賞の賞金はいくらぐらい!? こんな研究できみもノーベル賞がとれる!? ほか、小学校4年生から、よみがな対応! 知ってるとトクするノーベル賞のひみつを徹底攻略。

『ノーベル賞を受賞した日本人―人類の発展につくした日本人』 戎崎俊一監修　ポプラ社　2003.4　48p　29cm （ノーベル賞100年のあゆみ 7）2800円　Ⓘ4-591-07517-6　Ⓝ281

目次 2002年日本人初のダブル受賞、湯川秀樹、朝永振一郎、川端康成、江崎玲於奈、佐藤栄作、福井謙一、利根川進、大江健三郎、白川英樹、野依良治、小柴昌俊、田中耕一、ノーベル賞候補となった日本人

『ノーベル賞とはなにか』 戎崎俊一監修　ポプラ社　2003.4　48p　29cm （ノーベ

ル賞100年のあゆみ 1）2800円　Ⓝ4-591-07511-7　Ⓝ377.7

目次 21世紀をつくる君たちへ、小柴昌俊先生に聞く、ノーベル賞ってどんな賞?(ノーベル物理学賞、ノーベル化学賞 ほか)、アルフレッド・ノーベルの生涯、ノーベル賞の選考と授賞のしくみ、2002年のノーベル賞受賞者たち、21世紀のノーベル賞、データでみるノーベル賞

《11月29日》

いい肉の日

日付の数字「1129」を「いい肉」と読む語呂合わせから。宮崎県「より良き宮崎牛づくり対策協議会」が宮崎牛をアピールするために制定。

『山に肉をとりに行く』 田口茂男写真・文岩崎書店　2012.12　35p　29cm （ちしきのぽけっと 15）1600円　Ⓘ978-4-265-04365-1　Ⓝ659

内容 山里に暮らす猟師の一年。山しごと、農作業、秋冬の狩猟…、自然とともにある、誰からも雇われることのない暮らし。サツキマスのいる川の田口茂男、20年ぶりの写真絵本。

『森野熊八のかんたんお料理教室 3(肉料理)』 森野熊八著　鈴木出版　2011.1　67p　27cm 〈ハードカバー 索引あり〉3000円　Ⓘ978-4-7902-3239-1　Ⓝ596

目次 ハンバーグステーキ、豚肉のショウガ焼き、とり肉のトマトチーズ重ね焼き、ポークソテー、焼き餃子、ビーフステーキ、野菜の肉巻き、青椒肉絲、ジャガイモのリヨン風、とりと大根の煮物〔ほか〕

『肉の保存食』 谷澤容子著、こどもくらぶ編　星の環会　2008.2　39p　29cm （世界の保存食 考えよう! 「もったいない」・食料・環境 4）2300円　Ⓘ978-4-89294-458-1　Ⓝ648.24

目次 生ハム―スペイン、ソーセージ―ドイツ、リエット―フランス、サラミ―イタリア、チーズ―スイス、ビーフジャーキー―アメリカ、ピータン―中国、牛肉のみそづけ―日本

『すがたをかえる肉』 松岡昭善、神みよ子監修　学習研究社　2006.2　47p　27cm （身近な食べもののひみつ 6）2800円　Ⓘ4-05-202374-9　Ⓝ648.2

目次 肉からできる食べもの大集合(あつあつジューシーフライドチキン、とり肉でクッキング―チキンナゲットを作ってみよう、とり肉を使った料理―焼きとりのひみつたんけん、とり肉どこの部分をどんな料理に使うかな?、ぶた肉をいぶして作るハム、腸につめて作るよソーセージ、ぶた肉を使った料理―とんカ

ツのひみつたんけん，ぶた肉どこの部分をど
んな料理に使うかな？　牛肉のかんづめコン
ビーフ，牛肉を使った料理—焼肉のひみつた
んけん，牛肉のどこの部分をどんな料理に使
うかな？　肝臓からつくるレバーペースト，
ゼラチンでクッキング—フルーツグミを作っ
てみよう，いろいろな肉が食べられているよ）

## 《11月30日》

### 絵本の日

福岡の絵本と図鑑の民間図書館「絵本と図
鑑の親子ライブラリー」が制定。児童文学
作家の瀬田貞二が，日本の絵本に関する基
本的な考え方を最初に示し，その後絵本の
世界に大きな影響を与えた「絵本論」を出版
した日である11月30日にちなむ。

『1歳のえほん—すきなものはっけん』　汐
見稔幸監修，岩瀬恭子指導　小学館
2018.11　63p　26cm　（語りかけ育児百
科）〈2003年刊の全面改訂〉1000円
①978-4-09-726807-9　Ⓝ376.1
目次　だっこだっこぎゅっ，はっしゃしまー
す！，にゃんにゃんこねこ，わんわんいぬ，
ちいさなどうぶつ，おおきなどうぶつ，ちょ
うだい・ありがとう，じどうしゃブーブー，
いないいないばあ，おいしいね〔ほか〕
内容　1歳は，自分の周りへの興味があふれ出
してくる時期です。物や人への関心もどんど
ん広がります。お子さんの好奇心のままに，
のびのびと遊ばせてあげましょう。考える力
は，遊んでいるときにいちばん伸びるのです。

『3歳のえほん—やるきがぐんぐん』　汐見
稔幸監修，岩瀬恭子指導　小学館　2018.
11　111p　26cm　（語りかけ育児百科）
〈2004年刊の全面改訂〉1600円　①978-4-
09-726809-3　Ⓝ376.1
目次　とこちゃんのきんのおさかな，いぬのひ
みつ，ねこのひみつ，いただきまーす，すい
ぞくかんはたのしいね！，とりをみつけよう，
どんなむしがいる？，はるがきたよ，たのし
いなつやすみ，みのりのあき〔ほか〕
内容　3歳は，他人を自分と同じ存在として理
解しはじめる年齢です。家族や友だちを通し
て身のまわりの世界が大きくひろがっていく
時期でもあります。ふだんの生活を楽しみな
がら，お子さんの興味を大切にしてください。

『0歳のえほん—ふれあいいっぱい』　汐見
稔幸監修，岩瀬恭子指導　小学館　2018.
11　47p　26cm　（語りかけ育児百科）
〈2005年刊の全面改訂〉900円　①978-4-
09-726806-2　Ⓝ376.1

いないいないばあ，かわいいね，おさん
ぽおさんぽ，ブーブーだいすき！，げんこつや
まのたぬきさん，ぞうさん，むすんでひらい
て，これなあに，もぐもぐもこもこつるんつ
るん，あかちゃんたいそう，ゆりかごのうた
内容　世界が「はじめて」であふれている0歳。
その第一歩をふみだした赤ちゃんに，この世
界の楽しさを伝えてあげましょう。愛情いっ
ぱいの語りかけが，安定した情緒と健全な好
奇心を育てます。そんなコミュニケーション
の一助にお役立てください。

『2歳のえほん—しりたいことたくさん』
汐見稔幸監修，岩瀬恭子指導　小学館
2018.11　95p　26cm　（語りかけ育児百
科）〈2004年刊の全面改訂〉1300円
①978-4-09-726808-6　Ⓝ376.1
目次　あいさつできるかな，はみがきシュッ
シュッ，どこでもおやこいっしょだよ！，あ
そぶこいぬ，くっつくこねこ，ちいさなどう
ぶつ，うみのおともだち，おともだちといっ
しょ，ひとつふたつ，こぶたぬきつねこ
〔ほか〕
内容　2歳になると，自己主張が強くなります。
やりたいけれど，まだ自分でできないくやしい
気持ちをすくってあげましょう。知りたいこ
とをどんどん吸収するのもこの頃。遊び，生活
習慣，言葉を，語りかけながら伝えましょう。

『日本の名作絵本5000冊』　日外アソシエー
ツ株式会社編集　日外アソシエーツ
2017.7　442p　21cm　〈索引あり　発売：
紀伊國屋書店〉8000円　①978-4-8169-
2672-3　Ⓝ028.09
内容　「かさじぞう」「ぐりとぐら」から「あら
しのよるに」「だるまさんが」まで。あきやま
ただし，いわむらかずお，五味太郎，長新太
など，日本の絵本作家101人をピックアップ。
定番の名作から最近の話題作まで幅広く5,759
冊を収録。公立図書館・幼稚園・保育園での
選定・読み聞かせ案内に最適のガイド。

『世界の名作絵本4000冊』　日外アソシエー
ツ株式会社編集　日外アソシエーツ
2017.6　422p　21cm　〈索引あり　発売：
紀伊國屋書店〉8000円　①978-4-8169-
2666-2　Ⓝ028.09
目次　アーディゾーニ，エドワード，アリキ，
アルエゴ＆デューイ，アルバーグ，ジャネッ
ト，アレキサンダー，マーサ，李睍庚（イ，ヨン
ギョン），イバトゥーリン，バグラム，インク
ペン，ミック，イングペン，ロバート，インノ
チェンティ，ロベルト〔ほか〕
内容　センダック，ハレンスレーベン，ポター
など，海外の絵本作家201人をピックアップ。
定番の名作から最近の話題作まで幅広く4104
冊を収録。公立図書館・幼稚園・保育園での
選定・読み聞かせ案内に最適のガイド。

『絵本の庭へ』　東京子ども図書館編　東京
子ども図書館　2012.3　397p　22cm
（児童図書館基本蔵書目録 1）〈文献あり

索引あり〉 3600円 ①978-4-88569-199-7
Ⓝ028.09

『かんたん楽しい手づくり本 2 絵本をつ
くってみよう！』 水野真帆作 岩崎書店
2012.1 48p 29cm 3000円 ①978-4-
265-02992-1 Ⓝ022.8
目次 絵本づくりのながれ，絵本作家やぎたみ
こさんインタビュー，手づくり絵本を見てみ
よう！，絵本をつくってみよう！（絵本のすが
たをきめる，絵コンテをつくる，絵をかく，
製本する）

《11月その他》

花祭
愛知県奥三河で旧暦11月に行われる神楽の
ことで，悪霊を払い，五穀豊穣・無病息災な
どを祈る。

『てーほへてほへ―奥三河・花祭』 野村た
かあき作・絵 講談社 2002.1 34p
27cm （講談社の創作絵本） 1600円
①4-06-132255-9
内容 てーほへてほへ。初めてハナで舞う，
うたのおどり。てこうでこうも，いちしんまえ
かな。正月三日から，昼夜をとおして踊りつ
づける秘祭・奥三河の花祭を材に描く，日本
の故郷，日本の祭り。

『な・か・よ・し―愛知県豊根村「花まつ
り」』 よしもとそう作・絵 リーブル
1992.12 31p 25cm （えほん・こども
のまつり） 1000円 ①4-947581-04-2

家族の日
11月第3日曜日。「家族・地域の絆再生」政
務官会議プロジェクトチームが，少子化対
策の一環としての家族の位置付け，役割の
見直し，その方向を実現するための方策を
提言することを目的として，2006年に制定。
前後1週間が「家族の週間」。

『みんながいてボクワタシがいる！ 大切
な家族』 亀澤裕也マンガ・イラスト，池
田書店編集部編 池田書店 2017.4
175p 21cm 880円 ①978-4-262-15496-
1 Ⓝ367.3
目次 すずと家族，ふみやと家族，かえでと家
族，こうきと家族，るなと家族，たつやと家族
内容 「みんなが持っている新しいゲームがほ
しい！」「お姉ちゃんだからといって，わたし

ばっかりおこられる！」家族の中で起こる，
いろいろな問題やなやみの答えをこの本の中
から見つけよう！ きっと，家族の大切さが
もっとわかってくるよ！

『新・10歳からのルール100 3 家族の
ルール』 10歳からのルールを考える会編
集，しんざきゆきイラスト 鈴木出版
2016.12 39p 29cm 2900円 ①978-4-
7902-3321-3 Ⓝ361.41
目次 1 家族のルール（こんなときどうする？
―父ちゃんの手帳を見つけたけど…，こんな
ことしてない？―むちゅうになっちゃった，
こんなときどうする？―電話がかかってきた
ら…・ドアホンが鳴ったら…，もしこんなこ
とをしたら―あんな父ちゃん初めて見たか
ら…，こんなときどうする？―もしも大きな
災害が起きたら…，こんなことしてない？―
めんどうくさいよ・楽しみにしてたのに…・
これを買ったらなくなっちゃうけど…・新し
いのがほしいの，こんなことしてない？―置
きっぱなし星人・ぬぎっぱなし星人・あけっ
ぱなし星人・よごしっぱなし星人，こんなこ
としてない？―夜ふかししちゃった・食べ切
れないんだもん・ねむくなっちゃった，わが
家のルールを作ろう！），2 SNS・メール・イ
ンターネットのルール（こんなことしてない？
―食事中だけど，こんなときどうする？―知
らない人からメールがきたら…・よくわから
ないメールがきたら…，もしこんなことを
したら…―Wi-Fiがあるぞ！，こんなときどう
する？―姉ちゃんのスマホにメッセージがき
たから…・安いゲームソフトを見つけたか
ら…，もしこんなことをしたら―アクセサ
リーがほしい・アイテムがほしい，こんなと
きどうする？―無料のアプリはオッケー？・
IDとパスワードをわすれた！―ネットで知り
合った人と会いたい，家族で考えてみよう！，
いちばん知ってほしいルール）

『家族はチームだ！ もっと会話しろ―日
本のいいところを知っておこう』 齋藤孝
著 PHP研究所 2010.1 190p 18cm
（齋藤孝のガツンと一発文庫 第5巻）
〈『家族はチームだもっと会話をしろ！』
（2004年刊）と『キミは日本のことを，
ちゃんと知っているか！』（2005年刊）の
改訂，再編集，改題〉 600円 ①978-4-
569-77512-8 Ⓝ367.3
目次 1 家族はチームだもっと会話しろ！（家
族はパワーの源だ！，キミのこれまでの人生
を点検しよう，キミの親は毎日狩りに出てい
るんだ！，キミたちには家族と話をする義務
がある！，家族は未来へつながっていく），2
キミは日本のことをちゃんと知っているか！
（日本人ってなんだ？，自分は日本人だと胸を
張って言えるか!?，キミのサムライ度をチェッ
ク！，お祭りニッポンのパワーはすごい！，
齋藤孝流・日本のいいところ）
内容 家族はお世話をし合うチームだ！ キミ
には家族と話をする義務がある！ キミは日
本のことをちゃんと知っているか？ 学校で
は習わない日本のいいところ。

『**家族ってなんだろう**』 波平恵美子文，塚本やすし絵　武蔵野　出窓社　2008.11　93p　19cm　（10歳からの生きる力をさがす旅 4）1000円　Ⓘ978-4-931178-67-0　Ⓝ367.3

目次　1 家をたやさないことが大切だった時代，2 「血のつながり」とはなんでしょう，3 家族，それは特別な人たち，4 お母さんは一人三役，5 さまざまな家族，変化する家族

『**家族ってなんだろう**』 アグネス・チャン，立松和平，三宮麻由子，星野哲郎，古東哲明著　佼成出版社　2007.8　205p　19cm　（子どもだって哲学 3）1200円　Ⓘ978-4-333-02290-8　Ⓝ367.3

目次　いい家族ってどんな家族？（アグネス・チャン）（ボランティア活動が教えてくれた生き方，「いい家族」って形じゃない ほか），人生で最も大切なもの（立松和平）（愚直に平和に生きた両親，家族になることへの迷い ほか），子どもにとって親とは何か（三宮麻由子）（子どもも親を許している，親と子がたどる道 ほか），ぼくの家族―祖母・母・妻子・孫（星野哲郎）（父のいない三人家族，「家族」のふつうの暮らしがうれしい ほか），親になるということ（古東哲明）（少女ルーナの告白，いのちの原風景 ほか）

内容　12歳から読める。生活のなかで探求する哲学書。

『**家族ってなんだろう**』 井口和子著　学習研究社　2006.2　63p　23cm　（はじめてのカウンセリング心のたんけん 5）2500円　Ⓘ4-05-202362-5　Ⓝ367.3

目次　第1章 両親のことでなやむ自分（両親の仲が悪いのはわたしのせい？，心のたんけん1 子どもって，親にふりまわされる？ ほか），第2章 ほかのきょうだいをうらやましく思う自分（どうして，お兄ちゃんや妹ばかりかわいがるの？，心のたんけん2 いい家族って嫉妬心と悪い嫉妬心 ほか），第3章 このままのわたしでいい？（がんばらなかったら，わたしってダメな子なの？，心のたんけん3 心の中の，子どもの自分とおとなの自分 ほか），第4章 親にさからっちゃだめなの？（うちだけちがうのはなぜ？，心のたんけん4 親を説得できないモヤモヤ，イライラ ほか），第5章 助けを求めたほうがいいとき（これって変じゃない？ すごく不安，心のたんけん5 これって虐待？ 不安なときは助けを求めよう ほか）

『**さまざまな家族**』 マリアンヌ・シュルツ文，大村浩子，大村敦志訳，シルヴィア・バタイユ絵　信山社出版　2004.4　50p　25cm　（若草の市民たち 4）1400円　Ⓘ4-7972-3126-2　Ⓝ324.935

内容　子供たちは学校の外にある社会・市民生活について関心・知識をどれ程持っているだろうか？ 社会生活を発見する社会教育・市民教育のための絵本。「破滅！ アデルの両親は離婚するの？ …結婚・離婚ってなに？」「サイードのいとこが結婚しないで子どもを持つことに！ …子どもの認知ってなに？」

『**家族って変わっていくの？―家族の歴史**』 ほるぷ出版　2003.1　40p　29cm　（家族ってなんだろう　池上彰総監修，こどもくらぶ編）2300円　Ⓘ4-593-57504-4　Ⓝ367.3

目次　1 家族の昔といまを知ろう，2 縄文・弥生時代の人の生活，3 古代の家族，4 中世の家族，5 江戸時代の家族，6 明治・大正時代の家族，7 戦争中の家族，8 戦後の家族，9 現代のさまざまな家族

内容　家族が歴史とともに変化していくようすを見ていくことで，家族のかたちはいろいろあることがわかります。いまと将来の自分の家族を考える本。

『**子どもが働く国があるの？―世界の家族**』 稲葉茂勝著　ほるぷ出版　2003.1　39p　29cm　（家族ってなんだろう　池上彰総監修，こどもくらぶ編）2300円　Ⓘ4-593-57505-2　Ⓝ367.3

目次　1 写真で考えよう！ 世界の家族，2 隣の国の家族はどんなだろう？，3 家族のきずな，世界の国ぐにでは？，4 お手伝い・ボランティア・子ども労働，5 世界のいろいろな結婚制度，6 世界の子育ていろいろ

『**おこづかいはなぜもらえるの？―家計と仕事**』 山根法律総合事務所法律監修　ほるぷ出版　2002.12　39p　29cm　（家族ってなんだろう　池上彰総監修，こどもくらぶ編・著）2300円　Ⓘ4-593-57502-8　Ⓝ591.8

目次　1 まんがで考えよう，2 家族についてこう考えてみよう（支え合ってこそ家族，家計って何？，職業と社会，女性と社会），3 調べてみよう・やってみよう（家族それぞれの仕事・役割を調べよう，家族の職業を調べよう，家計のようすを知ろう）

内容　おとなが働いて得たお金で，家族みんながくらしていること，子どものおこづかいは，家計の一部であることなどを，具体的に解説しながら，家族のたいせつさを考えます。

『**なぜ命はたいせつなの？―家族と命**』 こどもくらぶ著　ほるぷ出版　2002.12　39p　29cm　（家族ってなんだろう　池上彰総監修，こどもくらぶ編）2300円　Ⓘ4-593-57503-6　Ⓝ367.3

目次　1 まんがで考えよう，2 家族についてこう考えてみよう（みんな家族のなかで生きている，命が生まれる，だれかに支えられている，「年をとる」ってどういうこと？，「年をとって死ぬ」ってどういうこと？），3 調べてみよう・やってみよう（きみたちが生まれたときの話を聞いてみよう，老人ホームに遊びにいこう，お葬式やお墓について調べよう）

内容　人が生まれ，成長し，年をとって死んでいくまでを見ていきながら，そこに関わる家族が，人にとっていかにたいせつであるかを考えます。命のたいせつさもいっしょに考えていきます。

# 12月

『**かこさとしこどもの行事しぜんと生活 12月のまき**』 かこさとし文・絵 小峰書店 2012.11 36p 29cm 〈年表あり〉 1400円 Ⓘ978-4-338-26812-7 Ⓝ386.1

目次 12月の別のいいかた（日本），師走，乙子の朔日・川浸り朔日（12月1日），秩父夜祭（12月2日・3日），アエノコト（12月5日），雪見，大雪（12月7日ごろ），針供養（12月8日），太平洋戦争開戦の日（12月8日），ノーベルとノーベル賞〔ほか〕

『**12月のえほん―季節を知る・遊ぶ・感じる**』 長谷川康男監修 PHP研究所 2011.10 47p 26cm 〈文献あり〉 1300円 Ⓘ978-4-569-78181-5 Ⓝ386.1

目次 大そうじ，クリスマス―24〜25日，大晦日―31日，12月の旬の食べもの，12月の俳句と季語，12月に見られる植物，12月の記念日，12月の行事，日本の12月のお祭り，世界の12月の行事・お祭り，年賀状を書こう，雪と天気について学ぼう，12月のできごと，12月に生まれた偉人・有名人

内容 クリスマス，年末の大そうじ，大晦日，お歳暮，冬至のユズ湯，年賀状づくり…。12月の行事，自然，旬の食べもの，遊びなどを絵で楽しく紹介するとともに，季語，記念日，できごとなども掲載。

『**学習に役立つわたしたちの年中行事 12月**』 芳賀日出男著 クレオ 2006.4 35p 27cm 1800円 Ⓘ4-87736-094-8 Ⓝ386.1

目次 諸子船神事，春日若宮の御祭り，正月の準備，年の市，冬至，松例祭，年越しの夜，物語・大歳の火，12月の各地の祭り，クリスマス，サンタクロースがやって来た，クリスマスの食べ物，クリスマスの記念切手，12月のことば，12月の祭りごよみ，総目次索引（1月〜12月）

『**365日今日はどんな日？―学習カレンダー 12月**』 PHP研究所編 PHP研究所 1999.9 49p 31cm 〈索引あり〉 2700円 Ⓘ4-569-68162-X

目次 丹那トンネル開通，築地魚河岸開場，釜石，洋式高炉による製鉄，警察犬はじめて採用，西海橋が開通，一万円札発行，日本人初の宇宙飛行，醍醐寺五重塔ができる，北京原人の頭蓋骨発見，世界ではじめて原子の火〔ほか〕

内容 一年365日の，その日に起こった出来事を集め，ひと月1巻，全12巻にまとめたシリーズの12月編。その日にまつわる歴史上の出来事や人物，発明・発見，文学，美術，音楽，数学，お祭りや記念日，年中行事などの項目を収録。

『**12月**』 増田良子，福田節子編著，金成泰三，古畑恵子絵 岩崎書店 1999.4 39p 31cm （くらしとあそび・自然の12か月9） 3000円 Ⓘ4-265-03789-5 Ⓝ031

目次 さあ，はじまるよ，あくしゅで，こんにちは，なまえ，おしえて，おいかけうたを，うたおう，体いっぱい，うたってあそぼう，わらべうたで，あそぼう，ジャンケンあそびをしよう，エンピツであそぼう，たのしい絵かきうた，タネまきをしよう〔ほか〕

『**学習に役立つものしり事典365日 12月**』 谷川健一，根本順吉監修 新版 小峰書店 1999.2 65p 27cm 〈索引あり〉 2500円 Ⓘ4-338-15612-0

目次 「デゴイチ」第一号完成する，郵便はがきの始まり，渋川春海を天文方に任命，温暖化防止京都会議始まる，メキシコの征服者コルテス，ナポレオン，皇帝となる，劇作家ロスタンなくなる，秩父の夜祭り，新暦を採用，今日が元旦，諏訪湖の「御神渡り」〔ほか〕

内容 どんな事件があり，どんな人が生まれたり死んだりしたのか，年中行事や記念日の由来など，遠い昔から現代までに起きた出来事を，同じ日付ごとにまとめた事典。本巻は12月の日付を収録。索引付き。

『**12月のこども図鑑**』 フレーベル館 1997.12 55p 27cm （しぜん観察せいかつ探検）1600円 Ⓘ4-577-01719-9 Ⓝ031

目次 きょうはなんのひ？―12月のカレンダー，しぜんだいすき（冬がきたよ，しまりす），そだててみよう，せいかつたんけんたい，いってみたいね―おもしろ市，わくわくクッキング―12月のメニュー，しらべてみよう―クリスマス，つくってみよう―クリスマスツリーとリース，しっているかな？―大みそか

『**12がつのこうさく―もうすぐクリスマス**』 竹井史郎著 小峰書店 1996.2 31p 25cm （たのしい行事と工作）1600円 Ⓘ4-338-12712-0 Ⓝ507

目次 きたかぜ，ふゆごもり，おりがみ，サッカー，さむくてもげんき，クリスマス，ねんがじょう，しょうぼうしゃ，ふくびき，もちつき

内容 小学校低学年以上。

《12月1日》

**映画の日**

1896年の12月1日、神戸市で日本で初めて映画が有料公開されたことから、その年から60年目にあたる1956年に日本映画連合会が日本における映画産業発祥を記念して制定。映画の日を記念した式典などが行われる。これに因んで、毎月1日を映画の日として、多くの映画館で入場料割引が行われている。

『映画は楽しい表現ツール―創造力、表現力、コミュニケーション力！　3　いろいろな表現のしかた』　昼間行雄著　偕成社　2016.4　63p　28cm　〈文献あり　索引あり〉　2800円　①978-4-03-525730-1　Ⓝ778.4

目次　かんたんにできる特殊撮影を楽しもう（特撮ってなに？　アナログ技術のアイデアが詰まった「特撮」、レンズを使った特撮，かつての特撮　ほか），映像編集ソフトでデジタル技術を使った特殊撮影を楽しもう（ソフトを使う，ホラー自主制作，デジタル技術のおもしろい表現），身近な材料でアニメーションを作ろう（アニメの種類―アニメーションのいろいろ，クレイアニメとレゴを使ったアニメ，アニメのしくみ―かんたんにできるコマ撮りアニメ　ほか）

内容　映画作りは、創造力、表現力、コミュニケーション力を養います。この巻では、アニメーションの作り方や特殊撮影の活用法を、いっしょに学んでいきましょう。さまざまなモノで作るアニメや、トリック撮影を使って、さらにひとつ上をいく作品を、図解を通してマスターできます。小学校中学年から。

『映画は楽しい表現ツール―創造力、表現力、コミュニケーション力！　2　表現をととのえる』　昼間行雄著　偕成社　2016.3　63p　28cm　〈文献あり　索引あり〉　2800円　①978-4-03-525720-2　Ⓝ778.4

目次　画面をつなごう　映画の歴史と大発見「編集とは」…（編集は映画の大発見　つないでみたら…、場所がつながる大発見　ほか），つなぎかたを考えよう　これぞ映画のマジック！　編集トレーニング（どうつなぐ？　同じカットのつなぎかたを変えてみると…，くらべてみよう　つなぐカットを変えてみよう　ほか），音声や効果音も入れて撮った画面を編集しよう（いよいよ編集　いろいろな映像編集ソフト，前に撮影した「猫が見つけてくれた宝物」を編集してみよう　ほか），みんなで見よう　完成した映画の上映会を開こう（どこで上映する？　教室を映画館にしよう、みんな来てね！　映画の宣伝をしよう　ほか）

内容　映画作りは、創造力、表現力、コミュニケーション力を養います。この巻では、映像を編み、仕立てる「編集」をマスター。映画の編集の歴史をやさしく解説、実際の編集で使われるテクニック、音と映像のあつかい方、そして、上達するための作品の宣伝や上映会の仕方も紹介します。小学校中学年から。

『映画は楽しい表現ツール―創造力、表現力、コミュニケーション力！　1　考えをまとめ、表現する』　昼間行雄著　偕成社　2016.2　63p　28cm　〈文献あり　索引あり〉　2800円　①978-4-03-525710-3　Ⓝ778.4

目次　ひとりでできる映画マスターへの道、その第一歩（トレーニング1―撮れるかな？　とにかくなんでも撮ってみよう，トレーニング2―撮影の基本「ビデオしりとり」で遊ぼう，トレーニング3―全身とアップ　撮る大きさを変えてみよう　ほか），友だちといっしょに映画マスターへの道をめざせ（カメラ練習1―カメラがあればもう映画はできる！、カメラ練習2―どこから撮る？　「だるまさんがころんだ」、カメラ練習3―短く撮影しよう　場面ごとに撮る方法　ほか），いよいよ「映画」撮影もうすぐ映画マスターだ（撮影準備1―セリフとト書き　シナリオを書こう，撮影準備2―シーンとカット　撮る場面を決めよう，撮影準備3―みんな役者だ！　出演者を決めよう　ほか）

内容　映画作りは、創造力、表現力、コミュニケーション力を養います。この巻では、最初に映画作りのためのひとりでできるトレーニングを紹介。次に、映画の脚本を書く、役を演じる、撮影をする、といった、実際に映画を作るためのテクニックをわかりやすく解説します。小学校中学年から。

『映画のなかの学びのヒント』　梶井一暁著〔岐阜〕　岐阜新聞社　2014.7　175p　19cm　〈発売：岐阜新聞情報センター（出版室）〔岐阜〕〉　1000円　①978-4-87797-202-8　Ⓝ778.04

目次　1　学校というところ（いつもの授業は退屈？―「蝶の舌」、授業は生き物―「学校」　ほか），2　関係づくり（舞台としての学校―「ザ・中学教師」、タテからヨコへ―教師と子どもの関係性―「白い船」　ほか），3　経験し、成長する（経験の世界―「ロード88―出会い路、四国へ」、意味ある遠回り―「ウォーターボーイズ」　ほか），4　歴史と文化のなかで（歴史のなかの読み書き―文字のあふれる庶民の世界―「花よりもなほ」、音読の世界―「化粧師」　ほか），5　世界へ、異文化へ（教室の国際化―「ハリー・ポッター」、学校の掃除は誰がする？―「おじいさんと草原の小学校」　ほか）

『映画製作にかかわる仕事―マンガ』ヴィットインターナショナル企画室編ほるぷ出版　2008.1　140p　22cm　（知りたい！　なりたい！　職業ガイド）2200円　①978-4-593-57216-8　Ⓝ778

目次　映画プロデューサー（people　新藤次郎さん（株式会社近代映画協会代表取締役・映画プロデューサー），コミックガイド，適性診断），

映画監督(people 平山秀幸さん(映画監督),コミックガイド, だから私はこの仕事 新藤風さん(映画監督), 適性診断), 撮影監督(people 兼松煕太郎さん(日本映画撮影監督協会理事長・撮影監督), コミックガイド, だから私はこの仕事 北原岳志さん(日本映画撮影協会撮影助手育成塾1期生・撮影助手), 適性診断)

『映画の仕事はやめられない！』 附田斉子著 岩波書店 2005.11 200p 18cm (岩波ジュニア新書 523) 740円 Ⓘ4-00-500523-3 Ⓝ778.09

『映画でおべんきょう』 中島峰夫著 京都ウインかもがわ 2004.2 177p 21cm (高校生のための社会科読本 3)〈発売：かもがわ出版(京都) 文献あり〉 1500円 Ⓘ4-87699-798-5 Ⓝ778.2

目次 第1部 高校生へのおすすめ映画50選(学校シリーズ, 青春・戦争・ファシズム・平和, 恋愛映画の秀作から, 黒沢明監督作品から ほか), 第2部 映画と滋賀県(滋賀県の映画館変遷史, 滋賀県と二つの映画, 滋賀県の二つの映画団体)

内容 高校生へのおすすめ映画50選＆映画と滋賀県。

---

### 世界エイズデー

12月1日。世界保健機関が1988年に制定。エイズの蔓延防止と患者・感染者に対する差別・偏見の解消を目的とする。毎年この日を中心に, 各国でエイズに関する啓発活動が行われる。

---

『ある日、ワタルさんはエイズになった。』 岩城健太郎作, 土井由紀子絵 中外医学社 2011.9 47p 26cm 1200円 Ⓘ978-4-498-04804-1 Ⓝ493.878

『ストップHIV/AIDS—HIV/エイズを正しく理解するための本：性感染症』 岡慎一著 第2版 少年写真新聞社 2011.8 71p 27cm (新健康教育シリーズ 写真を見ながら学べるビジュアル版) 2200円 Ⓘ978-4-87981-391-6 Ⓝ493.878

『HIV/エイズとともに生きる子どもたち ケニア—あなたのたいせつなものはなんですか？』 山本敏晴写真・文 小学館 2009.12 63p 27cm〈英文併記〉 1500円 Ⓘ978-4-09-726401-9 Ⓝ493.878

内容 …子どもたちのほとんどは, HIVに感染しているお母さんから生まれており, 赤ちゃんのころから感染していた。また, すでにご両親がともにエイズを発症して, 死亡してしまっている子どもたちも, たくさんいた…。

『エイズの村に生まれて—命をつなぐ16歳の母・ナターシャ』 後藤健二著 汐文社 2007.12 97p 22cm 1300円 Ⓘ978-4-8113-8473-0 Ⓝ493.878

目次 第1章 エイズ・キャンペーン, 第2章 美しい国で急増するエイズ, 第3章 『エイズの村』を訪ねて, 第4章 十六歳エイズの母親と出会って, 第5章 あきらめない人たち, 第6章 母と娘を追いかけて, 第7章「あなたはけして一人ではない」, 第8章 エイズをなくしていくために

『プロイ—HIV母子感染孤児プロイへの手紙』 会田法行写真・文 ポプラ社 2006.8 1冊 27cm (シリーズ・自然いのちひと 10) 1300円 Ⓘ4-591-09372-7 Ⓝ493.878

内容 まず大切なことは, よく知ることでした。…病気のこと。目の前にいるその人のこと。そして, いちばん必要だったのは, 自然体でいることだけでした。信じることから生まれた, 見えない絆で結ばれた写真絵本。

『エイズにたちむかう—貧困と健康』 石原尚子著, こどもくらぶ編 ほるぷ出版 2005.3 39p 29cm (できるぞ！NGO活動) 2400円 Ⓘ4-593-57905-8 Ⓝ493.878

目次 1 実際の活動に学ぼう(徳間小学校—エイズの子どもたちとともに生きる, 海峰小学校—アルミ缶回収でウガンダ支援), 2 もっと知ろう, 3 こんなことやってみよう

内容 エイズという病気に苦しみ, 貧しさのために困難な生活環境でくらさなくてはならない子どもたち。日本の子どもたちの活動をとおして, こうして子どもたちを支援する方法を考える。

『地球村のエイズ(HIV/AIDS)の問題—アフリカの首の長い大きな犬』 吉村峰子, 吉村稔著 鈴木出版 2004.5 39p 27cm (チャレンジ！ 地球村の英語) 3000円 Ⓘ4-7902-3129-1 Ⓝ493.878

目次 エイズ(HIV/AIDS)について考えよう, アフリカってどんなところ？, 日本ってどんなところ？, エマニュエルくんの物語, 日本語でしっかり考えよう, みんなで話し合ってみよう, アフリカの問題を考えよう, アフリカの子どもたちが野生動物を見られるようになるために, バナナナガ・プログラム, 日本から応援している子どもたち, アフリカの問題をもっともっと考えてみよう, アフリカの問題を解決するために, 地球村のみなさんへ

内容 本書では, エイズ(HIV/AIDS)によって悲しい思いをしているアフリカの子どもたちのことを紹介している。

『エイズ—とめよう世界に広がる病』 高橋央, 広田眞美, AMDA文 ポプラ社 2003.4 45p 29cm (21世紀の平和を考える

シリーズ5　大貫美佐子監修）2800円
①4-591-07548-6　Ⓝ493.878

目次 孤児になったんだって？　どうして？―エイズという病にひきさかれた家族，エイズってどんな病気なの？，HIVはどのように感染するの？，世界でHIVに感染している人は，どのくらいいるの？，エイズで亡くなる人がアフリカで多いのはなぜ？，若い人に感染者が多いのはなぜ？，どうすれば若い人のHIV感染をへらせるの？，もっと知りたい―HIV検査，エイズがおよぼす影響は？，もっと知りたい―女性の地位とエイズ問題〔ほか〕

『ともだちになろうよ！―HIVとともに生きるこどもたちの声』ローリ・S.ウィーナー，アップライル・ベスト，フィリップ・A.ピッツォ編，小島希里訳　偕成社2002.11　40p　26cm　1500円　①4-03-531630-X　Ⓝ493.878

内容 最先端のエイズ治療をおこなうアメリカ国立癌研究所では，患者であるこどもたちやその兄妹がつらい気持ちをかかえこまずにいられるよう，心のうちを表現するさまざまな方法が試みられている。こどもたちは，訴えかける―「わたしたちをこわがらないで。ともだちになろうよ！」と。―HIVに感染したこどもたちの作品集。

---

## 鉄の記念日

1857年の12月1日，南部藩の大島高任によって釜石市橋野町に造られた，日本初の洋式高炉に初めて火が入れられたことを記念し，日本鉄鋼連盟が制定した。大島高任は，日本の近代製鉄の父と呼ばれる。

---

『鉄のきずなの新・モノ語リ』新日鉄住金総務部広報センター　2014.3　72p16cm　Ⓝ564.9

『鉄は魔法つかい―命と地球をはぐくむ「鉄」物語』畠山重篤著，スギヤマカナヨ絵　小学館　2011.6　222p　19cm〈文献あり〉1300円　①978-4-09-227152-4Ⓝ436.81

目次 1章 魔法つかいが森に？，2章 海に鉄をまく！，3章 漁師，血液学の教室へ，4章 鉄は宇宙でいちばんヘンな元素，5章 赤い大地オーストラリア紀行，6章 しずんだ船が魚のすみかになる，7章 水産高校生の挑戦，8章 ムギネ酸ってなあに？，9章 鎮守の森と鎮守の海，終章 人々の心に木を植える

内容 鉄ってなんだろうね？　機械やビル，飛行機や車をつくるもの…？　もちろんそれも鉄だけど，みんなの体にもあるって知っているかい？　鉄はいろんな顔を持っている。

地球をつくり，命をつくりだしているのさ。魔法のようにね。

『イラストでみるはるか昔の鉄を追って―「鉄の歴史」探偵団がゆく』鈴木瑞穂文・イラスト　電気書院　2008.12　190p26cm〈文献あり　年表あり〉2400円①978-4-485-30044-2　Ⓝ564.021

目次 序章 考古学ってなんだろう？，1章 暮らしを支えている鉄の道具，2章 鉄の性質を知ろう―鉄の化学と基礎知識，3章 昔ながらの鉄づくりとは―「たぬき谷たたら」絵巻，4章 鉄製品ができるまで―鍛冶と鋳造，5章「かなくそ」は語る―昔の産業廃棄物から分かること，6章 炉跡から何が分かる？―鉄づくりの現場検証，7章 分析調査で探る昔の鉄づくり―ミクロの世界をのぞいてみれば

『鉄の物語』カレン・フィッツジェラルド著，竹内敬人監修，藤田千枝訳　大月書店　2006.10　61p　23cm　（化学の物語4）〈文献あり〉1800円　①4-272-40574-8　Ⓝ436.81

目次 第1章 スーパー金属，第2章 鉄器時代（鉄しい時代の夜明け，土とさび），第3章 とても変わった金属（化学結合の仕組み，暴れ者の鉄，元素の周期表），第4章 鍛造工業（神秘的な引力），第5章 鉄の男（働きすぎる鉄）

内容「天の石」と呼ばれた鉄がスーパー金属に変貌するサイエンス・ドキュメンタリー。

『鉄の文化―人間と鉄の4500年』窪田蔵郎文，稲川弘明図・絵　小峰書店　2004.275p　29cm　（図説日本の文化をさぐる新版）〈年表あり〉2700円　①4-338-07506-6　Ⓝ564.02

目次 鉄と人類（初め世界各地で鉄は？，隕鉄が先か，還元鉄が先か，鉄は銅よりも先に使われたか ほか），日本の製鉄の歴史（初めて鉄を手にした日本人，弥生期の甕棺内にあった鉄戈 ほか），近代製鉄の胎動から現代まで（近代製鉄技術の歴史，幕末動乱期の製鉄，近代鉄鋼業の発足 ほか），解説 古代製鉄を理解するために

内容 鉄と人間の出会いは，いつ，どこで始まったのでしょう。各地の遺跡から出土した発掘品からみて，紀元前2500年ほど前，創始地は中近東―イラン，イラク，トルコ，シリア，エジプトなどと考えられています。鉄を求めて世界各地を調査した著者が，そのルーツから現代までの連綿とした鉄の歴史をときあかしています。

『日本の鉄』窪田蔵郎文，斎藤博之絵　小峰書店　2004.2　71p　29cm　（図説日本の文化をさぐる　新版）〈文献あり〉2700円　①4-338-07501-5　Ⓝ564.021

目次 村の鍛冶屋，山内の場所，真砂砂鉄の採集，とい流し，川砂鉄と海砂鉄，製鉄燃料の木炭，鉄産を神にのいのる，古代建築のなごり―高殿，炉をきずく，炉体をつくる〔ほか〕

内容 この本では，江戸中期に完成したと伝えられ，たたら製鉄の中心地であった中国山地の出雲地方や伯耆（鳥取県の西部）でおこなわ

子どもの本 伝統行事や記念日を知る本2000冊　305

れた"永代たたら"をもとに日本の鉄―和鋼や和銑―ができるまでをたどります。

## いのちの日

12月1日。心の健康問題に関する正しい理解の普及・啓発を行うため、厚生労働省が自殺予防活動の一環として2001年に制定。この日から1週間「日本いのちの電話連盟」が無料の相談電話「いのちの電話」を設けている。

『いのちはどう生まれ、育つのか―医療、福祉、文化と子ども』 道信良子編著　岩波書店　2015.3　172p　18cm　(岩波ジュニア新書 799)　800円　①978-4-00-500799-8　Ⓝ498.7

[目次] さまざまな体、さまざまな文化、手のひらの大きさの赤ちゃんを守る、私たちの選択、病気と向き合う、いのちと世界観、「食べる」力を引き出そう、優貴にとって「動く」ということ、予防接種で守るいのち、守られるいのち、子どもも親もみんなで育てる、暮らしのなかの子育て、島のいのち、被災後の「今」を生きる、歌と踊りでつなぐいのち、子どものいのちとみとり

[内容] 本書には今を生きる子どもたちのさまざまな姿が描かれています。家族や地域社会における子どもの多様性や、医療や福祉の現場を中心とした子どもを支えるしくみなどを紹介します。いのちの意味について考え、すべての子どもが尊厳ある存在として生きられる社会のあり方を探ります。

『マンガ ストップいじめノーモア自殺！―いじめ・自殺のない国をめざして』 再チャレンジ東京編　学事出版　2015.1　96p　26cm　〈文献あり〉　700円　①978-4-7619-2079-1　Ⓝ371.42

[目次] 二人だけのオフ会(ワークシート「二人だけのオフ会」を読んで、LINEについて考えよう！―スマホは便利。だけど不便なこともある、教室以外の居場所を作ろう！―「自分にOK」を出せる空間や時間をみつけよう！)、ナイフと毛布と私(ワークシート「ナイフと毛布と私」を読んで、心のキズは身体のキズ以上に―気づいてほしい「見えない痛み」があること、いのちの電話って知ってる？―聞いてもらうことで楽になることがあります)、ツボミの花(ワークシート「ツボミの花」を読んで、コンプレックスと向き合う―完璧な人なんていない。自分に自信をもてるコツ、好きなことを生かす！―自分のよさを知れば強くなれる)

『自殺予防いのちの電話―理論と実際』 日本いのちの電話連盟編　第2版　ほんの森

出版　2009.9　263p　21cm　〈文献あり〉　2000円　①978-4-938874-65-0　Ⓝ146.8

[目次] 序章 人はなぜ自殺するのか？、第1章 いのちの電話の基本理念と歴史、第2章 自殺予防を目的とする電話相談―自殺の実態と危機介入理論、第3章 援助活動の多様性とその特性―現状のあり方(電話相談、電話相談からの拡がり、対象の拡がり)、第4章 ボランティアによる援助活動、第5章 いのちの電話相談員の研修(養成研修、継続研修、研修の多様性、相談員のケア、相談員の成長、相談員の倫理)、第6章 いのちの電話相談に現われる諸問題(死に急ぐ人たちの諸問題、電話依存の問題について、ライフサイクルにおける危機と諸問題)、第7章 自殺予防いのちの電話(自殺傾向のある利用者への基本的対応、フリーダイヤル「自殺予防いのちの電話」の実際―その始まり、実施状況、研修、課題、統計資料)、第8章 いのちの電話の将来と課題(「電話による援助」再考、"かからない"いのちの電話の克服に向けて、IT機器活用―インターネット相談ほか、社会の変化といのちの電話の課題―コミュニティとの連携強化など)、第9章 組織・運営―社会福祉・社会貢献事業としてのいのちの電話(法人としての「いのちの電話」の成立、いのちの電話における運営の実際)

『友だちに「死にたい」といわれたとき、きみにできること―大切な人の自殺を食い止める方法』 リチャード・E.ネルソン、ジュディス・C.ガラス著、浦谷計子訳　ゴマブックス　2007.8　239p　19cm　〈文献あり〉　1200円　①978-4-7771-0694-3　Ⓝ368.3

[目次] 第1部 なぜ、何が、だれが？(人はなぜ死にたがるのか？、自殺について知っておくべきこと、自殺のサイン、自殺のリスクの高い人とは？)、第2部 自殺を食い止めるには(手をさしのべる、耳を傾ける、助けを呼ぶ、自分自身を助ける、学校や地域ぐるみで自殺を防止する)

[内容] 友だちのSOSをキャッチしたとき、友だちを助けるために、きみ自身を助けるために。

## 《12月3日》

### 奇術の日

日付の数字「123」を手品の掛け声「ワンツースリー」と読む語呂合せから。日本奇術協会が1990年に制定。

『かんたんマジック―これでクラスの人気者！』 幸池重季まんが、こざきゆう原作、マジシャン・アレス原案　学研プラス　2018.4　175p　19cm　(学研まんが入門シリーズミニ)　〈2016年刊のソフトカバー化、縮小版　文献あり〉　1000円　①978-4-05-204825-8　Ⓝ779.3

[目次] 第1章 マジックは笑顔の魔法！、第2章 マジックは理科に役立つ！、第3章 マジック

はヒーローへの最短距離，第4章 マジックで予言する！，第5章 マジックのタネをつくろう！，第6章 マジック・ショーをやろう！，第7章 マジックで人気者になる！

内容 この本はまんがとマジック解説の立体構成。最初はまんがを読んで，マジックの魅力を見て，マジックをやりたくなったら解説ページを読んで，マジックを覚えよう！ すぐにできるマジック，ちょっとの練習で身につくマジックが50種類以上。

『まるごとキッズマジック大集合BOOK―超ウケBEST54』 藤原邦恭著 いかだ社 2017.10 187p 21cm 1400円 Ⓘ978-4-87051-490-4 Ⓝ779.3

目次 1 お楽しみ会・お誕生会編（キャンディーカップ，魔法の折り紙，ハンカチと謎の通り道 ほか），2 休み時間・自由時間編（輪ゴムのテレポート，安全ピンが…？，そろいでる数字 ほか），3 ミステリーマジック編（友だちとテレパシー，手のひらに霊気，ろくろ親指（のびる親指） ほか）

『あそぼう、マジック』 日本奇術協会監修 ベースボール・マガジン社 2017.9 127p 21cm （こどもチャレンジシリーズ）〈索引あり〉1500円 Ⓘ978-4-583-10875-9 Ⓝ779.3

目次 第1章 マジックってな～に？，第2章 かんたんマジックであそぼう！，第3章 こんなこともできる！ いろいろなマジック，第4章 日本生まれのマジックであそぼう！，第5章 できるかな？ 少しむずかしいマジックに挑戦，第6章 もっとマジックを学びたい

内容 コツさえつかめれば今日からマジシャンに大変身！ みんながびっくりするようなマジックをあそびながら覚えよう。ちょっと難しいマジックでもくり返し練習すればできるようになる！ マジックの生まれた場所は？ 日本のマジック・手妻ってなに？ 読んでしっかり学べる調べ学習付き。

『なぜ？の図鑑 科学マジック』 藤嶋昭修 学研プラス 2017.7 120p 27cm 〈文献あり〉1900円 Ⓘ978-4-05-204579-0 Ⓝ407.5

目次 リビングで科学マジック（どうしておさつにお金がのるの？，風船がわれないのはなぜ？，紙コップがとび出すのはなぜ？ ほか），キッチンで科学マジック（花が2色なのはなぜ？，どうして10円玉がきえるの？，どうしてえんぴつが切れるの？ ほか），体で科学マジック（手にあながあいたのはなぜ？，なぜおさつがつかめないの？，ゆび1本でなぜ立てないの？ ほか）

内容 どうしてまつぼっくりが入っているの？…簡単にできてぜったいにびっくり！ 科学はおもしろい！ 子どものなぜに答える図鑑。実験を大切にした大科学者たちも紹介。

『楽しい学校マジック 4 バスレクでマジックタイム！』 庄司タカヒト著 小峰書店 2017.4 47p 29cm 〈文献あり〉2500円 Ⓘ978-4-338-31204-2 Ⓝ779.3

目次 1 消えるティッシュペーパー，2 おかしの復活，3 のびる指だ!?，4 バスレククイズ，5 ミニミニお笑いマジック，6 テレパシー実験，7 輪ゴムの首はずし，8 カップ返し，自分だけのマジックショーを作ろう！

内容 ティッシュやおかしなど，持ち物でできるマジックがいっぱい！ バス遠足のときに，バスの中や遠足先で楽しめる！ 小学校中学年から。

『楽しい学校マジック 3 マジックでお勉強』 庄司タカヒト著 小峰書店 2017.4 47p 29cm 〈文献あり〉2500円 Ⓘ978-4-338-31203-5 Ⓝ779.3

目次 1 誕生日をピタリと当てる！，2 色が変わる魔法のくすり，3 カードで，レッツイングリッシュ！，4 ふしぎな計算ボード，5 好きな歴史人物は？，6 熟語セレクション，7 お取り寄せボックス！，自分だけのマジックショーを作ろう！

内容 算数，国語，理科に社会，そして英語のマジックまで。マジックを楽しみながらみんなで勉強ができる！ 小学校中学年から。

『楽しい学校マジック 2 みんなでもりあがるマジック！』 庄司タカヒト著 小峰書店 2017.4 47p 29cm 〈文献あり〉2500円 Ⓘ978-4-338-31202-8 Ⓝ779.3

目次 1 ハトさんの大予言！，2 クイーンをつかまえろ！，3 おはじきの色当て，4 誕生日おめでとう！，ワンランクアップテクニック コインさばき プロのテクニック編，5 連理の紙，6 ハンカチ通し，7 リボンのおひっこし，8 すりぬけロープ，9 ペーパーエスケープ，自分だけのマジックショーを作ろう！

内容 すぐできるトランプマジックから高度なハンカチのマジックまで，クラスのお楽しみ会などで披露できるマジック大集合！ 小学校中学年から。

『楽しい学校マジック 1 友だちと楽しむマジック！』 庄司タカヒト著 小峰書店 2017.4 47p 29cm 〈文献あり〉2500円 Ⓘ978-4-338-31201-1 Ⓝ779.3

目次 1 奇妙な520円！，2 カウントダウンで，カード当て！，3 クレヨンの色当て，4 朝日トランプ，ワンランクアップテクニック カードマジック プロのテクニック編，5 サイコロの透視術，6 消えるストロー，7 あなたの星座当てます！，8 あやとりマジック，9 好きなものがピタリと当たる！，自分だけのマジックショーを作ろう！

内容 コインやトランプ，あやとりのマジックなど，友だちと少人数で楽しめるテーブルマジックがズラリ勢ぞろい！ 小学校中学年から。

**12月3日**　　　　　　　　　　　　　　　　　　　　**12月**

『授業が楽しくなる教科別マジック　3　漢字のテレパシー!!』　土門トキオ編著　汐文社　2017.2　63p　22cm　〈文献あり〉　1600円　①978-4-8113-2334-3　Ⓝ779.3

目次　国語，算数/数学，社会，理科/科学，英語，図画/工作

『授業が楽しくなる教科別マジック　2　アルファベットの予言!?』　土門トキオ編著　汐文社　2016.12　63p　22cm　〈文献あり〉　1600円　①978-4-8113-2333-6　Ⓝ779.3

目次　国語（漢字を探せ！，言葉のパワー，化ける草），算数/数学（数字予言術，悪魔の時計，カレンダー魔法の予言），理科/科学（動くコイン，念力キャンディ，変身！　ポップコーン），社会（地図記号の透視，魔法の地図記号カード），英語（アルファベットの予言），図画/工作（消える鉛筆カード，歩く針金人形）

『授業が楽しくなる教科別マジック　1　魔法の数字ボード！』　土門トキオ編著　汐文社　2016.11　63p　22cm　〈文献あり〉　1600円　①978-4-8113-2332-9　Ⓝ779.3

目次　国語（驚異のメモ帳透視，イメージカード，好きな食べ物は？，本の超能力実験），算数/数学（カレンダーの数字当て，ミラクル電卓，サイコロのスーパー透視術，パンフレットの予言，魔法の数字ボード），理科/科学（消えるコイン，伸びるドラゴン，すり抜けるコイン，紙スプーン曲げ，飛び出すストロー）

『キミにも、できる！　マジックプロの秘密』　ゆうきとも著　河出書房新社　2015.10　158p　19cm　〈「アッというまにマジシャンになれる本」（KAWADE夢文庫　2006年刊）と「メンタル・マジックで奇跡を起こす本」（KAWADE夢文庫　2012年刊）の改題、小学生向けに加筆・再編集、合本〉　1300円　①978-4-309-27656-4　Ⓝ779.3

目次　トリック1　ぜったいにウケる！　入門マジック（一致するカード―手さぐりでえらんだ2枚のカードが同じ色・数字に！，指先の超感覚―裏を向いたカードを指先の感覚で読みとる！，スーパー透視術―ふたつに分けたトランプの分け目のカードを当てる！　ほか），トリック2　みんなア然、ボー然！　奇跡のマジック（スロップ・リバース―バラバラにまぜたカードが一瞬で裏向きに！，スリーショット―4つのカードの山の一番上から4枚の「3」が！，水と油―赤黒交互に4枚のエースが赤と黒とに分かれる！　ほか），トリック3　プロ顔負けの本格マジック（銀貨と銅貨―カップに入れた100円玉が10円玉に変化する！，紙玉の手順―まるめたティッシュが増えては消える連続ワザ！，ペンの消失―1本のペンが、一瞬にして空中で消える！　ほか）

内容　トランプ、コイン、わりばし、ストロー…など身のまわりのもので起こせる「29の奇跡」。その方法をプロのマジシャンがやさしく解説！　演じる人も、見る人も、みんな笑顔になれるすばらしい「マジックの世界」にようこそ！

『かんたんステージマジック』　ステファニー・ターンブル作，長谷和幸監修　ほるぷ出版　2014.11　40p　25cm　（すぐできる！　はじめてのマジック）2300円　①978-4-593-58708-7　Ⓝ779.3

目次　びっくりイリュージョン＆マインドマジック（見えない敵がいる…！，まほうのスティック，おどろき！　のび～る親指，超怪力パワー！，超能力で体をあやつる！，頭の中の色がまるみえ！，スプーンまげ，うすやみにうかぶ体），スカーフ＆ロープマジック（キミにはできる！　むすび目マジック，どこにあったの？　スカーフ登場！，むすんだはずが…消えるむすび目，あなのあかないふしぎなスカーフ，切れてない！　つながるひも，おれたマッチがもと通り?!　なぞのスカーフ，ありえない！　命令をきくエレベーター，大脱出！）

『かんたんテーブルマジック』　ステファニー・ターンブル作，長谷和幸監修　ほるぷ出版　2014.9　40p　25cm　（すぐできる！　はじめてのマジック）2300円　①978-4-593-58707-0　Ⓝ779.3

目次　食卓でテーブルマジック（くっつくフォーク，ふしぎなフルーツ，つまようじが消えた!?，できるかな？　コップでテスト，コショウがよける！　まほうの指，ありえない！　ストローマジック，さとうがとけちゃった！，しおがコショウになった!?），ペンや紙でテーブルマジック（頭の中の数字を「読む」！，ふしぎなサイコロ，言葉が「見える」？，チェックマークとプラスマーク，ぜったいにまねできない！　ふしぎな輪，いつのまに!?　さかだちする絵，だれの名前がかいてある？，まっぷたつの体がもと通り！，おぼえておきたいマジック用語）

『かんたんカード＆コインマジック』　ステファニー・ターンブル作，長谷和幸監修　ほるぷ出版　2014.7　40p　25cm　（すぐできる！　はじめてのマジック）2300円　①978-4-593-58706-3　Ⓝ779.3

目次　カードのマジック（パッと整列！　ふしぎなカード，おどろきの読心術，トランプ・ファミリーの再会，えらんだカードはこれだ！，キングよ集まれ！，とびだすジャック，エースを追え！，マジック・フィンガー），コインのマジック（コインの声をきけ！，超能力でコインをあてる！，コインの消しぬけ，消えるコイン，移動するコイン，くいしんぼうなハンカチ，消えるコインなげ，コインはどこへいった？）

『演じて楽しい科学マジック―考える力と表現する力を身につけよう！』　YOHEY監修，庄司タカヒト著　日経BP社　2014.6　119p　26cm　〈文献あり　発売：

日経BPマーケティング〉 1500円 ①978-4-8222-9744-2 Ⓝ407.5

目次 第1部 お手軽マジックで楽しもう！（手だけでびっくり，あら不思議？，日用品で盛り上がろう），第2部 タネ・シカケがわかるともっと楽しい！（日用品で本格マジックに挑戦！，これは楽しい！ 科学マジック，原理を学ぼう！ 物理マジック），第3部 もっと試して演じてみよう！（試して確かめよう！ 実験マジック，トランプマジックを科学しよう！）

内容 身近なモノで簡単にできる！ おもしろくて楽しい科学手品の「しかけ」と「やりかた」をプロマジシャンが大公開！

『思いこみマジック』 瀬尾政博文，タイガー立石絵 福音館書店 2014.4 39p 26cm （たくさんのふしぎ傑作集）〈文献あり〉 1300円 ①978-4-8340-8077-3 Ⓝ779.3

『Mr.マリックの超魔術入門超百科』 Mr.マリック監修 ポプラ社 2014.4 196p 18cm （これマジ？ ひみつの超百科 2） 890円 ①978-4-591-13958-5 Ⓝ779.3

目次 Mr.マリック超魔術の世界衝撃のギャラリー，三須田魔陸少年の超魔術へのいざない，第1章 始の超魔術，第2章 力の超魔術，第3章 心の超魔術，第4章 恐の超魔術，第5章 念の超魔術

内容 「念力」「透視」「予言」「ハンドパワー」など，Mr.マリック秘伝の超魔術を，一挙大公開!! 超魔術師をめざす少年少女はこの本を開こう！

『奇術学―奇術・マジック・手品の科学』 テンプラー社作，稲葉茂勝監訳 国立今人舎 2012.8 〔30p〕 31cm 2800円 ①978-4-905530-07-7 Ⓝ779.3

内容 アルバート・D・シェーファーの秘密の日記が語る奇術の歴史，初公開！ 30以上の奇術の仕掛けがわかる。

## 《12月5日》

### あえのこと

奥能登地域の農家に伝わる農耕儀礼で，暮れ（12月5日）にあたかも神がいるかのように「田の神様」を招いてもてなしその年の収穫を感謝し，そのまま年越しした「田の神様」を春（2月9日）に五穀豊穣を祈願して田んぼに送り出す。1976年に国の重要無形民俗文化財に指定され，2009年にユネスコの無形文化遺産に登録されている。

『あえのこと』 さとうれいこ文・英訳，石黒しろう絵 文芸社 2015.7 35p 19×

27cm 〈英語併記〉 1300円 ①978-4-286-16220-1 Ⓝ386.143

### 国際ボランティアデー

12月5日。国連が1985年に制定。ボランティア活動の推進のため。

『はじめよう！ ボランティア 4 オリンピック・パラリンピックと国際交流』 長沼豊監修 廣済堂あかつき 2018.3 35p 29cm 〈索引あり〉 3000円 ①978-4-908255-69-4 Ⓝ369.14

目次 オリンピック・パラリンピック，国際交流，寄付活動，社会への貢献

内容 やってみたい活動がかならず見つかる！ 参考になるアイデアがいっぱい！ 活動計画・記録ワークシート付き！

『はじめよう！ ボランティア 3 復興支援とまちの安全』 長沼豊監修 廣済堂あかつき 2018.3 35p 29cm 〈索引あり〉 3000円 ①978-4-908255-68-7 Ⓝ369.14

目次 被災地サポート，学校の防災活動，地域の防災活動，安全サポート，地域の見守り

内容 やってみたい活動がかならず見つかる！ 参考になるアイデアがいっぱい！ 活動計画・記録ワークシート付き！

『はじめよう！ ボランティア 2 スポーツとくらしのバリアフリー』 長沼豊監修 廣済堂あかつき 2018.3 35p 29cm 〈索引あり〉 3000円 ①978-4-908255-67-0 Ⓝ369.14

目次 障がい者スポーツ，大会ボランティア，障がい者サポート，高齢者サポート，ちょボラ，夏ボラ

内容 やってみたい活動がかならず見つかる！ 参考になるアイデアがいっぱい！ 活動計画・記録ワークシート付き！

『はじめよう！ ボランティア 1 まちづくりとエコ活動』 長沼豊監修 廣済堂あかつき 2018.2 35p 29cm 〈索引あり〉 3000円 ①978-4-908255-66-3 Ⓝ369.14

目次 ボランティア活動ガイド，まちの美化，エコ活動，祭り・イベント，地域の役に立つ，子どもサポート

内容 やってみたい活動がかならず見つかる！ 参考になるアイデアがいっぱい！ 活動計画・記録ワークシート付き！

『Newボランティア用語事典―体験学習に役立つ！』 日比野正己監修・指導，長崎純心大学ボランティア研究会編著 学習研究社 2005.3 127p 29cm 4800円 ①4-05-202077-4 Ⓝ369.14

|目次| アールマーク，アイバンク，アイマスク体験，アニマルセラピー，エイズ問題，エコマネー，NGO，NPO，ODA，音楽ボランティア〔ほか〕

|内容| 初の子ども向けボランティア用語事典。ボランティアの全体像が「見てわかる」。ボランティア活動の具体例がいっぱい。豊富な写真やイラストで楽しく学べる。ユニークな発想と視点を学べるコラム。団体紹介や参考文献など貴重な情報源。

『まちがいだらけのボランティア―考えよう！　だれのためのボランティア』　田中ひろし著　光村教育図書　2003.11　31p　27cm　（「こころ」を伝えるボランティアの本 4）　1500円　⑪4-89572-710-6

|目次| 絵本「まちがいだらけのボランティア」，1 ボランティアは，いわれたとおりにすればいい!?，2 「集める」ボランティアは，しないよりしたほうがいい!?，3 募金は，しないよりしたほうがいい!?，4 福祉体験は，なんのためにするの？　だれのためのボランティア？

『あいさつだってボランティア―考えよう！　ボランティアの第一歩』　田中ひろし著　光村教育図書　2002.12　31p　27cm　（「こころ」を伝えるボランティアの本 2）　1500円　⑪4-89572-708-4　Ⓝ369.14

|目次| 絵本「あいさつだってボランティア」，1 きみはどのボランティアに興味があるかな？，2 ボランティアの第一歩はこんなことをしてみては？

『ぼくたちのボランティア記念日―考えよう！　ボランティアのこころ』　田中ひろし著　光村教育図書　2002.12　31p　27cm　（「こころ」を伝えるボランティアの本 5）　1500円　⑪4-89572-711-4　Ⓝ369.14

|目次| 絵本「ぼくたちのボランティア記念日」，1 みんなのボランティア意識を調べよう！，2 環境ボランティアについてスパイダーチャートを書いてみよう！，3 ボランティアのマナーについて考えよう！

|内容| 植林ボランティアに参加したひろしくんとたかしくん。はりきってほかの参加者の世話までやいていたふたりが出会ったのは，“伝説の木を植える人”とよばれるおじいさんでした。みんなは，何をきっかけに，どんな気持ちでボランティアをしているの？　さあ，みんなで考えよう！　「ボランティアのこころ」。

『ボランティアはきらい!?―考えよう！　家族みんなのボランティア』　田中ひろし著　光村教育図書　2002.12　31p　27cm　（「こころ」を伝えるボランティアの本 3）　1500円　⑪4-89572-709-2　Ⓝ369.14

|目次| 絵本「ボランティアはきらい!?」，1 家族でできるボランティア「なんといってもエコロジー！」，2 ベルマーク集めもボランティア？，3 身体障害者補助犬について調べよう！

『リサイクルもボランティア―考えよう！　ボランティアってなんだろう』　田中ひろし著　光村教育図書　2002.11　31p　27cm　（「こころ」を伝えるボランティアの本 1）　1500円　⑪4-89572-707-6　Ⓝ369.14

|目次| 絵本「リサイクルもボランティア」，1 「ボランティアの新3原則」って，なんだろう？，2 なぜ，リサイクルがボランティアになるんだろう？

---

### 世界土壌デー

12月5日。国連食糧農業機関が2013年に制定。「国際土壌デー」とも。

---

『地球のくらしの絵本　2　土とつながる知恵』　四井真治著，宮崎秀人立体美術，畑口和功写真　農山漁村文化協会　2015.11　31p　28cm　2500円　⑪978-4-540-15112-5　Ⓝ500

|目次| 土は，どうやって生まれたんだろう？，土は，生きものとともに生きている，土とつながったくらしは，場を豊かにする，堆肥をつくり，土とつながる，不織布の袋で堆肥をつくろう，ワイヤーの枠で堆肥をつくろう，コロコロ転がして堆肥をつくろう，ミミズを飼って堆肥をつくろう1 箱のつくり方，ミミズを飼って堆肥をつくろう2 箱の使い方，うんこやおしっこを堆肥にしよう，堆肥小屋で堆肥をつくろう，家畜を飼おう，堆肥小屋での堆肥づくりと家畜の飼い方，土を調べ，土をつくろう，多様な生きものがすむ豊かな場をつくる，土のある未来のくらし

『肥料と土つくりの絵本　5　いろんな資材を生かそう』　藤原俊六郎監修，農文協編，高岡洋介絵　農山漁村文化協会　2013.10　36p　27cm　（そだててあそぼう　105）〈文献あり〉　1800円　⑪978-4-540-12245-3　Ⓝ613.4

|目次| 「いい土」って，どんな土のこと？，水はけと水もちのいい土をつくる―土の物理性，肥料が効きやすい土。病気が少ない土―土の化学性と生物性，耕し方のくふうで土は変わる！，土をよくする植物質のいろんな資材，容器栽培では，土もだいじな資材，鉱物からつくられる土壌改良資材，炭やくん炭は，土をよくする万能資材，穴を掘って資材用の炭を焼こう，もみがらくん炭を焼いてみよう，草木灰をつくって使おう，土の化学性や生物性をよくする天然の資材，微生物資材って，どんなもの？，容器栽培のための培養土のつくり方，作物を育てたあとの茎や葉を使って土を再生しよう

|内容| 農業資材の中で，土つくりや土をよくする資材（土壌改良資材）についてみてみよう。

作物を健康に育てるには、まず、いい土をつくることがだいじだ。畑に堆肥を入れたり、プランター栽培の培養土に、いろんな資材をまぜるのもそのためだ。いろんな資材をじょうずに生かして、おいしくてりっぱな作物の収穫をめざそう！

『肥料と土つくりの絵本　3　化学肥料を生かそう』　藤原俊六郎監修，農文協編，高岡洋介絵　農山漁村文化協会　2013.9　36p　27cm　（そだててあそぼう　103）〈文献あり〉　1800円　Ⓘ978-4-540-12243-9　Ⓝ613.4

目次 植物の生長に欠かせない肥料の成分は？，肥料の成分は、どんなふうに植物に吸収されるのかな？，肥料が土に保たれるのは、どうしてだろう？，化学肥料の種類と表示の見方を知ろう，肥料の効き方は土の性質でちがう―調べてみよう1，肥料の効き方は土のpHでちがう―調べてみよう2，チッソ質肥料って、どんな肥料？，リン酸質肥料って、どんな肥料？，カリや石灰、苦土、微量要素肥料って、どんな肥料？，肥料も多すぎれば害になる，作物を力強く健康に育てる肥料のポイント，肥料のじょうずなやり方，作物の種類によっても肥料のやり方はちがう，化学肥料と堆肥との組みあわせ方，化学肥料を変身させて使おう，液肥にして使おう

内容 人間の食事に、タンパク質、炭水化物、脂質などが欠かせない栄養素であるように、作物にはチッソ、リン酸、カリなどの肥料成分が欠かせないよ。化学肥料は、鉱物など自然界にあるものを原料に化学的に処理したり、合成したりしてつくられる肥料だ。化学肥料をじょうずに使いこなすことで、作物を確実に安定して育てることができるようになるんだ。化学肥料の基礎と使い方を知って、作物の栽培に役立てよう！

『肥料と土つくりの絵本　1　身近な有機物を生かそう』　藤原俊六郎監修，農文協編，高岡洋介絵　農山漁村文化協会　2013.8　36p　27cm　（そだててあそぼう　101）〈文献あり〉　1800円　Ⓘ978-4-540-12241-5　Ⓝ613.4

目次 おじいさんは、なぜ「山へしば刈り」に？，土は、生きものがつくった，土はいまも変化し、生きている，土の成り立ちと構造をみてみよう，土と植物をつなぐ生きものたち，どうして肥料や土つくりが必要なの？，地力を保って、収穫しつづけるくふう，日本が誇る地力を保つしくみとくふう，こんなにあるぞ身近な有機物（家庭、学校・校庭、公園など、里山、田畑、池、川、海など），有機物をそのまま生かす「有機物マルチ」，自然の循環を畑で再現する「土ごと発酵」，身近な有機物を生かす昔の肥料づくりにチャレンジ！，輪作や混作、間作にチャレンジしてみよう！，「永続的な農業」をデザインしてみよう！

『肥料と土つくりの絵本　4　発酵肥料を生かそう』　藤原俊六郎監修，農文協編，高岡洋介絵　農山漁村文化協会　2013.7　36p　27cm　（そだててあそぼう　104）〈文献あり〉　1800円　Ⓘ978-4-540-12244-6　Ⓝ613.4

目次 みそも肥料も、微生物の発酵マジック，発酵肥料をつくる微生物の仲間たち，じょうずに発酵させるポイントは？，米ぬか納豆ボカシをつくってみよう，土入りボカシをつくろう，もみがら、おからを発酵させよう、くさい！　高温！　こんなときどうする？，土着菌をみつけよう、つかまえよう，土着菌をふやして、種菌をつくろう，発酵肥料のじょうずな使い方，発酵液肥をつくろう，えひめAIをつくってみよう，畑にくらしに、えひめAIを使ってみよう，植物と黒砂糖でつくる天恵緑汁，光合成細菌液をつくろう

内容 発酵肥料というのは、有機物を発酵させてつくった肥料のことだ。発酵というのは微生物たちのはたらきで、有機物の分解を進めることをいうんだ。発酵させると植物が利用できる栄養分が豊富になり、作物が健康に育ちやすくなるんだ。発酵のヒミツをさぐりながら、じょうずに発酵させて、おいしい作物を育てよう！

『肥料と土つくりの絵本　2　有機質肥料を生かそう』　藤原俊六郎監修，農文協編，高岡洋介絵　農山漁村文化協会　2013.6　36p　27cm　（そだててあそぼう　102）〈文献あり〉　1800円　Ⓘ978-4-540-12242-2　Ⓝ613.4

目次 生きもののからだが、肥料になる，すぐ効く肥料、ゆっくり効く肥料，有機質肥料のじょうずな使い方，植物からつくられる肥料（油かす類、米ぬか），動物からつくられる肥料（家畜ふん、魚かす、骨粉），植物そのものを肥料にする（緑肥、竹），堆肥つくりの基本（炭素率という目安，堆肥の中にズームイン），落ち葉で堆肥をつくってみよう！，生ごみで堆肥をつくってみよう！，ペットボトルで堆肥づくりに挑戦だ！，堆肥はうまくできたかな？　発芽試験をしてみよう！

内容 植物が大きく育つための養分となるものが肥料だ。肥料は原料のちがいによって、有機質肥料と化学肥料に分けることができるよ。有機質肥料というのは、生きもののからだだったもの（有機物）を原料とした肥料だ。それに対して、鉱物や空気などから化学的に合成したものが化学肥料だ。この巻では、生きもののからだ（有機物）からできた有機質肥料についてみてみよう！

『土の色って、どんな色？』　栗田宏一作　福音館書店　2011.5　38p　26cm　（たくさんのふしぎ傑作集）　1300円　Ⓘ978-4-8340-2658-0　Ⓝ613.591

『日本の農業　1　土をつくる』　木村武監修　岩崎書店　2010.4　47p　29cm　〈文

献あり　索引あり〉3000円　①978-4-265-02871-9　Ⓝ610.1

目次 第1章 土を知る（土が育む作物，土ができるまで，作物の栽培に適した土，土の中にすむ生き物たち，土と作物の養分，農業と土の関係，米をつくる水田の土），第2章 畑の土をつくる（土づくりにかかせない有機物，畑に肥料を施す，畑を耕し，土を守る），第3章 日本の土と農業（日本の土の種類と特徴，黒ボク土でつくる，火山のめぐみでつくる，赤黄色土でつくる，沖積土でつくる，砂丘地での農業，土を使わない養液栽培）

『地球に生きる―わたしたちと土』　左巻健男監修，田中真知著　フレーベル館　2005.4　47p　31cm　3200円　①4-577-02795-X　Ⓝ613.5

目次 ブルキナファソから―大きくなる土の家，モーリタニアから―砂漠に飲まれる町，チュニジアから―ふしぎな地下の家，チェコから―石の建築と石だたみの都，チリから―世界最大の人工の穴，日本から―土でうつわをつくる町

『土と石のじっけん室』　地学団体研究会『シリーズ・自然だいすき』編集委員会編　大月書店　2004.9　123p　22cm　（シリーズ・自然だいすき 2）　1800円　①4-272-40512-8　Ⓝ458

目次 1 土のじっけん室（どろんこ遊びにチャレンジ，粘土であそぼう，土のふしぎを調べてみよう，土はどうやってできるのか），2 鉱物のじっけん室（私たちのまわりには鉱物がいっぱい，鉱物であそぼう，鉱物のふしぎを調べてみよう），3 石のじっけん室（石をさがそう，石であそぼう，石のふるさとたんけん隊），4 土や石がだいすきになろう（隕石が地球をつくった，地球の歴史のまきものづくり，土や石と私たちのくらし）

内容 なが―い地球の歴史のなかでつくられてきた土や石。どろんこ遊びをしたり，きれいな石あつめをしながら，さあきみも，土や石の「ふしぎ」や「なぜ」にチャレンジだ。

『土のコレクション』　栗田宏一著　フレーベル館　2004.2　47p　29cm　（ふしぎコレクション 3）　1600円　①4-577-02860-3　Ⓝ613.5

目次 土集めにいこう！，全国の土を見てみよう，めずらしい色の土，土のコレクションをつくろう，紙をそめよう！，絵の具をつくろう！，土は自然の芸術家，土から学ぼう

内容 「土なんて，どれも同じじゃないの？」「茶色や黒の土しか見たことないよ」だれもがそう思っているかもしれない。でも，ゆっくりページを開いていってごらん。ピンク，オレンジ，黄色，青，紫，緑…。おどろくほど美しい色がならんでいる。これが足もとにあるごく普通の土だなんて。似たような色に見え

てもみんなちょっとずつちがうのがふしぎ。中古の軽自動車で寝泊まりしながら日本全国をかけめぐるようになって10年。集めた土は，1万種類をこえた。すべてを見せられないのは残念だけど「土って，こんなにきれいだったんだ！」と気づいてもらえれば，とてもうれしい。

『土といのち―生命をはぐくむ土』　あかね書房　2003.4　47p　31cm　（土の総合学習 1　七尾純著）2800円　①4-251-09341-0　Ⓝ613.5

目次 いのちはめぐる（土を中心にできた循環の輪，生命のエネルギーをつくる土と緑，土からはじまるいのちの流れ，植物を助ける菌類，わたしたちも自然の一員），いのちをはぐくむ土（森が生まれるまで，植物を育てる土，土は水分と養分の倉庫，水をきれいにする土，土は地球のエアコン），土の中の住人（土の中の生き物たちの仕事，土づくり名人（ダンゴムシ，ミミズ，小さな小さな生き物，菌類），土の生き物を観察しよう，生ゴミから土をつくってみよう，みつめよう地球全体のすがた）

内容 土の中は生き物でいっぱい。じつは，土はその生き物たちがつくっているのです。土は植物を育て，植物は動物に食べられる。いい土は，そんなふうにうまく自然が循環できるようにはたらいています。いのちをはぐくむ土のひみつを大研究。

『土と環境―土が病気になっていく』　あかね書房　2003.4　47p　31cm　（土の総合学習 3　七尾純著）〈年表あり〉2800円　①4-251-09343-7　Ⓝ613.53

目次 土をまもってきた農業（水田のしくみ，土をいためはじめた農業，土の力をうばった農業），土がなくなっていく（町がしずんでゆく，くずれてゆく大地，うしなわれる健康な土，人類が砂漠をひろげた），土の健康があぶない（汚れてしまった土（工場排水，農薬，酸性雨，ゴミ・ダイオキシン），有害物質は人から土へ，土から人へ，土の病気を知らせる生き物），土の元気をとりもどそう（土の力をとりもどす，土を殺さない農業，土と緑のある町づくりいのちの土をとりもどせ）

内容 都会では土を見ることがへり，農村では農薬が土を汚染しています。土と水，土と生き物，土とくらし，さまざまな側面から土のたいせつさを見直します。

『土とくらし―土とともに生きる』　あかね書房　2003.4　47p　31cm　（土の総合学習 4　七尾純著）2800円　①4-251-09344-5　Ⓝ613.5

目次 活躍する土の生命力（土の特徴を生かした作物づくり，土に生命力をあたえる知恵，地下を利用した食料づくり，土の中にねむるむかしの生活（先祖は土器づくりの名人，土器をつくってみよう，土器から陶器へ，土からの贈り物 ガラス，最先端の土の利用），土と生活（家の中でも土が活躍している，土は生きた建材，土を知りつくした左官の仕事，世界の土の家），地下は宝の山（化石さがし，大地

の宝を見つけよう，地下の空間を利用する，土で大気をきれいにする，棚田の力を借りて水をきれいに）

内容 人は大むかしから土を利用してきました。古代の道具からセラミック技術，そして新しい土の利用まで，土を学び，土と遊ぶためのヒントがいっぱい。

『土の科学―土の不思議をさぐる』 あかね書房 2003.4 47p 31cm （土の総合学習 2 七尾純著）2800円 Ⓘ4-251-09342-9 Ⓝ613.53

目次 土のはたらき（地面の下をのぞいてみよう，土の1年，土の一生，土の中は水と空気がいっぱい，水田と畑の土づくり，よい土をつくる有機農業），土のルーツ（マグマがつくる岩石（火成岩，変成岩），砂や泥が積もってできる岩石，堆積岩，めぐる岩石），動く大地（地層がつたえる地球の歴史，地下は宝の山，海の中の大地，大地は動いている，鉱物さがし），第4章 土のいろいろなすがた（消えゆく土・めずらしい土，世界の土壌）

内容 地球がリンゴなら，土の厚さは皮一枚分。それ以外の地球は何からできている？自然の力でできる土の不思議な性質と，個性的な土にであえます。

《12月6日》

音の日

1877年の12月6日にトーマス・エジソンが蓄音機を発明したことから。日本オーディオ協会が1994年に制定。音と音楽文化の重要性を広く認識してもらい，オーディオ及び音楽文化・産業の一層の発展に寄与するため。

『音楽のあゆみと音の不思議 1 誕生から古代・中世の音楽』 小村公次著 大月書店 2018.7 40p 29cm 〈文献あり 年表あり 索引あり〉3000円 Ⓘ978-4-272-40971-6 Ⓝ760

目次 音楽の誕生（音楽はいつ，どのようにして生まれたか），古代社会の音楽（古代日本の音楽：銅鐸や埴輪が物語るもの，古代中国の音楽：巨大な編鐘が物語るもの，古代オリエントの音楽：壁画や楽器が物語るもの，古代ギリシャの音楽：西洋音楽に大きな影響をもたらしたもの），古代から中世の社会へ（奈良時代の音楽：日本と東アジアの音楽交流，平安時代の音楽：源氏物語がえがいた音楽の世界，儀礼と音楽：宗教音楽がもたらしたもの）

内容 人びとの暮らしのなかで音楽がどのように楽しまれていたかに注目して，社会と時代の動きとともに音楽の歴史を紹介！ 日本の音楽と外国の音楽を比較しながら，その時代

の音楽の特徴をさぐる！ 「音」とは何か，音と音とが組み合わさって「音楽」になるしくみとルールについて解説！

『日本の音 日本の音楽』 小塩さとみ著 アリス館 2015.4 31p 31cm （シリーズ音楽はともだち 2）1700円 Ⓘ978-4-7520-0709-8 Ⓝ762.1

目次 日本の音に耳をかたむけよう，わらべうた，学校でうたうために作られた歌，こどもの心をうたう歌，日本の民謡を聞いてみよう，お祭りに行ってみよう，地域の民俗芸能を聞いてみよう見てみよう，日本の音楽の歴史，日本の楽器，雅楽の演奏家，中村仁美さんに7つの質問，みんなの身近にも日本の音楽を演奏しているお友達がいる

『音楽―音を楽しむ！』 サイモン・バシャー絵，ダン・グリーン文，片神貴子訳 町田 玉川大学出版部 2012.5 62p 18×18cm （科学キャラクター図鑑）〈文献あり〉1400円 Ⓘ978-4-472-05909-4 Ⓝ760

目次 第1章 音楽の魔法使いたち，第2章 楽譜の住人たち，第3章 にぎやかな家族，第4章 サウンドいろいろ

《12月9日》

障害者の日

1975年の12月9日，第30回国連総会で「障害者の権利宣言」が採択されたことから，厚生省国際障害者年推進本部が1981年に制定。1993年成立の障害者基本法の中でも「障害者の日」として定められている。日本では12月3日の「国際障害者デー」から12月9日までの1週間を「障害者週間」としている。

『えほん障害者権利条約』 ふじいかつのり作，里圭絵 汐文社 2015.5 32p 25cm 〈年表あり〉1500円 Ⓘ978-4-8113-2186-8 Ⓝ316.1

『きいてみよう障がいってなに？ 5 みんなが暮らしやすい社会って？』 石川憲彦監修 ポプラ社 2015.4 55p 29cm 〈索引あり〉3000円 Ⓘ978-4-591-14346-9 Ⓝ369.27

目次 座談会 相手が障がい者だからといって「理解して，助けなくっちゃ」と思わなくていい―石川憲彦さん・大西瞳さん・山崎守さん，手と手をあわせて表現しよう―西洋子さん，みんなたいせつな社会の一員―谷口奈保子さん，夢に向かってチャレンジ！―京谷和幸さん，聞こえないことはハンディじゃない―石井裕也さん，自分の生きづらさを研究してみる―綾屋紗月さん，心のバリアをこわしていこう―須藤シンジさん，自分とちがっても認めよう―遠藤まめたさん，あるがままの姿で

子どもの本 伝統行事や記念日を知る本2000冊　313

生きていくことを認めあおうー中山善人さん，いろんな人とつながっていこう！ー玉木幸則さん

『きいてみよう障がいってなに？　4　社会で困るのはどんなこと？』 石川憲彦監修　ポプラ社　2015.4　55p　29cm〈索引あり〉3000円　①978-4-591-14345-2　Ⓝ369.27

目次 座談会 いろんな人間がごちゃごちゃいて，知りあっていく。だから，人間はおもしろいんだー石川憲彦さん・大西瞳さん・山崎守さん，映画は人と人をつなぐ架け橋ー今村彩子さん，そのとき，そのときが100％の時間ー金澤翔子さん，「できるけど，しません」が，だいじー熊谷晋一郎さん，100人いれば，100通りのふつうがあるー藤堂高直さん，ブラインドサッカーは，ユニバーサルスポーツー落合啓士さん，わたしには語りがあるー萩生田千津子さん，地域と子どもをつなげるネットワーク（自分にできることをしようーやなづめけい子さん，みんなで支えあって地域で生きるー高木文明さん，障がいのある子どもを育てるお手伝いー伊藤比砂子さん，ひとりひとりを認めながら育てるー植松敬子さん，人とかかわる力を身につけようー羽畑あい子さん，外国人も暮らしやすいまちにー石井千恵子さん，自閉症の子どもとおもちゃ遊びー須田幸恵さん，三島市のネットワークを支えつづけるー碓井宏政さん）

『きいてみよう障がいってなに？　3　学校で困っていることある？』 石川憲彦監修　ポプラ社　2015.4　55p　29cm〈索引あり〉3000円　①978-4-591-14344-5　Ⓝ369.27

目次 障がいがあるということー林俊さん，先生の話をスマホで「読む」ー林俊さん，ぼくのペースで，「ちょっとずつ」ー田村晃さん，ぼくは，絵が好きですー稲木佳祐さん，読み書きがうまくできなかったー南雲明彦さん，今のままでいいんだ新しい自分を探していこうーハウス加賀谷さん・松本キックさん，誰にでも得意不得意はあるー山崎守さん，みんなと一緒の中学へ行きたいー穏土ちとせさん，自分らしく生きようーはるな愛さん，絵本と日記が育んだわたしのことばー岩元綾さん

『きいてみよう障がいってなに？　2　どんな学校になったらいいと思う？』 石川憲彦監修　ポプラ社　2015.4　55p　29cm〈索引あり〉3000円　①978-4-591-14343-8　Ⓝ369.27

目次 座談会 誰もが，のびのびと過ごせる学校って？ー石川憲彦さん・大西瞳さん・山崎守さん，みんな，できないひでくんをちゃんとわかっていたー仲井秀和さん，コドモ×バリバラ 子どものころから障がい者を知っていれば，もっとちがう社会になっていたはずだー日比野和雅さん（夢の学校は，元気チャージするところーるりっぷ，多様な僕らに，多様な学びをーまっちゃん，困ったことがある人どうしで話せる場がほしいーカーリー，みんなまぜまぜでおもしろいーはるな，足，どうしたの？　って，きいてもいいよーあすか，みんなが同一なわけないやんーたかとら，みんなが楽しくなるには，気持ちよくしたらいいーしずか，わたしのはなしをきいてくださいーおおちゃん，みんなを特別扱いすればいいやんーティラ，男とか女とかじゃなくて，みんな人間やんかーまりあ），いろんな自分でいいんだよーうすいまさとさん

『きいてみよう障がいってなに？　1　そもそも障がいってどういうこと？』 石川憲彦監修　ポプラ社　2015.4　55p　29cm〈索引あり〉3000円　①978-4-591-14342-1　Ⓝ369.27

目次 座談会 今の世の中は，五体満足の人のためにつくられているー石川憲彦さん・大西瞳さん・山崎守さん，対談 障がいってなんだろうー中邑賢龍さん・福島智さん，アトリエから平和の心をつないでいくー佐藤よし子さん，義足は，かっこいい！ー大西瞳さん，人とちがっていてもいいー高山恵子さん，誰にでも見わけられる色づかいー伊賀公一さん，ふたりにとって心地よい暮らしー村上由美さん・村上真雄さん

『みんなちがってみんな一緒！　障害者権利条約』 日本障害フォーラム「みんなちがってみんな一緒！　障害者権利条約」編集委員会編　改訂版　日本障害フォーラム　2014.12　52p　26cm〈年表あり〉500円　Ⓝ316.1

『「障がい者」なんて、ひどくない？』 タナカヒロシ作，山中桃子絵　ベースボール・マガジン社　2014.1　23p　25cm（香山リカ監修・こころの教育4大テーマ 3　香山リカ監修）1500円　①978-4-583-10648-9　Ⓝ378

『みんなで考えよう障がい者の気持ちー読んでわかる、体験してわかる　5　知的障がい』 玉井邦夫，堀江まゆみ監修　学研教育出版　2010.2　43p　28cm〈文献あり〉発売：学研マーケティング　2500円　①978-4-05-500751-1　Ⓝ369.27

目次 第1章 「知的障がい」って何？（知的障がいってどんな障がいなの？），第2章 「知的障がい」のある人と暮らすにはー知的障がいーダウン症のめぐみさん，知的障がいのある人を理解しよう1 知的障がいと自閉症がある場合 知的障がいと自閉症があるりょうくん ほか），第3章 「知的障がい」のある人とのかかわり方（知的障がいのある人とのかかわり方，知的障がいのある人たちの生活 ほか），第4章 活躍する「知的障がい」のある人たち（アーティスト・山野将志さん，トライアスロン選手・阪野翔生さん ほか）

『みんなで考えよう障がい者の気持ち─読んでわかる、体験してわかる　4　肢体不自由』　玉井邦夫, 大沼直樹監修　学研教育出版　2010.2　43p　28cm〈文献あり　発売：学研マーケティング〉2500円　①978-4-05-500750-4　Ⓝ369.27

目次　第1章　「肢体不自由」を知ろう（指が使えなくても平気？，手足が曲げられなくても平気？　ほか），第2章　「肢体不自由」って何？（肢体って何？，肢体不自由ってどういう障がいなの？　ほか），第3章　体が動かなくても困らないこと体が動かなくて困ること（肢体不自由の人が困らないこと，肢体不自由の人が不便に感じること　ほか），第4章　「肢体不自由」の人を手助けする（肢体不自由の人を手助けするとき，肢体不自由の人を手助けする機器），第5章　活躍する「肢体不自由」の人たち（車いすバスケットボール選手・京谷和幸さん，障がい者自立生活サポーター・玉木幸則さん　ほか）

『みんなで考えよう障がい者の気持ち─読んでわかる、体験してわかる　3　言語障がい』　玉井邦夫, 小林倫代監修　学研教育出版　2010.2　43p　28cm〈文献あり　発売：学研マーケティング〉2500円　①978-4-05-500749-8　Ⓝ369.27

目次　第1章　「言語障がい」を知ろう（うまく伝わるかな？，うまく話せるかな？　ほか），第2章　「言語障がい」って何？（声が出るしくみ，さまざまな言語障がい），第3章　「言語障がい」があると困ること（吃音や構音障がいのある人が困ること，言葉におくれのある人が困ること　ほか），第4章　「言語障がい」のある人とのつき合い方（会話をするときに注意すること，言語障がいのある人を手助けする機器），第5章　活躍する「言語障がい」のある人たち（落語家・三遊亭圓歌さん，歌手・スキャットマン・ジョンさん　ほか）

『みんなで考えよう障がい者の気持ち─読んでわかる、体験してわかる　2　聴覚障がい』　玉井邦夫, 石原保志監修　学研教育出版　2010.2　43p　28cm〈文献あり　発売：学研マーケティング〉2500円　①978-4-05-500748-1　Ⓝ369.27

目次　第1章　「聴覚障がい」を知ろう（音がなくてもわかるかな？，騒音の中でもわかるかな？），第2章　「聴覚障がい」って何？（どうして音が聞こえるの？，どうして聴覚障がいになるの？　ほか），第3章　耳が聞こえなくても困らないこと，耳が聞こえなくて困ること（聴覚障がいがあっても困らないこと，聴覚障がいがあって不便なこと　ほか），第4章　「聴覚障がい」のある人を手助けする（聴覚障がいのある人への手助け，言いたいことが見える会話　ほか），第5章　活躍する「聴覚障がい」のある人たち（プロ野球選手・石井裕也さん，薬剤師・早瀬久美さん　ほか）

『みんなで考えよう障がい者の気持ち─読んでわかる、体験してわかる　1　視覚障がい』　玉井邦夫, 青柳まゆみ監修　学研教育出版　2010.2　45p　28cm〈文献あり　発売：学研マーケティング〉2500円　①978-4-05-500747-4　Ⓝ369.27

目次　第1章　「視覚障がい」を知ろう（さわって，わかるかな？，音を聞いて，わかるかな？　ほか），第2章　「視覚障がい」って何？（どうしてものが見えるの？，視覚ってどんな感覚なの？　ほか），第3章　目が見えなくても困らないこと，目が見えなくて困ること（目が見えなくても困らないこと，目が見えなくて困ること　ほか），第4章　「視覚障がい」のある人を手助けする（視覚障がいのある人を手助けするとき，こんな場面ではどうする？　ほか），第5章　活躍する「視覚障がい」のある人たち（テノール歌手・新垣勉さん，元パラリンピック競泳選手・河合純一さん　ほか）

## 《12月10日》

### 人権デー

1948年の12月10日に「世界人権宣言」が採択されたことから。国連総会が1950年に制定、記念行事などの開催が決議された。日本では、毎年12月4日から10日の一週間が「人権週間」。

『みんなたいせつ─世界人権宣言の絵本』　東菜奈構成・訳, 渋谷敦志写真　岩崎書店　2018.11　43p　28cm　1700円　①978-4-265-83061-9　Ⓝ316.1

目次　第1条（自由平等），第2条（権利と自由の享有における無差別待遇），第3条（生存、身体の安全），第4条（奴隷の禁止），第5条（非人道的な待遇または刑罰の禁止），第6条（法の下に人としての承認），第7条（法の下における平等），第8条（基本的権利の侵害に対する救済），第9条（逮捕、拘禁または追放の制限），第10条（裁判所の公平な審理），第11条（無罪の推定、罪刑法定主義），第12条（私生活、名誉、信用の保護），第13条（移転と居住），第14条（迫害），第15条（国籍）〔ほか〕

内容　わたしもたいせつ、そして、みんなもたいせつ。1948年の12月10日に、「世界人権宣言」が国連で採択されました。第二次世界大戦への深い反省から生まれたこの宣言には、すべての人がしあわせに、自分らしく生きるための権利が書かれています。自分じしんのことを、そして世界の友だちのことを、この宣言とともに想像してみましょう。

『ニュースに出てくる国際条約じてん　3　人権』　池上彰監修, こどもくらぶ編　彩流社　2015.3　39p　31cm〈文献あり　索引あり〉2500円　①978-4-7791-5010-4　Ⓝ329.4

[目次] 1946 ILO憲章，1948 ジェノサイド防止条約，1948 世界人権宣言，1949 ジュネーブ条約，1950 UNHCR規程，1951 難民条約，1965 人種差別撤廃条約，1966 国際人権規約，1966 難民議定書，1973 アパルトヘイト条約，女子差別撤廃条約，ハーグ条約，家族の責任条約，拷問等禁止条約，子どもの権利条約，障害者権利条約

『人権は国境を越えて』 伊藤和子著 岩波書店 2013.10 202p 18cm （岩波ジュニア新書 756） 820円 ①978-4-00-500756-1 Ⓝ316.1

[目次] 1 弁護士業務と，国際人権活動と，2 報道とまったく違う—アフガニスタン難民キャンプで，3 日本は期待されている—アメリカ留学での出会い，4 とにかく，国際人権団体を立ち上げよう，5 ビルマ（ミャンマー）—国境付近で，未来の法律家を育てる，6 フィリピン—調査・発表で，暗殺と闘う，7 カンボジア—虐殺の記憶，立ち退きと闘う，8 イラク—戦争後も子どもの未来が奪われていく，9 日本にもある人権侵害—3・11後の人権状況，エピローグ まず，知り，人に話すこと

[内容] 「世界で最も深刻な人権侵害に苦しんでいる人々のために」。そんな夢を抱いた女性弁護士は，思い切って仲間と国際人権NGOを立ち上げる。現地で被害の実態を調査し，関係国政府に働きかけ，また被害者を励ます。東南アジア、イラク、3・11被災地、福島…と飛び回り，人権侵害をなくすためにねばり強く取り組んできた著者の報告。

『ひとはみな、自由―世界人権宣言』 中川ひろたか訳 主婦の友社 2008.11 1冊 29cm 2500円 ①978-4-07-261545-4 Ⓝ316.1

[内容] 地球上のすべてのひとのために。世界30カ国で同時刊行！ 世界のトップアーティストたちによるキッズ版世界人権宣言。世界のみんなが楽しくなかよく幸せに暮らしていくためには，どうしたらいいんだろう？―いま，もういちど、考えなければいけないこと。

『意見をいって自分もまわりも変わる』 喜多明人編著 ポプラ社 2004.4 46p 25cm （わたしの人権みんなの人権 3 荒牧重人監修） 2800円 ①4-591-08025-0 Ⓝ316.1

[目次] 子どもが意見をいえるためには（「いい子」でばっかりもいられない―オサムの場合，失敗から学ぶ―タカシの場合，学校行事のこと、わたしたちも考えたい―モモの場合，ぼく、休みがほしい―「いい子づかれ」してませんか？ 体罰はぜったいにダメ―子どもの気持ちを受けとめて ほか），子どもとおとなのいい関係をつくる（中学生の居場所がない―児童館は小学生の施設なの？，3人組，子ども議会準備委員になる―子どもだってまちを支える，意見をいうための"補助"が必要―マコト登

場、やるべきことをやってからいいなさい！―権利ってそういうものなの？，子どもの参加を支える―サポーター福島さん登場 ほか）

『いじめ、暴力、虐待から自分を守る』 坪井節子編著 ポプラ社 2004.4 46p 25cm （わたしの人権みんなの人権 2 荒牧重人監修） 2800円 ①4-591-08024-2 Ⓝ316.1

[目次] 学校生活のなかで（いじめは、どうしておきるのだろう、「苦しい」とうったえることが、希望の道をきりひらく ほか），家族とのあいだで（親と意見があわないのはなぜだろう、親からなぐられるのは、わるい子だから？ ほか），仲間とのあいだで（友だちどうしなのに、けんかをするのはなぜだろう，万引きをするのは、わるいことなの？ ほか），性のことで（好きな人がのぞめば、セックスをしなくてはいけないの？，子どもの性を、売り物にしているおとながいる，児童養護施設のなかで（児童養護施設の子は、なんでもがまんしなくてはならないの？）

『いろいろな人の人権を考える』 石井小夜子編著 ポプラ社 2004.4 46p 25cm （わたしの人権みんなの人権 4 荒牧重人監修） 2800円 ①4-591-08026-9 Ⓝ316.1

[目次] 家族のなかで，高齢社会のなかで、人間らしく働くために、公害や病気とのたたかいのなかで、障がいをのりこえて、差別のない社会をめざして、犯罪にかかわるもの、戦争がのこしたもの

『子どもの人権』 アダム・ヒバート著，櫻井よしこ日本語版総監修，久保田陽子訳・文 小峰書店 2004.4 47p 29cm （現代の世界と日本を知ろう イン・ザ・ニュース 7） 3000円 ①4-338-19607-6 Ⓝ316.1

[目次] 子どもの権利とは何でしょう？，なぜ権利が必要なの？，子どもと大人の違いは、どこにあるのでしょう？，子どもの歴史、国際連合による条約、生まれる前からの権利、家庭での中の子どもたち，学校の中での子どもたち、司法と子どもたち、子どもの労働〔ほか〕

『情報を得ること伝えること』 野村武司，平野裕二編著 ポプラ社 2004.4 46p 25cm （わたしの人権みんなの人権 6 荒牧重人監修） 2800円 ①4-591-08028-5 Ⓝ316.1

[目次] 見えない相手と、仮想の世界のほんとうの世界、知らされている自分、知らない自分、あふれる情報、たいせつな情報、こえてつながる、だれもがオピニオンリーダー、情報とわたしたちの権利

『立ちあがる世界の子どもたち』 甲斐田万智子編著 ポプラ社 2004.4 46p 25cm （わたしの人権みんなの人権 5 荒牧重人監修） 2800円 ①4-591-08027-7 Ⓝ316.1

目次 働く子どもたち，路上で生活する子どもたち，戦いのなかの子どもたち，自由と尊厳をうばわれて，ゆがんだ価値観のなかで，環境と子どもたち，社会のなかで

『人権・人道にかかわる国際組織』 大芝亮監修，こどもくらぶ編・著 岩崎書店 2003.3 55p 29cm （21世紀をつくる国際組織事典 2） 3500円 Ⓘ4-265-04472-7 Ⓝ316.1

目次 国連人権高等弁務官事務所（UNHCHR），国連人権委員会（UNCHR），国連子どもの権利委員会（CRC），国連難民高等弁務官事務所（UNHCR），ユニセフ（国連児童基金）（UNICEF），国連パレスチナ難民救済事業機関（UNRWA），国際労働機関（ILO），人権にかかわる国連の会議，アムネスティ・インターナショナル（Amnesty International），ヒューマン・ライツ・ウォッチ（Human Rights Watch）〔ほか〕

## 《12月11日》

### 胃腸の日

日付の数字「1211」を「胃にいい」と読む語呂合わせから。日本大衆薬工業協会が2002年に制定。胃腸薬の正しい使用法、胃腸の健康管理の重要性をPRする。

『胃と腸—変身！ 食べもの→エネルギー』 日本医師会,日本学校保健会監修 大塚製薬 2009.3 47p 19cm （Otsuka続まんがヘルシー文庫 2—探検！ わたしたちの体の巻 3） Ⓝ491.34

### ユニセフ創立記念日

1946年の12月11日、国連国際児童緊急基金（ユニセフ）が創立されたことを記念する日。1953年改組され、国連児童基金となったが、一般に普及した略称はそのまま用いられている。

『ユニセフ—世界の子どもたちのために』 キャサリン・ブライアー著 ほるぷ出版 2003.3 34p 27cm （調べてみよう世界のために働く国際機関） 2800円 Ⓘ4-593-57602-4 Ⓝ369.4

目次 1 子どもを第一に，2 ユニセフはどうして生まれたの？，3 ユニセフの仕事ってどんなこと？，4 子どもの幸福と貧困，5 予防できる病気と戦う，6 満足できる子ども時代を，ユニセフについて学ぼう

内容 ユニセフ（国連児童基金）は、世界中の子どもたちの生活を向上させるための団体です。ユニセフは世界平和を守る活動をする国際連合の一機関です。この本では、世界中の子どもたちがよりよい暮らしをし、いきいきと生きることができるようにするために、ユニセフがどのような活動をしているかを紹介します。

## 《12月12日》

### 漢字の日

日付の数字「1212」を「いい字一字」と読む語呂合わせから。日本漢字能力検定協会が1995年に制定。同協会では、原則この日に、その年の世相を表す「今年の漢字」を公募し、京都市清水寺で発表している。

『白川静文字学に学ぶ漢字なりたちブック 6年生』 伊東信夫著，金子都美絵絵 改訂版 太郎次郎社エディタス 2018.12 253p 19cm 〈文献あり 索引あり〉 1400円 Ⓘ978-4-8118-0576-4 Ⓝ821.2

内容 小学校6年生の配当漢字191字がぜんぶわかる。

『白川静文字学に学ぶ漢字なりたちブック 5年生』 伊東信夫著，金子都美絵絵 改訂版 太郎次郎社エディタス 2018.12 243p 19cm 〈索引あり〉 1400円 Ⓘ978-4-8118-0575-7 Ⓝ821.2

内容 小学校5年生の配当漢字193字がぜんぶわかる。

『白川静文字学に学ぶ漢字なりたちブック 4年生』 伊東信夫著，金子都美絵絵 改訂版 太郎次郎社エディタス 2018.12 253p 19cm 〈索引あり〉 1400円 Ⓘ978-4-8118-0574-0 Ⓝ821.2

内容 小学校4年生の配当漢字202字がぜんぶわかる。

『白川静文字学に学ぶ漢字なりたちブック 3年生』 伊東信夫著，金子都美絵絵 改訂版 太郎次郎社エディタス 2018.10 253p 19cm 〈文献あり 索引あり〉 1400円 Ⓘ978-4-8118-0573-3 Ⓝ821.2

目次 ア，カ，サ，タ，ナ，ハ，マ，ヤ，ラ，ワ

内容 なりたちを知った漢字は忘れない！ つまずきやすい3年生の漢字を楽しくする。小学校3年生の配当漢字200字がぜんぶわかる。あわせ漢字の由来がわかると、もっともっと知りたくなる。古代中国の世界が見えてくる！ 白川静文字学にもとづく子どものための漢字の本。

『白川静文字学に学ぶ漢字なりたちブック 2年生』 伊東信夫著，金子都美絵絵 改訂版 太郎次郎社エディタス 2018.10

子どもの本 伝統行事や記念日を知る本2000冊 **317**

197p　19cm　〈文献あり　索引あり〉　1400円　①978-4-8118-0572-6　Ⓝ821.2

目次 ア，カ，サ，タ，ナ，ハ，マ，ヤ，ラ，ワ

内容 漢字の形には、わけがある！　小学校2年生の配当漢字160字がぜんぶわかる。白川文字学にもとづく子どものための漢字の本。納得できて、しっかり身につく。どうして、この字は、この形？　意外ななりたちに、子どもの興味がぐんぐんふくらむ。あわせ漢字も、もう間違えない。1文字1ページで見やすい。「絵→古代文字→楷書」と、文字の由来が一目瞭然。音読みと訓読み、書き順と画数、用例も併記。

『白川静文字学に学ぶ漢字なりたちブック　1年生』　伊東信夫著，金子都美絵絵　改訂版　太郎次郎社エディタス　2018.10　125p　19cm　〈索引あり〉　1200円　①978-4-8118-0571-9　Ⓝ821.2

目次 1 人や人のからだをあらわすかん字，2 生きものをあらわすかん字，3 草や木のなかまをあらわすかん字，4 しぜんやばしょをあらわすかん字，5 どうぐをあらわすかん字，6 かずをあらわすかん字，7 「ここだよ」と、いちをあらわすかん字，8 うごきをあらわすかん字，9 ようすをあらわすかん字，10 学校でよくつかうかん字

内容 漢字って、おもしろい！　白川文字学にもとづく子どものための漢字の本。なりたちを知った漢字は忘れない。小学校1年生の配当漢字80字がぜんぶわかる。最初の形と、もともとの意味。魅力あふれる漢字の世界を子どもに伝える。1文字1ページで見やすい。「絵→古代文字→楷書」と、文字の由来が一目瞭然。意外ななりたちから、文字ほんらいの意味がわかる。音読みと訓読み、書き順と画数、用例も併記。

『なるほど！　おもしろ漢字ルーツ図鑑』　高井ジロル著，進藤英幸監修，長澤真緒理イラスト　合同出版　2018.1　143p　29cm　4800円　①978-4-7726-1336-1　Ⓝ821.2

目次 序章 漢字ってなんだろう？，第1章 知っているようで知らなかった漢字（人の動作からできた漢字，衣食住にかかわる漢字，動物や植物が由来の漢字，自然現象が由来の漢字，もとはワルくない漢字，じつはコワい漢字），第2章 漢字辞典にのっているヘンな漢字（一文字で熟語のような漢字，ちょっとおしい漢字，ヘンなデザインの漢字），ふろく 漢字ドリルにチャレンジ！

内容 知っているようで知らなかった漢字ワールドへようこそ！　あの漢字の本当の意味を知ってびっくり、覚えてがっちり。身近な漢字から、見たこともない難読漢字まで、ルーツを知れば漢検だってへっちゃら！　さあ、きみたちももじおくんとかんこちゃんと、漢字のルーツをさぐる旅へ、レッツゴー！

『漢字の歴史―古くて新しい文字の話』　笹原宏之著　筑摩書房　2014.9　201p　18cm　（ちくまプリマー新書 219）〈文献あり〉　820円　①978-4-480-68922-1　Ⓝ821.2

目次 第1章 文字とはなんだろう（そもそも文字とは、文字の造られ方 ほか），第2章 漢字とはなんだろう（漢字の起源、漢字とはなんだろう ほか），第3章 国境を越える漢字（漢字、国境を越える、日本にやってきた漢字 ほか），第4章 日本語に入った漢字（漢字音とは、万葉仮名 ほか），第5章 文字資料で見てみよう（文字資料の残され方・失われ方、日本に残っている文字の資料）

内容 そもそもは中国語を表す文字だった漢字。その漢字と日本語という本来は異質なものがどう融合してきたのだろうか。試行錯誤の歴史を解き明かす。

『漢字のひみつ』　加納喜光監修，中尾雄吉まんが　学研教育出版　2014.6　128p　23cm　（学研まんが新ひみつシリーズ）〈発売：学研マーケティング〉　880円　①978-4-05-203738-2　Ⓝ821.2

目次 漢字修業の始まり，漢字の起こりと成り立ち，漢字の読み，日本での漢字，漢字のつくり，漢字の書き方，熟語に強くなろう

『わくわくする漢字』　古勝隆一監修　学研教育出版　2013.10　159p　23cm　（絵で見て学ぶシリーズ）〈文献あり　発売：学研マーケティング〉　1800円　①978-4-05-203840-2　Ⓝ821.2

目次 漢字はじめて物語，絵からできた漢字，漢字を家族で考えよう，小学校で習う漢字

内容 音と形とイメージは3つのカギ。漢字発明の秘密がわかれば漢字をどんどん覚えられる！　小学校中学年から。

『漢字からみた日本語の歴史』　今野真二著　筑摩書房　2013.7　191p　18cm　（ちくまプリマー新書 199）　780円　①978-4-480-68901-6　Ⓝ811.2

目次 第1章 漢字の向こうに中国語がみえる―漢字しかなかった時代（『万葉集』は漢字だけで書かれている，漢字の二つの使い方，漢字の向こうに中国語がみえる），第2章 中国語から漢語へ―漢字が結びつける中国語と日本語（中国語を翻訳する，中国語から漢語へ），第3章 日本語を漢字で書く（仮名がうまれてからも漢字を使い続けた，『平家物語』を漢字で書く，中世の文字社会），第4章 自由になった漢字―明治期の漢語・漢字（絵でみる漢語，漢語を説明する漢語―中国服を脱いだ漢語，振仮名が結びつける和語と漢語，日本的な漢字使用），第5章 現代の日本語と漢字（「常用漢字表」再考，新しい「心性」）

内容 日本語の歴史とは、漢字の両側に、中国語と日本語とが、緊張関係を保ちつつ形成してきた歴史。万葉集の時代から明治期にかけて、日本語とその表現は多様化していった。

しかし現代は？　漢字という乗り物に乗って、日本語の豊かさを探る旅に出かけよう。

『**素敵な漢字**』　五味太郎著　講談社　2012.1　107p　21×24cm〈講談社インターナショナル2008年刊の新装版　英文併記〉1800円　Ⓘ978-4-06-217481-7　Ⓝ811.2

内容　文字、言語の魅力をビジュアルで表現するシリーズ。漢字の面白さを楽しい絵で伝えます。

『**知ってびっくり！　漢字はじまり物語**』　汐見稔幸監修　学研教育出版　2011.5　183p　21cm〈発売：学研マーケティング〉800円　Ⓘ978-4-05-203417-6　Ⓝ821.2

目次　部首とのかかわりを知りたい漢字、どこが部首か、なやめる漢字、似すぎている漢字、人や生き物にかかわる漢字、季節にかかわる美しい漢字、知恵をさずかる四字熟語

内容　漢字には「はじまり」がある。知ってなっとく、発見がいっぱい！　「漢字のはじまり」の大発見55話。

---

### 明太子の日

1914年の12月12日、日本で初めて「明太子」の名が新聞に掲載されたことから。韓国伝来の辛子明太子が初めて日本に到来し、発祥の地となった山口県下関市の明太子専門業「前田海産」が制定した。

---

『**明太子のひみつ**』　名古屋裕漫画，野島けんじ構成　学習研究社コミュニケーションビジネス事業部教材資料制作室　2008.3　128p　23cm（学研まんがでよくわかるシリーズ 37）　Ⓝ667.6

---

### 《12月14日》

---

### 赤穂義士祭

1703年12月14日の赤穂浪士の討ち入りの日を記念して、東京都港区泉岳寺で行われる供養行事で、泉岳寺義士祭ともいう。1903年から兵庫県赤穂市で行われている祭りのこともさす。

---

『**仮名手本忠臣蔵**』　吉田愛文・絵　講談社　2017.7　〔35p〕　25×27cm（講談社の創作絵本―かぶきがわかるねこづくし絵本 1）〈文献あり〉1600円　Ⓘ978-4-06-133326-0　Ⓝ912.4

内容　この九寸五分はなんじや形見―切腹した主君に無念の思いをたくされた、大星由良之助たち四十七士の運命やいかに！　仇討ちを果たした江戸時代の赤穂浪士の実話をもとに、二百五十年以上も愛されてきた不朽の名作「仮名手本忠臣蔵」を、ねこたちがあいきょうたっぷりにおとどけします。

『**仮名手本忠臣蔵―実話をもとにした、史上最強のさむらい活劇**』　石崎洋司著，陸原一樹絵　岩崎書店　2017.2　191p　22cm（ストーリーで楽しむ日本の古典 18）〈文献あり〉1500円　Ⓘ978-4-265-05008-6　Ⓝ912.4

内容　実話をもとにした、史上最強のさむらい活劇。

『**仮名手本忠臣蔵**』　竹田出雲他原作，金原瑞人翻案，佐竹美保絵　偕成社　2012.11　195p　20cm〈文献あり〉1200円　Ⓘ978-4-03-744950-6　Ⓝ912.4

内容　文楽・歌舞伎の三大名作の一つ「仮名手本忠臣蔵」。赤穂浪士の事件を基にしたお芝居です。日本人なら、その筋くらいは知っておきたい！　そこで、この物語の主人公お軽にざっくばらんに語ってもらい、ネコ一座に演じてもらうことにいたしました。小学校高学年から。

『**赤穂義士を考える**』　第2版　赤穂　赤穂市文化とみどり財団　2010.12　94p　26cm〈年表あり〉Ⓝ210.52

『**忠臣蔵―ジュニア版 3　討ち入り**』　平川陽一著，若菜等＋Ki絵　汐文社　2010.12　231p　19cm〈文献あり〉1400円　Ⓘ978-4-8113-8710-9　Ⓝ913.6

『**忠臣蔵―ジュニア版 2　内蔵助の本心**』　平川陽一著，若菜等＋Ki絵　汐文社　2010.12　220p　19cm〈文献あり〉1400円　Ⓘ978-4-8113-8709-3　Ⓝ913.6

『**忠臣蔵―ジュニア版 1　松の廊下**』　平川陽一著，若菜等＋Ki絵　汐文社　2010.11　212p　19cm〈文献あり〉1400円　Ⓘ978-4-8113-8708-6　Ⓝ913.6

『**赤穂浪士討ち入る―大江戸をわかせたかたき討ち**』　小西聖一著，高田勲絵　理論社　2005.12　141p　22cm（ものがたり日本歴史の事件簿 3）1200円　Ⓘ4-652-01633-6　Ⓝ210.52

目次　江戸城騒然―松の廊下で刃傷事件が発生（浅野内匠頭の凶行―相手は高家筆頭吉良上野介義央，うらみか乱心か―内匠頭理由を語らず，「即日切腹、お家断絶」―幕府、内匠頭にきびしい処断，処分はこれでよかったのか―ささやかれる幕府への批判），突然の改易処分にどう出るか―注目される赤穂の選択（悲願、亡き殿のうらみを晴らせ―一方で新しい生き方をもとめる声も，城明け渡しに混乱なし―賞賛される大石内蔵助の手腕，お家再興か討ち入りか―ゆれる赤穂浪士の心，赤穂浪士つ

いに仲間割れか―堀部安兵衛「内蔵助をはず
しても討ち入る」），お家再興の道が絶たれ，
内蔵助も討ち入りを決断（ちかいも新た一目標
はひとつ，かたい団結で，脱落者あいつぐ―
そのなかには有力メンバーも，一同江戸に勢
ぞろい―それぞれの別れがあった，討ち入り
へ秒読み―上野介の身辺をさぐり，準備にぬ
かりなし，みごと本懐をとげる―赤穂浪士つ
いに吉良邸に討ち入り），赤穂浪士の人気ふっ
とう―永遠に語りつがれる忠臣蔵伝説（助命の
願いかなわず―赤穂浪士切腹に，ドラマに小
説に―忠臣蔵人気の秘密は）

[内容] いかに生き，いかに死ぬか…主君を失
い，生きる道をとざされた赤穂の浪士たち。
その意志は，やがてひとつにまとまっていく。
内匠頭の無念と，幕府裁定の非情一。この不
条理のなかで，武士としていかに生きるべき
か，あるいはいかに死ぬべきか！　三百年後
のいまも語りつがれ，ドラマや小説にしばし
ばとり上げられる，江戸時代の大事件「元禄
忠臣蔵」。その事件の背景と，赤穂浪士たちの
苦悩と苦難の歩みとは…。

『**赤穂義士絵物語―大石内蔵助**』〔赤穂〕
赤穂市文化振興財団　2003.12　1冊　21
×23cm　800円　Ⓝ289.1

『**四十七士**』　神保朋世画，千葉幹夫文・構
成　講談社　2002.12　1冊　26cm　（新・
講談社の絵本 18）1500円　Ⓘ4-06-
148268-8　Ⓝ726.6
[内容] 十二月十四日の夜は，江戸ではめずらし
いほどの雪になりました。志をたもった赤穂
浪士四十七人は，吉良の屋敷ちかくのそば屋
にあつまりました。「いよいよ，殿のうらみを
はらせる。」そろいの身じたくをしながら，み
んなのむねはたかなっていきます。

『**赤穂義士物語**』　赤穂市教育研究所義士と
教育部編　復刻版　〔赤穂〕　赤穂市文
化振興財団　1995.8　50p　21cm　〈年表
あり〉　原本：赤穂市教育委員会平成5年
刊〉　Ⓝ210.52

> ## 南極の日
> 1911年の12月14日，ノルウェーの探検家ロ
> アール・アムンセンとその探検隊が人類初
> の南極点到達に成功したことから。アムン
> センと同行者オスカー・ウィスチングは，
> 1926年に北極点到達にも成功し，人類初の
> 両極点到達者ともなった。

『**南極のサイエンス**』　藤子・F・不二雄
キャラクター原作，ひじおか誠まんが，
藤子プロ，国立極地研究所監修　小学館
2017.1　127p　23cm　（学習まんがドラ

えもんふしぎのサイエンス）〈文献あり〉
900円　Ⓘ978-4-09-296630-7　Ⓝ402.979
[目次] 第1章 氷の大陸・南極（南極はなぜ寒
い？，南極の氷の下には何がある？，南極が
見せる光のマジック），第2章 海がはぐくむ南
極の生命（豊かな海でたくましく生きる南極動
物図鑑，南極のアイドルアデリーペンギン，
動物たちの寒さ対策 おどろきのあの手この
手），第3章 南極は「地球の窓」（スッキリ解
明！　オーロラ七ふしぎ，昭和基地かけ足
＆バーチャルツアー，大研究！　南極観測隊
員のすべて），第4章 守ろう南極，守ろう地
球！（南極そして地球の環境を支える海氷って
すごい！，どっこい元気だ！　南極の植物，
南極とどうちがう？　くらべて知ろう！　北
極，南極を知るともっと楽しめる！　『映画
ドラえもん のび太の南極カチコチ大冒険』）
[内容]「南極の氷の下ってどうなっているの？」
「ずっと日がしずまない季節があるってほん
と？」「そもそもなんであんなに寒いの？」な
どなど，南極の「ふしぎ」がドラえもんたちの
冒険を楽しんでいるうちにわかっちゃうよ！

『**南極のスコット大佐とシャクルトン**』
佐々木マキ作　福音館書店　2016.4　40p
26cm　（たくさんのふしぎ傑作集）〈文
献あり〉1300円　Ⓘ978-4-8340-8239-5
Ⓝ297.9

『**南極から地球環境を考える　3　南極と北
極のふしぎQ&A**』　国立極地研究所監修，
こどもくらぶ編さん　丸善出版　2014.12
47p　29cm　（ジュニアサイエンス）〈文
献あり 索引あり〉3000円　Ⓘ978-4-621-
08869-2　Ⓝ402.979
[目次] 1 南極と気候変動（南極では，はく息が
白くならないって，ほんと？，オゾンホール
はいつ発見されたの？，南極の気温は変化し
ているの？　ほか），2 南極と地球の歴史（む
かし南極大陸はあたたかかったって，ほん
と？，南極で宝石がとれるの？，南極ではた
くさん隕石がみつかるって，ほんと？　ほ
か），3 北極のふしぎ（北極と南極，陸地の面
積はどっちが広いの？，北極と南極は，どっ
ちが寒いの？，北極に動物はいるの？　ほか）

『**南極から地球環境を考える　2　南極の自
然・環境Q&A**』　国立極地研究所監修，
こどもくらぶ編さん　丸善出版　2014.11
47p　29cm　（ジュニアサイエンス）〈文
献あり 索引あり〉3000円　Ⓘ978-4-621-
08868-5　Ⓝ402.979
[目次] 1 南極大陸のひみつ（南極大陸はどこに
あるの？，南極の氷の下はどうなっている
の？，南極の氷はどうやってできるの？，氷
山は海がこおってできたもの？，南極の海は
どれくらい冷たいの？），2 南極の気候と自然
現象（南極はなぜ寒いの？，南極では1日中
まっくらな日があるってほんと？，南極は風
がなくてしずかなの？，南極で雨はふるの？，
オーロラはどんなお天気のときに出るの？），
3 南極の生きもの（ペンギンはなぜこごえない
の？，南極のクジラがいるの？，南極の魚は
こおらないの？，南極でいちばん数の多い動

物は?，南極に鳥はいるの?，南極にはどんな植物が生えているの?）

内容 南極というと，きみはなにを思いうかべますか? ペンギン，氷，オーロラ，ものすごい寒さ…? 南極って，どこにあるの? 人はすんでいるのかな? さまざまな疑問がわいてきませんか? このシリーズは，南極観測がどうしておこなわれているのか，そもそも南極は，いったいどんなところなのか，南極観測でどんなことがわかるのかなど，たくさんの疑問を解きあかす本です。

『南極から地球環境を考える 1 南極観測のひみつQ&A』 国立極地研究所監修，こどもくらぶ編さん 丸善出版 2014.10 47p 29cm （ジュニアサイエンス）〈文献あり 索引あり〉3000円 Ⓘ978-4-621-08867-8 Ⓝ402.979

目次 1 南極探検と観測の歴史（南極がはじめて発見されたのはいつごろ?，南極点にはじめて到達したのはだれ?，南極で観測活動がはじまったのはいつ?，南極はどこの国のもの?，南極にはどうやっていくの?，南極旅行は，できるの?，砕氷船はどうやって氷の海を進むの?，輸送で活躍する乗りもの），2 南極の基地（日本の基地はどこにあるの?，昭和基地はどうなっているの?，電気はどうやってつくるの?，日本の基地は昭和基地のほかにもあるの?，外国の南極基地），3 日本の南極観測（なんのために南極観測隊を派遣しつづけているの?，隊員になるにはどうしたらいいの?，南極観測隊は昭和基地へどうやっていくの?，隊員はどんな仕事をするの?，隊員の服装は?）

内容 このシリーズは，南極観測がどうしておこなわれているのか，そもそも南極は，いったいどんなところなのか，南極観測でどんなことがわかるのかなど，たくさんの疑問を解きあかす本です。

『ソフィー・スコットの南極日記』 アリソン・レスター作，斎藤倫子訳 小峰書店 2013.8 30p 24×29cm （絵本地球ライブラリー）1500円 Ⓘ978-4-338-28202-4 Ⓝ933.7

内容 ソフィーは，船長さんのパパといっしょに南極へいくことになりました。氷山にびっくりしたり，ペンギンやアザラシとであったり，オーロラに目をみはったり，吹雪で船にもどれなくなったり…。わくわく，どきどきの毎日です。

『南極大陸のふしぎ—雪と氷が広がる地球の果ての大自然』 武田康男著 誠文堂新光社 2013.1 95p 24cm （子供の科学★サイエンスブックス）〈文献あり〉2200円 Ⓘ978-4-416-11300-4 Ⓝ402.979

目次 1 空と大地（オーロラ，南極の太陽，南極の夜空，南極の雲，光の現象，蜃気楼，ブリ

ザード，雪の結晶，氷山，南極の岩），2 生き物たち（ペンギンの暮らし，ナンキョクオオトウゾクカモメ，南極に生きる哺乳類，南極海の微生物，陸の小さな生き物，南極の湖に生きる謎の「コケ坊主」），3 昭和基地（「昭和基地」の場所，昭和基地での暮らし）

『まぼろしの大陸へ—白瀬中尉南極探検物語』 池田まき子著 岩崎書店 2010.9 179p 22cm （ノンフィクション・生きるチカラ 5）〈年表あり〉1300円 Ⓘ978-4-265-04291-3 Ⓝ289.1

目次 第1章 白瀬中尉の一生（村一番のわんぱく少年，「探検家になりたい!」，軍人としての出発，千島列島での越冬生活，南極探検の計画，開南丸の船出，氷の海で引き返す，シドニーでの野営生活，ふたたび南極へ，南極大陸への上陸，突進する犬ぞり隊，ブリザードの脅威，雪原にひるがえる日の丸，帰国の途へ，借金の返済と不遇の晩年），第2章 新「しらせ」につながる子どもたちの声，第3章 白瀬中尉に学ぶ「探検する心」

内容 今から100年前。白瀬中尉は未開の大陸・南極にあこがれ，まだだれも到達していなかった南極点をめざした。過酷な状況の中，熱い情熱と探検精神で未知の世界へ立ち向かった白瀬中尉の生き方は，わたしたちにさまざまなメッセージを伝えてくれる。

『パパ南極へ行ってるの—南極ファンタジー』 福谷博著 愛育社 2010.6 289p 20cm 1500円 Ⓘ978-4-7500-0380-1 Ⓝ913.6

目次 おっかあ〜，おれ南極に行くぞ，ぼくだって飛べるさ!，昼夜楼のお城のパッダとウェッディ，隊長のお仕事，大氷原の月明り，イグルーの宴，たった一発の打上げ花火，風鈴，オーロラを撃て，浴衣すがた，外科医の指先，誕生会，天使の落としもの一閃石，南極のあなたへ，ドラム缶の梵鐘，オングル村のペンギン達，パパ南極へ行ってるの，ペンギンウォーク

『南極のサバイバル』 洪在徹文，文情厚絵 朝日新聞出版 2010.1 201p 23cm （かがくるbook—科学漫画サバイバルシリーズ）〈訳：李ソラ〉1200円 Ⓘ978-4-02-330481-9 Ⓝ402.979

目次 南極基地に行く，崩れる氷壁，万年氷の世界，南極の紳士，皇帝ペンギン，棲息地観察，恐ろしいブリザード，簡易イグルー作り，サバイバル王子，ホワイトアウト，氷の洞窟，洞窟の専門家，モモ，暴かれた正体，卓状氷山発生，氷山の衝突，割れた氷山，希望の光

内容 南極の皇帝ペンギンの棲息地を探す途中でブリザードに巻き込まれ，道に迷ったモモ一行。酷寒の寒さと飢えに耐え，脅威のクレバスを越え，やっと海に到着するも，轟音とともに崩壊した氷山の上で漂流することに…。強靱な精神力とリーダーシップで危機に立ち向かうサバイバル一行の南極生存記。

子どもの本 伝統行事や記念日を知る本2000冊 **321**

**12月14日**　　　　　　　　　　　　　　　　　　　　　　　　**12月**

『ほんとうにあったおはなし　こねこのタケシ―南極大ぼうけん』　阿見みどり文，わたなべあきお絵　増補改訂版　鎌倉　銀の鈴社　2010.1　39p　27cm　（すずのねえほん）〈第2刷〉1500円　①978-4-87786-799-7

[内容]　第一次南極越冬隊隊員たちのアイドルこねこのタケシ。タロ・ジロたちと一緒に南極へいった「こねこのタケシ」は、ほんとうにあったおはなし。

『国境なき大陸南極―きみに伝えたい地球を救うヒント』　柴田鉄治著　冨山房インターナショナル　2009.9　222p　20cm　1400円　①978-4-902385-79-3　⑥402.979

[目次]　はじめに―地球で唯一の国境のない大陸！，第1章　南極ってどんなところ？，第2章　日本の南極観測はこうして始まった，第3章　人類共存の平和の地，第4章　南極再訪を思い立つまで，第5章　四〇年ぶりの南極で見たものは？，第6章　四〇年ぶりの南極で考えたこと，第7章　きみたちも南極へ行こう！，おわりに―南極の語り部として

[内容]　地球があぶない！　南極にほれこんだ元新聞記者が語るただひとつの解決策とは。

『ペンギンたちに会いたくて―わたしの南極研究記』　加藤明子著　くもん出版　2009.6　127p　22cm　（[くもんジュニアサイエンス]）〈文献あり〉1400円　①978-4-7743-1646-8　⑥488.66

[目次]　第1章　南極に行きたい！，第2章　いざ南極へ！，第3章　初めてのペンギン調査，第4章　南極ではなく亜南極へ，第5章　日本南極地域観測隊参加レポート，第6章　二度目のアデリーペンギン調査，第7章　南極は地球の窓

[内容]　海洋動物の多くは、高い潜水能力をもっています。ペンギンも同じで、アデリーペンギンの潜水最高記録は、180m、六分間。エンペラーペンギンの潜水最高記録は、564m、二三分間にもなります。人間は、とてもかないません。でも、どうしてこんなにくわしいデータがつかめたのでしょう？　それをはかったのは、ペンギンの体に取りつけた「データロガー」とよばれる小さな電子記録計です。日本製のこのすぐれた精密機械は、温度や速度、画像などまでも記録できます。著者は、ペンギンのすむ南極や島に行って、データロガーを使いながら調査を進めていきました。そこから、わかってきたこととは…。現地で出あった動物たちも紹介し、実際に体験した数かずの興味深いエピソードをまじえて、ペンギンたちの知られむ実真の姿を伝えていきます。

『感動大陸南極―日本南極観測50周年』　学習研究社　2006.8　122p　28cm　（Gakken mook）1333円　①4-05-604535-6　⑥402.979

『ぼくの南極生活500日―ある新聞カメラマンの南極体験記』　武田剛著　フレーベル館　2006.8　119p　24cm　〈年表あり〉1600円　①4-577-03295-3　⑥402.979

[目次]　出発まで，「しらせ」の航海，きびしい夏作業，近すぎてこまった，しずまない太陽，南極を飛ぶ，夢のアンテナ，あたたかい夏，越冬交代，光の劇場〔ほか〕

[内容]　ニュースがあれば、どこへでもかけつける新聞カメラマンのつぎなる取材地は、南のはての大陸―「南極」でした。この本は、45次南極観測隊に同行し、500日という長い時間を南極ですごすことになった新聞カメラマン、武田剛さんの記録です。その500日間とは、きびしくも美しい自然に魅了されながら、地球がかかえるさまざまな環境問題をはだで感じる日々でもありました。人類の南極観測の歩みは、半世紀をむかえましたが、南極にはいまなお、地球の過去と未来を探る多くの秘密がかくされています。カメラと記者の目が、南極の「いま」をつたえます。

『マカマカ南極へ行く』　かみおゆりこ作・絵，WWFジャパン監修　Dino box　2006.7　1冊　22×22cm　（マカマカの地球歩き　2）〈発売：東京漫画社〉1500円　①4-9902850-1-8　⑥726.6

[内容]　ハワイで暮らしていたアフリカゾウのマカマカは、小鳥のププと旅に出て、南極へ。マカマカとププのペンギン大陸大冒険。人間もペンギンも地球のなかま。ずっとなかよしでいたいね。サンスター文具の人気キャラクターマカマカシリーズ第2弾。

『南極のコレクション』　武田剛著　フレーベル館　2006.6　48p　29cm　（ふしぎコレクション　5）1600円　①4-577-03249-X　⑥402.979

[目次]　いちめんの白い世界，南極のともだち，しずまない太陽，のぼらない太陽，オーロラがあらわれる，マイナス60度の世界，観測隊のくらし

[内容]　南極大陸は、地球の南のはてにある、氷にかこまれた大陸、いまだ、わからないことの多い自然のままに残された、未知の世界です。この本は、その南極に、とつぜん行くことになった新聞カメラマンが、南極観測隊とともに1年4か月、相棒のカメラを片手に、白い大陸をかけまわった記録です。カメラのレンズを通して見た、南極の美しく壮大な自然や、すべてがこおりつく極寒の地での生活…知らなかった南極の「いま」に、ふれることのできるコレクションです。

『南極―地球環境の窓に挑む44人の冒険者たち　まんがNHK南極プロジェクト』　三徳信彦まんが　小学館　2003.9　207p　19cm　952円　①4-09-226301-5　⑥297.909

[目次]　「氷の大陸に挑む」，「沈まない太陽の日々」，「放送センター開局」，「オーロラの帯の下で」，「ドームふじ　8人の侍」，「新しい地球のために」

内容 02年から04年の400日余にわたって越冬観測を行う第44次南極観測隊。そして隊に同行し、南極からハイビジョン放送を送り続ける4人のNHK職員たち。彼ら44人の冒険者に、南極は何を語りかけるのだろうか。地球環境の鍵を握る氷の大陸のすべてを、ドキュメンタリータッチのまんがと、貴重な資料によるグラフで余すところなくガイドする。

## 《12月17日》

### 飛行機の日

1903年の12月17日、アメリカ・ノースカロライナ州キティホークの海岸で、ウィルバーとオーヴィルのライト兄弟が動力飛行機「フライヤー1号機」の初飛行に成功したことから。

『飛行機しゅっぱつ！』 鎌田歩作 福音館書店 2018.3 32p 24cm （ランドセルブックス―のりものとはたらく人） 1200円 ①978-4-8340-8393-4 Ⓝ687.3

『キャリア教育支援ガイドお仕事ナビ　9 飛行機に関わる仕事―パイロット 航空管制官 航空整備士 客室乗務員』 お仕事ナビ編集室著 理論社 2016.1 55p 30cm 2800円 ①978-4-652-20124-4 Ⓝ366.29
目次 01 パイロット 梅野英智さん（パイロットってどんな仕事？、梅野さんの一日 ほか）、02 航空管制官 池田美由紀さん（航空管制官ってどんな仕事？、池田さんの一日 ほか）、03 航空整備士 大林弘和さん（航空整備士ってどんな仕事？、大林さんの一日 ほか）、04 客室乗務員 上松可奈子さん（客室乗務員ってどんな仕事？、上松さんの一日 ほか）、他にもいろいろなお仕事！

『空をとぶ飛行機―世界の旅客機・はたらく飛行機大集合!!』 飛田翔監修 成美堂出版 2013.12 64p 26cm （のりもの写真えほん 3）〈2009年刊の改訂〉880円 ①978-4-415-31734-2 Ⓝ538.6
目次 旅客機（大型旅客機、中型旅客機 ほか）、空港へ行こう（空港のようす、日本の空港 ほか）、いろいろな飛行機（貨物機、貨物機大ずかい ほか）、宇宙へ（宇宙開発、宇宙旅行）
内容 お客さんを運ぶ旅客機から、はたらく飛行機や宇宙船まで、空をとぶのりものがたくさんのっています。飛行機の乗り方や、空港ではたらく人などもしょうかいした、空をとぶ飛行機がたっぷり楽しめる写真えほんです。

『飛行機のしくみ―どうして飛ぶの？　最新の機体のヒミツ』 白鳥敬著 誠文堂新光社 2013.2 95p 24cm （子供の科学★サイエンスブックス） 2200円 ①978-4-416-11347-9 Ⓝ538.6
目次 第1章 いろいろな飛行機、大集合！（大型ジェット機、小型ジェット機、プロペラ機 ほか）、第2章 飛行機のキホン！（飛行機の構造、3つの動翼、主翼のいろいろ ほか）、第3章 飛行機博士をめざせ！（これが機長の仕事だ！、空港のしくみ、航空管制 ほか）

『飛行機100点』 グループ・コロンブス構成・文 新訂版 講談社 2012.7 1冊 26cm （講談社のアルバムシリーズ―のりものアルバム 11） 650円 ①978-4-06-195482-3 Ⓝ538.6

『がんばる！　飛行機とパイロット』 イカロス出版 2010.10 81p 26cm （イカロスmook） 933円 ①978-4-86320-374-7 Ⓝ538.6

『のりもののしくみ見学　4　飛行機』 クリス・オックスレイド著，市川克彦監修 ほるぷ出版 2010.1 31p 28cm〈索引あり〉 2800円 ①978-4-593-58608-0 Ⓝ537
目次 飛行機のすべて，胴体の構造，主翼と尾翼，ターボファンエンジン，燃料とメンテナンス，戦闘機のエンジン，ランディングギア，胴体の内側，操縦室と操縦装置，事故が起きたときのために，ヘリコプターのしくみ
内容 私たちの身近なのりものは、なぜ動くのでしょうか。このシリーズは、まるで工場見学をするみたいに、詳細な透視図や分解図を使って説明し、のりもののみごとなしくみを解き明かしていきます。この巻では、飛行機がどのように離陸し着陸するのかや、つばさや機体のしくみなどを紹介します。

『日本全国飛行機旅行―旅客機・空港ものしり大図鑑』 中村浩美監修 昭文社 2008 79p 30cm （なるほどkids） 1600円 ①978-4-398-14626-7 Ⓝ687.21
目次 旅客機大図鑑（旅客機の基礎知識、いろんな旅客機・大きさくらべ、旅客機の種類いろいろ、大型旅客機大解剖、日本の航空会社の旅客機大集合、国産旅客機YS-11の歴史、世界各国の航空会社大集合、貨物を運ぶ飛行機）、日本各地の空港を見てみよう！（空港には何があるの？、ターミナルビルのなかを見てみよう、東西の大空港を見てみよう、北の空港・南の空港、あんな空港・こんな空港、滑走路で見る日本の空港、全国の空港、パイロットと客室乗務員、離着陸する車）、空の旅にでかけよう！（飛行機に乗ろう！、もっとおしえて！外国へ行くときには？、機内をチェック！、日本列島を空から見てみよう！、空弁と飛行機グッズ、空の交通のひみつ、なんでもQ&A）、日本全国航空体験に行こう（日本全国航空体験マップ、体験してみよう）

**12月18日**　　　　　　　　　　　　　　　　　　　　　　　　12月

内容 空港ものしり博士になる！　日本で会える日本・世界の旅客機まるごと大集合。日本の空を旅しよう。

**『エアエンジン飛行機』**　左巻健男総合監修　学習研究社　2007.5　35p　29cm　（科学のタマゴ サイエンス・トイ・バージョン）2362円　①978-4-05-604659-5　Ⓝ538.63

**『かっこいいぞ飛行機とパイロット』**　伊藤久巳写真・文　イカロス出版　2007.1　64p　26cm　（のりものクラブえほん 18）857円　①4-87149-888-3　Ⓝ538.68

**『ライト兄弟はなぜ飛べたのか―紙飛行機で知る成功のひみつ』**　土佐幸子著　さ・え・ら書房　2005.4　63p　23cm　（やさしい科学）1400円　①4-378-03896-X Ⓝ538.6

目次 1 鳥のように大空を飛んでみたい，2 空気よりも重いものが飛べるのか？，3 リリエンタールのグライダーはなぜ墜落したか？，4 まっすぐに飛ぶ紙飛行機，5 曲芸紙飛行機，6 飛行機の成功，7 現代の飛行機と，ライト兄弟から学ぶもの

内容 空気よりも重たいものを飛ばすには，どのような発明が必要だったのでしょう。さまざまな種類の紙飛行機を作り，飛ばし，調整をしながら，ライト兄弟がどうして飛行に成功したか，そのひみつをさぐります。小学校高学年。

**『飛行機の大研究―ライト兄弟からスペースシャトルまで』**　ヒサクニヒコ著　PHP研究所　2004.2　123p　22cm　（未知へのとびらシリーズ）1250円　①4-569-68445-9　Ⓝ538.6

目次 第1章 空を飛びたい，第2章 ライトが飛んだ，第3章 第一次世界大戦がはじまった，第4章 つかの間の平和，第5章 せまってきた戦争―第二次世界大戦のはじまり，第6章 第二次世界大戦と飛行機，第7章 戦争が終わって，第8章 飛行機が世界を変えた，第9章 身近な飛行機，これからの飛行機

### 《12月18日》

#### 国際移住者デー

1990年の12月18日に，国連総会で「全ての移住労働者及びその家族の権利の保護に関する国際条約」が採択されたことによる。2000年に正式に制定。

**『移民や難民ってだれのこと？』**　マイケル・ローゼン，アンネマリー・ヤング著，

小島亜佳莉訳　大阪　創元社　2018.9　47p　27cm　（国際化の時代に生きるためのQ&A 1）〈索引あり〉2200円　①978-4-422-36004-1　Ⓝ369.38

目次 どうしてこの本を読むの？，難民や移民って誰のこと？，わたしの体験：マイケル・ローゼン，わたしの体験：アンネマリー・ヤング，どうして人々は生まれた国を出るの？，わたしの体験：マズーン・アルメレハン，難民や移民はどのように移動するの？　別の国に行くとなにが起こるの？，わたしの体験：オミッド・ジャリリ，移民の歴史，難民や移民はどんな権利を持っているの？，わたしの体験：メルテム・アヴシル，どんな言葉を使うかは大切？，文化ってなに？　どうやって共有するの？，文化と人々を切り離すとどうなるの？，わたしの体験：ベンジャミン・ゼファニア，あなたなあどうする？，あなたならどう考える？，用語集

**『今、世界はあぶないのか？　難民と移民』**　セリ・ロバーツ文，ハナネ・カイ絵，大山泉訳　評論社　2017.10　〔32p〕　23×23cm　（評論社の児童図書館・絵本の部屋）〈文献あり〉1500円　①978-4-566-08022-5　Ⓝ369.38

内容 難民って，どういう人たち？　どうして，移民になるの？　自分の国に帰りたい人びとが，どうしたら，帰れるの？　子どもたちに，できることは？　世界中でおきている問題をみんなで考えていくシリーズ

**『移民と亡命』**　アイリス・タイクマン著，櫻井よしこ日本語版総監修，久保田陽子訳・文　小峰書店　2004.4　47p　29cm　（現代の世界と日本を知ろう イン・ザ・ニュース 3）3000円　①4-338-19603-3　Ⓝ334.4

目次 現代の移民，人びとはなぜ移住するのでしょうか，現代の亡命，どのような人が亡命希望者になるのでしょう？，政府は何をしているのでしょう？，亡命者のくらし，亡命の申請，亡命に関する決定，不法労働，密入国にはお金がかかる〔ほか〕

### 《12月21日》

#### 回文の日

日付の数字「1221」が回文ともとれることから，「回文俳句」の宮崎二健が記念日として制定。

**『回文で遊ぼう―きしゃのやしき』**　間部香代作，ハラアツシ絵　あかね書房　2018.4　31p　31cm　（言葉で遊ぼう回文・アナグラム 1）1800円　①978-4-251-09229-8　Ⓝ807.9

内容 回文って、なんだろう？ 言葉遊びのおもしろさ、絵本で知ってつくっちゃおう！

『まさかさかさま回文めいじん—口から家畜』 ながたみかこ文，多屋光孫絵 汐文社 2017.12 63p 20cm （決定版語彙力アップ！ ことばあそび） 1600円 ①978-4-8113-2427-2 Ⓝ807.9

内容 上から読んでも下から読んでも同じ、昔から親しまれてきた「回文」をたくさん集めました。

『うたうたう—はじめてのさかさことばえほん』 東君平さく・え 廣済堂あかつき 2017.7 27p 21cm （ことばのひろば） 880円 ①978-4-908255-38-0 Ⓝ807.9

内容 うえからよんでもしたからよんでもおんなじことば。さかさことばっていうんだよ。みつけてごらん。はじめてのさかさことばえほん。

『こねことこねこ—はじめてのさかさことばえほん』 東君平さく・え 廣済堂あかつき 2017.6 27p 21cm （ことばのひろば） 880円 ①978-4-908255-37-3 Ⓝ807.9

内容 はじめてのさかさことばえほん。うえからよんでも、したからよんでも、おんなじことば。

『キリンねるねんりき—回文まんが絵本』 伊藤文人回文まんが ポエムピース 2015.11 1冊 20cm 1300円 ①978-4-9907604-2-7 Ⓝ807.9

内容 前から読んでも、うしろから読んでもおなじ「回文」にまんがを書き加えると…回文で現れるおかしな場面がより面白くなりました。

『さかさことばでうんどうかい』 西村敏雄作 新版 福音館書店 2015.6 31p 20×27cm （こどものとも絵本） 800円 ①978-4-8340-8180-0 Ⓝ726.6

『うえからよんでもしたからよんでもぞうまうぞ・さるのるさ』 石津ちひろことば，高畠純え ポプラ社 2014.8 〔24p〕 23cm （こどもえほんランド 10） 1300円 ①978-4-591-14078-9 Ⓝ807.9

内容 上から読んでも下から読んでもあら、ふしぎ…。まったくおんなじ！ 回文絵本。

『サカサあそびオカのカオ』 谷川晃一作 童心社 2012.7 〔24p〕 27cm （絵本・こどものひろば） 1300円 ①978-4-494-00266-5 Ⓝ726.6

『たんけんケンタくん—かいぶんえほん』 石津ちひろ作，石井聖岳絵 佼成出版社 2012.3 31p 25cm （〔クローバーえほん

んシリーズ〕） 1300円 ①978-4-333-02524-4 Ⓝ726.6

内容 ケンタくんがタカおじさんからしょうたいされたみなみじまは、"かいぶん"のしまだった。「かいぶんってなあに？」たのしいかいぶんがつぎつぎにでてくるよ。

『サカサかぞくのだんなしぶいぶしなんだ』 宮西達也作 ほるぷ出版 2011.5 1冊 25cm （ほるぷ創作絵本） 1300円 ①978-4-593-56078-3 Ⓝ726.6

内容 しぶいぶしのいえに、あやしいにんじゃがあらわれた。しんけんけんじのたいけつ。はたしてどちらが、かつか？ 上から読んでも下から読んでも楽しい回文絵本第3弾。

『サカサかぞくのだんなキスがスキなんだ』 宮西達也作 ほるぷ出版 2010.3 1冊 25cm （ほるぷ創作絵本） 1300円 ①978-4-593-56073-8 Ⓝ726.6

内容 うちゅうじだいのだいかぞく。いなくなったじいじをさがして「よしっいくぞ、かぞくいっしょ」とロケットが、たったいままいたった。しかし、そんなかぞくに、うそお、きえおそう。上から読んでも下から読んでも楽しい、すべて回文でつくった回文絵本第2弾。

『サカサかぞくのだんながなんだ』 宮西達也作 ほるぷ出版 2009.3 1冊 25cm （ほるぷ創作絵本） 1300円 ①978-4-593-56067-7 Ⓝ726.6

内容 げんしじだいのだいかぞく。だんながなんだといっていった。つまをまつパパのもとに、なにやらぶきみなとおいおとがきこえてきて…。上から読んでも下から読んでも楽しい回文絵本。

---

### クロスワードの日

1913年の12月21日から始まった「ニューヨーク・ワールド」紙日曜版の娯楽ページ掲載のクロスワードパズルの連載が、世界中にクロスワードパズルが広まるきっかけとなったことによる。連載をまとめた本は1924年に刊行された。

---

『小学生クロスワードBOOK—1・2・3年生』 中島克治監修，リベラル社編集 名古屋 リベラル社 2018.2 135p 21cm 〈発売：星雲社〉 900円 ①978-4-434-24384-4 Ⓝ807.9

目次 1 クレイジーマウンテン（1-1〜1-16），2 ソルト・リバー（2-1〜2-23），3 ラクダ・デザート（3-1〜3-23）

内容 各教科の教科書に出てくる言葉だけでなく、普段の生活の中で目や耳にすることを多く盛り込んでいるので、語彙や知識を総合的に広げることができます。例えば、あじさいの花がどのようなものかを知っていれば、物語や俳句の情景を理解できるように、語彙や知識

子どもの本 伝統行事や記念日を知る本2000冊　325

is文章を読む力を高め、表現を豊かにします。「わかる」「解けた」という達成感は、勉強する楽しみへとつながります。勉強の楽しみを知ることは、自ら机に向かう意欲になります。コラムでは、さまざまな分野の話を扱っています。知らない世界に触れることで、興味の幅を広げたり、自主的に調べる癖がつきます。

『小学生の学習クロスワードパズル 3・4年生 5教科の知識がひろがる!』 学びのパズル研究会著 メイツ出版 2017.3 144p 26cm （まなぶっく）〈「小学生の学習クロスワードパズル 4・5・6年生」（2013年刊）の加筆・修正〉1200円 ⓘ978-4-7804-1846-0 Ⓝ807.9

|目次| 国語、雑学、算数、英語、社会、理科

|内容| 勉強に役立つ豆知識つき解説で興味が深まりステップアップ! あそび感覚で取り組めるからひらめき力と集中力がぐんぐん伸びる!

『小学生の学習クロスワードパズル 1・2年生 楽しみながら知識が身につく!』 学びのパズル研究会著 メイツ出版 2017.3 144p 26cm （まなぶっく）〈「小学生の学習クロスワードパズル 1・2・3年生」（2013年刊）の加筆・修正〉1200円 ⓘ978-4-7804-1845-3 Ⓝ807.9

|目次| 練習クロスワード、使い方が正しいのはどっち?、カタカナクロスワード、くだものクロスワード、空のクロスワード、海の生きものを知ろう、植物のことを知ろう、イラストクロスワード、日本の遊びを知ろう、三たくクロスワード〔ほか〕

|内容| 答えの解説＋豆知識で勉強がおもしろくなる! 好きになる! あそび感覚で取り組めるからひらめき力と集中力がぐんぐん伸びる!

『自由自在賢くなるクロスワード ことわざ・四字熟語 小学中級2〜4年』 深谷圭助著 大阪 受験研究社 〔2017〕159p 22cm 〈索引あり〉950円 ⓘ978-4-424-25909-1 Ⓝ814.4

|目次| よく使うことわざ、よく使う四字熟語、動物を使ったことわざ・四字熟語、植物を使ったことわざ・四字熟語、人体のことわざ・四字熟語、数字を使ったことわざ・四字熟語、にた意味・反対の意味のことわざ・四字熟語、とんち文字、解答編

|内容| 本書は、ゲーム感覚で『自由自在』の内容を学ぶことのできる画期的な学習パズルです。『自由自在』に掲載されている内容をクロスワードの問題としました。小学中級2〜4年。

『自由自在賢くなるクロスワード ことわざ・四字熟語 小学上級4〜6年』 深谷圭助著 大阪 受験研究社 〔2017〕

159p 22cm 〈索引あり〉950円 ⓘ978-4-424-25910-7 Ⓝ814.4

|目次| よく使うことわざ、よく使う四字熟語、動物を使ったことわざ・四字熟語、植物を使ったことわざ・四字熟語、人体を表す言葉を使ったことわざ・四字熟語、数字を使ったことわざ・四字熟語、似た意味・反対の意味のことわざ・四字熟語、とんち文字、解答編

|内容| 本書は、ゲーム感覚で『自由自在』の内容を学ぶことのできる画期的な学習パズルです。『自由自在』に掲載されている内容をクロスワードの問題としました。小学上級4〜6年。

『自由自在賢くなるクロスワード ことわざ・四字熟語 小学初級1〜3年』 深谷圭助著 大阪 受験研究社 〔2017〕127p 22cm 〈索引あり〉880円 ⓘ978-4-424-25908-4 Ⓝ814.4

|目次| よく使うことわざ、よく使う四字熟語、動物を使ったことわざ、植物を使ったことわざ、人体のことわざ・四字熟語、数字を使ったことわざ・四字熟語、にた意味のことわざ、動物を使ったことわざ・四字熟語、とんち文字、植物を使ったことわざ・四字熟語〔ほか〕

|内容| 本書は、ゲーム感覚で『自由自在』の内容を学ぶことのできる画期的な学習パズルです。『自由自在』に掲載されている内容をクロスワードの問題としました。小学初級1〜3年。

『自由自在賢くなるクロスワード なぜ?に答える 小学中級』 深谷圭助著 大阪 受験研究社 〔2017〕143p 22cm 950円 ⓘ978-4-424-25912-1 Ⓝ807.9

『自由自在賢くなるクロスワード なぜ?に答える 小学上級』 深谷圭助著 大阪 受験研究社 〔2017〕143p 22cm 950円 ⓘ978-4-424-25913-8 Ⓝ807.9

『自由自在賢くなるクロスワード なぜ?に答える 小学初級』 深谷圭助著 大阪 受験研究社 〔2017〕111p 22cm 880円 ⓘ978-4-424-25911-4 Ⓝ807.9

『小学1・2年生のひらめきクロスワードパズル』 市進学院, 桐杏学園監修 成美堂出版 2016.10 159p 22cm 900円 ⓘ978-4-415-32193-6 Ⓝ807.9

|目次| 1 かんたんクロスワード、2 ふつうクロスワード、3 むずかしいクロスワード

|内容| 全教科からバランスよく出題。教科書に出てくる重要語句350。

『パズルで学ぶ! 小学生でおぼえたい重要単語クロスワード 1・2年生』 深谷圭助監修 世界文化社 2016.9 127p 26cm 1100円 ⓘ978-4-418-16822-4 Ⓝ807.9

『小学生の重要語句クロスワード 1・2年生』 深谷圭助監修 池田書店 2016.2 143p 21cm 900円 ⓘ978-4-262-15527-2 Ⓝ807.9

12月　　　　　　　　　　　　　　　　　　　　　　　　　12月21日

目次 クロスワードレベル★（正しく書こう！，数えてみよう！，ものの数え方，漢字パズル1，カタカナで書こう1，カタカナで書こう2，計算ピラミッド1，なぞなぞめいろ，まちがい作文1），クロスワードレベル★★（仲間の言葉，いくらかな？，これなあに？，漢字パズル2，計算ピラミッド2，いろいろな仕事，図形パズル，まちがい作文2）

内容 全教科の大事な言葉をパズルでチェック！　遊び感覚でどんどん解けてしっかり身につく！　知識が深まる解説と発展学習つき。

『自由自在賢くなるクロスワード ことば力 小学中級2～4年』 深谷圭助著　大阪　受験研究社　〔2016〕　159p　22cm　950円　①978-4-424-25905-3　Ⓝ807.9

『自由自在賢くなるクロスワード ことば力 小学上級4～6年』 深谷圭助著　大阪　受験研究社　〔2016〕　159p　22cm　950円　①978-4-424-25906-0　Ⓝ807.9

『自由自在賢くなるクロスワード ことば力 小学初級1～3年』 深谷圭助著　大阪　受験研究社　〔2016〕　127p　22cm　880円　①978-4-424-25904-6　Ⓝ807.9

『自由自在賢くなるクロスワード 日本の歴史―小学3～6年』 深谷圭助著　大阪　受験研究社　〔2016〕　159p　22cm　950円　①978-4-424-25907-7　Ⓝ210.1

目次 昔話，昔からの子どもの遊び，歴史上活やくした人物，昔からのきょう土料理 東日本，どんなできごとが起こったの？，昔の道具，平安時代の貴族の生活，日本の城，受けつがれてきた年中行事と祭 春・夏，受けつがれてきた伝統的工芸品〔ほか〕

内容 昔話，伝統工芸・年中行事，時代のできごと，時代の文化，文学・美術の歴史。日本の歴史上のできごとが楽しく学べ身につく。

---

**バスケットボールの日**

1891年の12月21日，ジェームズ・ネイスミスによって考案されたバスケットボールの初試合が行われたことから，島本和彦らによって提唱された。バスケットボールの普及発展を目的とする。

---

『部活で差がつく！　バスケットボール弱点克服マニュアル』 田渡優監修　メイツ出版　2016.6　128p　21cm　（コツがわかる本）〈索引あり〉1350円　①978-4-7804-1758-6　Ⓝ783.1

目次 1 強豪校の必勝ノウハウ，2 シュート，3 ドリブル，4 パス，5 ディフェンス，6 実戦テクニック，7 部の運営

内容 安定したシュートに必要なことは？　激しい動きに対応する守り方は？　チーム力を高める取り組みとは？　Q&Aで上達のコツを徹底解説。強くなる「答え」がわかる。

『マンガでたのしくわかる！　バスケットボール』 西東社編集部編　西東社　2016.5　223p　21cm　1200円　①978-4-7916-2452-2　Ⓝ783.1

目次 1 スタート編―バスケを始めよう！，2 ドリブル編―ボールを運ぼう！，3 シュート編―シュートを決めよう！，4 パス編―仲間と協力してボールを回そう！，5 ディフェンス編―自分たちのゴールを守ろう！，6 テクニック編―試合で活躍できる技を覚えよう！，7 チームプレー編―仲間と協力して勝とう！

内容 マンガを読んでうまくなろう！　トップ選手7人の子どものころの練習法を公開！

『知ってる？　ミニバスケットボール―クイズでスポーツがうまくなる』 鈴木良和，加賀屋圭子監修・著　ベースボール・マガジン社　2016.2　143p　21cm〈索引あり〉1500円　①978-4-583-10950-3　Ⓝ783.1

目次 第1章 シュートを決めるには？，第2章 どうしてドリブルを使うの？，第3章 どうしてパスを使うの？，第4章 3つのプレーを上手に使うには？，第5章 ディフェンスの目的は何？，第6章 バスケットボール物知りクイズ！，ふろく コーディネーション＆ボールハンドリングテスト

内容 技術や豆知識をクイズ形式で紹介。バスケットボールの家庭教師が教える「コーディネーショントレーニング」も収録！　子どもからおとなまでミニバスの「なんで？」が解決する一冊。

『うまくなるミニバスケットボール』 松野千歌まんが，鈴木良和監修　学研教育出版　2015.5　192p　23cm　（学研まんが入門シリーズ）〈文献あり〉　発売：学研マーケティング〉1500円　①978-4-05-204116-7　Ⓝ783.1

目次 第1章 ミニバスケットボールを始めよう！，第2章 パスをうまくなろう！，第3章 ドリブルをしよう！，第4章 シュートをうまくなろう！，第5章 レイアップシュートをしよう！，第6章 試合を楽しもう！，第7章 ゲームセット

内容 迫力のストーリーまんがと解説ページのダブル構成で，ミニバスケットボールがどんどんおもしろくなる1冊。まずはまんがを読んで，"ミニバス"の楽しさを味わおう！　そして，やってみたくなったら，第1章の解説を読んで，さっそく練習スタート！　すべてのテクニックとニガテを攻略したら，きみはチームのエースまちがいなしだ！

『バスケットボール』 高瀬俊也監修　金の星社　2015.3　127p　27cm　（勝てる！強くなる！　強豪校の部活練習メニュー）2800円　①978-4-323-06493-2　Ⓝ783.1

子どもの本 伝統行事や記念日を知る本2000冊　**327**

12月23日　　　　　　　　　　　　　　　　　　　　　　　　　12月

目次 第1章 基本技術と練習メニュー（基本姿勢，ドリブル，シュート，パス，ディフェンス，速攻），第2章 ゲームを想定した実戦・練習メニュー（ディフェンス，速攻，オフェンス），第3章 試合に勝つための作戦（戦略・分析），第4章 トレーニング，勝つためのチーム環境づくり（チームの結束力が弱いとき，練習場所や時間に制限があるとき，人数や体格に悩みがあるとき，部員のモチベーションが下がったとき）

『やろうよミニバスケットボール』 西山充著　ベースボール・マガジン社　2015.1　143p　21cm　（こどもスポーツシリーズ）〈索引あり〉1500円　①978-4-583-10732-5　N783.1

目次 第1章 ボールで遊ぼう，第2章 友だちと遊ぼう，第3章 シュートを打ってみよう，第4章 ボールをつなぎながら動けるようになろう，第5章 友だちにボールをわたそう，第6章 相手の攻撃を止めよう

内容 シュート，ドリブル，パス…基本テクニックがわかる！　試合に近づけた練習法でレベルアップできる！　楽しみながらうまくなる！　基礎が身につく遊び方をたくさん紹介。

『ミニバスケットボール基本れんしゅう―クラブで習う基本＆実戦テクニックのすべてがわかる！』 目由紀宏監修　大泉書店　2013.2　159p　21cm　（012ジュニアスポーツ）1000円　①978-4-278-04917-6　N783.1

目次 プロローグ バスケを心から楽しむために（シュートが決まったときの喜びを大事に！，ドリブルを自分の武器にして自由自在にコートを走る！ ほか），1 最初に学ぶ基本技術（ボールハンドリング，シュート ほか），2 2人で学ぶ基本技術（パス，1対1），3 チームで学ぶ基本技術（試合の技術），4 バランス感覚＆ミニバスケの基礎知識（バランス感覚を磨く，身だしなみやルール）

『もっと活躍できる！　小学生のためのミニバスがうまくなる本』 小鷹勝義監修　メイツ出版　2010.11　128p　21cm　（まなぶっく）1300円　①978-4-7804-0884-3　N783.1

目次 1 バスケットの基本，2 シュートを打とう，3 ドリブルでボールを動かす，4 正確なパスを出そう，5 フォーメーション，6 実戦練習

内容 シュート，ドリブル，パス，リバウンド…練習のやり方から，試合に勝つ心構えまで，全国優勝チームの監督がわかりやすく教えます。

『いちばんうまくなるミニバスケットボール』 永田睦子監修　学研パブリッシング　2010.7　184p　21cm　（〔Gakken sports books〕―学研ジュニアスポーツ）〈発売：学研マーケティング〉1100円　①978-4-05-404654-2　N783.1

目次 1章 ボールハンドリング編，2章 ドリブル編，3章 シュート編，4章 パス編，5章 ディフェンス編，6章 体の使い方編，付録 はじめてでもよくわかる基本のルール

内容 より実戦的に基礎を身につけよう！　試合で絶対役立つ！　ドリブル，パス，シュートの基本をマスター！　ポイントがわかるルール解説つき。

『できる！　スポーツテクニック　6　バスケットボール』 阪口裕昭監修　ポプラ社　2010.3　159p　22cm　1600円　①978-4-591-11650-0　N780

目次 1人1人がうまくなろう（基本動作，シュートはこう打つ，ドリブルでゴールに近づこう ほか），チームでうまくなろう（チームで攻めよう，チームで守ろう），トレーニング基礎知識

『バスケットボール』 こどもくらぶ編　ほるぷ出版　2006.3　71p　29cm　（スポーツなんでも事典）3200円　①4-593-58402-7　N783.1

目次 歴史，ボール，シューズ，コート，ポジション，ルール，審判，NBA，海外リーグ，世界選手権〔ほか〕

内容 バスケットボールの歴史や道具のことから，日本のバスケットボールリーグやアメリカのNBA，そして車椅子バスケットボールやストリートバスケットボールなどなど。バスケットボールにかかわるさまざまなことがらをテーマごとにまとめて解説した，ヴィジュアル版子ども向けバスケットボール事典です。バスケットボールについて，なにを，どのように調べたらよいかがわかります。

《12月23日》

天皇誕生日

12月23日。国民の祝日。天皇の誕生日を祝う日。今上天皇は1933年生まれ。1988年までは4月29日、2020年からは2月23日に期日変更予定。

『天皇陛下とわたしたち―子供たちに伝えたい七つのお話』 まほろば教育事業団著　明成社　2011.1　70p　21cm　（まほろばシリーズ 5）〈文献あり〉700円　①978-4-944219-98-8　N288.41

目次 障害者に生きる力を，被災者に復興への勇気を，豊かな自然を守る人々に「誇り」と「希望」を，世界的な生物学者としての天皇陛下，沖縄に寄せられる御心，平成の御巡幸－昭和天皇の大御心を受け継がれて，天皇陛下の祈りの伝統

# 《12月24日》

## クリスマス・イヴ

12月24日。日本では「クリスマスの前日」と解釈されているが、一日の境を日没とする教会暦では、クリスマスは常用時の12月24日の日没から12月25日の日没までとなるため、12月24日の夜が「クリスマス当日」の夜となる。

『星のひとみ』 せなけいこ絵, 石井睦美文, サカリアス・トペリウス原作 KADOKAWA 2018.11 1冊 21×28cm 1300円 ①978-4-04-107708-5

内容 クリスマスのまえのばんのことでした。そりからおち、ゆきにうもれたあかんぼう。じっとみつめるあかんぼうのひとみのなかに、星のひかりがやどりますー。フィンランドの大自然を舞台に神秘的な力を描いた、美しい物語。よみきかせるなら4才から。

『はりねずみくんのクリスマス・イブ』 M・クリスティーナ・バトラー文, ティナ・マクノートン画, 女子パウロ会訳 女子パウロ会 2018.10 〔28p〕 29cm 1100円 ①978-4-7896-0791-9 Ⓝ726.6

内容 もうすぐクリスマス。けれどもはりねずみくんはおともだちにあげるプレゼントのことをわすれていました。おうちもきらきらしていなくてちっともクリスマスらしくありません。はりねずみくんはおくりものをさがしにもりへでかけます。でもよるはさびしい。もりはだんだんくらくなるし…

『クリスマスイヴの木』 デリア・ハディ文, エミリー・サットン絵, 三原泉訳 神戸 BL出版 2015.11 〔32p〕 30cm 1600円 ①978-4-7764-0719-5 Ⓝ726.6

内容 森からはこばれた、たくさんのモミの木は、クリスマスツリーになって、町のひろばや、いえにかざられます。クリスマスイヴ、すてられかけていたちいさなモミの木を手にしたのは、まずしい男の子でした。いつしかモミの木と男の子を中心に、人々の輪がひろがって…。そして、すてきなクリスマスがやってきます。

『サンタクロースとあったよる』 クレメント・クラーク・ムーア詩, ホリー・ホビー絵, 二宮由紀子訳 神戸 BL出版 2014.11 〔40p〕 24×29cm 1600円 ①978-4-7764-0626-6 Ⓝ726.6

内容 クリスマス・イヴ。もうだれもがねむりにつくころ、まどのそとはとてもしずかで、こどもたちはあたたかいもうふのなかで、あまいおかしのゆめをみている。そのときそとにみえたのは…? 約200年前、ひとつの詩からうまれたイメージ。世界中の人たちに愛されているクリスマスのまえのばんのおはなしです。

『青い鳥』 メーテルリンク作, 江國香織訳, 高野文子絵 新装版 講談社 2013.10 311p 18cm (講談社青い鳥文庫 166-2)〈文献あり〉680円 ①978-4-06-285382-8 Ⓝ952.7

内容 クリスマス・イヴの夜。貧しいきこりの兄妹、チルチルとミチルは、ふしぎな妖精のおばあさんに「青い鳥を探しにいってくれ。」とたのまれました。「夜の城」「幸福の館」「未来の王国」…。光の精や、犬や猫たちとともにめぐる冒険の旅で、チルチルとミチルは青い鳥を見つけることができるでしょうか? 100年の名作を、ワクワクするような新訳で! 小学中級から。

『しずかなしずかなクリスマス・イヴのひみつ』 クレメント・クラーク・ムーア詩, アンジェラ・バレット絵, 石井睦美訳 神戸 BL出版 2012.10 〔31p〕 31cm 1600円 ①978-4-7764-0547-4 Ⓝ726.6

内容 クリスマス・イヴです。いえじゅうがしずまりかえっています。ねずみだってねむっています。こどもたちはベッドのなかで、ゆめをみています。そのときでした、そとからカタカタと、おとがきこえて…。

『聖ニコラスがやってくる!』 クレメント・C.ムーア文, ロバート・イングペン絵, 柳瀬尚紀訳 西村書店東京出版編集部 2011.11 1冊 27cm 1500円 ①978-4-89013-930-9 Ⓝ726.6

内容 1822年のクリスマス・イヴ、子供たちの前で一篇の詩が読まれました。それは翌年12月に、作者名のないまま新聞に載り、やがて世界じゅうにひろまりました。そしてこの詩から、今のサンタ・クロースのイメージができあがったのです。有名な詩に、国際アンデルセン賞受賞画家の魅惑的なイラストがついた絵本、本邦初の韻文訳で登場。

『サンタのひみつおしえます』 ジェームズ・ソルヘイムさく, バリー・ゴットえ, ゆりむ子やく ひさかたチャイルド 2006.10 1冊 23×28cm 1500円 ①4-89325-050-7 Ⓝ726.6

内容 きょうはクリスマスイブ。スティービーは、サンタクロースなんかしんじない! ひとばんでせかいじゅうのこどもたちに、プレゼントをとどけられるとおもうかい? あんなほそいえんとつ、とおれるはずがないよ。いいこにしてたかなんて、わかるもんか。サンタなんかいないんだ! でも、スティービーのところにサンタクロースがやってきて、サンタのそり、そらとぶトナカイ…そのしくみをぜーんぶおしえてくれたんだ。

『もみちゃんともみの木』 たかどのほうこ作, いちかわなつこ絵 あかね書房 2004.10 1冊 27cm (あかね・新えほ

んシリーズ 20）1300円　Ⓘ4-251-00940-
1　Ⓝ726.6

内容 もみちゃんは、おとしものをよくする、おっちょこちょいの女の子。一方、学校の前のもみの木通りに立っているもみの木たちには、ひみつの楽しみがありました。そんなもみちゃんともみの木たちに、クリスマスイブの日におこった、びっくり・すてきなできごととは…。

『クリスマスイブの出来事』　星新一作，和田誠絵　理論社　2003.11　213p　19cm（星新一ショートショートセレクション 13）1200円　Ⓘ4-652-02093-7　Ⓝ913.6

『シロクマたちのダンス』　ウルフ・スタルク作，菱木晃子訳　偕成社　1996.6　269p　20cm　1500円　Ⓘ4-03-726570-2

内容 シロクマそっくりのとうさんは、無口で、不器用だけれど、ラッセにとっては、だれよりも、ほっとしてあまえられる存在でした。ところが、クリスマス・イブの日に、かあさんの裏切りがわかって、とうさんとラッセは別々に暮らすことになってしまいました。スウェーデンの児童文学賞をつぎつぎに受賞した作家の心にしみる一冊。

『かぎばあさんのサンタクロース』　手島悠介作，岡本颯子画　岩崎書店　1994.10　115p　18cm　（フォア文庫）550円　Ⓘ4-265-01095-4

内容 信のクラスメイト緑ちゃんの弟の創ちゃんは、病気で入院中です。でも、あしたのクリスマスイブには、家にかえってきます。サンタさんにあえることをたのしみにしている創ちゃんのために、信は、舞台俳優の茂おじさんにたのんで、サンタクロースになってもらうことにしました。さて、クリスマスイブのその日…。好評の"かぎばあさん"シリーズ第九作。小学校低・中学年向き。

『トムテンのミルクがゆ』　スベン・ノルドクビスト作，岸野郁枝訳　宝島社　1993.12　1冊　22×30cm　1500円　Ⓘ4-7966-0757-9

内容 トムテンはサンタクロースの起源といわれています。北欧の農家では、クリスマス・イブになるとトムテンに一年の感謝の気持ちをこめてミルクがゆをご馳走します。このお話のなかのトムテンもおかゆを心待ちにしているのですが…。

『イブにサンタがやってきた』　クレメント・ムーアし，マイケル・ヘイグえ，きたむらまさおやく　大日本絵画　1989　1冊　28cm　（大型しかけえほん）2060円　Ⓘ4-499-20663-4

内容 クレメント・ムーア（1777～1863）はアメリカのニューヨークに生まれ、19世紀のは

じめごろ、神学大学の先生でした。1922年のクリスマスの前日、教授は家へ戻ると一気にこの有名な詩を書き上げたといわれています。それが、アメリカの子どもたちの心に、サンタクロースという姿をはっきり形づくり、焼きつけました。その後、160年もの間口ずさまれて、今では子どもから大人まで知らない者はいない詩として、毎年、絵本やカードの題材になっています。

『ほんもののプレゼント』　オー＝ヘンリー作，岸田今日子訳，東逸子画　偕成社　1988.12　39p　19cm　600円　Ⓘ4-03-421060-5

内容 若く貧しい夫婦が、クリスマス・イブに贈りあった精いっぱいの、心の通ったプレゼント。愛する心が選んだ「ほんものの」贈り物。庶民の哀歓を描くオー＝ヘンリーの傑作『賢者の贈り物』の新訳版絵本です。

『幽霊たちの館』　ウォルター・R.ブルックスほか著，掛川恭子ほか訳，井上栄絵　講談社　1986.6　195p　18cm　（講談社青い鳥文庫）420円　Ⓘ4-06-147201-1

目次 牧師館のクリスマス（キャサリン・ストー），ジミーとよわむし幽霊（ウォルター・R.ブルックス），ひびわれた記憶（ジョン・ゴードン），かわいいジュリー（ランス・ソールウェイ），ハロビーやしきの水おんな（ジョン・ケンドリック・バングズ），殺人者のへや（A.M.バレイジ）

内容 ジミーとなかよしになったよわむしの幽霊。ジュリーのいうことならなんでもきくかぎつめの幽霊。クリスマス＝イブの1時間だけ、ハロビーやしきにやってくる水おんなの幽霊、こわい幽霊、心やさしい幽霊がいっぱいの、『幽霊たちの館』の扉を、さあ、あけてみてください。

## 《12月25日》

### クリスマス

12月25日。イエス・キリストの誕生を祝うキリスト教の祭日。4世紀以後祝われるようになった。「降誕祭」とも。冬至の祭りとも融合し、現代では「サンタクロースがプレゼントをくれる日」として知られる。

『クリスマスをとりもどせ！』　マット・ヘイグ文，クリス・モルド絵，杉本詠美訳　西村書店東京出版編集部　2018.11　347p　19cm　1300円　Ⓘ978-4-89013-993-4　Ⓝ933.7

内容 サンタクロースが銀行強盗!?　今度の敵はイースター・バニー。エルフの村でファーザー・クリスマスたちと暮らすことになったアメリア。エルフの勉強はわからないし、そりの操縦でも大失敗。落ち込んで家出をすると、森のまん中に大きな穴があった。

12月　　　　　　　　　　　　　　　　　　　　　12月25日

そこではある計画が進んでいた…。"クリスマスは世界を救う"シリーズ全3巻完結！

『**サンタの国の12カ月**』　葛岡博，河野次郎絵，牧村則村文，高橋友茂構成　改訂版　アートデイズ　2018.11　1冊　27cm　1300円　Ⓘ978-4-86119-276-0　Ⓝ726.6

[内容] クリスマスプレゼントをくばり終わったサンタは次のクリスマスまで何をして暮らしているのでしょう？　妖精（トント）たちと暮らすサンタの一年の生活を描いた楽しい絵本。

『**ミッケ！　3　クリスマス—みんなであそべるかくれんぼ絵本**』　ジーン・マルゾーロ文，ウォルター・ウィック写真，糸井重里訳　ポケット版　小学館　2018.11　29p　18cm　900円　Ⓘ978-4-09-726723-2　Ⓝ798.3

[目次] クリスマスのかざり，ゆきげしき，ショーウインドー，まつぼっくりとひいらぎ，ウインタースポーツ，クッキーをやこう，てづくりクリスマス，サンタさんのしごとば，くつしたのなかみ，クマちゃんはともだち，くるみわりにんぎょう，プレゼントがいっぱい，きよしこのよる

[内容] もういいかい？　クマちゃんはどこだ，サンタさんもいるぞ。さあミッケ！　みんなであそべるかくれんぼ絵本。

『**おんなのこのおえかきレッスンクリスマスコレクション—かわいいドレスがたっぷりかける！**』　オチアイトモミイラスト，クロイ心理テスト執筆　大阪　ひかりのくに　2018.10　62p　19×26cm　780円　Ⓘ978-4-564-70240-2　Ⓝ726.507

[目次] 1 かおのかきかたをマスターしよう！（かおのかきかた，めのかきかた ほか），2 ぜんしんのかきかたをマスターしよう！（シンプルなドレス，フリルのドレス ほか），3 ぬりえ・デザインをマスターしよう！（いろのぬりかた，ドレスのぬりえ ほか），4 メイクをマスターしよう！（メイクレッスン），おまけ（おてほんシート，しんりテスト ほか）

『**クリスマスだよ，デイビッド！**』　デイビッド・シャノンさく，小川仁央やく　評論社　2018.10　〔32p〕　29cm　（評論社の児童図書館・絵本の部屋）　1400円　Ⓘ978-4-566-08043-0　Ⓝ726.6

[内容] 『だめよ，デイビッド！』でだいにんきのいたずらっこ，デイビッド。クリスマスにはどんなこと，してるかな？　やっぱりママに「だめだめ！」っていわれてる！　げんきいっぱいのデイビッドといっしょに，あなたもたのしいクリスマスを！

『**つくってあそぼうクリスマス**』　ジョーイ・チョウ作，つばきりうたこ訳　ドン・

ボスコ社　2018.10　27p　18×22cm　1000円　Ⓘ978-4-88626-631-6　Ⓝ754.9

[目次] 作ろう！　イエスさまのご降誕ペーパークラフト，クリスマスってうれしいね！，さいしょのクリスマス，歌おう♪きたれ友よ，作ろう！　クリスマスの星，作ろう！　アドベントカレンダー，歌おう♪あめのみつかいの，作ろう！　クリスマスの天使，歌おう♪まきびと，歌おう♪しずけき

[内容] クリスマスってうれしいね！　イエスさまのご降誕の場面を思いうかべながら，作って遊べるペーパークラフト。クリスマスのお話，歌，工作でクリスマスを楽しくお祝いしましょう！

『**メリークリスマス—世界の子どものクリスマス**』　R.B.ウィルソン文，市川里美画，さくまゆみこ訳　神戸　BL出版　2018.10　72p　28cm　〈富山房　1983年刊に加筆，新たに復刊〉　1800円　Ⓘ978-4-7764-0853-6　Ⓝ196.3

[目次] クリスマスの物語，動物たちのクリスマス，教会のかねが鳴る，♪うまやのかいば，イギリスとアメリカ合衆国，♪きよしこの夜♪，ドイツ，オランダ，ポーランド，チェコ，スロバキア，♪ねむるみ子は♪〔ほか〕

[内容] クリスマスは，たのしいおいわいのとき。世界の多くの国では，それぞれ，おいわいの風習がつたわっています。この本に出てくる子どもたちといっしょに，クリスマスのしたくをしてみませんか？　たのしいクリスマスをすごしましょう。

『**クリスマスを探偵と**』　伊坂幸太郎文，マヌエーレ・フィオール絵　河出書房新社　2017.10　79p　21cm　1300円　Ⓘ978-4-309-02616-9　Ⓝ913.6

[内容] 「探偵さん，その話，よければ僕に話してくれませんか？」舞台はドイツ。探偵カールがクリスマスの夜に出会った，謎の男とは…？　心温まる聖夜の奇跡。伊坂作品のエッセンスすべてが凝縮された，心温まる物語。かつての子どもたちへ，これからの大人たちへ。

『**クリスマス・キャロル**』　チャールズ・ディケンズ原作，ブレット・ヘルキスト絵，三辺律子訳　光村教育図書　2017.10　〔32p〕　28cm　1500円　Ⓘ978-4-89572-207-0　Ⓝ726.6

[内容] その日，よりにもよって一年の中でいちばんすてきなクリスマス・イブに，スクルージは事務所で仕事をしていた。そこへ，おいのフレッドがやってきた。「クリスマスおめでとう，おじさん！」「ふん，ばかばかしい」スクルージは，やさしい心のかけらもない，がんこな老人だった。「わたしの好きなようにできるなら，『クリスマスおめでとう』などと言ってまわるような愚か者は，グツグツにこんで，ヒイラギの枝をブスリとさして，土の下にうめてやるところだ！」ところがその夜から，スクルージの前に，三人の幽霊があらわれて―小学生のうちに読みたい名作。

子どもの本　伝統行事や記念日を知る本2000冊　**331**

『とびきりすてきなクリスマス』 リー・キングマン作，山内玲子訳 岩波書店 2017.10 142p 18cm （岩波少年文庫 241） 640円 Ⓘ978-4-00-114241-9 Ⓝ933.7

内容 エルッキは10人きょうだいのまんなか。クリスマスが近づいたある日、お兄ちゃんの乗っている船がゆくえ不明になったという知らせが…。無事を祈りながらクリスマスの準備をする家族のために、エルッキはあることを思いつきます。小学2・3年以上。

『パノフじいちゃんのすてきな日クリスマス』 レフ・トルストイ原作，ミグ・ホルダー再話，ジュリー・ダウニング画，女子パウロ会訳 女子パウロ会 2017.10 〔32p〕 28cm 1100円 Ⓘ978-4-7896-0785-8 Ⓝ726.6

内容 きょうはクリスマス。ひとりぐらしの年とったくつやのパノフじいちゃんは、とくべつなおきゃくさまをまっています。でも、おもっていたようには、なかなかうまくいきません…トルストイの書いた、このむかしながらの民話を、いまの時代のこどもたちによろこばれるよう、ミグ・ホルダーが書きなおしてくれました。

『クリスマスにうまれたあかちゃん』 サリー・アン・ライト文，オナー・エアーズ絵，サンパウロ訳 サンパウロ 2017.8 27p 16×16cm 800円 Ⓘ978-4-8056-2622-1 Ⓝ192.8

内容 クリスマスに生まれたのはだれでしょうか。ベツレヘムで生まれたのはだれでしょうか。だれが飼いばおけをベッドにしたのでしょうか。この絵本はイエスさまの誕生の物語を子どもたちのためにかわいいイラストでわかりやすく描いています。

『クリスマス』 チャイルド本社 2017.7 28p 37×39cm （大きな園行事えほんシリーズ） 9500円 Ⓘ978-4-8054-4656-0 Ⓝ386.1

『クリスマスとよばれた男の子』 マット・ヘイグ文，クリス・モルド絵，杉本詠美訳 西村書店東京出版編集部 2016.12 303p 19cm 1200円 Ⓘ978-4-89013-977-4 Ⓝ933.7

内容 サンタクロースはどんなふうに誕生したの？ 11歳のニコラスが、今までのクリスマスにもらったプレゼントはたったの2つだけ。まずしい父ちゃんは賞金を稼ぐため、エルフの村をさがしに出かけた。ニコラスは意地悪なおばさんとの暮らしにたえきれず、父ちゃんを追って北を目指すのだが…。

『クリスマスのうた―にほんごえいごうたごえいり5曲』 おおでゆかこ絵 成美堂出版 2016.11 1冊 17×18cm （オルゴールおうたえほん）〈音声情報あり〉 1800円 Ⓘ978-4-415-32240-7 Ⓝ767.7

内容 ジングルベル、サンタがまちにやってくる、きよしこのよる、あかはなのトナカイ、おめでとうクリスマス。にほんご・えいご、うたごえいり5曲。

『クリスマス』 ヤン・ピエンコフスキー絵，木原悦子文 日本キリスト教団出版局 2016.10 1冊 25cm 1500円 Ⓘ978-4-8184-0955-2 Ⓝ192.8

内容 「ベツレヘムへ行ってみよう」羊飼いたちは口々にいいました。そして、マリアとヨセフ、それに飼い葉桶に横たわる幼子を探しあてたのです。イギリスのすぐれた絵本に対して与えられるケイト・グリーナウェイ賞を2度受賞した絵本作家ヤン・ピエンコフスキーが贈るクリスマスのものがたり。

『ニット帽の天使―プロイスラーのクリスマス物語』 オトフリート・プロイスラー作，ヘルベルト・ホルツィング絵，吉田孝夫訳 さ・え・ら書房 2016.9 195p 22cm 1400円 Ⓘ978-4-378-01520-0 Ⓝ943.7

目次 ニット帽の天使、ほんとうのベツレヘム、二本の松葉杖とおさらば、草原を越えて―そして左へ、お支払いはきっちりと、ムーア人の王さまの冠、こおろぎのうた

内容 クリスマスの夜は、きっと不思議なことが起こります。わんぱく小僧の少年や、成績がいまいちの生徒にも、パン職人の見習いとして、働きづめの若者や、土産物屋を切り盛りする、貧しいおばあさんにも、きっと、思いがけない奇跡が起こります…。プロイスラーのふるさと、ボヘミアに生きた人たちの、真冬の白い雪につつまれた、神さまとの出会いの物語。

『クリスマスのおはなし』 ロバート・サブダさく，きたむらまさおやく 大日本絵画 2016 1冊 24cm （とびだししかけえほん） 4500円 Ⓘ978-4-499-28651-0 Ⓝ192.8

内容 遠いむかし、光り輝く星明りの夜に、ベツレヘムの町でひとりの幼子が生まれました。

『クリスマス』 バーバラ・クーニーさく，安藤紀子やく ロクリン社 2015.11 1冊 22cm〈長崎出版 2007年刊の再版〉 1500円 Ⓘ978-4-907542-20-7 Ⓝ196.3

内容 サンタが贈り物をくれるのはなぜ？ 本当の“クリスマス”がわかる美しい物語。

『名作で読むクリスマス』 青い鳥文庫編集部編，チャールズ・ディケンズ ほか作 講談社 2015.11 234p 18cm （講談社青い鳥文庫 A1-1） 650円 Ⓘ978-4-06-285528-0 Ⓝ908.3

目次 クリスマスキャロル（ディケンズ）、大きな森の小さな家（ワイルダー）、青い鳥（メー

テルリンク），若草物語（オルコット），赤毛のアン（モンゴメリ），十五少年漂流記（ベルヌ），あしながおじさん（ウェブスター），レ・ミゼラブル（ユーゴー），大草原の小さな家（ワイルダー），賢者の贈り物（O.ヘンリー）

内容 青い鳥文庫で人気の世界の名作から、心にのこるクリスマスのシーンを選んで、ぎゅっと1冊に。どの本も、あらためて1冊とおして読んでみたくなりそうです。小学中級から。

『クリスマスのちいさなかね』 マヤ・ドゥシコウワ画，ロルフ・クレンツァー文，女子パウロ会訳 女子パウロ会 2015.10 〔24p〕 29cm 1100円 Ⓘ978-4-7896-0757-5 Ⓝ726.6

内容 ベツレヘムのしょうじょラヘルがみつけたちいさなぎんのかね。だれかにプレゼントしたいな。そのとき、ちかくのうまやでひとりのあかちゃんがうまれたことをしりました。「わかった、だれにあげたらいいか！」ラヘルはいそいでうまやにはしります。クリスマスには、いつもうつくしいかねがなりますね、このすてきなできごとをおもいだすために！

『よくみてさがそうせいしょえほんクリスマス』 ギル・ガイルえ，にほんせいしょきょうかいぶん 日本聖書協会 2015.9 1冊 31cm 〈『聖書新共同訳』準拠〉 1200円 Ⓘ978-4-8202-9237-1 Ⓝ192.8

『トムテと赤いマフラー』 レーナ・アッロ文，カタリーナ・クルースヴァル絵，菱木晃子訳 光村教育図書 2014.10 〔25p〕 26cm 1200円 Ⓘ978-4-89572-884-3 Ⓝ726.6

内容 トムテは、北欧の国スウェーデンに伝わる小人の姿をした妖精です。民話や伝説にでてくるようなトムテは、古い家の床下や、農家の納屋にひっそりとすんでいて、その家をいつも守っています。いまでもスウェーデンには、クリスマスになると、トムテのために、一年の感謝の気持ちをこめて、ボウルに入れたおかゆを台所のすみや納屋の入り口においておくという習慣がのこっています。北欧スウェーデンの夢ものがたり。

『ハーブいっぱいのクリスマス』 あんびるやすこ作・絵，葛山幸子監修 ポプラ社 2014.10 59p 21cm （魔法の庭のハーブレッスンブック 2）1000円 Ⓘ978-4-591-14150-2 Ⓝ617.6

目次 ハーブでクリスマスを楽しみましょう（クリスマスカード，クリスマスリース，クリスマスツリー，クリスマスのかおりクラフト，クリスマスのプレゼントいろいろ ほか），クリスマスをいろどるハーブたち（モミ，ヒイラギ，ローズマリー，ヤドリギ，フランキンセンス ほか）

内容 メリークリスマス！ みなさんもジャレットといっしょに、ハーブをつかってクリスマスを楽しみませんか？

『プレゼントの木』 いもとようこ作絵 金の星社 2014.10 〔24p〕 24×25cm 1400円 Ⓘ978-4-323-02455-4 Ⓝ726.6

内容 アメリカには、クリスマスになるとギビング・ツリーとよばれるクリスマス・ツリーがかざられます。プレゼントをもらえないこどもたちに、おくりものをしたいひとがプレゼントするというすてきなしゅうかんです。どうぶつたちのプレゼントの木にもたくさんかざりがつきました。どんなプレゼントがおくられるのでしょうか？

『まちどおしいねクリスマス―24のアドベントストーリー』 MAME編，つば雪うたこ訳 ドン・ボスコ社 2014.10 79p 23cm 1200円 Ⓘ978-4-88626-574-6 Ⓝ196.3

目次 アドベントカレンダー，4本のろうそく，天使のおつげ，小さなたねがめを出すと，マリアのほうもん，聖ニコラスと子どもたち，2本のもみの木，クリスマスの馬小屋，3本の木，3人のはかせ〔ほか〕

内容 イエスさまのご降誕に向けて、心を備える24の物語。クリスマスのお話やアドベントの過ごしかた、お祈りのほか、巻末にはシールで楽しむアドベントカレンダー付き。

『ライオンと一角獣とわたし―クリスマスの物語』 ジャネット・ウィンターソン文，リスベート・ツヴェルガー絵，池田香代子訳 神戸 BL出版 2013.12 〔23p〕 26×28cm 1600円 Ⓘ978-4-7764-0611-2 Ⓝ933.7

内容 遠い昔、天使が舞い降り、動物たちを選びはじめました。身重のマリアがベツレヘムへと旅をするので、マリアを乗せる動物を選ぶのです。クモ、サル、クマ、クジラ、セイウチ、ヘビ…。最終選考までのこったのは、ライオンと一角獣と、ロバのわたしでした…。新たな視点で描く新約聖書の世界。

『クリスマス・キャロル』 ディケンズ作，杉田七重訳，HACCAN絵 KADOKAWA 2013.11 206p 18cm （角川つばさ文庫 Eて2-1）600円 Ⓘ978-4-04-631353-9 Ⓝ933.6

内容 クリスマスは、だれもが助けあう、幸せで愛にあふれた日。でも、ドケチで有名な金持ちスクルージの頭の中は、いつだって金・金・金ばかり!! イブの今日も、貧しい人をバカにして目もくれなかったのさ。夜—そんな彼の前に3人の不思議なクリスマスの精霊がやってきた。過去・現在・未来の精霊がみせる、かなしくも希望にあふれた世界とは…？幸せはいつも、自分の心が決める！ 世界一有名な、クリスマスの物語。小学中級から。

『クリスマスってなあに』 ディック＝ブルーナ作，ふなざきやすこ訳 愛蔵版 講談社 2013.11 〔28p〕 17×30cm

（講談社の翻訳絵本）1500円 ①978-4-06-283076-8 Ⓝ192.8

『**クリスマスのはなし**』メアリー・ジョスリン文，アリーダ・マッサーリ絵，関谷義樹訳 ドン・ボスコ社 2013.10 25p 27cm 1000円 ①978-4-88626-555-5 Ⓝ192.8

内容 はじめてのクリスマスのよる，いったいなにがベツレヘムでおこったのでしょう。そのときマリアとヨセフ，てんしとひつじかい，ほしとはかせたちは…。おさなごイエスをめぐってくりひろげられるうつくしいはなし。

『**クリスマスのまえのよる—絵本の中のあみぐるみが作れる編み方付き**』ほしみつき著，クレメント・C・ムーア原作 日東書院本社 2013.10 80p 22cm 1200円 ①978-4-528-01874-7 Ⓝ594.3

目次 クリスマスのまえのよる"ストーリー"，あみぐるみキャラクター紹介，基本の編み方（ぐるぐる編み），編み図の見方，ネズミの編み図，ネコの編み図，女の子の編み図，男の子の編み図，キツネの編み図，トナカイの編み図，サンタクロースの編み図，ミミズクの編み図，六角星とボールの編み図，リースの編み図，靴下の編み図，天使の編み図，サンタクロースの編み図（オーナメント）

内容 クレメント・C・ムーア原作の大ロングセラー絵本『クリスマスのまえのよる』。物語の世界観をあみぐるみで表現したかわいい絵本と登場するキャラクターの編み方を載せた手芸書が一緒になった読んで，作って楽しい一冊！

『**イライジャの天使—ハヌカとクリスマスの物語**』マイケル・J・ローゼン文，アミナー・ブレンダ・リン・ロビンソン絵，さくまゆみこ訳 晶文社 2012.12 29p 22×29cm 〈〈いのちのバトン〉シリーズ〉1500円 ①978-4-7949-6801-2 Ⓝ933.7

内容 イライジャは黒人のキリスト教徒で，床屋さん。イライジャのお店は木彫りの動物たちであふれ，床には切り落とされた髪の毛にまじって木くずが散らばっている。マイケルは9さい，白人のユダヤ教徒です。ぜんぜんちがうふたりですが，だいのなかよし。ある年の冬，クリスマスとユダヤ教のお祭りハヌカが重なった日，マイケルはイライジャから木彫りの天使を贈られます—。年齢や肌の色のちがい，信仰のちがいを超えて心の交流がおこなわれる，ある冬の出来事。

『**クリスマスってなあに？**』ジョーン・G・ロビンソン文・絵，こみやゆう訳 岩波書店 2012.11 43p 26cm 1300円 ①978-4-00-111234-4 Ⓝ933.7

目次 クリスマスのはじまり，クリスマスクリブ，クリスマスカード，プレゼントえらび，

クリスマスプディングをつくろう，クリスマスキャロル，へやのかざりつけ，クリスマスイヴ，サンタクロースがやってくる，くつ下に，なにがはいってた？，クリスマスおめでとう！，クリスマスプレゼント，教会で讃美歌をうたおう，クリスマスのごちそう，病院の子どもたち，クリスマスツリー，みんなであそぼう！，もう，ねる時間，ボクシングデイ，お礼の手紙をかこう，十二夜ってなあに？，クリスマスのおわり

内容 イエスさまの誕生からサンタクロースまで，子どもに語るクリスマスのすべて。

『**クリスマスのうたものがたり**』中井俊已ぶん，永井泰子え ドン・ボスコ社 2012.10 1冊 25cm 940円 ①978-4-88626-538-8 Ⓝ726.6

内容 『きよしこのよる』はどうしてうまれたの？ 世界中でいちばん親しまれている，クリスマスキャロル誕生のおはなしです。

『**クリスマスものがたり**』パメラ・ドルトン絵，藤本朝巳文 日本キリスト教団出版局 2012.10 1冊 26×26cm （リトルベル）1500円 ①978-4-8184-0833-3 Ⓝ192.8

内容 生まれたばかりのおさなごが飼い葉おけで静かにねむるのを，じっと見守るマリアとヨセフと家畜たち—。マリアのもとにあらわれた，天使ガブリエル，ひつじかい，三人のはかせたち。クリスマスものがたりの登場人物たちが，美しく描かれています。パメラ・ドルトンの切り絵は，16世紀のドイツとスイスに起源を持ち，18世紀のアメリカ・ペンシルバニア州にドイツ系移民によって伝えられた手法を用いています。この絵本は，イエスさまのお誕生の希望と喜びを，切り絵の手法で細部までていねいに表現し，生命力あふれる作品に仕上げています。

『**最初のクリスマス**』ロイス・ロック文，アレックス・アイリフ絵，大越結実訳 いのちのことば社CS成長センター 2012.10 16p 13cm （わくわくバイブルみにぶっく—新約聖書 1）100円 ①978-4-820-60309-2 Ⓝ192.8

『**飛ぶ教室—新訳**』エーリヒ・ケストナー作，那須田淳，木本栄訳，patty絵 アスキー・メディアワークス 2012.9 253p 18cm （角川つばさ文庫 Eけ1-1）〈発売：角川グループパブリッシング〉600円 ①978-4-04-631199-3 Ⓝ943.7

内容 子どもの涙がおとなの涙より小さいなんてことはない。ずっと重いことだってある…。生徒たちがともに生活する，ドイツの寄宿学校を舞台に，まずしい優等生のマーティン，その親友で捨て子のジョニー，弱虫の自分になやむウリー，彼を心配するケンカが強いマチアス，クールな皮肉屋のセバスチャンたちが，先生とのふれあいや，ある事件を通して

12月　　　　　　　　　　　　　　　　　　　　　12月25日

成長する友情の物語。絵60点。世界中がわらい、泣いたクリスマスの名作。

『**クリスマスのまえのよる**』　クレメント・クラーク・ムーア詩，ロジャー・デュボアザン絵，こみやゆう訳　主婦の友社　2011.11　1冊　35×17cm　（主婦の友はじめてブック―おはなしシリーズ）　1200円　①978-4-07-280100-0　Ⓝ726.6

内容 1954年、ニューヨークの出版社から、たてに長ーい絵本が出版されました。1822年に書かれたクレメント・C・ムーアの有名な詩に色彩の魔術師、ロジャー・デュボアザンが、色鮮やかな絵を描いて。それは、イブの夜、子どもたちが暖炉の横にそっとかけてプレゼントを楽しみにした、「くつしたサイズの絵本」だったのです。

『**クリスマスってどんなひ?**』　ベサン・ジェイムズ文，ヘザー・スチュアート絵，サンパウロ訳　サンパウロ　2011.10　29p　29cm　1000円　①978-4-8056-2617-7　Ⓝ192.8

内容 さいしょのクリスマスにどんなことがおこったの?

『**フランダースの犬**』　ウィーダ作，雨沢泰訳　偕成社　2011.4　216p　19cm　（偕成社文庫 3270）〈絵：佐竹美保〉700円　①978-4-03-652700-7　Ⓝ933.6

目次 フランダースの犬―あるクリスマスの話，ウルビーノの子ども，黒い絵の具

内容 フランダース地方を舞台にした少年ネロと犬のパトラッシュとの美しくも悲しい人生。ルーベンスの絵の下でのネロとパトラッシュの姿は永遠です。他に「ウルビーノの子ども」「黒い絵の具」を収録。19世紀人気女流作家ウィーダの名作の完訳です。小学上級から。

『**ひつじかいの夜―新約聖書 クリスマス3**』　杉田幸子絵，日本聖書協会文　日本聖書協会　2010.12　1冊　26cm　（みんなの聖書・絵本シリーズ 33　日本聖書協会翻訳部監修）〈『聖書新共同訳』準拠〉952円　①978-4-8202-4262-8　Ⓝ193.63

『**クリスマスまであと九日―セシのポサダの日**』　マリー・ホール・エッツ，アウロラ・ラバスティダ著，田辺五十鈴訳　冨山房　2010.11　46p　29×21cm〈第11刷〉1400円　①978-4-572-00204-4

内容 セシはメキシコの小さな女の子。もうすぐクリスマス、ポサダという特別のお祝いを初めてしてもらえることになりました。

『**10びきのひつじ―クリスマスものがたり**』　ジャン・ゴッドフリーぶん，オナー・エアーズえ，つばきうたこやく　ドン・ボ

スコ社　2010.10　27p　20cm　800円　①978-4-88626-504-3　Ⓝ192.8

内容 ほしのかがやくよるにひつじがいっぴきひつじがにひき…。じっぴきのひつじがおかをこえてやってきました。そこにあらわれたのはかがやくてんし。てんしはよろこびのしらせをはこんできました。そのしらせとは…?

『**はじめてのクリスマス**』　スティーブン・バーカー作，ゆりよう子訳　チャイルド本社　2010.10　1冊　29cm　1600円　①978-4-8054-3459-8　Ⓝ726.6

内容 いちばんはじめのクリスマス。それはイエスさまのおたんじょうのものがたり。ちいさなこどもたちもたのしくよめる、キラキラかわいいしかけ絵本。

『**喜びはつかむもの―ターシャ・テューダーのクリスマス**』　ターシャ・テューダー著，内藤里永子訳　メディアファクトリー　2010.10　40p　23×29cm　1600円　①978-4-8401-3560-3　Ⓝ386

目次 1 クリスマスに寄せる思い（ルカの福音書によるクリスマスの物語），2 クリスマスの詩（地球の子どもの兄弟―ハリー&エリナー・ファージョン，ねずみ村のクリスマス・キャロル―ケネス・グレアム，クリスマス・アルファベット―作者不詳，小鳥にパンのくずを撒くことは―ルー魔・ゴッデン），3 クリスマス伝説（ワタリガラス伝説，雄牛のケーキ，ローズマリーの言い伝え，花咲く木，ルシア・クイーン伝説），4 ターシャの農場のクリスマス（聖ニコラスの誕生日，アドベントカレンダー，アドベントリース ほか）

内容 クリスマスは1年でいちばん喜びにあふれる季節。ターシャが、クリスマスの詩、物語、伝説を選びました。それに、美しく愛らしい挿し絵をたっぷり描きました。ターシャの家のクリスマスのすべてが、生き生きと描かれています。

『**さいしょのクリスマス**』　ロイス・ロックぶん，ソフィー・オルソップえ，細井保路訳，蔵冨千鶴子監修　サンパウロ　2009.10　1冊　26cm　1200円　①978-4-8056-3616-9　Ⓝ726.6

内容 この本は、イエスさま誕生のお話を聖書に忠実に、簡潔に描いたものです。それは、地上にあらわれた天国のお話。―クリスマスについてのもっとも大事なお話。

『**たいせつなおくりもの**』　ほしのローザぶん，おむらまりこえ　ドン・ボスコ社　2009.10　1冊　31cm　1200円　①978-4-88626-479-4　Ⓝ192.8

内容 クリスマスはイエスさまのおたんじょうび。でも、どうしてみんなはいわうの?　だって2000年前、ベツレヘムのまちに生まれたイエスさまは、神さまからのたいせつなおくりものだから!　馬小屋の美しい場面が、絵本の中から飛び出します。

子どもの本 伝統行事や記念日を知る本2000冊　**335**

# 12月25日

12月

『聖なる夜』 セルマ・ラーゲルレーヴ文，イロン・ヴィークランド絵，うらたあつこ訳 ラトルズ 2007.11 1冊 31cm 1880円 ①978-4-89977-205-7 Ⓝ726.6

内容 ある冬の夜，ふしぎな出来事がつぎつぎと起こります。わけを知ろうと，出かけていった羊飼いが闇の中で見たものは…。『ニルスのふしぎな旅』の作者セルマ・ラーゲルレーヴが贈るクリスマスの物語。厳しくも心あたたまる話を，イロン・ヴィークランドがしみじみとした美しい絵で表現する。

『どうしてクリスマスには…』 二宮由紀子文，木曽秀夫絵 文研出版 2007.10 1冊 27cm （えほんのもり）1300円 ①978-4-580-82010-4 Ⓝ726.6

内容 クリスマスはとってもたいせつな日です。でも，わからないことがいっぱいありませんか？ 二宮由紀子さんが，やさしく教えてくれます。

『ベッキーのクリスマス』 ターシャ・テューダー絵・文，ないとうりえこ訳 メディアファクトリー 2007.10 47p 26cm 1600円 ①978-4-8401-2056-2 Ⓝ726.6

内容 アメリカ中がうっとりした，ターシャの"魔法の木"！ クリスマス前の1カ月，テューダー家には秘密がいっぱい。それぞれがプレゼントを手作りしているのです。NHK番組「ターシャからの贈りもの」で紹介されたこの絵本には，テューダー家のクリスマスの魅力が，すべて描かれています。

『クリスマスのおはなし—いっしょによんでみよう』 メラニー・ミッチェル絵，ビクトリア・テブス文，大越結実編著 CS成長センター 2007.9 1冊 22cm （ラブキッズ・ブックス）〈発売：いのちのことば社〉715円 ①978-4-8206-0252-1 Ⓝ726.6

『たのしいおまつり—ナイジェリアのクリスマス』 イフェオマ・オニェフル作・写真，さくまゆみこ訳 偕成社 2007.3 24p 23×29cm 1200円 ①978-4-03-328560-3 Ⓝ386.445

内容 もうすぐクリスマス。ナイジェリアの男の子アファムがすむ地域では，伝統のお祭りにでてくる精霊，"モー"があらわれて，おどりながらあたりをねりあるきます。アファムはことし，自分でも仮面をつくって，モーになることにしました。アフリカ・ナイジェリアのイボ地方で，クリスマスをむかえる人々の姿を生き生きと映しだした写真絵本。5歳から。

『チャレンジミッケ！ 4 サンタクロース—みんなでなかよくあそべるかくれんぼ絵本』 ウォルター・ウィック作，糸井重里訳 小学館 2006.12 26p 26×26cm 1360円 ①4-09-726084-7 Ⓝ798

目次 クリスマスのまえのよる，みんなしずかにねむるころ，くつしたさげてまってます，みんなすやすや，おかしのゆめをみてました，しずかなふゆのよるでした，にぎやかなおとが！，ふんわりつもったしろいゆき，えんとつおりてやってくる，きっとサンタさんだ！，おもちゃがいっぱい，みんなにみんなにメリークリスマス！

内容 さっそくひょうしのミッケにチャレンジしよう！ あかいマフラー。スキーいたが2ほん。そしておたのしみのクリスマスリース。こんやはたのしいクリスマスイブ。プレゼントをいっぱいさがそうね。

『馬小屋のクリスマス』 アストリッド・リンドグレーン文，ラーシュ・クリンティング絵，うらたあつこ訳 『馬小屋のクリスマス』出版プロジェクト 2006.11 1冊 27cm〈発行所：ラトルズ〉1500円 ①4-89977-171-1 Ⓝ726.6

内容 むかしむかし，暗くて寒い冬の夜，ふるぼけた馬小屋のなかでひとりのあかんぼうがうまれた。そのとき，小屋の上の空たかく，クリスマスの星がかがやきはじめた—。アストリッド・リンドグレーンが語る，感動的なクリスマスの物語。その世界を，ラーシュ・クリンティングが心あたたまる絵で表現している。

『さむがりやのサンタ』 レイモンド・ブリッグズさく・え，すがはらひろくにやく 福音館書店 2006.10 1冊 26cm （世界傑作絵本シリーズ—イギリスの絵本）〈第57刷〉①4-8340-0436-8

『サンタの最後のおくりもの』 マリー＝オード・ミュライユ，エルヴィール・ミュライユ作，クエンティン・ブレイク絵，横山和江訳 徳間書店 2006.10 36p 19cm 1200円 ①4-19-862249-3 Ⓝ953.7

内容 ジュリアンは毎年，クリスマスが近づくとサンタクロースにプレゼントをお願いする手紙を書きます。本当はもう，サンタなんか信じていないのですが，お父さんとお母さんをがっかりさせないように，今年も手紙を書いて，お母さんにわたしました。クリスマスの朝，希望どおりの高価なゲームをもらったジュリアン。ところが，クリスマスツリーの下には，もうひとつお母さんたちも知らない箱があったのです…！ 小学校低・中学年から。

『飛ぶ教室』 エーリヒ・ケストナー作，池田香代子訳 岩波書店 2006.10 254p 18cm （岩波少年文庫 141）680円 ①4-00-114141-8 Ⓝ943.7

内容 ボクサー志望のマッツ，貧しくも秀才のマルティン，おくびょうなウーリ，詩人ジョニー，クールなゼバスティアーン。個性ゆたかな少年たちそれぞれの悩み，悲しみ，そし

336

12月                                                                                              12月25日

てあこがれ。寄宿学校に涙と笑いのクリスマスがやってきます。

『**ファーザー・クリスマス サンタ・クロースからの手紙**』 J.R.R.トールキン文，ベイリー・トールキン編，瀬田貞二，田中明子訳 評論社 2006.10 111p 26cm 2800円 Ⓘ4-566-02383-4 Ⓝ935.7

内容 本書では、絵本版で採録されていなかった1920年から1924年までの5年分、そして1939年から1943年までの4年分が新たに加えられ、前回は割愛されていた部分を含め、手紙の全文が紹介されています。サンタのふるえ文字や装飾文字、行間、余白に施された飾りやイラスト、手作り北極切手や封筒、興趣尽きない水彩画の数々、北極グマの折れくぎ文字など絵本版になかったものも含め多く紹介されています。

『**ほんとうのクリスマス**』 森一弘文，太田大八絵 女子パウロ会 2006.10 1冊 26cm 1200円 Ⓘ4-7896-0615-5 Ⓝ190

内容 ユダヤはちいさいくにでした。イエスさまがおうまれになったころ、ひとびとはとてもかなしいまいにちをすごしていました。おおきなくにからへいたいたちがきて、くにじゅうをおさえつけていたからです。救い主キリストの誕生は、暴力に満ちたこの世界の恐ろしい現実のなかで苦しみ、必死になって叫びをあげ続けていた人びとに対する神の究極の答えでした。クリスマスの物語の絵本。

『**どうぶつたちのクリスマス**』 ノーマ・ファーバーぶん，バーバラ・クーニーえ，おおたあいとやく 日本キリスト教団出版局 2006.9 1冊 16×21cm 1000円 Ⓘ4-8184-0627-9 Ⓝ726.6

内容 どうしてとうみんちゅうのいきものが、ベツレヘムにやってきたのでしょう。クリスマスの絵本。

『**サンタクロースへの手紙**』 アートデイズ編，長谷川朝美写真 アートデイズ 2005.11 1冊 22cm 1300円 Ⓘ4-86119-037-1 Ⓝ748

内容 ノルウェーのサンタクロース村には毎年、世界中の子供たちが手紙を寄せる。本書に収められた29通の手紙は、その中から選び出された日本の子供たちによる素晴らしくキュートな手紙ばかり。長谷川朝美さんが撮ったハートウォーミングな北欧のクリスマス風景の写真を織り込んでお届けします。親なら誰でも知っているあの「感動」。子供たちがこの上なく純真な心を表わすクリスマスの手紙。

『**クリスマスの幽霊**』 ロバート・ウェストール作，坂崎麻子，光野多惠子訳 徳間書店 2005.9 116p 19cm （Westall

collection）〈絵：ジョン・ロレンス〉1200円 Ⓘ4-19-862073-3 Ⓝ933.7

目次 クリスマスの幽霊，幼いころの思い出

内容 クリスマス・イヴ。雪のふりつもった美しい町をとおって、ぼくは、父さんが働いている工場へおつかいに行った。すると、エレベーターの中で、不思議なものを見た…壁の鏡に、サンタクロースみたいなおじいさんの顔が映ったのに、ふり返ってみたら、ほかにはだれも乗っていなかった。ぼくが、なんの気なしにその話をすると、父さんと、なかまの人たちの顔色が変わった。エレベーターには、オットーという老人の幽霊が出る。だれかがオットーを見ると、その日、工場で事故が起こり、死人が出る、というのだ。どうしよう、今日、事故にあうのが、父さんだったら…？ 一九三〇年代のイギリスの小さな町を舞台に、男の子の冒険と、父と息子のきずなを描いた、心に残るクリスマスの物語。作者ウェストールの回想記を併録。

『**もう一人の博士**』 ヘンリ・ヴァン・ダイク著，岡田尚訳，佐藤努画 新教出版社 2004.9 103p 21×18cm 1500円 Ⓘ4-400-73753-5

目次 もう一人の博士，最初のクリスマス・ツリー

内容 まことの救い主を求めて、一生をささげる人の姿が、いかに美しいものであるかを、あますところなく描き出したキリスト教文学の世界的傑作。

『**クリスマスのうたの絵本**』 H.A.レイ作 あすなろ書房 2003.11 1冊 22×27cm 1200円 Ⓘ4-7515-2262-0 Ⓝ765.6

目次 もみの木，ウェンツェル王様は、わたしは見ていた（三そうの舟），ひいらぎかざろう，いそぎ来たれ、主にある民，まきびとひつじを，われらはきたりぬ（三人の博士），ああベツレヘムよ，聞け、天使の歌，きよしこの夜

内容 クリスマスのスタンダードナンバーが大集合！ 家族で、クリスマス会やホームパーティで、みんなで歌えるピアノ伴奏用譜面つき。「ひとまねこざる」H.A.レイが描く楽しいクリスマスのうたの絵本。

『**やかまし村のクリスマス**』 アストリッド・リンドグレーン作，イロン・ヴィークランド絵，おざきよし訳 ポプラ社 2003.11 1冊 22×28cm （ポプラせかいの絵本13）1200円 Ⓘ4-591-07889-2 Ⓝ726.6

内容 わたしのなまえは、リーサ。やかまし村にくらしています。やかまし村には、3げんの家があり、7人のこどもがいます。やかまし村のこどもたちは、みんな、クリスマスがだいすきです。これから、とってもたのしかったきょねんのクリスマスのことをおはなしします。

『**うまやのクリスマス**』 マーガレット・ワイズ・ブラウンぶん，バーバラ・クーニーえ，まついるりこやく 長崎童話館出版 2003.10 1冊 19×20cm 1300円 Ⓘ4-88750-056-4 Ⓝ726.6

子どもの本 伝統行事や記念日を知る本2000冊　**337**

[内容] つかれたふたりがたどりつくゆうぐれ。やどやにへやなし、うまやへどうぞ。キリスト誕生の絵本。

『クリスマスのインタビュー』 土屋富士夫絵，吉池好高文 女子パウロ会 2003.10 1冊 26cm 1000円 ⓘ4-7896-0569-8 Ⓝ726.6
[内容] こんばんは、こどもニュースのじかんです。きょうはまちにまったクリスマス。これからみなさんをタイムマシンにのって、イエスさまがおうまれになったベツレヘムへごあんないします。

『ねずみくんのクリスマス』 なかえよしを作，上野紀子絵 ポプラ社 2003.10 35p 25cm （ねずみくんの絵本 19） 1000円 ⓘ4-591-07870-1 Ⓝ726.6
[内容] ねみちゃんにみせようと、クリスマスツリーをつくったねずみくん。あひるくんがそれをみて、「ガーガーガッハッハ〜ちいさいちいさい」。

『ちいさなろば』 ルース・エインズワース作，石井桃子訳，酒井信義画 福音館書店 2002.11 31p 20×27cm （〈こどものとも〉傑作集） 800円 ⓘ4-8340-1893-8
[内容] クリスマスイブにプレゼントを配る手伝いをしたひとりぼっちの小さなろばに、サンタクロースがくれたものは…。心温まる美しい絵本。

『ビロードうさぎ』 マージェリィ・ウィリアムズぶん，いしいももこやく，ウィリアム・ニコルソンえ 長崎 童話館出版 2002.3 44p 25cm 1400円 ⓘ4-88750-036-X
[内容] ある年のクリスマス・プレゼントのひとつとして、ほうやのもとにやってきたビロードうさぎ。木綿のビロードとおがくずでできたビロードうさぎは、子ども部屋の他の高価な機械仕かけのおもちゃの中で、肩身のせまい思いをしていました。でも、仲よしの皮の馬から、子ども部屋には魔法がおこるときを知らされます。「もし、そのおもちゃをもっている子どもが、ながいながいあいだ、そのおもちゃを、ただのあそび相手でなくて、とてもながいあいだ、しんからかわいがっていたとする。すると、そのおもちゃは、ほんとうのものになるのだ」ビロードうさぎは、自分もほんとうのうさぎになりたい、と思いました。やがて時は過ぎゆきます。

『クリスマス事典』 国際機関日本サンタピア委員会監修 あすなろ書房 2001.11 1冊 29cm 1300円 ⓘ4-7515-1987-5
[目次] クリスマスって、なあに？、イエス・キリストって、なにをした人なの？、クリスマスは、なぜ12月25日なの？、なぜクリスマス・ツリーを飾るの？，クリスマスの飾りは、いつまで飾っておくの？，なぜ、クリスマスにはろうそくを飾るの？，クリスマスにプレゼントをおくるようになったのは、どうして？，どうしてサンタクロースという名前なの？，サンタクロースって、ほんとにいるの？，どうしてサンタクロースは赤い服を着てるの？，どうしてサンタクロースはトナカイのそりに乗ってくるの？，なぜ、くつしたをつるすの？，クリスマス・カードって、なあに？，日本ではじめてクリスマスを祝ったのはいつ？，クリスマスのお菓子にはどんなものがあるの？，クリスマスのごちそうはなあに？，『きよしこの夜』はだれがつくったの？，「Xmas」ってなんのこと？，南の国でもクリスマスはあるの？ ：サンタクロースに手紙を出すにはどうしたらいいの？

『クリスマスにくつしたをさげるわけ』 間所ひさこ作，ふりやかよこ絵 教育画劇 2000.10 1冊 19×27cm （行事の由来えほん） 1200円 ⓘ4-7746-0501-8
[内容] クリスマスのまえのよる、くつしたをさげてねるのはどうしてでしょう。そのわけをおはなししましょうね。

『しずかなよる—クリスマスのうた』 マヤ・ドゥシコウワ画，ヨーゼフ・モーア詩，やまとふみこ文 女子パウロ会 2000.10 1冊 30cm 1000円 ⓘ4-7896-0519-1
[内容] 毎年、クリスマスの季節になると、街のあちこちに「きよしこの夜」のうたが流れます。世界中の人々に親しまれているこのうたは、どのようにして生まれたお話か？本書に掲げられた短いお話が、その由来を物語っています。およそ180年まえ、オーストリアのオーベンドルフ村で起こった出来事です。

『クリスマスソングブック 2』 児島なおみ作 偕成社 1999.10 39p 31cm 〈英文併記 付属資料：1枚〉1300円 ⓘ4-03-016310-6
[目次] 赤はなのトナカイ，リトル・ドラマーボーイ，オー・ホーリー・ナイト，馬ぶねのなかでしずかに，天なる神には，パタパン，われらは来たりぬ（三人の王様），キャロリングの歌，世のひとすなる，世界につげよ〔ほか〕
[内容] あなたのいちばん大切な人に1冊、そしてあなたのためにも1冊。すてきなクリスマスをむかえるために。みんなを幸せにするあの絵本がかえってきました。心のあたたかくなる贈り物です。

『クリスマスソングブック 1』 児島なおみ作 偕成社 1999.10 39p 31cm 〈英文併記〉1300円 ⓘ4-03-016300-9
[目次] もろびとこぞりて，もみの木，まきびとひつじの，あらののはてに，ああベツレヘムよ，天にはさかえ，神のみこは，サンタクロースがやってくる，サンタがまちにやってくる，ウインターワンダーランド〔ほか〕

12月　　　　　　　　　　　　　　　　　　　　　　　　　　12月25日

|内容| ジングルベル、諸人こぞりて、きよしこの夜などのクリスマスのうた16曲が、美しい絵にかざられた楽譜絵本になりました。

『**クリスマスのはじまり**』　和歌山静子絵, 脇田晶子文　女子パウロ会　1999.10　1冊　26cm　1000円　ⓝ4-7896-0506-X
|内容| 小さな国の片田舎、そこに宿る家もなく、家畜小屋の飼い葉おけに、そうーっとおかれた小さな赤ん坊。が、数千年の昔から預言者の口をとおして、神が約束なさった救い主、待ちに待たれたかたなのでしょうか！神のなさることはいつも人の意表をつきます。十字架上の死まで続くイエスの生涯全体は、謙虚のきわみであり、神にのみ希望をおく「貧しき人の幸い」を保証するものです。

『**はじめてのクリスマス・ツリー**』　エレナー・エスティス作, 渡辺茂男訳　岩波書店　1998.12　172p　22cm　1600円　ⓝ4-00-115552-4
|内容| この物語の主人公である、小学校五年生のマリアンナの家では、これまで一度もクリスマス・ツリーをかざったことがありませんでした。クリスマスがくるたびに、マリアンナと兄さんの小学校六年生のケニイは「なぜ、この家では、かざらないのか？」と、おかあさんにたずねます。するとおかあさんは、いつも、こうこたえるのです。「だれもかれもが、するからといって、この家で同じことをしなければならない、という理由はないのよ。ママは、そういう考え方はしません。」マリアンナは、今年こそ、と決心するのです。近所の大学生の寮の外に捨てられていた、まだ生き生きとしたモミの木を見つけると、友だちのアリーといっしょに、家の裏庭にはこびます。ママが気づいたら、「家のなかにかざってもいいわよ。」というかもしれない、とつよい希望を持ちながら…。ところが…。小学4・5年以上。

『**スノーマン**』　レイモンド・ブリッグズ著　評論社　1998.10　1冊　31cm　（児童図書館・絵本の部屋）　1600円　ⓝ4-566-00397-3

『**てんしのアンジー——ちいさなてんしのクリスマス**』　アラン・パリーえ, リンダ・パリーぶん, せきや・よしきやく　ドン・ボスコ社　1998.9　1冊　23×24cm　1200円　ⓝ4-88626-229-5
|内容| てんのくにでいちばんちいさなてんしのアンジーは、イエスさまのおたんじょうという、かみさまのごけいかくのために、いっしょうけんめいおてつだいします。どんなにちいさなものもみんなだいすきなかみさまのあいをおしえる、とてもかわいいクリスマスのおはなしです。

『**クリスマスの12にち**』　ブライアン・ワイルドスミス作, 石坂浩二訳　講談社

1997.10　1冊　29cm　（世界の絵本）　1460円　ⓝ4-06-261974-1
|内容| ヨーロッパでは、クリスマスツリーは、12月25日から12日めにしまうのが古くからの習慣です。東方の三博士が、生まれたばかりのイエス・キリストに贈り物を贈ったのが、12日めだといわれているからです。イギリスに古くから伝わる「クリスマスの12にち」も、ツリーをまえにした子どもたちに、歌われてきたものです。ワイルドスミスの描く美しい絵といっしょに、お楽しみください。

『**はじめてのクリスマスのおはなし**』　ベンレイ・ヒュアンえ, きたむらまさおやく　大日本絵画　1997　1冊　18×18cm　（つまみひきしかけえほん）　1200円　ⓝ4-499-30398-2
|内容| クリスマスは、イエス・キリストのたんじょうをおいわいするひです。みんながクリスマスのことで、よくしっているのはなんでしょうか？　えほんのかたがわをよこにひっぱると、なかからたのしくなるえがぱっとあらわれます。

『**おおきなもりのクリスマス**』　ローラ・インガルス・ワイルダー原作, ルネ・グレーフ絵, しみずなおこ訳　文溪堂　1996.11　1冊　24×24cm　（絵本・大草原の小さな家 2）　1500円　ⓝ4-89423-150-6
|内容| むかしむかし、アメリカ・ウィスコンシン州にある"大きな森の小さな家"に、ローラ・インガルスという女の子が、とうさん、かあさん、おねえさんのメアリ、妹のキャリー、それに、かしこいブルドックのジャックといっしょに暮らしていました。もうすぐクリスマスです。たずねてくる親せきをむかえる準備でいそがしいかあさんを、ローラとメアリも手伝います。パンやアップルパイ、たくさんのクッキーを焼くのです。わくわくと胸おどる、クリスマスの日がやってきました。ローラは、赤いミトンとペパーミントキャンデーのほかに、すてきなプレゼントをもらって大喜びです。

『**クリスマスのまえのばん**』　クレメント・C.ムーアぶん, わたなべしげおやく, ウィリアム・W.デンスロウえ　福音館書店　1996.10　52p　29cm　1800円　ⓝ4-8340-1370-7
|内容| むかし、ニューヨークの町に、畑や果樹園にかこまれた古い灰色の館がありました。そこに学者のクレメント・C.ムーアがすんでいました。1822年のクリスマス前夜のこと、ムーア先生は、子どもたちを喜ばせようと『セントニコラスの訪れ』と題する、たのしい物語詩を書きました。後にサンタクロースとよばれるようになったセントニコラスがクリスマス前夜にやってくるお話です。興奮と喜びにみちたこの物語は、『クリスマスのまえのばん』として、よりよく知られるアメリカの古典となりました。それから80年後の1902年、『オズの魔法使い』の挿絵で知られた巨匠ウィリアム・W.デンスロウが、姪のナンシー・A.

子どもの本　伝統行事や記念日を知る本2000冊　**339**

ターナーのために『クリスマスのまえのばん』を、愛情をこめて、そして自分の子ども時代の興奮を思い出しながら、絵本に仕立てあげました。読んであげるなら4才から。じぶんで読むなら小学校初級むき。

『すてきなクリスマス』 永井泰子さく 大日本図書 1994.11 60p 24cm （アミちゃんの手芸ランド）2200円 ⑪4-477-00511-3

目次 星のリース，ひいらぎのドアプレート，布のふんわりツリー，プリント布のミニツリー，クリスマスを待つ大きなくつした，サンタさんを待つ小さなくつした〔ほか〕

内容 クリスマス，クリスマス…。クリスマスって，なんてすてきなひびきだろう。この日のために，何週間も前からかざりつけをする。この日のために，心をこめてプレゼントをつくる。メリー・クリスマス，メリー・クリスマス…。プレゼントをおくった相手の笑顔が目にうかぶ。わたしは，どんなプレゼントがもらえるかな。小学校中学年以上向。

『クリスマスのおはなし』 ジェーン・レイ絵と文，奥泉光訳 徳間書店 1994.10 1冊 31cm 1600円 ⑪4-19-860189-5

内容 芥川賞作家「奥泉光」の美しい訳文とジェーン・レイのかがやく色彩で描く、ほんとうのクリスマス。「子どもに贈るクリスマスの本として、望むすべてがここにある」と絶賛されました。5才から。

『おもいでのクリスマスツリー』 グロリア・ヒューストンぶん，バーバラ・クーニーえ，よしだしんいちやく ほるぷ出版 1991.11 1冊 27cm 1500円 ⑪4-593-50277-2

内容 古くからのならわしを伝える、小さな村のクリスマス。時をこえて語りつがれる、すてきなお話を、バーバラ・クーニーが当時のくらしを取材し、絵で再現しました。クリスマスの感激をわすれない、すべての人に贈る絵本。

『クリスマスのき』 かながわさちこ文，なかむらゆき絵 中央出版社 1990.11 1冊 27cm （クリスマス伝説）850円 ⑪4-8056-2601-1

内容 ノルウェーのそらのした、ひろいもりがありました。もりのおおきなかのなかに、ちいさな、ちいさな、きがいっぽん、しょんぼりたっておりました。

『賢者のおくりもの―オー＝ヘンリー傑作選』 オー＝ヘンリー著，飯島淳秀訳，岩淵慶造絵 講談社 1990.11 208p 18cm （講談社青い鳥文庫）460円 ⑪4-06-147290-9

目次 賢者のおくりもの，警官と聖歌，献立表の春，二十年後，最後の一葉，運命のショッ

ク，とりもどされた改心，赤い酋長の身の代金，魔女のパン，ハーグレーブズの二役

内容 「これこそ、ジムにふさわしいわ。」クリスマスのまえの日、デラは夫のジムへのおくりものを買うためにだいじな髪の毛を切って売ってしまいました。そして、ジムもまた…。若い2人の愛の物語「賢者のおくりもの」をはじめ、ゆかいでちょっと悲しくて、意外な結末を楽しませてくれる、オー・ヘンリー傑作短編集。

『クリスマスものがたり』 トミー・デ・パオラさく・え，きたむらまさおやく 大日本絵画 1990 1冊 20×27cm 〈ぶたいしかけえほん〉2000円 ⑪4-499-20670-7

内容 クリスマスのお祝いは、およそ2000年もの昔、ベツレヘムでのキリストの誕生を記念して、いまでも毎年行われています。本書は、親から子どもへと語りつがれてきた初めてのクリスマスのお話を、忠実に再現しました。かいばおけのキリスト像もていねいに描かれ、6つの精巧な立体場面は、神聖で崇高な雰囲気をもりあげています。

『あるクリスマス』 トールマン・カポーティ著，村上春樹訳，山本容子銅版画 文芸春秋 1989.12 77p 20cm 1300円 ⑪4-16-311450-5 Ⓝ933

内容 父さんと過ごした最初で最後のクリスマス。『あるクリスマス』の前年、トルーマン・カポーティは父を失っている。触れあうことの少ない父子だった。カポーティ自身、すでに酒とクスリに蝕まれていた。この作品の翌々年、彼はこの世を去る。最後にみる夢、だったのかもしれない。

『ベツレヘムのはちとゆり―クリスマス伝説』 かながわさちこ文，なかむらゆき絵 中央出版社 1989.11 1冊 27cm 773円 ⑪4-8056-7804-6

内容 数ある伝説の中でも、いつも、人びとの心を、慰め、はげまし、高めてきたのが、クリスマスにまつわる伝説です。クリスマス伝説が、他の伝説と違うところは、すべて、愛の物語であるということです。悲しむ人は慰められ、貧しい人は豊かに与えられ、人のためにつくす人は報いをうけ、心のかたくなな人は愛に目ざめるのです。

『サンタクロースって，だあれ？―その伝説と歴史をたずねて』 ロビン・クリクトン著，尾崎安訳，マーガレット・ニスベット画 教文館 1988.11 102p 27cm 1800円 ⑪4-7642-0906-3

目次 サンタクロースって、だあれ？，少年司教ニコラス，ニコライ、ロシアの守護聖徒，ニコラ、イタリアのカトリック聖人，ジンター・クラースおよび北欧の神々，ファーザー・クリスマス，異教の芸人，移民としてのサンタ，聖ニコラスの未来

『羊飼いの四本のろうそく』 ゲルダ・マリー・シャイドル文，マルクス・フィス

12月　12月26日

ター絵，中村妙子訳　新教出版社　1988.9
1冊　30cm　1200円　Ⓘ4-400-60805-X
内容　さいしょのクリスマスにまつわる物語
に、聖書にある、いなくなったひつじの話が
そえられています。シモンのランタンにかが
やいていたのは、アドベントの四本のろうそ
くだったのでしょうね。

『8つの小さなクリスマス』　芳賀日出男著，
小沢良吉画　小峰書店　1986.12　103p
22cm　（子どもの祭り）　880円　Ⓘ4-338-
06606-7
目次　1 クリスマスのマーケット，2 光の女
神，3 マリアの宿さがし，4 鬼のくる夜，5 3
人の博士の旅，6 カナダのクリスマス，7 き
よしこの夜，8 サンタクロースの村
内容　みんなが待ちに待ったクリスマス。それ
は世界の子どもたちにとっても、同じです。
雪のふりつもったドイツの町で、サンタク
ロースのおじいさんを待っている子どもたち。
いったいどんなプレゼントを持ってきてくれ
るのでしょうか？　ヨーロッパや、カナダの
クリスマスにまつわる、8つのかわいいお話を
あつめました。

『いちばんはじめのクリスマス』　こいけの
ぶこえ，かげやまあきこぶん　福武書店
1986.11　1冊　21×22cm　1000円　Ⓘ4-
8288-1280-6
内容　『せいしょ』というほんを、しっていま
すか。このほんのなかに、イエスさまのこと
がかかれています。このえほんは、『せい
しょ』のおはなしにそって、イエスさまのお
うまれになった、いちばんはじめのクリスマ
スのことが、ものがたられているえほんです。

《12月26日》

プロ野球誕生の日

1934年の12月26日、東京・丸の内の日本興
業倶楽部で、大日本東京野球倶楽部の設立
総会が開かれ、日本初のプロ野球チームが
誕生した。

『プロ野球のスゴイ話』　『野球太郎』編集
部著　図書館版　ポプラ社　2016.4
244p　18cm　（スポーツのスゴイ話 1）
〈文献あり〉　1200円　Ⓘ978-4-591-14888-
4　Ⓝ783.7
目次　第1章 打者編（ホームラン打者のひみ
つ，打ち方に個性が出る！ ほか），第2章 投
手編（エースの条件，変化球大百科 ほか），第
3章 守備編（捕手のひみつ，内野手の役割 ほ
か），第4章 作戦・球場編（監督やコーチの仕

事って？，2013年、楽天の優勝を支えたスコ
アラーに聞いた！ ほか）
内容　「ホームラン打者のひみつ」「投手の投球
スタイル」から「変化球大百科」「サインのひ
みつ」までプロ野球のあらゆるスゴイ話が21
本！ おもしろくて、ためになる、野球ファ
ン必読の一冊がプレイボール!!

『プロ野球のスゴイ話―プロ野球はじめて物
語』　高橋安幸，『野球太郎』編集部著　図
書館版　ポプラ社　2016.4　192p　18cm
（スポーツのスゴイ話 3）〈文献あり〉
1200円　Ⓘ978-4-591-14890-7　Ⓝ783.7
内容　はじめてノーヒットノーランを達成した
投手―沢村栄治，史上初の通算2000本安打達
成―川上哲治，日本ではじめてフォークボー
ルを投げた投手―杉下茂，はじめてシーズン
50本塁打をこえた選手―小鶴誠，はじめて
3000本安打を打った選手―張本勲，日本初の
外国人選手―ビクトル・スタルヒン，日本人
初のメジャーリーガー―村上雅則と野茂英雄，
初の日本人カタカナ登録名―「イチロー」，プ
ロ野球初の天覧試合，プロ野球はじめてアラ
カルト
内容　「はじめてノーヒットノーラン達成した
のは？」「はじめて通算2000本安打を達成した
のは？」プロ野球のあらゆる「はじめて」に
関係するスゴイ話がもりだくさん！ 読めば
プロ野球がもっと楽しくなる、野球ファン必
読の一冊です。

『プロ野球のスゴイ話―最強ベストナイン
編』　高橋安幸，『野球太郎』編集部著　図
書館版　ポプラ社　2016.4　219p　18cm
（スポーツのスゴイ話 5）〈文献あり〉
1200円　Ⓘ978-4-591-14892-1　Ⓝ783.7
目次　第1章 侍ジャパンは日本最強ベストナイ
ン，第2章 ベストナインポジション編（ピッ
チャー＝投手，キャッチャー＝捕手，ファー
スト＝一塁手，セカンド＝二塁手，サード＝
三塁手，ショート＝遊撃手，外野手），第3章
ベストナイン打順編，第4章 ベンチにひかえる
名脇役編（代打，代走）
内容　「侍ジャパンの最強ベストナイン」「ポジ
ション別・打順別ベストナイン」など日本プ
ロ野球界を彩る最強の選手たちを厳選して紹
介。いぶし銀の脇役も含め、スゴイ選手がせ
いぞろい!! 『モノ知りプロ野球用語事典』の
付録付き。

『プロ野球なんでもナンバー1―メジャーか
ら日本まで』　近藤隆夫著　ほるぷ出版
2009.3　159p　19cm　〈索引あり〉　1300
円　Ⓘ978-4-593-59395-8　Ⓝ783.7
目次　メジャーリーグ編，日本プロ野球編，球
場，チーム記録編，用語集，選手名さくいん
内容　一番多くヒットを打ったのは誰か？ 一
番すごいホームランバッターは誰か？ 一番速
い球を投げたのは？―プロ野球でつくられた
驚異の記録を、メジャーから日本まで一挙に
紹介。これを読めばキミも野球博士になれる。

子どもの本 伝統行事や記念日を知る本2000冊　341

## 12月30日 / 12月

『プロ野球にかかわる仕事—マンガ』
ヴィットインターナショナル企画室編
ほるぷ出版 2006.1 142p 22cm （知
りたい！ なりたい！ 職業ガイド）
2200円 Ⓘ4-593-57187-1 Ⓝ783.7
目次 プロ野球にかかわる仕事，プロ野球選
手，プロ野球審判員，野球用具製作スタッフ

『これが日本のプロ野球だ！—まんが版 ：
thanks 40 next 40』 竹書房編 日本
野球機構 1989.8 161p 21cm 非売品
Ⓝ783.7

---

### ボクシング・デー

12月26日。クリスマスの翌日で，クリスマ
スプレゼントを開ける日。教会が貧しい人
たちのために寄付を募ったプレゼントの箱
を開ける日であったことから。英連邦でよ
く見られる習慣。

---

『ボクシング・デイ』 樫崎茜著 講談社
2007.12 235p 20cm 1400円 Ⓘ978-
4-06-214423-0 Ⓝ913.6
内容 クリスマスに一日遅れてプレゼントを開
ける日，それがボクシング・デイ。「ことばの
教室」に通う10歳の少女がもらったものは，
「発音」そして「言葉」という贈り物だった。

---

### 《12月30日》

---

### 地下鉄記念日

1927年の12月30日，東京の上野・浅草駅間
で日本初の地下鉄が開通したことを記念す
る日。当時，東洋唯一の地下鉄道だった。

---

『ちかてつのふしぎ』 溝口イタルえ，渡辺
朝枝文 交通新聞社 2016.8 31p
25cm （でんしゃのひみつ） 1300円
Ⓘ978-4-330-68616-5 Ⓝ686.21
内容 じめんのしたにもぐってはしる，ちかて
つのおはなしです。ちじょうとちかをつなぐ，
ひみつのきちにもせんにゅうだ!! 観音開きの
しかけつき。

『もしもで考える地下鉄のこと』 〔札幌〕
札幌市交通局 2014.10 10p 30cm
Ⓝ686.2115

『東京メトロ 大都会をめぐる地下鉄』 深
光富士男文 佼成出版社 2013.10 143p
22cm （このプロジェクトを追え！）

---

1500円 Ⓘ978-4-333-02616-6 Ⓝ686.
21361
目次 第1章 同じようでちがう!?「東京メト
ロ」の九つの路線，第2章 副都心線のトンネ
ルは，2種類の工法で掘られた，第3章 運転士
の仕事・車掌の仕事，第4章 駅員の仕事・
サービスマネージャーの仕事，第5章 九つの
路線の指令系統を一括管理している「総合指
令所」，第6章 車両を守る・線路を守る・電気
設備を守る，第7章 安全・利便性・環境を考
えた取り組みとは？
内容 日本人一大きな地下鉄事業者「東京メト
ロ」の仕事を追った。副都心線建設当時の担
当者，運転士，車掌，駅員，サービスマネー
ジャー，「総合指令所」指令員，車両，線路，
電気設備の保守を行う人，安全対策，利用者
の利便性，環境への配慮に取り組む人等を取
材。専門性の強いさまざまな仕事の紹介と合
わせて，地下鉄の各種システムも解説。地下
鉄トンネルがどのように建設されるのか，と
いうなぞも解き明かす。

『いのち運んだナゾの地下鉄』 野田道子
作，藤田ひおこ絵 毎日新聞社 2012.2
125p 19cm 1300円 Ⓘ978-4-620-
20031-6 Ⓝ913.6
内容 一九四五年三月十三日—大阪大空襲の
夜，炎の海を逃げまどう人々を乗せて，動い
ているはずのない地下鉄が走ったという。生
き残った三姉妹が体験した，六十六年前のミ
ステリー。

『ちかてつ』 交通新聞社 2008.7 1冊
13×13cm （スーパーのりものシリーズ）
448円 Ⓘ978-4-330-01608-5 Ⓝ546.5

---

### 《12月31日》

---

### 大みそか

12月31日。1年の最後の日。大つごもり。月
の末日を示す晦日（みそか）のうち，年の最
後となることを示すため，「大」を冠して大
晦日という。1年の穢れを払う神事が宮中・
全国の神社で行われるほか，新年に変わる
年越しの夜の風習には，年越しそば，除夜の
鐘などがある。

---

『じょやのかね』 とうごうなりささく 福
音館書店 2017.11 〔32p〕 28cm
（日本傑作絵本シリーズ） 1200円
Ⓘ978-4-8340-8369-9 Ⓝ726.6

『おおみそか かいじゅうたいじ』 東山凱
訳 中国出版トーハン 2011.1 1冊
30cm （中国のむかしばなし 2） 1380円
Ⓘ978-4-7994-0001-2 Ⓝ726.6

『はんぴらり！ 3 神さまはてんてこま
い』 廣嶋玲子作，九猫あざみ絵 童心社
2010.3 158p 18cm 1000円 Ⓘ978-4-
494-01414-9 Ⓝ913.6

| 12月 | 12月その他 |

内容 年神さまをねぎらっておくりだし、新しい年神さまお迎えする大晦日の夜、たいせつなお役目をまかされることになった鈴音丸。ぶじにお役目をはたせるのでしょうか？

『マッチ売りの少女』 ハンス・クリスチャン・アンデルセン文，クヴィエタ・パツォウスカー絵，掛川恭子訳　ほるぷ出版　2006.5　1冊　30cm　1800円　Ⓣ4-593-50448-1　Ⓝ726.6

内容 世界中で読みつがれてきたアンデルセンの名作が、斬新な絵本になりました。国際アンデルセン賞受賞画家パツォウスカーの、なみはずれた色彩感覚と大胆なデザインでえがかれた、オリジナリティあふれる『マッチ売りの少女』です。

『マッチうりの少女』 H.C.アンデルセン作，木村由利子訳，いわさきちひろ絵　偕成社　1992.12　39p　19cm　900円　Ⓣ4-03-421080-X

内容 こごえるような大みそかの夜少女はひとり、マッチに火を灯しました。アンデルセンの珠玉の名作が原文からの完訳と、いわさきちひろの絵により、静かによみがえります。

『びんぼう神とふくの神』 木暮正夫ぶん，梶山俊夫え　佼成出版社　1992.11　30p　25×26cm　（民話こころのふるさとシリーズ）　1200円　Ⓣ4-333-01593-6

内容 むかしあるところに、はたらきものの夫婦がいました。けれど、どんなにはたらいても、くらしは楽になりません。ある年の大晦日のばんのこと。やねうらで、だれかがないています。夫婦が声をかけると、あらわれたのはびんぼう神でした。

『かさじぞう』 ほるぷっくす構成　講談社　1990.12　27p　17cm　（はじめてのまんが日本昔ばなし 7）〈企画：川内彩友美〉　430円　Ⓣ4-06-197857-8

内容 地蔵さまにまつわる昔ばなし各地にあって、地蔵の数も6,7,12とさまざまです。この話では、大みそかの日に男がかせ玉（髪かざり）を売りに行って、笠売りの笠と交換することになっていますが、一般には、笠を売りに行く話が多く語られています。こちらも、地蔵にかぶせる笠が一つ足りなくて、男が自分の笠をかぶせてあげる、心あたたまる場面はかわりありません。

『かさじぞう』 瀬田貞二再話，赤羽末吉画　福音館書店　1966.11　19p　27cm　（〈こどものとも〉傑作集 4）〈64刷：1995.12〉　680円　Ⓣ4-8340-0071-0

## 《12月その他》

### 冬至

一年のうち太陽が最も南に寄り、北半球で昼が最も短くなる日。翌日から日が長くなるため、太陽が再生する日として、世界各地で冬至祭が行われる。二十四節気の一つ。12月22日ころ。日本ではかぼちゃの煮物を食べたり柚子湯に入ったりする習慣がある。

『ゆずゆずきいろ』 楠章子作，石井勉絵　ポプラ社　2010.11　71p　21cm　（ポプラちいさなおはなし 39）　900円　Ⓣ978-4-591-12110-8　Ⓝ913.6

内容 一ねんで一ばんよるがながくなるとうじのひ―。ゆずをたくさんおゆにうかべたら、あったかくてたのしくて、ちょっとふしぎなおふろのじかんのはじまりです。親子で楽しめる冬至のゆず湯のおはなし。

『あずきがゆばあさんとトラ』 チョ・ホサン文，ユン・ミスク絵，おおたけきよみ訳　アートン　2004.11　1冊　21×30cm　（韓国の絵本10選）　1500円　Ⓣ4-901006-93-2　Ⓝ726.6

内容 この絵本には、たまごやスッポン、うんち、きり、石うす、むしろ、しょいこといった韓国の田舎暮らしで今でも身近にあるものたちが次々と登場します。寒さ厳しい冬至の折に、おいしいあずき粥を一杯ずつ分けてもらいながら力を合わせてハルモニを助ける物語は、遠い韓国の農民の実生活に根ざしたファンタジーといえるでしょう。本来は強くて恐いホランイが、日常生活のありふれた小さなものたちの力でやっつけられてしまうところに、民衆の生活力が反映されています。

『ひみつのかいだん』 ジル・バークレム作，岸田衿子訳，前田豊司監訳　講談社　1997.7　1冊　18cm　（のばらの村のものがたり 新装版 5）　951円　Ⓣ4-06-187891-3

内容 冬至まつりの前の日でした。のばらの村のねずみたちは、とてもいそがしくしていました。今夜、暗くなってから、ねずみたちはみんなで、まっかにもえる火のまわりに集まり、昔ながらの冬至まつりを祝うのです。大がかりの余興もあり、プリムローズとウィルフレッドは、詩の暗唱をすることにきめていました。プリムローズとウィルフレッドは、だれにもじゃまされず、静かに練習したいので、屋根うら部屋にいきましたが、いろんなものが目について、あちこち探検したくなり、なかなか練習にうちこめません。ぐうぜんほこりだらけの階段をみつけたとき、ふたりは練習のことなどすっかりわすれてしまいました。厚生省中央児童福祉審議会推薦図書。全国学校図書館協議会選定図書。日本図書館協議会選定図書。

子どもの本 伝統行事や記念日を知る本2000冊　**343**

# 書 名 索 引

## 【あ】

あいうべ体操で息育なるほど呼吸学（今井一彰） ………………………………… 115
あいさつだってボランティア（田中ひろし） …… 310
アイスクリーム（日本アイスクリーム協会） …… 114
アイスクリームが溶けてしまう前に（小沢健二） ………………………………… 259
アイスクリームの絵本（みやちひろひと） …… 114
アイスベアーほっきょくぐまたちは今…（ブレンダZ.ギバーソン） ……………… 47
あえのこと（さとうれいこ） …………………… 309
青い鳥（メーテルリンク） ……………………… 329
あかちゃんの育脳クラシックえほん（新井鴎子） ………………………………… 203
秋から冬のしきたり ……………………………… 17
あきのあそび（竹井史郎） ………………………… 14
あきのおはなし（谷真介） ………………………… 24
秋のおやつ（伝統おやつ研究クラブ） ………… 179
秋の祭り（芳賀日出男） …………………………… 24
あき・ふゆのしぜん（岡本依子） ……………… 108
あくたれラルフのハロウィン（ジャック・ガントス） …………………………… 260
あけましてのごあいさつ（すとうあさえ） …… 27
赤穂義士絵物語 …………………………………… 320
赤穂義士を考える ………………………………… 319
赤穂義士物語（赤穂市教育研究所義士と教育部） …………………………… 320
赤穂浪士討ち入る（小西聖一） ………………… 319
あこちゃんと花まつり（西本鶏介） ……………… 78
朝ごはんは元気のもと（山本茂） ………………… 86
アジア・太平洋戦争（森武麿） ………………… 192
足指を広げてのばすゆびのば姿勢学（今井一彰） …………………………… 269
あずきがゆばあさんとトラ（チョ・ホサン） … 343
明日ともだちに話したくなる野菜の話（稲垣栄洋） …………………………… 198
遊びながら本を読む習慣が身につく！ ふしぎな読書ドリル（角田和将） …………… 91
遊ぶことだってたいせつな権利（ナムーラミチヨ） …………………………… 293
あそぼう、マジック（日本奇術協会） ………… 307
遊んで学べる！ えほん世界地図（ジェニー・スレーター） ………………… 86
あたたかい「家」がほしい（ジーン・ハリソン） …………………………… 292
頭と体のスポーツ（萩裕美子） ………………… 262
新しい発達と障害を考える本（内山登紀夫） … 75
アーチの力学（板倉聖宣） ……………………… 181
アツイぜ！ 消防官（くさばよしみ） ………… 55
あつまれ！ どうぶつ（今泉忠明） …………… 225

あつめた・そだてたぼくのマメ図鑑（盛口満） ………………………………… 239
あなたが変わるトレーニングの本（岡田一彦） ………………………………… 72
あなたこそたからもの（いとうまこと） ……… 107
あなたにもできる災害ボランティア（スペンドリニ・カクチ） ……………… 30
あなたの住まいの見つけ方（三浦展） ………… 158
あなたの耳（佐季浩子） ………………………… 53
アニメ版釜石の"奇跡"（NHKスペシャル取材班） …………………………… 60
あぶない！ 守ろう！ だいじな目（枝川宏） ………………………………… 235
油の絵本（すずきおさむ） ……………………… 195
あらいたてきもちいい！ パンツ（中島妙） … 180
嵐の中の灯台（小柳陽太郎） …………………… 266
アリスのとけいえほん（加藤綾子） …………… 143
アリになった数学者（森田真生） ………………… 62
あるクリスマス（トールマン・カポーティ） … 340
ある日、お父さんお母さんががんになってしまったら（Ann Couldrick） ……… 37
ある日、ワタルさんはエイズになった。（岩田健太郎） ………………… 304
アレルギー体質で読む本（山田真） …………… 43
アレルギーってなんだろう？（清水直樹） …… 43
アンジェリーナのハロウィーン（キャサリン・ホラバード） ……………… 261
安心してくらしたい（ジーン・ハリソン） …… 292
安全を守る仕事（国土社編集部） …… 54, 118, 149
安全に楽しく乗ろう！ 自転車まるわかりブック（谷田貝一男） …………… 112
アンソニー、きみがいるから（櫻井ようこ） … 101
アンデルセン（クォンヨンチャン） ……………… 73
アンデルセン（山本和子） ………………………… 72
アンデルセン自伝（ハンス・クリスチャン・アンデルセン） ……………… 74
アンネ・フランク（早乙女勝元） ………………… 32
アンリ・デュナン（江間章子） ………………… 113

## 【い】

いえができるまで ……………………………… 157
家づくりにかかわる仕事（ヴィットインターナショナル企画室） ………… 158
家ってなんだろう（益子義弘） ………………… 159
いきいきしせい（ぱすてる書房） ……………… 270
いきもの寿命ずかん（新宅広二） ……………… 225
生き物たちの冬ごし図鑑（星輝行） …………… 137
いきもののはっけん！ ハンディ図鑑（田中千尋） …………………… 108
イクバルと仲間たち（スーザン・クークリン） ………………………………… 145
池上彰さんと学ぶみんなのメディアリテラシー（池上彰） ……………… 160

子どもの本 伝統行事や記念日を知る本2000冊　**347**

いけか　　　　　　　　　　書名索引

池上彰のニュースに登場する世界の環境問題
　（稲葉茂勝）‥‥‥‥‥‥‥‥‥ 169, 226, 247
意見をいって自分もまわりも変わる（喜多明
　人）‥‥‥‥‥‥‥‥‥‥‥‥‥‥‥‥‥ 316
意見を聞いてほしい（ニコラ・エドワーズ）‥‥ 292
石ころがうまれた（渡辺一夫）‥‥‥‥‥‥ 27
石のみりょく大発見（小松聖直）‥‥‥‥‥ 27
いしぶみ（広島テレビ放送）‥‥‥‥‥‥ 182
いじめ、暴力、虐待から自分を守る（坪井節
　子）‥‥‥‥‥‥‥‥‥‥‥‥‥‥‥‥‥ 316
石はなにからできている？（西村寿雄）‥‥ 27
イースターってなあに（リースベット・スレー
　ヘルス）‥‥‥‥‥‥‥‥‥‥‥‥‥‥‥ 70
いーすたーのおはなし（ジュリエット・デー
　ビッド）‥‥‥‥‥‥‥‥‥‥‥‥‥‥‥ 70
イースターのおはなし（ターシャ・テュー
　ダー）‥‥‥‥‥‥‥‥‥‥‥‥‥‥‥‥ 70
イースターのお話（ロイス・ロック）‥‥‥ 70
イースターのはなし（メアリー・ジョスリン）
　‥‥‥‥‥‥‥‥‥‥‥‥‥‥‥‥‥‥‥ 70
イースター物語（ボブ・ハートマン）‥‥‥ 70
伊勢茶の歴史　小学生から大人まで読んでもら
　いたいお茶の本（髙瀬孝二）‥‥‥‥‥ 105
いたずら博士の科学だいすき‥‥‥‥ 170, 195
1型糖尿病を2025年までに治します！（清水風
　外）‥‥‥‥‥‥‥‥‥‥‥‥‥‥‥‥‥ 285
1月（増田良子）‥‥‥‥‥‥‥‥‥‥‥‥ 26
1月のえほん（長谷川康男）‥‥‥‥‥‥‥ 26
1がつのこうさく（竹井史郎）‥‥‥‥‥‥ 26
1月のこども図鑑‥‥‥‥‥‥‥‥‥‥‥‥ 26
いちねん（ゆきのゆみこ）‥‥‥‥‥‥‥‥ 12
1年366日のひみつ（竹内誠）‥‥‥‥‥‥ 18
1年まるごときょうはなんの日？（「1年まるご
　ときょうはなんの日？」編集委員会）‥‥‥ 6, 7
いちばんうまくなるミニバスケットボール（永
　田睦子）‥‥‥‥‥‥‥‥‥‥‥‥‥‥‥ 328
いちばんはじめのクリスマス（こいけのぶこ）
　‥‥‥‥‥‥‥‥‥‥‥‥‥‥‥‥‥‥‥ 341
いちばんわかりやすい囲碁入門（白江治彦）‥‥ 28
いちばんわかりやすいこども囲碁教室（誠文
　堂新光社）‥‥‥‥‥‥‥‥‥‥‥‥‥‥ 28
一番わかりやすいそろばん教室（堀野晃）‥‥ 184
いちばんわかりやすいそろばん入門（高柳和
　之）‥‥‥‥‥‥‥‥‥‥‥‥‥‥‥‥‥ 184
1秒って誰が決めるの？（安田正美）‥‥‥ 143
1歳のえほん（汐見稔幸）‥‥‥‥‥‥‥‥ 299
一冊で強くなる！　囲碁基本のコツ打ち方が
　わかる本（依田紀基）‥‥‥‥‥‥‥‥‥ 28
いっしょに走ろっ！（星野恭子）‥‥‥‥‥ 197
行ってみよう！　社会科見学（国土社編集部）
　‥‥‥‥‥‥‥‥‥‥‥‥‥‥‥‥‥‥‥ 249
いつでもどこでもフットサル（須田芳正）‥‥ 110
いつでも本はそばにいる（朝の読書推進協議
　会）‥‥‥‥‥‥‥‥‥‥‥‥‥‥‥‥‥ 92

一歩一歩タロ〜！　ジロ〜！　南極物語（チー
　ム151E☆）‥‥‥‥‥‥‥‥‥‥‥‥‥ 29
遺伝子・DNAのすべて（夏緑）‥‥‥‥‥‥ 93
移動する人口（鬼頭宏）‥‥‥‥‥‥‥‥‥ 169
胃と腸（日本医師会）‥‥‥‥‥‥‥‥‥‥ 317
稲むらの火（中井常蔵）‥‥‥‥‥‥‥‥‥ 275
稲むらの火のひみつ（山口育孝）‥‥‥‥‥ 274
いぬ（今泉忠明）‥‥‥‥‥‥‥‥‥‥‥‥ 265
犬（キム・デニースブライアン）‥‥‥‥‥ 265
犬を飼おう！（森脇和男）‥‥‥‥‥‥‥‥ 265
犬がおうちにやってきた！（井原亮）‥‥‥ 265
犬とかかわる仕事がしたい！（辻秀雄）‥‥ 265
犬の写真図鑑（中島眞理）‥‥‥‥‥‥‥‥ 266
犬の生態図鑑（蒔田和典）‥‥‥‥‥‥‥‥ 266
いのちにつながるノーベル賞（若林文高）‥‥ 297
いのちのかんさつ‥‥‥‥‥‥‥‥‥‥‥‥ 140
いのちのもといでんし（フラン・ボークウィ
　ル）‥‥‥‥‥‥‥‥‥‥‥‥‥‥‥‥‥ 93
いのち運んだナゾの地下鉄（野田道子）‥‥ 342
いのちは贈りもの（フランシーヌ・クリスト
　フ）‥‥‥‥‥‥‥‥‥‥‥‥‥‥‥‥‥ 32
いのちはどう生まれ、育つのか（道信良子）‥‥ 306
いのりの石（こやま峰子）‥‥‥‥‥‥‥‥ 182
いばりんぼうのカエルくんとこわがりのガマ
　くん（松橋利光）‥‥‥‥‥‥‥‥‥‥‥ 140
イブにサンタがやってきた（クレメント・ムー
　ア）‥‥‥‥‥‥‥‥‥‥‥‥‥‥‥‥‥ 330
今こそ読みたい児童文学100（赤木かん子）‥‥ 73
今、この本を子どもの手に（東京子ども図書
　館）‥‥‥‥‥‥‥‥‥‥‥‥‥‥‥‥‥ 72
今、世界はあぶないのか？　難民と移民（セ
　リ・ロバーツ）‥‥‥‥‥‥‥‥‥‥‥‥ 324
移民と亡命（アイリス・タイクマン）‥‥‥ 324
移民や難民ってだれのこと？（マイケル・ロー
　ゼン）‥‥‥‥‥‥‥‥‥‥‥‥‥‥‥‥ 324
井山裕太のいちばん強くなる囲碁入門（井山
　裕太）‥‥‥‥‥‥‥‥‥‥‥‥‥‥‥‥ 28
イライジャの天使（マイケル・J・ローゼン）‥‥ 334
イラストでみる世界を変えた発明（ジリー・マ
　クラウド）‥‥‥‥‥‥‥‥‥‥‥‥‥‥ 84
イラストでみるはるか昔の鉄を追って（鈴木
　瑞穂）‥‥‥‥‥‥‥‥‥‥‥‥‥‥‥‥ 305
イラストでわかりやすい昔の道具百科（岩井
　宏實）‥‥‥‥‥‥‥‥‥‥‥‥‥‥‥‥ 233
イラストでわかる日本の伝統行事・行事食（谷
　田貝公昭）‥‥‥‥‥‥‥‥‥‥‥‥‥‥ 4
イラスト版行事食・歳事食（坂本廣子）‥‥ 17
イラスト版子どもの伝統行事（谷田貝公昭）‥‥ 18
いる！　いない？のひみつ（並木伸一郎）‥‥ 157
いろいろな人の人権を考える（井上夜子）‥‥ 316
色であそぼう（日本色彩研究所）‥‥‥‥‥ 288
色の大研究（PHP研究所）‥‥‥‥‥‥‥‥ 288
色のなまえ事典（日本色彩研究所）‥‥‥‥ 288
色のはたらき（日本色彩研究所）‥‥‥‥‥ 288
色のはっけん（日本色彩研究所）‥‥‥‥‥ 288

書名索引　　　　　　えんひ

色のまなび事典（茂木一司）・・・・・・・・・・ 287, 288
イワシ（渡邊良朗）・・・・・・・・・・・・・・・・・・・・・・ 224
インスタントラーメンのひみつ（望月恭子）・・・・ 195
引退犬命の物語（沢田俊子）・・・・・・・・・・・・・・ 101

# 【う】

うえからよんでもしたからよんでもぞうまう
　ぞ・さるのるさ（石津ちひろ）・・・・・・・・・・ 325
ウキウキ甘辛おやつ（奥村彪生）・・・・・・・・・・ 179
動くしくみがわかる！　おもしろおもちゃ（ガ
　リレオ工房）・・・・・・・・・・・・・・・・・・・・・・・・ 110
うたうたう（東君平）・・・・・・・・・・・・・・・・・・ 325
宇宙図鑑（藤井旭）・・・・・・・・・・・・・・・・・・・・ 210
宇宙と歯の健康（住田実）・・・・・・・・・・・・・・ 277
宇宙のすがたを科学する（ギヨーム・デュプ
　ラ）・・・・・・・・・・・・・・・・・・・・・・・・・・・・・・ 210
宇宙飛行士大図鑑（PHP研究所）・・・・・・・・・・ 81
宇宙飛行士入門（渡辺勝巳）・・・・・・・・・・・・・・ 80
うちゅうはきみのすぐそばに（いわやけいす
　け）・・・・・・・・・・・・・・・・・・・・・・・・・・・・・・ 210
腕と度胸のトラック便（NHKプロジェクトX
　制作班）・・・・・・・・・・・・・・・・・・・・・・・・・・ 233
うどん（深山さくら）・・・・・・・・・・・・・・・・・・ 164
うどんの絵本（おだもんた）・・・・・・・・・・・・・・ 164
うどんのはなはどんないろ（かこさとし）・・・・ 164
うどんはどこからきたの？（吉田隆子）・・・・・・ 164
うまくなる少年サッカー（能田達規）・・・・・・・・ 281
うまくなるミニバスケットボール（松野千歌）
　・・・・・・・・・・・・・・・・・・・・・・・・・・・・・・・・ 327
馬小屋のクリスマス（アストリッド・リンドグ
　レーン）・・・・・・・・・・・・・・・・・・・・・・・・・・ 336
うまやのクリスマス（マーガレット・ワイズ・
　ブラウン）・・・・・・・・・・・・・・・・・・・・・・・・ 337
海をわたったヒロシマの人形（指田和）・・・・・・ 182
海をわたり夢をかなえた土木技術者たち（高
　橋裕）・・・・・・・・・・・・・・・・・・・・・・・・・・・・ 290
海をわたる被爆ピアノ（矢川光則）・・・・・・・・・・ 182
海学（テンプラー社）・・・・・・・・・・・・・・・・・・ 173
海のクライシス（岡田康則）・・・・・・・・・・・・・・ 172
海のひみつ（スティーブ・パーカー）・・・・・・・・ 173
海まるごと大研究（保坂直紀）・・・・・・・・ 172, 173
海は生きている（富山和子）・・・・・・・・・・・・・・ 172
海はもうひとつの宇宙（高頭祥八）・・・・・・・・・・ 173
うめ（石津博典）・・・・・・・・・・・・・・・・・・・・・・ 142
ウメの絵本（よしだまさお）・・・・・・・・・・・・・・ 141
うめぼし（石橋國男）・・・・・・・・・・・・・・・・・・ 171
梅干しの絵本（小清水正美）・・・・・・・・・・・・・・ 171
うるしの文化（藤澤保子）・・・・・・・・・・・・・・・・ 285
ウルトラマンをつくったひとたち（いいづか
　さだお）・・・・・・・・・・・・・・・・・・・・・・・・・・ 168
ウルトラマンサーガ超全集・・・・・・・・・・・・・・ 168
ウルトラマン全戦士超ファイル・・・・・・・・・・ 168

ウルトラマン大図鑑（円谷プロダクション）・・・・ 168
ウルトラマン大図鑑デラックス・・・・・・・・・・・・ 168
ウルトラマンのひみつ100・・・・・・・・・・・・・・ 168
うんどうかい・・・・・・・・・・・・・・・・・・・・・・・・ 219
運動会アイデア競技集（楽しい運動会を創造
　する教師の会）・・・・・・・・・・・・・・・・・・・・ 219
運動会で1番になる方法（深代千之）・・・・・・・・ 219

# 【え】

エアエンジン飛行機（左巻健男）・・・・・・・・・・ 324
永遠に捨てない服が着たい（今関信子）・・・・・・ 38
映画製作にかかわる仕事（ヴィットインター
　ナショナル企画室）・・・・・・・・・・・・・・・・ 303
映画でおべんきょう（中島峰夫）・・・・・・・・・・ 304
映画の仕事はやめられない！（附田斉子）・・・・ 304
映画のなかの学びのヒント（梶井一暁）・・・・・・ 303
映画は楽しい表現ツール（昼間行雄）・・・・・・・・ 303
英語で学び，考える今日は何の日around the
　world（町田淳子）・・・・・・・・・・・・・・・・・・ 5
英語で学び，考える今日は何の日around the
　world（町田淳子）・・・・・・・・・・・・・・・・・・ 6
エイズ（高橋央）・・・・・・・・・・・・・・・・・・・・・・ 304
エイズにたちむかう（石原尚子）・・・・・・・・・・ 304
エイズの村に生まれて（後藤健二）・・・・・・・・・・ 304
HIV/エイズとともに生きる子どもたちケニア
　（山本敏晴）・・・・・・・・・・・・・・・・・・・・・・ 304
栄養を知って糖尿病がわかる（山本公弘）・・・・ 285
栄養バランスとダイエット（山本茂）・・・・・・・・ 87
エコカーのしくみ見学（市川克彦）・・・・・・・・ 122
エジソンと電灯（キース・エリス）・・・・・・・・・・ 251
絵で見る服とくらしの歴史（菊地ひと美）・・・・ 38
絵でわかる社会科事典（鎌田和宏）・・・・・・・・ 12
江戸の怪談絵事典（近藤雅樹）・・・・・・・・・・・・ 191
江戸の子ども行事とあそび12か月（菊地ひと
　美）・・・・・・・・・・・・・・・・・・・・・・・・・・・・ 13
江戸の迷路（伊садまさあき）・・・・・・・・・・・・・・ 76
NHKど～する？　地球のあした（NHK出版）
　・・・・・・・・・・・・・・・・・・・・・・・・・・・・・・・・ 90
NHK学ぼうBOSAI命を守る防災の知恵
　（NHK「学ぼうBOSAI」制作班）・・・・・・ 201
絵本ごよみ　二十四節気と七十二候（坂東眞理
　子）・・・・・・・・・・・・・・・・・・・・・・・・・・ 10, 11
えほん七十二候（白井明大）・・・・・・・・・・・・・・ 6
えほん障害者権利条約（ふじいかつのり）・・・・ 313
絵本日本女性史・・・・・・・・・・・・・・・・・・・・・・ 57
絵本の庭へ（東京子ども図書館）・・・・・・・・・・ 299
絵本版おはなし日本の歴史（金子邦秀）・・・ 164, 191
えりも砂漠を昆布の森に（川嶋康男）・・・・・・・・ 287
エルと過ごした9か月（鹿目けい子）・・・・・・・・ 101
演じて楽しい科学マジック（YOHEY）・・・・・・ 308
エンジョイ！　図書館（二村健）・・・・・・・・・・ 99
えんぴつが正しくもてる本（石田繁美）・・・・・・ 105

子どもの本 伝統行事や記念日を知る本2000冊　**349**

えひ　　　書名索引

鉛筆や色鉛筆はこうつくる（コンパスワーク）
　　　‥‥‥‥‥‥‥‥‥‥‥‥‥‥　105

# 【お】

おいしいおひなさま（すとうあさえ）‥‥‥‥　50
おいしいほしがき ‥‥‥‥‥‥‥‥‥　255
おいしくたべよう！（ラビッツアイ）‥‥‥　86
おいでよ森へ（「おいでよ森へ」プロジェク
　ト）‥‥‥‥‥‥‥‥‥‥‥‥‥‥‥　65
おいもほり・おつきみ ‥‥‥‥‥‥‥　218
おうちで学校で役にたつアレルギーの本（赤
　澤晃）‥‥‥‥‥‥‥‥‥‥‥‥　42, 43
おおい？　すくない？　かぞえてみよう（藤
　子・F・不二雄）‥‥‥‥‥‥‥‥‥　62
おおきく考えよう（ペーテル・エクベリ）‥　95
おおきくなったの（すとうあさえ）‥‥‥　286
おおきなもりのクリスマス（ローラ・インガル
　ス・ワイルダー）‥‥‥‥‥‥‥‥‥　339
おおみそか　かいじゅうたいじ（東山凱）‥‥　342
おかあさんへ（アヒム＝ブレーガー）‥‥‥　129
おかあさん、げんきですか（後藤竜二）‥‥　128
おかえりなさいはやぶさ（吉川真）‥‥‥　146
お帰り！　盲導犬オリバー（今泉耕介）‥‥　102
男鹿のなまはげ（金子義償）‥‥‥‥‥　30
贈ってうれしいチョコレートスイーツ（宮沢
　うらら）‥‥‥‥‥‥‥‥‥‥‥‥　41
おくのほそ道（那須田淳）‥‥‥‥‥‥　118
奥の細道（伊東章夫）‥‥‥‥‥‥‥‥　119
おこづかいはなぜもらえるの？（山根法律総
　合事務所）‥‥‥‥‥‥‥‥‥‥‥　301
おじいちゃん（神津良子）‥‥‥‥‥‥　37
教えて！　哲学者たち（デイヴィッド・A・ホ
　ワイト）‥‥‥‥‥‥‥‥‥‥‥　95, 96
おしゃかさま（本間正樹）‥‥‥‥‥‥　78
おしゃかさまのたんじょう日（谷真介）‥‥　78
おしゃれさんの茶道はじめて物語（永井郁子）
　‥‥‥‥‥‥‥‥‥‥‥‥‥‥‥‥　51
おしょうがつおめでとう　はじまりの日！（ま
　すだゆうこ）‥‥‥‥‥‥‥‥‥‥　27
おすし（塩澤和弘）‥‥‥‥‥‥‥‥　269
おすしのさかな（川澄健）‥‥‥‥‥‥　267
おせちのおしょうがつ（ねぎしれいこ）‥‥　27
オゾンそうってなんだろう ‥‥‥‥‥　213
オゾンホールのなぞ（桐生広行）‥‥‥‥　213
おだんご先生のおいしい！　手づくり和菓子
　（芝崎本実）‥‥‥‥‥‥‥‥　147, 148
お茶の大研究（大森正司）‥‥‥‥‥‥　106
おつきみどろぼう（ねぎしれいこ）‥‥‥　219
お月見のよるには（宮川ひろ）‥‥‥‥　219
お父さんが教える図書館の使いかた（赤木か
　ん子）‥‥‥‥‥‥‥‥‥‥‥‥‥　98
おとうふやさん（飯野まき）‥‥‥‥‥　223

音が出るおもちゃ＆楽器あそび（吉田未希子）
　‥‥‥‥‥‥‥‥‥‥‥‥‥‥‥‥　140
音がでる10玉そろばんかずのおけいこ（ヤマ
　タカ・マキコ）‥‥‥‥‥‥‥‥‥　184
男の子が大人になるとき（中村光宏）‥‥‥　290
おとこのコトイレ（東京児童協会江東区南砂
　さくら保育園）‥‥‥‥‥‥‥‥‥　134
男の子の品格（ドミニク・エンライト）‥‥‥　290
お年よりとともに（高橋利一）‥‥‥‥　218
大人になってこまらないマンガで身につく友
　だちとのつきあい方（相川充）‥‥‥　278
大人になってこまらないマンガで身につくマ
　ナーと礼儀（辰巳渚）‥‥‥‥‥‥　257
大人になってもこまらない！　マナーとしぐ
　さ（井垣利英）‥‥‥‥‥‥‥‥‥　256
大人になるっておもしろい？（清水真砂子）‥‥　33
おとなになるってどんなこと？（吉本ばなな）
　‥‥‥‥‥‥‥‥‥‥‥‥‥‥‥‥　190
おとなの病気は、ぼくらが予防！　未来の健
　康防衛隊（吉澤穣治）‥‥‥‥‥‥　76
おとまりのひなまつり（宮川ひろ）‥‥‥　52
おどれ！　ひなまつりじま（垣内磯子）‥‥　52
おどろきいっぱい！　トマト（野口貴）‥‥　236
おなあちゃん（多田乃なおこ）‥‥‥‥　59
お兄ちゃんは自閉症（牧純麗）‥‥‥‥　75
鬼といりまめ（谷真介）‥‥‥‥‥‥　48
鬼の市（鳥野美知子）‥‥‥‥‥‥‥　48
オニの子ネショタン（勝よしまさ）‥‥‥　23
おにばらいのまめまき（鶴見正夫）‥‥‥　48
鬼まつりの夜（富安陽子）‥‥‥‥‥　47
おにはうち（中川ひろたか）‥‥‥‥‥　48
おにはうちふくはそと（西本鶏介）‥‥‥　47
おねんねまぁえにまねまねヨーガ（伊藤華野）
　‥‥‥‥‥‥‥‥‥‥‥‥‥‥‥‥　269
おばあちゃん、おじいちゃんを知る本（小島
　喜孝）‥‥‥‥‥‥‥‥‥‥‥‥　185
おばあちゃん、おじいちゃんを知る本（望月
　彬也）‥‥‥‥‥‥‥‥‥‥‥‥　185
おばあちゃんが、ぼけた。（村瀬孝生）‥‥‥　185
おばあちゃんのおはぎ（野村たかあき）‥‥　218
おばあちゃんのひなちらし（野村たかあき）‥‥　51
おばあちゃんのひなまつり（計良ふき子）‥‥　51
おはぎをたべたちはだれ（西本鶏介）‥‥‥　218
おはぎちゃん（やぎたみこ）‥‥‥‥‥　218
おばけれっしゃ（しのだこうへい）‥‥‥　258
おはなしぎょうじのえほん（堀切リエ）‥‥　7, 8
おはなしドリルきせつの行事　低学年 ‥‥‥　6
おひかえなすって（吉橋通夫）‥‥‥‥　164
おひなさまSOS（石神悦子）‥‥‥‥‥　52
おひなまつりのちらしずし（平野恵理子）‥‥　51
おふくとおに（西本鶏介）‥‥‥‥‥‥　48
おぼえておこうせいかつのマナー（藤子・F・
　不二雄）‥‥‥‥‥‥‥‥‥‥‥　257
おぼん　ぼんぼん　ぼんおどりの日！（ますだ
　ゆうこ）‥‥‥‥‥‥‥‥‥‥‥　199

お豆なんでも図鑑（石谷孝佑）・・・・・・・・ 239
おまめのはなし（農山漁村文化協会）・・・・・・・ 240
思いこみマジック（瀬尾政博）・・・・・・・・・・ 309
おもいだしてくださいあのこどもたちを（チャ
　ナ・バイヤーズ・アベルス）・・・・・・・・・ 32
おもいでのクリスマスツリー（グロリア・ヒ
　ューストン）・・・・・・・・・・・・・・・・ 340
おもいではチョコレートのにおい（バーバラ・
　マクガイア）・・・・・・・・・・・・・・・・ 215
おもしろくて、役に立たない!? へんてこりん
　な宇宙図鑑（岩谷圭介）・・・・・・・・・・・ 210
おもしろ磁石百科（吉村利明）・・・・・・・・・ 223
おもしろ電池百科（片江安巳）・・・・・・・・・ 280
おもしろパスタとソース（貝谷郁子）・・・・・・ 253
おもち（新見絵美）・・・・・・・・・・・・・・ 237
おもちゃの工作ランド（成井俊美）・・・・・・・ 111
おもちゃ博士のかんたん！ 手づくりおもちゃ
　（佐野博志）・・・・・・・・・・・・・・・・ 110
思わず伝えたくなる「消費者市民社会」の話
　（中村新造）・・・・・・・・・・・・・・・・ 127
親子って、なあに？（山根祥利）・・・・・・・・ 173
親子で遊ぼう手作りおもちゃ（鈴木正一）・・・・ 111
親子でできる！ 頭がよくなる！ こども呼
　吸法（齋藤孝）・・・・・・・・・・・・・・・ 114
親子で学ぶ音楽図鑑（キャロル・ヴォーダマン
　ほか）・・・・・・・・・・・・・・・・・・・ 222
親子で学ぶ！ 統計学はじめて図鑑（渡辺美智
　子）・・・・・・・・・・・・・・・・・・・・ 248
親子で学ぶはじめての囲碁（下島陽平）・・・・・ 28
親子で学ぼう消費者教育上手なお金の使い方
　実践ワーク集（池田恭治）・・・・・・・・・・ 127
親子で学ぼう電気の自由研究（福田務）・・・・・ 68
親子で読む地球環境の本（カトリーヌ・ステル
　ン）・・・・・・・・・・・・・・・・・・・・ 253
およばれのテーブルマナー（フィリップ・デュ
　マ）・・・・・・・・・・・・・・・・・・・・ 257
折り紙学（西川誠司）・・・・・・・・・・・・・ 284
おりがみ12か月（寺西恵里子）・・・・・・・・・ 13
おりがみ大全集（主婦の友社）・・・・・・・・・ 284
おりがみ百科（津留見裕子）・・・・・・・ 283, 284
おりとライオン（榎大樹）・・・・・・・・・・・ 106
おりひめとひこぼし（矢部美智代）・・・・・・・ 166
オリンピックが日本にやってくる・・・・・・・・ 38
オリンピック大事典（和田浩一）・・・・・・・・ 155
オリンピックのクイズ図鑑・・・・・・・・・・・ 155
オリンピック・パラリンピック大百科（日本オ
　リンピック・アカデミー）・・・・・ 154〜156, 263
オリンピック・パラリンピックまるごと大百
　科（真田久）・・・・・・・・・・・・・・・・ 155
オリンピックまるわかり事典（PHP研究所）・・・ 156
オールカラーたのしいおりがみ事典（山口真）
　・・・・・・・・・・・・・・・・・・・・・・ 284
音楽（サイモン・バシャー）・・・・・・・・・・ 313
音楽をもっと好きになる本（松下奈緒）・・ 221, 222
音楽のあゆみと音の不思議（小村公次）・・・・・ 313

音楽用語・・・・・・・・・・・・・・・・・・・ 221
おんなのコトイレ（東京児童協会江東区南砂
　さくら保育園）・・・・・・・・・・・・・・・ 135
おんなのこのおえかきレッスンクリスマスコ
　レクション（オチアイトモミ）・・・・・・・・ 331

## 【か】

海外の建設工事に活躍した技術者たち（かこ
　さとし）・・・・・・・・・・・・・・・・・・ 290
解決！ ぼくらの知的財産（廣田浩一）・・・・・ 94
外国人が教えてくれた！ 私が感動したニッポ
　ンの文化（ロバート・キャンベル）・・・・・・ 271
介護施設で働く人たち（松田尚之）・・・・・・・ 281
介護ってなに？（平尾俊郎）・・・・・・・・・・ 280
介護というお仕事（小山朝子）・・・・・・・・・ 280
介護のススメ！（三好春樹）・・・・・・・・・・ 280
介護福祉士の一日（WILLこども知育研究所）
　・・・・・・・・・・・・・・・・・・・・・・ 281
海上保安庁の仕事につきたい！（私の職業シ
　リーズ取材班）・・・・・・・・・・・・・・・ 118
回転寿司になれる魚図鑑（松浦啓一）・・・・・・ 55
回転ずしまるわかり事典（元気寿司株式会社）
　・・・・・・・・・・・・・・・・・・・・・・ 269
貝の図鑑＆採集ガイド（池田等）・・・・・・・・ 79
貝のふしぎ図鑑（奥谷喬司）・・・・・・・・・・ 79
回文で遊ぼう（間部香代）・・・・・・・・・・・ 324
ガウディ（イスクチャ）・・・・・・・・・・・・ 158
かえうた かえうた こいのぼり（石井聖岳）・・ 110
帰ってきた「はやぶさ」（今泉耕介）・・・・・・ 147
かえる（長谷川摂美）・・・・・・・・・・・・・ 141
カエル（関慎太郎）・・・・・・・・・・・・・・ 141
カエル（福山欣司）・・・・・・・・・・・・・・ 141
カエル（マーク・W. モフェット）・・・・・・・ 141
カエル観察ブック（小田英智）・・・・・・・・・ 141
かえるくんどっちがどっち？（松原利光）・・・・ 140
カエルの知られざる生態（松橋利光）・・・・・・ 141
香りと歴史7つの物語（渡辺昌宏）・・・・・・・ 255
香りのふしぎ百科（栗原堅三）・・・・・・・ 255, 256
かき（矢間芳子）・・・・・・・・・・・・・・・ 255
かき氷（細島雅代）・・・・・・・・・・・・・・ 170
かき氷の魔法（藤井孝一）・・・・・・・・・・・ 170
柿の木（宮崎学）・・・・・・・・・・・・・・・ 255
かぎばあさんのサンタクロース（手島悠介）・・・ 330
学習に役立つものしり事典365日（谷川健一）
　・・・・・・・・・・・・・・・・・・・・・ 26,
　34, 49, 71, 103, 130, 163, 175, 200, 220, 264, 302
学習に役立つわたしたちの年中行事（芳賀日
　出男）・・・・・・・・・・・・・・・・・・ 26,
　34, 49, 71, 103, 130, 163, 175, 200, 220, 264, 302
学習まんが歴史で感動！ ポーランド孤児を
　救った日本赤十字社（水谷俊樹）・・・・・・・ 113
核廃絶へのメッセージ（土山秀夫）・・・・・・・ 216

かくへ　　　　　　　　　　　書名索引

核兵器はなくせる（川崎哲）・・・・・・・・・・・・　216
かぐやひめ（平田昭吾）・・・・・・・・・・・・・・・　219
かけざん（いしいたかこ）・・・・・・・・・・・・・　208
かけざんとかけざん九九（まついのりこ）・・・・・　209
影の戦士たち（滋賀県立安土城考古博物館）・・・　44
かこさとしこどもの行事しぜんと生活（かこ
　さとし）・・・・・・・・・・・・・・・・・・・・・・・・・・・　26,
　34, 49, 71, 103, 130, 163, 175, 200, 220, 264, 302
かさじぞう（瀬田貞二）・・・・・・・・・・・・・・・　343
かさじぞう（ぽるぽっくす）・・・・・・・・・・・・　343
数かぎりない粒があつまった地球（ポール・ロ
　ケット）・・・・・・・・・・・・・・・・・・・・・・・・・・・　116
家族（ビル・ジマーマン）・・・・・・・・・・・・・　291
家族って変わっていくの？・・・・・・・・・・・・・　301
家族ってなんだろう（アグネス・チャン）・・・・　301
家族ってなんだろう（井口和子）・・・・・・・・・　301
家族ってなんだろう（波平恵美子）・・・・・・・・　301
家族はチームだ！　もっと会話しろ（齋藤孝）
　・・・・・・・・・・・・・・・・・・・・・・・・・・・・・・・・・・　300
カタツムリ陸の貝のふしぎにせまる（中山れ
　いこ）・・・・・・・・・・・・・・・・・・・・・・・・・・・・・　123
語り伝えるアジア・太平洋戦争（吉田裕）・・・・　192
語り伝える東京大空襲（東京大空襲・戦災資料
　センター）・・・・・・・・・・・・・・・・・・・・・・・　58, 59
楽器（飯田真樹）・・・・・・・・・・・・・・・・・・・　139
楽器ビジュアル図鑑（国立音楽大学）・・・　139, 140
かっこいいぞ飛行機とパイロット（伊藤久巳）
　・・・・・・・・・・・・・・・・・・・・・・・・・・・・・・・・・・　324
学校（ビル・ジマーマン）・・・・・・・・・・・・・　291
学校歯科医からの話：健康とたばこ・・・・・・・　128
がっこうたんけんだいずかん
　（WILLこども知育研究所）・・・・・・・・・・・・・　122
学校図書館ディスプレイ＆ブックトーク（本
　田彰）・・・・・・・・・・・・・・・・・・・・・・・・・・・・・　144
学校の保健室（宇津木聡史）・・・・・・・・・・・・　37
学校のまわりでさがせる植物図鑑（平野隆久）
　・・・・・・・・・・・・・・・・・・・・・・・・・・・・・・・・・・　232
かっぱのこいのぼり（内田麟太郎）・・・・・・・・　110
仮名手本忠臣蔵（石崎洋司）・・・・・・・・・・・・　319
仮名手本忠臣蔵（竹田出雲）・・・・・・・・・・・・　319
仮名手本忠臣蔵（吉田愛）・・・・・・・・・・・・・・　319
ガマ（豊田正義）・・・・・・・・・・・・・・・・・・・　153
かまぼこの絵本（のむらあきら）・・・・・・・・・　286
神様になった獅子（中村悟）・・・・・・・・・・・・　174
カラスのくらし（菅原光二）・・・・・・・・・・・・　206
カラスのはてな？（からさわこういち）・・・・・　206
カラスのひみつ（松原始）・・・・・・・・・・・・・　206
からだげんき！　ずかん（白岡亮平）・・・・・・　77
体とこころ（ビル・ジマーマン）・・・・・・・・・　291
からだはなにでできている？（フラン・ボーク
　ウィル）・・・・・・・・・・・・・・・・・・・・・・・・・・・　93
カレーの教科書（石倉ヒロユキ）・・・・・・・・・　31
カレーのひみつ・・・・・・・・・・・・・・・・・・・・・　31
カレーライス（岡本一郎）・・・・・・・・・・・・・・　32
カレーライス（関野吉晴）・・・・・・・・・・・・・・　31

カレンダーでんしゃがやってくる！（丸山誠
　司）・・・・・・・・・・・・・・・・・・・・・・・・・・・・・・・　1
かわ（加古里子）・・・・・・・・・・・・・・・・・・・　166
かわ（鈴木のりたけ）・・・・・・・・・・・・・・・・　166
かわいいこねこいっぱい！・・・・・・・・・・・・・　44
かわいくつくっちゃおう！　かんたんクッキ
　ング12か月（トモコ＝ガルシア）・・・・・・・　3〜6
川を治め水と戦った武将たち（かこさとし）・・・・　290
川と海辺にチャレンジ（地学団体研究会『シ
　リーズ・自然だいすき』編集委員会）・・・・・　167
川と環境（小泉武栄）・・・・・・・・・・・・・・・・　167
川とくらし（小泉武栄）・・・・・・・・・・・・・・・　167
川ナビブック・・・・・・・・・・・・・・・・・・　166, 167
川の大研究（どりむ社）・・・・・・・・・・・・・・・　166
川のはたらき（小泉武栄）・・・・・・・・・・・・・　167
カワハタ先生の動物の不思議（川幡智佳）・・・・　225
川は生きている（富山和子）・・・・・・・・・・・・　166
かわはいきている（内山りゅう）・・・・・・・・・　167
考えよう！　子どもの貧困（中嶋哲彦）・・・・・　246
環境（枝廣淳子）・・・・・・・・・・・・・・・・・・・　139
環境の謎（青山剛昌）・・・・・・・・・・・・・・・・　139
環境負債（井田徹治）・・・・・・・・・・・・・・・・　138
看護師という生き方（宮子あずさ）・・・・・・・・　117
看護師の仕事につきたい！（坂本すが）・・・・・　117
看護ってどんなしごと？（三田圭介）・・・・・・・　117
関西・中部・中国の国立公園（はにわきみこ）
　・・・・・・・・・・・・・・・・・・・・・・・・・・・・・・・・・・　63
かんさつ名人になろう！（横山正）・・・・・・・・　236
かんさつ名人はじめての栽培（東京学芸大学
　附属小金井小学校生活科部）・・・・・・・・・・・　241
ガンジー（たかはしまもる）・・・・・・・・・・・・　224
漢字からみた日本語の歴史（今野真二）・・・・・　318
漢字のひみつ（加納喜光）・・・・・・・・・・・・・　318
漢字の歴史（笹原宏之）・・・・・・・・・・・・・・・　318
患者さんが教えてくれた（外尾誠）・・・・・・・・　105
かんたんカード＆コインマジック（ステファ
　ニー・ターンブル）・・・・・・・・・・・・・・・・・　308
かんたん！　かわいい！　材料3つからのス
　イーツレシピ（八木佳奈）・・・・・・・・・・・・　147
かんたん！　かわいい！　ひとりでできる！
　ねんどのマスコット（寺西恵里子）・・・・・・　203
簡単コスプレ＆イベント服（みる）・・・・・・・・　38
カンタン実験で環境を考えよう（篠原功治）・・・・　138
かんたんステージマジック（ステフィーニ・
　ターンブル）・・・・・・・・・・・・・・・・・・・・・・・　308
かんたん楽しい手づくり本（水野真帆）・・・・・　300
かんたん！　たまごりょうり（さくらももこ）
　・・・・・・・・・・・・・・・・・・・・・・・・・・・・・・・・・・　142
かんたんテーブルマジック（ステファニー・
　ターンブル）・・・・・・・・・・・・・・・・・・・・・・・　308
かんたんマジック（幸池重季）・・・・・・・・・・・　306
ガンディー（フィリップ・ウィルキンソン）・・・・　224
ガンディーの言葉（マハートマ・ガンディー）
　・・・・・・・・・・・・・・・・・・・・・・・・・・・・・・・・・・　224
感動大陸南極・・・・・・・・・・・・・・・・・・・・・・・　322

関東・東北の国立公園（はにわきみこ）‥‥‥ 63
がんばる！　飛行機とパイロット‥‥‥‥‥ 323
がんばれ！　キミは盲導犬（長谷島妙子）‥‥ 102
がんばれ！　しろくまピース（大西伝一郎）‥‥ 47

# 【き】

き（斎藤光一）‥‥‥‥‥‥‥‥‥‥‥‥‥ 232
きいてみよう障がいってなに？（石川憲彦）
‥‥‥‥‥‥‥‥‥‥‥‥‥‥‥‥ 313, 314
木を植える・森を育てる（白石則彦）‥‥‥‥ 232
木を使う・木に親しむ（白石則彦）‥‥‥‥‥ 232
気をつけよう！　消費者トラブル（秋山浩子）
‥‥‥‥‥‥‥‥‥‥‥‥‥‥‥‥ 127, 128
気をつけよう！　薬物依存（渋井哲也）‥ 159, 160
祇園祭（田島征彦）‥‥‥‥‥‥‥‥‥‥‥ 164
危険ドラッグ（加藤屋大悟）‥‥‥‥‥‥‥ 159
奇術学（テンプラー社）‥‥‥‥‥‥‥‥‥ 309
技術と情熱をつたえた外国の人たち（かこ
　さとし）‥‥‥‥‥‥‥‥‥‥‥‥‥‥ 290
気象の図鑑（筆保弘徳）‥‥‥‥‥‥‥‥‥ 133
季節＆行事の製作あそび（ポット編集部）‥‥ 13
季節を感じる！　12ケ月のぎょうじ工作（早
　未恵理）‥‥‥‥‥‥‥‥‥‥‥‥‥‥ 14
季節をたべる秋の保存食・行事食（濱田美里）
‥‥‥‥‥‥‥‥‥‥‥‥‥‥‥‥‥‥ 10
季節をたべる夏の保存食・行事食（濱田美里）
‥‥‥‥‥‥‥‥‥‥‥‥‥‥‥‥‥‥ 10
季節をたべる春の保存食・行事食（濱田美里）
‥‥‥‥‥‥‥‥‥‥‥‥‥‥‥‥‥‥ 10
季節をたべる冬の保存食・行事食（濱田美里）
‥‥‥‥‥‥‥‥‥‥‥‥‥‥‥‥‥‥ 9
季節ごとに体験しよう（竹内由紀子）‥‥‥‥ 20
季節と行事のおりがみくらぶ（新宮文明）‥‥‥ 2
きせつの行事あそび‥‥‥‥‥‥‥‥‥‥‥ 17
きせつのぎょうじえほん（山本祐司）‥‥‥‥ 11
きせつの行事りょうり‥‥‥‥‥‥‥‥‥‥ 17
奇想天外発明百科（マウゴジャタ・ミチェルス
　カ）‥‥‥‥‥‥‥‥‥‥‥‥‥‥‥‥ 83
きちんと知ろう！　アレルギー（坂上博）‥‥ 42, 43
キッチンで楽しむ！　おやつの実験（村上祥
　子）‥‥‥‥‥‥‥‥‥‥‥‥‥‥‥‥ 178
木と日本人（ゆのきようこ）‥‥‥‥‥‥‥ 231
きのこ（高山栄）‥‥‥‥‥‥‥‥‥‥‥‥ 245
きのこの絵本（小出博志）‥‥‥‥‥‥‥‥ 245
きのこの絵本（小林路子）‥‥‥‥‥‥‥‥ 245
キノコの世界（伊沢正名）‥‥‥‥‥‥‥‥ 245
きのこの話（新井文彦）‥‥‥‥‥‥‥‥‥ 244
きのこの不思議（保坂健太郎）‥‥‥‥‥‥ 244
きのこのふしぎえほん（山本亜貴子）‥‥‥‥ 244
きのこふわり胞子の舞（埴沙萠）‥‥‥‥‥‥ 245
きのこレストラン（新開孝）‥‥‥‥‥‥‥ 244
木のなまえノート（いわさゆうこ）‥‥‥‥‥ 232

きみが考える・世の中のしくみ（峯村良子）‥‥ 210
君たちはどう生きるか（池上彰）‥‥‥‥‥‥ 91
君たちはどう働くか（今野晴貴）‥‥‥‥‥ 104
きみに聞いてほしい（バラク・オバマ）‥‥‥ 216
キミにも、できる！　マジックプロの秘密（ゆ
　うきとも）‥‥‥‥‥‥‥‥‥‥‥‥‥ 308
きみのこと（ビル・ジマーマン）‥‥‥‥‥‥ 291
きみもなれる！　家事の達人（阿部絢子）‥‥‥ 107
きみは宇宙飛行士！（ロウイー・ストーウェ
　ル）‥‥‥‥‥‥‥‥‥‥‥‥‥‥‥‥ 209
キモチ伝わる恋チョコ・友チョコ‥‥‥‥‥‥ 40
着物のえほん（高野紀子）‥‥‥‥‥‥‥‥ 287
着物の大研究（馬場まみ）‥‥‥‥‥‥‥‥ 287
"疑問"に即座に答える算数数学学習小事（辞）
　典（仲田紀夫）‥‥‥‥‥‥‥‥‥‥‥ 62
キャリア教育支援ガイドお仕事ナビ（お仕事
　ナビ編集室）‥‥‥‥‥‥‥‥‥‥ 216, 323
キャリア教育に活きる！　仕事ファイル（小峰
　書店編集部）‥‥‥‥‥‥‥‥‥‥‥‥ 225
Q&A式しらべる野球（ベースボール・マガジ
　ン社）‥‥‥‥‥‥‥‥‥‥‥‥‥‥‥ 188
給食室の日曜日（村上しいこ）‥‥‥‥‥‥‥ 40
ぎゅうにゅうだいへんしん！‥‥‥‥‥‥‥ 131
牛乳のそもそも（佐藤卓デザイン事務所）‥‥ 131
牛乳のひみつ（田川滋）‥‥‥‥‥‥‥‥‥ 131
救命救急フライトドクター（岩貞るみこ）‥‥ 207
ぎゅっとだっこ七五三（内田麟太郎）‥‥‥‥ 286
教科書にのった名作2000冊（日外アソシエー
　ツ株式会社）‥‥‥‥‥‥‥‥‥‥‥‥ 73
今日からは、あなたの盲導犬（日野多香子）‥‥ 102
行事と遊びをつくろう（永井順國）‥‥‥‥‥ 19
ぎょうじのえずかん3冊セット（岡本依子）‥‥‥ 1
ぎょうじのえほん（西本鶏介）‥‥‥‥‥‥‥ 13
行事のおはなし12か月（左近蘭子）‥‥‥‥‥ 14
ぎょうじのゆらい‥‥‥‥‥‥‥‥‥‥‥‥ 20
仰天！感動！サッカーヒーロー超百科（オグ
　マナオト）‥‥‥‥‥‥‥‥‥‥‥‥‥ 282
きょうはこんな日365（学校放送研究会）‥‥‥ 16
きょうはなんの日？（次山信男）‥‥‥‥ 20, 21
きょうはなんの日365日事典（田代しんたろ
　う）‥‥‥‥‥‥‥‥‥‥‥‥‥‥‥‥ 22
今日は何の日？　366（PHP研究所）‥‥‥‥‥ 1
今日は何の日？　366日大事典（校内放送研究
　所）‥‥‥‥‥‥‥‥‥‥‥‥‥‥‥‥ 3
きょうはハロウィン（平山暉彦）‥‥‥‥‥‥ 260
キラキラ読書クラブ（キラキラ読書クラブ）‥‥ 73
キリンねるねんりき（伊藤文人）‥‥‥‥‥‥ 325
金魚（岡本信明）‥‥‥‥‥‥‥‥‥‥‥‥ 53
金メダリストのシューズ（大野益弘）‥‥‥‥‥ 63

子どもの本 伝統行事や記念日を知る本2000冊

# 【く】

クイズでわかるきょうはなんの日事典（本間正樹）・・・・・・・・・・・・・・・・・・・・・・・・ 22
クイズ似て非なることば（明治書院編集部）・・・・ 218
9月（増田良子）・・・・・・・・・・・・・・・・・・・・・・・ 200
9月のえほん（長谷川康男）・・・・・・・・・・・・・・・ 200
9がつのこうさく（竹井史郎）・・・・・・・・・・・・・・ 200
9月のこども図鑑・・・・・・・・・・・・・・・・・・・・・・ 200
九九をとなえる王子さま（はまのゆか）・・・・・・・ 208
クジラ（ジョン・フランシス）・・・・・・・・・・・・・・ 204
クジラ（ナショナル・ジオグラフィック・ソサエティ）・・・・・・・・・・・・・・・・・・・・・・・・・・・・ 204
クジラ（フリップ・ニックリン）・・・・・・・・・・・ 204
鯨を捕る（市原基）・・・・・・・・・・・・・・・・・・・・ 205
クジラから世界が見える（ウーマンズフォーラム魚）・・・・・・・・・・・・・・・・・・・・・・・・・・・ 204
クジラの超能力（水口博也）・・・・・・・・・・・・・・ 205
くだものいっぱい！　おいしいジャム（石澤清美）・・・・・・・・・・・・・・・・・・・・・・・・・・・・・ 88
くちなしの花八月（児玉辰春）・・・・・・・・・・・・ 183
くつ・・・・・・・・・・・・・・・・・・・・・・・・・・・・・・・ 63
くつ（太田恭治）・・・・・・・・・・・・・・・・・・・・・・ 63
くまふうふのバレンタイン（イヴ・バンチング）・・・・・・・・・・・・・・・・・・・・・・・・・・・・・・ 41
ぐらぐらゆれたらだんごむし！（国崎信江）・・・・ 201
暮らしをまもり工事を行ったお坊さんたち（かこさとし）・・・・・・・・・・・・・・・・・・・・・・・・ 290
クラシックおんがくのおやすみえほん（サム・タプリン）・・・・・・・・・・・・・・・・・・・・・・・・ 203
「クラシック鑑賞」事典（下道郁子）・・・・・・・・ 204
くらべてみよう！　昭和のくらし（新田太郎）・・・・・・・・・・・・・・・・・・・・・・・・・・・・ 97, 98
くらべてみよう！　どうぶつの赤ちゃん（むらたこういち）・・・・・・・・・・・・・・・・・・・・・・・ 46
くらべてみよう！　はたらくじどう車（市瀬義雄）・・・・・・・・・・・・・・・・・・・・・・・・・・・・ 233
くらやみ祭（猿渡盛文）・・・・・・・・・・・・・・・・・ 98
クリスマス・・・・・・・・・・・・・・・・・・・・・・・・・ 332
クリスマス（バーバラ・クーニー）・・・・・・・・・ 332
クリスマス（ヤン・ビエンコフスキー）・・・・・・ 332
クリスマスイヴの木（デリア・ハディ）・・・・・・ 329
クリスマスイブの出来事（星新一）・・・・・・・・・ 330
クリスマスを探偵と（伊坂幸太郎）・・・・・・・・・ 331
クリスマスをとりもどせ！（マット・ヘイグ）・・・・・・・・・・・・・・・・・・・・・・・・・・・・・・ 330
クリスマス・キャロル（チャールズ・ディケンズ）・・・・・・・・・・・・・・・・・・・・・・・ 331, 333
クリスマス事典（国際機関日本サンタピア委員会）・・・・・・・・・・・・・・・・・・・・・・・・・・ 338
クリスマスソングブック（児島なおみ）・・・・・・ 338
クリスマスだよ、デイビッド！（デイビッド・シャノン）・・・・・・・・・・・・・・・・・・・・・・・ 331
クリスマスってどんなひ？（ベサン・ジェイムズ）・・・・・・・・・・・・・・・・・・・・・・・・・・・ 335
クリスマスってなあに（ディック＝ブルーナ）・・・・・・・・・・・・・・・・・・・・・・・・・・・・・・ 333
クリスマスってなあに？（ジョーン・G・ロビンソン）・・・・・・・・・・・・・・・・・・・・・・・・ 334
クリスマスとよばれた男の子（マット・ヘイグ）・・・・・・・・・・・・・・・・・・・・・・・・・・・・ 332
クリスマスにうまれたあかちゃん（サリー・アン・ライト）・・・・・・・・・・・・・・・・・・・・・ 332
クリスマスにくつしたをさげるわけ（間所ひさこ）・・・・・・・・・・・・・・・・・・・・・・・・・・・ 338
クリスマスのインタビュー（土屋富士夫）・・・・・ 338
クリスマスのうた（おおでゆかこ）・・・・・・・・・ 332
クリスマスのうたの絵本（H.A.レイ）・・・・・・・ 337
クリスマスのうたものがたり（中井俊已）・・・・・ 334
クリスマスのおはなし（ロバート・サブダ）・・・ 332
クリスマスのおはなし（メラニー・ミッチェル）・・・・・・・・・・・・・・・・・・・・・・・・・・・・ 336
クリスマスのおはなし（ジェーン・レイ）・・・・・ 340
クリスマスのき（かながわさちこ）・・・・・・・・・ 340
クリスマスの12にち（ブライアン・ワイルドスミス）・・・・・・・・・・・・・・・・・・・・・・・・ 339
クリスマスのちいさなかね（マヤ・ドゥシコウワ）・・・・・・・・・・・・・・・・・・・・・・・・・・・ 333
クリスマスのはじまり（和歌山静子）・・・・・・・・ 339
クリスマスのはなし（メアリー・ジョスリン）・・・・・・・・・・・・・・・・・・・・・・・・・・・・・・ 334
クリスマスのまえのばん（クレメント・C.ムーア）・・・・・・・・・・・・・・・・・・・・・・・・・・・ 339
クリスマスのまえのよる（ほしみつき）・・・・・・ 334
クリスマスのまえのよる（クレメント・クラーク・ムーア）・・・・・・・・・・・・・・・・・・・・・ 335
クリスマスの幽霊（ロバート・ウェストール）・・・・・・・・・・・・・・・・・・・・・・・・・・・・・・ 337
クリスマスまであと九日（マリー・ホール・エッツ）・・・・・・・・・・・・・・・・・・・・・・・・・ 335
クリスマスものがたり（トミー・デ・パオラ）・・・・・・・・・・・・・・・・・・・・・・・・・・・・・・ 340
クリスマスものがたり（パメラ・ドルトン）・・・ 334
クレヨンで描いたおいしい魚図鑑（加藤休ミ）・・・・・・・・・・・・・・・・・・・・・・・・・・・・・・ 55
くわしくわかる！　食べもの市場・食料問題大事典・・・・・・・・・・・・・・・・・・・・・・・・・・ 245
ぐんぐん目がよくなるあそブック（日比野佐和子）・・・・・・・・・・・・・・・・・・・・・・・・・ 235

# 【け】

警察署（警察政策研究センター）・・・・・・・・・・・ 149
警察署（滝沢美絵）・・・・・・・・・・・・・・・・・・・・ 149

警察本部ってこんなところ（コンパスワーク）
　‥‥‥‥‥‥‥‥‥‥‥‥‥‥‥‥‥‥‥‥　149
〈刑務所〉で盲導犬を育てる（大塚敦子）‥‥‥　100
けいろうのひ・きんろうかんしゃのひ　‥‥‥　294
夏至祭の女王（ウィリアム・メイン）‥‥‥‥　162
下水道のひみつ（ひろゆうつ）‥‥‥‥‥‥‥　209
決定版！　富士山まるごと大百科（佐野充）‥　45
見学しよう工事現場（溝渕利明）‥‥‥‥‥‥　189
見学しよう工事現場（溝渕利明）‥‥‥‥‥‥　181
元気でいたい（ケイティー・ダックワース）‥　292
げんきにおよげこいのぼり（今関信子）‥‥‥　110
健康のすすめ！　カラダ研究所（石倉ヒロユ
　キ）　‥‥‥‥‥‥‥‥‥‥‥‥‥‥‥‥‥‥　77
賢者のおくりもの（オー＝ヘンリー）‥‥‥‥　340
原子力がわかる事典（原子力教育を考える会）
　‥‥‥‥‥‥‥‥‥‥‥‥‥‥‥‥‥‥‥‥　254
原子力災害からいのちを守る科学（小谷正博）
　‥‥‥‥‥‥‥‥‥‥‥‥‥‥‥‥‥‥‥‥　254
原子力のことがわかる本（舘野淳）‥‥‥‥‥　255
原子力のサバイバル（ゴムドリco.）‥‥‥‥　254
原子力の大研究（PHP研究所）‥‥‥‥‥‥‥　255
現代日本の創作 最新3000（日外アソシエーツ
　株式会社）　‥‥‥‥‥‥‥‥‥‥‥‥‥‥　73
建築家になろう（樫野紀元）‥‥‥‥‥‥‥‥　159
建築という対話（光嶋裕介）‥‥‥‥‥‥‥‥　157
原爆廃墟から生きぬいた少女（下平作江）‥‥　186
現場で働く人たち（こどもくらぶ）‥‥‥‥‥　207
憲法くん（松元ヒロ）‥‥‥‥‥‥‥‥‥‥‥　107

## 【こ】

恋の相手は女の子（室井舞花）‥‥‥‥‥‥‥　239
こいのぼりぐんぐんこどもの日！（ますだゆ
　うこ）　‥‥‥‥‥‥‥‥‥‥‥‥‥‥‥‥　109
こいのぼりくんのさんぽ（すとうあさえ）‥‥　109
豪快！最強！サッカーヒーロー超百科（オグ
　マナオト）　‥‥‥‥‥‥‥‥‥‥‥‥‥‥　282
豪華列車とたのしい鉄道100点（広田尚敬）‥　243
高校野球のスゴイ話（『野球太郎』編集部）‥　187
紅茶が動かした世界の話（千野境子）‥‥‥‥　266
幸福とは何か（森村進）‥‥‥‥‥‥‥‥‥‥　64
幸福の王子（オスカー・ワイルド）‥‥‥‥‥　64
公平ってなんだろう（日本弁護士連合会市民
　のための法教育委員会）　‥‥‥‥‥‥‥‥　211
こえでおぼえる九九のほん　‥‥‥‥‥‥‥‥　208
声に出して読みたい小中学生にもわかる日本
　国憲法（齋藤孝）　‥‥‥‥‥‥‥‥‥‥‥　107
5回で折れる季節と行事のおりがみ（いしかわ
　まりこ）　‥‥‥‥‥‥‥‥‥‥‥‥‥‥‥　1
5月（増田良子）‥‥‥‥‥‥‥‥‥‥‥‥‥　103
5月のえほん（長谷川康男）‥‥‥‥‥‥‥‥　103
5がつのこうさく（竹井史郎）‥‥‥‥‥‥‥　103
5月のこども図鑑　‥‥‥‥‥‥‥‥‥‥‥‥　103

呼吸（細谷亮太）‥‥‥‥‥‥‥‥‥‥‥‥‥　115
国際協力ってなんだろう（高橋和志）‥‥‥‥　252
国際協力と平和を考える50話（森英樹）‥‥‥　230
国際協力の現場から（山本一巳）‥‥‥‥‥‥　253
国際赤十字（ラルフ・パーキンス）‥‥‥‥‥　113
国際連合（リンダ・メルバーン）‥‥‥‥‥‥　252
国連（サイモン・アダムス）‥‥‥‥‥‥‥‥　251
国連ってなあに？‥‥‥‥‥‥‥‥‥‥‥‥‥　252
国連に行ってみよう（ナーネ・アナン）‥‥‥　252
ここが家だ（ベン・シャーン）‥‥‥‥‥‥‥　50
ここまでわかった！　遺伝子のなぞ（夏緑）‥　93
こころの二人三脚（NHK「こども」プロジェ
　クト）　‥‥‥‥‥‥‥‥‥‥‥‥‥‥‥‥　76
国境なき大陸南極（柴田鉄治）‥‥‥‥‥‥‥　322
こどもが探せる川原や海辺のきれいな石の図
　鑑（柴山元彦）　‥‥‥‥‥‥‥‥‥‥‥‥　27
子どもが働く国があるの？（稲葉茂勝）‥‥‥　301
こどもかんきょう絵じてん（木俣美樹男）‥‥　137
こどもきせつのぎょうじ絵じてん（三省堂編
　修所）　‥‥‥‥‥‥‥‥‥‥‥‥‥‥‥‥　11
こどもギリシア哲学（齋藤孝）‥‥‥‥‥‥‥　95
こどもスポーツ絵じてん（三省堂編修所）‥‥　262
子どもたちよ、冒険しよう（三輪主彦）‥‥‥　118
子どもだって社会をかえられる（ナムーラミ
　チヨ）　‥‥‥‥‥‥‥‥‥‥‥‥‥‥‥‥　293
子どもと一緒に身につける！　ラクして時短
　の「そうじワザ」76（新津春子）‥‥‥‥‥　107
子どもと楽しむ行事とあそびのえほん（すと
　うあさえ）　‥‥‥‥‥‥‥‥‥‥‥‥‥‥　17
子どもとつくるたのしい和食（栗栖正博）‥‥　295
こどもとはじめる季節の行事（織田忍）‥‥‥　15
子どもにおくる私の先生の話（鈴木喜代春）‥　227
子どもに伝えたい和の技術（和の技術を知る
　会）　‥‥‥‥‥‥‥‥‥‥‥‥‥‥‥‥‥　268
子どもにとって家庭ってなに？（ナムーラミ
　チヨ）　‥‥‥‥‥‥‥‥‥‥‥‥‥‥‥‥　293
子どもの救急大事典（窪田和弘）‥‥‥‥‥‥　207
「こどもの権利条約」絵事典（木附千晶）‥‥　292
子どもの権利ってなんだろう？（ナムーラミ
　チヨ）　‥‥‥‥‥‥‥‥‥‥‥‥‥‥‥‥　294
子どもの権利で学校をたのしく（ナムーラミ
　チヨ）　‥‥‥‥‥‥‥‥‥‥‥‥‥‥‥‥　293
子どもの権利で世界をつなごう（ナムーラミ
　チヨ）　‥‥‥‥‥‥‥‥‥‥‥‥‥‥‥‥　292
子どもの人権（アダム・ヒバート）‥‥‥‥‥　316
こどものための防災教室（今泉マユ子）‥‥‥　201
子どものための防災訓練ガイド（松尾知純）‥　202
子どものためのやさしい法律ガイド（新潟第
　一法律事務所）　‥‥‥‥‥‥‥‥‥‥‥‥　211
子どもの力を伸ばす子どもの権利条約ハンド
　ブック（木附千晶）　‥‥‥‥‥‥‥‥‥‥　291
子どもの哲学（河野哲也）‥‥‥‥‥‥‥‥‥　96
こどもの歯から「一生自分の歯」（佐々龍二）‥　277
こどもの歯と食べもの（落合靖一）‥‥‥‥‥　277
こどもノーベル賞新聞（若林文高）‥‥‥‥‥　297

ことも　　　　　　　　書名索引

子どもも大人もたのしく読める算数＆数学ビ
　ジュアル図鑑（中村享史）‥‥‥‥‥‥　62
子供も大人も夢中になる発明入門（つくば科
　学万博記念財団）‥‥‥‥‥‥‥‥‥‥　83
こども妖怪・怪談新聞（水木プロダクション）
　‥‥‥‥‥‥‥‥‥‥‥‥‥‥‥‥‥　190
5人ばやしの大ぼうけん（岩井田治行）‥‥　52
こねことこねこ（東君平）‥‥‥‥‥‥‥　325
このおもちゃ、もういらない！（かなだたえ）
　‥‥‥‥‥‥‥‥‥‥‥‥‥‥‥‥‥　111
この本、おもしろいよ！（岩波書店編集部）　92
小林カツ代のいただきますごちそうさま（小
　林カツ代）‥‥‥‥‥‥‥‥‥‥‥‥‥　87
小林先生に学ぶ動物行動学（小林朋道）‥　225
コーヒーのひみつ（佐藤守）‥‥‥‥‥‥　222
コーヒー豆を追いかけて（原田一宏）‥‥　222
ごみ処理場・リサイクルセンターで働く人た
　ち（漆原次郎）‥‥‥‥‥‥‥‥‥‥‥　249
ゴミゼロ社会とリサイクル（金谷健）‥‥　127
ごみゼロ大作戦！（浅利美鈴）‥‥‥‥‥　125
ごみとリサイクル（安井至）‥‥‥‥‥‥　250
ごみの大研究（寄本勝美）‥‥‥‥‥‥‥　249
ごみの本（安井至）‥‥‥‥‥‥‥‥‥‥　127
ごみ（廃棄物）とたたかう（西岡秀三）‥　127
ごみはいかせる！　へらせる！（寄本勝美）　126
ごみはどこへ行くのか？（熊本一規）‥‥　249
ゴーヤ（亀田龍吉）‥‥‥‥‥‥‥‥‥‥　114
ゴルフ（こどもくらぶ）‥‥‥‥‥‥‥‥　124
これがオリンピックだ（舛本直文）‥‥‥　154
これが日本のプロ野球だ！（竹書房）‥‥　342
これだけはしっておきたい世界地図（池上彰）
　‥‥‥‥‥‥‥‥‥‥‥‥‥‥‥‥‥　85
これだけはしっておきたい日本地図（池上彰）
　‥‥‥‥‥‥‥‥‥‥‥‥‥‥‥‥‥　85
これならわかる！　科学の基礎のキソ　環境
　（保坂直紀）‥‥‥‥‥‥‥‥‥‥‥‥　138
これならわかる！　科学の基礎のキソ　気象
　（田代大輔）‥‥‥‥‥‥‥‥‥‥‥‥　133
これわかる？　鉄道クイズ200（佐藤正樹）‥　242
こわい！　あぶない！　たばこはキケン!?（近
　藤とも子）‥‥‥‥‥‥‥‥‥‥‥‥‥　128
怖いぞたばこ（淺野牧茂）‥‥‥‥‥‥‥　128
コンサイスアルバムディクショナリー年中行
　事辞典編　いちねん（三省堂編修所）‥　15
昆虫（養老孟司）‥‥‥‥‥‥‥‥‥‥‥　137
昆虫戯画びっくり雑学事典（丸山宗利）‥　136
昆虫最強王図鑑（篠原かをり）‥‥‥‥‥　136
昆虫の体重測定（吉谷昭憲）‥‥‥‥‥‥　136
こんちゅうふしぎのうりょく‥‥‥‥‥‥　136
昆虫ワールド（小野正人）‥‥‥‥‥‥‥　137
昆布だしで定番和食（宮沢うらら）‥‥‥　287
こんぶロードの旅（フジッコ株式会社）‥　287

【さ】

災害・防災図鑑（CeMI環境・防災研究所）‥　202
最驚の宇宙人＆UFO事典（ながたみかこ）‥　157
さいしょのクリスマス（ロイス・ロック）‥　335
最初のクリスマス（ロイス・ロック）‥‥‥　334
最初の復活祭（クリスティーナ・カライ・ナ
　ギー）‥‥‥‥‥‥‥‥‥‥‥‥‥‥‥　70
齋藤孝の覚えておきたい日本の行事（齋藤孝）
　‥‥‥‥‥‥‥‥‥‥‥‥‥‥‥‥‥　1
さいぷりダイちゃん（はらみちを）‥‥‥　174
サカサあそびオカのカオ（谷川晃一）‥‥　325
サカサかぞくのだんながなんだ（宮西達也）‥　325
サカサかぞくのだんなキスがスキなんだ（宮
　西達也）‥‥‥‥‥‥‥‥‥‥‥‥‥‥　325
サカサかぞくのだんなしぶいぶしなんだ（宮
　西達也）‥‥‥‥‥‥‥‥‥‥‥‥‥‥　325
さかさことばでうんどうかい（西村敏雄）‥　325
さがしてみよう！　まちのしごと（饗庭伸）‥　126, 149
さがしてみよう！　まちのバリアフリー（高橋
　儀平）‥‥‥‥‥‥‥‥‥‥‥‥‥‥‥　158
さがそ！　きせつのぎょうじ12かげつ（はっ
　とりみどり）‥‥‥‥‥‥‥‥‥‥‥‥　3
魚‥‥‥‥‥‥‥‥‥‥‥‥‥‥‥‥‥‥　55
魚（福井篤）‥‥‥‥‥‥‥‥‥‥‥‥‥　55
魚・貝（沖山宗雄）‥‥‥‥‥‥‥‥‥‥　79
魚・貝の郷土料理（服部幸應）‥‥‥‥‥　79
さかなクンの金魚の飼い方入門（さかなクン）
　‥‥‥‥‥‥‥‥‥‥‥‥‥‥‥‥‥　53
さかなだってねむるんです（伊藤勝敏）‥　56
さかなチャンピオン‥‥‥‥‥‥‥‥‥‥　55
坂本廣子のつくろう！　食べよう！　行事食
　（坂本廣子）‥‥‥‥‥‥‥‥‥‥‥　11, 12
さくら研究ノート（近田文弘）‥‥‥‥‥　68
サクラの一年（守矢登）‥‥‥‥‥‥‥‥　68
サクラの絵本（勝木俊雄）‥‥‥‥‥‥‥　68
桜守のはなし（佐野藤右衛門）‥‥‥‥‥　68
サクランボの絵本（にしむらこういち）‥　162
サケ観察事典（小田英智）‥‥‥‥‥‥‥　283
サケのたんじょう（桜井淳史）‥‥‥‥‥　283
サザエさんと日本の春・夏・秋・冬を楽しも
　う！‥‥‥‥‥‥‥‥‥‥‥‥‥‥‥‥　7
サッカーのスゴイ話（本多辰成）‥‥‥‥　281
サッカーのスゴイ話　Jリーグのスゴイ話（本
　多辰成）‥‥‥‥‥‥‥‥‥‥‥‥‥‥　281
サッカーのスゴイ話　日本代表のスゴイ話（本
　多辰成）‥‥‥‥‥‥‥‥‥‥‥‥‥‥　282
サッカーのスゴイ話　ワールドカップのスゴイ
　話（本多辰成）‥‥‥‥‥‥‥‥‥‥‥　282
さつまいも（後藤真樹）‥‥‥‥‥‥‥‥　241
さつまいも（吉永優）‥‥‥‥‥‥‥‥‥　241
サツマイモ（亀田龍吉）‥‥‥‥‥‥‥‥　241

356

書名索引　しつて

サツマイモ（松井孝）・・・・・・・・・・・・・・・・　240
ザトウクジラ（ヨハンナ・ジョンストン）・・・・・・　204
さとやま（鷺谷いづみ）・・・・・・・・・・・・・・・・　123
讃岐うどんのひみつ（山口育孝）・・・・・・・・・・・・　164
サボテンのふしぎ（埴沙萠）・・・・・・・・・・・・・・　59
さまざまな家族（マリアンヌ・シュルツ）・・・・・・　301
さむがりやのサンタ（レイモンド・ブリッグ
　ズ）・・・・・・・・・・・・・・・・・・・・・・・・・・・・・　336
さようなら、おばあちゃん（メラニー・ウォル
　シュ）・・・・・・・・・・・・・・・・・・・・・・・・・・・・　185
3.11復興の取り組みから学ぶ未来を生き抜く
　チカラ（赤坂憲雄）・・・・・・・・・・・・・・・・・・　60
3月（増田良子）・・・・・・・・・・・・・・・・・・・・・・　49
3月のえほん（長谷川康男）・・・・・・・・・・・・・・　49
3がつのこうさく（竹井史郎）・・・・・・・・・・・・・・　49
3月のこども図鑑・・・・・・・・・・・・・・・・・・・・・・　49
三月ひなのつき（石井桃子）・・・・・・・・・・・・・・　53
産業とくらしを変える情報化（堀田龍也）・・・・・・　66
3歳のえほん（汐見稔幸）・・・・・・・・・・・・・・・・　299
山菜の絵本（藤嶋勇）・・・・・・・・・・・・・・・・・・　69
サンジャーム船長（新谷哲生）・・・・・・・・・・・・　135
30秒でわかる発明（マイク・ゴールドスミス）
　・・・・・・・・・・・・・・・・・・・・・・・・・・・・・・・・　83
算数が得意になる！　カラーそろばんBOOK
　（宮本裕史）・・・・・・・・・・・・・・・・・・・・・・・　183
算数・数学用語辞典（武藤徹）・・・・・・・・・・・・　62
算数と数学にトライ！・・・・・・・・・・・・・・・・・・　62
算数に強くなる！　小学生のそろばんセット
　（高柳和之）・・・・・・・・・・・・・・・・・・・・・・・　184
さんすうねんど（岡田ひとみ）・・・・・・・・・・・・　203
サンタクロースへの手紙（アートデイズ）・・・・・・　337
サンタクロースって、だあれ？（ロビン・クリ
　クトン）・・・・・・・・・・・・・・・・・・・・・・・・・・・　340
サンタクロースとあったよる（クレメント・ク
　ラーク・ムーア）・・・・・・・・・・・・・・・・・・・・　329
サンタの国の12カ月（葛岡博）・・・・・・・・・・・・　331
サンタの最後のおくりもの（マリー＝オード・
　ミュライユ）・・・・・・・・・・・・・・・・・・・・・・・　336
サンタのひみつおしえます（ジェームズ・ソル
　ヘイム）・・・・・・・・・・・・・・・・・・・・・・・・・・・　329
365日今日はどんな日？（PHP研究所）・・・・・・・　26,
　34, 49, 71, 103, 130, 163, 175, 200, 220, 264, 302
366日のむかし話（谷真介）・・・・・・・・・・・・・・　19

## 【し】

幸せとまずしさの教室（石井光太）・・・・・・・・・・　247
幸せな王子（オスカー・ワイルド）・・・・・・・・・・　64
しあわせに働ける社会へ（竹信三恵子）・・・・・・・　104
じいさまのなぞとき（佐倉智子）・・・・・・・・・・・・　218
4月（増田良子）・・・・・・・・・・・・・・・・・・・・・・　71
4月のえほん（長谷川康男）・・・・・・・・・・・・・・　71
4がつのこうさく（竹井史郎）・・・・・・・・・・・・・・　71

4月のこども図鑑・・・・・・・・・・・・・・・・・・・・・・　71
シークレット・キングダム（ロージー・バンク
　ス）・・・・・・・・・・・・・・・・・・・・・・・・・・・・・・　162
資源・ごみ・リサイクルクイズ（ワン・ステッ
　プ）・・・・・・・・・・・・・・・・・・・・・・・・・・・・・・　250
四国・九州・沖縄の国立公園（はにわきみこ）
　・・・・・・・・・・・・・・・・・・・・・・・・・・・・・・・・　64
じごくにいったかんねどん（常光徹）・・・・・・・・　270
仕事場がよくわかる！　社会科見学・・・・・・　54, 149
自殺予防いのちの電話（日本いのちの電話連
　盟）・・・・・・・・・・・・・・・・・・・・・・・・・・・・・・　306
磁石の大研究（日本磁気学会）・・・・・・・・・・・・　222
じしゃくのふしぎ（フランクリン　M.ブラン
　リー）・・・・・・・・・・・・・・・・・・・・・・・・・・・・・　223
磁石の不思議（青山剛昌）・・・・・・・・・・・・・・・・　223
四十七士（神保朋世）・・・・・・・・・・・・・・・・・・　320
地震・津波防災のひみつ（オフィス・イディオ
　ム）・・・・・・・・・・・・・・・・・・・・・・・・・・・・・・　60
しずかなしずかなクリスマス・イヴのひみつ
　（クレメント・クラーク・ムーア）・・・・・・・・　329
しずかなよる（マヤ・ドゥシコウワ）・・・・・・・・　338
しずくちゃん（ぎぼりつこ）・・・・・・・・・・・・・・　258
しずくちゃんおやつクッキング（ぎぼりつこ）
　・・・・・・・・・・・・・・・・・・・・・・・・・・・・・・・・　179
姿勢は正しく!!（碓田拓磨）・・・・・・・・・・・・・・　269
自然がつくる色大図鑑（福江純）・・・・・・・・・・・・　288
自然観察・・・・・・・・・・・・・・・・・・・・・・・・・・・・　108
自然の材料と昔の道具（深光富士男）・・・・・　234, 235
自然のふしぎ大図解（アマンダ・ウッド）・・・・・・　108
持続可能な地球のために・・・・・・・・・・・・・・・・　252
時代を切り開いた世界の10人（高木まさき）
　・・・・・・・・・・・・・・・・・・・・・・・・・・・　178, 294
7月（増田良子）・・・・・・・・・・・・・・・・・・・・・・　163
七月七日はまほうの夜（石井睦美）・・・・・・・・・・　165
7月のえほん（長谷川康男）・・・・・・・・・・・・・・　163
7がつのこうさく（竹井史郎）・・・・・・・・・・・・・・　163
7月のこども図鑑・・・・・・・・・・・・・・・・・・・・・・　163
七・五・三きょうだい（なかえよしを）・・・・・・　286
七五三すくすくおいわいの日！（ますだゆう
　こ）・・・・・・・・・・・・・・・・・・・・・・・・・・・・・・　286
七五三だよ一・二・三（長野ヒデ子）・・・・・・・・　286
七五三のおまいり（岡信子）・・・・・・・・・・・・・・　286
市長さんとゆかいな子どもたち（岸武雄）・・・・・・　82
10歳からの民主主義レッスン（サッサ・ブー
　レグレーン）・・・・・・・・・・・・・・・・・・・・・・・　212
10歳から読める・わかるいちばんやさしい日
　本国憲法（南野森）・・・・・・・・・・・・・・・・・・　106
10歳の君に贈る、心を強くする26の言葉（岩
　村太郎）・・・・・・・・・・・・・・・・・・・・・・・・・・・　95
10歳までに身につけたい一生困らない子ども
　のマナー（西出ひろ子）・・・・・・・・・・・・・・・・　256
湿地生物のサバイバル（洪在徹）・・・・・・・・・・・・　36
湿地の大研究（遊磨正秀）・・・・・・・・・・・・・・・・　36
知っておきたい子どもの目のケア（宮永嘉隆）
　・・・・・・・・・・・・・・・・・・・・・・・・・・・・・・・・　236

子どもの本　伝統行事や記念日を知る本2000冊　**357**

しつて　　　　　　　　　書名索引

知っておきたい！　働く時のルールと権利（簁智優子） ………… 104

知っておきたい和の行事（新谷尚紀） ………… 5

知ってハナダカ！　文房具のひみつ箱（スタジオ248） ………… 273

知ってびっくり！　漢字はじまり物語（汐見稔幸） ………… 319

知ってるかな？　カラスの生活（今泉忠明） ………… 206

知ってる？　サッカー（大槻邦雄） ………… 282

知ってる？　フットサル（鈴木隆二） ………… 110

知ってる？　ミニバスケットボール（鈴木良和） ………… 327

知ってる？　郵便のおもしろい歴史（郵政博物館） ………… 88

10ぴきのひつじ（ジャン・ゴッドフリー） ……… 335

10分で読めるノーベル賞をとったえらい人（ノーベル賞受賞者研究会） ………… 297

自転車交通ルールを学ぼう！（自転車駐車場整備センター） ………… 194

自転車で行こう（新田穂高） ………… 112

じてんしゃにのれたよ ………… 111

自転車の大研究（谷田貝一男） ………… 112

自転車のなぜ（大井喜久夫） ………… 111

自転車は、なぜたおれないで走れるの？（横田清） ………… 112

自転車まるごと大事典（「自転車まるごと大事典」編集室） ………… 111

自転車ものがたり（高頭祥八） ………… 111

自動車まるごと図鑑（黒川文子） ………… 122

児童労働（アムネスティ・インターナショナル日本） ………… 145

しのだのくずのは（矢部美智代） ………… 129

しばわんこの和の行事えほん（川浦良枝） ………… 9

自分のことがわかる本（安部博枝） ………… 190

自閉症のある子と友だちになるには（ダニエル・ステファンスキー） ………… 75

自閉症のある子どもの「きょうだい」のための本（フィオナ・ブリーチ） ………… 75

自閉症の僕が跳びはねる理由（東田直樹） ……… 74

四島（しま）は私たちのふるさと（富山県「北方領土問題」教育者会議） ………… 37

地面の下をのぞいてみれば…（カレン・ラッチャナ・ケニー） ………… 116

地面の下には、何があるの？（シャーロット・ギラン） ………… 116

シャカ（油野誠一） ………… 78

社会の今を見つめて（大脇三千代） ………… 35

シャカ　孔子　ソクラテス（岩本暁朗） ………… 96

写真がかっこよくとれる30のわざ（塩見徹） ……… 133

写真でみる太平洋戦争とくらし・道具事典（宮部精一） ………… 191

写真でみる太平洋戦争とくらし・道具事典（昭和館学芸部） ………… 191

写真でわかる決定版おりがみ大百科（山口真） ………… 284

写真でわかるはじめての小学校生活（笹森洋樹） ………… 123

写真とデータでわかる日本の貿易（日本貿易会） ………… 161

写真のなかの「わたし」（鳥原学） ………… 134

ジャムの絵本（こしみずまさみ） ………… 88

11月（増田良子） ………… 264

11月のえほん（長谷川康男） ………… 264

11がつのこうさく（竹井史郎） ………… 264

11月のこども図鑑 ………… 264

10月（増田良子） ………… 220

10月のえほん（長谷川康男） ………… 220

10がつのこうさく（竹井史郎） ………… 221

10月のこども図鑑 ………… 220

十月はハロウィーンの月（ジョン・アップダイク） ………… 261

15歳のナガサキ原爆（渡辺浩） ………… 187

13歳の少女が見た沖縄戦（安田未知子） ……… 153

自由自在賢くなるクロスワード　ことば力（深谷圭助） ………… 327

自由自在賢くなるクロスワード　ことわざ・四字熟語（深谷圭助） ………… 326

自由自在賢くなるクロスワード　なぜ？　に答える（深谷圭助） ………… 326

自由自在賢くなるクロスワード　日本の歴史（深谷圭助） ………… 327

集中力&計算力アップ！　かならずわかる！はじめてのそろばん（堀野晃） ………… 184

自由ってなんだろう（日本弁護士連合会市民のための法教育委員会） ………… 211

12か月・行事のマナー（峯村良子） ………… 20

12か月のかんたんお料理（花田えりこ） ………… 22

12か月の行事のえほん（講談社） ………… 7

12月（増田良子） ………… 302

12月のえほん（長谷川康男） ………… 302

12がつのこうさく（竹井史郎） ………… 302

12月のこども図鑑 ………… 302

12歳からの被災者学（土岐憲三） ………… 30

10ねこ（岩合光昭） ………… 44

じゅえき太郎のゆるふわ昆虫大百科（じゅえき太郎） ………… 136

ジュエリーデザイナー（スタジオ248） ……… 283

授業が楽しくなる教科別マジック（土門トキオ） ………… 308

宿題ひきうけ株式会社（古田足日） ………… 199

首都圏鉄道大好き！　親子で電車を見に行こう！（アミーカ） ………… 244

ジュニア〈10～18歳〉ゴルファーのための“一流になれる”からだの作り方、練習の仕方（白木仁） ………… 124

ジュニアのための貧困問題入門（久保田貢） ……… 247

ジュニア・ボウリング・ガイド（宮田哲郎） ……… 152

じゅもんは九九（藤沢市算数教育研究会） ……… 208

障がい者スポーツ大百科（大熊廣明） ……… 196, 197

書名索引　　すいか

「障がい者」なんて、ひどくない？（タナカヒ
　ロシ）　　　　　　　　　　　　　　　314
小学1・2年生のひらめきクロスワードパズル
　（市進学院）　　　　　　　　　　　　326
小学生クロスワードBOOK（中島克治）　　325
小学生のうちに読みたい物語（対馬初音）　　72
小学生の学習クロスワードパズル（学びのパ
　ズル研究会）　　　　　　　　　　　　326
小学生の重要語句クロスワード（深谷圭助）　326
小学生のそろばん（石戸珠算学園）　　　　183
小学生のための学習世界地図帳（正井泰夫）　85
小学生のための学習日本地図帳（正井泰夫）　85
小学生のための元気な体をつくる運動（岡本
　香代子）　　　　　　　　　　　　　　72
小学生のための体育基本レッスン（水口高志）
　　　　　　　　　　　　　　　　　263
小学生のためのデジタルカメラ（野口美智子）
　　　　　　　　　　　　　　　　　134
小学生のための日本地図帳（社会科地図研究
　会）　　　　　　　　　　　　　　　　85
小学生のための俳句入門（坪内稔典）　　　193
小学生のための便利な音楽辞典　　　　　221
小学校では学べない一生役立つ読書術（齋藤
　孝）　　　　　　　　　　　　　　　　91
小学校の生活（はまのゆか）　　　　　　123
少子高齢社会（鬼頭宏）　　　　　　　　169
小中学生のための世界一わかりやすいメディ
　アリテラシー（後藤武士）　　　　　　161
小・中・高生のためのアロマテラピー（日本ア
　ロマテラピー協会）　　　　　　　　　272
小児がん経験者のためのガイドライン（ガイ
　ドライン作成委員会）　　　　　　　　37
少年弓道（高橋かおる）　　　　　　　　209
情報を得ること伝えること（野村武司）　　316
しょうぼうじどうしゃ じぷた（渡辺茂男）　55
消防署（坂井秀司）　　　　　　　　　　55
消防署・警察署で働く人たち（山下久猛）　149
消防と防災の未来をきずく（深光富士男）　55
小惑星探査機「はやぶさ」宇宙の旅（佐藤真
　澄）　　　　　　　　　　　　　　　147
小惑星探査機はやぶさくんの冒険（柊やたか）
　　　　　　　　　　　　　　　　　147
小惑星探査機「はやぶさ」大図鑑（川口淳一
　郎）　　　　　　　　　　　　　　　146
昭和天皇　　　　　　　　　　　　　　　98
昭和の子ども生活絵図鑑（ながたはるみ）　97
食育でからだづくり（田中宏暁）　　　　　87
食育でからだづくり（服部津貴子）　　　　87
食育にやくだつ食材図鑑　　　　　　　　79
「食育」の大研究（吉田隆子）　　　　　　88
食育の本（佐藤ひとみ）　　　　　　　　86
食事のマナー・安全・栄養クイズ（ワン・ス
　テップ）　　　　　　　　　　　　　　86
食で知ろう季節の行事（高橋司）　　　　　16
食肉にかかわる仕事（ヴィットインターナショ
　ナル企画室）　　　　　　　　　　　267

職場体験完全ガイド　　　　　　　226, 227
植物　　　　　　　　　　　　　　　　109
植物（天野誠）　　　　　　　　　　　109
植物（池田博）　　　　　　　　　　　109
植物とくらす（湯浅浩史）　　　　　　　108
食料危機ってなんだろう（山崎亮一）　　246
食料自給率を考える（山崎亮一）　　　　246
食料と環境問題（山崎亮一）　　　　　　246
食料と人びとのくらし（山崎亮一）　　　246
食料問題にたちむかう（山崎亮一）　　　246
女性の権利（赤松良子）　　　　　　　　57
書道にかかわる仕事（ヴィットインターナショ
　ナル企画室）　　　　　　　　　　　271
じょやのかね（とうごうなりさ）　　　　342
白川静文字学に学ぶ漢字なりたちブック（伊
　東信夫）　　　　　　　　　　317, 318
調べてなるほど！　野菜のかたち（柳原明彦）
　　　　　　　　　　　　　　　　　198
調べてみよう都道府県の特産品（都道府県の
　特産品編集室）　　　　　　　　80, 272
調べてみよう！　日本の職人伝統のワザ　　158
シリーズ・変わる！　学校図書館（門内輝行）
　　　　　　　　　　　　　　143, 144
シリーズ・貧困を考える（稲葉茂勝）　　247
シロクマたちのダンス（ウルフ・スタルク）　330
シロナガスクジラ（ジェニ・デズモンド）　204
深海大探検！（ワン・ステップ）　　　　172
進化するSUSHI（川澄健）　　　　　　268
新きょうはなんの日？（次山信男）　　　　16
人権・人道にかかわる国際組織（大芝亮）　317
人権は国境を越えて（伊藤和子）　　　　316
人口問題にたちむかう（鬼頭宏）　　　　168
新・こどもの本と読書の事典（黒澤浩）　　92
新・10歳からのルール100（10歳からのルール
　を考える会）　　　　　　　　　　　300
新種昆虫を発見せよ！（古本ゆうや）　　136
信じられない「原価」（稲葉茂勝）　　　145
新選組（大石学）　　　　　　　　　　　61
新選組（楠木誠一郎）　　　　　　　　　61
新選組（三田村信行）　　　　　　　　　61
新選組の大常識（矢豆祥有理）　　　　　61
新・東海道水の旅（浦瀬太郎）　　　　　176
新年のしきたり　　　　　　　　　　　　17
新・はたらく犬とかかわる人たち（こどもくら
　ぶ）　　　　　　　　　　　　　　　265
新聞広告で見つけよう！　　　　　　250, 251
新・みぢかなくらしと地方行政（深光富士男）
　　　　　　　　　　　　　　　　　54

## 【す】

すいか（かなだたえ）　　　　　　　　170
すいかです（川端誠）　　　　　　　　171

子どもの本 伝統行事や記念日を知る本2000冊　**359**

すいは　　　　　　　書名索引

水爆ブラボー（豊崎博光）・・・・・・・・・・・・・・・・・　50
図解カリスマ家庭教師榎本勝仁の文房具フル
　活用術（榎本勝仁）・・・・・・・・・・・・・・・・・　274
図解日本列島100万年史（山崎晴雄）・・・・・・・・・　115
すがたをかえる食べもの（香西みどり）・・・　56, 131
すがたをかえるたべものしゃしんえほん（宮
　崎祥子）・・・・・・・・・・・　194, 267, 284, 286, 296
すがたをかえる肉（松岡昭善）・・・・・・・・・・・・・　298
すがたをかえる豆（幕内秀夫）・・・・・・・・・・・・・　240
ずかん親子でかんたん算数・数学（数学能力開
　発研究会）・・・・・・・・・・・・・・・・・・・・・・・・　62
スキー教室（三浦雄一郎）・・・・・・・・・・・・・・・・・　29
スキー・スケート（こどもくらぶ）・・・・・・・・・・・　28
すぐできる！　強くなる将棋（羽生善治）・・・・・・　289
すぐに役立つ救急手当（浅井利夫）・・・・・・・・・・・　208
すごい！　昆虫図鑑（小野展嗣）・・・・・・・・・・・　135
すごいぞ！　オリンピックパラリンピックの
　大記録（講談社）・・・・・・・・・・・・・・・・・・・　156
すごいぞ！　はたらくおとうさん（ごとうまさ
　る）・・・・・・・・・・・・・・・・・・・・・・・・・・・・・　294
すごいぞ！　やさいズ（成田崇信）・・・・・・・・・・・　198
すしを支える伝統の技（川澄健）・・・・・・・・・・・・・　268
すしダネのいろいろ（川澄健）・・・・・・・・・・・・・・・　268
すしにかかわる仕事人（川澄健）・・・・・・・・・・・・・　268
すしの絵本（ひびのてるとし）・・・・・・・・・・・・・・・　269
すしのひみつ（日比野光敏）・・・・・・・・・・・・・・・・・　268
すってはいてラッコくん（ローリー・ライト）
　・・・・・・・・・・・・・・・・・・・・・・・・・・・・・・・・・・・　115
ずっとずっとじぶんの歯（丸森英史）・・・・・・・・・　276
素敵な漢字（五味太郎）・・・・・・・・・・・・・・・・・・・　319
すてきなクリスマス（永井泰子）・・・・・・・・・・・・・　340
すてずにあそぼうかんたん！　手づくりおも
　ちゃ（佐野博志）・・・・・・・・・・・・・・・・・・・・・　110
すてるまえにたしかめて！（かなだたえ）・・・・・・　250
ストップHIV/AIDS（岡慎一）・・・・・・・・・・・・・　304
ストリートチルドレンを見つめる（石原尚子）
　・・・・・・・・・・・・・・・・・・・・・・・・・・・・・・・・・・・　146
スノーマン（レイモンド・ブリッグズ）・・・・・・・　339
すべての子どもたちのために（キャロライン・
　キャッスル）・・・・・・・・・・・・・・・・・・・・・・・・・　294
スポーツを科学しよう！（深代千之）・・・・・・・・・　72
スポーツでひろげる国際理解（中西哲生）・・・・・・　196

【せ】

正義ってなんだろう（日本弁護士連合会市民
　のための法教育委員会）・・・・・・・・・・・・・・・　212
聖なる夜（セルマ・ラーゲルレーヴ）・・・・・・・・・　336
聖ニコラスがやってくる！（クレメント・C.
　ムーア）・・・・・・・・・・・・・・・・・・・・・・・・・・・・・　329
生物多様性の大研究（小泉武栄）・・・・・・・・・・・・・　123
世界あちこちゆかいな家めぐり（小松義夫）・・・・　159
世界一のパン（市居みか）・・・・・・・・・・・・・・・・・　82

世界を救うパンの缶詰（菅聖子）・・・・・・・・・・・・・　81
世界記録を生みだすシューズ（広岡勲）・・・・・・・　63
世界で活躍する仕事100（三菱UFJリサーチ＆
　コンサルティング）・・・・・・・・・・・・・・・・・・・　228
世界で活躍する日本人（大橋正明）・・・・・　228, 229
世界と地球の困った現実（日本国際飢餓対策
　機構）・・・・・・・・・・・・・・・・・・・・・・・・・・・・・　253
世界に通じるマナーとコミュニケーション（横
　手尚子）・・・・・・・・・・・・・・・・・・・・・・・・・・・・・　257
世界に広がれ！　インスタントラーメン（オ
　フィス・イディオム）・・・・・・・・・・・・・・・・・　195
世界のおまつり（アナベル・キンダスリー）・・・・　21
世界の音楽なんでも事典（ジョー・フルマン）
　・・・・・・・・・・・・・・・・・・・・・・・・・・・・・・・・・・・　222
世界の「楽器」絵事典（PHP研究所）・・・・・・・・　140
世界の児童文学　最新3000（日外アソシエーツ
　株式会社）・・・・・・・・・・・・・・・・・・・・・・・・・・・　73
世界の食生活を変えた奇跡のめん（上坂和美）
　・・・・・・・・・・・・・・・・・・・・・・・・・・・・・・・・・・・　195
世界の女性名言事典（PHP研究所）・・・・・・・・・・・　57
世界の女性問題（関橋眞理）・・・・・・・・・・・　56, 57
世界のすてきな先生と教え子たち（井上直也）
　・・・・・・・・・・・・・・・・・・・・・・・・・・・・・・・　226, 227
世界の住まい大図鑑（野外民族博物館リトル
　ワールド）・・・・・・・・・・・・・・・・・・・・・・・・・・・　158
世界の宝!! 八戸三社大祭（八戸市教育委員
　会）・・・・・・・・・・・・・・・・・・・・・・・・・・・・・・・・・　171
世界の難民の子どもたち（アンディ・グリン）
　・・・・・・・・・・・・・・・・・・・・・・・・・・・・・・　151, 152
世界の人びとに聞いた100通りの平和（伊勢﨑
　賢治）・・・・・・・・・・・・・・・・・・・・・・・・・・・・・　215
世界の祭り（芳賀日出男）・・・・・・・・・・・・・・・・・　24
世界の祭り大図鑑（芳賀日出男）・・・・・・・・・・・　18
世界の祭りと子ども（西田敬）・・・・・・・・・・　22, 23
世界の名作絵本4000冊（日外アソシエーツ株
　式会社）・・・・・・・・・・・・・・・・・・・・・・・・・・・・・　299
世界の文字とローマ字（日本のローマ字社）・・・・　121
世界の文字の書き方・書道（稲葉茂勝）・・・・・・・　270
世界文化遺産富士山のすごいひみつ100（グ
　ループ・コロンブス）・・・・・・・・・・・・・・・・・　45
世界保健機関（ジリアン・パウエル）・・・・・・・・・　78
せきじゅうじをつくった人アンリー・デュナ
　ン（日本赤十字社千葉県支部）・・・・・・・・・・・　113
せきじゅうじって、なんだろう？（日本赤十
　字社総務局組織推進部青少年・ボランティ
　ア課）・・・・・・・・・・・・・・・・・・・・・・・・・・・・・　113
赤十字の父アンリー・デュナン（日本赤十字社
　長野県支部）・・・・・・・・・・・・・・・・・・・・・・・・・　113
責任ってなんだろう（日本弁護士連合会市民
　のための法教育委員会）・・・・・・・・・・・・・・・　212
絶景ビジュアル図鑑（神奈川県立生命の星・地
　球博物館）・・・・・・・・・・・・・・・・・・・・・・・・・・・　108
せつぶん・・・・・・・・・・・・・・・・・・・・・・・・・・・・・・・　47
せつぶん（もとしたいづみ）・・・・・・・・・・・・・・・・・　48

書名索引　　　　　　　　　　　　　　　　　　　　　　　　ちきゆ

せつぶんにはどうしてまめをまくの？（横山
　正） ‥‥‥‥‥‥‥‥‥‥‥‥‥‥‥‥‥　22
せつぶんのひのおににいっか（青山友美） ‥‥‥　47
0歳のえほん（汐見稔幸） ‥‥‥‥‥‥‥‥　299
全ウルトラマンパーフェクト超百科 ‥‥‥‥　168
せんそう（塚本千恵子） ‥‥‥‥‥‥‥‥‥　58
せんそうってなんだったの？（田代脩）‥‥ 186, 192
「戦争」と「平和」をあらわす世界の言葉（稲
　葉茂勝） ‥‥‥‥‥‥‥‥‥‥‥‥‥‥　215


## 【そ】

ソーセージの絵本（伊賀の里モクモク手づく
　りファーム） ‥‥‥‥‥‥‥‥‥‥‥‥　267
そだてておいしい！　ピーナッツ（平田昌広）
　‥‥‥‥‥‥‥‥‥‥‥‥‥‥‥‥‥　285
育てて、発見！「ゴーヤー」（真木文絵） ‥‥　113
育てて、発見！　「トマト」（真木文絵） ‥‥　236
その名は新選組（砂田弘） ‥‥‥‥‥‥‥‥　62
そばの絵本（はっとりたかし） ‥‥‥‥‥‥　232
ソフィー・スコットの南極日記（アリソン・レ
　スター） ‥‥‥‥‥‥‥‥‥‥‥‥‥‥　321
空をとぶ飛行機（飛田翔） ‥‥‥‥‥‥‥‥　323
空の探検記（武田康男） ‥‥‥‥‥‥‥‥‥　213
空のふしぎ図鑑（武田康男） ‥‥‥‥‥‥‥　213
空はどうして青いのか（村松しづ子） ‥‥‥　213
それゆけ小学生！　ボクたちの世界一周（かや
　のたかゆき＆ひかる） ‥‥‥‥‥‥‥‥　119


## 【た】

体育のコツ絵事典（湯浅景元） ‥‥‥‥‥‥　263
大解明!! 宇宙飛行士（渡辺勝巳） ‥‥‥‥ 80, 81
大研究！　チョコレートって楽しい！（小川京
　美） ‥‥‥‥‥‥‥‥‥‥‥‥‥‥‥‥　40
だいじょうぶだよ、おばあちゃん（福島利行）
　‥‥‥‥‥‥‥‥‥‥‥‥‥‥‥‥‥　186
大好き・食べ物情報図鑑（高村忠範） ‥‥‥　169
だいすき！　ニッポン（行事えほん）（正村史
　郎） ‥‥‥‥‥‥‥‥‥‥‥‥‥‥‥‥　13
大豆・落花生・さやいんげん（小菅知三） ‥‥　240
たいせつなおくりもの（ほしのローザ） ‥‥　335
タイヤのひみつ（大石容子） ‥‥‥‥‥‥‥　78
高山祭（山本茂実） ‥‥‥‥‥‥‥‥‥‥‥　82
正しいパンツのたたみ方（南野忠晴） ‥‥‥　180
立ちあがる世界の子どもたち（甲斐田万智子）
　‥‥‥‥‥‥‥‥‥‥‥‥‥‥‥‥‥　316
多読術（松岡正剛） ‥‥‥‥‥‥‥‥‥‥‥　91
たなからぼたもち（いもとようこ） ‥‥‥‥　69
たなからぼたもち（くすのきしげのり） ‥‥　69
たなばた ‥‥‥‥‥‥‥‥‥‥‥‥‥‥‥　165
七夕（さわさちこ） ‥‥‥‥‥‥‥‥‥‥‥　165

七夕さま（川内彩友美） ‥‥‥‥‥‥‥‥‥　165
七夕の月（佐々木ひとみ） ‥‥‥‥‥‥‥‥　181
たなばたまつり（松成真理子） ‥‥‥‥‥‥　165
たなばたものがたり（舟崎克彦） ‥‥‥‥‥　166
たのしいおまつり（イフェオマ・オニェフル）
　‥‥‥‥‥‥‥‥‥‥‥‥‥‥‥‥‥　336
楽しい学校マジック（庄司タカヒト） ‥‥‥　307
たのし行事シアター（ポット編集部） ‥‥‥　11
たのしいぎょうじのうた（青木菜穂子） ‥‥　20
たのしい工作ミラクルおもちゃ（増田良子） ‥　111
たのしいそろばん教室（加山和男） ‥‥‥‥　184
たのしいバス100点（フォト・リサーチ　ほか）
　‥‥‥‥‥‥‥‥‥‥‥‥‥‥‥‥‥　214
楽しいハロウィン工作（いしかわまりこ） ‥　259
楽しいローマ字（田中博史） ‥‥‥‥‥‥‥　121
楽しくぬって日本地図まるわかり！　都道府
　県名物ぬりえ（佐伯サエ） ‥‥‥‥‥‥　84
楽しく学ぶ小学生の地図帳（帝国書院編集部）
　‥‥‥‥‥‥‥‥‥‥‥‥‥‥‥‥‥　85
楽しく学んで力がつく！　こども世界地図（永
　岡書店編集部） ‥‥‥‥‥‥‥‥‥‥‥　85
楽しもう！　自転車の世界（谷田貝一男） ‥　112
タバコ（加治正行） ‥‥‥‥‥‥‥‥‥‥‥　128
たばこをやめたい王さま（高橋裕子） ‥‥‥　128
タバコは全身病（淺野牧茂） ‥‥‥‥‥‥‥　128
旅に出よう（近藤雄生） ‥‥‥‥‥‥‥‥‥　118
食べ物クイズ（ワン・ステップ） ‥‥‥‥‥　86
たまごからうまれた女の子（谷真介） ‥‥‥　52
だれも知らない子供たち（京極正典） ‥‥‥　152
タロ・ジロは生きていた（菊池徹） ‥‥‥‥　29
タロとジロ（東多江子） ‥‥‥‥‥‥‥‥‥　29
たんけんケンタくん（石津ちひろ） ‥‥‥‥　325
たんけんはっけんじぶんの歯（丸森英史） ‥　276
だんごたべたいおつきさま（すとうあさえ） ‥　218
田んぼ（守山弘） ‥‥‥‥‥‥‥‥‥‥‥‥　36


## 【ち】

地域の伝統行事 ‥‥‥‥‥‥‥‥‥‥‥‥‥　18
ちいさなこいのぼりのぼうけん（岩崎京子） ‥　110
ちいさなちいさな三春駒（新開ゆり子） ‥‥　33
小さなパティシエのためのお菓子Book（松本
　美佐） ‥‥‥‥‥‥‥‥‥‥‥‥‥‥‥　148
ちいさな虫のおおきな本（ユーヴァル・ゾ
　マー） ‥‥‥‥‥‥‥‥‥‥‥‥‥‥‥　137
ちいさなろば（ルース・エインズワース） ‥　338
ちかてつ ‥‥‥‥‥‥‥‥‥‥‥‥‥‥‥‥　342
ちかてつのふしぎ（溝口イタル） ‥‥‥‥‥　342
地球を旅する水のはなし（大西健夫） ‥‥‥　176
地球環境から学ぼう！　私たちの未来（塩瀬
　治） ‥‥‥‥‥‥‥‥‥‥‥‥‥‥ 89, 90
地球と自然がわかるうみのえほん（ぼhere ここう
　ぼう） ‥‥‥‥‥‥‥‥‥‥‥‥‥‥‥　173


子どもの本　伝統行事や記念日を知る本2000冊　**361**

地球に生きる（左巻健男） ……………… 312
地球の危機をさけぶ生きものたち（藤原幸一）
　………………………………………… 89
地球のくらしの絵本（四井真治） ……… 176, 310
地球の人口を考える（鬼頭宏） ………… 169
地球の森のハートさがし（藤原幸一） … 65
地球村のエイズ（HIV/AIDS）の問題（吉村峰
　子） …………………………………… 304
地産地消と自給率って何だろう？（山本茂） … 87
チーズ（村山重信） ……………………… 285
チーズの絵本（かわぐちおさむ） ……… 285
父の日にお父さんはいない（あしなが育英会）
　………………………………………… 162
知的財産権ってなに？（日本弁理士会） … 95
ちびっこなまはげがおたくん（今野仁） … 30
ちびまる子ちゃんのアンネ・フランク（さくら
　ももこ） ……………………………… 32
ちびまる子ちゃんのくだものだいすきえほん
　（さくらももこ） ……………… 183, 274
ちびまる子ちゃんのはじめてのぎょうじ絵じ
　てん ………………………………… 19
ちびまる子ちゃんのマナーとルール（さくら
　ももこ） ……………………………… 256
ちびまる子ちゃんのやさいだいすきえほん（さ
　くらももこ） ……………………… 79, 82
茶の絵本（ますざわたけお） ………… 267
チャレンジミッケ！（ウォルター・ウィック）
　………………………………………… 336
中学生までに読んでおきたい哲学（松田哲夫）
　…………………………………… 72, 190
中国の四季の絵本（王早早） ………… 12
忠臣蔵（平川陽一） …………………… 319
調味料と調理（家庭科教育研究者連盟） … 272
調理クイズ（ワン・ステップ） ……… 86
チョコレート（APLA） ………………… 40
チョコレート（間部香代） …………… 41
チョコレートがおいしいわけ（はんだのどか）
　………………………………………… 41
チョコレートのそもそも（佐藤卓デザイン事
　務所） ………………………………… 40
チョコレートの大研究（日本チョコレート・コ
　コア協会） …………………………… 41
チョコレート物語（佐和みずえ） …… 40

## 【つ】

月からきたトウヤーヤ（蕭甘牛） ……… 218
つきとうさぎ（矢崎節夫） ……………… 219
月と太陽と子どもたち（原子修） ……… 294
つぎ、なにをよむ？（秋山朋恵） …… 73, 74
つきのうさぎ（いもとようこ） ………… 218
月のうさぎ（前田式子） ………………… 219

つくってあそぼうクリスマス（ジョーイ・チョ
　ウ） …………………………………… 331
つくってみよう！　和食弁当（服部栄養料理研
　究会） ………………………………… 55
つくりかたがよくわかるお料理教室（かんち
　くたかこ） ……………………… 187, 253
土と石のじっけん室（地学団体研究会『シリー
　ズ・自然だいすき』編集委員会） …… 312
土といのち ……………………………… 312
土と環境 ………………………………… 312
土とくらし ……………………………… 312
土の色って、どんな色？（栗田宏一） … 311
土の科学 ………………………………… 313
土のコレクション（栗田宏一） ……… 312
つつんで・むすんで（森田知都子） …… 44
つなみ（田畑ヨシ） …………………… 275
津波!! 稲むらの火その後（高村忠範） … 275
津波!! 命を救った稲むらの火（小泉八雲） … 275
津波から人びとを救った稲むらの火（『歴画浜
　口梧陵伝』編集委員会） …………… 275
津波からみんなをすくえ！（環境防災総合政
　策研究機構） ………………………… 275
つやっつやなす（いわさゆうこ） ……… 82

## 【て】

DNA・遺伝子ってなに？（夏緑） ……… 93
できる！　スポーツテクニック ……… 328
てくてくたったか！　くつ（中島妙） … 63
哲学するって、こんなこと？（篠原駿一郎） … 96
哲学のことば（左近司祥子） …………… 97
鉄道おもしろかんさつガイド（結解喜幸） … 243
鉄道ずかん（小賀野実） ……………… 243
鉄道なぜなにブック（渡部史絵） ……… 243
鉄道博物館のすべて100 ……………… 242
鉄のきずなの新・モノ語り …………… 305
鉄の文化（窪田蔵郎） ………………… 305
鉄の物語（カレン・フィッツジェラルド） … 305
てつびん物語（奥野安彦） …………… 30
鉄は魔法つかい（畠山重篤） ………… 305
てーほてへてへ（野村たかあき） …… 300
テレビを発明した少年（キャスリーン・クル
　ル） …………………………………… 35
テレビを発明した高柳健次郎（浜松市東区） … 35
テレビのあるくらし（岡本一郎） …… 35
テレビの見方プロジェクト（鈴木敏恵） … 35
テレビ番組をつくる仕事（ヴィットインター
　ナショナル企画室） ………………… 36
電気を起こす・ためる・利用する（後藤富治）
　………………………………………… 67
電気がいちばんわかる本（米村でんじろう）
　………………………………… 67, 68, 251
電気自動車（村沢義久） ……………… 122

書名索引　　　とんと

天気のクイズ図鑑 ・・・・・・・・・・・・・・・・・・・・ 133
電気のクライシス（ながいのりあき）・・・・・・・ 67
電気の図鑑（理科教育研究会）・・・・・・・・・・・ 67
電気の大研究（造事務所）・・・・・・・・・・・・・・ 68
天気のふしぎえほん（斉田季実治）・・・・・・・ 132
電気はどこで生まれるの（小野洋）・・・・・・・ 66
てんしのアンジー（アラン・バリー）・・・・・・ 339
電車大集合！（山﨑友也）・・・・・・・・・・・・・・ 242
電車大集合1922点（広田尚敬）・・・・・・・・・・・ 243
電車なんでも百科（広田尚敬）・・・・・・・・・・・ 244
電車の駅なんでも百科（広田尚敬）・・・・・・・ 244
天主堂も友達も消えた！（安斎育郎）・・・・・ 187
電池のひみつ（関口たか広）・・・・・・・・・・・・ 280
伝統行事（神崎宣武）・・・・・・・・・・・・・・・・・・・ 4
伝統行事がわかる図鑑（新谷尚紀）・・・・・・・ 14
天女のはごろも（おざわとしお）・・・・・・・・ 165
天人にょうぼう（谷真介）・・・・・・・・・・・・・・ 166
天皇陛下とわたしたち（まほろば教育事業団）
・・・・・・・・・・・・・・・・・・・・・・・・・・・・・・・・・・・・ 328

# 【と】

トイレをつくる未来をつくる（会田法行）・・・・・ 277
トイレの自由研究（尿尿・下水研究会）・・・・ 277
トイレの大常識（平田純一）・・・・・・・・・・・・ 277
トイレばっちり！（三石知左子）・・・・・・・・ 134
東京大空襲を忘れない（瀧井宏臣）・・・・・・・ 58
東京メトロ 大都会をめぐる地下鉄（深光富士
男）・・・・・・・・・・・・・・・・・・・・・・・・・・・・・・・・ 342
道具からみる昔のくらしと子どもたち（須藤
功）・・・・・・・・・・・・・・・・・・・・・・ 234, 235
統計ってなんの役に立つの？（涌井良幸）・・・ 248
父さんの手紙はぜんぶおぼえた（タミ・シェ
ム＝トヴ）・・・・・・・・・・・・・・・・・・・・・・・・ 32
透視絵図鑑なかみのしくみ 楽器（こどもくら
ぶ）・・・・・・・・・・・・・・・・・・・・・・・・・・・・・・ 140
どうしてクリスマスには…（二宮由紀子）・・・ 336
どうして野菜を食べなきゃいけないの？（川
端輝江）・・・・・・・・・・・・・・・・・・・・・・・・・ 198
どうして私は養子になったの？（キャロル・リ
ヴィングストン）・・・・・・・・・・・・・・・・・・ 76
どうなってるんだろう？ 子どもの法律（山下
敏雅）・・・・・・・・・・・・・・・・・・・・・・・・・・・ 210
糖尿病（クレア・ルウェリン）・・・・・・・・・・ 285
どうぶつたちのクリスマス（ノーマ・ファー
バー）・・・・・・・・・・・・・・・・・・・・・・・・・・・ 337
どうぶつでおぼえる！ とけいえほん（小宮輝
之）・・・・・・・・・・・・・・・・・・・・・・・・・・・・・ 142
動物とふれあう仕事がしたい（花園誠）・・・・・ 226
どうぶつの鼻（ネイチャー・プロ編集室）・・・ 183
どうぶつの耳（ネイチャー・プロ編集室）・・・ 53
どうぶつ村のごちそうごよみ（たちばなさき
こ）・・・・・・・・・・・・・・・・・・・・・・・・・・・・・・ 22

遠い海までてらせ！（青木雅子）・・・・・・・・ 266
ドキドキ！ 忍者教室（吉川豊）・・・・・・・・・ 44
読書感想文が書ける（藤子・F・不二雄）・・・ 91
読書感想文書き方ドリル（大竹稽）・・・・・・・ 90
特別な日の食べもの（和仁皓明）・・・・・・・・・ 20
時計がわかる本（矢玉四郎）・・・・・・・・・・・・ 143
時計の大研究（織田一朗）・・・・・・・・・・・・・・ 143
どこがあぶないのかな？（渡邉正樹）・・・・・ 158
トコちゃんとあまめはぎ（鶴見正夫）・・・・・ 48
としょかんへいこう（斉藤洋）・・・・・・・・・・・ 98
図書館のすべてがわかる本（秋田喜代美）・・・ 99
図書館のトリセツ（福本友美子）・・・・・・・・・ 99
図書館のひみつ（高田高史）・・・・・・・・・・・・ 98
図書館のヒミツ（二村健）・・・・・・・・・・・・・ 100
とびきりすてきなクリスマス（リー・キングマ
ン）・・・・・・・・・・・・・・・・・・・・・・・・・・・・・・ 332
飛ぶ教室（エーリヒ・ケストナー）・・・ 334, 336
飛べ！ 「はやぶさ」（松浦晋也）・・・・・・・・・ 147
土木技術の自立をきずいた指導者たち（かこ
さとし）・・・・・・・・・・・・・・・・・・・・・・・・・ 290
トマト（赤木かん子）・・・・・・・・・・・・・・・・・ 236
トマト（斎藤新）・・・・・・・・・・・・・・・・・・・・・ 237
トマトとともに（依田恭司郎）・・・・・・・・・・ 237
トムテと赤いマフラー（レーナ・アッロ）・・・ 333
トムテンのミルクがゆ（スベン・ノルドクビス
ト）・・・・・・・・・・・・・・・・・・・・・・・・・・・・・・ 330
友だちが増える話し方のコツ（西出博子）・・・ 279
友だち関係（藤美冲）・・・・・・・・・・・・・・・・・ 278
友だち幻想（菅野仁）・・・・・・・・・・・・・・・・・ 279
友だちづきあいに悩まない（相川充）・・・・・ 278
友だちづきあいのコツ（宮田雄吾）・・・・・・・ 279
友だちってなんだろう（斎藤次郎）・・・・・・・ 279
友だちってひつようなの？（齋藤孝）・・・・・ 278
友だちに「死にたい」といわれたとき、きみ
にできること（リチャード・E.ネルソン）・・・ 306
ともだちになろうよ！（ローリ・S.ウィー
ナー）・・・・・・・・・・・・・・・・・・・・・・・・・・・ 305
友だちは永遠じゃない（森真一）・・・・・・・・ 279
ドラえもんアンキパン九九ブック（藤子・F・
不二雄）・・・・・・・・・・・・・・・・・・・・・・・・・ 208
ドラえもん科学ワールド天気と気象の不思議
（藤子・F・不二雄）・・・・・・・・・・・・・・・ 133
ドラえもん科学ワールド電気の不思議（藤子・
F・不二雄）・・・・・・・・・・・・・・・・・・・・・・ 66
ドラえもん社会ワールド憲法って何だろう（藤
子・F・不二雄）・・・・・・・・・・・・・・・・・・ 107
ドラえもんふしぎのヒストリー（藤子・F・不
二雄）・・・・・・・・・・・・・・・・・・・・・・・・・・・ 263
トラック（小賀野実）・・・・・・・・・・・・・・・・・ 233
トラック（三推社）・・・・・・・・・・・・・・・・・・・ 233
とらっく とらっく とらっく（渡辺茂男）・・・ 233
とろーりあまい！ はちみつ（中島妙）・・・・・ 180
どんとこい、貧困！（湯浅誠）・・・・・・・・・・ 247
トントコはるかぜ（金沢佑光）・・・・・・・・・・ 48

子どもの本 伝統行事や記念日を知る本2000冊　363

どんどん強くなるマンガこども将棋入門（中村太地）‥‥‥‥‥‥‥‥‥‥‥‥‥ 288
どんどんはえるじぶんの歯（丸森英史）‥‥‥‥ 276

## 【な】

ナイチンゲール（金井一薫）‥‥‥‥‥‥‥‥‥ 116
ナイチンゲール（斉藤洋）‥‥‥‥‥‥‥‥‥‥ 117
ナイチンゲール（坂本コウ）‥‥‥‥‥‥‥‥‥ 117
ナイチンゲール（高田早苗）‥‥‥‥‥‥‥‥‥ 117
ナイチンゲール（高橋うらら）‥‥‥‥‥‥‥‥ 116
ナイチンゲール（武鹿悦子）‥‥‥‥‥‥‥‥‥ 117
ナイチンゲール（間部香代）‥‥‥‥‥‥‥‥‥ 116
ナイチンゲール（村岡花子）‥‥‥‥‥‥‥‥‥ 116
長崎原爆記（秋月辰一郎）‥‥‥‥‥‥‥‥‥‥ 186
長崎原爆資料館と戦跡めぐり（佐藤広基）‥‥‥ 187
ナガサキの命（吉永小百合）‥‥‥‥‥‥‥‥‥ 186
ながしびなのねがいごと（岡信子）‥‥‥‥‥‥ 53
長野オリンピック 1998 ‥‥‥‥‥‥‥‥‥‥ 38
長野オリンピック公式写真集（長野オリンピック冬季競技大会組織委員会）‥‥‥‥‥‥‥ 38
な・か・よ・し（よしもとそう）‥‥‥‥‥‥‥ 300
ナシの絵本（さわむらゆたか）‥‥‥‥‥‥‥‥ 165
なす（おくむらあやお）‥‥‥‥‥‥‥‥‥‥‥ 82
「なす」のお話‥‥‥‥‥‥‥‥‥‥‥‥‥‥‥ 83
なぜ命はたいせつなの？（こどもくらぶ）‥‥‥ 301
なぜ？ どうして？ 環境のお話（森本信也）‥‥‥‥‥‥‥‥‥‥‥‥‥‥‥‥‥‥‥‥ 138
なぜ？ の図鑑 科学マジック（藤嶋昭）‥‥‥‥ 307
なぜ？ の図鑑 植物（海老原淳）‥‥‥‥‥‥‥ 109
なぜ？ の図鑑 ネコ（今泉忠明）‥‥‥‥‥‥‥ 44
なつのあそび（竹井史郎）‥‥‥‥‥‥‥‥‥‥ 15
夏の王（O.R.メリング）‥‥‥‥‥‥‥‥‥‥ 162
なつのおはなし（谷真介）‥‥‥‥‥‥‥‥‥‥ 24
夏のおやつ（伝統おやつ研究クラブ）‥‥‥‥‥ 179
夏の祭り（芳賀日出男）‥‥‥‥‥‥‥‥‥‥‥ 24
菜っぱの絵本（野呂孝史）‥‥‥‥‥‥‥‥‥‥ 171
夏休みの宿題パーフェクトガイド小学1・2年‥‥‥‥‥‥‥‥‥‥‥‥‥‥‥‥‥‥‥ 199
なな子のひなまつり（白阪実世子）‥‥‥‥‥‥ 52
72時間生きぬくための101の方法（夏緑）‥‥‥ 202
生ごみをあさるカラス（三浦慎悟）‥‥‥‥‥‥ 206
悩みが解決する友だちづきあいのコツ（宮田雄吾）‥‥‥‥‥‥‥‥‥‥‥‥‥‥‥‥‥ 279
なりたいおとなになるために。（KTCおおぞら高等学院）‥‥‥‥‥‥‥‥‥‥‥‥‥‥ 33
なりたい！ 知りたい！ 調べたい！ 人命救助のプロ（こどもくらぶ）‥‥‥‥‥‥‥ 54
なるほど！ おもしろ漢字ルーツ図鑑（高井ジロル）‥‥‥‥‥‥‥‥‥‥‥‥‥‥‥‥ 318
なるほど！ なっとく！ 北方領土‥‥‥‥‥‥ 37
南極（三徳信彦）‥‥‥‥‥‥‥‥‥‥‥‥‥‥ 322

南極から地球環境を考える（国立極地研究所）‥‥‥‥‥‥‥‥‥‥‥‥‥‥‥‥ 320, 321
南極犬物語（綾野まさる）‥‥‥‥‥‥‥‥‥‥ 29
南極大陸のふしぎ（武田康男）‥‥‥‥‥‥‥‥ 321
南極のコレクション（武田剛）‥‥‥‥‥‥‥‥ 322
南極のサイエンス（藤子・F・不二雄）‥‥‥‥ 320
南極のサバイバル（洪在徹）‥‥‥‥‥‥‥‥‥ 321
南極のスコット大佐とシャクルトン（佐々木マキ）‥‥‥‥‥‥‥‥‥‥‥‥‥‥‥‥ 320
なんででんねん天満はん（今江祥智）‥‥‥‥‥ 170
なんでも！ ねんどあそび（吉田未希子）‥‥‥ 202
難民（佐藤真紀）‥‥‥‥‥‥‥‥‥‥‥‥‥‥ 152
難民になったねこクンクーシュ（マイン・ヴェンチューラ）‥‥‥‥‥‥‥‥‥‥‥‥‥ 151

## 【に】

にいちゃんのランドセル（城島充）‥‥‥‥‥‥ 64
ニガウリ（ゴーヤー）の絵本（ふじえだくにみつ）‥‥‥‥‥‥‥‥‥‥‥‥‥‥‥‥‥ 114
2月（増田良子）‥‥‥‥‥‥‥‥‥‥‥‥‥‥ 34
2月のえほん（長谷川康男）‥‥‥‥‥‥‥‥‥ 34
2がつのこうさく（竹井史郎）‥‥‥‥‥‥‥‥ 34
2月のこども図鑑‥‥‥‥‥‥‥‥‥‥‥‥‥‥ 34
肉の保存食（谷澤容子）‥‥‥‥‥‥‥‥‥‥‥ 298
2歳のえほん（汐見稔幸）‥‥‥‥‥‥‥‥‥‥ 299
二十四節気のえほん（西田めい）‥‥‥‥‥‥‥ 10
2045年のあなたへ（新城俊昭）‥‥‥‥‥‥‥ 153
日清食品（こどもくらぶ）‥‥‥‥‥‥‥‥‥‥ 195
ニット帽の天使（オトフリート・プロイスラー）‥‥‥‥‥‥‥‥‥‥‥‥‥‥‥‥‥ 332
にっぽんのおにぎり（白央篤司）‥‥‥‥‥‥‥ 150
日本（にっぽん）のもと（松岡正剛）‥‥‥‥‥ 173
日本国憲法ってなに？（伊藤真）‥‥‥‥ 106, 107
日本赤十字社所蔵アート展（損保ジャパン東郷青児美術館）‥‥‥‥‥‥‥‥‥‥‥‥ 205
日本全国さまざまなすし（川澄健）‥‥‥‥‥‥ 268
日本全国鉄道超完全図鑑（山﨑友也）‥‥‥‥‥ 242
日本全国バスに乗ろう！‥‥‥‥‥‥‥‥‥‥‥ 214
日本全国飛行機旅行（中村浩美）‥‥‥‥‥‥‥ 323
日本全国祭り図鑑（芳賀日向）‥‥‥‥‥‥‥ 2, 3
日本地図モンスター（結城靖高）‥‥‥‥‥‥‥ 85
日本茶のひみつ（佐藤守）‥‥‥‥‥‥‥‥‥‥ 106
日本鉄道地図鑑（地理情報開発）‥‥‥‥‥‥‥ 242
日本という国（小熊英二）‥‥‥‥‥‥‥‥‥‥ 39
日本と世界の365なんでも大事典（こよみ研究会）‥‥‥‥‥‥‥‥‥‥‥‥‥‥‥‥‥ 20
日本と世界の祭り‥‥‥‥‥‥‥‥‥‥‥‥‥‥ 6
日本の遺跡と遺産‥‥‥‥‥‥‥‥‥‥‥‥‥‥ 76
日本の音 日本の音楽（小塩さとみ）‥‥‥‥‥ 313
日本の学校の怪談絵図鑑（常光徹）‥‥‥‥ 190, 191
日本の環境技術（こどもくらぶ）‥‥‥‥‥‥‥ 138
日本の金メダリストじてん（中嶋舞子）‥‥ 177, 178

書名索引　　はしめ

日本の国際協力(こどもくらぶ) ・・・・・・・・・ 230
日本の国立公園まるわかり事典(加藤峰夫) ・・・・・ 63
日本の心を伝える年中行事事典(野本寛一) ・・・ 12
日本の森林と林業(大日本山林会) ・・・・・・・・・・ 65
日本の鉄(窪田蔵郎) ・・・・・・・・・・・・・・・・・ 305
日本の電車1500 ・・・・・・・・・・・・・・・・・・・ 244
日本の電車大研究(造事務所) ・・・・・・・・・・・ 243
日本の年中行事(深光富士男) ・・・・・・・・・・・ 19
日本の農業 ・・・・・・・・・・・・・・・・・・・・・・ 311
日本の発明・くふう図鑑(発明図鑑編集委員
　会) ・・・・・・・・・・・・・・・・・・・・・・・・・ 83
日本のふしぎ　なぜ? どうして?(大野正人)
　・・・・・・・・・・・・・・・・・・・・・・・・・・・ 39
日本の祭り(『日本の祭り』編集室) ・・・・・・・ 8〜10
日本の祭り大図鑑(芳賀日向) ・・・・・・・・・・・ 13
日本の祭り大図鑑(松尾恒一) ・・・・・・・・・・ 8, 9
日本の名作絵本5000冊(日外アソシエーツ株
　式会社) ・・・・・・・・・・・・・・・・・・・・・・ 299
日本の名作童話　最新2000(日外アソシエーツ
　株式会社) ・・・・・・・・・・・・・・・・・・・・・ 73
日本の料理(中津川かおり) ・・・・・・・・・・・・ 295
日本の料理・世界の料理クイズ(ワン・ステッ
　プ) ・・・・・・・・・・・・・・・・・・・・・・・・・ 86
入学準備の図鑑(無藤隆) ・・・・・・・・・・・・・ 122
ニュースに出てくる国際条約じてん(池上彰)
　・・・・・・・・・・・・・・・・・・・・・・・・・・ 315
ニュースに出てくる国際組織じてん(池上彰)
　・・・・・・・・・・・・・・・・・・・・・・・・・・ 251
Newボランティア用語事典(日比野正己) ・・・ 309
にんきものをめざせ!(森絵都) ・・・・・・・・・・ 41
にんきもののひけつ(森絵都) ・・・・・・・・・・ 42
にんじゃあまがえる(松井孝爾) ・・・・・・・・・ 140
忍者世界へタイムワープ(イセケヌ) ・・・・・・・ 44

## 【ね】

ねがいぼし　かなえぼし(内田麟太郎) ・・・・・・・ 165
ねこがおうちにやってきた!(山本宗伸) ・・・・・・ 44
ねずみくんのクリスマス(なかえよしを) ・・・・ 338
年中行事(新谷尚紀) ・・・・・・・・・・・・・・・・ 15
年中行事(須藤功) ・・・・・・・・・・・・・・・・・ 18
年中行事を五感で味わう(山下柚実) ・・・・・・・ 15
年中行事記念日365日のひみつ(飯塚よし照)
　・・・・・・・・・・・・・・・・・・・・・・・・・・・ 23
年中行事に生かす昔話(生越嘉治) ・・・・・・・・ 23
年中行事のお話55(深山さくら) ・・・・・・・・・ 15
ねんドル岡田ひとみのねんどでミニチュアパ
　リスイーツ(岡田ひとみ) ・・・・・・・・・・・・ 203
ねんドル岡田ひとみのはじめてのねんど(岡
　田ひとみ) ・・・・・・・・・・・・・・・・・・・・ 203
年齢別行事ことばかけハンドブック ・・・・・・・ 15

## 【の】

ノーベル(文月鉄郎) ・・・・・・・・・・・・・・・・ 297
ノーベル賞を受賞した日本人(戎崎俊一) ・・・・ 298
ノーベル賞がわかる事典(土肥義治) ・・・・・・・ 298
ノーベル賞受賞者が教えるノーベル賞をとる
　方法(バリー・マーシャル) ・・・・・・・・・・・ 296
ノーベル賞とはなにか(戎崎俊一) ・・・・・・・・ 298
ノーベル賞の大常識(戎崎俊一) ・・・・・・・・・ 298
のりものくらべ(相馬仁) ・・・・・・・・・・・・・ 243
のりもののしくみ見学(クリス・オックスレイ
　ド) ・・・・・・・・・・・・・・・・・・・・・ 233, 323

## 【は】

ばあちゃんの笑顔をわすれない(今西乃子) ・・・・ 281
廃棄物をへらす(デボラ・ジャクソン・ベッド
　フォード) ・・・・・・・・・・・・・・・・・・・・ 127
ばいきんをやっつけろ!(フラン・ボークウィ
　ル) ・・・・・・・・・・・・・・・・・・・・・・・・・ 94
俳句でみがこう言葉の力(小山正見) ・・・・・・・ 194
バイバイ!　たばこ(淺野牧茂) ・・・・・・・・・ 128
パオズになったおひなさま(佐和みずえ) ・・・・ 51
博物館へ行こう(木下史青) ・・・・・・・・・・・・ 120
博物館科学館からはじめる「調べ学習」のヒ
　ント100(講談社) ・・・・・・・・・・・・・・・・ 120
博物館のひみつ(斎藤靖二) ・・・・・・・・・・・・ 119
はしをつくる(ライアン・アン・ハンター) ・・・ 181
橋の大解剖(五十畑弘) ・・・・・・・・・・・・・・ 181
はじめて知るみんなの行事とくらし ・・・・・・・ 16
はじめて哲学する本(藤原和博) ・・・・・・・・・ 96
はじめてでもかんたん!　楽しいねんど(寺西
　恵里子) ・・・・・・・・・・・・・・・・・・ 202, 203
はじめてのおさいほう(寺西恵里子) ・・・・・・・ 53
はじめてのおやつ(寺西恵里子) ・・・・・・・・・ 178
はじめてのぎょうじ(無藤隆) ・・・・・・・・・・・ 4
はじめての行事えほん(小川直之) ・・・・・・・・ 2
はじめてのクリスマス(スティーブン・バー
　カー) ・・・・・・・・・・・・・・・・・・・・・・ 335
はじめてのクリスマス・ツリー(エレナー・エ
　スティス) ・・・・・・・・・・・・・・・・・・・・ 339
はじめてのクリスマスのおはなし(ベンレイ・
　ヒュアン) ・・・・・・・・・・・・・・・・・・・・ 339
はじめての植物学(大場秀章) ・・・・・・・・・・・ 92
はじめてのそろばん入門(金園社企画編集部)
　・・・・・・・・・・・・・・・・・・・・・・・・・・ 184
はじめてのチョコレート(寺西恵里子) ・・・・・・ 40
はじめての哲学(竹田青嗣) ・・・・・・・・・・・・ 96
はじめてふれる日本の二十四節気・七十二候
　(根本浩) ・・・・・・・・・・・・・・・・・・・・・ 12

子どもの本 伝統行事や記念日を知る本2000冊　**365**

はじめ　　　　　　　　　書名索引

はじめて学ぶ水俣病 ･････････････････ 105
はじめましてチャンピイ（日野多香子）･･････ 102
はじめよう!! そろばん（神林茂）････････････ 184
はじめよう！　ボクシング（大橋秀行）･･･････ 120
はじめよう！　ボランティア（長沼豊）･･･････ 309
はじめよう身近なデータの整理（平丯太郎）･･･ 248
はしれ、上へ！（指田和）･･･････････････ 61
バス ･･････････････････････････ 214
バス（小賀野実）･･････････････････ 214
バス（五味零）･･････････････････ 214
バスケットボール（こどもくらぶ）･･･････ 328
バスケットボール（高瀬俊也）････････ 327
パスタでたどるイタリア史（池上俊一）･･･ 253
パスタの形と色（貝谷郁子）･･･････････ 253
パスタのきほん（貝谷郁子）･･･････････ 253
バスとトラック ･･････････････････ 233
バスとトラック100点 ･････････････ 232
バス・トラック（小賀野実）･･････ 232, 233
パズルで学ぶ！　小学生でおぼえたい重要単
　語クロスワード（深谷圭助）･･･････････ 326
はたらく（長倉洋海）･･････････････ 104
はたらくじどう車くらべ（国土社編集部）･･ 232
働く人たちのひみつ（オフィス・イディオム）
　･････････････････････････････ 104
8月（増田良子）･･････････････････ 175
8月のえほん（長谷川康男）･･･････････ 175
8がつのこうさく（竹井史郎）･････････ 175
8月のこども図鑑 ･･････････････････ 175
82億食の奇跡（NHKプロジェクトX制作班）･･ 195
はちみつ（小野正人）･･････････････ 180
はちみつ（ふじわらゆみこ）･･･････････ 180
はちみつができるまで（藤原誠太）･･･････ 180
はちみつってどこからきたの？（ナンシー・エ
　リザベス・ウォーレス）･･･････････ 180
はっけん！　がっこうのあっ！（石津ちひろ）
　･････････････････････････････ 123
はっけんずかんうみ（西片拓史）･･･････ 172
はっけん！　鉄道NIPPON ･････････ 242
葉っぱで調べる身近な樹木（濱野周泰）･･ 231
HAPPYハロウィン（ポット編集部）･･･ 259
発明図鑑（トレーシー・ターナー）････ 83
発明・発見 ･･･････････････････ 84
はではでカエル（クリス・アーリー）･･ 140
歯と歯みがきのひみつ（宇津木聡史）･･ 277
話し方のコツ（ゆうゆう）･･･････････ 279
話したくなるオリンピックの歴史（コンデッ
　クス情報研究所）･･･････････････ 154
バナナ（天野實）･･････････････････ 183
バナナです（川端誠）･･････････････ 183
バナナのはなし（伊沢尚子）･･･････････ 183
花のふる日（青木雅子）･･･････････ 109
花まつりにいきたい（あまんきみこ）･･ 78
歯にかかわる仕事（ヴィットインターナショ
　ナル企画室）･･･････････････････ 277
ハーネスをはずして（辻恵子）････････ 100

歯の絵事典（関口浩）･･･････････････ 276
歯のおはなしをしよう（ジャネット・フラナ
　リー・コータッド）･･･････････････ 275
歯の実験観察ノート（中垣晴男）････････ 276
パノフじいちゃんのすてきな日クリスマス（レ
　フ・トルストイ）･･････････････ 332
パパ、お寿司たべたい！（入江和夫）･･ 269
はばたけ！　先生（くさばよしみ）･･ 227
母・父の日、敬老の日のスペシャルメニュー
　（服部幸應）･･･････････････････ 21
母と子の心がふれあう12か月のたのしい行事
　えほん（グループ・コロンブス）･･ 13
パパ南極へ行ってるの（福谷博）･･･････ 321
母の日（土家由岐雄）･･････････････ 129
ははのはなし（加古里子）･･･････････ 276
ハーブいっぱいのクリスマス（あんびるやす
　こ）････････････････････････ 333
羽生善治の将棋入門（羽生善治）･･････ 289
歯ブラシづくりのひみつ（たまだまさお）･･ 195
はみがきめいじん（ぱすてる書房）････ 276
ハム・ソーセージのひみつ（佐藤守）･･ 267
「はやぶさ」がとどけたタイムカプセル（山下
　美樹）･･･････････････････････ 146
はやぶさ君の冒険日誌（小野瀬直美）･･ 146
はやぶさものがたり（今井なぎさ）･･ 146
はりねずみくんのクリスマス・イブ（M・クリ
　スティーナ・バトラー）･･･････････ 329
はりねずみのルーチカ（かんのゆうこ）･･ 259
春から夏のしきたり ･･････････････ 18
はる・なつのしぜん（岡本依子）･･････ 108
はるのあそび（竹井史郎）･････････ 14
はるのおはなし（谷真介）･････････ 25
春のおやつ（伝統おやつ研究クラブ）･･ 179
春の主役桜（ゆのきようこ）･･･････ 68
春の祭り（芳賀日出男）･･･････････ 24
パレスチナ（清末愛砂）･･･････････ 224
バレンタイン☆キューピッド（カタノトモコ）
　･････････････････････････････ 41
バレンタインデーよ、バブーちゃん！（チャー
　ルズ M.シュルツ）････････････ 41
ハロウィン（ロビン・メイ）･･･････ 262
ハロウィーンってなあに？（クリステル・デモ
　ワノー）･･･････････････････ 261
ハロウィンドキドキおばけの日！（ますだゆ
　うこ）･･･････････････････････ 261
ハロウィンの犬（村上しいこ）･･･････ 260
ハロウィーンのひみつ（はやしちかげ）･･ 260
ハロウィーンの星めぐり（ウォルター・デ・ラ・
　メア）･･･････････････････････ 260
ハロウィーンの魔女（カタノトモコ）･･ 260
ハロウィーンの魔法（ルーマ・ゴッデン）･･ 261
パワハラに負けない！（笹山尚人）････ 104
パン（岡本一郎）･･････････････････ 81
パンがいっぱい（大村次郷）･･･････ 81
番組制作・技術・美術60の仕事 ･････ 35

## 書名索引　ふしぎ

ハンズオンで楽しい九九（ハンズオン・マス研究会）･･･････209

パンのずかん（大森裕子）･･････････81

パンの大研究（竹野豊子）･･････････82

ハンバーグ（尾崎美紀）････････187

はんぴらり！（廣嶋玲子）･･･････47, 218, 342

パンプキン・ムーンシャイン（ターシャ・テューダー）･･････････261

## 【ひ】

ひいな（いとうみく）･･････････51

東日本大震災と子ども（宮田美恵子）･･････60

東日本大震災に学ぶ日本の防災（地震予知総合研究振興会）･･････61

光をくれた犬たち盲導犬の一生（今西乃子）･･･100

ヒカルの囲碁入門（石倉昇）･･････････28

飛行機しゅっぱつ！（鎌田歩）･････323

飛行機のしくみ（白鳥敬）･････323

飛行機の大研究（ヒサクニヒコ）････324

飛行機100点（グループ・コロンブス）･････323

PGAジュニア基本ゴルフ教本（日本プロゴルフ協会）･･････124

ビジュアル日本の鉄道の歴史（梅原淳）･･242, 243

ビジュアル版近代日本移民の歴史（「近代日本移民の歴史」編集委員会）･････150

ビジュアル宝石キャラクター図鑑（松原聰）･････283

美術館・博物館で働く人たち（鈴木一彦）･･･119

ビックリ!! 世界の小学生（柳沢有紀夫）･･･122

びっくり！ マグロ大百科（葛西臨海水族園クロマグロ飼育チーム）･････237

ひつじかいの夜（杉田幸子）･････335

羊飼いの四本のろうそく（ゲルダ・マリー・シャイドル）･････340

人がつなげる科学の歴史･････165

人と社会のためにはたらく犬たち（坂井貞雄）･･････266

人と社会のためにはたらく犬たち（日本補助犬協会）･･････266

人とミルクの1万年（平田昌弘）････131

人はなぜカラスとともだちになれないの？（こどもくらぶ）･････206

人はなぜ酸素を吸うのか（大川満里子）･･･115

ひとはみな、自由（中川ひろたか）････316

ひなまつり・こどものひ･･････109

ひなまつりこびとのおはなし（まついのりこ）･･････････53

ひなまつりコンサート（木村隆夫）･････52

ひなまつりにおひなさまをかざるわけ（瀬尾七重）･･････52

ひなまつりのおきゃくさま（高木あきこ）･････53

ひなまつりのお手紙（まほら三桃）････51

ひなまつりのちらしずし（宮野聡子）･････51

ひなまつりルンルンおんなのこの日！（ますだゆうこ）･････52

ひのっ子新選組探検隊（小杉博司）････････61

ひふみんのワクワク子ども詰め将棋（加藤一二三）･････289

ビブリオバトルを楽しもう（谷口忠大）･････91

非暴力で平和をもとめる人たち（目良誠二郎）･･････224

非暴力の人物伝･････223

ピーマンの絵本（たかはしひでお）････80

ひみつのかいだん（ジル・バークレム）････343

ひみつひみつのひなまつり（鈴木真実）････51

ひめゆりたちの沖縄戦（与那覇百子）････153

100円からできる国際協力･････228, 230

100年後の水を守る（橋本淳司）････176

100の知識世界を変える発明（ダンカン・ブルーワー）･･････84

100の知識 空を飛ぶ（スー・ベックレイク）･･･213

びょうきにまけない！（ラビッツァイ）････78

ひらめきが世界を変えた！ 発明大図鑑（ジュリー・フェリス）･･････84

肥料と土つくりの絵本（藤原俊六郎）･････310, 311

ヒロシマ日記（蜂谷道彦）････182

ヒロシマのいのち（指田和）････181

広島平和記念資料館と戦跡めぐり（佐藤広基）･･････182

ビロードうさぎ（マージェリィ・ウィリアムズ）･･････338

貧困（松山章子）････248

貧困を考えよう（生田武志）････248

びんぼう神とふくの神（木暮正夫）････343

## 【ふ】

ファーザー・クリスマス サンタ・クロースからの手紙（J.R.R.トールキン）･････337

フィールドワーク第五福竜丸展示館（第五福竜丸平和協会）･･････50

フェミニズムってなんのこと？（ルイーズ・スピルズベリー）･････56

ふえる人口へる人口（鬼頭宏）････169

部活で差がつく！ バスケットボール弱点克服マニュアル（田渡優）････327

服とコミュニケーション（鷲田清一）･････38

服と自分（鷲田清一）････38

服の力（鷲田清一）････38

ふしぎだね!? 自閉症のおともだち（内山登紀夫）･･････76

ふしぎ!? なんで!? ムシおもしろ超図鑑（柴田佳秀）･･････137

不思議の村のハロウィーン（高柳佐知子）･････262

ふしぎ？ ふしぎ！ 〈時間〉ものしり大百科（藤沢健太）･････142, 143

子どもの本 伝統行事や記念日を知る本2000冊　**367**

富士山大事典（富士学会）・・・・・・・・ 45
ふじさんにっぽんいち！（佐野充）・・・・・・ 45
富士山にのぼる（石川直樹）・・・・・・・・ 46
富士山にのぼる（三上葉）・・・・・・・・・ 45
富士山の大研究（江藤初生）・・・・・・・・ 46
富士山の大図鑑（富士学会）・・・・・・・・ 45
富士山のふしぎ100（富士学会）・・・・・・ 45
ぶたさんちのひなまつり（板橋敦子）・・・・ 51
ふたつの国の物語（小川総一郎）・・・・・・ 290
ふたつの勇気（山本省三）・・・・・・・・・ 60
「ふつう」ってなんだ？（ReBit）・・・・・ 238
仏教の日（あらしやまはじめ）・・・・・・・ 78
筆であそぼう書道入門（角田恵理子）・・・ 270, 271
冬から春のしきたり・・・・・・・・・・・・ 18
ふゆのあそび（竹井史郎）・・・・・・・・・ 14
ふゆのおはなし（谷真介）・・・・・・・・・ 25
冬のおやつ（伝統おやつ研究クラブ）・・・・ 179
冬の祭り（芳賀日出男）・・・・・・・・・・ 24
フランダースの犬（ウィーダ）・・・・・・・ 335
ブランド・キャラクターってなに？（日本弁理
　士会）・・・・・・・・・・・・・・・・・ 94
ブリタニカ科学まんが図鑑宇宙（日本科学未
　来館）・・・・・・・・・・・・・・・・・ 210
ブリタニカ科学まんが図鑑天気（蓬莱大介）・ 131
古い道具と昔のくらし事典（内田順子）・・・ 233
ふるさとをさがして（根本かおる）・・・・・ 152
ぶるぶるやわらか！　とうふ（中島妙）・・・ 223
プレゼントの木（いもとようこ）・・・・・・ 333
ブロイ（会田法行）・・・・・・・・・・・・ 304
プロが教える小学生のゴルフレベルアップの
　コツ（井上透）・・・・・・・・・・・・・ 124
ふろしき大研究（宮井株式会社）・・・・・・ 44
プロの技全公開！　まんが家入門（飯塚誠之）
　・・・・・・・・・・・・・・・・・・・ 273
プロ野球なんでもナンバー1（近藤隆夫）・・ 341
プロ野球にかかわる仕事（ヴィットインター
　ナショナル企画室）・・・・・・・・・・・ 342
プロ野球のスゴイ話（『野球太郎』編集部）・ 341
フローレンス・ナイチンゲール（デミ）・・・ 117
ふわふわあったか！　てぶくろ（中島妙）・・ 295
ふわふわパン作り（おおでゆかこ）・・・・・ 81
文化のちがい習慣のちがい（須藤健一）・・・ 4

## 【へ】

平和へのカギ（田島弘）・・・・・・・・・・ 113
平和をつくるを仕事にする（鬼丸昌也）・・・ 214
ヘスターとまじょ（バイロン・バートン）・・ 262
ペッギィちゃんの戦争と平和（椎窓猛）・・・ 215
ベッキーのクリスマス（ターシャ・テュー
　ダー）・・・・・・・・・・・・・・・・・ 336
ベツレヘムのはちとゆり（かながわさちこ）・ 340
ベルナのしっぽ（郡司ななえ）・・・・・・・ 101

ペンギンたちに会いたくて（加藤明子）・・・ 322

## 【ほ】

帽子とヘアスタイル・・・・・・・・・・・・ 189
宝石（飯田孝一）・・・・・・・・・・・・・ 283
法ってどんなもの？（東大大村ゼミ）・・・・ 211
北欧に学ぶ小さなフェミニストの本（サッサ・
　ブーレグレーン）・・・・・・・・・・・・ 56
ぼくが見た太平洋戦争（宗田理）・・・・・・ 191
ボクシング・デイ（樫崎茜）・・・・・・・・ 342
ぼくたちとワッフルハート（マリア・パル）・ 162
ぼくたちのボランティア記念日（田中ひろし）
　・・・・・・・・・・・・・・・・・・・ 310
ぼくの仕事場は富士山です（近藤光一）・・・ 46
ぼくの南極生活500日（武田剛）・・・・・・ 322
ぼくのハはもうおとな（かこさとし）・・・・ 135
ぼくのフライドチキンはおいしいよ（中尾明）
　・・・・・・・・・・・・・・・・・・・ 294
ぼくのみたもの（みなみななみ）・・・・・・ 50
ぼくらの太平洋戦争（宗田理）・・・・・・・ 192
ぼくらの津波てんでんこ（谷本雄治）・・・・ 61
ぼくらの町のまつりと行事・・・・・・・・・ 23
ぼくはネコのお医者さん（東多江子）・・・・ 43
ポケットモンスターXYかけ算九九ワークブッ
　ク（乾実香）・・・・・・・・・・・・・・ 208
ポケットモンスターベストウイッシュかけ算
　九九ワークブック（岩切実香）・・・・・・ 208
保健・医療にかかわる国際組織（大芝亮）・・ 78
干し柿（西村豊）・・・・・・・・・・・・・ 255
ほしのさんちのおそうじだいさくせん（新津
　春子）・・・・・・・・・・・・・・・・・ 107
星のひとみ（せなけいこ）・・・・・・・・・ 329
星は見ている（秋田正之）・・・・・・・・・ 182
ボタニカム（キャシー・ウィリス）・・・・・ 108
北海道の国立公園（はにわきみこ）・・・・・ 64
ホッキョクグマ（ジェニ・デズモンド）・・・ 46
ホッキョクグマ（ジョン・フランシス）・・・ 47
ホッキョクグマが教えてくれたこと（寺沢孝
　毅）・・・・・・・・・・・・・・・・・・ 46
ホッキョクグマくん、だいじょうぶ？（ロバー
　ト・E・ウェルズ）・・・・・・・・・・・ 46
ホッキョクグマの赤ちゃん（さえぐさひろこ）
　・・・・・・・・・・・・・・・・・・・ 46
ホッキョクグマの赤ちゃんを育てる！（高橋
　うらら）・・・・・・・・・・・・・・・・ 46
ポップコーンをつくろうよ（トミー・デ・パオ
　ラ）・・・・・・・・・・・・・・・・・・ 209
ホネホネ動物ふしぎ大図鑑（富田京一）・・・ 225
ボランティアはきらい!?（田中ひろし）・・・ 310
What is 和食 WASHOKU？（服部幸應）・・・ 295
本をもっと楽しむ本（塩谷京子）・・・・・・ 74
本格ハロウィンは知っている（藤本ひとみ）・・ 260
本が好きになる（さやましょうこ）・・・・・ 90

書名索引　　まんか

ほんとうにあったおはなし　こねこのタケシ（阿見みどり）・・・・・・・・・・・・・・・・・・・ 322
ほんとうにあった戦争と平和の話（野上暁）・・・・ 215
ほんとうにかぞく（のぐちふみこ）・・・・・・・・ 76
ほんとうのクリスマス（森一弘）・・・・・・・・・・・ 337
ほんとうの「ドラッグ」（近藤恒夫）・・・・・・・ 159
ほんとうの南極犬物語（綾野まさる）・・・・・・・ 29
本と図書館の歴史（モーリーン・サワ）・・・・・ 99
ほんのすこしの勇気から（日本国連HCR協会ボランティア・絵本プロジェクトチーム）・・・・・・・・・・・・・・・・・・・・・・・・・・・・・・・・ 152
ほんものプレゼント（オー＝ヘンリー）・・・・ 330
本はこころのともだち（朝の読書推進協議会）・・・・・・・・・・・・・・・・・・・・・・・・・・・・・・・・・・・・・・ 92

## 【ま】

毎日が楽しくなるきせつのお話366（長谷川康男）・・・・・・・・・・・・・・・・・・・・・・・・・・・・・・・・・・・ 12
まいにちつかうはしってすごい！（しばやまひであき）・・・・・・・・・・・・・・・・・・・・・・・・・・・・・ 180
マイ・ネイチャー（SAPIX環境教育センター）・・・・・・・・・・・・・・・・・・・・・・・・・・・・・・・・・・・・・・ 123
牧野富太郎　豊田佐吉（鮎川万）・・・・・ 93
マグロ（うえやなぎしょうじ）・・・・・・・・・ 237
マグロをそだてる（江川多喜雄）・・・・・・・ 237
マグロの大研究（河野博）・・・・・・・・・・・ 237
孫たちに語り伝える　わたしの終戦（SAとよなか）・・・・・・・・・・・・・・・・・・・・・・・・・・・・・・・・・・ 191
まさかさかさま回文めいじん（ながたみかこ）・・・・・・・・・・・・・・・・・・・・・・・・・・・・・・・・・・・・・・ 325
マザーズ・デー（母の日）（みうらますこ）・・・ 129
マザー・テレサ（相良憲昭）・・・・・・・・・ 205
マザー・テレサ（武鹿悦子）・・・・・・・・・ 205
マザー・テレサ（望月正子）・・・・・・・・・ 205
マザー・テレサ（Team神話）・・・・・・・・・ 205
マザー・テレサ愛と祈りをこめて（中井俊已）・・・・・・・・・・・・・・・・・・・・・・・・・・・・・・・・・・・・・・ 205
まじょ子とハロウィンのまほう（藤真知子）・・・ 260
魔女ジェニファとわたし（E.L.カニグズバーグ）・・・・・・・・・・・・・・・・・・・・・・・・・・・・・・・・・・ 261
魔女たちのパーティー（ロンゾ・アンダーソン）・・・・・・・・・・・・・・・・・・・・・・・・・・・・・・・・・・・ 259
まちがいだらけのボランティア（田中ひろし）・・・・・・・・・・・・・・・・・・・・・・・・・・・・・・・・・・・・・・ 310
町工場の底力・・・・・・・・・・・・・・・・・・・・・・・・・ 274
まちどおしいねクリスマス（MAME）・・・・ 333
まちのしごとば大研究（まちのしごとば取材班）・・・・・・・・・・・・・・・・・・・・・・・・・・・・・・ 54, 249
松尾芭蕉（坪内稔典）・・・・・・・・・・・・・・・ 194
まっかっかトマト（いわさゆうこ）・・・・・・ 236
マッチうりの少女（H.C.アンデルセン）・・・・・・ 343

マッチ売りの少女（ハンス・クリスチャン・アンデルセン）・・・・・・・・・・・・・・・・・・・・・・・・・ 343
祭りと行事、昔と今（吉田和義）・・・・・・・・・ 23
窓をひろげて考えよう（下村健一）・・・・・・ 160
マナーと敬語完全マスター！（親野智可等）・・・・・・・・・・・・・・・・・・・・・・・・・・・・・・ 257, 258
学びたい（ケイティー・ダックワース）・・・ 293
魔法使いになろう！　完全保存版手作りハロウィン（ふじもとのりこ）・・・・・・・・・・・・・・ 260
魔法のハロウィン・パイ（野中柊）・・・・・・ 258
まぼろしの大陸へ（池田まき子）・・・・・・・ 321
マミ、キッド、そしてぼく（平野厚）・・・・ 42
豆を育ててみよう！（吉田よし子）・・・・・ 239
まめまきできるかな（すとうあさえ）・・・・ 47
豆はとってもすぐれもの（吉田よし子）・・・ 240
守ろう・育てよう日本の水産業（坂本一男）・・・ 56
マヨネーズってなぜおいしい？（コンパスワーク）・・・・・・・・・・・・・・・・・・・・・・・・・・・・・・・・・・・ 50
マリモを守る。（千葉望）・・・・・・・・・・・・・ 69
まるごと川あそび（阿部夏丸）・・・・・・・・・ 167
まるごと観察富士山（鎌田浩毅）・・・・・・・ 45
まるごとキッズマジック大集合BOOK（藤原邦恭）・・・・・・・・・・・・・・・・・・・・・・・・・・・・・・・・ 307
まるごとさつまいも（八田尚子）・・・・・・・ 240
まるごとトマト（八田尚子）・・・・・・・・・・・ 236
まるごとハロウィン（コダシマアコ）・・・・ 260
マルチアングル人体図鑑（高沢謙二）・・・・ 114
まわして学べる算数図鑑九九（朝倉仁）・・・ 208
マンガ　ストップいじめノーモア自殺！（再チャレンジ東京）・・・・・・・・・・・・・・・・・・・・・・ 306
マンガ世界の歩き方（山辺健史）・・・・・・・ 273
マンガで覚える将棋入門（佐藤康光）・・・・ 289
まんがで語りつぐ広島の復興（手塚プロダクション）・・・・・・・・・・・・・・・・・・・・・・・・・・・・・ 182
マンガでたのしくわかる！　バスケットボール（西東社編集部）・・・・・・・・・・・・・・・・・・・ 327
マンガではじめる！　子ども将棋（羽生善治）・・・・・・・・・・・・・・・・・・・・・・・・・・・・・・・・・・・ 289
マンガでよくわかる少年野球（大泉書店編集部）・・・・・・・・・・・・・・・・・・・・・・・・・・・・・・・・・・ 187
マンガでわかるかんたん！　たのしい理科実験・工作（滝川洋二）・・・・・・・・・・・・・・・ 66
マンガでわかる！　楽しい子ども将棋入門（高野秀行）・・・・・・・・・・・・・・・・・・・・・・・・・・・・・ 289
まんがでわかる「発明」と「発見」1000・・・ 83
まんがとイラストの描き方（まんがイラスト研究会）・・・・・・・・・・・・・・・・・・・・・・・・ 272, 273
まんがなんでも図鑑（日本漫画家協会）・・・ 272
マンガ版劣化ウラン弾（白六郎）・・・・・・・ 216
マンガミュージアムへ行こう（伊藤遊）・・・ 273
マンガレインボーKids（手丸かのこ）・・・・・ 238

子どもの本 伝統行事や記念日を知る本2000冊　**369**

# 【み】

見えない難民（谷本美加）・・・・・・・・・・ 152
未確認飛行物体UFOと宇宙人（並木伸一郎）・・・ 157
みかん（中島睦子）・・・・・・・・・・・・・ 274
みかん（山本和子）・・・・・・・・・・・・・ 274
みかんです（川端誠）・・・・・・・・・・・・ 274
ミカンの絵本（かわせけんじ）・・・・・・・・ 274
みかんのひみつ（鈴木伸一）・・・・・・・・・ 274
みぢかな樹木のえほん（国土緑化推進機構）・・ 231
身近な発明の話（板倉聖宣）・・・・・・・・・ 84
ミシンのひみつ（あすみきり）・・・・・・・・ 54
水をめぐる争い（橋本淳司）・・・・・・・・・ 177
Mr.マリックの超魔術入門超百科（Mr.マリッ
　ク）・・・・・・・・・・・・・・・・・・・ 309
水と環境問題（橋本淳司）・・・・・・・・・・ 177
水と人びとのくらし（橋本淳司）・・・・・・・ 177
水と人びとの健康（橋本淳司）・・・・・・・・ 177
水のコレクション（内山りゅう）・・・・・・・ 177
水のリサイクル（半谷高久）・・・・・・・・・ 177
水問題にたちむかう（橋本淳司）・・・・・・・ 177
水はどこから来るのか？（高堂彰二）・・・・・ 176
未成年のための法律入門（愛甲栄治）・・・・・ 211
見たい！　知りたい！　たくさんの仕事（こど
　もくらぶ）・・・・・・・・・・・・・・・・ 226
ミッケ！（ジーン・マルゾーロ）・・・・・・・ 331
3つの東京オリンピックを大研究（日本オリン
　ピック・アカデミー）・・・・・・・・ 262, 263
ミツバチ（高家博成）・・・・・・・・・・・・ 58
ミツバチ（日高敏隆）・・・・・・・・・・・・ 58
ミツバチ（藤丸篤夫）・・・・・・・・・・・・ 58
ミツバチとともに（大西暢夫）・・・・・・・・ 58
ミツバチとはちみつ（みやたけのりゆき）・・・ 180
ミツバチのはなし（ピョトル・ソハ）・・・・・ 58
ミツバチのふしぎ（栗林慧）・・・・・・・・・ 58
見て、学んで、力がつく！　こども日本地図
　（永岡書店編集部）・・・・・・・・・・・・ 84
みどりのこいのぼり（山本省三）・・・・・・・ 110
ミニトマト（亀田龍吉）・・・・・・・・・・・ 236
ミニーのひなまつり（おかだゆか）・・・・・・ 51
ミニバスケットボール基本れんしゅう（目由
　紀宏）・・・・・・・・・・・・・・・・・・ 328
耳と補聴器のひみつ（加我君孝）・・・・・・・ 53
耳・鼻の不思議（笠井創）・・・・・・・・・・ 183
みやぎの七夕さま（松山博子）・・・・・・・・ 181
未来形の読書術（石原千秋）・・・・・・・・・ 92
未来に伝える沖縄戦（琉球新報社会部）・・ 153, 154
未来につなごう身近ないのち（中山れいこ）・・ 123
ミラクルかわいい！　写真のうつり方＆とり
　方マスター（ガールズフォト研究所）・・・・ 134
みらくるミルク（中西敏夫）・・・・・・・・・ 131
ミルクのへんしん・・・・・・・・・・・・・・ 131

ミルクの本（シルヴェーヌ・ペロル）・・・・・ 131
見る！　乗る！　撮る！　親子で楽しむ鉄道
　体験大百科（講談社）・・・・・・・・・・・ 242
みわけるちから（ぱすてる書房）・・・・・・・ 236
民主主義という不思議な仕組み（佐々木毅）・・ 213
みんながいてボクワタシがいる！　大切な家
　族（亀澤裕也）・・・・・・・・・・・・・・ 300
みんながいてボクワタシがいる！　友だちと
　学校（古田真理子）・・・・・・・・・・・・ 278
みんなが知りたい！　「四季の行事」がわか
　る本（ニコワークス）・・・・・・・・・・・ 17
みんなが知りたい！　「地球のしくみ」と「環
　境問題」（北原義昭）・・・・・・・・・・・ 89
みんなげんきで七五三（寺村輝夫）・・・・・・ 286
みんなそろったじぶんの歯（丸森英史）・・・・ 276
みんな大好きおりがみ百科・・・・・・・・・・ 284
みんな大好き！　カレー大百科（森枝卓士）・・ 31
みんなだいすき！　チョコレート（中島妙）・・ 40
みんなたいせつ（東菜奈）・・・・・・・・・・ 315
みんなちがってみんな一緒！　障害者権利条
　約（日本障害フォーラム「みんなちがって
　みんな一緒！　障害者権利条約」編集委員
　会）・・・・・・・・・・・・・・・・・・・ 314
みんなで考えよう障がい者の気持ち・・・ 314, 315
みんなで考えよう食の未来と地球環境（中岩
　俊裕）・・・・・・・・・・・・・・・・・・ 246
みんなで考える小学生のマナー（ジュニアマ
　ナーズ協会）・・・・・・・・・・・・・・・ 257
みんなで楽しむ！　障害者スポーツ（日本障害
　者スポーツ協会）・・・・・・・・・・・・・ 197
みんなでつくろう学校図書館（成田康子）・・・ 145
みんなでつくろう！　季節と行事で壁をかざ
　る立体工作（早未恵理）・・・・・・・・・ 7, 8
みんなで防災アクション！（神谷サニー）・・ 241, 242
みんなの命と生活をささえるインフラってな
　に？（こどもくらぶ）・・・・・・・・・・・ 262
みんなの国連・・・・・・・・・・・・・・・・ 252
みんなのちゅうカタログ（福岡梓）・・・・・・ 89
みんなの博物館（「みんなの博物館」編集委員
　会）・・・・・・・・・・・・・・・・・・・ 120
みんなの防災えほん（山村武彦）・・・・・・・ 201
みんなの防災事典（山村武彦）・・・・・・・・ 201
みんなの森林（もり）ができるまで（全国林業
　改良普及協会）・・・・・・・・・・・・・・ 65
みんな本を読んで大きくなった（朝の読書推
　進協議会）・・・・・・・・・・・・・・・・ 92
みんなもってるDNA（フラン・ボークウィ
　ル）・・・・・・・・・・・・・・・・・・・ 94

# 【む】

むかしのくらし思い出絵日記（たかいひろこ）
　・・・・・・・・・・・・・・・・・・・・・ 8
昔のくらしと道具（大島建彦）・・・・・・・・ 11

虫のしわざ探偵団（新開孝）・・・・・・・・・・・・ 136
むし歯・歯周病は感染症（眞木吉信）・・・・・ 135
むしばちゃんのなかよしだあれ（かこさとし）
・・・・・・・・・・・・・・・・・・・・・・・・・・・・・・・・・・ 135
むしばになったどうしよう（かこさとし）・・・・・ 135
むし歯バイバイ（大津一義）・・・・・・・・・・・・・ 135
むしむしオリンピック（須田孫七）・・・・・・・・・ 137
虫・むし・オンステージ！（森上信夫）・・・・・ 136
娘よ、ここが長崎です（筒井茅乃）・・・・・・・・ 186

## 【め】

名作への架け橋（萩原茂）・・・・・・・・・・・・・・・ 91
名作で読むクリスマス（青い鳥文庫編集部）・・・ 332
明治天皇（勝岡寛次）・・・・・・・・・・・・・・・・・・ 271
メイドインどこ？（斉藤道子）・・・・・・・・・・・・ 161
めくって学べるとけい図鑑（池田敏和）・・・ 142
めざせ！ 栽培名人花と野菜の育てかた（日本
　農業教育学会）・・・・・・・・・・・・・・・・・・・・・・ 59
めざせスペシャルオリンピックス・世界大会！
　（沢田俊子）・・・・・・・・・・・・・・・・・・・・・・・・・ 74
メジャーリーグのスゴイ話（『野球太郎』編集
　部）・・・・・・・・・・・・・・・・・・・・・・・・・・・・・・・ 188
目で見て分かる！ 放射能と原発（澤田哲生）
・・・・・・・・・・・・・・・・・・・・・・・・・・・・・・・・・・ 254
メリークリスマス（R.B.ウィルソン）・・・・・・・ 331
明太子のひみつ（名古屋裕）・・・・・・・・・・・・・ 319

## 【も】

もういやだ（長崎原爆青年乙女の会）・・・・・・・・・ 186
もうチョコっと愛して・・・・・・・・・・・・・・・・・・・ 41
盲導犬サーブ（手島悠介）・・・・・・・・・・・・・・・ 101
盲導犬不合格物語（沢田俊子）・・・・・・・・・・・ 101
もうどう犬べぇべ（セアまり）・・・・・・・・・・・・ 100
もう一人の博士（ヘンリ・ヴァン・ダイク）・・・ 337
もえよ稲むらの火（桜井信夫）・・・・・・・・・・・ 275
もしもで考える地下鉄のこと・・・・・・・・・・・・・ 342
もち（次山信男）・・・・・・・・・・・・・・・・・・・・・・ 237
もちくんのおもちつき（やまぐちひでき）・・・ 237
もちつき・おしょうがつ・・・・・・・・・・・・・・・・・・・ 27
もちの絵本（えがわかずのり）・・・・・・・・・・・・ 237
もったいない！ 感謝して食べよう（山本茂）
・・・・・・・・・・・・・・・・・・・・・・・・・・・・・・・・・・・ 87
もっと活躍できる！ 小学生のためのミニバ
　スがうまくなる本（小鷹勝義）・・・・・・・・・・ 328
もっと知りたい！ お年よりのこと（服部万里
　子）・・・・・・・・・・・・・・・・・・・・・・・・・・・・・・・ 217
もっと知りたい！ ノーベル賞（若林文高）・・・ 297
もっと知りたい！ 話したい！ セクシュアル
　マイノリティありのままのきみがいい（日
　高庸晴）・・・・・・・・・・・・・・・・・・・・・・・・・・・・ 239

もののはじまりシリーズ・・・・・・・・・・・・・・・・・ 23
もみちゃんともみの木（たかどのほうこ）・・・ 329
ももこのひなまつり（森山京）・・・・・・・・・・・・ 52
森が泣いている（宮脇昭）・・・・・・・・・・・・・・・ 66
森にくらす・森を守る（白石則彦）・・・・・・・・・ 65
森の顔さがし（藤原幸一）・・・・・・・・・・・・・・・ 65
森の環境・森の生きもの（白石則彦）・・・・・・・ 65
森野熊八のかんたんお料理教室（森野熊八）・・・ 298
もりのひなまつり（こいでやすこ）・・・・・・・・・ 52
森林（もり）のひみつとみんなのくらし（全国
　林業改良普及協会）・・・・・・・・・・・・・・・・・・ 65
森の未来（宮脇昭）・・・・・・・・・・・・・・・・・・・・ 65
森は生命の源（宮脇昭）・・・・・・・・・・・・・・・・ 66
モンスター・ホテルでハロウィン（柏葉幸子）
・・・・・・・・・・・・・・・・・・・・・・・・・・・・・・・・・・ 258
モンテールのスイーツでできた！ サンリオ
　キャラクターのHAPPYおやつ（モンテー
　ル）・・・・・・・・・・・・・・・・・・・・・・・・・・・・・・・ 178

## 【や】

やかまし村のクリスマス（アストリッド・リン
　ドグレーン）・・・・・・・・・・・・・・・・・・・・・・・・ 337
野球（こどもくらぶ）・・・・・・・・・・・・・・・・・・ 189
野球のひみつ（谷沢健一）・・・・・・・・・・・・・・・ 189
野球パーフェクト図鑑（二宮清純）・・・・・・・・ 188
やくそくの「大地踏」（つちだよしはる）・・・・ 35
野菜と栄養素キャラクター図鑑（田中明）・・・ 198
やさしいおりがみ（主婦の友社）・・・・・・・・・・ 284
やさしい行事のこうさく（竹井史郎）・・・・・・・・・ 2
やさしいそろばん入門（和田秀樹）・・・・・・・・ 184
8つの小さなクリスマス（芳賀日出男）・・・・・ 341
やってきたオハシマン（箸匠せいわ）・・・・・・・ 181
やってみよう！ スキー（野沢温泉スキークラ
　ブ）・・・・・・・・・・・・・・・・・・・・・・・・・・・・・・・・ 29
やってみようデータの集め方・まとめ方（平䌷
　太郎）・・・・・・・・・・・・・・・・・・・・・・・・・・・・・ 248
やってみよう！ むかしのあそび・・・・・・・・・ 284
山に木を植えました（スギヤマカナヨ）・・・・・ 189
山に肉をとりに行く（田口茂男）・・・・・・・・・・ 298
山のこと（キャスリン・シル）・・・・・・・・・・・・ 189
山の自然教室（小泉武栄）・・・・・・・・・・・・・・・ 190
やまの花まつり（たかぎあきこ）・・・・・・・・・・ 109
やろうよミニバスケットボール（西山充）・・・ 328

## 【ゆ】

ゆうびんです！（日本郵便オフィスサポート
　株式会社）・・・・・・・・・・・・・・・・・・・・・・・・・・ 88
ゆうびんですポストです（かこさとし）・・・・・・・ 88
幽霊たちの館（ウォルター・R.ブルックス）・・・ 330

ゆうれ　　　　　　　　　書名索引

幽霊探偵団ハロウィン大作戦（E＝W＝ヒルデ
　ィック）‥‥‥‥‥‥‥‥‥‥‥‥　262
ゆずゆずきいろ（楠章子）‥‥‥‥‥‥‥　343
ユニセフ（キャサリン・プライアー）‥‥‥‥　317
UFO宇宙人大図鑑（宇宙ミステリー研究会）‥　157
UFOと宇宙人を追え！（並木伸一郎）‥‥‥　157
UFOと宇宙人の大百科（学研教育出版）‥‥‥　157
夢をつかもう！ ノーベル賞感動物語（高橋う
　らら）‥‥‥‥‥‥‥‥‥‥‥‥‥‥　297
ゆめちゃんのハロウィーン（髙林麻里）‥‥　261
夢みるクラシック交響曲入門（吉松隆）‥‥　204
ゆりちゃんのおひなさま（花山かずみ）‥‥　51

## 【よ】

よいこきらきらおりがみ12かげつ（いまいみ
　さ）‥‥‥‥‥‥‥‥‥‥‥‥‥‥‥　14
妖怪一家のハロウィン（富安陽子）‥‥‥‥　259
ようこそ、難民！（今泉みね子）‥‥‥‥‥　151
ようこそ、ぼくらの図書館へ！（二村健）‥‥‥　100
よくみてさがそうせいしょえほんクリスマス
　（ギル・ガイル）‥‥‥‥‥‥‥‥‥　333
よくわかるLGBT（藤井ひろみ）‥‥‥‥‥　238
よくわかる介護の仕事・施設（結城康博）‥　280
よくわかる海上保安庁（海上保安協会）‥‥　118
よくわかる警察（倉科孝靖）‥‥‥‥‥‥　148
よくわかる原子力とエネルギー‥‥‥254, 255
よくわかる障がい者スポーツ（藤田紀昭）‥　196
よくわかる少年法（後藤弘子）‥‥‥‥‥　210
よくわかる消防・救急（坂口隆夫）‥‥‥‥　207
よくわかる生物多様性（中山れいこ）‥‥‥　123
よくわかる知的財産権（岩瀬ひとみ）‥‥‥　94
よくわかる電気のしくみ（伊藤尚未）‥‥‥　67
よくわかる！ 天気の変化と気象災害（森田正
　光）‥‥‥‥‥‥‥‥‥‥‥‥132, 133
よくわかる貿易（泉美智子）‥‥‥‥‥‥　161
よくわかる薬物依存（阿部和穂）‥‥‥‥‥　159
吉田の火祭のヒミツ（富士吉田市歴史民俗博
　物館）‥‥‥‥‥‥‥‥‥‥‥‥‥　198
読み書きは人の生き方をどう変えた？（川村
　肇）‥‥‥‥‥‥‥‥‥‥‥‥‥‥‥　207
読みたい心に火をつけろ！（木下通子）‥‥　144
よみっこよみ（フジフランソワ）‥‥‥‥‥　20
読みとろうデータが語るわたしたちのくらし
　（平刃太郎）‥‥‥‥‥‥‥‥‥‥‥　249
読めばメキメキうまくなるサッカー入門（戸
　田智史）‥‥‥‥‥‥‥‥‥‥‥‥　282
喜びはつかむもの（ターシャ・テューダー）‥　335

## 【ら】

ライオンと一角獣とわたし（ジャネット・ウィ
　ンターソン）‥‥‥‥‥‥‥‥‥‥‥　333
ライト兄弟はなぜ飛べたのか（土佐幸子）‥‥　324
ラジオにかかわる仕事（ヴィットインターナ
　ショナル企画室）‥‥‥‥‥‥‥‥‥　39
ラーメン屋さんになろう！（林ひさお）‥‥　169
ランドセルは海を越えて（内堀タケシ）‥‥　64

## 【り】

理解しよう、参加しよう 福祉とボランティア
　（加山弾）‥‥‥‥‥‥‥‥‥‥‥‥　30
理科de調味料（法政大学自然科学センター）‥‥‥　272
理科の地図帳（神奈川県立生命の星・地球博物
　館）‥‥‥‥‥‥‥‥‥‥‥‥‥‥　138
理科の地図帳（浜口哲一）‥‥‥‥‥‥‥　139
リサイクルを調べる（服部美佐子）‥‥‥‥　250
リサイクルもボランティア（田中ひろし）‥‥　310
リヤカーマン、歩いて世界4万キロ冒険記（永
　瀬忠志）‥‥‥‥‥‥‥‥‥‥‥‥　119
「流域地図」の作り方（岸由二）‥‥‥‥‥　166
りゅうもんのたき（矢崎節夫）‥‥‥‥‥‥　110

## 【る】

ルールってなんだろう（日本弁護士連合会市
　民のための法教育委員会）‥‥‥‥‥　212
ルールとマナー（関和之）‥‥‥‥‥‥‥　257
ルルとララのハロウィン（あんびるやすこ）‥‥‥　259

## 【れ】

冷凍食品のひみつ（おぎのひとし）‥‥‥‥‥　249
レインボー世界の旅じてん（学研辞典編集部）
　‥‥‥‥‥‥‥‥‥‥‥‥‥‥‥‥　119
レッツゴー・サフィー（井上夕香）‥‥‥‥　101
レンズの向こうに自分が見える（野村訓）‥‥　134

## 【ろ】

労働法はぼくらの味方！（笹山尚人）‥‥‥　105
6月（増田良子）‥‥‥‥‥‥‥‥‥‥‥　130
6月のえほん（長谷川康男）‥‥‥‥‥‥‥　130

6がつのこうさく（竹井史郎）・・・・・・・・・・・・・ 130
6月のこども図鑑 ・・・・・・・・・・・・・・・・・・・・・ 130
路線バスしゅっぱつ！（鎌田歩）・・・・・・・・・・ 214
ローマ字ってなんだ（日本のローマ字社）・・・ 121
ローマ字で遊ぼう（日本のローマ字社）・・・・・・・ 121

# 【わ】

和菓子 にほんのおかしのおはなし ・・・・・・・・・・ 148
和菓子の絵事典（俵屋吉富）・・・・・・・・・・・・・・・ 148
和菓子の絵本（平野恵理子）・・・・・・・・・・・・・・・ 148
和菓子のほん（中山圭子）・・・・・・・・・・・・・・・・ 148
ワクチン（津久井直美）・・・・・・・・・・・・・・・・・・ 165
わくわくオーケストラ楽器物語（八木倫明）・・・・ 140
わくわくする漢字（古勝隆一）・・・・・・・・・・・・・・ 318
わくわく発見！　日本のお祭り（竹永絵里）・・・・・ 4
和食にかかわる仕事（ヴィットインターナショ
　ナル企画室）・・・・・・・・・・・・・・・・・・・・・・・・ 296
和食のすべてがわかる本（服部幸應）・・・・・ 295, 296
わたしがおとなになったら（辰巳渚）・・・・・・・・・ 33
わたしが国家について語るなら（松本健一）・・・・・ 39
わたしたちのアジア・太平洋戦争（古田足日）
　・・・・・・・・・・・・・・・・・・・・・・・・・・・・・・・・・ 193
わたしたちの戦争体験（日本児童文芸家協会）
　・・・・・・・・・・・・・・・・・・・・・・・・・・・・・・・・・ 192
わたしたちの地球環境と天然資源（本間愼）・・・・ 176
私、日本に住んでいます（スペンドリニ・カク
　チ）・・・・・・・・・・・・・・・・・・・・・・・・・・・・・・・ 271
わたしの沖縄戦（行田稔彦）・・・・・・・・・・ 153, 154
わたしのカラス研究（柴田佳秀）・・・・・・・・・・・・ 206
わたしのきょうだいは自閉症（キャロライン・
　ブロック）・・・・・・・・・・・・・・・・・・・・・・・・・ 75
わたしの森林研究（直江将司）・・・・・・・・・・・・・・ 65
わたしの先生（岩波書店編集部）・・・・・・・・・・・・ 227
わたしの空と五・七・五（森埜こみち）・・・・・・・ 194
わたしらしく、LGBTQ（ロバート・ロディ）
　・・・・・・・・・・・・・・・・・・・・・・・・・・・・・ 238, 239
わたしは樹木のお医者さん（石井誠治）・・・・・・・・ 231
私はどこで生きていけばいいの？（ローズマ
　リー・マカーニー）・・・・・・・・・・・・・・・・・・ 151
「和」の行事えほん（高野紀子）・・・・・・・・・・・ 17, 18

## 子どもの本
### 伝統行事や記念日を知る本 2000冊

2019 年 3 月 25 日　第 1 刷発行

発 行 者／大髙利夫
編集・発行／日外アソシエーツ株式会社
　　　　　　〒140-0013 東京都品川区南大井 6-16-16 鈴中ビル大森アネックス
　　　　　　電話 (03)3763-5241 (代表)　FAX(03)3764-0845
　　　　　　URL　http://www.nichigai.co.jp/
発 売 元／株式会社紀伊國屋書店
　　　　　　〒163-8636 東京都新宿区新宿 3-17-7
　　　　　　電話 (03)3354-0131 (代表)
　　　　　　ホールセール部 (営業) 電話 (03)6910-0519

電算漢字処理／日外アソシエーツ株式会社
印刷・製本／光写真印刷株式会社

不許複製・禁無断転載　　　　　《中性紙三菱クリームエレガ使用》
〈落丁・乱丁本はお取り替えいたします〉
**ISBN978-4-8169-2767-6**　　　　**Printed in Japan, 2019**

本書はディジタルデータでご利用いただくことが
できます。詳細はお問い合わせください。

## 子どもの本シリーズ

児童書を分野ごとにガイドするシリーズ。基本的な書誌事項と内容紹介がわかる。図書館での選書に役立つ。

### 子どもの本 日本の名作童話 最新2000

A5・300頁　定価（本体5,500円+税）　2015.1刊
日本の児童文学史に名を残す作家221人の名作2,215冊を収録。

### 子どもの本 現代日本の創作 最新3000

A5・470頁　定価（本体5,500円+税）　2015.1刊
現在活躍中の児童文学作家389人の作品3,691冊を収録。

### 子どもの本 世界の児童文学 最新3000

A5・440頁　定価（本体5,500円+税）　2014.12刊
古典的名作から最近の話題作まで、海外の作家428人の児童文学書2,865冊を収録。

## ヤングアダルトの本シリーズ

ヤングアダルト世代向けの図書を分野ごとにガイドするシリーズ。中高生や同世代の若者が何かを知りたいときに役立つ図書、興味をもつ分野の図書を一覧。基本的な書誌事項と内容紹介がわかる。

### ヤングアダルトの本 悩みや不安 迷ったときに読む4000冊

A5・420頁　定価（本体8,500円+税）　2018.10刊
進路・人間関係・性などに「悩んだら参考になる本」をテーマ別に収録。

### ヤングアダルトの本 社会を読み解く4000冊

A5・450頁　定価（本体8,500円+税）　2018.11刊
環境・戦争・障害者問題など社会全体について「興味を持ったら役に立つ本」をテーマ別に収録。

### ヤングアダルトの本 いま読みたい小説4000冊

A5・540頁　定価（本体8,500円+税）　2018.9刊
児童文学・一般文学、日本・海外を問わず、作家327人の作品3,861冊を収録。

---

データベースカンパニー
**日外アソシエーツ**　　〒140-0013　東京都品川区南大井 6-16-16
TEL.(03)3763-5241　FAX.(03)3764-0845　http://www.nichigai.co.jp/